中关村年鉴

YEARBOOK OF ZHONGGUANCUN

—2015—

中关村科技园区管理委员会　编

中关村
Z-Park
ZHONGGUANCUN SCIENCE PARK

北京出版集团公司
北　京　出　版　社

图书在版编目（CIP）数据

中关村年鉴. 2015 / 中关村科技园区管理委员会编.—
北京 ：北京出版社，2015.12
ISBN 978-7-200-11603-8

Ⅰ. ①中… Ⅱ. ①中… Ⅲ. ①高技术开发区—北京市
—2015—年鉴 Ⅳ. ①F127.1-54

中国版本图书馆CIP数据核字(2015)第232131号

策　　划　于　虹
责任编辑　白　珍
封面设计　盛天果
装帧设计　云伊若水
责任印制　宋　超

中关村年鉴 2015
ZHONGGUANCUN NIANJIAN 2015
中关村科技园区管理委员会　编
*
北京出版集团公司
北　京　出　版　社　出版
（北京北三环中路6号）
邮政编码：100120
网　址：www.bph.com.cn
北京出版集团公司总发行
新　华　书　店　经　销
北京华联印刷有限公司印刷
*
889毫米×1194毫米　16开本　36印张　1150千字
2015年12月第1版　2015年12月第1次印刷
ISBN 978-7-200-11603-8
定价：420.00元
质量监督电话：010-58572393

《中关村国家自主创新示范区年鉴》

获中国出版协会第五届年鉴编纂出版

质量评比综合

一等奖

获奖证书

《中关村国家自主创新示范区年鉴》(2013年卷)荣获第五届年鉴编纂出版质量评比综合一等奖。

特发此证

中国出版协会

二〇一五年四月

《中关村国家自主创新示范区年鉴》

获北京市首届年鉴综合质量评比

特等奖

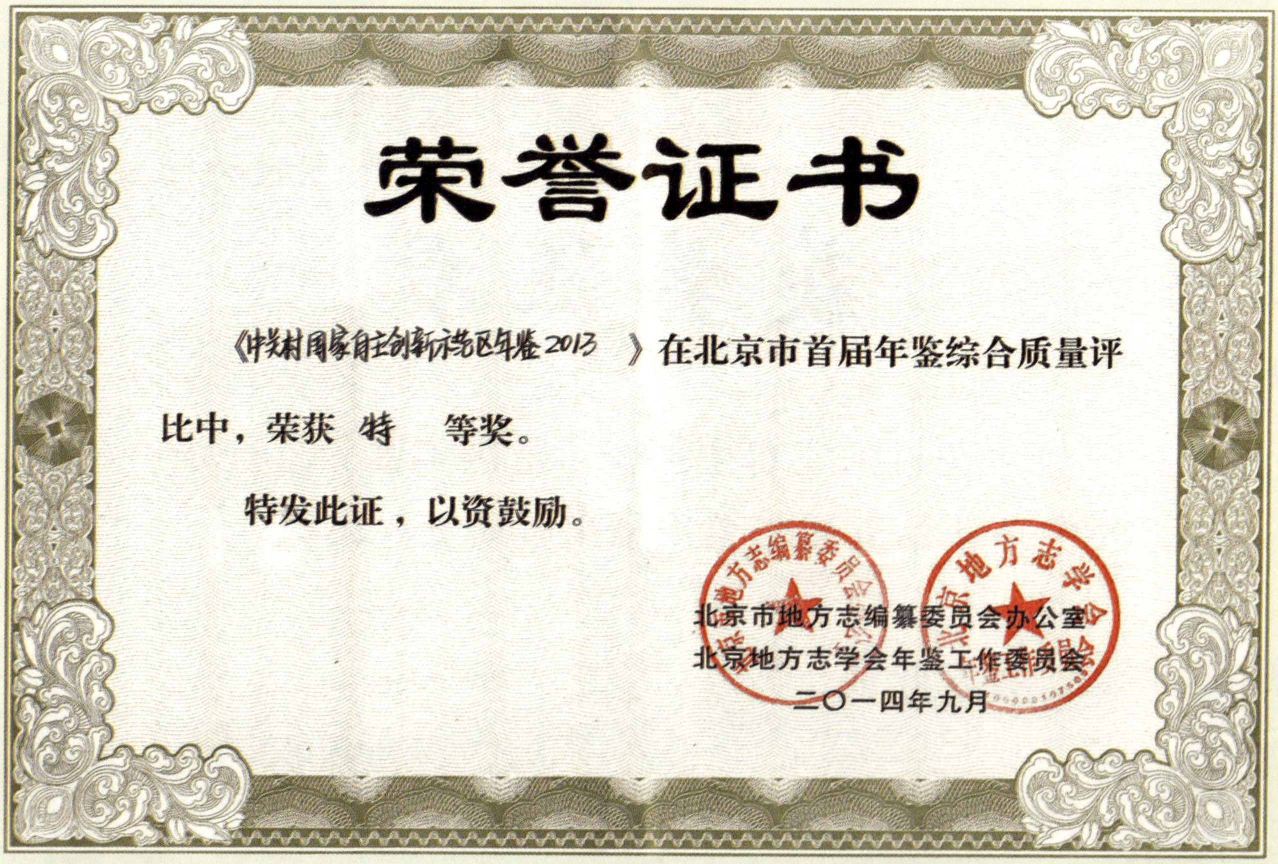

荣誉证书

《中关村国家自主创新示范区年鉴2013》在北京市首届年鉴综合质量评比中，荣获 特 等奖。

特发此证，以资鼓励。

北京市地方志编纂委员会办公室
北京地方志学会年鉴工作委员会
二〇一四年九月

《中关村年鉴》编纂委员会

《中关村年鉴》编辑部

（按姓氏笔画排序）

4 月 3 日，市委书记郭金龙（左 3）到通州园北京国际医疗服务区调研

12 月 23 日，科技部部长万钢出席“中关村国家自主创新示范区部际协调小组第三次会议”

9 月 25 日，科技部原部长徐冠华在“2014 年中关村论坛”上讲话

11 月 15 日，工商总局局长张茅（前排左 2）到中关村示范区调研

4 月 8 日，市长王安顺（左 1）为石景山园北京保险产业园揭牌

5 月 22 日，市政协主席吉林（前排右 2）参观中关村示范区展示中心

8月28日，市委常委苟仲文在“北京协同创新研究院揭牌仪式”上讲话

9月10日，副市长张工（前排左2）到闪联产业联盟调研

4月25日，副市长戴均良在“中关村知识产权聚集区政策发布暨知识产权运营基金成立大会”上讲话

4月28日，副市长林克庆（右2）为通州区国际种业科技园区北京国际种业品种权交易创新基地揭牌

1月8日，“2014年中关村标准化推动会”召开

1月24日，“中关村管委会党的群众路线教育实践活动总结会”召开

3月3日，北京紫晶立方科技有限公司领到注册资本登记制度改革后的北京市首张新版营业执照

4月29日，海军与北京市军民融合深度发展实践探索成果展举办

5月13—18日，中关村示范区企业参展“第十七届中国北京国际科技产业博览会”

5月28日—6月1日，中关村示范区企业参展“第三届中国（北京）国际服务贸易交易会”

6月12日，“中关村创业大街开街暨创业季启动仪式”举行

8月28日，“清华科技园创建20周年成就展”举办

9月25日，“2014年中关村论坛”举办

9月30日，“百名海外院士专家中关村行——创新创业交流会”举行

10月22日，“中关村智能硬件产业联盟成立大会”举行

11月6日，全国首家知识产权审判专业机构——北京知识产权法院挂牌

科技日报
SCIENCE AND TECHNOLOGY DAILY
甲午年十月十三 总第10122期 国内统一刊号 CN11-0078 代号 1-97
http://www.stdaily.com 2014年12月4日 星期四 今日12版

心脏三尖瓣下移畸形手术获创新成果

最新发现与创新

科技日报北京12月3日电 （记者滕继濮）Ebstein畸形，又名三尖瓣下移畸形，是一种复杂的先天性心脏病，其手术治疗一直是困扰国际心脏外科界的一大难题。3日，记者了解到，在最近一期的美国《胸心血管外科杂志》上，清华大学第一附属医院吴清玉教授发表了题为《单纯三尖瓣前叶下移的Ebstein畸形的外科治疗》的文章，提出发现了一种更复杂的畸形，并通过创新的根治手术，成功治疗了6例患者，这是国际上关于该心脏病发现和手术诊疗成功的首次报道。

Ebstein畸形常见病变大多是前叶位置正常，隔叶和后叶下移。少数重病人在出生后1周内即可出现呼吸困难、全身发紫和充血性心力衰竭，甚至死亡，大多数病人在20岁前死亡。国际上一些知名专家曾提出过一些手术方式，但手术死亡率最低也在7%以上，且部分患者需要再次手术进行换瓣治疗，危险性大，手术后易出现心律紊乱、血栓形成等并发症，另外患者还需终生服用抗排异药物。

此前，吴清玉教授在国际上曾首创Ebstein畸形心脏解剖矫治手术，手术死亡率不足1.6%，且98%的患者不需要换瓣治疗，手术后不需服用抗凝药物。而此次吴清玉的重要突破在于，发现在Ebstein畸形中存在单纯三尖瓣前叶下移畸形。这是一种更复杂的畸形，之前该畸形在术前无法被诊断出，且传统手术方法都不能成功治疗。

吴清玉在文献中不仅提出了该畸形的术前诊断方法，还介绍用一种创新的解剖矫治手术，成功治疗了单纯三尖瓣前叶下移的患者。

习近平在首个国……

切实增强宪法……

新华社北京12月3日电 （记者陈菲）在首个国家宪法日到来之际，中共中央总书记、国家主席、中央军委主席习近平作出重要指示。他强调，宪法是国家的根本法，是治国安邦的总章程，是党和人民意志的集中体现，具有最高的法律地位、法律权威、法律效力。我国宪法是符合国情、符合实际、符合时代发展要求的好宪法，是我们国家和人民经受住各种困难和风险考验、始终沿着中国特色社会主义道路前进的根本法制保证……

李克强主持召开国务院常务会议
部署在更大范围推广中关村试点政策
加快推进国家自主创新示范区建设

新华社北京12月3日电 国务院总理李克强12月3日主持召开国务院常务会议，部署在更大范围推广中关村试点政策、加快推进国家自主创新示范区建设，进一步激励大众创业、万众创新；决定加大对农村金融的税收支持，助力“三农”改革发展。

会议指出，从2010年起，国家在北京中关村自主创新示范区先行先试了金融、财税、人才激励、科研经费等促进科技创新的一系列政策，取得积极成效。当前，必须加快创新驱动，以更大力度推进科技体制机制改革，在更大范围推广实施试点政策，用政府权力的“减法”换取创新创业热情的“乘法”，这有利于激发人们尤其是科研人员的主动性、积极性、创造性，加快创新成果转化，推动高新技术产业成长，打造中国经济发展新动力，促进经济向中高端水平迈进。会议决定，（一）把6项中关村先行先试政策推向全国。包括加快落实先期已确定推广的科研项目经费管理改革、非上市中小企业通过股份转让代办系统进行股权融资、扩大税前加计扣除的研发费用范围3项政策，以及此次将推开的股权和分红激励、职工教育经费税前扣除、科技成果使用处置和收益管理改革等3项政策。（二）在所有国家自主创新示范区、合芜蚌自主创新综合试验区和绵阳科技城，推广实施4项先行先试政策，包括：一是给予技术人员和管理人员的股权奖励可在5年内分期缴纳个人所得税；二是有限合伙制创投企业投资于未上市中小高新技术企业2年以上的，可享受企业所得税优惠；三是对5年以上非独占许可使用权转让，参照技术转让给予所得税减免优惠；四是对中小高新技术企业向个人股东转增股本应缴纳的个人所得税，允许在5年内分期缴纳。

（下转第三版）

12月3日，国务院总理李克强主持召开国务院常务会议，部署在更大范围推广中关村试点政策、加快推进国家自主创新示范区建设

12月5日，“北京大学国际医院开业仪式”举行

12月17日，“首届京津冀协同创新共同体高峰论坛”举办

12月23日，“中关村国家自主创新示范区部际协调小组第三次会议”召开

12月29日，“2014中关村信用双百企业发布会”举办

12月29日，北京顺义科技创新产业功能区揭牌

中芯国际集成电路制造（北京）有限公司“28nm成套工艺”项目获2014中关村十大创新成果

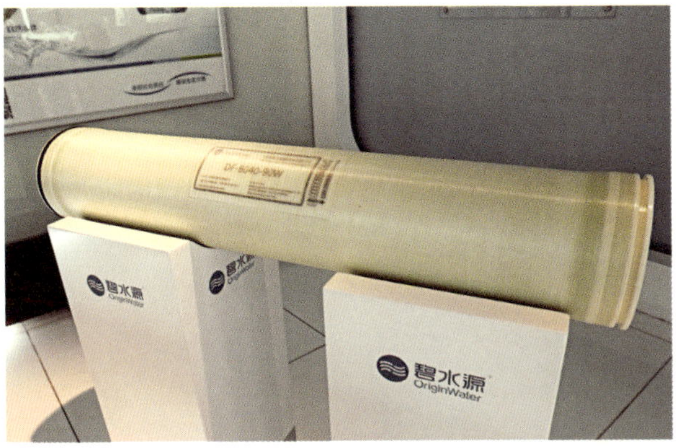

北京碧水源膜科技有限公司“低压选择性纳滤膜及装备”项目获2014中关村十大创新成果

北京新能源汽车股份有限公司研制的“新能源纯电动汽车EV200”在大兴园下线

荣誉证书

北京市科学技术奖

为表彰在推动科学技术进步、对首都经济建设和社会发展作出贡献的集体和个人，特颁此证，以资鼓励。

获奖项目：超大规模集成电路先进闪存存储器成套工艺与产品技术研发及产业化

获奖等级：壹等奖

获奖单位：北京兆易创新科技股份有限公司、中芯国际集成电路制造（北京）有限公司

北京市人民政府

二〇一四年十二月

NO. 2014电-1-001

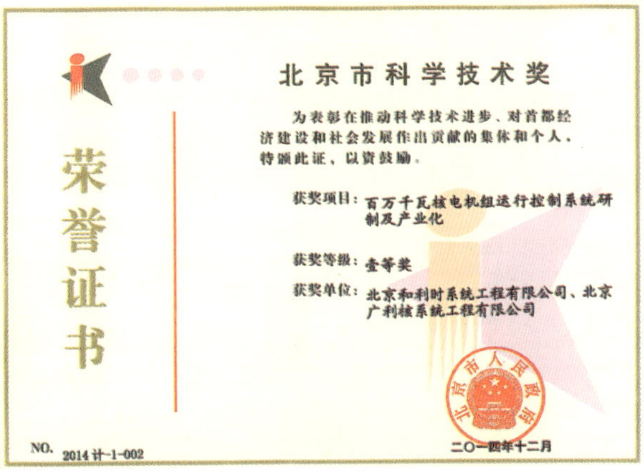

荣誉证书

北京市科学技术奖

为表彰在推动科学技术进步、对首都经济建设和社会发展作出贡献的集体和个人，特颁此证，以资鼓励。

获奖项目：百万千瓦核电机组运行控制系统研制及产业化

获奖等级：壹等奖

获奖单位：北京和利时系统工程有限公司、北京广利核系统工程有限公司

北京市人民政府

二〇一四年十二月

NO. 2014计-1-002

由北京兆易创新科技股份有限公司、中芯国际集成电路制造（北京）有限公司完成的“超大规模集成电路先进闪存存储器成套工艺与产品技术研发及产业化”项目，北京和利时系统工程有限公司、北京广利核系统工程有限公司完成的“百万千瓦核电机组运行控制系统研制及产业化”项目获2014年度北京市科学技术奖一等奖

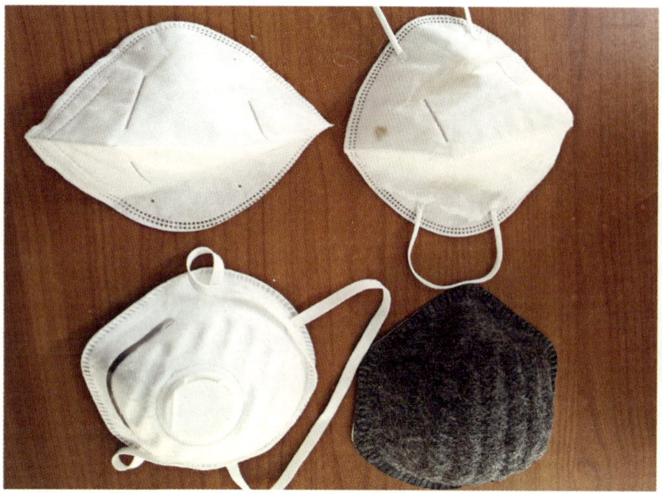

北京服装学院“静电纺纳米纤维产业化关键技术研究与产品开发”项目获2014中关村十大创新成果

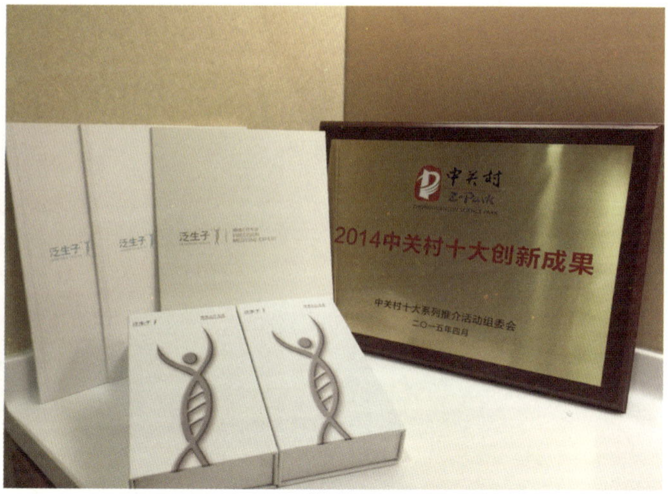

北京泛生子生物科技有限公司“癌症个体化靶向治疗的全基因序列分析检测应用示范”项目获2014中关村十大创新成果

清华大学与北京品驰医疗设备有限公司联合研制成功的双通道可充电脑起搏器获食品药品监管总局颁发的医疗器械注册证书

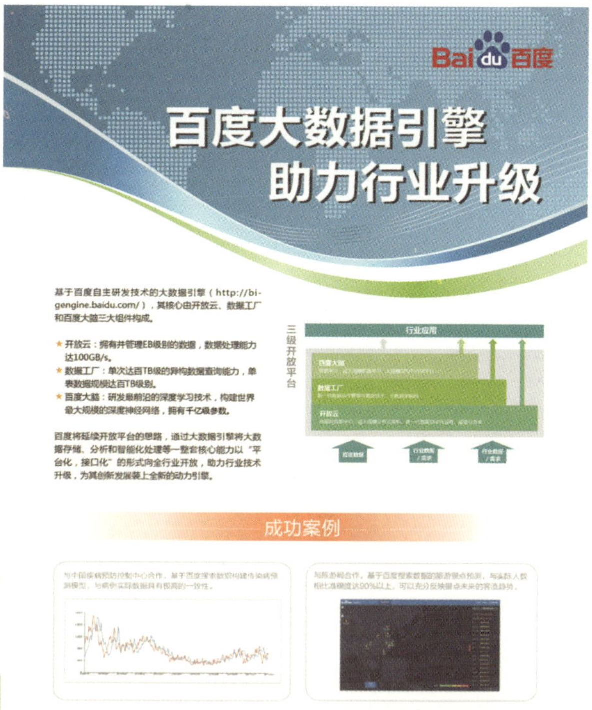

百度在线网络技术（北京）有限公司“大数据引擎（百度大脑核心技术）”项目获2014中关村十大创新成果

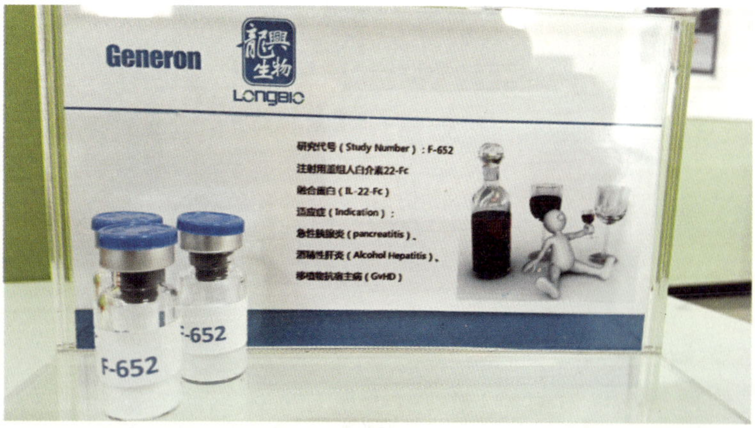

北京龙兴生物医药有限公司“全球首创1类新药普罗纳亭（F—652）研发”项目获2014中关村十大创新成果

2 月 15 日，美国国务卿约翰·克里（左二）访问北京福田康明斯发动机有限公司

4 月 16 日，“京台资本市场合作发展论坛”举办

8 月 2 日，“北京市中关村科技园区管委会、上海市浦东新区人民政府、南京市人民政府人才战略合作协议签署仪式”举行

10 月 16 日，“中信银行股份有限公司、中关村科技园区管理委员会战略合作协议签约仪式”举行

11月4日，“中以创新日暨中以创新发展基金揭牌仪式”举行

11月26日，“北京市人民政府国有资产监督管理委员会、中关村科技园区管理委员会合作备忘录签署暨京企云梯科技创新联盟揭牌仪式”举行

12月26日，“北京市卫生和计划生育委员会、中关村科技园区管理委员会转化医学战略合作协议签约仪式”举行

12月30日，“中关村科技园区管委会、河北省石家庄市人民政府《共建集成电路产业基地合作框架协议》签约仪式”举行

2014 年中关村示范区高新技术企业统计图
（按园区分组）

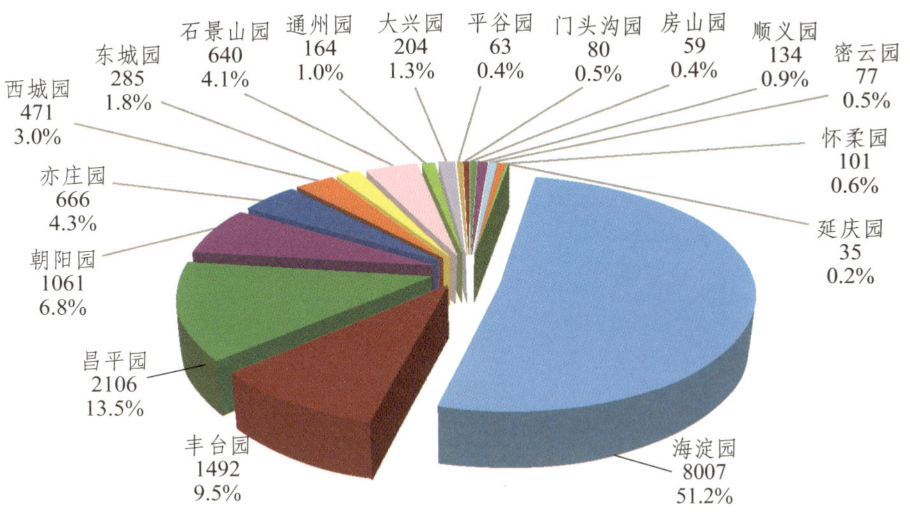

2014 年中关村示范区高新技术企业统计图
（按技术领域分组）

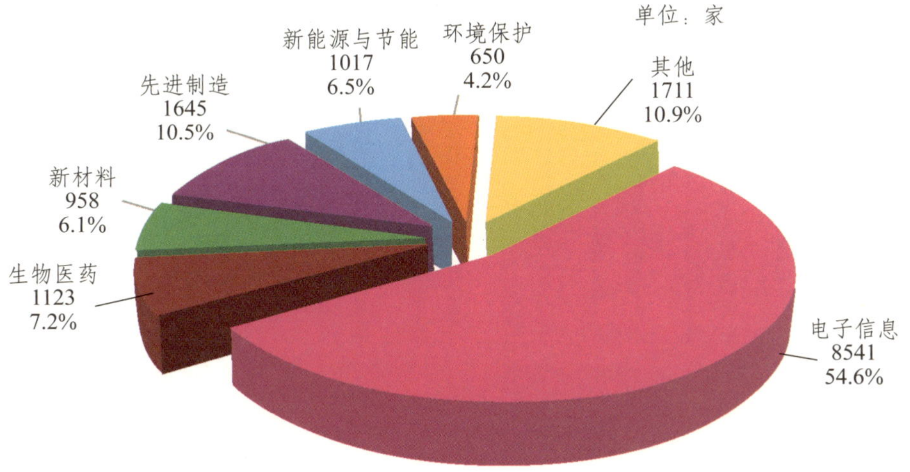

2014 年中关村示范区高新技术企业统计图
（按经济类型分组）

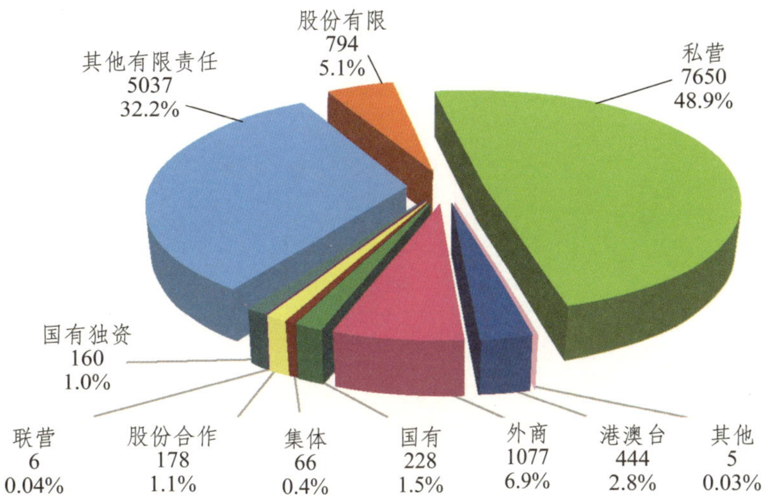

2001—2014 年中关村示范区收入规模亿元以上高新技术企业统计图

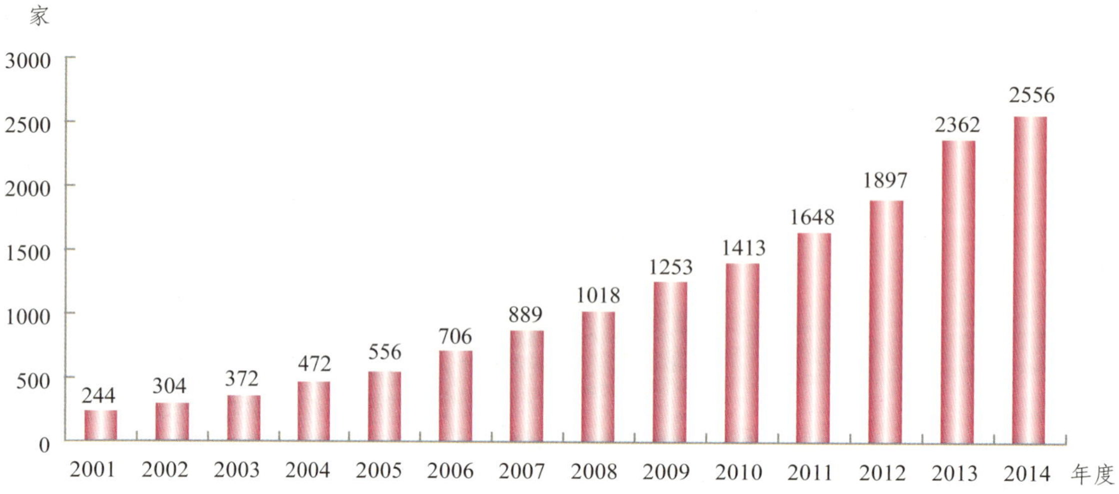

2005—2014 年中关村示范区累计上市企业统计图

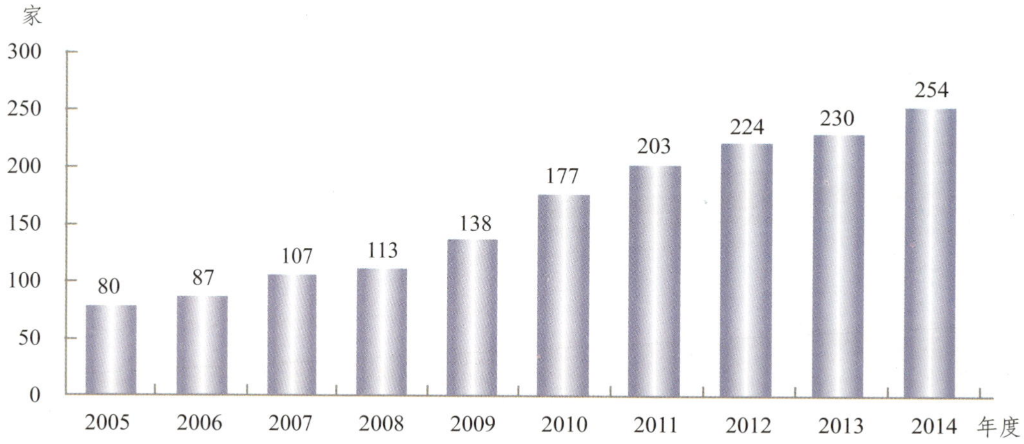

注：按照企业通过证监会发审委审核时间统计的累计数

2001—2014 年中关村示范区增加值及占北京市比重统计图

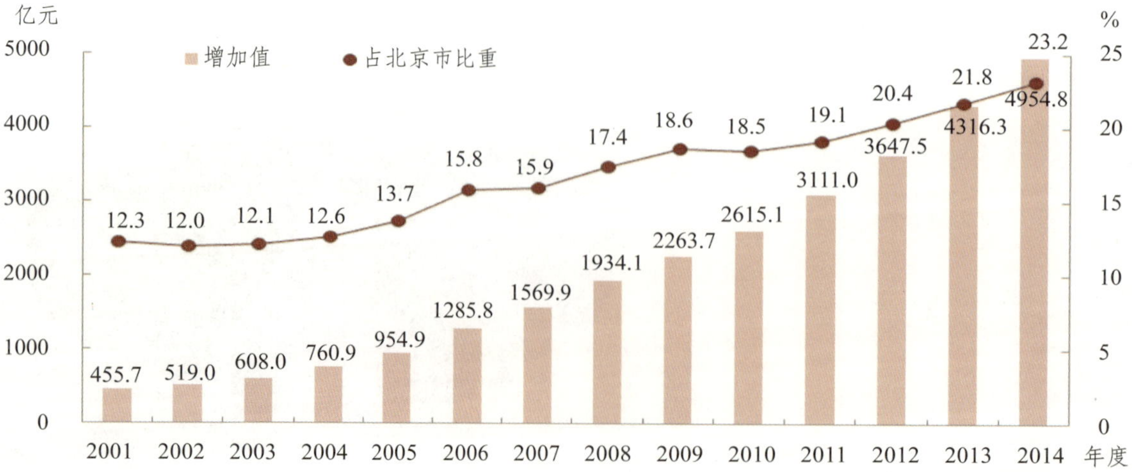

2014年中关村示范区总收入统计图（按园区分组）

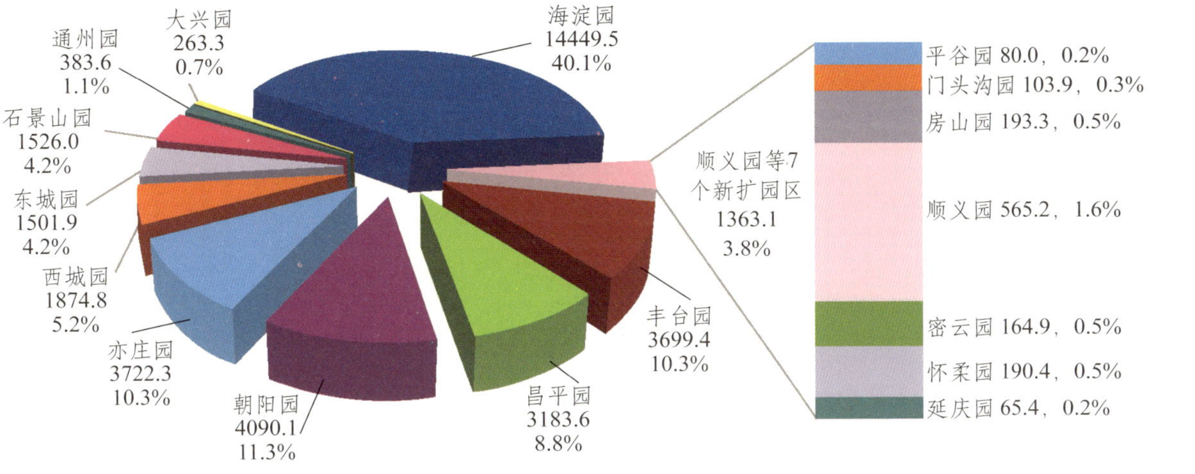

2014年中关村示范区总收入统计图（按技术领域分组）

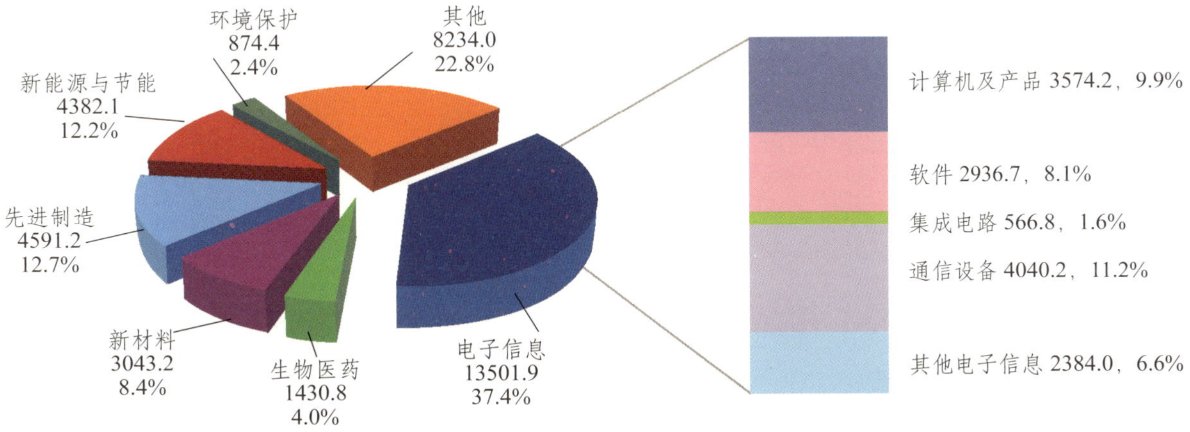

2014年中关村示范区技术合同成交额流向统计图

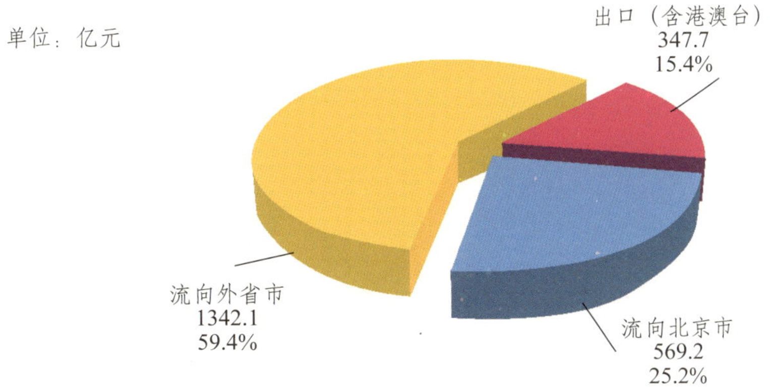

2001—2014 年中关村示范区总收入统计图

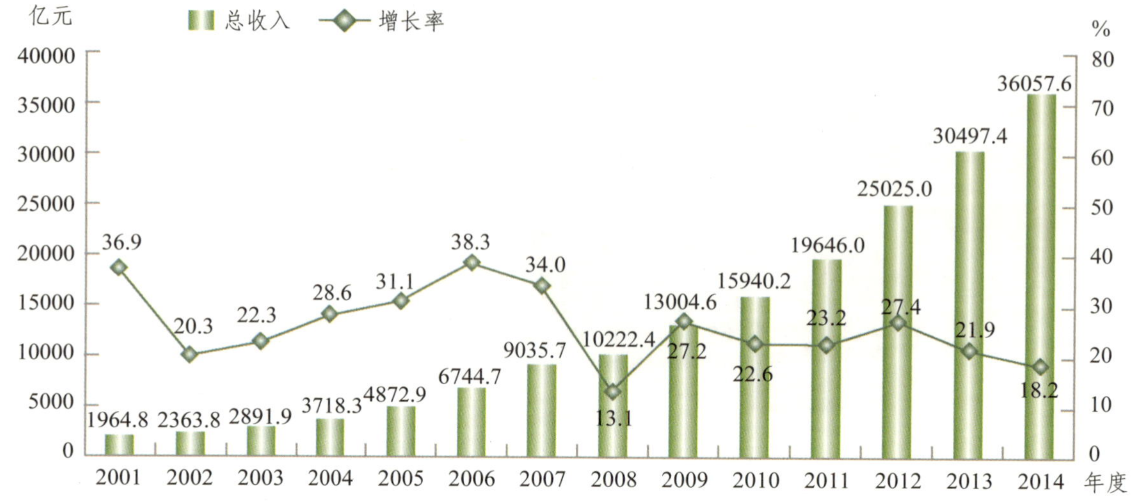

2001—2014 年中关村示范区实缴税费统计图

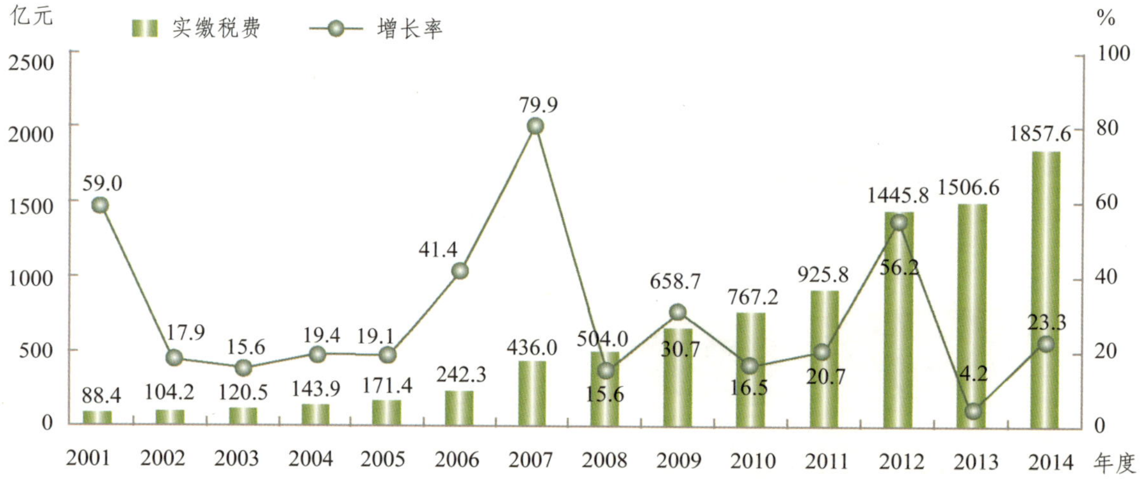

2001—2014 年中关村示范区出口总额统计图

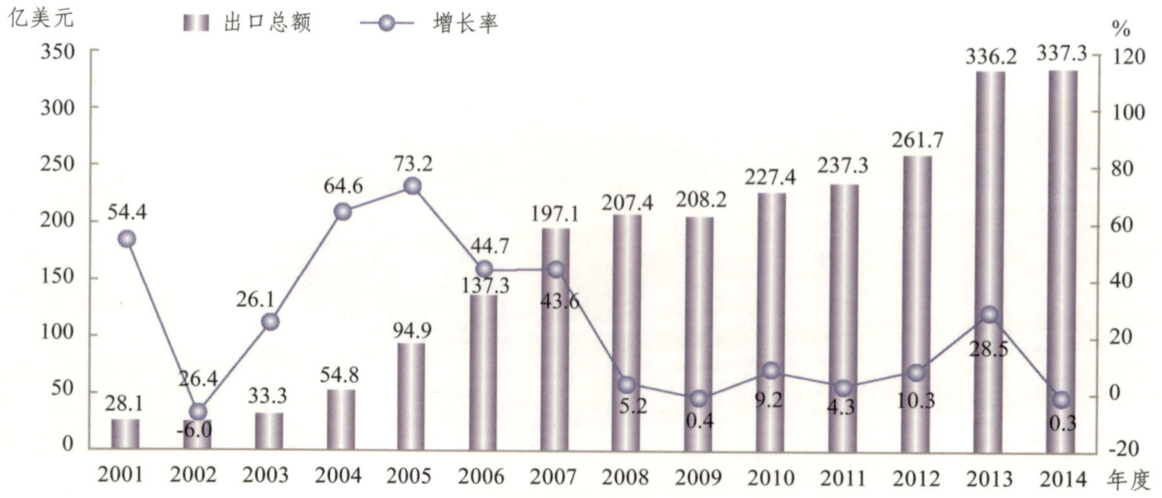

2014 年中关村示范区科技活动经费支出统计图（按园区分组）

单位：亿元

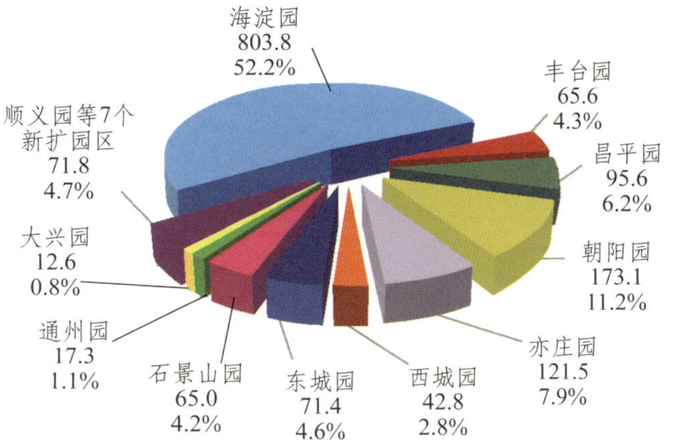

2014 年中关村示范区科技活动经费支出统计图（按技术领域分组）

单位：亿元

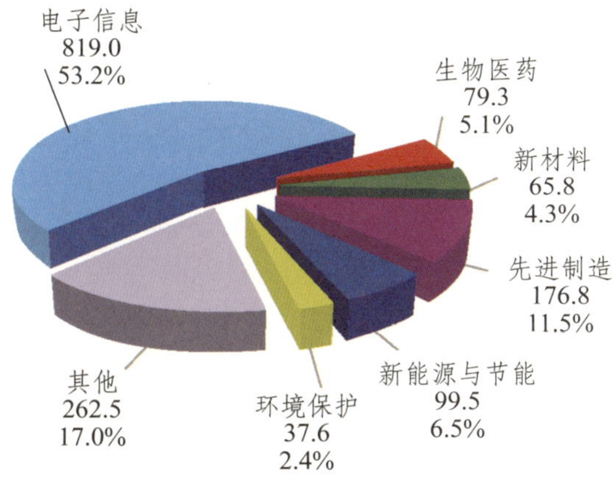

2014 年中关村示范区出口总额统计图（按园区分组）

单位：亿美元

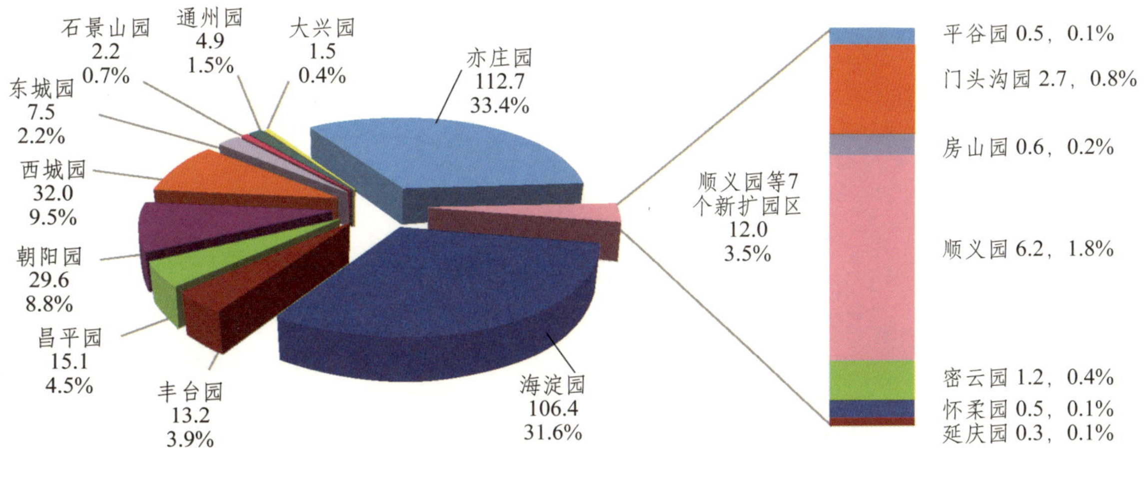

2001—2014 年中关村示范区企业专利申请与授权量统计图

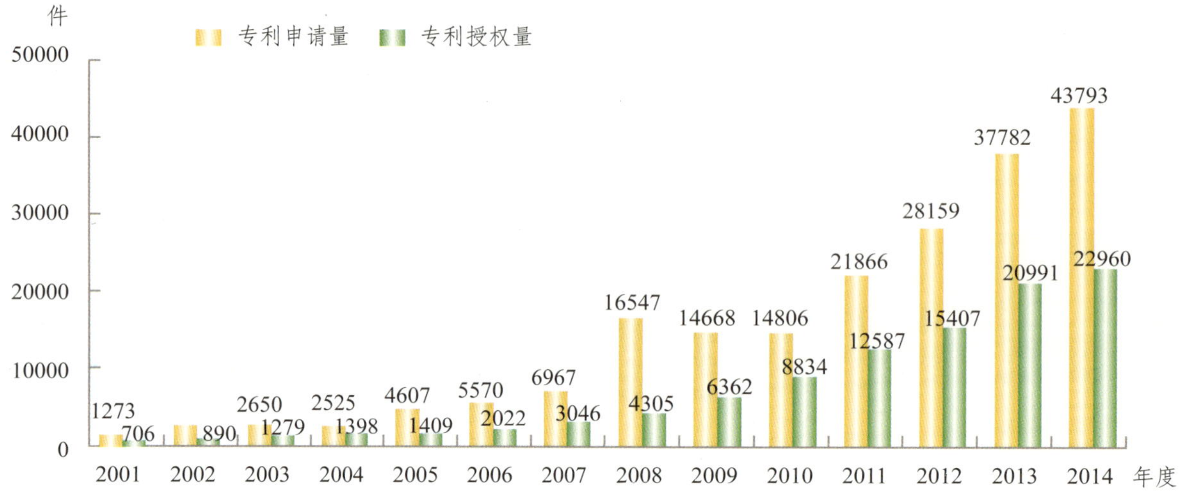

2001—2014 年中关村示范区总收入占全国高新区比重统计图

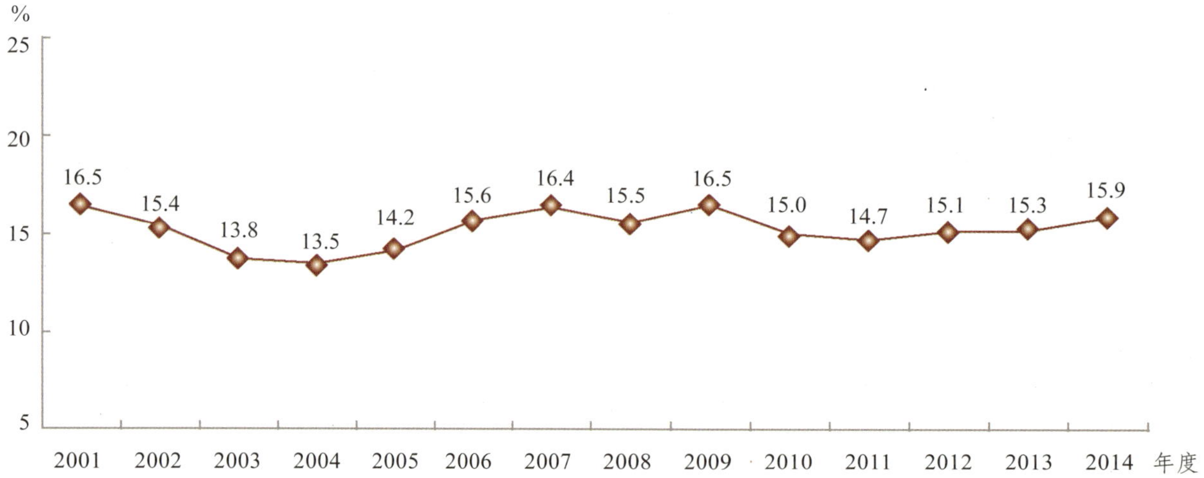

2001—2014 年中关村示范区实缴税费占全国高新区比重统计图

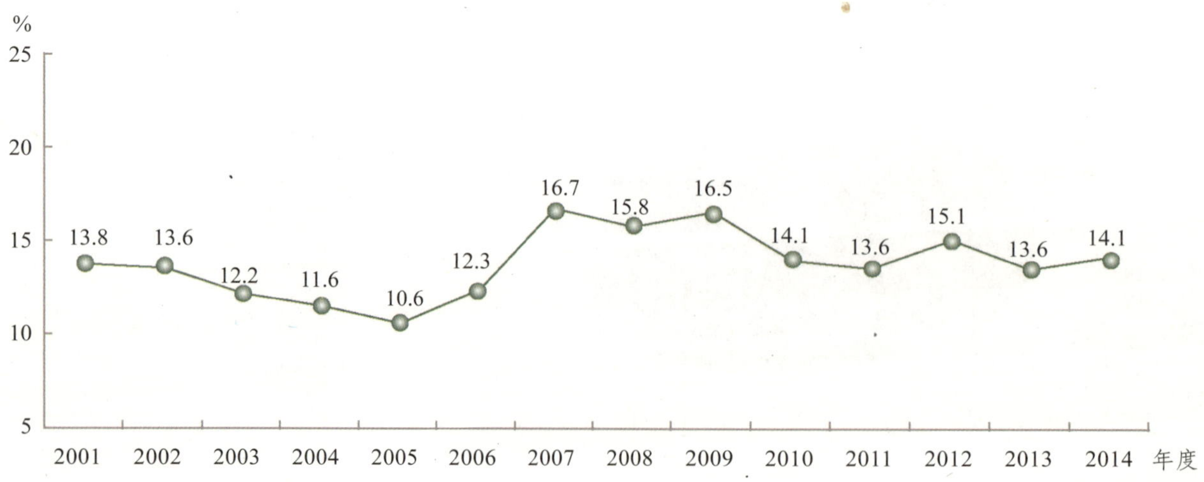

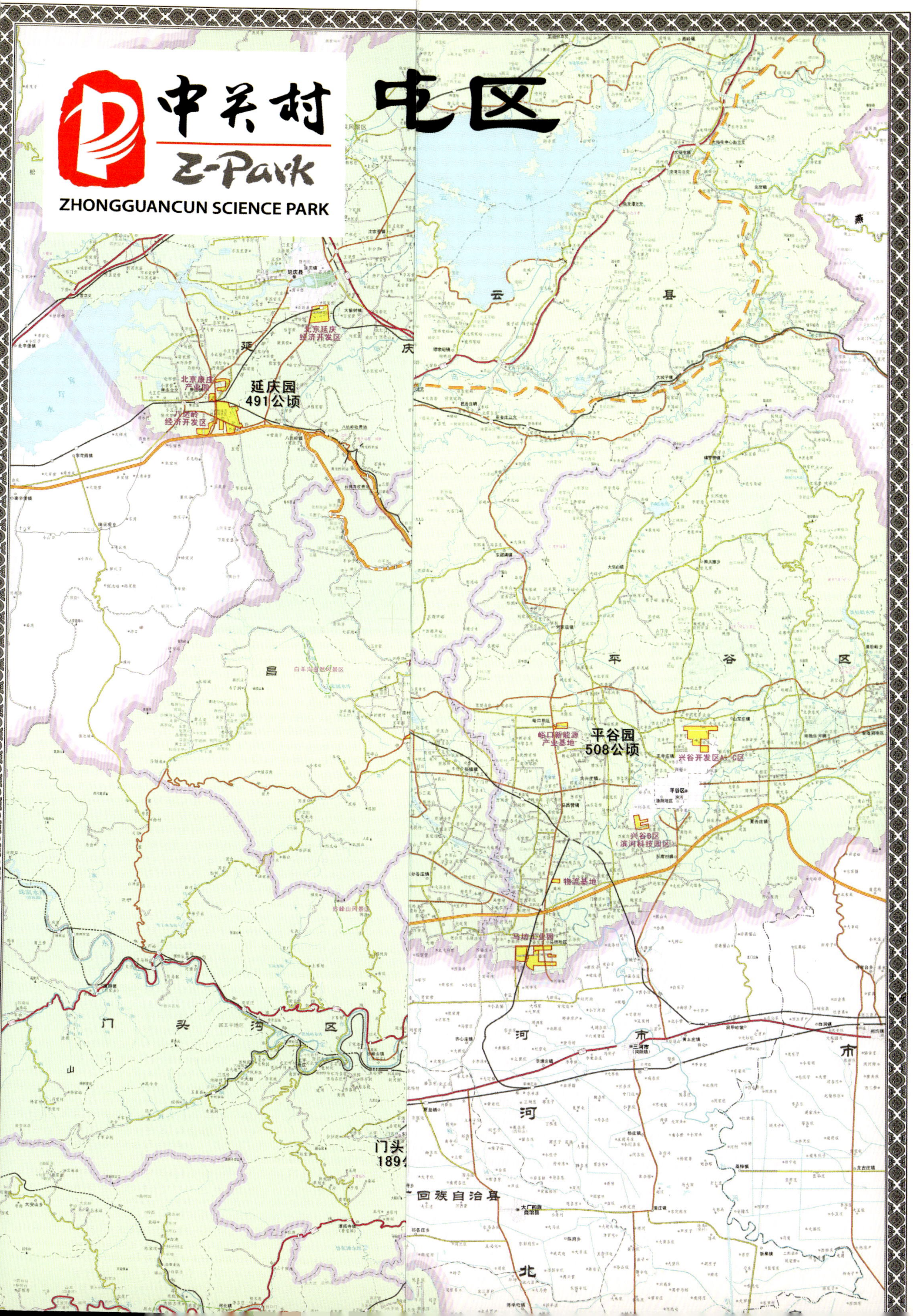

中关村
Z-Park
ZHONGGUANCUN SCIENCE PARK
屯区
北京延庆经济开发区
北京康庄产业园
八达岭经济开发区
延庆园
491公顷
延
庆
云
县
昌
平
谷
区
平谷园
508公顷
峪口新能源产业基地
兴谷开发区A、C区
兴谷B区
滨河科技园区
物流基地
马坊工业园
门
头
沟
区
门头
189公
河
市
回族自治县
北
燕

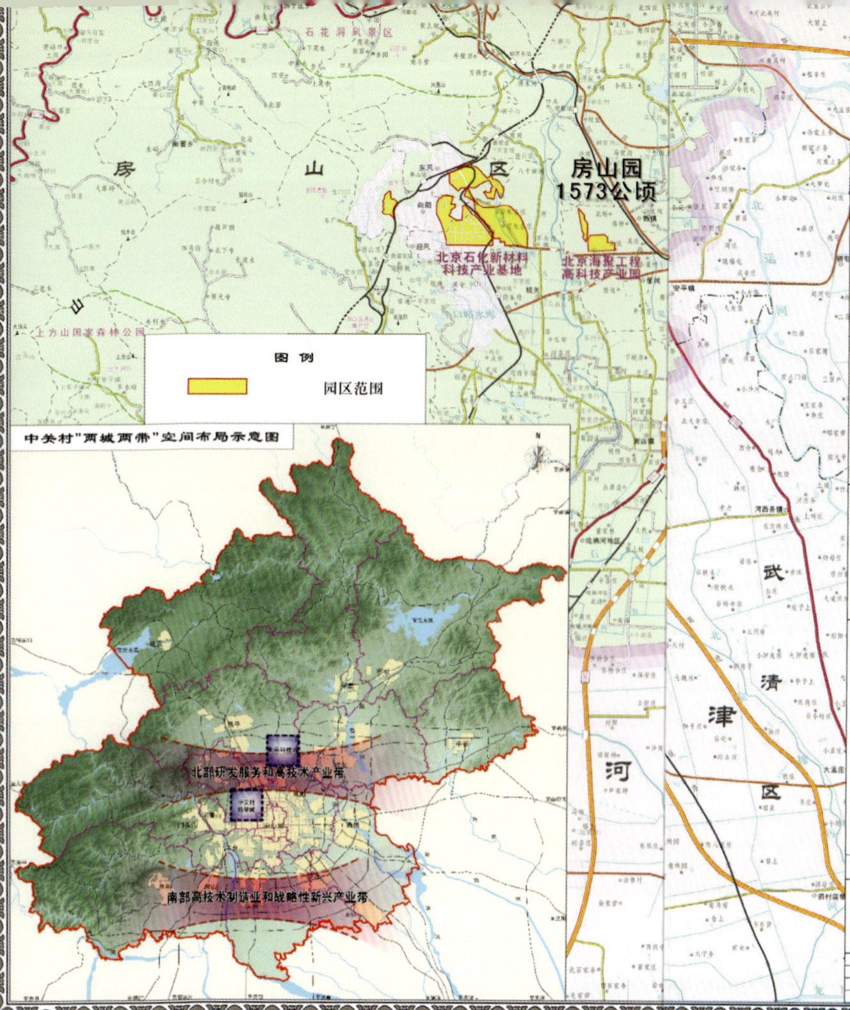

中关村国家自主创新示范区各园（含地块）列表

序号	园区名称	区块名称	面积（公顷）
1	**东城园**		603
	1-1	雍和园	545
	1-2	龙潭湖产业园	58
2	**西城园**		1000
	2-1	德胜地区	404
	2-2	展览路地区	382
	2-3	广安产业园	214
3	**朝阳园**		2610
	3-1	电子城东区	611
	3-2	电子城西区	202
	3-3	健翔园区	388
	3-4	电子城北区	337
	3-5	望京地区	271
	3-6	垡头中心区	801
4	**海淀园**		17406
	4-1	建成区	12031
		其中：中关村科学城	7500
		中关村软件园	274
	4-2	上庄科技产业基地	582
	4-3	苏家坨组团	260
	4-4	稻香湖组团	1895
	4-5	永丰基地组团	1495
	4-6	玉泉慧谷园	35
	4-7	西山文化创意产业大道	240
	4-8	西北旺产业基地	277
	4-9	温泉产业基地	591
5	**丰台园**		1763
	5-1	丰台园东区	478
	5-2	丰台园西区 I	130
	5-3	丰台园西区 II	217
	5-4	丽泽商务区	395
	5-5	永定河文化创意产业聚集区	232
	5-6	二七车辆厂	71
	5-7	二七机车厂	51
	5-8	首钢动漫城	172
	5-9	科技一条街	3
	5-10	应急救援科技创新园	12
6	**石景山园**		1334
	6-1	科技园北一区	63
	6-2	科技园北二区	91
	6-3	科技园南区	217
	6-4	西部拓展区产业用地一	19
	6-5	西部拓展区产业用地二	32
	6-6	首钢改造区	816
	6-7	银河商务区	36
	6-8	长安街北侧商业带	13
	6-9	TSM 商务区泽洋大厦	1
	6-10	瑞达地块	1
	6-11	中远地块	3
	6-12	苹果园交通枢纽商务区	10
	6-13	永定河绿色发展带商务区	7
	6-14	园林局宿舍北侧用地	2
	6-15	弹簧厂用地（现状仙鹤楼）	1
	6-16	五里坨西部发展预留	13
	6-17	蓝天中学等用地	1
	6-18	TSM 商务区华录大厦	2
7	**门头沟园**		189
	7-1	石龙经济开发区	189
8	**房山园**		1573
	8-1	北京石化新材料科技产业基地	737
	8-2	北京高端制造业基地	355
	8-3	北京良乡高新技术产业区	140
	8-4	北京良乡高新技术产业区西区	253
	8-5	北京海聚工程高科技产业园	88
9	**通州园**		3436
	9-1	金桥科技产业基地	1021
	9-2	通州经济开发区西区	443
	9-3	通州经济开发区南区	171
	9-4	通州经济开发区东区	278
	9-5	永乐经济开发区	231
	9-6	环渤海高端总部基地	290
	9-7	运河核心区	394
	9-8	光机电一体化产业基地	396
	9-9	国际种业科技园	13
10	**顺义园**		1208
	10-1	航空产业园北区	203
	10-2	航空产业园南区	314
	10-3	中关村临空国际高新技术产业基地	157
	10-4	空港创意产业园西区	67
	10-5	空港创意产业园东区	130
	10-6	实创高新技术产业园一区	49
	10-7	实创高新技术产业园二区	46
	10-8	北京北方新辉新兴产业基地	81
	10-9	非晶产业园	159
11	**大兴－亦庄**		9827
	11-1	新媒体基地	606
	11-2	大兴生物医药基地	1716
	11-3	采育开发区	527
	11-4	经济技术开发区	6978
12	**昌平园**		5140
	12-1	昌平园西区	265
	12-2	昌平园东区	236
	12-3	创新基地	644
	12-4	生命科学园	464
	12-5	三一产业园	16
	12-6	南口工业园	228
	12-7	流村镇工业园	81
	12-8	阳坊工业区	118
	12-9	马池口工业园	391
	12-10	百善创新产业基地	96
	12-11	大学科技园	29
	12-12	北汽福田	144
	12-13	巩华城	311
	12-14	国际信息产业基地	254
	12-15	宏福科技园	349
	12-16	北七家工业园	130
	12-17	未来科技城	722
	12-18	小汤山工业园	533
	12-19	兴寿镇工业园	60
	12-20	小汤山农业园	70
13	**平谷园**		508
	13-1	峪口新能源产业基地	30
	13-2	兴谷开发区 A、C 区	196
	13-3	兴谷 B 区（滨河科技园区）	57
	13-4	马坊工业园	212
	13-5	物流基地	13
14	**怀柔园**		711
	14-1	核心区西区	45
	14-2	核心区中区	426
	14-3	核心区南区	192
	14-4	北区	49
15	**密云园**		1001
	15-1	密云开发区 A 区	253
	15-2	密云开发区 B 区	117
	15-3	密云开发区 C 区	266
	15-4	生态商务区 1 号地块	133
	15-5	生态商务区 2 号地块	73
	15-6	生态商务区 3 号地块	158
16	**延庆园**		491
	16-1	北京延庆经济开发区	129
	16-2	北京八达岭经济开发区	303
	16-3	北京康庄产业园	57

中关村科技园区管理委员会 北京市测绘设计研究院 2013年1月编制

编辑说明

一、《中关村年鉴》（原名《中关村科技园区年鉴》《中关村国家自主创新示范区年鉴》）是一部反映中关村国家自主创新示范区发展变化的专业性资料工具书和史料文献，由中关村科技园区管理委员会主持编纂。

二、本年鉴编纂全面贯彻党的十八大以来的会议精神，坚持以邓小平理论和“三个代表”重要思想、科学发展观为指导，贯彻习近平总书记系列重要讲话精神，尤其是对中关村示范区的系列指示要求，遵循实事求是的原则，科学、客观地反映实际情况。

三、本年鉴从2008年开始，逐年编纂。当年出版的年鉴，记述上一年度中关村示范区所发生的重大事件和新的情况，为领导决策提供可资参考的依据，为制订科技发展规划提供有价值的资料，为在园区创新创业者和国内外人士了解中关村示范区、研究北京地区高新技术产业园区提供最新信息，为开展交流合作和对外宣传提供基础资料。

四、本年鉴在记载中关村示范区“一区十六园”内高新技术企业情况为主的前提下，对政策覆盖范围的科研机构、高等院校等单位情况也适当记述，使主体突出而又概括全貌。

五、本年鉴设有特载·专文、大事记、概况、综合管理、多园格局、产业发展、重大创新成果、基地建设、科技金融、人才特区、创业服务、知识产权与标准化、合作与交流、社会组织、统计资料、附录16个一级栏目。

六、本年鉴采用文章和条目两种体裁，以条目体为主，用规范的语体文、记述体，直陈其事，文字力求言简意赅。文前配有彩色图片及图表，文内配有随文彩色图片。

七、本年鉴收录有中关村科技园区管理委员会以及十六园管理委员会等机构信息，所列各单位主要负责人均以2014年内任职为限。

八、选入本年鉴的文章和条目，均由《中关村年鉴》参编单位确定的专人负责撰写或提供，稿件均经所在单位主管负责人审核。

九、统计资料由北京市统计部门，中关村科技园区管理委员会和各园区管理委员会的统计部门提供。书中部分数据合计数或相对数由于计量单位取舍不同，分项之和未必等于总计，分项占比合计未必等于100%。

十、为便于读者查阅，本年鉴卷首设有“目录”，卷末设有“索引”。“索引”分为主题词、机构名称和条目标题3类。

十一、本年鉴设有国家部分机构、北京市部分机构全称简称对照表，所有简称均按有关部门规定，规范使用；中关村国家自主创新示范区、中关村科技园区管理委员会在文内均简称为“中关村示范区”“中关村管委会”。

十二、本年鉴记述2014年1月1日至12月31日期间情况，凡2014年的内容，均直书月、日，不再写年份。文内“年内”一律指2014年，涉及其他年份的时间均标明年份。

十三、本年鉴除印刷出版纸质文本外，还出有电子版本。电子版刊载在中关村示范区官网的“中关村志鉴”平台（yqz.zgc.gov.cn）。

目录 Contents

特载·专文

大事记

概 况

综合管理

多园格局

产业发展

重大创新成果

基地建设

科技金融

人才特区

创业服务

知识产权与标准化

合作与交流

社会组织

统计资料

附　录

索 引

目录 Contents

Special Issues and Special Articles

Chronicle

Overview

General Management

Sub-Parks

Industry Development

Major Innovative Achievements

Base Construction

Sci-tech Financing

Special Talent Zone

Entrepreneurial Service

Intellectual Property and Standardization

Cooperation and Exchange

Social Organizations

Statistics Data

Appendix

Index

特载·专文

Special Issues and Special Articles

本栏目主要刊载国务院以及国务院所属相关部委，中共北京市委、北京市政府印发的指导中关村国家自主创新示范区发展的文件；中央和北京市领导以及中关村管委会主要领导的讲话和文章；反映中关村示范区上一年度发展变化的“中关村指数”等专文。

在中关村国家自主创新示范区部际协调小组第三次会议上的总结讲话

科技部部长　万　钢

（2014 年 12 月 23 日）

今天，我们在这里召开中关村国家自主创新示范区部际协调小组第三次会议。会上，张建东同志报告了中共中央政治局第九次集体学习以来中关村国家自主创新示范区有关工作进展情况，仲文同志报告了关于全面深化改革、加大实施创新驱动发展战略力度、加快建设具有全球影响力的科技创新中心的考虑，与会的部际协调小组各成员单位领导都做了很好的发言、提出了很多好的建议，安顺同志代表北京市委、市政府做了重要讲话，会议开得很好。下面，结合大家的发言，我谈 3 点意见。

一、中关村建设国家自主创新示范区成绩显著

在党中央、国务院和示范区部际协调小组的关心支持下，在北京市委、市政府的领导下，中关村示范区以习近平总书记“9·30”“2·26”系列重要讲话精神为行动指南，在加大实施创新驱动发展战略力度，加快建设具有全球影响力的科技创新中心方面取得了新进展，为全国实施创新驱动发展战略发挥了示范引领作用。

一是发展质量和效益大幅度提高。今年 1—9 月，中关村示范区规模以上企业总收入 2.2 万亿元，同比增长 15%；实现利润总额 1749 亿元，同比增长 40%；实缴税费 1285 亿元，同比增长 29%；实现出口 232 亿美元，同比增长 15%。

二是创新成果大量涌现。中关村今年 1—9 月企业拥有有效发明专利 33639 件，占全市的 66%。截至目前，累计创制国际标准 144 项、国家标准 2778 项、行业标准 1828 项，在全球 4G 通信、移动互联网、高端液晶显示等领域正逐步掌握话语权。

三是产业集聚效应显著。着力打造“641”战略性新兴产业集群。1—9 月，下一代互联网、移动互联网、卫星应用、生物与健康、节能环保、轨道交通等六大优势产业集群和集成电路、新材料、新能源和新能源汽车、高端装备与通用航空等四大潜力产业集群实现总收入 1.63 万亿元，占规模以上企业总收入的 72.8%。现代服务业总收入 1.5 万亿元，同比增长 19.4%，占示范区企业总收入的 65.4%，对示范区收入增长的贡献率达 80.2%。

四是创新创业空前活跃。目前，中关村集聚海外归国人才 1.8 万人，外籍从业人员 9000 余人；中关村地区有中央“千人计划”人才 874 人，约占北京地区的 80%，占全国的 20.9%。2014 年新增上市公司 18 家，总数达到 245 家，IPO 累计融资总额近 2200 亿元，其中在创业板上市 66 家，占全国的 1/7；在新三板挂牌和通过备案的企业 352 家，约占全国总数的 30%。1—9 月，中关村地区发生天使投资案例 105 起。支持培育创新型孵化器，创新型孵化器已达 27 家，今年 1—10 月新增入孵企业 5972 家。

五是辐射带动作用凸显。2013 年中关村技术合同成交额达 2484 亿元，占全国的 1/3，其中 80% 向京外转化。积极落实京津冀协同发展战略，聚焦天津滨海新区、曹妃甸区、新机场临空经济区、张承生态经济区 4 个战略合作功能区，建立了政府、企业、高校、社会组织多层面的协同创新合作机制。据不完全统计，中关村企业已在河北设立分支机构 1029 家，在天津设立分支机构 503 家。另外，积极与贵阳、毕节共建创新园区，辐射带动欠发达地区创新发展。

中关村示范区创新驱动发展取得可喜成绩，在建设具有全球影响力的科技创新中心的征程上取得了阶段性重要成果，为全国范围内实施创新驱动发展战略提供了有益的示范。事实证明，在中关村部署我国第一家国家自主创新示范区的决策是英明而正确的，是

探索具有中国特色自主创新道路的重要战略选择。

二、中关村国家自主创新示范区政策先行先试取得较大进展

2010年底，李克强同志视察中关村，经国务院批准，在中关村开展了“1 + 6”（1个创新平台，6项政策）试点，2013年9月在中关村试点了4项新的政策，2014年对股权激励分期缴纳个人所得税政策、科技成果处置和收益权进行了深化改革。中关村示范区以制度创新作为核心任务，按照可复制、可推广的基本要求，着力先行先试，2013年2月和9月在对政策试点成效进行评估的基础上，经国务院批准，对试点政策按照分项、分层次、分阶段的原则进行了推广。

这系列政策的试点和推广为科技型企业、中小企业发展提供了有力的政策保障，取得积极成效。一是调动了科技人员的积极性。通过实施股权激励，对增强企业凝聚力、吸引科技人才发挥了重要作用。二是促进了高校和科研院所成果转化。据统计，通过科技成果处置权和收益权改革，2011—2013年北京地区高校和科研院所转让技术累计1531项，收入约108亿元。三是激励企业加大了研发和人才投入。2013年中关村共有1690家企业享受研发费用加计扣除试点政策，减免所得税约30.5亿元，有154家企业享受职工教育经费税前扣除试点政策。四是吸引了社会资本投入科技创新。通过中小企业股份转让系统，为中小企业开辟了有效的融资渠道，今年1—8月融资金额近90亿元。

为进一步扩大先行先试政策受益面，12月3日，李克强总理主持召开国务院常务会议，决定把6项中关村先行先试政策推向全国，包括加快落实先期已确定推广的科研项目经费管理改革、非上市中小企业通过股份转让代办系统进行股权融资、扩大税前加计扣除的研发费用范围等3项政策，以及此次将推开的股权和分红激励、职工教育经费税前扣除、科技成果使用处置和收益管理改革等3项政策。

同时，在所有国家自主创新示范区、合芜蚌自主创新综合试验区和绵阳科技城，推广实施4项先行先试政策，包括技术人员和管理人员股权奖励的个人所得税5年内分期缴纳试点、有限合伙制创业投资企业法人合伙人企业所得税优惠政策试点、5年以上非独占许可使用权转让所得税优惠政策试点、中小高新技术企业向股东转增股本的个人所得税5年分期缴纳试点等，并根据试点进展情况和评估结果，适时向全国推广。

围绕鼓励引进海外高层次人才、拓宽科技企业融资渠道、支持设立适应科技企业特点和需求的保税仓库等，研究推动在中关村开展新的4项政策试点。一是外籍高端人才永久居留资格程序便利化试点；二是放宽人才中介机构外资出资比例限制试点；三是支持中关村研究设立民营银行服务科技企业试点；四是调整存储生物制剂等公用型保税仓库建设标准试点。这些政策主要着眼于管理机制创新，均不涉及增加中央财政投入。

在更大范围推广实施中关村国家自主创新示范区试点政策，用政府权力的“减法”换取创新创业热情的“乘法”，有利于激发人们尤其是科研人员的主动性、积极性、创造性，加快创新成果转移转化，推动高新技术产业成长，打造中国经济发展新动力，促进经济向中高端水平迈进。

三、齐心协力加快推进中关村向全球影响力的创新中心进军

党的十八大把创新驱动发展上升为国家战略，十八届三中全会对全面深化改革做了部署，对深化科技体制改革提出了新要求，要求科技体制改革、经济体制改革、政府职能转变等改革有机衔接和协同推进，核心是使市场在科技资源配置中起决定性作用和更好发挥政府作用，让改革创新活力得到充分释放。四中全会首次将依法治国作为主题，强调全面深化改革需要法治保障，指出科学立法是处理改革和法治关系的重要环节。刚闭幕的中央经济工作会议，明确阐述了“经济发展新常态”的九大趋势性变化，提出“认识新常态，适应新常态，引领新常态，是当前和今后一个时期我国经济发展的大逻辑”。中国经济已经到了“爬坡过坎”的关键期，适应经济新常态，就需要全面深化改革，进一步释放经济发展活力，进一步激励“大众创业、万众创新”，并把法治精神全面贯彻到创新驱动发展实践中去。

去年9月30日，习近平总书记在中关村举行的中共中央政治局第九次集体学习时强调，实施创新驱动发展战略决定着中华民族前途命运，同时指出，“现在看，发展中关村、建设高新区这步棋是走对了”。习总书记要求，中关村要加大实施创新驱动发展战略力度，加快向具有全球影响力的科技创新中心进军，为全国实施创新驱动发展战略发挥更好示范引领作用。今年2月，习总书记在北京考察工作时，明确了首都全国政治中心、文化中心、国际交往中心、科技

创新中心的战略定位，要求把创新的事业做大做强，并对京津冀协同发展做出战略部署。中关村作为首家国家自主创新示范区，要以历史的使命感和责任感，在全国发展大局中谋划、思考和推动，全面深化创新改革，率先实现创新发展，引领区域协同发展，成为具有全球意义的高端引领区，为全国创新驱动发展探索经验，做出示范。

在新的历史时期，我们要深入贯彻落实党的十八届三中全会、四中全会，习总书记对创新驱动发展和国家自主创新示范区的一系列新指示、新要求，加大先行先试力度，加快推进中关村向具有全球影响力的创新中心进军。

第一，加快落实国务院常务会议新政策试点要求。国家自主创新示范区作为新时期创新实践的重大探索，其建设和发展需要各部门、各方面的共同参与和推动。中关村示范区部际协调小组成员单位、北京市及中关村，按照党中央、国务院的部署和要求，统一思想、密切配合，围绕事关中关村示范区创新发展最急迫、最相关的重大问题，加强战略研究，提出了众多有针对性、切实可行的政策建议，取得了良好效果。面向未来，部际协调小组、北京市和中关村示范区要进一步加强创新政策研究，深入贯彻落实12月3日国务院常务会议精神，围绕鼓励引进海外高层次人才、拓宽科技企业融资渠道、支持设立适应科技企业特点和需求的保税仓库等方面，开展好新的政策试点。将已出台的和新的试点政策执行好，落到实处。一方面要加强政策宣传，让示范区内有关部门、企业、研发机构知晓、用好，充分调动它们的积极性，发挥好先行先试政策的激励作用；另一方面要加强与有关部门的沟通协调，确保落实到位。同时，做好先行先试政策的评估、评价工作，分析执行中的新情况、新问题，总结好的经验和做法，及时提出完善政策建议。

第二，着力深化科技体制改革。以深化科技体制改革和加强机制创新为重点，建立健全推动自主创新的动力机制和激励机制，弱化行政区划壁垒，消除行政边界对市场配置资源的掣肘，促进创新要素自由流动。在市场化、制度化的方向上加大改革力度，率先破除经济转型的障碍因素，以良好的制度环境更广泛地聚集创新资源。重点围绕提升科技创新对外开放水平、完善科技金融服务体系、促进科技创新和成果转化、支持新兴业态创新发展、推进科技创新领域财税改革试点、加快建设京津冀协同创新共同体，研究深化改革政策措施。还要进一步转变政府职能，坚持使市场在资源配置中起决定性作用和更好发挥政府作用，探索建立以法无禁止即可为的“负面清单”、法无授权不可为的“权力清单”、法有规定必须为的“责任清单”为核心的简政放权改革，创造更公平的环境，让市场主体的创造活力、潜力、竞争力争相迸发出来，更大激发市场活力，更多释放改革红利。

第三，大力优化创新创业生态。要建立和完善多要素联动、覆盖全链条的创新创业生态体系，大力支持技术、产业、金融、商业模式的跨界融合，形成科技创新与金融、贸易、投资、文化等要素的良性互动，形成有活力、可持续的创新竞争优势。壮大科技服务业，发展创新型孵化器，扶持“创客”“集客”等创业孵化新模式。把握时代特征，紧紧抓住新一轮科技革命和产业变革的重大机遇，聚焦大数据、软件和互联网、智能硬件、集成电路、生物、健康等领域的高新技术和新兴产业发展潮流，发挥中关村技术和产业优势，推动互联网跨界融合创新，引导开放式创新，支持互联网和大数据带动产业转型升级，支持技术创新和商业模式创新催生新兴产业，在全国率先掀起“大众创业、万众创新”的新浪潮。

第四，引领带动京津冀协同发展。发挥好中关村示范引领与辐射带动作用，联合京津冀三地有关部门，探索建立市场主导、社会参与、央地联动的京津冀协同创新模式，以协同创新引领区域协同发展，聚焦天津滨海—中关村科技园、首钢曹妃甸园区、新机场临空经济区、张承生态经济区等重点任务。围绕京津冀具有优势和未来巨大潜力的产业领域，打造一批具有国际竞争力的协同创新共同体，围绕产业链部署创新链，围绕产业集群构建研发集群，推进京津冀产业与科技在更高层面、更大范围、更广领域协同发展，打造我国参与全球科技竞争的前沿阵地。同时还要进一步提升创新要素集聚和辐射能力，在首都建设国家科技创新中心中勇于担当，发挥排头兵、主力军、主战场的作用，坚持全球视野，整合利用全球创新资源，做好搭平台、聚人才、接任务、出成果等方面的工作，加快向具有全球影响力的科技创新中心进军。

最后，感谢各部门、单位和北京市委、市政府对中关村示范区创新发展的高度重视和大力支持。同时，也感谢北京市及中关村管委会为此次会议付出的辛勤劳动。

在中关村国家自主创新示范区领导小组第十八次会议上的讲话

北京市市长　王安顺

（2014 年 9 月 19 日）

一、认真学习贯彻总书记重要讲话精神，加快建设全国科技创新中心

去年 9 月 30 日，中共中央政治局第九次集体学习把“课堂”搬到了中关村，习近平总书记发表了重要讲话，对实施创新驱动发展战略提出了“五个着力”的要求。今年 2 月 26 日，习近平总书记在视察北京时的重要讲话中，进一步明确了北京的城市战略定位，其中之一就是建设全国科技创新中心，这是中央赋予北京的新定位。北京的央校央院的科技、教育资源都是国家的，中央定位北京为全国科技创新中心，这个定位也是国家的，我们要围绕国家做工作，要在科技创新方面有所突破。

8 月，总书记在中央财经领导小组第七次会议上，又专门围绕实施创新驱动发展战略，发表了重要讲话。在深入研判国际国内科技经济发展大势的基础上，从历史和现实两个角度出发，深刻阐述了当前我国实施创新驱动发展战略的紧迫性和重要性，从“紧扣发展、强化激励、深化改革、扩大开放”4 个方面，提出了实施创新驱动发展战略的基本要求，并对近期工作进行了安排部署。

总书记系列重要讲话精神，内涵非常丰富，理论性、实践性，以及对具体工作的指导性、针对性都很强。我们一定要在认真学习、深刻领会上下功夫。坚决避免一般化的学习，不能把学习停留在表面上。要对照总书记系列重要讲话精神，结合实际工作，一条一条去思考，把总书记提出的目标要求，转化为具体的工作措施，转化为实际行动，真正落到实处。

要通过学习不断增强我们做好首都科技创新工作的责任感和使命感。北京是全国科技创新中心，中关村是国家自主创新示范区，这本身就意味着一种责任。科技创新已经上升为北京的城市战略定位和城市功能，是一个永恒的任务，而不是一项短期工作。当前，首都转型发展的压力很大，要取得突破性进展必须紧紧依靠科技创新。中央强调创新发展是跨越“三期叠加”的根本出路，这都给我们提出了很高的要求。我们一定要把各方面积极性、主动性调动起来，切实履行好中央赋予的职责，坚持不懈把推动首都科技创新和示范区建设各项工作，抓紧抓好，抓出成效，发挥示范引领作用，为国家创新驱动发展战略的实施提供支撑、做好服务。

二、进一步深化改革，继续为中关村示范区发展营造良好的环境

改革是中关村示范区新一轮发展的动力源泉。今年是全面深化改革的第一年，各部门围绕促进中关村示范区创新发展，都陆续出台了一些改革方案，也取得了一些成效。下一步要在现有成效的基础上，继续把改革推向深入。要充分发挥中关村改革“试验田”的功能，积极对接国家有关部门，争取把各方面要突破的政策措施都拿到这个平台上来试，不断推动示范区改革取得新成果。

科技与金融的结合是创新成果实现市场化的关键。近年来，我们在科技金融创新方面进行了有益探索，积累了很好的经验。但也要看到，科技与金融的对接渠道仍然不是很畅通、很便捷，中关村近 2 万家企业中，能够获得融资支持的不到 30%，中小企业融资难问题依然存在。要认真研究金融的属性和科技创新的规律，找到问题的症结所在，通过深化改革，为金融资源更好服务科技创新搭建平台、建立渠道。要进一步用足用好已有政策，同时积极争取在创业投资引导机制、科技信贷机制、直接融资机制、保险、外汇管理等方面的政策突破。特别是要大力发展创业投

资和天使投资，引导民间资本进入科技领域，支持互联网金融等新兴金融的创新发展。

现代服务业是首都构建“高精尖”经济结构的战略重点。从2011年6月开始，中关村现代服务业试点取得了丰硕成果。下一步要积极争取中央有关部门的大力支持，继续深化和扩大试点。要围绕服务首都城市战略定位，进一步明确现代服务业发展重点，突出中关村特色。着力做强知识产权和标准服务、科技金融服务、创业孵化服务、技术交易服务，推动现代服务业发展升级，促进传统产业改造。

人才是创新的根基，是创新的核心要素。创新驱动实质上是人才驱动。建设科技创新中心，必须要有在全球范围内配置人才资源的能力。硅谷地区出生在海外的从业人员约占36%，而中关村的外籍从业人员只占0.7%。数量上的差距背后是人才理念的差距。要进一步加大国际领军人才的引进力度，加快高端创新人才在北京、在中关村的集聚。以深化中关村人才管理改革为着力点，加强与国家有关部门的工作对接和会商，简化国际人才引进的政策和程序，积极争取一些自主权。要进一步完善人才使用的体制机制，用好科学家、用好科技人员、用好企业家。继续加强对高端人才的服务，切实解决他们在京创新创业面临的实际问题。

要从努力营造良好创业环境的高度出发，大力推动工商行政管理改革，积极争取在改革企业名称登记制度、放宽市场主体住所和经营场所登记条件、放宽经营范围登记条件等方面先行先试，进一步优化和创新监管方式，营造创业友好型环境，在中关村掀起创新创业新热潮。

营造良好的创新创业环境，工商管理改革只是一个方面，政府各部门都有责任。比如，在推动科技创新成果转化方面，就要进一步做好政府采购工作，加大对新技术、新产品的采购力度，通过政府采购引导市场采购。总之，政府的责任就是营造有利于创新创业的宽松环境。

三、全力抓好工作落实，切实激发各类创新主体的创新活力

中关村到了全面深化改革的阶段，各部门制定了推进改革的措施和方案，关键是要抓落实。推动科技创新，北京的资源优势很突出，问题也明显，就是创新能力与资源状况还不匹配，尤其是企业创新能力还不强。2013年，企业研发支出占全市研发支出的比重仅为36.1%，同比下降了3.5个百分点。中关村示范区企业研发投入强度为3.9%，而发达国家科技型企业的投入强度一般为5%～10%，差距还比较明显。下一步要切实抓好各项改革措施的落实，把已经出台的措施落实到激发创新主体活力、提高创造力上去，落实到创新的整个过程中去，力求取得实实在在的效果。

要围绕创新主体需求抓落实。建立与企业和高校院所对接的长效机制，多听取他们的意见，让创新主体的需求能够及时体现在政策完善和落实过程中，增强改革的针对性，最大限度地发挥改革的效益，并最终体现在创新成果的产出上，而不是出台了多少文件上。要坚持问题导向抓落实。切实解决企业和高校院所创新发展中面临的各种问题。要定期梳理政策和各项改革措施，对于企业和高校院所反映的“好看不中用”、不能解决问题的政策措施，要及时清理和完善。在政策落实上不要贪大，不要期望一个政策或文件就能解决所有问题，能解决一个问题就好，就是进步，就意味着改革的深入。要在鼓励探索创新中抓落实。政策不能一刀切，落实过程中要注意坚持原则基础上的变通，根据企业和高校院所的实际情况不同，鼓励多种模式的改革探索。对于取得的一些好经验、好做法，要及时总结上升为新的政策。目的和标准只有一个，就是要有利于激发创新主体的创新活力。

四、各部门切实履行职责，加快形成有利于促进创新的工作合力

近年来，我们学习贯彻中央精神，推动中关村示范区建设发展，取得了明显成效。这离不开广大企业、高校院所以及社会各方面的积极参与、大力支持，也是全市各区县、各部门共同努力的结果。中央赋予北京建设全国科技创新中心的定位之后，中关村示范区的发展上升为国家战略。这就更加需要社会各方面和政府各部门的齐心协力、积极参与和共同推动。各区县、各部门在履行职责、制定政策、支持和推动科技创新的工作中，特别要注意遵循创新规律，把好事办好，取得最大效益。一是要处理好科技创新和制度创新的关系，既要不断完善有利于科技创新的政策，也要注意长效体制机制的建立，通过不断地推进制度创新为科技创新营造良好环境。二是要处理好企业的技术创新和高校院所知识创新的关系，既要采取不同的支持引导策略，也要积极支持和鼓励产学研联合创新。三是要处理好政府与市场的关系，能由市场做的，要充分发挥市场在资源配置中的决定性作用，政府要从分钱分物的具体事项中解脱出来，提高战略规划水平，做好创造环境、引导方向、提供服务等工作，尽量避免对微观企业和产业的直接干预。这

个理念尤其要体现在财政科研资金的使用上。

各区县、各部门要进一步加强工作上的协同，在厘清权责、明确边界的基础上，加快形成一体化、有机衔接的工作体系和机制。加强政策制定上的协同，不断完善政策制定机制，促进科技政策与产业政策、区域政策的统筹协调，避免出现“政策打架”的现象；加强政策落实上的协同，坚决破除阻碍科技创新的玻璃门、弹簧门，形成促进改革创新的合力，推动中关村示范区创新发展再上新台阶。

（根据讲话录音整理，本刊略有删节）

在中关村创业大街开街仪式上的讲话

北京市委常委　苟仲文

（2014 年 6 月 12 日）

今天，我很高兴到海淀参加中关村创业大街开街仪式。这是中关村核心区发展史上的一件大事、喜事，我谨代表中关村管委会并以我个人名义对中关村创业大街开街致以热烈的祝贺！去年，我到中关村调研，提出在中关村核心区加快聚焦高端创新创业要素，建设“一城三街”，再造推动核心区发展新优势的构想。海淀区委、区政府深入调查摸底、周密规划设计、全力推进街区业态升级，为中关村创业大街顺利开街打下了坚实基础，成绩值得充分肯定。

一、充分认识中关村创业大街承担的历史使命

从国际看，扶持创新创业是提升创新能力，增强经济发展内在活力的重要途径。有一组数据，二战以来 67% 的开拓性创新成果，95% 的重大发明源于创办小企业和独立发明的创新创业人才；20 世纪 80 年代以来，美国创新创业人才每年创造 70% 以上的新就业机会和新产品新服务，包括苹果、Facebook、推特等新兴的国际科技巨头。2011 年，美国政府和考夫曼基金会、凯斯基金会、英特尔等大机构和大企业共同发起，旨在促进具有创新能力的初创企业快速成长，加速美国经济复苏和缓解就业压力的“创业美国”等一揽子计划正式推出，经过两年多的实践，成效显著。从国内看，支持人才创新创业创造，增强自主创新能力已经成为高层的共识。6 月 9 日，习近平总书记在两院院士大会上明确指出，我们要在科技创新方面走在世界前列，必须在创新实践中发现人才，在创新活动中培育人才，在创新事业中凝聚人才，必须大力培养造就规模宏大、结构合理、素质优良的创新型科技人才。李克强总理也在多个场合强调创新创业创造的智慧和源泉在民间，经济社会持续发展的动力在民间，政府要做的就是营造激励创新创业创造的宽松环境。今年 4 月，国务院围绕进一步促进高校毕业生就业创业，启动实施了“大学生创业引领计划”。北京市也制定出台了“京校十条”鼓励高校科研人员离岗创业，推动科技成果转化。建设中关村创业大街就是要通过完善创新创业生态环境，加快聚集、发现、培养、使用各类高端创新创业人才，推动科技与经济深度融合，为落实创新驱动发展战略奠定坚实基础。建设中关村创业大街，对上符合国家鼓励创新创业的大政方针，对内符合首都科技创新中心的城市战略定位，对外符合推动京津冀协同发展发挥示范引领作用的内在要求，也切合中关村核心区的神圣使命。

二、齐心协力推进中关村创业大街建设

中关村创业大街名义上叫街，实质是吸引全球高端创新创业人才、集聚高端创新创业服务要素、孕育产生关键颠覆性创新的功能中心。这个功能中心要体现全球视野、国际标准、中国特色、中关村特点，要将其上升到开启中关村示范区发展的里程碑、打造首都科技创新的新高地、建设全球知名创业中心的新标杆的高度来规划建设。要着力加大区域业态调整力度，打造与街区核心功能相匹配的综合生态环境。要着力搭建和完善支持创新创投业的各类专业化服务平台，构筑全链条、无缝隙的综合服务体系。要着力整合各级各类支持创新创业的政策资源，形成错位互补、协同推进的制度合力。要着力打造与国际接轨，独具中关村创业特色的鲜明品牌，扛起中关村落实创新驱动发展战略排头兵的大旗。

支持中关村全面深化改革
加快建设具有全球影响力的科技创新中心

——在中关村国家自主创新示范区部际协调小组第三次会议上的汇报发言

北京市副市长　张建东

（2014 年 12 月 23 日）

一、加快建设具有全球影响力的科技创新中心是习近平总书记对中关村提出的明确要求

2009 年 3 月，国务院《关于同意支持中关村科技园区建设国家自主创新示范区的批复》提出，要将中关村科技园区建设成为具有全球影响力的科技创新中心。国家“十二五”规划纲要明确要求，把北京中关村逐步建设成为具有全球影响力的科技创新中心。去年 9 月，习近平总书记在“9·30”重要讲话中，明确要求中关村加大实施创新驱动发展战略力度，加快向具有全球影响力的科技创新中心进军，为全国实施创新驱动发展战略发挥更好的示范引领作用。今年 12 月，李克强总理主持召开国务院常务会议，研究推动在中关村开展新的政策试点，加快推进国家自主创新示范区建设。

加快建设具有全球影响力的科技创新中心，是中关村把握我国经济发展新常态、打造经济发展新动力、积极承担国家使命，成为我国参与全球科技经济竞争前沿阵地和实施创新驱动发展战略强大引擎的必然选择；也是中关村更大力度实施创新驱动发展战略、更好发挥示范引领作用，实现北京全国科技创新中心战略定位、推动构建京津冀协同创新共同体的核心与关键。

二、中关村加快建设具有全球影响力的科技创新中心面临巨大挑战

在科技部牵头的示范区部际协调小组各成员单位的关心支持下，北京市举全市之力建设中关村示范区，搭建中关村创新平台，实施一系列先行先试政策，有力促进科技创新和战略性新兴产业发展。中关村在国家科技经济发展中作用越来越突出，已成为我国创新发展的一面旗帜。《麻省理工科技评论》认为，全世界的城市都在试图复制硅谷，但到目前为止，只有一座城市成为硅谷真正的竞争对手，它就是北京。

站在全球坐标系上，我们清醒认识到与以硅谷为代表的全球科技创新中心相比，中关村仍有很大差距：一是集聚全球高端创新要素的能力不足。比如，根据 2011 年数据，硅谷地区 50% 左右的本科及以上学历从业人员出生在国外，人数达到 27 万人，而目前中关村外籍从业人员只占总数的 0.5%。二是引领全球科技创新和新兴产业发展的能力不足。硅谷地区每 3 年～ 5 年就会产生一家对全球产业格局有重大影响的创新创业企业，而中关村这样的企业还很少。三是“软硬环境无差距、国际合作无障碍”的创新创业生态环境尚未形成。

加快建设具有全球影响力的科技创新中心，面临诸多体制机制障碍。中关村与硅谷存在差距背后的原因有很多，但体制机制障碍是根本。从国际化方面看，集聚和整合利用全球高端创新资源存在不少制度性障碍，比如，移民签证、跨国投资、技术并购等限制过多、针对性不强，制约国际创新人才、重大前沿技术、海外资本等高端创新要素流动，阻碍企业加快“走出去”的步伐。从国内方面看，不仅科技体制机制自身对创新创业活动的束缚依然较大，而且我国现阶段与科技创新密切相关的经济社会政策法规体系尚未充分体现创新驱动的根本要求，束缚了创新创业的动力和活力。

三、中关村加快建设具有全球影响力的科技创新中心，需要国家层面加强顶层设计和统筹协调，深化全面创新改革

全面审视近年来在中关村实施的先行先试政策，已经在体制机制的局部上实现一系列重大改革突破，对全国起到了显著的示范引领作用，但还缺乏整体性、系统性和协同性。随着建设具有全球影响力的科技创新中心的进程不断加快，体制机制上的障碍，尤其是经济、教育、文化、社会管理政策与科技创新政策不协同的矛盾日益凸显，创新创业现实需求反推全面创新改革的态势已经形成。

“十三五”时期是中关村落实中央领导指示和国务院批复精神，建成具有全球影响力的科技创新中心的决定性阶段。新的阶段，需要国家层面进一步加强中关村创新驱动发展的顶层设计和统筹协调，支持中关村进一步研究实施新一轮的系列改革措施，充分释放大众创业、万众创新的活力，为全国探索可复制、可推广的经验。为此，提出三点建议：

一是加快协调出台经国务院常务会议研究同意的4项新的试点政策。具体包括外籍高端人才永久居留资格便利化试点政策，放宽人才中介机构外资出资比例限制试点政策，支持中关村研究设立民营银行服务科技企业试点政策，调整存储生物制剂等公用型保税仓库建设标准试点政策。

二是支持中关村率先建设全面创新改革试验区，更好发挥中关村改革试验田的作用，把中关村建设为国家全面创新改革试验的平台。将我市配合各部委研究提出的40余项改革试点建议，纳入国家全面创新改革顶层设计方案之中。支持中关村围绕市场要活、创新要实、政策要宽的要求，积极支持并充分授权中关村在营造激励创新的公平竞争环境，建立产业化的创新机制，培育新的增长点，强化金融创新对技术创新的助推作用，完善促进成果转化的有效政策，深化科技管理体制改革，建立完善创新人才培养和流动机制，实施开放式创新，推进军民融合创新，探索区域创新合作体制等方面，大胆先行先试。

三是支持中关村搭平台、聚人才、接任务、出成果，围绕国家重大战略需求，聚焦大数据、智能硬件、集成电路设计、软件与互联网、生物与健康、节能环保等战略性新兴产业领域发展，支持中关村承接国家重大项目，充分发挥战略性新兴产业策源地的作用。

中共北京市委　北京市人民政府
关于进一步创新体制机制加快全国科技
创新中心建设的意见

京发〔2014〕17号

为深入贯彻落实党的十八大、十八届三中全会和习近平总书记系列重要讲话特别是考察北京工作时的重要讲话精神，坚持和强化首都城市战略定位，促进首都科技创新优势向发展优势转化，加快推进创新驱动发展战略实施，现提出如下意见。

一、深化科技成果使用权、处置权和收益权改革，加快推动科技成果转化

（一）加快科技成果使用权和处置权改革。探索建立科技报告和科技成果登记制度。加强技术交易市场建设，建立符合科技成果转化规律的市场定价机制，积极探索科技成果市场交易制度。建立新型科技成果管理制度体系，鼓励高等学校、科研机构通过托管等方式，委托第三方专业技术转移机构代理开展科技成果许可、转让、投资等工作。除涉及国家安全、国家利益和重大社会公共利益外，科技成果的知识产权由承担单位依法取得。赋予市属相关事业单位科技成果自主处置权，对依法取得的科技成果，除国家法律限定事项外，可自主决定合作实施、转让、对外投资和实施许可等科技成果转化事项。

（二）深化科技成果收益分配方式改革。完善科研人员科技成果转化收益分配机制，高等学校、科研机构科技成果转化所获收益可按70%及以上的比例，划归科技成果完成人以及对转化做出重要贡献的人员所有，剩余部分留归单位用于科技研发和成果转化工作。科技成果转化所获收益用于人员激励支出的部分，经批准可一次性计入当年单位工资总额，但不纳入工资总额基数。

（三）深化科研资产管理改革。推进应用型技术研发机构市场化、企业化改革。市属科研机构改制为企业的，根据科技成果转化需要，其已经实际使用的房屋所有权或使用权、土地使用权等资产，可按国有资产管理相关规定变更房屋、土地产权手续。探索科研机构将与科技成果转化相关的仪器设备等固定资产的所有权或使用权入股组建科技成果转化实体，取得的市场收益，经批准可用于与科技成果转化相关的市场经营活动。

二、健全技术创新市场导向机制，强化企业技术创新主体地位

（四）健全技术创新市场导向机制。充分发挥市场对技术研发方向、路线选择、要素价格、各类创新要素配置的导向作用，加快建立由市场决定技术创新立项、实施和评价的机制，促进科技成果与经济社会发展和市场需求有效对接。支持“首都创新大联盟”等产业技术创新战略联盟开展产业发展战略研究、技术方案选择、重大关键共性技术研发和商业模式创新，推动产学研用协同创新。

（五）强化企业技术创新主体地位。充分发挥企业在技术创新决策、研发投入、科研组织和成果转化中的主体作用以及在创新目标、资源配置和组织实施过程中的主导作用。完善企业创新支持方式，引入市场竞争和产业链上下游评价等市场化评价机制。支持企业自建或与高等学校、科研机构共建研发机构、中试基地和成果转化基地，建立健全有利于协同创新的利益分配机制。完善创新型企业培育机制，发挥领军企业创新骨干作用，激发中小企业创新活力。支持建设一批小企业创业基地，完善中小企业服务网络和公共技术服务平台。

（六）完善科技资源共享的市场机制。深化“首都科技条件平台”建设，鼓励高等学校、科研机构、大型企业向社会开放共享科研仪器设备、数据资料、科技成果和科技人才等科技资源，为全国中小企业提供联合研发、委托研发、中试检测、技术转移、人才培训等服务，进一步完善以科技资源开放量和服务企业业绩为导向的市场化评价机制。探索采用创新券等政府购买服务的方式，支持高等学校、科研机构为中小企业提供服务。

三、完善激励机制，加强财政科研项目和资金管理

（七）改革科技人才评价和激励机制。建立以科研能力和创新成果等为导向的科技人才评价标准，完善专业技术资格评聘制度。实行科技成果入股、股票期权、分红激励等办法，增强对关键岗位、核心骨干的激励。高等学校、科研机构经批准可采用协议工资等分配方式聘任高层次人才。中关村国家自主创新示范区内的高等学校、科研机构中从事科技成果转化和产业化的科研人员可列入示范区高端领军人才专业技术资格评价试点范围，评价合格的可获得高级工程师（教授级）专业技术资格。

（八）加强财政科研项目和资金管理。认真贯彻落实《国务院关于改进加强中央财政科研项目和资金管理的若干意见》，加快建立适应科研创新规律、统筹协调、职责清晰、科学规范、公开透明、监管有力的科研项目和资金管理机制。加强科研项目和资金配置的统筹协调，优化财政科技投入和经费管理组织流程。实行科研项目分类管理，基础前沿科研项目突出创新导向，公益性科研项目聚焦重大需求，市场导向类项目突出企业主体。建立财政投入与社会资金搭配机制，财政资金重点支持基础前沿、战略高技术、社会公益和重大关键共性技术研究。完善无偿资助、股权投资、贷款贴息、风险补偿、后补助等多样化财政资金支持方式。加强科研项目和资金监管，改进资金结算方式和科研信用管理。探索建立创新调查制度。

（九）充分发挥社会组织在科研项目管理中的作用。借助学术咨询机构、协会、学会、知识产权代理机构等社会力量，采取同行评议、咨询服务、第三方评估、用户测评等方式，为财政科技项目资金管理提供支持。重点培育并优先发展科技类社会组织，鼓励社会组织为企业科技创新提供服务。

四、深化金融创新，优化科技金融服务环境

（十）深化科技金融综合改革。加快建设科技金融创新中心，搭建科技金融服务平台，推动科技和金融深度融合。探索设立自担风险的民营银行，建立信用信息共享机制和开展企业境外投资试点。完善科技信贷、创业投资、多层次资本市场、科技保险、融资租赁等科技金融服务体系，促进互联网金融健康发展。支持全国中小企业股份转让系统扩容发展，推动北京

区域性股权交易市场建设。引导民间资本依法设立科技成果转化创投基金，鼓励银行等金融机构为科技成果转化和产业化提供知识产权质押贷款等金融服务。

五、强化市场拉动，培育新技术新产品应用的市场环境

（十一）充分发挥政府采购对新技术新产品应用的导向作用。积极探索建立符合国际规则和产业发展的政府采购技术标准体系。完善促进公共服务部门和国有企业采购新技术新产品的工作机制。探索建立面向全国的新技术新产品（服务）采购平台，深化首购、订购、首台（套）重大技术装备试验和示范项目、推广应用以及远期采购合约等采购机制，带动新技术新产品在全社会的推广应用。探索建立“首购首用”风险补偿机制。严格执行节能、环保产品优先采购和强制采购政策。支持企业承接重大建设工程，以应用为导向，实施科技成果应用示范工程。通过预留份额、评审优惠和合同分包等方式提高中小企业政府采购比例。

（十二）研究制定促进新技术新产品应用的消费政策。鼓励新能源汽车租赁、合同能源管理、电子商务等商业模式创新，发展商业性的增值服务新业态。推动文化、信息消费快速健康增长。探索建立负面清单管理模式，积极营造公平、开放、透明、高效的市场环境。引导市场加大对大气污染防治、污水处理、垃圾处理、健康养老、智能交通、城市安全运行和应急救援等民生领域技术创新成果的示范应用和推广普及。建设创新参与平台，调动社会公众参与创新活动和消费创新产品的积极性。

六、实施技术创新行动计划，构建“高精尖”经济结构

（十三）实施《北京技术创新行动计划（2014—2017年）》。坚持突出创新导向，加大科技创新储备，积极培育先导技术和战略性新兴产业。围绕城市可持续发展和重大民生需求，突破一批关键共性技术和重大公益性技术，在破解城市发展难题的同时培育具有竞争力的产业。遴选若干重大战略领域、关键共性技术或重大工程作为重大专项进行重点攻关。改革政府科技创新组织方式，努力构建政府服务引导、市场配置资源、突出企业主体、社会广泛参与的工作格局。

（十四）运用市场机制推动构建“高精尖”经济结构。创新战略性新兴产业支持机制，围绕产业链部署创新链，形成若干产业链完整、规模效应明显、特色鲜明的高端产业集群。完善产业转型升级机制，坚持高端引领、创新驱动、绿色发展，强化节能、节地、节水，以及人口、环境、技术、安全等产业准入标准，引导产业转型升级，促进产业向价值链中高端提升。创新政府投入模式，发挥财政性资金的杠杆效应和导向作用，扩大战略性新兴产业创投引导基金规模，引导社会资本支持创新型中小企业发展，推动结构调整和产业升级，促进创新型经济加快成长。

七、大力发展高端市场，促进现代服务业创新发展

（十五）积极培育和发展要素市场。完善促进要素市场发展的政策措施，建立健全市场信用体系，进一步激发市场活力。强化北京技术市场的桥梁和纽带作用，加快中国技术交易所、中国设计交易所等高端市场发展，促进技术、资本、人才等要素市场汇聚的公共技术服务平台建设，形成统一开放、网上网下结合、产学研扁平化合作的市场体系。

（十六）加快科技服务业发展改革。深化中关村国家自主创新示范区现代服务业综合试点工作。完善科技服务业技术支撑体系，提高服务业应用创新和转型升级能力。推进以云计算、大数据、物联网等技术支撑的服务业应用创新和商业模式创新，培育和发展若干新型现代科技服务业态，促进服务业高端化发展。引导带动创新主体共建“首都科技大数据平台”，提升科技公共服务能力。充分发挥中国（北京）国际服务贸易交易会、中国北京国际科技产业博览会、中国（北京）跨国技术转移大会等会展平台集聚要素的作用，进一步提升服务业和服务贸易发展水平。

八、以全球视野谋划和推动科技创新，营造有利于创新创业的生态环境

（十七）完善创新创业服务体系。弘扬创新文化，营造鼓励创新、宽容失败的创新创业环境。加快中关村人才管理改革试验区建设，形成具有国际竞争力的人才制度，吸引会聚全球高端人才，释放人才创新创业活力。集聚创新创业服务资源，构建创业服务链条，加快科技企业孵化网络建设，打造中关村软件城、科技金融一条街、知识产权保护和标准一条街、创业孵化一条街等“一城三街”科技服务品牌。鼓励高等学校、科研机构自建或与社会资金联合共建科技企业孵化器，为科技型中小企业提供孵化服务，其土地供应可采取协议出让等方式。引导创业服务模式创

新，支持天使投资加大对创新企业的投资力度，鼓励天使投资和孵化器探索特色发展、连锁发展和协同创新，提高新兴产业培育水平。

（十八）加强知识产权运用和保护。深入实施首都知识产权战略，研究制定知识产权转化运用的促进政策，健全市场导向、激励创新的转化运用机制，支持市场化的知识产权运营机构，推动知识产权转化运用体系建设。完善知识产权保护执法协作、应急联动、议事会商、涉外沟通对话、维权援助、行政执法与刑事司法衔接、信息共享等协调机制。加快设立知识产权法院。大力实施首都标准化战略，加快建设国家技术标准创新基地，鼓励企业参与标准创制，推进技术标准与科技创新、产业升级协同发展。

（十九）积极融入全球创新体系。充分利用国际科技合作网络，不断扩大国际创新交流与合作，引导各类创新主体提高科技创新能力和国际化程度。进一步促进中国国际技术转移中心和北京国家技术转移集聚区集聚跨国技术转移资源，建设具有全球影响力的国际技术转移枢纽。引导国际知名企业在京设立研发中心和地区研发总部，鼓励海外风险投资机构来京发展。支持有条件的创新主体积极开展境外技术和品牌收购等国际市场开拓活动，参与国际科技合作和全球产业竞争。

（二十）主动服务创新型国家建设。服务国家科技重大战略布局，积极争取国家改革措施率先在京试点。搭建京津冀协同创新平台，建立健全区域合作发展协调机制，优化区域分工和产业布局，以协同创新推动京津冀协同发展，打造京津冀创新发展战略高地。强化资源统筹，提高市场化合作水平，促进技术、人才、资金、信息等创新要素自由流动和优化配置。加强央地科技产业资源对接，引导创新主体以联合研发、技术输出、标准创制、产业链协同等模式服务辐射全国，更好地服务国家创新体系建设。

各区县、各部门要按照本意见要求，结合实际制订具体实施方案和配套政策措施，切实加强组织领导和协调配合，扎实做好各项工作，确保取得实效，为建设创新型国家做出应有的贡献。

2014 年 9 月 10 日

编者注：“附件：重点任务分工表”（略）

北京市人民政府办公厅
加快推进高等学校科技成果转化
和科技协同创新若干意见（试行）

京政办发〔2014〕3 号

为贯彻落实党的十八大和十八届二中、三中全会精神，加大高等学校科技成果转化体制机制创新力度，充分发挥高等学校在首都创新体系建设和率先形成创新驱动发展格局中的重要作用，激发高等学校开展科技成果转化和科技协同创新的积极性，本着发挥优势、创新突破、先行先试的原则，提出如下意见。

一、开展高等学校科技成果处置权管理改革。加强知识产权交易市场建设，建立符合科技成果转化规律的市场定价机制，试行高等学校科技成果公开交易备案管理制度。科技成果的知识产权由承担单位依法取得，赋予高等学校自主处置权。高等学校可自主对科技成果的合作实施、转让、对外投资和实施许可等科技成果转化事项进行审批，报主管部门和财政部门备案。

二、开展高等学校科技成果收益分配方式改革。高等学校科技成果转化所获收益可按不少于 70% 的比例，用于对科技成果完成人和为科技成果转化做出重要贡献的人员进行奖励，支持高等学校科学研究、成果转化和教育教学工作。科技成果转化所获收益用于人员激励支出的部分，经批准可一次性计入当年高等学校工资总额，但不纳入工资总额基数。

三、建立高等学校科技创新和成果转化项目储备制度。鼓励高等学校和企业联合开展科技创新和成果转化，支持高等学校加强自身科技研发能力建设，定期对符合条件的拟研、在研科技创新和成果转化项目进行评估，选择一批符合首都科技创新和经济社会发展需要的重大科研和成果转化项目，纳入高等学校科技项目储备库进行跟踪支持。

四、加大对高等学校产学研用合作的经费支持力度。根据高等学校的实际需求，进一步加大市级财政性高等教育经费中高等学校科研经费的规模和比例，重点支持高等学校与企业通过联合共建产业技术创新战略联盟、新型产业技术研究院和产业创新园等形式，合作开展科技研发和成果转化；支持企业建立高等学校学生实践训练基地，联合培养研究生。根据高等学校科研经费的支持方向和特点，开展间接费用补偿、分阶段拨付、后补助和增加经费使用自主权等经费管理改革试点。

五、支持高等学校开放实验室资源。鼓励高等学校建设“首都科技条件平台”研发实验服务基地，向企业、科研机构和其他高等学校开放研发实验服务资源，为各类创新主体以及大型研究工程和项目提供联合研发、委托研发等技术攻关和技术服务，并根据服务的数量和质量给予相应补贴。鼓励高等学校和企业联合共建实验室，加大对实验室开放课题支持的力度，支持联合开展重大课题攻关。在满足正常教学科研需要的前提下，探索将高等学校重大仪器设备以租赁费、使用费等方式入股科技型企业等新模式。

六、支持高等学校建设协同创新中心。支持高等学校校际之间以及与企业、科研机构共同建立协同创新中心，联合开展科研项目攻关和科技成果转化。每年设定若干重大专项，支持高等学校“2011协同创新中心”围绕国家和首都经济社会发展的重大战略需求开展科学研究和联合攻关，进一步提升协同创新中心的科技创新和协同创新能力。

七、支持高等学校搭建国际化科技成果转化合作平台。支持高等学校实施高端人才引进计划，聘任入选国家“千人计划”、教育部“长江学者奖励计划”、北京“海聚工程”、中关村“高聚工程”等全球一流的专家和科研人员，利用国际创新资源开展科研项目研究和研究生联合培养工作，搭建国际化科技成果转化合作平台。

八、鼓励高等学校科技人员参与科技创业和成果转化。鼓励高等学校拥有科技成果的科技人员，依据中关村示范区股权激励试点政策和以现金出资方式，在中关村示范区创办科技型企业，并持有企业股权。创办的企业可按照科技人员现金出资额度的20%申请政府股权投资配套支持；政府股权退出时，按照原值加同期银行活期存款利息优先回购给创业团队。高等学校科技人员经所在学校同意，可在校际间或中关村示范区科技型企业兼职，从事兼职所获得的收入按有关规定进行分配；科技人员在兼职中进行的科技成果研发和转化工作，作为其职称评定的依据之一。支持高等学校拥有科技成果的科技人员离岗创业，高等学校可在一定期限内保留其原有身份和职称。

九、鼓励在高等学校设立科技成果转化岗位。可在高等学校新设科技成果转化岗位，该岗位以科技人员实施科技成果转化的工作绩效为主要指标进行考核，并在人员编制、落户等方面给予支持。高等学校科技成果转化岗位的科技人员可列入中关村示范区高端领军人才专业技术资格评价试点范围，评价合格人员可获得高级工程师（教授级）专业技术资格。高等学校按照教师获得的高级工程师（教授级）专业技术资格聘任其为相应的职级，不占用所在高等学校教授（研究员）名额。鼓励高等学校加强科技成果转化管理服务队伍建设，在人力、财力、物力等方面支持科技成果对接市场并给予经费支持。

十、制定高等学校在校学生创业支持办法。降低门槛，简化流程，支持在校学生休学创办科技型企业，创业时间可视为参加实践教育的时间，并根据学校实际计入相关实践学分。支持学生以创业的方式实现就业，凡到中关村科技企业孵化器或大学生创业基地创业的学生，给予房租减免、创业辅导等支持。设立学生创业项目天使投资配套支持资金，高等学校教师作为天使投资人投资的学生科技创业项目，可按照教师实际投资额度的50%申请政府股权投资的配套支持；政府股权退出时，按照原值加同期银行活期存款利息，可优先回购给创业团队及对该项目进行天使投资的教师。

本意见适用于北京市属高等学校，北京地区其他高等学校可结合实际参照执行。

本意见自发布之日起执行。

2014年1月9日

北京市人民政府办公厅加快推进科研机构科技成果转化和产业化的若干意见（试行）

京政办发〔2014〕35号

为深入贯彻落实党的十八大、十八届三中全会和习近平总书记系列重要讲话特别是考察北京工作时的重要讲话精神，深化科技体制改革和产学研用协同创新，加快科研机构科技成果转化和产业化，提高科研机构服务首都经济社会发展能力，不断强化北京作为全国科技创新中心的城市战略定位，特提出如下意见。

一、深化科技成果管理改革。探索建立科技报告和科技成果登记制度。鼓励科研机构通过托管等方式，委托第三方专业技术转移机构代理开展科技成果许可、转让、投资等工作。除涉及国家安全、国家利益和重大社会公共利益外，科技成果的知识产权由承担单位依法取得，赋予科研机构自主处置权。试行科研机构科技成果公开交易制度，科技成果可以通过在技术市场挂牌等方式确定价格并实现交易。鼓励科研机构加强知识产权保护和运用。

二、推进科研资产管理改革。推进应用型技术研发机构市场化、企业化改革。市属科研机构改制为企业的，根据科技成果转化需要，其已经实际使用的房屋所有权或使用权、土地使用权等资产，可以按国有资产管理相关规定变更房屋、土地产权手续。鼓励市属科研机构将与科技成果转化相关的仪器设备等固定资产，以及科技成果等无形资产的所有权或使用权入股组建科技成果转化实体，取得的市场收益，在履行相关审批手续并纳入预算管理后，可以用于与科技成果转化相关的市场经营活动。

三、深化财政经费管理改革。进一步完善以市场、需求为导向的科研项目立项机制。由市财政科技资金资助的科技成果转化和产业化项目，项目承担单位可以根据转化和产业化需要，从项目经费中列支厂房、设备及相关费用。进一步提高项目承担单位经费使用自主权，提高经费使用效益。优化市财政经费资助项目（课题）的组织流程，统筹安排财务、绩效等检查工作，并强化检查结果共享。

四、强化科研人员激励机制。鼓励科研机构聘任高层次人才，在经核定的岗位结构比例范围内，市属科研机构可以自主设置科研岗位。市属科研机构可以采用年薪工资、协议工资等方式聘任高层次人才，人员工资以及实施股权激励等费用可以从科技成果转化收益中开支，经批准可以一次性计入当年科研机构工资总额，但不纳入工资总额基数。建立科研人员成果转化收益分配机制，经职工代表大会同意，科研机构可提取70%及以上的转化所得收益，划归科技成果完成人以及对科技成果转化做出重要贡献的人员所有。科研机构中从事科技成果转化和产业化的科研人员可以列入中关村国家自主创新示范区高端领军人才专业技术资格评价试点范围，评价合格人员可以获得高级工程师（教授级）专业技术资格。

五、加强对科研机构新技术新产品的应用和推广。使用市、区（县）两级财政资金采购的机关、企事业单位，以及市、区（县）两级财政资金全额投资或部分投资项目的出资、建设和管理单位，在使用财政资金采购时，通过首购、订购等方式，支持科研机构的新技术新产品在城市建设、智能交通、健康养老、文化惠民、城市安全运行和应急救援等领域的应用和推广。

六、优化科技金融服务环境。鼓励在京金融机构为科研机构科技成果转化和产业化提供知识产权质押贷款、股权质押贷款、科技企业信用贷款等科技金融服务。可以通过风险备偿、业务补助、贷款贴息等方式，将市财政经费用于支持科技服务机构、金融机构、科技企业开展融资对接、产品和服务创新。引导民间资本依法设立科技成果转化创投基金，支持科研机构科技成果转化和产业化。

七、支持科研机构深入开展协同创新。深化“首都科技条件平台”建设，鼓励科研机构将仪器设备、科学数据、科技文献等科技资源向社会开放，根据开放的科技资源量及市场评价的服务业绩给予后补助支持。鼓励科研机构与企业联合共建重点实验室、工程（技术）研究中心、技术转移中心和产业技术创新战略联盟，开展重大课题攻关和科技成果转化。通过政府购买服务等方式，支持科研机构为企业提供研发、中试、技术咨询、人才培训等服务。

八、完善科研机构成果转化平台。鼓励科研机构利用仪器设备、自有房屋、土地等资源，自建或与社会资金联合共建科技企业孵化器，为科技型中小企业提供孵化服务，其土地供应可以采取协议出让等方式。科研机构建设的科技企业孵化器，可以优先认定为市级孵化器，符合条件的可以推荐为国家级孵化器，并享受财政经费支持等政策优惠。建立市、区（县）两级科技成果转化用地协调机制，鼓励科研机构科技成果在区（县）转化落地。

九、广泛开展国际交流与合作。充分发挥中国北京国际科技产业博览会、中国（北京）国际服务贸易交易会、联合国教科文组织创意城市北京峰会、中国（北京）跨国技术转移大会、国家技术转移集聚区等平台作用。支持科研机构通过国际国内展会平台对外展示科技成果，寻求科技成果转化合作，参与国际标准制定，抢占知识产权和标准的制高点。支持海外风险投资机构来京发展，鼓励投资机构加大对科研机构科技成果转化和产业化项目的投资力度。

本意见所指的科研机构是指在北京市行政区域内依法依规设立，具有开展研究工作的科研人员、科研仪器设备以及实验场地等基本条件，在自然科学及其相关科学技术领域从事研究、开发的各类机构，包括科研事业单位、高等学校的科研机构、各类企业和社会组织中的科研机构。

2014 年 6 月 9 日

中关村创新创业生态系统研究

中关村管委会主任　郭　洪

摘　要：本文基于国内外创业生态系统研究成果，从生态学的角度构建了中关村创新创业生态系统，并就其组成要素及运行机制进行了深入探讨，最后针对如何完善中关村创新创业生态系统提出了相关对策建议。

关键词：中关村　创新创业　生态系统

一、引言

随着科学技术的迅速发展变化及新国际竞争格局的形成，人们对创业活动的重视程度日益上升。由新创办企业的失败率高居不下可以看出，创新创业活动是一个复杂的社会现象。从生态学角度来看，创业活动受到国民经济的各个领域、各个层面、各类经济主体和各种经济过程的强烈影响。这就意味着创业研究不能够仅仅停留在单一的企业战略和经营决策层面，必须从更为广泛的视角中挖掘认识创业活动与各个外部组织、各个环境要素之间的联系，才能获取更为深刻的认知，从而构建和发展系统的创业活动促进机制。基于此，本文在现有生态学研究成果基础上，结合中关村创新发展历程，构建创新创业生态系统这一概念，并对这一系统的组成要素及运行机制进行阐述，以期对中关村创业活动的顺利开展提供理论支持。

二、创新创业生态系统的理论综述

“创新系统”的概念是由 Lundwall（1985）[1] 首先提出的，这个概念的提出使得人们对技术创新领域的研究由“线性范式”转变到“系统范式”，出现了从系统观点研究创新的新思路。之后，国内外学者先后提出了“商业生态创新系统”“区域创新系统”“产业创新系统”的概念及其研究方法。比如 Marco Iansiti 和 Roy Levien（2004）[2] 以微软和沃尔玛为例，提出了商业生态创新系统架构的概念，分析了动态的生态体系对战略、创新和可持续发展的影响，同时还将商业生态体系分为“网络核心型”“坐收渔利型”“支配主宰型”等多种类型。朱迪·埃斯特琳（2006）[3]指出，创新生态系统是由诸多参与创新的主体构成的，主体之间存在着内在的关联，并且时常发生复杂的动态交互过程。董芹芹等（2007）[4]分析了高科技创业社会网络的生态学特征，阐述了高科技创业社会网络进化的过程和规律。张运生（2009）[5]提出由高科技企业在全球范围内形成的基于模块的知识异化、共存共生、共同进化的创新生态系统具有合作共赢性、系统复杂性、技术标准化、技术模块化等本质特征，引发了传统R&D项目管理风险以外的依赖性风险、结构性风险、专用性资产投资风险、信息不对称风险、资源流失风险、收益分配风险等6种典型的合作风险，其风险产生机理区别于传统意义上的企业集群、虚拟企业、企业动态联盟、集群式供应链、地域性工业园区。陈畴镛等（2010）[6]将生态学的研究成果引入技术创新领域，在对比分析区域技术创新生态系统特征与小世界网络特征的基础上，分析了区域技术创新生态系统的集聚系数和特征路径长度等小世界网络特征，并对区域技术创新生态系统的建设提出相关对策与建议。赵涛等（2011）[7]提出科技创业生态群落由政府、大学科研机构、投融资机构、科技中介机构、关联企业等要素构成，并在理论上提出了各构成要素对科技创业活动影响关系的假设，运用结构方程模型对青岛市科技创业企业的调研数据进行了实证研究，验证了各要素对科技创业企业生存和发展的影响，并对研究结果进行了检验和分析。吴金希（2014）[8]从诺基亚衰败案例引出创新生态体系问题研究的重要性，在简要总结了国内外相关论述基础上，给出了“创新生态体系”的概念，并就其本质、内涵与特征问题进行了深入讨论。

三、中关村创新创业生态系统的要素构成

创新创业企业的成长不仅需要自身的竞争优势，同时又需要具有适合其生存和发展的外部环境。因此，从系统生态学的角度，我们认为中关村创新创业生态系统应包括六大要素：一是领军企业；二是高校和科研机构；三是人才；四是科技资本，特别是天使资本、创业资本；五是包括创业导师、创业服务机构在内的创业服务体系建设；六是中关村特色的创业文化。

创新是中关村永恒的灵魂。创业是中关村永远的主题。中关村正在逐步构建起一个全方位、立体式、充满生机的创新创业生态系统，使中关村成为全国乃至全球最具吸引力的创新创业中心。这套创业生态系统已经成为中关村的核心竞争力，成为中关村独特的环境要素。

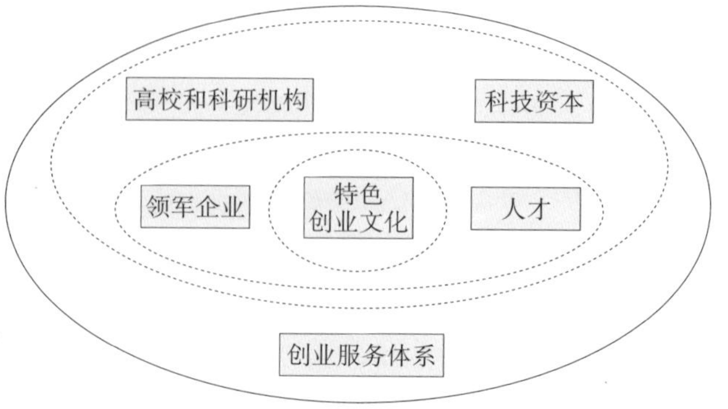

中关村创新创业生态系统

（一）行业领军企业

20多年来，中关村成长起来了一大批拥有自主知识产权的高新技术企业，特别是出现了联想、百度、小米、新浪、搜狐、大唐电信等一批行业领军企业。这些企业不仅本身有着较强的创新活力，而且推动产生了一大批上下游企业，从而带动整个产业的发展。

（二）高校与科研机构

高校与科研机构是直接把科技创新的各要素转化为科技成果的生态种群，是科技成果和科技人才的生产者。高校与科研机构增强了创业企业创新能力和科技成果的转化能力，提高了科研成果转化率，为创业者提供了可能商业化的科研成果，增加了区域投资创业机会。

中关村地区拥有一批高校和科研机构。数据显示，仅中关村示范区核心区就有以北京大学、清华大学为代表的高等院校32所，国家及省市级科研院所206个。科研实力雄厚的高校和科研机构成为中关村技术创新的源头。

（三）良好的科技金融环境和科技资本

科技资本是推动科技创新的强大动力。经过20多年的发展，在各项政策的实施推动下，中关村形成了科技金融机构和科技中介机构集聚的态势，聚集了一大批科技银行、天使投资人、风投公司、创投基金、信用中介机构、知识产权中介机构、产权交易机构等金融机构和科技中介机构。目前，活跃在中关村的创投机构有100多家，管理的资金规模约200多亿美元，IDG、联想投资、今日资本、北极光创投、启迪创投等一批境内外知名投资机构已成为中关村的合作伙伴。中关村活跃着全国最大的天使投资人队伍，创业投资持续活跃，创业投资案例数、投资额约占全国1/3左右。

（四）优秀人才

中关村是我国第一个国家级人才特区。随着人才

特区战略的深入推进，中关村积极拓展高层次人才引进渠道，集聚众多海外高端智力资源。截至目前，中关村人才特区共有874人入选中央“千人计划”，占全国入选总人数的21%；368人入选北京市“海聚工程”，占北京市入选总人数的72%；158名高端人才及其团队入选中关村“高聚工程”，初步形成“高端引领、带动全局”的人才发展格局。

近年来，随着对海外留学人员的吸引力不断加强，中关村吸纳国际化人才的能力逐步增强。截至目前，中关村示范区聚集的留学归国人员数量达到2万人。其中，拥有硕士及以上学历的留学归国人员数量超过1.2万人。

（五）创业服务体系

近年来，中关村一批成功企业家、天使投资人、平台型企业等社会资本投资创建了车库咖啡、创客空间、天使汇、云基地、36氪、创业家、创业邦等20余家创新型孵化器，主要为早期项目和初创企业提供开放办公、早期投资、产业链孵化等各具特色的服务，带动中关村形成了涵盖创业孵化、早期投资、创业教育、创业社区、创业媒体等环节的创业服务新业态，成为我国创业服务业发展的风向标，呈现出与硅谷同步创新发展的态势。

（六）中关村特色的创业文化

近年来，伴随全球创业热，中关村涌现了一批新型创业服务平台，营造了空前活跃的创业氛围，中关村的创业文化也随着一波又一波的创业热潮逐步走向理性和成熟。目前在中关村，随着团队创业、持续创业和职业经理人创业者群体日益壮大，正在形成多元与专业并举的创业形态、创新与求实并进的创业文化。

中关村浓厚的创业氛围激发了众多优秀人才的创业热情，离开大公司投身创业成为一种潮流，连续创业成为一种工作方式。在张朝阳、李彦宏、雷军、李开复等企业家和天使投资人的带动下，多位曾任职谷歌、微软、搜狐、百度等知名大公司的职业经理人和青年技术人才，纷纷借助新型创业服务平台参与创业活动，包括优酷的古永锵、乐淘的毕胜、兰亭集势的郭去疾、点点的许朝军、陌陌的唐岩等，为中关村创业发展注入了更丰富的经验和资源，传承了中关村企业家精神，提升了中关村整体创业品质。

四、中关村创新创业生态系统的运行机制

（一）创新创业生态系统是中关村充满活力的根本条件

创新与创业是不可分离的。多年来，中关村始终致力于构建良好的创新创业生态系统。一方面，积极整合国内各类高端创新要素；另一方面，大力推进国际化发展，推动国际高端人才、技术、资本等创新要素的集聚，进一步丰富和完善了中关村创新创业生态系统，使中关村成为了我国最活跃、最具吸引力的创新创业中心。目前中关村每年新创办科技企业超过4000家，平均每个工作日有16家科技企业在中关村诞生；吸收的创业投资占到全国的1/3。

（二）创新创业生态系统是一个创新要素相互融合的有机整体

基于对创新本质与规律的认识，中关村创新创业生态系统的构建中，我们主要推动以下5个方面要素的聚集与融合：一是领军企业。领军企业既是一个地区创新能力提高的标志，更是创新创业活动的带动者。中关村形成了以联想、百度为代表的一大批在国内外有影响力的科技企业，聚集的科技企业近2万家，年收入亿元以上企业2362家，年收入百亿元以上企业56家。世界500强企业共在中关村设立200余家分支机构。二是高校和科研机构，这是技术创新的源头。中关村的科教智力资源密集程度，无论是在国内，还是在世界上，都是少见的。中关村核心区有以清华、北大为代表的高校32所，省市级以上科研院所206所，先后产生了汉字激光照排、超级计算机等一批重大创新成果。三是高端人才。人才是第一资源。中关村通过推进国家人才特区建设，高端人才加速集聚，目前共有两院院士590余名，占全国总数的40%左右；海外留学归国创业人才1.6万名，累计创办企业超过6000家。四是科技金融。中关村通过建设国家科技金融创新中心，聚集了活跃的风险投资机构100余家，资金规模超过100亿美元，发生的投资案例和投资金额均占大陆地区的1/3左右；上市公司总数达229家，其中创业板上市公司62家，占大陆地区的1/7，形成了“中关村板块”。积极支持互联网金融的发展，并致力于解决小微企业融资难的问题。五是创业服务。中关村一方面加强对车库咖啡、创新工场等新型创业孵化机构的扶持，形成涵盖创业各环节的创业服务业。另一方面，注重创业导师队伍建设，聘请有经验的创业者、成功的企业家、天使投资人等对大量初创企业进行创业经验的传承。

（三）创新创业文化和创业家精神是创新创业生态系统的灵魂

创业文化是创新创业生态系统的要素之一，又引领着这个系统的发展。创业文化的核心是创业家精

神。20多年来，中关村形成了联想、百度、神州数码、龙芯、小米科技等一大批明星级企业，涌现了陈春先、柳传志、王文京、杨元庆、邓中翰、李彦宏、张朝阳、雷军等一大批具有鲜明时代特征的创业企业家。他们所具有的创新精神和创新能力以及冒险精神成为中关村创业家精神的代表。

（四）科技服务企业、社会组织和政府是创新创业生态系统高效运行的加速器

创新创业生态系统绝不是创新要素的简单叠加，更重要的是推动各类要素的良性互动与高效运转。科技服务业的兴起是创新创业生态系统实现质的飞跃的重要标志。从根本上讲，创新创业者的需求要靠市场化主体提供服务来满足，而行业协会和产业联盟是创新创业环境的营造者、创新与产业发展的组织者和政府服务企业的合作者，而政府是构建创新创业生态系统的引导者和推动者。

五、完善中关村创新创业生态系统的对策建议

中关村创新创业生态系统营造了良好的创新创业环境，培育和提升了企业的创新创业能力。为进一步完善中关村创新创业生态系统，建议通过各项政策、资金和措施，以生态系统六大构成要素为抓手，大力促进中关村创新创业生态系统的完善和发展。

（一）针对中关村领军企业，深入实施“十百千工程”“瞪羚计划”

围绕电子信息、生物工程与新医药、能源环保、新材料等战略性新兴产业领域，重点培育一批收入规模在十亿元、百亿元、千亿元级的创新型领军企业，综合运用多种支持方式，支持企业加大研发投入，提升企业的核心竞争力和创新资源整合能力，形成具有全球影响力的创新企业群。

（二）针对高校和科研院所，继续深化落实“1＋6”“京校十条”等先行先试政策

深化股权激励、科技成果处置权和收益权、科研项目经费管理、高新技术企业认定等改革试点，促进科技成果产业化。支持企业和高校、科研院所联合组建产业技术联盟，参与国家重大科技项目，搭建公共技术和产业服务平台，构建专利池，创制技术标准。通过高校科技成果处置权管理改革、收益分配方式改革、设立科技成果转化岗等方式，打破束缚、释放活力，加快推进高校科技成果转化和科技协同创新。

（三）大力提升中关村人才特区建设发展水平

深入落实人才特区13项特殊政策，完善人才引进与培养工作体系、人才原始创新支持体系、人才创业支撑体系和人才联络及服务体系，积极推动人才工作体制机制改革创新，不断吸引聚集海内外人才。

（四）努力打造中关村国家科技金融创新中心

加快国家科技金融创新中心体制机制建设和科技金融服务资源集聚，完善科技金融服务体系，加强金融创新和公共政策创新，实现科技金融创新持续引领。进一步完善中关村天使投资的相关政策，采取参股、联合投资和战略合作等方式，通过天使投资引导资金支持各类创业投资机构的天使投资活动。

（五）深入推动创业体系创新发展

通过中关村创业服务体系发展支持资金，支持各类创业服务机构在建设运维专业技术服务平台、构建高效专业服务团队、提高孵化空间使用效率、培育推荐前沿技术项目和金种子企业方面开展创新型工作。

（六）大力弘扬中关村创新创业文化

继续支持举办中关村创业讲坛、中关村—硅谷创新创业大赛，支持联想之星、创业邦、创业家、3W咖啡等创业服务机构开展的各类创业服务活动，宣传引导全社会关注并支持各类创新创业活动，大力营造创新创业氛围。

参考文献

[1] Lundwall B. Product Innovation and User producer Interaction [M]. Aalborg University press, 1985.

[2] Iansiti M, Levien R. Strategy as ecology[J]. Harvard business review, 2004, 82 (3) : 68—81.

[3] 朱迪·埃斯特琳．美国创新在衰退？[M]. 李明轩，邱如美，译．北京：机械工业出版社，2006：11—13.

[4] 董芹芹，谢科范．高科技创业社会网络的进化分析 [J]. 科技进步与对策，2007（7）：91—93.

[5] 张运生．高科技企业创新生态系统风险产生机理探究 [J]. 科学学研究，2009，27（6）：925—931.

[6] 陈畴镛，胡枭峰，周青．区域技术创新生态系统的小世界特征分析 [J]. 科学管理研究，2010，28（5）：17—21.

[7] 赵涛，刘文光，边军．科技创业生态群落要素构成与测度研究——基于结构方程模型的实证分析 [J]. 经济问题，2011（10）.

[8] 吴金希．创新生态体系的内涵、特征及其政策含义 [J]. 科学学研究，2014，32（1）：44—51.

[9] 杨文利．六大要素构建中关村创业生态系统 [J]. 中国高新技术产业导报，2013—8—6.

[10] 郭洪．构建更完善的创新创业生态系统 [J]. 经济日报，2014—5—9.

中关村指数 2015

2014 年，中关村综合指数快速增至 285.8 点，比 2013 年上涨 43.7 点。中关村示范区创新发展呈现出稳中有进、提质增效的良好态势，凸显改革创新、结构优化、创新提升、创业活跃、协同发展的新形势和新特点，为首都建设全国科技创新中心、推动全市构建“高精尖”经济结构以及加快推动构建京津冀协同创新共同体发挥了重要引擎支撑作用。

中关村综合指数

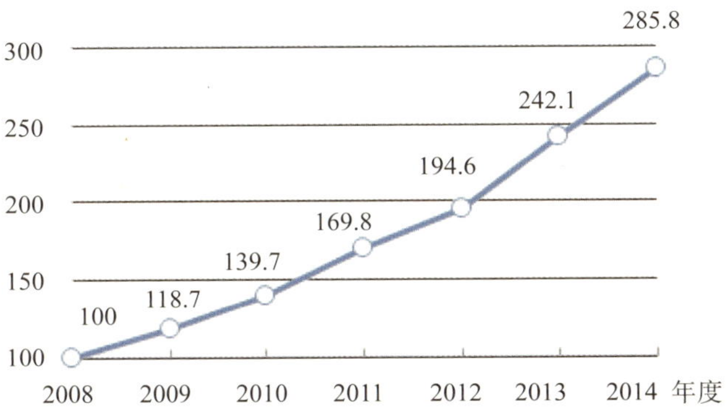

一、高端创新要素加速聚集，创新创业生态系统进一步优化

2014 年，中关村示范区创新创业环境指数达 357.8 点，比 2013 年上涨 73.3 点。高学历、具有国际视野的创新创业人才加快在中关村示范区聚集，越来越多的海内外年轻创业者首选示范区，示范区迎来新一轮科技创业热潮，率先形成“大众创业、万众创新”的良好局面；示范区各类创新创业服务机构多元化发展，尤其以创新型孵化器为代表的创新创业服务业的兴起为创新创业活动提供“最贴心”的专业化服务，示范区创新创业生态体系日渐完善。在创新环境分项指数中，科技金融指数增长最快，增长至 540.7 点，较 2013 年上涨 153.8 点，2008—2014 年年均复合增长率高达 32.5%。

中关村创新环境指数

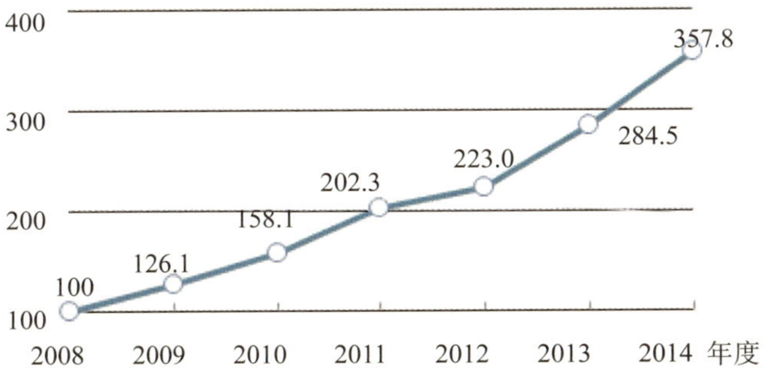

人才高端高智特征进一步凸显，年轻人成为创新创业中坚力量。2014 年，中关村示范区拥有本科及以上学历的从业人员再创新高，达 102.9 万人，占从业人员比重 51.2%，较 2013 年提升 1.2 个百分点，其中，拥有硕士和博士学历的从业人员数量分别为 19.8 万人和 2.0 万人，较 2013 年分别增加 8.1% 和 7.3%；科技活动人员占从业人员的比重 26.4%， 4 个从业人员中至少有 1 个人从事科研创新活动；高端产业领军人才不断涌现，出现了北京小米科技有限责任公司董事长雷军、车库咖啡创始人苏药、北京京东世纪贸易有限公司董事局主席刘强东等新一代领军人物。2014 年，示范区 29 岁及以下从业人员占总数的 45%，平均年龄为 33.3 岁，创业者平均年龄为 37.8 岁，较 2010 年减少 2.7 岁。

创业投资市场持续活跃，互联网金融服务模式层出不穷。2014 年，在国家积极倡导“大众创业、万众创新”背景下，中外创投机构进入“互联网 +”创业投资活跃期，示范区驻区创业投资及私募股权投资基金管理机构达 457 家，管理资本总量 5779.7 亿元，示范区共发生投资案例 938 起，同比增长 117.1%，占全国投资案例总数的 41.0%；已披露的股权投资总额 329.8 亿元，同比增长 147.7%，占北京市已披露股权投资总额的 91.9%，占全国的 41.2%。随着互联网金融的快速发展，中关村创业生态圈的逐步形成，为创新创业提供融资的新模式不断涌现，第三方支付、众筹融资、网络小额贷款、P2P 等一大批互联网金融企业诞生，同时在“互联网 +”大背景下，众筹融资迎来前所未有的发展机遇，股权众筹日渐成为中关村示范区创业融资的主流模式。

创业服务机构多元化蓬勃发展，创新孵化服务模式多样化。2014 年，中关村示范区拥有各类创业服务机构 800 余家，其中国家级科技企业孵化器 36 家、国家大学科技园 15 家、开放实验室 155 家、创新型孵化器30余家，创业服务机构呈现多元化发展格局。示范区拥有以“YOU+”、清华嘉园等为代表的创业社区；以清华大学、北京航空航天大学等为代表的高等院校成为年轻创业者、在校大学生创业的大本营；以联想集团有限公司、百度在线网络技术（北京）有限公司为代表的大企业陆续构建开放式创新创业平台实现创业孵化，以及以车库咖啡、36氪、JD+智能奶茶等为代表的创新型孵化器，各类创业创新服务机构不断涌现。各种创业服务新模式也层出不穷，为创业者提供特色化、多样化服务。

二、创新成效进一步凸显，协同创新发展格局基本形成

2014年，中关村示范区创新能力指数为261.7点，比2013年上涨16.1点。示范区创新投入保持快速增长，以专利为代表的创新成果丰富，创新效率继续提高，是北京市建设全国科技创新中心功能的重要载体。示范区创新越来越展现出面向未来的颠覆性，尖端技术创新活动日渐增多，服务创新、营销创新、商业模式创新等与产品创新齐头并进，创新组织方式朝着全流程与用户紧密联系的开放式创新转变等新趋势。在创新能力的分项指数中，创新投入指数、创新产出指数和创新协作指数自2008年以来年均复合增长率均超过10%，其中创新协作指数年均复合增长率超过20%。

中关村创新能力指数

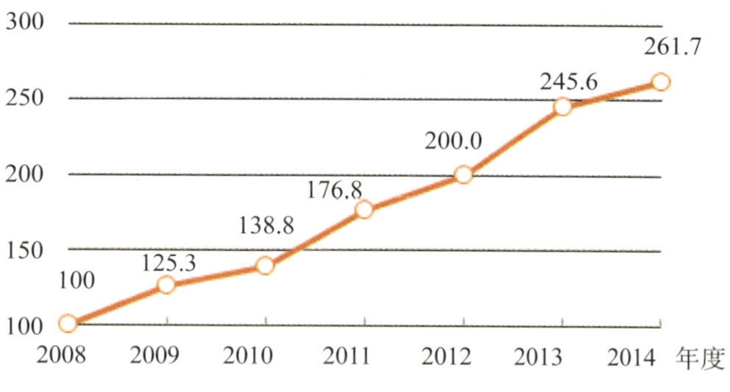

*科技活动经费保持快速增长，企业创新投入不断加大。*2014年，中关村示范区在创新方面，人员投入和科技经费投入延续2011年以来的较快增长态势，每千名从业人员拥有科技活动人员264.4人，企业科技活动经费支出1540.5亿元，其中科技活动经费超过亿元的企业251家，较2013年增加79家。领军企业持续加大研发投入，百度公司全年研发投入（R&D）近70亿元（上市财报），连续5年保持70%的增长，在人工智能、大数据、语音、图像识别等领域深入布局，研发投入强度（14.2%）与2014年美国谷歌公司（14.9%）基本持平。同时，企业创办的技术中心、研究院所、开发中心、试验基地等科技机构数量继续增加。截至年底，企业创办的科技机构数量2241家，较2013年增加222家，其中创办两家以上科技机构的企业250家。

*企业创新主体地位愈加显著，创新效率稳步提升。*2014年，中关村示范区企业专利申请量4.4万件，获专利授权量2.3万件，分别占北京市的31.7%和30.8%。其中，发明专利申请量2.6万件，同比增长17.4%，高于北京市增速1.7个百分点；发明专利授权量7716件，占北京市发明专利授权量的33.2%，较2013年提高1.2个百分点。在创新效率方面，2014年，中关村示范区企业万人发明专利申请量131.4件，连续4年攀升；每百亿增加值发明专利申请量533件、每百亿增加值发明专利授权量156件、每百亿增加值有效发明专利量716件，显著高于北京市和全国的总体水平。6家企业年度专利申请量过千件，其中联想（北京）有限公司、京东方科技集团股份有限公司专利申请量均突破2000件。截至年底，企业主导创制的标准累计5049项；商标申请量累计8.1万件，其中2014年商标有效注册量1.3万件；中国驰名商标和北京市著名商标总量分别为73件和203件。

*技术合同成交量连续两年占北京市七成以上。*2014年，中关村示范区企业输出技术合同4.8万项，占北京市的71.5%；合同成交额2259亿元，占北京市的72.0%，占全国的26.3%。技术输出主要集中在电子信息技术、现代交通、核应用、城市建设与社会发展领域。电子信息技术合同成交额627.9亿元，占示范区输出技术合同成交额的27.8%；现代交通合同成交额403.2亿元，占示范区输出技术合同成交额的17.9%；核应用技术合同成交额312.2亿元，城市建设与社会发展技术合同成交额310.2亿元，分别占示范区输出技术合同成交额的13.8%和13.7%。

*企业创新合作能力提升，创新活动与组织呈现新趋势。*2014年，中关村示范区企业委托外单位开展科技活动经费支出总额131.9亿元，其中委托境外单位开展科技活动经费支出6.1亿元，较2013年增长44.6%。随着面向未来的颠覆性和尖端技术创新活动日渐增多，示范区领军企业加大对颠覆性前沿技术的投入，包括百度人工智能等技术，同时新创办企业创业方向直接瞄准尖端技术，包括虚拟现实游戏套装企业北京蚁视科技有限公司、移动医疗企业北京糖护科

技有限公司等企业。服务创新、营销创新、商业模式创新等创新模式与产品创新齐头并进，成为科技和经济结合价值链条中的重要一环，包括移动营销、P2P网贷、金融大数据、众筹等各种新型商业模式，为企业、客户和社会创造新的价值。企业创新组织方式朝着全流程与用户紧密联系的开放式创新转变，搭建了小米社区等互动交流平台。企业组织结构向网络化和扁平化的形态演进，公司内部协作和适应能力更强，一批富有远见的大企业日益倾向于鼓励内部员工创业，联想集团、百度公司、京东公司等企业设立了内部创业孵化机制，建立创业孵化基地，鼓励员工内部创业，培育新业务。

三、产业效益水平大幅提升，“高精尖”产业结构初步形成

2014年，中关村产业发展指数达245.9点，比2013年提高39.5点。在全球经济波动起伏、中国经济发展进入新常态、京津冀协同发展深入推进以及非首都功能加快疏解的新时代背景下，中关村示范区坚持走创新发展道路，产业结构不断优化，质量效益和竞争力进一步提高。同时，示范区高技术产业服务化特征不断增强，以互联网和大数据为代表的先进技术正在向生产、生活等传统产业渗透并深刻改变着传统行业面貌。在各分项指数中，产业规模指数提高最快，达364.7点，比2013年上涨61.7点；产业效益指数达127.1点，比2013年提高17.3点。

中关村产业发展指数

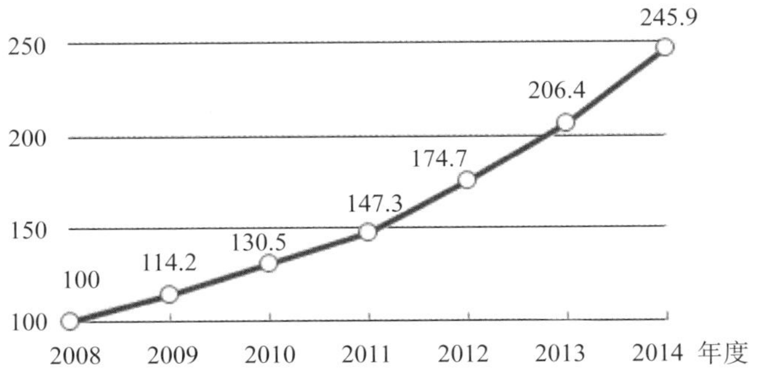

*总收入提前完成“十二五”规划目标，成为推动首都经济发展的核心引擎。*2014年，中关村示范区高新技术企业实现总收入3.6万亿元，同比增长18.2%，规模是国务院批复前的3.5倍，提前完成“十二五”收入规划目标，占国家级高新区总收入的比重增至15.9%，规模超过位列第二至五位的高新区收入之和。2014年，示范区实现增加值4954.8亿元，同比增长14.8%，对北京市经济增长的贡献率达41.7%，占北京市地区生产总值的23.2%，比2013年提高1.4个百分点，呈逐年上升趋势，示范区在推动首都经济持续发展和构建“高精尖”经济结构中的引擎地位不断巩固。

*利润和税费增长表现突出，人均产出效益高于国家高新区总体水平。*2014年，中关村示范区企业实现利润总额3031.5亿元，同比增长33.9%；实缴税费总额1857.6亿元，同比增长23.3%；利润超亿元企业487家，较2013年增加63家，其中利润达到10亿元以上的企业47家。2014年，示范区从业人员人均实现总收入179.4万元，同比提高18.8万元，高出国家高新区30.6万元；人均净利润、人均税费各实现12.8万元、9.2万元，同比各增加2.8万元、1.3万元，分别高出国家高新区2.9万元和0.5万元。万元增加值能耗为0.08吨标煤，与2013年基本持平，为北京市水平（约0.4吨标准煤）的1/5左右。

*战略性新兴产业主体地位稳固，制造业“服务化”特征不断凸显。*2014年，中关村示范区“6+4”战略性新兴产业集群实现收入2.7万亿元，同比增长14%，占示范区总收入的73.8%；实现利润2003.2亿元，同比增长19.7%，占示范区利润总额的66.1%。现代服务业实现收入2.3万亿元，同比增长15.6%，占示范区总收入的比重继续保持在六成以上。高技术制造业收入增长8.5%，高技术服务业收入增长13.0%，高技术服务业占高技术产业收入的比重突破70%，成为高技术产业的绝对主体。在企业层面，越来越多示范区企业的主营业务集中在“微笑曲线两端”，即研发设计和营销服务，而中间的制造环节外包，实现了企业价值倍增。

四、高成长性企业持续涌现，重点企业竞争力稳步提高

2014年，中关村示范区企业成长指数快速增长至250.7点，比2013年上涨69.8点。中关村示范区加快实施创新驱动发展战略，积极倡导“大众创业、万众创新”，随着商事制度改革的深入推进、示范区创新创业生态环境的不断完善，科技企业创业活力竞相迸发，新创办科技型企业数实现翻番增长，“十百千工程”、上市企业等重点企业竞争力不断增强，有力支撑了示范区持续健康发展。在企业成长的各分项指数中，活力型企业指数263.5点，比2013年上涨119.4点，同比增幅82.8%；领军型企业指数稳步增长至237.9点，同比增长9.3%。

中关村企业成长指数

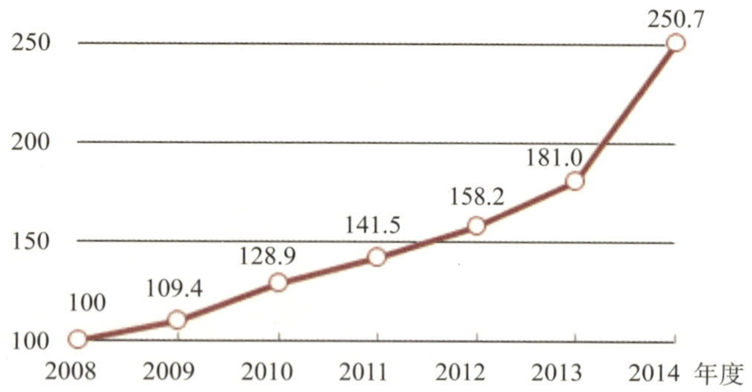

新创办企业爆发式增长，高成长企业持续涌现。2014 年，随着中国商事制度改革的深入推进以及中关村示范区创新创业环境的不断完善，示范区科技企业创业活力迸发，具有实际经营活动的新创办科技型企业 1.3 万家，呈爆发式增长态势。伴随大数据、移动互联网等新兴技术迅速兴起，科技服务业受新创办企业青睐，2014 年示范区九成新创办企业集中在此领域。新创办企业发展势头强劲，创办时间仅两三年的滴滴打车、今日头条、春雨医生等企业获“2014 年中关村十大新锐品牌”；北京加华维尔能源技术有限公司、北京旷博生物技术有限公司、酒仙网电子商务股份有限公司等 6 家企业入选德勤“中国高科技高成长 50 强”；汉喜普泰(北京)医院投资管理有限公司、趣游趣游(北京)科技有限公司两家企业入选清科“中国最具投资价值企业 50 强”。

收入亿元以上企业超过 2500 家，领军企业影响力和竞争力日益增强。2014 年，中关村示范区全年收入超过亿元的企业数再创新高，达到 2556 家，较 2013 年增加 194 家，其中收入过百亿企业 65 家，较 2013 年增加 9 家，亿元以上企业实现总收入 3.4 万亿元，占示范区总收入的比重达 94.2%。截至年底，示范区上市企业累计 254 家，2014 年新增 24 家；上市企业累计 IPO 融资额 2255.1 亿元。中关村示范区用了 21 年的时间实现上市企业 IPO 融资额的第一个 1000 亿元，而实现第二个 1000 亿元用了不到 5 年时间。在 2014 年新增上市企业中，北京汽车股份有限公司和京东商城电子商务有限公司 IPO 融资额均超过 80 亿元。中关村示范区各领域企业影响力和竞争力日益增强，2015 年 4 月《福布斯》中文版发布“2015 中国移动互联网 30 强”榜单，以移动端年度收入为主要指标，甄选出 2014 年度中国移动互联网领域收入最高的 30 家公司，其中 18 家企业总部位于示范区，占一半以上。2015 年 5 月，光明日报社和经济日报社联合发布根据 2014 年企业主营收入、净资产、净利润、纳税总额等指标评选的第七届中国“文化企业 30 强”的入选名单，示范区的保利文化集团股份有限公司、中国对外文化集团公司、中国国际电视总公司、北京华录百纳影视股份有限公司与完美世界（北京）网络技术有限公司 5 家企业入选。

五、对外辐射能力持续增强，区域创新合作步伐加快

2014 年，中关村示范区辐射带动指数快速攀升至 290.1 点，比 2013 年上涨 60.3 点。示范区企业通过技术交易、产品和服务示范应用、创新协作、设立分支机构、跨区域并购、共建园区等多种模式，推动示范区技术、产品、服务和品牌的输出，在实现自身做大做强的同时也辐射带动全国创新发展，特别是在京津冀协同发展深入推进的背景下，加强与津冀地区创新合作、产业协作、创新资源开放共享，努力构建京津冀协同创新共同体。在辐射带动的分项指数中，技术辐射指数、产业辐射指数较 2013 年增长幅度都在 20% 以上。

中关村辐射带动指数

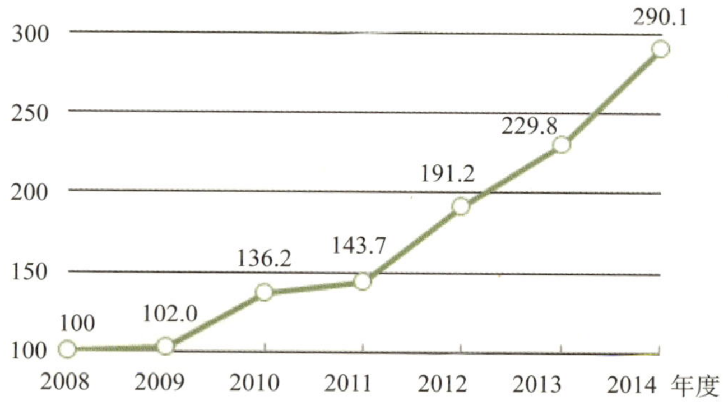

对外技术辐射活跃，流向河北地区技术成交额高速增长。2014 年，中关村示范区流向外省市技术合同 2.8 万项，同比增长 12.1%；成交额 1342.1 亿元，占示范区输出技术合同成交额的近六成。在技术流向方面，福建、广东、江苏、山东等东部省份吸纳示范区技术额占示范区流向外省市技术合同成交额的五成以上；与津、冀地区的技术交易不断活跃，全年流向津冀地区的技术合同 2500 项，成交额 55.7 亿元。随着京津冀协同发展的深入推进，示范区与河北省部分地区的创新合作日益加深，全年流向河北省技术合同 1483 项，成交额 40.4 亿元，同比增长 44.1%。

加速拓展地区布局，对外辐射收入近 3/4。2014 年，中关村示范区企业在京外设立分支机构 9624 家，

较2013年增加433家，其中境外分支机构571家，境内分支机构9053家，遍布国内所有省级行政区；其中在津、冀两地设立分支机构的总部型企业有388家。示范区企业全年发生并购京外企业案例105起，较2013年增加33起。以扩大市场份额增强主业竞争力的横向并购和以打造产业生态圈为目的的产业布局并购活跃。其中，横向并购京外企业案例53起，占并购京外企业案例数的50.5%；产业布局并购23起，占并购京外企业案例数的22%。随着企业在京外的不断拓展，企业对外辐射收入也不断增长。

跨区域合作快速推进，与津冀地区创新合作取得新突破。截至年底，中关村示范区累计与全国23个省（自治区、直辖市）的59个地区（单位）建立战略合作关系。深入开展京津冀创新合作，联合中关村发展集团股份有限公司、天津市宝坻区政府建设京津中关村科技新城，完成产业、空间、投融资规划，一期土地平整工作已启动；与保定市政府共建保定中关村创新中心，锁定智能电网、新能源、新一代信息技术、高端装备制造四大领域；与廊坊市政府共建的固安中关村高新技术产业基地，有10个亿元以上项目签约；中关村海淀园秦皇岛分园有6个项目达成合作意向，继续探索管理体制和利益共享机制；与石家庄市政府共同签署共建集成电路封装测试产业基地的合作框架协议，示范区将发挥集成电路设计、高端制造及装备优势，培育壮大石家庄市的测试封装产业，贯通集成电路产业链条，做强做大京津冀集成电路产业集群，并带动智能硬件、智能制造、节能环保等产业的创新发展。

创新区域合作新模式，带动构建区域协同创新共同体。截至年底，中关村示范区活跃的产业联盟有120家，其中一半左右的联盟吸纳了京外地区成员。跨区域产业联盟充分利用平台优势，开展跨区域产业交流和信息交流，整合资源，促进创新和产业发展。10月成立的国内首家智能硬件产业联盟——中关村智能硬件产业联盟，集聚了京东公司、百度公司、小米公司等互联网企业，集合全国优势资源建设检测认证、研发合作、知识产权与标准、大数据服务、电商推广五大公共技术和服务平台，推动智能硬件产品标准的制定、营造有利于智能硬件产业创新发展环境、构建智能硬件产业生态等，助推中关村成为全球智能硬件产业增长极。4月，中关村美中生物集群创新联盟（BCI联盟）与天津武清京津科技谷产业园就共建“京津生物技术产业园”签订合作框架协议。

六、国际资源配置能力增强，国际化发展层次显著提高

2014年，中关村示范区国际化指数为281.6点，比2013年下降11.8点。受国际经济形势不稳定和全球贸易较为低迷等因素影响，示范区国际化指数有所下滑，但示范区国际化发展的总体趋势依然在向纵深推进，国际资源整合和配置能力不断增强。示范区企业集聚海外高端人才、各类国际性机构等国际高端创新资源的能力不断提高，同时企业积极开拓国际市场，加快技术“走出去”步伐。在分项指数中，资源引入指数128.3点，比2013年略降4.6点；国际拓展指数435.0点，较2013年下降19.1点。

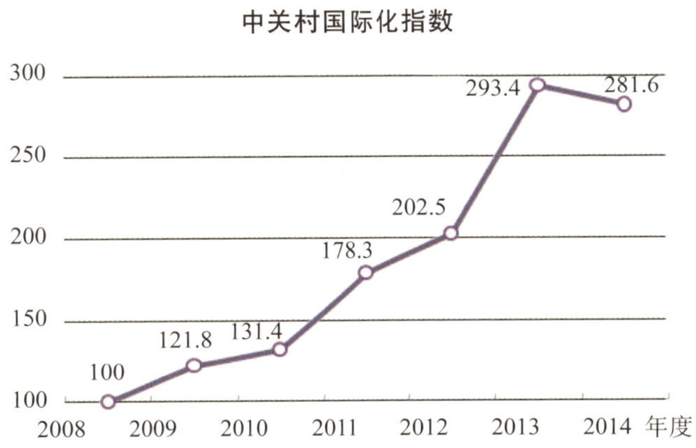

国际资源引入质量明显提高，国际性机构纷纷落户示范区。2014年，中关村示范区共有外籍专家2408人，占外籍从业人员比重超三成；留学归国人数连续6年增长，总人数2.2万人，其中拥有硕士及以上学历的占77.1%。在2015年“《财富》世界500强”企业榜单中，在示范区设立子公司或研发机构的企业数量达到99家，包括美国英特尔公司、微软公司、IBM公司等大批跨国科技公司，示范区对跨国巨头的吸引力不断增强。在吸引全球风险投资方面，根据“安永全球风险投资集聚地排名”，2014年北京市及中关村示范区吸引全球风险投资额排名升至第二位，吸引风险投资77.1亿美元，仅次于美国旧金山湾区。示范区企业全年吸引风险投资额占全国的41.2%，IDG资本、德同资本、兰亭投资、红杉资本等全球知名风险投资和创业投资机构均已进驻示范区。在示范区运营的国际型产业联盟有国际半导体照明联盟（ISA）、国际焊接和表面技术联合会等。国际联盟在促进产业协作创新方面发挥重要作用，如国际半导体照明联盟（ISA）通过多种形式，促成联盟成员内部，联盟与

政府机构、政府间组织、非政府组织在固态照明产业领域的广泛合作，推动固态照明产业的协作创新。国际知名大学技术转移集聚区共引进斯坦福技术许可办公室、中国香港科技大学技术转移中心、乌普萨拉技术转化公司、马来西亚知识产权局、布拉德福德技术转移中心等 8 家机构。

*积极开展全球布局，企业“走出去”迈出新步伐。*2014 年，中关村示范区企业高新技术产品出口占出口总额的 31.3%，出口结构进一步优化。2014 年，示范区企业在欧洲、美国、日本的专利申请量 2340 件，同比增长 21.1%，其中获欧美日三方专利授权量 490 件，同比增长 14.8%；企业 PCT 专利申请量 2394 件，同比增长 24.8%。截至年底，示范区企业累计形成国际标准 174 项。企业积极开展全球布局，在全球创新网络中加速整合利用各类资源。截至年底，示范区 130 家企业在境外设立 571 家分支机构，同比增加 17 家。百度公司等示范区企业在海外设立研发中心和延揽海外人才；北京碧水源科技股份有限公司等示范区企业与法国施耐德电气有限公司等跨国公司、海外运营商深入合作，积极开拓国际市场。

*海外并购交易持续火热，新增境外上市企业 12 家。*2014 年，中关村示范区企业发起的境外并购案例数 21 起，较 2013 年增加 7 起；并购金额 361.3 亿元，并购标的企业主要分布在亚洲和欧美。联想集团有限公司、广联达软件股份有限公司等示范区企业在海外实施投资并购，其中联想集团与美国谷歌公司达成协议，收购其摩托罗拉移动智能手机业务。博彦科技股份有限公司全资收购提供商业大数据挖掘与分析业务的美国 TPG 咨询有限责任公司，提高其在 IT 商业咨询方面的服务能力。年内，示范区北京陌陌科技有限公司、北京创锐文化传媒有限公司、畅捷通信息技术股份有限公司等 12 家企业在美国纳斯达克证券交易所、纽约证券交易所和中国香港证券交易所等境内外资本市场上市。

大事记

Chronicle

本栏目采用以月为序的形式记载中关村国家自主创新示范区上一年度中发生的大事、要事。

2014 年中关村大事记

1 月

7 日 中关村管委会与北京证监局签署《关于促进资本市场支持服务中关村发展的合作备忘录》。北京证监局局长王建平、中关村管委会主任郭洪等出席签署仪式。

8 日 科技部、财政部、税务总局印发《关于在中关村国家自主创新示范区完善高新技术企业认定中文化产业支撑技术等领域范围的通知》。

同日 由中关村管委会、市质监局共同主办的“2014 年中关村标准化推动会”在海淀区召开。

9 日 市政府办公厅印发《加快推进高等学校科技成果转化和科技协同创新若干意见（试行）》（简称“京校十条”）。

16 日 2013 年度中关村十大系列（“十大年度人物”“十大海归新星”“十大卓越品牌”“十大新锐品牌”“十大创新成果”“十大创新标准”“十大创投案例”“十大并购案例”“新锐企业十强”“十大年度新闻”）评选揭晓。

24 日 科技部副部长曹健林主持召开中关村国家自主创新示范区部际协调小组联络员会议，研究《关于支持中关村加快建设具有全球影响力的科技创新中心若干改革措施的建议（讨论稿）》。副市长张工、中关村管委会主任郭洪等列席。

同日 “中关村管委会党的群众路线教育实践活动总结会”召开。

2 月

7 日 人民银行印发《关于加快小微企业和农村信用体系建设的意见》，中关村示范区成为全国首批试点的小微企业信用体系建设试验区。

10 日 中关村管委会组织召开中央级事业单位科技成果管理改革试点座谈会。中关村管委会主任郭洪等出席。

12 日 中关村管委会印发《关于加快培育大数据产业集群推动产业转型升级的意见》。

15 日 美国国务卿约翰·克里访问北京福田康明斯发动机有限公司。

18 日 中关村管委会与保定市政府在京签署战略合作框架协议。

20 日 “中关村大数据交易产业联盟成立暨中关村数海大数据交易平台启动仪式”在京举行。市委副秘书长傅华、中关村管委会主任郭洪等出席。

25 日 统计局局长马建堂到中关村示范区调研。中关村管委会主任郭洪陪同。

28 日 中关村管委会与人民日报社北京分社共同主办了“京津冀协同发展创新合作座谈会”。来自河北廊坊、承德、保定以及天津宝坻区的负责人，中关村的企业家、投资人、学者就率先实现创新驱动，推进京津冀协同发展进行交流、座谈。会议由中关村管委会主任郭洪主持。

3 月

3 日 清华大学在校研究生王世栋等人创办的北京紫晶立方科技有限公司在海淀工商分局领到了编号“000000001”的营业执照。这是《中华人民共和国公司法》修订后，北京市首张新版营业执照。

14 日 黑龙江省省长陆昊到中关村示范区调研，并在展示中心召开座谈会。副市长林克庆、市政府副秘书长朱炎陪同，中关村管委会主任郭洪等参加。

同日 中关村管委会宣布北京伟嘉人生物技术有限公司、北京神州泰岳软件股份有限公司、北京和利时系统工程有限公司利用北京市“政府统筹资金”承担的 3 个重大科技成果产业化项目顺利完成，统筹资金退出。这是北京市重大项目统筹资金在促进重大科技成果实现产业化后首次成功退出。

20 日 市委书记郭金龙与中关村示范区企业家顾问委员会委员座谈，共商深入贯彻落实习近平总书记重要讲话精神，更好推进中关村示范区改革发展。市委常委赵凤桐、苟仲文，副市长张工出席，中关村管委会主任郭洪等参加。

24日 工商总局局长张茅率工商总局党组中心组成员到中关村示范区展示中心，开展中心组（扩大）集体学习活动，并与企业家代表就科技创新进行座谈。中央国家机关工委副书记邵旭军出席，中关村管委会主任郭洪等参加。

4月

3日 市委书记郭金龙一行到通州园北京国际医疗服务区调研，听取了园区工作进展汇报。

8日 石景山区金融办、石景山园管委会联合举办加快推动北京保险产业园创新发展座谈会。市长王安顺为北京保险产业园揭牌，市委常委李士祥、保监会主席项俊波等领导出席。

14日 中科院理化技术研究所刘静带领的科研团队研发出世界首台全自动液态金属个人电子电路打印机。

16日 “中关村国家自主创新示范区企业家顾问委员会2014年度第一次全体会”在百度公司召开。

同日 中国创投委、台湾股权投资协会、台湾创业投资公会联合举办京台资本市场合作发展论坛。

16—18日 九三学社中央委员会主席韩启德率九三学社中央调研组到中关村示范区调研，先后参观了京微雅格（北京）科技有限公司、安进医疗科技（北京）有限公司等企业。

18日 市政府办公厅印发《关于在中关村国家自主创新示范区深入开展新技术新产品政府采购和推广应用工作的意见》。

23日 市知识产权局、市人力社保局印发《关于第三届“北京市发明专利奖”的表彰决定》。36项获奖专利全部在中关村示范区内，其中特等奖1项，一等奖5项，二等奖10项，三等奖20项。

24日 中关村管委会、市质监局、市知识产权局、海淀区政府联合印发《关于支持知识产权和标准化服务业在中关村示范区集聚创新发展的办法》。

25日 由海淀区政府、中关村管委会、市知识产权局共同主办的“中关村知识产权聚集区政策发布暨知识产权运营基金成立大会”在中关村示范区展示中心举行。会上，启动了睿创专利运营基金。副市长戴均良发表讲话。

同日 科技部国家遥感中心、中关村管委会、海淀园管委会、863计划地球观测与导航技术领域导航主题专家组和导航与位置服务科技专项总体专家组在京召开“羲和系统科技成果中关村合作对接会”，宣布羲和系统室内外高精度定位导航信号正式播发。

28日 全国政协副主席林文漪一行到中关村示范区调研，先后参观了百度在线网络技术（北京）有限公司、中关村示范区展示中心。中关村管委会主任郭洪等陪同。

同日 由市农委等单位主办的“北京国际种业品种权交易创新基地启动仪式”举行。副市长林克庆为创新基地揭牌。

同日 在中国—保加利亚经贸洽谈会上，中关村管委会与保加利亚工业园区总公司签署《中关村科技园区管理委员会与保加利亚工业园区总公司合作谅解备忘录》。

29日 中国人民解放军海军与北京市军民融合深度发展实践探索成果展举办。市委书记郭金龙、市长王安顺、海军司令员吴胜利参观了展览。

5月

4日 科技部科技人才中心、中关村管委会举办以“弘扬‘五四’精神，营造青年科技创业人才良好发展环境”为主题的“五四”青年科技创业人才座谈会。

11日 中关村海淀园秦皇岛分园开园，河北省委常委田向利、北京市委常委苟仲文等出席开园仪式。

12日 航天科技控股集团股份有限公司基于北斗卫星导航系统和移动互联网、物联网技术成功研发出北斗车联网、船联网系统，并已投入商业运行。

同日 中关村管委会、北京保监局、人民银行营业管理部、北京银监局、市金融局印发《中关村国家自主创新示范区小额贷款保证保险试点办法》。

同日 市金融局、人民银行营业管理部、北京银监局、中关村管委会、海淀区政府、中国支付清算协会、市工商联等7部门联合印发《关于支持中关村国家自主创新示范区推广商业承兑汇票融资模式的指导意见》。

13日 人民银行印发《关于设立中国人民银行中关村国家自主创新示范区中心支行（国家外汇管理局中关村国家自主创新示范区中心支局）的批复》，正式同意人民银行营业管理部设立中关村示范区中心支行，由人民银行营业管理部负责管理。

13—18日 “第十七届中国北京国际科技产业博览会”在京举办。中关村示范区以“创新驱动　智领未来”为主题举办中关村智慧展，共有130余家示范区企业参展。市委书记郭金龙参观了中关村示范区展区。

22日 市政协主席吉林参观中关村示范区展示中心，并在展示中心举行座谈会。会上，中关村管委会主任郭洪汇报中关村示范区建设情况。市政协副主席傅惠民、闫仲秋等出席。

28日—6月1日 “第三届中国（北京）国际服务贸易交易会”在北京国家会议中心举办。中关村管委会组织企业以“新服务、新模式、新业态，引领现代服务业发展”为主题参展。全国人大常委会副委员长张宝文、市人大常委会主任杜德印、市政协主席吉林、副市长程红等领导参观了中关村示范区展区。

6月

4日 青海省委书记骆惠宁、副省长匡湧率青海省党政代表团到中关村示范区调研，参观了中关村示范区展示中心，并与北京市委常委苟仲文等有关领导座谈。中关村管委会主任郭洪汇报了中关村创新发展情况。园区相关企业的代表参加。

同日 中关村管委会印发《中关村国家自主创新示范区企业改制上市和并购支持资金管理办法》。

5日 清华大学宣布，成功解析葡萄糖转运蛋白GLUT1的晶体结构，初步揭示了其工作机制及相关疾病的致病机理。该成果被评为2014年中国十大科技进展。

6日 南阳市政府、中关村管委会共同举办“南阳中关村科技产业园推介活动”。中关村管委会主任郭洪等出席。

8—11日 市政府、发展改革委共同主办了“第八届中国北京国际节能环保展览会”。中关村示范区以“创新驱动　绿色发展”为主题，组织32家节能环保新能源企业参展。

9日 市政府办公厅印发《加快推进科研机构科技成果转化和产业化的若干意见（试行）》。

12日 “中关村创业大街开街暨创业季启动仪式”举行。市委常委苟仲文出席并讲话。

15—22日 中关村管委会与伊朗伊斯法罕科技城、伊斯法罕科技企业孵化器和科技园发展中心共同举办“第十四期科技型中小企业技术创新国际研讨班”。来自伊朗、巴基斯坦、罗马尼亚等国的25名学员参加。

19日 新一代超级计算机“元”在怀柔园上线开通。

22日 市政协主席吉林到中关村创业大街调研。

27—30日 海淀区委、区政府印发《关于进一步加快核心区自主创新和战略性新兴产业发展的意见》等6项政策，形成海淀区创新创业和产业发展的“1＋4＋1”政策体系。

7月

1日 中关村信用促进会发布《中关村信用促进会三年行动纲要（2014—2016）》。

15日 中关村管委会举办“情系北京城·创业中关村”主题活动。

17日 在中国国家主席习近平与巴西总统迪尔玛·罗塞夫的共同见证下，百度葡语搜索引擎在巴西正式上线，提供服务。

22日 北京小米科技有限责任公司发布首款穿戴式智能设备小米手环和小米手机4。

23日 中关村管委会与总装备部国防知识产权局签署《军民融合国防知识产权转化运用试点工作备忘录》。中关村管委会主任郭洪、国防知识产权局局长蔡镭分别代表各方签约。

31日 河北省省长张庆伟率领的河北省党政代表团到中关村示范区参观考察。北京市委书记郭金龙、市长王安顺陪同。

8月

2日 中关村管委会与南京市人民政府签署《中关村科技园区管理委员会　南京市人民政府长期战略合作补充协议》。中组部人才工作局副局长王炳森等出席。

4日 北京中电华大电子设计有限责任公司基于中芯国际集成电路制造有限公司的55纳米低功耗嵌入式闪存平台，推出中国第一颗55纳米智能卡芯片。

6日 天津市委书记孙春兰、市长黄兴国率天津市党政代表团参观中关村示范区展示中心。北京市委书记郭金龙，市长王安顺，市委常委陈刚、苟仲文陪同，中关村管委会主任郭洪等参加。

8日 北京中关村高新技术企业协会在海淀区举办“2014年中关村高成长企业TOP100颁奖典礼”。

12日 《中关村科技园区管理委员会、首钢总公司合作备忘录》签署仪式在京举行。中关村管委会主任郭洪、首钢总公司董事长靳伟分别代表各方签署合作协议书。

18日 联合国开发计划署与百度在线网络技术（北京）有限公司启动战略合作，共建大数据联合实验室。

19日 由航天科技集团五院研制的“高分”二号卫星在太原卫星发射中心用“长征”四号乙运载火箭成功发射升空。

22日 副市长张工到中关村高端人才创业基地调研，先后参观了展讯通信有限公司、北京兆易创新科技股份有限公司、京微雅阁（北京）科技有限公司，并分别听取企业负责人汇报创新发展情况。市政府副秘书长朱炎、中关村管委会主任郭洪陪同。

28日 由市科委、海淀区政府等单位主办的“北京协同创新研究院揭牌仪式”举行。市委常委苟仲文出席。

同日 “清华科技园创建20周年成就展”举办。

29日 市长王安顺到中关村示范区调研科技创新工作，先后参观展讯通信有限公司、百济神州（北京）生物科技有限公司、华为技术有限公司等企业，并在中关村管委会与专家、企业家们座谈。市政府秘书长李伟、副秘书长朱炎，中关村管委会主任郭洪等参加。

9月

1日 中关村管委会印发《中关村国家自主创新示范区天使投资和创业投资支持资金管理办法》。

3日 北京林业大学科技园被科技部、教育部认定为国家大学科技园。

同日 以“拥抱移动时代，打造人与服务连接的移动开放平台”为主题的“百度世界2014”大会在京举行。中关村管委会主任郭洪出席。

4日 由团市委、市科委、市经济信息化委、市人力社保局、中关村管委会等单位联合主办的2014年“联东U谷杯”首都青年创新创业大赛在京正式启动。

同日 清华大学与北京信威通信技术股份有限公司共同研制的中国首颗低轨移动通信卫星——灵巧通信试验卫星点火升空，用于开展卫星多媒体通信试验。

5日 “中关村核心区军民融合产业联盟成立大会”在京召开，会上发布了《海淀区推动科技产业军民融合发展三年行动计划（2014—2016年）》。

同日 中关村管委会印发《关于贯彻落实〈北京市人才工作领导小组关于深入学习贯彻落实习近平总书记对人才工作重要批示精神的通知〉的实施意见》，提出深入学习领会中共中央总书记习近平对人才工作重要批示精神等相关意见。

10日 市委、市政府印发《关于进一步创新体制机制加快全国科技创新中心建设的意见》。

同日 副市长张工到中关村示范区调研投资机构及联盟企业，先后参观了中关村创业投资公司、闪联产业联盟、国家半导体照明工程研发及产业联盟，并分别听取投资项目及联盟创新发展情况汇报。中关村管委会主任郭洪陪同。

16日 由清华大学研制的第二代国产脑起搏器——双通道可充电脑起搏器获得食品药品监管总局颁发的医疗器械注册证书。

19日 中关村国家自主创新示范区领导小组组长王安顺主持召开中关村示范区领导小组第十八次会议并讲话。市委常委李士祥、姜志刚、苟仲文，副市长张工，市政府秘书长李伟、副秘书长朱炎及市相关单位负责人出席，中关村管委会主任郭洪等参加。

同日 中关村核心区创新创业服务平台启动。

23日 中关村管委会、市工商局联合印发《中关村国家自主创新示范区科技型企业创业孵化集聚区管理办法（试行）》。

同日 中关村管委会印发《关于支持中关村国家自主创新示范区瞪羚重点培育企业发展的若干金融措施（修订）》《金融支持中关村国家自主创新示范区中小科技型企业投标承接重大建设工程项目的若干措施》。

24日 中关村协同创新服务平台启动，包括清华科技园、北大科技园等13家“创新驿站”，近50位“创新导师”获得认证，加入这个旨在进一步推动科技创新与成果转化的一站式平台。

25日 由科技部、中科院、中国工程院、国家知识产权局、市政府共同主办的“2014年中关村论坛”举办。此次论坛主题为“创新创业生态系统：协同·分享·共赢”。科技部原部长徐冠华、副市长张工、中关村管委会主任郭洪等出席开幕式。

同日 中关村管委会印发《中关村国家自主创新示范区中小微企业银行信贷创新融资支持资金管理办法》《中关村国家自主创新示范区中小微企业担保融资支持资金管理办法》《中关村国家自主创新示范区中小微企业小额贷款支持资金管理办法》。

26日 中关村国家自主创新示范区企业家顾问委员会2014年度第二次全体委员会议召开。副市长张工出席，并向新一届顾委会委员颁发聘书。企业家围绕北京市进一步深化改革、创业投资机构在中关村的发展、“高精尖”产业发展等方面存在的问题，提出了意见和建议。中关村管委会主任郭洪等参加。

28—30日 由市人才工作领导小组、中关村创新平台、欧美同学会、国务院侨办经济科技司主办的“百名海外院士专家中关村行”活动举办。

10月

10日 质检总局、国家标准委联合印发《关于公布2014年度“中国标准创新贡献奖”获奖名单的通知》。中关村示范区内作为第一完成单位的22项标准获奖，其中一等奖3项、二等奖8项、三等奖11项。

16日 中关村管委会、市知识产权局共同评选出27家中关村首批知识产权领军企业。

同日 中信银行股份有限公司、中关村管委会举行300亿元意向性授信战略合作签约仪式。中关村管委会主任郭洪、中信银行行长李庆萍、中关村发展集团总经理许强等出席签约仪式。

20日 由中关村民营科技企业家协会主办的“以协同创新引领京津冀协同发展高端研讨会”在中关村示范区展示中心召开。会上，中关村管委会主任郭洪发表“以协同创新引领京津冀协同发展”的主题演讲。

22日 中关村管委会、海淀区政府共同召开“中关村智能硬件产业联盟成立大会”。联盟由北京京东世纪贸易有限公司、百度在线网络技术（北京）有限公司、北京小米科技有限责任公司等21家企业共同发起成立。中关村管委会主任郭洪等出席。

23日 中关村创业文化暨中关村之歌歌曲发布座谈会召开。会上，“唱响中关村”中关村之歌征集活动组委会发布中关村之歌《与梦想同在》《追梦》《中关村之梦》等14首传唱歌曲。

29日 由中关村智汇产业技术研究所、汤森路透集团、中关村知识产权促进局共同主办的“全球视野下的知识产权战略研讨会”在京召开。会上，围绕“全球化背景下的中国知识产权战略方针”“中国企业在国际市场的专利维权应对及策略”等议题进行交流。

30日 全国政协副主席王钦敏率全国政协经济委员会专题组赴中关村示范区调研中小微企业科技创新情况，并在中关村示范区展示中心召开座谈会，中关村管委会主任郭洪汇报示范区中小微企业创新发展情况。副市长张工、市政协副主席闫仲秋等出席。

同日 联想集团有限公司宣布，以29亿美元的价格从美国谷歌公司收购摩托罗拉移动公司的交易通过各国政府的审批，摩托罗拉移动公司正式成为联想集团旗下资产。

11月

2日 市科委、市教委、市财政局、中关村管委会联合印发《建立高等学校科技创新和成果转化项目储备制度实施细则》。

同日 “中关村生物医药企业家俱乐部成立大会”在中关村生命科学园举行。中关村管委会主任郭洪出席并为俱乐部揭牌。

6日 全国首家知识产权审判专业机构——北京知识产权法院在海淀区正式挂牌履职。中央政法委书记孟建柱、市委书记郭金龙、最高人民法院院长周强为法院揭牌。

同日 知识产权局印发《关于第十六届中国专利奖授奖的决定》。中关村示范区61件专利获奖。北京京东方光电科技有限公司的“移位寄存器单元、显示器用栅极驱动装置及液晶显示器”等3件专利获中国专利金奖，联想（北京）有限公司的“具有显示功能的电子设备（jz）”等2件专利获中国外观设计金奖。

同日 中关村管委会印发《中关村国家自主创新示范区产业发展资金管理办法》。

14日 北京新能源汽车股份有限公司研制的新能源纯电动汽车EV200在大兴园下线。

15日 工商总局局长张茅一行到中关村示范区调研并座谈。会上，中关村管委会主任郭洪汇报中关村示范区创新发展整体情况。副市长张工出席。

同日 中关村管委会印发《关于支持高等学校科技人员和学生科技创业专项资金管理办法（试行）》。

16日 京东方科技集团股份有限公司首发65英寸OGS触控显示屏。

16—21日 “第十六届中国国际高新技术成果交易会”举办。中关村示范区以“智联世界，创启未来”为主题，围绕大数据、技术研发、节能环保、生命健康4个服务领域，组织18家园区企业参展。国务院副总理刘延东、科技部部长万钢、广东省委书记胡春华等参观了中关村示范区展区。

18日 市委书记郭金龙到中关村电子城功能区调

研经济创新发展情况。先后参观了北京奇虎科技有限公司、梅赛德斯—奔驰乘用车中国研发中心等企业。市委常委李士祥、副市长张工陪同，中关村管委会主任郭洪参加。

20 日　国务委员王勇到清华科技园、中关村创业大街就商事制度改革、扶持小微企业发展等工作进行调研。工商总局局长张茅、副局长刘玉亭，副市长程红陪同调研。

25 日　市委书记郭金龙到清华大学调研科技创新工作。郭金龙强调，北京市要与包括清华大学在内的在京高校、科研院所携起手来，搭平台、聚人才、接任务、出成果，加快推进全国科技创新中心建设。市委常委苟仲文参加调研。

25—26 日　“第 18 届北京·香港经济合作研讨洽谈会”在京举行。会议期间，中关村管委会举办了以“创新·创业·创未来”为主题的“创业面对面——中关村企业家与京港青年创业交流活动”。

26 日　市国资委、中关村管委会“合作备忘录签署暨京企云梯科技创新联盟揭牌仪式”在中关村示范区展示中心举行。会上，中关村管委会主任郭洪与市国资委主任林抚生分别代表各方签署合作备忘录，副市长张工出席并为“京企云梯中关村科技创新联盟”揭牌。

同日　由人民日报社主办，以“推进协同发展，加速产业融合”为主题的“京津冀协同发展论坛”在京举行。中关村管委会主任郭洪出席，并以中关村落实京津冀协同发展重大战略，共同推动形成协同创新发展共同体为内容做主旨演讲。

27 日　市委书记郭金龙到北京航空航天大学调研。郭金龙强调，在建设全国科技创新中心过程中，北京市要为创新型国家建设做出应有的贡献。市委常委苟仲文、副市长张工一同调研。

29 日　市委书记郭金龙、市长王安顺一行到中关村示范区核心区调研。郭金龙强调，中关村要充分发挥国家自主创新示范区的引领示范作用，汇集支持创新的一切要素，营造鼓励创新的最好环境，不断为创新型国家建设贡献新的力量。副市长张工陪同，中关村管委会主任郭洪参加。

12 月

2 日　中关村管委会印发《中关村国家自主创新示范区债务性融资机构风险补贴支持资金管理办法》。

3 日　国务院总理李克强主持召开国务院常务会议，部署在更大范围推广中关村试点政策。决定将科研项目经费管理改革等 6 项中关村先行先试政策推向全国，把给予技术人员和管理人员的股权奖励可在 5 年内分期缴纳个人所得税等 4 项中关村先行先试政策推广到所有国家自主创新示范区、合芜蚌自主创新综合试验区和绵阳科技城。

同日　市委书记郭金龙主持召开市委常委会会议，讨论通过了《关于深化中关村人才管理改革的若干措施》。

同日　“中关村互联网文化创意产业园开园仪式”在海淀园举行。

5 日　“北京大学国际医院开业仪式”举行。

9 日　北京新云东方系统科技有限责任公司生产的新云东方 Power System 服务器全系列产品下线。副市长张工出席并讲话，中关村管委会主任郭洪等参加。

11 日　遥感卫星二十五号在酒泉卫星发射中心发射升空，并顺利进入预定轨道。遥感卫星和执行此次发射任务的运载火箭，均由航天科技集团公司负责研制。

12 日　由中关村管委会、中关村发展集团股份有限公司共同主办的“信贷创新中关村系列活动——‘微金融、共成长、铸梦想’创新小微金融产品发布会”在京举行。会上，举行了京津冀跨区域融资担保合作签约仪式。市政府副秘书长朱炎、中关村管委会主任郭洪出席并讲话。中关村管委会及天津市、河北省相关单位负责人参加。

15 日　市教委、中关村管委会、市人力社保局、市财政局联合印发《关于支持北京高校大学生创业的实施细则》。

17 日　“首届京津冀协同创新共同体高峰论坛”举办，主题为“协同创新、共赢发展”。

18 日　中关村管委会与韩国研究开发特区振兴财团合作备忘录签约仪式在京举行。

23 日　“中关村国家自主创新示范区部际协调小组第三次会议”召开，科技部部长、部际协调小组组长万钢主持会议并讲话。会上，听取了中共中央政治局第九次集体学习以来中关村示范区有关工作进展情况汇报，研究了支持中关村全面深化改革、加快建设具有全球影响力的科技创新中心有关工作。中关村管委会领导成员参加。

同日　市科委、市发展改革委、市经济信息化委、市住房城乡建设委、市质监局、中关村管委会联合印发《北京市新技术新产品（服务）认定管理办法》。

26 日 市卫生计生委、中关村管委会“转化医学战略合作协议签约仪式”在中关村示范区展示中心举行。市卫生计生委主任方来英与中关村管委会主任郭洪分别代表各方签署《关于加快推进转化医学发展的战略合作协议》。

28 日 市政府印发《关于2014年度北京市科学技术奖励的决定》。中关村示范区177项成果获奖，包括一等奖27项、二等奖51项、三等奖99项。

29 日 科技部召开国家高新区电视电话会议，落实国务院常务会议精神，推广中关村试点政策。科技部部长万钢出席并讲话，科技部副部长曹健林主持。中关村管委会主任郭洪介绍了中关村先行先试情况，科技部副秘书长徐建培介绍了推广中关村试点政策有关考虑。各省（自治区、直辖市）科技厅负责人、国家高新区相关负责人参加电视电话会议。

同日 “北京顺义科技创新产业功能区揭牌仪式”在顺义区举行。中关村管委会主任郭洪出席。

30 日 中关村管委会、石家庄市政府“《共建集成电路产业基地合作框架协议》签约仪式”在中关村示范区展示中心举行。中关村管委会主任郭洪与石家庄市市长王亮分别代表各方签署合作框架协议书。石家庄市委书记孙瑞彬、北京市委常委苟仲文等出席。

年内 国家科学技术奖励评选揭晓。中关村示范区69项成果获奖，包括国家自然科学奖17项、国家技术发明奖14项、国家科技进步奖38项。

概　况

Overview

本栏目简要记述了中关村国家自主创新示范区的起源及其沿革，重点记述上一年度中关村示范区的创新发展情况和特点等。

2014 年中关村概况

中关村国家自主创新示范区源于 20 世纪 80 年代初期的中关村电子一条街，是中国改革开放的产物。

1978 年 3 月，中共中央在京召开全国科学大会。时任中共中央副主席的邓小平在会上发表重要讲话，明确指出，科学技术是生产力，知识分子是工人阶级的一部分。这使得中关村地区广大科技人员感受到“春天”的来临，重新燃起科技报国的激情。从那时起，以中国科学院物理研究所的陈春先为代表的一大批科技人员走出科研院所和高等院校，创办民营高科技企业（通称“下海”），形成了中关村电子一条街。

中关村地区不断涌现的民营高科技企业得到党中央和北京市委的大力支持。1988 年 5 月，经国务院批准，市政府印发了《北京市新技术产业开发试验区暂行条例》。《暂行条例》规定：“以中关村地区为中心，在北京市海淀区划出 100 平方公里左右的区域，建立外向型、开放型的新技术产业开发试验区”，在北京市新技术产业开发试验区内注册的高新技术企业可以享受《暂行条例》所规定的国家各项优惠政策。由此，中国第一个国家级高新技术产业开发区正式成立。1999 年 6 月，国务院对科技部、北京市政府报送的《关于实施科教兴国战略加快建设中关村科技园的请示》做出《关于建设中关村科技园区有关问题的批复》，原则同意关于加快建设中关村科技园区的意见和关于中关村科技园区的发展规划。同年 8 月，北京市新技术产业开发试验区更名为中关村科技园区。2009 年 3 月，国务院印发《关于同意支持中关村科技园区建设国家自主创新示范区的批复》，明确中关村科技园区的新定位是国家自主创新示范区，目标是成为具有全球影响力的科技创新中心，并同意在中关村示范区实施股权激励、科技金融改革创新等试点工作。中关村成为中国首个国家级自主创新示范区。30 余年来，中关村示范区的建设和发展得到党中央、国务院高度重视，先后 8 次做出重大决策部署。2013 年 9 月 30 日，中共中央政治局第九次集体学习选择在中关村举行，中共中央总书记习近平发表重要讲话。习近平在讲话中指出，中关村已经成为中国创新发展的一面旗帜，面向未来，要加快向具有全球影响力的科技创新中心进军。

从 1994 年 4 月起，经原国家科委（后更名为科技部）批准，北京市新技术产业开发试验区和中关村科技园区先后 3 次调整范围，经历了“一区三园”“一区五园”“一区七园”的发展格局，但政策区域范围始终保持 100 平方千米不变。2006 年 1 月，经国务院批准，发展改革委发布《公告》，审核确定中关村科技园区规划用地总面积为 232.52 平方千米。随后，国土资源部公布了中关村科技园区的海淀园、丰台园、昌平园、电子城、亦庄园、德胜园、石景山园、雍和园、通州园、大兴生物医药产业基地等 10 园规划用地的四至范围。2012 年 10 月，国务院印发《关于同意调整中关村国家自主创新示范区空间规模和布局的批复》，原则同意对中关村国家自主创新示范区空间规模和布局进行调整。调整后，中关村示范区空间规模扩展为 488 平方千米，形成了包括海淀园、昌平园、顺义园、大兴—亦庄园、房山园、通州园、东城园、西城园、朝阳园、丰台园、石景山园、门头沟园、平谷园、怀柔园、密云园、延庆园等 16 园的“一区多园”发展格局。

2014 年，中关村示范区全面贯彻落实习近平“9·30”“2·26”系列重要讲话精神，深入落实建设全国科技创新中心、构建“高精尖”经济结构各项决策部署，加快向具有全球影响力的科技创新中心进军，创新发展取得新成效。

全面深化改革取得新突破。2014 年 12 月，国务院召开常务会议，部署在更大范围推广中关村试点政策，将 6 项政策在全国范围推广实施，将 4 项政策推广至所有国家自主创新示范区、合芜蚌自主创新综合试验区和绵阳科技城，同时同意在中关村围绕鼓励引进海外高层次人才、拓宽科技企业融资渠道、支持设立适应科技企业特点和需求的保税仓库等方面开展新的 4 项试点政策。全年深入推进了 20 余项国家层面的先行先试改革试点，包括：为外籍人才 90 天内完成“绿卡”审批的特殊政策，成立中关村国家自主创新示范区中心支行（国家外汇管理局中关村国家自主创新示范区中心支局），企业境外并购外汇管理创新试点，外商投资企业外汇资本金结汇管理方式改革试点，进境动植物生物材料检验检疫改革试点，建设国家专利导航产业发展实验区，率先开展全国知识产权投融资服务试点，运用保险补偿机制鼓励企业开展新技术、新产品政府采购和推广应用，以及新一期的中关村现代服务业试点和新一轮商事制度改革措施等。深入开展市级政策创新，推动《加快推进高等学校科技成果转化和科技协同创新若干意见（试行）》（“京校十条”）和《加快推进科研机构科技成果转化和产业化的若干意见（试行）》（“京科九条”）及其实施细则的出台实施。

*加快优化创新创业生态系统。*2014年，实施战略性新兴产业集群创新引领工程和现代服务业试点，出台支持集成电路、大数据、软件和互联网、智能硬件、生物和健康、节能环保等产业发展的政策措施，推动组建300亿元的集成电路产业投资基金。中关村示范区较活跃的产业技术联盟总数120家、行业协会总数80家。实施中关村“创业中国”引领工程、金种子工程等创业支持计划。全力推进“一城三街”（即中关村软件城，创业孵化一条街、科技金融一条街、知识产权和标准化一条街）建设，为创新创业活动提供良好环境。

*成为高新技术企业和高端人才聚集区。*2014年，中关村示范区有各类企业15645家，其中，全年收入过亿元企业2556家，比2013年增加194家；10亿元以上企业485家，比2013年增加58家；超100亿元的企业达65家，比2013年增加9家。2014年，中关村示范区从业人员201万余人，比2013年增加111692人。截至年底，中关村示范区累计有874人入选中央“千人计划”，约占国内“千人计划”入选者的1/5，占北京地区的80%，其中171人为2014年新入选；累计424人入选北京市“海聚工程”，占北京市的70%，其中56人为2014年新入选。推进“中关村高端人才创业基地”建设，新提供人才公租房1.3万余套。中关村示范区聚集留学归国人员逾2.2万人，外籍从业人员7754人。中关村示范区成为中国“大众创业，万众创新”的热土。

*全面建设国家科技金融创新中心。*2014年，推出“展翼计划”“零信贷”“普惠保”等专项金融服务产品，设立中关村小微企业信贷风险补偿资金和中关村小微企业债务性融资机构风险补贴支持资金，开展中关村小额贷款保证保险和商业承兑汇票融资试点。建设中关村互联网金融信用信息平台，为互联网金融企业提供平台服务300余万次；中关村数海大数据交易平台开始运营，数据调用突破20亿次；构建中关村百千万科技金融服务平台，吸纳带动社会资金向中关村战略性新兴产业聚集；中关村企业信用促进会会员达到5100家，累计提供各类信用产品1.9万余份；中关村担保公司累计为企业提供约1200亿元担保融资。截至年底，19家银行在中关村设立了近50家信贷专营机构或特色支行。中关村上市公司总数达254家，IPO融资总额累计超过2200亿元。

*涌现一大批高水平创新成果。*2014年，中关村示范区有69项成果获国家科学技术奖，占北京地区获奖总数的84%，包括国家自然科学奖17项、国家技术发明奖14项、国家科技进步奖38项；177项成果获北京市科学技术奖，占北京地区获奖总数的80%。2014年，中关村示范区申请专利43793件，其中发明专利26413件，授权专利22960件。2014年，中关村示范区企业和联盟组织创制标准141项，其中国际标准18项、国家标准99项、行业标准6项、地方标准18项。同年，中关村示范区有9件商标入选中国驰名商标，108件商标入选北京市著名商标。

*创新驱动发展取得新成效。*2014年，中关村示范区总收入为36057.6亿元，比2013年增长18.2%。其中技术性收入4837.7亿元，产品销售收入12474.2亿元，商品销售收入12832.6亿元。在总收入中，电子信息产业为13501.9亿元，生物技术和新医药产业1430.8亿元，先进制造产业4591.2亿元，新材料产业3043.2亿元，新能源和环境保护产业5256.5亿元，航空航天产业486.9亿元。全年进出口总额为995.8亿美元，其中出口额为337.3亿美元，占全市出口总额的54%。全年实缴税费1857.6亿元，比2013年增长23.3%；实现利润总额3031.5亿元，比2013年增长33.8%。万元增加值能耗0.08吨标煤，约是同期北京市水平的1/5，国内水平的1/10。各分园快速发展：8个分园收入超千亿元，其中海淀园1.45万亿元，亦庄园3722.3亿元，丰台园3699.4亿元，朝阳园4090.1亿元，昌平园3183.6亿元，石景山园1526亿元，西城园1874.8亿元，东城园1501.9亿元。2014年，中关村示范区对北京经济增长的贡献率达到41.7%。

*主动服务京津冀协同发展。*2014年，中关村示范区着力构建京津冀协同创新共同体，聚焦天津滨海新区、曹妃甸区、新机场临空经济区、张承生态经济区4个战略合作功能区，初步编制中关村服务京津冀区域创新合作实施方案和3年行动计划，制订了天津滨海与中关村科技园共建方案。支持中关村企业在宝坻、石家庄、保定、秦皇岛等地区共建园区或特色产业基地。据统计，中关村企业已在河北设立分支机构超过1000家，在天津设立分支机构超过500家。

*大力实施国际化战略。积极支持企业走出去。*百度在线网络技术（北京）有限公司设立了美国硅谷“深度学习研究院”，引进国际人工智能领域最权威的学者之一——吴恩达为首席科学家，并大力拓展海外搜索引擎市场；联想集团有限公司收购了美国IBM公司的x86服务器业务和摩托罗拉移动公司手机业务。2014年，中关村示范区12家企业在境外上市。中关村企业在海外设立分支机构总数达571家。

2014年，中关村示范区的发展具有以下几个特点：

*引领全国创新改革，创新创业生态系统进一步完善。*在深入实施“1＋6”“新四条”（指科技部、财政部、国家税务总局联合发布的在中关村示范区开展高新技术企业认定中文化产业支撑技术等领域范围试点政策，以及财政部、国家税务总局联合发布的在中关村示范区实施有限合伙制创业投资企业法人合伙人企业所得税试点政策、技术转让企业所得税试点政策、企业转增股本个人所得税试点政策4项政策）先行先试政策基础上，率先开展事业单位科技成果使用、处置和收益管理改革，股权奖励个人所得税改革，企业境外并购外汇管理改革等20余项国家层面改革试点，10项试点政策推广到其他地区。市级层面出台30余项创新政策。

*产业结构不断优化，引领高端产业发展呈现新特征。*互联网和大数据促进各行业特别是传统产业转型升级，成为产业转型升级的新引擎。前沿技术研发和商业模式创新相结合催生出移动医疗、智能家居、智慧环境、互联网教育、互联网金融等新兴产业，创造了新需求，增加了新价值。制造业与服务业融合发展，出现制造业服务化趋势。2014年，战略性新兴产业集群实现总收入近2.7万亿元，占示范区的2/3以上，现代服务业实现收入2.3万亿元，同比增长15.6%。

*创新成果丰硕，创新效率进一步提高。*发掘支持一批全球领先的前沿技术项目，面向市场的重大产业化创新成果不断涌现。如，百度的机器深度学习、格灵深瞳的计算机视觉、中芯国际的28纳米集成电路成套制造工艺、百济神州的靶向型小分子抗癌药、普罗吉的重组人血清白蛋白、国家纳米科学中心的石墨烯透明导电薄膜等。

*创业空前活跃，引领中国创业进入新时代。*北京厚德科创科技孵化器有限公司（厚德创新谷）等一批创新型孵化器纳入了国家级科技企业孵化器管理体系。中关村核心区“一城三街”建设全面推进，中关村创业大街正式运营，引起强烈反响，高校大学生创业服务中心在创业大街挂牌。创业活动空前活跃，高校成为青年创业者的大本营，形成了“‘90后’创业者”“创业系”“连续创业者”3支新的创业大军，天使投资人、创新型孵化器及创客组织形成中关村创业新生态。2014年新创办并有实际经营活动的科技型企业突破1.3万家，呈现井喷式增长。

*企业“走出去”迈出新步伐，整合利用全球创新资源能力不断提升。*联想集团收购IBM公司的x86服务器业务和摩托罗拉移动公司手机业务，继续保持全球第一大PC厂商地位；京东商城电子商务有限公司、猎豹移动公司等6家企业在美国上市；百度公司在硅谷设立“深度学习研究院”，并成功进入葡语、泰语、阿拉伯语、日语等海外搜索引擎市场；北京小米科技有限责任公司引进谷歌全球副总裁雨果·巴拉，产品进入10余个国家和地区，全年销售收入突破700亿元。

*加强沟通对接，构建京津冀协同创新共同体有了新探索。*编制了《天津滨海—中关村科技园共建方案》；推进京津中关村科技新城、保定中关村创新中心、中关村海淀园秦皇岛分园等园区共建。中关村智慧环境产业联盟等30余家产业联盟和社会组织与津冀地区对接合作。

2014年中关村示范区创新发展取得了喜人的成绩，但与具有全球影响力的科技创新中心的要求相比，还有一定差距，中关村创新发展还面临着一些问题和挑战，集聚全球人才、技术、资本等高端创新要素和引领全球科技创新与新兴产业发展的能力还不足；率先推动形成创新驱动发展新格局还面临不少体制机制障碍和政策束缚，推进改革阻力大；在首都建设国家科技创新中心、构建“高精尖”经济结构，落实“一带一路”、京津冀协同发展、长江经济带三大国家战略中的示范引领作用还需进一步发挥等。

（徐　建）

综合管理
General Management

本栏目设有调研与决策、重大事件、政策法规、管理机构4个分栏目，以条目体和记述体两种形式，系统介绍2014年国家、北京市、中关村管委会发布的有关促进中关村国家自主创新示范区发展的主要政策、法规和采取的举措，以及各级领导对园区发展的关注和各种类型的重大活动，还包括中关村示范区管理机构的介绍。

综 述

2014年，中关村示范区学习贯彻中共中央总书记习近平“9·30”“2·26”讲话精神，执行中央大政方针和市委、市政府决策部署，适应并引领经济发展新常态，全面创新改革，优化创新创业生态系统，构筑“高精尖”经济结构，探索构建京津冀协同创新共同体，加快建设具有全球影响力的科技创新中心的步伐。国务院总理李克强主持召开国务院常务会议，部署在更大范围推广中关村试点政策，加快推进国家自主创新示范区建设。

全面深化创新改革。开展外籍高端人才永久居留资格程序便利化等4项政策试点，研究提出6方面40余条政策创新建议；出台中央级事业单位科技成果使用处置收益改革等政策文件，确定在11家单位开展改革试点；国有企业、高校和科研机构的104项股权和分红激励方案获批复；所有科研项目均纳入北京地区经费管理改革试点，形成常态化制度；开展进境动植物生物材料检验检疫等10余项国家层面改革试点；加大市级政策创新力度，协调出台“京校十条”“京科九条”及其实施细则；印发实施新技术新产品政府采购和推广应用等30余项创新政策。

构建“高精尖”经济结构。互联网、大数据促进传统产业转型升级，前沿技术研发和商业模式创新催生互联网金融、教育等新业态，高端制造业与服务业融合形成新增长点，出台促进智能硬件、集成电路设计等产业发展政策；支持全人源G蛋白偶联受体等130余项前沿技术项目，引进前沿技术领域的一批国际顶尖人才；深化与美国硅谷等13个国际创新区域的合作关系，实施支持企业国际化发展行动计划；企业累计创制标准5049项，其中国际标准174项，在4G通信、高端显示等领域掌握产业话语权；经济加快提质增效升级，战略性新兴产业集群收入占示范区总收入超过七成，现代服务业对增长的贡献率为67.3%，万元增加值能耗为北京市的1/5，亿元增加值所需从业人员为北京市平均水平的3/4。

优化产业空间布局。加强各分园规划编制和调整中的工作统筹，指导开展延庆园、中关村软件城等规划编制；探索土地出让方式机制创新，以通州园国家车联网产业基地等项目为试点，研究建立土地出让资格预审机制，促进土地集约节约利用；支持各分园和社会主体采取转让、出租、回购等模式盘活存量空间资源，发展高新技术产业；推动重点项目、重大工程建设，各分园重点建设项目329个，总投资约2072亿元，开工建设项目100个。

构建京津冀协同创新共同体。形成天津滨海—中关村科技园等共建方案，海淀园秦皇岛分园有6家企业项目落户；30余家产业技术联盟和社会组织参与区域创新合作，清华大学等在津冀建设一批研究院、研发中心、中试基地和专业园区，1500余家中关村企业在津冀设立分支机构；围绕大气污染治理、垃圾污水处理等社会问题，神雾集团等企业在津冀承担合同能源管理、生物发电等项目，支撑区域生态文明建设。

优化创新创业生态系统。人民银行中关村支行获批落户示范区，出台支持小微企业的政策措施，建设互联网金融信用信息平台和国内首个大数据交易平台；支持企业运用多层次资本市场发展，新增上市公司23家，总数254家，新增新三板挂牌公司146家，总数401家；人才特区13项特殊政策全部落实，新的8项措施获得批准，聚集留学归国人员2.2万余人，外籍从业人员9000余人，“千人计划”入选者874名；开展军民融合国防知识产权转化应用试点，蓝鲸军民融合创新园一期主体工程完工；推动建设“一城三街”，中关村创业大街开街；“‘90后’创业者”“创业系”“连续创业者”成为新的创业大军，天使投资人、创新型孵化器及创客组织构成了创业新生态。

形成政府、市场和社会联合治理格局。召开示范区第三次部际协调小组会议和第十八次领导小组会议，发挥中关村创新平台协调服务作用；听取并采纳人大代表、政协委员、顾委会的建议；创新政府资金使用方式，设立各类投资基金42支，规模200余亿元；实施重大产业化项目股权投资，实现了和利时、太极等5个市统筹项目政府股权退出，使财政资金得以循环使用；推广应用新技术新产品2467项，采购金额约113.8亿元，支持首台（套）重大技术装备和生态园区项目46个；产业联盟总数达120家，协会组织80家，社会组织成为政府服务企业的合作者。

（王亚强）

调研与决策

【确定实施俄制直升机制造项目】 1月5日，市委常委苟仲文主持召开引进俄直升机在京生产组装项目专题会，确定由市统筹资金安排3亿元，由中关村发展集团股份有限公司代持并入股中俄（北京）直升机集团有限公司，专项用于俄制Ka–32A11BC直升机的生产组装项目。

（李贺英）

【中关村示范区部际协调小组联络员会议召开】 1月24日，科技部副部长曹健林主持召开中关村国家自主创新示范区部际协调小组联络员会议，研究支持中关村加快建设具有全球影响力的科技创新中心的若干改革措施。北京市副市长张工及科技部高新司、火炬中心主要负责人，中关村示范区部际协调小组成员单位联络员及北京市相关部门负责人参加。会上，中关村管委会主任郭洪汇报《关于支持中关村加快建设具有全球影响力的科技创新中心若干改革措施的建议（讨论稿）》，协调小组各成员单位代表对讨论稿进行讨论，并提出本部门研究推进的相关改革措施中适宜在中关村先行先试的政策建议。

（王　翔）

【马建堂到中关村示范区调研】 2月25日，统计局局长马建堂到中关村示范区就如何进一步加快推进大数据在政府统计中的应用进行调研。在北京京东世纪信息技术有限公司，马建堂听取了企业以新技术推动产业发展的介绍，了解企业大数据生成方式、种类、增长和对外开放情况，与企业负责人一起探讨京东公司可向政府统计机构提供数据的方式和种类。在北京数海科技有限公司，马建堂听取了中关村数海大数据交易平台负责人对平台创办的背景、运行模式、作用和未来发展的介绍。马建堂一行还参观了中关村示范区展示中心。马建堂说，政府统计利用电商综合数据研判经济趋势、改进贸易统计，是一个方向。中关村管委会主任郭洪陪同。

（王　翔）

【陆昊到中关村示范区调研】 3月14日，黑龙江省省长陆昊一行到中关村示范区展示中心、百度在线网络技术(北京)有限公司考察调研。黑龙江省委常委赵敏、北京市副市长林克庆、中关村管委会主任郭洪等领导参加。黑龙江省政府及中关村管委会相关部门负责人陪同调研并参加座谈。调研围绕黑龙江省政府与中关村管委会建立交流机制、探索高新技术成果产业化合作的途径等内容进行。双方认为建立顺畅、高效的交流机制，发挥市场在资源配置中的决定作用，可提升传统产业转变发展方式，实现调整产业结构方面优势互补。

（王　翔　朱　凯）

【郭金龙与中关村企业家顾委会委员座谈】 3月20日，中关村示范区企业家顾问委员会委员座谈会在市委常委会议室召开。市委常委赵凤桐、苟仲文，副市长张工出席。中关村管委会主任郭洪及联想控股有限公司董事长柳传志、时代集团公司总裁王小兰、百度在线网络技术（北京）有限公司董事长李彦宏等7位委员参会。会上，企业家围绕首都城市战略定位，针对建设科技创新中心及京津冀协同发展提出注重培养科技企业家、加快综合科技体制改革、用电子商务服务京津冀协同发展、重视互联网产业发展等建议。郭金龙强调，中关村要在建设科技创新中心上发挥示范引领作用；中关村要在构建“高精尖”的经济结构上发挥示范引领作用，找准科技创新在转方式、调结构中的切入点，占领产业发展链条的高端；中关村要在全面深化改革上发挥示范引领作用，适应日新月异的新形势，积极推动融合式发展，在现代服务业试点、科技市场服务等方面积极探索；中关村要在促进京津冀协同创新上发挥示范引领作用，与天津、河北共建中关村科技成果转化基地。

（高晓莉　陈宝德）

【工商总局党组中心组到示范区集体学习】 3月24日，工商总局局长张茅率工商总局党组中心组成员到中关村示范区展示中心，开展中心组（扩大）集体学习活动。中央国家机关工委副书记邵旭军、北京市副市长程红出席。中心组成员参观了3D打印、集成电路装备、新一代信息技术等展区，了解中关村示范区高科技企业尖端技术发展情况，并与中关村示范区企业家代表就科技创新进行座谈。座谈会上，中关村管委会主任郭洪汇报了中关村示范区企业的科技创新情况。张茅指出，要依法强化市场监管，为科技创新企业营造规范有序、公平竞争的市场环境。要进一步按照国际运行规则和政府职能转变的要求，加大科技创新企业商标知识产权保护力度，推进创新驱动战略实施。工商机关要加大支持中关村示范区商标战略实施力度；支持科技创新企业盘活商标无形资产，通过商标专用权质权登记为企业融资、贷款、抵押等商标资本化运作拓宽渠道；引导企业和社会不断加强商标知识产权保护工作，加快科技创新推动产业升级。张茅强调，要进一步推进工商登记制度便利化，为科技创新企业营造宽松平等的准入环境。

（王　征）

【韩长赋一行到德青源公司调研】 3月31日，农业部部长韩长赋就循环农业到北京德青源农业科技股份有限公司生态园调研，副市长林克庆以及农业部、北京市、延庆县相关部门领导陪同。韩长赋参观了德青源公司壳蛋厂、液蛋厂、国家蛋品工程技术研究中心、沼气发电厂、生物燃气工程中心，对公司在畜牧业生产中废弃物处理与资源化再利用等方面取得的成效给予肯定。指出，中国是畜禽养殖大国，每天产生大量的畜禽粪便，要按照“清洁生产、源头控制，种养结合、循环利用”的原则，搞好畜禽粪污、种植业废弃物等循环利用，推进节约型、生态型畜牧业发展。

（高建敏）

【张工到中发展集团调研】 4月10日，副市长张工到中关村发展集团股份有限公司调研。市政府、中关村管委会等相关单位领导陪同。张工参观集团宣传展板并视察员工办公场所。集团负责人就公司成立以来主要工作、战略升级、跨区域合作及参与京津冀一体化发展等有关情况做了汇报。张工指出，要培育集团核心功能，配置人、财、物三大资源；要利用在中关村示范区成长起来的一批著名企业家资源，实现资源共享、合作共赢；要围绕产业要素的培育、股权管理与经营研究集团的盈利渠道，创新思路开展工作；要加强人才队伍建设，重视关键性岗位人才的选拔和任用。张工强调，中发展集团要着重聚焦京津冀一体化战略，建立共赢意识，处理好首都区域内与区域外的关系；找准自身定位，处理好盈利和服务的关系；在资源运营层面上处理好舍与得的关系。

（李贺英）

【韩启德一行到中关村企业调研】 4月16—18日，九三学社中央委员会主席韩启德率九三学社中央调研组在中关村示范区就中小微科技企业发展和市场配置科技资源工作进行调研。韩启德一行先后考察了中关村高端人才创业基地和京微雅格（北京）科技有限公司、安进医疗科技（北京）有限公司及中关村梦想实

验室的北京创客空间。韩启德与企业负责人进行交流，询问面临的困难和相关诉求，察看办公区域工作情况。座谈会上，韩启德指出，要加快小微科技企业发展，大力促进中国的科技创新事业发展，要紧抓人才引进、金融支持、成果评价、市场培育4个关键环节。如何切实降低企业负担留住人才；建立面向高校院所科研人员的激励机制，加快成果转化，鼓励自主创业；发挥银行作用，探索支持小微企业发展的金融产品创新；提高技术交易的效率和专业化程度，形成从技术研发到产品上市各环节市场化、专业企业接力、风险分担的理想格局等问题亟待研究解决。韩启德强调，问题的核心在于如何打破体制机制的阻碍，真正发挥市场配置科技资源的决定性作用。

（张慧秋）

【林文漪到中关村示范区调研】 4月28日，全国政协副主席林文漪一行到中关村示范区调研。林文漪一行先后参观了百度在线网络技术（北京）有限公司、中关村示范区展示中心。中关村管委会主任郭洪等陪同。

（王　翔）

【人民银行中关村示范区中心支行成立】 5月13日，人民银行印发《关于设立中国人民银行中关村国家自主创新示范区中心支行（国家外汇管理局中关村国家自主创新示范区中心支局）的批复》（银函〔2014〕108号），批准设立人民银行中关村示范区中心支行。中心支行由人民银行营业管理部负责管理，位于中关村金融大厦。其主要职责是负责货币信贷政策在中关村示范区的贯彻执行，维护金融稳定；承担中关村示范区外汇、统计研究、支付结算、人民币流动、征信等管理职责，以及人民银行营业管理部授权的面向北京市的操作性业务。这是人民银行在全国高新区范围内设立的首家中心支行。

（刘　研　刘伟杰）

【吉林到中关村示范区调研】 5月22日，市政协主席吉林到中关村示范区调研。吉林参观了中关村示范区展示中心，并与有关人员举行座谈。中关村管委会主任郭洪汇报中关村示范区建设情况。市政协副主席傅惠民、闫仲秋等出席。

（王　翔）

【青海省党政代表团到中关村示范区调研】 6月4日，青海省委书记骆惠宁、副省长匡湧率青海省党政代表团到中关村示范区调研。骆惠宁一行参观了中关村示范区展示中心，并在展示中心与北京市委常委苟仲文等有关领导座谈。中关村管委会主任郭洪汇报了中关村创新发展情况。中关村管委会等单位有关领导及相关企业的代表参加。

（王　翔）

【吉林到中关村创业大街调研】 6月22日，市政协主席吉林一行到中关村创业大街调研。首先到Binggo咖啡、3W咖啡、36氪、言几又等创新创业服务机构，与各机构创始人交流，之后在中关村创业大街街区展厅，了解街区的发展历程，并在随后的座谈中听取了有关街区功能定位、服务模式和建设进展的介绍。吉林指出，中关村创业大街的建设是首都科技创新工作中的重要组成部分，希望中关村创业大街能发挥自身在创新创业领域的资源优势，助推中关村建设成为具有全球影响力的科技创新中心。

（徐　建）

【河北省党政代表团到中关村示范区调研】 7月31日，由河北省省长张庆伟率领的河北省党政代表团到北京经济技术开发区、中关村软件园以及京东方科技集团股份有限公司、北京奔驰汽车有限公司、软通动力信息技术有限公司、神州数码控股有限公司调研。代表团了解了北京经济技术开发区立足“高技术制造业和战略性新兴产业聚集区”定位，不断完善基础设施及配套服务功能、提高政府服务和产业发展水平、推动京津冀协同发展等情况，以及京东方科技集团打造高端液晶显示领域核心竞争力、奔驰汽车公司坚持国际合作与自主发展相结合、中关村软件园建设具有较强技术主导权的产业集群、软通动力公司借助云计算等新兴技术手段创新服务、神州数码公司打造智慧城市及大数据业务创新发展等方面的做法。双方签署了《共同打造曹妃甸协同发展示范区框架协议》《共同推进中关村与河北科技园区合作协议》等7项协议。北京市委书记郭金龙、市长王安顺陪同，市委常委李士祥、牛有成、苟仲文，副市长张工、林克庆、张延昆和市政府秘书长李伟出席上述活动。

（徐　建）

【天津市党政代表团到中关村示范区调研】 8月6日，天津市委书记孙春兰、市长黄兴国率天津市党政代表团到中关村示范区调研。孙春兰一行参观了中关村示范区展示中心。北京市委书记郭金龙，市长王安顺，市委常委陈刚、苟仲文陪同，中关村管委会主任郭洪参加。

（王　翔）

【郭金龙一行赴北方微电子基地调研】 8月16日，市委书记郭金龙一行在调研国资国企发展改革时赴北京北方微电子基地设备工艺研究中心有限责任公司视察。副市长张工等市政府以及市发展改革委、市经济信息化委等相关委办局领导陪同。郭金龙一行参观了北方微电子多功能展厅，听取公司在战略发展、自主创新，以及国家重大科技项目支撑、产品拓展和市场营销方面取得的成果汇报。在公司的生产组装及产品研发洁净厂房参观时，郭金龙指出，北方微电子不断加大科技创新的投入，现有的科研平台、人才和管理机制都成为科技创新的基础，推动了国有资本向重要行业和关键领域流动，打通了科技与经济社会发展通道。

（崔春雷）

【张工到中关村高端人才创业基地调研】 8月22日，副市长张工就“贯彻落实习近平总书记讲话精神、加快首都科技创新中心建设”到中关村高端人才创业基地调研。张工听取了中关村高端人才创业基地相关负责人关于基地发展现状、高端人才创业、重点入驻企业等情况的汇报；前往北京兆易创新科技股份有限公司、京微雅格（北京）科技有限公司参观了解最新科技成果，并与企业负责人就企业发展情况、科技创新成果等进行交流。市政府副秘书长朱炎、中关村管委会主任郭洪陪同。

（张慧秋）

【王安顺到中关村示范区调研】 8月29日，市长王安顺一行到中关村示范区调研，市政府秘书长李伟、副

秘书长朱炎参加，市科委、中关村管委会、昌平区政府等单位相关领导陪同。王安顺到中关村发展集团、百济神州（北京）生物科技有限公司等企业了解工作环境、科技创新等情况，听取工作汇报。王安顺指出，要进一步深化体制机制和政策创新，为建设全国科技创新中心提供有力保障，着力强化企业技术创新主体地位，完善科技成果转化促进机制，营造有利于创新创业的生态环境，最大限度激发和释放企业活力；要加快吸引汇聚高端创新人才，为建设全国科技创新中心提供智力支持，通过深化改革，破除制约创新型人才队伍建设的体制机制障碍，逐步形成富有北京特色的制度化、机制化的引人、用人政策体系，让创新人才留得住、干得好、有奔头；要正确处理政府与市场关系，形成推进全国科技创新中心建设的强大合力。

（李贺英　王　翔）

【郭金龙到四达时代集团调研】 8月30日，市委书记郭金龙到四达时代集团调研。郭金龙听取了四达时代集团坚持“走出去”发展战略、打造具有全球影响力的传媒集团的情况汇报，观看了电视节目制作、播出、译制、配音等技术操作过程，并与中外员工交流，称赞企业研发的技术设备非常实用，对电视普及具有革命性作用。郭金龙指出，希望企业在文化“走出去”的过程中传播好中国声音、讲好中国故事。政府部门要加强政策支持，做好各项服务，为企业发展创造良好环境；要鼓励相关部门和传媒机构加强与四达时代集团的合作，探索建立战略联盟，共同把企业发展得更好。市委常委李伟以及大兴新区相关领导陪同调研。

（崔春雷）

【张工到闪联产业联盟调研】 9月10日，副市长张工一行到闪联产业联盟调研。中关村管委会、市科委、市发展改革委等单位相关领导参加。张工调研了联盟发展、标准制定、创新成果等，参观了基于闪联国际标准的智慧教育、智能家电、智能家居、智慧医疗、互联网电视社交服务等创新成果，并与闪联产业联盟有关负责人进行座谈，探讨联盟发展的模式和规律。

（杜　菲）

【中关村示范区领导小组第十八次会议召开】 9月19日，中关村国家自主创新示范区领导小组第十八次会议召开。中关村示范区领导小组组长王安顺主持会议。市委常委李士祥、姜志刚、苟仲文，副市长张工，市政府秘书长李伟，市政府副秘书长朱炎及市相关单位负责人参加。会议听取了中关村示范区全面深化改革工作进展、加快建设国家科技金融创新中心的意见、中关村现代服务业综合试点工作总结和下一步工作思路、中关村人才发展体制机制改革进展、促进中关村示范区创新发展的若干意见等汇报，并现场研究解决问题，安排部署工作。

（杜　玲　王　翔）

【阎仲秋到中关村示范区调研】 9月24日，市政协副主席阎仲秋一行到中国北方车辆研究所调研中关村军民融合科技创新示范基地建设情况。市科委、市经济信息化委、中关村管委会、中国北方车辆研究所相关领导参加。阎仲秋参观了中国北方车辆研究所无人装备与技术展览会、兵器展览会。在座谈会上，北京市各单位分别介绍了军民融合工作进展情况、装备发展及科技资源情况。

（赵蔚彬）

【王钦敏到中关村示范区调研】 10月30日，全国政协副主席王钦敏率全国政协经济委员会专题组到中关村示范区调研中小微企业科技创新情况，并在中关村示范区展示中心会议中心座谈。中关村管委会主任郭洪汇报中关村示范区中小微企业创新发展情况。副市长张工、市政协副主席阎仲秋出席，中关村管委会有关领导及部分中小微企业代表参加。

（王　翔）

【孟建柱、郭金龙到北京知识产权法院调研】 11月6日，中央政法委书记孟建柱、北京市委书记郭金龙、最高人民法院院长周强到北京知识产权法院调研并召开座谈会。孟建柱、郭金龙、周强到诉讼服务热线、立案窗口、审判法庭和法官办公室察看各项工作准备情况。孟建柱与工作人员和等候申请立案的代理律师进行交流，听取对更好地依法保护知识产权的建议。在座谈会上，郭金龙强调，北京知识产权法院要牢记使命，不负重托，高水平做好知识产权审判工作，为新时期首都建设发展做出积极贡献。孟建柱说，北京知识产权法院成立是全面深化司法体制改革的一项重要成果，标志着中国知识产权保护进入新阶段。要在党的十八届三中全会、四中全会精神指引下，坚持改革创新，依法公正高效审理各类知识产权纠纷案件，努力创造知识产权司法保护中国经验和中国模式。中央有关部门和北京市政府相关部门负责人出席座谈会。

（徐　建）

【张茅一行到中关村示范区调研】11月15日，工商总局局长张茅一行到中关村示范区调研，了解中关村示范区创新企业的发展情况及需求。调研组首先到中关村创业大街，考察了中关村创业大街展览室、北京三大不六文化传播有限公司（3W咖啡）及北京思源易创科技服务有限公司（Binggo咖啡），了解企业发展情况及需求，并就支持中关村示范区发展政策的创新开展座谈。随后，调研组到中关村管委会与北京市政府有关领导以及北京市工商局、中关村管委会有关负责人座谈，了解示范区整体发展情况以及相关工作。张茅强调，工商总局将从5个方面为创新型企业打造持续发展的政策措施：完善政策措施，为创新型企业建设营造宽松准入环境；继续深化商事制度改革，推进改革各项措施落实到位，放权于企业，放权于市场；加强市场监管，营造良好的科技创新环境；落实国务院扶持小型微型企业的意见，为小微企业创造良好发展环境；以建立企业信息公示制度为核心，创新市场监管方式。副市长张工及相关部门负责人陪同调研。

（付　饶　王　翔）

【郭金龙到朝阳园调研】11月18日，市委书记郭金龙到朝阳园就“深入贯彻落实习近平总书记视察北京重要讲话精神，加快推进首都经济创新发展”主题进行调研。郭金龙考察了朝阳园产业结构调整情况和园区企业。在北京奇虎科技有限公司，郭金龙从安全云和网站漏洞监控、骚扰电话和伪基站追踪、病毒木马云查杀、未来企业安全立体防护等方面，察看了全球病毒木马实时监测系统运行情况，并了解儿童卫士、充电卫士等新产品的研发进展。在梅赛德斯—奔驰乘用车中国研发中心，郭金龙了解了汽车配色、内饰、造型等方面的设计和创意。郭金龙强调，加快实施创新驱动发展战略，让企业真正成为技术创新主体，更好释放科技创新潜力，不断增强经济发展内生动力和活力。市领导李士祥、张工陪同调研。

（苏　姗　王　翔）

【王勇调研商事制度改革等工作】11月20日，国务委员王勇在北京调研商事制度改革、扶持小微企业发展等工作。王勇一行到清华科技园调研小微企业发展情况，了解了清华科技园及启迪控股股份有限公司在科技服务领域的相关发展情况，以及启迪之星孵化器作为中关村创新型孵化器、海淀区集中办公区，在工商登记制度改革后的创新创业企业发展情况和大学生及社会创业项目入孵情况，参观了集中办公区和在孵企业办公环境，重点了解了孵化的创业项目，并就公司创办、商标注册、专利保护等相关内容与创业团队进行交流。王勇一行还调研了获注册资本登记制度改革后的北京市首张新版营业执照的北京紫晶立方科技有限公司。在中关村创业大街，王勇到3W咖啡，了解了机构的运营模式和发展情况。随后，王勇到Binggo咖啡进行座谈，听取了关于街区的介绍，并询问新兴企业尤其是互联网公司的业务特点，对创业大街为科技企业创新创业提供的服务工作给予肯定，提出下一步要探索根据不同企业特点，分类推进商事制度、商标注册等改革。工商总局局长张茅、副局长刘玉亭，北京市副市长程红陪同调研。

（康秋红　徐　建）

【郭金龙到清华大学调研】11月25日，市委书记郭金龙到清华大学调研科技创新工作。郭金龙到生命科学学院、宇航技术研究中心、环境学院了解科研成果，听取了学校党建和科研创新工作基本情况汇报。郭金龙强调，北京市要与包括清华大学在内的在京高校、科研院所携起手来，搭平台、聚人才、接任务、出成果，加快推进全国科技创新中心建设。市委常委苟仲文参加调研。

（徐　建）

【郭金龙到北京航空航天大学调研】11月27日，市委书记郭金龙一行到北京航空航天大学沙河校区调研学校建设发展和科技创新工作。在北航沙河校区的航空科学与技术国家实验室大楼，郭金龙察看了摄像式毫米波人体安检仪、航空发动机、南极科考机器人、扑翼仿生鸟等系列创新成果，听取了关于学校改革发展、科技创新和国家大学科技园建设的汇报。郭金龙强调，在建设全国科技创新中心过程中，北京市要为创新型国家建设做出首都应有的贡献。工业和信息化部副部长苏波，市委常委苟仲文、副市长张工一同调研。

（徐　建）

【郭金龙到中关村示范区调研】11月29日，市委书记郭金龙、市长王安顺就加快全国科技中心建设到中关村示范区核心区调研。在中国普天信息产业股份有限公司，郭金龙一行了解公司发展历程及在信息安全、智慧医疗、电力物联网等领域的科技创新产品。在中国互联网金融中心，郭金龙鼓励互联网金融企业坚持以诚信为本，在利用科技手段提高资金使用效率的同时，一时一刻也不能放松对金融风险的有效防控。在中关村创业大街，郭金龙一行走进3W咖啡、言几又书屋等企业，考察新型孵化器发展模式。郭金龙强调，中关村要充分发挥国家自主创新示范区的引领示范作用，汇集支持创新的一切要素，营造鼓励创新的最好环境，不断为创新型国家建设贡献新的力量。副市长张工、市政府秘书长李伟参加调研。

（刘伟杰　王　翔）

【国务院决定在大范围内推广中关村试点政策】 12月3日，国务院总理李克强主持召开国务院常务会议，部署在更大范围推广中关村试点政策、加快推进国家自主创新示范区建设，进一步激励大众创业、万众创新。会议决定把6项中关村示范区先行先试政策推向全国，包括科研项目经费管理改革、非上市中小企业通过股份转让代办系统进行股权融资、扩大税前加计扣除的研发费用范围、股权和分红激励、职工教育经费税前扣除、科技成果使用处置和收益管理改革。在所有国家自主创新示范区、合芜蚌自主创新综合试验区和绵阳科技城，推广实施4项先行先试政策，包括：给予技术人员和管理人员的股权奖励可在5年内分期缴纳个人所得税；有限合伙制创投企业投资于未上市中小高新技术企业2年以上的，可享受企业所得税优惠；对5年以上非独占许可使用权转让，参照技术转让给予所得税减免优惠；对中小高新技术企业向个人股东转增股本应缴纳的个人所得税，允许在5年内分期缴纳。同时将围绕鼓励引进海外高层次人才、拓宽科技企业融资渠道、支持设立适应科技企业特点和需求的保税仓库等，研究推动在中关村示范区开展新的政策试点。

（秦　琳　王　翔）

【研究推进中关村人才特区建设】 12月3日，市委书记郭金龙主持召开市委常委会会议，研究推进中关村人才特区建设等事项。会议对《关于中关村国家自主创新示范区建设人才特区的若干意见》实施以来取得的成效给予充分肯定，讨论通过了《关于深化中关村人才管理改革的若干措施》，包括简化外籍高层次人才“绿卡”办理程序、签证及居留办理程序，为外籍人才创业就业提供便利，扩大人力资源服务业对外开放，完善人才评价机制等，以打造具有国际竞争力的人才发展体制机制，更好地服务国家战略。

（徐　建）

【中关村示范区部际协调小组第三次会议召开】 12月23日，科技部部长万钢主持召开“中关村国家自主创新示范区部际协调小组第三次会议”。人力资源社会保障部、税务总局、质检总局等单位有关领导出席。中关村管委会全体班子成员参加。北京市政府相关负责

人汇报了中央政治局第九次集体学习以来中关村示范区有关工作进展情况和支持中关村示范区全面深化改革、加快建设具有全球影响力的科技创新中心的相关建议。部际协调小组成员单位对相关内容进行讨论，万钢做了总结讲话。会议认为，新的阶段，需要从国家层面进一步加强中关村创新驱动发展的顶层设计和统筹协调，支持中关村进一步研究实施新一轮的系列改革措施，充分释放大众创业、万众创新的活力，为全国探索可复制、可推广的经验。加快协调出台经国务院常务会议研究同意的一批新的试点政策是具体举措之一。中关村示范区将进一步全面深化改革，加大实施创新驱动发展战略力度，加快协调出台一批新的试点政策，包括外籍高端人才永久居留资格便利化试点政策、放宽人才中介机构外资出资比例限制试点政策、支持中关村设立民营银行服务科技企业试点政策、调整存储生物制剂等公用型保税仓库建设标准试点政策，并推进互联网跨界融合创新工程和创业中国中关村引领工程。互联网跨界融合创新工程将利用现代信息技术和互联网组织方式加快与传统行业的融合创新，培育新业态和新增长点，加强对首都经济的战略支撑；创业中国中关村引领工程将从行业领军企业、高校科研院所、高端人才、天使投资和创业金融、创新创业服务业、创新创业文化6个方面完善创新创业生态系统。

（陈宝德　王　翔）

重大事件

【开展境外并购外汇管理试点】 1月6日，《中关村国家自主创新示范区企业境外并购外汇管理试点操作细则》在外汇管理局北京外汇管理部备案，中关村示范区正式开展境外并购外汇管理试点。试点工作支持中关村示范区“十百千工程”培育企业或上市企业等在开展境外并购时申请并购款的预先支付。试点企业可在办理外汇登记后的4个月内补报境外投资主管部门的核准文件。

（王　琳）

【57家企业入围福布斯潜力企业榜】 1月7日，《福布斯》中文版发布2014福布斯中国最具潜力中小企业榜单。中关村示范区内北京捷成世纪科技股份有限公司、吉艾科技（北京）股份公司、北京中长石基信息技术股份有限公司等15家企业入围2014中国上市潜力企业100强，北京恩源科技有限公司、北京通建泰利特智能系统工程技术有限公司、北京大清生物技术有限公司等42家企业入围2014中国非上市潜力企业100强。

（韩洋洋）

【中关村管委会与北京证监局签署合作备忘录】 1月7日，中关村管委会与北京证监局合作备忘录签约仪式在京举行。中关村管委会主任郭洪等领导及双方相关部门负责人参加。双方签署《关于促进资本市场支持服务中关村发展的合作备忘录》。根据备忘录，双方将进一步加强沟通协作，在加大对企业服务力度、引导中介机构在园区开展服务、组织业务和人员的交流与培训以及建立数据、政策与金融风险信息的共享机制等方面进行合作。

（赵俊劼　王　翔）

【示范区企业参展美国国际消费电子展】 1月7—10日，在2014年美国国际消费电子展上，中关村管委会组织利亚德光电股份有限公司等16家企业参加，其中参展企业5家，观展企业11家。展示的产品有北京天宇朗通通信设备股份有限公司的智能手机；利亚德公司的LED显示屏；闪联产业联盟的linxee智能LED灯及智能家居全系列产品；易美芯光（北京）科技有限公司的LED封装产品、LED照明器件、球泡灯、LED背光源模组；北京突破电气有限公司的智能遥控插座、机房远程控制PDU等系列产品。参展企业接待了400余家意向合作客户，现场订单额3450万美元。

（殷　茵）

【中关村标准化推动会举行】 1月8日，由中关村管委会、市质监局共同主办的“2014年中关村标准化推动会”在京举行。工业和信息化部、国家标准委等单位有关领导以及来自中关村示范区各园区、标准创新试点单位、部分示范区企业及标准促进机构的代表等参加。会议总结了2013年度中关村示范区标准化工作，解读了国家标准化工作动态及发展趋势，分析了中关村示范区重点领域的产业变革。会议还发布《中关村标准故事——探秘标准创新引领产业发展》一书。该书由中国电子报社等5家出版机构的近20名记者组成的编撰组编写，包括《标准创新篇》、《标准应用篇》和《标准工作推动篇》3个篇章，用30个故事展示了标准的创制、应用和工作推进等方面的内容，叙述了中关村示范区企业和联盟开展标准创新的历程，记录了中关村示范区企业在实施标准化战略的实践中自主创新、不懈求索的历程与成就。

（钟锌章　杜　玲）

【中关村示范区年鉴工作会召开】 1月8日，中关村管委会在中关村软件园召开“2014年中关村国家自主创新示范区年鉴工作会”。市地方志办、中关村管委会等单位相关领导以及中关村示范区各参编单位负责人、通讯员100余人参加。会议总结了《中关村国家自主创新示范区年鉴2013》的编纂工作及出版情况，布置了《中关村国家自主创新示范区年鉴2014》的编纂工作，并对优秀通讯员进行表彰。2013卷年鉴最终成书95万字，包括特载7篇、大事记158条、各栏目条目1677条、彩色插图341张、示范区及各园区区域图11张、各类附表39个。

（武　悦）

【走进参编单位系列活动举办】 1月8日，由中关村管委会史志办公室主办的“走进参编单位系列活动启动仪式”在中关村软件园举行。中关村管委会、中关村软件园相关领导以及年鉴通讯员100余人参加。与会人员参观了中关村软件园、北京云基地和北京中关村软件园孵化器服务有限公司。系列活动围绕“志鉴编纂与示范区创新发展同行”的主题，旨在组织参编人员走出编辑部、走出本单位，走进中关村示范区企业，了解示范区的发展情况，以提升参编人员的整体素质和提高年鉴质量。至年底，活动共举办3次，组织参编单位通讯员200余人次，分别到亦庄园和中关村示范区展示中心，了解示范区的创新发展历程以及在新技术、新产品等方面取得的成果。

（武　悦）

【保加利亚共和国总统访问中关村示范区】 1月13日，保加利亚共和国总统罗森·普列夫内利耶夫率代表团60余人到中关村示范区访问。中关村管委会有关负责人向代表团介绍了中关村科技创新发展总体情况并陪

同代表团成员在中关村示范区展示中心参观了3D打印、集成电路、新一代信息技术、智能终端与新型显示、生物与健康、新材料、节能环保与新能源等展区，了解中关村科技产业发展动向。代表团对中科院的纳米发电、百度在线网络技术（北京）有限公司的大数据应用、北京仁创科技集团有限公司的透水砖等展项表示了对接和洽谈意向。

（殷　茵）

【秘鲁国会主席来访中关村示范区】 1月13日，中关村管委会有关负责人接待了秘鲁国会主席弗莱迪·奥塔罗拉·佩尼亚兰达一行来访。双方就中关村示范区与秘鲁在科技领域的合作前景交换了意见，希望通过政府层面建立联系，提升两国科技创新水平；依托技术交流活动，加强双方科技成果产业化发展；组织双方企业开展多种形式的交流活动，支持企业国际化业务的拓展。奥塔罗拉表示，期待双方开展更广泛的交流与合作，鼓励中关村示范区企业到秘鲁发展。座谈会后，有关负责人陪同代表团前往百度在线网络技术（北京）有限公司参观访问。

（殷　茵）

【“零信贷”小微企业金融服务拓展活动举办】 1月14日，由中国银行股份有限公司与中关村管委会共同主办的中国银行中关村“零信贷”小微企业金融服务拓展活动暨中国银行助力企业“走出去”系列专题讲座在京举办。人民银行营业管理部、市科委等单位有关领导及中关村示范区100余家企业的负责人参加。中国银行联合中关村管委会共同启动“中国银行中关村‘零信贷’小微企业金融服务拓展”系列活动。相关专家以“东南亚投融资环境及金融服务介绍”为主题，介绍了马来西亚及东南亚周边国家投融资环境及优惠政策、主要产业特点和相应服务体系，以及在东南亚投资的注意事项及配套金融服务等内容。活动旨在帮助中关村示范区企业了解海外投融资环境及政策，通过金融服务降低企业财务成本，并针对企业在“走出去”过程中遇到的各类投融资问题给予指导和支持。年内，活动分别以“关于企业‘走出去’风险管理及金融产品运用”等为主题，介绍各类国际结算贸易相关知识。

（杜　玲）

【12家企业获第二批北京市小企业创业基地认定】 1月14日，市经济信息化委印发《关于公布第二批北京市小企业创业基地认定名单的通告》(京经信委发〔2014〕5号)。20家企业获“北京市小企业创业基地”称号，共补助资金200万元。其中，北京奥宇科技企业孵化器有限责任公司、北京北航科技园有限公司、北京赛欧科园科技孵化中心有限公司等12家中关村示范区企业通过认定。

（付　骁）

【5家企业通过首批可信云服务认证】 1月16日，在“可信云服务认证首轮（第一批企业）评估情况发布会”上，公布了工业和信息化部可信云服务认证首轮（第一批企业）评估的结果，10家云服务商的20个云服务通过认证。中关村示范区百度在线网络技术（北京）有限公司、北京京东世纪信息技术有限公司、北京蓝汛通信技术有限责任公司、世纪互联数据中心有限公司、新浪网技术（中国）有限公司5家企业的9个云服务通过认证。

（杜　玲）

【2014年中关村国际化大讲堂举办】 1月23日，由中关村管委会主办的“2014年中关村国际化大讲堂”在京举办。中关村管委会主任郭洪等领导以及发展改革委、科技部、世界银行等机构的相关专家和近70位企业代表参加。活动以“国际合作·气候变化·国际金融机构”为主题。相关专家分别以“国际合作与气候变化”“以国际视野谋划科技创新”“世界银行与低碳经济/可持续发展”为主题进行演讲，并就相关问题进行讨论，回答了与会代表的提问。年内，中关村国

际化大讲堂共举办 12 期，分别以“应对全球化：新视野、新思维、新对策”“技术企业的孵化与成长”等为主题，就中国企业参与全球化的路径和模式、创业支持、知识产权保护等话题进行分享、讨论和交流，共有 900 余人次参加。

（杜 玲）

【中关村示范区群众路线教育实践活动总结会召开】1 月 24 日，“中关村管委会党的群众路线教育实践活动总结会”召开。市委常委苟仲文、市委第五督导组组长罗文阁、中关村管委会主任郭洪等领导以及中关村管委会领导班子成员，机关、事业单位、出资企业全体党员等 100 余人参加。会议就开展教育实践活动的主要做法和主要成效及存在的问题做了总结，对下一步专项整治和整改落实等工作进行了再动员和部署。苟仲文强调，要继续抓好整改方案落实工作，建立作风建设长效机制，将党风廉政建设始终放在重要位置来抓，要将教育实践活动形成的好作风、好状态转化为推动示范区创新发展的新动力，着力培育发掘有影响力的企业和项目，优化创新创业生态环境，实实在在地推动示范区建设取得新突破。

（李 焱）

【171 人入选“千人计划”】1 月 24 日，中共中央组织部办公厅印发《关于印发第十批“千人计划”入选资格名单的通知》（组厅字〔2014〕5 号），835 人入选第十批“千人计划”。其中，中关村示范区 171 人入选，包括创新长期项目 47 人、创新短期项目 15 人、创业人才 7 人、“青年千人计划”100 人、“外专千人计划”2 人。截至年底，全国共有 4180 人入选“千人计划”。其中，北京地区 1103 人，占全国的 26.4%；中关村示范区 874 人，占北京地区的 80%。

（王 征）

【成为首批小微企业信用体系建设试验区】2 月 7 日，人民银行印发《关于加快小微企业和农村信用体系建设的意见》（银发〔2014〕37 号），确定了 31 个地市（工业园区）、32 个县（市）作为全国小微企业信用体系和农村信用体系建设试验区。中关村示范区被确定为首批试点的小微企业信用体系建设试验区。试验区的主要任务是建立试验区组织领导和工作机制，制订工作方案和组织保障措施；按照信息“来源于地方，服务于地方”的思路，建立小微企业数据库，完善信息征集体系；发挥地方政府部门、金融机构、中介机构等的力量，以小微企业等的信用信息为基础，推动小微企业信用评级（分）和“信用户”等评定；以数据库为基础，健全信息通报与应用机制，纳入政府部门政策信息、金融机构及中介机构产品与服务信息、小微企业生产经营信息和融资需求信息等，建立数据库与网络相结合的信息服务平台。

（徐 建）

【中央级事业单位科技成果管理改革试点座谈会召开】2 月 10 日，由中关村管委会主办的中央级事业单位科技成果管理改革试点座谈会在京召开。中关村管委会主任郭洪等有关领导以及中央在京高校、科研机构和相关领域的专家参加。与会专家对开展中央级事业单位科技成果管理改革试点提出意见和建议。

（王 翔）

【中关村大学生创业实战集训营举办】2 月 16—22 日，由中关村管委会、市教委和团市委共同举办的“中关村大学生创业实战集训营”（第二期）在中国影视拓展基地举行。来自北京大学、清华大学、中国人民大学、北京航空航天大学等高校的 65 个创业团队近 200 人参加。集训教练队伍由中关村创业企业家、创业指导专家以及政府相关部门负责人组成。培训内容主要包括创业知识集训、创业专项素质拓展和创业实战演练三大模块。训练采取集中培训与分组教学相结合的方式进行，并根据大学生创业项目所属产业领域，针对不同类型的项目团队分组进行个性化指导及帮扶，以解

决创业学生的实际困难。

（王　征）

【中关村管委会与保定市政府开展战略合作】 2月18日，中关村管委会与保定市政府在京签署《战略合作框架协议书》。中关村管委会主任郭洪与保定市市长马誉峰分别代表双方签署该协议。《协议》包括总则、合作内容、建立工作对接机制、附则等四章十五条。根据协议，双方合作内容是，相互借鉴理念，共同探索完善政策体系；推进建设“保定中关村科技成果产业化基地”；支持产业拓展对接和项目合作；推动科技创新，促进产学研用合作；推动双方新技术新产品示范应用；加强现代服务业合作，促进产业服务协同发展；开展高端人才互访，建立交流合作机制。《协议》自正式签署之日起生效，有效期两年。

（高　婧　王　翔）

【2014徐州（北京）中关村合作发展恳谈会举行】 2月25日，由徐州市政府主办的“2014徐州（北京）中关村合作发展恳谈会”在京举行。中关村管委会相关领导以及徐州市党政代表团成员和示范区企业、大学科技园、协会组织的代表100余人参加。会议主要以智能装备制造、高端电子信息、生物医药、文化创意、云计算、物联网、软件服务外包等战略性新兴产业的项目对接及招才引智为重点。北京博奥医学检验有限公司在徐州新城区投资建设的医学检验项目等33个项目签约。中关村管委会与徐州市政府签署战略合作框架协议。根据协议，双方将在相互借鉴和政策体系的对接互动方面探索差异化合作发展模式，推动科技、产业、服务、人才多元合作发展；推动产业拓展和科技创新；促进新技术新产品示范应用；加强现代服务业合作，促进产业服务协同发展。

（李锦程）

【13位创业者登上福布斯榜单】 2月27日，《福布斯》中文版发布2014年度“中国30位30岁以下创业者”名单。其中，中关村示范区友乐活北京网络科技有限公司创始人柴可、北京酷云互动科技有限公司联合创始人高鹏程、云成互动网络有限公司创始人胡森等13位创业者入选，同比上升10个百分点，分别来自金融、电商、软件、游戏、医疗健康、艺术时尚、环保等领域。上榜者所领导的公司在技术、产品和商业模式等方面表现出突出的创新能力，具备很强的创业能力和发展潜力。

（陈宝德）

【京津冀协同发展座谈会召开】 2月28日，由中关村管委会与人民日报社北京分社共同主办的“京津冀协同发展创新合作座谈会”在北京召开。中关村管委会主任郭洪以及天津市宝坻区政府、滨海高新区管委会，河北省保定市政府、廊坊市政府、承德市政府的有关领导以及10余家中关村企业、科研院所的代表参加。会议就率先实现创新驱动，促进区域协调发展等主题进行交流，一致认为，京津冀的发展要以创新驱动为出发点，立足全球视野，通过中关村资源和功能的再配置带动创新要素自由流动，共同营造区域创新创业的大环境，使京津冀区域成为吸引全球高端要素聚集的高地和全国经济转型升级的新引擎。《人民日报》在3月5日专版刊发了《创新驱动　优势互补　合作共赢》的报道文章，并在《人民日报》内参刊发《中关村创新思维服务京津冀协同发展》，反映了中关村在区域合作以及京津冀协同发展中的工作思路和方法。

（高　婧　徐　建）

【贵州·北京大数据产业发展推介会举行】 3月1日，由贵州省政府主办的“贵州·北京大数据产业发展推介会”在中关村示范区展示中心举行。科技部部长万钢、工业和信息化部部长苗圩、贵州省委书记赵克志、北京市市长王安顺等领导以及来自大学、科研院所的专家学者、大数据及其关联产业的企业代表等人参加。贵州省政府与北京航空航天大学等12家单位签署《共同支持贵州大数据产业发展人才培养计划战略合作框

架协议》，与中国电子信息产业集团有限公司等12家单位签署《共同支持贵州发展大数据产业战略合作框架协议》。《共同支持贵州大数据产业发展人才培养计划战略合作框架协议》明确，产业联盟侧重于推动贵州大数据产业共性、关键或前瞻性技术的研发，高等院校侧重于推动研究成果在贵州的转化，知名专家学者侧重于提供“候鸟式”服务和智力支持，贵州省政府侧重于提供优惠政策和优质服务，整合各类资源，为贵州大数据产业发展提供人才保障和智力支持。《共同支持贵州发展大数据产业战略合作框架协议》明确，

产业联盟健全完善创新体系，金融机构提供融资支撑，企业促进产业链的形成，高校研究院推动研究成果转化，贵州省政府创造良好的发展环境，共同探索建立具有鲜明特色的跨区域大数据产业协同发展模式。在项目签约仪式上，集中签约基础设施及数据中心类、云应用与服务类、端产品制造类及关联带动类等产业的项目35个，投资总额560余亿元。

（李锦程　杜　玲）

【中关村管委会与抚州市政府开展战略合作】3月4日，中关村管委会与抚州市政府战略合作框架协议签署仪式在京举行。中关村管委会主任郭洪等有关领导以及江西省抚州市政府及相关部门的领导参加。根据协议，双方将在完善政策体系、产业拓展对接和项目合作、促进产学研用、现代服务业合作、推动科技创新和示范应用、建立人才交流机制、完善科技金融服务体系等方面开展合作。

（李锦程）

【军民融合协同创新研讨会举行】3月6日，由中关村管委会、市政府外联服务办主办的军民融合协同创新研讨会在中关村管委会举行。中国航天科技集团公司、中国船舶重工集团公司、中国兵器工业集团公司、中国电子科技集团公司等七大军工集团公司有关负责人参加。会议就军民融合协同创新发展目标、现状问题和方法举措进行研讨，在建立常态化沟通渠道、共同搭建军民融合服务支撑平台、合力推动项目对接等方面达成共识，并在项目推介对接、服务平台建设、优惠政策突破等方面开展合作、进行探索。

（赵蔚彬）

【2014年党风廉政建设工作会召开】3月7日，“中关村管委会2014年党风廉政建设工作会议”召开。市纪委有关领导及中关村管委会全体党员干部参加。会议传达了十八届中央纪委三次全会和市纪委十一届三次全会精神，总结了中关村管委会2013年党风廉政建设工作，部署了2014年党风廉政建设工作。会议强调，要认真学习贯彻中纪委和市纪委全会精神，要以更高标准和要求抓好管委会党风廉政建设和反腐败工作，要廉洁自律树好形象做表率。会上发放了《中关村管委会2014年党风廉政建设工作要点》，中关村管委会各部门负责人分别签订了责任书。

（王茂安）

【第三批中关村示范区标准创新试点单位名单公布】3月31日，市质监局、中关村管委会印发《关于公布中关村国家自主创新示范区标准创新试点第三批试点单位的通知》（京质监标发〔2014〕48号），确定国家半导体照明工程研发及产业联盟、北京生物饲料产业技术创新战略联盟、中关村医疗器械产业技术创新联盟等7家联盟和北汽福田汽车股份有限公司、北京汽车新能源汽车有限公司、北京城市排水集团有限责任公司等74家企业为第三批试点单位。试点工作主要内容包括参与或主导制定国际标准、国家标准、行业标准及地方标准；主导或参与承担国际、国家和行业标准化技术委员会秘书处、人员任职等相关工作以及在京承办国际标准化工作会议和活动；在中关村战略性新兴产业集群创新引领工程“641”重点产业领域开展相关的前沿技术标准研究和标准创制工作；推动企业或产业联盟主导制定的技术标准的产业化应用及标准再创新；制定并实施企业/联盟标准化战略，建立健全自身标准体系；加强标准化人才队伍建设；交流标准化工作经验及成果。

（钟锌章）

【76人通过中关村高端领军人才职称评审】3月，中关村管委会开展高端领军人才职称评审直通车项目，76名高端人才通过高级工程师（教授级）专业技术资格评审。截至年底，共有250余名高端人才通过评审获教授级高工专业技术资格。

（王　征）

【中关村企业家顾委会第一次全体会召开】4月16日，“中关村国家自主创新示范区企业家顾问委员会2014年度第一次全体会”在百度公司召开。中关村管委会有关领导以及顾委会委员等近30人参加。会议总结

2013年顾委会工作情况，明确2014年顾委会将在建设科技创新中心、促进京津冀协同发展、推动中关村产业升级等方面继续发挥作用，并确定了对工作组设置进行调整、启动新一届委员人选调整工作等事项。

（高晓莉）

【1643家企业入选2014年“展翼计划”】4月17日，中关村管委会公布2014年“展翼计划”企业名单，北

京海鼎易能工程技术有限公司、北京维通达生物技术有限公司、北京奥尔斯科技股份有限公司等1643家高成长性企业入选，涵盖IT软件、通信、化工和生物医药等领域。入选企业凭借“展翼计划”品牌优势可获得银行、担保等机构优先认可，提高融资可获得性，降低融资成本。

（刘　研）

【中关村知识产权聚集区政策发布】 4月25日，由海淀区政府与中关村管委会、市知识产权局联合主办的“中关村知识产权聚集区政策发布暨知识产权运营基金成立大会”在中关村示范区展示中心举行。副市长戴均良等领导以及来自政府相关部门、高新技术企业、知识产权服务机构、高校、媒体以及社会各界的代表近1000人参加。会议启动了中国首支专注于专利运营和技术转移的知识产权运营基金——睿创专利运营基

金，介绍了由海淀区政府、市知识产权局、中关村管委会、市质监局联合发布的《关于支持知识产权和标准化服务业在中关村示范区集聚创新发展的办法》。《办法》明确了知识产权和标准化服务业集聚区的地理范围和支持对象，以及服务机构入驻集聚区的相关支持措施。北京彼速信息技术有限公司等首批知识产权和标准化一条街意向入驻机构的代表与海淀区知识产权局签订意向入驻协议书。

（刘伟杰　王　翔）

【北京区域性股权市场拟挂牌企业培育工作启动】 4月28日，由市金融局、北京证监局、中关村管委会等单位主办的“北京股权交易中心制度规则解读会暨拟挂牌企业动员大会”在京召开。各区（县）主管部门负责人，中关村示范区各园区负责人，各区（县）、园区近150家企业的负责人及部分证券公司、银行机构的代表近300人参加。会上，北京股权交易中心有限公司（“四板”市场）相关负责人对其登记托管、挂牌交易、融资产品等制度规则进行解读。（2013年12月28日，北京区域性股权交易市场平台——北京股权交易中心有限公司启动，首批50余家企业上线挂牌。中心由北京国有资本经营管理中心、北京产权交易所、中关村发展集团股份有限公司、北京市海淀区国有资本经营管理中心等单位共同发起设立，注册资本2亿元，将打造融资平台、交易平台、孵化平台、改制平台、宣传平台、创新平台六大平台，为北京市企业特别是中小微企业提供股权、债券的转让和融资服务。）

（王　翔）

【中关村管委会与保加利亚工业园区签署备忘录】 4月28日，在中国—保加利亚经贸洽谈会开幕仪式上，中关村管委会与保加利亚工业园区总公司签署了《中关村科技园区管理委员会与保加利亚工业园区总公司合作谅解备忘录》。根据协议，双方将在信息通信、生物医药、新材料、电子工程、机械制造等领域开展合作，为双方企业在对方区域内开展业务提供支撑，并在高新园区建设及运营管理、研发合作项目等方面进行交流合作。

（殷　茵　王　翔）

【军民融合发展探索成果展举办】 4月29日，中国人民解放军海军与北京市军民融合深度发展探索成果展在蓝鲸军民融合创新园举办。市委书记郭金龙、市长王安顺、海军司令员吴胜利等领导以及相关单位负责人参观了成果展览。26家中关村高新科技企业的技术产品参展，重点展示了北京市政府与海军军民融合工作开展以来，在民参军、军转民领域取得的成果，涉及卫星导航、应急通信、信息安全、数字地形等7个领域。观展期间，就推进蓝鲸园建设、更好探索军民融合发展进行座谈。郭金龙指出，蓝鲸园是探索和实践党中央关于军民融合深度发展新途径的试验田，是军民高新技术成果双向互动的转化器，希望通过这个平台建设，更好地探索军民融合式发展路子，为推动经济发展方式转变，提高北京科技创新水平发挥更大作用。

（赵蔚彬）

【中关村行业大数据商业机会研讨会召开】 4月29日，由中关村管委会主办的“中关村行业大数据商业机会暨新三板企业大数据应用研讨会”在京召开。发展改革委、中关村管委会等单位相关领导，媒体、券商、投资机构以及中关村“新三板”挂牌企业的代表100余人参加。会议发布由比格达塔（中国）研究院完成的《中国新三板券商服务能力报告》《中关村新三板挂牌企业价值与竞争能力报告》等系列专业咨询报告。北京光明数据信息技术有限公司推出“新三板在线监

测预警和业务支撑平台”（xsb.tbdgj.com）。平台由16个子系统构成，包括“新三板”全球数据实时采集系统、“新三板”舆情监测分析系统、“新三板”业务支撑与知识管理系统、“新三板”挂牌企业社会行为轨迹追踪系统、“新三板”企业知识产权和专利查询系统等，可从各个维度抓取、采集、分析“新三板”所有信息，是“新三板”动态监管、风险监测、行为轨迹追踪以及基础统计分析和信息汇集的平台。

（赵俊劼）

【“五四”青年科技创业人才座谈会召开】5月4日，由科技部科技人才中心、中关村管委会举办的“五四”青年科技创业人才座谈会在京召开。会议以“弘扬‘五四’精神，营造青年科技创业人才良好发展环境”为主题。中国高新区协会等单位有关领导及相关专家、学者和青年企业家等参加。会议遴选来自不同领域的8位青年科技创业人才代表发言，并围绕“营造青年科技创业人才良好发展环境”进行探讨，了解青年科技创业人才的工作、生活、思想状况以及个人发展需求等，听取青年科技创业人才在人才发展体制机制和政策创新方面的意见和建议。

（王　翔）

【39家中关村企业获2014年度设计创新中心认证】5月9日，市科委发布《关于公示2014年度北京市设计创新中心拟认定单位名单的通知》，57家单位通过认证。其中，北京城建设计发展集团股份有限公司、中交水运规划设计院有限公司、正邦创意（北京）品牌科技股份有限公司、北京中星微电子有限公司等39家中关村示范区企业获认定。

（付　骁）

【开展商业承兑汇票试点】5月12日，市金融局、人民银行营业管理部、北京银监局等7家单位印发《关于支持中关村国家自主创新示范区推广商业承兑汇票融资模式的指导意见》（京金融〔2014〕48号），通过充分发挥市场机制作用，完善区域商业信用体系，引导担保公司、银行、小额贷款公司等金融机构分别提供增信服务及商业承兑汇票流动性支持，鼓励中关村示范区小微企业签发商业承兑汇票，逐步建立中关村示范区商业承兑汇票融资模式。

（刘　研）

【100余家企业参展科博会】5月13—18日，在“第十七届中国北京国际科技产业博览会”上，中关村管委会以“创新驱动　智领未来”为主题，举办由智联无限、智行天下、智健生活、智净家园、智汇未来五大展区组成的中关村智慧展。130余家示范区企业参展，采用图片、数据、多媒体等方式，展示500余项新技术、新产品和新服务。北京天云融创科技有限公司的“大数据金融可视化是通过图计算分析”、北京星网宇达科技股份有限公司的“北斗智能驾考系统”、博奥生物集团有限公司的“晶芯®恒温扩增微流控芯片核酸分析仪器”等创新成果，涉及网络与信息安全、车载导航、大气治理、垃圾处理、智慧家居、移动办公等领域，全面反映中关村示范区在人才、技术、资本、市场、空间布局、政策创新、品牌和环境等方面的优势。

（朱　凯　杜　玲）

【中关村小额贷款保证保险政策发布】5月27日，由中关村管委会、北京保监局、人民银行营业管理部、北京银监局、市金融局联合主办的“信贷创新中关村系列活动——中关村小额贷款保证保险政策发布会暨

银行保险合作签约仪式”在中关村软件园举行。来自保险公司、银行等金融机构的负责人，中关村示范区企业代表等300余人参加。由中关村管委会联合相关部门制定的《中关村国家自主创新示范区小额贷款保证保险试点办法》发布，中国人民财产保险股份有限公司北京市分公司与广发银行北京分行举行小额贷款保证保险试点启动签约仪式。贷款保证保险作为与银行担保贷款类似的一项创新性融资业务，是指企业以自身信用作为保险标的投保，获得保险公司为企业还款能力提供保险，并以此获得银行贷款的业务。当企业因故不能如期还款时，保险公司将向银行承担相应的经济赔偿责任。根据协议，中关村企业信用促进会会员及连续经营两年（含）以上的中关村高新企业，如果年销售收入在2000万元至1亿元，且无不良信用记录，可通过投保中国人保财险中小企业贷款保证保险，在“无抵押、无担保”的情况下，获得广发银行提供最高500万元的信用融资贷款。

（张　蕾　刘　研）

【中关村管委会与无锡市政府开展战略合作】5月27日，中关村管委会与无锡市人民政府战略合作框架协议签约仪式在京举行。中关村管委会主任郭洪以及无锡市委、市政府有关领导和企业代表等参加。根据协议，双方将在完善政策体系、产业拓展和项目合作、科技创新、新技术新产品示范应用、现代服务业等方面开展合作；将重点围绕集成电路、物联网、节能环保、生物与健康等领域，有计划地推进双方产业对接，加强培育发展战略性新兴产业项目合作，推动传统产业转型升级，共同推进中关村软件园太湖分园建设。双方将太湖分园作为战略合作平台，通过品牌、运营和管理模式的输出以及园区构建起来的专业化产业平台，实现企业之间的聚合效应，并共同做好产业技术转移，加强产业融合，利用中关村示范区开放实验室，实现优势资源互补，营造创新生态系统，吸引龙头企业入驻太湖分园。

（李锦程）

【南阳中关村科技产业园推介活动举办】6月6日，由南阳市人民政府、中关村管委会共同主办的“南阳中关村科技产业园推介活动”在京举办。中关村管委会主任郭洪以及南阳市政府相关领导和北京碧水源科技股份有限公司等近70家企业的负责人参加。南阳高新区管委会发布南阳中关村科技产业园的产业规划、空间规划和生态规划。碧水源公司、中国新型房屋集团有限公司分别就南阳高新区水循环代谢系统项目和中关村南阳科技产业园配套设施建设项目与南阳高新区管委会签署合作协议，总投资额6亿元。

（郭妍桢　王　翔）

【中关村百名企业家青海创业行活动举办】6月10日，由青海省科技厅、中关村管委会等单位主办的中关村百名企业家青海创业行项目推介会在海东市举行。青海省政府、中关村管委会等单位相关领导及中关村示范区100余名企业家参加。青海国家高新技术产业开发区、柴达木循环经济试验区、西宁市北川工业园等5家园区管委会的负责人分别对各工业园区进行推介，中关村示范区企业家与青海省相关园区、企业进行合作洽谈和项目对接。中关村管委会与青海省科技厅签署合作备忘录，将相互借鉴先行先试政策经验，建设以西宁、海东高新技术产业聚集区为代表的重点区域，推动双方创新主体间及两地产学研的合作。

（李　莹　李锦程）

【5家单位被确定为中关村天使投资引导资金合作伙伴】6月10日，由中关村管委会主办的中关村天使投资引导资金2014年度合作投资机构专家评审会在京举行。来自中关村天使投资机构人员及评审专家60余人参加。会议对18家投资机构进行评审，推荐中企汇安资产管理有限公司等7家投资机构作为备选合作伙伴。中关村管委会最终确定富汇创新创业投资管理有限公司、北京亚杰天使投资中心（有限合伙）、中企汇安公司、北京爱科创成投资管理中心（有限合伙）、乐搏世纪股权投资中心（有限合伙）5家机构，作为中关村天使投资引导资金2014年度参股的合作机构。

（陈宝德）

【第八批中关村开放实验室挂牌】6月11日，由中关村管委会主办的第八批中关村开放实验室授牌工作会在京举行。中关村管委会等单位有关领导以及新挂牌实验室的代表等近40人参加。会议为中远网络物流信息科技有限公司的中远现代物流信息技术实验室、安方高科电磁安全技术（北京）有限公司的电磁信息安全应用技术北京市工程实验室、北京神雾环境能源科技集团股份有限公司的北京市劣质铁矿石综合利用工程技术研究中心等25家第八批中关村开放实验室授牌，所涉及的领域包括软件与网络通信、先进制造与能源材料、生物与节能环保、网络经济与管理创新等。

（韩洋洋　刘乐乐）

【中关村创业大街开街】6月12日，由海淀园管委会、中关村西区协调管委会、海淀区商务委、海淀区国资委主办的“中关村创业大街开街暨创业季启动仪式”在中关村西区举行，主题为“开启全新理想模式”。市委常委苟仲文以及科技部火炬中心、市科委、中关村管委会等单位有关领导和100余名创业者、天使投资人、创业导师参加。中关村创业大街位于中关村西区，前身是海淀图书城步行街，是国内首个创业服务集聚区，是吸引全球高端创新创业人才、集聚高端创新创业服务要素、孕育产生关键颠覆性创新的功能中心，由海淀区政府投资建设，北京海置科创科技服务有限公司运营管理。大街定位于建设创业服务集聚区、科技企业发源地、创业者文化圣地，将构建服务功能完善的创业生态，引进各类创业服务机构，并进一步整合国家、北京市和海淀区支持创新创业的政策资源，为入驻机构提供更加高端、专业、品牌化的全链条服务，重点打造“创业投融资＋创业展示”两大核心功能，以及“创业交流＋创业会客厅＋创业媒体＋专业孵化＋创业培训”五大重点功能。创业者在创业大街可享受到低廉的办公场所租金、快捷的行政审批流程、体系化的服务咨询、专业的培训等初创所需的必要支持。市科委还授予中关村创业大街“北京市创新型孵化器示范街区”匾牌。首届“中关村创业大街创业季”同时启动，在5天内，入驻街区的创业服务机构陆续推出众多个性化的活动，包括中国创新创业大赛北京赛区发布会、狂客100发布仪式、并购俱乐部成立仪式等。

（刘伟杰　陈宝德）

【32家企业入选2014软件收入百强企业】6月12日，工业和信息化部公布2014年（第十三届）中国软件业务收入前百家企业名单，北京地区32家企业入选，包括北大方正集团有限公司、航天信息股份有限公司、同方股份有限公司、大唐电信科技股份有限公司、神州数码系统集成服务有限公司等，全部是中关村示范区企业，比上届增加5家，入选企业数量连续13年居国内首位。入选企业收入合计达892亿元，占北京地区软件业务收入的21.2%，占国内百强总收入的19%。

（郝峥嵘　韩洋洋）

【联合开展科技金融创新服务】6月18日，由北京银行股份有限公司主办的“北京银行与中关村管委会全面战略合作协议签约仪式暨银租通产品发布会”在北京银行大厦举行。市委常委苟仲文等领导及相关企业负责人60余人参加。北京银行、中关村管委会签署新一轮战略合作协议。根据协议，双方将开展产业发展、科技金融创新、产融平台与信用体系搭建等全方位的合作，共同推动中关村示范区自主创新、高新技术产业发展。中关村科技租赁有限公司、北京银行联合发布“银租通”特色融资产品，并与北京信得威特科技有限公司、中科晶电信息材料（北京）有限公司两家享受“银租通”服务的企业签约。“银租通”即银行对中关村租赁公司推荐的客户进行主动授信，做到“见租即贷”，同时中关村租赁公司对银行推荐的客户开展融资租赁服务，做到“见贷即租”，能够快速满足企业“融资”与“融物”及不同发展阶段的资金需求。

（李贺英）

【43家企业入选国家高新区先锋榜】6月19日，由中国高新技术产业导报社、中国高新技术产业开发区协会、中国高新区研究中心共同主办的“国家高新区先锋榜（2013）”评选结果公布。先锋榜设有国家高新区百快企业、国家高新区百新企业等6个榜单。中关村示范区内北京世纪阿姆斯生物技术股份有限公司、北京合纵科技股份有限公司、飞天诚信科技股份有限公司等25家企业凭借在年度经营规模和快速增长方面取得的突出成绩获评百快企业。北京方正阿帕比技术有限公司、北京万方数据股份有限公司、北京奇虎科技有限公司等18家企业获评百新企业。

（付　骁）

【国内首个大数据交易行业规范发布】6月19日，由中关村管委会主办的中关村大数据交易产业联盟专家顾问委员会成立暨中关村大数据金融服务平台签约仪式在京举行。中关村管委会等单位有关领导以及来自联盟成员单位、企业的代表等近100人参加。顾问委员会由国家统计局总统计师鲜祖德、中关村管委会主任郭洪、中国科学院院士鄂维南等70余人组成，将对联盟成员在数据交易模式创新、隐私和数据安全保护、数据交易规则建立等方面发挥指导作用。联盟发布了国内首个大数据交易行业规范——《中关村数海大数据交易平台规则》（征求意见稿）。《规则》从交易平台、交易主体、交易对象3个方面规范交易市场行为，并明确在线数据交易、离线数据交易、托管数据交易3种数据交易模式。平台建设单位北京数海科技有限公司与北京银行中关村分行签订战略合作协议，将获累计20亿元的综合授信。

（刘伟杰　杜　玲）

【中关村企业参展美国国际生物技术大会】6月23—26日，在2014年第二十一届美国国际生物技术大会上，中关村管委会组织北京科信必成医药科技发展有限公司、北京中关村生命科学园生物医药科技孵化器有限公司等21家企业参展，展示生物技术领域研发、外包等技术与产品，涵盖大规模细胞培养、淋巴细胞分离液、无血清培养基、多重高灵敏致病性病毒产前诊断试剂盒系列、高效磁珠法核酸提取试剂盒系列、金属浴、基因扩增仪、荧光定量PCR仪、组织研磨器等。参展企业现场签订39份合作意向书，合同金额500万美元。

（江茂华　殷　茵）

【中关村示范区试点生物材料检验检疫改革】6月26日，北京出入境检验检疫局印发《关于开展中关村进境动植物生物材料检验检疫改革试点工作的通知》，在中关村示范区开展分级授权审批、缩短审批时间、延长检疫许可证有效期并实现分批核销等进境动植物生物材料检验检疫改革试点。试点措施主要包括：质检总局将部分动植物产品的行政审批权下放北京国检局，减少行政审批层级，方便相关企事业单位办理检疫审批；改革试点企事业单位进口授权审批范围内和范围外的动植物生物材料的审批时限，由20个工作日分别缩短为3个工作日和7个工作日；进口有关动植物生物材料的试点企事业单位，《进境动植物检疫许可证》有效期由6个月延长至12个月。

（马媛月　杜　玲）

【开展中关村人才资源服务业大调研】6—8月，中关村创新平台人才工作组组建调研团队，开展中关村人力资源服务业发展状况调研工作。调研组实地考察朝阳园、海淀园等分园区，走访670家人力资源专业服务机构和196家示范区企业，形成《中关村人力资源服务业发展状况调研报告》。《报告》总结了中关村人力资源服务业发展的5个特征，即快速发展态势、非公有制经济组织占多数、服务领域较为集中、区域分布不够平衡和企业规模普遍偏小；归纳了示范区企业对人力资源服务业的5个需求特点，即业务需求覆盖较广、市场需求开发潜力较大、对合作机构的选择比较集中和影响人力资源服务业发展的因素明确；发现了中关村人力资源服务业面临的4个主要问题，即缺少政策支持、行业企业发展缺乏竞争力、市场供需没有实现合理对接和行业监督存在空白。《报告》还提出5项政策建议，即加强人力资源服务业顶层设计、培育一批特色机构及品牌企业、强化对行业企业发展的政策支持、建立人力资源市场供需对接平台和发挥行业协会的作用。

（王　征）

【3470家企业入选2014年“瞪羚计划”】7月1日，中关村管委会公布2014年入选“瞪羚计划”的企业名单，北京北斗星通导航技术股份有限公司、北京高阳捷迅信息技术有限公司、北京林氏精化新材料有限公司等3470家企业入选，涵盖通信、电子、化工等领域。入选企业可获得银行、担保等机构优先认可，提高融资可获得性，降低融资成本。

（刘　研）

【9家机构入选首批市级创业孵化示范基地】7月10日，市人力社保局发布《关于认定首批北京市创业孵化示范基地的通知》，10家机构被认定为首批北京市创业孵化示范基地。其中，中关村示范区内北京中关村软件园孵化服务有限公司、北京北航天汇科技孵化器有限公司、北京普天德胜科技孵化器有限公司等9家机构入选。

（张　蕾）

【9家企业入选电子信息百强企业】7月11日，在“2014年全国电子信息行业座谈会暨第二十八届中国电子信息百强企业发布会”上，工业和信息化部发布了“2014年（第二十八届）电子信息百强企业”名单。其中北京地区9家企业入围，全部为中关村示范区企业，分别是联想控股股份有限公司、中国电子信息产业集团有限公司、北大方正集团有限公司、京东方科技集团股份有限公司、同方股份有限公司、航天信息股份有限公司、紫光股份有限公司、大唐电信科技股份有限公司、北京华胜天成科技股份有限公司。

（杜　玲）

【59家企业入围《财富》中国500强】7月14日，财富中文网发布2014年度《财富》中国500强排行榜。上榜的北京企业109家，其中中关村示范区内中国中铁股份有限公司、联想集团有限公司、神州数码控股有限公司等59家企业上榜。

（杜　玲）

【“情系北京城·创业中关村”主题活动举行】7月15日，中关村管委会举办“情系北京城·创业中关村”主题活动，邀请26名毕业于清华大学的海外高端人才到中关村示范区调研并座谈。会上，市委组织部、中关村管委会、中关村发展集团股份有限公司相关领导分别介绍了中关村示范区的创新创业生态系统和有关政策。

（王　翔）

【中关村走进哈尔滨对接大会举行】7月17日，“中关村走进哈尔滨对接大会暨区域合作签约仪式”在哈尔滨市举行。中关村管委会主任郭洪以及黑龙江省科技厅、哈尔滨市政府等单位有关领导和企业代表参加。中关村管委会分别与黑龙江省科技厅和哈尔滨市政府签署战略合作框架协议。根据协议，中关村管委会将与黑龙江省科技厅、哈尔滨市政府建立跨区域产业协同发展模式和新型利益共享机制，共同构建创新创业生态系统，推动两地间发展要素和创新资源合理流动，在完善政策体系、支持产业拓展对接和项目合作、推动科技创新和示范应用、加强现代服务业合作、建立人才交流合作机制、建立科技金融服务体系等方面开展合作。中关村管委会和哈尔滨市政府将共同推进“哈尔滨中关村科技成果产业化基地”建设。哈尔滨市政府将哈尔滨高新技术开发区作为科技成果产业化主要承接地，中关村管委会支持有意愿的企业、科研院所、高校等创新主体在产业化基地发展。双方将重点围绕大数据、物联网、新材料、新能源、节能环保等领域，有计划地推进产业对接；共同推动重大科技成果转化和产业化，鼓励和支持两地企业、高校院所联合申报

国家重大科技专项；围绕科技金融、风险投资等领域，重点研究股权激励、科技成果处置权和收益等创新机制，共同搭建科技金融合作服务平台。哈尔滨市政府还就区位优势、产业资源进行推介，并与中关村示范区企业家就项目合作等问题进行交流。

（朱　凯）

【共建西宁中关村科技成果产业化基地】 7月22日，中关村管委会与西宁市政府战略合作签约仪式在青海省西宁市举行。西宁市政府、中关村管委会有关领导参加。双方将在西宁市北川工业园共建西宁中关村科技成果产业化基地，建立跨区域产业协同发展模式和新型利益共享机制，共同构建良好的创新创业生态系统，形成区域创新合作与互动发展的格局。根据协议，双方将在科技创新、产业合作、体制机制创新等方面进行合作，围绕建设“西宁中关村科技成果产业化基地”，重点打造适宜企业创新创业的环境；共同吸引聚集企业、资本、人才等创新资源，使基地成为两地合作的有效载体；探索多渠道、多层次的合作模式，引导两地企业推动生物和健康、节能环保、新材料等领域的合作。

（朱　凯）

【开展军民融合国防知识产权转化运用试点】 7月23日，中关村管委会与中国人民解放军总装备部国防知识产权局在京签署了《军民融合国防知识产权转化运用试点工作备忘录》。双方将围绕政策创新、理论研究、业务培训等方面在中关村示范区开展试点工作，重点探索如何利用市场化手段创新国防知识产权的转化运用和国防科技成果在中关村转化落地的工作。中关村管委会主任郭洪、国防知识产权局局长蔡镭分别代表各方签约。

（赵蔚彬　王　翔）

【新增“海聚工程”专家56人】 7月31日，北京市海外学人工作联席会办公室印发《我市第十批海外高层次人才入选资格名单》（京海联发〔2014〕4号），98人入选第十批海外高层次人才（“海聚工程”）。其中，中关村示范区56名专家入选，包括全职工作类36人、创业类11人、青年项目6人、外专长期项目1人、团队项目2人。截至年底，北京市共有612人入选“海聚工程”。其中，中关村示范区424人，占北京市的70%。

（王　征）

【与南京市政府签署人才战略合作协议】 8月2日，“北京市中关村科技园区管委会、上海市浦东新区人民政府、南京市人民政府人才战略合作协议签署仪式”在南京市举行。三方相关负责人参加。中关村管委会与南京市政府签署《中关村科技园区管理委员会　南京市人民政府长期战略合作补充协议》。《补充协议》是在2008年5月中关村管委会与南京市政府签订的长期战略合作协议的基础上，就协议内容进行的补充，提出深化人才战略合作的宗旨、内容及机制，旨在进一步加快人才管理改革试验步伐，构建区域人才创业创新体系，增进双方人才发展合作与交流。

（王　征　王　翔）

【台湾大学生中关村园区实习活动举办】 8月3日—9月2日，由中国生产力促进中心协会、台北生产力促进协会、中关村管委会共同主办的2014台湾大学生中关村园区实习活动在京举行。来自台湾省台湾大学和台北科技大学等9所高校的20余个专业32名大学生参加。大学生被分成5组，分别到机械科学研究总院中机生产力促进中心、清控科创控股股份有限公司、北京京东世纪信息技术有限公司、远扬飞扬（北京）生物科技有限公司及用友软件股份有限公司5家中关村示范区企业和机构实习，包括见习活动、学术交流、文化交流、生活体验以及文化参访等。

（王　翔）

【2014中关村高成长企业TOP100榜单发布】 8月8日，由北京中关村高新技术企业协会主办的“2014中关村高成长企业TOP100颁奖典礼”在京举行。市科委、市民政局、中关村管委会等单位相关领导以及投融资机构和企业的代表参加。冠捷显示科技（中国）有限公司、北京搜狗科技发展有限公司、北京碧水源科技股份有限公司等100家企业上榜。评选在中关村示范区“一区十六园”范围内开展，上榜企业主要分布在12个园内，其中海淀园企业占78%。上榜企业平均增长率148.3%，较2013年117.75%的平均增长率有大幅提升；2013年营收在1亿元以上的企业占68%；行业分布覆盖国家重点支持发展的七大战略性新兴产业，

其中以新能源及节能技术、生物与新医药技术、电子信息技术3个技术领域增长最快；自主创新能力明显增强，共有专利3099件，其中发明专利1733件，占专利总数的55%；企业综合素质提升明显，成立5年以上的企业占96%。

（刘伟杰　张　凡）

【中关村管委会与首钢总公司签署备忘录】8月12日，首钢总公司与中关村管委会第一次工作对接会在京举行。中关村管委会主任郭洪、首钢总公司董事长靳伟等领导以及双方相关部门负责人参加。双方签署《中关村科技园区管理委员会、首钢总公司合作备忘录》，将围绕构建北京市“高精尖”经济结构与京津冀协同发展，共同探索合作发展新机制。《备忘录》主要包括：①共同搭建战略性新兴产业促进平台和特色产业园区。利用首钢总公司在钢铁业、环境产业、建筑及房地产业等领域的优势资源，为中关村示范区企业提供新技术、新产品的成果转化及应用平台，促进智能家居、新能源汽车、智能机器人等重大创新成果在首钢落地并产业化；将首钢北京园区建设成为中关村特色产业基地，支持首钢总公司探索“城市综合服务商”的创新经营模式。②共同推进京津冀协同发展。支持首钢总公司建设曹妃甸园区，作为京津冀协同发展战略的实施平台。重点推动大数据京津冀走廊、生物质能源、海水淡化等重大应用示范工程；共同发起组建京津冀

协同发展产业基金，通过市场化方式，推动京津冀新兴产业发展。③共同完善创新创业生态环境。开展支持科技创新和园区建设发展的政策创新，支持首钢总公司及所属企业组建产业技术创新联盟，将首钢总公司钢铁、环境、装备等领域的研发机构纳入中关村开放实验室试点，争取首钢新兴产业纳入中关村现代服务业试点，促进各类创新要素自由流动和优化配置，完善区域创新创业生态系统。

（杜　玲　王　翔）

【19家单位成为首批两化融合贯标服务机构】8月18日，工业和信息化部发布《关于公布2014年首批推荐的两化融合管理体系贯标咨询服务机构名单的通告》，确定80家首批两化融合管理体系贯标咨询服务机构。其中，中关村示范区内北京慧点科技有限公司、太极计算机股份有限公司、北京中船信息科技有限公司等19家单位入选。

（韩洋洋）

【中关村管委会与福州市政府开展战略合作】8月20日，福州市政府与中关村管委会战略合作框架协议签约仪式在京举行。中关村管委会、福州市政府、福州高新区管委会等单位有关领导以及相关部门负责人参加。根据协议，双方将在政策体系、产业转型、科技创新、金融支持、示范应用、公共服务、人才交流八大领域开展交流合作，重点围绕电子信息、海洋生物医药、海洋装备制造等领域进行合作。

（许　靖）

【新入分园企业“十百千工程”增补名单发布】8月20日，中关村管委会、市发展改革委、市科委等6部门联合印发《关于印发中关村国家自主创新示范区“十百千工程”第二批新入分园企业增补名单的通知》（中科园发〔2014〕40号），在第三批“十百千工程”企业遴选工作基础上，对门头沟园等7个新入分园增补部分“十百千工程”培育企业，实现“十百千工程”政策在“一区十六园”全面覆盖。江河创建集团股份有限公司、北京精雕科技集团有限公司等23家企业被批准增补为“十百千工程”第三批培育企业。

（张　毅）

【“创新驱动、区域合作”新闻发布会召开】8月28日，由贵阳市政府、中关村管委会主办的“创新驱动、区域合作”新闻发布会在京召开。贵阳市政府，中关村管委会有关负责人参加。发布会就中关村将与贵阳市在创业生态系统构建、产业对接、科技金融、现代服务业等方面开展合作，优化资源配置、创新合作模式，吸引创新要素集聚贵阳，实现资源共享、互利共赢等

情况做了介绍并回答了媒体提问。新华社、人民日报社、经济日报社、中央电视台、北京电视台、香港文汇报社等30余家媒体记者参加。贵阳新闻网等网络媒体全程进行现场图文和微博直播。

（杜　菲）

【“京校十条”实施细则陆续出台】 9月1日，市教委、市财政局联合印发《北京市属高等学校“2011计划”实施方案》（京教研〔2014〕9号），提出以市属高校为实施主体，积极吸纳央属高校、科研机构、企业、地方政府和国际创新力量参与，共同建设“协同创新中心”，并在人员聘用、人才培养、科研项目管理等方面给予政策和经费支持。11月2日，市科委、市教委、市财政局、中关村管委会联合印发《高校科技创新和成果转化储备项目管理实施细则》（京科发〔2014〕546号），明确了高校科技创新和成果转化项目储备库的管理方式，以及储备库项目的跟踪服务和支持方式。11月15日，中关村管委会印发《关于支持高等学校科技人员和学生科技创业专项资金管理办法》（中科园发〔2014〕53号），专项资金将以一次性无偿资助的方式，对高校科技人员和学生创办的科技企业进行支持。11月21日，市人力社保局、市教委、市科委、市财政局、中关村管委会联合印发《北京市高等学校、科研机构设立科技成果转化岗位实施细则》（京人社专技发〔2014〕244号），对科技成果转化岗的实施范围、岗位职责、聘用条件和考核管理等方面予以明确。12月15日，市教委、中关村管委会、市人力社保局、市财政局联合印发《关于支持北京高校大学生创业的实施细则》（京教学〔2014〕6号），从提供政策、实践、学业、孵化支持以及加强创业教育和培训等方面提出支持高校大学生创业的具体措施。

（秦　琳）

【中关村示范区国家大学科技园增至15家】 9月3日，科技部、教育部印发《关于认定北京林业大学科技园等21家大学科技园为第十批国家大学科技园的通知》（国科发高〔2014〕248号）。北京林业大学科技园入选。中关村示范区国家大学科技园数量增至15家。

（陈宝德　徐　建）

【首都青年创新创业大赛举办】 9月4日，由团市委、市科委、中关村管委会等单位联合主办的“2014年‘联东U谷杯’首都青年创新创业大赛新闻发布会”在京举行。主办方相关领导参加。大赛的主题是“创新、创业、创优、创未来”。经过经费募集、动员报名、项目评审、赛事设置等方面的社会化动员，共有1254个实体创业项目报名，涉及文化创意、互联网、信息技术和能源环保、新材料、健康医疗等领域。12月24日，大赛决赛在北京电视台举行。北京圣源宝丰节能科技发展有限公司总经理张小青凭借其SYBF阻垢/除垢仪项目获金奖。SYBF阻垢/除垢仪通过磁电物理工作原理可以在短时间内自动除垢95%以上，可代替离子交换罐，防垢范围几千米，主要应用于热力、热电工业系统换热设备的除垢防垢。

（王　翔）

【中关村上市公司竞争力报告发布】 9月9日，由中关村上市公司协会主办的“《2013年中关村上市公司竞争力报告》新闻发布会”在京举行。东华软件股份公司、北京碧水源科技股份有限公司、北京科兴生物制品有限公司等17家会员企业代表40余人参加。《报告》显示，2013年中关村示范区内上市公司的总市值为20523亿元，资产总额为18573亿元，收入规模14286亿元，实现毛利润2550亿元，其中净利润621亿元；实现总融资净额763亿元，总投资净额1195亿元，投资额度稳定增加；上市公司所持有的现金及现金等价物总额为3247亿元，具有强大的投资实力。《报告》的专题研究表明，在境内外资本市场上，2013年中关村示范区上市公司展现逆势成长的势头，成为科技创新的最佳推动力、“资本推动创新，创新推动发展”的典型。

（赵俊劼）

【6家企业入选2014中国十大创新软件企业】 9月12日，在“2014中国软件产业发展暨企业创新高峰会”上，公布了“2014中国十大、年度创新软件企业”名单。其中，中关村示范区中软国际有限公司、中国软件与技术服务股份有限公司、中国民航信息网络股份有限公司、北京四方继保自动化股份有限公司、北京中电普华信息技术有限公司、北京恒华伟业科技股份有限公司6家企业入选。

（郝峥嵘）

【中关村开放实验室沈阳协调服务中心揭牌】 9月19日，由中关村管委会、沈阳国家大学科技城管委会联合主办的“中关村开放实验室沈阳协调服务中心揭牌仪式”在沈阳国家大学科技城举行。中关村科技企业家协会、中关村开放实验室办公室、沈阳国家大学科技城管委会等单位相关负责人以及企业代表等参加。大学科技城管委会与中关村开放实验室办公室签署战略合作协议。根据协议，中关村开放实验室在大学科技城成立中关村开放实验室沈阳协调服务中心，作为双方开展各项合作工作的对接联络和组织筹划平台；中关村开放实验室所有科技资源向大学科技城入驻单位开放，为其提供分析、检测和认证等技术服务的资源对接以及咨询及桥接服务，并依据大学科技城企业需求，联络相应开放实验室，为企业解决产品研发、关键技术攻关等问题；为大学科技城及入驻单位提供咨询服务，协助园区依据现有资源编制产业规划，依据规划内容进行相应的产业项目推荐及资源配置服务；在技术成果转化促进工作中，将在中关村示范区优选高科技研发成果，推荐到大学科技城进行产业转化；依据沈阳国家大学科技城的产业发展规划，中关村开放实验室办公室协调各方资源，推荐中关村示范区相关领域的高水平科技项目，在向外产业转移时，到大学科技城进行产业发展。服务中心是中关村开放实验室在国内设立的首家外埠协调服务机构，将面向辽沈地区全面开放中关村开放实验室的资源，促进辽沈地区与中关村示范区的科技合作，为辽宁省产业结构转型升级提供支撑。来自中关村示范区的北京机电所先进制造技术与装备研究中心等10余家单位与辽宁省新松机器人有限公司等30余家企业进行对接。

（韩洋洋　刘乐乐）

【2014年中关村论坛举办】9月25日，由科技部、中科院、中国工程院等单位主办，中关村管委会等单位承办的“2014年中关村论坛”在京举行。论坛以“创新创业生态系统：协同·分享·共赢”为主题。科技部原部长徐冠华、北京市副市长张工等领导以及来自国内外的科学家、企业家、专家学者、政府官员等参加。论坛包括开幕式、主论坛、平行分论坛及中关村指数发布等活动。主论坛就如何在追赶型经济向创新型经济过渡的过程中构建创新体系、如何构建有效率的国家创新体系、硅谷创新及其创新生态系统特色、如何构建开放式创新生态系统、支持包容性创新相关政策的研究等问题进行了探讨。平行分论坛共4场，分别围绕“大数据”“互联网金融”“技术转移”“科技明星在中国及开发者创业大赛（CHINICT-Developneur）”等议题开展研讨活动。

（殷茵　王翔）

【中关村企业家顾委会第二次全体会召开】9月26日，中关村国家自主创新示范区企业家顾问委员会2014年度第二次全体委员会议在中关村管委会召开。副市长张工出席并讲话。会议由市政府副秘书长朱炎主持。张工在讲话中充分肯定了顾问委员会成立4年来对中关村示范区建设所做的贡献，强调要加大对创业投资机构的培育和支持，以调动民间资本、设立基金的方式解决科技创新中面临的问题，加大科技服务业扶持力度，研究释放国有企业资源活力的措施。同时，在推动产业发展过程中，政府要有“撤退”意识，更多依靠市场的力量。出席会议的王小兰、王文京、田溯宁等17位委员围绕北京市进一步深化改革、创业投资机构在中关村的发展、“高精尖”产业发展等方面存在的问题，提出了意见和建议。会议宣布了新一届顾问委员会委员名单、工作内容及工作纪律。中关村管委会主任郭洪等20余人参加会议。

（高晓莉　王翔）

【第二届中关村企业家顾委会成立】9月26日，在中关村国家自主创新示范区企业家顾问委员会2014年度第二次全体委员会议上，第二届中关村国家自主创新示范区企业家顾问委员会成立，由29人组成，任期3年。副市长张工向与会委员颁发了聘书。

第二届中关村示范区企业家顾委会委员名单

主任委员：

柳传志　联想控股有限公司董事长

常务副主任委员兼秘书长：

王小兰　时代集团公司总裁

副主任委员：

邓　锋　北极光投资顾问（北京）有限公司创始合伙人

王文京　用友软件股份有限公司董事长兼总裁

田溯宁　宽带资本董事长

李彦宏　百度在线网络技术（北京）有限公司董事长兼CEO

徐井宏　清华控股有限责任公司董事长

委　员：

才　让　中国钢研科技集团公司董事长

王长田　光线传媒有限公司总裁

文一波　桑德集团有限公司总裁

尹卫东　科兴控股生物技术有限公司董事长

叶　东　青云创业投资管理有限公司总裁

孙育宁　闪联信息技术工程中心有限公司总裁

衣锡群　北京股权投资发展管理有限公司董事长

朱　敏　赛伯乐（中国）投资有限公司董事长

陈大同　华山资本投资管理公司创始合伙人

陈　浩　北京君联资本管理有限公司董事、总经理

李开复　创新工场董事长兼CEO

吴道洪　北京神雾环境能源科技集团股份有限公司董事长

张亚勤　百度在线网络技术（北京）有限公司总裁

张　颖　经纬创投中国基金创始人

杨　骅　TD产业联盟秘书长

杨　斌　清华大学经济管理学院党委书记

赵文权　蓝色光标传播集团董事长兼CEO

周其仁　北京大学国家发展研究院教授

阎　焱　软银亚洲信息基础投资基金 CEO
程　京　博奥生物集团有限公司董事长
雷　军　小米科技有限责任公司董事长
熊晓鸽　IDG 资本创始合伙人

（高晓莉　王　翔）

【海外高层次人才考察中关村活动举办】 9 月 28—30 日，中关村管委会、市政府侨办等单位共同举办“海外高层次人才考察中关村活动”。来自美国、加拿大、澳大利亚等 17 个国家和地区的海外人才，考察了中关村示范区前沿技术成果和创新创业环境，参加了中关村海外人才座谈会、战略性新兴产业项目路演及百名院士专家中关村行等活动。活动推介中关村示范区人才政策、交流中关村吸引海外高层次人才的做法与经验、展示悉尼科技大学教授张成奇的“以用户为中心的智能大信息网络搜索引擎”等 9 个国际前沿技术项目，为中关村示范区的发展建言献策。其间，中关村管委会与美国美中发展合作委员会、美国新英格兰高等教育委员会共同签署“共建人才发展与协同创新平台”合作协议，将加强人才与技术合作，搭建高端人才的协同创新平台，促进创新要素国际化循环与配置；中关村管委会与清华校友总会签署《人才发展合作框架协议》，将吸引清华大学海外校友到中关村示范区创新创业；中关村社会组织联合会、中关村产业技术联盟促进会共同发布《中关村加快建设具有全球影响力的科技创新中心行动宣言》，号召广大海内外有识之士与中关村创新创业者协力同心，共同推动中关村加快建成具有全球影响力的科技创新中心。

（王　征　王　翔）

【中关村示范区获中信银行 300 亿元授信】 10 月 16 日，“中信银行股份有限公司　中关村科技园区管理委员会战略合作协议签约仪式”在京举行。中关村管委会主任郭洪等领导以及来自中关村示范区各分园、金融机构和企业的代表 100 余人参加。根据协议，中信银行将向中关村示范区提供 300 亿元意向性授信额度，支持现代服务业等业态发展。中信银行与 4 家中关村示范区贷款企业签署业务合同，为企业及园区基础建设提供融资服务，为小微企业提供产品、机制和模式等创新型科技金融服务和现金管理、保值增值等资金结算服务，以及零售金融、财富管理与私人银行等个人业务服务；与中关村管委会共同搭建总对总对接平台和支行—园区服务对接平台，并根据支行—园区辐射距离、业务开展情况，为示范区选择了 34 家对接服务支行。

（刘　研　杜　玲）

【中关村知识产权领军企业培育工作启动】 10 月 16 日，由市知识产权局与中关村管委会共同主办的“中关村知识产权领军企业与优秀知识产权服务机构培育工作会”在京召开。中关村管委会主任郭洪以及市知识产权局、中关村知识产权促进局等单位有关领导、领军企业和知识产权服务机构的代表等 200 余人参加。中关村管委会公布首批中关村知识产权领军企业培育名单。其中，北京奇虎科技有限公司、北汽福田汽车股份有限公司、京东方科技集团股份有限公司和联想（北京）有限公司 4 家单位入选中关村知识产权领军企业，

百度在线网络技术（北京）有限公司、北大方正集团有限公司、北京北方微电子基地设备工艺研究中心有限责任公司等 23 家单位入选中关村知识产权重点示范企业。根据《中关村知识产权领军企业培育方案》，纳入培育计划的企业将获知识产权专项资金和专业服务的支持。同时还对北京集智慧佳知识产权管理咨询有限公司、北京康信知识产权代理有限公司、北京大成律师事务所等 19 家获“2013 年度中关村优秀知识产权服务机构”称号的单位进行表彰。会议还举办企业知识产权战略高端培训，相关专家就企业知识产权战略和国际展会中的专利风险防范进行了讲解。

（苏　品　徐　建）

【中关村年鉴获首届市年鉴综合质量评比特等奖】 10 月 16 日，在“北京市首届年鉴综合质量评比颁奖会”上，北京市地方志编纂委员会办公室、北京地方志学会年鉴工作委员会对获奖单位予以表彰。由中关村管委会编纂的《中关村国家自主创新示范区年鉴 2013》凭借框架设计科学合理、中关村示范区特色突出、条目编写年度性强、装帧设计美观大方、编校质量差错率小于万分之一等优势获“首届北京市年鉴综合质量评比特等奖”。

（武　悦）

【235 个项目入选国家科技计划项目】 10 月 21 日，科技部印发《关于下达 2014 年度有关国家科技计划项目的通知》（国科发计〔2014〕303 号）。其中，中关村

示范区北京金色农华种业科技有限公司的“高产优质多抗玉米新品种中试与示范”等 8 个项目入选 2014 年度国家星火计划；博韩伟业（北京）科技有限公司的“大规模行业终端应用的物联网平台建设和运营”等 64 个项目入选 2014 年度国家火炬计划；北京碧水源科技股份有限公司的“高效节能增强型中空纤维膜生物反应器组器”等 96 个项目入选 2014 年度国家重点新产品计划；北京科学学研究中心的“2014 年科研院所改革发展情况调查研究”等 67 个项目入选 2014 年度国家软科学研究计划。

（曾　佳）

【哈尔滨中关村科技成果产业化基地揭牌】10 月 21 日，“哈尔滨中关村科技成果产业化基地揭牌暨入驻合作项目签约仪式”在哈尔滨市举行。哈尔滨市政府、中关村管委会、哈尔滨高新区管委会等单位相关领导以及

中关村示范区入驻基地的代表 50 余人参加。基地位于哈尔滨科技创新城，建筑面积约 5000 平方米。北京立思辰新技术有限公司、中国汉鼎金融服务集团有限公司、北京东方润通科技有限责任公司、北京盛世光明软件技术有限公司、清华国家服务外包人力资源研究院、东软科技有限公司 6 家企业的项目签约入驻。

（朱　凯）

【214 家海归人才企业获创业支持资金】10 月 22 日，中关村管委会发布《2014 年度中关村海归人才创业支持专项资金支持企业名单情况公示》。航厚（北京）科技有限公司等 214 家企业符合海归人才企业支持资金的有关要求，共获一次性创业启动资金 2125 万元；北京百奥赛图基因生物技术有限公司董事长沈月雷、北京晟视万维科技有限公司执行董事章寅两人符合创业类中央“千人计划”配套支持资金的有关要求，共获一次性配套支持资金 200 万元。

（王　征）

【国内首家智能硬件产业联盟成立】10 月 22 日，由中关村管委会和海淀区政府联合主办的“中关村智能硬件产业联盟成立大会”在中关村示范区展示中心举行。中关村管委会主任郭洪等领导以及海淀区政府相关领导、联盟成员代表等约 300 人参加。联盟由北京京东世纪贸易有限公司、北京小米科技有限责任公司、乐视网信息技术（北京）股份有限公司等 21 家单位发起成立，涉及芯片设计、工业设计、软件、互联网和大数据、硬件、电商、检测认证等产业链环节，设有检测认证、研发合作、知识产权与标准、大数据服务、电商推广等五大公共技术和服务平台，拟在中关村核心区建设以智能硬件为主题的“平台 + 孵化 + 投资”的创业孵化器，培育创客、极客、高校院所及学生的创新精神，推动组建投资智能硬件的产业投资基金和创投资金，培育智能硬件创新创业生态环境。首任理事长单位为京东公司。会上，中关村管委会、海淀区政府介绍了中关村构建智能硬件产业生态情况，发布了相关支持政策，为中关村梦想实验室、中关村创业大街、海龙大厦、e 世界数码广场授牌中关村智能硬件集聚区孵化基地和加速器，并举行北京创毅视讯科技有限公司、梅泰诺（北京）移动信息技术有限公司等企业入驻签约仪式。

（刘伟杰　杜　玲）

【《创新中关村》出版】10 月 23 日，中关村管委会在京召开“回顾历史　展望中关村创新发展未来”主题座谈会。原副市长胡昭广以及市地方志办、中关村管委会相关领导和企业家代表、相关专家等 30 余人参加。会议宣布由中关村管委会编著的《创新中关村——见证中关村改革创新历程（1981—2012 年）》出版。《创新中关村》采用记叙文体，按编年体进行编写，收录时限为 1981 年 1 月至 2012 年 12 月，全书约 70 万字，分为上下两篇。上篇包括体制机制创新、组织和管理创新、创业服务创新、科技金融创新、知识产权和标准化创新 5 个部分；下篇为技术和产品创新。

（武　悦）

【中关村之歌发布】10 月 23 日，中关村创业文化暨中关村之歌歌曲发布座谈会在京举行。市委宣传部、首都精神文明办、团市委等单位相关负责人以及中关村示范区各分园、企业及社会组织的代表参加。“唱响中关村”中关村之歌征集活动组委会发布了《与梦想同在》《世界的村庄》《中关村之梦》等中关村之歌 14 首传唱歌曲。活动由市委宣传部、首都精神文明办、团市委、中关村管委会联合主办，2013 年 5 月 24 日启动，收到来自国内 27 个省、市、自治区以及美国、俄罗斯、英国等 11 个国家的参与者发来的 2209 首歌词作品，共有 48 万余名网友参与网络投票。歌曲风

格各异，有的气势恢宏、震撼人心，有的豪迈磅礴、催人奋进，有的活泼明快、温馨感人，以不同的视角，述说中关村发展的历程，歌颂中关村人不懈努力的奋斗精神，憧憬中关村的未来，抒发对中关村的赞誉与祝愿。

（周欣毅）

【21家企业获企业征信机构备案】10月29日，人民银行营业管理部发布《关于公布北京地区完成备案办理的企业征信机构名单的公告》，拉卡拉（北京）征信服务有限公司、北京宜信致诚信用评估有限公司、网信征信有限公司、金电联行（北京）信息技术有限公司等21家企业完成备案。至年底，中关村互联网金融领域共有25家企业获征信机构备案。

（刘　研）

【50家企业入选国家火炬计划重点高新技术企业】11月5日，科技部火炬中心印发《关于发布2014年国家火炬计划重点高新技术企业评选结果的通知》（国科火字〔2014〕261号）。北京地区北京万泰生物药业股份有限公司、三一重工股份有限公司、北京大清生物技术有限公司等50家企业被认定为2014年国家火炬计划重点高新技术企业，全部为中关村示范区企业。

（韩洋洋）

【支持人行中关村中心支行发展备忘录签署】11月5日，“中关村管委会、海淀区政府支持人行中关村中心支行持续发展备忘录签约仪式”在海淀区政府举行。中关村管委会主任郭洪以及人民银行营业管理部、海淀区政府等单位相关领导参加。根据备忘录，人民银行营管部及人行中关村中心支行将积极参与中关村示范区建设，推动政策先行先试，为示范区企业提供信贷等相关政策支持和服务；中关村管委会和海淀区政府对人行中关村中心支行的设立和业务开展给予一定的支持。

（王　琳　王　翔）

【第四批中关村金种子企业名单公布】11月13日，中关村管委会公布第四批中关村金种子企业名单。博彦华脉信息技术（北京）有限公司等97家企业入选，其中57家企业直接入选（按照金种子工程的相关要求，获得融资100万元以上的企业可直接入选）。至年底，金种子企业共有292家，其中“新三板”挂牌企业4家，融资超过100万元的企业151家。

（陈宝德）

【18家企业参展第十六届高交会】11月16—21日，在“第十六届中国国际高新技术成果交易会”上，中关村管委会组织北京红山世纪科技有限公司、北京集慧智佳知识产权管理咨询有限公司、天壕节能科技股份有限公司等18家企业参展。国务院副总理刘延东、科技部部长万钢等参观了中关村展区。中关村展区以“智联世界，创启未来”为主题，以“产品+服务”等创新商业模式为重点，推出大数据服务、技术研发服务、节能环保服务、生物健康服务4个平台，展示北京智能佳科技有限公司的迎宾导览服务机器人和北京美尔斯通科技发展股份有限公司的骨传导助听器等创新技术、产品及服务。智能佳迎宾机器人是一款多功能智能服务机器人，外形高贵典雅，融智能表情、自主导航、语音对话、体感交互、大屏触控等多种功能于一身，可提供搭载机器人导游、接待员、服务生、收银员等服务项目；骨传导助听器可以把外界声音经芯片放大处理后，通过骨头传递声音，从而帮助失聪人群解决听障问题，并能保证听清楚、不失真，适用于多种类型的聋哑老人。

（朱　凯　王　翔）

【33家企业入选雏鹰人才工程】11月18日，中关村管委会发布《2014年度雏鹰计划专项扶持资金支持企业名单情况公示》。湃森时代网络科技（北京）有限公司、北京征晨文化传播有限公司、北京易掌云峰科技有限公司等33家企业入选第二批雏鹰人才工程，获2014年度雏鹰计划专项扶持资金支持，共计818.4万元。

（王　征）

【13个服务平台入选国家中小企业公共服务示范平台】11月18日，工业和信息化部印发《关于公布第四批国家中小企业公共服务示范平台名单的通告》（工信部企业〔2014〕490号），北京云基地企业管理有限公司等99个平台被授予“国家中小企业公共服务示范平台”称号。其中，中关村示范区中关村软件园孵化服务有限公司、北京云基地企业管理有限公司、汇龙森国际企业孵化（北京）有限公司、机械工业北京电工技术经济研究所、中科合创（北京）科技推广中心、北京华通人商用信息有限公司、北京中关村国际孵化器有限公司、北京瀚海智业投资管理有限公司、北京医药行业协会、北京东方计量测试研究所、工业和信息化部电子科学技术情报研究所、北京机经网信息技术有限公司、建筑材料工业技术监督研究中心13个服务平台入选。

（徐　建）

【2014年度中关村十大系列推介活动举办】11月20日，由品牌中国产业联盟主办的“2014年度中关村十大系列推介活动新闻发布会暨启动仪式”在京举行。主办和各承办单位的代表以及相关专家等参加。活动由品牌联盟（北京）咨询股份公司、中国技术交易所、中

关村标准创新服务中心、启迪控股股份有限公司等单位共同承办，设置2014中关村十大年度人物、2014中关村十大海归新星、2014中关村十大卓越品牌等10个榜单，将以企业自荐，主承办单位主动收集，中关村示范区各分园管委会、行业协会、产业联盟推荐等方式产生。（2015年4月10日，"2014年度中关村十大系列榜单发布会"举行。）

（肖　莹　王　翔）

【6所高校成为科技成果改革试点单位】 11月24日，财政部、科技部、知识产权局联合印发《关于开展中央级事业单位科技成果使用、处置和收益管理改革试点相关工作的通知》（财教〔2014〕368号），决定在教育部所属11所高校开展科技成果使用、处置、收益管理改革试点工作。其中，6所高校属中关村示范区范围，分别为清华大学、北京科技大学、中国农业大学、华北电力大学、北京大学、北京化工大学。通知要求试点单位加强组织领导，建立相关制度，规范试点工作，对科技成果转移转化统一管理，健全、完善财务和资产管理等内控制度。

（张慧秋）

【中关村企业家与京港青年创业交流活动举办】 11月25日，由中关村管委会主办，中关村政府采购促进中心承办的"创业面对面——中关村企业家与京港青年创业交流活动"在北京举行。交流活动是"第十八届北京·香港经济合作研讨洽谈会"科技创新板块的主题活动，主题为"创新·创业·创未来"。中关村企业家代表和来自京港两地的青年创业者、上市公司、创业服务机构、投资机构代表80余人参加。与会人员分享了创业经验，就京港两地创业、融资环境进行交流，就京港科技服务业创新模式进行探讨。

（朱　凯）

【京企云梯科技创新联盟成立】 11月26日，"北京市人民政府国有资产监督管理委员会、中关村科技园区管理委员会合作备忘录签署暨京企云梯科技创新联盟揭牌仪式"在中关村示范区展示中心举行。副市长张工、市国资委主任林抚生、中关村管委会主任郭洪等领导以及企业代表等300余人参加。根据协议，双方将在促进中关村新技术新产品推广应用、推动示范区企业与市属企业资本优化重组、组建京企云梯中关村科技创新联盟、建立健全对接需求库、推进人才资源开发等方面开展合作。联盟作为市属企业与中关村示范区企业的创新合作平台，将进行实体化运作，并设立产业投资基金，以服务联盟战略投向，推动双方企业开展实质性合作。仪式上，相关市属国有企业与中关村示范区企业就液晶屏研发、智能LED灯控制系统、机床节能技术等项目签订合作协议。

（韩洋洋　任志明）

【京津冀协同发展论坛举行】 11月26日，由人民日报社主办的"京津冀协同发展论坛"在京举行，主题为"推进协同发展，加速产业融合"。全国人大常委会副委员长陈昌智、副市长李士祥等有关领导以及来自发展改革委、中科院、中国社科院等单位的专家学者，京津冀三省市有关部门和市区县负责人，园区、企业代表等参加。与会代表围绕交通一体化与共享机制建设、产业转移对接与转型升级、生态环境共治共建与资源优化配置等主题进行交流。中关村管委会主任郭洪围绕中关村落实京津冀协同发展重大战略及推动形成协同创新发展共同体进行主旨演讲。中关村示范区将按照中央和北京市的决策部署，以共建创新社区和成果转化基地等重点项目为抓手，围绕体制机制创新，吸引聚集全球创新资源，优化区域分工和产业布局等重点任务，协同实施全面创新改革试点、创新社区共建、跨区域特色产业带打造、科技项目联合攻关和新技术新产品示范应用、科技资源开放共享、京津冀人才圈构建、区域金融服务体系构建7个方面的系列工程。

（高　婧　王　翔）

【《智慧中关村示范试点支持资金管理办法》出台】 11月，由中关村管委会制定的《智慧中关村示范试点支持资金管理办法》出台。《办法》面向中关村示范区十六园，旨在依照"多方参与、共同建设、协同推进"的建设模式，充分发挥财政资金的杠杆作用，联合中关村示范区各园区、相关专业机构和企业推动开展智慧中关村建设。《办法》明确了试点工作的目标和范围、试点申报条件和流程、支持资金比例等，计划自2015年起，利用2年～3年时间开展智慧中关村示范试点工作。

（邓立众）

【新增6家国家级孵化器】 12月5日，科技部印发《关于认定北京厚德科创科技孵化器有限公司等104家单位为国家级科技企业孵化器的通知》（国科发火〔2014〕364号），中关村示范区内北京厚德科创科技孵化器有限公司和北京东升科技企业加速器有限公司等6家孵化器通过认定。

（张　毅）

【华夏银行为中关村示范区提供300亿元授信】 12月5日，中关村管委会、华夏银行股份有限公司在中关村软件园联合举办"'信贷创新中关村'系列活动华夏银行专场"，主题为"服务实体经济，助力园区企业"。

主办单位相关领导及企业代表等参加。华夏银行与中关村管委会签订《战略合作协议》，并分别与50家“年审制”贷款客户签署《银企合作协议》。华夏银行计划在未来3年内，为中关村示范区提供300亿元意向性授信，用于园区企业生产经营、建设等，并在资金规模上保持区域内同业的优势地位。“年审制”贷款是指在授信到期前通过银行年审的，无须归还原贷款、无须签订新的贷款合同，即可自动延长贷款期限，减少企业贷款资金占用时间，从而降低融资成本。至年底，华夏银行“年审制”贷款累计服务5000余个客户，贷款金额100余亿元，为客户节省转贷成本近9000万元。

（张　蕾）

【新云东方PowerSystem服务器下线】 12月9日，新云东方PowerSystem服务器下线量产启动仪式在新云东方生产基地举行。副市长张工、中关村管委会主任郭洪等领导以及市发展改革委、市经济信息化委、市科委等单位有关领导、相关专家、企业代表等参加。北京新云东方系统科技有限责任公司推出新云东方PowerSystem服务器全系列产品。服务器是北京可信开放高端计算系统（TOP）产业化项目的成果之一，基于IBMPOWER微处理器以及AIX操作系统技术，主要面向大数据、云计算、大规模联机交易型处理、数据挖掘与智能分析等领域，可普遍应用于金融、电信、政府、财税、社保、能源等相关的核心业务系统。

（杜　玲　王　翔）

【创新小微金融产品发布】 12月12日，由中关村管委会、中关村发展集团股份有限公司主办，北京中关村科技金融担保有限公司承办的“信贷创新中关村系列活动——‘微金融、共成长、铸梦想’创新小微金融产品发布会”在京召开。市政府副秘书长朱炎，银监会、工业和信息化部、市金融局、市经济信息化委以及相关行业协会、企业的有关人员400余人参加。会上，中关村担保公司发布了普惠担保产品——“普惠保”。

产品主要为创立1年以内、没有不良信用记录的科技和现代服务业小微企业，提供至少10万元的主动担保授信。“普惠保”产品有五大特点：针对创业企业的首次贷款；帮助创业企业较早建立信用记录；不进行事前审查，对无不良记录的企业直接做出“信用推定”；属于信用担保，无须抵质押物；操作流程简单，放款速度快，只要申请企业资料齐全、审核无误，担保机构当天即可出具担保意向书，合作银行5个工作日内可完成签约放款。会上，还举办京津冀跨区域融资担保合作签约仪式，中关村科技担保公司分别与天津市中小企业协会、河北省中小企业发展促进会签署担保业务战略合作协议。

（李贺英　赵正国）

【2014中关村创业之星榜单发布】 12月17日，由北京中关村高新技术企业协会主办的“2014中关村创业之星颁奖典礼”在京举行。市科委、市社团办、中关村管委会等单位相关领导以及相关机构和企业的代表等参加。芭乐互动（北京）文化传媒有限公司总裁姚建疆等20名企业家入选“2014中关村创业之星”；中国工商银行北京中关村支行、北京中海创业投资有限公司、中信建投证券股份有限公司3家机构获“2014中关村创业之星伯乐奖”。上榜企业具有以下特点：企业前3年的增长速度快，平均复合增长率高达504%；企业成立时间在5年之内，创建时间短，发展势头强劲，2013年平均销售额近7000万元；企业家年轻化，平

均年龄 35 岁；企业创新能力强，20 家上榜企业共拥有专利 218 件，软件著作权 418 件；企业家专业技术背景强，20 名企业家全部具有大学本科以上学历，其中博士 4 人，有海外留学经历 4 人；企业主要分布在海淀园。

（张　凡）

【中关村管委会与韩国振兴财团签署备忘录】12 月 18 日，中关村管委会与韩国研究开发特区振兴财团合作备忘录签署仪式在京举行。双方相关负责人参加。根据备忘录，双方将加强在信息交流、资源共享、项目对接、交流互访等方面的合作，共同促进科技创新发展，并组织双方科技园区管理人员、企业科研人员进行互访和交流，推动中关村示范区与韩国科技园区合作。

（殷　茵　王　翔）

【《资料长编》专家评审会召开】12 月 18 日，中关村管委会在京召开《中关村国家自主创新示范区志资料长编（2011—2013 年）》专家评审会。市地方志办、北京科学学研究中心、北京数字科普协会等单位相关专家参加。会议介绍了《资料长编》编写情况及进度；与会专家提出了修改意见和建议。《资料长编》的编写传承地方志的体例，使用大事记、志体、图（地图、照片、结构图等）、表格、附录 5 种体裁；采用篇、章、节、目的结构，共设 5 篇 16 章 70 节。在资料选取上，选用了“1 + 6”先行先试政策、带动产业发展的技术和产品等反映示范区创新发展的内容。该书为编纂第二轮中关村志奠定了资料基础。

（武　悦）

【9 家技术中心被认定为国家企业技术中心】12 月 26 日，发展改革委、科技部、财政部、海关总署、税务总局联合发布公告（2014 年第 23 号），公布 2014 年（第二十一批）国家认定企业技术中心名单，96 家技术中心通过认定。其中，中关村示范区内中铁十九局集团有限公司技术中心、中国京冶工程技术有限公司技术中心、北京神雾环境能源科技集团股份有限公司技术中心等 9 家技术中心入选。

（韩洋洋）

【中关村管委会与市卫生计生委签署战略合作协议】12 月 26 日，由市卫生计生委与中关村管委会主办的“中关村促进健康服务业发展医企创新合作大会”在中关村示范区展示中心举行。中关村管委会主任郭洪等领导及北京地区三级以上的医院、中关村生物医药健康产业企业的代表等 200 余人参加。会议介绍了北京市促进健康服务业发展的意见精神、转化医学发展战略思考及中关村健康服务业发展情况和产业促进举措，发布了《关于加快推进转化医学发展的实施方案（征求意见稿）》《关于公开征集转化医学研究项目和技术创新平台等相关需求建议的通知》，并举办了中关村健康服务业创新成果展览。中关村管委会与市卫生计生委签署《关于加快推进转化医学发展的战略合作协议》。根据协议，双方将在共建转化医学中心、开展前沿技术临床示范应用、医学大数据开发利用、新兴健康服务模式试点、加快推动科技成果示范应用、培养转化医学急需紧缺人才和探索建立科技成果利益分配试点、建立转化医学专项资金等方面开展战略合作。会议还启动了由中关村健康医疗服务创新产业技术联盟主办的中关村全球移动医疗创新大赛。大赛是以中关村冠名的首个健康医疗垂直领域移动技术应用创新全球性赛事。

（王　翔　徐　建）

【国家高新区电视电话会议召开】12 月 29 日，科技部组织召开国家高新区电视电话会议，落实国务院常务会议精神，推广中关村试点政策。科技部部长万钢出席并讲话。中关村管委会主任郭洪介绍了中关村先行先试情况，科技部相关负责人介绍了推广中关村试点政策有关考虑。万钢强调，国务院领导对国家高新区发展高度重视、寄予厚望。在经济新常态下，深入实施创新驱动发展战略，努力实现提质增效，国家高新区承担着创新驱动发展的重要使命。万钢要求要加快中关村政策推广，进一步推进国家高新区改革发展；加快落实国务院常务会议先行先试政策推广要求，着力深化科技体制改革；大力优化创新创业生态；强化辐射带动能力。各省（自治区、直辖市）科技厅负责人，各国家高新区相关负责人参加。

（王　翔　徐　建）

【共建集成电路产业基地合作框架协议签署】12 月 30 日，中关村管委会与石家庄市政府共建集成电路产业基地合作框架协议签约仪式在中关村示范区展示中心举行。石家庄市委书记孙瑞彬、北京市委常委苟仲文、中关村管委会主任郭洪等领导出席。根据协议，双方将在石家庄市合作建设集成电路封装测试产业基地。双方将发挥市场机制作用，调动企业、高校院所等创新主体的积极性，发挥中关村示范区在集成电路设计、高端制造及装备的先发优势，培育壮大石家庄市的测试封装产业，贯通集成电路产业链条，做强做大京津冀集成电路产业集群，并带动智能硬件、智能制造、节能环保等产业在石家庄市创新发展。

（王　翔　徐　建）

【“零信贷”企业获贷超过 500 家】年内，由人民银行营业管理部和中关村管委会共同开展的“中关村‘零信贷’小微企业金融服务拓展活动”推动辖内银行累计为1108家科技型小微企业办理贷款卡，为500余家“零信贷”企业发放贷款8.6亿元，帮助科技型小微企业迈出“首贷”第一步。（“零信贷”企业是指从未办理过贷款卡也未从银行获得过贷款的信贷零记录的中关村高新技术企业。）

（刘　研）

【开展智慧中关村一期项目建设】年内，中关村管委会以“智慧中关村顶层设计”为指导，在《智慧中关村一期需求调研报告》的基础上制订一期项目实施方案，推进智慧中关村建设。由东华软件股份公司承担的中关村示范区一区多园信息共享交流平台系统进入试运行阶段，通过信息报送、重点工作指导、园区互动等功能，利用信息化手段提升中关村管委会与分园信息交流的便捷性；由北京测绘设计研究院、北京超图软件股份有限公司联合承担的中关村示范区地理信息服务系统进入上线试运行阶段，经GIS系统实现经济分析、土地规划检测、产业聚集分析等功能，同时通过GIS对接分园招商和各类服务资源，有效促进示范区向企业的集成服务能力；太极计算机股份有限公司承担完成中关村融合数据中心的主体建设任务，利用数据中心收集经济分析、产业发展、区域合作、创新创业等数据资源，形成较为完整的企业信息库；由神州数码信息系统有限公司完成中关村创新平台业务协同及重大项目全生命周期管理系统的部分建设任务，对委内业务流程进行梳理，形成项目申请和服务的全流程化管理设计方案，并完成了部分系统的原型设计。

（邓立众）

【新设立企业53981户】年内，中关村示范区内新设立企业53981户，同比增长48.8%，占北京地区2014年度新设立企业总量的三成，新增注册资本5671.6亿元。截至年底，中关村示范区累计实有企业31.9万户，占北京地区企业总数的32%；注册资本认缴总额3.6万亿元，占北京地区注册资本总额的48.7%。

（付　饶）

【廉政风险防控手册印发】年内，由驻中关村管委会纪检组监察处牵头，协调各处室（中心）开展涉权事项明晰、风险点排查、防控措施制定和流程图绘制，梳理了职权目录、委托事项目录与信息公开目录等。其中，对83项涉权事项进行风险点排查和防控措施制定，绘制风险防控流程图76个，梳理了80项涉权事项、97项委托事项及106项信息公开目录。中关村管委会编辑印发《中关村管委会廉政风险防控手册》及《中关村管委会涉权事项与信息公开目录》，供干部职工在学习工作中遵照执行，有效地推动廉政风险防控管理工作。

（王茂安）

【纪检监察责任实施办法出台】年内，由驻中关村管委会纪检组监察处、中关村管委会机关党委共同印发《中关村管委会党组关于落实党风廉政建设党组主体责任和纪检组监察处监督责任实施办法的实施方案》。方案明确了工作任务、工作责任和工作要求，提出落实党组主体责任和派驻纪检组监督责任的具体措施：深入贯彻纪检监察机关转职能、转方式、转作风的工作要求和党风廉政建设工作各项部署，严格落实委党组及班子成员的党风廉政建设主体责任；将党风廉政建设和反腐败工作纳入管委会党组重要议事日程，落实“一岗双责”制度，按照“谁主管、谁负责”的原则，将反腐倡廉工作任务进行细化分解，融入示范区建设的中心工作中；纪检组长不再分管党建、人事工作，把精力聚焦监督、执纪、问责主业，加大对专项资金管理使用和党员干部遵章守纪的监督检查；管委会党组和各级领导在工作保障、工作协调等方面支持驻中关村管委会纪检组监察处履行监督职责，不断推动管委会党风廉政建设，为示范区创新发展提供保障。

（王茂安）

【中关村青联行系列活动举办】年内，中关村青年联合会举办以“贵阳行”“走进百度”“赴日考察”等为主题的“中关村青联行”系列活动5期，以及国内外区

域交流，共有委员150余人次参加。青联委员就信息产业、文化创意产业、轨道交通产业、金融产业的相关发展情况进行交流，考察了贵阳科技产业园和保税区情况及日本科技企业的创新成果，了解了日本地方政府和金融机构在营造创新创业环境、促进科技创新和产业发展等方面的经验。

（王　征）

【中关村示范区企业创新创业发展良好】年内，中关村示范区企业创新创业发展呈现以下特点：①商事登记制度改革带动中关村示范区新增企业数量快速增长。

企业开业同比增长率较 2013 年提高 36 个百分点，注册资本认缴额同比增长 19.6%。②年度新设科技型企业首次超过 2 万户，达 21951 户，同比增长 67.9%。③租赁和商务服务业、文化体育和娱乐业企业增速最快。企业主要集中在科学研究技术服务业、批发和零售业、租赁和商务服务业、文化体育和娱乐业 4 个行业，分别占比 38.4%、20.1%、17.9%、7.8%。其中，租赁和商务服务业、文化体育和娱乐业两个行业的企业同比增速最快，分别为 27.7% 和 24.3%。④城六区园区企业占比逾八成，远郊区县园区企业增长快速。城六区企业存量占中关村示范区企业总量的 84.1%。密云园、门头沟园、顺义园分别以 56.5%、54.7% 和 27.0% 的同比增长率位于中关村示范区的前 3 位。⑤外资企业同期增长比率下降趋势减缓。新设外资企业 672 户，同比下降 4.27%，同期增长比率较 2013 年底回升 20 个百分点。⑥吊销企业减少，带动退市企业数量大幅下降。全年共注、吊销企业 6948 户。2014 年度中关村企业的平均寿命为 6.2 年。⑦迁入企业 5 倍于迁出企业。共迁入企业 911 户，迁出企业 179 户，其中金融业、租赁和商务服务业迁入比例较大，迁出企业行业分布较为分散。

（付　饶）

【开展智慧中关村建设面向创新创业主体需求调研】年内，中关村管委会组织面向企业、第三方服务机构、分园、委办局及委内业务处室等单位和部门开展智慧中关村需求调研。共召开调研会议 68 次，其中处室调研 27 次，分园区 14 次，企业集中座谈 27 次；开展网上问卷调查活动，其中第三方委托服务机构 18 次，委办局 11 次，形成调研会议备忘录 68 份；梳理委内项目申报管理办法 14 份，项目申报书 28 份。最终明确一期各系统的主要功能，完成《智慧中关村一期需求调研报告》。

（邓立众）

【推进与市委办局和服务机构的数据共享和服务整合】年内，中关村管委会积极对接各分园以及市经济信息化委、市财政局、市规划委、中国技术交易所等部分第三方服务机构、委办局的各类信息和服务资源，以企业需求为导向，整合信息资源。与市财政局等 9 家单位签署数据共享合作协议，将市经济信息化委、市规划委等部门的共享数据通过中关村示范区地理信息服务系统进行部署，利用数据共享资源为园区企业提供信息服务。

（邓立众）

【中关村成为全国天使投资最活跃地区】年内，中关村天使投资机构数量 50 余家，发生天使投资案例 168 起，占全国天使投资案例 53%，投资总额 25.9 亿元，在全国占比近 80%，成为最活跃的天使投资地区。合作基金累计投资项目 90 个，投资金额 3.3 亿元。其中 61 个项目注册地在中关村地区，培育出北京海博思创科技有限公司、墨迹风云（北京）软件科技发展有限公司、北京糖护科技有限公司等优秀企业。投资行业领域主要集中在新一代信息技术、现代服务、生物医药 3 个领域，分别占比 66%、11%、8.9%。

（陈宝德）

政策法规

【促进北京市增材制造（3D 打印）科技创新与产业培育的工作意见】 1 月 6 日，市科委、市发展改革委、市经济信息化委联合印发《关于印发〈促进北京市增材制造（3D 打印）科技创新与产业培育的工作意见〉的通知》（京科发〔2014〕5 号）。《通知》明确发展增材制造技术与产业的重要意义、基本原则和主要目标。确定攻克重大关键技术，推进 3D 打印技术全面跻身国际先进水平；构建完善科技创新平台，支撑北京持续产出原创性技术；推动科技成果转化，促进 3D 打印技术应用；优化产业布局，推动 3D 打印产业集群式发展 4 项重点任务。并指出主要攻克航空航天航海等大型金属复杂构件直接制造领域、医疗器械与健康服务领域、创意设计领域的重大关键技术。

（李　思）

【中关村国家自主创新示范区国际化发展专项资金管理办法】 1 月 7 日，中关村管委会印发《关于印发〈中关村国家自主创新示范区国际化发展专项资金管理办法〉的通知》（中科园发〔2014〕1 号）。《办法》设有总则，支持对象及条件，支持方向、标准及内容，资助资金的申请程序，监督管理，附则 6 章 21 条，明确国际化资金的支持对象包括单位项目和团体项目，支持方向包括国际市场拓展、研发合作与交流、扩大海外市场收入，以及聚集国际商务、投资与科技服务机构等方面。《办法》自发布之日起实施。原《中关村国家自主创新示范区国际化发展专项资金管理办法（试行）》（中科园发〔2012〕53 号）同时废止。

（李　思）

【在中关村国家自主创新示范区完善高新技术企业认定中文化产业支撑技术等领域范围】 1 月 8 日，科技部、财政部、税务总局联合印发《关于在中关村国家自主创新示范区完善高新技术企业认定中文化产业支撑技术等领域范围的通知》（国科发火〔2014〕20 号）。《通知》对《关于完善中关村国家自主创新示范区高新技术企业认定管理试点工作的通知》（国科发火〔2011〕90 号）的附件《国家重点支持的高新技术领域（中关村示范区试行）》内涉及文化产业支撑技术等领域范围内容予以补充，在电子信息、新材料、高技术服务业、高新技术改造传统产业 4 个领域，增加文化艺术、传统文化产业改造技术等内容。

（李　思　马媛月）

【加快推进高等学校科技成果转化和科技协同创新若干意见（试行）】 1 月 9 日，市政府办公厅印发《关于印发加快推进高等学校科技成果转化和科技协同创新若干意见（试行）的通知》（京政办发〔2014〕3 号）。详见特载。

（李　思　徐　建）

【关于加快培育大数据产业集群推动产业转型升级的意见】 2 月 12 日，中关村管委会印发《关于印发〈关于加快培育大数据产业集群推动产业转型升级的意见〉的通知》（中科园发〔2014〕7 号）。《意见》从加快培育中关村大数据产业集群；提升大数据对经济社会发展的带动作用；推动大数据行业应用，促进生产效率提升；实施大数据解决方案，推动商业模式创新；构建大数据产业生态系统；完善大数据创新发展环境 6 个方面制定了相关措施。《意见》提出，到 2016 年，中关村大数据对产业的带动规模超过 1 万亿元，拟培育 500 家大数据企业和一批领军企业；围绕市场需求，率先在智慧城市、金融、环境等 12 个领域开展大数据解决方案应用示范。

（李　思　徐　建）

【开展中关村国家自主创新示范区高端领军人才专业技术资格评价工作】 3 月 4 日，市人力社保局印发《关于开展中关村国家自主创新示范区高端领军人才专业技术资格评价工作的通知》（京人社专技发〔2014〕45 号）。《通知》决定 2014 年继续在中关村示范区“一区十六园”开展高端领军人才高级工程师（教授级）评价试点工作，并明确实施范围、申报条件、评价程序、申报流程。

（李　思）

【北京技术创新行动计划（2014—2017 年）】 4 月 14 日，市政府印发《关于印发〈北京技术创新行动计划（2014—2017 年）〉的通知》（京政发〔2014〕11 号）。《计划》分为指导思想和主要目标、创新重大专项组织管理方式、完善政策保障措施、组织实施重大专项 4 个方面，确定两类共 12 个重大专项。第一类专项围绕大气污染治理、交通管理、应急管理，以技术创新支撑解决北京市可持续发展的重大问题和人民群众关心的热点难点问题，同时培育和带动相关产业发展，包括首都蓝天行动、首都生态环境建设与环保产业发展、城市精细化管理与应急保障、首都食品质量安全保障、重大疾病科技攻关与管理。第二类专项围绕产业发展的高端化、服务化、集聚化、融合化、低碳化，以技术创新引领产业转型升级、高端发展，构建“高精尖”的产业格局，包括新一代移动通信技术突破及产业发展、数字化制造技术创新及产业培育、生物医药产业跨越发展、轨道交通产业发展、面向未来的能源结构技术创新与辐射带动、先导与优势材料创新发展、现代服务业创新发展。

（李　思）

【在中关村国家自主创新示范区深入开展新技术新产品政府采购和推广应用工作的意见】4 月 18 日，市政府办公厅印发《关于在中关村国家自主创新示范区深入开展新技术新产品政府采购和推广应用工作的意见》（京政办发〔2014〕24 号）。《意见》明确了在中关村示范区开展新技术新产品政府采购和推广应用工作的实施范围和方式、工作原则、主要任务、保障措施，以进一步增强政府采购和推广应用在支持企业创新主体方面的作用。实施对象主要包括由中关村示范区内的企业、大学、科研院所等单位研制生产的新技术新产品、首台（套）重大技术装备，以及国家和北京市需要研究开发的重大创新技术和产品。主要任务围绕大气污染治理、信息化与信息安全、轨道交通建设等方面的需求，引导企业进行创新，促成一批新技术新产品的示范应用；加大推进区域合作力度，发挥中关村示范区新技术新产品对合作区域协同发展的支撑作用；鼓励科技型中小企业与大型企业配套协作，开发推广专、精、特、新产品等。

（李　思）

【关于支持知识产权和标准化服务业在中关村示范区集聚创新发展的办法】4 月 24 日，中关村管委会、市质监局、市知识产权局、海淀区政府联合印发《关于印发〈关于支持知识产权和标准化服务业在中关村示范区集聚创新发展的办法〉的通知》（中科园发〔2014〕16 号）。《办法》明确集聚区的地理范围和支持对象，以及支持高端服务机构入驻集聚区、支持知识产权和标准化专业性国际组织在集聚区设立总部或分支机构、支持集聚区内的检测认证高端服务机构加入中关村开放实验室工程、支持集聚区内的知识产权高端服务机构为中关村示范区企业提供海外知识产权预警服务等相关措施。集聚区以西土城路—学院路为纵轴，南起北京邮电大学，经知识产权局向北延伸至北京科技大学；以知春路—海淀南路为横轴，东起中国标准化研究院，经国际技术转移中心向西延伸至中关村知识产权大厦。支持对象为，在集聚区内注册或设有办事机构，主要为中关村示范区企业开展知识产权代理、法律、信息、商用化、咨询、培训等服务的知识产权高端服务机构和开展标准、检测、认证、品牌等服务的标准化高端服务机构，以及促成高端服务机构在集聚区集聚的相关机构。《办法》自发布之日起实施。

（李　思　徐　建）

【中关村国家自主创新示范区小额贷款保证保险试点办法】5 月 12 日，中关村管委会、保监会北京监管局、人民银行营业管理部、银监会北京监管局、市金融局联合印发《关于印发〈中关村国家自主创新示范区小额贷款保证保险试点办法〉的通知》（中科园发〔2014〕17 号）。《办法》设有总则、运作机制、支持政策、补贴款使用、监督管理、附则 6 章 24 条，对运作机制，中关村管委会的补贴政策、补贴款使用等做出规定，明确中关村管委会按照先付后贴的原则，对投保贷款保证保险获得贷款并按期还本付息的企业，按照银行贷款基准利率的一定比例提供贷款贴息。《办法》自发布之日起实施。2014 年 1 月 1 日起，符合《办法》条件的、获小额贷款保证保险的企业，适用该《办法》。

（李　思）

【中关村国家自主创新示范区企业改制上市和并购支持资金管理办法】6 月 4 日，中关村管委会印发《关于印发〈中关村国家自主创新示范区企业改制上市和并购支持资金管理办法〉的通知》（中科园发〔2014〕27 号）。《办法》设有总则、支持对象和标准、受理和审核程序、监督管理、附则 5 章 24 条。明确申请改制上市和并购支持资金的企业应符合的条件，以及申请资金支持的主办券商应符合的条件，并确立了改制、挂牌、境内上市、境外上市等不同类型的支持额度。《办法》自 2014 年 8 月 1 日起实施，原《中关村国家自主创新示范区支持企业改制上市资助资金管理办法》（中科园发〔2011〕31 号）和《中关村国家自主创新示范区并购支持资金管理办法》（中科园发〔2011〕33 号）同时废止。

（李　思）

【加快推进科研机构科技成果转化和产业化的若干意见（试行）】6 月 9 日，市政府办公厅印发《加快推进科研机构科技成果转化和产业化的若干意见（试行）》（京政办发〔2014〕35 号）。详见特载。

（李　思　任志明）

【中关村国家自主创新示范区有关股权奖励个人所得税试点政策】 8月30日，财政部、税务总局、科技部联合印发《关于中关村国家自主创新示范区有关股权奖励个人所得税试点政策的通知》（财税〔2014〕63号）。《通知》对中关村示范区内高新技术企业和科技型中小企业转化科技成果，以股份或出资比例等股权形式给予本企业相关人员的奖励如何计算缴纳个人所得税做了相应规定。政策主要在4个方面取得突破，包括政策的适用范围扩大至经认定的国家高新技术企业和科技型中小企业；将股权奖励个人所得税的纳税时点调整为取得分红和转让股权环节，取消需在5年内分期纳税的限制；明确股权奖励个人所得税的应纳税额可参照现行个人股票期权认购股票所得的税款计算方法进行计算；明确企业依法宣告破产，尚未缴纳的股权奖励个人所得税可不予追征的条件和程序。在2014年1月1日至2015年12月31日期间获股权奖励的人员，可按《通知》规定享受税收优惠政策。

（李　思　秦　琳）

【北京市属高等学校“2011计划”实施方案】 9月1日，市教委、市财政局联合印发《关于印发〈北京市属高等学校“2011计划”实施方案〉的通知》（京教研〔2014〕9号）。《实施方案》明确以国家和北京市重大需求为牵引，以机制体制改革为核心，以协同创新中心建设为载体，以创新资源和要素的有效汇聚为保障，转变高校创新方式，提升高校人才、学科、科研三位一体的创新能力，同时确定实施范围、申报条件、认定程序、实施周期等内容。

（李　思）

【中关村国家自主创新示范区天使投资和创业投资支持资金管理办法】 9月1日，中关村管委会印发《关于印发〈中关村国家自主创新示范区天使投资和创业投资支持资金管理办法〉的通知》（中科园发〔2014〕41号）。《办法》设有总则、天使投资支持资金补贴对象和标准、创业投资支持资金补贴对象和标准、支持资金的申请程序、监督管理、附则6章39条。明确中关村示范区天使投资支持资金包括天使投资风险补贴资金和天使投资引导资金，中关村示范区创业投资支持资金包括创业投资风险补贴资金和创业投资引导资金，以及不同类型资金的条件和支持标准。《办法》自发布之日起30日后实施。原《中关村国家自主创新示范区创业投资风险补贴资金管理办法》（中科园发〔2012〕28号）、《中关村国家自主创新示范区创业投资引导资金管理办法》（中科园发〔2011〕48号）同时废止。《办法》中有关天使投资的内容，如与《中关村国家自主创新示范区战略性新兴产业中小企业创新资金管理办法》（中科园发〔2011〕39号）不一致的地方，以《办法》为准。

（李　思）

【关于贯彻落实《北京市人才工作领导小组关于深入学习贯彻落实习近平总书记对人才工作重要批示精神的通知》的实施意见】 9月5日，中关村管委会印发《关于贯彻落实〈北京市人才工作领导小组关于深入学习贯彻落实习近平总书记对人才工作重要批示精神的通知〉的实施意见》（中科园发〔2014〕43号），就深入学习领会中共中央总书记习近平对人才工作重要批示精神、着力推动人才发展体制机制改革、大力推进高端人才开发和人才队伍建设、推动建立人才交流合作机制、积极拓宽人才发展平台、建立健全人才服务体系、加强人才工作的组织领导等提出相关意见。

（李　思）

【关于进一步创新体制机制加快全国科技创新中心建设的意见】 9月10日，市委、市政府印发《关于进一步创新体制机制加快全国科技创新中心建设的意见》（京发〔2014〕17号）。详见特载。

（李　思）

【关于支持中关村国家自主创新示范区瞪羚重点培育企业发展的若干金融措施】 9月23日，中关村管委会印发《关于印发〈关于支持中关村国家自主创新示范区瞪羚重点培育企业发展的若干金融措施（修订）〉的通知》（中科园发〔2014〕46号）。《措施》明确瞪羚重点培育企业需满足的条件，并对担保机构为瞪羚重点培育企业提供融资担保、银行为瞪羚重点培育企业提供担保贷款、瞪羚重点培育企业通过新型直接债务融资工具融资、瞪羚重点培育企业从小额贷款机构获得流动资金贷款等不同情况给予相应资金支持。《措施》自2015年1月1日起实施。原《关于支持瞪羚重点培育企业的若干金融措施》（中科园发〔2012〕58号）同时废止。《中关村国家自主创新示范区企业改制上市和并购支持资金管理办法》（中科园发〔2014〕27号）等相关办法中有关瞪羚重点培育企业支持措施的规定如有与《措施》不符的，参照《措施》执行。

（李　思）

【金融支持中关村国家自主创新示范区中小科技型企业投标承接重大建设工程项目的若干措施】 9月23日，中关村管委会印发《关于印发〈金融支持中关村国家自主创新示范区中小科技型企业投标承接重大建设工程项目的若干措施〉的通知》（中科园发〔2014〕47号）。《措施》鼓励银行根据中关村高新技术企业签订的重大建设工程项目合同，为企业提供信用贷款，同时对企业承接重大建设工程项目在银行开立投标保函、履约保函、预付款保函的给予一定资金支持。《措施》自发布之日起30日后实施。2013年1月20日至正式实施期间发生的中关村示范区企业投标承接重大建设工程项目适用《措施》。

（李　思）

【中关村国家自主创新示范区科技型企业创业孵化集聚区管理办法（试行）】 9月23日，中关村管委会、市工商局联合印发《关于印发〈中关村国家自主创新示范区科技型企业创业孵化集聚区管理办法（试行）〉的通知》（中科园发〔2014〕48号）。《办法》明确科技型企业创业孵化集聚区是指在中关村示范区内由独立机构运营、集中面向科技类和文化创意类及相关产业的创业期中小微企业出租、自行或通过第三方专业机构为入驻企业提供相应办公服务的场所，创业孵化集聚区的管理服务机构应当建立健全规定企业入驻的条件、制定入驻企业总量控制计划。《办法》规定，中关村示范区“一区十六园”范围内，所有为创业团队提供办公、设备等创业扶持的国家级或市级大学科技园、留学生创业园、创新型孵化器、企业孵化器，只要满足面积在500平方米以上、由专业管理服务机构运营、建立企业退出机制等条件，即可向中关村管委会提出创业孵化集聚区认定申请，由中关村管委会会同相关区（县）政府进行认定。《办法》自发布之日起30日之后施行。

（李　思　付　饶）

【中关村国家自主创新示范区中小微企业小额贷款支持资金管理办法】 9月25日，中关村管委会印发《关于印发〈中关村国家自主创新示范区中小微企业小额贷款支持资金管理办法〉的通知》（中科园发〔2014〕49号）。《办法》设有总则、支持措施、支持资金申请及受理、支持资金拨付、监督管理、附则6章16条，明确中关村管委会为按期还本付息并符合小额贷款支持条件的中小微企业，以年利率6%为基数，按照一定比例给予贷款贴息。《办法》自2015年1月1日起施行。其他中关村小额贷款补贴支持规定如有与《办法》不符的，参照《办法》执行。

（李　思）

【中关村国家自主创新示范区中小微企业银行信贷创新融资支持资金管理办法】 9月25日，中关村管委会印发《关于印发〈中关村国家自主创新示范区中小微企业银行信贷创新融资支持资金管理办法〉的通知》（中科园发〔2014〕50号）。《办法》设有总则、支持措施、支持资金申请及受理、支持资金拨付、监督管理、附则6章25条。明确享受银行信贷创新融资贴息支持的中小微企业应符合的条件，中关村管委会为实际贷款期限在6个月（不含）以上，按期还本付息，符合银行信贷创新融资支持条件的中小微企业，以年利率6%为基数，按照一定比例给予贷款贴息。《办法》自2015年1月1日起施行。《中关村国家自主创新示范区科技型中小企业信用贷款扶持资金管理办法》（中科园发〔2011〕38号）、《中关村国家自主创新示范区股权质押贷款扶持资金管理办法》（中科园发〔2011〕36号）、《中关村国家自主创新示范区信用保险及贸易融资扶持资金管理办法》（中科园发〔2010〕42号）同时废止。《中关村国家自主创新示范区企业改制上市和并购支持资金管理办法》（中科园发〔2014〕27号）等相关办法中有关支持措施如有与《办法》不符的，参照《办法》执行。

（李　思）

【中关村国家自主创新示范区中小微企业担保融资支持资金管理办法】 9月25日，中关村管委会印发《关于印发〈中关村国家自主创新示范区中小微企业担保融资支持资金管理办法〉的通知》（中科园发〔2014〕51号）。《办法》设有总则、支持措施、支持资金申请及受理、支持资金拨付、监督管理、附则6章31条。明确中关村管委会为实际贷款期限在6个月(不含)以上，按期还本付息，符合本办法担保融资支持条件的中小微企业，以年利率6%为基数，按照一定比例给予贷款贴息；企业通过新型直接债务融资工具融资的，给予企业按票面利率计算的社会筹资利息30%的补贴。《办法》自2015年1月1日起施行。《中关村国家自主创新示范区企业担保融资扶持资金管理办法》（中科园发〔2011〕40号）同时废止。

（李　思）

【开展深化中央级事业单位科技成果使用、处置和收益管理改革试点】 9月26日，财政部、科技部、知识产权局联合印发《关于开展深化中央级事业单位科技成果使用、处置和收益管理改革试点的通知》(财教〔2014〕233号)。《通知》决定在国家自主创新示范区、合芜蚌自主创新综合试验区选择若干符合条件的中央级事业单位开展科技成果使用、处置和收益管理改革试点，包括建立符合科技成果转移转化规律的市场定价机制、建立健全科技成果转移转化收入分配和激励制度等8项改革试点。政策将单位科技成果的对外投资、许可等使用事项的审批纳入改革范围，取消主管部门、财政部门对科技成果使用、处置事项的所有审批和备案要求；将单位科技成果的处置收入从分段按比例留归单位改为全部留归单位。试点时间为2014年10月1日至2015年12月31日。

（李　思　秦　琳）

【建立高等学校科技创新和成果转化项目储备制度实施细则（试行）】11月2日，市科委、市教委、市财政局、中关村管委会联合印发《关于印发〈建立高等学校科技创新和成果转化项目储备制度实施细则（试行）〉的通知》（京科发〔2014〕546号）。《实施细则》包括6章28条，明确适用范围为高等学校（或联合企事业单位）申报的科技创新和成果转化项目（成果），确立储备库入库机制、储备库项目管理机制、储备库项目（成果）跟踪服务与支持、储备库滚动机制，鼓励高等学校和企业联合开展科技创新和成果转化，支持高等学校加强自身科技研发能力建设，定期对符合条件的拟研、在研科技创新和成果转化项目进行评估，选择一批符合北京市科技创新和经济社会发展需要的重大科研和成果转化项目，纳入高等学校科技项目储备库进行跟踪支持。《实施细则》自发布之日起30日后施行。

（李　思）

【中关村国家自主创新示范区组织企业赴境外集体展览展示专项资金管理办法（暂行）】11月5日，中关村管委会印发《关于印发〈中关村国家自主创新示范区组织企业赴境外集体展览展示专项资金管理办法（暂行）〉的通知》（中科园发〔2014〕60号）。《办法》设有总则、适用范围、资金的审批和拨付、监督管理、附则5章12条。明确境外展览展示资金主要用于中关村管委会及其所属事业单位组织中关村示范区企业赴境外集体参展（含境外对接活动），包括展位及参会、展会布置、展会组织、宣传等费用。《办法》自发布之日起30日后施行。

（李　思）

【中关村国家自主创新示范区产业发展资金管理办法】11月6日，中关村管委会印发《关于印发〈中关村国家自主创新示范区产业发展资金管理办法〉的通知》（中科园发〔2014〕56号）。《办法》设总则、支持内容、资金申请程序、监督管理、附则5章24条。明确支持对象为中关村示范区战略性新兴产业领域创新性强和成长性好的高新技术企业、"十百千工程"培育企业、产业技术联盟及成员单位、中关村开放实验室、中关村科学城高校院所建设的新型产业技术研究院、特色产业园区、应用中关村创新成果的相关单位，以及不同类型对象的支持标准。《办法》自发布之日起30日后实施。原《中关村国家自主创新示范区产业发展资金管理办法》（中科园发〔2014〕12号）同时废止。

（李　思）

【关于支持高等学校科技人员和学生科技创业专项资金管理办法（试行）】11月15日，中关村管委会印发《关于印发〈关于支持高等学校科技人员和学生科技创业专项资金管理办法（试行）〉的通知》（中科园发〔2014〕53号）。《办法》设有总则，支持方式、范围与支持条件，资金申请与受理，监督管理，附则5章15条。明确高等学校拥有科技成果的科技人员，以现金方式出资并持有企业股权，在中关村示范区创办的科技型企业，可按照不超过科技人员现金出资额度的20%申请专项资金支持；高等学校教师作为天使投资人投资的学生（含在校学生和毕业两年之内的毕业生）科技创业企业，可按照不超过教师现金出资额度的50%申请专项资金支持。《办法》自发布之日起30日后施行。

（李　思）

【北京市高等学校、科研机构设立科技成果转化岗位实施细则】11月18日，市人力社保局、市教委、市科委、市财政局、中关村管委会联合印发《关于印发北京市高等学校、科研机构设立科技成果转化岗位实施细则的通知》（京人社专技发〔2014〕244号）。《实施细则》就北京市属高等学校、科研机构设立科技成果转化岗位从实施范围、岗位职责、聘用条件、结构比例、职称评聘、聘用程序、聘用期限、考核管理等8个方面做了规定。

（李　思）

【中关村国家自主创新示范区债务性融资机构风险补贴支持资金管理办法】12月2日，中关村管委会印发《关于印发〈中关村国家自主创新示范区债务性融资机构风险补贴支持资金管理办法〉的通知》（中科园发〔2014〕59号）。《办法》设有总则、债务性融资机构风险补贴支持措施、债务性融资机构风险补贴申请要求、监督管理、附则等5章15条。明确中关村管委会根据合作银行或者担保公司为"展翼企业"、年收入5000万元（不含）以下"瞪羚企业"，以及收入5000万元（不含）以下"零信贷"企业提供的期限在6个月（不含）以上的银行信贷创新产品业务、小额贷款保证保险业务以及并购贷款业务规模或者融资担保业务规模，按照每年新增业务规模的1%，给予合作银行或者担保公司风险补贴支持。《办法》自2015年1月1日起施行。

（李　思）

【支持北京高校大学生创业实施细则】12月15日，市教委、中关村管委会、市人力社保局、市财政局联合印发《关于印发支持北京高校大学生创业实施细则的通知》（京教学〔2014〕6号）。《实施细则》明确为高校大学生创业提供政策、实践和学业支持，为高校大学生创业提供孵化支持，进一步加强创业教育和培训支持3项措施，并要求各市属高校根据本校实际，研究制定详细的支持办法。《实施细则》规定：高校在校学生可以休学创办科技型企业；大学生创业时间也可视为参加实践教育的时间，计入相关的实践学分中；将建设北京高校大学生创业园，为大学生创业提供场地支持；将设立北京大学生创业支持专项资金，用于支持500个左右的大学生创业团队和初创企业（包括400个创新创意、“创客”实践团队和100个初创企业）。同时还鼓励大学生创业，将创业取得的成效或成果，与毕业设计或论文有机结合，并规定高校大学生创业科技企业优先入驻孵化器，还会为大学生创业者配备创业导师，以及搭建技术服务平台，针对创业资金方面也给出相应的融资对接平台。各部属高校可参照执行。

（李　思）

【北京市新技术新产品（服务）认定管理办法】 12月23日，市科委、市发展改革委、市经济信息化委、市住房城乡建设委、市质监局、中关村管委会联合印发《关于印发〈北京市新技术新产品（服务）认定管理办法〉的通知》（京科发〔2014〕622号）。《管理办法》明确新技术新产品（服务）的范围，即企业、高等学校、科研院所和各类社会组织通过原始创新、集成创新和引进消化吸收再创新等方式取得的技术先进、产权明晰、质量可靠、市场前景广阔的产品（服务），经认定的新技术新产品（服务），可享受政府采购和推广应用等政策支持。同时明确认定条件、认定程序和认定工作主管部门。《管理办法》自发布之日起30日后施行。

（李　思）

管理机构

中关村国家自主创新示范区领导小组

中关村国家自主创新示范区领导小组为市政府议事协调机构。主要职责是：贯彻落实党中央、国务院的有关指示，研究和决定建设中关村国家自主创新示范区的重大事项；提出需要中关村科技园区建设国家自主创新示范区部际协调小组研究解决的重大问题；组织、协调推进示范区有关发展战略、政策法规、体制创新、空间和产业规划、重大项目等实施工作。

中关村科技园区建设国家自主创新示范区部际协调小组

中关村科技园区建设国家自主创新示范区部际协调小组负责协调各部门在职责范围内支持中关村科技园区建设国家自主创新示范区，落实相关政策措施，研究解决发展中的重大问题。

中关村国家自主创新示范区领导小组办公室

中关村国家自主创新示范区领导小组办公室设在中关村科技园区管理委员会，具体承担领导小组的日常工作。

中关村科技园区管理委员会

中关村科技园区管理委员会（简称中关村管委会）是负责对中关村科技园区（包括海淀园、昌平园、顺义园、大兴—亦庄园、房山园、通州园、东城园、西城园、朝阳园、丰台园、石景山园、门头沟园、平谷园、怀柔园、密云园、延庆园，以下简称园区）发展建设进行综合指导的市政府派出机构。其主要职责是：

（一）贯彻落实国家有关法律法规和政策，研究拟订园区的发展战略和规划，参与组织编制园区有关空间规划，组织研究园区相关改革方案，促进可持续发展。

（二）研究制定园区发展和管理的相关政策，起草相关地方性法规草案、政府规章草案。

（三）协调整合各类创新资源，开展园区创新创业、高新技术研发及其成果产业化、科技金融、人才资源、中介组织、知识产权保护等方面的促进和服务工作。

（四）负责管理市财政拨付的园区发展专项资金，并协助有关部门监督专项资金的使用。

（五）根据市政府授权，对北京中关村发展集团股份有限公司市级财政投入资金履行出资职责，依法对其国有资产进行监督管理，并加强业务指导。

（六）统筹产业空间布局，对各分园整体发展规划、空间规划、产业布局、项目准入标准等重要业务实行统一领导。

（七）承担示范区领导小组的具体工作，负责园区内各类协会组织的联系工作。

（八）开展园区国际交流与合作，提升园区国际化发展水平。

（九）承担园区外事、宣传、联络等工作。

（十）承办市政府交办的其他事项。

主　　任：郭　洪
副 主 任：马胜杰（正局级）
杨建华（保留正局级）
宣　鸿
廖国华
王汝芳
白智勇（挂职）
周国林（挂职）
贾　堤（挂职，2014 年 8 月 28 日任）
委　　员：张茂盛（副局级，2014 年 11 月 13 日免）
李　翔（副局级）
刘　航（副局级）
纪检组长：侯　云

党 组 书 记：苟仲文
党组副书记：郭　洪
党 组 成 员：马胜杰
杨建华
宣　鸿
廖国华
侯　云
周国林

地　址：北京市海淀区阜成路 73 号
邮　编：100142
电　话：88828800
传　真：88828882
网　址：www.zgc.gov.cn

机构设置

办公室

负责本机关的政务工作；负责公文处理、信息、议案、建议、提案和信访、档案、保密工作，以及重要会议、活动的组织工作；负责重要文件和会议决定事项的督察工作；负责机关联络接待、服务保障、安全保卫等工作；负责机关信息化建设工作。

产业发展促进处

研究和拟订园区产业规划和政策并组织实施；督促落实发展园区高新技术企业的各项政策；促进重大科技成果产业化；扶持高新技术企业做强做大。

自主创新能力建设处

研究和拟订园区自主创新能力建设及战略性新兴产业培育的规划、政策并组织实施；推动园区产业技术联盟的组建和发展；推动关键技术的示范应用；建设园区技术创新服务体系；促进园区科技基础设施建设；协调园区知识产权保护和促进工作，推动园区技术标准创新工作。

规划建设协调处

研究制订园区发展规划并协调组织实施；参与组织编制园区的空间规划、土地利用规划和生态规划等工作；负责园区重大建设项目信息的收集和分析。

科技金融处

负责研究提出园区投融资体系建设方案；研究分析园区投融资发展状况，并提出政策建议，搭建园区投融资政策平台；推动园区企业的股权交易和上市融资工作；组织协调投融资机构为园区产业发展提供支持，发展适合园区企业的多种融资方式，促进科技与金融的结合；促进园区信用体系建设工作。

人才资源处

研究拟订园区人才资源发展战略规划；研究拟订园区培养、吸引、使用人才等方面的有关政策，并协调组织实施；建立健全人才资源的服务体系，优化园区人才发展环境。

创业服务处

研究拟订园区创业服务体系的发展规划，提出创业服务政策措施并组织实施；促进大学科技园、孵化器、行业协会和社会中介组织建设，搭建创业服务平台；整合园区创业服务资源，完善园区创业服务体系和环境。

军民融合创新工作处

落实军地战略合作框架协议中关于中关村国家自主创新示范区的任务；研究拟订中关村军民融合科技创新相关政策、规划并组织实施；组织开展军地会商、供需对接、项目联合攻关等工作；促进军民融合科技创新成果的转化和产业化；推进中关村军民融合科技创新示范基地建设。

经济分析处

协助统计主管部门开展园区统计调查工作；配合统计主管部门建立健全园区经济运行、重点产业评测及预测预警系统；跟踪分析国内外相关地区和相关产业发展情况；利用统计资料开展统计分析工作，为园区发展提供服务。

国际交流合作处

负责园区的国际交流与合作工作；负责园区派遣人员因公临时出国（境）和邀请外国经贸科技人员来华事项的审批工作；负责园区驻海外联络处的建设、联络和管理工作。

研究室（法制处）

研究拟订园区发展规划；承担园区体制和机制创新及其配套改革措施的研究工作；组织研究园区发展建设中的重大问题，并提出相关对策、建议；起草有关地方性法规草案、政府规章草案及配套文件；组织有关地方志、年鉴的编纂工作。

宣传处

负责园区宣传工作，制订园区宣传方案并组织实施；组织园区新闻发布会；组织园区重要活动、重要工作的新闻报道工作。

资产监管和审计处

承担北京中关村发展集团股份有限公司国有资产

监督管理工作；负责机关及所属单位的国有资产管理工作；负责机关和所属事业单位的内部审计以及园区发展专项资金内部审计工作；协助有关部门监督专项资金的管理使用。

财务处

负责机关及其所属单位的财务管理工作；负责园区发展专项资金预算编制和管理工作；配合财税部门开展园区财政税收政策的研究和落实工作。

人事处

负责机关及所属单位的干部人事、机构编制、教育培训及退休人员的管理服务工作。

机关党委

负责本机关及所属事业单位的党群工作。

监察处

履行派驻纪检监察机构职责。

中关村科技创新和产业化促进中心（首都创新资源平台）

北京市政府会同中关村国家自主创新示范区部际协调小组相关部门，共同组建中关村科技创新和产业化促进中心（简称首都创新资源平台或中关村创新平台）。首都创新资源平台在市政府和中央相关部门共同领导下，负责落实示范区建设的各项重大决策，整合资源，提高效率，对跨层级审批和跨部门审批加强协调和督办，促进重大科技成果产业化，构建有利于政策先行先试的工作机制，形成高效运转、充满活力的科技创新和产业化服务体系。中关村管委会加挂中关村科技创新和产业化促进中心综合办公室牌子。中关村管委会作为市政府的派出机构，同时又是中关村科技创新和产业化促进中心的办事机构。综合办公室主任由中关村管委会主任兼任。综合办公室负责保障首都创新资源平台正常运行，统一开展审批受理、内部协调和对外联络服务等工作。

工作机构

重大科技成果产业化项目审批联席会议办公室

具体研究审定项目的确定、资金支持、选址和产业布局等重大问题，主要支持国家科技重大专项、科技基础设施和重大科技成果产业化项目。

科技金融工作组

负责协调金融机构开展符合科技企业特点的制度创新、产品创新、服务创新，吸引聚集金融服务资源，推动全国场外交易市场的管理机构落户中关村国家自主创新示范区，推动开展知识产权质押、信用贷款等科技金融创新业务，推动股权投资聚集和发展，支持企业在境内外资本市场上市和利用资本市场开展兼并重组，及时提出需要由首都创新资源平台解决的重大事项。

人才工作组

负责搭建吸引和聚集高端领军人才创新创业的服务平台，吸引国际一流人才团队和科研机构，推动建立有利于创新工作的学术环境和与国际接轨的创新创业服务体系。

新技术新产品政府采购和应用推广工作组

负责推动实施新技术、新产品政府采购和重大应用示范工程，促进新技术、新产品的应用和推广。

政策先行先试工作组

负责研究制订中关村国家自主创新示范区内有关单位股权激励试点方案审批实施细则，加快推进股权激励试点工作；联合审定示范区内有关单位申报的股权激励试点方案，推动落实间接经费列支、高新技术企业认定、品牌和标准建设等先行先试政策，及时提出需要由首都创新资源平台协调解决的重大事项。

规划建设工作组

按照土地集约利用原则，负责推进实施中关村国家自主创新示范区空间布局规划，协调推进重大科技成果产业化项目的选址、规划建设等方面的审批工作，促进重大项目落地实施。

中关村科学城工作组

协调推进中关村科学城建设的相关工作；负责按照产业发展规划，组织提出特色产业园的建设方案；统一受理中关村科学城区域内的特色产业园项目、重大科技成果产业化项目、产业技术研究院项目的申报，并汇总整理和组织筛选；会同其他职能部门开展项目落地服务工作。

现代服务业工作组

组织拟定中关村现代服务业总体发展规划及分领域规划、总体实施方案及分领域方案；组织研究财税、金融、土地等创新政策，组织建立评价体系和统计体系，制订试点专项资金管理办法；承担中关村现代服务业综合试点工作领导小组的日常工作。

军民融合创新工作组

负责推动落实中关村军民融合科技创新任务，统筹研究中关村军民融合科技创新政策，组织制订并实施中关村军民融合科技创新规划，建立健全军地和部市会商工作机制，协调解决工作中遇到的重大问题。

中关村科技园区管理委员会直属事业单位

中关村高科技产业促进中心

具体承担中关村国家自主创新示范区高科技产业促进政策的宣传和落实工作；承担高科技产业促进信息的收集、整理与分析，为中关村示范区内的企业提供政策咨询等服务；组织开展产学研用创新协作和交流交往活动。

中关村政府采购促进中心

承担搭建中关村自主创新产品政府采购综合服务平台工作，承担信息收集、项目推介和对接、项目跟踪服务等工作。

中关村人才特区建设促进中心（北京海外学人中心中关村分中心）

具体承担中央和市委、市政府关于中关村国家自主创新示范区建设人才特区政策的宣传和落实工作，联系和吸引海内外高层次人才到中关村示范区创新创业，为中关村示范区内的人才事业发展提供服务保障。

多园格局

Sub-Parks

本栏目设有海淀园、昌平园、顺义园、大兴—亦庄园、房山园、通州园、东城园、西城园、朝阳园、丰台园、石景山园、门头沟园、平谷园、怀柔园、密云园、延庆园16个分栏目，以条目体形式记述“十六园”在创新创业中采取的主要举措、开展的重要活动和取得的主要成绩等。

综　述

2014年，中关村示范区所属16个分园区在中央大政方针和市委、市政府决策指导下，在中关村管委会的统一部署下，加大实施创新驱动战略力度，全面深化改革，积极构建“高精尖”经济结构，主动服务京津冀协同发展，经济发展质量和效益显著提升。年内，企业总数1.56万家；从业人员201万余人，其中科技活动人员53万余人；工业总产值9078.2亿元；总收入3.6万亿元，其中技术收入4837.7亿元、产品销售收入1.25万亿元、商品销售收入1.28万亿元；进出口总额995.8亿美元，其中进口总额658.5亿美元、出口创汇总额337.3亿美元；实缴税费总额1857.6亿元，其中实缴增值税830.2亿元、实缴营业税138.7亿元、企业所得税235.5亿元；利润总额3031.5亿元；资产总计6.48亿元；科技活动经费支出总额1540.5亿元；专利申请4.38万件，其中发明专利2.64万件、专利授权2.3万件。

*深化改革，完善园区机构建设。*海淀园在对原有“1 + 10”政策调整完善的基础上，构建了核心区创新创业的“1 + 4 + 1”政策体系，在支持方式、对象和领域3个方面均做出明确规定。延庆园、顺义园、东城园等新入园园区相继成立管理委员会，明确了机构职能、设置、职责分工，园区发展有了坚实的组织保障。

*创新成果，凸显企业研发能力。*由园区企业牵头、参与完成重大项目的比例逐年提升，体现了企业这一创新主体的研发能力以及园区创新环境的提高。东城园中海石油（中国）有限公司等单位完成的“超深水半潜式钻井平台研发与应用”项目获年度国家科技进步奖特等奖。亦庄园北京京东方光电科技有限公司获中国专利奖3项，其中“移位寄存器单元、显示器用栅极驱动装置及液晶显示器”为金奖。昌平园北汽福田汽车股份有限公司的“用于发动机冷却系统的副水箱和发动机冷却系统”获第三届北京市发明专利奖特等奖。朝阳园北京中电华大电子设计有限公司推出中国第一颗55纳米智能卡芯片。西城园北京博锐尚格节能技术股份有限公司设计的“iSagy BIM能源管理平台”获2014中国设计红星奖至尊金奖。

*人才建设，支撑园区创新发展。*持续稳定实施人才建设计划，仅海淀园即新增“千人计划”人才130人、“海聚工程”人才31人、“高聚工程”人才126人，并加快实施“海英计划”，将战略新兴产业领域专业人才纳入计划支持范围。昌平园加大领军人才引进力度，重点支持北京生命科学研究所王晓东、中科院北京纳米能源与系统研究所王中林等专家及团队研发转化前沿技术。延庆园、通州园等多家园区的企业高端领军人才通过高级工程师（教授级）职称评定。丰台园加强制度创新，建立对重大人才工作集体科学决策制度等配套制度，组建“高端人才基地”，实施“总部精英项目”，打造高端人才服务链。

*投资融资，加快园区基地建设。*通州园引进悦康药业永乐医药产业基地等项目64个，协议总额45.2亿元，投资超亿元以上项目8个；甘李药业股份有限公司厂房及配套附属设施等10个项目复工建设，投资额106.3亿元。密云园引进天津团结地产投资有限公司中台产业园等12个实体项目，其中工业项目10个，协议投资额34.13亿元。怀柔园签约项目23个，总投资超20亿元，其中纳米产业园新引进的北方国能公司超长碳纳米管材料中试项目等10个，6个项目当年投产，推动纳米技术在能源、电子、环境、生物医药等领域应用。

*服务京津冀，协同创新求发展。*海淀园秦皇岛分园揭牌，实现落地项目1个，与6家企业签订合作协议。丰台区政府与保定市政府签订关于推动产业园区合作共建的框架协议，并完成涉及园区合作、市场类、生产类等14个项目的签约。顺义园东方雨虹唐山生产基地开工建设，将实现年产4000万平方米防水卷材及4万吨防水涂料。东城园“胡同创意工厂”模式移步天津市南开区，西城园企业华融金晖置业、平安银行在廊坊永清共同打造西城永清物流园。

*创业空间，促生企业成长壮大。*中关村创业大街开街，签约机构21家，车库咖啡等一批创新型孵化器入驻，形成中关村创业新生态。中关村科学城14个项目共54.6万平方米建成并投入使用。北部生态科技新区建设以“6 + 1”战略新兴产业为引导，整合北部区域资源，加大招商引资力度，吸引赛尔网络有限公司等一大批知名企业落户，初步形成以移动互联网与下一代互联网、云计算等产业为核心的战略新兴产业集聚发展的良好态势。

（章　健）

海淀园

海淀园起源于1980年中国第一家民营科技机构的成立，起步于“中关村电子一条街”。1988年，经国务院批准“北京市新技术产业开发试验区”成立，这是中国第一个国家级高新技术产业开发区，规划占地面积1.33万公顷。1999年，国务院再次批复建设“中关村科技园区”，同年8月，北京市新技术产业开发试验区更名为中关村科技园区海淀园。2004年4月，中关村科技园区海淀园管理委员会重新挂牌成立，标志着海淀园先进生产力的发展进入新的生产关系平台。2009年4月，市政府批复同意在海淀园建设中关村国家自主创新示范区核心区，总目标是“建设成为具有全球影响力的科技创新中心”。自此，海淀园进入全新的跨越式发展阶段。园区拥有极其丰富的科技资源，包括北京大学、清华大学等著名学府及中国科学院等研究机构，为园区前沿的基础科学以及应用科学研究奠定了坚实的基础，先后获得多个国家、北京市甚至是世界级的科学技术奖的奖励。企业的科技实力强盛，北京中星微电子有限公司的“星光数字多媒体芯片”等多项企业成果先后获得国家科技进步奖；联想集团有限公司等多家企业成为奥运赞助商；北京奥瑞金种业股份有限公司等企业在美国、中国香港等地上市。一批高新技术企业群体不断发展壮大，开始在国际市场中占有一席之地。部分世界500强企业还在园区设立分支机构和研发中心，使园区初步形成以IT产业为主导的高新技术产业企业总部和企业研发总部聚集区。2012年10月，国务院调整中关村示范区空间布局，园区规划占地面积增至17432.24公顷，设有上庄科技产业基地等10个区域，拥有大学科技园19个。海淀园管委会与海淀区科委合署办公，为海淀区政府统一领导协调海淀园建设管理工作和区科技工作提供支撑。园区将重点发展软件、集成电路、新材料、生物医药、光机电一体化等产业，继续巩固和保持电子信息产业的主导地位，培育潜在的具有自主知识产权的明星企业，发挥产业基地和专业园区在产业聚集中的作用，建设产业的核心竞争力，把发展大学科技园和留学生创业园作为培育新兴产业的重要平台。2014年3月，海淀园管委会获批加挂中关村国家自主创新示范区核心区管理委员会的牌子。海淀园企业可享受国家、北京市、中关村示范区的各类优惠政策。

海淀园管理委员会领导成员

主　　任　孟景伟（兼）
常务副主任　梁　捷
副 主 任　唐　颖　胡　岩　孟　涵
　　　　　阎秀敏　黄　英
工委书记　刘永水
工委副书记　龚茂淑
纪工委书记　刘向鑫

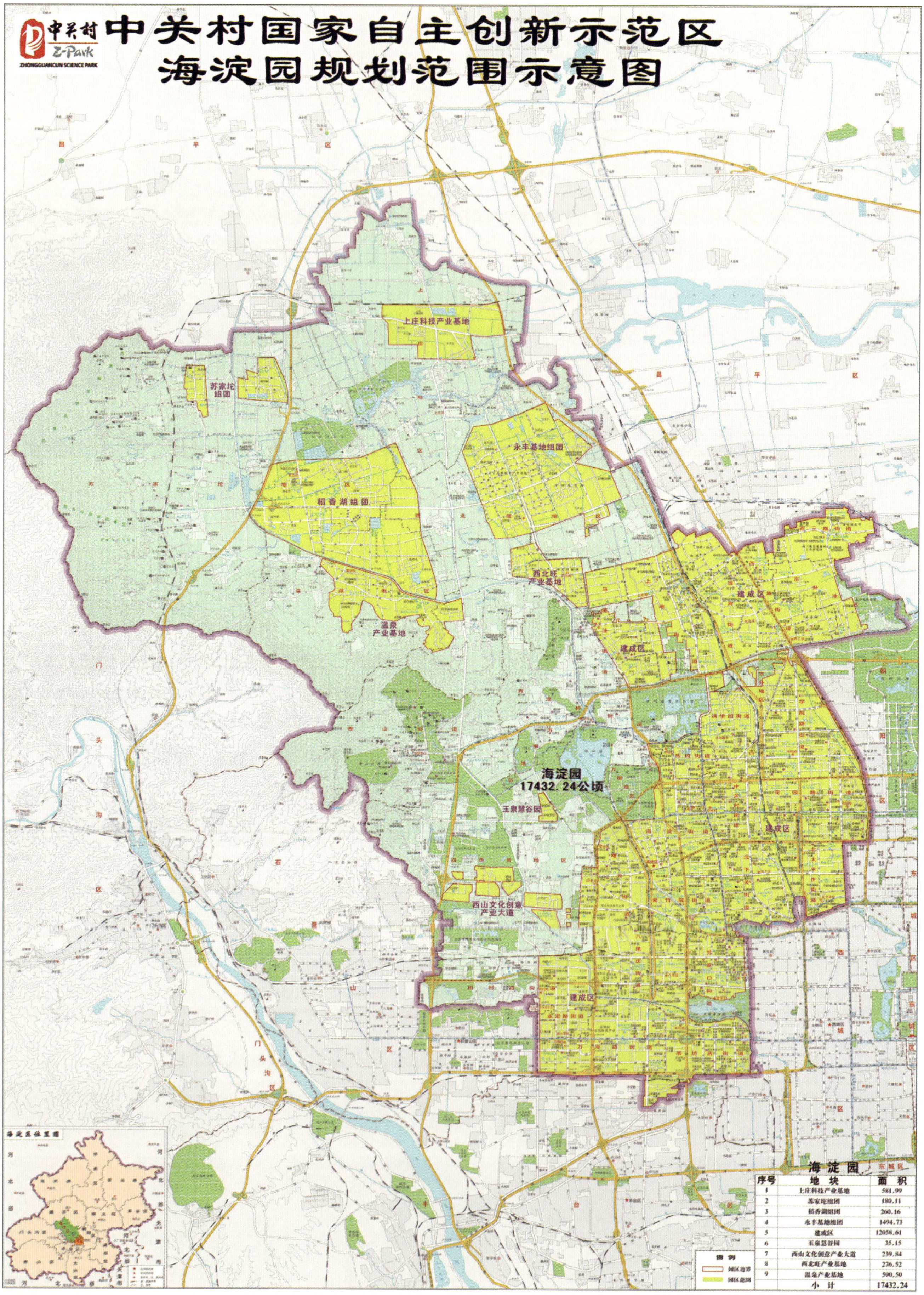

序号	地块	面积
1	上庄科技产业基地	581.99
2	苏家坨组团	180.11
3	稻香湖组团	260.16
4	永丰基地组团	1494.73
5	建成区	12058.61
6	玉泉慧谷园	35.15
7	西山文化创意产业大道	239.84
8	西北旺产业基地	276.52
9	温泉产业基地	590.50
	小计	17432.24

【概况】2014年，海淀园全面实施创新驱动发展战略，完善政策服务支持体系，提升协同创新和区域融合发展水平。年内，园区入统高新技术企业总数8007家；从业人员近85.8万人；工业总产值2144.9亿元；总收入1.45万亿元；实缴税费522亿元；利润总额1142.3亿元；资产总计2.6万亿元；科技活动经费支出总额803.8亿元；专利申请近2.2万件，专利授权9858件。

体制机制创新。成立"核心区政策调整工作组"，出台核心区自主创新和产业发展"1＋4＋1"政策。制定《关于中关村加快建设具有全球影响力的科技创新中心若干改革措施的建议》，进行自主创新先行先试改革；推动全国首家知识产权法院落地核心区；推进企业境外并购外汇管理试点改革，北京合众思壮科技股份有限公司等企业的5个试点项目申请获受理，实现外汇登记总额2.1亿余美元。

优化调整产业结构。依托"北斗与空间信息服务"等特色产业园，打造新兴产业集群；围绕"6＋1"产业细分领域，进行产业培育和聚集，涌现出一批自主创新领军企业，形成一批重大产业化成果；梳理、挖掘"四个一批"，初步梳理国内外具有重大影响的科技成果217项，引进和扶植罗永章等159位优秀创新人才，培养和引进260家具有全球竞争力的企业，形成新浪微博等120个国际知名品牌；推进军民融合产业发展，发布《海淀区推进科技产业军民融合发展三年行动计划（2014—2016年）》，设立首个军民融合产业发展专项资金、中关村核心区军民融合产业联盟和军民融合产业园，初步形成军民融合产业集群；推动区域科技企业在生态建设、教育、医疗等领域的推广和示范应用，建立中关村环保园等3个新技术新产品（服务）应用推广示范基地；制定《2014年调整退出高污染企业计划》，华德液压工业公司铸造分公司等8家"三高"企业退出市场。

协同创新。搭建中关村核心区协同创新服务平台等三大创新服务平台，建设创新创业生态系统；共建北京先进产业技术研究院等协同创新平台和中科海淀先进技术转移转化中心等技术转移平台；推动清华大学、北京大学在北部建立产业化基地；推进国际技术转移聚集区建设，吸引120余家国内外技术转移机构入驻中国国际技术转移中心。成立中关村核心区知识产权服务协作组织，18家知识产权服务机构成为首批成员单位。海淀园河北秦皇岛分园成立、山东齐河科技城建成启动、江苏溧阳和内蒙古赤峰分园开园，推动跨区域合作发展和京津冀协同发展。

创业服务。中关村创业大街开街，签约机构21家，机构合作的天使投资人和投资机构2000余个，吸引创业团队400余个；实施创业光合工程，制定新兴产业孵化器和传统孵化器的评价指标体系，推动跨境孵化服务，加快完善集中办公区功能定位，认定36家机构为集中办公区。实施创业火炬工程，吸引全球掌握应用科技成果及商业模式创新的人才团队创业，扶植一批源于科研院所的企业和人才的创业活动，12个团队共获780万元资金支持。举办各类创业大赛及行业分享活动，宣传海淀创新创业文化。成立核心区中小微企业服务机构联盟，搭建核心区中小微企业融资服务平台，解决小微企业融资难问题。

科技人才建设。年内，园区新增130名"千人计划"入选者和31名"海聚工程"入选者，累计744人入选"千人计划"，236人入选"海聚工程"，126人入选"高聚工程"，分别占北京市的67.8%、38.6%和66.7%。将科技服务、知识产权等领域专业人才纳入"海英人才"支持范围，全年421人入选"海英人才"。新增6家博士后工作站分站和2家博士后（青年英才）创新实践基地工作站；分两批为81家企业配租公租房1195套。

国际化发展。制定《核心区促进企业国际化发展三年行动计划（2014 2016年）》，设立"中以创新发展基金"等国际化创新发展基金，实施高层次人才引进计划，推进核心区企业融入全球创新网络；加强国际科技合作和交流，全年接待各国来访32批420余人次；建立"知识产权国际化交流基地"，开展国外知识产权制度宣传。

（刘伟杰）

【北京先进产业技术研究院成立】1月13日，在北京航空航天大学2014年科技创新大会上，北京先进产业技术研究院和金属激光增材制造创新中心揭牌成立。研究院由市科委、中关村管委会、海淀区政府与北航共建，位于北航国家大学科技园内，由北航投资建设并负责具体运作，将针对国家科技发展的战略需求，结合战略性新兴产业发展现状和布局，发挥市场在资源配置中的决定性作用，坚持"需求源于企业、技术源头培育、政府政策支持、成果共同孵化"，在政府、大学、企业和社会资本共同支持下，打造科技产业融合发展的综合改革试验区，面向激光增材制造、航空发动机、自旋电子、大数据、有机光电材料等重点领域设立创新中心，突破技术到产业发展的瓶颈。北航先进工业技术研究院院长蔡茂林担任研究院首任院长。研究院的金属激光增材制造创新中心同时揭牌。中心主要开展高性能大型关键金属构件激光增材制造工艺、装备、材料及产业化应用关键技术的研发工作，将建成国家高端重大装备制造技术创新中心。

（刘伟杰　钮　键）

【中科海淀先进技术转移转化中心成立】1月14日，“海淀区人民政府与中科院北京分院全面合作座谈会暨中科海淀先进技术转移转化中心签约仪式”在鼎好国际技术转移中心举行。双方相关领导参加。双方签署全面科技合作协议和共建中科海淀先进技术转移转化中心协议。中心是由中科院北京分院和海淀园管委会共建的创新型科技成果转化平台，主要包括公共服务平台、投融资平台和战略研究平台，将针对海淀区促进科技金融创新发展政策，建立“资金—项目—市场”对接机制，定期挖掘中科院成熟产业化项目，加速中科院科技成果在海淀区转化和产业化，并依托中科院软科学资源，开展海淀区产业科技和企业技术需求调研，为海淀区加快核心区自主创新和产业发展政策制定提供决策依据等，建设成为中科院在海淀区地理集聚、领域集聚、资源集聚的创新与转化集群，对战略性新兴产业培育和传统产业升级改造起到支撑作用。

（刘伟杰）

【中关村核心区知识产权服务协作组织成立】1月22日，由海淀区知识产权局主办的中关村核心区知识产权服务协作组织成立仪式在海淀区举行。市知识产权局、中关村管委会、海淀园管委会等单位相关领导以及来自中关村示范区知识产权服务机构、企业的代表等参加。协作组织是集合政府、服务机构、高等院校、金融机构等各方资源，对接专业园区、产业基地、大学科技园、专业孵化器和企事业单位等各类主体的协同创新、公共服务平台，旨在集聚核心区优势资源，搭建交流合作平台，发挥协作组织集中效应、集约效应和引领示范作用，推动知识产权与科技创新、金融创新等各领域的融合，支撑高新技术产业发展，提升核心区各类创新主体知识产权创造、运用、保护和管理能力。北京东方灵盾科技有限公司、北京彼速信息技术有限公司、北京智谷睿拓技术服务有限公司等18家知识产权服务机构成为协作组织的首批成员。协作组织还选定100名专家，组建成立专家网络，为组织工作提供发展建议和政策咨询。

（刘伟杰）

【金和IU发布】2月，由北京金和软件股份有限公司主办的“金和IU—媒体见面会”在金和软件北京总部举行。金和公司负责人及媒体记者等参加。金和公司推出基于移动互联网产业的永久免费APP制作、运营平台——金和IU（bac.iuoooo.com/QuickCreate）。金和IU是APP定制、运营和分发平台，包括多媒体、图文、电商、企业门户和工作微信等多种类型APP的定制和运营服务。用户通过金和IU,可以“零成本”“零等待”地设计和构建属于自己的APP。通过金和IU打造的APP，用户可以根据喜好对启动页面、展现首页、界面皮肤进行设置。APP的内容管理，可实现基于图片、文字、视频、音频的信息编辑、审核、发布，使APP拥有者能将所要表达的信息多样化地呈现给用户，评论中心可保证与用户交流的及时与便捷；APP拥有者通过内容分享设定，可设置外界对其APP内容转载分享的权限和字数。

（刘伟杰）

【海淀区政府与中科院签署5项合作协议】3月12日，“中国科学院、北京市海淀区政府战略合作框架协议签约仪式”在京举行。双方相关负责人参加。双方签订《中国科学院、海淀区人民政府战略合作框架协议》。根据协议，双方将在科技成果产业化、科教文卫融合发展、社会治理与服务等领域展开合作，加快推动科技成果转化，为区域经济社会发展提供科技支撑。中国科学院行政管理局与海淀区政府签订了《社会治理工作框架协议》《合作小学框架协议》《合作共建北京市中关村医院框架协议》，中国科学院科技政策与管理科学研究所与海淀区委宣传部签订战略合作框架协议。

（刘伟杰）

【中铁财务公司开业】3月16日，中铁财务有限责任公司开业仪式在中关村核心区举行。海淀区政府、中国铁路工程总公司等单位有关领导参加。中铁财务公司由中国铁路工程总公司和中国中铁股份有限公司共同发起成立，是中国中铁公司所属财务公司，注册资本15亿元，负责全国铁路基本建设的资金管理，为全国铁路系统成员单位提供集银行、证券、保险、租赁于一体的综合性金融服务。

（刘伟杰）

【海淀园管委会加挂核心区管委会牌子】3月20日，

海淀区委、区政府印发《关于中关村科技园区海淀园管理委员会加挂中关村国家自主创新示范区核心区管理委员会牌子的通知》（京海办发〔2014〕9号），同意海淀园管委会加挂中关村国家自主创新示范区核心区管理委员会牌子，简称“核心区管委会”。海淀园管委会将树立“核心区就是海淀区，海淀区就是核心区”的工作理念，增强核心区建设的主体意识和责任意识，利用行政区和核心区合一的体制机制优势，加快推动中关村核心区发展。

（刘伟杰）

【移动互联网创业者基地揭牌】3月21日，由北京上地科创科技孵化器有限公司主办的“移动互联网创业者基地揭牌仪式”在上地科创孵化器举行。海淀园管委会等单位有关领导及企业代表等参加。基地由北京上地科创科技孵化器有限公司主办，是面向移动互联方向的全免费创业孵化项目，采用“技术＋服务”孵化双模式，可为移动互联网创业者提供包括代理注册、代理记账、商务服务、投资融资等服务，创业者还可以享受“四免一减”（免费办公、免费住宿、免费推广、免费运营、减免注册）扶持政策。并提供移动互联网技术开发基础平台“金和IU—APP自助工厂”，为创业者节省大量开发基础平台所需的人力、物力、财力。

（刘伟杰）

【智慧综合交通平台入选交通部协同创新平台】3月26日，交通部印发《关于公布2013年度交通运输行业以高校为主体的协同创新平台认定结果的通知》（厅函科技〔2014〕86号），公布首批9个协同创新平台名单。其中，由北京航空航天大学交通科学与工程学院牵头组建的“智慧综合交通协同创新平台”通过认定。平台由北航发起，联合北京交通大学、清华大学、美国华盛顿大学等国内外高等院校，交通运输部公路科学研究院、交通运输部科学研究院等科研院所，以及北京四通智能交通系统集成有限公司、中国道路运输协会等交通科技企业和行业协会，实施协同创新。平台以解决综合交通系统重大基础科学问题为目标，重点开展综合交通信息物联感知、综合交通大数据处理、交通枢纽场面智能控制、多交通方式协同管控、综合交通系统组织与优化、综合交通系统安全运行与应急保障、综合交通信息服务等方向的基础科学研究和高技术研究。

（刘伟杰　钮　键）

【第一期高端技术经理人培训班举办】3月31日—4月1日，由中国国际技术转移中心与美国大学技术经理人协会（Association for University Technology Managers，AUTM）联合主办的第一期高端技术经理人培训班在中国国际技术转移中心举办。中国国际技术转移中心入驻机构、北京地区技术转移机构以及来自上海市、山东省等地区技术转移机构的50余位相关从业人员参加。AUTM的相关专家围绕技术转移环境、创新政策、许可策略、技术价值评估以及美国、欧洲和亚洲高校之间的技术转移差异等议题展开讲解。

（刘伟杰）

【北京市首家软件企业创业孵化基地揭牌】4月2日，由市经济信息化委和海淀园管委会共同主办的“‘北京市软件企业创业孵化基地’暨‘海淀区创业期科技型企业集中办公区’启动会议”在同方科技园举行。市经济信息化委、海淀园管委会等单位相关领导及联盟、企业的代表等50余人参加。基地是北京市首家软件企业创业孵化基地，定位于下一代互联网及其产业集群中关键技术及应用项目的孵化，位于同方科技园，总面积1.43万平方米，由孵化器、培育基地、高端企业

创新基地、互联网金融港、公共服务区5个部分组成，同方科技园有限公司负责运行管理。基地将集中打造4个平台，即：基金服务平台，设立“下一代互联网创业企业发展基金”，规模1亿元，采取股权投资方式，投资对象主要为下一代互联网创新企业；专家指导平台，以清华大学等高校的人才资源与行业资源为依托，聘请下一代互联网技术专家、投资顾问、企业管理顾问、政策专家组建专家团，为创业企业提供成长支持；产业联盟服务平台，同方科技园有限公司与下一代互联网产业联盟共同成立产业联盟社团法人实体，为入驻企业提供下一代互联网测试认证公共服务平台的相关技术、设备、人才等服务；行业文化平台，通过举办各种沙龙、讲坛、研讨活动，以行业文化带动产业的创新性。在基地内同时设置了“海淀创业期科技型企业集中办公区”，为小微企业或创业团队降低企业开

办和经营成本。

（刘伟杰　陈宝德）

【海淀园新增两家 G20 工程企业】4 月 10 日，在“北京生物医药产业跨越发展工程（G20 工程）二期工程 G20 企业发布会”上，公布了由市科委联合市经济信息化委、中关村管委会和市投资促进局组成的 G20 工作组评选出的 57 家北京生物医药产业跨越发展工程二期工程 G20 企业名单。海淀园原子高科股份有限公司和北京大清生物技术有限公司两家企业入选。

（刘伟杰）

【36 氪入驻创业大街】4 月 22 日，北京协力筑成传媒科技有限公司（36 氪）在中关村创新创业大道的新办公地点举办了入驻创业大街开业仪式暨新产品发布会。中关村管委会、海淀园管委会和中关村西区管委会有关领导及初创公司 CEO、投资人 300 余人参加。36 氪发布了新产品——氪空间（space.36kr.com）。产品专注于互联网创业垂直领域的科技新媒体，构建创业者、投资人、人才和机遇的创业生态闭环。36 氪位于中关村西大街（海淀图书城），是一个专门关注创新创业和服务创新创业的互联网平台，业务范围包括新媒体、创业数据库和服务平台以及线下创业活动。

（刘伟杰　陈宝德）

【23 件专利获第三届北京市发明专利奖】4 月 23 日，市知识产权局和市人力社保局联合印发《关于第三届“北京市发明专利奖”的表彰决定》（京知局〔2014〕66 号），36 个专利项目获奖。其中，海淀园内由北京仁创科技集团有限公司秦升益完成的“水收集净化储存系统”等 5 件专利获一等奖，北京北大维信生物科技有限公司张茂良等完成的“一种治疗高血脂症及相关心脑血管疾病的红曲制剂”等 7 件专利获二等奖，爱国者电子科技有限公司施勇军等完成的“SATA 连接器”等 11 件专利获三等奖。

（刘伟杰）

【联通创投公司落户中关村核心区】4 月 29 日，联通创新创业投资有限公司注册成立。联通创投公司由中国联合网络通信有限公司出资 2 亿元全资设立，注册地址中关村 PE 大厦，定位于互联网方向和电信增值业务方向，主要选择在互联网、移动互联网、云计算等领域与中国联通公司主业相关、业务上有协同潜力的处于初创、成长阶段的优秀创业企业进行投资。

（刘伟杰）

【与北航共建人才培养基地】5 月 7 日，“海淀园管委会、北航软件学院校企合作人才培养基地建设启动仪式”在北京航空航天大学举办。双方相关负责人及北航学

生等参加。双方签订共建人才培养基地协议。人才基地建设启动后，海淀园管委会将鼓励驻区高科技企业为北航在校学生提供实习、实训及社会实践机会，支持北航聘请驻区高科技企业高管及科技人才兼职做北航学生的企业导师，在战略性新兴产业进行订单式人才培养。活动还举办泛 IT 技术领域专项的企业招聘会。首都信息发展股份有限公司、北控三兴信息技术有限公司等 30 余家高新技术企业带来 400 余个与软件学院开设专业相关的实习工作岗位，500 余名学生参加。

（刘伟杰　钮　键）

【中关村海淀园秦皇岛分园开园】5 月 11 日，由海淀园管委会、秦皇岛市经济技术开发区管委会共同主办的“中关村海淀园秦皇岛分园开园暨项目签约仪式”在秦皇岛市举行。北京市委常委苟仲文等领导以及河北省政府、秦皇岛市政府等单位有关领导及企业代表参加。秦皇岛分园是海淀园管委会在全国建立的首个分园，将有序承接中关村核心区产业的梯度转移和延伸辐射，建设成为京津冀一体化协同发展重要的新型产业承载基地。海淀园管委会重点推荐电子信息、生物医药、节能环保等产业中有产业转移需求的研发类、生产类企业落户秦皇岛分园。秦皇岛市开发区管委会针对入园企业制订了一站式、一条龙服务体系。北京千方科技集团有限公司、北京碧水源科技股份有限公司、闪联信息技术工程中心有限公司、清控科创控股股份有限公司、漫游世纪（北京）科技孵化器有限公司、北京服务外包企业协会分别与秦皇岛市开发区管委会签署协议，入驻秦皇岛分园。

（刘伟杰）

【7 家机构入选知识产权服务品牌机构培育单位】5 月 20 日，国家知识产权局印发《关于公布第二批全国知识产权服务品牌机构培育单位名单的通知》（国知办函规字〔2014〕181 号），50 家单位入选。其中，海淀园内北京康信知识产权代理有限责任公司、中国技术交

易所有限公司等7家机构入选。

（刘伟杰）

【共建交叉创新中心】 5月20日，清华大学与以色列特拉维夫大学交叉创新中心协议签署及启动仪式在特拉维夫大学举行。中国国务院副总理刘延东出席。中以两国的企业家代表及相关专家、学者参加。中心是以中国与以色列的科技和文化为基础，合作创建的面向未来的全球科技与教育创新平台，旨在有效促进国际教育和科研创新的开展以及原创性科研成果的转化，将以清华大学为主体，在特拉维夫大学设立分中心，并在两所学校同时建设交叉学科实验室，开展跨学科研究与创新性人才培养，鼓励和支持开展国际合作研究。其研究将以能源为导向，以纳米技术为初期研究领域，并逐步扩展到水资源、能源、卫生、环境等领域。

（刘伟杰）

【北银消费金融公司落户海淀园】 5月26日，海淀区政府与北银消费金融有限公司战略合作备忘录签署仪式在京举行。双方相关领导参加。根据合作备忘录，北银消费金融有限公司消费金融科技创新研究院及其公司总部落户百旺创新科技园。北银消费金融公司将加快推进消费金融科技创新建设，开展一系列金融技术革新项目；海淀区政府将鼓励公司在海淀区行政区域内开展消费金融业务，并在政策服务上给予支持。研究院由消费金融大数据分析中心、互联网金融应用创新中心、消费金融云平台研发中心、消费金融产学研创新实验室等研究部门组成，主要致力互联网金融大数据的整合分析、消费金融云平台的研发创新等，推进科技金融创新型发展。

（刘伟杰）

【海淀区金融办和中关村互联网金融研究院签约】 6月1日，在第三届中国（北京）国际服务贸易交易会·北京主题日活动上，海淀区政府与中关村互联网金融研究院战略合作计划发布。北京市海淀区金融服务办公室和中关村互联网金融研究院进行战略合作签约。根据战略合作计划，海淀区政府将委托中关村互联网金融研究院进行系列课题研究，包括通过监测互联网金融机构运行数据、建立风险预警及指数模型，借助各地区经济、金融发展指标以及案例研究等方式完成互联网金融风险防控体系建设及预警机制研究、互联网金融指数研究、互联网金融环境下微型金融机构竞争格局研究等工作，旨在将互联网金融领域的案例研究与监管思路相结合，为互联网金融建设和规范化发展提供政策建议与咨询。

（刘伟杰）

【开放创新联盟协议签约】 6月10日，由清控科创控股股份有限公司、西班牙电信集团、中国联合网络通信集团有限公司共同主办的“开放创新联盟协议签约仪式”在中关村创业大街举行。签约三方的相关负责人参加。三方将整合创新资源和工具，包括西班牙电信集团的创新创业投资工具全球开放创新平台，中国联通公司的创新资源、风险资本和孵化器工具，以及清控科创公司运营的全部创新资源，包括分布在中国多个城市的科技园区和厚德创新谷，在各方创新项目池、孵化器、专业知识、导师资源、培训项目、政府、媒体、金融和商业资源、市场资源以及投资机会等方面开展合作。

（刘伟杰）

【小微企业综合金融服务协议签署】 6月12日，在“中关村创业大街开街暨创业季启动仪式”上，海淀园管委会与北京银行中关村分行签署《小微企业综合金融服务协议》。根据协议，双方将在持续专属金融服务、小微创业企业融资推荐机制、中小企业信用体系试验区建设、科技载体集成服务能力提升等方面开展合作。北京银行将重点针对科技型中小微企业创业、成长、成熟、腾飞4个不同发展阶段，以创业贷、信用贷、智权贷、股权质押等产品为核心，将结算业务、国际业务、投行业务有效衔接，为科技型企业提供差异化综合性金融服务，同时还将以多种形式开展贷款卡、投融资培训及信用评级专项宣传，加大对科技企业信用信息采集力度，并向创新型孵化器内的企业创始人提供“创业卡”服务，持卡人可享受到包括全新申请模式、将创业卡额度纳入企业贷款额度统一管理、终身免年费、创业企业专属金融服务方案等服务。

（刘伟杰）

【言几又北京店开业】 6月20日，言几又北京店开业仪式在中关村创业大街举行。来自企业、出版社的代表等参加。言几又由飞马旅一班飞马星驹企业家共同投资建设，言几又北京店是其第一个体验店，集书店、咖啡馆、活动空间、艺术展为一体，每月将不定期举办文化沙龙、创业讲座、青年艺术展等活动。

（刘伟杰）

【创启未来国际青年科技创业大赛举办】 6月24—25日，由海淀园管委会和北京北大科技园建设开发有限公司主办的“创启未来”2014国际青年科技创业大赛总决赛在北大科技园举办。教育部、北京大学、海淀区政府等单位有关领导以及投融资机构、企业的代表等参加。大赛的主题是节能环保。参赛群体分为初创组和成长组，面向全球的科研机构、大专院校、个人和企业。大赛3月20日启动，共组织两场初创组选拔赛、4场成长组选拔赛及美国硅谷海外选拔赛，累计收到来自全国20余个省、市、自治区以及国外的报名参赛项目228个，65个项目进入决赛。上海全佳科技有限公司的上能汽车节能减排增效器项目获成长组一等奖，获30万元现金及价值10万元的黑马训练营名额1个；北京微能高芯科技有限公司的微型摩擦电发电机项目获初创组一等奖，获10万元现金和10万元房租＋15万元北大创业训练营＋5万元创业补贴的奖励。北京博越捷创环境工程有限公司的防涂鸦抗粘贴涂料及贴纸、北京煦联得节能科技有限公司的物联网生活热水能效管理项目、沃德国泰（北京）科技发展有限公司的沃德本草·室内空气净化防御系统等10家公司和团队的项目分获二、三等奖，并获不同等级的奖金及其他奖励。

（王学军　刘伟杰）

【北京银行东升科技园支行开业】6月27日，由北京银行股份有限公司主办的"立足东升　创新共赢——北京银行东升科技园支行开业仪式"在东升科技园举行。海淀区政府等单位有关领导及企业代表等参加。北京银行中关村分行与北京东升博展投资管理有限公司签署全面战略合作协议，支持东升科技园建设发展，将加大面向科技型小微企业、三农产业及乡镇产业园区的金融服务力度，为企业提供资金支持。支行与园区企业签约，提供资金支持。支行位于东升科技园B区2号楼，是入驻园区的首家银行机构，将结合园区高新技术企业的特点，通过产品和服务创新，主动为实体经济提供信贷支持和金融服务，促进政银企之间的金融往来。

（刘伟杰）

【进一步加快核心区自主创新和战略性新兴产业发展的意见印发】6月27日，海淀区委、区政府印发《关于进一步加快核心区自主创新和战略性新兴产业发展的意见》（京海发〔2014〕10号）。《意见》包括重要意义，总体思路，重点任务，保障措施4个部分，提出了核心区自主创新和战略新兴产业发展的总体思路是，以把核心区打造成为各类高端创新创业要素聚集辐射中心、最具吸引力的创业中心和战略性新兴产业策源地为目标，构建聚焦化、特色化、普惠制、结果导向型的创新创业政策支持体系，着力优化创新创业环境、激发创新创业活力、提升自主创新能力、推动产业优化升级，加快构建具有区域特色的创新创业体系和现代产业体系，将核心区打造成为创新创业服务体系更加健全、创新创业激励机制更加完善、高端创新创业要素有机集聚、创新创业人才加速涌现、创新创业活力持续迸发、产业结构与人口资源环境协调可持续发展的创新沃土和创业热土，加快向具有全球影响力的科技创新中心进军。《意见》明确全面优化创新创业环境，打造最富吸引力创新创业高地；激发创新创业活力，培育支撑核心区持续发展内生动力；增强企业创新能力，提升核心区的创新竞争力；聚焦支持重点产业，构筑质量效益导向产业发展新格局4项重点任务。

（刘伟杰）

【中关村核心区军民融合产业园成立】6月27日，海淀区第二炮兵装备研究院全面贯彻军民融合发展战略合作协议签订暨中关村核心区第二炮兵装备研究院军民融合产业园揭牌仪式在京举行。海淀区政府、第二炮兵装备研究院等单位有关领导参加。根据协议，双方将依托第二炮兵装备研究院，共建"中关村核心区（第二炮兵装备研究院）军民融合产业园"。产业园位于第二炮兵装备研究院内。双方将组成联合领导小组，统筹优势资源，创新制度机制，出台一系列保障政策，还将建立信息互通和定期会议制度，发挥军事需求牵引和政府引导协调作用，在军事采购、资源动员、产业支撑、科研攻关等领域合作、协调推进，推动第二炮兵武器装备发展创新和高新技术成果产业化。

（刘伟杰）

【4项政策和1个评价方法印发】　6月30日，海淀区政府印发《海淀区优化创新生态环境支持办法》（海行规发〔2014〕7号）、《海淀区激发科技创业活力支持办法》（海行规发〔2014〕8号）、《海淀区提升企业核心竞争力支持办法》（海行规发〔2014〕9号）《海淀区促进重点产业发展支持办法》（海行规发〔2014〕10号）4项政策。"1"个试行评价方法即《海淀区技术创新项目市场化评价实施细则（试行）》（海行规发〔2014〕11号）。4项政策与以往的政策区别在于：支持对象普惠化，即由支持单个项目、单个企业向支持公共平台和服务平台转变，扩大政策惠及范围；支持领域特色化，即重点支持军民融合、高校院所科技成果转化和科研人员创业等具有海淀特色的领域；支持方式杠杆化，即变直接补贴、奖励为后补贴、后奖励和基金引导支持，撬动社会资本支持创新创业；支持标准规范化，即针对原政策实施过程中，支持标准、评价标准不明确等问题，以筛选优质技术创新项目为主线，建立创新项目市场化评价方法，在专项资金支持项目选择、实施跟踪及绩效评估全过程引入第三方标准化评价，确保技术创新始终面向市场需求，提高

政府支持资金使用的标准化、规范化、透明化。

（刘伟杰）

【14人入选“科技北京”百名领军人才培养工程】6月30日，市科委公布2014年“科技北京”百名领军人才培养工程入选人员名单，28人入选。海淀园内曙光信息产业（北京）有限公司总裁历军、圣邦微电子（北京）股份有限公司总裁张世龙、北京大清生物技术有限公司董事长李次会等14人入选。

（刘伟杰）

【海淀区首家医疗器械领域专业投资基金成立】6月，海淀区首家医疗器械领域专业投资基金——北京天峰启航医疗器械投资基金开始运营，出资人包括天智航医疗科技有限公司、中关村创业投资发展有限公司等机构和个人。基金依托中关村医疗器械产业技术创新联盟，侧重但不局限于投资海淀区的优质创业企业，募集目标1.5亿元，基金存续期为最长9年，将为被投企业提供包括税收优惠、税收减免、贷款贴息、房租补贴、公共技术平台建设资助等附加服务。

（刘伟杰）

【共建大数据科学联合实验室】7月1日，“中国人民大学与国双科技‘大数据科学联合实验室’战略合作签约仪式”在京举行。中国人民大学和北京国双科技有限公司相关负责人参加。根据协议，双方共建“人大—国双大数据科学联合实验室”，共同在大数据科学研究、实践应用方面展开前瞻性研究。实验室将围绕国家发展网络安全和信息化的需要，在依托大数据技术进行互联网治理能力和治理体系现代化的课题研究、探索开展人大数据集成创新、加强数据分析能力建设3个方面进行研究与创新。

（刘伟杰）

【中关村互联网教育创新中心挂牌】7月6日，中关村互联网教育创新中心挂牌。中心位于中关村数字物流港大厦，面向互联网教育行业，通过整合优势资源，搭建基础服务、创新创业、融资助飞三大平台服务体系，为互联网教育企业提供专业基础设施、创业支持和融资孵化服务。

（刘伟杰）

【海淀区信息服务业协会理事会召开】7月9日，北京市海淀区信息服务业协会第二届理事会第一次会议在海淀区召开。海淀园管委会等单位有关领导及协会会员代表等参加。会议总结协会的工作，确定和部署第二届理事会协会的重点工作，选举金山办公软件有限公司副总裁刘昌伟担任第二届理事会会长。

（刘伟杰）

【5家机构被认定为首批北京市创业孵化示范基地】7月10日，市人力社保局印发《关于认定首批北京市创业孵化示范基地的通知》，10家机构被认定为首批北京市创业孵化示范基地。海淀园北京北航天汇科技孵化器有限公司、北京启迪创业孵化器有限公司、北京中关村软件园孵化服务有限公司、中关村东升科技园、中关村科技园区海淀园创业服务中心5家机构通过认定。

（刘伟杰）

【天津百度开发者创业中心成立】7月15日，百度开发者创业中心入驻红桥区签约仪式在天津市举行。天津市中小企业局、红桥区政府等单位有关领导及百度在线网络技术（北京）有限公司相关负责人等参加。百度公司与红桥区政府签订入驻协议。“天津百度开发者创业中心”位于红桥区宝能创业中心，拥有办公区域3000余平方米，可以同时容纳20余支创业团队办公。入驻创业团队可享受到免费的办公场地、水电网费、百度云平台资源、技术指导以及公司审计、财务、法务等方面的服务，还能获得百度公司的技术支持。

（刘伟杰）

【海新联整体打包低息信用贷款启动】7月17日，由海淀区新的社会阶层企业家联谊会主办的海新联整体打包低息信用贷款启动仪式在海淀区举行。海淀区金融服务办公室、工商银行中关村支行等单位有关领导以及30余家科技型、文化创意型中小微企业的代表参加。贷款业务由海新联与工商银行中关村支行合作推出，主要依据企业及其业主的信用状况办理，无须提供抵押或其他担保，属于纯信用贷款，贷款利率在基础利率6%的基础上，最多上浮10%，按照金融规模，政府给予一定的贴息，对符合条件的企业可实现快速审批，放贷金额最低200万元，最高1000万元，可获贷款资格的企业均为海新联会员企业。

（刘伟杰）

【清华紫光集团并购锐迪科微电子公司】7月19日，紫光集团有限公司和锐迪科微电子有限公司联合发布公告，宣布紫光集团对锐迪科微电子公司总价值9.07亿美元的收购交易全部完成。锐迪科微电子公司致力射频及混合信号芯片和系统芯片的设计、开发、制造、销售，并提供相关技术咨询和技术服务。产品主要包括GSM基带，多制式射频收发器芯片，多制式射频功放芯片，蓝牙、无线、调频收音组合芯片，机顶盒调谐器，数字及模拟电视芯片，对讲机收发器，卫星电视高频头等。

（刘伟杰　李贺英）

【新建 3 家院士专家工作站】7月21日，在市科协召开的“北京市院士专家工作站工作会议”上，海淀园院士专家服务中心被授予“北京市优秀院士专家服务中心”称号；北京大北农科技集团股份有限公司、北京二十一世纪科技发展有限公司、通达耐火技术股份有限公司等7家园区建站企业被授予“北京市优秀院士专家工作站”称号；飞天诚信科技股份有限公司、北京市农林科学院玉米研究中心、北京中农富通园艺有限公司3家新建院士专家工作站获授牌。

（刘伟杰）

【“东升杯”大学生创业大赛举办】7月23日，由海淀区人力社保局、北京市毕业生就业服务中心、中关村东升科技园管委会共同主办的北京市大学生创业引领计划之“东升杯”大学生创业大赛启动仪式在东升科技园举行。人力社保部、北京市人力社保局、海淀区政府等单位有关领导以及参赛学生等参加。大赛以“创业，我能行”为主题，设初创组和成长组。其中，初创组以在校大学生及2014届高校毕业生为主体；成长组以往届高校毕业生、二次创业者等各类创业群体为主体。大赛分设4个赛区，分别是中关村东升科技园主赛区及天津京津科技谷高新区、河北省邢台市和广东省东莞市3个分赛区。报名项目总计340余个，主要集中在互联网、信息技术、生物医药等八大新兴产业领域。12月13日，大赛决赛举行。8个项目入围决赛，仇志强创业团队的华人出境旅行搜索引擎项目“四万公里”获特等奖。

（刘伟杰）

【知识产权和标准化一条街政策宣讲会举办】7月25日，由海淀区知识产权局和市知识产权局主办的“知识产权和标准化一条街”政策宣讲会在北航科技园举行。60余家知识产权服务机构的负责人参加。会议介绍入驻知识产权和标准化一条街的相关政策，包括中关村集聚区支持办法和海淀区相关配套政策，并向参会机构发放《知识产权和标准化一条街入驻指南》。海淀区政府将对入驻集聚区的知识产权和标准化高端服务机构给予房租补贴，还将在重点企业引进、创新创业人才发展与行业交流、强化知识产权竞争力和优化知识产权服务环境等方面配套相应的支持政策，给予知识产权和标准化的高端服务机构全方位支持。

（刘伟杰）

【6 家单位入选首批全国知识产权服务品牌机构】8月1日，中国知识产权研究会、中华全国专利代理人协会、中华商标协会、中国知识产权杂志社联合印发《关于公布首批“全国知识产权服务品牌机构”名单的通告》，46家培育单位入选。海淀园连城资产评估有限公司、北京东方灵盾科技有限公司、北京三友知识产权代理有限公司、北京路浩知识产权代理有限公司、北京华智大为科技有限公司、北京彼速信息技术有限公司6家知识产权服务机构入选。

（刘伟杰）

【海淀园“1 + 4 + 1”政策宣讲会举办】8月7日，由海淀园管委会、海淀园管委会专家顾问委员会和企业家咨询委员会、中关村科技企业家协会共同主办的海淀园管委会“1 + 4 + 1”政策宣讲会在京举行。来自北京佳讯飞鸿电气股份有限公司、北京启明星辰信息技术股份有限公司等100余家企业的代表参加。相关专家介绍了“1 + 4 + 1”政策体系制定的背景和特点，并对政策进行解读，讲解了政策的支持方式、支持措施、支持对象、支持领域及支持标准等，并结合园区2014年专项资金申报工作，指导企业准确了解最新政策及实操。

（韩洋洋）

【中关村云计算专家库成立】8月8日，中关村云计算产业联盟印发《关于中关村云计算产业联盟专家库成立通知》，宣布成立“中关村云计算专家库”，并公布专家库管理办法和专家名单。专家库的设立旨在加强企业与高层次专家的沟通交流，方便专家和企业的合作，更好地为政府项目评审推荐权威的专家。专家库实施动态管理，将不断进行补充和完善，设有云计算、大数据、下一代互联网等11个分类。专家库管理办法还明确了专家入选条件、享有的权利和义务。

（刘伟杰）

【中国移动创新创业孵化基地落户创客总部】8月15日，由中国移动互联网基地、中国移动通信集团北京有限公司共同主办的中国移动开发者俱乐部主题沙龙“点赞青春和你圆梦——开发者俱乐部主题沙龙暨中国移动互联网孵化基地揭牌仪式”在创客总部孵化器举行。团市委、中关村科技园区海淀园创业服务中心等单位有关领导及移动互联网企业的代表参加。中国移动互联网青年创新创业孵化基地北京站旗舰示范点是北京市首个移动互联网青年创新创业孵化基地，由中国移动互联网基地、创客总部共建，位于创客总部孵化器，将以扶持青年群体在移动互联网环境下创新创业为核心目标，以公益性、专业性为主要特征，致力开展理念宣传、技术研究、培训指导、行业交流和内容孵化等方面的综合服务。中国移动互联网基地将为开发者提供移动应用创新大赛平台以及由百度在线网络技术（北京）有限公司等互联网企业组成的首发联盟分级测试和推广渠道、风投撮合会等服务。创客总部提供专业的产业链孵化服务、产业基金、孵化空间等。

（刘伟杰）

【建设中小学生网络安全教育基地】8月19日，GeekPwn（极棒）启明星辰联合实验站首场技术沙龙在京举办。国内外安全行业的专家学者和智能设备厂商代表等参加。启明星辰科技有限公司宣布GeekPwn启明星辰联合实验站关注青少年网络安全教育问题，将联合清华附中、上地实验中学等学校，联手打造针对中小学生网络安全教育的社区，融入市公安局和市教委共同主办的“网安启明星”工程体系之中，并提供场地、设备和技术，支持“网安启明星”工程，老师和学生可以在实验站进行教辅活动和课外活动。“网安启明星”工程旨在通过对北京市3000余所中小学的青少年进行网络与信息安全教育，进而延伸至家庭乃至全社会，提高北京地区的网络安全意识。

（刘伟杰）

【中关村移动互联网产业联盟大数据专委会成立】8月20日，由中关村移动互联产业联盟、当代金融家杂志社、中国科学院文献情报中心共同主办的“中关村移动互联网产业联盟大数据专业委员会成立大会暨产业论坛”在中国科学院举行。中关村管委会等单位有关领导以及投融资机构、企业的代表等参加。专委会由从事大数据相关产业的政府机关、企业、科研院所、金融投资机构，特别是承担超大规模数据仓库、分布式存储和计算、基于人工智能大数据分析等前沿技术科研工作，并具有一定的规模和行业影响力的单位和个人发起成立。业务范围包括通过技术交流、培训、人才互访、联合研发等方式，推动研发联盟的建立；加强国内外合作服务，根据行业标准规范工作需求，加强分工与协调，推动标准化联盟；推介大数据新技术、新产品，促进全产业链企业的生产与销售合作，推动市场联盟；疏通业界的资金渠道，推动投融资对接，等等。北京东方国信科技股份有限公司电信运营事业部总经理张辉任专委会首届主任委员。

（刘伟杰）

【酷学网上线】8月21日，北京新东方迅程网络科技有限公司宣布推出直播开放平台酷学网（www.koo.cn）。平台提供包括出国留学、研究生、大学、K12、外语、职业培训等付费直播课程。任何人都可以注册成为酷学网的协议老师，在平台上直播讲课并获得分成收入。通过专家审核后，教师可自行创建课程，为课程自主定价，并进行直播授课。学生可以根据自身兴趣和学习阶段自由选择课程，并在购买后参与直播学习。酷学网还提供视频回放功能，用户错过直播也能及时补课。

（刘伟杰）

【中关村技术转移与知识产权服务平台上线】8月26日，由海淀区政府主办的“中关村技术转移与知识产权服务平台上线发布会暨新技术新产品展示洽谈会”在中关村示范区展示中心举行。副市长戴均良等领导以及市知识产权局、市科委、中关村管委会等单位相关领导和来自企业、科研机构、高校、技术转移服务机构、行业协会的代表等500余人参加。中关村技术转移与知识产权服务平台（www.zgcipex.com）是涵盖专利、商标、著作权等知识产权全领域的在线交易平台，是为知识产权买卖双方搭建的沟通、交易平台，买卖双方享有信息发布、挂牌公示、展示推介、在线展会、在线交易等在线服务。平台有技术转移与知识产权服务两大功能。其中，技术转移功能通过供需信息发布、实时竞价交易、项目专题路演3个板块来实现；知识产权服务功能通过提供检索、咨询、代理、评估、法律服务、融资、谈判、交易等服务，帮助企业、科研院所、高校、行业协会、商会、产业联盟和投资机构等市场主体实现技术转移。平台由信息大厅、交易大厅、服务大厅和资讯大厅4个部分组成，信息大厅聚集了来自全国各地的技术需求和技术供给信息；在交易大厅，交易双方可以实现专利、商标、版权等知识产权在线的实时竞价交易。会议还举行中关村新技术新产品展示洽谈会，100余家企业展示了500余项新技术新产品。

（刘伟杰　杜　玲）

【首届北京先进产业技术研究院新技术发布会举行】8月31日，由北京航空航天大学、市科委、中关村管委会、海淀区政府主办的“创造的力量：大学与创新创业——北京创新创业研讨会暨首届北京先进产业技术研究院新技术发布会”在北航举行。市委常委苟仲文以及发展改革委、教育部、科技部等单位有关领导和企业、投融资机构的代表等参加。北京先进产业技术研究院发布“摄像式毫米波人体安检仪”“校园智慧社交门户 Ihome”“下一代存储器 STT-MRAM 自主制造技术”等 10 项产业新技术，涉及信息电子、装备制造、能源交通环境、新材料、医疗健康等领域，分别与中国科技金融促进会、中国股权投资基金协会签署战略合作协议。会议还举行北航致真大厦交付仪式。大厦建筑面积 23 万平方米，是北航科技园二期工程项目，是“环北航知识创新经济圈”“中关村科学城”的标志性建筑和国际航空航天创新园的主体承载建筑。北京北航科技园有限公司分别与北京智明星通科技有限公司等企业签署入驻协议，首批 15 家企业入驻大厦。

（钮　键　刘伟杰）

【中关村核心区军民融合产业联盟成立】9 月 5 日，由海淀区委、区政府主办的“中关村核心区军民融合产业联盟成立大会暨发布《海淀区推动科技产业军民融合发展三年行动计划（2014—2016 年）》”在京召开。国防科工局、北京市经济信息化委、中关村管委会等单位有关领导以及联盟成员代表 200 余人参加。联盟是北京市首家以军民融合为特色的产业联盟，由中国电子科技集团公司第十五研究所等 13 家单位发起成立，由军队及国防科技工业有关部门、高科技企业与高等院校、研究机构及技术服务机构自发组成的专业性合作平台，吸纳了北京百慕航材高科技股份有限公司等 103 家成员单位。联盟旨在构建区域性的军民融合科技创新体系，有效促进军民科技资源的融合共享，推进创新驱动发展，促进军民融合深度发展，将搭建军地信息交流共享平台，强化联盟成员间在技术攻关、项目研发、成果转化、示范应用、人才培养等方面的交流与合作，统筹科技创新资源的合理配置，逐步实现联盟内科技资源共享。中国电子科技集团公司十五所为联盟首届理事长单位。《海淀区推进科技产业军民融合发展三年行动计划（2014—2016 年）》明确了打造在全国具有引领作用的军民融合科技创新示范基地的目标，提出夯实军民融合发展基础、搭建军民融合发展平台等重点工作任务，制定了完善组织机制、加强政策支持、强化保密管理等保障措施。会议还为中关村核心区军民融合创新示范基地和示范园区授牌。

（刘伟杰　杜　玲）

【海淀区网络品牌消费节举办】9 月 11 日—10 月 25 日，海淀区商业联合会举办北京市首个“网络品牌消费节”活动。消费节由北京中搜网络技术股份有限公司提供技术支持，组织网络营销推广，制作微信静态页面 / wap 小站。其开发的线上平台（hdcc.zhongsou.com）和传统商业企业线上线下同步直播，用户可以通过电脑和手机在浏览器输入网址进入“网络品牌消费节”，或用手机扫描二维码，迅速连接消费节网页及各大商家，随时随地参与活动。消费节期间，北京红孩子互联科技有限公司（苏宁红孩子）、北京国美在线电子商务有限公司、北京德华京诚电子商务有限公司、北京趣拿信息技术有限公司（去哪儿网）、北京家捷送电子商务有限公司（社区 001）五大电子商务企业，共同打造母婴、家电、茶文化、旅行、惠民体验五大活动专场，每周更新一次专场。

（刘伟杰）

【国防大学教学基地揭牌】9 月 16 日，由国防大学与海淀区政府共同主办的军民融合共育新型军事人才教学基地揭牌仪式在中关村示范区展示中心举行。全国双拥工作领导小组办公室、首都军（警）民共建指导小组及海淀区相关部门的有关领导和企业代表等参加。双方签订《合作交流协议书》，确定教学内容。国防大学将定期组织专家教授为海淀区党政机关的工作人员进行国家安全形势讲解及国防与军队建设专题辅导学术讲座，开展军民融合式发展学术研讨。“中国人民解放军国防大学教学基地”揭牌。基地旨在充分发挥教育基地的示范作用，使教学点遍布海淀区政府机关、高科技企业、民营企业及大专院校。同时基地将统筹军地资源，加强国防需求对科技创新的引领，推进区域创新发展，注重军用技术和民用技术的相互转化，培育军民融合特色产业发展群体。

（刘伟杰）

【北林大城乡生态环境北京实验室获批】9 月 17 日，市教委印发《关于批准北京林业大学城乡生态环境北京实验室的通知》（京教函〔2014〕373 号），北林大城乡生态环境实验室被批准为北京实验室。实验室由北林大牵头，北京农学院、北京市园林绿化局、北京林大林业科技股份有限公司等为协同创新的合作单位。实验室依托风景园林学、林学、生态学、林业工程学等学科，进行北京城市人居环境和城乡核心区人居生态环境领域的基础理论、植物材料和核心技术的研究，将通过 3 年建设，提出合理的北京生态网络构建模型，选育一批生态功能性植物材料，提高繁殖、栽培、养护效率，研发一批节约型绿地营建技术，使北京的大气污染、杨柳飘絮、热岛效应有所改善；降低绿地用水消耗和广场铺装危害；改善生态网络布局，提高绿化空间利用效率；改善植物配置，丰富冬季景观色彩。

（刘伟杰）

【中关村核心区创新创业服务平台启动】9 月 19 日，

由海淀区政府主办的“中关村核心区创新创业服务平台启动暨2014年集中办公区授牌仪式”在中关村示范区展示中心举行。科技部、北京市科委、中关村管委会等单位相关领导及来自核心区创业服务机构、产学研机构、人才服务机构、行业协会、联盟的代表等200余人参加。平台（fwtx.zhsp.gov.cn）由海淀园管委会建设，是海淀智慧园区建设的重要组成部分，主要由五大系统构成：面向企业、人才在线提供各类创

新创业活动所需服务的创新创业在线服务系统，面向区内各类服务机构提供标准化管理支撑的服务机构运行管理系统，面向园区领导及工作人员提供管理与决策支撑创业服务管理与决策支持系统，服务效能评价指标体系和手机客户端服务APP。平台具有全面互动、快捷服务、标准统一、规范服务、资源聚集等特点，将为企业、人才创新创业活动提供服务。会议还举行2014年海淀区创业期科技型企业集中办公区授牌仪式，中关村科技园区海淀园创业服务中心、北京中关村软件园孵化服务有限公司、北京云基地云计算科技发展有限公司等34家创新创业服务机构获授牌。第二批34个集中办公区总面积46863平方米，可为500余家小微企业提供办公空间及各项创业服务。

（毕欣超　刘伟杰）

【海淀区创新创业导航对外开放】 9月19日，中关村核心区创新创业服务平台上线，“海淀区创新创业导航”作为平台的一部分对外开放。导航梳理了从国家、北京市、中关村管委会到海淀区的100余条创业孵化及人才政策，将其分为机构简介、企业设立、创业孵化、企业发展、人才引进、人才服务、人才特区、重要联系方式8个章节。每个章节的具体内容分为申请条件、相关链接等模块，对政策进行介绍，并给予具体联系方式及相关链接，使用户迅速找到所需内容。为保证政策的时效性和实用性，工作人员还定期跟踪各级各部门政策的变化情况，并及时更新。导航手机APP版也同步上线，用户可通过“创新创业服务体系信息平台”下载全资源目录的APP并安装查看。

（刘伟杰）

【中关村协同创新服务平台启动】 9月24日，由中关村管委会、市科委、海淀区政府共同主办的“中关村协同创新服务平台启动暨政策发布仪式”在中关村示范区展示中心举行。科技部火炬中心等单位有关领导以及相关企事业单位的代表等参加。海淀园管委会向北京大学、清华科技园、中关村云计算产业联盟等首批13家中关村协同创新服务平台创新驿站授牌，并向由近50名院士、企业骨干、技术专家等为核心组成的首批创新导师团队颁发聘书。平台是由海淀园管委会主持设立的科技创新与成果转化一站式平台，将采用市场化模式进行运营，通过建设协同创新中心和创新驿站、组建创新导师队伍帮助企业解决技术难题。平台将建设线上线下一站式平台、三大服务支撑体系和五大服务功能。一站式平台由线上平台网站和线下创新主题活动共同组成，其中线上平台网站按照产业服务领域组织创新资源供需对接，具备信息发布、成果展示、在线咨询等功能；线下平台包括创新引导、培训认证、主题沙龙等服务活动。三大服务支撑体系包括搭建基础服务资源、公共服务支撑和产业技术服务。五大服务功能包括公共服务、产业技术服务、成果转化服务、创新引导服务和科技政策支持。创新驿站是创新服务平台的合作者和共同建设者，为创新活动提供政策宣讲、需求发现、成果挖掘、服务机构推荐、创新导师选用等服务。平台还将打造京津冀一体化协同创新服务平台，带动区域创新能力提升。会议还发布平台相关支持政策。平台网站创驿网（www.361cy.com）同时上线，将提供信息资讯发布、实验场所展示、服务机构搜索等服务。

（刘伟杰　何　慰）

【首届创驿创新沙龙举办】 9月24日，“中关村协同创新服务平台首届创驿创新沙龙·下一代互联网领域专场”在京举办。来自北京邮电大学等单位的创新导师和30余家企业的代表参加。沙龙围绕“企业如何提高研发创新能力”展开交流与探讨。创驿创新沙龙是中关村协同创新服务平台的系列线下主题活动之一，旨在利用平台创新服务机构和创新导师等专家资源，为中小企业的科技创新和成果转化服务，解决企业创新发展中的难点和问题。沙龙将不定期举办，除组织热点技术领域的创新思路的研讨会，还将涉及具体创新成果推介、企业创新需求对接、创新政策解读和专题知识培训等内容。

（刘伟杰）

【北京大学创业训练营海淀基地揭牌】9月25日，“北京大学创业训练营海淀基地揭牌仪式”在中关村创业大街举行。北京大学、海淀区政府等单位有关领导以及北京大学企业界校友和相关企业的代表等参加。训练营位于中关村创业大街昊海楼内，面积1200平方米，同时还是“北京大学创业教育与实践基地”，包括空间自由组合的多媒体教室、创业孵化器和茶叙咖啡交流区，是由北大发起的全公益创业者支持平台，旨在推动创新思维教育和创业经验分享，以北大开放的教育资源、科研力量和校友资源，通过系统化的实战课程和导师辅导，联合打造优秀创新创业人才培养平台。

（刘伟杰）

【中关村创新云上线】9月26日，由中金数据系统有限公司主办的“聚力云平台　服务中关村——中关村创新云启动发布会”在京举行。市经济信息化委、中关村管委会、北京经济技术开发区管委会等单位有关领导及企业代表参加。中关村创新云是北京市中关村现代服务业试点重点支持的项目和北京“祥云工程”重点项目，是基于下一代互联网、云计算、大数据分析技术的创新综合服务平台，由中金数据公司负责具体建设和运营，其主要目标是为中关村示范区的科技型创新企业提供科技创新所需的基础资源、数据应用、融资服务、创投服务、政务服务等创新要素，以及高安全性、高性能、高灵活性资源及低成本的服务，帮助创新型孵化器、在孵企业、中小企业及各类创新型企业降低创新成本、提高创新效率，同时提供创新工具。建设银行北京分行等合作伙伴，北京软件行业协会、北京信息化协会等行业协会和联盟与中金数据公司签署战略合作协议，共同为平台内不同行业用户提供一体化的云计算平台及工具服务，包括综合金融产品、投融资、创业投资服务和线上政务支持服务及相关资质审核的便捷通道等。

（刘伟杰　杜　菲）

【首都知识产权国际交流合作基地挂牌】9月26日，由海淀区政府主办的首都知识产权国际交流合作基地授牌暨知识产权国际化战略专题讲座在海淀园举行。市知识产权局等单位有关领导及相关机构、企业的代表参加。海淀区知识产权局获市知识产权局首都知识产权国际交流合作基地授牌。海淀区知识产权局将创新工作机制，丰富交流内涵，提升企业运用知识产权国际规则的能力，并与国际知名机构合作在欧洲、美洲等地区建立海外站点，形成覆盖北京市企业海外市场的站点网络，为企业进入海外市场提供知识产权服务。海淀区知识产权局与罗思国际（英国）有限公司签订《海淀区知识产权国际交流合作基地海外站点建设合作备忘录》，双方将在建设英国知识产权援助站点、开展知识产权培训、入驻知识产权和标准化一条街、参与知识产权保险基金服务工作、举办国际知识产权商业论坛5个方面开展合作。活动还举行“首都知识产权国际交流合作基地”的首场知识产权国际化战略讲座。相关专家分别就企业知识产权战略、创新和知识产权投资以及高科技企业融资进行了主题演讲，并与主讲嘉宾进行互动交流。来自中关村示范区企业的60余名知识产权负责人参加。

（刘伟杰）

【创业公社智能硬件孵化器成立】10月10日，智能硬件创新平台——创业公社智能硬件孵化器成立。平台由北京创业公社投资发展有限公司联合安卓越（北京）科技有限公司、北京邮电大学、缪斯智能硬件创新引擎、东旭光电科技股份有限公司、美国硅谷无线协会共同成立，位于益园文化创意产业基地创业公社，办公面积3000余平方米，将为智能硬件创业团队提供产品参考设计、技术研发、专利共享、产品生产制造、供应链管理、线上线下整合推广、金融服务等全产业链创业服务，并提供配套服务，包括创业辅导、创业公寓、政策支持、人才支持、金融服务等。

（刘伟杰）

【新技术新产品项目推介会举办】10月16日，由海淀区北部地区开发建设指挥平台主办的“生态城市、智慧生活——北部生态科技新区新技术新产品项目推介会”在永丰产业基地举办。海淀园管委会等单位有关领导及企业代表参加。22家企业展示了建筑节能、交通节能、节水灌溉、雨水利用、绿化固碳和智慧解决方案等相关的新产品、新技术。其中，仁创科技集团展示的“生泰”硅砂滤水砖、透水石材、硅砂滤水井等透气防渗技术产品，能有效解决城市道路雨水渗透、建筑雨水储用、农田雨洪储用和净化饮水储用等实际问题；北京普泉科技有限公司展示的痕量灌溉技术解决了低流量下灌水器堵塞的难题，应用领域涉及设施农业、大田作物、荒漠化治理，相同水量的情况下，痕量灌溉的灌溉面积可达到滴灌技术的2倍、漫灌技术的10倍以上。

（刘伟杰）

【第二届创业马拉松举办】10月18日，由北京海置科创科技服务有限公司和6628创友会主办的“第二届创业马拉松启动仪式暨运动主题大会”在中关村创业大街举行。中关村管委会、海淀园管委会等单位有关领导以及创业服务机构和投资机构的代表、创业者300

余人参加。参与者从中关村创业大街南广场出发，沿西四环路到海淀公园，最后再回到创业大街，全程8000米。Binggo咖啡、飞马旅、黑马会等6家机构还分别举行运动分享主题演讲、创业戈壁行分享、6628运动生活分享等活动。

（刘伟杰）

【海英人才证书颁发暨企业博士后工作站分站授牌仪式举行】10月21日，由海淀区政府主办的“中关村核心区‘海英人才’证书颁发暨企业博士后工作站分站授牌仪式”在中关村示范区展示中心举行。市人力社保局、市科委、中关村管委会等单位有关领导及“海英人才”入选者、博士后工作站各分站代表等300余

人参加。会议为331名“海英人才”的代表颁发证书，并向100余名首批入住人才公租房的“海英人才”的代表发放公租房钥匙。331名“海英人才”包括创业领军人才155人、创新领军人才130人、青年英才46人。海淀区政府为“海英人才”提供100余套高级人才公寓，以及6000余套人才公租房，旨在解决高层次人才短期、周转性住房困难。同时还举行了2013年企业博士后工作站新设分站授牌仪式，北京拓尔思信息技术股份有限公司、北京星网锐捷网络技术有限公司、北京奥特美克科技股份有限公司3家企业博士后工作站分站获授牌。

（刘伟杰　徐　建）

【百度IDL研发自行车操作系统】10月22日，百度深度学习实验室（IDL）宣布其正在进行智能自行车OS（操作系统）研发计划，计划以百度大脑为核心引擎，将导航、社交、健康监控、众包骑行地图、智能推荐路线及健身计划等功能进行模块集成，然后通过平台化、接口化的方式，面向所有自行车厂商开放。首辆搭载该系统的智能自行车样车DuBike由百度IDL和清华大学共同打造。DuBike由安装在自行车上的智能感应系统以及具有健康数据管理和社交功能的APP组成，集成传感器、人工智能、自动控制、大数据分析等技术，能够根据驾驶者的地理位置、城市路况及环境质量、骑行习惯和个性需求等因素综合分析，自动规划定制化路径，并通过多维传感器采集用户骑行信息，如心率、里程、踏频、速度、卡路里消耗等，经由百度大脑分析后，可通过语音交互和车身硬交互界面给用户指导，并为用户建立云端大数据健康档案。通过APP及云端数据，DuBike还将建立起一个骑车活动的社交网络，提供基于百度地图的路线设计、推荐和分析功能，并建立健康智能设备账号体系，基于采集的健康数据进行综合分析，为骑行者量身打造锻炼计划。

（刘伟杰）

【14家企业入选工业企业知识产权运用示范企业】10月23日，市经济信息化委印发《关于工业企业知识产权运用示范企业认定结果的通知》，41家企业入选北京市工业企业知识产权运用示范企业。其中，海淀园北京小米科技有限责任公司、北京和利时系统工程有限公司、汉王科技股份有限公司等14家企业通过认定。

（刘伟杰）

【中关村海淀园齐河科技城揭牌】10月27日，中关村海淀园齐河科技城揭牌仪式在山东省举行。山东省德州市政府、北京市海淀园管委会等单位有关领导及漫游世纪科技孵化器有限公司等10余家中关村示范区企业的负责人参加。海淀园齐河科技城位于德州市齐河县南部，由海淀园管委会、齐河县政府、山东齐裕投资发展有限公司三方合作共建，规划面积1000公顷，总投资45亿元，主要发展电子商务、研发设计等五大产业，创建投融资公共服务、电子商务公共技术服务等六大平台，将建设成为集总部商务、研发办公、标准厂房、配套设施于一体的国际化新型产城综合体。

（刘伟杰）

【北京国际科技合作基地联盟成立】11月5日，北京国际科技合作基地联盟成立大会在京举行。市民政局、市科委、北京生产力促进中心等单位有关领导以及联盟发起单位代表30余人参加。会议选举北京大北农科技集团股份有限公司为理事长单位，海淀园管委会为监事长单位，秘书处设在北京生产力促进中心。联盟旨在通过合作交流和资源共享，提升北京国际科技合作条件和能力，促进北京利用全球科技资源，参与国际科技竞争与合作。

（刘伟杰）

【中关村核心区中小微企业服务机构联盟成立】11月5日，中关村核心区中小微企业服务机构联盟成立大会在海淀园举行。海淀区经济和信息化办公室有关领导和联盟首批成员单位的代表参加。会议选举北京海淀科技金融资本控股集团股份有限公司当选为联盟首任

理事长，并决定设立融资服务、信用服务和信息化服务 3 个工作组。联盟将发挥中关村核心区内中小微企业与政府部门之间的纽带和桥梁作用，协助相关政府部门运营核心区企业综合服务平台，为区内中小微企业提供服务，还将围绕中小微企业融资难问题，推出一系列对接活动。北京银行股份有限公司中关村分行、北京华胜天成科技股份有限公司、北京中海投资管理公司、北京软件和信息服务交易所有限公司等 21 家单位为联盟首批成员。

（刘伟杰）

【小米公司投资爱奇艺公司】 11 月 19 日，北京小米科技有限责任公司和北京顺为资本投资咨询有限公司联合宣布，双方共同以 18 亿元入股北京爱奇艺科技有限公司，用于其互联网电视产业建设。百度在线网络技术（北京）有限公司也同时对爱奇艺公司追加约同等量级的投资。此轮投资完成后，小米公司成为爱奇艺公司第二大股东。爱奇艺公司将与百度公司和小米公司在内容、技术创新，尤其是移动互联网领域展开合作。

（刘伟杰）

【青年移动互联创新孵化园被认定为全国青年创业示范园区】 11 月 20 日，共青团中央印发《关于命名首批“全国青年创业示范园区”的决定》（中青发〔2014〕26 号），40 家单位被命名为“全国青年创业示范园区”。其中，中关村示范区内北京青年移动互联创新孵化园通过认定。孵化园由清控科创控股股份有限公司建设和运营，主要为移动互联领域早期创业项目提供投资和孵化服务，致力搭建创业者、从业者、天使投资人、国内外投资机构、企业服务机构的交流、服务和合作平台。

（刘伟杰）

【北京大数据交易服务平台上线】 12 月 10 日，由北京软件和信息服务交易所主办的“点击数据启动未来——大数据交易服务平台发布会”在京举行。来自中国工程院、工业和信息化部、中关村管委会等单位有关领导以及相关企业的负责人和专家 100 余人参加。北京大数据交易服务平台（www.shujushichang.com）由北京软交所承建和运营，是具有公信力的标准化、规范化、公益性大数据交易服务平台，以中立、公正、开放的市场第三方的身份，实现产业的资源聚集，为政府、机构、联盟、企业、用户提供交易服务。平台业务包括商业大数据交易与服务支持和政务大数据社会化共享支撑两个部分。在商业大数据方面，平台提供的服务包括数据交易服务、数据确权与估值服务、交易担保服务、确权及交易的备案服务、O2O 供需对接服务、数据金融服务等；在政务大数据方面，平台提供数据开放业务规则发布、大数据开放信息发布、数据开放对接方法指引、企业需求服务支撑、社会大数据共享支撑、政务大数据开放技术支持等服务。平台上可交易的对象包括数据产品、数据工具 / 技术、数据服务和数据人才 4 类数据相关产品。会议还举行北京大数据交易服务平台与大数据标准规范合作启动仪式，北京软交所发布投诉维权等国内大数据交易的 10 条标准规范。

（刘伟杰）

【海淀区政府与北理工签署协议】 12 月 16 日，“北京理工大学与北京市海淀区人民政府战略合作框架协议签约仪式”在北理工举行。双方有关领导及相关部门负责人参加。双方签署《战略合作框架协议》《推进产学研合作和成果转化协议》《共建军民融合产业园协议》。根据协议，双方将共建北京理工光电技术研究院，进行科技成果转化岗试点；共建科技创新平台和公共技术平台，推进北理工电动汽车、北斗卫星导航芯片及终端、仿人机器人、阻燃材料、特种车辆、新能源、大数据处理、云计算及光电技术等科技成果在海淀区落地转化；在北京理工大学中关村国防科技园建设 3 万平方米的海淀军民融合产业园，建设相关的军民融合公共技术服务平台和公共服务平台，设立军民融合产业发展基金，成为海淀区军民融合高端产业基地和海淀区军民融合技术创新基地。

（刘伟杰　陈宝德）

【18 个工程实验室获 1.6 亿元专项支持】 年内，北京辰安科技股份有限公司公共安全物联网应急技术北京市工程实验室、北京拓尔思信息技术股份有限公司异构大数据分析挖掘整合技术北京市工程实验室、北京神州泰岳软件股份有限公司智能运维技术北京市工程实验室等 18 个工程实验室的创新能力建设项目获市政府 1.6 亿余元的资金支持。海淀园 58 个工程实验室的创新能力建设项目，累计获市政府补助资金 5.45 亿元。

（刘伟杰）

【共建中关村云计算产业联盟农业云分会】 年内，中关村云计算产业联盟与国农互联文化传媒（北京）股份有限公司签署战略合作协议，共建“中关村云计算产业联盟——农业云分会”。分会将涉农企业及资源细分整合，形成一条完整的农业产业链，并运用云计算、大数据、物联网等前沿信息化科技手段，为各级农业管理部门、涉农企业、农村各类经济体与用户，搭建行业应用服务平台，为促进各地三农信息化建设提供数据、资讯、管理及在线交易等服务。

（刘伟杰）

昌平园

昌平园1991年11月成立，1999年6月经北京市政府批准，更名为中关村科技园区昌平园，2009年3月经国务院批复，成为中关村国家自主创新示范区昌平园。2012年10月，根据国务院批复，昌平园政策区范围由1148公顷调整为5140.71公顷，位列中关村示范区“一区十六园”空间规模第三位，包括29个地块，分布在昌平区13个镇（街道），由中心区、未来科技城、北京科技商务区（TBD）、中关村生命科学园、国家工程技术创新基地、三一产业园等重点功能区及部分镇级开发区等组成，并形成能源科技、生物医药、先进制造、新材料和电子信息五大特色产业。昌平园智力资源丰富，汇聚中国石油大学、北京化工大学等20余所高等院校和以能源科技、生命科学为代表的60余家科研机构，主要围绕新型能源、高端现代制造、生物医药三大支撑产业组织建设，发展重要行业的技术创新基地、科技成果孵化与产业化基地、创新型人才培养基地，形成国家级工程技术研发中心和国家级企业研发中心集群。昌平区南部地区被整体纳入中关村核心区和北部产业带范围，承担建设“一城一带”的任务，在中关村示范区“两城两带、一区多园”的发展格局中占据突出位置。经过20余年的发展和积累，昌平园入园企业数量由建园初期的90余家发展到2100余家，其中国家级高新技术企业500余家，上市企业18家、新三板企业21家，“十百千工程”企业30余家，聚集北京瑞士诺华制药有限公司、诺和诺德（中国）制药有限公司等世界知名企业和乐普（北京）医疗器材股份有限公司、北京康得新光电材料有限公司等新兴企业，涵盖新能源、节能环保、新医药、电动汽车、新材料等战略性新兴产业领域。园区创新创业成果不断涌现，北汽福田汽车股份有限公司等企业专利申请数和授权数逐年增长。创新创业活力不断提升，拥有博士后工作站21家，在研项目20余项；院士专家服务中心1家，院士专家工作站4家，引进8位院士开展科技项目合作，使成果尽快实现产业化；各类孵化机构近30家，其中国家级科技企业孵化器4家、市级科技企业孵化器4家。园区企业可享受国家、北京市、中关村示范区的各类优惠政策。

昌平园管理委员会领导成员

主　　任	苏贵光
工委书记	吕晨飞
常务副主任	吕晨飞
工委副书记	高　芬
纪工委书记	朱文宏
副 主 任	颜　梅　康巍巍　姚春增　王晨光
武装部部长	马新海
工会主席	钮亚敏

中关村国家自主创新示范区昌平园规划范围示意图

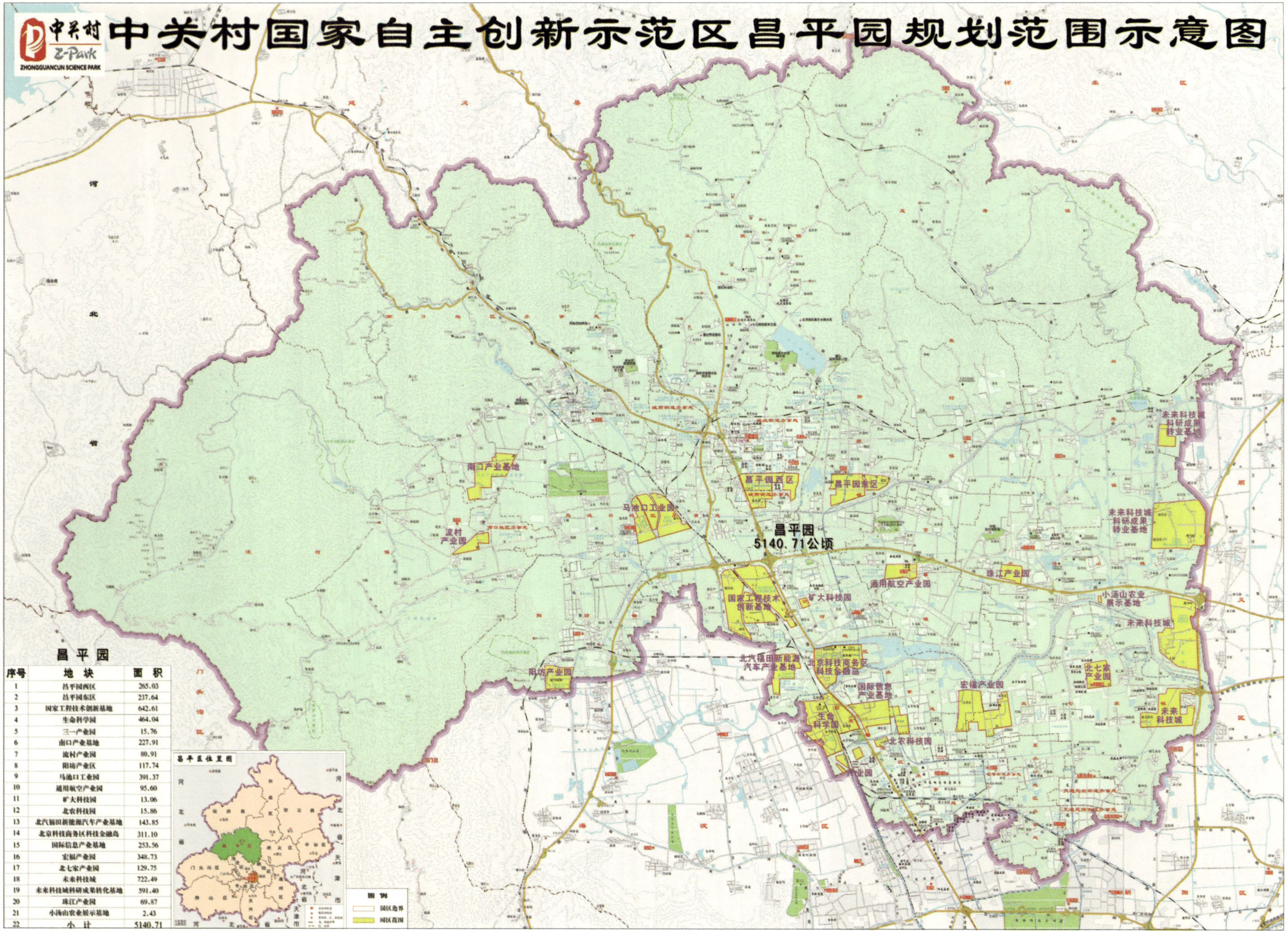

昌平园

序号	地块	面积
1	昌平园西区	265.03
2	昌平园东区	237.64
3	国家工程技术创新基地	642.61
4	生命科学园	464.04
5	三一产业园	15.76
6	南口产业基地	227.91
7	流村产业园	80.91
8	阳坊产业区	117.74
9	马池口工业园	391.37
10	通用航空产业园	95.60
11	矿大科技园	13.06
12	北农科技园	15.86
13	北汽福田新能源汽车产业基地	143.85
14	北京科技商务区科技金融岛	311.10
15	国际信息产业基地	253.56
16	宏福产业园	348.73
17	北七家产业园	129.75
18	未来科技城	722.49
19	未来科技城科研成果转化基地	591.40
20	珠江产业园	69.87
21	小汤山农业展示基地	2.43
22	小计	5140.71

【概况】2014 年，昌平园经济继续保持稳定发展态势。年内，园区入统高新技术企业总数 2106 家；从业人员 15 万余人；工业总产值 1120.5 亿元；总收入 3183.6 亿元；进出口总额 56.7 亿美元；实缴税费 145.2 亿元；利润总额 266.3 亿元；资产总计 5408.6 亿元；科技活动经费支出 95.6 亿元；专利申请 107 件，专利授权 2748 件。

*构建“高精尖”结构。*启动“1 + 3 + 1”发展战略，构建园区科技创新机制，促进规划、建设、招商、管理、服务无缝衔接、有效联动。打造科技创新金融平台、产业平台和绿通平台，发挥科技支撑作用。贯彻落实《昌平区产业转型升级政策》，助推产业转型升级。

*组织园区建设规划。*推进昌平园新版规划的实施工作，建立昌平园管委会与相关镇、街道以及重点功能区管委会、开发主体的联合开发、共同管理的工作机制，协调各单位服务企业建设；推进昌平园西区规划评估工作，加强对中国气象科技园等地块的控规调整；启动生命园南区、通用航空产业园的一级开发工作；启动昌平区“十三五”规划前期课题的研究工作，推进空间和产业发展的有效对接；进一步加快腾笼换鸟工作，所涉地块面积 16.4 公顷，为产业转型升级腾退空间。

*重点工程建设进展顺利。*全年完成投资 21.6 亿元（计划投资 20.8 亿元）；重点工程新增建筑面积 30.8 万平方米，其中新时代科研基地一期入驻，北大国际医院项目一期试营业，万泰研发生产综合楼等项目陆续竣工并投入使用；北京长富投资基金（有限合伙）、北京源浩投资有限公司、中国华电集团清洁能源有限公司等重要企业入驻，促进相关产业进一步聚集。

*提升创新创业活力。*出台《中关村科技园区昌平园管理委员会支持博士后（青年英才）工作资金管理办法》；落实《中关村昌平园支持集中入驻孵化器的科技中小企业房租补贴政策》，26 家企业获支持资金 45 万元；增设北大先行科技产业有限公司、北京爱康宜诚医疗器械股份有限公司等 4 家博士后科研工作站企业分站，分站总数升至 7 家，进站人才 10 余人；“海聚工程”人才新增 5 人，总人数 69 人；累计有大学科技园、科技企业孵化器、留创园等各类孵化机构近 30 家，包括国家级科技企业孵化器 4 家，市级科技企业孵化器 4 家，其中乐邦乐成孵化器入选北京首批“众创空间”，宏福博奥孵化器被科技部批准为“社区型国家级孵化器”；发放第一批人才公租房专项资金 46 万元；4 人通过中关村高端领军人才高级工程师（教授级）职称评价，3 人入选“科技北京”百名领军人才，2 人入选 2014 年北京市享受政府特殊津贴人员。

*科技创新成果不断涌现。*北汽福田汽车股份有限公司专利申请量突破 1000 件；北京贝瑞和康生物技术有限公司获得无创 DNA 产前检测专利；现代农装科技股份有限公司“大型高效节水智能喷灌装备（DYP—425 圆形喷灌机组）项目”和北京市三一重机有限公司“敞口式盾构机项目”入选 2013 年度中关村首台（套）重大技术装备试验、示范项目；北京雪迪龙科技股份有限公司研制的固定污染源废气中气态汞排放连续自动监测系统设备样机测试成功；北京品驰医疗设备有限公司生产的双通道脑起搏器获食品药品监管总局颁发的医疗器械产品注册证。

*健康产业集聚效应凸显。*以生命科学、生物技术和新医药产业为核心，聚集医疗服务、健康管理等相关要素，成立由 50 余家核心企业及机构组成的“中关村昌平园大健康产业联盟”，推动各产业主体间的交流，为企业提供金融和产业资源支持。成立中关村生物医药企业家俱乐部，为生物医药行业企业家、科学家和创业者搭建交流平台。

（王红彬）

【福田汽车公司参加达喀尔拉力赛】1 月 5—18 日，在第 36 届达喀尔拉力赛上，北汽福田汽车股份有限公司的两辆拓陆者皮卡首次参赛，并派出福田欧曼重型卡车作为保障车辆。拓陆者拥有皮卡的高承载性、功能实用性和耐用性，还兼具轿车的驾乘舒适性与操控性，大 SUV 的高通过性、高越野性能，是一款整合了轿车、高端 SUV 与皮卡综合性能的跨界产品。

（王红彬）

【3家企业入围中国最具潜力非上市公司】1 月 7 日，《福布斯》中文版发布 2014 福布斯中国最具潜力中小企业榜单。昌平园北京爱美客生物科技有限公司（第 4 位）、北京喜禽药业有限公司（第 16 位）、北京汇金科技有限公司（第 50 位）3 家企业入围 2014 中国非上市潜力企业 100 强，属于生物医药和电子信息领域。

（王红彬）

【探路者公司控股绿野网】1 月 14 日，北京探路者户外用品股份有限公司发布《关于以绿野网为基础建设“户外旅行综合服务平台”的相关情况说明》的公告，宣布其旗下全资子公司天津新起点投资管理有限公司通过股权受让和增资结合的方式战略投资北京绿野视界信息技术有限公司（绿野网），并实现对绿野网的控股，最终间接持有绿野网 55.67% 的股权。探路者公司将以绿野网为基础打造一站式户外旅行综合服务平台，将向用户提供户外旅行信息获取和分享、户外旅行线路规划、产品推荐、行程服务、户外技能培训、户外活动评价、户外社区交流等服务。

（王红彬）

【阿里巴巴集团收购高德公司】2月10日，阿里巴巴集团控股有限公司在其官方微博宣布，拟以每股美国存托股票21美元的价格，对高德软件有限公司的股票进行现金收购。交易完成后，高德公司将成为阿里巴巴集团的全资子公司。交易涉及总金额约11亿美元。4月11日，高德公司宣布与阿里巴巴集团达成确定性的收购协议。

（王红彬）

【福田公司向中国南极科考捐赠车辆】2月10日，福田汽车南极品质之旅系列活动——“福田汽车南极交车仪式”在中国南极长城站举行。国家海洋局、中国南极长城站、北汽福田汽车股份有限公司等单位相关负责人参加。福田汽车公司向长城站捐赠欧曼GTL重卡、拓陆者皮卡两款保障车辆，主要用于承担卸运“雪龙”号破冰船上1000吨物资的工作。捐赠的车辆在整车和部件开发过程中，充分考虑低温、高压等极端使用环境，发动机、底盘部件、冷热循环系统部件等无须特殊改装即可满足零下40摄氏度的特殊使用要求。

（王红彬）

【约翰·克里访问福田康明斯公司】2月15日，美国国务卿约翰·克里访问北京福田康明斯发动机有限公司的重型发动机工厂。克里参观了福田康明斯公司的ISG重型发动机从机加工、总装到测试的生产线，并就美中两国加强应对气候变化的合作发表演说，宣布美国和中国将在应对气候变化方面更紧密地合作，两国就重型卡车，智能电网，碳捕捉、利用、储存，能源效率以及数据收集和管理5个方面意向形成执行计划。中国发展改革委副主任解振华、美国气候变化问题特使托德·斯特恩、美国驻华大使骆家辉一同出席。

（王红彬）

【华电天仁公司成果获设备管理创新奖】2月27日，在“2014年全国电力行业设备管理工作会议”上，北京华电天仁电力控制技术有限公司研发的“电站锅炉燃烧状态监测及综合优化控制系统”获中国电力设备管理协会颁发的第四届全国电力行业设备管理创新奖一等奖。项目采用测量与软测量技术，实现风、粉、煤、灰、烟气等燃烧状态参数的在线检测，提出基于规则的非连续多模态燃烧综合优化控制方法和一种燃烧优化控制系统运行效果的定量评价方法，建立了支持机组优化持续改进的运行管理模式，实现锅炉燃烧过程多目标综合优化。

（王红彬）

【北大国际医院肿瘤科研楼通过验收】3月，北京大学国际医院肿瘤科研楼完成消防、民防、规划等全部工程验收。肿瘤科研楼由肿瘤楼和科教楼两个部分组成，总建筑面积4.7万平方米，规划为肿瘤治疗中心和教学科研中心，主要由肿瘤血液中心、静脉药物配置中心、临床技能实验中心、临床多站考核中心、手术模拟教学区和办公区等构成，将为肿瘤和血液疾病的患者提供诊疗服务，还具有临床技能培训和临床教学等功能。

（王红彬）

【昌平园高端人才和项目获政策支持】4月3日，在昌平区高端人才工作会上，昌平区政府为首批45名高端人才颁发价值5万元的昌平英才卡，并对通过评审七大类80个高端人才发展政策支持项目进行奖励，奖励资金总额1043万元。昌平园35位企业高管获昌平英才卡，博士后（青年英才）开展科研课题研究、留学人员创新创业、高端人才团队引进、高端人才突出贡献等32个项目获奖励支持，总金额798万元，占昌平区高端人才支持奖励资金的77%。昌平英才卡每两年评选一次，年人均服务资金不超过5万元，服务内容包括为英才卡获得者及其配偶进行健康体检、购买综合意外险、发放昌平景区一卡通；为英才卡获得者本人发放购书卡、提供病困补贴；组织开展人才培训等活动。

（王红彬）

【中生北控公司入选G20企业】4月10日，在“北京生物医药产业跨越发展工程（G20工程）二期工程G20企业发布会”上，公布了由市科委联合市经济信息化委、中关村管委会和市投资促进局组成的G20工作组评选出的57家北京生物医药产业跨越发展工程二期工程G20企业名单。昌平园中生北控生物科技股份有限公司入选。

（王红彬）

【四季沐歌集团与清华大学开展战略合作】4月29日，“清华大学、四季沐歌净水技术战略合作签约仪式”在清华大学举行。签约双方的相关负责人参加。北京四季沐歌太阳能技术集团有限公司与清华大学环境学院签署战略合作协议，双方将围绕家用净水器的核心技术进行产学研一体化合作，构建校企共赢模式，促进高校研发成果的产业化应用。根据协议，双方将在“活性炭吸附、渗透膜技术、消毒技术”3个方面展开产学研合作，主要科研方向是提高活性炭吸附重金属离子技术、通过膜技术研发提高净水的得水率，以及长时间水箱储存消毒技术。

（王红彬）

【昌平园构建科技创新金融平台】 4月，昌平园管委会与专业咨询公司合作编写了《首都科技条件平台昌平站项目可行性研究报告》《首都科技条件平台昌平站建设设计方案》，研究并构建起科技创新金融平台建设的基本构架。昌平科技条件平台由线上资源共享网络平台和线下的服务实体两部分组成，主要功能是发挥昌平区设施设备数量充沛、质量较高的资源优势，通过整合区内高校、科研院所、企事业单位的科学仪器资源，建立共享机制，实现仪器及试验资源与企业科研需求有效对接。

（王红彬）

【合作共建北大国际医院】 5月27日，北京大学国际医院与北京大学第六医院、北京大学口腔医院学科共建签约仪式在北京大学医学部举行。北大医疗产业集团有限公司以及签约各方的相关负责人等参加。北大医学部、北大国际医院分别与北大六院、北大口腔医院就学科共建签约。根据协议，北大医学部将根据北京大学国际医院的建设进展，全面统筹其医疗、教学、科研体系的规划、建设和管理，并对国际医院临床人员培养给予支持。北大六院和北大口腔医院将借调或安排相应科室的核心业务骨干前往北大国际医院组建科室，并负责科室学科建设、临床人才培养以及科研教学等工作。

（王红彬）

【"1＋3＋1"发展战略启动】 5月，昌平园管委会启动科技创新"1＋3＋1"发展战略。第一个"1"是指构建昌平园科技创新促进机制，发挥昌平园作为中关村核心区的引领作用，实施昌平园5140公顷新版规划，理顺园区与重点功能区、镇级工业园的统筹发展机制，促进规划、建设、招商、管理、服务无缝衔接、有效联动；"3"是指打造科技创新金融平台、科技创新产业平台和科技创新绿通平台3个平台；第二个"1"是指贯彻落实《昌平区产业转型升级政策》。

（王红彬）

【探路者品牌获中国南（北）极考察队专用产品称号】 5月，北京探路者户外用品股份有限公司与国家海洋局极地考察办公室签署协议，其探路者（TOREAD）品牌产品被授予"中国南（北）极考察队专用产品"称号，有效期为2014年9月30日至2017年9月29日。

（王红彬）

【万泰戊肝疫苗获WHO认可】 6月11—12日，在世界卫生组织（WHO）全球疫苗安全顾问委员会（GACVS）第三十次会议上，由万泰生物药业股份有限公司研发的戊型肝炎疫苗"益可宁®"的安全性获WHO认可。WHO的专家对疫苗在临床I、II、III期试验中的安全性数据进行评估和审议，肯定了疫苗在临床试验中数据的可靠性，认可其是安全、有效的疫苗，并对疫苗的应用研究提出建议。针对疫苗只能用于16岁及以上人群，WHO的专家建议开展疫苗在儿童（小于16周岁）、老人（大于65周岁）、免疫缺陷人群、肝病患者中的安全性评价试验，扩大疫苗的适用范围。

（王红彬）

【北大医疗产业园获政策支持】 6月27日，市科委印发《关于公示2014年度北京市战略性新兴产业科技成果转化基地认定及项目立项结果的通知》，北大医疗产业园的"北大医疗产业园生物医药公共服务平台能力建设项目"入选成果转化基地公共技术服务立项名单。7月10日，市人力社保局印发《关于认定首批北京市创业孵化示范基地的通知》，北大医疗产业园为10家入选单位之一。

（王红彬）

【3人入选科技北京百名领军人才培养工程】 6月30日，市科委公布2014年"科技北京"百名领军人才培养工程入选人员名单，28人入选。其中，昌平园北京神雾环境能源科技集团股份有限公司董事长吴道洪、北京百奥赛图基因生物技术有限公司董事长沈月雷、北大先行科技产业有限公司技术总监陈继涛3人入选。

（王红彬）

【两家企业获留学人员开办费】 6月30日，北京海外学人中心公布第十二批（2014年第一批）留学人员创办企业开办费资助资金通过评审人员名单。昌平园留学人员创业园由张成梁创办的北京格林赛思科技有限责任公司和由张晴创办的北京点亮空间信息科技有限公司获留学人员创办企业开办费资助资金各10万元的支持。至年底，昌平园留创园获开办费支持企业增至7家。

（王红彬）

【昌平园管委会院士专家服务中心获授牌】 7月21日，在市科协召开的"北京市院士专家工作站工作会议"上，昌平园管委会院士专家服务中心获授牌，博奥生物集团有限公司、北京正旦国际科技有限责任公司两家企业获院士专家工作站授牌。博奥生物集团院士专家工作站由中国工程院院士程京主导建立，主要开展生物芯片研究。正旦国际公司院士专家工作站由中国科学院院士贺福初主导建立，主要进行创新蛋白质药物、新型诊断技术、蛋白质组学技术开发与服务。

（王红彬）

【5人入选“海聚工程”】7月31日，北京市海外学人工作联席会办公室《关于印发我市第十批海外高层次人才入选资格名单的通知》（京海联发〔2014〕4号）下发，98人入选第十批海外高层次人才（“海聚工程”）。昌平园5人入选，分别是北京生命科学研究所高级研究员黄牛、杜立林，化学中心主任齐湘兵以及百济神州（北京）生物科技有限公司博士田宝鸿、李娜。其中黄牛、杜立林和田宝鸿是全职工作类，李娜和齐湘兵是青年项目类。

（王红彬）

【北大国际医院与北大3家附属医院签署学科共建协议】8月1日，“北京大学医学部、北大第一医院、北大人民医院、北大第三医院与北大国际医院学科共建合作协议签署仪式”在京举行。全国政协副主席韩启德，北京大学、北大方正集团有限公司和签约各方的相关负责人等参加。北京大学国际医院分别与北大医学部附属3家综合医院北京大学第一医院、北京大学人民医院、北京大学第三医院签署《学科共建合作协议》。根据协议，3家医院共计28个学科将以安排科室核心业务骨干前往北大国际医院组建科室等方式负责其相关科室学科建设、人才培养以及科研教学等工作。

（王红彬）

【6个项目获科技服务业专项支持】8月8日，市科委发布《关于公示2014年科技服务业促进专项拟支持名单的通知》，109个项目获支持。昌平园北京金房暖通节能技术股份有限公司的“基于热计量的精细化供热节能改造方案及工程技术服务”、北京光耀电力自动化有限公司的“风力发电运营信息化科技服务项目”、北京科诺伟业科技有限公司的“光伏发电系统设计集成及运维一体化技术服务”、北京神雾环境能源科技集团股份有限公司的“合同能源管理服务模式蓄热式加热炉改造项目”、中海阳能源集团股份有限公司的“大型光伏并网发电项目总承包服务（EPC）”、博奥生物集团有限公司的“生物芯片技术在健康管理中的应用服务”6个项目入选，共获200余万元的资金支持。

（王红彬）

【昌平园大健康产业联盟成立】8月30日，由昌平园管委会主办的“中关村昌平园大健康产业联盟成立发布会”在中关村生命科学园举行。中关村管委会主任郭洪、中国科学院院士贺福初以及昌平区政府等单位有关领导和专家及联盟成员单位的代表等近200人参加。联盟由昌平园管委会发起成立，博奥生物集团有限公司等50余家大健康领域企业及机构组成，包括5

名院士、5家国家级研究机构、3家跨国公司、5家上市公司、2家大型综合性三甲医院、5家海外合作机构及多家金融服务机构等。联盟将编制昌平园大健康产业发展规划，明确产业定位、重点任务和主攻方向，研究并发布昌平园大健康产业发展指数，创建生物科技创新绿色通道和平台，搭建连接大健康领域各产业主体的促进平台，推动产业主体间深入交流、资源共享、协同创新、合作共赢。乐普（北京）医疗器械股份有限公司董事长蒲忠杰任联盟首任理事长。昌平园管委会与美中医药协会、美中硅谷协会、加中创新园等5家海外机构和北京银行股份有限公司分别签署战略合作协议。昌平园管委会将在美国等国家和地区建立第一批6家昌平园驻海外联络办公室，为园区整合全球资源、推动高新技术企业国际化发展提供资源支持，为海外人才、项目来京发展提供良好的创业服务环境。北京银行将在3年内为昌平园企业成长、产业发展和园区建设提供200亿元的意向性授信额度，将把昌平园管委会推荐的高新技术企业选定为重点企业群体服务，建立企业贷款的“绿色通道”。

（王红彬　梁　爽）

【雪迪龙公司启用新生产基地】9月25日，北京雪迪龙科技股份有限公司昌平园生产基地启用仪式举行。雪迪龙公司相关负责人及员工近100人参加。新生产基地占地面积2.3公顷，建筑面积3.8万平方米，由4栋建筑组成，集研发、办公、生产为一体，将有效弥补原有产能不足的问题。

（王红彬）

【中关村联合创新（北京）生物科技有限公司成立】9月26日，中关村联合创新（北京）生物科技有限公司在市工商局昌平分局注册成立，将行使中关村进境动植物生物材料检验检疫监管平台（中关村北平台）职能。中关村北平台由昌平园管委会、北京中关村生命科学园发展有限责任公司和泉心泉意（上海）生命科学有限公司联合发起创立，位于中关村生命科学园内，建筑面积2873平方米，注册资本1000万元，建成后将打造生物和试剂进出口创新型关检联合的操作平台，落实“一次申报、一次查验、一次放行”的口岸功能，实现全流程一体化，服务将辐射至北京市全范围乃至华北地区。

（王红彬　梁　爽）

【两家企业入选中关村知识产权领军企业】10月16日，在“中关村知识产权领军企业与优秀知识产权服务机构培育工作会”上，中关村管委会公布2014年度中关村知识产权领军企业培育单位名单，27家单位入选。其中，昌平园北汽福田汽车股份有限公司入选中关村知识产权领军企业，北京神雾环境能源科技集团股份有限公司入选中关村知识产权重点示范企业。入选企业可获知识产权专项资金和专业服务的支持。

（王红彬）

【中海阳集团签约百兆瓦光热并网发电项目】10月18日，由中海阳能源集团股份有限公司与甘肃省玉门市政府共同主办的“玉门市光热项目签约仪式”在京举行。双方相关领导参加。双方签订“100兆瓦光热并网发电示范及设备制造项目”合作协议，就玉门市100兆瓦槽式光热发电站项目进行合作。

（王红彬）

【3家企业获工业企业知识产权运用示范企业称号】10月23日，市经济信息化委印发《关于工业企业知识产权运用示范企业认定结果的通知》，认定41家企业为北京市工业企业知识产权运用示范企业。其中，昌平园北汽福田汽车股份有限公司、北京神雾环境能源科技集团股份有限公司、北京勤邦生物技术有限公司3家企业通过认定。

（江茂华）

【爱博诺德公司获美国富达公司6250万元风投】11月20日，爱博诺德（北京）医疗科技有限公司与美国富达风险投资公司战略合作签约仪式在京举行。双方相关负责人参加。美国富达风险投资公司旗下的富达亚洲风险投资基金和美国富达生物科技基金，将向爱博诺德公司投资6250万元，主要用于引进国外先进医疗技术，扩展软式晶体的研发和生产。

（王红彬）

【新增两家国家级孵化器】12月5日，科技部印发《关于认定北京厚德科创科技孵化器有限公司等104家单位为国家级科技企业孵化器的通知》（国科发火〔2014〕364号），昌平园北京乐邦乐成创业投资管理有限公司和北京宏福博奥科技孵化器有限公司两家孵化器通过

认定。乐邦乐成孵化器属创新型孵化器，重点发展移动互联网及文化创意产业，运营模式为“天使投资＋精益孵化”。宏福博奥孵化器是社区型孵化器，将产业园与社区内居住、教育、休闲、会展、酒店等进行整体化布局，主要面向互联网、新媒体、信息技术等领域。至年底，昌平园已有国家级孵化器4家。

（王红彬）

【双通道脑起搏器获产品注册证】12月10日，由清华大学研制、北京品驰医疗设备有限公司生产的G102型“脑深部电刺激脉冲发生器组件”（双通道脑起搏器）获食品药品监管总局颁发的三类医疗器械产品注册证（国械注准20143212170）。产品由脉冲发生器（包括外壳、内部电路、电池和顶盖组件）和力矩螺丝刀组成，采用原电池供电，可产生两路参数可调的电刺激脉冲信号，对脑深部的两个靶点神经核团同时进行电刺激，具有恒压、恒流两种刺激模式，典型参数使用寿命4～6年，用于对药物不能有效控制某些症状的晚期左旋多巴反应性帕金森病患者的治疗。

（王红彬）

【勤邦公司成果获CAIA奖】12月13日，在“中国分析测试协会第七届理事会第四次全体会议”上，公布了2014年度中国分析测试协会科学技术奖（CAIA奖）获奖名单。由北京勤邦生物技术有限公司参与完成的“基于功能纳米材料的卫生检测技术研究及应用”项目获CAIA奖特等奖，由其主持完成的“饲料和食品中真菌毒素快速检测方法开发及应用”项目获CAIA奖二等奖。“基于功能纳米材料的卫生检测技术研究及

应用”项目研制了贵金属金/银纳米粒子、碳量子点传感材料及荧光介孔纳米传感材料、荧光上转换等功能纳米材料，开发出食品安全领域内应用的系列检测产品，可应用于卫生监督、疾控、质检、工商等部门以及为大型活动提供保障。“饲料和食品中真菌毒素快速检测方法开发及应用”项目，开发并建立了饲料和食品中真菌毒素快速检测产品及方法，可为饲料的初期污染进行预警，还可使检测监管从事后处理变为现场执法，为饲料行业、养殖业以及粮油行业提供灵敏、快速、便捷、简单的检测产品及方法。

（王红彬）

【10人入选北京优秀青年工程师】 12月22日，在市科协、市人力社保局共同举办的“第二十二届北京优秀青年工程师表彰大会”上，市人力社保局公布第二十二届北京优秀青年工程师与北京优秀青年工程师标兵评选结果。昌平园推荐的有研亿金新材料有限公司高级工程师何金江等10人入选优秀青年工程师，其中博奥生物集团有限公司高级工程师王东入选优秀青年工程师标兵。

（王红彬）

【“春晖杯”美国精品项目昌平行活动举办】 12月23日，昌平园管委会举办“春晖杯”美国精品项目昌平行活动，“春晖杯”美国赛区获奖的38个创业团队的42位代表参加。项目团队参观了未来科技城展厅并进行实地考察，了解了未来科技城的建设由来、央企入驻情况、建设近况和高端人才引进情况等。项目团队进行获奖项目推介，涉及电子信息、生物医药、文化创意、能源科技等领域。

（王红彬）

【增设4家博士后科研工作站企业分站】 12月，全国博士后管委会办公室批准在昌平园增设4家博士后科研工作站分站，分别为致力研发及生产锂离子电池正极材料及动力电池的北大先行科技产业有限公司，专注于人工关节假体产品和配套手术工具的研发、生产和销售的北京爱康宜诚医疗器械股份有限公司，集药物研发、生产和销售为一体的北京海燕药业有限公司，从事心血管疾病介入诊疗器械设备及心血管药品研发、生产与销售的乐普（北京）医疗器械股份有限公司。截至年底，昌平园博士后科研工作站企业分站、创新实践基地工作站总数17家，进站人才20余人。

（王红彬）

【福田汽车公司入围千件专利企业】 年内，中关村示范区共有6家企业专利申请突破1000件，其中包括昌平园企业北汽福田汽车股份有限公司。福田汽车公司全年申请专利1847件，均属于汽车及相关技术领域，其中发明专利608件，占比32.9%。

（王红彬）

顺义园

2012 年 10 月，经国务院批复，中关村国家自主创新示范区扩展为“一区十六园”，顺义区航空北区、航空南区、临空地块、空港西区、空港东区、实创高新北区、实创高新南区、北方新辉地块、非晶地块 9 个区域组成中关村示范区顺义园，总规划占地面积 1207.7 公顷，包括 6 个基地，集中形成下一代互联网、移动互联网和新一代移动通信、卫星应用、生物和健康、节能环保、轨道交通六大新优势产业集群以及集成电路、新材料、新能源汽车、高端装备与通用航空四大潜力产业集群，重点发展航空航天、高端装备制造、研发服务、信息服务等高端产业，加快推进高新技术成果孵化转化，建设“生态良好、产业集聚、用地集约、设施配套、城乡一体”的研发服务和高技术产业集聚区。2013 年 2 月，园区获授牌。中航工业北京航空产业园占地面积 518.41 公顷，包括北区和南区。北区位于汽车生产基地，占地面积 204.78 公顷，市政基础设施实现“八通一平”，为航空总部、研发和制造业基地，中航发动机控股有限公司等企业入驻；南区位于国门商务区，占地面积 313.63 公顷，基础设施建设将达到“九通一平”，主要发展地理信息、航空服务等现代服务业产业，国家地理信息科技产业园等入驻。临空国际高新技术产业基地占地面积 157.02 公顷，主要发展电子信息、通信设备产业，有北京数码视讯软件技术发展有限公司等企业入驻。空港创意产业园占地面积 197.07 公顷，包括西区、东区。西区占地面积 66.78 公顷，主要发展总部企业、文化创意产业等，有尚峰国际等企业入驻；东区占地面积 130.29 公顷，发展以汽车研发生产为主导的现代制造业、文化创意产业等四大主导产业，北汽自主品牌汽车生产基地等入驻。实创高新技术产业基地位于北石槽镇，占地面积 94.79 公顷，包括南区、北区。南区占地面积 49.04 公顷，以医药产业为主，北京世桥生物制药有限公司等企业入驻；北区占地面积 45.75 公顷，规划用地性质为工业用地，以医药及软件开发为主导产业，重点企业为梦天门科技有限公司等。北方新辉新兴产业基地占地面积 81.47 公顷，着力引进新兴节能环保产业、现代制造业等，主要企业包括北京北汽大世汽车系统有限公司等。非晶产业基地占地面积 158.94 公顷，以高新技术产业、非晶产业为主，引进中兆培基（北京）电气有限公司等企业。顺义园拥有威乐（中国）水泵系统有限公司等国家级高新技术企业，均可享受各级政府政策、资金、项目等方面的支持。2014 年 8 月，经市编办批复，顺义园管理委员会成立，为区政府派出机构。

顺义园管理委员会领导成员

副书记　张友生　苏瑞峰
副主任　张友生　高春富　牛玉江　王　辉

中关村国家自主创新示范区顺义园规划范围示意图

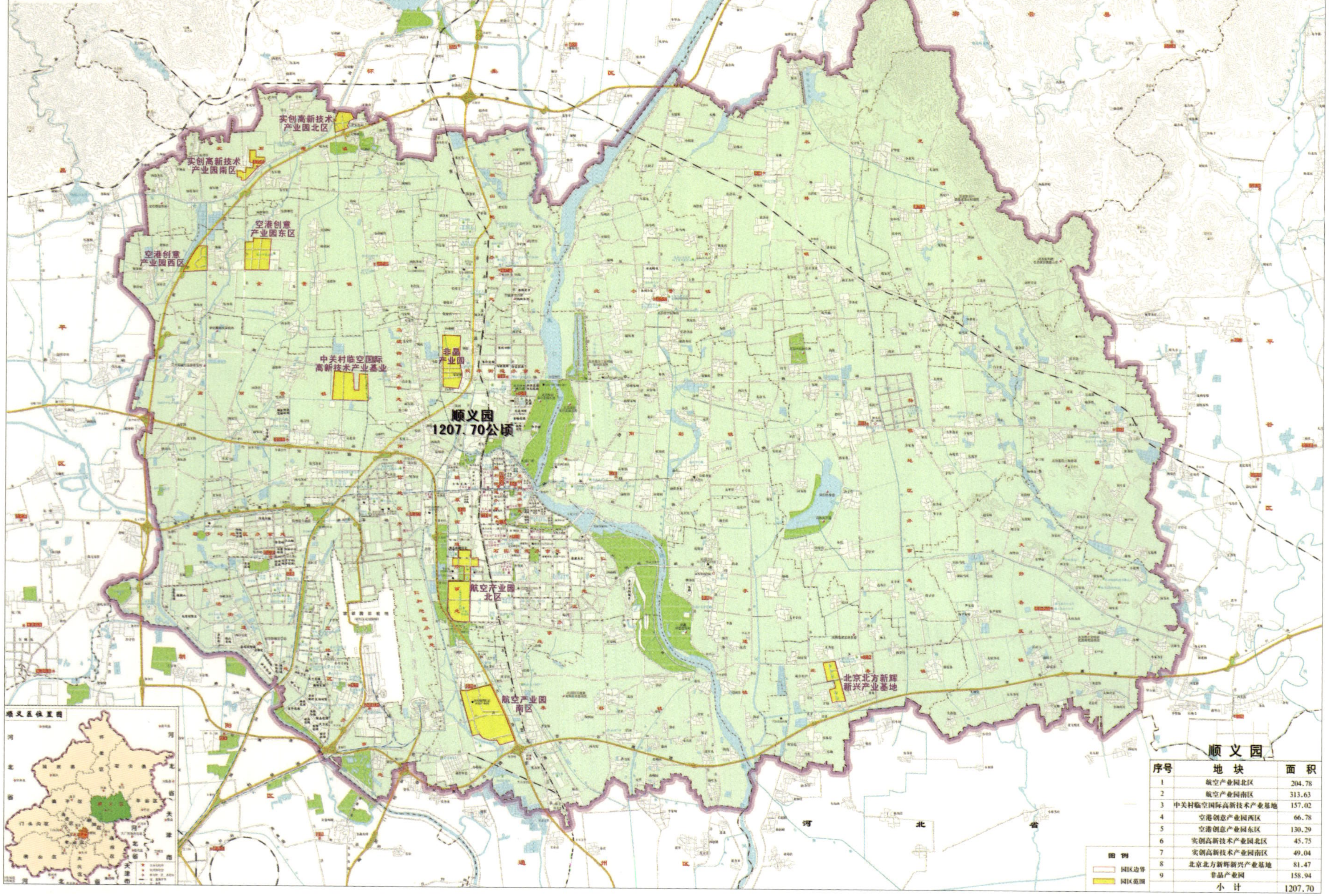

顺义园

序号	地块	面积
1	航空产业园北区	204.78
2	航空产业园南区	313.63
3	中关村临空国际高新技术产业基地	157.02
4	空港创意产业园西区	66.78
5	空港创意产业园东区	130.29
6	实创高新技术产业园北区	45.75
7	实创高新技术产业园南区	49.04
8	北京北方新辉新兴产业基地	81.47
9	非晶产业园	158.94
	小计	1207.70

【概况】2014年，顺义园在中关村示范区政策、资金、项目等方面的支持下，产业发展进一步加快，带动顺义区经济社会发展。年内，园区入统高新技术企业总数134家；从业人员5.5万余人；工业总产值483.9亿元；总收入565.2亿元；进出口总额12.9亿美元；实缴税费32.3亿元；利润总额57.3亿元；资产总计1327.6亿元；科技活动经费支出39.1亿元；专利申请387件，专利授权333件。

*加快推进建设步伐。*依照《国务院关于同意调整中关村国家自主创新示范区空间规模和布局的批复》及市委、市政府关于实施《中关村国家自主创新示范区条例》精神，将区内3个镇和5个园区纳入到镇域和园区的控制性规划中；确定园区范围内可开发用地、产业用地、配套设施用地规模、供应和配比，利用“能耗、环保、容积率、绿化率、投入产出率”等要素约束出让条件；对园区规划和土地统筹管理，强化土地集约节约利用。

*转型升级成效显著。*按照顺义区“推动四个转型升级”战略要求，着力提升功能区产业发展和管理水平，实现功能区高端引领、创新驱动和绿色发展。经市编办批准，相继成立了中关村顺义园管委会、科技创新产业功能区管委会、中关村示范区顺义园工委会，以及临空经济核心区工委会和管委会并正式揭牌；以北京汽车基地、林河开发区、临空国际产业基地等为依托，深化与中关村示范区合作对接，重点发展新材料、新能源等高端产业，全力打造“科技创新”功能板块；有效推进创新成果引入转化，支持具有研发实力的高新技术企业，临空国际产业基地被认定为“北京市战略性新兴产业科技成果转化基地”，为科技企业研发成果转化搭建服务平台，创造良好的发展环境。

*大力引进重点项目。*兴唐通信科技有限公司、北京轩宇信息技术有限公司两家重点企业，在顺义园建设兴唐顺义科研生产基地、航天技术应用产业园等多个集产学研于一体的产业基地，涉及信息安全设备研制、软件开发、信息服务、卫星应用等领域，总投资超过33亿元；聚利科技总部基地、新源国能水处理两个重点项目，拥有先进水平的技术研发中心、计算机软件著作权等30余项自主知识产权以及国家相关部门颁发的工程总承包、运营等资质，投资总额近9亿元，主要从事车载设备、总部结算基地等建设，科技创新实力强劲；在临空经济核心区举行的推介会暨项目签约仪式上，区政府、核心区管委会等4家单位分别与天津远洋绿洲股权投资基金管理有限公司、上海浦东发展银行北京分行等相关单位签约10个项目，交易额560亿元。

*项目建设进展顺利。*年内，格格时尚创意产业基地一期、北京航空高科技创业孵化与中试服务基地等4个项目开工建设，总投资超过2亿元，建筑面积15.7万平方米；北汽越野车分公司、数字电视前端产业园等3个项目竣工，总投资超过5.6亿元；北京汽车集团有限公司越野车分公司总装车间投产，投资2.9亿元，建设面积4.5万平方米，年产10万辆越野车；北京汽车股份有限公司上市，上市当日开盘价8.9港元，奔驰H股IPO基础发行规模12.4亿股，募集资金110亿港币，成为港交所规模第二大汽车制造商。

*创新环境大幅提升。*作为区整合各类相关政府资金进行基金模式投资试验田，北京首航三新科技研究院有限公司与北京首都科技发展集团公司共同发起设立“北京科技成果转化（顺义三新创业）前孵化投资基金（有限合伙）”，以发现项目、支持创新为目标，为创新型企业、创新型项目提供资金支持；北京瑞赛科技有限公司和北京高技术创业服务中心共同建设的“北京航空高科技创业孵化与中试服务基地”开工奠基；国家地理信息科技产业园已具备成为地理信息创新基地、孵化基地和科技产业化基地的条件与能力；北京激光显示产业园启动建设，凭借自主研发的“激光荧光粉（ALPD）”全球核心知识产权，炫幕二代100英寸激光电视全面展开量产筹备。

（袁永章）

【荣宝斋公司入驻临空国际产业基地】1月20日，荣宝斋与顺义园临空国际产业基地签署入区协议。荣宝斋是国内文化创意产业领军企业、中华老字号，有300余年历史。根据协议，拟在基地内建设荣宝斋文化创意产业园，包括荣宝斋画院、数字出版中心、国家级非物质文化遗产生产性保护示范基地、新产品研发中心和艺术家创作中心等，将带动顺义区文化创意产业发展。

（袁永章）

【北汽越野车分公司一期项目竣工】2月28日，由北京城建集团有限责任公司承建的北京汽车集团有限公司越野车分公司项目竣工。该项目2013年6月8日开工建设，位于空港开发区C区，占地面积约53公顷，总建筑面积19.96万平方米，投资额26.2亿元，建有焊装、涂装、总装三大工艺设施及配送、动力等生产及辅助设施，一期形成产能10万台/年，主要生产BJ40、B70V、B90W等型号越野车及“勇士”改进型

B80J 军车。

（袁永章）

【黄记煌公司与亚宝公司实现资产转让】 3月2日，北京黄记煌餐饮管理有限责任公司与亚宝北中大（北京）制药有限公司签订转让协议。根据协议，亚宝北中大公司将位于北京林河经济开发区内的闲置近两年的4.6公顷工业用地及3.5万平方米工业厂房转让给黄记煌公司。黄记煌公司将投资2.2亿元建设总部办公楼、食品配送中心以及培训中心。至年底，总部办公楼和食品配送中心投入运行。

（袁永章）

【北京现代信息技术有限公司成立】 3月18日，“北京现代信息技术有限公司合资协议签约仪式”在北京现代汽车有限公司一工厂举行。相关单位领导等参加。根据协议，北京汽车股份有限公司、现代AUTOEVER公司、现代汽车（中国）投资公司合资共建北京现代信息技术有限公司，注资500万美元，各持股50%、40%和10%。公司注册地为顺义园汽车基地，办公地位于中关村软件园，占地面积500平方米，有人员120余人，其中技术人员90余人，包括北京现代信息技术部划转人员、韩国现代奥特博公司与北汽股份公司派驻人员。成立后，将为北京现代及北汽与现代汽车合资的相关企业提供IT综合服务。

（袁永章）

【国家一类新药吡非尼酮胶囊投产】 3月，由北京康蒂尼药业有限公司研制的国家1.1类新药“吡非尼酮胶囊（商品名：艾思瑞）上市销售。该产品历时10余年研发，具有自主知识产权，拥有多项国内及国际授权专利，2011年9月获食品药品监管总局颁发的1.1类新药证书（国药准字H20133376），是一种具有抗纤维化、抗炎、抗氧化作用，能多个途径全面干预IPF病程进展的小分子化合物，是国内唯一获批治疗特发性肺纤维化（IPF）适应症的药物，可明显改善肺活量、血氧浓度指标，减轻呼吸不畅、憋气等症状，使“特发性肺纤维化”疾病死亡率相对下降29%。项目得到市药监局、市科委等单位支持，被评为2012年G20工程重大创新产品。至年底，该药品共生产2万余瓶，销售收入2000余万元。

（任春伶）

【远大住宅公司落户林河开发区】 4月2日，林河经济开发区顺义新城第7街区SY0701-040、042（局部）地块被远大住宅工业（北京）有限公司摘牌（京土整储挂（顺）工业〔2014〕004号）。项目占地面积6.47公顷，总投资20亿元，建筑面积10万平方米，主要建设绿色建筑大数据中心、终端建筑数据托管中心、技术研发中心以及华北地区销售结算中心，包括数字设计、制造、物流、施工、运营等业务，计划2015年开工建设。

（袁永章）

【临空经济核心区揭牌成立】 4月18日，由临空经济核心区管委会主办的“中共北京市顺义区委北京临空经济核心区工作委员会北京临空经济核心区管理委员会揭牌暨签约仪式”在顺义区举行。国家测绘地理信息局、首都机场集团、民航华北空管局以及区政府相关领导等参加。仪式上，宣读了3月25日北京市机构编制委员会《关于同意整合北京临空经济核心区相关管理机构的批复》（编委〔2014〕19号），批准组建北京临空经济核心区管理委员会，为市政府派出机构，同时，设立中共北京市顺义区委北京临空经济核心区工作委员会，与北京临空经济核心区管理委员会合署办公。核心区是北京市重点建设的六大高端产业功能区之一北京临空经济区的核心区域，由原北京天竺空港经济开发区、原北京空港物流基地和原北京国门商务区3个功能区进行整合，并承接原有的天竺综合保税区与顺义园区组建而成，总规划面积1.7万公顷，起步规划区面积约5600公顷，北以六环路为界，南以机场南线高速和京平高速为界，西以京承高速和温榆河为界，东以六环路和潮白河保护绿带为界。组建后的核心区，将叠加集成首都机场、天竺综合保税区、中关村示范区资源政策优势，突出发展航空运输及相关产业、战略性新兴产业、产业金融、商贸服务

和文化创意等五大产业，积极培育壮大战略性新兴产业，逐步实现“开放功能充分发挥、高端产业聚集和创新发展、城市功能建设水平全面提升、‘临空服务’品牌全方位塑造”的目标。核心区管委会分别与新华社新媒体产业园、中交投资基金管理（北京）有限公司、国弘航空有限公司签约。至年底，核心区完成机构组建、空间布局、服务体系、国有资产和产业布局等整合任务。

（袁永章）

【临空经济核心区签约仪式举行】4月18日，在“中共北京市顺义区委北京临空经济核心区工作委员会北京临空经济核心区管理委员会揭牌暨签约仪式”上，核心区管委会分别与新华社新媒体产业园、中交投资基金管理（北京）有限公司、国弘航空有限公司签约，总额达250亿元；与北京银行股份有限公司郊区管理部签订全面战略合作协议，内含意向性提供融资金额100亿元，用于支持临空经济区的城市基础设施与公共服务配套设施建设、功能布局及业态调整、民生与环境改善，满足区内重点工程、中小企业的直接融资需求。新媒体产业园注册资金5000万元成立基金管理公司，主要用于园区建设，将引进国内一流新媒体技术，打造集电子商务、文化创意、金融服务、物流服务等一体化的产业链；中国交通建设股份有限公司主导设立中交投资基金公司，注册资金2亿元，发起模式为“产融结合”，主要从事私募股权基金的投资、管理及相关投融资顾问服务，首期设立的中交建设基金将与全国社保理事会联合，总规模为150亿元；国弘公司注册资金5000万元，主要经营公务飞行、私用或商用飞行驾驶执照培训、直升机引航作业等。

（袁永章）

【新源国能公司入驻临空国际产业基地】4月30日，北京新源国能科技有限公司与临空国际产业基地签署入区协议。该公司是专业提供水处理整体解决方案的高新技术环保企业，集水处理技术研发设计、设备开发与制造、施工建设、运营服务和投资建设于一体，聚集众多业内高端技术精英和留学归国人才，致力污水资源化、膜法海水淡化、工业给水处理、工业废水零排放等领域。项目计划占地面积2.7公顷，投资6亿元，主要建设总部结算基地及水处理研发设计中心、设备开发及膜材料研发中心。5月30日，公司完成工商注册和税务登记手续，至年底，完成税收700余万元。

（袁永章）

【临空国际产业基地3块地块挂牌成交】4—6月，临空国际产业基地内3块一类工业用地地块挂牌成交，总额9.55亿元。3-2-2地块总用地面积3.14公顷，其中建设用地面积2.81公顷，建筑控制规模22472平方米，被雷士（北京）光电工程技术公司以2.5亿元摘牌，将引进光量子、植物工厂系统、智能环境系统、节能技术研发、制造、销售为一体的高科技企业；3-2-1地块总用地面积2.9公顷，其中建设用地面积0.28公顷，建筑控制规模2270平方米，被北京数码视讯科技股份有限公司以2.55亿元摘牌，将引进新一代数字电视前端软硬件系统开发、生产、销售和服务为一体的电子信息产业型企业；2-1西区地块总用地面积9.7公顷，其中建设用地面积5.87公顷，建筑控制规模4.69万平方米，被荣宝斋文化创意园以4.5亿元摘牌，将引进出版物印刷、装订、其他印刷品印刷（限木版水印字画印刷）、金石篆刻、装帧装裱等企业。3家企业均取得《国有土地使用证》。

（袁永章）

【乐视移动公司成立】5月6日，乐视移动智能信息技术（北京）有限公司在市工商局顺义分局注册成立，注册资金2000万元。其经营范围为：生产、研发手机、移动电话，销售通信设备、电子产品、机械设备、汽车配件等。乐视网信息技术（北京）股份有限公司、乐视控股（北京）有限公司、乐视致新电子科技（天津）有限公司为其三大股东。

（杜　玲）

【汽车基地企业项目参展科博会】5月13—18日，在“第十七届中国北京国际科技产业博览会”上，北京汽车生产基地管委会组织园区三大企业转型升级项目亮相科博会，专设北京新能源新材料新技术研究院展台，展出北京中铜首航环保动力科技有限公司的新式纯电动巴士，光峰华影（北京）科技有限公司最新研发出的激光电影放映机、炫幕二代激光电视、120寸巨幕投影，以及恒激光科技（北京）有限公司的重金属激光快检设备等产品。市委书记郭金龙参观基地展台，听取企业项目介绍，了解相关技术信息和设计理念。区政府、区政协以及天竺综保区等相关领导一同参观展览。

（袁永章　陈立东）

【中铜首航新式纯电动巴士参展科博会】5月13—18日，在“第十七届中国北京国际科技产业博览会”上，北京中铜首航环保动力科技有限公司的12米永磁同步直驱牵引纯电动公交车亮相北京新能源新材料新技术研究院展台。新式纯电动巴士拥有两项企业自行研发的核心技术，即智能节能永磁电动机和固态锂聚合物电池。电动机突破了一般永磁电动机的最大输出功率限制，可将绝大部分输入电能转化成输出动能，从而减

少热耗，不需要电动机冷却系统，且能拉动重型电动车；聚合物电池与一般液态锂电池比较，安全性高、重量轻、体积小、使用寿命长、没有泄漏污染。整车采用轻量化设计，总重可控制在 10 吨以下，设计续航 370 千米，按港府标准可达到 17 年使用寿命要求。

（袁永章 陈立东）

【炫幕二代电视新品推出】5 月 14 日，在“ALPD 激光显示产业联盟 2014 年度发布会”上，光峰华影（北京）科技有限公司发布炫幕二代电视新品，其核心显示技术被称为 ALPD（Advanced Laser Phosphor Display），即先进激光荧光粉显示技术。炫幕二代在屏幕尺寸上仍维持着 100 英寸量级，但画质、图像处理等硬件系统全面升级，画面的输出亮度在原有的基础上又增强 30%，使得设备更适合在室内光线复杂的环境中使用；配备进一步优化光源的光源 + 授权的专属屏幕，可对环境光产生更有效的抑制作用；使用 2.5 代的激光原件，在低噪音、高寿命、低能耗的状态下实现了高效率、高可靠性和高光电转换率；采用激光 + 稀土发光材料支撑激光电视的色域覆盖率，所投射出的影像画面色彩鲜明、亮度高，而且不会因为观看距离的远近变化而产生差异，具有 IMAX 的影院观影效果；增加了特别图像处理芯片，保证每一帧图像的流畅和精细。

（袁永章 陈立东）

【10 个项目签约交易额 560 亿元】6 月 1 日，在“第三届中国（北京）国际服务贸易交易会”上，临空经济核心区管委会组织推介会暨项目签约仪式。区政府、区金融办、区国资中心分别与天津远津绿洲股权投资基金管理有限公司、上海浦东发展银行北京分行、中信建投证券股份有限公司等相关单位就 10 个项目签约，涵盖银行、证券、基金、租赁、文化等行业，交易额达 560 亿元。其中，临空核心区管委会与天津远津绿洲公司签约，项目总额 100 亿元，计划在核心区注册成立新公司，注册资本 1 亿元，作为远洋地产旗下重要的金融投资平台，专业从事地产基金管理；与中国农业发展银行北京分行签订全面战略合作协议，内含意向性提供融资金额总计 160 亿元，用于支持临空核心区的城市基础设施与公共服务配套建设、功能布局及业态调整、民生与环境改善，缓解区内重点工程、中小企业等的直接融资需求。

（袁永章）

【区政府与市科委达成推动科技成果转化合作意向】6 月 26 日，在顺义区政府举行的推动科技成果转化战略合作签约仪式上，区政府与市科委、北京汽车基地管委会与北京首都科技发展有限公司分别签署《关于联合推动科技成果转化的战略合作协议》《北京市科技成果转化（三新创业）前孵化基金（有限合伙）合伙协议》。根据协议，双方将通过联合建立科技成果前孵化投资基金、推动科技创新平台建设、组织科技交流活动、申报科技计划项目等合作形式，共同助推科技成果转化和产业化，加快构建“高精尖”经济结构。北京首都科技发展有限公司、北京首航三新科技研究院有限公司，分别作为市科委和区政府对接载体，将合作组建“北京科技成果转化（顺义三新）前孵化投资基金”，重点投资于新能源、新材料等领域科技成果在区内落地转化。

（袁永章）

【格格时尚创意产业基地项目奠基】7 月 1 日，由北京金乔佳申科技有限公司、北京格格旗袍有限公司主办的“格格时尚创意产业基地奠基典礼”在印刷产业基地举行。市经济和信息化委、市服装纺织协会、顺义区经济和信息化委等相关单位领导以及建设和监理单位北京城建十六建筑工程有限责任公司、北京建研凯勃建设工程咨询有限公司等企业的代表参加。项目预计总投资 4 亿元，一期投资 1.2 亿元，建筑面积 2 万平方米，包括生产厂房、研发办公室及配套设施，预计 2015 年 10 月竣工，将建设成为集生产、研发、展示为一体，形成民族文化的时尚创意产业基地，主要生产自主品牌的中式服装。

（袁永章）

【承接沙特王国塔幕墙设计工程】7 月 7 日，江河创建集团股份有限公司与阿拉伯联合铝业有限公司（United Arab Aluminium Company）签署合同，承接沙特阿拉伯王国塔项目幕墙设计工程，面积 16 万平方米，合同金额 4465 万元。项目位于沙特吉达市北部，由一座塔楼和裙楼组成，4 月 27 日动工，计划 2018 年完工，总投资 12 亿美元，是集高档酒店、办公功能于一体的综合性商用大楼。塔楼高 1007 米（251 层），采用高性能隐框单元体幕墙，主要立面是倾斜面，对幕墙的抗风压性能、水密气密性能、施工经验等要求都非常高；裙楼由拉锁、框架、曲面采光顶等不同的幕墙形式组合而成，几何结构复杂、计算难度大，对幕墙技术要求极高。

（袁永章）

【月球车数字仿真实验验证平台通过验收】7月17日，科技部高技术中心在航天城召开“基于月球车的CPS系统应用验证”课题验收会，对北京轩宇信息技术有限公司（北京控制工程研究所全资子公司）研制的月球车数字仿真实验验证平台（“基于月球车的CPS系统应用验证”课题的重要研究成果之一）进行验收。课题组利用VTest系统级虚拟仿真环境工具，对月球车GNC软件运行的硬件环境进行全数字仿真，对CPS技术在月球车GNC系统软件设计中应用效果进行实际验证。验收专家组认为课题组完成了计划书要求的目标和主要指标，一致认可平台的正确性、易用性等能力，同意通过验收。（“基于月球车的CPS系统应用验证”是“十二五”863计划信息技术领域“面向信息—物理融合的系统平台”项目下的6个课题之一，2011—2013年完成，控制所承担。）

（袁永章　任春伶）

【东方雨虹院士专家工作站成立】7月21日，在“北京市院士专家工作站工作会议”上，18家企业获“院士专家工作站”授牌，北京东方雨虹防水技术股份有限公司名列其中。会上，公司为进站的北京化工大学专家颁发聘书，双方就高分子防水材料的研发签署合作协议。至此，顺义区共有3家院士专家工作站。

（李小焕）

【江河创建集团中标“中国第一高楼”】7月28日，江河创建集团股份有限公司中标武汉绿地中心幕墙工程。中心位于武汉市武昌区江滨商务区，由1栋主塔楼、1栋办公楼辅楼、1栋公寓辅楼及裙楼组成，建筑高度636米，是中国第一高楼。建筑幕墙面积15万平方米，外表皮为呼吸式幕墙系统，能充分吸收阳光，最大限度地减少能耗，是“绿色节能建筑”。

（袁永章）

【顺义园管理委员会成立】8月12日，市编办批复，同意调整顺义园机构设置，由原在区经济信息化委加挂中关村示范区顺义园管理委员会牌子，调整为独立设置。顺义园管委会作为区政府派出机构，内设规划建设处、产业发展处、科技金融处等8个处室，将组织或参与编制园区发展规划、空间规划、产业布局规划以及新扩展区的控制性详细规划，组织制定、实施园区开发建设方案；开展园区产业促进工作，推动重点工程、特色产业基地建设，服务重大项目落地，落实示范区优化产业布局调控要求；协调开展园区创业服务、人才服务、企业服务，优化园区发展环境，调研企业需求，提出政策建议；组织开展创新成果转化、科技金融、创新能力建设等方面的促进服务工作，开展高新企业认定、高层次人才引进、信息化建设等工作以及先行先试政策宣传培训、推广应用和政策扶持等；协调开展园区公共服务、成果宣传、创新文化建设活动。同时成立中关村示范区顺义园工作委员会，为区委派出机构，与顺义园管委会合署办公。

（袁永章　范丁波）

【3家单位被认定为市新型工业化产业示范基地】8月19日，在北京市经济和信息化系统2014年上半年经济形势分析会上，公布了第二批“北京市新型工业化产业示范基地”认定名单，共13家。顺义区5家，其中顺义园北京林河经济开发区·数控机床、顺义区马坡产业基地·特种装备、顺义区兆丰产业基地·自主品牌汽车3家在创新能力和研发技术水平、信息化水平和公共服务体系、节能减排和主导产业集聚等方面通过考查，获得认定。市相关部门将对每家获认定基地给予奖励资金。

（袁永章）

【9家企业入选“十百千工程”】8月20日，中关村管委会、市发展改革委、市科委等6部门联合印发《关于印发中关村国家自主创新示范区“十百千工程”第三批新入分园企业增补名单的通知》（中科园发〔2014〕40号），顺义园江河创建集团股份有限公司、北京康仁堂药业有限公司等9家企业纳入中关村示范区“十百千工程”。至年底，顺义园共有“十百千工程”企业11家，涉及生物医药、节能环保、新材料等领域。

（袁永章）

【中影光峰激光影院公司落户顺义园】8月28日，“第十一届中国·北京数字电影论坛”上，中影光峰激光影院技术（北京）有限公司举行成立仪式。广电总局、顺义区政府、中国电影股份有限公司等单位相关领导及业内人员100余人参加。公司由中国电影器材有限责任公司、深圳光峰光电技术有限公司等共同出资成立，注册地为汽车生产基地，注册资金1500万元，将以科学管理、市场化运作为手段，致力研发、生产、销售拥有自主知识产权和符合国内外市场需求的电影放映激光光源及相关设备，采用激光光源替代氙灯光源，使先进的激光显示技术与数字电影放映相结合，打造具有世界水平的电影激光放映的研、产、销体系。

（袁永章　陈立东）

【《顺义区关于推进经济功能区转型和创新发展的指导意见》印发】8月29日，顺义区政府印发《顺义区关于推进经济功能区转型和创新发展的指导意见》（顺政发〔2014〕18号）。《意见》明确用3年左右时间，初步构建起由临空服务、科技创新、绿色生态三大功能板块组成的产业空间格局的发展目标。指出推进经济功能区转型和创新发展的主要措施，即推动功能布局优化和资源整合、实行产业负面清单管理、完善产业项目准入评价机制、建立重大创新成果发现跟踪引进机制、健全功能区开发实施机制、改进功能区产业项目扶持方式、推动功能区与产业共同发展、加强功能区土地资源集约高效利用、推动功能区绿色低碳发展、推动功能区与镇级产业基地合作共建、切实加快产城融合发展。

（袁永章）

【聚利科技公司入驻临空国际产业基地】9月16日，北京聚利科技股份有限公司与临空国际产业基地签订入区协议，计划由海淀园迁入园区，占地面积2公顷，总投资2.5亿元。该公司成立于2001年，为国家高新技术企业，拥有16项自主知识产权，2012年在新三板挂牌上市，主要从事电子不停车收费系列产品、车载设备等产品的研发、生产、销售和运营。

（袁永章）

【2家企业产品获2014年度北京知名品牌】9月22日—10月12日，按照《北京市经济和信息化委员会2014年工业质量品牌创新专项行动工作方案》，由市质量协会质量审定委员会组织的2014年度北京知名品牌评选活动初选产品名单公示。顺义区4家企业的品牌产品获年度北京知名品牌称号，包括顺义园的北京蓝星清洗有限公司的“不冻液”、北京康仁堂药业有限公司的“中药配方颗粒”2家企业的品牌产品。“不冻液”具有高度防腐蚀性能，为发动机冷却系统提供全面保护，适用于各种汽车冷却系统，夏季防沸、冬季防冻；“中药配方颗粒”是单味中药经“低温萃取”提取的药物成分，有“免煎中药饮片”之称。

（袁永章）

【百迈客SLAF-seq技术获发明专利授权】10月15日，北京百迈客生物科技有限公司的“基于SLAF-seq技术的大规模样品基因分型方法”获国家发明专利授权（2012110501124.9）。发明提供基于测序和SLAF-seq技术的大规模样品基因分型方法，利用SLAF-seq技术降低基因组复杂度并开展高通量测序，对大规模样品进行标记开发，对遗传图谱、单体型图谱绘制及性状进行关联分析，包括对经性状鉴定的各样品DNA进行检测及比较分析、对样品基因组的复杂性进行降低处理、利用二级引物库中的引物对复杂性降低后的样品DNA进行PCR扩增等。SLAF-seq是公司自主研发的一种简化基因组测序技术，提供酶切方案定制服务，一次开发高达10万个标签，获取全基因组范围内最完整变异图像（SNPs、InDels）。升级后的SLAF2具有reads长、通量高、方案设计灵活等特点，带来了2×100bp的有效读长，研究者可选择最具信息量和可靠多态标记，实现重要农艺性状功能基因定位的卓越能力。该技术在芝麻、大豆、玉米等物种中获得应用。

（袁永章）

【临空国际获市战略性新兴产业科技成果转化基地认定】10月15日，市科委公布2014年度北京市战略性新兴产业科技成果转化基地认定及项目立项名单，北京临空国际高新技术产业基地被认定为市战略性新兴产业科技成果转化基地。基地2005年成立，立足于电子信息产业3C融合、三网融合、3G应用与4G的预研，重点支持具有研发实力的高新技术企业、科技型中小企业，为企业研发成果转化创造良好的软硬件环境，促进企业研发成果向产业化转化，一批研发项目由研发阶段转化到产业化起步阶段。被认定后，基地将为科技企业研发成果转化创造更好的发展环境，为促进企业科技成果转化提供更为优惠的政策支持。

（袁永章）

【PKPM2010新规范版本V2.2新版发布】10月16日，由建研科技股份有限公司主办的“PKPM2010新规范版本V2.2新版发布暨用户分享大会”在京举行。科研机构、新闻媒体的代表等近1000人参加。会上，PKPM战略合作伙伴Bentley公司为与会者展示了“I-model建筑信息流动的关键技术”；主办单位进行传承与创新——PKPM2010新规范版本V2.2整体改进的介绍，并宣布全球首发“设计”与“管理”一体化的PKPM—PW协同系统。V2.2在设计容量、界面设计、交互效率、功能细节等方面进行了改进，满足设计师协同设计需求。签到环节全程采用二维码方式，用户只需通过之前收到的二维码门票，刷码便可进入会场。用户访谈VCR，通过视频使与会者了解到国内30余家设计院几十位工程师参与的成果。创新性的“微信大屏幕”，设计师和用户通过微信方式“上墙”进行实时交流互动。在高端技术分享与讨论环节，相关人士做了“技术分享：建筑结构分析与设计中的几个问题”“常见结构设计问题辨析”“地基基础设计疑难新”

等报告。

（袁永章）

【东方雨虹公司成果入选国家重点新产品计划】 10月21日，科技部印发《关于下达2014年度有关国家科技计划项目的通知》（国科发计〔2014〕303号），北京东方雨虹防水技术股份有限公司研发的“PMH-3040高密度聚乙烯自粘胶膜防水卷材”入选2014年度国家重点新产品计划战略性创新产品。产品以HDPE为底膜，采用热熔胶和弹性涂料涂覆、干燥等工艺制成，实现力学性能、预铺效果、施工性能、成品保护四大功能合一，是国内首家真正意义上实现预铺反粘技术的企业，是国内首创四层结构的卷材。产品具有拉伸强度高、抗冲击、防窜水等特性，应用于北京地铁、越南公路隧道、波兰地下建筑等国内外重大基础设施建设。

（袁永章）

【非固化橡胶沥青防水涂料入选国家火炬计划】 10月21日，科技部印发《关于下达2014年度有关国家科技计划项目的通知》（国科发计〔2014〕303号），北京东方雨虹防水技术股份有限公司研发的“PBC-328非固化橡胶沥青防水涂料”因其创新性、先进性、成熟度入选2014年度国家火炬计划产业化示范项目。产品是新型环保、高固含量沥青涂料，采用高性能弹塑性体为改性剂、优质沥青为基料以及高活性液态增粘树脂，添加一定比例的功能性聚合物和稳定剂配制而成，其原材料不含废轮胎胶粉和任何溶剂，可提高产品的防水性能、弹塑性能、自愈性和热稳性、耐化学性能和耐老化性能，解决复合防水中涂料和卷材结合的问题，广泛用于工业与民用建筑、地铁和隧道等工程。产品获中国建筑防水协会颁发的2012年“建筑防水行业技术进步奖”一等奖。

（李小焕）

【新能源汽车与人才发展论坛举办】 10月21日，由北京汽车集团有限公司、北京新能源汽车股份有限公司承办的“2014首届全球华人汽车精英联合年会暨新能源汽车与人才发展论坛”在京举行。中国汽车人才研究会、全德华人机电工程学会等单位有关人员80余人参加。论坛以“新能源汽车与人才国际化”为主题。相关专家分别从汽车技术角度，分享对新能源汽车、网络汽车、自动驾驶汽车的现状及发展趋势与人才培养问题的观察与思考，就“新能源汽车关键技术研发人才团队建设”“新能源汽车人才的引进与国际化”等方面进行探讨。与会人员围绕“新能源汽车技术与人才培育的国际经验”和“新能源汽车关键零部件配套及供应商项目管理人才”两大主题展开交流。会议还发布由全球汽车精英组织、欧洲华人汽车工程师协会等共同发起的《全球华人汽车精英关于实现汽车强国梦的宣言》，宣布启动“全球华人汽车精英致力汽车强国圆梦行动”，旨在产业国际化发展模式、技术与人才引进、建立现代产业体系与企业制度、加强国际合作等方面为中国汽车工业发展提供智力支持。

（袁永章）

【北汽集团首届科技创新大会举行】 10月27日，“北汽集团科技创新大会”在北汽研发基地举行，主题是“崇尚·引领”。中国汽车工程学会、市科委等单位相关领导参加。会上，北京汽车集团有限公司主要负责人就“以科技创新推动战略转型把北汽集团建设成为有国际竞争力的创新型企业”为题做主旨讲演；颁发北汽集团首届科技创新奖，共27项，北京汽车股份有限公司承担的“自主品牌中高端轿车C70G正常产品开发和发动机B205/235整机产品开发及工业化”获特等奖，北汽集团越野车研究院“BJ40轻型越野车产品开发”、北京新能源汽车股份有限公司“C30DB纯电动汽车集成开发与技术提升”等6个项目获一等奖，还有二等奖9项、三等奖11项。

（袁永章）

【“一种软着陆接力避障方法”获中国专利优秀奖】 11月6日，国家知识产权局印发《关于第十六届中国专利奖授奖的决定》（国知发管字〔2014〕63号），北京控制工程研究所张洪华、王鹏基、黄翔宇等发明的“一种软着陆接力避障方法”（ZL201010621248.1）获第十六届中国专利奖优秀奖。专利2010年12月24日申请，2013年5月1日授权，授权公告号CN102173313B。发明由粗避障阶段和精避障阶段配合完成天体软着陆。粗避障阶段利用可见光相机进行较大范围和较大障碍的粗检测，剔除直接威胁着陆安全的大障碍；之后在粗避障阶段选取的安全区域内利用激光扫描对天体表面进行精确三维障碍检测，获得并剔除较小尺寸的障碍，最大限度地保证着陆安全。发明自主性好，可靠性高，可用于地形较为复杂的天体软着陆探测任务，对于距离较远的深空无人天体软着陆尤其适用；提高了避障能力和避障距离，增加了着陆的安全性；降低了对敏感器的技术指标要求，使得可见光和激光成像敏感器的研制难度降低，有利于工程应用。

（袁永章）

【2家生物医药企业获科技创新奖】 11月28日，在“2014年度科技创新工程推进大会”上，公布2014年北京企

业评价协会科技创新奖获奖名单。顺义园共获奖 6 项，企业类 2 项、产品类 1 项、成果类 1 项、人物类 2 项。北京首儿药厂、北京世桥生物制药有限公司获企业类优秀奖；首儿药厂“小儿咽扁颗粒”获产品类优秀奖；世桥生物公司林韶辉、杨秀梅完成的“氧敏感性输液制剂的关键生产技术开发”获成果类优秀奖；首儿药厂总经理凌科获人物类卓越领导者称号、世桥生物公司副总经理刘亚利获人物类突出贡献者称号。

（袁永章）

【曲美家具设计产品获红星奖】 12 月 12 日，在“设计为人民——2014 中国设计红星奖颁奖会”上，曲美家具集团股份有限公司设计研发、生产的“致趣空间——旋律休闲椅”获 2014 中国设计红星奖银奖，“自在空间——蜂巢隔断”获红星奖。“旋律休闲椅”采取人体工程学设计，流线型扶手和靠背，结构稳固、耐用，使用寿命长，曲中有直，带给人极大的愉悦体验，且弯曲木技术突破传统，结合现代 3D 红外扫描雕刻技术，完成看似不可能完成的空间弯曲。“蜂巢隔断”的设计灵感来源于大自然中的蜂巢，材质与形态都犹如自然之物，给人返璞归真的感觉；产品既可做屏风也可做装饰物件，节省空间；以单片弯曲木为单位组合，体积小，运输方便。两款产品均采用水性漆，以水作为稀释剂，不含甲醛等有害物质，遵循天然环保的理念。

（袁永章）

【兴唐通信科研基地项目入驻临空国际】 12 月 12 日，兴唐通信科技有限公司与临空国际产业基地签订入区协议，拟建“兴唐顺义科研生产基地”。项目位于基地 2-1 东区地块，计划占地面积 11.4 公顷，投资 11 亿元，

包括科研楼、厂房、产品库房及联调联试场地等。兴唐通信公司由成立于 1972 年的数据通信科学技术研究所转制而来，隶属于大唐电信科技产业集团，是一家面向信息通信产业的国家高新技术企业，国内一流的信息安全和网络业务系统的提供商、服务商和集成商之一，业务范围涵盖通信安全、网络安全、办公安全等领域。

（袁永章）

【航空高技术创业孵化中心项目奠基】 12 月 23 日，由北京瑞赛科技有限公司、北京高技术创业服务中心主办的“北京航空高科技创业孵化与中试服务基地开工奠基仪式”在汽车基地举行。市科委、顺义园管委会、中国航空规划建设发展有限公司等单位相关领导参加。项目是自主运营的首个产业地产项目，也是中航工业集团首家航空专业科技企业孵化器，具备航空孵化器、加速器和配套公寓三大功能，定位于服务航空主业，核心业务是为航空工业产业链中下游配套及关联企业为主要专业方向的中小企业提供科技咨询、技术研发、科技中介、创业导师、市场推广、成果转化、投融资等方面的孵化服务。项目占地面积 5 公顷，总建筑面积 6.9 万平方米，由北京中航京科创业科技有限公司建设。

（袁永章）

【北汽集团获“最具世界影响力中国品牌”称号】 12 月 26 日，在“中国智造世界影响——寻找具有世界影响力的中国品牌”颁奖盛典上，北京汽车集团有限公司凭借创新性的企业发展思路、突出的市场业绩、优良的品牌口碑，以及切实的自主品牌发展成果等获“最具世界影响力中国品牌”称号。（榜单由新华网、参考消息等联合推出，评选范围覆盖金融、医药、汽车等诸多行业，以品牌价值、市场占有率、美誉度、创新力、忠诚度、知名度、中国元素等六大一级指标及十七项二级指标为依据，综合移动端及 PC 端网友投票产生。）

（袁永章）

【北京顺义科技创新产业功能区揭牌】 12 月 29 日，由顺义园管委会等单位主办的“北京顺义科技创新产业功能区揭牌仪式”在顺义区举行。中关村管委会、区政府等单位相关领导参加。会上宣读《北京市机构编制委员会关于同意调整中关村科技园区顺义园管理机构设置的批复》。功能区设有管理委员会，与顺义园管委会同属办公，北京顺义科技创新集团有限公司为实体运作主体。功能区以顺义园为依托，由原北京汽车城投资管理有限公司、北京林河工业开发总公司、北京北方新辉印刷产业基地、北京临空国际经济技术开发中心、北京市板桥创意天承投资发展中心整合而成，形成“科技创新”板块起步区，总体规划面积 2364 公顷，其中备用地 1000 公顷。功能区将按照以高新技术产业为主导，以战略性新兴产业为支柱，以现代服务业为支撑，突出发展高端制造、航空航天、新能源新材料新技术、生物医药及文化创意五大支柱产业，承接中

关村示范区“科技创新、先行先试”的发展理念，与市、区政府及相关职能部门对接，与“1 + 6”政策体系对接，加快和完善“创新型人才”和“创新型企业”体系建设，构建“139”的运营模式，即管理决策集中于1个运营公司，通过开发建设、科技创新、资本运营3个平台向一级开发、物业服务、建筑、新能源、新材料、新技术、股权投资、财产保险、股权基金等9个重点领域进行投资、服务和管理，通过专业的市场运营平台推进园区实现创新驱动发展。

（袁永章　范丁波）

【百迈客HighMap构图软件获发明专利授权】 12月31日，百迈客生物科技有限公司的“基于高通量分型的高密度遗传图的构建和评价”（201310449422.2）获国家发明专利授权。HighMap是百迈客公司自主研发的基于高通量测序的高密度遗传图谱构建方法，构图过程包括连锁分群、标记排序、基因型纠错和图谱评估4个部分，采用多次排序和纠错策略，可提高测序数据利用率，提供更准确标记排序、稳定遗传距离和高质量图谱。对比其他作图软件，其运算速度、容纳错误数据能力、标记排序和图谱质量等均优于JoinMap4.1、JoinMap4.0。构图软件绘制了多个遗传图谱，包括鲤鱼、黄瓜、大豆、芝麻等。

（袁永章）

【安达泰克公司6个项目获认定】 年内，北京安达泰克科技有限公司“一种用于透平机蜂窝气封修复的数控加工工装”（ZL201320836628.6）、“一种同心圆载体缠绕定位装卸夹具”（ZL201420063961.2）、“一种同心圆金属载体缠绕压紧装置”（ZL201420097571.7）、“一种风洞或水洞蜂窝器蜂窝板辅助成型模具”（ZL20142029391.9X）4项实用新型专利获国家知识产权局授权；“激光自动拼焊蜂窝芯PLC控制软件V1.0”（2014SR007993）、“金属载体钎料添加PLC全自动控制软件V1.0”（2014SR201904）获国家版权局颁发的计算机软件著作权证书。

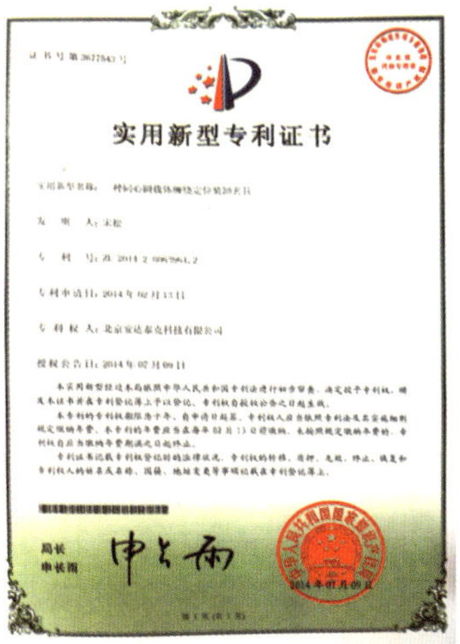

（袁永章）

【北汽集团入围2014中国企业500强】 年内，在“2014中国500强企业高峰论坛”上，中国企业联合会、中国企业家协会发布2014中国企业500强榜单。北京汽车集团有限公司入选“2014中国企业500强”榜单第40位，营业收入2663.8亿元；“2014中国100大跨国公司”榜单第67位，海外资产75.7亿元；“2014中国制造业企业500强”榜单第11位，营业收入2663.8亿元。在财富中文网发布的2014年财富世界500强排行榜中，北京汽车集团公司列第248位，营业收入433.2亿美元，利润9.2亿美元，比2013年提升88位。

（袁永章）

【诚济制药技改一期项目竣工】 年内，北京诚济制药有限公司GMP技术改造一期项目竣工。公司位于中北工业区，国家级高新技术企业，主要生产各类口服制剂及软膏剂。项目8月开工建设，改造后总建筑面积1.17万平方米，其中生产用房9766.07平方米、仓储用房1802.46平方米、地下建筑面积147.6平方米，投资9063万元。厂房均按照新版GMP车间标准认证设计，且新购置设备72台，自动化程度高，并按照ERP管理体系进行中药前处理、提取等生产与管理，年处理中药材930吨，生产片剂5550万片，胶囊剂2亿粒，颗粒剂500万袋，口服液1.85亿支，中药饮片2000吨。

（袁永章）

【东方雨虹公司成果获市科学技术奖三等奖】 年内，由北京东方雨虹防水技术股份有限公司等单位田凤兰、段文锋、陈永初等完成的“地下专用多层复合预铺高分子防水卷材技术的研发及应用”获2014年度北京市科学技术奖三等奖。项目属有机高分子材料及制品领域，解决独立功能结构层的设计，HDPE片材层刚性大、表面能低不好粘，胶层受温度影响性能变化大，涂层不粘手且与混凝土结合紧密，生产线连续化，地下工程施工中不让钉挂防水层等技术问题。主要创新点：①首创4层结构；②首次使用丙烯基弹性体改性HDPE，改善柔性及表面粘接效果；③弹性体复配技术实现胶层10摄氏度～40摄氏度粘接效果稳定；④使用强给电子乳液、填料粒径级配、快干助剂，实现涂层与混凝土粘接牢靠且便于生产连续化；⑤设计复合生产线实现产品力学性能、预铺效果、施工性能、成品保护四大功能合一，实现预铺反粘功能；⑥首次提出隧洞胶带铺贴施工技术，解决不能钉挂铺设的难题。项目用于北京地铁工程、良乡电力隧道工程、波兰地下工程等国内外重大建筑工程项目。

（袁永章　李小焕）

【航天技术应用产业园项目有效推进】 年内，航天技术应用产业园项目有效推进。2013年9月23日，北京控制工程研究所与临空国际产业基地签署入驻协议，计划占地面积 15.3 公顷，总投资 22 亿元，建设航天技术应用产业园，包括其全资子公司北京轩宇信息技术有限公司、北京轩宇空间科技有限公司建设。研究所主要从事高端装备制造（智能工业机器人）、工业控制、嵌入式系统及软件产品研发、生产和销售等，是中国最早从事卫星研制的高科技企业，也是国内最具实力的卫星、飞船主要研制基地。轩宇空间公司 2013 年 9 月完成工商注册，2014 年实现税收 640 余万元；轩宇信息公司将于 2015 年 6 月完成注册。

（袁永章）

【数码视讯一期项目竣工】 年内，数字电视前端产业园（一期）竣工。一期投资 5.6 亿元，占地面积 5.34 公顷，包括研发楼、测试楼及配套设施等工程施工建设。项目由北京数码视讯科技股份有限公司投资，位于临空国际产业基地，2010 年开工建设，占地面积 13.4 公顷，总投资 10 亿元，是集研发、生产、教学、会议展览等功能于一体的综合性科技园区，主要从事数字电视前端软硬件、数字电视增值业务以及视频通信相关产品的研发及产业化。项目二期将建成产品中心和市场中心。

（袁永章）

大兴—亦庄园

2012 年 10 月，国务院批复调整中关村国家自主创新示范区空间布局，大兴—亦庄园成立，规划占地面积 9827.07 公顷，共有大兴生物医药产业基地、大兴经济开发区、新媒体核心区等 14 块区域，园区企业可享有国家、北京市、中关村示范区的各项优惠政策。

大兴生物医药产业基地位于大兴新城，2002 年成立。2006 年纳入中关村科技园区，规划面积 963 公顷，批复为北京国家生物产业基地。2009 年被授予“国家北京生物医药创新孵化基地”。2010 年纳入北京经济技术开发区生物医药产业园。基地以生物医药为主导产业，重点构建“1 + 4 + 2”的特色产业格局，即医药研发及检验机构形成的核心板块，生物制药、现代中药、创新化药、医疗器械四大主体板块，“大健康”、动物疫苗及动物用药两大拓展板块。基地完成总体投入 80 余亿元，其中基础设施投入 20 余亿元。累计完成道路建设 47 千米，各类专业管线 204 千米，绿化景观工程 220 万平方米；埝坛、皮各庄 2 座电站，第一供热厂投入使用。基地与企业合作搭建抗感染药物公共服务平台、中药质量控制公共服务平台等，为园区企业乃至北京市医药企业提供服务。

北京经济技术开发区 1992 年建设，是北京地区唯一的国家级经济技术开发区。1999 年，市政府决定经济开发区 700 公顷为中关村科技园区“亦庄科技园”，同时享有国家级经济技术开发区和国家高新技术产业园区双重政策。2000 年，市编办决定开发区管委会与亦庄园管委合署办公。亦庄园位于京津塘高速公路和城市五环路与六环路之间，拥有“八横八纵”的路网格局，连接各重要经济区域和交通枢纽的畅通道路以及各种交通方式。道路总里程超过 3000 千米；基础设施完备、配套服务设施齐全。亦庄园已形成电子信息、生物医药、汽车制造、装备制造四大主导产业，新能源新材料、军民结合、文化创意三大新兴产业，生产性服务业、科技创新服务业、都市产业三大支撑产业，高端、高效、高辐射的十大产业集群。拥有北京奔驰汽车有限公司、中芯国际集成电路制造（北京）有限公司等各领域的知名企业，在大尺寸集成电路生产、移动通信产品研发与制造等方面领先国内同行业水平。

大兴生物医药产业基地管理委员会领导成员

工委书记　田德祥
主　　任　田德祥
副 主 任　何建涛

亦庄科技园管理委员会领导成员

主　　任　梁　胜
副 主 任　绳立成

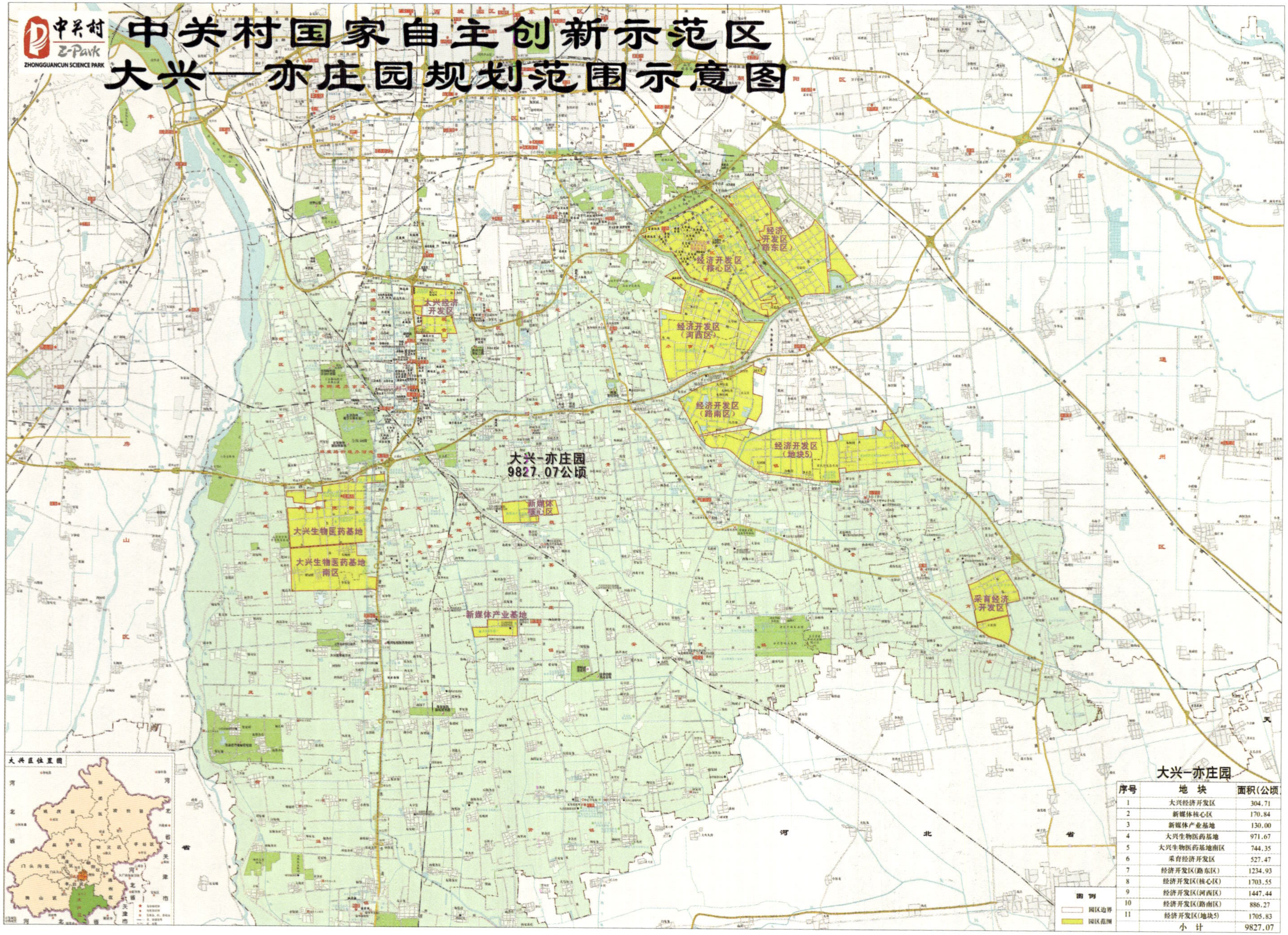
中关村 Z-Park ZHONGGUANCUN SCIENCE PARK
中关村国家自主创新示范区
大兴—亦庄园规划范围示意图
经济开发区（路东区）
经济开发区（核心区）
经济开发区（河西区）
经济开发区（路南区）
经济开发区（地块5）
大兴经济开发区
大兴—亦庄园
9827.07公顷
新媒体核心区
大兴生物医药基地
大兴生物医药基地南区
新媒体产业基地
采育经济开发区
大兴区位置图
图例
园区边界
园区范围
大兴—亦庄园
序号 地块 面积（公顷）
1 大兴经济开发区 304.71
2 新媒体核心区 170.84
3 新媒体产业基地 130.00
4 大兴生物医药基地 971.67
5 大兴生物医药基地南区 744.35
6 采育经济开发区 527.47
7 经济开发区(路东区) 1234.93
8 经济开发区(核心区) 1703.55
9 经济开发区(河西区) 1447.44
10 经济开发区(路南区) 886.27
11 经济开发区(地块5) 1705.83
小计 9827.07

【概况】2014年，大兴生物医药产业基地总体发展态势良好，建设管理水平进一步提升。年内，园区入统高新技术企业总数204家；从业人员3.3万余人；工业总产值237.4亿元；总收入263.3亿元；进出口总额2.1亿美元；实缴税费19.2亿元；利润总额20.9亿元；资产总计485.6 亿元；科技活动经费支出12.6亿元；专利申请604件，专利授权386件。

项目建设呈发展态势。创新工作方法，破解环保指标难题，项目建设成效显著。北京华臣联合医药科技有限公司创新药产业化研发及生产基地、北京市春立正达医疗器械股份有限公司大兴区骨科医疗器械产品产能扩张及总部基地、北京同仁堂科技发展股份有限公司大兴生产基地等10个建设项目开工；北京费森尤斯卡比医药有限公司新工厂项目、北京鑫禾丰医疗技术有限公司大兴生产基地建设项目、北京联馨药业有限公司工业项目等9个项目竣工；储备了韩国大熊制药、恒大集团等20余个项目。

加快基础设施建设。基础设施条件进一步完善，道路、市政、景观都得到提升。引进北京热力集团投资建设供热厂站和热力管道，提升供热保障能力和管理水平；围绕土地挖潜和产业升级梳理形成可行措施并有序推进；完成13家企业的容积率调整手续；引进了27个厂房租赁项目，租赁面积2万平方米；北京太阳大地纸制品有限公司、北京东方乾海润滑设备有限公司等5家企业实现产业转移，腾退土地15.53公顷；三期扁鹊路、景弘大街北段竣工，全长3500余米。

科技创新促园区发展。科技人才、支持资金、创新成果、交流合作等为园区发展奠定了坚实的基础。北京华脉泰科医疗器械有限公司总裁杨凡入选第十批“千人计划”创业人才，大兴园累计有“千人计划”人才3人；北京民海生物科技有限公司的结核疫苗、sIPV项目分别与芬兰、荷兰有关机构签约，企业又一次走向世界，开展国际间的交流与合作；生物医药产业知识产权服务联盟成立，将帮助企业获得专利申请、授权、分析、转让等优质高效服务；中国京冶工程技术有限公司等15家企业22个项目分别获中关村技术创新能力建设专项资金支持，北京博辉瑞进科技有限公司获国家科技型中小企业技术创新基金资助，为企业开展创新活动提供了资金支撑；北京热景生物技术有限公司承担市统筹基金重大科技成果转化项目——600万支/年荧光纳米材料项目投产，生产白介素6定量测定等7种试剂盒产品。

优化园区发展环境。完成了北臧村新卫生院主体工程和二次装修，总建筑面积5000平方米，累计投资1700万元，计划2015年上半年建成投入使用；罗奇营小学、幼儿园项目建成并投入使用，总建筑面积1.2万平方米，总投资3400余万元，完善了罗奇营社区配套；采育经济开发区获准成为第一批国家低碳工业园区试点单位，将继续鼓励企业采用节能技术、循环化改造等措施，成为真正意义上的绿色低碳工业园区。

引进成效显著。完成了中国船舶工业集团公司、北京诺康达医药科技有限公司等10家企业项目签约，涵盖中药、化药、生物药、实验动物等多个领域，总建设用地面积近49公顷。

2014年，亦庄园主动应对国内外经济环境变化，调整功能定位，转型升级、提质增效。年内，园区入统企业总数666家；从业人员近19.2万人；工业总产值2177.2亿元；总收入3722.3亿元；进出口总额231亿美元；实缴税费247.8亿元；利润总额233.5亿元；资产总计4251.1亿元；科技活动经费支出121.5亿元；专利申请2513件，专利授权1993件。

经济运行进入新常态。整合中芯国际集成电路制造（北京）有限公司等上、下游芯片设计企业，相互扩大市场，提高增加值率。发展总部类企业，引进美国领英（LinkedIn）大中华区总部、国开新能源等项目，形成总部集聚新优势。新增国家高新技术企业70家，总数达485家；规模以上高企完成产值2100亿元，占比90%以上。企业科技研发能力增强，中芯国际公司28纳米工艺量产，实现中国集成电路制造工艺新突破；赛诺菲（北京）制药有限公司拓展高附加值制剂生产和灌装环节，实现产品首次出口发达国家；神州细胞工程有限公司等5家企业I类生物新药进入临床试验。

开创科技创新中心建设新局面。着力打造具有全球影响力的科技创新中心，创新成果不断涌现。完善投融资体系，引导成立国家集成电路产业投资基金等各类产业基金105支，资金规模达3000亿元。推进人才强区战略，新增“千人计划”人才5人，累计50人；新增“海聚工程”人才12人，累计90人；新认定新区海外高层次人才36人，累计247人。重点打造一批具备国际竞争力的科技型企业，新增“小巨人”重点培育企业24家，累计104家；新增市专利示范企业5家，累计12家；新增市专利试点企业24家，总数266家；评选德勤—亦庄高科技高成长20强；新增国家、市各类研发机构18家，累计180家。完善平台支撑，新增创新联盟3家，累计14家；新增公共技术服务平台8家，累计24家；新增科技企业孵化器2家，累计12家；新增服务机构11家，累计

26 家。加强国际知识产权保护，在波士顿、东京成立知识产权海外工作站。营造创新氛围，举办“北大创业训练营”等活动；筛选储备创新类项目 280 个；组织实施联盟“走进亦庄”系列活动，建立“联盟活动企业家信息资源库”；与职业社交网站 LinkedIn（领英）联合启动“高端人才合作计划”，筹办首席技师研修班；参展科博会、京交会、金博会，组织召开北京微电子国际研讨会等高端创新论坛。取得一批创新成果，万人专利拥有量达 240 件，万名工程师发明专利拥有量达 1248 件；成立北京市首家专利审查员实践基地；获中国专利金奖 1 项、优秀奖 3 项。

转型升级取得新进展。编制北京集成电路产业、开发区高端服务业等 13 个专项规划，明确各产业链中的“高精尖”环节和重点发展方向；通过第三次经济普查，摸清起步区、荣华路等产业情况，开展起步区转型升级规划研究；着力打造“4 + 4”产业发展格局，即做强电子信息、生物医药等高端业态，同时培育扶持高端服务业、文化创意等四大新兴产业；以研发中心和运营总部为主，盘活现有资源，参照生物医药创新园“研发 + 中试”模式，形成一批特色产业园；调动联盟、协会、业主、龙头企业的积极性，开展合作招商活动。推进“四个一批”项目建设，德为显示科技股份有限公司等 20 个项目投产，新增产值 44 亿元；北京义翘神州生物技术有限公司等 20 个项目开工，其中半数以上为研发和总部类企业；朵唯移动通信终端等 31 个项目签约，80% 为总部、研发和服务类项目；IPV6、东方晶源、中交兴路车联网等新兴业态项目注册入区；新增世界 500 强项目 2 个，累计落户 80 家世界 500 强投资项目 120 个；引资 105 亿美元，创历史新高。

城市功能和环境得到新提升。优化交通路网体系，完成东环路、西环路、荣京东街等主干路改造，试点荣华路潮汐车道，调整 10 余条公交线路。启动十一学校实验中学等项目的扩建和建设，推进旧宫中学升级改造，同仁医院二期开工，提升教育医疗水平。完成日上基地、旺兴湖周边等重点区域环境整治；成立荣华、博兴街道办事处，设立经海路、博兴路消防中队，建立农民工工资保险保障制度；开展地下管网隐患排查，试点危化品统一配送，建成开发区建筑工程安全培训体验基地；完成国庆 65 周年、APEC 会议服务保障工作。

（徐　倩　崔春雷）

【四达时代公司与歌华公司签署合作协议】 1 月 20 日，“歌华有线与四达时代战略合作协议签约仪式”在京举行。双方相关领导参加。根据协议，四达时代集团与北京歌华有线电视网络股份有限公司拟在云游戏、IDC 机房、新技术及资本等方面合作。开展云游戏业务，为高清交互数字电视用户提供高质量的大型游戏产品；进行 IDC 机房建设；依托广电总局批准建立的 NGB 融合业务平台实验室进行技术研发；提供高清交互服务；通过资本的深度合作，共同开拓非洲数字电视市场。

（崔春雷）

【春风行动专场招聘会举办】 2 月 11 日—3 月 27 日，由经济开发区管委会主办的“2014 年亦庄园首场招聘会暨开发区春风行动专场招聘会”在开发区人才职介中心举办。北京和利时自动化驱动技术有限公司、北京昭衍新药研究中心股份有限公司、北京京东方显示技术有限公司等近 100 家企业携 6000 余个岗位参会，涉及生产操作、交运、编程、客服等多个领域。

（崔春雷）

【7 家企业入选北京市重点总部企业】 2 月 14 日，北京市发展总部经济工作部门联席会议办公室公布《北京市重点总部企业名录》，亦庄园海鸿达（北京）餐饮管理有限公司、北京京东世纪贸易有限公司、安川首钢机器人有限公司等 7 家企业入选。入选企业需要同时符合本市注册、拥有子公司、资产收入双过亿和纳税 4000 万元等条件，且可享受政策性资本补助、办公用房补助和经营贡献奖励等多项优惠政策。

（崔春雷）

【中芬结核疫苗合作项目签约】 2 月 18 日，“北京民海生物科技有限公司　芬兰 FIT 生物科技公司‘结核疫苗合作项目’签约仪式”在京举行。根据协议，双方将合作开发基于 GTU®（基因传输单元）技术平台的肺结核疫苗，在完成临床前研究后，将与民海生物公司合作进行临床研究和产业化。HIV 疫苗主要针对于被忽视的传染病应用，对停止艾滋病病毒扩散及彻底摧毁病毒方面效果显著，副作用极少。FIT 生物的

GTU® 基因传输技术是一种不可复制的基因重组表达载体，具有牛乳头瘤病毒转录激活因子的加强特征以及 E2 蛋白和多聚体 E2 的隔离 / 分区特效性位点，且应其动功能性，可应用于任何基因传递。此次合作得到比尔·盖茨梅琳达基金会（BMGF）和国际结核疫苗协会（AERAS）的支持。

（李积伟）

【企业协会区域合作分会成立】2 月 22 日，由经济开发区企业协会主办的企业协会区域合作分会成立大会在京召开。经济开发区管委会相关领导参加。分会是由经济开发区管委会牵头，北京春光投资集团等 5 家企业发起成立的区域合作组织，旨在落实市委、市政府对新区提出的“先行先试，着力探索京津冀一体化发展模式”的工作要求，将通过政府引导、协会主导、企业主体、市场运作、多方共赢，探索多层次、多样化的区域合作方式，使新区成为首都经济圈科技内涵发展、绿色集约发展、区域协同发展的领先典范。

（崔春雷）

【京东 JD ＋计划启动】2 月 25 日，在北京京东世纪信息技术有限公司举办的“2014 京东 IT 数码创新智能产品秀暨 JD ＋计划发布会”上，推出智能硬件创新加速器“JD ＋计划”，旨在整合原有优势，联合创客社区、众筹平台、生产制造商、技术服务商、内容服务商、渠道商等形成智能硬件产业联盟，为“JD ＋计划”内的企业提供支持，并搭建创新智能产品开放平台，从深度合作、数据共享、营销支持、供应链服务、技术支持、金融服务及资金支持等方面全方位为合作伙伴提供支持，实现互联网大数据的应用与布局。“JD ＋计划”提供 6 个方面支持，即合作“零”门槛：合作伙伴享有优先与京东公司建立商业合作直通车权利，可获得京东提供的各种便利和品牌管理成本上的优势；数据“全”共享：开通数据平台，为企业提供库存、日销、流量等数据信息，智能硬件企业可以享受京东针对行业现状、趋势及站内品类销售等相关数据评估、预测与分析；营销“绿”通道：立足自身品牌优势，为纳入合作的产品提供“JD ＋计划”的品牌支持，纳入合作的产品，可推荐到 JD ＋专区帮助其产品的营销；供应链服务支持：合作品牌产品可享受京东提供专业化的供应链服务支持；技术支持：合作品牌产品将享受京东及合作伙伴包括云计算、大数据等在内的强大技术支持；金融服务与资金支持：对于“JD ＋计划”内的优质企业，经评估后，京东公司将依据评估结果提供小微贷款或孵化资金支持。

（崔春雷　徐　建）

【首届物流高峰论坛举办】2 月 26 日，由经济开发区企业协会主办的“北京·亦庄首届物流高峰论坛”在京举办。市商务委、中国物流采购联合会、北京新航城控股有限公司、北京亦庄保税物流中心等相关机构、企业的代表 100 余人参加。论坛上，中国物流信息中心、博大世通国际物流（北京）有限公司、博世力士乐液压（北京）有限公司、北京同仁堂健康药业股份有限公司、北京京东世纪信息技术有限公司等相关人士就“从 PMI 和物流景气指数看当前经济走势”“北京大兴国际机场发展机遇”“保税物流中心助力跨境物流新发展”“制造业企业物流网络需求与挑战”“医药物流供应链探讨”“京东 O2O 之路”等主题与参会者分享各自的物流和供应链管理经验。

（崔春雷）

【《企业知识产权管理规范》专题培训班举办】2 月 27 日，经济开发区知识产权局在京举办《企业知识产权管理规范》国家标准专题培训班。中冶京诚工程技术有限公司等近 100 家企业的知识产权管理人员参会。国家知识产权局相关负责人就标准出台背景、具体内容、文件编写等进行介绍，就考核内容、企业内审等方面对标准进行解读，并通过案例分析，解析企业管理诊断要点、方法和途径。

（崔春雷）

【先导式大流量电液比例阀关键技术研究通过验收】3 月 4 日，由中国机械工业联合会组织的“‘先导式大流量电液比例阀关键技术研究与应用’课题验收会”在京召开。课题（编号：2011BAF09B04）实施年限 2011—2013 年，是“十二五”国家科技支撑计划项目，由北京华德液压工业集团有限责任公司与浙江大学、北京航空航天大学、燕山大学、北京机械自动化所 5 家单位合作完成，国家资金投入 700 万元。专家组认为，课题围绕工业装备和工程机械所需的先导式大流量电液比例阀，开展了比例电磁铁、先导阀与主阀的关键结构优化设计及其特性匹配、数字式高性能比例放大器、阀体及阀芯高精度加工工艺、比例阀静动态测试方法及其装备、比例阀寿命试验及环境试验等关键技术研究；完成了 NG10 ～ 35 共 5 种规格带位置反馈先导式大流量电液比例阀的研发、生产，开发了新系列的直动式和先导式比例换向阀，共 5 个品种，8 个规格，形成了比例阀系列。5 家单位形成的产学研相结合的开发模式，能够充分发挥上、下游的作用，具有“产、学、研”三位一体的产业化开发体制和从研究、开发、中试到批量生产的技术及管理保证体系，从机制上为先导式大流量电液比例阀的研制及生产推广提供了体系保障。课题经实施，建成了高压大流量比例阀生产线及其装配试验基地，具备年产高压大流量比例阀2万台的生产能力；研制的系列产品在国防军工、锻压等领域得到应用。

（崔春雷）

【25家单位入选市国际科技合作基地】3月20日，市科委印发《关于认定2014年北京市国际科技合作基地的通知》。亦庄园25家单位入选，包括国际科技创新及产业园区类基地、联合研究中心及国际合作示范类基地等类型，涉及生物医药、高端装备、社会发展等领域，即依托北京亦庄国际生物医药投资管理有限公司的“亦庄生物医药国际创新园北京市国际科技合作基地”、天通泰文化数码科技园有限公司的“以色列高新技术转移北京市国际科技合作基地”、北京诺赛基因组研究中心有限公司的“个体基因组学北京市国际科技合作基地”、北京泰德制药股份有限公司的“新型制剂北京市国际科技合作基地”、北京华德液压工业集团有限责任公司的“工程机械液压元件北京市国际科技合作基地”等。各入围企业将得到市科委科技计划项目等方式支持，开展国际科技合作需求调研、国际技术转移、高层次人才及创新团队引进、高端研发机构引进、国际合作研发以及国际技术培训等工作。

（崔春雷）

【获批建设新型疫苗国际科技合作基地】3月20日，市科委印发《关于认定2014年北京市国际科技合作基地的通知》。大兴生物医药产业基地管理委员会、北京民海生物科技有限公司获批建设新型疫苗北京市国际科技合作基地（联合研究中心及国际合作示范类基地，生物医药领域）。大兴生物基地将依托民海生物公司，按照国际标准建设新型疫苗国际合作基地，推动关键技术和质量标准升级，采用国际新技术和新工艺提升现有疫苗产品整体质量和国际竞争力。

（李积伟）

【5个项目入选市高新技术成果转化项目】3月24日，市科委、市发展改革委、市财政局、市经济信息化委、中关村管委会《关于公示北京市2014年度高新技术成果转化项目名单的通知》印发。亦庄园5家企业的项目入选，包括高端装备制造2项，即北京德鑫泉物联网科技股份有限公司的“机器人视觉驱动的智能卡（智能标签）全自动生产线产业化项目”、北京星和众工设备技术股份有限公司的“多功能新型复合材料先进装备产业化项目”；节能环保1项，即北京泰豪智能工程有限公司的“泰豪IBMS建筑电气节能系统技术成果转化项目”；生物医药2项，即北京大基康明医疗设备有限公司的“正电子发射断层扫描仪成果转化项目”、北京利德曼生化股份有限公司的“一种监测肾小球滤过率的胱抑素C测定试剂盒产业化项目”。

（崔春雷）

【国际药物制剂CMO生产线项目签约】3月24日，北京星昊医药股份有限公司与大兴生物医药产业基地管委会签约，意向在基地三期建设国际药物制剂CMO生产线，总投资5亿元，占地面积1.34公顷。生产线为CMO（合同加工外包）代工服务平台，集新药创新孵化基地和代工线于一体，符合欧盟和美国FDA标准，承接生产精益化冻干、肿瘤药、口服缓控释制剂等高技术含量的产品。项目计划2016年2月开工。（公司于2000年10月成立，总部位于北京经济技术开发区，是集科研开发、药品生产和市场销售为一体的新型综合医药服务企业，下辖5家全资子公司，其主导产品为“醋酸奥曲肽”。2007年8月在新三板挂牌，证券代码“430017”。）

（李积伟）

【百奥赛图模式动物应用与产业化平台项目签约】4月3日，北京百奥赛图基因生物技术有限公司与大兴生物医药产业基地管委会签约，意向选址大兴基地三期，占地面积约1.2公顷，投资2.5亿元，拟建设模式动物生产和饲养繁殖基地，包括动物房、实验中心、行政办公楼、综合服务区域及相关生产附属设施，最终形成为国内外从事生命科学基础研究与新药开发的医药企业及学术机构提供集基因打靶模式动物研发、应用（分析、检测、药物开发服务等）、饲养、繁殖、供应为一体的模式动物应用与产业化平台。（公司2009年创建，注册亦庄生物医药园，是国内唯一一家专业从事基因敲除模式动物开发和产业化应用的企业。）

（梁　亮）

【20家企业入选G20工程二期工程】4月10日，在“北京生物医药产业跨越发展工程（G20工程）二期工程G20企业发布会”上，市科委公布“北京生物医药产业跨越发展工程”二期工程G20企业名单，共57家。亦庄园北京泰德制药股份有限公司、拜耳医药保健有限公司、悦康药业集团有限公司、百泰生物药业有限公司等20家企业入选，占总入选数的35%。由市科委、市经济信息化委、中关村管委会、市投资促进局共同评定的G20二期工程成果发布，产值最高在20亿元以上的为拜耳公司的两个品种，即新药拜新同（硝苯地平控释片），主要用于治疗冠心病、慢性稳定性心绞痛以及高血压，拜唐苹（阿卡波糖片）适用于配合饮食控制治疗型糖尿病和降低糖耐量低减者的餐后血

糖。至年底，亦庄园共有G20工程企业20家。

（崔春雷）

【北京一诺制药高端制剂及辅料研发生产项目签约】4月11日，北京诺康达医药科技有限公司与大兴生物医药产业基地管委会签约，意向选址大兴基地三期，拟建北京一诺制药有限公司，由诺康达公司和海南爱科制药有限公司共同出资，占地面积1.53公顷，总投资4亿元，设有符合美国食品药物管理局和欧盟认证标准的注射用缓释微球、小容量注射剂、大输液、外用制剂和口服固体制剂等7条制剂生产线，主要生产国内独家及依赖进口产品的高端制剂及辅料。

（梁　亮）

【AC-Hib疫苗获新药证书】4月15日，北京智飞绿竹生物制药有限公司自主研发的“AC脑膜炎球菌（结合）b型流感嗜血杆菌（结合）联合疫苗（AC-Hib疫苗）”获食品药品监管总局颁发的药品注册批件及新药证书（国药准字S20140003）。该产品2003年启动研发，2004年获授权发明专利（ZL02159032.X）。产品用纯化的A群、C群脑膜炎球菌多糖及b型流感嗜血杆菌多糖，分别与破伤风类毒素共价结合、纯化，添加氢氧化铝佐剂吸附后制成，用于预防A群、C群脑膜炎球菌及b型流感嗜血杆菌引起的脑膜炎、肺炎、败血症、蜂窝组织炎、关节炎、会厌炎等感染性疾病，可替代AC群流脑疫苗和Hib疫苗，减少多次接种的痛苦。产品适用对象为2月龄及以上儿童，完整的免疫程序需要接种4针。

（崔春雷）

【中荷签署sIPV项目合作意向书】4月15日，在“2014中国（北京）跨国技术转移大会”重大合作项目签约仪式上，北京民海生物科技有限公司与荷兰Intravacc公司签署sIPV项目合作意向书。此次技术转移合作项目为“全球消灭脊灰计划”，即世界卫生组织（WHO）在全球范围内发展中国家中，寻找有能力的合作单位与世界卫生组织、荷兰Intravacc研究所合作，进行安全、有效、可支付的sabin（减毒）IPV单苗和联合疫苗的研发、生产、销售。WHO负责安排和监督；Intravacc公司提供所有的技术信息和人员培训；民海生物公司进行临床研发以及产业化的研究并定期提供研究成果，疫苗产业化后，向Unicef等国际组织提供产品。此次sIPV技术转移项目，将脊髓灰质炎的预防从OPV疫苗转为更为安全有效的IPV疫苗，可提高中国计划免疫的基础水平，且对中国五联疫苗和六联疫苗的开发起重要作用。9月23日，双方签署sIPV生产技术许可协议。

（李积伟）

【民海生物疫苗产业化生产基地建设项目签约】4月16日，北京民海生物科技有限公司与大兴生物医药产业基地管委会签约，建设民海生物疫苗产业化II期生产基地，占地面积9公顷，计划总投资16.3亿元，拟生产四价流脑多糖疫苗、四价流脑结合疫苗、手足口病疫苗、流感病毒裂解疫苗、灭活脊髓灰质炎疫苗（IPV）等产品。

（梁　亮）

【生物医药产业知识产权服务联盟成立】4月24日，由中关村知识产权促进局、大兴区知识产权局主办的“大兴区‘4·26’知识产权专题活动生物医药知识产权服务联盟成立暨培训大会”在大兴生物医药产业基地举行。市知识产权局、大兴区政府、大兴生物医药产业基地管委会等相关单位领导，联盟成员单位及区内重点企业的代表100余人参加。联盟以7家代表机构为核心，由北京天悦专利代理事务所、北京中强智尚知识产权代理有限公司等12家从事生物医药产品研发、生产和贸易等相关产业的企、事业单位和提供知识产权服务的相关机构自愿组成，属非营利性的、开放的战略合作组织，服务范围涉及专利申请、知识产权诉讼和专利运营等多个领域，旨在将中关村优势知识产权服务与大兴生物医药产业需求对接，搭建项目拓展平台、资金拓展平台和知识产权发展、运用与保护平台，帮助企业获得专利申请、授权、分析、转让等优质高效服务，通过开展重点产品专利预警与保护工作，提升企业的知识产权保护能力和风险应对能力。会上，12家首批成员单位签署了联盟服务承诺书。

（李积伟）

【生物医药基地环境综合整治工作方案出台】4月，由大兴生物医药产业基地管委会制定的《生物医药基地环境综合整治工作方案》实施。该方案确定了园区环境综合整治工作阶段性任务，划分了部门职责和分工，并明确了环境综合整治工作重点，即整治企业工地和自建工地生活、生产垃圾乱倒，清理白色垃圾，治理施工工地渣土运输遗撒和土方裸露以及露天烧烤等。

（吴宏伟）

【新增3家国家级博士后科研工作站分站】4月，人力社保部、全国博士后管委会印发《2014年度关于批准企业设立博士后科研工作站的通知》。亦庄园北京亦庄生物医药园、易美芯光（北京）科技有限公司、北京安邦世纪国际咨询有限公司3家企业获批设立国家级博士后科研工作站分站。至年底，亦庄园累计获批博士后科研工作站26家。

（崔春雷）

【步长集团中药及生物医药研发中心项目签约】5月12日，陕西步长集团与大兴生物医药产业基地管委会签约，意向选址大兴基地三期建设中药及生物医药研发中心，项目占地面积15.5公顷，投资额15.2亿元，拟建设步长集团北京中药及生物医药研发中心，打造国家新型口服固体缓控释制剂国际化公共服务平台，计划2016年达产。

（梁　亮）

【组团参展第十七届科博会】5月13—18日，在“第十七届中国北京国际科技产业博览会”上，经济开发区管委会以“4 + 4”产业为主线，设科博会北京·亦庄展区，携区内41家重点企业的50余类展品参展。由北京京东方显示技术有限公司自主研发的110英寸ADSDS超高清显示屏集超大尺寸面板拼接曝光技术、超大尺寸先进工艺制程技术、高帧速面板设计技术、超大尺寸拼接镜像同步扫描技术、120赫兹高频驱动技术、局域动态背光技术等于一体，被吉尼斯世界纪录收录为世界最大液晶电视；北京赛尔福知心科技有限公司的远程心电记录仪具有蓝牙、Wi-Fi等新功能，在家中监测到的心电图数据可即时同步传输到医院数据库，实现病人不出家门即可看病的愿望；北京天宇朗通通信设备有限责任公司以“千元4G”为重点产品，可享受4G网络带来的快速上网体验，相比苹果、三星手机，价格更亲民；北京京东世纪信息技术有限公司新推出苹果平板电脑版“增强现实——试穿试戴”虚拟试衣间，用户可使用自己的肖像信息和身材数据创建模特，把经过数字化处理的服装，“穿”在身上，即时看到上身效果；云狐时代网络有限公司针对智能电视平台推出的云狐游戏中心TV版多以难度系数中等、简单易操作的游戏形式为主，其中包括体感游戏，使用户的客厅重新成为与家人分享快乐的中心。

（崔春雷）

【克林顿健康卫生拓展行动研讨会举办】5月14日，由经济开发区知识产权局主办、诊断产品创新联盟承办的“‘亦庄·科技与国际化’——克林顿健康卫生拓展行动研讨会”在亦庄生物医药园举办。中科院院士高福、克林顿基金会健康拓展行动项目专家以及北京旷博生物技术有限公司等150余家生物医药企业的代表参加。相关专家分别就中国传染性疾病的防控现状及中国制药企业国际化的机遇进行阐述，就“非洲艾滋病检测市场需求”“非洲、亚洲结核病检测市场需求”进行信息分享与交流；基金会与开发区内的艾滋病、结核病等疾病检测、治疗及药品生产企业建立联系与对接，探讨如何在技术创新、市场开拓、技术合作等方面开展实质性对接。（克林顿基金会是由美国前总统克林顿创立并领导的国际公益组织，其发起的健康卫生拓展计划倡导用低廉的价格为发展中国家，特别是对非洲国家的病人进行服务。）

（崔春雷）

【两个项目在科博会签约19亿元】5月15日，在第十七届科博会“科技合作项目签约仪式”上，经济开发区管委会分别与深圳市朵唯志远科技有限公司朵唯移动通信终端、北京东方百泰生物科技有限公司抗体药物研发和产业化两个项目签约，金额19亿元，占总签约额43亿元的44%。朵唯志远公司项目主要是用于手机、可穿戴设备等手持终端产品的研发与生产，移动互联网运营产业链的建设与完善以及华北区的销售与服务总部，总投资7亿元，计划2015年开工，预计2018年达产。东方百泰公司项目着力构建具有世界先进水平的原创性全人源抗体、新型疫苗研究平台技术，完成用于糖尿病、恶性肿瘤、重大传染病等4个在研品种的产业化，并实现关键技术装备和材料自主生产，完善国产抗体产业化链条，总投资12亿元，计划2015年开工，2018年投产。

（崔春雷）

【畜牧生物制药业自主创新和产业化项目签约】5月16日，中国农业发展集团有限公司与大兴生物医药产业基地管委会签约，意向将农业集团公司下属乾元浩生物股份有限公司搬迁至大兴基地三期，占地面积1.13公顷，总投资2.43亿元，拟建设全球动物保健“高精尖”技术转化平台，中国生物制品对外合作平台，包括生产车间、办公楼、研发中心、诊断中心、质检中心、半成品/成品库及其他配套和附属设施。

（梁　亮）

【亦庄专利审查员实践园揭牌】5月18日，由经济开发区知识产权局主办的北京（中关村）审查员实践基地启动会暨亦庄实践园揭牌仪式在京举行。国家知识产权局专利局、市知识产权局、开发区管委会等相关领导共同为审查员实践基地亦庄实践园揭牌，100余家园区企业的代表参加。实践基地的成立，将促进专利审查员、企业研发人员和知识产权管理人员之间相互交流、学习，打破以京东方显示技术有限公司、北京北方微电子基地设备工艺研究中心有限责任公司、北京星和众工设备技术股份有限公司为代表的一批高新技术企业以单个企业作为时间点的单一派出模式；企业继续接受审查员的进驻，丰富专利知识、增强业务能力，推动科技创新活动朝着更加规范的方向发展；审查员也将利用专利审查专业知识帮助企业提高专利撰写、管理、保护和运用水平。

（崔春雷）

【云端时代公司发布桌面云产品】 5月20日，在第六届中国云计算大会上，北京云端时代公司举办“自主桌面云软硬结合一体产品发布会”，市经济信息化委、中关村管委会等相关单位领导及战略合作伙伴、联盟成员、相关企业的代表500余人参加。会议以演示的方式发布CTVI3.0、CTVO1.0、CTMMR1.0、CTAM1.0、CTVA2.0、CTBOX2.0、CTDM4.0、CTVI–AIO及全系列云终端软硬件一体产品。CTVI STD3.0融合企业级的服务器和桌面虚拟化的功能和优势，通过统一的Web管理平台全面管理位于数据中心的物理和虚拟资源，用户使用云终端或自己的设备即可连接到平台，在不同终端上通过登录操作，保证不同设备的体验一致性。CTVA2.0是一款应用虚拟化软件，主要向企业提供最佳性能、灵活快捷的应用交付服务，管理员只需将各种应用软件集中部署在CTVA应用云平台服务器（集群）上，并通过CTVA云平台的应用程序虚拟化功能，将各种应用软件整合到企业门户中供终端用户使用。CTBOX2.0是企业级数据协作平台，实现同步服务的“去中心化”，用户不需依赖某个特定的服务器即可实现文件同步和共享。CTDM4.0是统一管理系统，可管理的设备包括瘦客户机/云终端、云桌面、PC机、Windows终端服务器等。CTVI–AIO开箱即用，企业不需要有资深的IT运维和管理人员，也可搭建桌面云。

（崔春雷）

【国外投资项目考察团走进开发区】 5月30日，开发区管委会在区内组织国外投资项目考察团北京站对接活动，来自WGDO伦敦办公室、Femtika有限公司等英国、法国、立陶宛、保加利亚等国家的20余名设计协会和知名企业负责人携带3D纳米技术、新能源、网络虚拟技术等项目对接交流。活动共有8个项目达成合作意向，涉及绿色能源、文化创意和工业设计等八大产业领域。

（崔春雷）

【舒迪安中国实验室开业】 6月18日，由舒迪安医药研发（北京）有限公司主办的“舒迪安医药研发（北京）有限公司中国实验室开业庆典”在汇龙森国际科技产业园举办。捷克政府相关部门负责人以及经济开发区管委会有关负责人参加。实验室占地面积0.35公顷，其中洁净区面积0.1公顷，包括B级、C级、D级洁净区；非洁净区面积0.25公顷，包括培训实验室、仪器室、QC实验室、冷库、仓库等，以及先进的医疗设备、顶尖的技术人员。实验室投入使用后将研究前列腺癌和肺癌等肿瘤治疗方法，其基于活化树突状细胞的自体免疫治疗技术可有效提高肿瘤患者的免疫机能。此项技术是将从肿瘤细胞中提取出来的多种抗原和来自患者自身血液的树突状细胞放在一起培养，细胞被激活从而使其能够识别出患者自身癌细胞中的抗原，一旦分化成熟，细胞将通过皮下注射方式作为抗癌治疗剂重新导入患者体内，有效提升肿瘤的治疗效果。

（崔春雷）

【7家企业上榜中国医药工业百强】 6月29日，工业和信息化部发布“2013年度中国医药工业百强企业”榜，经济开发区7家企业入选。拜耳医药保健有限公司位于前十强，主营业务收入突破百亿规模，北京悦康凯悦制药有限公司名列第38位、北京同仁堂健康药业股份有限公司名列第72位、赛诺菲（北京）制药有限公司名列第84位、北京同仁堂科技发展股份有限公司名列第93位，北京同仁堂股份有限公司名列第98位，北京泰德制药股份有限公司名列第99位。

（崔春雷）

【开发区建设高端产业领军人才示范区】 7月2日，经济开发区管委会、大兴区政府联合市委组织部、市发展改革委等14家市级单位印发《关于北京经济技术开发区建设高端产业领军人才发展示范区的实施意见》。《实施意见》从重大意义、总体目标、实施步骤、主要任务、支持政策、领导体系6个方面对建设领军人才示范区做了全面阐述。领军人才示范区分两个阶段建成，其中2014年—2015年是全面建设期、2016年—2020年是初步建成期。力争到2020年，将新区建设成为“领军人才高度集聚、创新创业高度活跃、高技术产业高度发达”的领军人才示范区。《实施意见》通过深化落实中关村示范区重大项目布局、科技经费使用、进口税收、股权激励、落户、居留和出入境、医疗、配偶安置8项政策和新区推出的奖励、设立创新创业扶持专项资金、培育新型创业孵化机构、推进企业上市、开展校企合作、拓展职称评审绿色通道、住房7项政策，结合现有的海外高层次人才政策，形成了新区“人才＋企业＋产业”的综合性人才政策体系，为进一步统筹开发国际、国内两种人才资源，促进新区人才资源优化配置提供强有力的政策支持。《实施意见》确定从完善人才资源开发体系、搭建人才事业发展平台、推动高端产业发展和促进人才管理创新4个方面推动新区人才队伍建设。

（崔春雷）

【采育经济开发区获准为国家低碳工业园区试点单位】 7月7日，工业和信息化部、发展改革委印发《关于印发国家低碳工业园区试点名单（第一批）的通知》（工信部联节〔2014〕287号）。北京采育经济开发区获准成为试点单位，期限2014—2016年。开发区身处新区“三城、三带、一轴、多点、网络化”空间构架中的京津塘沿线发展带，具有得天独厚的区位优势。园区内共有企业51家，投资总额68.5亿元，从业人员5603人，拥有汽车零部件与新能源汽车两大支柱产业，培育了北京北汽模塑科技有限公司、北京亚太汽车底盘系统有限公司、北京新能源汽车股份有限公司等汽车零部件企业和新能源汽车企业。开发区通过提高入园项目能耗准入门槛、加强重点耗能企业监管、鼓励企业采用节能技术、增强园区循环化改造等工作，建设绿色低碳工业园区成效显著。

（章　健）

【设立国家集成电路产业投资基金】 7月17日，由国家集成电路产业投资基金股份有限公司主办的“国家集成电路产业投资基金座谈会”在京召开。工业和信息化部、市经济信息化委、经济开发区管委会等单位相关领导参加。相关人员介绍了国家集成电路产业投资基金设立情况，与会者围绕投资基金如何使用展开研讨，提出北京市和开发区要充分发挥区域优势，营造良好发展环境，激发企业活力和创造力，以政府引领带动产业链协同可持续发展。（9月24日，国开金融有限责任公司、中国烟草总公司、北京亦庄国际投资发展有限公司、中国移动通信集团公司等共同签署《国家集成电路产业投资基金股份有限公司发起人协议》《国家集成电路产业投资基金股份有限公司章程》，国家集成电路产业投资基金正式设立。基金将采取股权投资等多种形式，重点投资集成电路芯片制造业，兼顾芯片设计、封装测试、设备和材料等产业，实施市场化运作、专业化管理。首期规模1200亿元，第一个完成投资的项目总额达4.8亿元。）

（崔春雷）

【民海生物公司专家工作站获授牌】 7月21日，在“北京市院士专家工作站工作会议”上，北京民海生物科技有限公司获“院士专家工作站”授牌。工作站特聘中国工程院院士侯云德作为科研工作带头人，带领并指导民海生物公司进行肠道病毒71型灭活疫苗的研发工作。至年底，大兴园共有两家院士专家工作站。

（王延微）

【专家服务中心和院士工作站获市级表彰】 7月21日，在“北京市院士专家工作站工作会议”上，3个北京市优秀院士专家服务中心和20个优秀院士专家工作站获表彰。北京经济技术开发区院士专家服务中心、北京云基地企业管理有限公司院士专家工作站入选。进站院士、专家作为企业发展战略的咨询者、技术创新的引领者、产学研用合作的推动者，为企业提供“零距离”的高端服务，凸显了驻站院士、专家直接与企业实现对接，提升了企业在技术创新能力、优化产品结构、培养科研人才等方面的独特作用。至年底，亦庄园共有院士专家工作站8家，引进院士、专家57位，申请专利265件，合作开展项目27项，申报国家、市级项目26项。

（崔春雷）

【T细胞检测试剂盒成果发布】 7月25日，由北京经济开发区诊断产品创新联盟、开发区海外学人中心主办的“‘十二五’传染病科技重大专项‘结核分歧杆菌效应T细胞检测试剂盒’成果发布会”在京召开。中国工程院院士侯云德以及中关村管委会、经济开发区管委会等单位相关领导，生物医药企业、高校、科研机构的代表参加。试剂盒由北京旷博生物技术有限公司、中国科学院微生物研究所、中国疾病预防控制中心传染病预防控制所共同研制，北京金豪制药有限公司生产，具有自主知识产权，获食品药品监管总局颁发的医疗器械注册证书，投产并临床应用。试剂盒主要用于结核病的辅助诊断，免疫低下、糖尿病等高危人群的结核感染筛查，以及流行病学调查等。产品特异性好，无须使用带菌样本，且安全快速，可在24小时～48小时内完成监测，对肺外结核及菌阴肺结核的诊断优势突出。试剂盒完成了大样本临床验证试验，通过1049例有效样本检测结果证实，产品的诊断性能指标达到或超过进口同类产品，特别是其重要指标灵敏度和菌阴检出率均高于进口试剂。

（崔春雷）

【亦庄生物医药产业创新与发展论坛举办】 7月29—

30 日，由北京亦庄国际生物医药科技有限公司承办的“2014 年北京亦庄生物医药产业创新与发展论坛”（第四期）在生物医药园举办，主题为“靶向药物的研发和产业化”。来自区内外生物医药相关企业、研究院所等单位的代表 200 余人参加。相关专家分别从“生物技术药物研发现状及监管科学研究进展”“药品注册内容及相关要求”“靶向抗癌药的未来发展趋势”等方面介绍了靶向药物的研发和产业化进程。至年底，系列活动共举办 6 期，主题包括“生物医药中小企业政策宣讲”“独立医学检验与诊断技术”“创新型高端药物制剂”等。

（崔春雷）

【大兴基地组团参展第二届商博会】8 月 16—18 日，在 2014 第二届北京国际商品交易博览会上，大兴生物医药产业基地管委会在大兴新区“一区六园”专设展区，重点展现大兴医药基地以研发检验机构为核心板块，以现代中药、疫苗及生物制药、化药制剂、医疗器械为主导板块，以保健品、动物疫苗和动物用药为拓展板块的“1 + 4 + 2”特色产业格局，以及打造集医药总部、创新研发、高端制造和健康服务等功能于一体的全产业链医药产业聚集区的目标。

（李积伟）

【云狐时代产业园投入使用】8 月 31 日，云狐时代产业园（一期）投入使用。该园 2012 年开工建设，一期建筑面积 12 万平方米，其中 8000 平方米为云狐时代集团总部，拟引入智能手机、芯片、游戏、移动互联、移动金融、电商六大类企业入驻，形成移动互联智能硬件的生态共生环境。

（崔春雷）

【中冶京城 15 个项目获全国冶金建设行业奖项】8 月，中国冶金建设协会公布《2014 年度冶金建设行业优秀工程勘察、设计、软件获奖项目名单》，中冶京诚工程技术有限公司完成的 15 个项目入选。15 项工程中，优秀工程设计奖 13 项，其中许宏韦等完成的“承钢提钒转炉升级技术改造工程设计”等 4 个项目获一等奖，二等奖 7 项，三等奖 2 项；优秀软件奖 2 项，其中一等奖 1 项、二等奖 1 项。

（崔春雷）

【电控爱思开公司投产运营】8 月，北京电控爱思开科技有限公司投产运营，其生产的第一批高续航、高寿命的汽车用动力电池包下线。产品主要为北汽新能源汽车股份有限公司 C33 车型配套。公司 2013 年成立，由北京电子控股有限责任公司、北京汽车集团有限公司和韩国 SK 集团共同出资，注册资本 3.5 亿元，总投资 10 亿元，拥有全自动动力电池模组生产线和半自动电池包装配线，主要进行锂离子动力电池包、储能系统的研发及组装，针对电动商务车和乘用车提供电池包及动力系统产品及服务，一期规划产能为年产 1.2 万台套。产品较磷酸铁锂体系动力电池，能量密度提高 50% 以上，功率密度提高 100%，车辆续航里程提高 30% 以上，设计寿命达 10 年（20 万千米），同时其低温性能良好，可在零下 20 摄氏度正常工作。

（崔春雷）

【中船集团入驻大兴生物医药基地】8 月，中国船舶工业集团公司与大兴区政府签约。中船集团及子公司中国船舶工业系统工程研究院、中船电子科技有限公司拟共同在生物医药基地建设“海洋装备科技创新基地”，包括科技创新中心、系统集成中心、全球运营服务中心。项目总投资 120 亿元，一期占地面积 20 公顷，投资 36 亿元，将围绕海洋装备的科技研发、系统集成和全球运营服务等开展工作。

（赵剑雄）

【中冶京诚两个项目获冶金科技奖】9 月 1 日，中国钢铁工业协会、中国金属学会《关于授予“压水堆核电站核岛主设备材料技术研究与应用”等 79 个项目 2014 年中国钢铁工业协会、中国金属学会冶金科学技术奖的公告》（冶奖〔2014〕1 号）发布。中冶京诚工程技术有限公司等单位曹建宁、熊坚、王云波等完成的“中厚板生产线全流程自动化系统集成与创新”获二等奖；周琳、邓华容、李龙男等完成的“105m/s 高速线材终轧设备研发及应用”获三等奖，且获北京市科学技术奖三等奖。

（崔春雷）

【龙兴生物公司落户开发区】9 月 4 日，北京龙兴生物医药有限公司落户经济技术开发区。该企业 2011 年成立，获北京市科技重大成果转化和产业统筹项目立项，为健能隆生物医药公司的产业基地，承担着“创新型基因重组生物药的国际化开发”项目的成果转化工作，同时也是健能隆国际、国内三期研究的临床用药生产、未来商业化运营生产以及发行抗体类蛋白新药的产业化载体。健能隆公司成立于2004年，由美国海归人才联手创建，致力于运用现代生物技术，按照国际标准研发创新型生物医药产品，建立高效哺乳动物细胞的蛋白表达技术及完整的新药研发技术平台，开发了具有自主知识产权的Di-Kine新药，并推出一系列处于临床和临床前阶段的创新型生物药，其在研产品重点针对肿瘤、肝炎以及自身免疫等国内、国际尚未解决的医疗难题。

（崔春雷）

【开发区成为首批产业集群区域品牌试点单位】 9月9日，工业和信息化部印发《关于同意北京经济技术开发区管理委员会等22家单位开展产业集群区域品牌建设试点工作的通知》（工信部科函〔2014〕438号），发布第一批产业集群区域品牌建设试点工作组织实施单位和产业集群名单，北京地区仅北京经济技术开发区管理委员会1家入选，其主导产业为“数字显示产业”。开发区凭借其在数字显示产业自主品牌优势明显、产业链条完整、技术水平领先、创新能力强、产业延伸性好、成长潜力大等特点，获批在国内率先开展产业集群区域品牌建设试点工作。9月26日，在“全国工业品牌培育工作座谈会”上，试点单位获授牌。开发区将以主导产业为重点，围绕区域品牌策划设计、建立品牌评价分析制度、发挥行业组织作用、引导企业培育品牌、夯实品牌发展基础、加强信誉和风险管理以及打造营销和宣传平台7个方面，统筹策划组织，协调政策资源，确保达到产业集群区域品牌建设示范区的要求。（2014年3月，工业和信息化部决定组织开展产业集群区域品牌建设试点示范工作，计划到2015年，在全国建设50个区域品牌示范区。）

（崔春雷）

【北京医疗器械与生物技术产业创新联盟换届】 9月18日，由经济开发区科技局主办的“北京医疗器械与生物技术产业创新联盟换届大会”在京召开。市经济信息化委、市科委等相关单位领导及业内企业代表100余人参加。大会选举产生以北京旷博生物技术有限公司董事长兰宝石为首的第三届联盟理事会，7位企业家担任副理事长。联盟将继续以推动行业环境的改善，促进创新，培育领军企业为目标，围绕重点工作推进联盟发展，建立并完善投融资、物流中心、医疗器械先导技术研究院等公共服务平台，为成员单位提供公共服务。

（崔春雷）

【北京大学创业训练营亦庄特训班开班】 9月26日，由经济开发区科技局联合北京大学创业训练营主办的“北京大学创业训练营亦庄特训班开班仪式”在汇龙森孵化器举行。训练营是由北京大学校友会、北京大学产业技术研究院联合相关单位共同发起的“北京大学创新创业扶持计划”的核心部分，为开放的公益创业扶持平台，面对开发区初创期、高成长期的科技型企业的负责人，旨在系统培养、扶持北大创业校友及社会优秀创业者创业成功。训练营采用集中模块化授课方式，邀请创业企业家为企业免费授课，每期9月开学，分4个阶段，共计98学时，针对40位左右的优秀创业者授课，并推出创业导师计划，引入早期创投基金，综合扶持、孵化创业项目。此次活动，市发展改革委相关领导以“中国区域经济发展与创新”为题授课，北京大学创业训练营全国班、亦庄特训班的150余位学员参加。

（崔春雷　李美惠）

【罕见病基因治疗研究所成立】 9月26日，在“罕见病基因治疗研究和临床应用研讨会”上，北京瑞希罕见病基因治疗技术研究所成立。研究所在市民政局注册，属“民办非企业”性质的非营利性科研单位，将从罕见病中的单基因遗传病入手，组织罕见病基因治疗项目研发，联合研发人员、临床专家、罕见病病患家庭、科技公益自愿者和其他社会力量开展理论研究、学术交流，对罕见病患者的治疗提供共性技术、领先技术、关键技术等技术支持，协同攻关完成复杂课题。（罕见病又称“孤儿病”，是指患病人数占总人口比例在0.065%～0.1%之间的疾病，用于预防、诊断和治疗这类疾病的药物，具有研发成本高、药品定价高等特点。）

（崔春雷）

【新区归国华侨联合会成立】 9月26日，经济开发区管委会在京召开第一次归侨侨眷代表大会，新区归国华侨联合会成立。中国侨联、市侨办等单位相关领导及部分区县侨联负责人以及开发区各民主党派代表参加。会议听取联合会筹备工作报告，选举产生第一届委员会以及主席、副主席、秘书长和常委。13名来自开发区各企业的高层次人才当选为第一届侨联委员，其中4名为常委，新博医疗技术有限公司董事长赵磊、中航金网（北京）电子商务有限公司总经理施大龙为副主席。

（崔春雷）

【慈云健康管理云服务平台投入使用】 9月，由中金数据系统有限公司开发、北京慈云科技发展有限公司运营的慈云健康管理云服务平台投入使用。平台通过对接各方数据源逐步构造统一健康档案库，为全程健康管理（采集、评估、干预、改进）提供完整的信息化支撑。其功能包括历年各机构体检报告对比查看、异常指标自动提醒、未病先防、既病防变；科学记录监控个人体征趋势，包括血压、血糖、尿酸、体重等以及 11 种运动情况记录、趋势分析；在线一对一健康咨询，包括亚健康、体重爆表、易疲劳易焦虑等；私人健康管理师根据体检报告及个人体征数据制订专属健康计划，且全程监督执行；慈云健康资讯随手阅读，把握健康动态；圈子功能全新上线，实现在线交流。数据传输方面，平台通过健康体检报告、可穿戴体征监测设备、企业健康小屋等渠道获取顾客的健康信息，且依托中金数据信息管理的软、硬件条件，给用户提供更加安全的云端服务体验。

（崔春雷）

【两个项目获国家重大新药专项后补助支持】10 月 9 日，国家卫生计生委《关于重大新药创制科技重大专项 2014 年事前立项事后补助课题论证结果的公示》发布。北京天坛生物制品股份有限公司承担的“口服脊髓灰质炎减毒活疫苗（人二倍体细胞）研发及其他生物药后补助课题”的子课题天坛生物公司的“口服脊髓灰质炎减毒活疫苗（人二倍体细胞）研发”、百泰生物药业有限公司的“人源化抗 CD6 单抗注射液的开发”两个项目获国家重大新药专项后补助支持，总额 800 万元，由中央财政支付。（“后补助”就是“先实施，后拨款”，包括 3 种资助方式：事前立项事后补助、奖励性后补助、共享服务后补助，是对现有国家财政科技经费资助方式的有益补充。）

（崔春雷）

【赛升药业公司项目获国家重点新产品立项】10 月 21 日，科技部印发《关于下达 2014 年度有关国家科技计划项目的通知》，北京赛升药业股份有限公司“薄芝糖肽注射液—2ml：5mg（多糖）：1mg（多肽）”（项目编号 2014GRA00013）获国家重点新产品立项。（2015 年 2 月 6 日，产品获科技部、环境保护部、商务部、质监总局联合颁发的《国家重点新产品证书》，有效期 3 年。该产品采用深层发酵法，培养出灵芝薄树芝菌综体，经现代生物、科技手段纯化分离而得，糖肽无菌水溶液，经现代分子生物学和免疫学研究表明，具有多种生理活性和药理作用，对人体有双向免疫调节作用，主要用于抗衰老、抗肿瘤、抗病毒、保肝解毒等。）

（崔春雷）

【德勤—亦庄高科技高成长 20 强（2014）发布】10 月 23 日，由经济开发区科技局、中小企业服务中心与德勤企业咨询有限公司共同组织的新区“德勤—亦庄高科技高成长 20 强（2014）”名单发布。北京京东方显示技术有限公司以 9710% 的 3 年平均增长率荣登榜首。2014 德勤—亦庄高科技、高成长 20 强项目是由德勤公司与新区联合打造的高成长企业甄选项目，旨在发现新区内不断创新、追求卓越的佼佼者，使其获得更多的社会资源。20 强中，开发区 16 家，大兴区 4 家，涉及半导体 / 仪器设备、生物技术 / 制药、计算机 / 外围设备等“高精尖”行业。在考核指标上，除了考察企业 3 年收入增长率外，还加入了企业科技创新指标体系评价。

（崔春雷）

【首都非公经济金融服务推进会举行】10 月 23 日，由市工商业联合会主办的“首都非公经济金融服务推进会”在经济开发区举行。副市长程红出席，市金融工作局、开发区管委会等相关单位领导以及 20 余家银行、股权投资机构与 400 余家企业的代表参加。会上，市工商联分别与开发区管委会、北京股权交易中心、中关村创业投资和股权投资基金协会签署《战略合作协议》。活动以参展、交流、推介相结合的形式展开，分为自由参展交流、金融产品推介两个部分。全国中小企业股份转让系统、首都金融服务商会，中国企业投融资商会等 7 家机构分别介绍新三板融资平台、中小微企业服务平台、企业融资的方法与技巧等相关业务情况；北京股权交易中心就企业登记托管、挂牌展示、孵化融资以及六大平台服务等向参会企业进行介绍；北京嘉捷美锦科技发展有限公司向中小企业推出纯信用、无抵押的金融产品“扶持贷”。

（崔春雷）

【北京微电子国际研讨会召开】10 月 23—24 日，由北京半导体行业协会、国际半导体设备及材料协会（SEMI）和美国华美半导体协会（CASPA）主办的“2014 北京微电子国际研讨会”在开发区召开，主题为“聚集创新要素助推产业升级”。工业和信息化部、市经济信息化委、经济开发区管委会等单位相关领导及企业代表 200 余人参会。会议设有高峰论坛，相关领导、专家分别就“中国集成电路跨越发展与投资”“浅议中国微电子产业如何发展”“北京经济技术开发区产业发展环境与政策”等主题进行演讲；3 个专题论坛，企业负责人就“创新、合作引领中国 IC 制造产业跨越式发展”“智能又安全的高度互联新世界”“产业创新与资本”主题与参会者共同分享创业体验。与会代表围绕产业发展与资本运作、创新创业环境营造、原始技术创新等高端要素的整合，重点针对网络经济背景下智能终端、智慧医疗、大数据、物联网等应用需求，集成电路设计技术、制程工艺和先进封装测试的关键技术，重大装备及材料的国产化等内容进行交流。

（崔春雷）

【首都科技条件平台电科学院分平台挂牌】10 月 28 日，由北京电子科技职业学院组织的“首都科技条件平台开发区工作站北京电子科技职业学院分平台暨科技创新与成果转化服务中心揭牌仪式”在经济开发区举行。经济开发区管委会、市科委、市教委等单位相关领导以及 40 余位企业代表参加。仪式上，北京电子科技职业学院与嘉捷集团等 4 家企业签署科研合作协议。科技创新与成果转化服务中心依托学院 7 个二级学院下设 7 个分中心，实验室面积 8000 余平方米，拥有先进的科研仪器和中试设备，将面向开发区企业，提供产品研发、中试、测试以及技术咨询、技术培训和设备资源共享等方面的科技服务。

（崔春雷）

【TDJ2E—NM 无磁经纬仪通过鉴定】10 月 29 日，北京博飞仪器有限责任公司组织召开“TDJ2E–NM 无磁经纬仪新产品鉴定会”。中国地震局地球物理研究所、北京奥地探测仪器有限公司等单位相关专家参加。仪器符合国际光学经纬仪标准，具备整机高度弱磁特性，其中的关键技术申请了相应知识产权，且通过第三方检测，整机磁影响≤ 1nT，测角精度 ±2″，直读 1″。仪器可与磁通门检测系统共同组成 DI 磁力仪，供野外及台站观测地磁偏角和地磁倾角，广泛应用于地磁台站观测、地质勘测等领域，且实现销售。专家认为，仪器针对无磁经纬仪精度和无磁特性要求，采用带开关的自动补偿机构和新型轴系结构及表面处理技术，选用特种无磁材料和新颖的磁化和剩磁检测方法，采用专用加工工艺，在仪器结构、材料选用、加工工艺、测试方法等方面进行了一系列技术创新，技术先进、操作简便，符合国标和国军标质量体系要求，可满足军事及民用地磁测量需求，降低用户采购和使用维护的总成本。

（崔春雷）

【北京亦庄母基金业务体系情况说明会召开】10 月 29 日，由北京股权投资基金协会、亦庄国际投资发展有限公司主办的“北京亦庄母基金业务体系情况说明会”在京召开。经济开发区管委会等相关单位领导及来自金融、产业领域的近 300 名行业代表参加。业务体系以亦庄国投为投融资主体、以战略新兴产业基金为母基金的基金业务体系，服务于集成电路产业、生物医药产业、现代服务业等区内“高精尖”产业领域，发展成熟北京航天产业投资基金、博泰方德生物医药产业基金、中关村现代服务业创业投资引导基金等 8 支子基金，未来母基金体系旗下基金数量将达到 16 支以上，规模扩展到 100 亿元以上。在金融领域，开发区正在积极加快产业金融示范区建设，构建“6 + 1 + N”金政园企产业金融服务体系（“6”指六大金融资源体系，“1”指政府，“N”指特色园区和企业。）

（崔春雷）

【6 家企业获批建设北京市工程实验室】10 月 31 日，市发展改革委发布《关于 2014 年认定北京市工程研究中心和工程实验室的公告》，经济开发区获批建设 6 家北京市工程实验室，即中金数据系统有限公司的“面向金融行业的大数据处理平台北京市工程实验室”、北京四达时代软件技术股份有限公司的“面向三网融合的超高清视频运营云平台关键技术北京市工程实验室”、京微雅格（北京）科技有限公司的“基于 FPGA 的可配置应用平台芯片技术北京市工程实验室”、北京中交兴路信息科技有限公司的“商用车联网技术北京市工程实验室”、北京大基康明医疗设备有限公司的“核医学装备与技术北京市工程实验室”、悦康药业集团有限公司的“头孢药物晶型研究北京市工程实验室”。

（崔春雷）

【生物医药产业工会联合会成立】11 月 5 日，由经济开发区总工会主办的开发区生物医药产业工会联合会成立大会在北京亦庄生物医药园举行。有关政府部门、相关企业的负责人 50 余人参加。开发区首家产业工会联合会成立。大会选举产生工会联合会第一届委员会。联合会将联合区内有关职能部门，发挥好产业性工会联合会的特有优势，探索新时期形势下产业工会新的发展道路，为维护职工权益、促进企业发展、构建和谐劳动关系，推动开发区经济建设和社会发展做出贡献。

（崔春雷）

【4 项成果获中国专利奖】11 月 6 日，国家知识产权局印发《关于第十六届中国专利奖授奖的决定》（国知发管字〔2014〕63 号），经济开发区 4 项成果获中国专利奖。包括金奖 1 项，即北京京东方光电科技有限公司商广良、韩承佑发明的“移位寄存器单元、显示器用栅极驱动装置及液晶显示器”（201010181646.6）；优秀奖 3 项，即京东方光电公司谢振宇、陈旭、龙春平等的“阵列基板及其制造方法和液晶显示器”（ZL201010159116.1）和张亮、郑喆奎的“参考电压补偿装置和方法”（ZL200910091945.8），北京同益中特种纤维技术开发有限公司等单位贺鹏、黄兴良、刘清

华等的“一种超高分子量聚乙烯纤维纺丝溶液的制备方法”(ZL201010262244.9)。

(崔春雷)

【封装设备关键部件与核心技术获电子学会科技奖】11月15日，中国电子学会科学技术奖励工作办公室印发《2014年度中国电子学会科学技术奖评选结果公示》，由北京中电科电子装备有限公司等单位承担的“封装设备关键部件与核心技术”获科技进步类三等奖。项目为国家02科技重大专项，2009年启动，历时4年，其设置和实施主要为解决后道封装设备中超精密器件以及高精度运动部件等关键技术问题。研发的高速空气静压主轴、键合头等几种关键部件已实现产业化，包括178套空气静压电主轴在关键封装设备划片机和减薄机上的配套使用、146套键合头和引线键合系统的装机使用、286套控制系统平台或控制板卡的应用和336套图像处理软件包的装机应用、219套光学系统的装机应用。项目共申请国内外发明专利80件，具备年产200根主轴、200套键合头及引线键合系统、500套总线控制系统或运动控制卡和100套以上机器视觉系统的平台产业化能力。

(崔春雷)

【开发区第一届产业创新联盟理事长联席会召开】11月17日，由经济开发区管委会主办的2014年北京经济技术开发区第一届产业创新联盟理事长联席会在京召开。相关联盟代表等50余人参加。为将区域内联盟建设成为推动产业升级进步的一支重要力量，加强互助合作和联合创新，开发区制定了产业创新联盟联席会制度，目的是探索联盟组织的发展经验，了解各联盟所在产业的发展现状，存在的机遇和面临的问题，探索政府通过政策支持联盟创新发展，发挥联盟的带动作用，形成推动开发区创新发展的新经验、新模式、新路径。联席会将成为总结、普及联盟建设经验的交流平台、产业与政府对话的有效沟通平台、咨询平台以及推动产业融合、协同发展、跨界发展的合作平台，使联盟企业共同投入解决技术、市场、资本、知识产权、品牌等共性问题和获取外部资源的有效工具，在整合资源、提升企业创新能力、增强产业集群的联动效应、促进产业发展等方面发挥重要作用。

(崔春雷)

【热景生物公司入驻医药基地】11月18日，“热景生物新厂区一期工程入驻剪彩&生物应急与临床POCT北京市重点实验室揭牌仪式暨北京市统筹基金重大科技成果转化项目——600万支/年荧光纳米材料项目投产仪式”在公司新厂区举行。合作单位、产业联盟的代表及公司员工等60余人参加。新厂区为北京热景生物技术有限公司总部及新的研发生产基地，将引进新的技术平台和仪器试剂生产线，满足公司快速增长的既有产品系列生产供应需求。热景公司专业从事体外诊断试剂及相关检验仪器的研发、生产、销售。会上，举行了“生物应急与临床POCT北京市重点实验室揭牌仪式”“北京市统筹基金重大科技成果转化项目——600万支/年荧光纳米材料项目投产仪式”。

(赵剑雄)

【23家企业获专利试点合格单位】11月18日，市知识产权局公布2014年度北京市专利试点单位名单，亦庄园百仕联创新医学技术(北京)有限公司、北京博爱旺康医药科技有限公司、北京东港安全印刷有限公司等25家企业入选。2015年2月28日，市知识产权局公布2014年度北京市专利试点合格单位名单，亦庄园参加试点的25家单位中有23家入选。至年底，亦庄园专利试点单位(合格)有266家。

(崔春雷)

【医药基地专利审查员实践园启动】11月21日，由市知识产权局、大兴区科委主办的“国家知识产权局专利局审查员实践基地大兴生物医药产业基地实践园启动仪式暨企业专利实务培训会”在大兴医药基地举行。国家知识产权局专利局、中关村知识产权促进局、大兴区政府等相关单位领导及近100名企业代表参加。会议举行了大兴生物医药产业基地审查员实践园揭牌仪式，举办了“审查意见通知书答复技巧”和“专利信息在生物医药企业中的应用”专题培训。实践园活动以大兴生物医药产业基地的生物技术领域国家级研究资源和重大产业化项目为依托，将中关村示范区的创新资源与国家知识产权局的专业审查资源精准化匹配，为审查员搭建一个交流沟通、相互学习、共同进步的平台，同时还可为企业提供专利保护和运用方面的专业知识，提升企业知识产权创造和管理水平，提高自主知识产权数量和质量，加速自主知识产权成果向现实生产力转化，加强知识产权人才队伍建设，扎实推动国家知识产权试点城区建设。

(李积伟　苏　品)

【8个项目获中关村现代服务业试点支持】12月12日，市财政局印发《关于中关村现代服务业试点2014年试点支持项目公示的公告》。经济开发区8个项目获财政补助支持，5个为第一承担单位，即酒仙网电子商务股份有限公司等单位的“酒类电子商务产业链升级及创新服务平台建设项目”、北京天广实生物技术股份有限公司等单位的“创新性抗体构建研发及产业化服务

平台”、易美芯光（北京）科技有限公司等单位的“面向LED行业的应用设计、定制服务及检测平台建设及运营”、北京艾迪康医学检验所有限公司的“北京艾迪康医学检验及信息服务平台建设项目”、北京和利时系统工程有限公司的“工业控制系统智能化安全云服务平台”；3个为参与单位，即北京天地互联信息技术有限公司的“基于大数据分析的京医通信息服务平台”、中金数据系统有限公司的“中国电子技术交易和服务平台项目”、北京协和建昊医药技术开发有限责任公司的“人类重大疾病灵长类动物模型及集成式公共服务平台”。8个项目总投资为4.498亿元，获支持金额5873万元。

（崔春雷）

【CVW2014产业互联网大会举办】 12月12日，由亚信集团股份有限公司、北京云基地企业管理有限公司等承办的“CVW2014产业互联网大会”在亦庄举办。中央网信办、市经济信息化委、经济开发区管委会等单位相关领导及5000余名关注互联网发展的代表参加。大会设有产业互联网@硅谷、产业互联网@三人谈等4个主题的主论坛和电信@互联网、制造@互联网、网络安全@互联网等6个主题的分论坛，相关专家分别就“互联网及数字商业时代的信息安全”“中国可穿戴计算市场前景”“遇见与预见—4G流量与大数据的运营思考”“传统产业要拥抱互联网有一定困难”等主题在相关论坛发表演讲。

（崔春雷　陈宝德）

【第四批企业院士专家工作站获授牌】 12月23日，由经济开发区科协主办的“北京经济技术开发区第四批企业院士专家工作站授牌仪式暨院士专家工作站座谈会”在京举行。市科协、开发区管委会等相关单位领导及企业代表100余人参加。北京经纬纺机新技术有限公司、中奥汇成科技股份有限公司院士专家工作站获授牌，两家企业负责人分别为进站专家颁发聘书。至年底，开发区企业院士专家工作站达11家，入站服务院士58名。

（崔春雷）

【22个项目获技术创新能力建设专项资金支持】 年内，大兴医药基地管委会组织企业申报2014年中关村技术创新能力建设专项资金，北京民海生物科技有限公司、中国京冶工程技术有限公司、北京协和制药二厂等15家企业的22个项目分别获发明专利、行业标准、著名商标等方面的专项资金支持。

（李积伟）

【博辉瑞进公司获国家中小企业创新基金资助】 年内，北京博辉瑞进科技有限公司研发的“近交系动物源人体植入用脱细胞组织基质材料”项目获国家科技型中小企业技术创新基金以及市科委配套资金共80万元的资助。项目选择近交系五指山猪作为动物源，建立医用植入材料用近交系WZSP的质量标准和管理体系，完成小肠粘膜下层、软骨、角膜等5种组织基质材料的工艺、性能和生物学转归研究，形成自主知识产权的异种脱细胞组织基质材料核心技术，且通过动物有效性试验和临床前安全性评价，完成疝修补片、硬脑膜修补片、人工软骨等7种产品的选材、设计和性能研究，开发出一批质优价廉的新型医用植入材料产品，主要应用于腹壁修复、烧伤愈合、难治性伤口愈合、硬脑膜缺损修复和肛瘘修复等领域。

（李积伟）

房山园

2012年10月，经国务院批复，中关村国家自主创新示范区调整空间规模和布局，扩展为"一区十六园"。房山区石化新材料（1、2、3）、高端制造业（1、2）、良乡东区（1～5）、良乡西区（1～9）、海聚工程（1、2）共21个地块5个重点功能区域组成中关村示范区房山园，规划占地面积1572.97公顷，园区企业可享受到国家、北京市、中关村示范区的各类优惠政策。2013年12月，房山园获授牌。北京石化新材料科技产业基地是国内首批62家新型工业化产业示范基地之一，位于房山区"三大城市组团"的燕房组团，分为东区和西区，纳入中关村示范区范围的面积736.77公顷，重点发展石化新材料产业，北京环宇京辉京城气体科技有限公司等企业已入驻。北京高端制造业基地位于房山区"三大城市组团"的窦店组团，纳入中关村示范区范围的面积355.28公顷，重点打造汽车整车制造、高端汽车零部件配套产业，并培育新能源汽车、城市轨道交通设备制造等新兴产业集群，长安汽车北京公司等企业已投产，中关村新兴产业前沿技术研究院、北京普驰电气有限公司等项目正在建设。北京良乡高新技术产业区东区位于房山区"三大城市组团"的长阳良乡组团东部，包括中核北京科技园和良乡高教园，纳入中关村示范区范围的面积139.8公顷。中核北京科技园位于房山区长阳镇，特色发展高端研发制造产业，已有航天科工集团等央企入驻，重点军民融合项目正在加快推进中。良乡高教园依托北京工商大学等高等院校的教育资源和人才智力优势，特色发展教育、研发、文化创意产业，校企合作促进会已正式成立，科技成果转化及智汇城科技创业园示范基地建设等工作正在全面推进中。北京良乡高新技术产业区西区位于房山区"三大城市组团"的长阳良乡组团西部，包括良乡经济开发区和知识经济示范区，纳入中关村示范区范围的面积253.32公顷。良乡经济开发区成立于1992年，2000年12月市政府批准列为市级开发区，占地面积109.5公顷，已基本建成，特色发展生物医药、高端装备制造和都市产业，引进美国的PLP公司、北京华素制药股份公司等54家国内外企业。知识经济示范区特色发展软件和信息技术服务、专业技术服务等现代服务业。北京海聚工程高科技产业园规划面积87.8公顷，围绕新材料、电子信息领域发展起步，有北京飞航吉达航空科技有限公司、北京能通国际信息服务有限公司等高新企业入驻，道路、供电、给水管网、燃气管网等基础设施建设陆续竣工。

房山园管理委员会领导成员

主　　任　祁　红
常务副主任　李　江
副 主 任　史全富　周文海

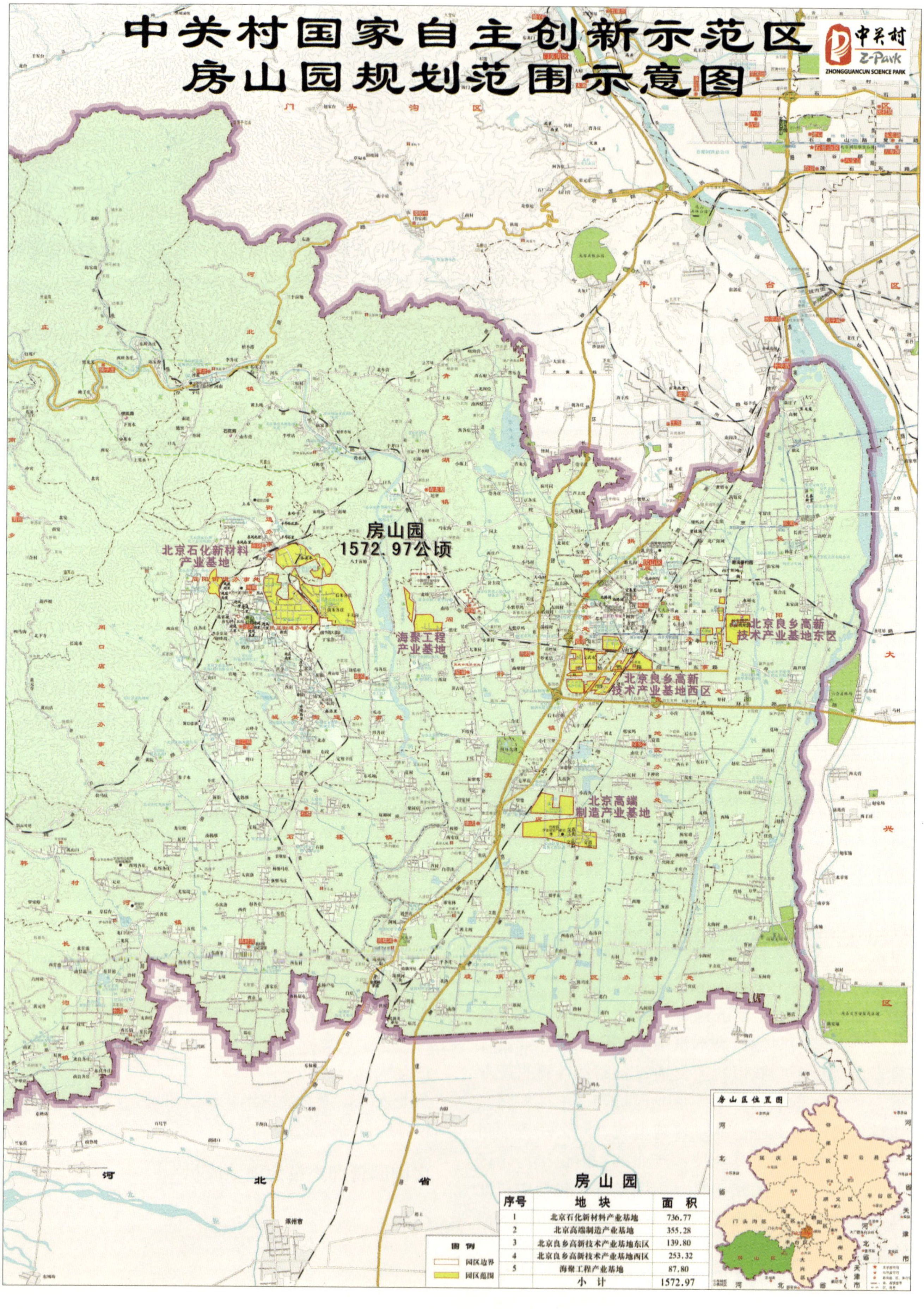

房山园

序号	地块	面积
1	北京石化新材料产业基地	736.77
2	北京高端制造产业基地	355.28
3	北京良乡高新技术产业基地东区	139.80
4	北京良乡高新技术产业基地西区	253.32
5	海聚工程产业基地	87.80
	小计	1572.97

【概况】2014 年，房山园经济实现较快增长，成为房山区经济新的拉动引擎。年内，园区入统高新技术企业总数 59 家；从业人员 2.1 万余人；工业总产值 142.5 亿元；总收入 193.3 亿元；进出口总额 1.3 亿美元；实缴税费 8.9 亿元；利润总额 1.6 亿元；资产总计 282.3 亿元；科技活动经费支出 7.1 亿元；专利申请 299 件，专利授权 205 件。

顶层设计抓规划。坚持顶层设计，高起点编制规划。组织有关部门编制房山园“1 + 3”规划，即包括《房山园发展战略规划》及《产业发展规划》《空间布局规划》《生态建设规划》3 个专项规划，制定重点产业发展方向规划、功能分区规划、生态建设重点工程实施方案以及政策、资金、人才等保障措施。打造中关村国家自主创新示范区北京高端制造业基地，发展高端装备制造业、石化新材料产业、高端生态旅游业、临港航空业、现代农业、战略性新兴产业以及现代服务业七大产业。

企业对接抓高新。北京伊士通新材料发展有限公司等 17 家企业获中关村高新技术企业认定，累计有中关村高新技术企业 83 家，其中 59 家为国家高新技术企业，享受中关村示范区“1 + 6”“新四条”等各项优惠政策，真正融入到中关村创新发展体系，激发区内企业加大科技投入。

争取政策抓项目。组织区内企业和项目申报各项政策扶持资金和企业培育工程，为中关村房山园基础设施建设、海聚基地污水处理设备安装工程、北京科泰兴达高新技术有限公司新技术新产品应用推广等项目申请到扶持资金 8000 余万元。北京八亿时空液晶科技股份有限公司的“高世代（6 代及以上）薄膜晶体管液晶显示（TFT−LCD）用高性能混合液晶材料研发和产业化”被列入发展改革委、工业和信息化部新型平板显示领域支持项目，且获第三届中国国际新材料产业博览会金奖。组织企业申报北京市“专利试点”、中关村“十百千工程”、“2014 年中关村十大系列”等评定，中煤北京煤矿机械有限责任公司入选“十百千工程”培育企业，北京京源水仪器仪表有限公司等 4 家企业入选 2014 年度北京市专利试点单位。

创新方式抓建设。深入对接中关村发展集团股份有限公司，由其全面承接运营的中关村新兴产业前沿技术研究院完成资产评估和验收，具备入驻条件。北京永华晴天设计包装有限公司主体项目完工，北京海斯特科技有限公司汽车排气系统、北京飞航吉达航空科技有限公司航空材料等项目投产；长安汽车北京公司生产的首款中大型 SUV−CS75 在第十三届北京国际汽车展上市；海聚基地科技孵化中心项目竣工，被定名为“北京市海聚人才创新创业基地”和“高端人才创新创业基地”，为进驻基地高端人才和优秀团队提供“首站式”服务。

扩大影响抓宣传。为扩大园区影响，制作了电视专题片，在房山报刊进行系列专题报导，筹划并推出《中关村房山园》杂志，园区建设的良好舆论氛围在不断形成之中。

（刘晓会）

【知识产权保护实务讲座举办】2 月 28 日，由良乡高教园区管委会、房山区科委、北京校企合作促进会联合主办的知识产权保护实务讲座在京举行。促进会部分会员单位参加。会上，邀请北京同立钧成知识产权代理有限公司等相关业内人士分别就国家关于专利工作的法律法规与政策、商标和专利的有关知识、专利基金的发展状况、中技细软（北京）知识产权代理有限公司的知识产权服务模式，以及专利申请的必要性、如何发掘和选取专利项目、专利申请审批流程及出现相关问题的解决办法等进行讲解，解析了国内外重大专利纠纷案件，剖析了企业在知识产权侵权与维权方面的经验与教训。

（刘晓会）

【“绿地智汇产业城”战略启动】3 月 23 日，由房山区政府、绿地集团主办的“‘绿地智汇产业城’战略发布会”在京举行，主题是“聚势绿地 · 智汇起航”。主办方、中国房地产学会等相关单位代表参加。会上，房山区政府明确将把发展“楼宇经济”作为区经济发展的重要举措。绿地智汇产业城旨在建设“一区一城”新房山的发展目标下，借助房山园的政策优势，依托高教园区学府资源和人文环境，发挥绿地集团城市运营商的资源优势，形成区域城镇化发展的整合，实现产城一体化发展。项目结合绿地集团布局房山的绿地新都会、绿地启航国际三期、绿地大学城三大优势，拟建设房山区最具特色、档次最高，集办公、购物、餐饮、商务金融为一体的智汇务综合体，成为区政府发展楼宇经济的试点。启航国际三期中推出约 4500 平方米产业扶持空间，高教园区管委会与智汇城孵化器公司正在推进入驻项目储备、洽谈工作，着力将其打造成高科技企业研发办公基地，同时计划在绿地大学城项目中，规划建设集中注册区，吸引高科技企业入驻，通过引进培育高端业态，形成楼宇经济高端发展局面。

（刘晓会）

【海斯特公司汽车排气系统项目投产】3 月 25 日，北京海斯特科技有限公司汽车排气系统项目(一期)投产，主要生产乘用车、大中小型商业车的排气系统。该公司为重庆海特汽车排气系统有限公司旗下子公司，是一家致力于汽车排气系统产品研发、生产、销售、服务于一体的综合型高科技环保企业，中国汽车行业百佳汽车零部件供应商，主要为长安汽车做排气系统。2012 年 3 月公司入驻北京高端制造业基地，11 月开工建设，占地 2.8 公顷，配备有生产厂房、办公楼、研发中心以及系列生产附属设施，拥有国内外先进的设备及生产线。

（王　磊）

【长安首款中大型 SUV-CS75 上市】4 月 20 日，由长安汽车北京公司生产的首款中大型 SUV-CS75 在 2014（第十三届）北京国际汽车展上市。长安汽车北京公司推出 2.0L6MT 舒适型、豪华型、领先型以及 1.8T6AT 时尚型、精英型、尊贵型 6 款车型，其中 3 款 1.8T 车型均匹配为 6 挡自动挡车型，3 款 2.0L 车型则匹配 6 挡手动变速箱。车身长宽高分别为 4650/1850/1695 毫米，轴距为 2700 毫米，1.9 立方米的纯平超大后排空间。整车采用双重密闭结构，车内怠速噪声低至 37 分贝。全系匹配 EPB 电子驻车系统、EPS 电子助力转向等务实配置。1.8T 发动机峰值扭矩 230 牛顿・米，2.0L 发动机峰值扭矩 200 牛顿・米。前脸设计通过尖锐的零部件造型来突出硬朗感，风阻系数仅为 0.369，还配备有车内逃生装置，强调安全配置的人性化。

（王　磊）

【TFT-LCD 获国家新型平板显示领域专项支持】4 月 25 日，发展改革委、工业和信息化部印发《关于组织实施新型平板显示和宽带网络设备研发及产业化专项有关事项的通知》（发改办高技〔2014〕893 号）。北京八亿时空液晶科技股份有限公司的“高世代（6 代及以上）薄膜晶体管液晶显示（TFT-LCD）用高性能混合液晶材料研发和产业化”被列入新型平板显示领域支持项目。项目依托公司强大的技术实力及现有制造、研究基础和条件，进行 TFT-LCD 用高性能混合液晶材料的研发和产业化，建成一条薄膜晶体管混合液晶材料生产线。8 月 20 日，项目获第三届中国国际新材料产业博览会金奖。（11 月 5 日，八亿时空公司被科技部火炬中心认定为 2014 年国家火炬计划重点高新技术企业。）

（刘晓会）

【马培华调研高端制造业基地】4 月 25 日，全国政协副主席马培华到北京高端制造业基地调研。区政府、区政协等相关单位领导陪同调研。马培华先后到长安汽车北京公司总装车间、中关村新兴产业前沿技术研

究院听取关于企业发展、基地建设和规划情况的介绍。马培华对房山区快速调整产业结构和“一区一城”发展战略给予肯定，对北京高端制造业基地按照北京市定位要求建设科技创新中心、人才集聚中心的“业城融合”“工业地产”新型园区给予赞赏。同时要求有关部门关注区域和园区发展，为房山区乃至首都各项事业的建设献智出力。

（王　磊）

【房山园发展战略规划技术服务合同签约】6 月 5 日，房山区经济信息化委与北京中关村国际环保产业促进中心有限公司在环保中心签订《中关村国家自主创新示范区房山园发展战略规划技术服务合同》。根据合同，房山区经济信息化委委托环保中心编写《中关村国家自主创新示范区房山园发展战略规划》，针对房山园发展现状和需求制定“1 + 3”发展规划框架。“1”是总领性规划——房山园发展战略规划，“3”是房山园产业发展规划、房山园空间布局规划以及房山园生态建设规划 3 个专项规划。《规划》以产业结构调整、发展新兴产业以及北京市高端制造业基地率先落户房山园为编制背景，提出有利于房山园发展的关键要素、发展目标、战略定位与总体思路，制定重点产业发展方向规划、功能分区规划、生态建设重点工程实施方案以及政策、资金、人才等保障措施，重点打造中关村国家自主创新示范区北京高端制造业基地，着力发展高端装备制造业、石化新材料产业、高端生态旅游业、临港航空业、现代农业、战略性新兴产业以及现代服务业七大产业。

（马晓清）

【17 家企业获高新技术企业认定】6 月 24 日，房山园管委会在京举行“2014 年中关村房山园高新技术企业证书颁发座谈会”。区政府相关领导为北京永华晴天设计包装有限公司、北京伊士通新材料发展有限公司等 17 家获认定的中关村高新技术企业颁发证书。至年底，房山园有中关村高新技术企业 83 家，其中 59 家为国

家高新技术企业，享受中关村示范区“1 + 6”“新四条”系列优惠政策。

（刘晓会）

【智汇城服务中心落户良乡高教园区】8月15日，“首都科技条件平台北京大学研发试验服务基地智汇城服务中心签字仪式”在良乡高教园区举行。房山区科委、北京大学等相关部门负责人参加。项目由良乡高教园区管委会、北京大学实验室与设备管理部、北京北达燕园微构分析测试中心有限公司三方合作共建，得到市、区科委支持，本着“资源共享、优势互补、共促发展”的原则，以北京大学研发实验服务基地为基础，以良乡高教园区在园大学科技条件为整合对象、以北达燕园公司为运营主体，整合资源，服务创新型企业，打造高端产业新区，共同助力房山区科技发展。北京大学将立足资源整合，更多开放院校科教资源，服务社会；北达燕园公司依托首都科技条件平台，发挥自身优势，做强科技中介；区科委则要结合首都科技条件平台房山工作站建设，立足服务，为项目提供支持。

（刘晓会）

【中煤北京煤矿机械公司入选“十百千工程”】8月20日，中关村管委会、市发展改革委、市科委等6部门联合印发《关于印发中关村国家自主创新示范区“十百千工程”第三批新入分园企业增补名单的通知》房山园中煤北京煤矿机械有限责任公司被批准增补为“十百千工程”第三批培育企业，属先进制造领域。

（张　毅）

【苟仲文到高端制造业基地调研】9月17日，市委常委苟仲文就园区科研合作工作到北京高端制造业基地调研，市相关部门负责人、区政府有关领导参加。苟仲文一行到基地管委会与中关村发展集团合作的中关村新兴产业前沿技术研究院项目现场，查看了工程主体结构、功能分区和专家公寓的建设情况，听取相关负责人关于园区建设及双方合作的情况介绍，之后进行座谈。苟仲文强调，房山园要依托中关村战略性新兴产业集群创新引领工程，坚持高规格设计、高标准建设、高层次运营，通过创建世界一流科研创新环境，打造国际顶级的研发综合体，推动新兴产业前沿技术的研发和产业转化，提升中关村示范区服务国家发展的创新驱动效益。同时，苟仲文希望北京大学等一流高校，与房山园展开全面合作、对接，在人才培养、研发机构设立、合作机制上实现新突破，争取把北京高端制造业基地建设成为高等院校的实验基地。

（王　磊）

【4家企业入选北京市专利试点单位】11月18日，市知识产权局公布2014年度北京市专利试点单位名单。房山区8家企业入选，其中房山园4家，即北京京源水仪器仪表有限公司、中煤北京煤矿机械有限责任公司、北京智博高科生物技术有限公司、北京凯达恒业农业技术开发有限公司。2015年2月18日，市知识产权局《关于公布2014年度北京市专利试点验收合格单位的通知》印发，4家入选试点企业全部通过验收。

（刘晓会）

【石化新材料产业基地服务试点课题通过验收】11月28日，由市科委组织的北京石化新材料科技产业基地服务试点课题验收会在石化新材料产业基地召开。课题为2013年首都科技条件平台试点项目，由房山区生产力促进中心承担，通过整合首都科技条件平台石化新材料相关科技资源，以技术对接、技术咨询、成果转化服务为石化新材料产业基地搭建多方联动、紧密配合的产学研结合快速通道，为引导基地内企业向高技术、高附加值、高效益、低污染转型提供技术支撑。课题共收集到13家企业35个科技需求，并形成基地企业科技需求信息库；组织地区重点企业开展3次科技政策宣讲、3次业务对接活动，且有8家规模以上企业的13个科技需求对接成功；有5家企业正在同高校接洽，研究探讨下一步合作方式。

（刘晓会）

【房山园各产业基地创新项目集聚】年内，北京石化新材料科技产业基地通过与中国石油化工集团公司合作，成为北京石化新材料产业大型化、集约化、精细化发展的平台。中石化集团在燕山石化投资的重点项目建成43项，完成总投资120亿元；在建和正在开展基础设计的燕化重点项目有8项，项目总投资43亿元。北京高端制造业基地与大型央企、民企合作，至年底，长安汽车北京公司、北京京西重工有限公司、北京金朋达航空科技有限公司、北京海斯特科技有限公司、北京国能电池科技有限公司5家企业的项目投产，中国北方机车车辆工业集团公司、北京奥翔通风设备有限公司等单位的9个项目在建，产业集聚效应初步显现。良乡高新技术产业区西区引进美国PLP公司等54家企业的项目，主要涉及光机电、生物医药和新材料等领域。

（张党伟）

【海聚基地科技孵化中心项目竣工】年内，海聚基地科技孵化中心项目竣工。项目2012年启动，由北京良乡经济开发实业总公司建设，总建筑面积2万余平方米，采用框架结构，地上9层，地下1层，分别定名为“北京市海聚人才创新创业基地”和“高端人才创新创业基地”。同时，开发区将在中心建设海聚人才创新创业接待服务中心，为进驻基地高端人才和优秀团队提供“首站式”服务。工程是实施中央“千人计划”，实现北京海聚工程产业化基地企业研发、高科技成果产业化的保障项目，以促进科技成果转化、培养高新技术企业和企业家为宗旨，为创业者提供包括公共实验室、中试车间、大型通用仪器和通用测试平台在内的技术创新和孵化条件。

（刘晓会）

通州园

2006年1月，发展改革委第三号公告批准通州光机电基地、环保园区纳入中关村科技园区政策区范围。同年5月，经中关村管委会同意、通州区编办批准，成立中关村科技园区通州园管理委员会，标志着通州园光机电一体化产业基地、金桥科技产业基地纳入中关村科技园区政策区范围，规划占地面积1450公顷。2012年10月，经国务院批复，调整中关村示范区空间规模和布局，通州园在光机电、金桥两个基地的基础上，将通州经济开发区东区、西区、南区，北京永乐经济开发区，通州运河核心区，北京环渤海高端总部基地，北京通州国际种业科技园，北京国际医疗服务区8个分园纳入到中关村示范区政策区范围，规划占地面积3434.46公顷。光机电基地纳入面积596公顷，重点打造总部经济、中小企业创新集群与现代制造业产业集群。金桥基地纳入面积1020公顷，重点打造以集成电路为主导，以能源环保、生物医药为重要支撑的现代产业体系。开发区西区纳入面积443公顷，重点发展电子信息和以航空零部件为特色的装备制造，培育发展以商务服务和科技服务为核心的生产性服务业；东区纳入面积278公顷，着重打造以汽车零部件为主导，智能电网装备、生物医药为支撑的产业体系；南区纳入面积171公顷，重点发展新材料特色产业，培育发展生物医药、专用装备制造产业。永乐开发区纳入面积231公顷，重点打造北京市生物医药产业基地和通州区高端装备制造业基地。国际种业园纳入面积13公顷，重点发展种业研发交易和种业总部经济，打造研、育、繁、推、展、销一体化产业链协同创新示范区，农业种业政策创新试点区。国际医疗服务区纳入面积26公顷，是补充基本医疗、提供高端医疗健康服务、健全医疗产业发展体系的医疗产业聚集区。环渤海总部基地纳入面积290公顷，以高端企业总部聚集为目标，重点发展战略性新兴产业和以文化创意产业为代表的现代服务业，形成城业共兴的创新创业新城。运河核心区纳入面积367公顷，重点发展商务服务，配套发展金融服务，打造与北京建设世界城市相匹配的城市副中心核心区。园区建立起信息服务平台、就业服务平台、人才培训基地和融资绿色通道，实现企业网上申报，政府网上办公，政企时时互动的服务模式，通过提供全方位、高质量、高效率的服务，降低企业商务成本，减轻企业负担。园区内企业可享受国家、北京市、中关村示范区的各类优惠政策。

通州园管理委员会领导成员

党组书记　聂玉泉
主　　任　洪　波（副区长）
常务副主任　聂玉泉
副 主 任　裴志强　郭成礼　冯顺利
纪检组长　张友刚

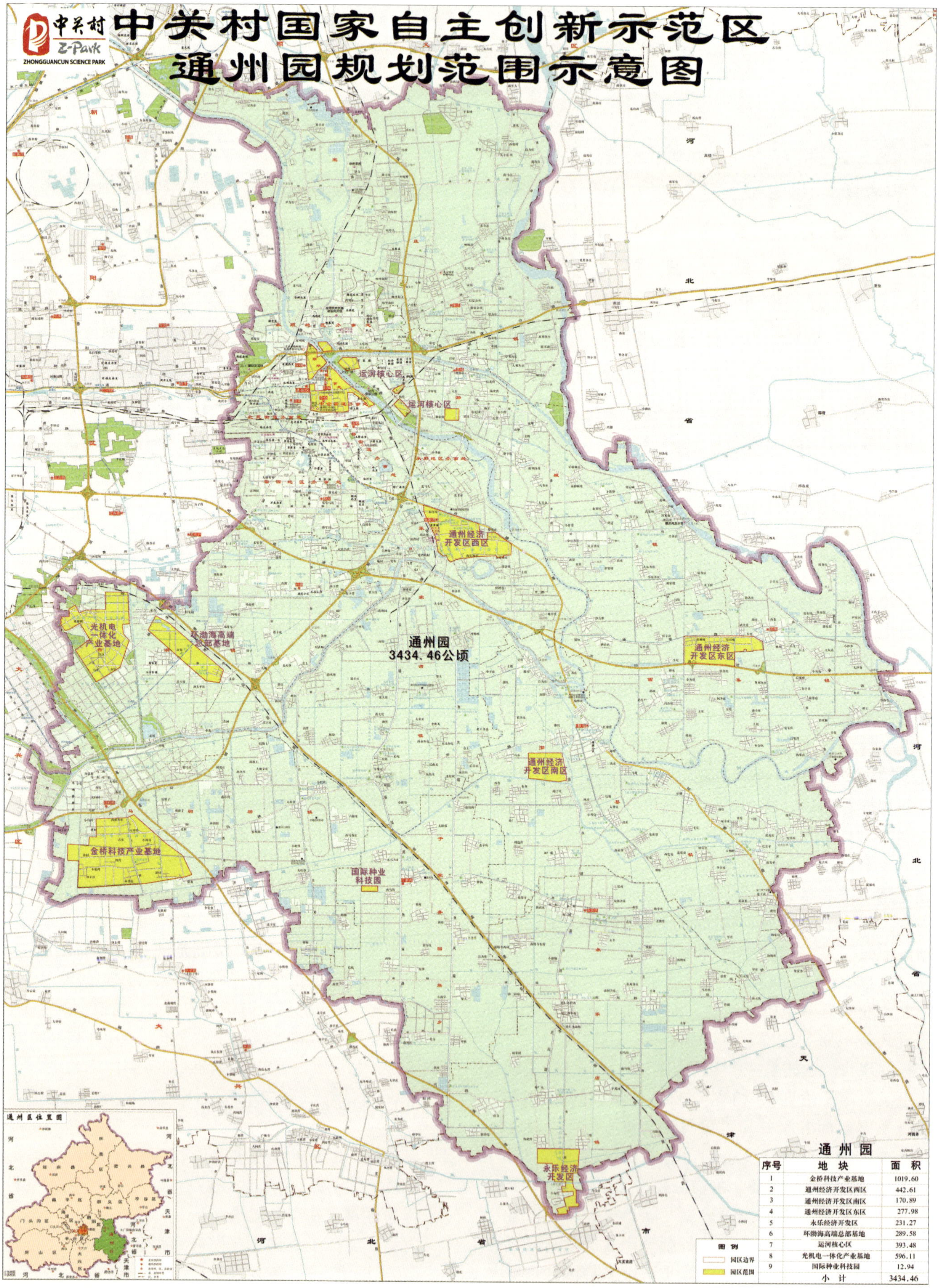

通州园

序号	地块	面积
1	金桥科技产业基地	1019.60
2	通州经济开发区西区	442.61
3	通州经济开发区南区	170.89
4	通州经济开发区东区	277.98
5	永乐经济开发区	231.27
6	环渤海高端总部基地	289.58
7	运河核心区	393.48
8	光机电一体化产业基地	596.11
9	国际种业科技园	12.94
	小计	3434.46

【概况】2014年，通州园认真贯彻落实京津冀协同发展战略部署要求，全面深化园区工作改革创新，圆满完成各项任务指标。年内，园区入统高新技术企业总数164家；从业人员3.7万余人；工业总产值277.9亿元；总收入383.6亿元；进出口总额6.9亿美元；实缴税费18.8亿元；利润总额32.8亿元；资产总计495.1亿元；科技活动经费支出总额17.3亿元；专利申请504件，专利授权400件。

招商引资。年内，园区共引进项目64个，协议投资总额45.2亿元，投资超亿元以上项目8个。其中：实体占地项目5个，协议投资总额27.5亿元，占地面积39.7公顷；购买标准厂房项目27个，协议投资总额11.1亿元，建筑面积5.48万平方米；租赁标准厂房项目32个，协议投资总额6.6亿元，建筑面积4.51万平方米。

项目建设。年内，联东U谷永乐产业园三期、北京京奥珅投资管理有限公司工业厂房及附属设施等9个项目开工建设，投资额17.5亿元，建筑面积36.9万平方米；甘李药业股份有限公司厂房及配套附属设施、中安欧尚投资股份有限公司博士后科研创新孵化基地等10个项目复工建设，投资额106.3亿元，总建筑面积152.5万平方米；枢密院项目二期、北京明晖天海气体储运装备有限公司液化天然气瓶与低温生产车间等9个项目竣工，投资额24.2亿元，建筑面积43.9万平方米。

完善环境。年内，园区共建设道路、变电站等基础设施项目9个，总投资额9.23亿元，其中开发区东区一号供热中心煤改气、西区锅炉房改造工程两个项目竣工。完成土地上市交易5宗，总面积26.97公顷。全力推进园区压减燃煤工作，完成46家企业94台燃煤锅炉592.5蒸吨的拆除工作。

创新驱动。年内，园区企业专利申请量比2013年同期增长20%。北京四环制药有限公司的“一种安全性高的药用组合物及其制备方法和其应用”获第三届北京市发明专利奖三等奖；北京万生药业有限责任公司等3家企业入选北京生物医药产业跨越发展工程（G20工程）二期工程；北京花儿朵朵花仙子农业有限公司等3家企业入选中关村示范区标准创新试点第三批试点单位；中际联合（北京）科技股份有限公司入选2014中关村高成长企业TOP100榜单；北京雷格讯电子有限责任公司等22家企业入选“瞪羚企业”；吉林森林工业股份有限公司北京门业公司的“霍尔茨门”通过北京地区生态原产地保护产品评定；北京中丽制机工程技术有限公司等11家企业的项目获通州区科学技术奖。

企业服务。年内，做好园区高新技术企业纳入中关村高新技术企业统计范围工作。新认定中关村高新技术企业31家，累计颁发中关村高新技术企业证书207件，其中164家纳入中关村示范区统计范围。协助北京宝丽兴源技术服务股份有限公司、中际联合（北京）科技股份有限公司等4家企业在新三板挂牌。为企业申报各级有关政策资金提供帮助，园区及企业共获国家级、市级扶持资金1.4亿元，其中获中关村示范区各类专项扶持资金336.1万元。

人才引进。年内，北京通美晶体技术有限公司、北京四环制药有限公司等4家博士后（青年英才）创新实践基地工作站与中国科学院过程工程研究所等科研机构或高校签订联合培养协议，引入5人进站。北京通美晶体技术有限公司、北京四环制药有限公司等4家工作站获高端产学研基地专项资助等扶持资金121.7万元。向市人力社保局推荐申报10名专业技术人才，其中2人获北京市高级工程师（教授级）专业技术资格。

（郭庆云）

【年度突出贡献企业奖励办法印发】1月3日，通州区政府印发《关于对年度突出贡献企业奖励办法的通知》（通政发〔2014〕2号）。《办法》明确，对当年形成区级财力达到200万元以上的企业，按当年缴纳各项税收总额进行排名，前50名的企业按名次分档给予55万～200万元奖励；对其中的国家级高新技术企业和“三主四新”产业企业，当年上缴税收比上年绝对额纯增500万元以上的，按当年形成区级财力较上年增长部分的25%给予额外奖励。对当年形成区级财力达到100万元（含）以上200万元以下的国家级高新技术企业和“三主四新”产业企业，按当年缴纳各项税收总额增长率进行排名，前30名的企业按照当年形成区级财力较上年增长部分的25%给予一次性奖励。对农业龙头企业按吸纳本地劳动力、辐射带动力等综合排名，前3名的给予20万元的一次性奖励。获奖企业将由区政府授予“通州区年度突出贡献企业”称号。《办法》自2014年1月1日起施行，至2016年12月30日止。

（郭庆云）

【国际医疗服务区试点工作的若干意见印发】1月4日，市政府办公厅印发《关于推进北京国际医疗服务区试点工作的若干意见》（京政办发〔2014〕2号）。《意见》提出将北京国际医疗服务区建设为社会办医试点园区和健康服务业示范区，明确国际医疗服务区发展的总体思路、功能定位和发展目标，针对园区建设过程中的规划、土地、转入、注册登记、合作办医以及运营过程中的设备采购、医师多点执业、财税价格等突出问题，制定了11条试点政策，包括鼓励社会资本与公立医疗机构合作办医、推进营利性医疗机构工商登记便利化、支持在园区开展多种形式的医师多点执业试点、放宽对园区医疗机构配置大型医用设备的限制等。

（郭庆云）

【两个园区入选市新型工业化产业示范基地】 2月11日，市经济信息化委、市发展改革委、市科委等单位联合印发《关于公布第二批“北京市新型工业化产业示范基地”名单的通知》（京经信委发〔2014〕11号），13家基地通过认定。其中，通州园北京通州经济开发区东区·生物医药、北京通州经济开发区聚富苑产业基地·电子电力装备两个园区通过认定，分别获新型工业化产业示范基地公共服务平台体系建设项目支持资金200万元。

（郭庆云）

【通州园3家企业入选市重点总部企业】 2月12日，北京市发展总部经济工作部门联席会议办公室印发《关于公布〈北京市重点总部企业名录〉第一批入选名单的通知》，通州区12家企业入选，其中通州园企业3家，分别是婷美集团保健科技有限公司、北京联东金桥置业有限责任公司、北京财富传媒文化发展有限公司。

（郭庆云）

【定向安置房电网工程方案获批复】 2月13日，国网北京市电力公司营销部做出《关于轻轨L2线通州段两站一街新增定向安置房工程电网接入系统方案的批复》（营销〔2014〕4号）。工程位于通州区台湖镇，四至范围：东至太平西一路，南至次渠东南路，西至太平西三路，北至亦庄北小营路，规划面积28.77公顷，建设用地约18.11公顷，建筑面积53.03万平方米，主要用地性质为二类居住用地及混合住宅用地。项目新增负荷约6166.67千瓦，需安装配变容量1.532万千伏安。接入系统方案拟采用10千伏电压登记供电，项目配套供电工程投资约6160万元，新建的开关站、分界室、配电室为全地上模式。

（郭庆云）

【笔式胰岛素注射器获发明专利】 2月19日，由北京甘甘科技有限公司周立华开发的“笔式胰岛素注射器”（专利号：ZL201210227115.5）获国家发明专利授权。该笔式注射器可以双向调节注射剂量，回调时不会产生漏液，并且能够重复使用，用于注射胰岛素等药品。患者可以自行操作该产品，使用灵活方便，剂量精确。

（郭庆云）

【总部基地整体街区控规获批复】 2月24日，台湖高端总部基地管委会获《北京市规划委员会关于北京亦庄新城站前区控制性详细规划（街区层面）的批复》（市规函〔2014〕70号）。规划范围西至伐渠公路、东至京津城际铁路、北至通惠排干渠、南至六环路，规划总用地面积1721公顷，总建筑面积约1814万平方米，将亦庄新城站前区划分为7个街区。

（郭庆云）

【北京优谷企业发展商会第一届人才招聘会举办】 2月26日，由金桥基地管委会和北京优谷企业发展商会主办的北京优谷企业发展商会第一届人才招聘会在联东U谷·北京金桥产业园举办。北京嘉洁能科技有限公司、北京外文印务有限公司、北京金鼎轩酒楼有限责任公司等75家联东U谷入园企业参加，提供岗位1000余个，涵盖行政、财会、医药研发、机械工程师、机电维修师、普工、技工等行业和工种，吸引1000余人求职应聘，现场初步达成意向近700个。金桥基地管委会在招聘活动中引入第三方服务资源，旨在帮助企业解决“用工难”问题的同时，引导企业多方面对接资源，让企业了解到更多的金融、通信等最新产品和政策，提高企业参会效率。年内，金桥基地管委会共举办两届招聘会，参加企业累计150余家，应聘者累计2000余人，累计达成意向1000余个。

（郭庆云）

【永乐开发区被评为首都绿化美化花园式单位】 2月，永乐经济开发区管委会被市政府首都绿化委员会评为“首都绿化美化花园式单位”。永乐经济开发区规划面积460公顷，先后实施建设永开路景观改造工程、永乐风河公园工程、永乐生态公园工程等，总体绿化面积约40公顷。其中永乐生态公园占地面积33.2公顷（包括水面面积约7公顷），绿化面积21.1公顷，铺装面积2.3公顷，总投资6000万元，2013年4月对外免费开放。

（郭庆云）

【种业科技园物联网技术集成与应用课题通过验收】 3月7日，“通州种业园区物联网技术集成与应用课题验收会”在北京市通州区国际种业科技园区举行。验收专家组成员及课题组相关人员参加。项目通过由市科委组织的专家验收。课题2012年7月由市科委立项，由北京通州国际种业科技有限公司、北京农业智能装备技术研究中心、北京市植物保护站共同承担完成。该成果熟化农作物新品种育种、中试、生产和展示环境监测技术产品4套，建立种业生产环境无线通信网络，支持示范区内温室及大田环境采集节点、室外气象站与园区物联网控制中心进行实时数据交互，数据丢包率小于3%；研究熟化设施、大田主要病虫害预警模型6套，初步构建种业物联网集成应用技术体系；形成育种数据管理分析、专家远程科研育种会商、种业园区可视化GIS管理、种业园区生产环境监测、设施环境综合调控、种业园区病虫害预警防控、种业园区虚拟观光游览7套应用系统；建成通州种业科技园区物联网中控中心；面向园区6家入驻企业提供感知数据服务和专业软件租赁服务。

（郭庆云）

【海城市石油机械公司落户开发区东区】3月10日，海城市石油机械制造有限公司落户通州经济开发区东区。公司是一家以石油钻采装备制造和石油工程技术服务为主要投资方向的大型股份制企业集团，将在园区建立研发、结算、总部基地，总投资1.2亿元，占地面积1.47公顷，建筑面积2.2万平方米。

（郭庆云）

【台湾企业总部中心入驻台湖基地】3月18日，“北京环渤海高端总部基地、西安荣华企业集团战略合作签约仪式”在台湖高端总部基地举行。通州区统战部、通州区台湾事务办公室等单位有关领导及签约双方相

关人员参加。根据协议，双方将在总部基地建设台湾企业总部中心项目。项目占地9.33公顷，建筑面积约24万平方米，包括台湾企业总部基地、生态休闲商业广场、高端商务配套等，计划引进台湾电子行业、通信行业、半导体行业等行业的相关企业。

（郭庆云）

【4家基地入选北京市国际科技合作基地】3月20日，市科委印发《关于认定2014年北京市国际科技合作基地的通知》，通州园4家基地入选。其中，国际医疗健康服务产业园区北京市国际科技合作基地（依托单位：北京通州国际医疗服务区建设管理委员会）、通州国际种业科技园北京市国际科技合作基地（依托单位：北京通州国际种业科技园区管理委员会）被认定为国际科技创新及产业园区类基地；重组创新药北京市国际科技合作基地（依托单位：北京诺思兰德生物技术股份有限公司）、新能源商用车电驱动系统北京市国际科技合作基地（依托单位：北京佩特来电机驱动技术有限公司）被认定为国际技术转移第三方机构类基地。

（郭庆云）

【医疗器械产业园区项目落户经济开发区】3月20日，由漷县镇政府主办的医疗器械产业园区项目落户通州经济开发区南区签约仪式在漷县镇举行。通州经济开发区管委会、漷县镇政府等单位有关领导及相关企业代表参加。项目由北京锐隆轩投资管理有限公司与北京新博医疗技术有限公司合作投资，占地面积5.33公顷。一期计划投资3亿元，为激光三维新层扫描食道无损检测系统、机械人放射性治疗系统、脉冲刀、运动医疗耗材和CBD全球设计等5个项目建设标准化研发车间3万平方米。

（郭庆云）

【3个项目入选市高新技术成果转化项目】3月24日，市科委、市发展改革委、中关村管委会等单位联合发布《关于公示北京市2014年度高新技术成果转化项目名单的通知》，150个项目入选。其中，通州园北京中丽制机工程技术有限公司的“节能环吹冷却型聚酯纤维成套装备产业化项目”、北京中机联供非晶科技股份有限公司的“非晶合金变压器铁心及制造技术的产业化项目”、北京展辰化工有限公司的“纳米高分子材料水性环保涂料的产业化项目”入选，涉及高端装备制造、节能环保、新材料等领域。

（郭庆云）

【国际种业科技园区博士后创新实践基地授牌】3月25日，由通州区人力社保局主办的“北京市博士后（青年英才）创新实践基地授牌仪式暨政策培训会”在北京市通州区国际种业科技园区举行。区委组织部、区人力社保局、于家务乡组织部等相关单位负责人及相关企业代表等40余人参加。通州国际种业科技园区博士后（青年英才）创新实践基地由北京通州国际种业科技园区管委会组织建设，旨在整合种业人才、智力、科技资源，构建产学研用相结合的创新研发支撑平台；提升科技创新型民族种业企业自主创新能力，促进科研成果转化，构建企业自主创新的促进平台；培养造就符合民族种业科技发展需要、具有创新精神的青年英才，构建种业青年人才快速成长和有效发挥作用的服务平台。基地依托北京市农林科学院玉米中心、北京金色农华种业科技股份有限公司、北京德农种业有限公司及北京神舟绿鹏农业科技有限公司建立首批4

家工作站，将在完善“育繁推”一体化商业育种机制等方面开展研究。

（郭庆云）

【3家企业入选中关村标准创新试点单位】 3月31日，市质监局、中关村管委会联合印发《关于公布中关村国家自主创新示范区标准创新试点第三批试点单位的通知》（京质监标发〔2014〕48号），7家试点联盟及74家试点企业入选。其中，通州园北京花儿朵朵花仙子农业有限公司、北京医模科技有限公司、北京中际联合工业技术（北京）有限公司3家企业入选。入选企业将主导制定相关国际标准、国家标准以及行业标准，推进标准的实施与再创新，还将享受国家专项补贴。

（郭庆云）

【郭金龙到北京国际医疗服务区调研】 4月3日，市委书记郭金龙一行到通州园北京国际医疗服务区调研，通州区委、区政府等单位有关领导陪同。郭金龙一行观看了园区宣传片，了解园区现况，并听取园区工作进展汇报。郭金龙提出：北京国际医疗服务区要积极主动融入京津冀协同发展大局，要以更加有为的精神状态和锲而不舍的工作劲头，凝心聚力，改革创新，进一步推动城市副中心建设，为首都改革发展做出更大贡献。

（郭庆云）

【3家单位入选G20企业】 4月10日，在“北京生物医药产业跨越发展工程（G20工程）二期工程G20企业发布会”上，公布了由市科委联合市经济信息化委、中关村管委会和市投资促进局组成的G20工作组评选出的57家北京生物医药产业跨越发展工程二期工程G20企业名单。其中，通州园北京四环制药有限公司、北京万生药业有限责任公司、甘李药业股份有限公司3家企业入选。

（郭庆云）

【春立正达公司入选G20后备企业】 4月11日，市科委印发《关于公布“北京生物医药产业跨越发展工程”G20后备企业名单的通知》，15家企业入选。其中，通州园北京市春立正达医疗器械股份有限公司入选，可享受在研创新品种临床研究及产业化、重大新产品推广示范应用、大品种Ⅳ期临床研究、生产工艺优化等政策支持。

（郭庆云）

【两家企业入选“展翼计划”】 4月17日，中关村示范区2014年“展翼计划”企业名单公布，其中，通州园的北京凯瑞通电子技术有限公司和北京新城国泰能源科技有限公司入选。凯瑞通公司是专业从事工业自动化控制产品的设计研发、生产以及维修服务的企业，主营业务以电扶梯、电气控制为核心，为客户提供电气系统集成配套服务和个性化定制服务，累计获实用新型专利11件，发明专利1件，软件著作权9件。新城国泰公司是一家新兴的大型集中供热企业，主要向用户提供经营性暖气、冷气、生活热水等产品；提供冷暖工程、冷热系统建设、运营管理解决方案等服务以及能源相关领域的项目投资、运营管理。两家企业入选后，将享受20%～40%的贷款贴息。

（郭庆云）

【金桥基地微信公众平台开通】 4月21日，金桥基地管委会开通金桥基地微信公众服务账号。通过微信平台，金桥基地管委会可以及时将各类通知、消息发送给企业用户，同时企业用户也可以发送各类意见和建议，从而建立一个高效、便捷的交流平台，拓宽企业服务渠道，提高基地企业服务质量，第一时间解决企业的各种诉求。

（郭庆云）

【北京国际种业品种权交易创新基地启动】 4月28日，由市农委、市农业局、市知识产权局等主办的“北京国际种业品种权交易创新基地启动仪式”在北京市通州区国际种业科技园区举行。副市长林克庆以及主办单位相关领导、企业代表等参加。基地由北京通州国际种业科技园区管委会组织建设，是专业的品种权交易信息发布及交易平台，将建成为服务北京市籽种产业发展、与国际接轨的国际种业品种权交易创新基地，重点打造国家级品种权交易中心、种子交易和展示集散地，以降低交易风险和交易成本，促进种业科技成果转化，提升区域种业发展水平，建立国际种业科技园知识产权服务工作体系，将知识产权工作融入种业“育繁推”各个环节，增强种业园区企业知识产权综合能力，通过合理竞争，使其市场价值能够最大化，确保研发人员的积极性，促进种业品种权的商用化运用。市知识产权局将与市农委、通州区政府合作，对品种权交易平台搭建、品种权转化实施项目、金融服务等予以政策支持。

（郭庆云　苏　品）

【6家企业参加科博会】 5月13—18日，在“第十七届中国北京国际科技产业博览会”上，光机电基地管委会组织北京天宇朗通通信设备股份有限公司、北京莱斯达电子科技有限公司等6家园区企业在“通州——功能完备的北京城市副中心”展台进行展示。天宇朗通公司展示了天语M6、天语Touch2、Touch3等型号的智能手机；莱斯达公司展示了绿色节能电子镇流器

系列、日光型 PAR 灯系列、单双端镝灯系列、低色温钨丝灯系列、新闻采访照明设备、影视灯具配套设备系列及摄影附件七大系列 60 余种产品。

（郭庆云）

【金轮坤天产业基地开工】5 月 14 日，北京金轮坤天机械设备有限公司产业基地项目开工仪式在通州园举行。金轮坤天公司有关领导及相关人员参加。项目总投资 1.3 亿元，占地面积 2.99 公顷，建筑面积近 3 万平方米，公司总部、研发中心和生产基地整体将迁入基地。金轮坤天公司主要从事民航特种车辆、地面专用设备和武器装备的研发、生产与技术服务。

（郭庆云）

【四环制药公司成果获市发明专利奖】5 月 15 日，在“北京市第三届发明专利奖颁奖大会”上，由北京四环制药有限公司车冯升、林善良等完成的发明专利“一种安全性高的桂哌齐特药用组合物及其制备方法和其应用”（ZL201110006357.7）获二等奖。发明涉及一种安全性高的药物组合物及其制备方法和其应用，所述药物组合物含有桂哌齐特或其药学上可接受的盐等化合物。该发明的桂哌齐特药物组合物及其制剂具有更好的安全性、有效性和稳定性，可有效降低或避免桂哌齐特所致的病人血象下降等不良反应。专利实施后，改进了马来酸桂哌齐特的生产工艺，有效降低原料和注射液中氮氧化物的含量，提高了产品的安全性，同时又降低了药品的分离、纯化成本。

（郭庆云）

【TM 鼻用空气净化器入选最受公众喜爱科普项目】5 月 24 日，在 2014 年全国科技活动周暨北京科技周主场最受公众喜爱的科普项目颁奖仪式上，由北京万生药业有限责任公司研发的“霾星人 TM 鼻用空气净化器”项目入选最受公众喜爱的科普项目。净化器是用于防护细颗粒物、雾霾、细菌、花粉的人体可穿戴高科技产品，基于多元耦合仿生原理设计，由左右对称的两瓣链接骨架和一体式链接骨架组成，其鳃瓣式空气过滤单元采用纺粘布 + 熔喷布 + 纺粘布（SMS）的过滤膜材，通过机械拦截、惯性碰撞、静电吸附 · 拱桥互锁等原理，有效过滤空气中的细颗粒物，并实现 100% 的密封效果。净化器只有拳头大小，可置于包内随身携带，且只覆盖鼻子部分，拥有良好的呼吸通畅性，在杜绝雾霾危害的同时，又不影响日常交流，可在任何需要防护的环境和区域佩戴。

（郭庆云）

【2014 年蔬菜新品种展示观摩周举办】5 月 25 日—6 月 1 日，由北京市通州区国际种业科技园区管委会主办的“北京市 2014 年蔬菜新品种展示观摩周”在种业科技园区举行。观摩周依托“种业科技成果托管平台”，集中展示 100 余家企业包括瓜、果、茄、椒等在内的 3400 余个蔬菜新品种及特色作物品种，展示面积达 26.67 公顷。观摩周期间，累计参会人员达 2000 余人次，各级农技推广人员、参展种业企业人员、各地种子经销商等通过现场观摩，观察和了解展示品种的特征特性，交流、沟通新品种推广开发的市场预期，洽谈或签订推广与购销意向。

（郭庆云）

【韬盛科技公司职工创新工作室通过认定】5 月 28 日，市总工会与市科委联合发布《关于联合认定 2013 年度职工创新工作室的决定》（京工发〔2014〕14 号），北京韬盛科技发展有限公司的创新工作室通过认定，领军人马千里。工作室设立技术专家委员会作为其重大决策咨询机构，将技术研发、创新工作顺利开展作为重点工作；通过信息化建设为信息的收集、整理提供便利，实现资源快速交流与共享；贯彻“人才资源是第一资源的理念”，实施“人才工程”，建立优秀人才库，并实现动态管理。

（郭庆云）

【保罗生物公司产品获发明专利】6 月 18 日，由保罗生物园科技股份有限公司胡赞民等完成的“防御素及其在制备抗菌药物中的应用”（ZL201110445061.5）获国家知识产权局颁发的《发明专利证书》。发明利用小球藻表达了改造的兔防御素 NP−1（mNP−1），在小球藻中表达的防御素对革兰氏阴性菌和阳性菌等具有很强的抑制或杀灭作用，也可杀灭耐药菌，发明成果可应用于制备抗革兰氏阴性菌和阳性菌药物，也可用于制备抗耐药的超级细菌的药物。

（郭庆云）

【悦康药业永乐医药产业基地项目签约】6 月 18 日，由北京市永乐经济开发区管委会主办的“悦康药业永乐医药产业基地签约仪式”在永乐经济开发区举行。通州区政府、通州区政府园区管委会、永乐店镇政府等单位的相关领导和代表参加。项目由悦康药业公司投资建设，位于永乐开发区工业一期，规划用地约 66.67 公顷，总投资约 50 亿元，分 3 期建设。项目一期计划用地 26.67 公顷，投资 20 亿元，主要包括医药制剂生产基地、创新药物孵化中心、大健康产业基地和配套附属设施建设等。

（郭庆云）

【北汽动力 CVT−B 变速器量产下线】6 月 26 日，由北京汽车动力总成有限公司主办的“北汽动力 CVT−B

变速器量产下线”仪式在公司本部举行。通州区西集镇党委、通州区经济开发区东区管委会、北京汽车集团有限公司等单位相关领导及北汽动力干部职工代表600余人参加。北汽动力CVT–B最大输入扭矩为250牛顿·米，适用车型覆盖1.8升～2.5升的前置前驱乘用车，能满足中型B级车的动力需求。其采用的新技术包括：BOSCH第七代压力钢带，通过减少钢带中钢环的数量提升功率密度，获得更高的扭矩传递能力；驱动带轮的液压油泵采用可变容量转子泵，效率高且实现在油压容量需求较低时关闭一侧出油口，降低油泵的驱动负荷；在起步离合器的选择上，超扁平式液力变矩器采用新型锁止摩擦材料，在低速时实现液力变矩器的锁止，降低能量损失；在液压控制模块上，采用比例先导电磁阀和全新的液压系统设计，提高系统可靠性和液压相应性能。在CVT–B的技术和工艺研发中，北汽动力公司申请35件专利，其中23件获授权。

（郭庆云）

【国际种业科技园区建设规划出台】 6月26日，通州区人大常委会印发《关于批准〈北京市通州区国际种业科技园区建设规划（2014—2020）〉的决议》（通常发〔2014〕7号）。《规划》明确未来发展的主导产业为北方作物及蔬菜、林果制种业、籽种交易和结算服务业、国际会展业、籽种加工物流配送业、观光休闲旅游业，将园区打造成为国际化种业企业总部、科研总部、交易总部和结算总部，成为民族种业企业孵化器，实现出企业、出品种、出人才、出机制和出效益五大目标，最终建成国家种子“硅谷”核心区。一期（2014—2016年）建设内容为“以城带园，园地统筹发展”阶段，主要以“通州新城、新型城镇化”为依托，以政府主导、社会参与方式，推进园区与通州区南部“地”区统筹发展，为园区实现种业企业聚集提供条件。二期（2017—2020年）建设内容为“园地一体化，全面建设”阶段，巩固提升一期的建设成绩，基本完成科技创新、企业总部、会展结算、综合服务等工程。通过拓展各功能区面积和推动其他项目建设，加快完善园区核心和外围的环境建设，最终实现园区与通州区南部一体化发展。

（郭庆云）

【44家企业入选“瞪羚计划”】 7月1日，中关村管委会公布2014年度“瞪羚计划”企业名单，通州园44家企业入选，包括北京壹人壹本信息科技有限公司、北京万生药业有限责任公司、婷美集团保健科技有限公司等1亿～5亿元规模企业24家，北京普发兴业动力科技发展有限责任公司、北京高新利华催化材料制造有限公司、中冶焊接科技有限公司等5000万～1亿元规模企业10家，北京宝克测试系统有限公司、中轻太阳能电池有限责任公司等1000万～5000万元规模企业10家。

（郭庆云）

【两个中石化油服高科技研发项目落户开发区】 7月2日，通州区政府与中石化石油工程技术服务有限公司在区政府举行战略合作协议签约仪式，区委、区政府及中石化油服公司等单位的相关领导参加。根据协议，中威联合国际能源服务有限公司和华美孚泰油气增产技术服务有限公司两个高科技研发项目落户通州经济开发区东区。中威公司由石油工程公司与威德福控股有限公司、胜利油田高原石油装备有限责任公司合资成立，总投资3.05亿元，业务范围包括油气井技术服务、工具仪器加工制造研发等。华美孚泰公司由石油工程公司与荷兰福特斯国际有限公司合资成立，总投资5500万美元，两家公司分别持有55%和45%的股份，主要为油气井开发提供压裂技术服务。9月2日，通州经济开发区东区管委会与两家公司签署战略合作协议，计划在经济开发区东区设立研发集群，并与油气田服务领域相关企业分别成立合资公司。

（郭庆云）

【光谱系列新品发布会举办】 7月9日，由北京卓立汉光仪器有限公司主办的光谱系列新品发布会在公司总部举行。人民大学、天津大学、中国农业大学相关领域专家、科研人员及产品主要用户等参加。会上发布的新产品有：300瓦光催化专用氙灯光源、500瓦汞灯/汞氙灯光源、GaiaField–F焦平面扫描式便携式地物高光谱成像仪、GaiaField–R第二代内置转镜扫描式便携式地物高光谱成像仪、Omni–λ180D超低杂散光双级联单色仪、SCS10–PEC光电化学电池IPCE测试系统和OmniPL–MicroS显微PL光致发光光谱仪。其中

GaiaField成像仪是一种采用高光谱成像技术的地面遥感器，核心是一台带有光学机械扫描器的成像光谱仪，可进行远距离、大范围目标物体的高光谱扫描，得到目标的影像及光谱信息，应用于目标识别、伪装与反伪装研究应用领域以及地面物体遥测、海洋水体遥测、湖泊水体遥测等生态环境研究领域。

（郭庆云）

【北京国际矿业权交易所重组】7月17日，在“中国矿业联合会五届六次常务理事会暨五届六次主席团会议”上，举行“北京国际矿业权交易所重组签约仪式”。根据协议，北矿所增资扩股，原3家股东北京产权交易所、中国铝业股份有限公司、中国光大投资管理有限公司吸纳川谷汇投资（集团）有限公司成为第二大股东。签约后，北矿所将从西城区迁入北京国际矿业城。

（郭庆云）

【种业科技园区院士专家服务中心成立】7月21日，在市科协召开的“北京市院士专家工作站工作会议”上，北京市通州区国际种业科技园区院士专家服务中心被授牌；同时授牌的还有北京市农林科学院玉米研究中心院士专家工作站、北京神舟绿鹏农业科技有限公司

院士专家工作站。其中，农林院玉米研究中心聘用来自中国农科院和中国农业大学的范云六、戴景瑞等4名院士专家，指导高叶酸玉米等品种的选育及示范推广，将用3年时间从宏观上指导把关玉米中心高产型、鲜食型玉米的研究工作。神舟绿鹏公司聘用加琳娜、戚发轫等5名院士专家，指导研究航天搭载材料的检验与环境模拟、中俄政府间纳米项目新技术实验、空间植物诱变机理研究、植物基因组测序大数据的挖掘和航天搭载品种的组织培养5个项目。

（郭庆云）

【张湾产业园项目取得施工许可证】8月27日，北京经开·张湾产业园项目取得建筑工程施工许可证。项目位于通州经济开发区西区，占地面积11.27公顷。总投资13.6亿元，分两期完成。一期建筑面积8.08万平方米，计划投资3.35亿元，预计2016年竣工。由中国建筑设计研究院设计，北京博大经开建设有限公司施工建设。项目被列为通州区折子工程，将建设成为集产业研发、企业总部、文化创意及相关配套服务为一体的新兴生态高端产业园。

（郭庆云）

【政策性农业保险政策解读会举行】8月27日，由通州国际种业科技园区管委会主办的北京市政策性农业保险政策解读会在种业园区举行。中国人寿保险公司北京分公司等单位相关负责人及入驻企业的代表30余人参加。相关专家介绍种业产品质量、食品安全责任、职业责任、专利执行、雇主责任等种业保险产品和涉及种植业、森林、养殖、农机等方面的政策性农业保险产品的保障范围、理赔流程等。与会企业代表就保险产品的保障范围、对不同作物的查勘定损及理赔的额度等方面的问题与专家进行交流。

（郭庆云）

【北部城市湿地公园局部景观工程通过验收】8月29日，由北京星湖投资开发公司、深圳市铁汉生态环境股份有限公司、北京政泰隆工程管理有限公司等单位组成的验收组对台湖高端总部基地北部城市湿地公园已完成景观工程进行验收。验收组认为公园已完成工程符合设计、施工要求，同意通过竣工验收。北部城市湿地公园工程是台湖高端总部基地配套建设的重点项目之一，位于通州区台湖次渠村及东石村地块内，占地面积75.3公顷，总投资约3.4亿元，2013年3月开工建设，包括园林绿化工程、庭院工程、给排水工程、园林水电工程、公共建筑等。通过竣工验收部分占地面积约32公顷，占公园总面积的42.5%，包括儿童游乐园、羽毛球场、足球场、篮球场、网球场、极限运动场等休闲设施。

（郭庆云）

【光机电基地官方网站上线】9月3日，由北京市光机电一体化产业基地管理委员会、北京光谷科技园开发建设有限公司共同主办的“中关村科技园区光机电一体化产业基地”官方网站（www.bjoip.gov.cn）上线。网站设有园区概况、管委会介绍、园区服务、园区招商、政策法规、园区动态、名企介绍、互动平台8个板块，主要针对园区及入驻企业相关事件进行报道，方便大众了解光机电基地及入驻企业的信息。

（郭庆云）

【种业科技园区参加新丝绸之路创新品牌行活动】9月17日，在“新丝绸之路创新品牌行活动周暨新疆创新

品牌推进会”上，通州区国际种业科技园区作为北京国家现代农业科技城的重要组成部分，对接农科城信息中心，展示了园区的物联网服务平台、核心展示区以及入驻企业的太空香蕉、太空萝卜、太空月季、太空树莓等农作物新品种及蔬菜中心的各种蔬菜新品种。

（郭庆云）

【车旺云服务平台上线】 9月23日，由北京中交兴路车联网科技有限公司推出的“车旺95155云服务平台”（95155.com）启动上线，首批提供车联网线下服务的15家车旺司机服务站同时开业。平台为全国商用车车联网综合服务平台，以位置服务为基础、运输安全为主题、金融服务为手段、物流服务为核心，旨在为货运行业提供创新一站式服务，其融合物联网、移动互联、智能交通、云计算、地理信息、位置服务等技术，通过对海量行业静态、动态资源和百万有效车源、货源等信息进行智能分析，提供货源车源智能匹配，满足车主找货和货主寻车需求，提高物流运输效率；通过建立健全物流交易资格认证、信用评价体系，保护用户交易安全，提供货主车主真实身份和企业资质认证，帮助物流企业建立口碑和品牌；通过开放平台引入各类车后服务运营商，提供多种车后增值服务以及7×24小时不间断响应服务，实时解决货运车辆在途中所遇到的各种难题；通过车载终端和手机APP车辆位置定位，对车辆历史行驶轨迹实时回放查看，保障车辆安全运输服务，实现货物运输全程状态监管。

（郭庆云）

【G135地块二期工程开工】 9月28日，由北京经开投资开发股份有限公司主办的“北京经开·G135二期工程开工典礼仪式”在光机电基地举行。经开公司、北京经开光谷置业有限公司的有关领导及相关监理、建设单位的负责人参加。G135地块属于“北京经开·国际企业大道Ⅲ”项目，位于光机电基地核心区，用地性质为工业用地，二期项目建设用地面积4.1公顷，

建筑面积12.53万平方米，总投资6.7亿元，拟建标准化厂房，计划2017年2月竣工。

（郭庆云）

【11项成果获通州区科学技术奖】 9月29日，通州区政府印发《关于2013年度通州区科学技术奖励的决定》（通政发〔2014〕25号）。通州园11项成果获奖。北京中丽制机工程技术有限公司的“废聚酯瓶片直纺涤纶长丝关键技术与装备开发”、北京佩特来电器有限公司的“M105电柔性软啮合、行星减速重型起动机的研发”等5项成果获一等奖；北京中纺锐力机电有限公司的“油田抽油机用高效节能开关磁阻电机系统”、北京博莱德光电技术开发有限公司的“超细硬管内窥镜系统的研发推广”等3项成果获二等奖；北京迪玛克医药科技有限公司的“一种新型医用球囊导管扩张用球囊充压装置”、北京潞电电气设备有限公司的“发电车低压应急接入装置的研制及应用”等3项成果获三等奖。

（郭庆云）

【两家企业入选国家印刷示范企业】 10月16日，新闻出版广电总局印发《关于公布2014年认定的国家印刷示范企业的通知》（新广出函〔2014〕334号），30家企业通过认定。其中，北京地区北京利丰雅高长城印刷有限公司、北京东港安全印刷有限公司两家企业入选，全部为通州园企业。国家印刷示范企业将主动实施绿色印刷、数字印刷，探索传统印刷与创意设计、新兴媒体的融合发展，加快技术、产品、管理创新，发挥示范引领作用。

（郭庆云）

【就业政策进企业宣传月活动举办】 10月21—29日，通州园管委会和区人力社保局联合举办“就业政策进企业宣传月”活动，上门为企业送政策、送服务。活动面对面进行政策宣传，点对点解答企业疑问，帮助企业了解、熟悉、用好就业政策，享受政策带来的实惠，提升政策知晓度和企业满意度。活动在通州物流基地、

通州金桥基地、通州经济开发区西区等 7 个园区开展，涉及企业 170 余家，发放培训、岗补社补政策宣传资料 500 余套。

（郭庆云）

【国际医疗服务区官网上线】10 月 22 日，由北京通州国际医疗服务区建设管理委员会及北京宾美希国际医疗投资管理有限公司运作管理的北京国际医疗服务区官方网站（www.bimc—china.com）上线。网站设有新闻中心、项目进展、投资中心等板块，体现园区五位一体的全产业链，表明园区探索医改、实践社会资本办医、打造国际一流医疗健康产业园区的总体战略规划。手机版官网与官方微信公众号同时投入使用。园区公众号的建立将使关注者实时接收园区资讯，更快捷地了解园区的最新动态。

（郭庆云）

【韬盛科技公司成果获技术创新成果奖】10 月 27 日，中国施工企业管理协会印发《关于表彰 2014 年度“全国滑模、爬模工艺技术创新成果”和“全国滑模、爬模工程优秀项目经理”的决定》，北京韬盛科技发展有限公司和中建三局第一建设工程有限责任公司共同完成的“中建三局一公司长城汇项目 1# 写字楼集成化电动爬升模板系统成果”获技术创新成果奖一等奖。项目占地面积 2.19 公顷，建筑面积 17.5 万平方米，高度为 239.9 米，属于内筒—外钢结构。项目采用韬盛科技公司研发、设计、生产的电动爬升模板系统及转向折叠脚手架系统。电动爬升模板系统具有爬升过程平稳、安全快捷、遥控操作、同步均衡提升、无须人工参与、减少人为失误等优点。转向折叠脚手架系统为工厂预制化生产，具有产品标准化程度高、可实现工具化安拆、管理简单、节约材料租赁费、防火性能好等优点。

（郭庆云）

【万生医药公司获批火炬计划重点高新技术企业】11 月 5 日，科技部火炬中心印发《关于发布 2014 年国家火炬计划重点高新技术企业评选结果的通知》（国科火字〔2014〕261 号），北京市 50 家企业入选。其中，通州园北京万生医药有限责任公司入选。万生药业公司是一家集新药开发、原料药和制剂生产及销售为一体的新型高技术制药企业。

（郭庆云）

【绿色光纤照明灯助力 APEC 峰会】11 月 5—11 日，在亚太经济合作组织（APEC）峰会期间，北京雁栖酒店的海晏厅使用由北京首量科技有限公司自主研发的光纤照明系统。系统由室外主机、光缆、室内光纤灯具组成，采用石英光纤传输太阳光的同时成功滤除太阳光中紫外线、红外线以及 X、Y、Φ 等具有放射性的射线，实现自由传送安全阳光。主机安装在室外，用于跟踪采集太阳光；光缆将主机采集的阳光高效传输导入室内，并通过室内灯具进行照明。太阳自动跟踪系统是室外主机的核心部件，自太阳升起后开始工作，太阳落山后系统复位并进入休眠状态，即使在阴雨、多云、雾霾以及外部断电重启后，系统均会保持自动跟踪状态，并可根据四季昼夜时间及地理位置的不同自动调整太阳跟踪轨迹。系统传输的光可全光谱还原太阳光，光线柔和，色彩还原度极高，节省了白天室内的照明用电，适用于大跨度的公共建筑和地下建筑物内，如火车站、运动场馆、地下矿井、施工隧道等场所。

（郭庆云）

【两家企业获“十百千工程”支持】11 月 6 日，中关村管委会印发《关于 2014 年度“十百千工程”培育企业支持资金结果的通知》，其中通州园北京百纳威尔科技有限公司获 100 万元支持资金、北京四环制药有限公司获 50 万元支持资金。百纳威尔公司收入规模达到 50 亿元，近两年研发收入增速达到 10%；四环制药公司收入规模达到 10 亿元，近两年研发收入增速达到 10%，均符合“十百千工程”培育企业资金支持条件。

（郭庆云）

【永乐开发区污水处理厂竣工使用】11 月 16 日，北京永乐经济开发区污水处理厂项目竣工。项目总投资 200 万元，采用针对小城镇及乡村污水处理的节能型 MBR，即 SMART—EMBR 工艺，日处理污水量 100 吨，处理后出水水质达到北京市地方标准《城镇污水处理

厂水污染物排放标准》。12 月 23 日，污水处理厂各种设备调试完毕，投入使用，解决了园区企业排污问题，为企业入驻提供了便利条件。

（郭庆云）

【两家企业获国际化发展专项资金支持】 11月20日，中关村管委会发布《2014年度中关村国家自主创新示范区国际化发展专项资金支持企业名单情况公示》。其中，通州园中际联合工业技术（北京）有限公司的"扩大海外市场项目"获15万元资金支持，北京约基工业股份有限公司的"2013年蒙古国际矿业及矿山机械设备展项目"获9000元资金支持。

（郭庆云）

【霍尔茨门被评为生态原产地产品保护产品】 11月22日，由中国木材与木制品流通协会主办的"从'环保'迈向'生态'家居论坛暨霍尔茨门获'生态原产地产品保护'标志揭牌仪式"在通州区举行。质监总局、林业局、区政府等部门相关领导及相关企业负责人参加。会上宣告，吉林森林工业股份有限公司北京门业公司的"霍尔茨门"获质监总局授予的"生态原产地产品保护证书"。霍尔茨门在生产中注重产品的环保性能，并邀请德国舒乐公司对整个生产链进行优化和升级，使产品的生产线从最初单一的环保，升级为"全生命周期"。通过认定后，公司将提升环保标准，在原来打造环保产品的基础上，升级为建设生态的生产链。（"生态原产地保护产品"是指在形成全过程中符合绿色环保、低碳节能、资源节约要求并具有原产地特征和特性的良好生态型产品。质监总局于2012年起开展"生态原产地保护产品"评定工作，旨在提升在"生态"层面中国优秀品牌、产品的国际市场竞争力，跨越国际市场的生态壁垒，打开国际市场的绿色通道。）

（郭庆云）

【四环制药公司成果获奖】 11月28日，在"2014年度科技创新工程推进大会"上，北京四环制药有限公司的马来酸桂哌齐特注射液、单唾液酸四己糖神经节苷脂钠注射液获"2014年北京市企业评价协会科技创新奖——产品类优秀奖"。马来酸桂哌齐特注射液具有改善缺血组织供血和保护缺血组织的双重作用，广泛应用于心脑血管及外周血管疾病，尤其适用于脑动脉硬化、短暂性脑缺血发作、脑血栓形成、脑栓塞、脑出血后遗症和脑外伤后遗症。单唾液酸四己糖神经节苷脂钠注射液是神经组织细胞的保护和修复剂，用于颅脑损伤、脑血管意外等中枢神经系统损伤，以及帕金森综合症。

（郭庆云）

【1家基地获公共服务平台体系建设资金支持】 12月1日，市经济信息化委发布《2014年度新型工业化产业示范基地公共服务平台体系建设支持项目公示》，其中北京西集创益投资发展有限公司的"通州经济开发区东区生物医药新型工业化产业示范基地公共服务平台建设项目"入选，获200万元资金支持。项目包括购置和安装用于对外宣传的LED显示屏、建设高清闭路电视监控系统、对监控机房扩容改造等。

（郭庆云）

【12家企业获技术创新能力建设专项资金】 12月2日，中关村管委会印发《关于公布2014年度中关村技术创新能力建设商标部分专项资金支持企业名单的通知》。通州园北京四环制药有限公司、北京壹人壹本信息科技有限公司两家企业共获40万元专项资金支持。12月9日，中关村管委会印发《关于公布2014年度中关村技术创新能力建设专项资金（专利部分）支持单位名单的通知》，其中北京中纺锐力机电有限公司、北京北玻安全玻璃有限公司、北京市春立正达医疗器械股份有限公司等10家企业共获30.2万元专项资金支持。

（郭庆云）

【通州区人才及科技政策培训会举办】 12月10日，由通州区人才工作领导小组办公室主办的"通州区人才、科技政策金桥基地（联东U谷）培训会"在联东U谷举办。会上，区人力社保局、区科委的主管领导就通州区的人才引进标准、引进流程等方面的相关政策，以及通州区扶持科技创新人才实施办法、通州区专利资助及奖励办法、通州区科学技术奖励办法等科技政策为企业做了讲解。80余家企业代表参加，并进行现场答疑互动。

（郭庆云）

【共建通州区产业园】 12月23日，"北京市通州区—山东省庆云县战略合作签约仪式"在庆云县举行。北京市通州区政府、通州园区管委会、通州经济开发区等单位相关领导及部分企业代表，以及山东省德州市政府、庆云县政府的相关领导及代表40余人参加。根

据协议，园区管委会与庆云县政府将在经济发展各个领域开展长期合作，并探索“飞地经济”运行模式，自协议签订之日起在庆云县经济开发区内规划一定区域设立“通州区产业园”，一期占地面积初定66.66公顷。落地“通州区产业园”的企业项目，对地方经济的贡献由双方协商共享。

（郭庆云）

【区行政服务中心台湖分中心揭牌】12月26日，通州区行政服务中心台湖分中心揭牌仪式在台湖镇举行。市政府外联办、区政府、区各委办局等单位的相关领导参加。台湖分中心是乡镇级“三证合一”多证联办分中心，提供一站式服务，即融合办理工商营业执照、税务登记证、组织机构代码证、统计证和刻制公章等服务为一体，辖区内企业可以就近选择到镇分中心办理相关手续。企业只需在一个窗口，一次性提交所有手续，通过行政服务中心内流转方式，在4个工作日后可以一次性取得6家联审部门的批准结果。

（郭庆云）

【两家企业项目获市科学技术奖】12月28日，市政府印发《关于2014年度北京市科学技术奖励的决定》（京政发〔2014〕43号），其中通州园两家企业的项目获北京市科学技术奖三等奖，分别为中冶焊接科技有限公司等单位完成的“轧辊堆焊复合（再）制造药芯焊丝及成套堆焊技术开发及产业化”（属金属材料加工及表面工程技术领域）、北京中科信电子装备有限公司完成的“12英寸65纳米工艺中能离子注入机研发及产业化”（属先进制造与自动化技术领域）。轧辊堆焊复合项目开发适合不同工况条件冶金轧辊的堆焊药芯焊丝及与之匹配的堆焊、检测工艺，形成成套堆焊技术文件，实现废旧备件或新备件的表面复合再制造；解决了冶金轧辊表面耐磨性、耐疲劳性及使用寿命等关键技术问题，降低购买轧辊等备件的成本，实现减排、节能和降耗目标。12英寸65纳米工艺中能离子注入机项目攻克90纳米～65纳米大角度离子注入机离子光学设计技术、宽范围平行束测量与调整技术、宽范围平行束均匀性校正技术、注入剂量实时控制技术、12英寸晶片传输靶室设计技术、多方位注入角度精确调整与控制技术、满足90纳米～65纳米离子注入工艺要求的污染控制技术、整机智能控制与软件结构设计技术等多项关键技术。

（郭庆云）

【约基公司入选中关村信用双百企业】12月29日，在“2014中关村信用双百企业发布会”上，北京约基工业股份有限公司被评为“2013—2014年度中关村信用培育双百工程最具影响力信用企业”。公司在发展过程中利用中关村科技金融政策开展融资活动，且没有任何负面记录。入选后，公司将获得多方金融机构提供的专业的、满足个性化需求的政策和技术辅导。

（郭庆云）

【诺思兰德一期项目竣工】12月31日，由江苏华坤建设工程有限公司承建的诺思兰德通州药品生产基地一期项目通过竣工验收。项目位于通州经济开发区东区，占地面积4.5公顷，总投资2亿元，建筑面积3.78万平方米，主要建设蛋白质类药品生产用GMP车间、基因治疗药物生产用GMP车间、研发中心、眼药水车间、DNA车间等。项目一期投资6928.28万元，建筑面积1万平方米，用于生产无菌、无防腐剂的眼科用药品。

（郭庆云）

【中石国际贸易公司入驻光机电基地】12月31日，“中石国际贸易有限公司入驻通州区光机电一体化产业基地签约仪式”在台湖镇政府举行。通州区商务委、通州区政府园区管委会、台湖镇党委等单位相关领导及

中石国际公司、光机电基地管委会、北京三合嘉逸置业有限公司签约三方的相关代表参加。根据协议，中石国际公司入驻枢密院二期2号办公楼，建筑面积5348.67平方米，包括地上5层、地下1层，购买总价1.12亿元。中石国际公司主营业务为国际进出口贸易，主要从事销售石油制品（不含汽油、柴油）、7号燃料油、货物进出口等。

（郭庆云）

【94家企业通过国家高新技术企业认定或复审】年内，通州园94家企业通过市科委组织的国家高新技术企业认定及复审。其中，美高怡生生物技术（北京）有限公司、北京飞举环保工程有限公司、北京柴发动力技术有限公司等56家企业通过高企认定；北京中丽制机电气有限公司、华新绿源环保产业发展有限公司、天纳克（北

京）汽车减震器有限公司等38家企业通过高企复审。

（郭庆云）

【高新利华公司获成果转化落地培育项目资金】年内，北京高新利华催化材料制造有限公司的“混合C4加氢生产乙烯裂解原料催化剂研制”研发课题，获市科委重大科技成果转化落地培育项目资金250万元。课题研究内容为：针对混合C4气，采用新路线，通过加氢将其中的不饱和成分烷烃化并去除杂质，使其成为裂解乙烯的另一种原料；研制活性高、寿命长、耐硫性好、空速高的加氢饱和催化剂，提高加氢效率，增加混合C4气的附加值；探索出以混合C4生产乙烯裂解原料可行的技术路线。

（郭庆云）

【永乐产业园引进企业55家】年内，联东U谷·永乐产业园项目一期引进30家中小型高科技类企业入驻，协议出售面积8万平方米，拉动二次投资6亿元，其中投资额5000万元以上的4家，投资额3000万元以上的21家。项目二期引进企业25家，协议出售面积6.7万平方米，拉动二次投资5亿元。

（郭庆云）

东城园

2012年10月，经国务院批复，东城园在原雍和园的基础上重新调整建立，增加龙潭湖地块，总规划占地面积为603.33公顷。2014年3月，东城园管委会成立，由原雍和园管理委员会、龙潭湖体育产业园建设发展办公室、东二环交通商务区建设管理办公室3个机构整合而成。2006年1月，雍和园被列入中关村科技园区，面积290.3公顷，位于东城区东二环路和北二环路的交会处，是科技部、中宣部、文化部、新闻出版广电总局认定的国家级文化和科技融合示范基地，国家版权局认定的“国家版权贸易基地”，北京市首批认定的文化创意产业集聚区，也是“国家网络游戏动漫产业（北京）发展基地”。园区具有深厚的文化底蕴和鲜明的古都风貌，拥有国家级文物4处（钟鼓楼、国子监、孔庙和雍和宫），市级文物7处，保护院落4处，歌华大厦、雍和大厦等大型现代化楼宇设施85座，建筑面积约570万平方米，以及嘉诚印象藏经馆17号、人民美术文化园等分布在胡同的胡同创意工厂17处，建筑面积约20万平方米。园区已形成以中国出版集团公司等企业为代表的东二环总部经济产业带；以神华集团有限责任公司为代表的和平里现代服务业新区；以北京歌华文化发展集团为代表的北二环文化和科技融合发展的数字内容产业带；以体育总局及其下属企业为核心的龙潭湖体育产业专业园区；以创新创意企业集聚为特色的胡同里的创意工厂，发展文化创意产业、优化胡同创意生态、促进城市有机更新和胡同创意文化。东城园拥有良好的商务氛围和便捷的交通等服务环境，可享受中关村示范区系列优惠政策、国家网络游戏动漫产业（北京）发展基地优惠政策等。园区将以文化为内涵、科技为手段，成为国内文化和科技融合发展典范；应用下一代互联网、大数据等新兴信息技术，发展移动娱乐、移动办公、移动电子商务等移动互联网产业和内容服务业，拓展数字文化、数字版权、数字生活等新兴服务业，成为中关村现代服务业创新发展区；围绕文化创意产业、体育产业和绿色低碳环保产业的创新发展需求，推动文化金融服务、体育金融服务和绿色金融服务等领域的金融服务机构聚集，打造成集新兴产业投融资服务、版权交易、体育产权交易及碳交易于一体的具有全国影响力的新兴产业金融服务中心，成为新兴产业金融服务功能区。

东城园管理委员会领导成员

工委书记 常务副主任	李照宏
副 主 任	任继明 李 强 蔡 勇 韩树凡
副 书 记	苏广交
纪工委书记	李 婧

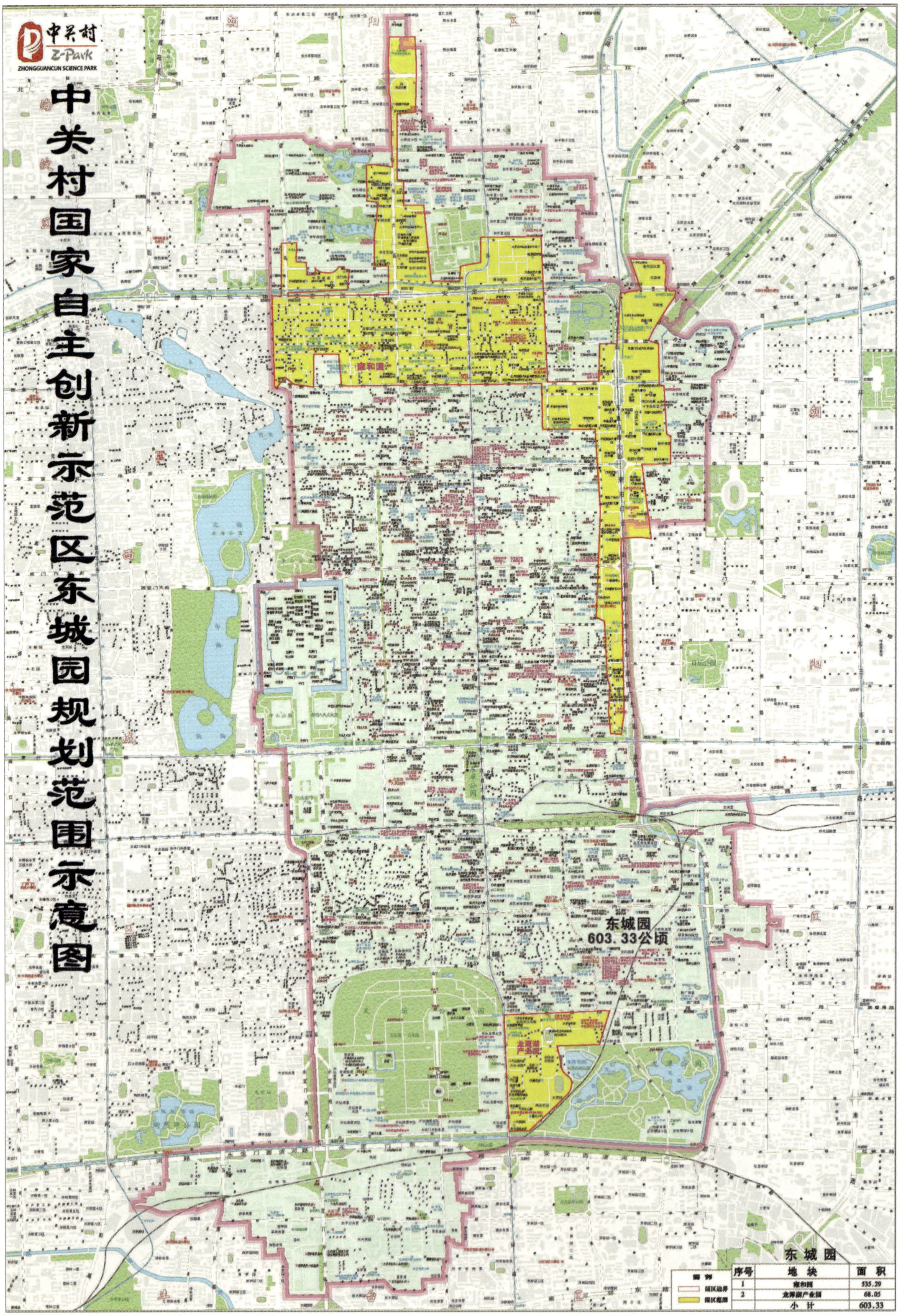
中关村
Z-Park
ZHONGGUANCUN SCIENCE PARK
中关村国家自主创新示范区东城园规划范围示意图
雍和园
东城园
603.33公顷
龙潭湖产业园
东城园
图例
园区边界
园区范围
序号 | 地块 | 面积
1 | 雍和园 | 535.29
2 | 龙潭湖产业园 | 68.05
小计 | 603.33

【概况】2014年，东城园依托中关村先行先试政策推动重点项目建设，推进文化和科技融合发展。年内，园区入统高新技术企业总数285家；从业人员6.5万余人；工业总产值19.7亿元；总收入1501.9亿元；进出口总额9.8亿美元；实缴税费75.4亿元；利润总额146.4亿元；资产总计3236.6亿元；科技活动经费支出总额71.4亿元；专利申请451件，专利授权348件。135家规模以上高新技术企业实现总收入1233.06亿元，同比增长112.48%。

*提升园区整体创新能力。*促进自主创新，优化产业结构，支持数字传媒及信息服务、版权交易服务、设计创意、电子商务、体育科技及创意5个领域加快发展。加强对雍和文化和科技融合示范基地、中关村金隅环贸科技商务区、中关村航星移动信息服务产业园、东二环总部产业带、龙潭湖体育产业园的服务。制定《中关村东城园创业孵化平台认定管理办法》，认定航星创业园、镕辉佳特创业孵化器、嘉诚藏经馆胡同17号创业孵化器平台等7个创业创新孵化平台。加强公共服务平台建设，通过法律咨询平台、金融服务平台、"智慧园区"网络平台为企业提供服务。30余家企业申报各类专项资金。北京天翔昌运节能科技有限公司、北京联合创业环保工程有限公司、兴致科技股份有限公司在新三板挂牌。7名高端人才参加中关村高端领军人才专业技术资格评审，14家重点企业引进45名非北京生源。由中海石油（中国）有限公司等单位完成的"超深水半潜式钻井平台研发与应用"项目获2014年度国家科技进步奖（通用项目）特等奖。

*推进文化和科技融合发展。*落实《北京市东城区推进中关村东城园文化和科技融合发展行动计划（2013—2015）》，做好《国家文化金融合作试验区》申报工作。人民美术文化园等文化创意集聚区中的业态涵盖北京文化创意产业九大类别的产业链核心部分，胡同创意工厂达19处。交易电子化公共服务平台上线提供服务；北京红马传媒集团、北京春秋永乐文化传播有限公司提高平台建设水平。组织北京金刚游戏科技股份有限公司等企业参加第十七届中国北京科技产业博览会、第九届中国北京国际文化创意产业博览会、第三届中国（北京）国际服务贸易交易会。举办第五届"创意点亮北京"活动，并纳入"北京国际设计周·设计之旅"。举办东城园创意家俱乐部第3期主题沙龙，创办《雍和园创意家读本》电子期刊。

*积极推动重点项目建设。*完成青龙胡同环境提升工程。对青龙胡同、藏经馆胡同进行架空线入地、园林绿化、环境整治与产业置换的综合改造。青龙"城中村"项目通过市政府批准，列入市国土供地计划项目。中关村雍和航星科技园正式纳入中关村科学城建设范围。

*细化服务促进总部经济发展。*服务范围延伸到建国门大街、北京站、广渠门。完善与部门、街道、地区的联动机制，银河SOHO项目签约企业351家。坚持重点企业走访制度，为企业协调解决困难近百件。发挥企业家联谊会、青年联谊会作用，做好区域宣传服务。积极招企引税，新注册企业944户。建立经济运行监测体系，对65座楼宇和224家企业进行监测分析，全面掌握楼宇产业结构，推动产业结构调整。落实《东二环高端服务业发展带专项规划》，深化商务区新兴产业园项目前期规划。

*加大力度推进龙潭湖体育产业园项目。*龙潭湖体育产业园区土地一级开发完成120余个低端业态企业门店搬迁，疏解居民1700余户，腾空整理储备各类用地84.48公顷，增加15.75公顷规划建设指标。园区基础设施、公共文化体育服务设施整体提升，累计争取市政府投资6.36亿元，龙潭湖水质得到改善，6条主要市政道路建成并投入使用，8种市政管线全部入地，新改、扩建公共文化体育服务设施7万平方米。北京市青少年活动中心建成并投入使用，北京市国际体育交流中心完成一期建设，成为园区产业融合发展的孵化平台。国际举重联合会入驻园区，聚集在园区及周边的文化体育类机构、企业达800余家。

（潘汝清）

【东城园工委和管委会成立】3月12日，中关村科技园区东城园成立大会在京召开。东城区政府相关领导及雍和园管委会等单位相关负责人40余人参加。会上宣布《关于成立中共北京市东城区委中关村科技园区东城园工作委员会和中关村科技园区东城园管理委员会的通知》（东编委〔2014〕9号）以及东城园领导任免的决定。东城园工委和东城园管委会由原雍和园管委会、东二环交通商务区建设管理办公室、龙潭湖体育产业园区建设发展办公室整合组成。东城园工委为中共东城区委派出机构，东城园管委会是东城区政府派出机构，是东城园的统筹协调和管理服务部门，内设办公室、规划协调处等7个处室。其主要职责包括贯彻执行国家、北京市、中关村管委会和东城区关于产业园区的方针政策和有关规定；组织或参与编制园区发展规划、空间规划、产业布局规划以及新扩展区的控制性详细规划，组织制定、实施园区开发建设实施方案；负责园区产业促进工作，推动建设重点工程、特色产业基地，服务重大项目落地；组织开展创新成果转化、科技金融、创新能力建设等方面的促进服务工作等。东城园管委会所属事业单位：东二环交通商务区建设管理办公室，统一协调管理东二环交通商务区的规划、建设、管理及服务；中关村雍和园产业促进中心，负责搭建和完善园区公共服务体系。

（潘汝清）

【东城园创业孵化平台认定管理办法出台】4月1日，东城园管委会发布《中关村东城园创业孵化平台认定管理办法》，共6章33条。《办法》明确创业孵化平台体系框架、申请认定、平台管理、考核评估和撤销认定等。平台体系分为东城园创业孵化平台管理中心（一级创业孵化平台）、二级创业孵化平台和三级孵化服务窗口3个层级；空间上分为东二环区域、和平里区域、安定门区域、北新桥区域、东直门区域、龙潭湖区域六大区域，每个区域认定两个以下的一级创业孵化平台、两个以下二级创业孵化平台。具备平台场地面积不少于500平方米、在孵企业与潜在孵化企业（虚拟注册平台企业）总量不少于100家、自有资金应不低于500万元等条件的可申请一级创业孵化平台；平台场地面积不少于300平方米、在孵企业与潜在孵化企业（虚拟注册平台企业）总量不少于60家、自有资金应不低于200万元等条件的可申请二级创业孵化平台。东城园管委会为创业孵化平台提供东城园四至范围查询系统和产业扶持政策查询系统等综合性系统支撑服务，对运营平台取得突出成绩的企业给予适当奖励。《办法》自2014年4月1日起施行，有效期5年。

（曾　佳）

【节能技术应用推广会召开】5月9日，由东城园管委会主办的“中关村东城园节能技术应用推广会”在东方雍和国际版权交易中心召开，东城区发展改革委、财政局、环保局等单位相关领导以及相关企业的代表40余人参加。高和华泰节能环保科技有限公司负责人做了“建筑节电的规划与应用”演讲，介绍建筑节能对象、建筑领域“复式节电”技术的应用、节能项目操作模式、建筑节能典型案例等；赛格立诺办公科技有限公司负责人做了“绿色东城健康办公”主题演讲，并与参会人员交流沟通。

（潘汝清）

【参展第十七届科技产业博览会】5月13—18日，在“第十七届中国北京国际科技产业博览会”上，东城园组织MAD建筑事务所、北京歌华科意设计文化传播有限公司等科技文化融合型企业参展，通过展板与互动体验产品等方式，展示数字内容产业、信息服务业、设计产业、移动互联网、新能源等园区重点战略性新兴产业项目，包括3D极速扫描打印、智能云办公服务、

交换式多媒体视频服务、立体画增强现实、可穿戴智能设备、3D影视特效转换、模块化电脑等。其中，北京视联动力国际信息技术有限公司研发的统一视频多媒体服务平台系统基于V2V视联网通信协议，采用新三网融合架构，能够大规模传输实时、高品质的视频流媒体，对视频流媒体、语音、IP数据进行全兼容并在一个平台上进行处理和传输，解决了IP互联网在高品质视频传输方面的缺陷。

（潘汝清）

【中文视频版权银行发布】5月28日，北京东方雍和国际版权交易中心和东方嘉禾文化发展有限公司在京举办“中文视频版权银行（国际版）暨2014中文视频全球增值计划发布会”。新闻出版广电总局、东城区政府、中华文化促进会等相关单位领导参加。中文视频版权银行（国际版）是由东方嘉禾文化发展有限公司和北京东方雍和国际版权交易中心共同提出的以“分账”为特征的新型利益分配机制，并提供一站式中文视频资产增值服务。视频版权权利人可自愿将其拥有的视频版权交由版权银行进行存管，并由其代为运营，视频版权权利人获取运营收益，并将其中一部分收益分配给版权银行运营方，是一种可以实现线上简便确权、快速成交、透明分账的版权集约化运营模式。北京电视台、北京光线传媒股份有限公司、北京若森数字科技有限公司等6家内容供应商与中文视频版权银行签订战略合作协议，委托其开发海外新媒体市场。

（潘汝清）

【7家创业孵化平台获认定】5月29日，东城园管委会在园区召开中关村东城园创业孵化平台专家评审会。来自北京大学、中央财经大学等高校的相关专家及企业代表等参加。5家企业申报的7个项目被评为东城园一级孵化平台，即航星创业园创业孵化平台、镕辉佳特创业孵化平台、嘉诚藏经馆胡同17号创业孵化平台、嘉诚柯玛斯创业孵化平台、嘉润后永康胡同17号创业孵化平台、嘉润新中大厦创业孵化平台、汉潮大

成文化创意中小企业创业孵化平台。

（潘汝清）

【重点企业青年联谊会举办】 6月28日、12月21日，东二环交通商务区建设管理办公室主办以“炫动青春活力东二环”为主题的第六届和第七届东二环重点企业青年联谊会活动。来自中国五矿集团公司、中国海洋石油总公司、北京首都开发控股（集团）有限公司等重点企业的相关代表80余人参加。第六届联谊会由“乐享文化——保利博物馆文化体验行”和“灿烂夏花——翠湖湿地公园户外联谊”两个部分组成，组织参观保利博物馆，年轻人感受到了东城区的文化底蕴，户外联谊以及一系列竞技游戏，使参与者相互加深了解。第七届联谊会以“圣诞”为主线，在活动中穿插企业宣传语，受到参加人员好评。

（潘汝清）

【北京ONE国际表演艺术周举办】 8月31日，由东城园管委会主办的第二届北京ONE国际表演艺术周开幕典礼在国子监街举办。艺术周是第五届“创意点亮北京”活动的分项活动，为期两周，以“街巷的本色出演”为主题，利用国子监、钟鼓楼、东四、南锣鼓巷等最具北京特色的胡同与表演和展览空间，寻找发现促使胡同中文化、经济、民生良性发展的可能性。艺术周由“戏剧单元”“艺术展单元”“学术单元”3个部分构成，借助“戏剧与综合艺术跨界”，探讨当代表演艺术与其他艺术形式的发展与融合。项目包括来自世界各地的40余位艺术家的新媒体、影像、装置、动画作品展览，环境戏剧、音乐互动表演，以独立时尚设计为背景的艺术计划，以及近10场讲座、沙龙与工作坊。

（曾　佳）

【“创意点亮北京”活动举办】 8月31日—10月3日，由东城园管委会主办的第五届“创意点亮北京”活动举办。园区内15个胡同创意工厂、50个设计之旅站点、近百位艺术家、上千名中外设计师参与。活动包括“城市再造”专题对话沙龙及展览、“北京ONE国际表演艺术周”以及设计之旅活动三大版块，展示东城区文化与科技相融的创新环境，以及文化创意产业的进步和发展。

（潘汝清）

【舞台剧《战马》亚洲首演】 9月11日，由北京一千零一夜网络技术有限公司独家运营，中国国家话剧院出品、制作、演出的英国舞台剧《战马》中文版亚洲首演发布会在中国国家话剧院召开。《战马》是一部集艺术性、技术性、观赏性于一体的舞台剧。一千零一夜公司承包《战马》亚洲演出的独家运营，借鉴英国“全产业链”的营销模式，对从戏剧的内容到衍生产品的所有环节进行营销。

（潘汝清）

【“智慧园区”综合服务平台上线】 9月25日，东城园“智慧园区”综合服务平台发布会在中关村雍和航星科技园举办，园区重点企业、集聚区等相关代表50余人参加。平台是东城区“数字东城”行动计划的组成部分，包括“综合服务平台”和“移动互联平台”两大板块。“综合服务平台”由九大子系统组成。企业只需一台电脑就可以进行高新企业的在线申报和各项政策查询，使各类项目审批流程更加简洁规范。“移动互联平台”采用新一代移动互联技术，是以手机、PAD等移动终端设备为主要依托的公众服务平台，能够提升园区服务范围和能力，实现信息和服务的有效送达。通过客户端，东城园的公告和最新的政策法规能推送给每一个注册的商户。商户还可以随时随地浏览园区新闻、电子杂志和园区企业动态，也可以加入微博、微信实时与东城园互动。

（潘汝清）

【城市再生专题对话沙龙举办】 9月27日，由东城园管委会主办的“城市再生专题对话沙龙”在国子监街大都美术馆举办。活动是第五届“创意点亮北京”的重要版块，旨在探讨城市核心区如何面对文化产业与空间利用、产业发展与风貌保护、人居和谐等问题。

来自联合国教科文组织全球文化论坛、西班牙巴塞罗那高等建筑学院、中国民营文化产业商会等机构的相关负责人及中国、西班牙建筑师等100余人参加。沙龙就城市中心区可持续再生话题，探讨城市对市民行为的改变，市民在城市再生中扮演的重要角色；内容创意对于城市再生的重要性；城市再生需要考虑释放城市空间，提高城市生产力等问题。

（曾　佳）

【创意家电子期刊上线】 9月，由东城园管委会主办的《雍和园创意家读本》首期电子期刊上线。刊物自2008年创办以来，致力于推广东城区文化创意产业品牌，已出版18期，成为东城园企业沟通交流以及东城园品牌推广的新型平台。自19期开始，读者可通过电子期刊平台（龙源期刊网、中邮阅读网、博看网、读览天下、锋阅网），以及东城园微博、微信等新媒体渠道下载刊物或在线阅读。

（曾　佳）

【"正能量"演讲比赛暨廉洁书画作品展举办】 10月24日，东城园管委会在中关村雍和燕都信息产业园举办

"东城园'正能量'演讲比赛暨廉洁书画作品展"。来自园区管委会和文创企业的12位演讲者参加，有24幅书画作品展出。活动以"弘扬企业正能量，建设和谐东城园"为主题，展示了园区企业的诚信经营理念，园区的和谐文化氛围、企业的优秀事迹和优秀人物。中关村管委会、东城区纪委、相关街道的领导及企业代表50余人参加。

（潘汝清）

【未来领袖文化创意大赛启动】 11月4日，由东城区委组织部、北京大学和东城园工委共同主办的"未来领袖文化创意大赛启动仪式"在歌华设计馆举办。东城区人才工作领导小组相关成员单位、东城园各孵化平台和企业的代表90余人参加。大赛是东城区建设北京市级文化人才管理改革试验区的重要支撑项目，旨在依托北京大学深厚的文化产业教育研究资源，打造创意孵化平台、创业扶持平台和文化创意的"创新工场"3个平台，并在平台上完成文化人才和创新项目的培育及产业化对接。大赛分宣传和项目征集、项目初审和集中培训、深度孵化和决赛答辩、颁奖典礼和主题论坛5个阶段，历时8个月，累计征集近2000个项目，涉及新媒体、移动互联网、电子商务、艺术品经营等新兴领域，最终评出包括团体一、二、三等奖，单项奖及特等奖在内的29个奖项。

（潘汝清）

【首个收视数据实时采集分析系统建成】 11月14日，北京歌华有线电视网络股份有限公司在京召开新闻发布会，宣布建成全国首个大样本收视数据实时采集分析系统。该系统由歌华有线大样本收视数据研究中心建设，对400余万户高清交互数字电视机顶盒终端回传数据进行大数据分析，记录每一用户的每一步操作行为，具有客观、公正、权威的特点；数据自动回传和采集，全程由计算机自动完成，客观反映用户真实行为，无人为干预，保证数据真实、可信，具有可靠性的特点；数据实时回传、实时分析、实时发布，满足用户对收视数据越来越快速、高效的要求，具有时效性的特点。

（徐　建）

【东城园体育产业资源交易平台上线】 12月16日，由东城园管委会主办的"体育产业资源交易专项平台上线暨项目签约新闻发布会"在北京东方雍和国际版权交易中心举行。平台依托国家版权局和中国国际版权交易中心，设立体育产业资源交易板块，由北京东方信达资产经营总公司、北京龙潭湖体育产业投资发展有限公司等单位组建，交易运营管理有限公司负责运营管理，将实行线上线下同步运作，面向体育组织、体育企业、体育赛事、体育场馆、体育俱乐部、运动员等6个方向的物权、知识产权、经营权、消费权、收益权、股权、债权等领域开发交易品种。年内，平台上线交易项目27个，主要为民间企业项目。

（潘汝清　徐　建）

【56家企业入驻龙潭湖体育产业园】 年内，龙潭湖体育产业园依托体育产业孵化平台、体育互联网孵化基地，吸引北京龙潭湖体育投资基金管理有限公司、中保财富融资担保有限公司、北京瑞盖文化传媒有限公司等56家企业入驻，注册资本金累计10.7亿元。世界体育总会亚太总部、国际举重联合会（北京）总部入驻国际体育组织聚集区。（体育产业孵化平台主要职能是：在北京市范围内打造体育产业聚集的品牌；吸引符合东城区产业定位的体育企业入驻；为入驻企业搭建发展的公共服务平台和服务网络；成为政府和企业之间的桥梁和纽带。）

（潘汝清）

西城园

2001年6月，经科技部批准，德胜园成立，2002年5月开园，政策区占地面积290公顷，位于西城区北部。2006年1月，经发展改革委审核、国务院批准，德胜园政策区面积增至564公顷，分为德外地区与西外地区两个部分。西城区首都功能核心区的定位，以及其深厚的文化底蕴和强大的金融、信息、科技、教育等资源优势，为园区产业发展奠定了良好的基础。先后改造西外大街、德外大街等近20条市政道路，建成德胜国际、西环广场等一批标志性的高端商务楼宇，新增建筑面积150万平方米；充分利用国有企业老旧厂房等资源，集中建设科技企业孵化器，孵化面积11万平方米；在园区及周边建成一批大型高端商务酒店、商务公寓和综合服务设施，改造人定湖、双秀和玫瑰等公园环境，教育、医疗、文化等公共服务设施得到较大改善和提升。园区拥有电子信息、生物医药、新材料、先进制造、文化创意等领域众多重点企业，包括联动优势科技有限公司、北京因科瑞斯医药科技有限公司、有研稀土新材料股份有限公司、北京矿冶研究总院、北京DRC工业设计创意产业基地等。通过巩固优势资源、完善基础设施建设、引进重点项目、培育特色产业，园区自主创新能力不断增强，文化创意产业实力雄厚，科技与金融不断融合，高端交易市场前景广阔，科技孵化基地成果显著，逐步发展成为一个设施完备、服务优良的综合性产业功能区，先后被认定为北京市首批文化创意产业集聚区、首都四大金融后台服务区、全国唯一的国家级出版创意产业园区、北京设计之都核心区、第一批国家级科技与文化融合示范基地。2012年10月，经国务院批准，西城园在德胜园的基础上重组，规划占地面积扩大至999.63公顷，包括北区（德胜街区）、西区（北展街区）和南区（广安街区）3个区域。北展街区将打造成“城市设计、时尚设计、科技金融”集聚区；广安街区将打造成“金融服务、高端交易”集聚区；德胜街区将打造成“研发服务、金融后台、创意设计”集聚区。西城园已基本规划成以现代服务业为主体，以研发设计、出版创意、科技金融为主要支撑的产业格局。为优化企业发展环境，西城园初步形成“1＋X”体系，支持包括出版创意、科技孵化、设计服务专项等政策，每年投入不少于1亿元产业资金，为园区发展提供保障。未来西城园将成为科技、文化、金融产业融合协同发展的都市型现代服务业核心集聚区。

西城园管理委员会领导成员

主　　任　陈　宁（副区长兼）
常务副主任　缪剑虹
副 主 任　台　峰　吴江明
党组书记　陈　宁（副区长兼）
党组副书记　缪剑虹　台　峰

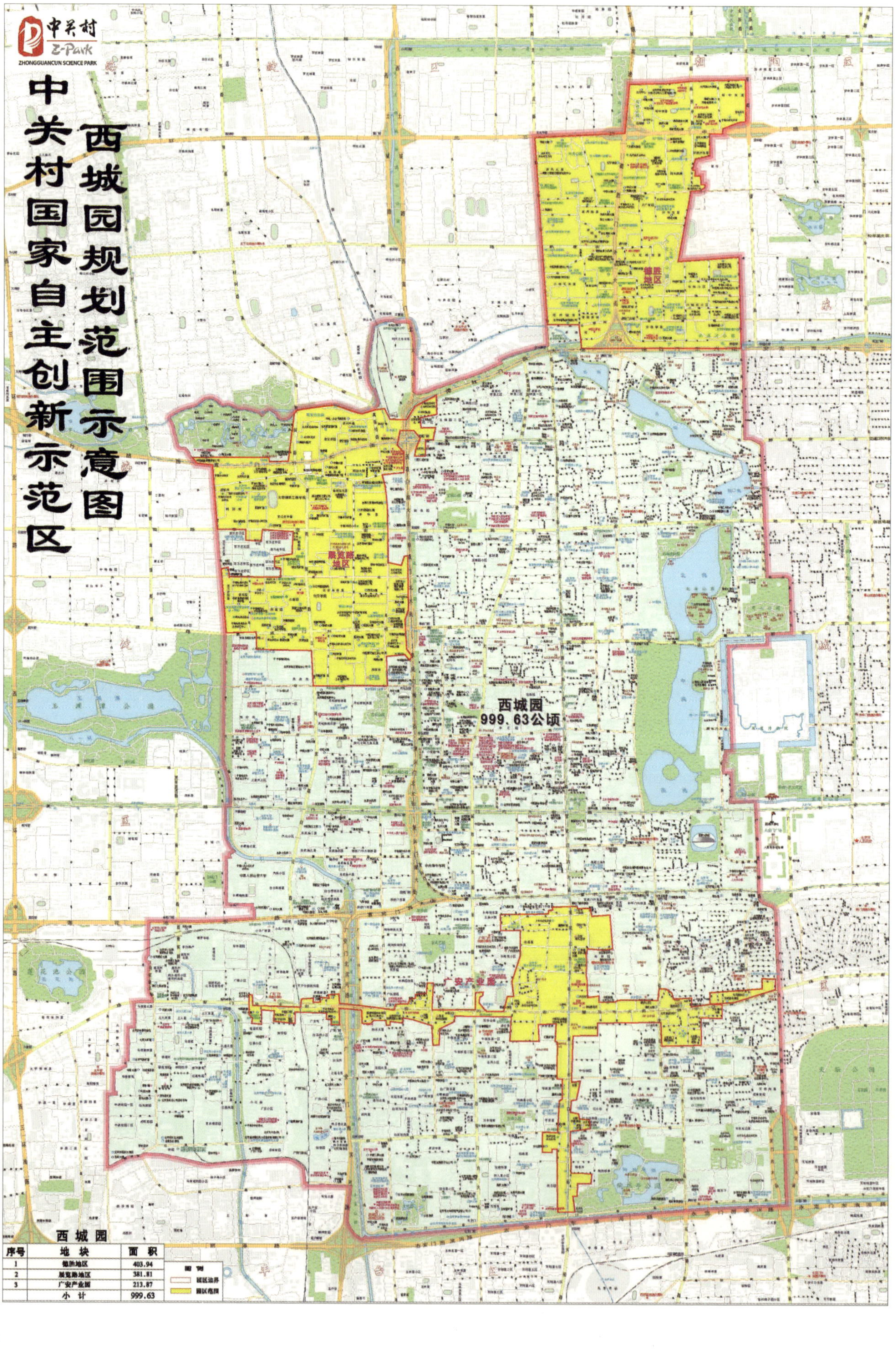

序号	地块	面积
1	德胜地区	403.94
2	展览路地区	381.81
3	广安产业园	213.87
	小计	999.63

【概况】2014年，西城园围绕建设中关村国家自主创新示范区要求，贯彻落实西城区委、区政府决策部署，经济持续保持跨越式发展。年内，园区入统高新技术企业总数471家；从业人员近8.2万人；工业总产值997.8亿元；总收入1874.8亿元；进出口总额38.5亿美元；实缴税费97.6亿元；利润总额198.7亿元；资产总计3205.2亿元；科技活动经费支出总额42.8亿元；专利申请2542件，专利授权683件。

加快特色产业集聚。完成《北京设计之都核心区设计产业发展规划》，举办“2014设计之都论坛”，成立北京设计之都发展有限责任公司。推动北京设计之都大厦工程收尾和交付使用，有8家设计企业或机构签约入驻。加强产业链选商，航天科工智慧产业发展有限公司落户园区。普天德胜科技孵化器有限公司入选北京市创业孵化示范基地，并促成互联网金融企业间合作，包括北京花果信息技术有限公司与九一金融信息服务（北京）有限公司联合推出以“流量”为抵押物的“奔流计划”贷款产品，花果金融接入联动优势科技有限公司第三方资金托管系统等。

创新成果层出不穷。高性能表面涂层材料及应用技术研究、青海夏日哈木镍多金属矿选矿试验研究、高性能钨钼宽厚板及其制品开发及产业化、刚果（金）MKM高钴铜钴矿湿法冶金工艺研究与工业化应用等重大项目通过鉴定或验收。北京梅泰诺通信技术股份有限公司研发的多功能照明/信息杆柱产品进行示范应用。北京博锐尚格节能技术股份有限公司设计的iSagy BIM能源管理平台获2014中国设计红星奖至尊金奖，洛可可科技有限公司设计的柔性直流输电设备获金奖。北京有色金属研究总院等3家企业的专利获第十六届中国专利优秀奖。北京奇虎科技有限公司入选“中关村知识产权领军企业”，有色研究总院入选“中关村知识产权重点示范企业”，有研稀土新材料股份有限公司、奇虎公司的专利获第三届北京市发明专利奖三等奖。

推进企业服务工作。加强政策宣传及培训，深入走访企业，对500余家园区企业进行业务及政策专项培训。协助企业做好融资工作，园区1家企业在创业板市场上市，1家企业在中小板市场上市，3家企业在新三板挂牌。园区企业获各级、各类专项资金支持50余项，获各级、各类人才专项政策支持及称号20余项。北京零极限科技有限公司、先智创科（北京）科技有限公司两家企业入选第三届“北京最具投资价值文化创意企业30强”。北京诺亦腾科技有限公司、北京达博有色金属焊料有限责任公司、华北电力设计院工程有限公司等7家企业的12名优秀科技创新工作者获评第二十二届北京优秀青年工程师。

完善公共服务平台。普天德胜科技金融创新示范基地新落户创业投资机构5家，举办5次科技和金融企业对接会、14次互联网金融创新沙龙。北京矿冶研究总院的高端矿山装备制造北京市国际科技合作基地、北京普天德胜科技孵化器有限公司的基于新一代信息技术全产业链孵化服务北京市国际科技合作基地通过认定。矿冶总院的金属矿山智能开采技术北京市重点实验室通过认定。中经网数据有限公司通过第三批北京市中小企业公共服务平台认定。

（许海龙）

【360安全卫士国际版发布】2月24日，在2014世界移动通信大会（MWC）上，北京奇虎科技有限公司发布360安全卫士国际版（360 Total Security），并面向全球用户免费。软件集成360云查杀引擎、QVM人工智能引擎、Bitdefender和AVIRA引擎，可全面拦截网络威胁，为用户电脑提供最佳安全防护。最新版本中还新增Wi-Fi路由器体检、沙箱、漏洞修复等功能，相比传统杀毒软件能够更全面地消除各类新型安全威胁。

（曾　佳）

【高性能表面涂层材料及应用技术项目通过验收】2月26日，“高性能表面涂层材料及应用技术研究项目验收会”在北矿新材科技有限公司举行，项目验收组专家及课题组有关人员参加。项目2012年由市科委批准立项，北京矿冶研究总院承担完成，通过由市科委组织的专家评审。项目分“航空发动机用高温防护涂层及材料研究”和“低成本冶金层流辊系列涂层材料涂层技术及修复技术研究”两个课题，开展7种耐高温、耐腐蚀、耐磨损等高性能涂层材料及涂层技术研究，研制出3种适用于大飞机发动机700摄氏度以上部件防护的系列涂层材料产品及其涂层制备技术，还设计并制备五元NiCoCrAlY合金粉末和NiCoCrAlY/PHB复合材料，突破高熔点合金中微量元素、氧及其他杂质控制和比重差异较大的两种粉末均匀包覆等关键技术。CoCrW合金粉末突破了高熔点、细粒径、低氧含量、高球形度的合金粉末制备技术。项目还研制出4种不同温区热轧层流辊修复用高性能涂层粉末材料，满足冷却辊道的全寿命周期要求，提高了热轧线产品质量。

（赵　浩）

【两家企业入选市国际科技合作基地】3月5日，市科委印发《关于公示第三批北京市国际科技合作基地认定结果的通知》。西城园北京普天德胜科技孵化器有限公司的基于新一代信息技术全产业链孵化服务北京市国际科技合作基地、北京矿冶研究总院的高端矿山装备制造北京市国际科技合作基地入选，分别属于国际技术转移第三方机构类基地、高端装备领域。普天孵化器基地涉及移动互联网、三网融合、物联网、云计算等高新技术领域，将构建新一代信息技术产业的上下游关系链条，形成融合通信和以信息技术为支撑的互联网金融、智慧城市、大数据等产业模块，为入驻企业提供更方便、快捷、时效的国际化交流、合作、推广专业服务。矿冶总院基地通过与南非科学与工业研究院、开普敦大学等机构开展的国际科技合作与交流，利用引进、消化、吸收、再创新以及共同研发等方式，开展高端矿山装备关键技术研发工作，打造高端矿山装备系列产品。

（单　毅　赵　浩）

【“奔流计划”启动】 3月10日，由北京花果信息技术有限公司（花果金融）、九一金融信息服务（北京）有限公司（91金融超市）主办的“奔流计划”启动仪式在3W咖啡举行。“奔流计划”是由双方联合推出的互联网金融产品，可使互联网企业能够在无实物资产抵押、无销售收入的情况下，仅通过网站流量评估，就能快速获得企业运营发展所需的流动资金。有贷款需求的互联网企业只需登录91金融超市，在提供最近一年内的第三方流量报告等操作后，即可完成贷款申请。经过审核通过的贷款需求，将移交给花果金融，由与花果金融达成合作的融资性担保公司对借款人开具授信额度和本息担保，再通过花果金融网站平台，以众筹借款方式快速完成筹资。

（曾　佳）

【两人入选科技北京百名领军人才】 4月9日，市科委发布《关于2014年科技北京百名领军人才培养工程拟入选人员的公示》。其中，西城园北京奇虎科技有限公司总裁齐向东、北京洛可可科技有限公司董事长贾伟入选。（“科技北京百名领军人才培养工程”是《首都中长期人才发展规划纲要（2010—2020年）》确定的重点人才工程，计划从2010年到2020年，利用10年时间，通过项目带动、产学研用结合、国际合作交流等形式，培养造就百名科研水平一流、管理能力突出、成果国际前沿、专业贡献重大，能够引领和促进新兴学科形成与产业关键技术发展的科技领军人才。）

（曾　佳）

【两家企业获第三届北京市发明专利奖】 4月23日，市知识产权局和市人力社保局联合印发《关于第三届“北京市发明专利奖”的表彰决定》（京知局〔2014〕66号）。有研稀土新材料股份有限公司的“一种钕铁硼永磁材料用辅助合金及其制备方法”（ZL200510137233.7）、北京奇虎科技有限公司和奇智软件（北京）有限公司的“一种实时防护文件的监控方法及装置”（ZL201010552530.9）获北京市发明专利奖三等奖。

（曾　佳）

【夏日哈木镍多金属矿选矿试验项目通过验收】 5月14日，由黄河矿业有限责任公司主办的青海夏日哈木镍多金属矿选矿试验研究项目评审会在京召开。项目由北京矿冶研究总院矿物所承担完成，通过黄河矿业公司组织的专家评审。项目根据夏日哈木镍矿矿石具有的易浮易泥化脉石含量大、矿石中滑石和蛇纹石的矿物含量超过30%、铜镍矿物嵌布粒度细、分布不均匀、镍可浮性差异大等特点，采用以铜为主的滑石—铜镍等可浮—尾矿强化回收镍工艺流程，实现闭路选矿指标为铜精矿含铜24.41%，含镍1.93%，铜回收率47.53%；镍精矿含镍8.20%，含铜0.48%，镍回收率77.43%。

（赵　浩）

【金属矿山智能开采技术重点实验室通过认定】 6月30日，市科委印发《关于公布2013年度北京市重点实验室和北京市工程技术研究中心认定名单的通知》。由北京矿冶研究总院建设的“金属矿山智能开采技术北京市重点实验室”通过认定。实验室主要开展矿山安全智能感知与检测、矿山安全风险评价分析、矿山灾害监控预警、矿山动力灾害监控与防治、地下矿山安全避险技术与装备、矿山三维仿真与虚拟现实技术、矿山安全应急指挥调度信息化平台、矿山采矿装备及工艺系统的智能化控制与调度等关键技术研究。

（赵　浩）

【矿冶总院新型乳化器项目通过鉴定】 6月，“新型乳化器项目成果鉴定会”在江西省九江市召开。项目由北京矿冶研究总院承担完成，通过工业和信息化部组织的专家评审。新型乳化器由间隙大、转速低的粗乳器和静态无机械摩擦的精乳器组成，解决了传统乳化器存在的安全问题，生产的乳化基质质量良好。乳化器应用于北京北矿亿博科技有限责任公司城门山矿（九江）现场混装乳化炸药制备站，生产乳胶基质600余吨，爆破效果良好。

（赵　浩）

【91金融完成B轮融资】 7月1日，九一金融信息服务（北京）有限公司（91金融）宣布完成B轮融资，融资金额2亿元。领投方为海通开元投资有限公司，中国宽带产业基金、经纬创投（北京）投资管理顾问有限公司等投资机构跟投。资金将用于推动91金融超

市、91 旺财、91 金融云、91 金融开放平台等产品与服务升级，还将用于资产证券化，帮助金融机构更有效率、更低成本为中小企业以及个人消费者提供专业金融服务。

（黄　跃）

【高性能钨钼宽厚板项目通过验收】 7 月 29 日，由中国有色金属工业协会组织的高性能钨钼宽厚板及其制品开发及产业化项目验收会在京召开，验收组专家、北京矿冶研究总院相关领导及项目组有关人员参加。项目 2012 年 6 月获发展改革委、财政部、工业和信息化部批复立项，属国家稀土稀有金属新材料研发和产业化专项，由矿冶总院承担完成。项目通过工艺研究和工业试验，在高性能钨钼宽厚板及其制品的开发和产业化技术方面取得突破，形成具有自主知识产权的 5 项核心技术，满足市场对高性能钨钼宽厚板及其制品的需要，有利于钨钼深加工产业的技术、装备水平提升和产品结构调整。专家组一致同意项目通过验收。

（赵　浩）

【中国林业产权交易所红木交易中心启动】 8 月 9 日，由中国林业产权交易所主办的“中国林业产权交易所红木交易中心启动仪式”在京举行。来自国家、北京市、福建省有关部门以及银行、企业、中介机构的相关领导及代表 100 余人参加。中心是由中林所、聚仙堂文化艺术中心、北京首都科技集团有限公司共同发起，以北京瑾贤环星投资有限责任公司为建设载体而设立的国家级红木交易平台，将以中林所林产品交易业务为基础，探索以红木为主的珍稀木材原木及其成品展示和交易为主的多种业务模式，创新和发展市场交易方式、结算方式、交割方式、品质认证、金融服务、信息资讯、仓储物流等服务内容。中心与平安银行、福建省仙游县农村信用合作社联合社、北京佰富天润商贸有限公司等机构签署合作协议，涉及交易额超过 1 亿元。

（曾　佳）

【多功能照明／信息杆柱产品示范应用】 8 月，由北京梅泰诺通信技术股份有限公司研发的多功能照明 / 信息杆柱产品落户平谷区并进行示范应用。成果入选 2014 年宽带北京行动计划和北京市信息化发展项目。产品将移动通信、无线上网、智能监控、智能照明、信息展示、环境实时监测、路灯智能化管理等功能集于一体，挂载在市政路灯杆上，达到信息功能的立体化全覆盖，实现以“集约、智能、绿色、低碳”为发展目标的信息基础设施共建共享，解决智慧城市规划和建设中面临的选址难、用电难、重复建设、发展与环境不协调等问题。

（萧　亨）

【高钴铜钴矿湿法冶金工艺项目通过鉴定】 9 月 15 日，“刚果（金）MKM 高钴铜钴矿湿法冶金工艺研究与工业化应用科技成果鉴定会”在京召开，鉴定组专家及项目组相关人员参加。项目由北京矿冶研究总院和中铁资源集团有限公司共同完成，通过由中国有色金属工业协会组织的专家评审。项目研发了以刚果（金）高钴铜钴矿为原料的湿法冶金新工艺及工业化应用技术，集成创新搅拌—堆浸联合浸出工艺，采用薄层堆浸、堆浸铜钴分阶段浸出、亚铁助浸的组合技术，实现钴

在常温下的高效搅拌浸出，浸出剂消耗少，浸出能耗低，技术经济指标好，生产废水全部循环使用，实现清洁生产；研发了溶液处理规模每小时 700 立方米的大型密闭式萃取澄清室、组合式除油装置、活动式电解槽表面除油器，降低萃取剂和溶剂油消耗；研制铜电积专用槽间导电板绝缘限位装置，可杜绝短路及极板位移，提高作业效率，降低能耗；研发出二氧化硫 / 空气氧化除铁除锰梯级电位调控技术，调节混合气比例，实现低温高效除铁、锰。

（赵　浩）

【2014 北京设计之都论坛举办】 9 月 26 日，由市科委、北京工业设计促进中心和美国艺术中心设计学院（Art Center College of Design）主办的“2014 北京设计之都论坛”在设计之都大厦举行，市科委、西城区政府的相关领导及来自相关企业的代表 200 余人参加。论坛包括北京设计之都发展有限公司成立、《创意密码·设计之都》纪录片开机及美国阿森特艺术设计中心交流论坛 3 个部分内容。设计之都公司由市科委和西城区政府共同出资组建，承担北京“设计之都”核心区规划、建设工作，并负责运营设计之都大厦。公司与台湾清庭设计中心、上海木马工业设计有限公司等 8 家设计企业或机构签订入驻设计之都大厦的意向协议。

《创意密码·设计之都》由北京工业设计促进中心协助中央电视台科教节目制作中心共同完成。影片分上下篇，2015 年在央视 10 套《文明密码》栏目中播出。论坛为期 3 天，由设计之都公司与阿森特（北京）艺术设计中心主办，主题为“设计改变”，包括“品牌与设计战略”“交通工具设计”“电影娱乐视觉故事”三大板块内容，围绕汽车设计、品牌与设计战略、电影娱乐等领域开展研讨与教学。

（于金东）

【朝鲜平北冶炼厂开车典礼举行】 10 月 16 日，由北京矿冶研究总院设计的朝鲜金路集团金刚会社平北（定州）冶炼厂举行开车典礼。冶炼厂为解决生产困境，选择矿冶总院为设计单位，采用为两段焙烧—干法收砷—焙砂酸浸—浸渣氰化提金—浸液萃取电积提铜的工艺进行技术改造。项目于 2011 年 5 月开始建设，2014 年 5 月初投产调试成功。冶炼厂技改规模处理金矿量为 150 吨 / 天，主要产品为金、银，副产品为铜、砒霜、硫酸等，项目运行稳定。

（赵 浩）

【两家企业入选知识产权领军企业】 10 月 16 日，在“中关村知识产权领军企业与优秀知识产权服务机构培育工作会”上，中关村管委会公布首批中关村知识产权领军企业培育名单。其中，北京奇虎科技有限公司入选“中关村知识产权领军企业”，北京有色金属研究总院入选“中关村知识产权重点示范企业”。按照年度专利申请量、发明专利申请量及占比、企业知识产权管理制度、企业持续盈利能力等评估指标入选企业将获得知识产权资金支持和专业培训。

（刘 昆）

【普天德胜孵化器入选市创业孵化示范基地】 10 月 16 日，在“北京市创业孵化示范基地授牌暨优秀创业项目遴选工作部署会”上，10 家孵化器获市人力社保局首批北京市创业孵化示范基地授牌。其中，西城园北京普天德胜科技孵化器有限公司入选。创业孵化示范基地的设立，旨在推动创新创业工作发展，加强优秀创业孵化机构示范引领作用。

（曾 佳）

【3 家企业获第十六届中国专利奖】 11 月 6 日，国家知识产权局印发《关于第十六届中国专利奖授奖的决定》（国知发管字〔2014〕63 号）。西城园 3 家单位的 4 个项目获中国专利优秀奖，即北京有色金属研究总院徐骏等发明的“一种制备半固态合金流变浆料或坯料的装置”（ZL200810116181.9）、温建康等发明的“一种嗜热嗜酸菌及低品位原生硫化铜矿微生物分段浸出工艺”（ZL201010235152.1）；北京矿冶研究总院王振文等发明的“密闭式电解槽及电解系统”（ZL200710178250.4）；北京奇虎科技有限公司齐向东等发明的“一种基于云的样本数据库动态维护方法”（ZL201010256958.9）。

（刘 昆）

【网贷平台“金宝会”上线】 11 月 13 日，由北京金马甲产权网络交易有限公司推出的 P2P 网贷平台——金宝会（www.jinbaohui.com）上线。平台核心业务模式为“国有中立规范交易平台‘联手’国有专业优质增信机构（如担保）”，凭借国有平台的公信力和国有担保的严格风控，在保障投资人（出借人）收益的同时，严格筛选优质借款企业和项目，提高中小企业融资效率，降低融资成本。其互联网金融业务的开展依托于平台席位会员制度的建设，即通过严格的准入门槛筛选国有或国有控股、参股的，专业能力强、风险控制过硬的融资性担保公司、小额贷款公司、融资租赁公司等第三方增信机构为“金宝会”席位会员，席位会员承担第三方保证责任或回购保证的借款项目才能在平台挂牌借款。

（曾 佳）

【3 家企业入选市重点总部企业】 12 月 2 日，西城区商务委员会组织召开北京市重点总部企业（第一批）颁证仪式，西城区政府有关领导、相关委办局负责人，市商务委相关处室负责人参加。会上为西城区 48 家企业颁发确认证书。西城园的北京梅泰诺通信技术股份有限公司、中国印钞造币总公司、北京城市排水集团有限责任公司 3 家企业入选。入选企业可享受资本补助、办公用房补助、经营贡献奖励、项目投资审批、便利化监管、进京落户等优惠政策和个性化配套服务。

（曾 佳）

【化纤生产智能物流系统研制项目通过验收】 12 月 5 日，由机械科学研究总院组织的“化纤生产智能物流系统研制项目验收会”在江苏省召开。项目是由北京

机械工业自动化研究所和江苏盛虹科技股份有限公司共同承担的2011年国家智能制造装备发展专项。开发了丝卷信息绑定与校验、堆垛机高速运行和高精度定位、机器人手爪柔性化、丝卷和纸箱智能分道、智能跟踪调度软件、物流系统综合集成等关键技术，实现从丝车上线、落筒、输送、储存、检验分类、包装到码垛的全程自动化和智能化，研制解决了用工密集、生产效率低、产品质量稳定性差、车间生产管理水平低等制约化纤企业可持续发展的瓶颈问题。专家组一致同意项目通过验收。

（刘先禹）

【两家企业入选北京文化创意企业30强】 12月10日，由北京市文化创意产业促进中心、北京银行股份有限公司、清科集团主办的“第三届中国文化金融创新峰会、北京文化创意产业投融资项目推介会”在京召开，文化部、市委宣传部、市贸促会等单位领导及相关企业代表参加。会上举行北京市最具投资价值文化创意企业榜单发布及授牌仪式，其中北京零极限科技有限公司、先智创科（北京）科技有限公司两家企业入选第三届“北京最具投资价值文化创意企业30强”。零极限公司主营项目为零极限环球文化传播新媒体互动平台，打造集专家白话文化系统策划、深度整理、品牌内涵提炼包装、专家文化店铺、文化论坛、社交圈以及文化产品交易服务链为一体的OTO互联网平台。先智创科公司通过旗下91金融超市、贷乐发、易贷天下等工具型金融媒体，为金融产品消费者和金融机构搭建信息平台。

（刘　昆）

【iSagyBIM能源管理平台获红星奖至尊金奖】 12月12日，在“设计为人民——2014中国设计红星奖颁奖会暨2014北京国际设计周优秀项目表彰会”上，由北京博锐尚格节能技术股份有限公司设计的iSagyBIM能源管理平台获至尊金奖。该项设计整合了建筑信息模型（BIM）和能源管理系统（EMS），采用三维立体展示方式，全方位模拟建筑，令管理者更直观、清晰地了解建筑内部的环境参数、实时能耗和实时效率，是将建筑信息3D模型引入智能楼宇节能管理系统的设计，可为城市建筑能耗集中管理提供重要的参考依据和优化解决方案。

（曾　佳）

【洛可可公司获红星奖金奖】 12月12日，在“设计为人民——2014中国设计红星奖颁奖会暨2014北京国际设计周优秀项目表彰会”上，由北京洛可可科技有限公司设计的柔性直流输电设备获金奖。这是构建国家智能电网的重要装备，其体积小、便于运输安装，能够为风能、太阳能发电等新能源接入提供稳定可靠的并网条件，能为海上风电并网、孤岛供电、城市配网提供最优解决方案，是世界上第二项运用柔性直流输电核心技术的产品。从设计角度，简洁、清新的风格为冰冷的高危输电基础工程加入友好的现代工艺美。

（曾　佳）

【12名科技人才获评北京优秀青年工程师】 12月22日，在市科协和市人力社保局联合举办的“第二十二届北京优秀青年工程师表彰大会”上，西城园北京诺亦腾科技有限公司刘昊扬、北京达博有色金属焊料有限责任公司闫茹、中国电力工程顾问集团华北电力设计院工程有限公司贺广零等7家企业的12名优秀科技创新工作者被评为北京优秀青年工程师，占北京市入选总人数的6%。

（单　毅）

【航天科工智慧产业公司成立】 12月27日，由西城区政府和中国航天科工集团第二研究院主办的“中国航天科工二院与北京市西城区战略合作协议签订仪式暨航天科工智慧产业发展有限公司成立大会”在京召开。航天科工集团、北京金融街（投资）集团有限公司等单位有关领导100余人参加。根据协议，双方将在联合组建智慧产业公司、共同建设“智慧西城”、推动产

业转型升级等方面开展合作。智慧产业公司由航天科工集团、金融街（投资）集团、中国航天科工二院及其下属厂所和相关单位共同出资组建，注册资金10亿元。公司短期定位为智慧城市规划领域咨询服务商、智慧城市复杂业务应用系统集成商、智慧城市系统级产品制造商，主营业务以提供智慧城市咨询服务、系统集成、系统级产品为主；长期定位为智慧公共管理领域的专业运营商，主营业务以提供专业化运营服务为主，以提供智慧城市咨询服务、系统集成、系统级产品为辅。

（许海龙）

【WP5/7系列发动机柔性自动化装配生产线通过验收】 12月29日，"WP5/7系列发动机柔性自动化装配生产线验收会"在山东省潍坊市召开，验收组专家及项目组有关人员参加。项目为2012年国家智能制造装备产业发展专项，由北京机械工业自动化研究所和潍柴动力股份有限公司共同完成，通过由机械科学研究总院组织的专家评审。项目研制的生产线主要承担潍柴WP5和WP7两个系列发动机混线装配、试验等生产任务，年产量10万台。生产线集成生产任务管理、设备故障智能诊断及报警、柴油机机型及姿态自动识别、自动转运、流向自动控制、自动装配、自动试验、装配信息自动跟踪等功能，实现信息高度集成、生产连续、节拍稳定、少人或无人操作；解决生产线工艺规划、集成化生产管控、装配线控制和信息管理、物料智能配送、质量控制和防错、自动上下料、工件自动输送翻转、多轴自动拧紧、回转力矩和轴向间隙自动检测、油封自动压装及泄漏量检测、锁片全自动装配及漏装检测等关键技术问题，实现WP5/7系列发动机任意顺序混流柔性生产。

（刘先禹）

【中经网获市中小企业公共服务平台认定】 12月30日，市经济信息化委印发《关于公布第三批北京市中小企业公共服务平台认定名单的通知》（京经信委发〔2014〕113号），中经网数据有限公司通过认定。平台类别为信息、投融资、培训、管理，将完善服务功能，主动开展公益性服务，积极承担政府部门委托的各项任务，在解决中小企业共性需求、畅通信息渠道、改善经营管理、增强市场竞争力、实现创新发展等方面发挥作用。

（曾　佳）

【电子直线加速器及数字成像检测系统通过验收】 12月，北京机械工业自动化研究所为韩国NEXTOP公司完成的DZ—6/4—1000（双能）无损检测用驻波电子直线加速器及数字成像检测系统在韩国釜山市通过验收。加速器主要用于大厚度钢铁铸锻件焊接检查，是对大型结构件、高压容器及装置等进行无损检测的重要装备，用于检测压力容器的焊缝、大型铸件的夹渣、气孔、特殊产品内部缺陷、装配正确性等。数字成像检测系统代替传统的胶片方式，可缩短检测时间，提高检测效率，同时降低检测中间过程各耗材使用，具有管理方便、环保、节能等特点。

（刘先禹）

【梅泰诺智能景观塔实现规模化应用】 12月，由北京梅泰诺通信技术股份有限公司研发生产的"基于物联网的具有自我监测功能的智能景观塔"实现规模化应用。景观塔通过物联网监控平台实现通信塔自身健康体系监测和预警，取代人工巡逻监控模式。产品将结构动力仿真技术与设备实际运行状态监测有机结合，提高运维响应速度，节省人力、物力成本，在东北、华中、华南、华东等地区得到广泛应用。景观塔还可作为大型物联网承载平台，在风力监测、环境监测、视频监测、微气象预测监测等行业中应用。

（萧　亨）

【铜峰电子BOPP—5100光膜线建设完成】 12月，由安徽铜峰电子股份有限公司主办的铜峰电子BOPP—5100光膜线项目验收会在铜陵经济开发区召开。铜陵市政府有关领导及专家组成员、企业代表参加。项目由北京机械工业自动化研究所承建，是铜峰电子公司为扩充电容器膜产能拟投建的生产线之一，内容包括挤出铸片系统、纵向拉伸机、横向拉伸机、牵引机、收卷机（外购）及整线电气控制系统。生产线具有生产速度快、薄膜幅宽大、薄膜厚度薄、技术难度高等特点，技术指标为：目标生产速度300～350米/分钟；成品膜幅宽5100毫米；成品膜厚度4～8微米；设计年产量2320～4640吨；生产线速度精度在3‰以内，温度精度为±0.5摄氏度。专家组一致同意项目通过验收。

（刘先禹）

朝阳园

1999年1月，科技部下发《关于同意北京市新技术产业开发试验区调整区域范围的函》，将酒仙桥电子城1050公顷的区域范围纳入北京市新技术产业开发试验区，成为中关村科技园区"一区五园"之一。2001年6月，科技部《关于同意调整北京市新技术产业开发试验区区域范围的复函》，将望京新兴产业区约300公顷调入政策区。2006年，根据国土资源部《第十五批落实四至范围的开发区公告》，重新核定电子城四至范围，政策区域面积增至1276公顷。2007年6月，电子城管委会划归朝阳区政府管理，电子城工委与电子城管委会合署办公，东区、西区、北区、健翔园一并纳入电子城管委会管理范畴。东区地处酒仙桥地区，规划占地面积611公顷，是市政府批复的老工业基地改造试验区，高新技术产业和生产性服务业融合发展的新型产业区，吸引和培育一批像京东方科技集团股份有限公司、ABB（中国）有限公司等国际知名的电子信息领军企业，北京798艺术区、北京时尚设计广场两大文化创意产业园也坐落其中。西区位于望京地区，规划占地面积202公顷，是国际电子通讯总部及研发中心的聚集地，安捷伦科技有限公司、爱立信（中国）通信有限公司等众多世界500强企业均聚集此地。北区规划占地面积338公顷，重点打造中国"移动谷"，为高新技术产业集群提供新的承载空间，是电子城的"未来之星"。健翔区规划占地面积388公顷，辖区内分布着中国科学院的12个科研院所和10个国家级、市级重点实验室，为国际科技活动和产业发展提供重要的服务平台。2012年10月，经国务院批复，朝阳园在原电子城的基础上重新调整建立，总规划占地面积2610.18公顷，位于北京市东北部，包括电子城东区、西区、北区、健翔园、望京地区、垡头中心区，重点发展电子信息、生物医药、高技术服务三大产业，力争实现园区产业结构趋于合理、主导产业特色突出、重点企业稳定发展、服务体系健全、经济总量快速提升的总体目标。望京地区规划占地面积97公顷，定位为具有国际影响力的科技商务中心，与北区一并列入朝阳区十大发展基地，成为电子城"三新"产业高地的延伸和支撑。垡头中心区规划面积801公顷，所建垡头环渤海总部商务基地重点发展"总部办公、科技研发、商务服务、文化休闲"四大功能性产业。2014年3月，朝阳园管委会成立。园区企业可享受国家、北京市、中关村示范区的各类优惠政策。

朝阳园管理委员会领导成员

主　　任　汪　洋
工委书记　王文军
工委副书记　张凌云
常务副主任　王文军
副 主 任　刘克文　栾　玲

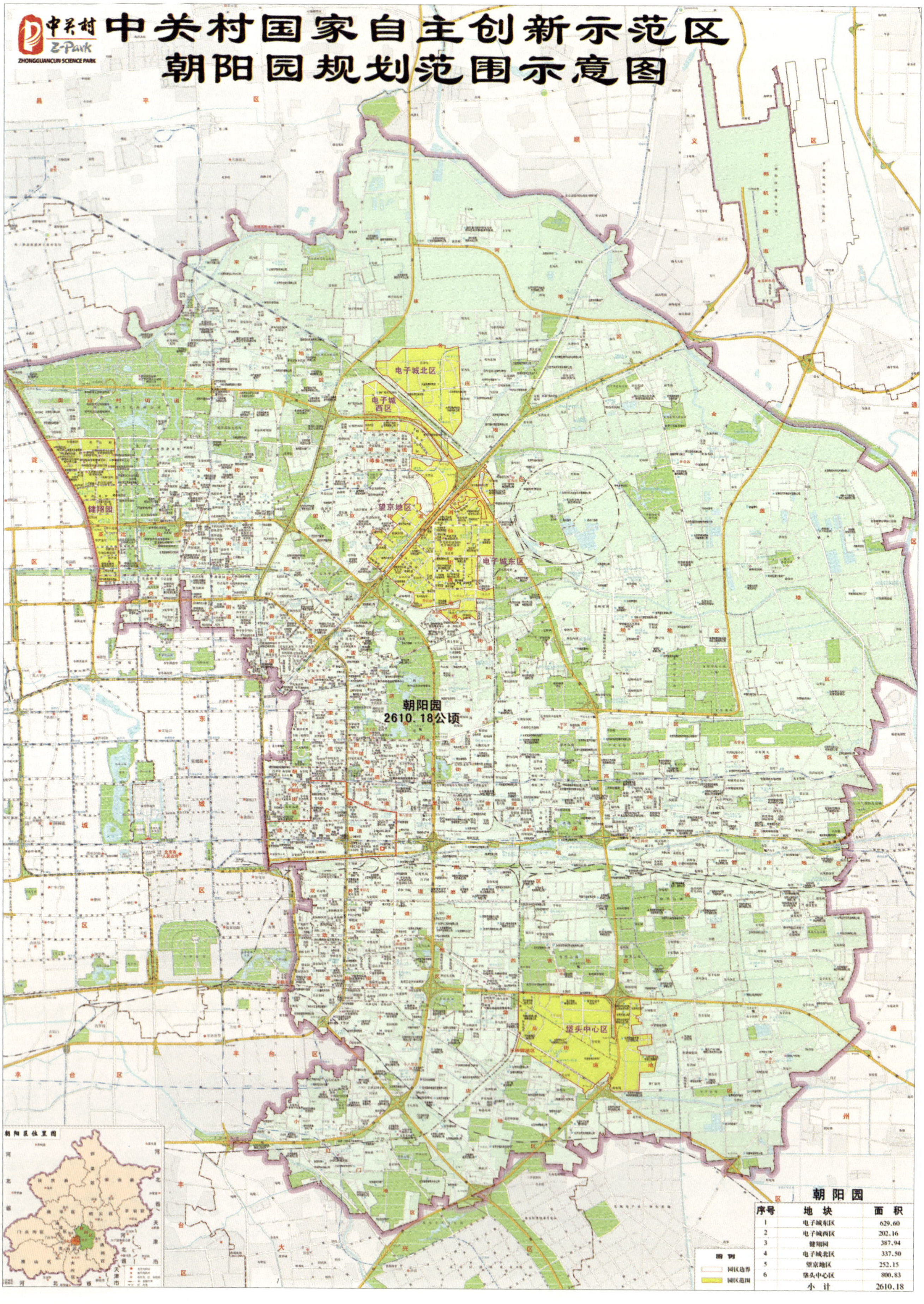

朝阳园

序号	地块	面积
1	电子城东区	629.60
2	电子城西区	202.16
3	健翔园	387.94
4	电子城北区	337.50
5	望京地区	252.15
6	垡头中心区	800.83
	小计	2610.18

【概况】2014年，朝阳园管委会抓机遇、解难题、创优势、促发展，做好舍与得，打造“高精尖”经济结构，园区经济稳中求进，稳中向好。年内，园区入统高新技术企业总数1061家；从业人员20.4万人；工业总产值689.1亿元；总收入4090.1亿元；进出口总额188.2亿美元；实缴税费475.9亿元；利润总额490.4亿元；资产总计6632.3亿元；科技活动经费支出总额173.1亿元；专利申请5469件，专利授权3001件。

*教育实践转作风。*把学习宣传落实好党的群众路线教育实践活动、习近平总书记一系列重要讲话作为首要政治任务，出台《作风建设年工作实施方案》，制定作风建设10项规定，召开作风建设大会，签订党风廉政建设责任书和廉洁自律承诺书，对“四风”问题进行排查、整治。全年走访企业230家次，精简会议15个、文件23份，新建制度3项，完善修改12项。

*落实功能区带动战略。*加强与街乡之间的联动协作，统筹推进规划建设、产业发展、要素配置、基础设施等工作，带动周边街乡产业转型升级。朝阳园功能区共有纳税企业3.5万家，来广营乡朝来高科技产业园开园，将台乡大众中国体验中心、宝信集团北区结算中心等4个项目2015年全部建成，崔各庄乡大望京科技商务创新区累计吸引北京绿地京华置业有限公司等50余家企业入驻。

*腾笼换鸟增活力。*舍弃不符合首都城市战略定位的产业，有序清退区域性专业市场，为构建“高精尖”经济结构提供空间。规范清理异地纳税企业26家，清退企业10家，回迁9家，并在巩固重点产业支撑作用的基础上，发展新一代移动通信、互联网金融、新能源汽车等战略性新兴产业。全年新引进企业1480家，注册资金总额158.8亿元，包括拓速乐汽车销售（北京）有限公司（特斯拉）1家世界500强企业，北京陌陌科技有限公司等40家注册资金1亿元以上企业，北京卓越晨星科技有限公司等347家1000万元以上企业。电子信息、高端装备、新能源等战略性新兴产业收入占园区总收入的83%，推动高端引领、文化驱动、绿色低碳发展格局的形成。

*项目建设添动力。*北区征地获得市政府批复。国际电子总部4号地、A6大厦、B38研发楼、A10-1研发中心基础施工；C1-1研发中心、A10-2研发中心主体施工；IT园A5楼、朝来产业园二期二次结构施工；大望京创新区按结构施工累计完成总建筑面积的70%，6号地开工奠基，道路和管线工程基本完工，望京二号街桥完成桥梁施工。

*服务提升强能力。*落实服务企业“三总师”制度和“六项措施”，帮助企业用足用好相关政策。推进新三板上市补贴政策落实，制定首问负责、一次告知和承诺办结工作制度，为150余家入驻望京SOHO的企业办理注册手续。开展多场业务培训、专场招聘、银企对接会，惠及企业1000余家。征集高新技术产业资金项目，支持34家企业的34个项目，拉动园区产业发展和创新能力提升。

*科技创新显魅力。*注重发挥园区科技创新起点高、科技资源底子厚、高新技术产业发展势头好的优势，完善政产学研协同创新机制，培育具有优势的科技产业。全年认定登记技术合同成交总额50.6亿元，同比增长10%。华润双鹤药业股份有限公司等6家成为G20企业。至年底，园区累计拥有获奖成果339项，有效专利9845件，软件著作权3507件，国家和行业标准402项；有中关村高新技术企业1435家、“瞪羚企业”253家、示范区标准创新试点企业28家；56名高端人才入选“千人计划”“海聚工程”“高聚工程”。

（张浩琦）

【鼎桥通信公司两项成果获奖】1月8日，在“我国移动通信创新链产业链发展研讨会——暨TD产业技术协同创新经验交流会”上，鼎桥通信技术有限公司的“TD-SCDMA高负荷解决方案”获TD产业15年创新技术奖，“TD-LTE应急通信车”获TD产业15年最具市场竞争力产品奖。高负荷解决方案是遵循语音业务优先接入、数据业务感知和载波承载效率最大化的原则形成的高话务解决方案，并最终实现业界全部应用，解决了智能机和业务量快速发展带来的高负荷挑战。应急通信车主要包括通信系统和车辆系统，搭载了鼎桥通信公司研发的集语音集群、宽带数据传输和视频调度等业务于一体的TD-LTE公共保护和救灾通信无线宽带一体化通信解决方案，并具有统一管理、多种通信方式融合、兼容性强、无线广域覆盖等特点，可为公共保护和抢险救灾提供通信保障。

（赵　培）

【京东方集团入选中国消费电子领先品牌10强】1月8日，在美国举行的“2013—2014中国消费电子领先品牌10强”评选颁奖典礼上，京东方科技集团股份有限公司获美国国际数据集团（IDG）颁发的“2013—2014中国消费电子领先品牌10强”奖杯。2013年，京东方集团新增申请专利4000余件，可使用专利1万余件，位居全球业内第二名，研发人员人均和单位产值产出专利量均位居全球业内第一，并成为出货量及市占率均排名全球业内前 5 名的显示领域领先企业。

（李　哲）

【展示真空钎焊炉】 1 月 8—12 日，在 2014 第十一届印度电力电工设备及技术展览会上，北京七星华创电子股份有限公司工业炉分公司展示了其研发的真空钎焊炉。真空钎焊炉在抽取高真空后，利用电阻加热的原理，通过热传导和热辐射作用，为炉内工件加热，可应用于真空开关管整管一次封排及零部件钎焊。

（苏　姗　赵　培）

【世纪互联公司两项服务获首批可信云服务认证】 1 月 16 日，在"可信云服务认证首轮（第一批企业）评估情况发布会"上，公布了工业和信息化部可信云服务认证首轮（第一批企业）评估的结果。世纪互联数据中心有限公司云存储和云主机两项服务入选。世纪互联公司采用 Windows Azure 虚拟云主机和云存储技术，具有本地化运营能力和开放性的平台、高质量的 SLA 服务等级协议、强大的数据恢复能力及最佳的客户收益，其运营两个大型云数据中心，可实现异地服务器上存储 6 份数据备份（每个数据中心各存储 3 份），可对灾难性风险做出有效的防范，为用户数据的安全性提供保障。

（赵　培）

【企业所得税汇算清缴培训会举办】 1 月 23 日，由电子城管委会、北京市朝阳区电子城科技园服务中心共同主办的企业所得税汇算清缴培训会在望京科技创业园举行。园区 100 余家高新技术企业的相关负责人参加。相关专家就所得税税收优惠备案、税前扣除和研发费加计扣除等新规定进行讲解，并就企业特殊问题进行单独指导。

（司　维）

【电子城专场招聘会举办】 3 月 3 日，由北京市朝阳区电子城科技园服务中心和朝阳区人才交流中心共同主办的"2014 年电子城科技园专场招聘会"在朝阳区人才服务中心举办。招聘会吸引北京大泽科技有限公司、北京奥科瑞丰机电技术有限公司、北京正东电子动力集团有限公司等 60 家园区高新企业参加，共提供技术研发、销售工程师、机械设计工程师等工作岗位 300 余个，拟招聘人数 700 余人，共有 500 余人应聘。

（司　维）

【13 家基地被认定为北京市国际科技合作基地】 3 月 20 日，市科委印发《关于认定 2014 年北京市国际科技合作基地的通知》，279 家基地通过认定。其中，朝阳园北海康成（北京）医药科技有限公司的肿瘤前沿诊治北京市国际科技合作基地、华润双鹤药业股份有限公司的慢性病药物研究与开发北京市国际科技合作基地、中日友好医院与爱科凯能科技（北京）股份有限公司的疼痛微创激光治疗北京市国际科技合作基地等 13 家基地入选。

（黄雅卿）

【9 个项目入选高新技术成果转化项目】 3 月 24 日，市科委、市发展改革委、中关村管委会等单位联合印发《关于公示北京市 2014 年度高新技术成果转化项目名单的通知》，150 个项目入选。其中，朝阳园中科宇图天下科技有限公司的"基于二三维一体化 GIS 平台的环境监测综合管理产业化项目"、安世亚太科技股份有限公司的"精益研发平台转化项目"、北京首信科技股份有限公司的"CDMA 网络 AAA 认证管理系统转化项目"等 9 家企业的 9 个项目入选。

（黄雅卿）

【朝阳园管委会成立】 3 月 25 日，朝阳区编办印发《关于中关村科技园区朝阳园管理机构设置问题的通知》（朝编〔2014〕3 号），决定在中关村科技园区电子城科技园管理委员会的基础上组建中关村科技园区朝阳园管理委员会。朝阳园管委会为朝阳区政府派出机构，负责朝阳园的规划设计、开发建设和协调服务等工作，主任由主管副区长兼任。保留电子城管委会，在朝阳园管委会加挂电子城管委会牌子，中共北京市朝阳区委电子城科技园工作委员会和电子城管委会合署办公。

（苏　姗）

【创新基金申报工作培训会举办】 3 月 26 日，由北京市朝阳区电子城科技园服务中心和北京高技术创业服务中心共同主办的创新基金申报工作培训会在京举办。50 余家企业的相关负责人参加。市科委相关工作负责人针对创新基金申报有新标准出台、有规定流程且周期较短的特点，就新规定及申报流程等 5 个方面问题进行讲解。

（司　维）

【6 家企业入选 G20 企业】4 月 10 日，在“北京生物医药产业跨越发展工程（G20 工程）二期工程 G20 企业发布会”上，公布了由市科委联合市经济信息化委、中关村管委会和市投资促进局组成的 G20 工作组评选出的 57 家北京生物医药产业跨越发展工程二期工程 G20 企业名单。朝阳园北京嘉林药业股份有限公司、华润双鹤药业股份有限公司、华润赛科药业有限责任公司、华润紫竹药业有限公司、华润万东医疗装备股份有限公司、北京费森尤斯卡比医药有限公司 6 家企业入选。北京怡成生物电子技术有限公司被列为北京生物医药产业跨越发展工程 G20 后备企业。

（黄雅卿）

【车灯转向驱动装置获北京市发明专利奖】5 月 15 日，在“第三届北京市发明专利奖颁奖大会”上，由北京经纬恒润科技有限公司吉英存完成的“车灯转向驱动装置”（ZL200810006759.5）获第三届北京市发明专利奖三等奖。成果属于一种智能灯光调节系统，通过感知驾驶员操作、车辆行驶状态、路面变化以及天气环境等信息，自动控制车灯进行上下左右照明角度的调整，为驾驶员提供最佳道路照明效果。

（苏　姗）

【七星电子公司参展国际光伏展】5 月 20—22 日，在 SNEC 第八届（2014）国际太阳能产业及光伏工程（上海）展览会上，北京七星华创电子股份有限公司展示了负压扩散炉、在线湿法刻蚀设备、ALD 设备、激光划线机等产品，并重点推介了“太阳能光伏整线自动化解决方案”。方案将晶硅太阳能电池关键工艺设备与自动硅片装卸及传输系统进行系统集成，实现自动化生产线监视、控制和管理，降低了人工干预和生产成本，适应未来大规模生产。

（苏　姗　张　晔）

【高新技术企业认定／复审培训会举办】5 月 23 日，由朝阳园管委会主办的“电子城科技园 2014 年国家高新技术企业认定/复审培训会”在望京科技创业园举行。北京东方国信科技股份有限公司、北京松博科技有限公司、北京国遥新天地信息技术有限公司等 150 余家企业的代表参加。相关专家讲解国家高新技术企业认定/复审的相关事项和政策，重点讲解了知识产权、专项审计与高新申报之间的关系、高新申报工作实务以及高新申报工作中的重点、难点和关键点。

（司　维）

【瑞利分析公司项目获科学仪器开发项目立项】5 月 27 日，市科委印发《关于公布 2014 年首都科技条件平台科学仪器开发培育项目的通知》，19 个项目入选。朝阳园北京瑞利分析仪器有限公司的“用于原子荧光光谱仪的新型原子化器研制”项目获立项。原子荧光光谱仪是一种用于检测微量元素的分析仪器，主要应用于环境检测、食品安全、水质分析、农业环境、医药、冶金等领域。项目开发的是一种专用原子化器，是原子荧光光谱仪的核心器件。

（黄雅卿）

【握奇智能公司被认定为北京市设计创新中心】5 月 28 日，在中国设计红星奖获奖企业服务对接暨红星之友宣讲会上，市科委公布“2014 年度北京市设计创新中心”57 家入围企业名单，朝阳园北京握奇智能科技有限公司入选。获得北京市设计创新中心认证的单位可申报课题并获科研经费支持。

（黄雅卿）

【低成本双界面 EMV 芯片卡发布】5 月，北京握奇数据系统有限公司与维萨国际组织（Visa）共同发布低成本双界面 EMV 芯片卡。低成本双界面 EMV 创新解决方案采用握奇公司研发双界面卡操作系统 TimeCOS，在保障高安全性的基础上，通过创新技术实现低成本应用，旨在满足全球金融机构 EMV 迁移过程中的用户支付需求。双方将推进该创新方案在亚太、欧洲、中东和非洲等地区的实施和应用。

（张　晔）

【华大电子公司产品获金蚂蚁奖】6 月 3 日，在“2014 年度国家金卡工程金蚂蚁奖颁奖晚宴”上，由北京中电华大电子设计有限公司自主研发的“适用于 IC 卡互联网终端的安全微控制器芯片”获 2014 年度国家金卡工程金蚂蚁奖创新产品奖。产品是一款多接口、多算法的高性能安全微控制器芯片，采用 32 位安全 RISCCPU，支持 USB、主从 ISO 7816、主从 SPI、主从 I2C、UART 和 GPIO 等通信接口，支持 RSA、DES/3DES、AES、SHA—n 和多种国家商用密码算法，具有硬件真随机数发生器，能够防护主流的 SPA/DPA/DFA 安全攻击，可用于 IC 卡互联网终端及嵌入式安全模块等领域，能够为金融 IC 卡和各类行业卡片的互联网应用提供单芯片解决方案，主要面向电子银行、电子政务和电子商务等领域。

（黄雅卿）

【两个项目获中小企业发展专项资金支持】6 月 18 日，科技部、财政部联合印发《关于 2014 年度中小企业发展专项资金科技创新、科技服务和引导基金项目立项的通知》（国科发计〔2014〕166 号），公布获 2014 年中小企业发展专项资金支持的项目名单。朝阳园两家企业的项目入选，分别是：北京华大九天软件有限公司的"集成电路设计制造 EDA 及 IP 服务平台"获科技服务项目专项资金 121 万元；迈锐数据（北京）有限公司的"智能化无线传感车辆检测云计算交通信息服务平台"获科技创新项目专项资金 80 万元。

（黄雅卿）

【同方瑞博公司产品被列入节能技术产品推荐目录】6 月 19 日，市发展改革委、市科委、中关村管委会等单位联合印发《北京市 2014 年节能低碳技术产品推荐目录》，北京市同方瑞博数字技术有限公司的"大数据分析预测、远端实时监测、智能化控制室内温度的供暖系统"被纳入《目录》。产品包括用户室内温度监测、楼宇热表监测，动态实时为换热站、锅炉热源提供信息的实时监测系统，可依据用户温度设定，采集大量数据，分析、预测、远端实时监测、智能化控制室内温度，根据温度面积法为用户进行热量分摊，适用于公共及居住建筑。

（黄雅卿）

【1 人入选科技北京百名领军人才培养工程】6 月 30 日，市科委公布 2014 年"科技北京"百名领军人才培养工程入选人员名单，28 人入选。其中，朝阳园北京超图软件股份有限公司总经理宋关福入选。入选人员可享受相关科技或人才政策，参加高级研修班、学术交流、考察等活动。

（黄雅卿）

【开展信用服务】6 月，北京市朝阳区高新技术企业协会作为中关村企业信用促进会朝阳园平台在朝阳园管委会开通了企业信用"星级评定"业务，为园区企业提供融资贷款贴息服务。范围指信用评级报告等级在 BB 级（含 BB 级）以上的中关村高新技术企业，在按期履行还本付息经相关信贷机构确认后，可以申请 1 ～ 5 级信用星级评定。信用等级越高针对担保融资、信用贷款、信用保险及贸易融资、知识产权质押贷款和股权质押贷款中政府支持的贴息比率就越高。

（张冬梅）

【社会保险业务系列培训举办】7 月 9 日，由北京市朝阳区电子城科技园服务中心与朝阳区社保中心联合主办的社会保险业务系列培训会（第一期）在望京科技创业园举行。100 余家企业的代表参加。朝阳区社保中心工作人员就社保的相关政策进行培训，并重点围绕企业职工缴费工资基数申报、生育保险两项业务流程进行讲解。

（张　晔）

【北京市首个知识产权快速维权中心启动】7 月 30 日，北京市首个知识产权快速维权中心——中国北京朝阳（设计服务业）知识产权快速维权中心业务启动，是为朝阳区设计服务企业提供知识产权申请与保护的高效平台。中心位于 798 艺术区，其职能有快速检索、快速授权、快速确权、快速维权以及咨询和指导等，凡是第一申请人在朝阳区注册登记的企事业单位、社会组织，符合外观设计专利分类号为：06 类（家具及家居用品）、11 类（装饰品）、21 类（游戏器具、玩具、帐篷和体育用品）、14 类（记录、通信、信息检索设备）的外观设计专利申请，可通过中心进行快速申请。所有符合《专利法》授权条件的外观设计专利申请，在 15 个工作日内即可获授权。

（苏　姗）

【握奇 WatchTrustTM 移动安全解决方案发布】8 月 28 日，由北京握奇数据系统有限公司主办的"握奇 WatchTrustTM 移动安全解决方案发布会"在京举行。来自金融、交通、通信等领域的客户以及移动设备产业链上下游合作伙伴的代表参加。该平台性解决方案是为解决移动设备的应用安全性而设计的，基于移动设备主处理器之上的硬件信任根，在主处理器上构筑一个与移动操作系统并行且隔离的 TEE（Trusted Execution Environment）可信执行环境，通过读设备资源的特权访问，为授权的应用程序提供安全的存储和运行环境，防止敏感应用及数据受到来自开放操作系统端恶意软件的攻击，保护应用以及数据的完整性，并通过 TAM（Trust Application Management）可信应用管理平台对移动端的安全应用进行动态部署以及远程管理。方案还利用中国银联研究院与握奇公司联合研发的 N3TEE 技术，采用类 Java 虚拟机机制，并向应用开发者提供基于跨平台的编程接口，增强了 TEE 的安全性，同时还发挥 Java 的跨平台特性，为应用开发者提供"一次开发，多处使用"的便捷开发与部署体验。

（张　晔）

【电子城社会专场招聘会举办】9 月 11 日，由北京市朝阳区电子城科技园服务中心主办的"2014 年电子城社会专场招聘会”在朝阳人才中心举办。园区 60 余家企业参会，提供研发工程师、Java 工程师以及管理、财务、行政等岗位 400 余个，拟招聘 800 余人。求职者 500 余人参加。

（司维 张晔）

【58 同城入驻朝阳园】9 月 19 日，由北京电子城投资开发股份有限公司、北京五八信息技术有限公司（58 同城）共同主办的“同城携手 驱动创新——电子城股份& 58 同城战略合作签约仪式”在京举行。联合国工业发展组织中国投资促进办公室、朝阳园管委会等单位有关领导以及企业代表参加。根据协议，双方将在产业空间拓展、科技产业孵化、产业投资等方向开展合作，并着力打造优质发展环境，推动若干个互联网科技创新发展产业平台落地。双方将优先在北京地区选址，打造以移动互联、互联网金融、移动应用业态为主题，集产业聚集、服务平台、投融资平台等功能为一体的移动互联网科技创新驱动产业基地。五八信息公司将在电子城 IT 产业园实施全球总部项目，投资金额 10 亿元，将建设成为科技与文化创意产业相结合的平台总部。平台包括 58 研究院、58 同城线上平台、58 到家线下平台、58 金融平台、58 孵化平台等项目。9 月 25 日，北京电子城有限责任公司与 58 同城的主要运营公司——北京城市网邻信息技术有限公司在京签署《合作协议书》，将电子城 IT 产业园 A 区 5 号楼、1 号楼出售给城市网邻公司，涉及标的房产的建筑面积约 4.49 万平方米，预估总价款 10.33 亿元。

（苏姗 杜玲）

【超图公司成果获中国地理信息科技进步奖特等奖】9 月 25 日，在“2014 中国地理信息产业大会”上，由北京超图软件股份有限公司钟耳顺等完成的“云端一体化 SuperMap GIS 软件平台研发及产业化”获中国地理信息产业协会颁发的 2014 年中国地理信息科技进步奖特等奖。项目主要创新点是：提出和设计了云端一体化 GIS 体系架构，研制了 GIS 应用服务器、分发服务器和门户服务器，构建了大型云 GIS 软件平台，解决了多层级分布式 GIS 应用的网络带宽性能瓶颈问题；研究并实现了跨平台 GIS 技术，可支持国产操作系统以及超算平台，成功运行于天河系列超级计算机，同时，系统还支持平板、手机和专业移动设备，全面实现了跨硬件平台和跨操作系统的应用；研究并实现了高性能 GIS 计算技术，研发了高性能 GIS 内核，该技术可整合发挥计算机大内存、多 CPU、多核和显卡的高性能计算能力，进而显著提升空间数据处理和空间分析的性能；研制了 GIS 智能集群技术，解决了 GIS 服务在高负载下的自动扩展、智能同步和自动部署等关键技术问题。项目获授权专利 2 件，获软件著作权 29 件，发表论文 25 篇，出版专著 4 部，制定国家标准 2 项，形成 SuperMap GIS 服务器、桌面软件、开发套件、移动软件等系列产品。项目的产品成为中国 GIS 市场的主流平台软件，在智慧城市、国土、房产、交通、水利、国防、公共安全、物流、商业和电信等行业得到应用，并进入银行、保险等行业与空间信息相关的应用领域。

（张晔）

【开展个人所得税纳税操作实务培训】9 月 25 日，由北京市朝阳区电子城科技园服务中心主办的“电子城科技园个人所得税纳税操作实务及风险控制政策宣讲会”在京举行。园区 70 余家企业的代表 100 余人参会。相关专家通过案例，对个人所得税相关政策、纳税操作技巧等进行讲解，包括个人所得税各税目的应用及计算方法和如何避免交错税、多缴税、合法节税等。

（李哲）

【朝来科技园管委会揭牌】9 月 26 日，由朝阳区来广营乡政府主办的中共北京朝来高科技产业园工作委员会、北京朝来高科技产业园管理委员会揭牌仪式在来广营乡举行。朝阳区政府、来广营乡政府等单位有关领导及入驻企业代表参加。朝来科技园管委会由来广营乡政府成立，负责园区的规划制定、实施以及产业发展、招商引资、综合服务体系建设等工作。（朝来高科技产业园是中关村电子城西区北扩规划的 4 个单体产业项目之一，2008 年由来广营乡政府成立，位于来广营西路，占地面积 37 公顷，建筑面积 57 万平方米，是一个集科研办公、文化创意、科技孵化、辅助配套功能于一体的高科技产业园。）

（苏姗）

【兴泰科技有限公司成立】10 月 10 日，由世纪互联集团有限公司和富士康科技集团共同主办的“世纪互联、富士康合资公司 SMART TIME 成立签约仪式”在京举行。双方相关负责人等参加。根据协议，双方成立合资公司——兴泰科技有限公司（Smart Time Technologies Limited），共同建设互联网数据中心（IDC）与云计算基础设施服务供应链。兴泰科技公司将开展数据中心规划、设计、建设、项目融资和运营维护等业务，并提供 IDC 配套和定制化产品及技术支持和咨询等一站式服务。活动还举行“世纪互联—富士康互联网基础设施与工程技术联合研发中心”揭牌仪式。

（张晔）

【企业登记注册改革与年报政策宣讲会举办】10 月 15 日，由北京市朝阳区高新技术企业协会与市工商朝阳分局共同主办的“企业登记注册改革与年报政策宣讲会”在望京科技创业园举行。园区220余家高新技术企业的相关人员参加。相关专家对《企业信息公示暂行条例》进行介绍，对企业在网上填报操作方法和填报过程中遇到的具体问题予以讲解。

（李　哲）

【电子城医疗保险政策宣讲会举办】10月22日，由北京市朝阳区高新技术企业协会主办的电子城科技园医疗保险政策宣讲会在京举行。园区企业的相关工作人员近100人参加。朝阳区医保中心的相关人员解读了北京市医疗保险政策和网报中的关键问题及注意事项。

（李　哲）

【电子城校园巡回招聘会举办】10—12月，北京市朝阳区电子城科技园服务中心和朝阳区人才服务中心共同举办2014年电子城科技园进校园巡回招聘系列活动。活动在北京市19所高校举办17场招聘会，并根据不同行业对不同专业毕业生的匹配需求，分成不同主题校园招聘活动，包括北京邮电大学——信息产业专场、中国科学院大学——研究生专场、北京语言大学——外语人才专场等。北京七星华电科技集团有限责任公司、北京瑞利分析仪器有限公司、北京奥科瑞丰新能源股份有限公司等近40家园区企业参加，提供工作岗位1000余个，涉及电子信息、新能源环保、生物工程和新医药技术等领域。

（司　维）

【5个项目获中关村国际化发展专项资金支持】11月20日，中关村管委会公示2014年度中关村国家自主创新示范区国际化发展专项资金支持企业名单，对526个项目给予支持。其中，朝阳园4家企业的5个项目获资金支持，分别为：北京世纪互联宽带数据中心有限公司举办的“2013中国国际移动互联网大会”获举办国际会议资金支持；京东方科技集团股份有限公司的“摘星项目”获国际研发合作资金支持；北京掌上飞讯科技有限公司获扩大海外市场项目资金支持；北京映翰通网络技术股份有限公司的“罗克韦尔RAOTM2013”和“Inhand Networks，Inc.”项目分别获境外展会和境外设立机构资金支持。

（黄雅卿）

【44家单位获中关村专利专项资金支持】12月9日，中关村管委会印发《关于公布2014年度中关村技术创新能力建设专项资金（专利部分）支持单位名单的通知》，529家企业获资助。其中，朝阳园京东方科技集团股份有限公司、北京握奇数据系统有限公司、奇智软件（北京）有限公司等44家科研院所和企业获专项资金支持。

（黄雅卿）

【财富快车朝阳园活动举办】12月23日，由中关村社会组织联合会主办的财富快车系列活动之创业融资及知识产权融资——朝阳园站在京举行。活动主题为“新融资新成效”。园区40余家企业的代表近60人参加。相关专家就创业贷和知识产权融资、天使融资、新三板上市后如何再融资等问题进行讲解，并解答参会代表的问题。

（李　哲）

【朝阳园新增落户企业1480家】年内，朝阳园新增落户企业1480家，包括新成立企业1127家、迁入企业353家，注册资金总额158.8亿元。其中普天新能源有限责任公司、北京聚理财科技有限公司等注册资金1000万元以上企业347家，北京拉手网络技术有限公司、北京陌陌科技有限公司等注册资金1亿元以上企业40家。

（赵　剑）

【运用信用政策扶持企业】年内，北京市朝阳区高新技术企业协会组织园区企业参加20余场（次）中关村政策及项目申报培训交流会，通过会议了解企业需求，共帮助园区115家（次）企业办理中关村政策扶持业务，其中29家企业取得政策资助资格，56家企业通过资格年审，帮助17家企业申请信用、认证、知识产权、技术转移等中介资金补贴共计50万元，协助30家企业获得信用贷款星级证书。

（张冬梅）

丰台园

丰台园建于1991年11月，位于北京西南四环，交通四通八达、环境清新优美，投资环境优越。2006年1月，国务院批准园区总规划面积为818公顷，由东区、西区和科技一条街构成“两区一街”空间格局。东区面积401公顷，是发展总部经济核心区域。其中东区一期规划建设面积176万平方米，主要入驻了北京动力源科技股份有限公司等一批以管理、研发、生产为主体的重点企业，成为了集企业研发、总部管理、中试制造为一体的产业化基地；东区二期规划建筑面积235万平方米，采用组团式大项目建设，形成了总部基地、鹏润国际时尚中心、托普科技园、总部国际四大重点，吸引了中国建龙钢铁控股有限公司等一批重点总部型企业入驻，成为园区发展总部经济最重要的空间载体，其中总部基地是丰台园“东扩西进”开发战略重要的组成部分，东区三期总面积181公顷，是北京西南地区面积最大的一片待开发高新技术产业用地，整体定位为高技术服务总部区。西区面积417公顷，已部分建成“军民融合创新园”，主要定位于制造业创新中心。科技一条街主要是对原有楼宇的整合拓展，以北京国际企业孵化中心（IBI）为品牌，构成14个孵化器分中心、18幢孵化大楼、22万平方米的孵化器网络，是中小企业重要空间载体，汇聚了以软件、生物医药、光机电为主体，涵盖新材料、新能源、高效节能与环保等高科技在内的高新技术企业，形成高科技产业带。2012年10月，国务院批复调整中关村国家自主创新示范区空间规模和布局，丰台园规划面积1763.09公顷，增幅115%，新增新兴际华集团、北车集团、南车集团、首钢总公司和丽泽5个主体，应急救援科技创新园、二七机车厂、二七车辆厂、首钢动漫城、永定河文化创意产业聚集区（包括北区和南区）、丽泽金融商务区7个区域，共11个区块组成。园区已成为创新活跃、要素集中、经济发达、区域和谐的总部经济区，北京市重要的高新技术产业基地和丰台区核心的城市经济功能区。园区已实现政府加市场的管理与运行体系。丰台区相关委办局在园区设有派驻机构，形成相对独立的经济、社会管理模式。园区企业可享受国家、北京市、中关村示范区的各类优惠政策。

丰台园管理委员会领导成员

主　　　任　张　婕
工 委 书 记　霍连明
副　主　任　段海波　孙永文
　　　　　　史建民　（2014年2月26日任）
工委副书记　段海波
工委副书记　管洪波　（2014年11月5日任）
纪工委书记　贾　敏
系统工会主席　石　岩

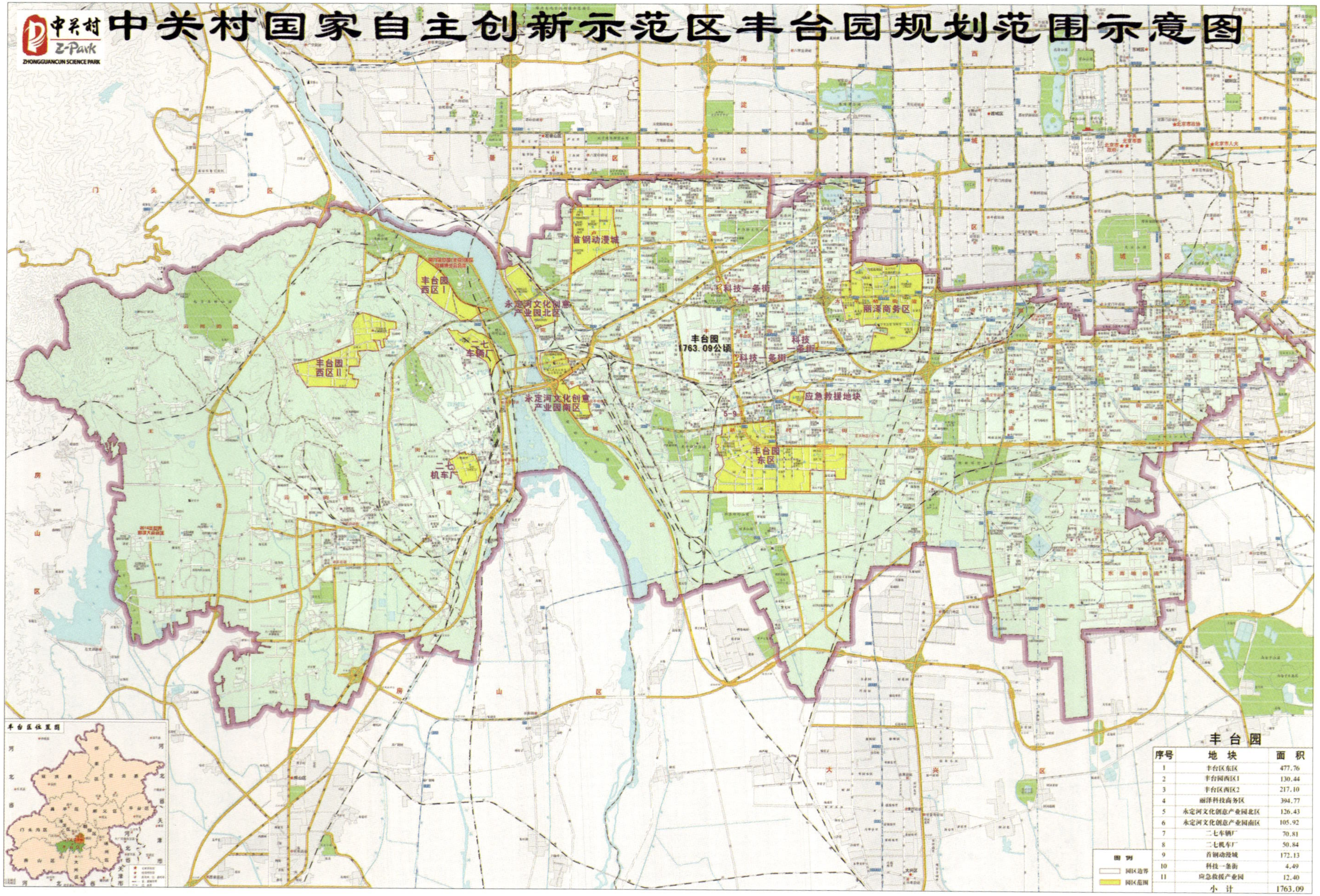
中关村国家自主创新示范区丰台园规划范围示意图
中关村 Z-Park ZHONGGUANCUN SCIENCE PARK
首钢动漫城
丰台园西区Ⅰ
永定河文化创意产业园北区
丰台园西区Ⅱ
二七车辆厂
永定河文化创意产业园南区
二七机车厂
科技一条街
丰台园 1763.09公顷
丽泽商务区
应急救援地块
丰台园东区
丰台区位置图
图例
园区边界
园区范围
丰台园
序号 | 地块 | 面积
1 | 丰台区东区 | 477.76
2 | 丰台园西区1 | 130.44
3 | 丰台区西区2 | 217.10
4 | 丽泽科技商务区 | 394.77
5 | 永定河文化创意产业园北区 | 126.43
6 | 永定河文化创意产业园南区 | 105.92
7 | 二七车辆厂 | 70.81
8 | 二七机车厂 | 50.84
9 | 首钢动漫城 | 172.13
10 | 科技一条街 | 4.49
11 | 应急救援产业园 | 12.40
小计 | 1763.09

【概况】2014年，丰台园主动调控产业结构，不断提升经济运行质量，确保园区平稳、健康、协调、可持续的发展。年内，园区入统高新技术企业总数1492家；从业人员近16.2万人；工业总产值277.9亿元；总收入3699.4亿元；进出口总额60.8亿美元；实缴税费110.2亿元；利润总额219.4亿元；资产总计8943.6亿元；科技活动经费支出总额65.6亿元；专利申请2475件，专利授权1726件。

引资、投资。引进中国南车集团中央研究院等亿元级企业51家，其中高科技企业29家，涉及轨道交通、军民融合、应急救援、节能环保等领域。中铁产业园诺德中心230余家企业入驻，其中亿元以上企业15家。华电分布式能源工程技术有限公司、华电新能源发展有限公司入驻华电产业园。实现开复工面积超过200万平方米，实现固定资产投资70.3亿元。

科技创新。新增上市公司8家，其中创业板1家、中小板1家、新三板5家、上交所1家；实现技术合同认定登记额409亿元，占丰台区85%以上；实现技术收入218.2亿元，同比增长19.4%；104家企业入选丰台区2014年第一批“专精特新”企业名单；244家企业的科技项目获国家、北京市、中关村示范区及区级项目立项支持；北京东方通科技股份有限公司等4家企业获北京市企业技术中心称号。

产业促进。丰台园管委会新成立两个产业发展处，负责轨道交通、军民融合、应急救援、节能环保、生物医药、文化创意等重点产业的总体协调和政策落实、投资促进、企业服务、招商引资等工作。丰台区政府出台《关于加快丰台科技园转型升级的若干意见》，并将加强产业发展、科技创新、人才培育等若干专项政策研究作为支撑。与市经济信息化委合作，建立4支总额超过8亿元的基金，支持园区轨道交通、生物医药、战略性新兴产业的发展。

企业服务。成立多证联办窗口，对企业办理营业执照、刻制印章、组织机构代码证等，实行“统一告知、统一受理、统一审核、统一办理、统一发放”。对接优质中介资源，联系相关投资机构、担保公司、信用评级机构等资源，为企业提供资金支持。出台人才公共租赁住房管理办法，为30余家企业提供公租房264套。完善中小企业服务平台，为留创园、种子企业、早期孵化的重点企业搭建一条龙服务平台；搭建海归人才中介服务平台，免费为留学生企业办理工商登记注册、年检、股权变更、增资扩股等服务。

人才建设。加强制度创新，建立对重大人才工作集体科学决策制度、领导小组成员单位分工协作制度、成员单位信息沟通等配套制度。推进人才发展平台建设，建立了以高端人才、高端项目引进为目标，以留学生企业为主体，以人才培养和项目孵化为主营业务，以电子信息、先进制造、新材料为主要技术领域的“高端人才基地”。加强人才队伍建设，实施“总部精英项目”，打造高端人才服务链。建立了园区高端人才资源库，为高端人才提供针对性服务。北京二七轨道交通装备有限责任公司等3家企业成立院士专家工作站。

协同发展。丰台区政府与保定市政府签订了关于推动产业园区合作共建的框架协议，并完成涉及园区合作类、市场类、生产类等14个项目（总投资1045亿元）的签约。双方将推进由政府组织引导，以企业、园区为合作主体的共建共享新模式。编制园区产业和空间发展规划，携手开展招商、合作融资，共同参与园区建设和管理，打造京津冀区域产业合作的先行先试示范区。

开发建设。丰台长辛店生态城获住房城乡建设部批复，成为北京市首批绿色生态示范城区。与长辛店镇政府建立沟通与合作机制，组建北京丰科长兴投资有限公司，共同开展丰台园西区二期土地的一级和二级开发。东区三期樊羊路以西10宗地块37.37公顷土地完成出让。完成10万平方米的安置房竣工验收，解决四合庄村1009户村民的住房问题。

（魏立亮）

【凡客诚品公司完成第七轮融资】2月11日，凡客诚品（北京）科技有限公司宣布完成第七轮融资，融资规模超过1亿美元。此次融资由北京小米科技有限责任公司董事长雷军领投，联创策源投资咨询（北京）有限公司、赛富亚洲投资基金管理公司、启明维创创业投资管理（上海）有限公司等投融资机构参与。资金主要用于凡客公司的产品设计、原料选择、工业生产等方面。

（李　刚）

【5家企业获中小企业创新融资资金支持】2月13日，市经济信息化委公示2014年北京市支持中小企业创新融资项目立项名单。丰台园北京康盛伟业工程技术有限公司、中节能绿洲（北京）太阳能科技有限公司、中特物流有限公司、北京谊安医疗系统股份有限公司、北京市永康药业有限公司5家企业获中小企业集合信托贴息项目立项支持，共获支持资金150万元。

（李　刚）

【17家企业入选市重点总部企业名录】2月14日，北京市发展总部经济工作部门联席会议办公室公布《北

京市重点总部企业名录》，丰台园北京全路通信信号研究设计院有限公司、中国华电工程（集团）有限公司、中钞特种防伪科技有限公司等17家企业入选。

（李　刚）

【丰台长辛店生态城成为首批绿色生态示范区】2月26日，市规划委收到住房城乡建设部《关于同意北京市长辛店生态城为绿色生态示范城区的函》（建规函〔2014〕50号），长辛店生态城获批成为北京市首批绿色生态示范区。长辛店生态城位于永定河西岸，由园博园、中关村丰台园西区、长辛店北部生态居住区构成，规划总面积500公顷。生态城注重生态环境、生态产业、生态文化和生态家园的有机融合，着力培育天蓝、水清、地绿、景美的生态景观，孵化经济高效、环境和谐、社会适用的生态产业。

（魏立亮）

【两家企业入选中关村标准创新试点单位】3月31日，市质监局、中关村管委会联合印发《关于公布中关村国家自主创新示范区标准创新试点第三批试点单位的通知》（京质监标发〔2014〕48号），7家试点联盟及74家试点企业入选。其中，丰台园北京国能中电节能环保技术有限责任公司、北京当升材料科技股份有限公司两家企业入选。

（李　刚）

【企业家进校园活动举办】3月31日，由中关村科技园区丰台园科技创业服务中心主办的“企业家进校园”活动在中国农业大学举办。中牧实业股份有限公司等单位的有关负责人及50余名大学生参加。中牧实业公司的负责人与学生分享创业经验，使学生了解现代农业发展现状，结合所学专业选择就业方向。活动还介绍丰台园的创业环境和支持政策，分析了创业存在的风险和应注意的问题，让学生能理性地做好创业计划。

（柳　杨）

【鼎汉普铁车载辅助电源通过CRCC认证】4月1日，北京鼎汉技术股份有限公司发布《关于公司普铁车载辅助电源（铁道客车DC600V电源装置）通过CRCC认证的公告》，宣布其研发的“铁道客车DC600V电源装置”系统的客车充电器（CRCC10214P11368ROM）、客车充电器（含单相逆变器）（CRCC10214P11368ROM—1）、客车空调逆变电源（CRCC10214P11368ROM—2）3项铁路产品获中铁检验认证中心（CRCC）颁发的认证证书。系统由DC600V空调逆变电源、充电机箱组成，采用DSP主控芯片和CAN总线通信技术，提升了产品的响应速度和通信速度，并具有多重防护、可快捷检修等特点，主要用于为25G/25T空调客车的车载空调、电热器、通风机、信息显示装置等辅助电气设备供电。

（李　刚）

【丰台知识产权宣传周启动】4月21日，由丰台区科委主办，丰台园管委会协办的“2014年丰台区知识产权宣传周启动仪式”在丰台园举行。市知识产权局、丰台区政府等单位有关领导及丰台区知识产权办公会议成员单位和园区60余家企业的代表参加。会议为北京当升材料科技股份有限公司等12家来自新材料、轨道交通、节能环保、生物医药等领域的企业颁发《丰台区专利优势企业证书》，以表彰其在知识产权方面为本领域其他企业起到的示范带头作用。会议还举办针对园区企业的专场知识产权实务培训，相关专家针对企业在知识产权申请、保护、运用等方面的共性问题进行讲解，并开展互动交流。

（李　刚）

【3家企业入选知识产权运用能力培育工程】5月20日，市经济信息化委印发《关于工业企业知识产权运用能力培育工程第二批试点企业认定结果的通知》，49家企业通过认定。其中，丰台园北京航天斯达新技术装备公司、北京当升材料科技股份有限公司和北京金自天正智能控制股份有限公司3家企业入选。知识产权运用能力培育工程旨在使企业在生产经营和技术创新活动中，提升获得专利、商标、著作权等多种形式知识产权的能力，增强企业自主创新能力，合理运用知识产权参与市场竞争，促进企业由大变强。

（李　刚）

【轨道交通产业政策对接会举办】5月23日，由丰台园管委会主办的“轨道交通产业政策对接会”在丰台园举行。市科委、市商委、丰台区科委等单位的相关专家及丰台园轨道交通产业企业的代表100余人参加。会议就北京市总部企业政策，北京市、丰台区科技项目申报政策，以及中小企业发展专项、工业专项申报政策进行辅导。

（李　刚）

【7家企业的项目获市中小企业创新资金支持】5月26日，市科委发布《2014年度北京市科技型中小企业技术创新资金立项公告》，520项科技型中小企业技术创新项目获立项支持。丰台园科技创业服务中心7家企业的项目获北京市创新资金创业孵化类项目立项，分别是：北京利和同均科技发展有限责任公司的“健康行业客户关系管理系统”、北京力者科技有限公司的“基于三维仿真技术的人防应急演练指挥一体化平台”、北京拓扑智鑫科技有限公司的“恶臭气体环境污染布点

式在线监测及实时发布系统”、北华源（北京）科技有限公司的“一种利用赤泥治理工业废水砷污染的纳米复合材料研制”、北京华盛智通科技有限公司的“企业生产排程网络化自动调度系统”、北京朗途天下信息科技有限公司的“基于LBS技术的自助智慧景区手机服务平台”、北京聚安威视觉信息技术有限公司的“基于多摄像机关联跟踪技术的视频结构化检索系统”。项目涉及电子信息、新材料及资源与环境等领域，占北京市创业孵化类项目立项的10.14%，共获支持资金250万元。

（柳　杨）

【北京海格园奠基】6月9日，由广州海格通信集团股份有限公司主办的“北京海格园奠基典礼”在丰台园举行。中国建筑标准设计研究院、广州无线电集团有限公司等单位有关领导以及相关企业和机构的负责人及员工代表100余人参加。园区位于丰台园东区三期，占地面积约2.6公顷，建筑面积约10万平方米，包括地上11层，地下3层。项目作为海格通信集团驻北京的投资管理中心及各成员企业和驻京机构的研发产业基地，将建设成为通信导航产业的研制基地。海格通信集团主营业务包括从单机到一揽子系统解决方案，涉及无线通信、网络通信、系统集成、导航定位、海事安全、地震遥测、升空平台、数字与射频芯片和软件评测等技术与产品的研制、生产、销售和服务。

（魏立亮）

【健康行业客户关系管理系统获专项资金立项】6月18日，科技部、财政部联合印发的《关于2014年度中小企业发展专项资金科技创新、科技服务和引导基金项目立项的通知》（国科发计〔2014〕166号）。北京利和同均科技发展有限责任公司的“健康行业客户关系管理系统”项目获科技型中小企业技术创新项目立项，获支持资金100万元。系统主要适用于健康产品企业销售环节，以解决终端客户关系缺失、销售定位混乱、销售行为不规范及串货等难题，使3层客户管理体系（企业、大小销售商和终端客户）及销售链条透明化。产品与健康知识库关联匹配，可指导客户正确选择健康产品，为研发客户健康产品反查功能库奠定基础。

（柳　杨）

【元六鸿远公司入围中国电子元件百强企业】6月26日，在“2014中国电子元件产业峰会”上，工业和信息化部运行监测协调局和中国电子元件行业协会联合公布“2014年（第27届）中国电子元件百强企业”名单。其中，丰台园北京元六鸿远电子技术有限公司以2013年主营业务收入3.68亿元位列第82位，同时还入选“2014年中国电子元件行业成长性十强企业”。

（李　刚）

【通用技术集团入围《财富》世界500强】7月7日，财富中文网发布2014年《财富》世界500强排行榜。丰台园中国通用技术（集团）控股有限责任公司首次入围世界500强，以2013年营业收入257亿美元、利润4.47亿美元排名第469位。

（李　刚）

【海丰通航公司为飞行大会提供保障】7月18—20日，在“第三届AOPA飞行大会克什克腾旗草原空中那达慕/草天盛宴”上，由海丰通航科技有限公司研发的移动加油站和直升机野外保障车为参与静态展示与飞行表演的航空器提供野外飞行保障。移动加油站轻便易携带、操作简单，配套使用的软体油囊可折叠和高空抛掷，机体自带的二级过滤能力可以实现野外环境下飞行器油料的安全可靠加注。直升机野外保障车能够实现2～3天的直升机、场地、人员的保障，是集成电源、燃油、生活等多方供给的综合保障系统。

（李　刚）

【新建两家院士专家工作站】7月21日，在市科协召开的“北京市院士专家工作站工作会议”上，丰台园院士专家服务中心被授予“北京市优秀院士专家服务中心”称号；丰台园京卫医药科技集团有限公司、迪号通信信息集团有限公司、北京海鑫科金高科技股份有限公司和北京建龙重工集团有限公司4家建站企业获“北京市优秀院士专家工作站”称号；北京二七轨道交通装备有限责任公司和北斗航天（北京）卫星传输技术服务有限公司两家新建院士专家工作站获授牌。二七装备公司院士专家工作站由西南交通大学首席教授翟婉明院士主导建立，主要开展智能化钢轨打磨、铣磨车等基于轮轨关系相关产品以及机车车辆轮对在线智能化检测装备、车轮智能化旋修设备和200吨及以上矿山车辆的研究。北斗航天公司院士专家工作站由中国智慧城市产业联盟理事长姚建铨院士主导建立，将在北斗智慧城市关键技术性指标、电子终端产品及配套设备等方面开展研究。

（李　刚）

【北斗航天公司入围“百城百联百用”行动计划】8月1日，在“中国卫星导航定位协会五届六次常务理事（扩大）会议暨中国位置网服务联盟一届一次理事会议”上，中位协公布了“百城百联百用”行动计划首批入围企业名单。北斗航天（北京）卫星传输技术服务有限公司入围，同时还被选举为中位协副会长单位和中国位置网服务联盟副理事长单位。行动计划以中国位置网服务联盟理事单位为核心实施单位，选定 100 个城市，以北斗及其他卫星导航系统应用为核心，采用多种导航定位技术，进行位置网建设和整合，形成互联互通，并在选定的“百城”开展 100 个位置服务应用示范项目，涉及交通运输、市政管网、海洋应用等领域，全方位、多部门、宽领域地推进室内外导航定位应用。

（魏立亮）

【中铁投资集团有限公司成立】8 月 5 日，中铁投资集团有限公司在市工商局注册成立，注册资金 9 亿元，注册地点丰台园星火路 9 号。中铁投资集团由中铁中原投资发展有限公司、中铁北方投资发展有限公司、中国中铁股份有限公司工程建设分公司及其下属的中铁珠三角投资发展有限公司、中铁中南投资发展有限公司、中铁东北投资发展有限公司等投资公司和青岛地铁工程建设指挥部（青岛分公司）、甘肃分公司整体重组而成，主要从事项目投资、建设项目管理、设计咨询、工程咨询等业务。

（李　刚）

【共建北斗及遥感卫星应用联合研究中心】8 月 6 日，“中国科学院国家遥感应用工程技术研究中心与北斗航天（北京）卫星传输技术服务有限公司战略合作暨成立北斗及遥感卫星应用联合研究中心签字仪式”在京举行。双方相关负责人参加。根据协议，双方共同组建北斗及遥感卫星应用联合研究中心，以推动民用遥感卫星的应用水平，促进卫星遥感技术向业务服务的转变和规模产业化应用，推动北斗卫星导航系统的规模应用和产业化发展，加强导航与信息技术的紧密结合，开发具有核心竞争力的导航产品。

（魏立亮　李　刚）

【凯普林公司项目入选首都设计提升计划】8 月 6 日，市科委发布《关于公示 2014 年首都设计提升计划拟支持项目的通知》，北京凯普林光电科技有限公司的“半导体激光器的设计提升及产业化”项目入选。项目主要研究大功率单管半导体激光器芯片无铟化贴片、基于多单管的光纤耦合、外腔锁波 3 种技术在多单管光纤耦合光路的基础上，将每路光学设计中加入体布拉格光栅设计，形成多路外腔锁波结构，多路窄线宽光谱再通过合束、准直，耦合入光纤中。

（李　刚）

【丰台园孵化器建立第一支孵化基金】8 月 19 日，由中关村科技园区丰台园科技创业服务中心与北京市中小企业服务中心、深圳国泰君安力鼎君鼎一期创业投资基金（有限合伙）共同成立北京国君力鼎创业投资有限公司，建立了丰台园第一支孵化基金，资金规模 2 亿元，公司业务采用委托管理的模式进行经营。这是丰台园科创中心建立的第一支孵化基金。基金投资重点用于符合北京城市功能定位和相关产业政策、产业投资导向的项目，包括具备原始创新、集成创新或消化吸收再创新属性，且处于初创期、早中期的创新型中小企业。

（柳　杨）

【104 家单位成为“专精特新”企业】8 月 25 日，丰台区经济信息化委印发《关于公示丰台区第一批“专精特新”企业名单的通知》，121 家企业通过认定。其中，丰台园北京天元晟业科技股份有限公司、北京旭阳化工技术研究院有限公司、北京安慧音通科技有限责任公司等 104 家企业入选。“专精特新”是指企业在市场、技术、产品或服务方面专业性突出，企业发展战略和产品定位精细，能提供特色化、差异化的产品或服务，在管理创新、技术创新或商业模式创新方面优势突出。

（魏立亮）

【丰台园人才公共租赁住房暂行管理办法发布】8 月 25 日，丰台园管委会印发《中关村科技园区丰台园人才公共租赁住房暂行管理办法》（丰科园委发〔2014〕8 号）。《办法》共 5 章 21 条，对责任分工、申请标准、工作流程、退出机制等方面进行规定，是丰台园开展人才公共租赁住房房源筹集、分配、管理的依据。办法自公布之日起 30 日后实施。

（魏立亮）

【丰台园石墨烯国际合作项目启动】9 月 4 日，“中关村丰台园战略性新材料国际合作项目对接会”在丰台园举行，丰台园管委会及丰台区政府相关部门的负责人参加。会议启动丰台园石墨烯国际合作项目。项目由北京中伦国际新材料科技有限公司、英国布鲁内尔大学等国内外机构合作研发，将构建集功能、结构、复合材料于一体的战略性新材料产业基地。丰台园管委会将组建石墨烯产业及战略性新材料研究队伍，在

国际高端机械和工程领域突破一批关键技术，建设覆盖石墨烯产业全领域的技术和发展评价标准体系，建立石墨烯产业面向全球的技术及产品网络交易平台，打造中国乃至世界石墨烯产业的商品交易集散中心。

（张红莉　杜　玲）

【共建保定满城分园】 9月18日，在“保定市与北京市丰台区共建园区暨重点合作项目集中签约仪式”上，英德蓝国际投资（北京）有限公司京南产业带、白洋淀科技城神州信达软件产业园等14个项目签约，总投资超1000亿元。其中，保定市政府与丰台区政府合作共建园区项目，双方拟投资300亿元，重点围绕高端装备制造、轨道交通、生物制药等产业以一区多园的模式共建产业园区，初步确定在河北省易县和满城县分别共建4000公顷、2000公顷的产业园区。丰台园管委会将与保定市政府合作共建保定满城分园项目，这是丰台园管委会首次在京外开展的共建园区项目。

（魏立亮）

【谊安医疗公司入选中关村知识产权领军企业】 10月16日，在“中关村知识产权领军企业与优秀知识产权服务机构培育工作会”上，中关村管委会公布首批中关村知识产权领军企业培育名单。其中，丰台园北京谊安医疗系统股份有限公司入选中关村知识产权重点示范企业。入选企业将获知识产权专项资金和专业服务的支持。

（李　刚）

【丰台园领导小组成立】 10月20日，由丰台区政府召开的2014年中关村国家自主创新示范区丰台园领导小组第一次会议在区政府举行。中关村管委会、丰台区政府、丰台园管委会等单位有关领导以及丰台区相关委办局、高等院校、科研机构和企业的代表60余人参加。会议宣布丰台园领导小组成立。领导小组是经丰台区机构编制委员会批复的区政府议事协调机构，由区领导担任组长，区相关委办局、新增主体负责人为主要成员，全面负责园区的组织规划和统筹协调工作，对重大事项和重要问题进行集体会商和决策，协调区相关委办局在职责范围内支持园区发展。其主要职责是负责丰台园各区域和区重点开发建设项目的组织规划和统筹协调工作，着重解决各区域发展中的重大问题。领导小组办公室设在丰台园管委会。丰台区政府还发布《关于加快丰台科技园转型升级的若干意见》（丰政发〔2014〕16号），就促进高端产业集群发展、关键要素协同发展、园区主体生态发展、关联资源融合发展、园区转型升级的保障机制做了部署。

（魏立亮　张党伟）

【4个项目入选国家火炬计划】 10月21日，科技部印发《关于下达2014年度有关国家科技计划项目的通知》（国科发计〔2014〕303号），丰台园富盛科技股份有限公司的“智能视频监控综合管理平台V2.0”、北京美康生物技术研究中心的“早期胃癌筛查试剂盒的研发及产业化”、北京谊安医疗系统股份有限公司的“高端治疗型呼吸机”、北京二七轨道交通装备有限责任公司的“160千米/小时接触网多功能综合作业车”4个项目入选2014年度国家火炬计划。视频管理平台V2.0为城市级平台的中心集成平台而设计，支持超大规模网络和前端点数量以及基于视频和传感器的卡口系统、基于门禁的出入口控制系统、周界报警应用系统等，为整个城市监控系统的集中调度管理、应急指挥、联防联控提供服务。高端治疗型呼吸机采用主动式呼气阀技术，允许患者在压力持续阶段进行自主呼吸和咳嗽，并可实时测定浅快呼吸指数、呼吸功等参数，还集成了内源性PEEP、时间常数、静态阻力、静态顺应性等肺功能诊断工具，具有操作简洁、可靠性高等特点。

（李　刚）

【东旭光电公司竞得东区商业金融用地】 10月21日，东旭光电科技股份有限公司取得北京市土地整理储备中心的《北京市国有建设用地使用权挂牌出让成交确认书》（京土整储挂函（丰）〔2014〕069号），以8.5亿元竞得丰台园东区三期1516—43号地块C2商业金融用地国有建设用地使用权，拟建设东旭总部项目，包括科技研发、培训基地及办公大楼，集东旭光电公司及关联企业总部和综合研发中心功能。地块位于丰台区花乡四合庄，东至规划郭公庄路，南至规划四合庄五号路，西至规划四合庄二号路，北至南四环路，占地面积约2.1公顷，规划建筑面积约8.5万平方米。

（魏立亮）

【两个项目入选国家重点新产品计划】 10月21日，科技部印发《关于下达2014年度有关国家科技计划项目的通知》（国科发计〔2014〕303号），丰台园北京谊安医疗系统股份有限公司的“麻醉机——Aeon8600A”和北京海鑫科金高科技股份有限公司的“基于非关系型数据库的指纹识别系统”两个项目入选2014年度国家重点新产品计划。Aeon8600A通过对吸收回路中流量传感器的采样位置及采样方法进行优化，避免水汽凝结对流量传感器采样测量的影响，确保潮气量的精确和稳定；提供全面的通气模式，减少人机交互操作时间，保证通气的连续性和平稳性；配备开放数据接口，实现临床麻醉数据共享需求，方便麻醉医生对患者病情的掌握及分析。

（李　刚）

【两家企业入选工业企业知识产权运用示范企业】 10 月 23 日，市经济信息化委印发《关于工业企业知识产权运用示范企业认定结果的通知》，41 家企业入选。其中，丰台园北京航天斯达新技术装备公司和北京交控科技有限公司两家企业入选。工业企业知识产权运用示范活动是深化工业企业知识产权运用能力培育工程的重要组成部分，在指导试点企业建立知识产权管理制度的基础上，推出一批有特色、有成效、有带动作用的省级知识产权运用示范企业，在行业内形成示范带动效应，带动工业企业知识产权管理水平和运用能力的整体提升。

（李　刚）

【首开“一口受理、三证合一、多证联办”窗口】 10 月 30 日，丰台区政府为丰台园“一口受理、三证合一、多证联办”窗口授牌。受理窗口设在丰台园管委会服务大厅，是北京市第一个提供此类服务的审批窗口。审批服务模式整合了工商、税务、质监、公安、统计等部门的审批程序和审批需求，统一相关文书，开发联动审批平台，使申请人可以一次性完成营业执照、税务登记证、组织机构代码证、公章等证照文印的办理，改变了“一户企业面对多个办事单位”的受理模式，缩短了企业办事流程，办理时间由至少 15 个工作日缩短至 5 个工作日内。

（魏立亮）

【两家企业获“十百千工程”专项资金支持】 11 月 6 日，中关村管委会印发《关于 2014 年度“十百千工程”培育企业支持资金结果的通知》。丰台园中国华电工程（集团）有限公司、依文服饰股份有限公司两家企业共获中关村示范区“十百千工程”专项培育支持资金 150 万元。其中，华电工程集团符合收入规模 50 亿元，近两年研发投入增速达到 10% 的标准，获支持资金 100 万元；依文服饰股份有限公司符合收入规模 10 亿元以下，研发投入强度 6% 以上，增速 30% 以上的标准，获支持资金 50 万元。

（李　刚）

【中牧股份公司成果获中国专利奖】 11 月 6 日，知识产权局印发《关于第十六届中国专利奖授奖的决定》（国知发管字〔2014〕63 号），公布获奖项目名单。其中，由中牧实业股份有限公司余志强等完成的“一种超级泰乐菌素的提纯方法”（ZL200710146027.1）发明专利获中国专利奖优秀奖。发明涉及一种从微生物发酵产物中提取超级泰乐菌素的方法。该方法采用二次结晶法，摒弃了传统意义上的有机溶媒萃取法，在减少环境污染，简化提纯步骤，降低生产成本的同时，可以得到与溶媒萃取法提纯物相当纯度的产品，更适用于工业化生产，其制备的产品可作为兽药超级泰乐菌素酒石酸盐的原料药。

（李　刚）

【丰台园两家企业入选金种子企业】 11 月 13 日，中关村管委会公布第四批金种子企业名单。其中，丰台园北京聚安威视觉信息技术有限公司、北京朗途天下信息科技有限公司两家企业入选。聚安威视公司的视频分析技术，应用于自动图像分析和视频图像信息处理领域，为公共安全、安防、零售及交通管理等行业提供安防解决方案。朗途天下公司以智能手机、移动互联网及社交媒体为平台，帮助用户获取旅游信息。

（柳　杨）

【丰台园总部基地“东扩西进”协议签订】 11 月 14 日，在“中英投资商业论坛暨 ABP 国际联盟中英（江南）投资峰会”上，举行了“丰台园总部基地‘东扩西进’签约仪式”，丰台园管委会与总部基地全球控股集团签

订合作协议。根据协议，全球控股集团同意向丰台园管委会投资，双方就正在投资建设的丰台园“东扩西进”项目开展多领域、多方位的合作。

（魏立亮）

【32 个项目通过新技术新产品认证】 11 月 17 日，市科委、市发展改革委、中关村管委会等 5 家单位印发《关于公示 2014 年度中关村国家自主创新示范区新技术新产品（服务）的通知》（京科发〔2014〕577 号）。其中，丰台园北京海鑫科金高科技股份有限公司的“海鑫刑事技术信息应用平台软件”等 3 项技术或产品、北京爱科迪通信技术股份有限公司的“集成型手动卫星通信天线”、北京二七轨道交通装备有限责任公司的“接触网多功能综合作业车”等 12 家企业的 32 个项目通过认证。

（李　刚）

【9家企业的23个项目获国际化发展专项资金支持】11月20日，中关村管委会发布《2014年度中关村国家自主创新示范区国际化发展专项资金支持企业名单情况公示》。丰台园9家企业的23个国际化推广项目获资金支持，即际华集团股份有限公司的“国际商业房地产展览会MAPIC”、北京天元晟业科技有限公司的“2013年美国拉斯维加斯国际汽车零配件及售后服务展览会”、北京碧海舟腐蚀防护工业股份有限公司的“美国NACE2013年腐蚀控制展览会”等，支持方向包括国际市场拓展、研发合作与交流、扩大海外市场收入以及聚集国际商务、投资与科技服务机构等。

（李　刚　柳　杨）

【7家企业获商标专项资金资助】12月2日，中关村管委会印发《关于公布2014年度中关村技术创新能力建设商标部分专项资金支持企业名单的通知》。丰台园北京海鑫科金高科技股份有限公司、北京四环科宝制药有限公司、北京太空板业股份有限公司、北京天路通科技有限责任公司、北京依文服装服饰有限公司、北京谊安医疗系统股份有限公司、凡客诚品（北京）科技有限公司7家企业获资助。

（李　刚）

【中关村中小微企业金融服务拓展对接会举办】12月4日，由丰台园管委会主办的“中关村中小微企业金融服务拓展对接会”在丰台园举行。人民银行营业管理部、中关村管委会等单位相关负责人以及140余家丰台园中小微企业的代表参加。相关专家介绍了国家对中小微企业金融服务的主要政策、中关村示范区对中小微企业融合的扶持政策，以及招商银行“零信贷”活动的推动情况和科技金融产品等。

（李　刚）

【中国中铁公司9个项目获詹天佑奖】12月4日，在“第十二届中国土木工程詹天佑奖颁奖大会”上，由中国中铁股份有限公司承建及参建的9个项目获奖，包括南京南站站房工程、南京大胜关长江大桥、沪蓉西高速公路支井河特大桥、柳州双拥大桥、京沪高速铁路、青岛胶州湾海底隧道、广州绕城公路东段（含珠江黄埔大桥）、北京地铁大兴线、武汉百瑞景中央生活区（一、二期工程）。

（李　刚）

【24家企业获丰台区科技型创新基金支持】12月9日，丰台区科委印发《关于对2014年丰台区科技型中小企业创新基金拟扶持项目进行公示的通知》。丰台园华电水务工程有限公司（超滤组合深度处理工艺在市政给水中的应用试验研究）、北京京港恒星科技发展有限公司（牛奶蛋白银纤维抑菌防辐射材料）、北京天元晟业科技股份有限公司（基于移动互联网车联网应用的车辆尾气及行车数据远程监控系统）、北京矿迪科技有限公司（一种高温烟气PM2.5高效捕集系统）等24家企业的项目获立项扶持，占比超过70%。

（李　刚）

【49家企业获中关村专利专项资金资助】12月9日，中关村管委会印发《关于公布2014年度中关村技术创新能力建设专项资金（专利部分）支持单位名单的通知》，529家企业获资助。其中，丰台园北京谊安医疗系统股份有限公司、北京高盟新材料股份有限公司等49家企业获资金支持。49家企业共拥有国内发明专利234件、国外发明专利26件。

（李　刚）

【石墨烯产业化推进大会召开】12月10日，“中关村丰台园石墨烯产业化推进大会”在丰台园召开，石墨烯行业专家、丰台园新材料企业的代表等100余人参加。会议举办了英国布鲁内尔大学高级石墨烯工程中心中关村丰台园研发中心授牌仪式，由丰台园管委会、

北京中伦国际新材料科技有限公司、英国布鲁内尔大学、美国马勒动力总成公司和EOS英国公司联合实施的“石墨烯材料通过增材技术（3D打印）在汽车领域的高端应用专项”启动。丰台园将打造建筑面积约40万平方米的丰台石墨烯产业园，重点布局石墨烯研发、孵化、检测认证、技术与产品交易等公共服务平台，吸引全球石墨烯研发机构、原材料生产企业，应用材料及元器件企业入驻，聚焦高端应用开发、科技创新孵化、技术检测评价、产业链示范应用、产品与技术集散交易五大功能，建成集功能、结构、复合材料于一体的战略性石墨烯产业基地。

（魏立亮　杜　玲）

【通用技术集团获评对外承包工程AAA级信用企业】12月11日，在“中国对外承包工程商会第六届理事会第五次全体会议”上，中国通用技术（集团）控股

有限责任公司被评为2014年度对外承包工程企业信用等级评价AAA级信用企业，并获2014年度全球250家最大国际承包商（ENR250）奖牌，以2013年海外营业额11.24亿美元位列榜单第89位，在中国公司中列第19位。

（李　刚）

【中关村军民科技协同创新孵化中心路演活动举办】 12月11日，由丰台园管委会主办的“中关村军民科技协同创新孵化中心路演活动”在丰台园举办。中关村管委会、丰台区科委、丰台区经济信息化委等单位相关领导以及园区军民融合企业的代表等30余人参加。活动是丰台园管委会第一次以“路演”方式，向各单位、各部门介绍园区开展的重要工作及进展。与会代表就园区军民融合产业的发展进行探讨。

（李　刚）

【丰台园科创中心与北方车辆研究所共建共享实验室】 12月16日，中关村科技园区丰台园科技创业服务中心与中国北方车辆研究所签订共享实验室合作协议。根据协议，双方为丰台园企业提供增值服务，发挥北方车辆研究所实验室的资源优势，将有偿开放实验室和科学试验设备，提供汽车检测、多轴激励道路模拟试验、悬挂系统试验、回转试验等方面的测试服务。双方还将不定期开展主题宣传、技术合作与交流活动。中国北方车辆研究所作为共享实验室，拥有传动重点实验室、整车电磁兼容测试、道路模拟试验、电池试验等40余个试验室，各类设备5780余台（套）。

（柳　杨）

【5家博士后企业分站获准成立】 12月29日，全国博士后管委会办公室印发《关于批准在中关村科技园区海淀园企业博士后科研工作站等增设分站的通知》（博管办〔2014〕82号）。其中，丰台园北京交控科技有限公司、华夏幸福产业投资有限公司、航天科工惯性技术有限公司、北京元六鸿远电子技术有限公司、阳光凯讯（北京）科技有限公司5家企业被批准成立博士后企业分站，涉及轨道交通、产业投资服务、航空航天制造、电子信息及通信业等领域。至年底，丰台园博士后科研工作站企业分站、博士后（青年英才）创新实践基地工作站达到19家，进站博士22人，在站16人。

（柳　杨）

【元六鸿远公司获电子元件行业企业信用3A级评价】 年内，北京元六鸿远电子技术有限公司获中国电子元件行业企业信用3A级评价，成为行业内首批信用级别最高的企业。信用评价工作经商务部信用工作办公室和国务院国有资产监督管理委员会行业协会联系办公室批准授权，由中国电子元件行业协会在全行业范围内组织开展，旨在加强中国电子元件行业的诚信建设，推动行业自律。信用评级设AAA级、AA级、A级、B级、C级5个等级，评价内容包括企业基础信用能力、经营能力、管理能力、财务实力、信用记录5个方面。

（李　刚）

【中铁电气化局集团参建工程获13项大奖】 年内，由中国中铁电气化局集团公司及下属公司参建的工程项目获13项大奖。其中，京沪高速铁路DK950＋039—DK1148＋522.48段综合工程、青藏铁路、大秦铁路、重庆轨道交通2号线较场口—新山村工程、沈阳地铁1号线、北京地铁工程（八通线、5号线）6项工程获中国建筑业协会会同13家行业建设协会颁发的“改革开放35周年经典暨精品”奖；京沪高速铁路DK950＋039—DK1148＋522.48段综合工程、青岛胶州湾隧道工程两项工程获中国土木工程学会颁发的“第十二届中国土木工程詹天佑奖”；青岛胶州湾隧道工程同时获中国建筑业协会颁发的“2014—2015年度第一批中国建设工程鲁班奖”；京沪高速铁路DK950＋039—DK1148＋522.48段综合工程、新建京石铁路客运专线永定河特大桥工程、哈尔滨铁路枢纽新建哈尔滨西客运站工程、天津地铁3号线工程4项工程获中国施工企业管理协会颁发的“2013—2014年度国家优质工程奖”。

（李　刚）

石景山园

2006年1月17日，经发展改革委批准石景山园加入中关村科技园区，规划面积345公顷，分为北Ⅰ、北Ⅱ和南区3个区域。2012年，经国务院批复，中关村国家自主创新示范区空间规模和布局调整，石景山园规划面积增至1334.39公顷，增加西部拓展区、首钢改造区、银河商务区、永定河绿色发展带商务区、五里坨西部发展预留用地等17个区域。2007年3月，区委、区政府确立区科委、园区管委会、区知识产权局三位一体的管理模式，建立园区建设领导小组工作协调机制。2014年9月，石景山园管理体制调整，组建由常务副区长和主管副区长牵头，科委园区、区金融办、区经信委、区投促局等部门领导组成的中关村科技园区石景山园管理委员会，推动园区建设。按照石景山区建设国家级绿色转型发展示范区的目标要求，园区重点发展现代金融、高新技术、文化创意及科技服务等符合区域发展定位的新兴高端产业，努力建设成为区域经济新的增长极。以科技和文化融合发展的数字娱乐产业为特色，为园区树立品牌，增强核心竞争力。园区已形成网络游戏、影视动漫、数字媒体和设计产业互为支撑的发展格局，千余款原创文化作品相继问世，“中国数字娱乐第一区”品牌初步形成；先后获得“国家网络游戏动漫产业基地”“国家动画产业基地”等一批特色品牌认定；被中宣部、科技部、文化部、原广电总局和原新闻出版总署联合认定为“国家级文化和科技融合示范基地”；以趣游科技集团有限公司、北京暴风科技股份有限公司为代表的娱乐互动门户企业，以华录文化产业有限公司为代表的影视文化企业先后参与国家重大科技工程建设；北京保险产业园、中关村互联网金融产业基地等一批重大项目建设有序推进，引导支撑高端绿色产业快速发展。园区努力打造“石景山服务”品牌，建立健全“特色产业＋知识产权＋人才发展＋创新激励”四位一体的园区发展政策体系，将品牌、政策和服务优势辐射至全区。针对企业不同发展阶段，实施“金种子计划”“明星计划”“小巨人计划”“个十百工程”等扶持项目，在全区形成从创新研发、创业发展到产业集聚的良好功能布局。

石景山园管理委员会领导成员

工委书记	文　献		
副书记	杨京春	张晋福	柴亚洲
	房之炜		
纪工委书记	王　朴		
主　任	司马红		
副主任	杨京春	张晋福	李元涛
	徐　涛	房之炜	毛慧敏
	翟继松	邓清平	李　晨
	于海春		

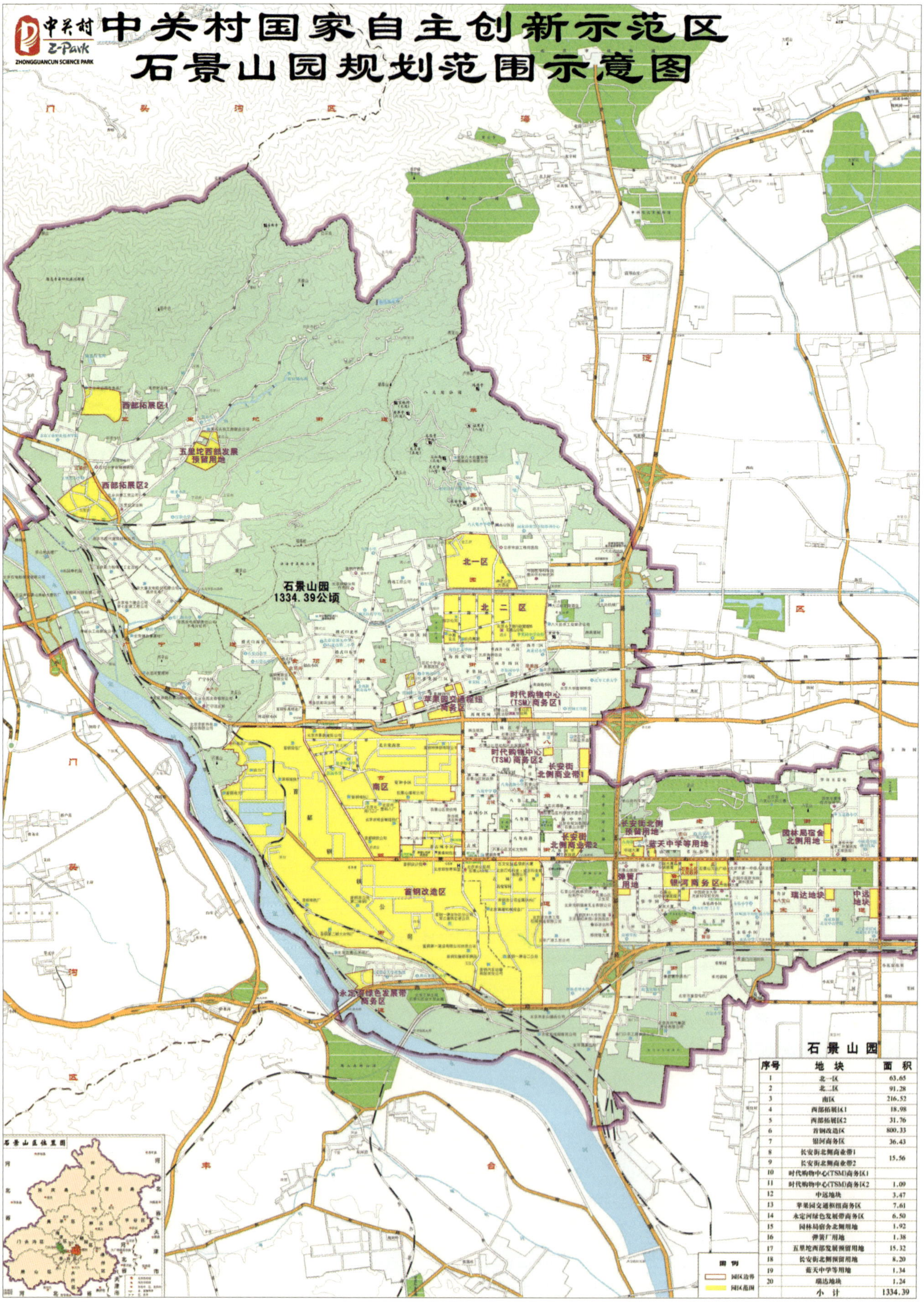

石景山园

序号	地块	面积
1	北一区	63.65
2	北二区	91.28
3	南区	216.52
4	西部拓展区1	18.98
5	西部拓展区2	31.76
6	首钢改造区	800.33
7	银河商务区	36.43
8	长安街北侧商业带1	15.56
9	长安街北侧商业带2	
10	时代购物中心(TSM)商务区1	
11	时代购物中心(TSM)商务区2	1.09
12	中远地块	3.47
13	苹果园交通枢纽商务区	7.61
14	永定河绿色发展带商务区	6.50
15	园林局宿舍北侧用地	1.92
16	弹簧厂用地	1.38
17	五里坨西部发展预留用地	15.32
18	长安街北侧预留用地	8.20
19	蓝天中学等用地	1.34
20	瑞达地块	1.24
	小计	1334.39

【概况】2014年，石景山园根据首都“科技创新中心”城市战略定位要求，树立高端绿色发展理念，积极推进石景山区建设国家级绿色转型发展示范区。年内，园区入统高新技术企业总数640家；从业人员8万余人；工业总产值83.5亿元；总收入1526亿元；进出口总额3.2亿美元；实缴税费64.1亿元；利润总额167.5亿元；资产总计3545.7亿元；科技活动经费支出总额65亿元；专利申请1722件，专利授权634件。

*高端产业集聚成效渐显。*拓展招商引资渠道，建立以政府平台—社会服务—企业创新多类资源为支撑的协同招商网络。北京联众家园网络科技有限责任公司、天津随行付商业保理有限公司、北京诺亚星云科技有限责任公司等企业入驻园区，全年新增注册资本1000万元以上企业238家。北京保险产业园快速发展，中国保险信息技术管理有限责任公司、中国人寿保险股份有限公司北京市分公司石景山古城营销服务部等保险机构入驻，北京无线天利移动信息技术股份有限公司等一批金融保险产业关联企业也落户园区。中关村雏鹰人才创业基地、高端人才创业基地等创业平台成为汇聚高端创业人才的政策洼地，共聚集200余名高端创业人才。

*重点项目建设稳步推进。*北京保险产业园项目列入区政府10项重点工程，成立北京保险产业园投资控股有限责任公司，完成城市设计方案评审；定向安置房项目全面开工；点石商务公园进行二次结构施工和外立面施工；世纪盛达园和普利门研发楼主体结构封顶；南区特钢园区15号、16号地块完成控规调整；古城创业大厦项目完成控规调整；完成西井中街和苹果园大街（园区段）环境整治；开通直达地铁的公共班车，设立4处公共自行车服务站，建设汽车公共充电桩设施；完成西山汇北侧绿化环境整治，建设临时垃圾集中回收站点。

*创新发展动力日益增强。*启动知识产权“领航工程”（详见知识产权与标准化栏目），与市知识产权局签署知识产权领航石景山区高端绿色转型发展工程框架协议；区生产力促进中心获中国技术市场“金桥奖”和“中国生产力促进奖”；石景山园被市科委认定为“数字娱乐特色北京市国际科技合作基地”，在市文创产业功能区规划中被布局为文化科技融合主线，定位于文化科技融合示范功能区、动漫网游及数字内容功能区和创意设计服务功能区，成为北京市实施文化、科技双轮驱动的主战场。

*企业服务质量效率提升。*依托石景山区国家级文化创意产业服务标准化试点基地，探索“试点基地＋中介联盟＋龙头企业＋信息平台”的“四合一”服务模式。调研481家重点企业，形成企业服务标准“菜单”，实施企业服务“模块化”组合，形成常态化服务品牌。以石景山园金融服务联盟搭建科技金融产业服务平台，开展“科技金融日”品牌活动，年内举办系列活动10次。企业融资并购活跃，北京伏尔特技术有限公司8亿元并购北京天新福医疗器材公司，北京华录百纳影视股份有限公司25亿元并购广东百合蓝色火焰文化传媒股份有限公司，蓝港在线北京科技有限公司获8000万美元C轮投资，北京豆果信息技术有限公司完成C轮2500万美元融资。

*党建工作扎实开展。*开展《传承红色基因，提高治理能力》党建课题研究，对50余家园区重点非公企业开展“定制微党课”活动。建设园区党风廉政互动平台，被评为首都文明单位标兵。实施“1234凝聚力工程”，园区非公企业党组织达到163家，党员3000余名，工会达739家。

（岳继华）

【《古剑奇谭》获新闻出版界最高奖】1月4日，在新闻出版广电总局召开的“第三届中国出版政府奖表彰大会”上，由北京网元圣唐娱乐科技有限公司（GAMEBAR）研发、运营的单机游戏《古剑奇谭》获“第三届中国出版政府奖音像电子网络出版物奖”。《古剑奇谭》2010年上市，画面唯美，蕴涵古典文化，提供全程语音、后续可下载内容，支持网络互动。

（陈　京）

【首钢环境产业有限公司成立】1月10日，首钢总公司的全资子公司首钢环境产业有限公司在石景山园成立，注册资金1.6亿元。公司是首钢唯一的环境产业发展平台，将通过整合首钢内部资金、技术、市场、人才等资源，促进首钢能源环保产业发展，实施固体废物治理、水污染治理等项目，建设国家级循环经济示范基地“北京市鲁家山循环经济（静脉产业）基地”。

（付　琦）

【加快推动北京保险产业园创新发展的意见出台】3月3日，保监会、市政府印发《关于加快推动北京保险产业园创新发展的意见》（保监发〔2014〕20号），共15条。《意见》提出将北京保险产业园建设成为全国保险创新试验区、保险产业聚集区和保险文化引领区；在石景山国家服务业综合改革试点区推进“产业核心区”“产业辐射区”“产业拓展区”建设。《意见》鼓励保险产业园在保险改革的重点领域先行先试，支持设立多种所有制形式的保险机构；支持在京开展保险资产管理产品发行交易业务；开展保险兼业代理机构专业化试点，鼓励符合资质的保险中介服务机构在保险产业园设立集团公司。同时，产业园将搭建国际交流合作平台，实现投资要素的双向、自由和直接流动；培育一批具有国际竞争力的保险机构。《意见》明确将保险产业园纳入国家保险业改革总体战略，保监会将成立专门工作机构，推动一批具有重大示范带动作用的保险改革创新项目在产业园先行先试。北京市则通过设立保险产业园公司制主体，搭建投融资和开发建设管理综合平台。

（张玉霞）

【注册资本登记制度改革培训会举办】 3月6日，石景山园管委会在区科技馆举办“注册资本登记制度改革培训会”。园区相关工作人员和100余家企业的代表参加。区工商分局相关负责人介绍了注册资本登记制度改革的主要内容，包括改革涉及的实行注册资本认缴制、启用新版营业执照、下放登记审批权限等。

（蔡真婷）

【3家基地获批市国际科技合作基地】 3月20日，市科委发布《关于认定2014年北京市国际科技合作基地的通知》，石景山园的“数字娱乐特色北京市国际科技合作基地”“轻文化产业孵育北京市国际科技合作基地”“固废资源化利用与节能建材北京市国际科技合作基地”通过认定。依托石景山园管委会的“数字娱乐特色北京市国际科技合作基地”，旨在打造科技文化融合特色的国际科技合作交流平台，引进具有国际影响力的创意创新型企业和国际高端人才，推进一批国际合作项目；依托趣游时代（北京）科技有限公司的“轻文化产业孵育北京市国际科技合作基地”和依托北京建筑材料科学研究总院有限公司的“固废资源化利用与节能建材北京市国际科技合作基地”，将带动园区企业开展国际技术合作，推进科技成果产业化。

（曹　洁）

【华录百纳公司并购蓝色火焰公司】 4月3日，北京华录百纳影视股份有限公司发布《发行股份及支付现金购买资产并募集配套资金暨关联交易报告书（预案）》，宣布拟通过发行股份及支付现金相结合方式收购广东百合蓝色火焰文化传媒股份有限公司100%股份。11月7日，交易中非公开发行的新增股份上市，华录百纳公司以25亿元完成并购蓝色火焰公司100%股权的资产重组。并购后，华录百纳公司将完成在长视频领域、内容制作和内容营销的战略布局，进入电视、电影、动漫、游戏等领域，成为综合型文化传媒公司。

（崔海霞）

【北京保险产业园创新发展座谈会及揭牌仪式举行】 4月8日，由石景山区金融办及石景山园管委会主办的加快推动北京保险产业园创新发展座谈会在石景山区政府举行。市长王安顺、市委常委李士祥、保监会主席项俊波等领导及市相关部门和企业的负责人及代表100余人参加。与会领导实地察看保险产业园建设发展，听取有关保险产业园发展规划、开发建设和产业聚集等工作情况的汇报并举行座谈，共商推动保险产业园创新发展的举措。王安顺指出，要发挥好金融业在构建“高精尖”经济结构中的作用，在保监会的支持下，将保险产业园打造成一流的、新型的专业化园区，为国内保险业改革积累更多的创新经验；通过政策先行先试，探索创新体制机制，发挥保险产业园改革试验田的示范引领作用，为保险业全面深化改革打好前哨战，打造以保险产业为龙头的国家级金融创新示范区。会议还举行了保险产业园揭牌仪式。保险产业园位于石景山国家服务业综合改革试点区，包括石景山园北I区、南区和新首钢高端产业综合服务区，建设用地约100公顷，建筑规模约200万～300万平方米。

（岳继华）

【中国车联网产业园区落户石景山园】 4月15日，“石景山区人民政府与中国车联网产业技术创新战略联盟合作协议签约仪式”在区政府举行。中关村管委会等单位相关领导以及来自相关行业的代表等参加。根据协议，石景山区政府将支持中国车联网产业联盟在石景山区建设车联网产业园区，并在用地、资金、税收、人才等政策层面给予产业园区企业扶持；中国车联网产业联盟将引进优秀的车联网企业入驻石景山园，打造完善的车联网产业生态。

（王　震）

【石景山文创支行成立】 4月21日，石景山区第一家文创专营支行——杭州银行股份有限公司北京石景山文创支行成立。文创支行位于石景山路45号，重点介入软件服务业、动漫游戏业、现代传媒业、设计服务业、艺术品业、文化休闲旅游业等文创产业，并对文创行业贷款实行1.5倍于平均标准的风险容忍度，还将创新融资路径，为文创企业开发“低担保、弱抵押”的信贷产品，并探索开展附带期权的贷款，逐步形成收益覆盖风险的可持续发展机制。

（张玉霞）

【天山公司产品获用户好评奖】 4月21日，在“2014（第十四届）‘先进制造技术与制造业’高层论坛暨第三届AI‘用户好评奖’颁奖典礼”上，北京天山新材料技术股份有限公司的“1591硅橡胶平面密封剂”获AI用户好评奖。产品属即时密封型，具有中黏度、高强度、高伸长等特点以及优良的耐热老化和耐机油性能，适用于发动机各部件的平面密封。

（张玉霞）

【斯坦福大学“点燃”项目说明会举办】 4月25日，由北京京西创业投资基金管理有限公司主办的美国斯坦福大学“点燃”项目说明会中关村石景山园专场在京西创业公社举办。京西创业公司与斯坦福大学签署合作备忘录，担任“点燃”项目的中国区运营方。说明会对“点燃”项目的具体内容、招生要求、授课方式等进行说明，并与听众进行互动。中关村管委会、石景山园管委会等单位相关领导及斯坦福大学“点燃”项目负责人、企业代表等参加。（斯坦福大学“点燃”项目是一个专门针对创业者与内部创业者打造的严格的学术项目，目标是开发与推动创新性理念，教授作为实现上述目标的基础的商业知识与实务技能。）

（曹　洁）

【园区讲堂举办】 4月25日，由石景山园管委会主办的园区讲堂——2014年度高新企业认定申报及资格复审培训会在区科技馆举办。石景山园100余家企业的代表参加。园区相关工作人员就高新企业认定条件、认定流程、资格复审流程等问题进行讲解。年内，石景山园管委会举办各类“园区讲堂”34期，内容涵盖政策培训、人才服务、知识产权、科技金融等领域。

（张　旭）

【5家企业通过市设计创新中心认定】 5月9日，市科委印发《关于公示2014年度北京市设计创新中心拟认定单位名单的通知》，石景山园5家企业通过认定，分别为北京丽贝亚建筑装饰工程有限公司、趣游科技集团有限公司、北京畅游天下网络技术有限公司、北京夏岩园林文化艺术集团有限公司、北京光影梦幻城市文化发展有限公司。至年底，园区内北京市设计创新中心累计达7家，涵盖游戏动漫设计、工业工程设计和建筑规划设计等领域。

（李　成）

【畅游时代公司获中国文化企业30强称号】 5月15日，在中宣部召开的“推动中华文化走出去座谈会”上，光明日报社和经济日报社联合发布第六届“中国文化企业30强”名单。北京畅游时代数码技术有限公司以2013年网络游戏主营业务收入45.67亿元，净利润16.62亿元，净资产55.69亿元入选。

（李　成）

【石景山园被布局为文化科技融合主线】 5月26日，市政府下发《关于印发〈北京市文化创意产业功能区建设发展规划（2014—2020年）〉和〈北京市文化创意产业提升规划（2014—2020年）〉的通知》（京政发〔2014〕13号）。根据规划，到2020年北京将建设20个文创功能区。石景山园在市文创产业功能区规划中被布局为文化科技融合主线，定位于文化科技融合示范功能区、动漫网游及数字内容功能区和创意设计服务功能区。

（李　成）

【1家重点实验室和1家工程中心通过认定】 6月30日，市科委印发《关于公布2013年度北京市重点实验室和北京市工程技术研究中心认定名单的通知》，其中北方工业大学、中科院软件研究所和易华录公司共建的“大规模流数据集成与分析技术北京市重点实验室”被认定为北京市重点实验室。北京首钢国际工程技术有限公司的“北京市冶金工程三维仿真设计工程技术研究中心”被认定为北京市工程技术研究中心。至年底，石景山有国家级重点实验室6家，国家级企业技术中心2家，市重点实验室5家，市工程技术研究中心7家，市设计创新中心7家，市企业技术中心15家。

（曹　洁）

【创新、创意、创业项目融资对接会举办】 7月29日，由石景山园管委会主办的园区“科技金融日”系列活动——创新、创意、创业项目融资对接会在京举办。园区60余家企业和20余家金融机构的代表100余人参加。杭州银行股份有限公司、中信证券股份有限公司、北京中关村科技融资担保有限公司3家金融机构推介各自的特色产品和服务，北京吴福文化传播股份有限公司、北京虎符科技有限公司等6家企业进行融资项目路演。金融机构与参会企业通过对接，初步达成10余项合作意向。

（王　震）

【环境空气质量自动监测系统应用课题通过验收】 7月31日，“石景山区环境空气质量自动监测系统应用”课题结题验收会召开。验收专家组成员、课题承担单位的专家等参加。课题通过由市科委组织的专家验收。成果为2012年北京市科技计划课题，总投资500万元，由区环保局承担。课题完成环境空气质量自动监测网络完善、数据分析平台开发、监测数据统计分析和大气污染状况成因分析等6个方面的专题研究，为分析评价石景山区空气污染水平、查找细颗粒物来源、分析空气污染物累积转化过程得出初步结论，为石景山区大气污染防治工作提供科学依据。

（何　源）

【3名企业家获评高级工程师专业技术资格】 8月1日，市人力社保局印发《关于2014年度中关村高端领军人

才教授级高评审结果的通知》，北京吉威数源信息技术有限公司董事长张扬、北京建筑材料科学研究总院有限公司所长助理李春萍、北京海斯迪克新材料有限公司总经理史伟同 3 名高端领军人才获评高级工程师（教授级）专业技术资格。

（孟宪然）

【新增 4 家市专利示范单位】 8 月 20 日，市知识产权局印发《关于认定北京市第六批专利示范单位的通知》，其中贝壳网际（北京）安全技术有限公司、北京航天测控技术有限公司、北京明诚技术开发有限公司、北京首钢自动化信息技术有限公司通过认定。至年底，石景山园专利示范企业增至 11 家。

（陈　京）

【两岸企业转型升级暨产业辅导服务交流活动举办】 8 月 25 日，由中国生产力促进中心协会、（台湾）财团法人中国生产力中心等机构主办，石景山区生产力促进中心承办的“‘走进石景山园’——2014 两岸企业转型升级暨产业辅导服务交流活动”在石景山区举办。活动以“文创品牌化 + 服务业科技化”为主题。相关专家分别就科技服务业政策、文创品牌化、大资料时代的客户洞察、文创设计与文化加值及北京市科技服务业现状发展分析趋势等内容进行演讲，并就搭建两岸中小企业服务平台、共建科技金融服务平台、3D 打印文创设计中小企业服务平台等进行交流。园区 50 余家文化创意企业和 30 余家科技中介服务机构的代表 100 余人参加。

（王　云）

【蒲公英驿站入围 UBI 国际孵化器排名榜】 9 月 13 日，国际孵化器排名机构 UBI 指数公司发布了全球孵化器与大学合作最紧密的孵化器企业排名，中关村创新型孵化器常青藤创业园蒲公英国际青年创业驿站排名第五。（UBI 指数是世界上第一个、可靠的大学企业孵化器的排名体系，是衡量孵化器与大学联系密切程度及成果的评价体系。由经济发展、人才保留、资本获得、能力拓展、网络搭建、孵化器服务、孵化后企业发展情况等七大指标总计 60 余个绩效指标构成，体现了一家孵化器企业的经济效益、社会效益和对客户创造的价值等。）

（张玉霞　徐利田）

【科技文化企业政策宣讲会召开】 9 月 16 日，由石景山园管委会主办的“科技文化企业政策宣讲会”在区科技馆举行。市科委、中关村管委会等单位相关负责人及 100 余名相关企业代表参加。会议讲解首都设计提升计划、市科技文化融合专项及中关村现代服务业综合试点项目政策，并对石景山区科技计划项目、科技奖励政策进行解读。针对文化创意企业轻资产的特点，会议邀请杭州银行北京石景山文创支行、北京京西创业投资基金公司介绍为文化创意企业提供的创新金融服务。

（石桂莲）

【知识产权金融培训会举办】 9 月 18—19 日，由市知识产权局主办、石景山区知识产权局承办的“知识产权金融培训会”在京举行。区专利试点单位、专利示范单位及园区重点企业的代表 80 余人参加。中关村知识产权促进局等单位相关专家分别就中关村知识产权相关政策、专利质押贷款、专利保险、专利运营基金等内容进行讲解。

（陈　京）

【中关村论坛创业发展分论坛举办】 9 月 25 日，由中关村管委会和石景山区政府主办的“2014 年中关村论坛平行论坛三——创业无界　跨境加速”专场在京举行。科技部火炬中心、中关村管委会等单位有关领导及国内外孵化机构、创业服务机构、金融机构的相关负责人、专家和创业者近 300 人参加。论坛就创业的国际化发展趋势、资源整合情况和创业生态的形成进行交流，对整合跨国创业资源、提升创业服务水平进行高端对话。论坛还举行瀚海 Plug&Play 加速器揭牌仪式。加速器是由北京瀚海智业投资管理集团与美国

即插即用技术中心（Plug&Play Tech Center）合作成立的国际创业加速器，将共同组建创业服务团队，建立创业投资基金，整合中美创业资源，针对国际优秀创业项目提供创业加速服务。

（马海涛）

【中银创业快捷贷发布】 9 月 26 日，由北京创业公社投资发展有限公司和中国银行股份有限公司联合主办的“中国银行‘中银创业快捷贷’产品发布会”在创业公社举办。银行、投融资机构和园区相关企业的代

表参加。产品是创业公社联合中国银行专门为中小企业定制的创新型信用贷款产品，旨在解决企业融资难、融资贵、融资慢等问题，较传统商业银行贷款具有申请门槛大幅降低、审批流程短、无抵押信用贷款、办理简单快捷等优势，企业不仅能迅速获得贷款，还能建立起公司信用名片，规范公司的理财。

（崔海霞）

【新增1家博士后创新实践基地工作站】9月29日，市人力社保局印发《关于批准北京吉威时代软件股份有限公司设立北京市博士后（青年英才）创新实践基地工作站的通知》（京人社专家发〔2014〕210号），吉威时代公司获批建立博士后工作站。吉威时代公司致力于多源遥感影像集成处理和地理信息综合应用服务的技术研究，具有软件开发、系统集成、数据加工和信息服务的综合业务能力。工作站将集结更多高端优质人才，开展地理信息处理技术、遥感影像处理技术和数字摄影测量技术等方面的研发、研究工作。至年底，园区此类工作站数量累计9家。

（张玉霞）

【贝壳网际公司入选中关村知识产权领军企业】10月16日，在“中关村知识产权领军企业与优秀知识产权服务机构培育工作会”上，中关村管委会公布首批中关村知识产权领军企业培育名单。其中，贝壳网际（北京）安全技术有限公司入选中关村知识产权重点示范企业，将获知识产权专项资金和专业服务的支持。2013年，贝壳网际公司发明专利申请量185件，并被认定为北京市专利试点和示范企业。

（陈　京）

【乐动卓越公司新品游戏发布】10月16日，北京乐动卓越科技有限公司在京举办“2014乐动卓越新品发布会”。媒体记者及游戏玩家300余人参加。乐动卓越公司发布《我叫MT2》新品3D手机游戏，并宣布与深圳市腾讯计算机系统有限公司旗下的腾讯互动娱乐平台（IEG）合作，由其独家代理游戏的中国区运营权。游戏是根据同名网络动画片改编的，采用全新模式的游戏玩法，高度还原动漫中的人物角色性格，并引入精细的角色表情系统、换装系统、全视角场景BOSS对决、真实的天气昼夜更替系统等。

（崔海霞）

【“亮剑行动”开展】11月2—5日，蒲公英·社区青年汇开展蒲公英“亮剑行动，我争先”主题活动。包括线上“点对面”：通过蒲公英微信公众平台、QQ服务群等网络平台，以团组织的名义向会员青年宣传亮剑行动的意义和内容，营造广泛的群众基础和良好的活动氛围；线下“点对点”：社工深入企业和青年群体，发放宣传册和倡议书，力争让每名青年知晓“亮剑行动”并参与其中，签下个人承诺书，从自身做起，用实际行动来支持“亮剑行动”。（蒲公英·社区青年汇是由石景山团区委和科委园区联手打造的“以园区创业青年为服务对象的创新型社区青年汇”，旨在丰富园区非公企业青年的生活，提升共青团组织对非公企业青年的吸引力和凝聚力。）

（耿　璐）

【世界侨商创新中心建设战略合作协议签署】11月17日，“加快西部地区转型发展　推进‘世界侨商创新中心’建设战略合作协议签署仪式暨中国侨商会首钢行”活动在首钢总公司石景山厂区举行。国务院侨办主任裘援平、市委常委牛有成、副市长程红等领导以及国务院侨办相关司局、市政府相关部门的有关负责人和40余位侨商代表等参加。市政府侨办、石景山区政府、首钢总公司共同签署战略合作协议。世界侨商创新中心是三方为贯彻京津冀协同发展国家战略，落实市委、市政府“加快西部地区转型发展”工作部署，充分调动海外侨务资源服务首都经济社会发展而共同推动的重点项目，旨在以中心建设为引领，发挥聚焦效应，促进更多优质侨务资源聚集“新首钢高端产业综合服务区”，并带动石景山范围内的西长安街沿线发展布局，加快北京西部地区转型发展进程，将重点引进金融、文化创意、中小企业孵化以及园区配套服务等产业。

（张玉霞）

【豆果公司完成C轮融资】11月18日，在北京豆果信息技术有限公司举办的对外分享沙龙上，豆果公司宣布获C轮2500万美元融资，投资方为高瓴资本管理有限公司和清流资本。此轮融资将主要用于新产品研发、人才招聘和市场推广。

（罗耀玲）

【北Ⅰ区定向安置房项目获立项批复】11月24日，石景山园北Ⅰ区土地一级开发定向安置房项目获市发展改革委立项批复，建成后用于安置北Ⅰ区土地一级开发被拆迁居民。项目位于石景山园北Ⅰ区的创业创新园内，其四至范围为东至实兴西街，南至中园路，西至刘娘府东街，北至永定引水渠。项目用地总面积3.26公顷，其中规划建设用地面积2.12公顷，代征面积1.14公顷。项目建筑规模5.3万平方米，总投资约5亿元。

（杨　莉）

【两家企业获中关村现代服务业试点项目支持】12月12日，市财政局发布《关于中关村现代服务业试点2014年试点支持项目公示的公告》，其中中国保险信息技术管理有限责任公司的“基于大数据的全国机动车保险信息共享和综合服务平台”和北京思睿众和投资管理有限公司的“创新型产业链孵化平台”2个项目分别获1000万元和697万元补贴支持。至年底，园区有8家企业获中关村现代服务业试点项目支持，项目技术涵盖互联网金融、文化创意、物联网、新材料、节能环保等领域，累计获财政补贴资金6930万元。

（李　成）

【京城电气公司落户石景山园】 12月16日，北京京城电气工程有限公司在市工商局石景山分局注册成立，落户石景山园。京城电气公司是北京京城机电控股有限责任公司全资子公司，注册资本1亿元，主要业务领域是为大型装备制造业提供全产业链的一体化总承包服务，包括国际贸易、技术服务等。同时优化京城机电公司资源配置，完善系统内部产业链集群，通过新业务拓展，在设计、服务和管理等方面进行创新和升级，加快企业由传统制造业向高技术服务业转型。

（赵楚然）

【首都科技创新券政策宣讲会举行】 12月26日，石景山园管委会在京举办“首都科技创新券政策宣讲会”。首都科技创新券管理办公室负责人针对《首都科技创新券实施管理办法（试行）》（京财科文〔2014〕2515号），以及创新券制度的设立、网上申报系统进行注册申报程序等做了讲解，并对企业的提问进行答疑。园区科技企业孵化器以及60余家小微企业的代表参加。（“首都科技创新券制度”是由市科委和市财政局共同组织实施的一项普惠制度，主要鼓励小微企业和创业团队充分利用国家、北京市级相关科技资源开展研发和科技创新活动，促进产学研合作。创新券由政府发放，小微企业及创业团队向高等学校、科研院所购买科研活动时使用。）

（何　源）

【大型带式焙烧机球团项目获市科学技术奖】 12月28日，市政府发布《关于2014年度北京市科学技术奖励的决定》（京政发〔2014〕43号），其中由北京首钢国际工程技术有限公司等单位完成的“大型带式焙烧机球团技术研究开发与创新应用”项目获市科学技术奖三等奖。项目属于冶金原料与预处理和先进制造与重大装备。该成果开发设计内配固体燃料工艺、热风循环制粉新工艺、新型筛分布料系统等工艺技术，研制应用重型焙烧台车、大型往复式布料机、大型干燥窑、造球盘等工艺配套装备，形成8项授权专利；设计建造国内400万吨/年大型带式焙烧机工艺球团生产线，创建完整带式焙烧工艺的工厂设计体系；集成建造504平方米大型带式焙烧机，开发核心工艺设备的关键技术和国产化制造；研发应用重型国产化配套工艺装备技术，开发多品种球团生产模式；具有原料适应性广及能源梯级利用效率高、成本低、生产清洁等技术优势。项目还获2014年冶金科学技术奖一等奖。

（曾　佳）

【43家企业获创新基金资助】 年内，石景山园43家次企业获各类补贴、资助和奖励。北京虎符科技有限公司、华清科盛（北京）信息技术有限公司等11家企业获国家中小企业创新基金，总金额824万元，其中虎符科技公司的“基于标识认证的移动安全通讯平台”项目获150万元资助。北京云测网络科技有限公司等24家企业获北京市中小企业创新资金奖励，包括4项天使投资奖励和20项科技项目资助。北京东土科技股份有限公司、趣游（北京）科技有限公司等8家企业获北京市科技成果转化资金资助。

（罗耀玲）

门头沟园

2012年10月，经国务院批复，北京石龙经济开发区纳入中关村示范区，定名为中关村国家自主创新示范区门头沟园，规划占地面积由原150公顷扩展到188.96公顷，并成立北京石龙经济开发区管理委员会。2013年5月13日，门头沟园获授牌，四至范围扩展到东至华园路、规划S1线、西苑路，南至京原路、小圆安置房用地北边界，西至三石路，北至石龙东路、北京锅炉厂南路西延线。园区始建于1992年1月，位于门头沟新城南部，永定河绿色生态走廊西岸，拥有良好的自然环境和紧邻城区的区位优势，2000年经市政府批准为市级开发区。20余年的滚动开发，完成120公顷土地的建设，拥有土地产权企业60家，房屋产权企业88家，登记注册、异地经营企业6800余家，国家级高新技术企业61家，中关村高新技术企业86家。形成以数控装备、生物医药、仪器仪表、机械等行业为主体的产业集群，北京精雕科技有限公司、北京凝华科技有限公司等为代表的数控装备制造企业主导着石龙经济开发区的产业形态，且有上千家涵盖房地产、商业物流、信息技术、电子商务、现代服务等诸多行业的注册挂靠企业，有北京立思辰科技股份有限公司、北京光环新网科技股份有限公司等多家上市企业。石龙开发区为入区企业提供了完备的“九通一平”基础设施和税务、邮政、电信、银行、工商、会展中心、物业服务等系列配套设施，不断优化区域的工作、生活和人才环境，为企业和职工提供良好的生产环境。拥有110万伏变电站一座，装有3150千伏安变压器2台，供电容量能满足当前产出规模基本运营需要；建成了门头沟南城地区供热中心——金源热力有限公司，安装有3台80吨燃煤热水锅炉，热力供应有足够保障；自来水管网供水充足，接用方便；再生水厂日处理污水4万吨，区内的生产与生活废水均可得到集中处理，达到再生水标准；8条主要道路及市政基础设施的升级改造和绿化、美化工程，涉及绿化、街牌、道路牌等18个要素，等同于长安街的标准。石龙产业孵化中心成功引进一批有房屋产权的企业入驻，使入区企业找到了集约利用土地、转型升级的路径，已有12家企业在原有土地上开始企业总部基地建设。石龙开发区将建成北京城西总部新基地，以发展高端制造业、网络金融业、现代服务业三大产业为发展目标，精心打造企业研发中心、结算中心、行政中心、销售中心“四位一体”的总部集群。

北京石龙经济开发区管理委员会领导成员

工委书记、主任	张丰收
工委副书记 纪工委书记	高增龙
工委委员 副主任	张文军　杨璞

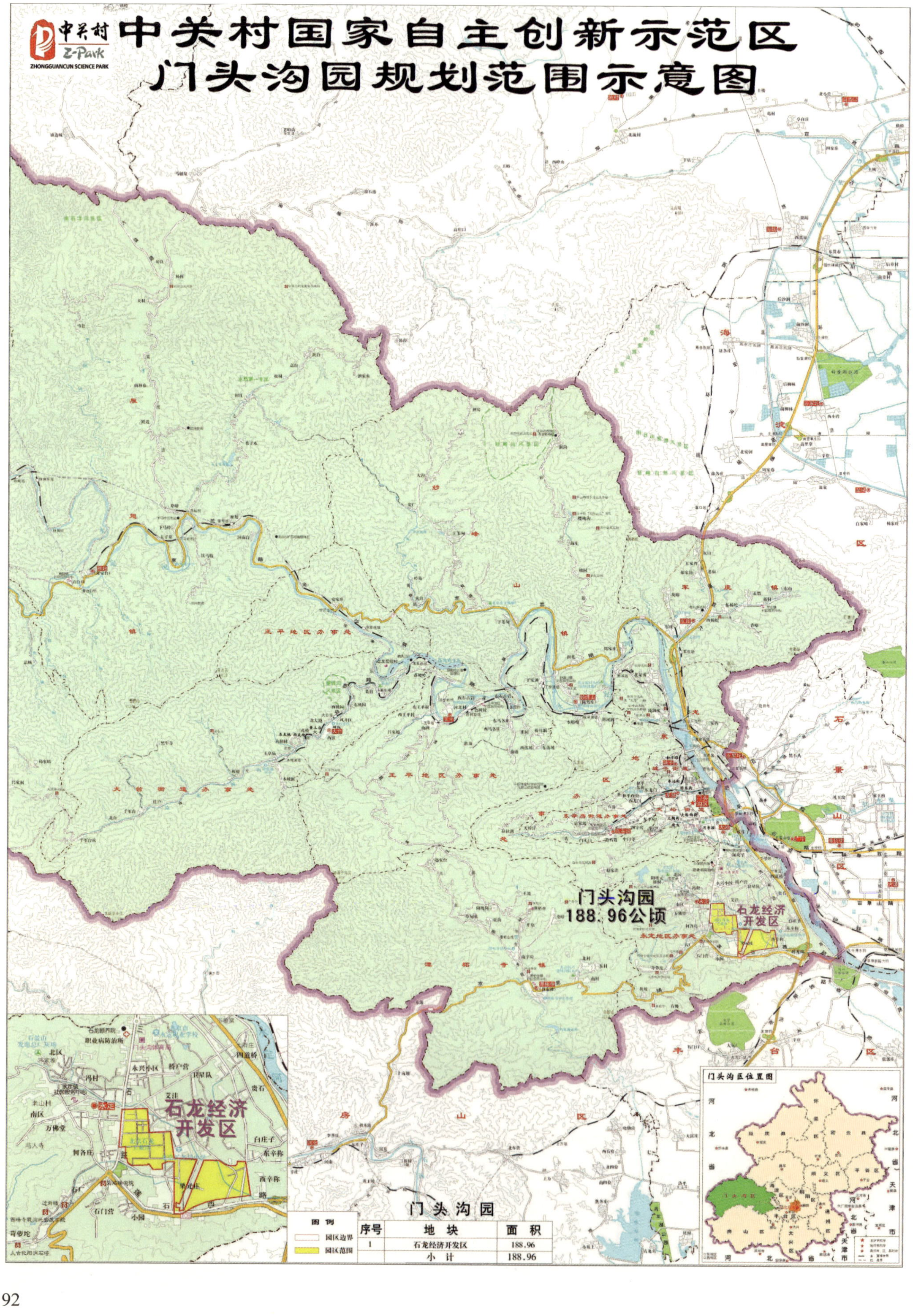
中关村国家自主创新示范区
门头沟园规划范围示意图
门头沟园
188.96公顷
石龙经济
开发区
门头沟区位置图
门头沟园
图例
园区边界
园区范围
序号 地块 面积
1 石龙经济开发区 188.96
小计 188.96

【概况】2014年，门头沟园加大对重点企业的服务力度，注重涵养税源，协税护税，同时鼓励园区各企业拓展经营，维持了较为稳定的局面。年内，园区入统高新技术企业总数80家；从业人员2.2万余人；工业总产值89.3亿元；总收入103.9 亿元；进出口总额3.9亿美元；实缴税费11.1 亿元；利润总额7.1亿元；资产总计374 亿元；科技活动经费支出总额5.9亿元；专利申请127件，专利授权104 件。

招商引资同比增长。在工商注册改革实行认缴制后，园区招商引资环境进一步改善，中石化易捷销售有限公司、北京住总众邦地产有限公司、远津绿洲（北京）投资基金管理有限公司等重点企业进驻园区，涉及房地产、金融等领域。年内，共引进 4087 家企业，注册资金 95.47 亿元，其中，亿元以上企业 17 家，千万元以上企业 130 家。

推进重点项目建设。园区严格按照产业集群化发展、资源集约化利用的思路进行建设。北京利德衡环保工程有限公司研发中心大厦、北京立思辰科技股份有限公司总部大厦等 12 家在建总部大厦项目，总建筑面积 55.8 万平方米，总投资 27.69 亿元。中铁东方国际产业园，北京洪源广业科技有限公司科技研发中心等储备项目也正在进行前期方案、深化设计等工作。

科技引领企业发展。北京利德衡环保工程有限公司的“LOA 湿式氧化吸收联合脱硫脱硝工艺及成套装备”通过专业鉴定，且产生了一定的社会、经济效益；北京华夏聚龙自动化股份公司研发成功 “智能印控仪”， 有效提高印章应用过程中的风险防控能力；北京奥普科星技术有限公司的“海洋勘探深井高温高压流体保压取样系统”入选国家重点新产品计划，产品应用在伊朗北帕尔斯气田的开发上，并为长城钻探工程公司提供了振动管式密度计；北京立思辰计算机技术有限公司的“基于国产化平台的内容安全管控关键技术北京市工程实验室” 获市发展改革委认定，将提供从硬件到软件再到应用的一体化完整解决方案。

（亢　建）

【立思辰公司收购汇金科技公司】 3 月 4 日，北京立思辰科技股份有限公司发布《第二届董事会第四十一次会议决议公告》，宣布拟 4 亿元收购北京汇金科技有限责任公司 100% 股权。7 月 26 日，立思辰公司发布《发行股份及支付现金购买资产并募集配套资金之标的资产过户完成的公告》，宣布完成对汇金科技公司的收购。汇金科技公司主要从事中间件和行业应用软件的研究开发、销售，并根据客户的业务需要提供系统集成和技术服务。其核心产品和服务是 IDP 系列中间件和行业应用软件开发，主要应用于以银行为主的金融行业、安全生产与应急等领域的信息化建设。

（张　毅）

【易捷销售公司挂牌】3 月 17 日，中石化易捷销售有限公司挂牌仪式在京举行。该企业为中国石化销售有限公司的全资子公司，注册资本 10 亿元，经营范围为批发和零售业、租赁商务服务业和餐饮业。易捷公司的定位为服务与创新，目标是提高非油品经营能力。主要任务是扩大商品统采规模，降低采购成本；整合系统资源，创新营销方式；创新机制，培养专业化运营管理团队。

（亢　建）

【LOA 湿式氧化吸收联合脱硫脱硝项目通过鉴定】3 月 19 日，中国环境保护产业协会组织召开“‘LOA 湿式氧化吸收联合脱硫脱硝工艺及成套装备’环境保护技术成果鉴定会”。由清华大学、市劳保所、北京航空航天大学等组成的专家组对北京利德衡环保工程有限公司研制的该装置进行评定。项目特点：将“湿法脱硫＋液相氧化＋还原脱硝”3 段工艺设计于同一吸收塔内，各工艺段自成循环系统，互不影响，可实现燃煤工业锅炉烟气联合高效脱硫脱硝；在湿式烟气脱硫的基础上，协同“液相氮氧化物氧化＋吸收”，实施联合脱硫脱硝、氧化剂和吸收剂筛选以及氧化—吸收塔内部构件设计等方面的创新；成果在北京、西安等地的多台每小时 35 吨～100 吨燃煤工业锅炉烟气处理中得到应用，脱除效率稳定；项目的投资及运行成本与传统 SCR ＋ WFGD 脱硫脱硝工艺相比具有一定优势。

（亢　建）

【“智能印控仪”研发成功】3 月，北京华夏聚龙自动化股份公司研发成功“智能印控仪”。产品为新型的智能印章控制及自动盖章机具，分为单枚印章和多枚印章两种型号，印章内嵌于特制的装置中，脱离机具后无法直接使用，实现柜员与印章物理隔离，并配备摄像头，在用印的同时按照预先制定的规则采集凭证及交易场景影像，分流传送至后台中心，可在印章使用过程中全面、真实地记录印章使用人、使用时间和使用次数。产品的使用可实现“人印分离、强制记录、指纹认证、影像留存”，有利于明确印章保管责任，可有效提高印章应用过程中的风险防控能力，降低银行操作风险，提高银行业务运营安全性。

（张　毅）

【利德衡公司入选市知识产权运用能力培育试点企业】5 月 20 日，市经济信息化委印发《关于工业企业知识产权运用能力培育工程第二批试点企业认定结果的通知》，北京利德衡环保工程有限公司通过认定。公司成立于1997年，注册资金8000万元，是集烟气净化工程总承包、工程设计、设备制造、安装调试和运营管理为一体的高科技环保实体企业，其工业锅炉脱硫工程占据北京地区30%的市场份额，居同行业之首，其研发的XP−II脱硫除尘技术获国家、北京市及区级科技进步奖。

（亢　建）

【中国农业银行翼柜通填单机项目采购合同签订】6月6日，北京华夏聚龙自动化股份公司与中国农业银行股份有限公司签订《中国农业银行翼柜通填单机项目采购合同》。项目的实施可有效减少客户的排队等候时间，提升柜台工作人员的效率，提高农行网点的电子化、智能化水平。填单机是利用客户等待排队时间，通过二代身份证读取、全键盘手工输入的方式在自助填单机上进行要办理业务的单据填写，系统自动校验客户填写的信息是否合法，并进行填写指导提示，客户填写完毕，自助填单机直接在原始凭证上进行套打，节省办理业务时间，并有效防止错误的出现，提升了准确性。

（张　毅）

【江泰保险公司入驻门头沟园】6月20日，“门头沟区与江泰保险经纪股份有限公司签约及座谈会”在区政府举办。签约单位相关领导参加。会上，江泰保险公司与区政府就入驻门头沟区签署《战略合作框架协议》，与北京石龙经济开发区投资开发有限公司就开发区产业孵化中心二期B区B2号主楼签署《综合楼合作开发合同书》。根据合同书，江泰保险公司拟将在孵化中心二期（石龙电子商务产业园）建设大数据中心（云计算）、电子商务中心（互联网中心、移动互联网中心、物联网中心），建筑面积约1.83万平方米，地上12层，地下1层，总投资2.7亿余元，江泰保险公司进行项目设计并确定建筑标准后，由北京石龙经济开发区投资开发有限公司组织开发，已开工建设。

（亢　建）

【3家企业的项目获成果转化基地科技创新项目立项】6月27日，市科委印发《关于公示2014年度北京市战略性新兴产业科技成果转化基地认定及项目立项结果的通知》。门头沟园北京明航科技发展有限公司的“舰船通用显控平台”、北京诚田恒业煤矿设备有限公司的“柔性掩护式液压支架”、北京金鸿泰科技有限公司的“基于物联网的工业自动化测控装置及综合能源管理平台研制”获成果转化基地企业科技创新项目立项。

（亢　建）

【银政合作签约仪式举行】6月30日，“北京石龙经济开发区管理委员会北京农村商业银行门头沟支行银政合作签约仪式”在石龙高科大厦举行。签约双方相关领导参加，并就支持企业发展、防范和化解金融风险、共筑投融资平台等问题相互交流并最终达成共识。会

上，双方签署《北京石龙经济开发区管理委员会与北京农村商业银行门头沟支行银政合作协议》。

（亢　建）

【综合纸币处理系统码垛模块研发成功】6月，北京华夏聚龙自动化股份公司研发成功“综合纸币处理系统码垛模块”。码垛模块针对塑封贴标后捆币的码垛环节，可以辅助综合纸币处理系统完成大批量现金捆扎后的自动装车码垛和统计计数功能，节省人力资源，降低人员成本，可有效缓解国内各大银行面临的现金处理压力。

（张　毅）

【精雕科技公司入选“十百千工程”】8月20日，中关村管委会、市发展改革委、市科委等6部门联合印发《关于印发中关村国家自主创新示范区“十百千工程”第三批新入分园企业增补名单的通知》。北京精雕科技集团有限公司1家企业被批准增补为“十百千工程”第三批培育企业，属先进制造领域。

（张　毅）

【可拼装式房屋样板间完工】8月，北京东方昊灵科技发展有限公司为北京雾灵西峰风景区建造的可拼装式房屋样板间完工。房屋采用高分子材料科技开发的仿木复合材料，相对于实木房屋具有防潮、防水、防虫、防蛀、防腐等优势；材料具有高环保性，无污染、无公害，还可循环利用，节约木材的使用量，达到环保的效果；房屋安装简单、施工便捷，不需要繁杂的施工工艺，可节省安装时间及费用。房屋体系属于非永久性建筑，主要应用于休闲农庄、旅游度假用房、汽车营地、公共配套设施等方面。

（张　毅）

【建设绿色云计算基地】10月10日，北京光环新网科技股份有限公司发布《关于收购上海明月光学有限公司100%股权的公告》，宣布拟在上海市嘉定区投资建设绿色云计算基地项目，为落实该项目，公司拟收购上海明月光学有限公司100%股权，收购的总价款为不超过9380万元。股权转让完成后，明月光学公司将成为其全资子公司，负责实施公司在上海市嘉定工业区投资建设的绿色云计算基地项目，其拥有的厂房、办公室等设施将改建成为数据中心基础设施。12月17日，光环新网公司发布《关于全资子公司上海明月光学有限公司完成工商变更登记的公告》，宣布收购工作完成，明月光学公司办理了相关工商变更登记手续。光环新网上海嘉定绿色云计算基地项目总建筑面积3.38万平方米，其中主体建筑为1座数据中心，附属建筑为综合办公楼、员工宿舍等，将为广大商企用户提供数据中心、云计算等互联网一体化解决方案服务。数据中心规划建设13个模块，总电力需求4万千伏安，提供5240个5千伏安的标准机柜的服务能力。项目计划在12个月内完成所有基础设施建设，开始进入运营阶段。

（张　毅）

【奥普科星公司项目获国家重点新产品计划立项】10月21日，科技部公布《2014年度国家重点新产品计划立项项目清单》，北京奥普科星技术有限公司王瑞华、路大贺、谭显忠等完成的“海洋勘探深井高温高压流体保压取样系统”入选。系统属资源与环境技术领域，可在任何环境下操作，并能取得有代表性的井液，经PVT实验室分析认可的数据，帮助确定油田开发方案、油气采收率、生产预测和生产设备。系统也可取地下水样或浓缩样，其振动管式密度计可在井下高温高压恶劣环境中测量地层流体样本密度，也适用于地层测试器。通过对井下环境的细致研究、氮气弹簧增压装置的设计以及3个关键点的研究，实现样品从井下到地面的全过程自动保压；解决了国外井下取样器存在的安全隐患和国内样品的代表性较差问题；井下密度计的研制使国内井下密度测量技术完全摆脱国外依赖；模块化的保压机构实现了现有美国技术中定量保压功能。项目获国家发明专利1件，实用新型专利2件。产品使用在伊朗北帕尔斯气田的开发上，并为长城钻探工程公司提供了振动管式密度计。

（亢　建）

【立思辰公司获北京市工程实验室认定】10月31日，市发展改革委发布《关于2014年认定北京市工程研究中心和工程实验室的公告》，北京立思辰计算机技术有限公司“基于国产化平台的内容安全管控关键技术北京市工程实验室”被认定为2014年北京市工程实验室。实验室主要是在立思辰公司自有的内容（安全）管理平台基础上，围绕内容安全管控关键技术行业细分领域，通过整合国产基础硬件、基础软件以及应用软件，打造全国产化的自主可控的软硬件一体化平台，提供从硬件到软件再到应用的一体化的完整解决方案，实现应用软件向自主可控的国产化平台的移植。

（亢　建）

【综合纸币处理系统入选中关村新技术新产品】11月17日，市科委、市发展改革委、中关村管委会等5家单位印发《关于公示2014年度中关村国家自主创新示范区新技术新产品（服务）的通知》（京科发〔2014〕577号），由北京华夏聚龙自动化股份公司研发的“综合纸币处理系统JL－1000”入选。系统将工业流水线的设计理念和设计思路运用到现金处理领域，实现现金处理的清分、除尘、扎把、盖章、捆扎、喷码、贴标、塑封、冠字号码识别和统计等全过程的自动化和智能化，为银行业大宗现金处理提供了解决方案。

（张　毅）

【第三届“石龙杯”消防技能竞赛举办】11月19日，石龙开发区管委会联合区防火委在石龙广场共同举办“石龙开发区第三届‘石龙杯’消防技能竞赛”活动，区公安消防支队、区安监局等单位相关领导及20余家入区企业的200余名员工参加。竞赛项目包括男子一人两盘水带连接、女子一人穿战斗服答题、男女混合4×100米手持灭火器接力3项赛事。最终，北京无极液压工程有限公司夺得团体比赛第一名，另两家企业获团体比赛第二名，3家企业获团体比赛第三名；单项个人及集体奖项共18名。竞赛期间，通过消防宣传站共展出安全生产、消防安全展板10余块，发放各类宣传海报、折页1000余份，旨在增强企业职工的消防安全责任意识，强化应对突发事件及初期火灾时的应急处置能力。

（亢　建）

【冠群驰骋投资管理有限公司分公司成立】12月1日，冠群驰骋投资管理（北京）有限公司门头沟分公司举行开业典礼。门头沟区政协、北京金城埠业房地产经纪有限公司等政府机构、企业相关人员50余人参加。冠群驰骋公司2009年1月成立，为互联网民间资本出借与借款咨询服务平台，注册资金6000万元，在国内已建有500余家以上分支机构，国外设有分公司，拥有1万余人的专业化团队，主要从事投资管理、投资咨询、经济贸易咨询等业务。门头沟分公司位于石龙高科大厦，面积260平方米，将构建区内融资平台，为中小微实体企业提供便利服务。

（亢　建）

【郭金龙到精雕科技公司调研】 12月18日，市委书记郭金龙等到石龙开发区入区企业北京精雕科技有限公司调研。区政府、石龙开发区管委会等相关领导陪同。调研中，有关负责人介绍石龙开发区发展总部经济、促进企业转型升级等工作状况。郭金龙一行观看精雕

科技公司研发车间和实验室，了解公司发展过程以及廊坊生产基地建设、腾退厂房改造升级等进展情况，肯定了精雕公司推动产业链合理布局的做法，希望继续坚持科技创新驱动，用好首都科技资源优势，在京津冀协同发展过程中不断壮大。（2013年8月，精雕廊坊生产基地一期工程竣工，占地14.5公顷，建筑面积7.27万平方米，投资额4.6亿元。2014年4月，精雕科技公司整体转移到廊坊生产基地，正式投入生产运营。）

（亢　建）

【门头沟园结合京津冀一体化拓展升级发展空间】 年内，门头沟园利用外埠空间，整体搬迁生产制造环节。北京精雕科技集团有限公司、北京三聚环保新材料股份有限公司等8家企业的生产基地外迁，分别落户在河北固安、涿鹿、廊坊等地，共计外购土地62.4公顷，计划投资13.6亿元。精雕科技公司在廊坊建立生产基地后，生产规模扩大近50%，销售收入由2013年的21亿元增加到30亿元，实现两地税收双增长。园区转型后，在腾退厂区建设总部大厦的项目有12个，其中北京三聚裕进科技发展有限公司、新华水力发电有限公司等，建设投入全部由企业出资，总建筑面积55.8万平方米，总投资27.69亿元。

（张党伟）

平谷园

2012年10月，经国务院批复，中关村示范区平谷园成立。2013年2月，平谷园获授牌，园区位于北京市东北部，地处京津冀三省市交汇点，境内大秦铁路横贯东西，高速公路直达京津，内陆口岸连通首都机场和天津新港，区位优势明显，系首都生态涵养区，历史文化底蕴深厚，居住生活环境良好。园区规划占地面积508.36公顷，包括马坊工业园（1、2、3）、兴谷（A、C区和B区）、峪口新能源地块、物流基地共7块地域4个园区，各园区高新产业用地分别占平谷园规划占地总面积的49.8%、41.7%、2.6%和5.9%，区内企业可享受到国家、北京市、中关村示范区等各级机构的优惠政策。园区拥有北京普析通用仪器有限责任公司、北京市富乐科技开发有限公司、北京白象新技术有限公司等知名企业，兴谷孵化中心、马坊创业大厦、环渤海创业大厦等服务机构，可为各种创新创业企业及项目提供全方位的支持。园区以打造“京东生态科技城”为目标，坚持“差异化、特色化、品牌化”的建园方针，大力实施“创新驱动发展、合作谋求共赢、园区引领全区”发展战略，加速“三园区、五基地”产业聚集，以通用航空为主的高端装备产业、高端食品与健康产业、现代物流和电子商务产业、音乐文化创意产业为四大主导产业，打造以“北京通用航空产业基地”为核心的通用航空与高端装备制造产业集群、以兴谷经济开发区“中关村食品产业网络发展基地”为核心的高端食品与健康产业集群、以“北京平谷物流基地”为核心的现代物流与电子商务产业集群、以“中国乐谷”为核心的音乐文化创意产业集群、以“北京轨道交通设备产业基地”为核心的轨道交通产业集群、以马坊工业园区“北京绿色能源产业基地”为核心的新能源产业集群，引领地区经济面向高端转型升级，努力把平谷园建设成为推动平谷区经济又好又快发展的强大引擎、中关村示范区的重要功能区。北京兴谷经济开发区由市政府批准建立，是北京市16家市级开发区之一，规划面积1502.7公顷，主要以汽车零部件、食品、机械等为重点支柱产业。北京马坊工业园区规划面积346公顷，以电子信息、新能源、现代制造为主导产业。2007年12月，中关村管委会与平谷区政府合作共建“中关村高新技术产业基地”。峪口新能源产业基地规划面积268公顷，2010年被中关村管委会命名为“中关村国能新能源产业园区”。马坊物流基地规划面积300公顷，主要分为口岸功能区、电子商务园、御马坊国际物流中心、物流总部基地等。

平谷园管理委员会领导成员

主　　任　底志欣
常务副主任　崔东辉
副 主 任　蒋仕义

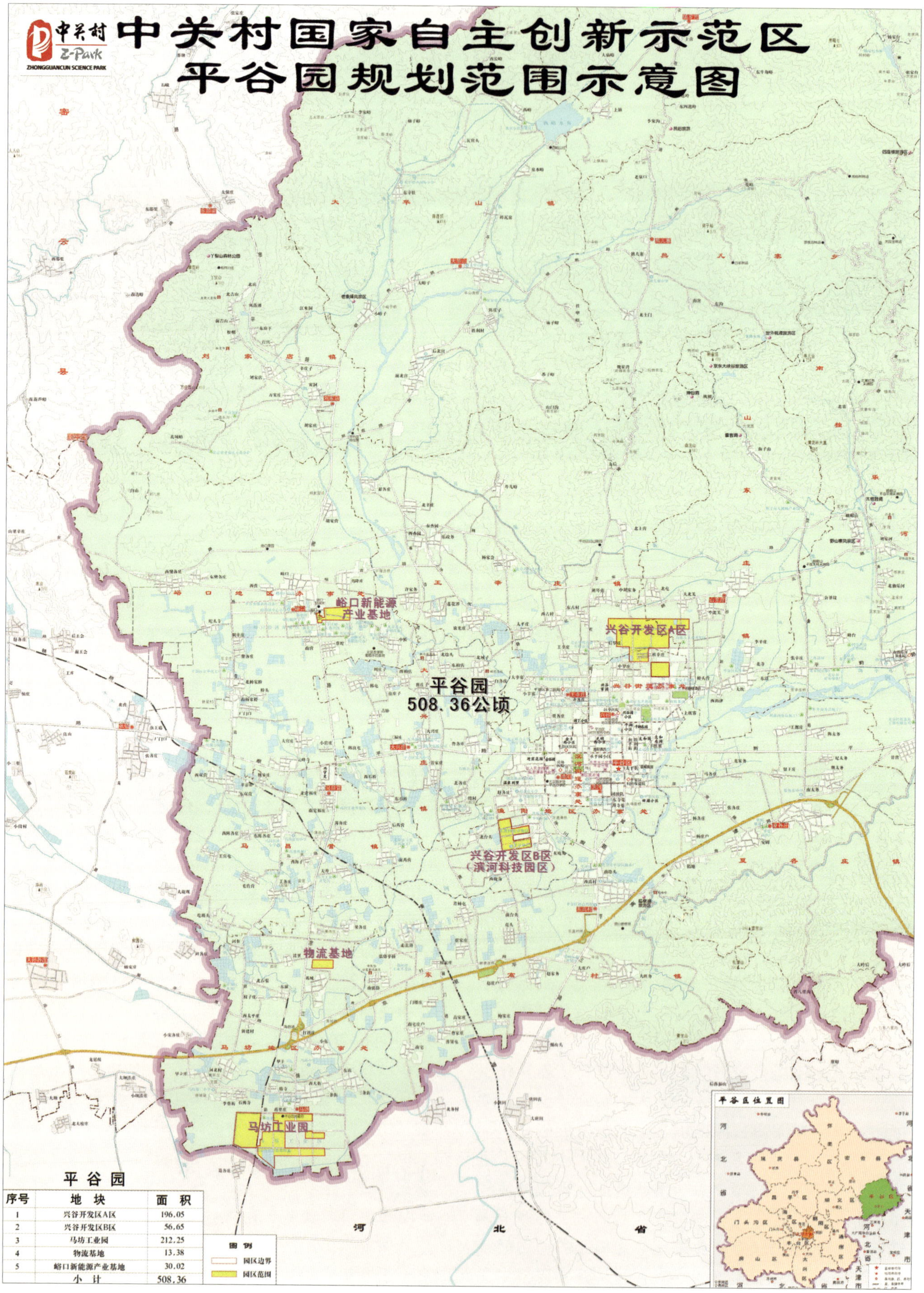

平谷园

序号	地块	面积
1	兴谷开发区A区	196.05
2	兴谷开发区B区	56.65
3	马坊工业园	212.25
4	物流基地	13.38
5	峪口新能源产业基地	30.02
	小计	508.36

【概况】2014 年，平谷园依据自身特点，立足产业、区位、政策等综合优势，坚持“差异化、特色化、品牌化”建园道路，充分发挥引领地区工业经济转型升级和高新产业聚集的核心作用。年内，园区入统高新技术企业总数 63 家；从业人员 1.1 万人；工业总产值 53 亿元；总收入 80 亿元；进出口总额 0.8 亿美元；实缴税费 4 亿元；利润总额 4.3 亿元；资产总计 108.1 亿元；科技活动经费支出总额 3 亿元；专利申请 194 件，专利授权 104 件。

招商引资。加强专项资金管理工作，对创新创业孵化平台、绿色生态型园区及高科技人才等进行专款支持，全方位提升平谷园企业的发展空间；在市区成立企业服务处，构建全新的区域高新企业招商网络；制定年度高新技术企业招商引资指标，加强工作考核；组建中新航空产业园，主要生产组装 P750 固定翼单发涡桨多用途飞机，吸引更多新西兰企业和项目落户园区。

企业发展。新认定高新企业 14 家，累计认定高新企业 66 家，其中国家级高新技术企业 45 家；注册企业 33 家，总注册资金超过 3 亿元；平谷园与杭州华三通信技术有限公司等高端集团、企业达成良好合作机制，为园区增量做出贡献；平谷信用平台获授牌，为平谷园企业创业、创新和快速发展奠定坚实信用基础；支持企业向科技创新型转型，为企业申报发展资金，推进企业做大做强；力促企业加入中关村信用促进会及“瞪羚计划”，为中小企业融资贷款贴息；完成“十百千工程”增补工作，北京普析通用仪器有限责任公司等两家区内企业上榜；北京市富乐科技开发有限公司凭借科技研发能力和品牌优势，入选 2014 年国家火炬计划重点高新技术企业。

政策宣传。完善网站等信息平台建设，尝试多渠道与企业交流；在平谷电视台播放宣传片，向外界推介中关村政策；《平谷园通讯》不断改进，通过扩大发行范围，达到更好的宣传目的。

创新服务。与多单位合作，打造与企业的零距离服务；北京市平谷区中小企业服务中心等两企业获市经济信息化委平台认证；区地税局在平谷园管委会设立“驻园税务服务站”，为企业受理纳税申报工作，加强了异地税源监控，强化了对税源管理的主动性；与区发展改革委、区统计局、区工商局等单位建立合作关系，为推动园区发展打下坚实基础；国际陆港食品科技园纳入国家现代农业科技城，以现代服务业带动北京高端食品产业的升级发展；国家空域技术重点实验室飞行实验基地揭牌成立，提升平谷区通航产业的产、学、研综合实力；北京平谷国际陆港获批为进口肉类指定口岸，为提高通关效率，推动京津冀一体化协调发展发挥作用。

（席　锴）

【两家单位获市经济信息化委平台认证】1 月 14 日，市经济信息化委印发《关于公布第二批北京市小企业创业基地认定名单的通告》（京经信委发〔2014〕5 号）和《关于公布第二批北京市中小企业公共服务平台认定名单的通告》（京经信委发〔2014〕6 号），北京市平谷区中小企业服务中心、北京马坊物流基础设施开发建设有限公司分别通过认定。服务中心为事业单位，类别为信息、培训、融资，从业人数 8 人，2012 年服务 246 户。马坊物流公司建筑面积 5010 平方米，基地运营管理团队 45 人，2012 年共有入驻企业 62 户（次），入驻企业职工人数 1397 人。平台是由法人单位建设和运营、对社会服务资源起带动作用的服务机构，将为中小企业提供信息、投融资、技术和质量、创业、培训等在内的公共服务。

（席　锴）

【国际陆港食品科技园纳入国家现代农业科技城】1 月 20 日，科技部、市科委批复北京平谷国际陆港食品产业科技园纳入北京国家现代农业科技城“一城多园”体系。园区将重点打造立体化、空间化、集约化综合性进出口食品产业链，建设食品加工制造基地、通关食品物流信息平台、食品安全质量检测平台、绿色食品贸易口岸以及绿色物流基地，以现代服务业带动北京高端食品产业的升级发展，保障首都食品供应和质量安全，提升首都食品加工制造与进出口贸易产业。

（席　锴）

【国民党荣誉主席连战率团到平谷区参访】2 月 18 日，中国国民党荣誉主席连战率由台湾各界有关人士组成的访问团就新农村建设到平谷区挂甲峪村访问。中国国民党副主席林丰正、海峡两岸关系协会党务副会长郑立中、北京市委常委牛有成等陪同。连战一行观看了小提琴展和提琴制作过程，聆听了小提琴演奏《阿里山的姑娘》，走进村民家中，实地了解新农村建设情况。（*平谷区被称为北京市的“音乐之乡”，以小提琴产业为特色，挂甲峪地处平谷区的北部山区，2007 年被评为北京市“最美乡村”。*）

（席　锴）

【中新共建航空产业园】3 月 18 日，由北京通用航空产业基地管委会主办的中新航空产业园项目“北京通用航空有限公司——太平洋航空航天有限公司全面战略合作框架协议签约仪式”在北汽集团总部举行，新西兰总理约翰·基，北京市市长王安顺、副市长张工以及区政府相关领导出席。仪式上，双方签署《全面战略合作框架协议》，以协议形式确定北京通航公司将成为太平洋航空航天有限公司（PAL）的股权持有者、P750核心知识产权的持有者，且将与PAL合作进行研发、设计、生产通用航空飞机。航空产业园一期投入5亿元，占地面积11.8公顷，厂房面积2.38万平方米，设计产能100架/年，将主要生产组装P750固定翼单发涡桨多用途飞机，且吸引更多新西兰通用航空成熟企业以及产业项目落户平谷。（北京通用航空有限公司2011年10月成立，由北京汽车集团有限公司、北京航空航天大学共同组建，是中国唯一一家市级国有通用航空企业。）

（席　锴）

【国家空域技术重点实验室飞行实验基地揭牌】 4月10日，国家空域技术重点实验室飞行实验基地在平谷区揭牌，通用航空产业又一重点项目正式落地。2011年9月，平谷区与国家空域技术重点实验室签署《战略合作协议》。实验室主要承担“通航产品研发和运用的核心技术”等课题研究，基地将利用实验室技术优势，引入持续的研究试飞和演示人物，提升平谷区通航产业的产、学、研综合实力，从而提高所在地区的知名度，带来更多的经济效益。

（席　锴）

【通航管委会与北京通航公司签约】 4月11日，北京通用航空产业基地管委会、北京通用航空有限公司“P750多用途固定翼飞机总装项目战略合作框架协议签约仪式”在京举行。平谷区政府、北汽集团等相关单位领导出席。该协议为中新航空产业园首个项目，投资方为北京通航公司。P750是PAL旗下的一款明星产品，定位为“空中力士”，具有明显的多用途产品优势及超短途起降性能，可广泛用于客货运输、航拍航测、农林喷洒等方面。

（席　锴）

【信用贷款政策座谈会召开】 5月5日，平谷园管委会组织召开园区重点企业信用贷款座谈会。会议邀请北京国融工发投资咨询有限公司相关人员对信用贷款流程及优惠政策进行讲解，北京普析通用仪器有限责任公司、北京科顺建筑材料有限公司、北京多力多机械设备制造有限公司等重点高新企业的代表参加。

（席　锴）

【两家企业入选市知识产权运用能力培育工程】 5月20日，市经济信息化委《关于工业企业知识产权运用能力培育工程第二批试点企业认定结果的通知》下发。平谷园北京华都峪口禽业有限责任公司、北京白象新科技有限公司两家企业因具备在京注册，有较为完善的知识产权管理制度，有明确的知识产权工作主管部门和人员，具备较为完善的研发、实验条件和一定的研发经费投入，有较强的经济技术实力和较好的经济效益等优势而获得认定。

（席　锴）

【《平谷区鼓励和促进企业上市办法（试行）》实施】 7月1日，平谷区政府出台的《平谷区鼓励和促进企业上市办法（试行）》（京平政发〔2014〕12号）实施。该办法适用于在本行政区域内工商注册和税务登记，具备独立法人资格，并纳入平谷区统计的企业。《办法》明确：①健全工作机制。建立平谷区企业上市联席会议机制，负责统筹协调推动区内企业上市工作。联席会议由常务副区长牵头，成员单位包括区金融办、区发展改革委、区科委等区属委办局以及联席会议议题涉及的其他单位。②建立“绿色通道”。各成员单位对涉及企业上市的行政审批、审核事项，指定专人督办，简化程序，提高效率。③设立企业上市专项资金，主要用于支持拟上市企业改制、上市工作。

（席　锴）

【5家企业入选“瞪羚计划”】 7月1日，中关村管委会公布2014年入选“瞪羚计划”的企业名单，平谷园北京坎普尔环保技术有限公司、北京清大天达光电科技有限公司、北京多力多机械设备制造有限公司、北京中标新亚机电工程有限公司、北京安国水道自控工程技术有限公司5家企业入选，涉及生物医药、先进制造、环境保护等领域。

（席　锴）

【平谷国际陆港获批成为进口肉类指定口岸】 7月11日，质检总局致函市政府，同意在北京平谷国际陆港筹建进口肉类指定口岸。平谷国际陆港地处京津冀交界处，距天津港135千米、京唐港140千米、秦皇岛港230千米、首都国际机场35千米、马坊铁路货运站2千米。便利的海陆空铁运输条件，使平谷国际陆港成为集国际中转、国际分拨、货物配送、保税仓储等多功能于一体的大型海陆联运枢纽，中国第一个内陆进口肉类指定口岸。成立之后，经海运进口的肉类即可不经天津港通关，而直接在国际陆港办理手续，进入北京及周边消费市场，节省物流时间与成本，提高通关效率，推动京津冀一体化协调发展。

（席　锴）

【博雅英杰物联网北斗产业基地工程奠基】 7月27日，“博雅英杰物联网北斗产业基地工程奠基仪式”在平谷区马坊物流园区举行。项目由北京博雅英杰科技股份有限公司投资建设，位于WL-10地块，投资额4亿元，总占地面积3.4公顷，总建筑面积10万平方米，将打造成为集物流仓储销售、集约产品展示、科技研发、生产加工、信息交流平台等于一体的高科技商贸、物流园区，为包括管理创新在内的科学研究、物流仓储、信息平台、电子商务等领域提供无限的发展机遇。（博雅英杰公司是国内唯一一家把实用法学与物联网云计算技术、生物特征识别技术应用到智慧城市建设、社会安全领域的高科技公司。）

（席 锴）

【两家企业入选中关村“十百千工程”】 8月20日，中关村管委会、市发展改革委、市科委、市经济信息化委、市财政局、市人力社保局联合印发《关于印发中关村国家自主创新示范区“十百千工程”第三批新入分园企业增补名单的通知》。北京普析通用仪器有限责任公司、北京市华都峪口禽业有限责任公司两家企业入选，成为平谷园首批“十百千工程”培育企业，分别属于先进制造、生物医药领域。

（席 锴）

【联合建立驻园税务服务站】 9月18日，驻园税务服务站授牌仪式举行，市地税局、平谷区政府等单位相关领导参加。服务站由平谷园管委会、区地税局联合建立，是平谷税务系统首个跨区服务试点单位，区地税局与平谷园中关村服务处共同为园区企业提供服务，包括涉税咨询、政策辅导、信息核实、纳税申报、涉税报表发放等工作，以加大招商引资力度，吸引优秀企业入驻平谷园。

（席 锴）

【峪口禽业公司入选首批国家蛋鸡核心育种场】 9月29日，农业部办公厅印发《关于公布第一批国家蛋鸡核心育种场和国家蛋鸡良种扩繁推广基地名单的通知》（农办牧〔2014〕31号），5家企业入选第一批国家蛋鸡核心育种场，10家企业入选第一批国家蛋鸡良种扩繁推广基地。其中，平谷园北京市华都峪口禽业有限责任公司入选首批国家蛋鸡核心育种场，峪口禽业公司在北京市、山东省和湖北省的3个生产基地——北京市华都峪口禽业有限责任公司父母代种鸡场、山东峪口禽业有限公司和荆州市峪口禽业有限公司入选首批国家蛋鸡良种扩繁推广基地。

（张 毅）

【企业政策宣讲会举办】 10月14日，平谷园管委会、工行平谷支行联合举行融资政策宣讲会，北京中标新亚节能工程股份有限公司、北京思泰嘉业新能源汽车部件有限公司等10余家中关村高新技术企业参加。平谷园管委会相关人员对中关村技术创新能力建设、企业改制上市、“瞪羚计划”、科技金融等政策进行解读，并与园区企业就目前存在的问题进行了沟通。工行平谷支行介绍了“科技通”“增信通”“网贷通”等融资产品，为企业融资提供便捷渠道。

（席 锴）

【富乐科技公司获评国家火炬计划重点企业】 11月5日，科技部火炬中心印发《关于发布2014年国家火炬计划重点高新技术企业评选结果的通知》（国科火字〔2014〕261号），北京市富乐科技开发有限公司凭借科技研发能力和品牌优势，入选2014年国家火炬计划重点高新技术企业。富乐公司成立于1996年，位于北京马坊工业园区，拥有加工中心、数控机床等仪器上百台，面积280平方米的10万级产品洁净包装车间以及配套的生物、力学试验室，主要从事骨科器械研发、生产、销售，产品主要有脊柱固定系列产品、多功能外固定架、半月板缝合器以及膝关节康复支具等。

（席 锴）

【林克庆调研流动蛋鸡超市建设工作】 11月17日，副市长林克庆到北京市华都峪口禽业有限责任公司，调研流动蛋鸡超市建设工作。林克庆了解了峪口禽业公司40年的发展历程、10余年的育种成果和峪口京红、京粉系列高产蛋鸡品种的突出特点，重点询问了流动蛋鸡超市的服务内容、服务形式和取得的成效，对峪口禽业公司5年建设100个流动蛋鸡超市、直接服务中国1亿蛋鸡的规划给予赞扬。林克庆建议北京市尤其是平谷区政府全力支持超市建设，通过流动蛋鸡超市服务模式，扶持平谷区60个贫困村。市农业局和平谷区政府等单位相关领导陪同调研。

（张 毅）

【3家企业入选年度专利试点培养单位】 11月18日，市知识产权局公布2014年度专利试点培养单位名单，平谷区4家企业入选，其中平谷园3家，即北京高中压阀门有限责任公司、北京思泰嘉业新能源汽车部件有限公司、国金黄金集团有限公司。2015年2月28日，市知识产权局《关于公布2014年度北京市专利试点验收合格单位的通知》印发，平谷园3家企业均通过验收。至年底，平谷园共有专利试点培养单位3家。

（席 锴）

【“零信贷”小微企业金融服务拓展活动走进平谷园】 11月18日，由人民银行营管部、中关村管委会、北京银行主办的中关村“零信贷”小微企业金融服务拓展活动在平谷区经济信息化委举办。活动中，人民银

行营业管理部发挥窗口作用，与中关村管委会合力搭建银企、银政对接平台，为各银行办理业务提供绿色通道：中关村管委会充分发挥财政杠杆作用，为银行和企业提供政策倾斜；各银行将信贷业务与结算业务、国际业务、投行业务有效衔接，给予企业差异化的金融综合服务，进一步加大产品、组织、机制创新力度，有针对性地开展名录企业营销；各担保、再担保等中介机构为名录内企业贷款优先提供服务。北京吉安达开关控制设备有限公司、北京格林美芯科技发展有限公司、北京长吉加油设备有限公司、北京博雅英杰物联科技有限公司、北京科顺建筑材料有限公司等 30 余家小微企业参加。

（席　锴）

【郭金龙到平谷园调研】 12 月 14 日，市委书记郭金龙就加快推进首都经济社会发展到平谷园调研。市委副书记王安顺一同调研。在国际陆港零摄氏度以下的冷库工作区，来自天津港、秦皇岛港的进口食品在此通关、检疫后输往本市及华北各地，全程实现冷链物流。北京市华都峪口禽业有限责任公司是世界三大蛋鸡育种公司之一，成功培育 3 个具有自主知识产权的新品种，创建流动蛋鸡超市服务体系，实施“生出一只鸡，服务这只鸡”的战略规划，其京红、京粉系列高产蛋鸡品种占据国内 40% 的市场份额。郭金龙考察了峪口京红、京粉系列商品代雏鸡的孵化全过程，对公司坚持走高科技种业发展之路，采用“公司＋家庭农场”模式带动农民致富的做法给予充分肯定。市领导牛有成、程红、林克庆等参加调研。

（席　锴）

【平谷信用工作平台获授牌】 12 月 29 日，在信用中关村系列活动“2014 中关村信用双百企业发布会”上，举行了由中关村企业信用促进会对平谷信用工作平台等机构的授牌仪式。平谷平台与中关村企业信用促进会对接，接受业务主管单位平谷区经济信息化委和登记管理机关平谷区民政局的业务指导、监督管理，是从事信用互促、互助，支持中小企业信用建设发展的民间经济组织，是为维护会员的合法权益并进行信用互助支持而自愿组织的非营利性社会团体，以“解决企业融资难，提高企业信用建设质量”为己任，发挥桥梁和纽带作用，通过协调企业与金融机构之间的关系，建立中小企业信用体系，为中小企业融资和信用机构提供服务支持。

（席　锴）

【平谷园新增 14 家高新技术企业】 年内，平谷园新认定北京山水青环保科技有限公司、北京吉安达开关控制设备有限公司、北京同创汽车部件有限公司、北京达新新创机械有限公司等 14 家中关村高新技术企业。至年底，累计认定高新企业 66 家，其中国家级高新技术企业 45 家。66 家企业涉及机械制造、新型建筑防水材料、计算机软件开发应用、新能源汽车零部件的生产与制造等领域，其中北京日进汽车系统有限公司为在中关村管委会入统的 20 亿～ 50 亿元企业。

（席　锴）

【单警视音频定位执法记录仪通过检测】 年内，由北京博雅英杰科技股份有限公司研制的单警视音频定位执法记录仪通过公安部安防报警系统产品质量监督检验中心（上海）的质量检测，报告编号：公沪检 147399。记录仪（型号规格：BY-ZF-001）通过一键式操作即可控制拍照、摄像、录音、送话、回放等功能，能确保机器在紧急情况下快速进入工作状态；采用高强度工程塑料制成，在外观的四周特制了抗摔的材料，裸机可承受 3 米以上任意面跌落；配备 120 度大广角镜头，有效保证摄像无畸变；采用高性能远距离红外光源自动切换设计，在光线不足的情况下自动开启，确保能够清楚分辨 8 米内的人物轮廓；内置大容量存储芯片设计，可以实现长时间的摄录；内置大容量锂电池，待机时间在 48 小时以上。

（张　毅）

怀柔园

2012年10月13日，经国务院批复，以北京雁栖经济开发区主园区为核心的711公顷土地被纳入中关村示范区。2013年3月7日，中关村怀柔园揭牌。园区位于雁栖湖畔，包括核心区西区、中区、南区以及北区1～4区7个区域。核心区面积662.5公顷，位于雁栖开发区内，北区面积48.51公顷，位于怀北镇，属于中国科学院大学校区及创新基地用地。根据怀柔区建设文化科技高端产业新区的总体目标及“641”整体布局，怀柔园确定了总体产业规划，重点发展以特色新材料为主的纳米科技产业、以专业技术研发为重点的科技服务业、以云计算和物联网为重点的数字信息产业。纳米科技产业园建于2012年4月21日，由市科委与怀柔区政府共同打造，主要涵盖纳米领域共性技术研发、科技成果孵化、成果落地转化、产业化支撑服务四大功能，致力于纳米科技在能源、电子、环境、生物医药四大领域的应用。2013年，该产业园被科技部评定为“国家纳米高新技术产业化基地”，已有42个纳米项目签约入驻，包括由中央“千人计划”入选者、中科院外籍院士王中林领衔的纳米发电机，中科院院士、清华大学范守善的超顺排碳纳米管，中科院化学所宋延林的绿色打印印刷等前沿科技项目。科技服务产业园以中科院北京怀柔科教产业园为基础，重点发展研发和设计服务、创业及产业化服务以及科技咨询服务，聚集了中科院各科研机构、中国航空综合技术研究所等一大批科技服务资源。数字信息产业园主要以中科院网络中心为代表，大力培育并加快发展云计算应用、物联网关键技术研发、大型数据中心服务、数字内容等服务业态，目标是建成特色鲜明、创新能力极强、产业配套完善、具备全国竞争力的数据信息服务基地。现网络中心的北京超级云计算中心项目已如期完成一期建设，二期建设也已启动。全部建成后将实现院市共建千万亿次机的超级计算环境，北京同城信息化设施的重要备份中心、国家域名顶级节点同城灾备中心，将成为面向科研信息化与区域信息化需求服务的平台。园区市政基础设施已全面实现“十通一平”，建有变电站、水厂、热力中心、银行等市政配套设施，万方研发服务中心等商务配套，顶秀美泉小镇等生活配套，已有来自美、英等国家的企业入驻，企业可享受到国家、北京市、中关村示范区、怀柔区在促进高新技术产业、文化创意产业等方面的各项发展政策。

怀柔园管理委员会领导成员

主任	周福枢
党委书记	刘怀英
党委副书记 纪委书记	李建荣
副主任	肖东亮

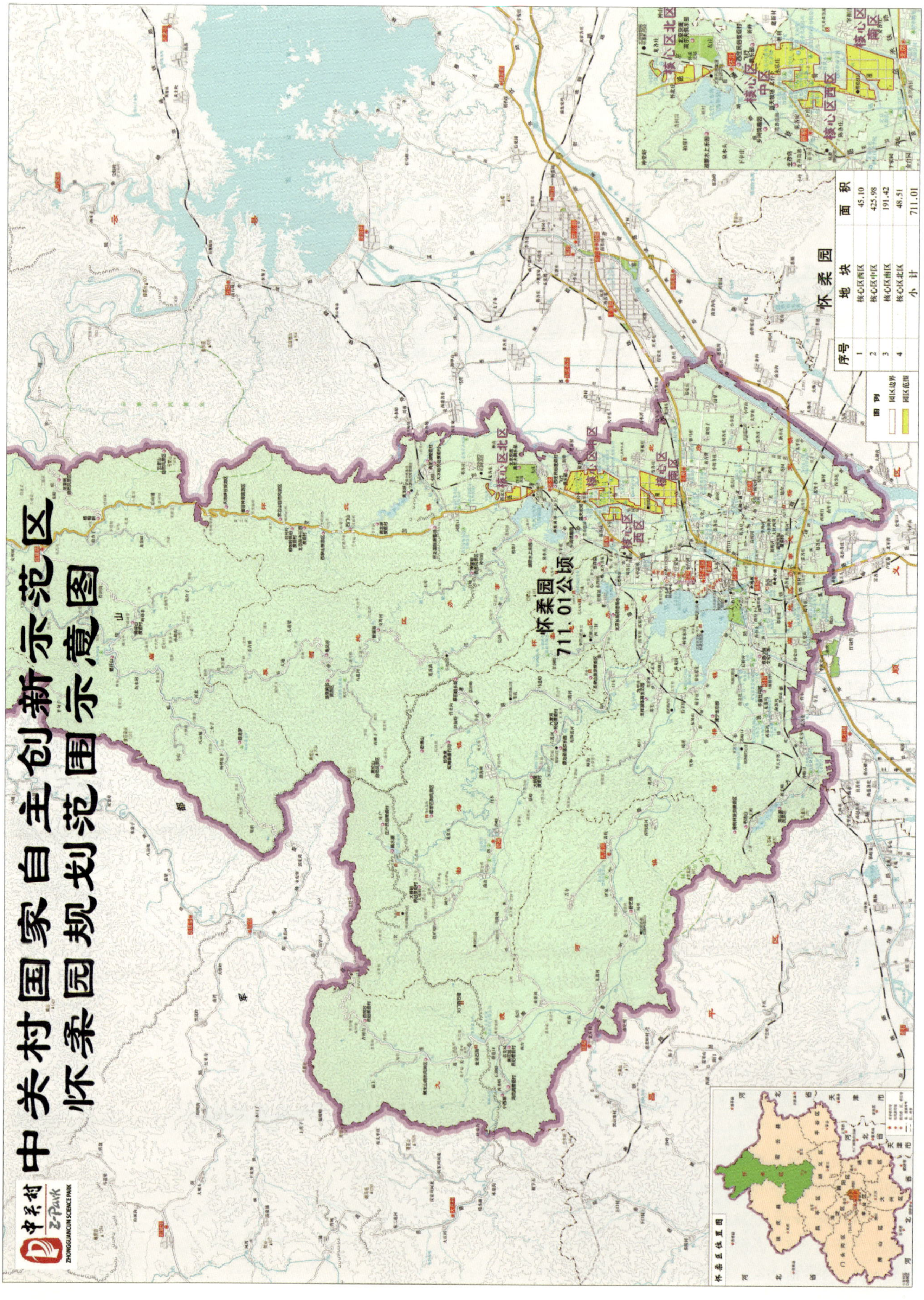
中关村国家自主创新示范区
怀柔园规划范围示意图
怀柔园
711.01公顷
核心区北区
核心区中区
核心区南区
核心区西区
怀柔园
序号 | 地块 | 面积
1 | 核心区西区 | 45.10
2 | 核心区中区 | 425.98
3 | 核心区南区 | 191.42
4 | 核心区北区 | 48.51
| 小计 | 711.01
图例
园区边界
园区范围
怀柔区位置图

【概况】2014年，怀柔园建设整体呈发展态势，雁栖开发区获“国家新型工业化产业示范基地”称号。年内，园区入统高新技术企业总数101家；从业人员近1.9万人；工业总产值125.3亿元；总收入190.3亿元；进出口总额1.0亿美元；实缴税费10.7亿元；利润总额19.9亿元；资产总计256.3亿元；科技活动经费支出总额9.2亿元；专利申请250件，专利授权221件。

*企业发展带动经济增长。*年内，园区战略性新兴产业发展态势良好，结构调整积极推进，质量和效益不断提高，高新技术企业的发展对保持经济平稳增长起到了至关重要的拉动作用。北京东明兴业科技有限公司、北京太尔时代科技有限公司等企业，增速超过50%；北京御食园食品有限公司成功登陆新三板，实现跨越式发展；奥瑞金包装股份有限公司等3家企业入选市重点总部企业名录，资产收入双过亿。

*签约项目增长推动发展。*年内，园区签约项目23个，总投资超20亿元。仅纳米科技产业园即新引进北方国能公司超长碳纳米管材料中试项目、中科东亚公司纳米玻璃自清洁产品产业化项目、百益源公司纳米远红外技术研发及运营总部基地项目、国联汽车动力电池公司纳米材料动力锂电池产业化项目等10个，其中6个项目当年投产，促进了纳米产业链的聚集发展，推动纳米技术在能源、电子、环境等领域的应用。

*盘活闲置土地提供支撑。*年内，园区通过盘活闲置土地，为发展中的高新技术产业提供支撑。根据地块情况对闲置土地进行划分，拟定分批次盘活任务，并依据企业对其所持闲置土地的基本想法，鼓励企业通过兼并、收购、合并、转让及出租等方式盘活存量资源，最终盘活7宗闲置土地18公顷。北京格瑞特科工贸公司与中国三浦灵狐动漫产业集团公司签订合作意向书，拟建主题公园总部基地；大北农集团二期科研楼26800平方米建设项目重新启动报建手续，计划2015年开工建设。

*在建重点工程陆续完工。*年内，在建重点工程依照工期进度表如期推进。北京东明兴业科技有限公司精密模具研发与生产基地一期工程竣工，2015年下半年投产；百仕欣饮料（北京）有限公司儿童饮料项目工程已完工，进入设备调试阶段。

*圆满完成APEC会议保障任务。*年内，园区为配合APEC会议，建立会议期间专项工作小组，全力推进环境整治建设。完成7条主要道路路面结构补强，更换附属设施及增设安全防护装置；对开发区4个门区进行修缮，在整个园区范围内建立起四级导视标识系统；新建的园林公园全新亮相，可为区内企业职工提供休闲之处；改造35台共581蒸吨燃煤锅炉，在APEC会议前全部通气，正式投入使用；将区内224家企业进行分类，对企业实行“点对点”服务，全年受理诉求350余项，做到“件件有着落，事事有回音”，实现APEC会议期间企业停限产工作全面到位。

*打造高品质服务软环境。*年内，园区举办双向对接会，先后带领北京六必居食品有限公司怀柔食品厂等企业赴中科院各科研院所与其在科技成果转化、技术升级等方面对接，已成功协助北京森根比亚生物技术有限公司与中科院北京物质科学与纳米技术大型仪器区域中心对接，且借助中心的科研设备完成了生物蛋白质样品检测项目；北京纳米电子材料检测服务中心启动运行，为怀柔园第一家材料测试领域的科技服务机构；《怀柔文化科技高端产业新区发展规划》发布，鼓励高端人才到怀柔园创新创业；编制怀柔园政策汇编，开展知识产权、科技扶持政策、金融等各种宣讲，为企业提供一站式服务；建立公共宣传服务平台，利用开发区自有媒体资源为区内企业提供宣传服务，已有47家企业纳入平台；国网北京怀柔供电公司宰相庄110千伏变电站投产送电，缓解了开发区用电紧张局面。

（雷思源）

【长城伟业公司入选市总部经济中介组织机构库】1月6日，市商务委公布第一批《北京市总部经济中介组织机构库》名单，北京市长城伟业投资开发总公司入选，成为怀柔园首批入选的成员单位，且可享受市政府《关于促进总部企业在京发展的若干规定》中对突出贡献中介组织的资金奖励。该公司是具有独立核算的法人单位，为怀柔区政府直属国有企业，拥有完整的运营管理团队，负责北京雁栖经济开发区规划区域内土地的征用、开发、招商引资以及经营性物业投资管理，引进总部企业31家，占入区规模以上企业数量的40%，2013年实现总产值231亿元。

（王焱霖）

【怀柔文化科技高端产业新区发展规划发布】1月15日，市发展改革委、怀柔区政府印发《怀柔文化科技高端产业新区发展规划（2014—2020年）》（京发改〔2014〕109号）。《规划》提出新区将重点打造“起步区、拓展区”两大空间载体，按照“一扇三核”进行空间功能布局。起步区由会展核、文化核及科技核组成的“三核”构成，规划面积6900公顷；拓展区以怀柔新城为中心，连接“三核”形成扇面覆盖。“一扇”是指以生态涵养为出发点，以怀柔新城为公共服务保障，通过国际会议拉动、文化创意带动、科技创新驱动，形成产城融合的扇形布局。“三核”是指以雁栖湖示范区为龙头的会展核；以中影基地为骨干的文化核；以中科院怀柔科教产业园为核心的科技核。《规划》指出，怀柔新区要制定相关政策，重点发展会展休闲产业、影视文化产业、科技研发产业、高端制造和商贸金融产业，努力增强生态涵养功能，建设好配套服务环境，到2020年，完成功能健全、实力雄厚、较为成熟的现代化、国际化、高端化产业新区建设，成为国际政经会议重要承办地、首都文化科技融合发展示范区。

（雷思源）

【雁栖开发区获“国家新型工业化产业示范基地”称号】 1月28日，工业和信息化部印发《关于公布第五批“国家新型工业化产业示范基地”名单的通知》，同意36个产业集聚区为第五批“国家新型工业化产业示范基地”，北京仅1家，即食品·北京雁栖经济开发区。7月22日，在济南市举行的“全国工业和信息化系统技术改造暨示范基地工作会议”上，为第五批“国家新型工业化产业示范基地”授牌。雁栖开发区以食品饮料、包装印刷产业为代表的都市产业占绝对优势，现园区内聚集了玛氏食品（中国）有限公司、北京啤酒朝日有限公司以及北京广东健力宝饮料有限公司、红牛维他命饮料有限公司等一大批国内外知名企业，形成了庞大的产业集群。开发区将以促进产业转型升级为着力点，以创新、高端、品牌、文化和融合为主线，以绿色食品饮料、工艺设计、包装印刷为支撑，大力发展研发、贸易、总部等产业链环节，培育一批具有较强竞争力的骨干企业，提高产业辐射力和带动力，建成集研发、生产、销售、总部等功能于一体的食品饮料品牌运营基地。

（蒋　盟）

【北京纳米电子材料检测服务中心启动运行】 2月12日，由市科委、国家纳米科学中心、怀柔园管委会主办的“北京纳米电子材料检测服务中心（暨纳通检测）正式运行启动仪式”在北京纳米科技产业园举行。主办单位相关领导30余人参加。中心由北京中科纳通电子技术有限公司发起，与国家纳米科学中心共建，位于北京纳米科技产业园，投入资金500万元，是“北京纳米科技产业园孵化器建设”课题中的共性技术研发服务平台的重要内容。公司提供500平方米场地和自有设备，同时负责运营管理和市场拓展；国家纳米科学中心提供检测服务资质，制定纳米电子材料检测标准；雁栖开发区管委会为共建平台的协调管理单位，并提供一部分检测设备；中科院电子所和微电子所等

5家单位参与建设。中心属于国内第一家专门服务于印刷电子产业、电子信息产业和光伏产业的第一、第二、第三方的检验机构，怀柔园第一家材料测试领域的科技服务机构，整合了大量“高精尖”的专业设备，具备检测纳米电子材料的物理、化学等方面性能的能力，主要开展纳米材料分析、电子材料可靠性、材料的失效分析与预防、半导体及相关领域检测分析等业务。

（王焱霖）

【联合成立大科学装置立项建设专项工作领导小组】 2月13日，《北京市怀柔区人民政府中国科学院北京综合研究中心关于成立大科学装置立项建设专项工作领导小组的通知》（怀政发〔2014〕10号）印发。领导小组的成立旨在推动北京综合研究中心大科学装置建设，协调解决立项建设过程中存在的问题。成员由区政府、研究中心、中科院高能所等单位行政一把手分别任组长、副组长，区相关委办局、雁栖开发区管委会等单位行政一把手为成员。领导小组根据大科学装置建设进展情况，及时召开工作会，协调解决大科学装置立项建设中存在的重点、难点问题，对接国家和北京市有关部门，加速推动大科学装置项目立项和在怀柔区建设工作。领导小组办公室分设在区发展改革委、北京综合研究中心（大科学装置处）。5月20日，领导小组第一次会议召开。（大科学装置是指通过较大规模投入和工程建设完成的、建成后需长期稳定运行和持续开展科学技术活动，以实现重要科学技术和公益服务目标的国家大型基础设施。中科院高能所、物理所、大气所和空间中心的高能同步辐射光源、综合极端条件实验装置、地球系统数值模拟器以及空间环境地面模拟装置等大科学装置项目将分别在怀柔立项实施。）

（耿晓夏）

【3家企业入选市重点总部企业名录】 2月14日，北京市发展总部经济工作部门联席会议办公室公布第一批《北京市重点总部企业名录》，怀柔区共有9家企业

入选，其中怀柔园3家，即奥瑞金包装股份有限公司、中科合成油技术有限公司、同方泰德国际科技（北京）有限公司。3家企业符合本市注册、拥有子公司、资产收入双过亿和2012年度纳税4000万元的申报条件，且可依照市政府《关于促进总部企业在京发展的若干规定》享受资本、办公用房补助，以及经营贡献奖励等多项优惠政策。

（王焱霖）

【“BASIC论坛”第一期举办】 2月28日，由中国科学院北京综合中心主办的“BASIC论坛”第一期在北京科技大学举办。雁栖开发区、中科院所属部分研究所、中国科技大学等单位100余人参加。相关专家以“先进光源的应用及发展”为主题，回顾了X射线作为光源的早期应用，以及所取得的一系列科学成就，介绍从早期的X射线管，到中期的X射线光机，再到同步辐射装置，高能光源成为各学科基础研究和原始创新不可或缺的硬性条件，广泛应用在生物结构、医学诊断、药物研发、工业检测和探伤等领域，对经济社会可持续发展、国家安全具有十分重要的意义。全年底，论坛共举办4期，分别由中科院物理所、高能物理所、大气物理所相关专家就“综合极端条件下的重大科学问题”“大科学装置概说”“地球系统模式与地球系统模拟装置”做特约报告。（“BASIC论坛”是由中科院北京综合研究中心主办的系列学术活动，围绕立项建设中的高能同步辐射光源等，邀请领域内有重要影响力的专家学者，与听众一起分享大科学装置以及多学科研究平台的科学目标、前沿进展及其经济和社会应用前景。）

（耿晓夏）

【百仕欣公司落户雁栖】 3月11日，百仕欣饮料（北京）有限公司在雁栖开发区完成注册，4月开工，成为怀柔区首家享受中关村示范区筹建政策的外商投资企业。公司是华彬集团在国内投资的特大饮料生产项目，占地面积1.73公顷，建筑面积2.1万平方米，包括研发中心、生产车间、综合楼、食堂及宿舍等，负责少儿果汁饮料Capri–Sun（果倍爽）在中国的生产及销售。项目计划2015年投产。

（耿晓夏）

【首次项目及投融资机构对接会举办】 5月9日，由雁栖开发区管委会组织的北京纳米科技产业园首次项目及投融资机构对接会在园区召开。嘉融投资有限公司、中国风险投资公司等投融资机构的负责人及项目方代表参加。会议听取了北京科技大学的“微纳磁敏元器件及传感器”、国家纳米药物工程技术研究中心的“食品安全磁酶免化学发光全自动检测系统产业化”、北京利为科技有限公司的“危险化学品紧急处置用纳米树脂材料产业化”、鄂尔多斯奥利星集团的“声学换能器”等8个纳米园拟入园项目的基本情况及具体需求（厂房及投融资）汇报，投融资机构与项目方进行了互动交流并提出科技成果转化及产业化推进建议。之后，与会者实地考察了园区现有的多处闲置厂房，就厂房产权、设计结构、承重要求、电力增容、气暖供应等具体问题与项目方进行探讨。

（崔银龙）

【膜技术设备应用于“月宫一号”】 5月20日，“月宫一号”（空间基地生命保障人工闭合生态系统地基综合实验装置）成功完成中国首次长期多人密闭试验。在105天多人高闭合度集成试验中，北京碧水源科技股份有限公司与北京航空航天大学合作研发的膜生物反应器和净水技术在“月宫一号”全面应用，实现了模拟太空水循环的成功。太空水处理设备系统包括微滤膜、超滤膜和反渗透膜等，为系统内实现水的循环再生起到关键作用。在“月宫一号”水循环系统中，膜生物反应器持续处理卫生废水达到灌溉用水标准，水处理设备净化冷凝水达到安全饮用水卫生标准，源源不断为密闭试验舱中的志愿者提供安全饮用水，且设备运转良好。

（董慧娟）

【“中科院怀柔区科技服务双向对接会”举办】 6月9日，由中国科学院科技促进发展局、怀柔区政府主办的“中科院怀柔区科技服务双向对接会”在中国科学院大学雁栖湖校区举办。中国科学院北京分院、北京综合研究中心、雁栖开发区管委会、怀柔区科委等单位负责人以及近300家企业、有关银行和投资机构代表500余人参加。会议介绍了中科院科技服务网络（STS—Network）行动计划、怀柔经济产业发展与相关优惠政策、中科院相关院所重点科研成果转化和投资、中科院京区大型仪器区域中心及开放平台等相关情况，举办了“中国科学院大学　怀柔区政府战略合作协议签约仪式”。会议根据怀柔区企业反馈的技术需求，设置了纳米新材料，新能源及设备制造，食品饮料、生物医药与信息3个分会场，参会研究所与近50家企业就科技资源与企业发展的技术需求以及融资、中科院公共实验设备使用、双方联合进行专向技术研发等方面进行沟通对接，涉及电子信息、能源设备、纳米生物医药等领域，达成了若干初步合作意向。

（赵　敏）

【超级云计算中心“服役”】 6月19日，由中科院计算机网络信息中心、北京北龙超级云计算有限责任公司、曙光信息产业股份有限公司主办的“北京超级云计算中心 HPC 研讨会暨新一代超级计算机‘元’上线开通仪式”在云计算中心举办。来自各地的行业专家、合作伙伴、用户代表等参加。“元”上线标志着北京首台超级计算机正式启动，还标志着计算能力从百万亿次到千万亿次的飞跃，一期具有每秒 300 万亿次计算能力，二期将达每秒 2000 万亿次。至此，由北京市政府和中科院共建的重大项目——北京超级云计算中心将为各类企业提供超级计算和云计算服务。“元”系统融合多种计算资源，包括 NUMA 架构大内存节点、IntelMIC 和 NvidiaGPU 高性能加速处理器、远程可视化节点以及基于龙芯、申威国产 CPU 的异构环境，适应多学科应用需求，可实现高速计算，并能快捷处理和分析计算结果。超级计算机主要应用于天气预报，同时还有气候研究、运算化学、分子模型、物理模拟、密码分析、药物研发等。如开发一种新的药品，一般大约需要 15 年时间，而利用超级计算机则可以对药物研制、治疗效果和不良反应等进行模拟试验，使研发周期缩短 3 年～ 5 年，降低研发成本；市公安局刑侦部门的指纹比对，对比筛查每批次比对计算约需 40 万亿次的计算资源，运行 1 周时间才能完成，而在北京超级云计算中心，对比效率可提升数倍乃至数十倍。至年底，中心累计为各研究所、高校、企业等 400 余家用户提供 1 千万 CPU 小时的服务。

（赵　敏）

【两家企业入选“瞪羚计划”】 7 月 1 日，中关村管委会公布 2014 年瞪羚重点培育企业名单。怀柔园两家企业入选，即北京太尔时代科技有限公司（1000 万～ 5000 万元）、北京新时空照明技术有限公司（1 亿～ 5 亿元），涉及 3D 打印、节能环保领域。入选的“瞪羚企业”可享受多家金融服务机构提供的“瞪羚计划贷款”“信用贷”等一系列特色金融服务产品，在原有的“瞪羚计划”等支持政策的基础上，企业贷款贴息比例也将有所提高。至年底，怀柔园纳入中关村示范区统计的规模以上高新技术企业 67 家，主要集中于纳米科技产业园、科技服务产业园、数字信息产业园。

（王焱霖）

【“北京总部企业怀柔行投资洽谈会”举行】 7 月 3 日，由区政府主办的“北京总部企业怀柔行投资洽谈会”在雁栖开发区举行，市商务委、区投促局等相关领导以及中泰国际控股集团有限公司、沃尔玛中国投资有限公司、北京顺丰速运有限公司等 20 余家知名总部企业负责人和总部经济中介机构负责人参加。会上，区

商务委、雁栖开发区管委会相关领导分别介绍了区总部企业以及开发区发展情况、相关政策。参会企业逐一介绍公司发展方向及投资意向，并围绕投资环境、投资成本、政策支持等内容进行深入交流。至年底，怀柔园总部企业达 19 家，营业收入 196 亿元。

（耿晓夏）

【宰相庄 110 千伏变电站投产送电】 7 月 30 日，国网北京怀柔供电公司宰相庄 110 千伏变电站投产送电。变电站位于雁栖组团东南部，占地面积 0.3 公顷，2013 年 5 月 30 日开工，中铁十六局集团第四工程有限公司等负责施工。变电站按照全户内式设计，安装有 50 兆伏安有载变压器 2 台，将进一步满足雁栖开发区 A、D 区和北房镇用电负荷需求，解决中国航空综合技术研究所试验与检测中心、国家空间科学中心怀柔园区、北京有色金属研究总院怀柔基地等单位用电问题，缓解开发区用电紧张局面。

（吴大伟）

【海藻多糖空心胶囊投产】 7 月，海藻多糖空心胶囊（羟丙甲纤维素空心胶囊）生产技术实现产业化，在北京皇岛植物胶囊有限公司投产。该技术由公司全资子公司——秦皇岛药用胶囊有限公司联合中科院海洋研究所，经多年研究开发，获发展改革委、市科委资金支持，为 863 计划研发项目，拥有自主知识产权，食品药品监管总局将该产品标准批准颁布为国家药品标准。海藻多糖空心胶囊是中国第一个由国家批准上市的植物空心胶囊品种，以绿色植物海藻和膳食纤维素为原料，无动物疫源病的潜在威胁，不存在动物体内抗生素、饲料添加剂等残留问题。胶囊化学性质稳定，与内容药物的相容性好，不会出现明胶空心胶囊与部分药物发生的交联反应、美拉德反应、缩合反应等。理化性能指标更高，含水量低至 8.5% 以下，具有韧性好、强度高、不风化、不脆碎的特点，保质期达 48 个月。

（范森淋）

【中航工业综合所怀柔分所区启用】 8 月 18 日，由中

国航空综合技术研究所怀柔分所主办的“中航工业综合所怀柔分所区启用动员会”在分所召开。该所为中国航空综合技术研究所技术创新基地，坐落雁栖经济开发区C区，占地面积8公顷，建筑总规模约10.4万平方米，2010年9月28日奠基，投资4.5亿元，设有质量工程研究与环境试验中心、民用航空器适航技术研究与管理中心、信息技术研发和服务中心以及航空科技人员资格认证中心、所属企业用技术研发中心，可保证中航所试验与检测中心科研生产条件。（中国航空综合技术研究所隶属于中国航空工业集团公司，成立于1970年，主要承担标准化、适航性与安全性等技术基础研究工作和信息技术、工业自动化应用工程，是一个面向各军种、各军工行业，服务于国防的公益性综合技术基础研究机构。）

（耿晓夏）

【5家企业入选第三批“十百千工程”】 8月20日，中关村管委会、市发展改革委、市科委等6部门联合印发《关于印发中关村国家自主创新示范区“十百千工程”第三批新入分园企业增补名单的通知》（中科园发〔2014〕40号）。怀柔园内的奥瑞金包装股份有限公司、北京东明兴业科技有限公司、北京福斯汽车电线有限公司、同方泰德国际科技（北京）有限公司、中科合成油技术有限公司5家企业入选，是园区第一批入选“十百千工程”的企业，涉及金属容器制造、新材料、高端装备、科技服务、节能环保等领域。

（王焱霖）

【北京纳米科技产业园孵化器建设课题通过验收】 8月26日，由市科委组织的“北京纳米科技产业园孵化器建设课题验收会”在北京中科纳通电子技术有限公司召开，首都师范大学、中国人民大学、国家纳米科学中心等单位相关专家参加。课题2012年6月启动，由怀柔区科技服务开发中心、北京市长城伟业投资开发总公司共同承担。课题依据纳米产业及孵化器行业相关政策法规，设计出符合北京纳米科技产业园发展的创新孵化体系及具有区域和纳米产业特色的企业培育机制，提出“专业孵化＋创业导师＋天使投资”的孵化模式构想，形成《北京纳米技术科技企业孵化器市场运营规划》《北京纳米科技产业园中小企业孵化模式和培育机制研究报告》，制定《怀柔区纳米产业科技成果转化和产业化项目资助办法》；通过课题实施，搭建了公共信息服务平台和共性技术研发服务平台，为在孵企业提供必要的实验测试设备和场所以及从上游研发到中试生产的基础实验条件，旨在降低企业前期投资风险和资金压力，提高服务企业能力；建成北京纳米科技产业园孵化器，孵化区域3250平方米，孵化车间2310平方米，已入驻孵化企业14家，孵化纳米产业化项目7项，涉及纳米绿色印刷、纳米能源、纳米碳材料及应用、纳米膜材料及应用等领域。

（林幼珊）

【北京清畅新企电力设备有限公司成立】 8月，北京清畅电力技术股份有限公司全资子公司——北京清畅新企电力设备有限公司成立。该企业位于雁栖开发区清畅电力公司怀柔分公司厂区，注册资本1000万元，独立核算，主要生产环保型中压气体绝缘开关柜。产品采用固体绝缘材料，可减少SF_6气体的排放以及温室效应的影响，比原有的气体开关柜更加环保，在替代性减排方面潜力大，主要客户群体是国家电网公司。（清畅电力公司成立于2005年，2009年深交所三板挂牌，注册资金1亿余元，固定资产超过3亿元，是北京市高新技术企业，中关村示范区重点支持的88家制造企业之一。）

（李　鑫）

【北京一零一中学怀柔校区落成】 9月1日，“北京一零一中学怀柔校区落成暨2014—2015学年度开学典礼”在怀柔区举行。市教委、海淀区政协、怀柔区政府等单位相关领导参加。怀柔校区位于雁栖开发区内，是一所寄宿制学校，实行封闭式管理，占地面积6.66公顷，包括教学楼、实验楼、学生宿舍、餐厅等。校区配置有标准的400米跑道操场、游泳馆、网球场、羽毛球场和排球场，可提供10万册书籍的图书馆，形体、音乐、美术教室，校园电视台、电台、录播室以及远程教育系统、天文观测台和数字实验室等专用和专业教学设施。

（张　蕾）

【21家纳米领域企业参展第五届国际纳米论坛】 9月24—26日，北京纳米科技产业创新联盟、北京纳米科技产业园联合组织由21家纳米领域企业组成的北京纳米科技产业代表团参加在苏州举办的“第五届中国国际纳米技术产业发展论坛暨纳米技术成果展”。在大会成果展环节，雁栖开发区和北京新材料发展中心联合设立北京纳米展区，对开发区和纳米科技产业园规划发展、投资政策、重点企业、科研成果等情况进行宣传推介。同时，北京中科纳通电子技术有限公司等纳米领域的企业展示了纳米技术在碳纳米管触摸屏下游应用、石墨烯智能窗、印刷电子、磁传感器、纳米电子加工装备等技术与产品；北京有色金属研究总院等能源领域的企业展示了纳米锂离子电池材料与产品、纳米发电机、煤制油和燃料电池纳米催化剂等技术与

产品；北京中科纳新印刷技术有限公司等节能环保领域的企业展示了纳米材料绿色制版、纳米节能与防雾膜、水处理膜、纳米功能助剂等技术与产品；北京欧亚铂瑞科技有限公司等生物医药领域的企业展示了纳米口腔修复材料、纳米检测与诊断试剂、纳米磁酶免食品检测等技术与产品。

（雷思源）

【长菱（北京）检测技术公司落户雁栖】10月，长菱（北京）检测技术公司完成工商、税务、统计等登记工作，落户雁栖开发区。公司为苏州东菱振动试验仪器有限公司的全资子公司，投资1000万元，主要依托中国航空综合技术研究所技术创新基地，双方合作打造立足军民融合的综合服务平台，为国防军工、航空、航天、汽车、电子、轨道交通、船舶舰艇及相关产品的质量检验、测试研究、技术咨询、质量评价等提供技术服务，为促进环境与可靠性产业发展提供技术支撑。

（张　蕾）

【APEC会议碳中和林项目启动】11月3日，由外交部、国家林业局、北京市政府主办的“2014年亚太经合组织（APEC）会议碳中和林植树启动仪式”在雁栖镇举行。国家林业局局长赵树丛、北京市副市长林克庆以及市园林局、怀柔区政府等单位相关领导，有关部门、联合国粮农组织、联合国环境规划署和捐资企业的代表100余人参加。APEC会议碳中和林项目由国家林业局和北京市、河北省合作，中国绿色碳汇基金会、市园林局、怀柔区政府共同组织实施，中国中信集团有限公司、春秋航空股份有限公司捐资，在北京市怀柔区和河北省康保县共造林85公顷，旨在通过植树，抵消APEC会议期间因交通、住宿、会议等产生的二氧化碳，推动亚太地区低碳和可持续发展，为应对气候变化付诸实际行动。仪式上，主办方领导为碳中和林北京纪念碑揭牌，与会人员现场栽种白皮松、金叶榆、金枝国槐、金叶白蜡、红叶白蜡等树木800余株。

（雷思源）

【三浦灵狐主题公园项目落户雁栖】11月19日，三浦灵狐动漫主题公园落户雁栖开发区。项目由中国三浦灵狐动漫产业集团公司与北京雷力（集团）公司共建，北京三浦灵狐动漫产业管理有限公司运营管理，占地面积2.67公顷，总投资12亿元，分两期进行。一期主要包括土地购置、前期规划、5栋楼宇施工，建设期16个月；二期拟建4栋楼宇、室外工程与设施、购置设备与安装调试、建设动漫品牌产业化平台、流动资金投入等，建设期10个月。项目将以三浦灵狐、菲力猫等国内外知名动漫品牌为主，打造集动漫、游乐、教育、购物等于一体的文化体验、动漫体验产品和服务等室内集成场所，形成6个不同的主题公园，未来将在怀柔区建设成三浦灵狐主题公园总部基地，成为全国的示范样板公园。（2015年1月，中国三浦灵狐动漫产业集团公司与雁栖开发区签署协议，建设三浦灵狐动漫主题公园。）

（张广涛）

【碧水源净水机被指定为APEC专用饮用水设备】11月，在亚太经合组织第二十二次领导人非正式会议（APEC）期间，北京碧水源科技股份有限公司被指定为APEC会议现场全部直饮水设备唯一供应商，共选用了两个型号4款净水机器，其中包括位于怀柔园的公司膜技术研发中心和生产基地研发的“E60”超级纳滤机。超级纳滤机采用自主创新研发的精尖技术“超级纳滤膜”，膜孔径相当于发丝的五万分之一，能够精准地对水中各种分子及离子污染物彻底过滤，而对人体有益的矿物质的通过率极高，根本解决了传统纯水机过度纯化的弊端。产品在“安全、健康、节水、省电”4个方面完全超越传统净水机，低压节能，可在自来水压下运行，实现无泵产水，废水率仅为普通RO膜的1/10；在截留水体中细菌、病毒、农药残留、重金属等有害物质的同时保留大量天然水体中对人体有益的矿物质，净化出一种更安全、更健康、更适合人体需要的饮用水，且无须耗电，净化过程中的废水比极低；集合传统反渗透与纳滤膜的制膜特点，结合亲水改性，制备出具有亲水性的高通量超级纳滤膜，具有优异的抗污染性。

（雷思源）

【绿色纳米智能卡开启APEC主题展馆】11月，在亚太经合组织第二十二次领导人非正式会议（APEC）期间，雁栖湖生态发展示范区“生态雁栖湖、智慧新会都”专题展同步登场，北京中科纳通电子技术有限公司为此次展览提供智能卡门票1000套。该套票与此次专题展的主色调“绿色、智能”相呼应，融入具有中国特色和北京特色的京剧脸谱元素，正面6种图案根据“生命之水、低碳能源、绿色建筑、智慧运行、生态环境、建设轨迹”6个主题展区设计，全套6张卡成为闪亮的“怀柔名片”；在左下角的卷边直观地展现中科纳通公司的绿色纳米印刷技术；背面则为雁栖湖及展馆鸟瞰图。该产品采用的 RFID 纳米导电银浆现主要应用在射频识别智能卡领域，通过丝网印刷印制天线、倒装芯片、层压、切卡、检测包装等过程完成智能卡制作，配备智能识别系统，从而实现智能卡特定功能。其核心技术为“绿色工艺和纳米技术”，绿色工艺指智能卡 Inlay 采用印刷工艺制作，使用加法工艺无污染，其 5 层结构的用材均为全环保材料，纳米技术则指绿色电路采用纳米材料制作，票面印刷为纳米银油墨，可抗菌抑菌。

（陈冬女）

【欣辉电力公司光伏发电项目落户雁栖】11 月，北京欣辉电力投资有限公司分布式光伏发电项目落户雁栖开发区。项目计划利用开发区企业现有屋顶资源进行光伏发电，鼓励企业自发自用，富余电量并入国家电网，初步规划总装机 30 兆瓦，总计开发约 40 万平方米屋顶资源，建设期为 3 年，总投资额 2.7 亿元。项目完成后，可实现年度总发电量 3300 万千瓦时，年平均节约 1.32 万吨标煤、减排 990 吨二氧化硫、减排 3.29 万吨二氧化碳。12 月，欣辉电力公司与北京科锐配电自动化股份有限公司、玛氏食品（中国）公司分别就 2 兆瓦分布式光伏并网电站、屋顶光伏发电签订合作协议。

（张广涛）

【筑巢公司成功嫁接倍适公司】12 月 3 日，筑巢（北京）科技有限公司成功嫁接倍适（北京）科技有限公司，重新组建倍适莱茵（北京）节能科技有限公司，落户雁栖开发区。其研发、生产基地项目占地面积 1.07 公顷，建筑面积 2258.3 平方米，总投资 2000 万元，拟建 3D 设备组装车间、超净水车间、超薄地暖车间以及生活区、办公区、科技实验楼等，主要从事 3D 打印、净水设备以及超薄地暖产品的研发与生产，拟于 2015 年投产。

（尹兆雪）

【中科纳新喷墨制版系统新品发布】12 月 4 日，“喷墨新天地暨中科纳新新品发布会”在中科院大学雁栖校区召开。中国印刷技术协会、市科委、怀柔区政府等单位相关领导，行业媒体、客户代表等数百人参加。北京中科纳新印刷技术有限公司推出全球最高时速对开报业制版系统样机——纳新 NT220–131A 数字喷墨制版系统以及纳新 NT220–116B 数字喷墨制版系统、纳新 NT220–116C 数字喷墨制版系统。NT220–131A 适用于高速报业胶印制版，生产速度可达 180 对开张 / 小时，最大打印面积为 940 毫米 ×650 毫米，适合大型报业用户；NT220–116B 主要针对书刊市场，价格偏低，同样使用免处理版材；NT220–116C 适用于胶印制版，采用平台式结构设计，无版卡，是书报两用机，生产速度可达 40 对开张 / 小时，运动精度 0.5 微米，适合中小报业企业。

（雷思源　徐　建）

【6 家企业获中关村专项资金支持】12 月 9 日，中关村管委会印发《关于公布 2014 年度中关村技术创新能力建设专项资金（专利部分）支持单位名单的通知》，怀柔园 6 家企业 14 件专利获得资助，即北京碧水源膜科技有限公司的“一种高强度聚偏氟乙烯中空纤维膜及其生产方法”等 5 件、北京联合荣大工程材料有限责任公司的“一种高炉冷却壁镶砖”等 2 件、北京亚隆机械设备有限责任公司的“织袜机用掀针器调整装置及其方法”、北京大北农动物保健科技有限责任公司的“一种兽用沃尼妙林及其盐的预混剂及制备方法”等 3 件、北京碧水源净水科技有限公司 1 件、奥瑞金包装股份有限公司的“罐体加工方法”等 2 件，共获资助金额 7 万元。

（史　琳）

【第六届投资北京洽谈会两家企业签约】12 月 9 日，在“第六届投资北京洽谈会”上，雁栖开发区管委会与北京量子伟业信息技术股份有限公司的“云计算及数据处理基地”项目、北京赛诺水务科技有限公司的“高性能 TIPS 法中空纤维膜产品及高端水处理装备产业化基地”项目签约。4 月 25 日，量子伟业公司入驻雁栖

开发区数字信息产业园，计划总投资 3.7 亿元，建设云计算及数据信息处理基地，项目内容主要包括数据处理和 BPO 外包服务中心、寄存托管纸质实物档案及电子查询服务中心、云计算软件应用服务、档案信息化中心。9 月，赛诺水务公司入驻雁栖开发区北京纳米科技产业园，计划总投资 3.5 亿元，占地面积 3.4 公顷，在开发区建设集膜技术研发、膜丝生产、膜组件生产、高端水处理装备制造于一体的综合产业化基地和中心，

主要从事 TIPS 法高性能膜产品及高端水处理装备的研发、生产与销售。

（范森淋）

【中科东亚纳米公司投产】 12 月，北京中科东亚纳米材料科技有限公司投产。公司位于雁栖开发区纳米科技产业园区，注册资本 5300 万元，主要从事纳米功能材料系列产品纳米防雾材料、纳米隔热材料、纳米除甲醛除异味材料、纳米油品添加剂等的研发、生产及销售，其生产的除甲醛、除异味产品，采用纳米银复配光触媒的高分子复合技术，提高了光触媒的分子活性，高效分解甲醛、苯、甲苯、二甲苯等有害物质及 114 种有机物，日生产能力在 1.6 万瓶以上。

（张　蕾）

【北京纳米科技产业园引进项目 10 个】 年内，北京纳米科技产业园共引进 10 个项目，包括北京清纳国能科技有限公司的“超长碳纳米碳材料中试项目”、北京时代科锐新能源科技有限公司的“石油石化系统纳米节能型内燃机余热回收利用项目”、北京中联康科技发展有限责任公司的“动物疫苗生产项目”等，北京圣润东方科技有限公司、北京中科东亚纳米材料公司等单位的 6 个项目投产。至年底，累计有 42 个项目签约入驻，涵盖新能源、电子信息、医疗等领域。北京中科纳新印刷技术有限公司、北京中科纳通电子技术有限公司等单位的 16 个项目投产，京蓝天绿地纳米技术研究院有限公司等 5 家企业在办理注册手续，国联汽车动力电池研究院有限责任公司在进行厂房建设。（园区 2012 年 4 月 21 日成立，位于雁栖开发区内，规划总面积 100 公顷，首期规划用地 33.34 公顷，集科技创新、成果孵化、产业支持等功能于一体，将致力于促进纳米产业链的聚集发展，推动纳米技术在能源、电子、环境、生物医药四大领域的应用。）

（崔银龙）

【拥有商标企业 66 家】 年内，雁栖开发区拥有商标的企业共 66 家，累计注册商标 488 件。其中，怀柔园共有北京英茂药业有限公司、弗拉蒂尼利德（北京）服饰有限公司等 43 家企业拥有商标，累计注册商标 382 件，涉及生物医药、新能源、纳米新材料等领域。

（史　琳）

【中关村高新技术企业总数达 92 家】 年内，中科合成油工程有限公司、北京杰远电气有限公司、北京合力思腾科技股份有限公司等 16 家企业通过中关村示范区高新技术企业认定。至年底，怀柔园经认定的高新企业总数 92 家，其中有 54 家为国家级高新企业，涉及高新技术改造传统产业、新材料、生物与新医药、电子信息、新能源及节能、资源与环境等领域。

（蒋　盟）

密云园

2012年10月，经国务院批复，中关村密云园成立，包括密云经济开发区A、B、C区和生态商务地块1、2、3共6个区域，总规划占地面积1000.81公顷。2013年5月，密云园获授牌，区内企业可全面享受国家、北京市、中关村示范区的各类优惠政策。1992年5月，经市政府批准，密云县工业开发区成立，2000年升级为市级开发区。2006年12月，经发展改革委验收，更名为北京密云经济开发区，位于密云县城西南部。2007年，成为中关村高新技术产业共建基地。经20年的建设，开发利用面积1255公顷，其中A区和B区规划占地面积735公顷、C区规划占地面积520公顷，全面实现“九通一平”，能够为企业投资提供良好的发展环境。园区已初步形成以福田汽车北京多功能汽车厂为代表的汽车及零部件产业，以北京仁创科技发展有限公司为代表的新型建材产业，以今麦郎饮品股份有限公司为代表的食品饮料产业，以中国人保财险电子商务北方运营中心为代表的电子信息产业，以北京康辰药业有限公司为代表的生物医药产业等五大主导产业。开发区结合县委、县政府建设“绿色国际休闲之都”的发展定位，着力把生态环境优势转化为经济发展优势，且提出打造“‘总部经济+标杆工厂’基地、现代制造业和数字信息产业基地”两大功能区的总体规划。教育部、科技部、农业部、市政府、市经济信息化委相继批准在开发区建立“中国高校科技产业基地”“国家火炬计划北京绿水高新技术产业基地”“全国农产品加工业示范基地”“北京高新技术成果孵化基地”“北京汽车零部件产业基地”“北京数字信息产业基地”“生态工业园试点园区”。密云生态商务区位于新城南端，2010年10月成立，总体规划面积694公顷。2011年5月，市政府专题会议审议通过《密云生态商务区的概念性规划》，明确其发展与建设“要坚持一流标准，大力发展符合生态涵养发展区功能定位要求的高端生态商务产业，与城市核心区功能优势互补的高端服务业，吸引高端商务、休闲消费”。其定位是立足北京，面向国际，建设绿色低碳生态特色总部基地，打造首都乃至全国首屈一指的“山水商务、田园总部”。商务区一期包括A、B、C 3个地块，华电环球（北京）贸易发展有限公司、中金投资（集团）有限公司等企业已先后入驻。2013年6月，商务区被市商务委授予首批“北京市总部经济发展新区”。2014年10月，被市规划委授予“北京市绿色生态试点区”。

密云经济开发区管理委员会领导成员

主　　任　李洪山
党工委书记　李守军
副 主 任　曹文秀　王武军
纪工委书记　蒋书香

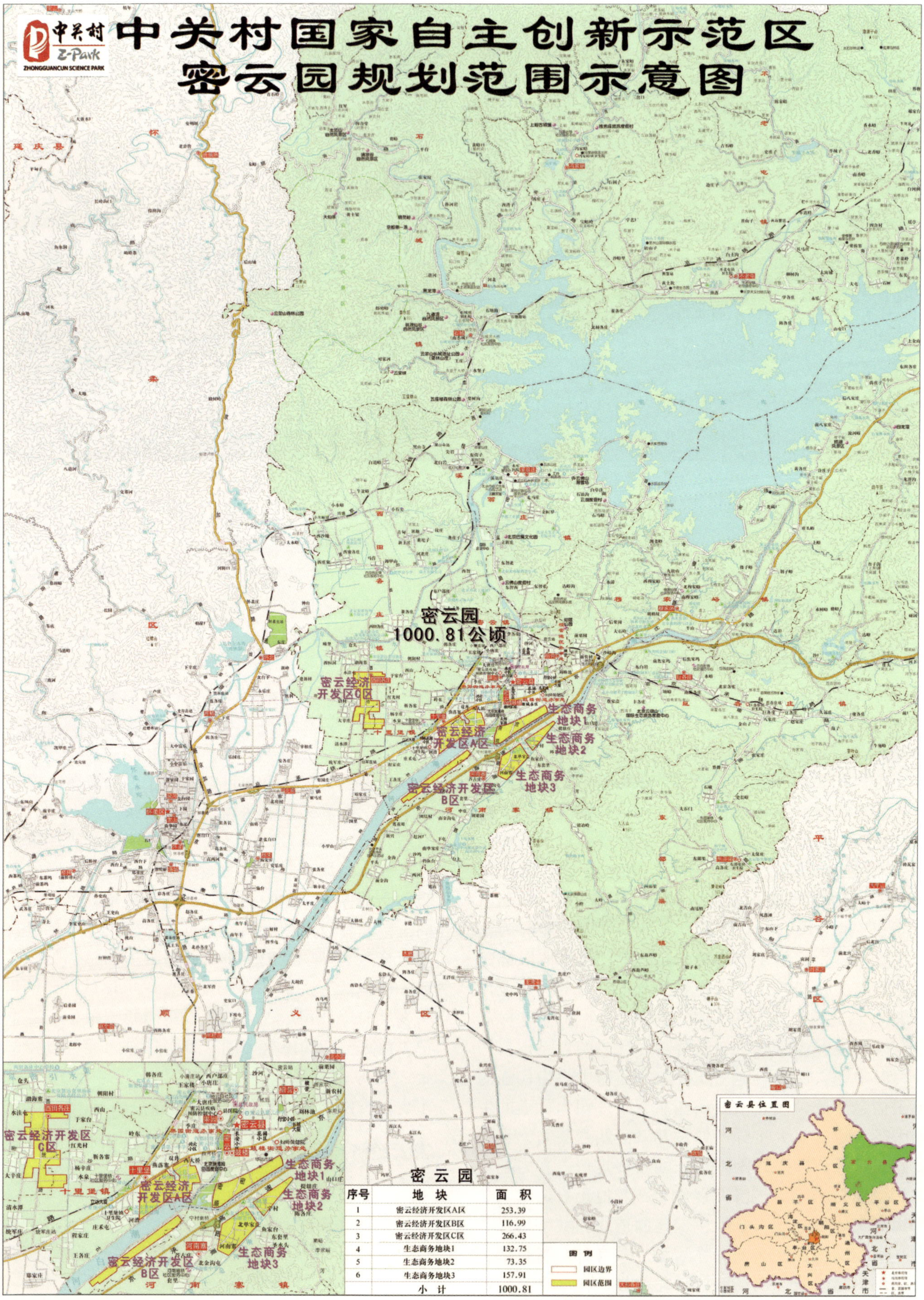

序号	地块	面积
1	密云经济开发区A区	253.39
2	密云经济开发区B区	116.99
3	密云经济开发区C区	266.43
4	生态商务地块1	132.75
5	生态商务地块2	73.35
6	生态商务地块3	157.91
	小计	1000.81

【概况】2014年，密云园根据县委的总体工作部署，认真做好招商引资、重点工程建设、资产盘活、基础设施升级改造、党的群众路线教育实践活动等重点工作，实现了主要经济指标的稳步增长。年内，园区人统高新技术企业总数77家；从业人员近1.4万人；工业总产值116.7亿元；总收入164.9亿元；进出口总额1.6亿美元；实缴税费11.3亿元；利润总额17.1亿元；资产总计199.2亿元；科技活动经费支出总额5亿元；专利申请227件，专利授权169件。

对接服务成效明显。推进“中关村高新技术企业”认证工作，金诚信矿业管理股份有限公司等18家企业通过认定，园区内中关村高新技术企业累计98家。搭建中关村密云园信用平台，新增11家中关村信用促进会会员企业，会员企业累计43家。北京富泰革基布股份有限公司等3家规模10亿元的企业入选中关村“十百千工程”。正安（北京）医疗设备有限公司等24家企业入围中关村“瞪羚计划”。推进中关村“新四条”和“1＋6”先行先试政策的全覆盖，为企业做大做强提供政策支持。协助30家企业申报政策扶持资金348万元。

企业创新能力显著提升。年内，弘浩明传（科技）北京股份有限公司等4家企业入选中关村示范区标准创新试点单位；万都（北京）汽车底盘系统有限公司等5家企业入选北京市第一批重点总部企业名录；北京绿润食品有限公司的板栗精深加工技术北京市国际科技合作基地获市科委认定；中科恒源科技股份有限公司被认定为北京市设计创新中心；北京海普瑞森科技发展有限公司、北京赫宸环境设备有限公司等6家入选工业企业知识产权运用能力培育工程第二批试点企业。

招商引资效果显著。年内，天津团结地产投资有限公司中台产业园项目、华开置业有限公司商业配套设施项目、中国建筑标准设计研究院科技产业园等12个实体项目落地，其中工业项目10家，协议投资额34.13亿元。累计引进总部结算型企业544家，储备税源4.4亿元。

加快基础设施升级改造。完成密云经济开发区A区一、二、三站供暖锅炉“煤改气”工程；建设3个换热站，铺设管线3400米，改善一期终端企业的供暖效果；完成部分企业供暖管道、电力管井的新建、改建；完成三期小吃一条街改造；完成经济开发区B区热力管网一期工程升级改造，总长3000米，解决跑冒滴漏问题。

资产盘活工作取得成效。全年共盘活北京恩泰柯建材有限公司等10家企业地块，盘活土地面积43.56公顷、地上建筑面积13.16万平方米。利用盘活的土地厂房资源，引进北京汉典制药有限公司、北京葡立药业有限公司、北京汉阳汽车配件有限公司的3个项目，协议投资额1.3亿元。

党建工作迈上新台阶。开发区党委作为密云县教育实践活动的观摩点，确定“转作风、聚合力、促发展、保增长”活动主题，解决126项企业反映突出的问题。党风廉政建设扎实开展。基层党组织建设不断强化。新增内蒙古伊利实业集团股份有限公司北京乳品厂、北京正和工程装备服务股份有限公司两个党支部，园区非公企业党支部累计19个。在密云经济开发区总公司、北京温塔热力有限公司等企业新建6个党员活动室。

（郎　郎）

【获市新型工业化产业示范基地称号】1月14日，市经济信息化委印发《关于公示北京市新型工业化产业示范基地（第二批）名单的通知》，“密云经济开发区A区·都市产业”入选。基地位于密云经济开发区A区，占地面积300公顷。入选后，市经济信息化委每年将给予200万元资金，支持改善基地服务环境和承载力建设，并将在规划布局、技术改造、项目审批、土地利用等方面予以支持。基地将按照新型工业化要求，引进高端制造业，改造提升传统产业，完善园区基础设施和服务环境，并开展燃煤改造、生态化建设、公共服务平台搭建和土地集约利用等工作。

（郎　郎）

【华开置业公司商业配套设施项目落户密云园】1月21日，华开置业有限公司商业配套设施项目落户密云园。项目位于密云经济开发区B区，总投资10.04亿元，占地面积11.35公顷，建筑面积12.82万平方米，将开发建设酒店式公寓、办公、商业、超市、餐饮娱乐等商业配套设施。计划2016年建设完成，2017年投入运营。

（郎　郎）

【达鑫利华机械设备项目落户密云园】1月27日，北京达鑫利华机械设备有限公司的机械设备项目落户密云园。项目总投资3000万元，占地面积1.26公顷，位于开发区A区三期内，主要从事生产、组装、销售、租赁机械设备和普通货运。预计2015年投产。

（郎　郎）

【汉典制药固体制剂项目落户密云园】1月28日，北京汉典制药有限公司固体制剂项目落户密云园。项目总投资1亿元，租赁原京铁华龙药业公司1.17万平方米厂房，主要生产固体制剂、颗粒剂等。

（郎　郎）

【5 家企业入选市重点总部企业名录】2 月 14 日，北京市发展总部经济工作部门联席会议办公室公布《北京市重点总部企业名录》，密云园的北京方恒置业股份有限公司、万都（北京）汽车底盘系统有限公司、金诚信矿业管理股份有限公司、今麦郎饮品股份有限公司、中科恒源科技股份有限公司 5 家企业入选。入选企业可享受政策性资本补助、办公用房补助和经营贡献奖励等优惠政策。

（郎　郎）

【大型专场招聘会举办】2 月 18 日，由密云经济开发区管委会、县人力社保局联合组织的春季大型招聘会在密云经济开发区举办。招聘会以“搭建供需平台、促进转移就业”为主题，组织北汽福田汽车股份有限

公司、万都（北京）汽车底盘系统有限公司、今麦郎饮品股份有限公司等 118 家企业现场招聘，提供就业岗位 4347 个，参加应聘人员 1 万余人，4300 余人达成就业意向。

（郎　郎）

【第三批中关村高新技术企业颁证】2 月 25 日，由密云经济开发区管委会主办的“中关村自主创新示范区密云园 2014 年高新技术企业颁证仪式”在密云经济开

发区举行。中关村管委会、密云县科委等单位有关负责人及相关企业代表参加。会上，向金诚信矿业管理股份有限公司、派石新能源技术开发（北京）有限公司、北京百特莱德物料输送技术有限公司等 5 家企业颁发第三批“中关村高新技术企业证书”。县科委相关负责人就中介服务的支持措施及申请受理、企业信用星级评定、扶持金融贷款贴息等政策进行讲解。

（郎　郎）

【农副产品交易中心落户密云园】3 月 18 日，“北京农副产品交易所有限责任公司、绿润（集团）有限公司战略合作协议签约仪式”在北京绿润食品有限公司举行，密云县政府、食品局、商务局等单位相关领导参加。根据协议，双方将在绿润公司建立农副产品交易中心和总部基地。中心建成后，将发挥农业金融平台的优势，为农产品深加工企业提供融资服务；利用电子化

交易平台，实现农产品网络销售，吸引国内外贸易订单；服务县内农产品深加工企业，打造集农产品电子交易、金融、仓储、信息于一体的现代化流通服务体系，带动农产品流通产业升级，提升密云绿色食品的特色品牌形象。

（郎　郎）

【绿润公司入选市国际科技合作基地】3 月 20 日，市科委印发《关于认定 2014 年北京市国际科技合作基地的通知》，北京绿润食品有限公司的板栗精深加工技术北京市国际科技合作基地入选，属现代农业领域联合研究中心及国际合作示范类基地。绿润食品公司是以农副产品深加工为主的综合性食品加工企业，主要从事板栗、速冻果蔬、调理食品三大系列 100 余个产品的生产加工与销售，产品远销日本、韩国、美国以及欧盟、东南亚等 40 多个国家和地区。

（郎　郎）

【北汽泰普公司落户密云园】3 月 27 日，北汽泰普越野车科技有限公司在密云经济开发区注册成立。北汽

泰普公司由北京汽车国际发展有限公司与美国 TAP 公司、山东泰安众昇投资有限公司共同出资设立，总投资 2000 万美元，利用北京北汽摩有限公司 3744 平方米厂房，承担高性能越野车型套件的研发、生产，以及技术推广、整车销售等业务。公司依托北京汽车工业集团总公司整车制造背景，引入美国先进改装技术及文化，将通过制造和服务两种途径为越野车爱好者提供整车改装、改装套件、定制改装三大产品。

（郎　郎）

【4 家企业入选中关村示范区标准创新试点单位】 3 月 31 日，市质监局、中关村管委会印发《关于公布中关村国家自主创新示范区标准创新试点第三批试点单位的通知》（京质监标发〔2014〕48 号），确定 7 家联盟和 74 家企业作为第三批试点单位。其中，密云园北京建生药业有限公司、弘浩明传（科技）北京股份有限公司、北京力标伟业科技有限公司、北京亨通斯博通讯科技有限公司 4 家企业入选。

（郎　郎）

【节能环保中心试验基地挂牌】 4 月 22 日，北京节能环保中心试验基地挂牌仪式在北京市京海换热设备制造有限责任公司生产基地举行。北京节能环保中心、京海公司的相关负责人参加。节能环保中心是从事节能环保综合性工作和承担政府委托职能的专业机构，试验基地建于京海公司，将承担燃煤质量、烟尘排放，以及燃煤二氧化硫、二氧化碳的检测等职能。

（郎　郎）

【华源泰盟公司项目通过市科委鉴定】 5 月 7 日，市科委印发《关于公示 2014 年第二批北京市企业研发项目鉴定结果的通知》，华源泰盟节能设备有限公司申报的"补燃型吸收式换热机组研究"开发项目通过鉴定。公司将享受有关企业研究开发费用加计扣除税收优惠政策。

（郎　郎）

【中科恒源公司被认定为市设计创新中心】 5 月 9 日，市科委印发《关于公示 2014 年度北京市设计创新中心拟认定单位名单的通知》，密云园中科恒源科技股份有限公司通过认定，成为密云园首家通过此项认定的企业。

（郎　郎）

【解读中关村技术创新能力建设专项资金政策】 5 月 14 日，密云经济开发区管委会在密云园举办"2014 年中关村企业信用促进会政策宣讲会"。中关村企业信用促进会、北京中关村科技融资担保有限公司相关负责人就《中关村国家自主创新示范区技术创新能力建设专

项资金管理办法》进行解读，介绍中关村科技融资担保创新产品及中介服务支持资金的申报流程，并对企业提出的问题进行现场解答。来自园区 50 余家企业的相关负责人参加。

（郎　郎）

【水收集净化储存系统获市发明专利一等奖】 5 月 15 日，在第三届北京市发明专利奖颁奖大会上，36 个创新成果获得表彰。其中北京仁创科技集团有限公司的"水收集净化储存系统"（ZL200710064303.X）获一等奖。该系统主要由透水砖、雨水收集、雨水过滤净化、雨水储存、雨水回用等六大系统组成，地面铺设透水砖，地下建设蓄水池（由若干个水井组成），实现了雨水排水、收集、再利用的良性循环。系统具有"收集、过滤、净化"同步，"储存、保鲜、回用"一体的特点，创造性开发出由传统的点式强行排水变成"收、蓄、渗、排"有机结合的雨洪利用新技术。收集的水质达到并部分优于《生活杂用水水质标准》，部分指标达到饮用水标准。

（郎　郎）

【6 家企业获知识产权运用能力培育试点企业认定】 5 月 20 日，市经济信息化委印发《关于工业企业知识产权运用能力培育工程第二批试点企业认定结果的通知》，认定 49 家企业为试点企业。其中，密云园北京康辰药业有限公司、北京仁创技术发展有限公司、北京合纵实科电力科技有限公司、中科恒源科技股份有限公司、北京海普瑞森科技发展有限公司、北京赫宸环境设备有限公司 6 家企业入选。知识产权运用能力培育工程旨在使企业在生产经营和技术创新活动中，提升获得专利、商标、著作权等多种形式知识产权的能力，增强企业自主创新能力，合理运用知识产权参与市场竞争，促进企业由大变强。

（郎　郎）

【"劳动用工规范一条街工程"启动】 6 月 11 日，由密云经济开发区管委会主办的"劳动用工规范一条街工程"动员大会在开发区管委会召开，县劳动监察大队

相关负责人及有关企业代表参加。工程涉及 20 余家企业，主要内容为规范用人单位劳动合同、社会保险、工资支付及持证上岗等，保障劳动者的合法权益，督促企业创建和谐劳动关系，促进地区经济健康发展。

（郎　郎）

【北京 12330 密云经济开发区工作站成立】6 月 25 日，由密云县经济信息化委、密云经济开发区管委会主办的“北京 12330 密云经济开发区工作站签约仪式”在开发区举行。市知识产权局、密云县委等单位相关领导以及县知识产权工作联席会议的部分成员单位、有关企业的代表近 100 人参加。工作站由北京市保护知识产权举报投诉服务中心（北京 12330）、密云县知识产权局与密云经济开发区管委会共建，是北京 12330 第四十五家工作站，其将知识产权工作有机融合到园区科技创新服务体系，为企业提供接收举报投诉、知识产权维权援助、政策咨询、知识培训等知识产权需求服务。

（郎　郎）

【万都（中国）研究所成立】6 月 26 日，万都（中国）研究所落成仪式在密云园举办。密云县政府等单位有关领导、韩国驻中国大使馆有关人员及相关企业代表 100 余人参加。研究所是韩国汉拿集团在中国设立的一家汽车零部件研发机构，位于密云经济开发区 B 区，研究领域包括汽车制动、转向、悬架以及驾驶辅助系统装置等。

（郎　郎）

【24 家企业入选“瞪羚计划”】7 月 1 日，中关村管委会公布 2014 年度“瞪羚计划”企业名单，其中密云园的正安（北京）医疗设备有限公司、北京赫宸环境工程股份有限公司、北京倍舒特妇幼用品有限公司等 24 家企业入围，涉及电子信息、生物医药等领域，可享受中关村贷款贴息及担保补贴等政策。

（曾　佳）

【经济开发区“煤改气”管网工程完成】7 月 1 日，密云经济开发区 A 区供热站“煤改气”工程经密云县发展改革委立项批复正式启动，11 月 10 日，工程改造完成。工程主要对 A 区一、二、三站燃煤锅炉房实施清洁能源改造，拆除原有 18 台燃煤锅炉，新建 16 台燃气锅炉，其中燃气热水锅炉 7 台、燃气蒸汽锅炉 9 台，热水供热能力 98 兆瓦、蒸汽供热能力 130 蒸吨。3 个供热站总供热面积 59.72 万平方米。改造完成后，每年可节约燃煤 3138 吨，减少二氧化硫排放 31.8 吨、氮氧化物排放 18.2 吨、烟尘排放 16.8 吨。

（郎　郎）

【斯伯乐研究院成果获国家发明专利授权】7 月 15 日，由北京斯伯乐科学技术研究院刘宽胜、刘志远、何宏晓等研制开发的一种用于制苯装置多功能抗氧剂的制备及其使用方法，获国家发明专利授权。成果合成了多羟基叔丁基酚关键抗氧剂核心组分，能有效抑制 C5 双烯烃的聚合结垢。其制苯装置用多功能抗氧剂，克服了现有抗氧剂只能降低聚合速度，不能延长聚合诱导期，而且用量比较大等缺点，从而有效地延长制苯装置的运行时间，提高装置的产量和产品质量，使制苯装置的生产过程获得更好的经济效益。

（张　毅）

【烟气减雾热能回收装置纳入政府节能采购清单】7 月 24 日，财政部、发展改革委印发《关于调整公布第十六期节能产品政府采购清单的通知》（财库〔2014〕90 号），北京市京海换热设备公司自主研发的“燃气锅炉烟气减雾热能回收装置”入选，同时被列入 7 部委节能低碳产品技术推广目录。装置与锅炉连锁控制，具有传热效率高、回收热能好、污染物排放量少、使用寿命长等特点，在燃气锅炉节能减雾改造项目中得到大力推广，可减少雾霾、回收热能、改善大气环境质量。

（郎　郎）

【暑期毕业生就业服务月系列招聘会举办】7—8 月，密云经济开发区管委会、县人力社保局联合举办 4 期“暑期北京地区毕业生就业服务月”招聘会，组织北京北汽摩有限公司、北京康辰药业股份有限公司、北京以岭生物工程有限公司等 40 余家企业现场招聘，提供法务、行政、研究员、财务等 140 余个岗位 800 余个职位，1500 余人参加应聘，300 余名求职者与企业达成就业意向。

（郎　郎）

【智能管控系统入选首都设计提升计划】8 月 6 日，市科委印发《关于公示 2014 年首都设计提升计划拟支持项目的通知》，北京市京海换热设备制造有限责任公司的“管控一体化智能换热站的研发设计”项目入选。项目通过对“高效节能智能换热站”在气候补偿、自动加药、自动补水等技术上优化，建立智能化控制监测检验平台，形成节能改造和高效运营的全套解决方案，使供热单位能实时监控各个换热站的运行状况，实现无人值守，及时解决故障，提高运行效率。同时改造后的换热站可提高能源利用率，减少燃煤、燃气消耗，降低二氧化硫、氮氧化物、二氧化碳等污染物的排放。

（郎　郎）

【瑞克（北京）灌溉设备公司开业】8月11日，瑞克（北京）灌溉设备制造有限公司开业庆典在公司本部举行。密云经济开发区管委会、美国瑞克制造有限公司的相关人员以及有关供应商和客户代表参加。公司是美国瑞克公司的全资子公司，2011年落户密云经济开发区，在两年多时间的建设和试生产过程中，投资和

生产规模不断扩大。年内，在原有3700平方米厂房的基础上，又新租赁厂房9000余平方米，总投资超过1亿元，年生产大型喷灌设备1000余台，销售市场拓展到国内10余个省、市、自治区。

（郎　郎）

【3家企业入围中关村“十百千工程”】8月20日，中关村管委会、市发改委、市科委等6部门公布中关村示范区“十百千工程”第三批新入分园企业增补名单，密云园的北京富泰革基布股份有限公司、中科恒源科技股份有限公司、北京康辰药业股份有限公司3家规模10亿元的企业入选，分别属于新材料、新能源、生物医药领域。入选后企业可享受市场开拓、提升技术创新能力、吸引和激励人才、建设研发和产业化基地、上市和并购、塑造知名品牌等一系列扶持政策。

（郎　郎）

【京海恒通公司产品获国家发明专利授权】9月3日，由北京京海恒通化工设备有限责任公司程宝华完成的“一种超导纳米传热板式换热器及其制造方法”（ZL201210154994.3）获国家发明专利授权。发明提供一种超导纳米传热板式换热器，由多个超导纳米板束焊接组合而成，所述板束由多个传热板片焊接而成并进行真空封闭，每个所述板束包括蒸发段和冷凝段，所述板束内填充有超导纳米介质。发明将纳米技术应用到传热板导热液中，传导性更强，又在真空状态下进行相变，相变过程与波纹形状两者优势，形成强化换热，同时增加了传导液与波纹之间传热效率；发明将传统的焊接板改成板束进行工艺调整创新，可在不同压力、不同温度、不同应用范围内进行高效的传热。

（郎　郎）

【“最美北京人”百姓宣讲团走进密云园】10月14日，“市级‘最美北京人’百姓宣讲巡讲活动密云经济开发区专场”在密云经济开发区举行，密云园相关单位领导以及相关企业代表80余人参加。来自医院、旅游业、

餐饮业等不同岗位的7名宣讲员以传递正能量、弘扬社会主义核心价值观为主题，讲述了爱岗敬业、奋发进取、尊老孝亲的故事。

（郎　郎）

【两家企业获工业企业知识产权运用示范企业称号】10月21日，市经济信息化委印发《关于工业企业知识产权运用示范企业认定结果的通知》，认定41家企业为北京市工业企业知识产权运用示范企业。其中，密云园北京北超伺服技术有限公司、北京海普瑞森科技发展有限公司两家企业入选。

（张　毅）

【第四批中关村高新技术企业颁证】10月24日，由密云经济开发区管委会主办的第四批中关村高新技术企业颁证暨政策培训会在密云经济开发区举行。中关村管委会、密云县科委、密云经济开发区管委会等单位负责人及相关企业的代表参加。会议向北京海普瑞森科技发展有限公司、北京中环膜材料科技有限公司等13家企业颁发“中关村高新技术企业证书”，并为企业讲解科技政策扶持、新三板上市、高新技术企业科技统计指标和研发费用加计扣除政策及申报流程等方面内容。至年底，密云园98家企业被认定为中关村高新技术企业。

（郎　郎）

【“静态清灰除尘技术”入围国家鼓励发展技术目录】10月30日，环保部印发《关于发布2014年国家鼓励发展的环境保护技术目录（工业烟气治理领域）的公告》，北京赫宸环境工程股份有限公司的“静态清灰除尘技术”入选。该技术在清灰时，滤袋不动，靠反吹烟气，

在滤袋和粉尘之间形成气化层，附着的粉尘自然脱落，广泛应用于电厂除尘等领域。

（郎　郎）

【天津中台产业园项目落户】 10月，密云县经济开发区总公司与天津团结地产投资有限公司签订协议，双方将在密云经济开发区B区共同建设中台产业园。项目占地面积约24公顷，包括总部结算办公区、厂房等，并引进“总部结算＋标杆工厂”企业。项目分两期开发建设，总投资20余亿元。计划2016年底，项目一期建设完成并投入使用，3年内项目二期建设完成。

（郎　郎）

【标准设计研究院科技产业园落户密云园】 12月25日，中国建筑标准设计研究院科技产业园落户密云园。产业园位于密云经济开发区B区，总投资1亿元，占地面积2.59公顷，主要生产销售混凝土、钢结构人防门和人防通风、人防隔震设备，从事技术开发、咨询、城乡建设产品检测、专业承包等业务。中国建筑标准设计研究院是集标准规范、标准设计、工程设计、地下人防、产品认证等于一体的综合型科研、设计与技术服务企业。

（郎　郎）

【创新厂房按揭贷款模式】 年内，密云经济开发区管委会与密云县农业银行合作，向企业推广厂房按揭贷款信贷模式，为北京城建六建设集团有限公司、北京唐华科技有限公司等6家企业提供贷款9490万元。厂房按揭贷款是企业以厂房做抵押，开发区为企业担保，企业可利用融资款项购买厂房。农业银行北京分行还为此贷款模式给予增加贷款额度和降低首付款比例两项政策支持。

（郎　郎）

【金诚信公司获中国海关AA类企业管理资格】 年内，经国家海关总署核准，金诚信矿业管理股份有限公司获中国海关AA类企业管理资格，表明其在进出口总值、进出口报关差错率、会计制度、业务记录、经营管理状况、诚信记录等方面都符合中国海关最高标准。（根据《中华人民共和国海关企业分类管理办法》的相关规定，中国海关根据企业遵守法律、行政法规、海关规章、相关廉政规定和经营管理状况，以及海关监管、统计记录等，设置AA、A、B、C、D 5个管理类别，对有关企业进行评估、分类，其中AA类为最高级别。AA类管理企业除享有“属地申报、口岸验放”待遇外，还可享受无因不查验、绿色通道、有效担保快速验收的通关便利，及海关派专人负责协调解决企业办理海关事务的疑难问题等一系列优惠便捷措施，不仅使企业进出口贸易更加便捷畅通，而且大幅度降低通关成本。）

（张　毅）

延庆园

2012年10月，经国务院批复，中关村延庆园成立，规划面积491公顷，包括北京八达岭经济开发区305公顷、北京延庆经济开发区129公顷、康庄农民就业产业基地57公顷。2013年4月，园区获授牌。2014年5月，中关村科技园区延庆园管理委员会成立。延庆园位于北京市西北部延庆县域内，与河北省交界，毗邻京包铁路、京藏高速等多条重要交通干道，是北京市辐射西北地区的重要通道，也是“两城两带”中北部研发服务和高技术产业带的重要拓展区域。延庆园空间资源较为丰富，未开发利用空间271公顷，占延庆园规划面积的55.2%，且多数土地集中连片、开阔平坦，有利于高端产业资源的聚集发展。园区基础设施完备，生态环境优美，配套服务设施齐全，政府服务高效，具有优良的投资环境，初步形成了“一园多基地”空间布局、“121”产业集群创新引领的发展格局，整体定位为首都绿色科技新磁极，京冀协同发展新支点。园区现拥有中材科技风电叶片股份有限公司、北京卓欧制衣有限公司等众多企业，可享受国家、北京市、中关村示范区、延庆县的产业、资金以及智力资源等方面的优惠政策。八达岭经济开发区1992年8月经市政府批准成立，2000年12月晋升为市级经济开发区，2006年3月被市发展改革委确定为北京市保留的16家市级开发区之一，2009年6月被认定为“北京市新能源产业基地”，2012年被认定为市第三批生态工业试点园区。园区已实现道路、供水、排水等“九通一平”，先后引进了中材科技股份有限公司、国家能源风电叶片研发中心等一大批科技企业和研发机构，逐步形成风电产业、光伏产业、智能电网产业、生物质能产业、节能环保产业集群。延庆经济开发区1992年8月经市政府批准成立，2004年升级为市级开发区，2006年通过ISO 14001国际环境管理体系认证，成为第四批通过发展改革委审核的市级开发区。园区已实现“八通一平”，北京卓文时尚纺织股份有限公司、北京九龙制药有限公司等多家知名企业入驻，形成了以纺织服装、生物医药、绿色食品等产业为特色的三大产业聚集区，主导产业初步实现了规模化、集聚化发展构想。康庄农民就业产业基地依托八达岭经济开发区和新能源基地，实施整体运作、联动开发，不断提高北京和合拉链公司、北京光瑞机械制造公司等现有企业的产能，实施一批重点项目建设，着重开发和引进总部经济，且组织“一传多能”培训工程，大力开展企业用人等培训活动。

延庆园管理委员会领导成员

主　　任　刘　兵
常务副主任　祁增华
副 主 任　景铁军　刘宗贤　付　强
　　　　　葛　新

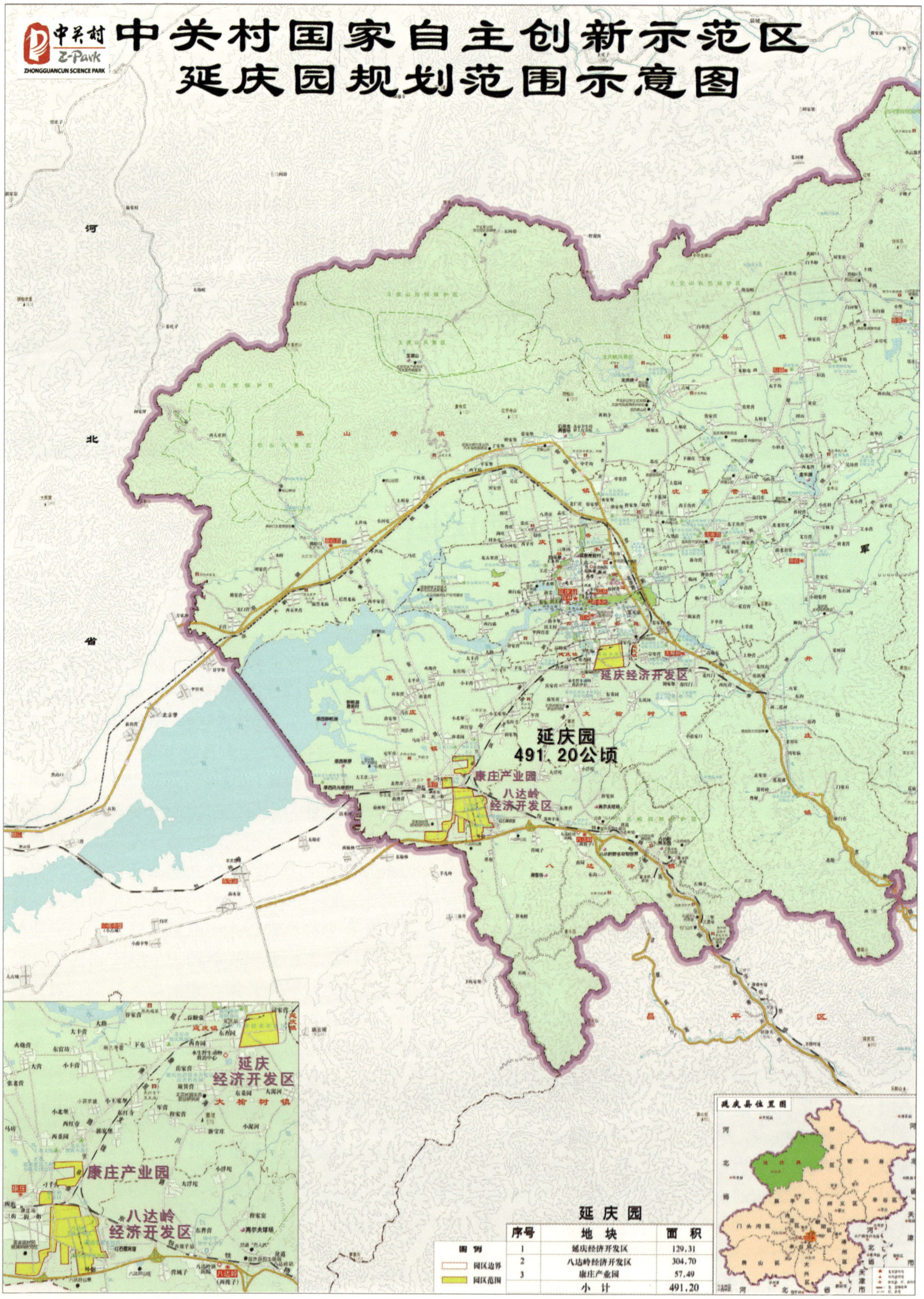

延庆园

序号	地块	面积
1	延庆经济开发区	129.31
2	八达岭经济开发区	304.70
3	康庄产业园	57.49
	小计	491.20

【概况】2014年，延庆园以全面深化改革为抓手，以实际问题为导向，以推进与中关村发展集团合作为重点，着力构建“高精尖”经济结构，创新完善园区服务体系建设，建设稳步推进。年内，园区入统高新技术企业总数35家；从业人员5208人；工业总产值41.6亿元；总收入65.4亿元；进出口总额0.3亿美元；实缴税费3.1亿元；利润总额6亿元；资产总计95.8亿元；科技活动经费支出总额2.5亿元；专利申请77件，专利授权47件。

优化体制机制。完成中关村延庆园管理委员会组建，明确了管委会的职能、机构设置、职责分工，以及在县经济信息化委加挂中关村延庆园管委会牌子的运行机制；根据“一园三基地”发展格局，出台《延庆园管委会工作机制》，初步建立协调运营工作机制；组建北京中关村延庆园建设发展有限公司，以建设产业服务和促进体系为目标，全面承担延庆园的开发建设工作。

深入推进合作。与延庆园建设公司对接配合，勘察拟开发土地，完成拟开发地块征地成本测算、制定土地一级开发工作推进计划等工作，并明确了时间节点。延庆园建设公司制定完成公司招投标方案，围绕八达岭开发区土地一级开发授权的要求，编制土地一级开发实施方案，且向县政府上报了《关于北京中关村延庆园建设发展有限公司对延庆园土地一级开发的请示》，正式启动园区土地一级开发；完成《中关村延庆园产业发展规划》初稿编制工作，园区空间规划和生态规划编制工作也已有序展开；开展园区闲置资产统计工作，摸清闲置资产的基本状况。

完善服务体系。按照《中关村发展专项资金管理办法》的要求，制定延庆园发展专项资金实施细则，明确资金支持种类和方式，确定对中小企业创新创业孵化、高成长企业贷款融资等6个方面给予配套资金支持；设立了1000万元的新能源环保产业发展专项资金，并出台资金管理办法和实施细则，“北京市新能源产业基地智能微电网建设工程项目”等项目获得资金支持；针对中小微企业融资难问题，探索研究“政银企”合作新模式，与建设银行延庆支行开展“助保贷”合作，明确了园区贷款及担保风险机制的思路；完成中关村延庆园网站建设，建立了延庆园官方微博和微信公众平台。

提升科技水平。依托中关村科技资源优势，加快中关村“1＋6”“新四条”等政策覆盖落地，认定国家高新技术企业4家，累计32家，认定中关村高新技术企业11家，累计35家；组织落实中关村“十百千工程”，北京京仪绿能电力系统工程有限公司成为延庆园成立以来首批入选企业；申报中关村高端领军人才，有两位企业科研骨干认定为高级工程师（教授级）。北京京仪绿能电力系统工程有限公司“500KW光伏并网逆变器大规模产业化应用”等3家企业的项目获2014年延庆县科学技术奖。

推进重大项目。龙源2兆瓦屋顶光伏电站等4个项目竣工；北京合锐清合电气有限公司的环网柜制造等新能源产业项目建成投产；北京环都拓普空调有限公司节能空调、北京京仪远东系统工程技术有限公司产业基地等3个项目开工建设；东晨阳光（北京）太阳能科技有限公司生产与研发基地、北京东方润泽生态科技股份有限公司生产与研发基地、国家新能源工程中心生产研发基地、国电华北分公司10兆瓦低倍聚光光伏发电、中科院国家级风电叶片研发检测中心等项目有序推进。科技成果产业化步伐不断加快，新能源示范应用作用逐步显现。

推进节能减排。按照《北京市2013—2017年清洁空气行动计划》要求，推进工业企业燃煤锅炉清洁能源改造。完成北京九龙制药有限公司、北京华润高科天然药物有限公司燃煤锅炉清洁能源改造工作，共压减燃煤5200余吨，采取各种措施推动北京玻钢院复合材料有限公司、八达岭酿酒厂、中材科技风电叶片股份有限公司等企业实施清洁生产和技术改造。

（高建敏）

【国家蛋品工程技术研究中心通过验收】1月6日，科技部印发《关于2013年度国家工程技术研究中心验收结果的通知》（国科发计〔2014〕3号）。委托北京德青源农业科技股份有限公司的国家蛋品工程技术研究中心完成建设期任务，通过科技部验收，成为蛋品行业唯一的国家级工程技术研究中心。中心2009年11月被科技部批准组建，主要研究解决蛋品行业发展过程中的一系列关键工程技术问题，同时作为蛋品行业的技术平台，集合各方技术优势，推动新技术的工程化、产业化进程，推广蛋品安全生产与加工技术，制定蛋品行业标准等。

（高建敏）

【中关村延庆园管委会成立】1月10日，延庆县机构编制委员会印发《关于设立中关村延庆园管理委员会等事项的批复》，在延庆县经济和信息化委员会加挂中关村延庆园管委会牌子。中关村延庆园管委会设主任1名，常务副主任1名，专职副主任1名，副主任3名。管委会的主要职责包括组织研究拟订园区发展战略、空间规划、产业布局规划及相关政策措施，组织开展创新成果转化、科技金融、创新能力建设、政府采购等方面的促进服务工作，组织开展高新企业认定、高层次人才引进、信息化建设等工作，组织和推动园区土地开发、招商引资、基础设施建设等方面工作，组织协调有关单位和企业在园区开发建设方面的合作。

（高建敏）

【格尔木三期20兆瓦光伏发电项目并网】1月，由北京京仪绿能电力系统工程有限公司中标承担设计、设备采购、施工的北京北控绿色科技产业有限公司（青海）新能源有限公司三期20兆瓦光伏发电项目实现并网。项目位于格尔木市东侧25千米处，海拔2800米左右，占地面积40.08公顷，总投资2亿元，2013年开工。工程采用多支路上网的“积木式”技术，分块发电、集中并网方案，将系统分成若干个光伏并网发电单元，分别经过升压变压器35千伏配电装置汇总后经主变压器接入110千伏升压站，最终实现将整个光伏并网系统并入电网。与相同发电量的火电厂相比，项目整个25年规划运行期内，年平均上网电量约3.28万兆瓦时，每年可节约发电标煤约1万吨，减轻排放温室效应气体二氧化碳约2.9万吨，减少排放大气污染气体硫氧化物约220吨。

（高建敏）

【美正生物生产基地项目获市规划委批复】2月20日，北京美正生物科技有限公司生产基地建设项目地块控规调整获得市规划委批复。基地位于八达岭经济开发区A–10地块，为工业项目，总占地面积2.49公顷，总投资1.31亿元，主要进行ELISA试剂盒、胶体金快速检测卡等产品的生产及销售。

（高建敏）

【中农绿康公司与市农林科学院签署协议】3月4日，中农绿康（北京）生物技术有限公司、北京市农林科学院植物保护环境保护研究所“生防菌株及应用技术转让与合作签约仪式”在市农科院举行。该协议有效期8年，主要包括一株利迪链霉菌及其在植物病害生物防治中的应用、一株产纳他霉素的利迪链霉菌及其应用、一种制备纳他霉素的方法、一种黑平菇提取物及其制备方法与应用、一种抗植物病毒的黑平菇蛋白及其制备方法和用途5项专利技术。根据协议，市农林科学院将上述利迪链霉菌菌株、粉红粘帚霉菌菌株、黑平菇菌菌株3个菌株的生产和使用技术转让给中农绿康公司，并协助其开展生产。

（高建敏）

【“智能电网创新示范区建设研讨会”举办】7月16日，由北京市电工技术学会主办的“智能电网创新示范区建设研讨会”在八达岭开发区管委会举办，市发展改革委、中国科学院电工所、延庆县政府等相关单位领导出席。会上，开发区管委会相关人员介绍开发区建设情况、新能源相关规划，与会专家围绕如何通过建设智能电网创新示范区，实现终端客户、配电网、新能源利用等方面的技术、体制、商业模式创新，以及《延庆新能源微电网规划研究》《北京新能源基地智能微电网示范项目》等课题展开研讨。国家电网公司介绍智能电网创新示范区建设的总体思路和工作进展，提出了《智能电网创新示范区建设初步方案》，明确建设内容包括：升级配电网，构建主动配电网，提升能量传输网络的优化配置能力；建设直流用电网络，支持直流负荷和电源的即插即用；建设能源管理中心，实现能量的分层分级平衡；探索能源互联网商业运营模式，平衡各方利益，实现多方参与、合作共赢。

（高建敏）

【3个项目获延庆县科学技术奖】7月，《2014年延庆县科学技术奖获奖项目公示的通知》印发，23项成果获奖，其中延庆园3项获科学技术奖。北京京仪绿能电力系统工程有限公司马亮、孙琳琳、余明锋等完成的“500kW光伏并网逆变器大规模产业化应用”获一等奖；森特士兴集团股份有限公司刘爱森、陈文、陈俊臣等完成的“金属屋面构造及生产施工关键技术”获二等奖；北京九龙制药有限公司王仁辉、张连中、高秀杰等完成的“盐酸氨溴索口服溶液研制”获三等奖。

（高建敏）

【两家企业入选“十百千工程”】8月20日，中关村管委会、市发展改革委、市科委等6部门公布中关村示范区“十百千工程”第三批新入分园企业增补名单。北京京仪绿能电力系统工程有限公司、森特士兴集团股份有限公司入选，成为延庆园首批入选“十百千工程”的企业，分别属于新能源、先进制造领域。京仪绿能公司专注于可再生能源的研发、生产、应用和服务，是国家高新技术企业、中关村高新技术企业及市级专利试点企业。森特士兴公司专注于研发、生产高端金属建筑围护系统以及全自动生产线、自动剪板设备、自动成型设备等。

（高建敏）

【延庆园建设发展有限公司成立】8月21日，由中关村发展集团股份有限公司、延庆县政府主办的“北京中关村延庆园建设发展有限公司首次股东会第一届董事会第一次会议、第一届监事会第一次会议”在北京延庆经济技术开发区召开，标志着中关村发展集团与

延庆县政府合作建设延庆园的组建工作完成。延庆园公司由中关村发展集团带资金、带项目，与延庆县政府所属投资主体共建，注册资金2亿元，注册地点在延庆开发区，将承担延庆园开发建设的具体实施工作，负责园区以及配套区域的土地一级开发、二级载体建设、重大项目引进、配套基础设施建设及相关运营管理等工作，是一家以延庆园的开发建设为基础，集项目投资、投资管理、资产管理、技术开发、技术转让于一体的集成运营平台。计划总投资约83.64亿元，可形成2万人的高端产业就业岗位。

（李俐英　高建敏）

【《新能源环保产业发展专项资金管理办法实施细则》出台】8月，由县经济信息化委制定的《新能源环保产业发展专项资金管理办法实施细则》出台。《细则》明确县财政局每年在本级预算中安排并整合相关专项资金1000万元，用于支持新能源环保产业发展。至年底，北京八达岭经济开发区管委会的“北京市新能源产业基地智能微电网建设工程项目”和“延庆、朝阳产业共建基地基础设施建设项目”、北京合锐清合电气有限公司的“智能化中压开关元件及成套设备等输配电设备生产项目”获资金支持。

（高建敏）

【中国首座微电网专题展厅落成】9月，中国首座微电网专题展厅在八达岭经济开发区落成。展厅由“微电网打开新能源应用的金钥匙”“微电网——开发新能源是解决能源、环境危机的必由之路”“微电网组成、用途、路线与发展意义”等8个单元组成，分别介绍微电网的定义，微电网在电网发展中的重要作用，微电网的构成、应用领域、发展路线图以及国外典型微电网、国内微电网示范项目、微电网的各项关键技术、微电网网架结构和组成要素、微电网稳定控制器和网关接口柜等核心产品。该展厅由北电微电网有限公司负责承建，占地面积700余平方米。

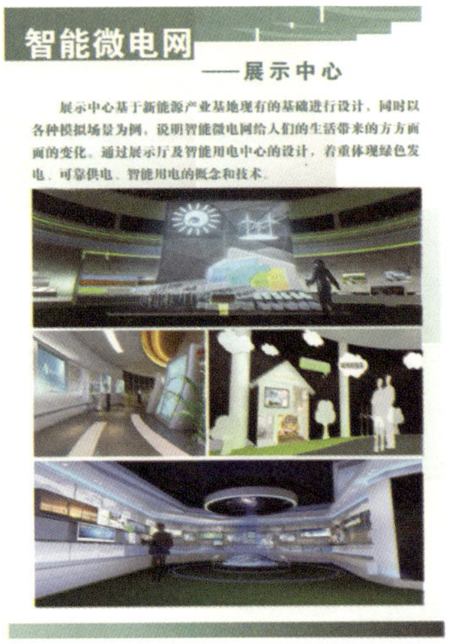

（高建敏）

【4家企业获国家高新技术企业认定】10月31日，市科委、市财政局、市国税局、市地税局《关于公示北京市2014年度拟认定高新技术企业名单的通知》（京科发〔2014〕551号）印发。延庆园内北京中航长力能源科技有限公司、东晨阳光（北京）太阳能科技有限公司、马可正嘉汽车运动推广有限公司、亿利首建生态科技有限公司4家企业入选，成为延庆县第七批国家高新技术企业，涉及高新技术改造传统产业、新能源与节能、生物与新医药、电子信息技术等领域。至年底，延庆园累计有国家级高新技术企业32家。

（高建敏）

【延庆园发展专项资金实施细则出台】10月，由延庆园管委会制定的《中关村国家自主创新示范区延庆园发展专项资金实施细则》（延财企发〔2014〕123号）出台。《细则》共6章17条，分别为总则、支持范围和方式、申报条件、申报审批程序、资金管理与监督、附则。《细则》明确，专项资金由县财政部门管理，延庆园管委会安排使用；专项资金分为支持资金和奖励资金两类，对申请支持资金的项目原则采取事中补助或事后补助的方式，对申请奖励资金的项目原则采取事后补助的方式；专项资金对中小企业创新创业孵化、高成长企业贷款融资、重点企业做强做大、企业科技创新、企业人才队伍建设、企业转型升级6个方面给予配套资金支持。《细则》自发布之日起30日后实施，有效期3年。

（高建敏）

【京仪绿能公司获科技创新奖】11月28日，在“2014年度科技创新工程推进大会”上，北京京仪绿能电力系统工程有限公司获中国质量评价协会授予的“2014年科技创新型企业”奖。京仪绿能公司专注于可再生能源的研发、生产、应用和服务，是国家高新技术企业、中关村高新技术企业及市级专利试点企业。公司利用北京科技创新资源优势，全面实施创新驱动发展战略，优化科技创新环境，不断提升企业的自主创新能力，培育出一批高素质、有创新意识和创新能力的优秀青年科技人才。公司先后获得“2010—2011年度中国光伏十大创新企业”“2011年度北京市产品质量创新奖”“2012年度十佳光伏企业”等称号，拥有各类型专利及软件著作权，且参与多项标准的编订。

（高建敏）

【京仪绿能光伏发电工程服务APEC峰会】11月，北京京仪绿能电力系统工程有限公司承建的“主会场停车场光伏发电工程”服务2014年中国APEC峰会。项目运用建筑与绿色能源应用相结合的设计理念，从技术方案到设备、材料选择、建筑结构等均按节能环保的要求执行，建成后装机容量为12.87千瓦，平均年发电量约1.18万千瓦时，25年发电量可达26万千瓦时以上，年节约标准煤5.05吨，减排二氧化碳14.39吨、硫氧化物0.11吨。项目施工仅21天，选用的带有柔性的汉能控股集团薄膜太阳能电池板，节约了土地资源，且起到遮阴隔热作用，兼具功能性和示范作用。

（高建敏）

【两家企业获中关村建设专项资金支持】12月9日，中关村管委会印发《关于公布2014年度中关村技术创新能力建设专项资金（专利部分）支持单位名单的通知》，延庆园两家企业的8件专利获资金支持，即北京玻钢院复合材料有限公司的“一种输电杆塔连接用的复合材料法兰及其制备方法”“酚醛树脂复合材料拉挤成型工艺及其成型装置”等6件、北京合力清源科技有限公司的“沼气脱硫装置”“沉砂池、鸡粪除砂装置及除砂方法”两件，涉及新能源环保领域，共获资金4.4万元。同时，延庆园的北京玻钢院复合材料有限公司申报的《纤维增强塑料 试验板制备方法 第4部分：预浸料模塑》标准获中关村技术标准专项资金支持。

（高建敏）

【北京科技政策法规宣讲团走进延庆园】12月11日，市科委联合延庆县科委、县经济信息化委、延庆园管委会在县职业技术教育中心共同举办“延庆县2014年北京科技政策法规宣讲会”。八达岭开发区、延庆开发区管委会等相关单位领导，100余家企业的120余人参加。北京高技术创业服务中心、北京技术市场管理办公室、延庆园管委会相关人员分别就高新技术企业认定和复审、北京市高新技术成果转化项目、北京市技术合同认定登记政策、延庆园发展相关政策进行解读，并与参会人员深入交流。

（高建敏）

【11家企业获中关村高新技术企业认定】年内，延庆园内北京鼎瀚恒海生物科技发展有限公司、北京合锐清合电气有限公司、北京奥思源科技有限公司、北京北方博业科技发展有限公司等11家企业经中关村管委会审核，被认定为中关村高新技术企业。至年底，区内累计有中关村高新技术企业35家。

（高建敏）

【北玻公司获3项科技成果奖】年内，北京玻钢院复合材料有限公司肖永栋等完成的“多层内联仿形机织物应用与自动化制备技术”获“2014年度中国建筑材料联合会·中国硅酸盐学会建筑材料科学技术奖”二等奖；王雷等完成的“无灰岩棉酚醛树脂的研制”、柴朋军等完成的“复杂结构无人机复合材料机体及进气道技术研发”获2014年“科达杯”全国建材行业技术革新奖二等奖（B类：技术开发类）。“多层内联仿形机织物应用与自动化制备技术”，实现了在火箭发动机长尾喷管的耐高温气流冲刷、热防护的批量应用；开发的自动化编织设备，实现了无线遥控电动梭子引纬、自动化及整体化制备；其长尾喷管热防护复合材料的预固化、共固化和大角度缠绕成型工艺技术，使耐烧蚀层与隔热层一体化成型。

（高建敏）

产业发展

Industry Development

本栏目设有电子信息产业，现代制造产业，生物工程与新医药产业，新材料产业，新能源、节能与环境保护产业，航空航天产业，文化创意产业7个分栏目，以条目体形式记述中关村国家自主创新示范区企业和单位在各产业领域开展的创新活动、取得的新进展和新成绩等。

综述

2014年，中关村示范区推进实施《中关村战略性新兴产业集群创新引领工程（2013—2015年）》，发挥市场配置资源的决定性作用，开展产业前瞻布局，强化产业政策创新和改革突破，构建新兴产业生态系统，服务示范区创新主体，促进产业高端化、服务化、集聚化、融合化、低碳化发展。

产业规模增长迅速。中关村示范区实现高新技术产业总收入3.61万亿元，同比增长18.2%，利税增速超过20%。六大优势产业和四大潜力产业整体增势强劲，实现总收入2.66万亿元，占示范区总收入的73.8%，同比增长7%。其中移动互联网产业集群收入增长迅猛，实现总收入7384.9亿元，同比增长30.8%，对示范区总收入增长贡献率33.4%；节能环保产业集群实现总收入2906.2亿元，同比增长1.3%，对示范区总收入增长贡献率0.7%；现代服务业实现总收入2.29万亿元，占示范区总收入的63.5%，同比增长15.6%，对示范区总收入增长贡献率57.7%。

产业新模式和新业态不断涌现。中关村示范区产业结构进一步优化，技术创新和商业模式创新融合，催生车联网、移动医疗、智能家居、互联网金融、在线教育、节能服务、环境服务等新兴业态。互联网跨界趋势明显，智能硬件、智能机器人、工业4.0等热点不断，广联达软件股份有限公司等企业通过互联网和大数据技术带动传统产业转型升级；北京小米科技有限责任公司布局健康领域，北京京东世纪信息技术有限公司投资智能硬件，即将形成新的经济增长点；北京北斗星通导航技术股份有限公司等一批制造企业向“综合服务提供商”成功转型，制造业服务化优势凸显。科技服务业发展迅猛，创业服务业、科技金融服务业、知识产权服务业等成为创新驱动、推动科技与经济融合的关键环节。企业加速海外布局和并购优化，百度在线网络技术（北京）有限公司等一批全球化领军企业崛起，成为中关村示范区的中坚力量。

“十百千工程”企业保持快速增长。“十百千工程”企业对示范区的拉动作用依旧明显，企业实现总收入1.48万亿元，利润1300亿元，占示范区比重超过40%，出口总额占北京市近30%。企业及分支机构实缴税费491.8亿元，人均收入254.7万元，人均利润21.9万元，分别是示范区整体水平的1.4倍和1.5倍。

企业全球布局整合创新资源。中关村示范区企业开始积极进行全球布局，在全球创新网络中加速整合利用各类资源，联想集团有限公司等企业在海外实施投资并购。其中联想集团收购美国摩托罗拉移动技术有限责任公司和美国IBM公司的x86服务器业务；北京微梦创科网络技术有限公司等6家企业在美国上市；小米科技公司、百度公司等企业在海外设立研发中心和延揽海外人才；北京碧水源科技股份有限公司等企业与法国施耐德电气公司等跨国公司、海外运营商深入合作，积极开拓国际市场。

创新成果丰富高质。中关村示范区企业年度专利申请量首次突破4万件，同比增长15.9%，占北京市专利申请量的31.7%；企业获得专利授权22960件，同比增长9.4%，占北京市专利授权量的30.8%；截至年底，示范区企业拥有有效发明专利35483件，占北京市的65%。创制标准141项，累计创制标准5049项，其中国际标准174项、国家标准2877项、行业标准1834项。截至年底，中关村示范区各产业联盟共发布73项联盟标准。全年企业申请PCT2394件。中国中铁股份有限公司等11家企业入选博斯“2014全球创新1000强”。

产业生态系统不断优化。155家中关村开放实验室的高端研发资源为示范区企业服务，累计推动包括检测认证、委托研发和合作研发等在内的科技服务4.1万余项，受益示范区企业2.4万家次。联合清华大学、中国科学院、北京大学、北京航空航天大学等高校院所以及投资机构，合作设立科技成果转化基金等各类投资基金42支，规模逾200亿元，撬动社会资本参与，重点投资高校院所重大创新技术、重大国际合作技术在全球许可和在中关村示范区产业化，探索科技成果转化股权投资和市场孵化机制。重视发挥产业联盟和协会组织在促进协同创新方面的功能，推动领军企业联合上下游企业、单位组建产业联盟，发展行业协会。年内组建了中关村信息安全产业联盟、可信计算产业联盟、中关村智能硬件产业联盟、中关村健康医疗服务创新产业联盟等10余家产业联盟。

（杜　玲）

电子信息产业

【概况】2014年，中关村示范区电子信息产业活跃发展，新技术、新模式不断涌现。大数据、互联网等信息技术不断渗透。国内首个重点面向大数据的数据交易服务平台——中关村数海大数据交易平台启动，百度在线网络技术(北京)有限公司发布百度大数据引擎，曙光信息产业（北京）有限公司建立EB级云存储实验室。技术创新成果持续涌现。北京小米科技有限责任公司推出小米手机4和首款穿戴式智能手环，联想集团有限公司推出移动互联打印，同方健康科技（北京)股份有限公司推出Bodivis个人健康管理系列产品。产业融合和协同创新更加活跃。百度公司与北京京东世纪贸易有限公司发起创建“创新硬件开放平台”，与德国宝马汽车公司共同研发无人驾驶技术。企业加速海外布局，提升国际影响力。百度公司成立百度硅谷人工智能实验室，在巴西上线葡语版百度搜索，和联合国开发计划署共建大数据实验室；联想集团收购美国IBM公司的x86服务器业务和美国摩托罗拉移动技术有限责任公司；微梦创科网络科技（中国）有限公司等电子信息领域企业在美国、中国香港上市。2014年，中关村示范区电子信息产业实现总收入1.35万亿元，同比增长22.7%，实现利润911.5亿元，同比增长18.5%。

（路　烨）

【微博支付上线】1月7日，由微梦创科网络科技(中国)有限公司和支付宝（中国）网络技术有限公司共同主办的“微博支付上线——新浪微博与支付宝战略合作发布会”在京举行。主办双方的相关负责人及媒体记者等参加。双方宣布新浪微博和支付宝全面打通账户体系，微博支付上线，无论是微博平台上的在线交易还是线下商家的日常消费均可以用微博客户端直接付款，无须额外打开支付宝。微博支付的上线可以使用户在商家直接发布商品后，利用支付宝结算，线下的商家可以通过发布二维码，用户通过支付宝二维码扫描完成付款。

（杜　玲）

【联想集团参展CES】1月8—11日，在2014年国际消费电子展（CES2014）上，联想集团有限公司携23款新产品参展，包括平板笔记本Yoga2 Pro和14寸超级本ThinkPad New X1 Carbon等。Yoga2 Pro除了拥有笔记本、站立、帐篷和平板4种使用模式，还配备语音、手势、触屏等多种操控方式，凸显人机交互体验，重量1.39千克，厚度15.5毫米，分辨率3200×1800，搭载英特尔Haswell处理器，续航时间9小时，能满足全天办公使用需求。

（杜　菲）

【中科创达公司展示智能终端方案】1月8—11日，在2014年国际消费电子展（CES2014）上，中科创达软件科技（北京）有限公司展示了HTML5轻桌面、多窗口、小内存手机等智能终端方案。HTML5轻桌面基于跨平台的HTML5技术，可应用在手机、平板电脑和智能电视等智能设备上，实现终端的互联网化。多窗口技术包括分屏双窗口、层叠多窗口、侧边停靠多窗口、画中画等4种形式，可提升大屏幕安卓智能终端的用户体验。智能手机小内存方案，可以帮助手机厂商节省手机内存成本，将运行安卓4.0/4.1/4.2/4.3系统的内存要求从1吉兆以上降到256兆，而且无须重新定制应用，对手机的使用性能几乎没有影响。

（韩洋洋）

【联想集团收购IBMx86服务器业务】1月23日，在北京万事达中心举行的联想2014春节联欢会上，联想集团有限公司宣布，与美国IBM公司达成协议，联想集团将以23亿美元的价格收购IBM公司的x86服务器业务，包括Systemx，BladeCenter和Flex系统刀片服务器以及交换机，基于x86的Flex集成系统，NeXtScale和iDataPlex服务器以及相关软件、刀片网络（bladenetworking）和运维。根据协议，23亿美元收购价中，包含20.7亿美元现金和向IBM公司定向发行1.82亿股联想集团股票。同时，IBM公司将有7500名员工加入联想集团。7月，交易获商务部批准；8月15日，获美国监管部门批准。10月1日，联想集团宣布完成对IBMx86服务器硬件及相关维护服务业务的收购，收购总价格为21.2亿美元。收购IBMx86服务器业务后，联想集团将沿用IBMx86产品规划，IBMx86服务器业务的全球团队将并入联想企业级业务集团。

（张　蕾　杜　菲）

【创新硬件开放平台创建】 1月23日，百度在线网络技术（北京）有限公司与北京京东世纪贸易有限公司宣布签署战略合作协议，共同发起创建“创新硬件开放平台”。双方将在创新硬件方面展开合作，在产品孵化、推广等方面集合彼此的资源，为加入“创新硬件开放平台”的合作伙伴提供技术、产品、渠道、营销、数据等支持，通过平台孵化的智能硬件产品将带有“Baidu Inside”和京东“JD +”品牌标识。百度公司还将建立“Baidu Inside”官方网站，对合作产品进行宣传展示，提供有针对性的营销推广资源支持。

（张　毅）

【联想集团收购摩托罗拉移动公司】 1月30日，“联想集团媒体沟通会”在联想上地研究所举行。联想集团有限公司相关负责人及媒体记者等参加。联想集团宣布将以29亿美元价格从美国谷歌公司收购美国摩托罗拉移动技术有限责任公司。10月30日，联想集团宣布，公司收购摩托罗拉移动公司通过了中美两国政府的审批，摩托罗拉移动公司成为联想集团旗下资产，交易总金额29.1亿美元。联想集团将以全资子公司的形式运营摩托罗拉公司，其总部继续设在美国芝加哥市。收购完成后，摩托罗拉移动公司的约2000件专利、移动品牌和商标组合、与全球50余家运营商的合作关系，都将归于联想移动业务集团。

（杜　菲　杜　玲）

【ENG设备智能库管理系统中标央视新址项目】 1月，由航天信息股份有限公司研发的基于物联网技术的资产仓储管理系统中标中央电视台新台址ENG设备（摄像机、镜头等相关媒体设备的总称）智能库管理系统项目。系统通过普查、登记用户的ENG设备，对已有设备情况进行生命周期管理服务；定期普查用户设备数量及配置，提交设备资产清单；根据设备分布，提交设备使用建议报告等。系统将应用于中央电视台的ENG、音视频等重要设备的日常仓储管理，实现在完成资产出库、入库、盘点等任务的同时，对资产进行数字化智能分析及管理，在信息采集与数据统计方面，达到完全智能化水平，降低差错率。

（杜　菲）

【灵云智能公司推出语音质检分析系统】 1月，北京捷通华声语音技术有限公司推出灵云智能语音质检分析系统。系统具有对呼叫中心的通话内容进行服务质量监控、客户需求挖掘等语音分析功能。系统应用捷通华声“语音转写”“话者分离”“静音检测”“情绪检测”“语速检测”等HCI核心技术，将非结构化的语音信息转换为结构化的索引，实现对海量录音文件、音频文件的信息挖掘和快速检索，帮助用户掌控海量客服录音数据，辅助客服质检，以针对性地改善客服质量，提高客户满意度；同时还可以通过系统挖掘到用户行为数据，以及时进行准确的市场决策。在系统中，语音转写应用了灵云语音识别技术，将通话录音中的语音信息提取出来，并以文本的方式保存在系统中；话者分离采用声纹识别技术，对通话双方进行识别，并根据随录文件记录的信息、语音转写后的文件进行关键词分析，进而判断通话双方各自的角色；通过对语音文件中的音高、音强、音长、音色等数据的变化趋势，对通话内容进行静音检测、情绪检测、语速检测。

（张　蕾）

【网神信息公司4个项目获创新产品奖】 2月20日，在“2014中国IT市场年会”上，网神信息技术（北京）股份有限公司的“SecFox—NBA数据库审计系统”“SecGate 3600下一代智能防火墙”“SecSSL 3600安全接入网关”“SecSIS 3600安全隔离与信息交换系统”4个项目获“2013—2014中国信息安全产品市场年度创新产品”奖。其中网神SecFox—NBA（业务审计型）采用旁路侦听的方式对通过网络连接到重要业务系统（服务器、数据库、业务中间件、数据文件等）的数据流进行采集、分析和识别，可实时监视用户访问业务系统的状态，记录各种访问行为，发现并及时制止用户的错误操作、违规访问或可疑行为。

（杜　菲）

【用友UAP获云计算市场年度创新产品奖】 2月20日，在“2014中国IT市场年会”上，用友软件股份有限公司研发的用友大中企业私有云平台（UAP）依靠其平台创新能力，获“2013—2014中国云计算市场年度创新产品”奖。用友UAP（Unified Application Platform）是面向大型企业与组织的计算平台，包括开发平台、集成平台、动态建模平台、商业分析平台（用友BQ）、数据处理平台（用友AE）、云管理平台和运行平台7个领域产品，涵盖软件应用的全生命周期和IT服务管理过程，用于支撑平台化企业，可为大型企业与公共组织构建信息化平台提供核心工具与服务。

（杜　玲）

【中关村数海大数据交易平台启动】 2月20日，在“中关村大数据交易产业联盟成立暨中关村数海大数据交易平台启动仪式”上，中关村数海大数据交易平台（www.crazyapi.org）宣布启动。平台是由中关村大数据交易产业联盟负责承建的国内首个重点面向大数据的数据交易服务平台。平台将通过开放的API数据录入、检索、调用，为政府机构、科研单位、企业及个人提供数据交易和使用的场所。平台在确保数据不涉及个人隐私、不危害国家安全，同时获得数据所有方授权的情况下，为数据所有者提供大数据变现的渠道；为数据开发者提供统一的数据检索、开发平台；为数据使用者提供丰富的数据来源和数据应用。平台将重点建立法律保障、技术保障、真实性认证等保障性措施。

（赵俊劼）

【大唐半导体设计有限公司成立】 2月25日，大唐半导体设计有限公司在北京注册成立，注册资本2.334亿元。大唐半导体公司是大唐电信科技股份有限公司通过整合其安全芯片、智能终端芯片和汽车电子芯片业务，成立的集成电路设计产业的统一平台。公司具备IC全流程设计能力，拥有数字电路、模拟电路、射频电路、数模混合电路的综合规划和设计能力，并建立了相应的开发测试、仿真验证平台和环境，将以芯片设计为核心，为客户提供差异定制化、高性价比的芯片及解决方案。

（韩洋洋）

【易云捷讯公司获中国智慧城市优秀解决方案奖】 2月28日，在"第二届（2014）中国智慧城市年会"上，公布了智慧城市创新应用获奖名单。易云捷讯（北京）科技有限公司的Eayun智慧园区解决方案获"2014年中国智慧城市优秀解决方案奖"。方案实现资源池化、统一管理所有物理服务器，并通过虚拟化技术实现应用软件模板镜像，从而提升软件部署效率；利用云计算资源弹性收缩的特性，增强资源的重复利用率；高可用及自动迁移功能有效保障业务连续性。方案体现了公共服务云计算对智慧城市发展所发挥的重要作用。

（李　莹）

【君正集成公司推出Newton平台】 2月，北京君正集成电路股份有限公司推出集计算、互联、传感器于一体的智能互联设备平台——Newton，可应用于可穿戴设备、健康医疗、智能家电、生物识别、工业控制、消费电子、移动物联网等领域。平台采用君正JZ4775低功耗高性能应用处理器，适用于穿戴式设备的超小尺寸：22毫米×38毫米×3毫米，集成Wi-Fi、Bluetooth、NFC以及多种传感器，具有从几十兆到1吉赫兹的超强计算能力，超低功耗，提供灵活的扩展接口，并具有联网功能。平台还集成1颗支持9轴的运动检测和跟踪功能的传感器，其中包括1个3轴的陀螺仪（gyroscope）、1个3轴的加速计（accelerometer）、1个3轴的磁力计（magnetometer）。平台硬件的参考设计向所有客户开放，支持Linux和Android系统并开放源代码，客户可基于该平台开发自己的定制应用。

（张　蕾）

【百度信誉V发布】 3月12日，由百度在线网络技术（北京）有限公司与中国消费者协会共同主办的"让网络消费更安全——百度全网诚信体系暨网民权益保障计划升级发布会"在京举行。主办双方的相关负责人及媒体记者等参加。双方联合发布全网诚信体系——百度信誉V（xinyu.baidu.com）。百度信誉V是通过信誉评级和信誉成长值等方式，把网站的资质、认证、可信行为、保障意愿、口碑评价等综合信誉情况直观呈现给网民，作为网民决策的参考依据。百度信誉V体系分为3级，等级越高，信誉越好。通过百度信誉V标，网民可以判断交易风险。对政府官网、媒体、学校、医院、公益组织等，百度公司开辟快速通道加V；对商业机构，百度公司与第三方认证机构合作，结合网民评价进行加V。网民如在百度搜索结果页的加V网站遭遇钓鱼欺诈，百度公司将全额先行赔付。

（杜　玲）

【拉卡拉手机收款宝发布】 3月13日，拉卡拉手机收款宝上市发布会在上海市举行。北京拉卡拉网络技术有限公司相关负责人及媒体记者等参加。收款宝是为满足小微商户的收款需求而设计的移动支付终端，支持所有带银联标志的金融IC卡和磁条卡，由软、硬件两个部分构成，软件为安装在智能手机上的专用客户端，硬件是外接刷卡及密码键盘，硬件部分主要功能为刷卡和密码输入，软件部分主要负责各项功能的指令输入操作。用户通过蓝牙将智能手机与收款宝相连，可完成收款、转账、信用卡还款、手机充值等金融服务。

（韩洋洋）

【ONAIR全媒体云平台发布】 3月20日，由阿里云计算有限公司、浙江华通云数据科技有限公司、北京新奥特集团有限公司共同主办的"'ONAIR全媒体云平台'发布会"在京举行。来自近100家电视台的代表以及行业客户等参加。平台（onair.cdvcloud.com）由3家企业共同开发，融合3家企业在云计算、网络传输、音视频处理技术以及客户资源等方面的核心优势，提供基于云架构的多业务、多功能、多终端、多网络融合的全媒体解决方案，能让电视频道实现电脑网站、手机APP、电视机全终端流畅播放，并实现大数据的收集整理及运营。在平台上，运营者能够创造专属的全媒体平台，兼容图、文、音视频所有信息形态；构筑各种类型用户互动模式；实现前向收费、广告收费等多种盈利模式。

（刘伟杰　杜　玲）

【浪潮集团全球研发中心落户示范区】 3月27日，海淀区政府与浪潮集团有限公司签署合作协议。双方相关负责人等参加。根据协议，浪潮集团将在海淀区建设全球研发中心及北京总部。中心将围绕云计算核心装备技术、大数据分析及应用、信息安全、电子商务四大领域开展前沿技术、装备的研发。

（刘伟杰　杜　玲）

【联想可升级智能电视终结者 S9 推出】 3月27日，“挑战终结者——联想智能电视可升级技术发布暨终结者 S9 媒体见面会”在京举办。联想集团有限公司相关负责人及媒体记者等参加。联想集团提出智能电视“一卡升级”理念，并推出可升级智能电视新品——终结者 S9。在电视主机中预留一个插槽，支持外接硬件模块升级。用户可将单独购买的升级卡接入卡槽，升级中央处理器、图形处理器和操作系统，以提升电视性能。

（刘伟杰　杜　玲）

【小米系统推出】 4月2日，北京小米科技有限责任公司推出“不刷机的 MIUI”小米系统独立 APK 公测版。小米系统是将多个小米手机系统（MIUI）的 APP 打包到一块的合体之作，包含：小米锁屏、小米桌面、小米拨号（集成通讯录）、小米短信、小米商城、小米云服务。安装 APP 后，用户无须为手机重装系统即可体验超过 70% 的 MIUI 特色功能，解决没有相应刷机包或者不会刷机的用户使用第三方 ROM 的问题。

（徐　建）

【“白细胞”操作系统免疫平台发布】 4月3日，中电长城网际系统应用有限公司和北京可信华泰信息技术有限公司在京发布基于可信计算技术的安全加固产品——“白细胞”操作系统免疫平台。系统是中国自行研发构建的一套统一的信息系统安全架构，利用以密码为基础的信任链传递，使用可信计算技术的静态度量、动态度量、访问控制等技术，实现计算机识别“非己”的程序、数据等，从而排斥进入计算机的病毒、木马、恶意程序等抗原物质，以维持计算机的健康。平台通过“白名单”，为计算机系统建立自免疫系统，实现主动防御的目标，扭转计算机系统只能依靠“杀毒、打补丁”等技术被动防御，解决国产操作系统漏洞和安全服务问题，重点服务于国家重要信息系统用户，同时也为互联网用户提供免费的轻量级服务，可支持 Windows、Linux、UNIX、Android 等操作系统。

（徐　建）

【奇虎公司“360 云”上线】 4月14日，北京奇虎科技有限公司上线“360 云”（cloud.360.cn）。“360 云”是通过整合 IDC 服务商的数据中心资源打造的一个全新云计算解决方案，主要提供云主机、云安全、云监控三大业务。云主机提供绿色、高扩展性、高灵活性的存储服务，并针对企业数据安全性的需要，提供“快照”功能，实现系统级别的实时备份。云安全主要是整合 360 网站安全检测、网站卫士等服务，提供 DDoS 防护、免费 CDN、高防 DNS 解析等云安全技术和服务。云监控可帮助使用者及时了解网站及云计算服务的动态，让 IT 运维管理立体、直观、可视化。

（杜　玲）

【航天信息公司获物联网 RFID3 项大奖】 4月16—17日，在“第六届中国物联网 RFID 发展年会”上，航天信息股份有限公司获中国信息产业商会、中国 RFID 产业联盟授予的 3 项大奖，即企业获中国物联网领先企业奖、2013 年度研发的“JKFZ900 系列大型多功能制证一体机”获中国物联网创新产品奖、新拓展的“全国多义性路径识别解决方案”获中国 RFID 市场开拓奖。其中“JKFZ900 系列大型多功能制证一体机”具有发卡、卡信息读写、废卡检测、覆膜、矫正等功能，结构设计灵活、简单、坚固，易于安装维护，模块化设计方式，易于拆装组合，可满足用户的不同需求，提供低成本、开放、灵活的制证方案。“全国多义性路径识别解决方案”采用国际先进的 RFID 远距离识别技术，可保证车与路之间、车与车之间的信息交互，二合一功能的“RFID 电子标签 + IC 卡”的双频复合卡，实现了 RFID 远距离识读标签和 IC 卡片的有机结合。

（杜　菲）

【全球 IPv6 下一代互联网高峰会议举行】 4月17—18日，由全球 IPv6 论坛（IPv6 Forum）、下一代互联网关键技术与评测北京市工程研究中心和北京天地互连信息技术有限公司共同主办的“2014 全球 IPv6 下一代互联网高峰会议”在北京举行。来自产业界、科技界、学术界、投资界的专业人员近 1000 人参加。会议介绍了 IPv6 产业升级、建设、商用等方面的产品及解决方案，展示国内外运营商、设备厂商的联网商用部署案例，

并就 IPv6 发展现状、更新导向、产业链和过渡解决方案、行业应用和测试、IPv6 网络环境安全及下一代互联网示范城市建设等议题进行交流。

（韩洋洋）

【天地互连公司承担全球 IPv6 Ready Logo 认证项目】 4 月 18 日，在“2014 全球 IPv6 下一代互联网高峰会议”上，全球 IPv6 论坛（IPv6 Forum）主席拉蒂夫·拉蒂德（Latif Ladid）宣布北京天地互连信息技术有限公司全球 IPv6 测试中心主任李震任 IPv6 Ready Logo 认证项目“运营负责人”。由天地互连公司组织的中国团队将承担全球 IPv6 Ready Logo 认证项目的运营和维护任务。（IPv6 Ready Logo 认证是 IPv6 Forum 发起的一项针对 IPv6 产品的测试认证项目，其目标是鼓励设备商开发生产成熟的 IPv6 产品，为设备采购提供支持 IPv6 的标识，推动全球的 IPv6 产业部署。其测试规范覆盖 IETFRFC 标准中 Must 和 Should 部分，认证测试包括协议一致性测试和互通性测试，申请认证的产品必须 100% 通过测试才能获得标识。）

（韩洋洋）

【SVAC 芯片合作协议签订】 4 月 18 日，“公安部第一研究所、北京中星微电子有限公司战略合作协议签署仪式”在中星微公司举行。双方相关负责人参加。双方签署《SVAC 国家标准相关芯片及解决方案合作协议》。根据协议，双方将在 SVAC 国家标准相关核心芯片、安全方案、系统推广等方面开展合作，进一步推进 SVAC 标准的产品、系统在视频监控领域的应用和产业化进程。

（杜　玲）

【Baidu Inside 合作计划推出】 4 月 21 日，“智造未来——2014 百度智能硬件峰会”在京举行。百度在线网络技术（北京）有限公司及合作企业的相关负责人等参加。百度公司与联想集团有限公司等合作企业联合发布云打印机、智能健康手环、车联网解决方案 Carnet 等 20 余款搭载百度技术的智能硬件产品。百度公司还推出创新智能硬件合作计划——Baidu Inside 合作计划。对于加入计划的智能硬件产品，百度公司将提供云存储、视频播放与解码、图片识别、智能语音、安全、LBS 等方面的技术支持，并联合北京京东世纪信息技术有限公司、神州数码（中国）有限公司等战略合作企业，提供覆盖线上、线下的立体式销售网络，帮助传统硬件厂商将产品推向市场。

（杜　玲）

【共建世纪互联数据中心】 4 月 23 日，“世纪互联富士康战略合作签约仪式”在京举行。北京世纪互联数据中心有限公司与富士康科技集团的相关负责人参加。根据协议，双方将共同建设世纪互联电信中立第三方数据中心，共同设计、开发、制造和建设 IDC 服务供应链。富士康集团将通过提供其遍布全球的厂房设施及配套资源服务，发挥其在设备制造领域等方面的优势，为世纪互联公司新建数据中心及相关项目提供全方位的服务与支持。世纪互联公司将发挥其在数据中心建设、运营和市场等方面的优势，为未来的云平台和应用发展搭建绿色和高效的 IDC。双方针对数据中心的规划、设计、建设、项目融资和运营维护等方面展开全面合作，并将数据中心业务逐步向海外拓展。

（杜　玲）

【小米新品沟通会举行】 4 月 23 日，小米新品沟通会在中关村软件园举行。北京小米科技有限责任公司相关负责人以及用户、媒体记者等参加。小米公司推出小米路由器、小米路由 mini 以及小米盒子增强版。小米路由器使用双频 AC，采用第五代 Wi-Fi 协议 802.11ac，博通双核 1 吉赫兹 CPU，256 兆内存，内置 1 太字节硬盘，还采用 2×2 双频天线，支持波束成型技术，独立信号放大芯片。小米盒子增强版支持 4K 高清分辨率和双频 C，采用四核处理器，2 千兆的 RAM，并新增 MicroSD 卡槽，可扩展至 64 千兆。

（刘伟杰　杜　玲）

【百度大数据引擎发布】 4 月 24 日，“百度第四届技术开放日”在京举行，主题是“大数据引擎驱动未来”。交通运输部、中国疾病预防控制中心、北京航空航天大学等单位有关领导以及来自政府、企业、学术界的代表等近 1000 人参加。百度在线网络技术（北京）有限公司发布大数据引擎，并宣布将这一大数据引擎向外界开放，提供大数据存储、分析及挖掘的技术能力。百度大数据引擎包括开放云、数据工厂、百度大脑 3 层开放平台，将大数据存储、分析和智能化处理等核心能力通过平台化、接口化的方式对外开放。开放云平台是大数据引擎运行的基础构件，通过分布各地的百度数据中心为传统行业提供超大规模的数据存储和分布式计算；数据工厂平台对行业数据进行一系列规范化处理，提供数据管理和分析能力；百度大脑建立在百度深度学习和大规模机器学习基础之上，融合深度学习算法、数据建模、大规模 GPU 并行化平台等技术，实现了每时每刻都在学习与成长，具有前瞻性的智能数据分析及预测功能，以实现数据智能。合作机构和传统企业能够在线使用百度公司的大数据架构，通过处理机构和企业自身积累的大数据，或同时融合百度大数据进行挖掘处理，改造和优化传统行业的企业管理、产品服务设计、商业模式等环节。

（杜　玲　徐　建）

【两家企业加入 OpenPOWER 基金会】 4 月 25 日，Open POWER 基金会在京举行发布会，宣布 6 家中国企业加入基金会。其中包括中关村示范区企业北京华胜天成科技股份有限公司和北京创和世纪通讯技术股份有限公司。加入基金会后，创和通讯公司将通过其与国内外企业进行技术交流和分享，联合共同创新，解决服务器层面的技术问题，提升下一代服务器的性能。华胜天成公司将为工作负载向 Power Linux 平台迁移提供支持和工具，同时整合基于 Power 的 Linux 服务器平台上的方案，以提高系统部署和管理的自动化水平。（OpenPOWER 基金会是基于业内开放的 POWER 系统平台，由美国谷歌公司、国际商业机器公司等企业于 2013 年 8 月联合倡导成立。其将 POWER 硬、软件用于开源开发，同时向联盟成员开放 POWER 知识产权许可。）

（韩洋洋）

【旋极信息公司参展第九届国防电子展】 5 月 8—10 日，在"第九届中国国际国防电子展览会"上，北京旋极信息技术股份有限公司以"载梦而飞，铸就卓越，创造价值，服务国防"为主题，展出高速航空总线、装备、测试性验证和实验室互联平台四大类产品。其展示的实验室互联平台适用于国防军工科研总体单位的联合调试；装备产品已定型并列装部队；高速航空总线产品大量应用于 C919 大型客机、某型运输机、某型战斗机、某型无人机的地面仿真、集成测试和机载环境，用于构建机载骨干通信网络及航空电子产品的开发验证测试；测试性验证产品主要是利用故障注入检验装

备的测试性，在军方得到推广使用。

（韩洋洋）

【联想集团推出打印工场】 5 月 9 日，由联想集团有限公司主办的"@ 新'印'纪 2014 联想打印机移动策略发布暨渠道大会"在京举行。联想集团相关负责人以及合作伙伴、行业用户代表等参加。联想集团发布全新升级的综合打印应用平台——打印工场。打印工场支持新旧打印机、多品牌打印机、各种产品、各种文件实现随时随地移动打印。对于支持 Wi-Fi 连接的打印机产品，联想打印工场可以直接与其进行 Wi-Fi 连接，实现直连打印。对于不支持无线连接的打印机，联想集团推出了短距打印方案酷酷辫和长距打印方案歪歪狗。酷酷辫是打印工场专用的 OTG 数据线，即插即用，可将 Android 设备与打印机进行连接，进而完成短距离打印工作。歪歪狗能够将不支持无线连接的打印机支持 Wi-Fi 连接，进而通过手机等设备进行移动打印。

（杜　菲　杜　玲）

【ONF 春季 PlugFest 测试活动举办】 5 月 12—19 日，由北京天地互连信息技术有限公司和开放网络基金会（ONF）共同举办的 ONF 春季 PlugFest 测试活动在中

国和美国同步举办。这是首次采用全球跨国合作的方式，实现全球异地互通性测试。活动主要目的是集中测试 OpenFlow1.3 的互通性和依托于 OpenFlow 技术的全球互通性测试，21 家 ONF 成员公司及 SDN 设备厂商参加测试。中美两地实验室以实时视频的方式进行全程同步交流，测试设备通过测试中心提供的 GRE 加密隧道做互通性连接测试，将两边的工程师及网络设备同步于一个 SDN 网络，实现全球首次 SDN 测试网络对接。

（韩洋洋）

【小米公司发布新品】 5 月 15 日，由北京小米科技有限责任公司主办的新品发布会在北京国家会议中心举行。小米公司相关负责人及用户和媒体记者等 500 余人参加。小米公司发布了小米电视 2 和首款小米平板电脑。小米电视 2 使用 49 英寸的 4K 分辨率屏幕，分辨率为 3840×2160，搭载了 1.45 吉赫兹的四核 MStar 核心，GPU 为 Mali450—MP4，并支持 802.11ac 传输协议。小米平板是小米公司研发的首款平板电脑，搭载 TegraK1 处理器，拥有 192 核 PC 架构 GPU，配备 7.9

英寸全贴合视网膜屏、800 万像素后置相机、500 万像素前置 OV 相机，搭载为平板深度优化的 MIUI 系统。

（杜　玲）

【百度硅谷人工智能实验室成立】 5 月 17 日，百度美国研发中心新址启用仪式在加利福尼亚州桑尼维尔市举行。百度在线网络技术（北京）有限公司相关负责人参加。百度公司宣布百度硅谷人工智能实验室成立，并任命斯坦福大学人工智能实验室主任吴恩达博士为百度公司首席科学家，全面负责百度研究院。百度美国研发中心位于桑尼维尔市，百度硅谷人工智能实验室建在研发中心内，主要研究人工智能和深度学习的前沿技术，用计算机软硬件模拟人类的大脑，让计算机像人类一样思考和学习。

（刘伟杰　杜　玲）

【京微雅格公司成果获智能城市优秀方案奖】 5 月 18 日，由中电网（ECCN）与世界电子元器件杂志社举办的“2013—2014 年度全国优秀 IC 和电子产品解决方案评选”获奖名单在北京揭晓，京微雅格（北京）科技有限公司开发的“基于 CME–M5 的高清视频及 OSD 叠加显示方案”获智能城市方案组优秀方案奖。成果是实现在高清视频上叠加多级图层管理菜单显示的解决方案，可应用在轨道交通、数字娱乐、消费类电子、工业控制、智能家居、数字监控等领域。其主要功能特性包括：输入端支持模拟视频源（CVBS/S–Video/YPbPr/VGA），全高清的 VGA 和 DVI–I；兼容不同厂商、不同尺寸、不同分辨率的显示屏幕，可根据客户的具体需求，对视频流进行缩放，并在视频上叠加图层管理；经过缩放后的视频流在输出前根据显示屏幕的规格进行 Odd/Even 区分；控制端通过 CME–M5 扫描 button 状态，并进行相应事件响应和处理。

（张慧秋）

【海兰信公司船载航行数据记录仪通过 CCS 认证】 5 月 20 日，由北京海兰信数据科技股份有限公司研发的 HLD—VDR600 船载航行数据记录仪通过中国船级社（CCS）型式认证（证书编号：TJ13T00046_01），成为国内满足国际海事组织（IMO）最新标准并获权威船级社认可的产品。记录仪具有高可靠性、安装简便、配置灵活、适应性强、接口先进、维护方便等优点，能有效降低成本，满足各种船舶的记录需求；设备拥有先进的数据压缩算法，通过加密措施保障数据安全，同时支持远程配置、维护诊断等功能，结合海兰信公司的船舶远程监控管理系统（VMS），能够提高船岸数据管理效率。

（康秋红）

【全球 SDN 技术大会召开】 5 月 20—21 日，由北京天地互连信息技术有限公司等单位主办的“全球 SDN 技术大会”在北京召开。会议以“发展、融合、创新、应用”为主题。来自全球的互联网应用企业代表及云计算专家等参加。会议通过技术培训、主题演讲、展

览展示等形式，围绕 SDN 技术在互联网的应用落地等议题，对 SDN 技术及应用进行交流和研讨，解读了 SDN 应用部署及未来发展方向。工业和信息化部电信研究院、百度在线网络技术（北京）有限公司等 7 家中国企业签约加入开放网络基金会（ONF），参与全球 SDN 标准制定。神州数码网络有限公司为新一代数据中心推出的万兆路由交换机 CS6500—48S4Q 获 ONF 颁发的中国第一个 OpenFlow1.0 一致性认证证书。全球 SDN 测试认证中心（SDNCTC）主席刘东及其领导的下一代互联网关键技术工程中心（BII）团队，由于在 SDN 技术的开发、测试和市场发展等方面做出的成绩，被授予“ONF 突出贡献奖”。

（韩洋洋）

【京安蓝盾公司参展国际警用装备博览会】 5 月 20—23 日，在第七届中国国际警用装备博览会上，北京京安蓝盾科技发展有限公司展示了其研发的“智能化数字频率干扰系统系列产品”。系统采用基于软件无线电架构的多调制干扰信号产生方式将侦察引导与压制干扰进行一体化设计，通过专用版数字合成扫描软件、频谱分析软件及电脑快速编程，可在干扰频段内提高干扰效率，确保可靠的干扰效果。系统工作频率为 20 兆赫～3000 兆赫（最高可至 6000 兆赫），其覆盖范围达到工业和信息化部 LTE/ 第四代数字蜂窝移动通信（4G）所颁布的频率范围。京安蓝盾公司在展会现场与公安部进行产品签约，与陕西省公安厅、新疆维吾尔自治区公安厅等单位达成订货意向。

（朱文利）

【锐捷网络医院 FULL 无线解决方案发布】 5 月 22 日，在“2014 中华医院信息网络大会”上，北京星网锐

捷网络技术有限公司举办了“移动互联畅想医疗——2014 移动医疗技术与应用研讨会”，并推出“锐捷网络医院 FULL（FOU RUSE ALL）无线解决方案”。方案涉及门诊大厅、病房楼层、手术室和医院外广场等全景化无线应用环节。针对门诊大厅、输液大厅等人员密集、环境复杂的场所，方案采用 X—sensePlus 双极化矩阵、超级天线振子、重力感应技术，使无线信号体验不再受限于角度、位置、移动速度等因素的影响。对于病房移动医护，方案采用“第三代无线智分”“零漫游”“可堆叠 AP”等技术，提供应用不中断、性能可扩展、1 台 AP 覆盖整个病区的无线网络，解决了病房楼层墙壁厚重、拐角多、信号弱等应用难题。针对手术室、特护病房等特殊医疗应用场景，在不破坏墙面装修的情况下将产品安装在常规 86 面板线盒中。

（杜　玲）

【17 家企业获“国家金卡工程金蚂蚁奖”】 6 月 3 日，国家金卡工程协调领导小组办公室印发《关于公布 2014 年度“国家金卡工程金蚂蚁奖”获奖名单的通知》（金卡办〔2014〕007 号），表彰和鼓励在金卡工程建设中，坚持勇于探索、大胆实践、自主创新、开拓奋进的求真务实精神，在标准和核心技术产品研发、产业建设和应用市场开拓，以及信息安全和公共服务平台建设等方面取得优秀成果的企事业单位。中关村示范区 17 家企业的 8 类 26 个项目获奖。

奖项	企业名称	产品名称
创新产品奖	北京爱创科技股份有限公司	爱创 BizTTS 产品质量追溯系统
	北京南瑞智芯微电子科技有限公司	电子加密封印芯片
	北京中电华大电子设计有限公司	适用于 IC 卡互联网终端的安全微控制器芯片
	北京同方微电子有限公司	非接触式读卡器芯片 THM3070
	北京芯联创展电子技术有限公司	UHF 大功率模块 SLR1200
	航天信息股份有限公司	深圳边检总站自助查验通关系统工程项目
	中电智能卡有限责任公司	WLCSP 模块封装、六小卡封装
	北京国电通网络技术有限公司	智能表库 SG-IMW-900
最佳产品配套奖	大唐电信科技股份有限公司	DMT-CBS-CE3D 金融安全芯片系列产品
	航天信息股份有限公司	中国工商银行 2013 年度全行现金款箱物流管理系统配套 RFID 及条码设备项目
	中电智能卡有限责任公司	接触式 IC 卡、接触式模块、非接触式模块、COB 封装
信息安全奖	信息产业信息安全测评中心	智能卡及 USBKey 类产品安全测评攻防技术应用
	公安部第一研究所	物联网一体化安全监测
	住房和城乡建设部 IC 卡应用服务中心	支持 CA 功能的城市一卡通领域专用密码机
	北京同方微电子有限公司	USB KIEY 主控芯片 THK88
市场开拓奖	航天信息股份有限公司	公安部出入境管理局电子往来港澳通行证件项目
创新应用奖	北京联合众为科技发展有限公司	施工现场劳务实名制管理系统
	国家电子标签产品质量监督检验中心	居民健康卡与智能卡创新应用
优秀成果应用奖	住房和城乡建设部 IC 卡应用服务中心	全国城市一卡通及互联互通应用
	北京爱创科技股份有限公司	云南省红河哈尼族彝族自治州“智慧农业”项目
	北京世纪速码信息科技有限公司	一卡通在线充付中的中间件应用
	同方锐安科技有限公司	高铁三合一读卡模块
公共服务平台奖	国家电子标签产品质量监督检验中心	智能卡与电子标签产品检测公共服务平台
	北京亿速码数据处理有限责任公司	全国城市一卡通互联互通数据处理中心
最佳服务奖	北京国电通网络技术有限公司	物联网综合业务平台 GDT-9600
	公安部第一研究所	物联网安全监测专业化服务

（徐　建）

【航天信息公司 3 项成果获奖】 6 月 3 日，在 2014 年度国家金卡工程金蚂蚁奖颁奖会上，航天信息股份有限公司凭借在计算机系统应用的开发、生产、系统集成和推广应用方面的优势，获 3 项 2014 年度“国家金卡工程金蚂蚁奖”，即：“深圳边检总站自助查验通关系统工程项目”获“创新产品奖”；“公安部出入境管理局电子往来港澳通行证件项目”获“市场开拓奖”；“中国工商银行 2013 年度全行现金款箱物流管理系统配套 RFID 及条码设备项目”获“最佳产品配套奖”。其中深圳边检总站自助查验通关系统工程项目是一款旅客自助查验通关系统，旅客出入境时能够自行操作证件阅读器、指纹采集器、面相采集装置等，由计算机完成旅客证件及生物信息采集并通过生物识别确认持证人身份，减少了执勤警力，节约了人力成本，同时还大幅度提高了旅客的验放速度。

（杜　菲）

【大唐电信公司金融安全芯片获奖】 6 月 3 日，在 2014 年度国家金卡工程金蚂蚁奖颁奖会上，大唐电信科技股份有限公司的 DMT—CBS—CE3D 金融安全芯片系列产品获“国家金卡工程 2014 年度金蚂蚁奖（最佳产业配套奖）”。产品采用高速、低功耗 CPU 内核，拥有 80 千字节的 EEPROM 用户数据存储空间，可根据应用场景需要封装成单界面或双界面智能卡。芯片搭载由大唐微电子技术有限公司研发的 JAVA 平台，满足银联嵌入式软件安全认证要求，可支持和配合下游厂商完成应用开发和移植，实现“一芯多用”。产品可应用于金融支付、公共服务、公共交通和行业增值服务等领域。

（韩洋洋　刘伟杰）

【北京市集成电路产业发展股权投资基金启动】 6 月 3 日，市发展改革委、市经济信息化委、中关村发展集团发布《关于北京市集成电路产业发展股权投资基金管理公司遴选结果的公告》，北京盛世宏明投资基金管理有限公司确定为母基金及制造和装备子基金管理公司，北京清芯华创投资管理有限公司为设计和封测子基金管理公司，首期两支子基金设立，北京市 300 亿元集成电路基金正式启动。基金由母子基金（1 + N）模式构成，即设立 1 支母基金及 N 支子基金。其中，母基金采取公司制，规模 90.09 亿元，全部来源于政府资金，分 3 年通过发展集团（政府资金出资代表）注入。母基金公司——北京集成电路产业发展股权投资基金有限公司于 7 月 29 日设立，9 月 1 日首期 40.04 亿元出资到位，包括制造和装备子基金投资 20 亿元，已完成投资；设计和封测子基金认缴出资 5 亿元，完成投资 1.3 亿元。子基金采用合伙制，存续期由基金管理公司与合伙人协商确定，原则上不低于 8 年。基金主要投资集成电路产业中设计、制造、封装、测试、核心装备等产业关键环节的重点项目；工程研究中心、工程实验室、企业技术中心等创新实体；开发建设集成电路产业专业化园区。

（李贺英）

【曙光信息公司建 EB 级云存储实验室】 6 月 13 日，由曙光信息产业（北京）有限公司主办的“中国式存储—颠覆与突破——开启国产存储 EB 级殿堂之门发布会”在曙光大厦举行。有关分析机构分析师、行业专家、合作伙伴等近 100 人参加。曙光公司宣布建立曙光 EB 级云存储实验室。曙光公司的 EB 级云存储系统是下一代云计算关键技术与系统重大项目体系的重要组成部分，是云计算系统的基础支撑部分，对云计算系统的运行效率、可靠性、可用性、安全性等各项性能指标有着重要的影响。该存储系统采用可在线增缩、自动负载均衡的柔性架构平台设计，将平面数据提升到多层，通过松耦合网络互联实现多套异构存储设备的跨地域统一部署、使用和管理。同时该存储系统还采用先进的容错架构、高效的数据容错算法，配合用户认证和数据加密策略，用于应对数据的“丢”“错”和“偷”的问题，保证系统在公网应用环境下的可靠性和安全性。实验室的建立在验证其技术实现的同时，还将各行业云的实际存储需求在实验环境中进行模拟，开展大规模云计算示范应用。曙光公司还公布曙光存储腾云行动的战略计划，将关注云的基础构架、数据管理、实际应用等，构建高效云基础，提供满足用户云战略的智慧大数据存储。

（张　蕾）

【京微雅格公司芯片发布】 6 月 19 日，“国内首颗嵌入 ARM 的高性能 SoC FPGA 暨京微雅格 CME-M7（华山）系列新品发布会”在京举行。京微雅格（北京）科技有限公司等单位相关负责人及媒体记者等参加。京微雅格公司推出基于 CAP（Configurable Application Platform，可配置应用平台）构架的高集成化 CME-M7 现场可编程门阵列（FPGA）系列产品。CME-M7 是高性能、高集成 FPGA 嵌入式 SoC 芯片，在 CAP 架构上整合了 ARM Cortex-M3 内核，辅以片上存储器、AD 转换器、DSP 及大容量可编程逻辑，

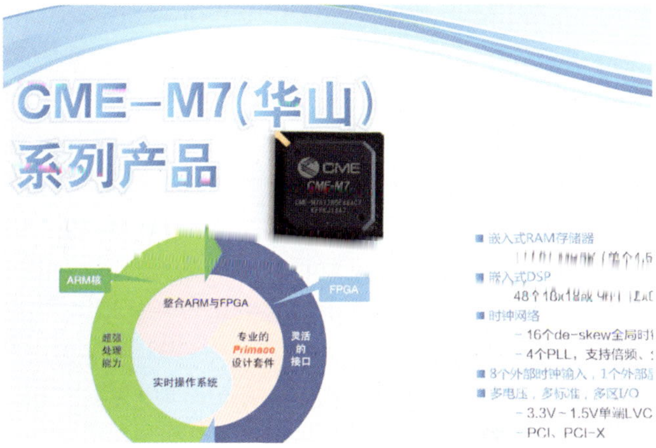

以单芯片的形式解决客户可编程芯片与嵌入式处理器之间无缝连接问题，并将 12K 容量的可编程逻辑、以硬核形式整合的 ARM Cortex-M3 内核以及丰富的 IO 和存储等资源整合在一个封装内，实现低成本、更高的 I/O 密度以及更便于拓展的设计便利性，可用于消费电子、工业控制、无线通信、网络应用、成像和安全产品等领域。

（张慧秋　崔春雷）

【创和世纪通讯公司承建安徽移动机房工程】 6 月 23 日，由北京创和世纪通讯技术股份有限公司承建的中国移动通信集团安徽有限公司互联网信息中心（IDC）机房建设启动。工程采用创和世纪通讯公司研发的水冷前门智能网路机柜及其配套系统进行建设施工。水冷前门智能网路机柜是一种将空调末端与传统机柜前门相结合的 IDC 空调制冷设备，集成了空调、供电、监控三大系统的末端，实现以机柜为基本单元的模块化。其具有模块化分区，逐台机柜启动、冷源贴近热

源制冷效率高、冷冻水温度较高，长时间使用自然冷源、空调末端功耗低，智能矩阵式控制等特点，可用于机房的改造、扩容和大规模新建机房。

（韩洋洋）

【云罐发布】 6月24日，“AllinOne智享生活——清华同方智能家庭中心发布会”在京举行。同方股份有限公司有关负责人以及相关企业代表、媒体记者等参加。同方公司发布智能家庭中心产品——CloudCan云罐。云罐是一款集娱乐、游戏、医疗、金融、安防、教育等应用于一身的智能家庭产品，用户可以通过“云罐+外设”的方式实现家庭智能化，包括通过电视购买机票、查询家人的健康指标、寻找住宅附近的生活服务设施、家电智能托管以及打游戏、在线学习等功能。

（杜　玲）

【京微雅格公司高性能万能芯片上市】 6月24日，由京微雅格（北京）科技有限公司研发的高性能万能芯片上市。万能芯片集FPGA/CPU/ADC/ASIC/SRAM/Flash为一体，具有“按需定制，随时可用”特性的多功能、高性能、低成本的可配置应用平台CAP芯片，利用CAP灵活多变、适用性强的“可定制可编程可重构”特点，在不改变芯片本身硬件组成的情况下，可以反复使用，只要运算速度和逻辑资源符合应用需求，同一芯片就可以应用在不同领域，可拓宽产品应用范围，缩短市场进入周期，增强差异化设计，延长产品寿命，降低研发成本。产品可用于工业控制、视频驱动、信息安全、网络交换、通信设备、安防监控、医疗仪器、车载终端、智能家居、消费电子及数据处理等领域。

（张慧秋　杜　玲）

【联想集团排名《财富》世界500强第286位】 7月7日，《财富》杂志全球同步发布2014年《财富》世界500强排行榜，联想集团有限公司排名第286位。联想集团全年营业额387亿美元，同比上涨14%，税前利润同比增长27%，达10.1亿美元；净利润上升29%，达8.17亿美元。

（杜　菲）

【共建自媒体平台】 7月10日，由微梦创科网络科技（中国）有限公司主办的“微博·360·UC自媒体平台启动暨首期作者沙龙”在京举办。微梦创科公司、北京奇虎科技有限公司、优视科技有限公司等单位相关负责人参加。会议宣布由微梦创科公司、奇虎公司、优视公司共建的自媒体平台启动，三方将合作提升自媒体作者的内容输出效果。微梦创科公司主要负责自媒体作者专业领域对应的垂直客户市场，奇虎公司和优视公司主要为微博自媒体提供推荐入口。奇虎公司在其导航页为新浪微博自媒体提供入口。UC浏览器则在资讯中心开辟自媒体频道。三方还将共建用户标签，为用户更精准地推荐个性化自媒体文章和作者。

（杜　玲）

【5A5S智慧团结湖项目入选智慧城市十大解决方案】 7月16日，在“第二届智慧城市标准与应用研讨会暨第七届中国SOA标准化研讨会”上，由首都信息发展股份有限公司建设的5A5S智慧团结湖项目入选由中国智慧城市产业技术创新战略联盟和全国信息技术标准化技术委员会SOA分技术委员会评选的“2014年度中国智慧城市十大解决方案”。项目基于云计算、物联网、位置服务、移动交互、智能家居等技术，打造集透彻的感知（智慧感知）、广泛的互联互通（智慧神经）、深入的智能化（智慧大脑）、集中的大数据（智慧心脏）、规范的管理（智慧脉络）于一体的“人性化”智慧社区单元。核心应用包含：社区服务与管理系统、社区便民信息机、掌上智慧社区、3D智慧家园、智慧居家养老服务系统、社区网格与交通综合管理系统、社区安防系统、平安家庭系统、一号定位系统、物联网垃圾分类系统等，为社区公众提供安全、便利、舒适的生活环境。

（杜　玲）

【北京市物联网企业提速计划启动】 7月16日，由中关村物联网产业联盟和中国联合网络通信有限公司北京市分公司共同主办的“光网物联联通智慧——北京市物联网企业提速计划启动会”在中国联通北京分公司总部举行。市经济信息化委等单位有关领导以及20余家物联网企业的代表等参加。计划由中国联通北京分公司和中关村物联网产业联盟协同实施，通过中国联通北京分公司提供“捆绑销售、渠道代理、ICT、SI”4种合作模式和“流量优惠、资费定制、资源能力、客户共享、创新支持”五大政策，探索物联网企业与运营商的合作模式，助推北京市物联网企业的创新发展。根据计划，将在2015年底前实现“双百”目标：100家物联网企业与联通的深度合作；率先在智慧社区、智慧健康、智慧养老、智慧旅游、智慧校园、智慧环保等领域进行业务创新，实现100万个物联网终端的拓展。

（杜　玲）

【荣之联基础设施云管理平台通过云测评】 7月16日，在“2014新一代信息技术产业标准化论坛”上，由北京荣之联科技股份有限公司完成的“荣之联基础设施云管理平台软件”通过首批云测评认证。平台面向期望建设私有或公有IaaS云的用户，从IaaS云的业务需求出发，将多样的虚拟化资源池进行统一管理，并提供 IaaS 云服务目录的管理，以及 IaaS 云服务交付过程的管理，帮助用户构建全面的 IaaS 云运营管理体制。

（韩洋洋　杜　玲）

【百度葡语搜索引擎发布】 7 月 17 日，百度葡语搜索引擎发布仪式在巴西总统府举行。中国国家主席习近平与巴西总统迪尔玛·罗塞夫出席。巴西科技与创新部与百度在线网络技术（北京）有限公司签署合作协议。根据协议，在未来 3 年内，百度公司将在巴西建设一个世界级的研发中心，开展巴西互联网科技与服务的研究、创新，推动巴西互联网市场创新、创业、专业才能建设，为巴西互联网产业培养科技人才、扶持创业团队。百度葡语搜索引擎整合了百度公司的 Hao123、Spark 浏览器、百度杀毒等产品线，由人工智能和大数据基础架构为葡语搜索服务提供技术支撑。

（杜　玲　徐　建）

【2014 小米年度发布会举行】 7 月 22 日，“2014 小米年度发布会”在北京举行。小米产品用户等 1000 余人参加。北京小米科技有限责任公司发布小米手机 4 和小米手环。小米手机 4 搭载 2.5 吉赫兹主频的骁龙 801 四核处理器、5 英寸 1080P 屏幕及 800 万 /1300 万像素的前后摄像头。小米手环配备低功耗蓝牙芯片及加速传感器，具有查看运动量、监测睡眠质量、智能闹钟唤醒等功能，还与安装安卓 4.4 版本以上 MIUI 系统的小米手机实现互通，作为用户的身份 ID，支持手机免密码解锁。

（杜　玲　徐　建）

【北京健康云发布】 7 月 23 日，“智汇大数据健康云生活——北京健康云发布会”在北京国际会议中心举行。市政府、市经济信息化委等单位有关领导以及相关企业的负责人等参加。北京健康云是北京“祥云工程”的重点项目之一，是由百度在线网络技术（北京）有限公司牵头、中关村云计算产业联盟协办，与智能设备厂商和服务商联手打造的大型高科技民生项目，旨在帮助老百姓建立科学合理的生活方式和健康管理方式，有效提高老百姓的健康水平和预期寿命，大幅度降低个人和国家的医疗支出。北京健康云由 3 层架构构成:底层是“感知设备层”,中间是“健康云平台层”，上层是“健康服务层”，形成“监测—分析—建议”的完整机制。通过感知设备层，用户可以实时监测到其健康数据。当健康数据上传到云，健康云平台层负责对所有数据进行储存、分析和计算，健康服务层在大数据分析的基础上，为用户提供专业健康服务。

（刘伟杰　杜　玲）

【联想 NBD 发布】 7 月 24 日，“联想 NBD‘新板凳’发布会”在京举行。联想集团有限公司和平台首批合作企业的相关负责人及媒体记者等参加。联想集团推出互联网创业平台联想 NBD（New Business Development，联想新业务拓展部），并发布平台孵化的首批 3 类创新产品：联想集团与成都谛听科技有限公司合作推出的智能路由器 newifi、与德国 Luftmed 公司合作推出的智能空气净化器 NewGlass 以及与美国 Vuzix 公司合作推出的 M100 智能眼镜、与北京云视智通科技有限公司合作推出的 newglass 智能眼镜。联想 NBD 采取参股、协作等方式，向拥有核心技术能力的创业团队，开放联想集团的软硬件开发、市场、渠道、服务等资源，帮助合作双方共同研发、生产出更符合用户需求、更智能化的产品。NBD 的线上平台(NewBD.com）同时上线。平台具有产品介绍、B2C 销售和粉丝社区三大模块。依托该平台,用户可以获得产品售前、售后服务；开发者和开发团队将得到联想集团的技术支持，并获得即时用户反馈。

（杜　玲　杜　菲）

【Safezygote 应用反注入解决方案推出】 7 月 27 日，在新加坡举行的 RSA2014 亚洲安全峰会上，百度在线网络技术（北京）有限公司推出 Safezygote 应用反注入解决方案。方案通过创建可信的原始 Zygote 进程、保护可信的 Zygote、让 APP 从干净的 Zygote 进程调用 3 个方面，利用反调试、反注入、应用加固的技术来防止正版应用受到第三方程序的干扰和注入，创造一个安全、可信的 APP 运行环境。

（杜　玲）

【开普云上线】 7 月 28 日，由北京开普互联科技有限公司建设运营的开普云（www.boxpro.cn）上线。开普云是面向组织的内容管理云服务平台，提供文档云和表单云两种云计算服务，服务方式分为 SaaS 服务和 PaaS 服务，可帮助企业、高校、科研机构等单位组织集中采集、存储、管理数字资产，促进组织内外的协作分享，并产生可持续的利用价值。用户可在平台上存储、同步、协作、共享组织文档，还可在线设计表单模板、在线多渠道分发模板、在线多终端填写、在线统计分析，并支持复杂表单的在线数据收集，为各类组织机构提供低成本云办公工具，满足移动办公、协作共享、多渠道发布、在线收集等日常办公需要。

（杜　玲）

【Eayun 云计算平台入选中央政府采购目录】 7 月 31 日，易云捷讯科技（北京）有限公司研发的产品“Eayun 云计算平台”凭借强大的技术实力和多项专业的权威认证，入选“中央政府采购目录”。“Eayun 云计算平台”具有技术水平高、国产化以及可定制等特点，由虚拟化管理平台和虚拟应用终端管理平台两个部分组成，可将不同品牌和配置的物理服务器进行虚拟化，高效管理和监控计算中心的各种物理/虚拟计算、网络和存储资源。

（李　莹）

【华大电子公司推出中国第一颗 55 纳米智能卡芯片】

8 月 4 日，中芯国际集成电路制造有限公司与北京中电华大电子设计有限责任公司共同宣布，华大电子公司推出中国第一颗 55 纳米智能卡芯片。芯片采用中芯国际 55 纳米低功耗（LL）嵌入式闪存（eFlash）平台，具有尺寸小、功耗低、性能高的特点。

（杜　玲　徐　建）

【中国集成电路产业创新发展千人论坛举办】 8 月 8 日，由极大规模集成电路制造装备及成套工艺专项实施管理办公室和总体专家组主办、北京经济技术开发区管委会等单位承办的“中国集成电路产业创新发展千人论坛”在京举办。论坛以“集成电路迎来春天，人才促进产业发展”为主题。工业和信息化部等单位有关领导以及来自集成电路行业“千人计划”特聘专家、行业专家、集成电路产业链相关企业的代表等 150 余人参加。与会专家从集成电路大生产、先导技术研究、关键材料产业化、专用装备研究、先进封装、投融资等集成电路产业链各方面介绍了国内外技术和产业的进展，分享了创新创业的经验和体会，并就如何打造国际先进水平集成电路生产大厂、如何建立国家集成电路产业技术公共研发平台、后摩尔时代的产业链协同创新、集成电路材料产业发展机遇、集成电路产业投资与科研体系市场化改革等方面提出建设性意见。

（崔春雷　杜　玲）

【东方飞扬 SaaS 业务模式启动】 8 月 15 日，由北京东方飞扬软件股份有限公司主办的“大数据时代数字档案建设高峰论坛暨东方飞扬 SaaS 业务模式 2014 发布会”在京举行。业内相关专家及企业代表等参加。东方飞扬公司的 SaaS 业务模式通过互联网浏览器或 WebServices/Web2.0 程序连接的形式为用户提供服务，使得 SaaS 应用具备典型互联网技术特点，并缩短用户与 SaaS 提供商之间的空间距离；具备多用户特征，可为千人以上的不同客户（即租户）提供服务，并保证每个租户的数据安全和隐私；具备服务特征，其以互联网为载体，因此传统软件所缺乏的服务合约的签订、服务使用的计算、在线服务质量的保证、服务费用的收取等问题被全面考虑。

（韩洋洋）

【百度公司和联合国共建大数据实验室】 8 月 18 日，“联合国开发计划署 & 百度大数据联合实验室成立仪式”在百度大厦举行。联合国开发计划署、百度在线网络技术（北京）有限公司等单位的有关负责人以及相关企业的代表等 200 余人参加。双方宣布启动战略合作，共建大数据联合实验室。实验室将利用百度公司的大数据技术和联合国的全球发展经验，在环境保护、医疗与疾病预防、教育、扶贫等诸多领域进行研究分析，推动大数据解决全球问题的创新模式。双方还发布实验室的首个产品——“百度回收站”轻应用测试版。用户打开应用，直接拍摄家中的旧电视等电子垃圾，系统即可通过图像技术自动识别、显示电子垃圾类别和回收价格等信息，消费者在填写相关信息后，就会有正规回收厂商上门进行回收。

（杜　玲）

【百度公司入围福布斯全球最具创新力企业】 8 月 21 日，福布斯中文网发布 2014 福布斯全球最具创新力企业排行榜，百度在线网络技术（北京）有限公司以 12 个月销售额增长 23.7%、5 年平均年化回报率 35.1%、创新溢价 46.5%，排行第 31 位。

（杜　玲）

【紫光公司投建云数据中心】 8 月 22 日，紫光股份有限公司发布《关于公司投资建设紫光云服务（北京）数据中心项目（一期）的公告》，宣布将在房山区投资建设紫光云服务（北京）数据中心项目（一期）。数据中心项目位于房山区海聚工程产业基地，占地面积 3.2 公顷，建筑面积约 3.97 万平方米，将分两期投资建设。其中一期建筑面积 9671.44 平方米，投资额 2.9 亿元，建设内容为两栋数据中心大楼及相关配套的基础建设和后续网络服务平台建设；二期建筑面积 3 万余平方米，拟建成紫光公司云服务业务的北京地区数据中心。数据中心将为客户提供紫光“云计算机”信息化基础设施、云计算行业应用解决方案和互联网综合服务一揽子整体解决方案，并提升紫光公司的云资源供给和大数据处理能力。

（杜　玲）

【乐视互联网生态农业公司成立】8月24日，“蟹来自江湖——乐视互联网生态农业·高邮市高邮湖大闸蟹行业协会合作签约仪式”在京举行。高邮市政府、乐视网信息技术（北京）股份有限公司等单位有关领导及媒体记者等参加。乐视公司宣布成立乐视互联网生态农业（北京）有限公司，并上线食品电商平台“乐生活”（www.lelife.com），打造集现代化农业生产与加工、生鲜农产品电商平台与冷链物流体系、农业品牌运营、农产品金融投资于一体的农业生态产业链。根据协议，双方将共同宣传高邮湖大闸蟹文化，推介高邮湖大闸蟹品牌，同时带动和拓宽其他农产品的生产、加工、销售。

（杜　玲）

【博华芯BH1200发布】8月28日，由中关村视听产业技术创新联盟（AVS产业联盟）主办的“AVS＋高清编码芯片BH1200成果汇报与产品发布会”在京举行。工业和信息化部、广电总局广播科学研究院等单位有关领导和专家以及相关企业的代表等参加。会议发布由北京博雅华录视听技术研究院有限公司和北京大学数字视频编解码技术国家工程实验室共同研制的AVS＋高清编码芯片“博华芯BH1200”。BH1200是一款专业级AVS＋高清编码芯片，采用40纳米工艺，完全符合国家广电行业标准AVS＋和国家标准AVS—P2，支持1路高清或4路标清视频的实时编码，并具有支持帧/场编码、CBR/VBR码流控制模式、AEC编码和所有可变分块尺寸和1/4像素运动估计等技术优势。

（刘伟杰　杜　玲）

【汉王科技公司e典笔A30T推出】8月28日，由汉王科技股份有限公司主办的“汉王e典笔A30T媒体体验会”在中关村软件园举办。汉王科技公司相关负责人及媒体记者等参加。e典笔A30T是汉王科技公司推出的首款移动互联翻译产品。采用扫描取词的方式，翻译速度比按键式电子词典提高数倍；引入Google在线翻译系统，可让用户不局限于传统翻译类产品线下翻译的单一性，整句翻译更准确；搭载云技术，可将海量扫描资料、录音及日常记录上传至云端，在移动终端和PC端随时调阅和编辑，同时用户还可通过汉王云APP随时查看已上传内容；拥有《牛津高阶英汉双解词典》（第7版）等权威辞典以及医学、科技、农业、法律等领域的400余部专业词典供用户使用。产品还能将纸质上的内容通过扫描录入到笔中，转而录入电脑，适用于学习、工作、商务等方面的各类用户。

（张　蕾）

【万达电子商务公司成立】8月29日，由大连万达集团股份有限公司、百度在线网络技术（北京）有限公司、腾讯科技（深圳）有限公司共同主办的“万达电商战略合作签约仪式”在深圳市举行。主办方相关负责人及媒体记者等参加。三方宣布共同出资在香港注册成立万达电子商务公司，一期投资50亿元，万达集团持股70%，百度公司、腾讯公司各持15%股权。根据协议，三方将联合打造线上、线下一体化的账号及会员体系，探索创新性互联网金融产品；建立通用积分联盟及平台；组建大数据联盟，实现优势资源大数据融合；共同打造线上、线下一体化的用户体验。

（杜　玲）

【航天数控公司开发出数控信息安全防护系统】8月，北京航天数控系统有限公司开发出“HT706—CNCP数控系统终端信息安全防护设备”及“HT706—CISP边界安全专用网关”。系列设备是首款用于保障数控加工的信息安全防护产品，旨在对数控系统使用和维修过程中的数据进行安全防护，防止利用数控系统对加工网络进行攻击和非法数据窃取。同时，利用与其相配套的审计软件可有效协助信息化部门实时获取日志文件记录，实现对数控系统输入输出数据的远程审计，专用网关用于支持主流工业协议的过滤，实现网络间传输文件的过滤，可为数控加工网络与办公网络之间的互联互通提供支撑。

（徐　建）

【京微雅格公司CME—HR（黄河）系列获优秀FPGA产品奖】9月2日，在“2014中国电子成就奖颁奖典礼”上，公布了“2014中国年度电子成就奖”获奖名单。京微雅格（北京）科技有限公司的CME—HR（黄河）系列获2014年度优秀FPGA产品奖。CME—HR是面向智能手机、平板电脑、平面显示器、便携式媒体播放器

以及家庭互联网等应用领域推出的低功耗系列 FPGA 产品。其特点是超低的静态功耗；40 纳米台联电低功耗工艺；16K LP（Logic parcel）4 输入查找表；片上具有高速接口，多通道差分通道；片上集成 OSC（片上晶振），减少客户的设计复杂度；海量的存储单元，形式有真双口 RAM、FIFO、ROM 等；高精度模拟锁相环，方便实现时钟管理；灵活与最小的封装形式；高安全性，AES 加密算法，最大限度地保护客户的设计安全；高逻辑资源利用度，专业 Primace 软件。

（张慧秋）

【2014 百度世界大会举行】 9 月 3 日，由百度在线网络技术（北京）有限公司主办的“百度世界 2014”大会在京举行。会议主题为“拥抱移动时代，打造人与服务连接的移动开放平台”。来自政府部门相关人士、技术开发者、百度合作单位的代表等参加。百度公司发布直达号（zhida.baidu.com）。直达号是商家在百度移动开放平台的官方服务账号，基于移动搜索、@ 账号、地图、个性化推荐等方式，让客户随时随地直达商家的服务。用户可以在手机百度以及百度地图通过 @ 账号、模糊搜索等方式来主动寻找相关服务，也可以通过“发现”功能获得推荐，从而将潜在需求转变为实际消费。百度公司还发布百度筷搜、BaiduEye、百度酷耳等智能硬件产品。百度筷搜是可以检测食物的成分并自动识别的智能筷子。BaiduEye 是穿戴式产品，利用人机交互技术、动态传感技术和基于深度学习的图像识别技术，对佩戴者的行为进行智能呼应和交互，可对用户第一视角的视觉信息进行图像分析，并结合百度大数据分析能力和自然人机交互技术，为用户提供所见实体背后的信息及相关服务，包括实时提供各种信息解决方案、服务等。

（杜　玲）

【SDN 商用网络发布】 9 月 4 日，由世纪互联数据中心有限公司、华为技术有限公司共同主办的“敏捷已来 · 中国最大规模 SDN 商用网络发布会”在京举行。主办双方相关负责人等参加。双方联合发布软件定义网络（SDN）商用网络。网络采用联合开发的 SDN 创新方案，并应用华为敏捷数据中心网络解决方案（主要包括 CE12800 数据中心交换机及敏捷控制器 Agile Controller），实现世纪互联云计算数据中心商业效率的全面提升：业务一键式部署，上线效率提速 10 倍；系统开放可编程，业务创新周期从 6 个月缩短到 1 个月；路径自动调优，链路带宽利用率从 50% 提升到 80%。

（杜　玲）

【电子往来港澳通行证启用】 9 月 5 日，公安部发布《关于启用电子往来港澳通行证的公告》，2014 版往来港澳通行证启用。新版通行证为参照国际民航组织 DOC9303TD—1 标准设计制作的卡式证件，由航天信息股份有限公司承担制证设备及系统开发以及制证、发证和签注系统设备的供应与服务。新版通行证内部嵌有非接触式集成电路芯片，存储持证人个人资料及证件、签注签发管理信息；采用数字安全防伪机制进行保护，持证人可使用口岸自助查验通道实现自助通关；往来港澳签注直接打印在证件背面，可重复擦写，内地和港澳地区口岸查验时不再加盖验讫章；签注使用情况由芯片和信息系统记录、管理，有需要的持证人可向主管部门查询签注剩余有效次数等信息；成人证件有效期由 5 年延长为 10 年，无须频繁换证。

（杜　菲）

【元器件交易网天交商城上线】 9 月 5 日，由北京中发飞询网络科技发展有限公司（元器件交易网）主办、电子市场联盟协办的新品发布会在京举行。中国电子商会、北京电子商会、中关村电子商会等单位有关负责人及部分企业代表参加。中发公司推出元器件在线交易平台——天交商城（tj.cecb2b.com）。天交商城是垂直电商平台，商家可在其中售卖 IC 元器件类产品，实行原装正品、先行赔付、7 天退换、阳光交易。商

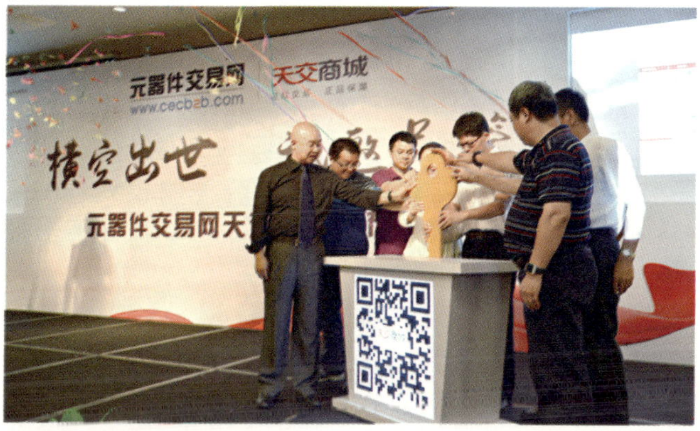

城定位为电商行业 O2O，制定有商家入驻保证金、现货信息以及真实资料保证规则。发布会现场，近 50 家供应商发起《拒绝假冒伪劣维护正品市场倡议书》。

（王　涛　丁　旭）

【闪联参展 IFA 电子展】 9 月 5—10 日，在 2014 年德国柏林国际电子消费品展览会（2014IFA）上，闪联产业联盟以“智能家居”为主题展示了内嵌闪联国际标准的 LINXEE 系列产品。产品由家居智能化、安防智能化、环境智能化、智能场景管理及多屏互动五大功能系统及平台服务构成，具有模块化、无线化、数码化的特点和安防、监控、家居控制、影音娱乐等系统功能。系列产品无需二次施工，操作简单，便于安装。

其中，闪联展示的幻彩物联网智能照明系统，可智能控制多个LED灯光的开关，根据场景或心情变换照明颜色。

（杜　菲）

【2014用友用户大会举行】9月13日，“企业互联网新机遇——2014用友用户大会”在广州市举行。用友软件股份有限公司有关负责人以及相关企业的代表、专家学者等2000余人参加。用友公司发布《企业互联网》白皮书，并推出用友企业互联网整体解决方案。白皮书介绍了互联网化的先行企业，给出了企业互联网化应当遵循的规则和路径。方案包括面向消费者的O2O全渠道营销，可支持C2B规模化定制；面向企业的企业互联，可通过企业B2B架构，支持全渠道分销管理；面向物的智慧制造，帮助企业打造“智慧工厂”；面向员工的企业社交化应用，以提高内部员工和外部消费者的满意度和幸福指数。用友公司宣布与微软（中国）有限公司和美国IBM公司开展合作。微软公司将利用由世纪互联数据中心有限公司运营的Windows Azure云平台为用友企业管理与电子商务平台提供云平台支持；用友公司和IBM公司将为用友NC（ERP、供应链、客户关系与人力资源软件平台）优化带有BLU加速器的IBMDB2，用友公司向客户提供带有BLU加速器的IBMDB2连同用友NC产品，同时双方共同发展端到端的生态系统，涵盖应用测试、技术支持、市场专家支持和销售支持。

（杜　玲）

【共同研发自动驾驶技术】9月15日，百度在线网络技术（北京）有限公司与德国宝马汽车公司签订联合研发协议，将共同研发无人驾驶技术，计划在3年内推出半自动驾驶汽车。根据协议，双方将在车辆使用、驾驶策略、地图、配套基础设施、相关法律和产业标准等方面进行合作，共同攻克高度自动化驾驶在中国道路环境下面临的技术挑战，通过智能技术加强道路行驶安全性，减少交通事故及人员伤亡；百度公司的高精度三维地图及相关数据服务将被融入宝马汽车的车辆导航系统中，为自动驾驶汽车提供技术支撑。

（杜　玲）

【四维交通指数发布】9月17日，由北京四维图新科技股份有限公司主办的“四维交通指数发布会”在京举行。四维图新公司、腾讯科技（深圳）有限公司等单位相关负责人参加。四维交通指数是在道路的实际速度及通行条件基础上，加入对交通拥堵的主观感受程度，并用定量化评估的概念性数值表达道路交通运行状况，其核心技术包括基于HADOOP交通大数据框架技术、全国一体化海量并行数据分析处理技术、高精度地图匹配技术、动态位置参考技术等。同时还推出四维交通指数系列产品：四维交通指数APP、路况交通眼APP、交通眼微信服务号以及四维交通指数官方网站（www.nitrafficindex.com）。四维交通指数APP可使公众查看全国主要城市的实时交通情况，也可以看到热点区域、主要道路的实时和历史交通指数。路况交通眼APP通过提供准确、及时的城市路况信息、城际路况信息、交通简易图信息、交通微博信息、交通指数，为公众的出行提供有价值的参考。交通眼的微信服务号可以通过公众订阅提供交通信息、交通指数等功能服务；四维交通指数官方网站包括实时交通指数查询、历史交通指数分析、节假日指数分析、城市内交通指数排名等功能，帮助用户查询和了解交通运行状况。

（杜　玲）

【京东云发布】9月18日，由北京京东世纪信息技术有限公司主办的“云布九州，智启电商——2014京东云新业务发布会暨签约仪式”在京举行。来自教育、商业地产、批发零售等领域的专业人员100余人参加。京东公司推出京东云产品，通过云服务的模式开放京东信息系统，帮助用户做全产业链。京东云包括：为传统企业提供B2B、B2C、B2B2C、O2O等一站式电商解决方案的京东电商云；为大型企业、物流企业提供从规划到仓储、订单生产、运输配送、智能供应链管理全流程的电商物流解决方案的京东物流云；为大型企业、金融机构提供从基础设施到供应链的金融、直销银行，第三方支付等互联网金融解决方案的京东金融云；为企业提供全类型数据抽取、系统日志分析、程序监控分析等基础大数据分析服务，以可视化方式展现海量数据分析结果，助力企业用数据为商业服务的京东数据分析云；为企业、政府、组织与个人，提供公有云、私有云、混合云等IT基础设施云服务及整体的云技术解决方案的京东基础云。京东公司还与北京红黄蓝儿童教育科技发展有限公司等8家合作单位签约，将在搭建电商平台、大数据分析、O2O本地电商解决方案等方面开展合作。

（杜　玲）

【华大电子公司高频RFID芯片获蓝盾杯】9月18日，在“第九届证卡票券安全技术高峰论坛”上，由北京中电华大电子设计有限责任公司研发的高频RFID芯片CIT83128获“2014蓝盾杯安全防伪技术创新奖”。产品支持国家商用密码算法，符合ISO/IEC15693标准，拥有防冲突机制，支持多标签识读，兼具对单一标签的安全认证识别功能，支持 NFC 手机识别及防伪验证，可解决二维码易被克隆和超高频 RFID 验证成本高的问题。基于此芯片的溯源防伪解决方案可采用 NFC 手机进行识别，省去其他技术在验证环节需要投入的验证终端，帮助用户降低了投入成本。

（杜 玲）

【腾云计划发布】9 月 22 日，“新云力量——联想企业级业务策略暨 ThinkServer Gen5 发布会”在京举行。联想集团有限公司相关负责人及合作企业的代表等参加。联想集团提出由云计算（Cloud）、企业级应用（Enterprises）、移动互联行业应用（Mobility）和 IT 服务（Services）组成的 CEMS2.0 商用客户价值体系，并发布中国区企业级业务核心策略——腾云计划。联想集团通过腾云计划将在中国建设 50 家云计算中心，培训超过 1000 名云计算基础架构的专家；建设开放的中国云生态系统，招募 100 个以云计算方案为业务重心的方案型渠道，并通过多种方式支持渠道转型。联想集团还推出 3 款面向企业客户的 ThinkServer 产品，分别是 RD550、RD650 以及 TD350。RD550 和 RD650 均为省空间的机架式服务器产品，便于机房部署；TD350 是采用一对英特尔至强处理器的塔式机箱服务器产品。

（杜 玲）

【ITSS 方法论工作组第一期高峰论坛举办】9 月 24 日，由 ITSS 方法论工作组主办的“ITSS 方法论工作组第一期高峰论坛”在京举办。论坛以“分享与收获”为主题。北京华宇软件股份有限公司、北京华胜天成科技股份有限公司等成员单位以及业内企业的相关负责人近 80 人参加。相关专家介绍了 IT 服务能力管理最佳实践开发方法、运维服务的用户感知与端到端的应用管理、《信息技术服务运维服务能力成熟度模型》的研制及进展情况，分享了企业通过引入 ITSS 运维服务相关标准提升和改进服务能力的实践情况。

（江 欣）

【百度智慧商业平台发布】9 月 24 日，百度在线网络技术（北京）有限公司在北京发布“百度智慧商业平台”。平台是百度公司面向传统商业企业推出的智能数据合作平台，整合了百度大数据、百度地图 LBS 等产品和技术，主要为商业地产、住宅地产、金融机构、医疗机构、餐饮行业、旅游景区、快递物流等行业以及机场等交通枢纽、图书馆等政府公共设施提供商业大数据解决方案。平台借助百度公司的海量数据、大数据分析和挖掘能力以及百度地图与 LBS 技术，可以帮助传统商业企业挖掘和分析业务数据，并结合百度司南、舆情监控、百度黄金眼等大数据产品帮助企业了解市场和用户，进行市场预测、参考决策，还可以通过百度慧眼、鹰眼等产品为合作商业企业提供智能选址、室内外人群流动分析等服务，为企业线下业务拓展、店铺招商等商业决策提供数据支持。

（刘伟杰 杜 玲）

【2014 中国互联网安全大会举办】9 月 24—25 日，由北京奇虎科技有限公司和中国互联网协会网络与信息安全工作委员会共同主办的“互联世界，安全第一——2014 中国互联网安全大会”（ISC2014）在北京举行。来自国内外的互联网安全技术专家以及各个行业的信息安全主管与技术人员等 2 万余人次参加。大会设置 12 个论坛和攻防挑战赛、安全训练营、车联网系统破解赛等项目。与会专家围绕互联网时代、大数据背景下的网络安全等话题进行演讲，对国家网络空间战略安全、移动安全、企业安全、云与数据安全、Web 安全、软件安全、电子取证、工控安全以及 APT 与新兴威胁等互联网信息安全议题、技术进行研讨和交流。

（杜 玲）

【合作开发基于英特尔架构移动设备】9 月 26 日，美国英特尔公司和紫光集团有限公司共同宣布，双方将通过联合开发基于英特尔架构和通信技术的手机解决方案，在中国和全球市场扩展英特尔架构移动设备的产品和应用。英特尔公司将向紫光集团旗下北京展讯高科通信技术有限公司和锐迪科创微电子（北京）有限公司的控股公司投资 90 亿元，并获 20% 的股权。根据协议，英特尔公司与展讯通信公司将联合开发和销售一系列基于英特尔架构的系统芯片产品。

（刘伟杰 杜 玲）

【百度网讯公司推出云端图像搜索】9 月，北京百度网讯科技有限公司在其百度云产品的时光轴、足迹等功能上，结合百度深度学习研究院提供的人脸识别及检索技术，推出云端图像搜索，实现图片智能分类、自动去重等功能。图片可按照相关分类标签集中呈现，并可通过“人脸搜索”功能自动根据相似度排序照片，还能以图搜图，在海量图片中精准定位目标。

（杜 玲）

【开源社成立】10 月 16 日，“开源社成立发布会暨开发者社区聚会”在微软研发集团大厦举办。来自软件产业、研究机构和开源软件社区的代表等参加。开源社是由北京创新乐知信息技术有限公司、微软开放技术（中国）有限公司等支持开源的企业、社区及个人组成的开源联盟，旨在与国内社区、企业、高校及政府相关机构，共同促进中国开源社区发展，成为全球开源软件的积极参与者和贡献者，推动开源软件生态体系的健康可持续进展，并致力于促进中国开源软件和开源硬件的正确使用、授权许可、社区建设及管理，为广大开发者提供教育培训、知识普及、工具及相关服务。

（杜　玲）

【航天信息公司获计算机行业发展成就奖】10月17日，在“第三届中国计算机行业发展成就奖颁奖典礼暨2014中国新一代信息技术创新大会”上，航天信息股份有限公司凭借良好的IT服务业绩和技术积累，获“卓越成就企业奖”；Aisino96501R存储服务器获“2014中国计算机行业发展成就奖之最具竞争力产品奖”。Aisino96501R采用专业高效、性能优异、存储灵活的系统配置方式，拥有一定配额的存储，也可扩展，使客户拥有很大的存储空间。存储服务器具有生命周期长、高扩展性、高可靠性，可为特定目标定制设计等特点。

（杜　菲）

【365人工翻译永久免费服务启动】10月21日，由一朵云（北京）科技有限公司（365翻译）主办的“中关村金种子工程企业交流会”在蒲公英国际青年创业驿站举办。北京万普隆能源技术有限公司、北京看山科技有限公司等金种子企业的代表参加。365翻译启动“永久免费人工翻译”服务。用户可通过注册账号或微博与QQ账号登录365翻译官网（www.365fanyi.com），点击首页顶部的“双10计划”，即可进入“永久免费”服务页面，通过输入框输入需要翻译的文字或者上传多种格式文件提交翻译文本后，只需选择翻译的行业领域和体例类型，提交订单1小时之内就可以得到人工译文。

（陈宝德）

【易云捷讯数据中心系统入选国家重点新产品】10月21日，科技部印发《关于下达2014年度有关国家科技计划项目的通知》（国科发计〔2014〕303号），由易云捷讯科技（北京）有限公司研发的“软件定义的数据中心运营管理系统V2.0”入选2014年度国家重点新产品计划。系统是基于云计算技术的数据中心系统架构，支持大规模部署、弹性扩展，支持各种硬件存储设备接口及各种语言开发的应用系统，帮助客户高效搭建云计算中心并部署各种应用系统到云中运行，主要应用于政府、电力、军队、教育等部门的相关领域。

（李　莹）

【金鸿泰公司产品获中国信息协会优秀产品奖】10月22日，在“中国信息协会2014年各部委及地方信息协会负责人工作会议”上，北京金鸿泰科技有限公司研发的“光伏电站群智能化综合监控运行管理系统”获2014年中国信息协会优秀产品奖。系统基于全面生产性维护与预防性维护理念，采用物联网、大数据、云计算等技术，具有不间断数据采集、实时远程监控、生产运营分析、故障告警、故障诊断、资产管理、投资决策、安全评估等功能，可面向电站、区域、集团总部多级组织架构，构建新能源集团多级监管模式，实现电站无人或者少人值守；按照建站时间、区间、装机容量等多维度统计分析发电量，量化电站运行考核体系；通过设备故障自动检测、实时定位，提高故障定位搜索的效率。

（杜　玲）

【共建通信工程专业实验室】10月24日，“国家电子信息实验中心——通信工程专业实验室”签约仪式在北京交通大学举行。北京交通大学电子信息工程学院、中兴通讯股份有限公司培训中心、北京协力超越科技有限公司的相关负责人参加。根据协议，三方共建通信工程专业实验室。协力超越公司将对实验设备进行不间断的更新，以适应教学的发展需要。实验室拥有3G/4G、3DH、OTN、PON、PTN、数据&视频会议等企业级设备，还拥有通信系统实验、无线通信实验、光通信实验、通信网与交换实验，计算机网络、信息与网络安全等实验教学平台，主要承担通信工程专业综合实验、通信原理实验、无线通信基础等必修课程及移动通信系统等选修课程的实验教学及专业实习任务，并为参与大学生创新创业训练计划的学生提供技术、场地等支持。

（丁　蕾）

【千云·超极鼠标发布】10月30日，由北京联云格科技有限公司主办的“千云点击未来世界——2014千云·超极鼠标新闻发布会”在京举行。海淀园管委会、中关村科技园区海淀园创业服务中心等单位相关领导以及北京京东世纪贸易有限公司等合作商的代表等200余人参加。由联云格公司研发的千云系列超极鼠标，具有一键上网、一键搜索、一键网址导航功能，用户通过鼠标的互联网键可构成一个新型的互联网入口，为各大网站带去庞大的应用流。鼠标还增加中键——模式切换键、五键——目录窗口切换键等创新技术，方便用户一键文本复制和粘贴，长按上网键还可以实现一键搜索选定文本的便捷应用。在千云的生态系统中，联云格公司将各类收益拆分成多份，以逐次积分的形式，在用户使用鼠标互联网键上网的时候返到用户中心，从而构建了全新的与用户共赢的商业模式。

（彭　晨）

【百度杀毒 3.0 版通过 CheckMark 认证】11 月 4 日，英国西海岸实验室（West Coast Labs）发布评测结果，由百度在线网络技术（北京）有限公司研发的百度杀毒 3.0 版通过查毒能力、反木马能力、反间谍软件 3 项 CheckMark 认证。百度杀毒 3.0 搭载百度公司研发的雪狼杀毒引擎和冰山防御体系。雪狼杀毒引擎采用"量子查杀"技术，能够超细粒度检测各类病毒母体和各种变种体，并能全方位修复被病毒感染的程序和文档，具有高检出率、低误报率、查杀速度快、体积小等特点。冰山防御体系包括进程防护、关键位置防护、程序防注入、实时监控、注册表防护、U 盘防护、网页防护、驱动加载防护、下载防护 9 层防护。

（杜　玲）

【汉唐自远公司移动视讯指挥系统服务 APEC 会议】11 月 10—11 日，亚太经济合作组织（APEC）第二十二次领导人非正式会议在北京怀柔雁栖湖国际会议中心举行。由北京汉唐自远技术股份有限公司研发的移动视讯指挥系统为会议的安保任务提供了技术支持。系统基于北斗 /4G 技术，采用多级 C/S 体系结构及高度集成专用设备，通过通信调度系统融合不同的无线网络进行指挥通信，具有大容量低带宽、清晰流畅、无延时等高性能，可对重点区域进行高度密集部署，实时远程交互双向视音频，同步指挥调度，并对各个移动终端进行 GPS 定位，实现对车辆管理、人员管理的创新化、网络化、智能化、系统化、可视化的管理通信指挥方式。

（韩洋洋）

【示范区企业助力 APEC 会场安保】11 月 10—11 日，亚太经济合作组织（APEC）第二十二次领导人非正式会议在北京怀柔雁栖湖国际会议中心举行。北京智慧图科技有限责任公司及北京子天汇科信息技术有限公司成立专项项目组，共同为 APEC 会场提供安全防护及服务保障支持。会场部署了双方共同研发的"基于室内高精度定位的会议安保及人员监控系统"。系统采用"高精度室内定位技术"，定位精度达到亚米级，配合使用无线智能传感器 iBeacon 及智能穿戴设备，可弥补传统摄像头监控过程中的视野盲区，为会议指挥中心提供全局视角精准位置监控服务，解决了重大会议多场所无死角实时监控的难题。指挥中心通过系统可实时监控人员在会场的位置情况和任务完成情况并进行指挥调度，确保人员调度迅速到位。

（杜　玲）

【航天科技公司自主研发虚拟试验软件面世】11 月 12 日，在第十届中国国际航空航天博览会上，中国航天科技集团公司第一研究院发布其单位赵雯等研发的中国首套具有自主知识产权的虚拟试验软件 vita。vita 作为一种有效的辅助实物试验的关键技术，用于复杂产品研发的总体方案设计与试验验证，可降低复杂产品试验的成本和风险，缩短试验周期，适用于航空、航天、兵器、船舶、电子等行业领域。

（徐　建）

【冶金工艺质量在线判定与分析诊断系统上线】11 月 13 日，由北京科技大学设计研究院有限公司研发的"冶金行业全流程工艺质量在线判定与分析诊断系统"在湖南华菱涟源钢铁有限公司上线运行。系统具有数据采集及预处理、数据存储与管理、在线监控及预警和全流程产品质量分析诊断四大功能，以现代信息技术为手段，综合利用现代质量管理理论和方法，实现对冶金制造过程的工艺质量信息进行采集与存储、预处理与重整，用户根据需求可利用平台提供方法快速实现制造过程质量追溯、质量分析、在线质量判定、质量控制、质量改进。系统上线运行后，可有效提升产品质量稳定性，减少质量异议，提高企业高品质板带材质量管控水平。

（张慧秋）

【移动互联网安全技术国家工程实验室挂牌】11 月 15 日，"移动互联网安全技术国家工程实验室挂牌仪式"在深圳市举行。深圳市政府相关部门、北京邮电大学、北邮科学技术研究院等单位有关领导及实验室团队成员参加。实验室由北京邮电大学牵头，联合中国移动通信有限公司、华为技术有限公司、解放军信息工程

大学、中国信息安全测评中心等单位共同建设，位于深圳虚拟大学科技园，将建成移动互联网端到端安全技术研发、验证、示范与推广平台，在移动互联网传输安全、溯源技术、控制技术、安全管理、加固和检测技术等方面进行攻关，包括：在网络安全、移动终

端安全、新业务安全和安全测评等领域突破移动互联网安全产业核心技术；研制移动互联网安全重大技术装备，实现移动互联网安全技术成果转化；凝聚、培养创新能力突出的移动互联网安全技术人才。

（陈思亮）

【4 家企业获批移动通信转售业务试点】 11 月 20 日，工业和信息化部发布《工业和信息化部向第四批移动通信转售业务企业发放试点批文》的公告，宣布向 8 家民营企业发放第四批移动通信转售业务试点批文。中关村示范区的合一信息技术（北京）有限公司、北京青牛科技有限公司、小米科技有限责任公司、二六三网络通信股份有限公司 4 家企业获得试点批文。

（杜　玲）

【中关村大数据日活动举办】 12 月 11 日，亚信集团股份有限公司、北京云基地科技有限公司、中关村大数据产业联盟等单位在中关村软件园联合举办 2014 年“中关村大数据日”活动，主题为“聚合数据资产，推动产业创新”。中关村管委会、国务院发展研究中心等相关单位领导出席，国内外近 300 家大数据企业的 800 余名代表参加。活动邀请建设部等政府主管部门的领导，百度大数据部、亚信大数据等研究部门的业内精英，通过多场多维度的主题演讲、圆桌论坛、对话以及展示交流等形式，围绕数据资产管理和变现、大数据核心技术、行业大数据应用创新和生态系统建设，以及如何推动产业协作，建立多方共赢的大数据生态圈等展开全方位深度的交流，且从政府主管部门到各行各业的需求和实践中的疑问，探讨包括政府、金融、运营商等部门如何通过数据资产管理和运营，实现转型发展和产业创新的路径。活动设 3 场分论坛，围绕“大数据产业发展和政策取向”“运营商如何利用大数据资源和能力加速转型”以及“数据资产重构金融生态”主题，进行数据资产管理的政策策略、行业探索和地区经验分享。会上，还举行了“国研—亚信战略合作”发布会，宣布双方建立基于大数据的行业发展及预测指数平台等一系列合作；亚信集团公司“数据资产云图（DACP）”“数据资产管理一体机”新品首次亮相。

（张　蕾　刘伟杰）

【亚信大数据新品发布会举办】 12 月 11 日，在 2014 年“中关村大数据日”活动上，亚信集团股份有限公司“数据资产云图（DACP）”“数据资产管理一体机”新品发布。“数据资产云图”是一个大数据挖掘、监测、分析的平台，搭载电商价格监控平台、产品口碑监测与分析、企业品牌监测与分析等数据挖掘应用产品，可根据用户需求对不同类型的数据进行多维度分析，将数据变现，让数据产生运营、决策价值。“数据资产管理一体机”是定制化的软硬件一体设备，集计算、存储、网络、大数据平台软件、大数据分析应用软件于一体，以异构计算理念进行应用与硬件的深度融合，具有超过通用平台的大数据分析处理性能。

（章　健）

【共建京东—英特尔联合实验室】 12 月 17 日，“技术创新体验至上——京东—英特尔战略合作发布会暨联合创新实验室成立仪式”在京举行。北京京东世纪信息技术有限公司、美国英特尔公司的相关负责人及媒体记者等参加。双方签署战略合作框架协议，共建“京东—英特尔联合创新实验室”，在推动技术创新、提升用户体验和建设企业级产品电商平台 3 个方面展开合作，涉及在京东公司产品中应用英特尔实感技术（Intel®RealSense ™）、共同布局智能硬件产业链、在基础架构领域深度技术合作、联合开发定制服务器等合作内容。通过联合实验室，将英特尔实感技术结合到京东应用中，让用户拥有全新的线上购物模式。双方还将在机器学习、大数据等领域共同创新，并开展高技术人才的联合培养，推进相关培训课程的开发，打造创新型的技术人才。

（杜　玲　徐　建）

【Bodivis 个人健康管理系统发布】 12 月 18 日，由同方股份有限公司主办的“做健康的我——同方健康 Bodivis 新品发布会”在京举行。同方公司相关负责人及媒体记者等参加。同方健康科技（北京）股份有限公司推出 Mybody 智能成分秤、Mystep 智能手环两款智能硬件产品，以及 Bodivis 个人健康管理系统。Bodivis 是面向个人健康管理的云端服务系统，由智能成分秤、智能手环以及手机 APP、云端健康管理平台构成，集成了个人人体成分数据管理、运动数据管理、历史曲线、健康深度评估、个性化处方等功能。

Mybody 成分秤拥有一层导电膜，通过发出微弱的电流采集人体各个部位的电阻抗（生物电阻抗法），可以计算出体内的脂肪、水分、肌肉、骨质等成分的含量以及 20 余种健康指标，并通过蓝牙传输到手机中，手机上的 APP 还可以通过分析身体状况提出运动和饮食方面的建议。

（杜　玲）

【海 e 英语学习社区 2.0 上线】 12 月 18 日，由北京凌声芯语音科技有限公司（思昂教育）与北京市海淀区教育科学研究所合作开发的海 e 英语学习社区 2.0 上线。项目旨在借助智能交互、数据挖掘、互联互通等信息化手段，结合海淀区教学实践，研发适用于海淀区中小学英语教学的学习目标和评价标准、教学资源

平台、学习平台以及测评平台；借助该系统实现教师分层教学，引导学生自主学习，推进海淀区英语教学资源的优质化、均衡化，提升海淀区英语教学的现代化水平。社区 2.0 由图书馆、海 e 学苑、科技馆、评测中心、电子邮件等 15 个功能版块构成。社区 2.0 的评测标准分为 6 个等级，用于描述试题的知识点属性。至年底，在海淀区 45 个项目实验校推广使用，累计为 44789 名师生开通账号，实验校教师共下发任务 7300 余次，学生完成任务超过 8 万人次，近 84.3% 的学生用户使用该社区进行自主学习。

（张慧秋）

【透视宝发布】 12 月 18 日，由云智慧（北京）科技有限公司主办的“遇・见未知——云智慧新品发布会”在京举办。企业高管、业内从业者、媒体记者等近 100 人参加。云智慧公司推出端到端应用性能管理（APM）解决方案——透视宝。透视宝覆盖从用户、内容传输、防火墙、服务 / 应用服务器到代码、服务商内网数据库和存储的每个环节。不论是移动 APP 还是 Web 应用，透视宝均可通过自身功能构建起立体化的企业风险预警、解决、优化方案，帮助运维工程师快速定位故障，提速 90%；协助开发人员定位到代码级的深层问题，不断优化性能瓶颈和 IT 架构，业务上线周期缩短 60%；帮助运营和业务人员实时掌握关键事务、用户体验与性能的关联问题，降低运营风险 30%。

（徐　建）

【E-ink 电子纸显示器发布】 12 月 23 日，由北京大上科技有限公司主办的“全球第一款 E-ink 电子纸显示器发布会”在中关村梦想实验室举行。大上公司发布 13.3 英寸 E-ink 电子纸显示器——纸显 One。纸显 One 是一款环境光反射式电脑显示器，屏幕刷新速率为 10 帧每秒，画面间转换基本可以应付办公需求，其优点是不用背光源，如同在纸张上显示一样，让观看者没有刺眼的不适感，可最大程度地保护眼睛。

（徐　建）

现代制造产业

【概况】2014 年，中关村示范区现代制造产业应用互联网技术实现转型发展。北京格灵深瞳信息技术有限公司研发出全球首创三维智能视频监控系统；北京数码大方科技股份有限公司发布 CAXA 2015 系列产品，基于三维设计数据开展智能制造。重大技术创新成果不断。北京纳米能源与系统研究所王中林团队研发出新型摩擦电纳米发电机；京微雅格（北京）科技有限公司发布国内首颗高性能、高集成 FPGA 嵌入式 FPGA 芯片及高性能万能芯片；北京中电华大电子设计有限责任公司推出中国第一颗 55 纳米智能卡芯片；北京和利时自动化驱动技术有限公司研制新型 MC1000 系列运动控制器。组建中关村工控网先进制造产业技术联盟，致力先进制造技术产品的研究、开发、制造、服务。智能技术与机器人联合研究中心成立，工业智能机器人科研实力更加雄厚，产业化水平全国领先，开发出医疗康复、反恐、搜救等服务机器人，以及焊接、水下焊接、切割功能性等机器人。2014 年，中关村示范区现代制造产业实现总收入 4591.2 亿元，同比增长 9.2%，实现利润 521.9 亿元，同比增长 35.9%。

（路　烨）

【18 米纯电动客车样车上路运行】1 月 10 日，北汽福田汽车股份有限公司北京欧辉客车分公司与北京佩特来电机驱动技术有限公司合作开发的 18 米纯电动客车整车静态调试完成，样车上路运行。样车使用佩特来公司研制的 DDM160 电驱动系统。系统采用外转子结构的九相永磁同步电机，可最大限度地利用永磁体材料，具有功率密度大、扭矩大、效率高的特点，峰值功率 230 千瓦，峰值扭矩 3500 牛顿·米，可满足 18 米大吨位公交车的动力需求。其电机控制器采用汽车级绝缘栅双极晶体管（IGBT），功率及电流密度大，并具有诊断能力，提高了系统的可靠性和安全性。

（郭庆云）

【1000 辆欧曼重卡购车协议签订】1 月 12 日，“助力航天梦携手共发展——福田戴姆勒汽车 & 泰安航天战略合作签约仪式”在山东省泰安市举行。北京福田戴姆勒汽车有限公司、泰安航天特种车有限公司相关负责人参加。双方签订 1000 辆欧曼重型卡车的购车协议，并现场交付 1000 辆欧曼重卡。根据协议，1000 辆欧曼重卡中的 800 辆为欧曼 ETXLNG 重卡，其余 200 辆为欧曼 GTL 及其他车型，主要用于航天物流运输。

（王红彬）

【纳米能源研究所研发出新型摩擦电纳米发电机】1 月 21 日，德国《先进材料》（*Advanced Materials*）杂志报道了北京纳米能源与系统研究所王中林研究团队研发的通过不需要附着电极的独立摩擦层的滑动将机械能高效地转化为电能的摩擦电纳米发电机的全新发电模式。基于该模式的发电机可通过有效收集人的行走、身体晃动、下落雨滴等随机能源，利用摩擦起电和静电感应耦合效应，实现电流有效输出。研究团队还研发出基于自由转动的转盘式摩擦发电机。发电机利用带有静电的摩擦层交替与两个平行放置的电极层接触或接近，改变两个电极间的感应电势差，从而引起电荷在两个电极间交替转移，形成电流向外输出，且提供 1.22 瓦 / 平方米的输出功率，在非接触模式下长期稳定工作，并将产生的电能有效存储于锂离子电池中。

（杜　玲）

【北汽动力总成研发基地揭牌】1 月 26 日，北京汽车动力总成有限公司研发基地揭牌仪式在通州区西集镇举行。通州区政府、北京汽车集团有限公司等单位相关领导及公司员工参加。研发基地位于通州经济开发区东区，占地面积 1.07 公顷，建筑面积 10.6 万平方米，总投资 16 亿元，由研发中心 A 区、试验室、试制车间厂房等组成，主要进行发动机、变速器产品的开发。其中，6.5 万平方米的研发中心 A 区建成使用，包括低噪声、低振动、无污染的试验、检测、计量理化室以及技术资料阅览室、计算机网络中心和办公区等；试验室建筑面积 3.5 万平方米，分为发动机、变速器试验室和整车试验室，主要用于动力总成试验。

（郭庆云）

【首量科技公司参展美国西部光电展】2 月 4—6 日，在 2014 年美国西部光电展（Photonics West 2014）上，北京首量科技有限公司展出了人工晶体及器件、特种光纤及器件、光学元件及系统等产品。其中，特种光纤及器件包括石英光纤器件、大功率激光光纤、光谱仪光纤；光学元件及系统则涵盖光学系统设计、打标机镜头、扩束镜、紫外镜头、光学镀膜等。

（韩洋洋）

【中关村工控网先进制造产业技术联盟成立】3 月 7 日，中关村工控网先进制造产业技术联盟成立大会在京举行。市民政局、中关村管委会、海淀园管委会等单位有关领导以及联盟会员单位和联盟专家委员会的代表等参加。会议表决通过《联盟章程》，选举工控网（北京）信息技术股份有限公司董事长孙慧昕为联盟首届理事长。联盟由工控网公司发起成立，将从事先进制造产业相关领域的研究开发，共同丰富、完善、提升先进制造领域技术产品，协调联盟成员之间分工及产品配套，形成完整的产业链条；打造服务于先进制造企业的产、学、研、用及服务的产业交流平台，为联盟成员提供信息共享、培训、交流、合作等服务，并促进产业、社会资源的有效利用；提升先进制造产业品牌的市场影响力，提供与自动化产业相关的行业应用、经营管理培训及人才交流等服务。北京理工大学自动化学院、北京东土科技股份有限公司、北京研华兴业电子科技有限公司等 41 家单位为联盟首批会员单位。

（杜　玲　徐　建）

【半实物仿真功率放大器通过验收】3 月 11 日，由北京博电新力电气股份有限公司研制的半实物仿真用功率放大器——PAV3000 数字电压功率放大器通过北京电力科学研究院组织的专家验收。产品是针对电力系统半实物仿真研究专门研制的大功率放大器，具有三相电源供电，信号输入 0 伏～ 10 伏，输出 0 伏～ 230 伏，带宽 DC–5 千赫兹，最大输出功率高达 5 千瓦。其功放可通过数字仿真系统完成对电网的单相电源仿真，输出 0 伏～ 230 伏电源供给实物负载装置；装置内置微机监控模块，在数字仿真功能输出时，实时监控放大器的输出电压电流幅值和工作状态；在本机输出时，可实现静模输出，简便设定输出 0 伏～ 230 伏电压，完成对重要仪器设备的电源适应性测试研究。

（韩洋洋）

【兆易创新公司发布超值型 MCU 产品】3 月 18—20 日，在“2014 慕尼黑上海电子展”上，北京兆易创新科技股份有限公司发布基于 ARM Cortex–M3 内核的超值型 GD32F130 和 GD32F150 系列微控制器产品。产品延续了 GD32 平台相互兼容的软硬件生态，易于实现代码移植和扩展升级，可有效提升用户研发效率，缩短设计周期，适用于工业自动化、人机界面、电机控制、家用电器、打印机、多媒体播放器及电子玩具、USB 转 UART、智能读卡器、电动车等应用场合。GD32F130/150 系列超值型 MCU 最高时钟频率为 72 兆赫，配备 16KB ～ 64KB 的内置 Flash 及 4KB ～ 8KB 的 SRAM，内核访问闪存高速零等待，在最高主频下的工作性能可达 74DMIPS，同主频下的代码执行效率相比市场同类 Cortex–M3 产品提高 20%，相比 Cortex–M0 ＋产品提高 35%。

（张慧秋）

【京微雅格公司参展 2014 慕尼黑上海电子展】3 月 18—20 日，在“2014 慕尼黑上海电子展”上，京微雅格（北京）科技有限公司展示多项基于 CME–M 系列芯片的系统应用解决方案，包括智能机器人、地铁信息导航系统、高速公路信息显示系统、食品安全监测系统以及面向医疗电子领域的超声键盘控制方案和呼吸机显示系统方案等。其中，智能机器人方案基于 CME–M5，采用单芯片驱动方式，能够同时控制 17 路伺服电机运动，可完成非常精密的运动控制；地铁信息导航系统方案能够在高清视频输出的基础上同屏叠加地铁导航信息，满足未来多媒体广告展示

的需求；高速公路信息显示系统主要展示人员及路段信息，支持高清图片、视频、文字、几何图形等格式输出，键盘和触摸模式输入；食品安全监测方案则是通过对待检物体气体频谱的分析，识别食品成分含量和真假，分辨真假白酒、茶叶等，判断有害气体含量。

（张慧秋）

【中国智能终端产业高峰论坛举办】4 月 10 日，由工业和信息化部电信研究院和 TD 产业联盟联合主办的“中国智能终端产业高峰论坛”在深圳会展中心举办。来自工业和信息化部、深圳市政府等单位有关领导以及行业联盟、研究机构、国内外电信运营企业、全球知名芯片厂商、仪表仪器厂商的代表等 200 余人参加。会议介绍了智能终端产业发展现状和发展趋势，探讨智能终端产业的发展机遇与挑战。工业和信息化部电信研究院还发布《中国手机行业运行状况（2014 年第一季度）》报告书。

（韩　雯）

【首台全自动液态金属个人电子电路打印机问世】4月14日，中国科学院理化技术研究所宣布，该所研究员刘静带领的科研团队在印刷电子学领域取得技术突破，研发出首台全自动液态金属个人电子电路打印机。研究小组首次建立了一种全新原理的室温液态金属打印方法，通过集合了上下敲击式进墨、旋转及平动输运、转印乃至压印黏附到基底等复合过程在内的流体输运方式，解决了金属墨水表面张力高，难以平稳驱动的难题，其中的印刷失稳机理也得以初步揭示，所获得的打印精度和质量能满足大多数印刷电路板的要求，同时还探明液态金属电子打印机在电学传感器、电子艺术等近10个方向上的开拓性应用。液态金属打印机的发明和问世，打破了个人电子制造的技术瓶颈，让极低成本下快速、随意地制作电子电路成为现实，相应技术易于普及到家庭、办公室、学校、工厂乃至工业设计、艺术探索、文化创意等应用领域，是普适性和基础性的电子制造工具。

（徐　建）

【北京汽车绅宝D50上市】4月20日，“第十三届北京国际汽车展览会”上，北京汽车股份有限公司发布了基于SAAB平台研发的首款A级家轿——绅宝D50，共推出6款车型，包括标准版、舒适版、精英版、豪华版等，价格在7.48万元至11.98万元之间。绅宝D50以北欧车设计理念进入市场，车身宽大，在“整车开发”“制造工艺”“供应链管理”“质量管理”层面拥有北欧顶级的高标准品质管理体系。绅宝D50采用前后双独立悬挂设计，在通过颠簸路面时，可减小车身震动，提升舒适性；融合了18升大容量安全气囊、Night Panel夜视仪表盘等一系列先进的安全技术，可在任何时候为驾乘者提供安全保障；环保健康的内饰材料加上低于业界标准限值的检测标准，让驾乘者远离空气污染，为乘车者提供健康的安全防护；专门设计的两组儿童安全座椅接口为多个孩子的出行需求提供方便；采用日本三菱公司4A91发动机，在小型轻量化、高性能、低油耗和环保性能方面都领先于同级产品。

（袁永章）

【深瞳智能无人监控系统开发完成】4月，北京格灵深瞳信息技术有限公司开发完成“深瞳智能无人监控系统”工程样机。系统将基于三维计算机视觉信号处理的感知技术用于视频监控，能在拥挤复杂环境中精确分析行人动作、外表及行为模式，提供特定目标搜索服务，实现对人物的精确检测、跟踪，对动作姿态（包括暴力、跌倒等危险行为）和人物运动轨迹（包括越界、逆行、徘徊等可疑轨迹）的检测和分析，并在自动场景和人物检测的基础上，自动给安保人员提供预警信号，同时还利用感知技术抽象出人物的特征，从非时间的维度进行监测、跟踪、搜索。

（杜　玲）

【福田汽车公司与潍柴动力公司签约】5月4日，“深化战略合作携手面向未来——福田汽车&潍柴动力新一轮战略合作协议签约仪式”在福田戴姆勒重卡生产工厂举行。北汽福田汽车股份有限公司、潍柴动力股份有限公司的相关负责人等参加。根据协议，双方将利用各自领先技术联合开发国Ⅴ、国Ⅵ排放标准的重卡产品，在为客户带来高品质产品的同时，强化双方企业社会责任，致力社会生态环境改善。同时还举行了第60万台配装潍柴发动机的福田欧曼重卡下线仪式。

（王红彬）

【智能技术与机器人联合研究中心成立】5月7日，由北京航空航天大学机械学院、中国科学院重庆绿色智能技术研究院主办的智能技术与机器人联合研究中心成立仪式在北航举行。双方相关领导及北航教师代表等参加。研究中心由北航机械学院、中科院重庆绿色智能技术研究院共建，将以智能化、绿色化、产业化为发展方向，进行机器人的前沿性、战略性、带动性研究，促进机器人技术与产业的发展。双方签署合作协议书。根据协议，双方将联合进行研究攻关，重点开展工业机器人产业关键核心技术、三峡水下勘查机器人、智能无人车平台等智能机器人前沿技术创新、技术集成创新，并通过“政产学研用”结合，开展工业机器人自动化生产线等智能制造装备的工程化研发和科技成果转移转化。

（钮　键）

【GD32 Colibri系列套件推出】5月13日，北京兆易创新科技股份有限公司联合第三方合作伙伴飞鸟操作系统Trochili通过其官方网站推出基于GD32系列通用32位ARM Cortex-M3内核微控制器的全套开发板。GD32 Colibri开发板具有GD32系列微控制器高性能、低成本及易用性的优势，以8.6厘米×5.4厘米标准外形尺寸为使用GigaDevice GD32系列MCU进行方案评估和原型设计提供完整的低成本解决方案。开发板由底板和扩展板组成，支持标准Arduino接口。底板由基本的功能模块组成，具备支持MCU周边外设资源的基础功能，包括LED指示灯、按键、USART、SPI、I2C、蜂鸣器、电位器、TF卡和USB OTG等，支持USB程序下载及虚拟串口，可满足MCU与接口技术的嵌入式开发需求；同时还突出网络（Ethernet）

接口，方便用户进行以太网互联功能的开发。底板和扩展板可通过 Arduino 接口连接。同步推出适用于物联网及无线通信领域应用的支持 2.4 吉赫兹无线接口和蓝牙功能的 Shield 专用功能扩展板，以及支持多任务、多优先级、抢占式调度的 Trochili RTOS。整套开发板覆盖了嵌入式 MCU 技术、接口技术、RTOS 系统开发、以太网互联及无线通信技术，为开发人员、教育工作者、学生和电子爱好者提供了使用 GD32 系列 MCU 进行物联网产品原型开发和验证、板级编程和代码调试等方面更多的选择。

（张慧秋）

【大基康明公司核医学设备获美国订单】5 月，北京大基康明医疗设备有限公司与美国费城国际癌症中心医院签署协议，将核医学诊断设备 PET–CT、PET–MRI 和放射治疗设备医用电子直线加速器 LA45 销售到该医院。核医学诊断设备将 PET、MRI 有机组合在一起，采用高精度全自动机器人系统精确引导定位，高质量的软件系统可实现 PET、MRI 间的图像融合，假阳性率低，诊断率高，能够检测出 5 毫米以内的肿块。

（杜　玲）

【雪迪龙汞排放检测系统测试成功】5 月，由北京雪迪龙科技股份有限公司研制的固定污染源废气中气态汞排放连续自动监测系统（SCS—900Hg）设备样机测试成功。成果获 2012 年科技部重大科学仪器专项经费支持。系统由汞在线分析仪、元素态汞标准气发生器、离子态汞标准气发生器等单元组成。其中，汞在线分析仪检测单元采用双气室长光程差分技术，提高了检测灵敏度和抗干扰性，检测灵敏度 0.05 微克 / 立方米，可有效消除二氧化硫、氮氧化物等烟气组分对汞检测的干扰；汞标准气发生器可模拟发生出标定仪表所需要的单质态汞、离子态汞标准气。系统性能稳定、可靠，可应用于燃煤火电厂、垃圾焚烧厂、冶金厂等固定污染源废气中气态汞排放在线监测。

（王红彬　杜　玲）

【福田商务汽车非洲首发】7 月 12 日，“福田商务汽车非洲首发仪式”在肯尼亚举行。市委书记郭金龙等有关领导以及肯尼亚政府相关人员、企业代表等参加。北汽福田汽车股份有限公司向肯尼亚 SPERO 非洲有限公司交付其订购的 60 台福田商务汽车蒙派克 S。蒙派克 S 是北汽福田公司融合福田戴姆勒技术和福田康明斯动力打造的新一代大商务车。同时，福田汽车公司在肯尼亚的 KD 工厂也落成投产。工厂总装线面积 1 万余平方米，设计年生产能力为 1 万台，具备改装和测试能力，能生产包括皮卡、轻卡、轻客、欧曼重卡等产品。

（杜　玲）

【北汽越野车分公司总装车间投产】7 月 26 日，北京汽车集团有限公司越野车分公司总装车间在空港开发区举行投产仪式。副市长张工及解放军总装备部、顺义区政府等单位相关领导出席。总装车间占地面积 5

公顷，建设面积 4.5 万平方米，投资 2.9 亿元，分为装配生产、检测调整、物料缓存及整车返修四大区域，由底盘线、内饰线、车身输送线等组成，安装设备 88 台，设计标准双班年产能 10 万辆，主要生产 BJ40、BJ40L、BJ80J 等型号越野车及军用越野车。

（袁永章）

【科技创新基地培育与发展工程专项通过验收】8 月 14 日，由市科委主办的“北京市交通与能源用特殊钢工程技术研究中心 2013 年度科技创新基地培育与发展工程专项项目验收会”在北京科技大学举行。验收组由中国钢铁工业协会、中国金属学会、钢铁研究总院等单位的专家组成。项目由北京科技大学设计研究院有限公司承担，研究解决汽车用非调质易切削钢中硫化物形态控制的难题，形成一系列控制硫化物形态的技术和工艺。研究成果应用于广东韶钢松山股份有限公司、山东钢铁集团淄博张钢有限公司、南京钢铁股份有限公司等企业，取得了实施效果，生产的非调质钢的夹杂物水平达到要求，并获东风汽车有限公司的台架试验资格。专家组一致同意通过验收。

（张慧秋）

【和利时自动化驱动公司推出 MC1000 系列运动控制器】8 月，北京和利时自动化驱动技术有限公司推出 MC1000 系列运动控制器。控制器具有 8 轴闭环伺服控制 / 开环脉冲控制、高速脉冲捕捉、高速脉冲输出等功能，采用 64 位双精度浮点数进行运算，实现高精度的控制运算，双核 ARM Cortex–A9667 兆主频处理器让运算速度更快，确保对各个轴的基准控制，可应用于切割设备、工业机器人、冶金加工设备、雕铣设备、点胶设备、挤塑设备、拉丝设备以及其他要求高速、高精度的加工中心、数控机床、自动生产线等。

（杜　玲）

【北科大 9 个项目获冶金科学技术奖】 9 月 1 日，中国钢铁工业协会中国金属学会冶金科学技术奖奖励委员会发布《关于授予“压水堆核电站核岛主设备材料技术研究与应用”等 79 个项目 2014 年中国钢铁工业协会、中国金属学会冶金科学技术奖的公告》（冶奖〔2014〕1 号）。由北京科技大学作为第一完成单位的 3 个项目分获二、三等奖，由北京科技大学参与完成的 6 个项目分获二、三等奖。其中，北京科技大学郭占成牵头完成的“烧结电除尘灰分离提取氯化钾技术的理论与实践”获二等奖；包燕平牵头完成的“转炉炼钢教学培训仿真平台的技术集成与创新”获三等奖；刘青牵头完成的“基于 MES 的炼钢—连铸过程精准控制与动态协同技术”获三等奖。

（张慧秋）

【高性能特种细丝材料制备技术中试及产业化项目完成】 9 月，由北京科大科技园有限公司组织实施的高性能特种细丝材料制备技术中试及产业化项目完成。项目制备高纯键合铜丝，兼备 20 微米、25 微米、30 微米、38 微米、50 微米等 10 余种规格产品，可满足 LED、二极管、三极管、集成电路等领域市场需求。制备技术包括拉拔控制、退火热处理、复绕 3 个关键技术环节，利用铜丝良好的塑性及机械性能，通过张力、模具配比、牵引力、退火温度、惰性气体保护、收放线速度等参数调控，实现不同直径、性能产品的制备。系列产品具有成本低、热膨胀系数低、导热性及导电性良好、焊接性能及机械加工性能良好等特性，是电子封装四大材料之一，起到连接芯片与外部框架的导体作用。（项目 2013 年 4 月启动中试。至年底，产品累计销售 38.5 万米。）

（张慧秋）

【耐腐蚀专用钛合金薄壁无缝油井管生产线试运行】 11 月 8 日，由北京科技大学设计研究院有限公司设计开发的耐腐蚀专用钛合金薄壁无缝油井管生产线在河北钛合金制品有限公司上线试运行。生产线采用高性能钛合金薄壁无缝管生产工艺，代替传统挤压、穿孔—冷轧等工艺，直接热轧成型，可实现耐腐蚀专用油井管高效制造，提高成材率，与镍基合金无缝管相比有综合性能好和成本低的优势。

（张慧秋）

【智能交通协会轨道智能运输系统专业委员会成立】 11 月 12 日，由中国智能交通协会主办的第九届中国智能交通年会在广州召开。会上宣布成立中国智能交通协会轨道智能运输系统专业委员会。专业委员会是在中国智能交通协会的领导下，依法成立的从事轨道智能交通领域应用的研究、咨询、学术交流与技术创新、培训的全国学术性非盈利组织。依托单位是北京交通大学，北京交通大学运输学院教授贾利民任首届主任、教授秦勇任秘书长，委员单位由北京交通大学、中国铁道科学研究院电子计算技术研究所、中铁通信信号勘测设计（北京）有限公司等高等院校、科研机构以及相关企事业单位组成。专业委员会面向企业、科研机构、高校，拟成为政府与企事业单位沟通的桥梁，促进企事业间的横向联系与合作以及轨道运输行业技术进步和产业资源整合，推进产、学、研、用协同创新，加强国际交流与合作，加快轨道交通领域的信息化、智能化发展。

（丁　蕾）

【数码大方公司发布 CAXA 2015 系列产品】 11 月 18 日，北京数码大方科技股份有限公司发布 CAXA 2015 系列产品，包括 CAXA 3D 实体设计 2015 等产品。CAXA 3D 实体设计是集创新设计、工程设计、协同设计于一体的新一代 3D CAD 系统解决方案，包含三维建模、协同工作和分析仿真等功能，具有易学易用、快速设计和兼容协同等特点。产品针对装备制造业的应用需求增加了焊接及钢结构、三维标注（PMI）等模块，满足专业设计人员的应用要求；针对移动设备对 3D 模型的需求增加了“移动设备的存储”以及“轻量化 3D 模型”等功能，使 3D 模型在移动设备上的浏览更加流畅，并集成了 CAE 有限元分析模块，可以实现对 3D 模型的网格自动剖分、分析计算和结果呈现。

（徐　建）

【曲轴磨削成套装备研制成功】 11 月 28 日，中国机械工业联合会和中国机械工程会联合印发《关于表彰 2014 年度中国机械工业科学技术奖奖励项目的通报》（中机联科〔2014〕342 号），由北京第二机床厂有限公司王波等完成的“曲轴柔性、精密、高效磨削加工关键技术与成套装备”获特等奖。项目通过采用基于非圆磨削原理的双砂轮架随动式（切点跟踪）磨削技术、六轴同步插补联动磨削技术，实现一次装夹双砂轮同步磨削曲轴连杆颈和主轴颈，将传统的曲轴磨削 7 道工序优化为 4 道或 5 道工序；研发出具有敏捷柔性特征的曲轴磨削生产线总体布局技术、随动式（切点跟踪）磨削技术、智能化无编程专家系统、连杆颈相位数字化自动测量识别技术、曲轴随动同步切磨纵磨技术、曲轴品种的智能识别与敏捷换型技术、超精密抛光、机床几何误差及磨削圆度与尺寸误差补偿、微进给传动与高响应驱动等关键技术。该整套装备包括：双砂轮架数控随动式（切点跟踪）曲轴磨床、数控曲轴止推面磨床、数控曲轴轴端磨床（法兰端磨削）、数控曲轴轴端磨床（皮带轮端磨削）、数控曲轴抛光机等产品。

（徐　建）

【制造和装备子基金完成中芯二期首期投资】 12 月 16 日，北京集成电路产业基金制造和装备子基金首期出资中芯国际（北京）二期项目 15.4 亿元。2013 年中芯国际集成电路制造（北京）有限公司与北京工业发展投资管理有限公司、中关村发展集团签署合同，成立合资公司，建设中芯北京二期项目，第一阶段总投资 35.9 亿美元，将建设一条月产能为 3.5 万片的集成电路生产线，工艺技术水平为 28 纳米～ 45 纳米，中芯北方集成电路制造（北京）有限公司为该项目的建设运营企业。制造和装备子基金 9 月成立，首期即与中关村发展集团签署中芯二期项目未出资部分的股权转让协议，拟投资 9.72 亿美元，其中包括完成 4.32 亿美元的股本金出资和承诺的股东借款 5.4 亿美元的出资。

（李贺英）

【105 米／秒高速线材终轧设备项目获市科学技术奖】 年内，由中冶京诚工程技术有限公司等单位周琳等完成的“105 米 / 秒高速线材终轧设备研发及应用”获北京市科学技术奖三等奖、冶金科学技术奖三等奖。项目属于轧钢设备领域，涉及钢铁行业高速线材生产中的关键设备—高速线材终轧设备。项目内容：①通过精轧机振动机理的研究，找出精轧机振动的主要因素，提出优化轴系、螺旋锥齿轮结构及润滑系统等的解决方案，使轧机在最小辊径下以 105 米 / 秒的速度稳定运行。②研究油膜轴承稳定特性的影响因素，研制出超重载精轧机辊箱，实现了轧制工艺对轧机大轧制力的要求。③采用精轧机机组向下兼容的设计理念，模块化设计，实现老机型低成本升级。项目已有 10 机架 105 米 / 秒高线精轧机组全面推广，提升了高速线材生产工艺、设备水平。

（崔春雷）

生物工程与新医药产业

【概况】2014 年，中关村示范区生物工程与新医药产业多方向实现重大突破。原创新药获得认可。北京科兴生物制品有限公司研制的手足口病疫苗完成市食品药品监管局组织的生产现场验收，填补国内生物医药产业的一项空白。生物医学工程“国际首创”频出。北京大学第三医院刘忠军教授主导完成世界首例 3D 打印脊椎植入手术，治疗恶性肿瘤；北京百奥赛图基因生物技术有限公司利用其开发的 EGE 系统在世界首次实现大片段双基因敲入；北京百普赛斯生物科技有限公司研发团队获得全球第一个动物细胞来源全长 PD1 蛋白。健康服务新兴业态不断涌现。基因测序在试管婴儿领域应用达到国际领先水平，世界首例经 MALBAC 基因组扩增高通量测序进行单基因遗传病筛查的试管婴儿在北医三院诞生；北京贝瑞和康生物技术有限公司公布了自主研发的“无创单基因疾病检测”方法，中关村健康医疗服务创新产业技术联盟成立，将开展健康服务产业和政策研究。生物技术和信息技术高度融合发展，大数据云健康管理服务、可穿戴移动医疗、在线医疗咨询和转诊服务等新兴商业模式和业态不断涌现。生物农业不断取得突破，中国农业科学院研发的世界第一个新型蛋白质农药阿泰灵上市。2014 年，中关村示范区生物工程与新医药产业实现总收入 1430.8 亿元，同比增长 8.6%，实现利润 162.6 亿元，同比增长 8.6%。

（路　烨）

【拜尔公司与北大签署合作协议】1 月 8 日，“拜耳医药保健有限公司、北京大学全面战略合作协议签约仪式”在博雅国际会议中心举行，相关领导、专家出席。根据协议，双方将在北京大学建立联合研究中心，即拜耳医药保健—北京大学新药研发和转化研究中心。北京大学生命科学学院与分子医学研究所、化学生物与生物技术学院及其他附属机构的学者与拜耳全球药物研发的科学家们将进行为期 3 年的新药研发和转化合作，重点是将心血管、肿瘤、血液病和妇科治疗领域内的基础研究成果向新药研发转化，并开展在药物开发价值链上的技术研究。拜耳医药公司将为合作研发项目提供资助，还将赞助“拜耳讲席教授”及“拜耳学者奖”，以鼓励和表彰在生命科学和药物研发、特别是在拜耳医药保健核心治疗领域方面做出突出贡献的学者。

（崔春雷）

【勤邦生物公司推出汉腾快速检测理化产品】1 月 15 日，北京勤邦生物技术有限公司推出汉腾快速检测理化产品，包括大米新鲜度快速检测试剂盒、双氧水快速检测试剂盒、甘油（酶法）检测试剂盒等 19 种。产品具有方法简便、无须专业基础、能快速得到实验结果等特点。

（王红彬　杜　玲）

【国药中生生物技术研究院有限公司成立】1 月 16 日，国药中生生物技术研究院有限公司成立暨揭牌仪式在国药中生北京公司（微谷公司）举行。中国工程院院士赵铠及国药中生公司员工 200 余人参加。该公司将重点从事新型疫苗、重组蛋白、多肽药物、核酸药物、诊断试剂等生物医药的研究开发与中试生产及生物技术咨询服务等，为新型疫苗的研究开发提供完整的工程化和产业化技术平台、成熟的先进生产工艺与技术，成为国家级新型疫苗研发和工程化、产业化的基地及服务平台，并将利用中国生物技术集团公司的博士后工作站和博士、硕士研究生培养点的优势，整合集团及国内外人力资源，建设一支具有国际水准和竞争力的科研队伍。

（崔春雷）

【发现稻米蛋白品质关键因子】1 月 31 日，中国农业科学院作物科学研究所万建民科研团队在美国《植物细胞》杂志在线发表其最新研究成果。其研究发现，一种植物特有的 GPA3 蛋白作为调控水稻贮藏蛋白运输的关键因子，参与稻米的蛋白品质形成，并从细胞生物学和分子遗传学的角度阐明 GPA3 在水稻贮藏蛋白定向分选过程中的关键作用，为改良稻米蛋白品质提供了重要的理论基础。

（杜　玲）

【正旦国际公司获肝病诊断专利】2 月 12 日，由北京正旦国际科技有限责任公司杨晓明等完成的“一种用于检测 HPS 的试剂盒”（CN201110243935.9A）获国家知识产权局颁发的发明专利证书。成果为用于检测 Hepassocin 的试剂盒，包括抗 Hepassocin 的抗体 1 和抗 Hepassocin 的抗体 2，其中所述抗体 1 作为包被抗体，所述抗体 2 作为检测抗体。试剂盒具有灵敏度高、特异性高等特点，可用于肝损伤相关疾病的检测，对肝癌、肝硬化等相关疾病的诊断也有一定的临床意义。

（王红彬　杜　玲）

【安进医疗公司脑肿瘤微创手术电磁刀启动临床试验】 2 月 26 日，由安进医疗科技（北京）有限公司研发的新型脑肿瘤微创手术治疗设备电磁刀通过了北京天坛医院和北京友谊医院伦理委员会审查，天坛医院神经外科专家赵继宗团队启动了电磁刀临床试验。产品属北京市重大科技成果转化及产业化项目，具有热损伤副作用极小、在液体环境中有效凝血、双极切开、神经内窥镜下可直接手术等技术特点和功能，为神经外科手术提供了全新手段。

（张慧秋）

【科兴生物公司手足口病疫苗通过验收】 2 月，由北京科兴生物制品有限公司研制的预防手足口病的肠道病毒 71 型（EV71）灭活疫苗通过市食品药品监管局组织的生产现场验收。疫苗具有良好的安全性、免疫原性，对 EV71 病毒导致的疾病保护率达到 95%。

（韩洋洋　杜　玲）

【百奥赛图公司研发出世界首个基因敲入大鼠技术】 2 月，北京百奥赛图基因生物技术有限公司宣布利用其自主开发的 EGE 系统实现了在大鼠上进行大片段双基因敲入，为世界首次，可称作基因敲除领域一次里程碑性的技术革命。双基因敲入项目的研发验证了 EGE 系统实施基因敲入和条件性基因敲除的技术成功，将大幅度缩短模式动物的制备周期，降低成本，同时使得基因敲进修饰应用范围突破了物种的限制。

（崔春雷）

【百普赛斯公司开发出动物细胞来源全长 PD1 蛋白】 2 月，北京百普赛斯生物科技有限公司研发团队采用哺乳动物细胞表达体系获得全球第一个动物细胞来源全长 PD1 蛋白。PD1 蛋白是一种免疫球蛋白超家族 I 型跨膜糖蛋白，属于 T 细胞共抑制受体程序性细胞死亡蛋白 1，可被诱导性地表达在活化的 T 细胞、B 细胞、NK 细胞、单核细胞和树突状细胞表面，与其配体 PDL1、PDL2 相结合对淋巴细胞的活化产生抑制作用，从而抑制细胞的免疫应答反应，在保持自身免疫耐受中起重要作用。百普赛斯公司利用 HEKMax 人源细胞表达技术平台，开发生产出高活性的 PD1 全长跨膜糖蛋白，具有 100% 正确的天然构象和糖基化修饰，不含任何纯化标签，具有和天然膜蛋白完全相同的结构和功能，其性能远远优于其他低等宿主细胞。

（崔春雷）

【屯玉 188 玉米新品种通过审定】 3 月 5—6 日，在内蒙古自治区第六届农作物品种审定委员会第三次会议上，由北京屯玉种业有限责任公司培育的早熟玉米新品种屯玉 188 通过 2014 年内蒙古自治区农作物新品种审定（内蒙古认定编号：蒙认玉 2014009 号）。屯玉 188 特征特性是在北方极早熟春玉米区出苗至成熟仅 111 天；株型半紧凑，株高 238 厘米，穗位高 83 厘米；百粒重 29.4 克，平均亩产 587.7 千克；适宜在黑龙江第四积温带、内蒙古呼伦贝尔岭南及通辽市北部地区、吉林东部、河北张家口及承德北部接坝冷凉区、宁夏南部等极早熟玉米区春播种植。

（付　骁）

【三益能源公司多元物料中温高效联合厌氧发酵技术项目中标】 3 月 27 日，市科委发布《生物燃气关键技术研究与科技示范项目 3 课题招标结果公告》。其中，由北京三益能源环保发展股份有限公司研发的“多元物料中温高效联合厌氧发酵技术研究”课题中标，获市科技经费资助资金 150 万元。课题通过研究人畜粪便、农作物秸秆、果蔬垃圾等多元原料的混合厌氧发酵技术，提高厌氧消化工艺效率；同时开展高效厌氧发酵菌群研究，为解决中国农业沼气工程原料单一、效率低下、经济效益差等难题提供理论支撑。

（柳　杨）

【悦康集团与意迪那公司签约】 3 月 27 日，在“中法贸易投资论坛”上，悦康药业集团有限公司与法国意迪那生物技术有限公司签署《中法植物提取物合作开发项目框架协议》。双方将在植物提取物的产业化及下游的药品、保健品、化妆品等方面进行开发合作。

（杜　玲）

【国家应急防控药物工程技术研究中心开工】 3 月，国家应急防控药物工程技术研究中心及产业化基地开工建设。工程 2010 年被科技部批准立项，由军事医学科学院毒物药物研究所、浙江海正药业投资，北京凯正生物工程发展有限责任公司建设，是集药物研发与中试生产为一体的国家级重大项目。基地位于亦庄园路东区，占地面积 2 公顷，投资 6.8 亿元，建筑面积 3.7 万余平方米，包括抗体工程、药物创新中心、特种制剂生产 3 个主体建筑以及实验动物房、化学品仓库等相应的配套服务设施，建有自动注射技术、口腔冻干崩解技术、中毒防治药物和抗体工程等特色研究平台，以及大规模哺乳动物细胞培养，化学药固体、液体制剂等多条药品生产线，涵盖药物从研发到中试生产的全部进程，形成有效的技术储备和品种储备，强化快速反应的技术研发能力、应急生产能力、药物转化能力，同时依托基地还建有通用名药物产业化技术创新战略联盟和军队特需药品制剂生产基地等项目。项目一期工程计划2015年竣工。

（崔春雷）

【农作物分子精准育种技术专场举办】 4月16日，由北京现代农业科技创新服务联盟、北京大北农科技集团股份有限公司承办的“2014中国（北京）国际技术转移大会农作物分子精准育种技术专场”在京举行。农业部、市科委等单位有关领导以及来自国内外籽种企业、科研机构及大学院所的专家100余人参加。与会专家就种业技术转移中的法律问题、公益类研究院所种业技术成果转移方式探索、合资种业技术转移模式、分子育种平台技术转移模式、农业及食品工业废渣变为生产原料的技术应用等主题，围绕农作物的分子育种方式、国际技术转移模式、法律法规等方面的共性问题进行探讨。

（杜　玲）

【首次解析30纳米染色质三维结构】 4月25日，美国《科学》（*Science*）杂志以研究论文形式发表了中科院生物物理研究所朱平研究组和李国红研究组合作利用冷冻电镜三维重构技术在国际上首次解析DNA和蛋白质折叠形成的30纳米染色质的高清晰三维左手双螺旋高级结构的研究成果。成果揭示了30纳米染色质纤维以4个核小体为结构单元；各单元之间通过相互扭曲折叠形成一个和DNA右手双螺旋类似的左手双螺旋高级结构；结构单元之间的空隙可能是组蛋白修饰、染色质重塑等表观遗传现象发生的重要调控区域。该研究首次明确了连接组蛋白H1在30纳米染色质纤维形成过程中的重要作用。项目获973计划、自然科学基金委重大研究计划项目和重点项目以及中科院战略性先导科技专项（B类）的资助。

（杜　玲）

【旷博生物公司发布艾滋病CD4检测试剂盒】 4月30日，由“十二五”传染病防治科技重大专项课题组、北京旷博生物技术有限公司及北京经济技术开发区海外学人中心共同主办的“‘十二五’国家科技重大专项‘艾滋病检测试剂盒’成果发布会”在北京经济技术开发区举行。卫生部传染病防治科技重大专项技术总师侯云德院士以及国家卫生计生委、中国疾控中心等单位相关负责人以及50余名来自生物医药企业、高等院校、科研院所、临床医疗机构的专家等参加。会议宣布由旷博生物公司开发、生产的艾滋病CD4检测试剂盒——“临床通用性CD4 + T淋巴细胞检测试剂盒”的3种流式细胞仪检测试剂盒获食品药品监管总局的医疗器械注册证书，分别为：CD3—FITC/CD4—PE/CD45—PerCP荧光单克隆抗体试剂盒（流式细胞仪法），国食药监械（准）字2014第3400289号；CD3—FITC/CD8—PE/CD45—PerCP/CD4—APC荧光单克隆抗体试剂盒（流式细胞仪法），国食药监械（准）字2014第3400288号；CD3—FITC/CD16 + CD56—PE/CD45—PerCP/CD19—APC荧光单克隆抗体试剂盒（流式细胞仪法），国食药监械（准）字2014第3400290号。项目2011年启动，获开发区人才专项150万元的扶持，是国家“艾滋病和病毒性肝炎等重大传染病防治”科技重大专项“十二五”计划中“艾滋病国产化诊断试剂的研发—临床通用性CD4 + T淋巴细胞检测试剂的研制”课题成果，用于检测CD4 + T淋巴细胞的数据，可实现艾滋病的诊断、治疗监测及疗效评估，适用于任何不同类型的艾滋病检测仪器（流式细胞仪）。

（崔春雷　杜　玲）

【9家企业获北京种业十强企业称号】 5月25日，在世界种子大会北京种业专题报告会上，北京市种子协会公布了首届北京市种业企业十强名单。其中，北京德农种业有限公司、北京金色农华种业科技股份有限公司、北京奥瑞金种业股份有限公司、北京联创种业股份有限公司、北京屯玉种业有限责任公司、北京克劳沃草业技术开发中心、北京京研益农科技发展中心、北京华奥农科玉育种开发有限责任公司、北京中农大康科技开发有限公司9家中关村示范区企业进入十强。

（付　骁）

【中关村健康医疗服务创新产业技术联盟成立】 5月30日，在中国医师协会主办的“第三届中国（北京）国际服务贸易交易会健康医疗服务创新产业大会暨项目推介会”上，举行了中关村健康医疗服务创新产业技术联盟揭牌仪式。联盟由博奥生物有限公司、慈铭健康体检管理集团股份有限公司、北京京东世纪贸易有限公司等9家单位发起，成员单位包括健康管理、医疗服务、大数据分析、医学检验、移动医疗、金融保险等领域的企业和行业组织共27家，旨在通过整合健康医疗服务产业链条，以个人健康为核心，把各种对健康有影响的因素作为改善内容，将医疗、体检、健康管理、商业保险、中医、可穿戴设备等方面进行整合。联盟第一任理事长单位为慈铭健康公司。

（刘伟杰　杜　玲）

【首次发现脑干胶质瘤特异基因突变】 6月1日，英国《自然遗传学》（*Nature Genetics*）杂志在线发表由北京泛生子生物科技有限公司首席科学家阎海和北京天坛医院副院长张力伟共同主持的针对脑干胶质瘤的研究成果。成果发现脑干胶质瘤中特异的PPM1D基因突变。PPM1D基因突变不仅促进癌细胞的生长，而且能阻止癌细胞的灭亡，可能会导致患者对放射线疗法不产生任何应答（因此放疗对这类患者可能不再有效），同时还发现PPM1D基因的突变与常见的TP53基因突变总是不同时存在于同一个肿瘤组织中。这是首次发现PPM1D基因突变具有促进脑干胶质瘤生长的功能，为该类癌症的靶向治疗提供了方向。

（杜　玲）

【成功解析人源葡萄糖转运蛋白三维结构】 6月5日，清华大学宣布，清华大学医学院颜宁研究团队成功解析葡萄糖转运蛋白GLUT1的晶体结构，初步揭示了其工作机制及相关疾病的致病机理。成果的意义在于，从科研的角度，首次揭示了人源转运蛋白的结构，可以帮助人类理解分子转运这一生命科学中最基本的过程；从临床的角度，有助于了解幼儿癫痫、癌症、糖尿病的发病机制，同时，可以作为药物研发的潜在靶点。成果不仅是针对葡萄糖转运蛋白研究取得的重大突破，同时为理解其他具有重要生理功能的糖转运蛋白的转运机理提供了重要的分子基础，揭示了人体内维持生命的基本物质进入细胞膜转运的过程，对于人类进一步认识生命过程具有重要的指导意义。成果被评为2014年中国十大科技进展新闻。

（徐　建）

【航天长峰公司发布新一代智能麻醉呼吸工作站产品】 6月26日，由北京航天长峰股份有限公司主办的“新一代智能麻醉呼吸工作站产品发布会”在京举行。中科院空间科学与应用研究中心、中国载人飞船工程软件专家组、北京大学第三医院等单位的相关专家及媒体记者等参加。航天长峰公司发布其研发的新一代智能麻醉工作站产品，即通过同步触发算法和呼吸力学算法，研发出的具有智能呼吸模式PRVC的麻醉呼吸机。该种通气模式可减少人机对抗，提高患者通气的舒适性和安全性。产品在麻醉机呼吸回路方面采取的呼吸气流推辅式回路，取消了驱动风箱，将麻醉气体和驱动气体非物理性地隔离，使输出气流更加平稳，解决了由于风箱运动造成的呼吸气流扰动而产生的测量误差，适合新生儿、肺部病变患者及高龄患者等特殊人群的麻醉。产品还利用航天技术中特有的精密控制等专项技术从气源输入端到患者输出端实现全过程各种气体压力和流量的监测和控制，解决了国产麻醉工作站无法精确麻醉给药、无法进行新生儿或患者肺部病变麻醉的问题。产品取得了食品药品监管总局核准的医疗器械生产许可证。项目还衍生出ACM65和ACM63两大系列麻醉工作站，数个型号的产品。

（徐　建）

【“阿泰灵”在水稻上示范成功】 6—11月，由中国农科院植物保护研究所研制的中国首个抗病毒蛋白质农药——“阿泰灵”在湖南省江华瑶族自治县和长沙县进行双季晚稻抗病毒田间试验，“阿泰灵”抗南方水稻黑条矮缩病效果可达60%～70%，与杀虫剂配合施用时防效高达90%；同时在江西省珠湖农场双季晚稻上进行了集成示范，水稻综合增产7%～12%，示范试验取得成功。使用“阿泰灵”后，水稻茎干粗壮，不易倒伏，有效分蘖明显增多，稻穗明显增长，谷粒饱满。植保所科研人员通过大量筛选弱致病性病原真菌，获得能高效提高植物免疫的极细链格孢菌株，分离纯化高活性热稳定蛋白，通过高效蛋白生产加工工艺，并添加增效因子氨基寡糖素，配制成6%寡糖·链蛋白可湿性粉剂。“阿泰灵”通过诱导植物自身抗性，激发植物生长代谢和自身免疫系统而提高农作物抗性，在自然条件下可分解成植物生长必需营养成分，改善品质，具有高增产作用。

（张　毅）

【信息菌素药物构建平台研发成功】 7月13日，在美国缅因州召开的GRC（Gordon Research Conference）科学讨论会上，由信息菌素靶向药物北京市工程研究中心首席科学家丘小庆教授设计的信息菌素药物构建平台，因其能在4个～6个月内快速设计、构建新的靶向药物，为解决传统抗生素耐药性问题找到新的突破口，被世界同行评价为“将引领世界制药业的一次浪潮”。丘小庆团队通过改变大肠菌素的固有靶向性，设计出一系列可对抗革兰氏阳性和阴性耐药菌的新型抗生物质——信息菌素。成果获32件授权发明专利，其中中国专利15件、美国专利9件、其他国家专利8件。

（刘伟杰）

【贝瑞和康公司公布无创单基因疾病检测方法】 7月23日，在澳大利亚布里斯班市举行的第十八届国际产前诊断大会（ISPD）上，北京贝瑞和康生物技术有限公司公布了自主研发的“无创单基因疾病检测”方法。方法采用cSMART专利技术，利用特定的引物和独特的扩增方法，能够将血浆中游离的碎片化目标DNA悉数捕捉、富集，对其进行高通量测序，实现单基因病的特定位点的定性和绝对定量。基于此方法，贝瑞和康公司进行的一项无创产前威尔逊疾病检测的项目结果显示，通过胚胎DNA含量数据，能够同时判断胎儿与母亲的基因型。方法可以广泛应用于各种疾病的检测，尤其针对肿瘤早期诊断、个体化用药、预后监测等一系列个性化临床诊疗。

（江茂华）

【世界首例3D打印脊椎植入手术治疗恶性肿瘤完成】7月31日，北京大学第三医院骨科刘忠军教授主导完成世界首例3D打印脊椎植入手术治疗恶性肿瘤。患者明浩患有尤文氏肉瘤，癌变部位位于枢椎，将要通过手术切除枢椎。刘忠军团队为明浩的枢椎进行前路和后路两次手术，植入使用钛合金粉末经3D打印技术制造出的人工椎体，将人工椎体放在第一和第三椎体之间并用钛合金螺钉将其固定，手术顺利完成。8月18日，明浩康复出院。

（张　毅）

【健平公司发布血管内皮生长因子定量检测试剂】8月30日，在中国初级卫生保健基金会主办的“VEGF—KIT创新检测试剂专家研讨会暨肿瘤防治爱心捐赠活动”上，发布了由北京健平九星生物医药科技有限公司董事长邹检平等研发的血管内皮生长因子定量检测试剂（VEGF—KIT）。该试剂检测方法稳定，结果可靠，检测快，费用低，对肾癌、脑癌、肺癌等8种癌症的阳性检出率均超过70%，能够实现对肿瘤的早发现、早诊断、早治疗。

（杜　玲　刘伟杰）

【科技助力渐冻人公益项目启动】9月2日，由北京大学第三医院和中关村华康基因研究院共同主办的“科技助力渐冻人（ALS）公益项目启动新闻发布会”在中关村示范区展示中心举行。民政部、市民政局、中关村管委会等单位有关领导及媒体记者参加。项目将为家族性渐冻人（肌萎缩侧索硬化，ALS）或起病年龄小于30岁且父母均健在的50位患者提供免费基因检测的机会。北医三院和华康基因研究院通过大量筛选和反复试验，确定了190个待检基因，并设计了针对肌萎缩侧索硬化症的基因监测试剂盒，可以检测出渐冻人症基因携带者。

（杜　玲）

【北陆药业公司控股中美康士公司】9月11日，北京北陆药业股份有限公司发布《对外投资公告》，宣布以3000万元向深圳市中美康士生物科技有限公司增资，认购其增资后7.5%的股权，并于增资后以1.34亿元收购李晓祥所持中美康士公司33.5%的股权。8月28日，北陆药业公司与李晓祥签署了《关于转让深圳市中美康士生物科技有限公司10%股权的协议》，以4000万元收购了中美康士公司10%的股权。收购完成后，北陆药业公司所持中美康士公司的股权比例为51%。中美康士公司主要致力于肿瘤生物免疫细胞治疗技术的研究开发、临床科研及临床应用推广。

（杜　玲）

【可充电脑起搏器发布】9月16日，由市科委、清华大学联合主办的“北京市重大科技成果‘清华可充电脑起搏器’发布会”在京举行。相关医院和企业的代表以及媒体记者等参加。清华大学李路明团队研发的G102R型“双通道可充电植入式神经刺激器”（双通道可充电脑起搏器）获食品药品监管总局颁发的医疗器械产品注册证[国食药监械（准）字2014第3211375号]。产品由一个脉冲发生器和连接在其上面的两根延长导线、套筒及备份螺钉组成，采用体外可充电技术，通过电磁耦合方式，可以无线对植入患者体内的脑起搏器进行充电，工作寿命在10年以上，具有体积小、寿命长、安全性高等特点，用于治疗帕金森病。

（王红彬　刘伟杰）

【普诺明非球面人工晶体上市】9月18日，由爱博诺德（北京）医疗科技发展有限公司主办的“Proming普诺明®中国首款自主研发高次非球面人工晶状体上市会”在西安市举行。近200位眼科专家参加。产品采用疏水性丙烯酸酯材质，具有良好的生物相容性和生物黏性，可与晶状体囊袋更紧密结合，减少囊膜上皮细胞（LEC）增生，降低前囊膜混浊（ACO）、后囊膜混浊（PCO）发生率和YAG激光后囊切开率，用于补偿正常人角膜的正球面像差，为患者提供清晰的视觉和图像质量。

（王红彬　杜　玲）

【小米公司与九安医疗公司成立合资公司】9月19日，天津九安医疗电子股份有限公司发布《关于引进小米投资的公告》，宣布其及附属子公司于9月18日与小米投资有限责任公司（Xiaomi Ventures Limited）签署投资协议，九安医疗公司将其iHealth品牌相关的全球业务调整至拟新设的独立实体结构之下，小米公司将向此实体增资2500万美元，增资完成后小米公司占股20%。新公司将成为小米公司移动健康领域的合作伙伴，双方将在用户体验、小米电商和云服务方面开展合作，共同打造移动健康云平台。

（杜　玲）

【首例MALBAC胚胎全基因组扩增测序试管婴儿出生】9月19日，世界首例经MALBAC基因组扩增高通量测序进行单基因遗传病筛查的试管婴儿在北京大学第三医院诞生。婴儿的父亲为单基因显性遗传病患者。该疾病主要是因为基因序列发生了单个碱基的缺失，后代中无论男孩女孩都有1/2概率患同样的疾病。研究人员通过辅助生殖技术，获得18枚质量好的胚胎，采用自主研发的单细胞基因组MALBAC扩增技术，将极少量胚胎细胞中的DNA均匀扩增上百万倍以满足基因分析的需求，并结合PCR技术与高通量测序技术，经过低深度测序，同时观察全部染色体数目及结构是否异常，实现准确的、单位点的关键基因检测。最后，研究人员发现，这18枚胚胎中有3枚既不包含致病位点又不包含新发现的突变位点，均为染色体正常的胚胎。2013年12月29日，3枚胚胎中质量最好的1枚，被移植到女方子宫内，胚胎成功着床，发育正常。经羊水细胞基因验证，染色体以及该遗传病基因均正常。随后的脐血基因检测再次证实，婴儿不含致病位点。这一成果是在科技部、市科委、自然科学基金委、北大985项目基金的资助下，由北医三院的乔杰教授团队、北京大学生物动态光学成像中心（BIOPIC）的谢晓亮教授团队以及汤富酬教授团队共同合作完成。

（张　毅）

【智能动力小腿假肢“风行者”上市】9月，由北京大学工学院智能系统与人体工程实验室主任王启宁等研发的智能动力小腿假肢“风行者”在河南省郑州市上市。“风行者”整机结构包含传感器、计算机芯片和机电装置，能够高度模拟生物神经、大脑和肌肉骨骼组织的功能。其智能动力踝关节由机电装置和电子控制系统组成，以25倍人眼识别速度来捕捉传感器信号，通过芯片计算结果，实时判断使用者所处的地理环境，推测使用者的动作意图，实现对地形、残疾人步态的自动识别，从而代替人脑和生物神经向助残肢体下达动作指令。产品在行走中能主动调整踝关节角度，避免足尖接触地面，自动适应使用者的行走速度，帮助使用者自然地完成上楼梯、下斜坡、跨障碍等动作；坐下时踝关节能自动弯曲，收回动作自然。

（徐　建）

【大清生物纸入选国家重点新产品计划】10月21日，科技部印发《关于下达2014年度有关国家科技计划项目的通知》（国科发计〔2014〕303号），由北京大清生物技术有限公司研制的可吸收止血膜（大清生物纸）入选2014年度国家重点新产品计划。产品是以透明质酸钠和羧甲基壳聚糖两种天然多糖为原料制成的一种可降解的生物医用止血防粘连材料，具有迅速止血、无不良反应和过敏反应、可完全降解吸收等特点，可用于各种外科手术中的止血、防组织粘连以及各种外伤出血的止血和烧伤、烫伤、慢性溃疡的换药处置。

（韩洋洋）

【提出动态分离子组学概念】10月26日，由旭月（北京）科技有限公司主办的“第二届非损伤微测技术研讨会”在京举行。来自国内高校和科研机构的相关科研人员参加。研讨会以“答疑解惑、共创未来”为主题。旭月公司董事长许越和中国非损伤微测技术（NMT）领域相关科学家共同提出动态分离子组学（imOmics）概念。动态分离子组学是指研究活体生物细胞、组织或个体等，以离子分子流速的方式，与外界环境进行信息交换的过程。当活体生物响应生理胁迫，发育变化或者基因改变时，可通过imOmics表现出相应的数据规律。流速所体现的imOmics不仅可以获得活体生物跨膜转运的离子/分子流的变化，还可获得离子/分子流跨膜转运的方向信息。NMT作为其核心技术，不仅可实现单一离子/分子信息的检测，还可实现两种离子，或一种离子一种分子的同时检测。

（韩洋洋）

【中关村中营营养与健康促进产业技术联盟成立】10月31日，“中关村中营营养与健康促进产业技术联盟成立大会暨国家主体科研计划项目2014年度工作汇报会”在京举行。科技部、市民政局、中关村管委会等单位有关领导以及相关专家、会员代表等参加。年内，经民政部、市民政局及中关村管委会批准，临床营养产业技术联盟由契约式联盟转变为法人联盟，更名为中关村中营营养与健康促进产业技术联盟。联盟由南京大学、中山大学、中驭（北京）生物工程有限公司等54家单位组建，将以联盟单位承担的国家主题科研计划为基础，进行营养病理学、临床用益生菌、营养原料与制剂等方面的研究，并为联盟单位提供融资服务，开展特殊医用食品及组件营养学与临床有效性和安全性评价研究，建立可在联盟内无障碍流通的准入标准、统一的价格体系、商业政策和渠道政策，为联盟企业的产品进入市场提供市场计划、财务计划、流量及流向分析、市场销售财务人员能力建设培训等服务。南京大学医学院转化医学中心主任高千任联盟主席。

（杜　玲）

【第12届新药前沿峰会举行】11月3—6日，由中国医药企业发展促进会、中国医药科技成果转化中心、中国医药工业研究总院、海淀园管委会联合主办的“第12届中国国际新药创制前沿技术发展峰会暨项目合作洽谈会”在京举行。国家药典委员会、海淀区政府等单位有关领导以及来自全国制药企业、新药研发机构等300余位代表参加。峰会以“药物创新，中国新主场”为主题。与会专家围绕恶性肿瘤、心脑血管疾病、神经退行性疾病、糖尿病、儿童用药以及肿瘤免疫治疗技术等药物创制的新兴技术、关键技术、核心技术和共性技术等进行交流，并举办新药临床试验规范化培训，以及创新药物项目推介和合作洽谈。

（刘伟杰）

【“中英携手—医药创新”论坛举办】 11月27日，由英国贸易投资总署、英中贸易协会、中关村生命科学园公司共同主办的“‘中英携手—医药创新’论坛暨中

英企业合作洽谈会”在生命科学园举行。北大医疗产业园、西斯比亚（北京）医药技术研究有限责任公司等近50家国内生物医药机构及企业和ALmac集团等9家英国生物医药企业代表参加。生命园公司相关领导就园区规划建设、产业发展及中关村示范区在生物技术产业促进方面的政策、措施做了介绍；英方代表表达了英国政府对与中国生命科学领域项目合作的意向。与会代表就中英企业在HVO（高商业附加值）医疗项目等两国健康产业方面的务实合作，中英企业各自的基本情况以及寻求合作伙伴等内容进行了交流。

（李贺英　梁　爽）

【香港雅士能基因科技有限公司成立】 12月1日，香港中文大学和北京贝瑞和康生物技术有限公司宣布共同在香港成立香港雅士能基因科技有限公司（Xcelom）。贝瑞和康公司利用无创产前检查技术，为30余万名孕妇提供了安全和准确的唐氏综合征的无创性检测，积累了丰富的实践经验。公司将利用香港中文大学的创新科研技术和贝瑞和康丰富的企业资源，通过设于香港科学园的实验室提供快捷和优质的无创性产前检测服务。[12月8日，香港雅士能基因科技有限公司（Xcelom）宣布通过专利授权形式获得香港中文大学的“无创产前DNA检测”(Non—Invasive Prenatal Test，NIPT）有关专利的使用权。]

（江茂华）

【国产生物试剂成果转化平台建成】 12月8日，由北京市科学技术研究院建设的国产生物试剂科技成果转化服务平台建成。平台集“收集评估、产业化促进、应用示范、宣传推广”于一体，聚集了来自中科院、中国农科院、军事医学科学院等单位的129位生产、研发领域专家，联合了北京市基因测序与功能分析工程技术研究中心等一批软硬件齐全、配套设施完善的产业化支撑单位，并设立了专业运营服务机构。平台还在北京市、山东省、河北省等12个省市建立应用示范点，专门为国产生物试剂成果提供展示、推广平台，同时向企业提供免费试用服务。

（徐　建）

【系列高浓缩功能菌剂新品上市】 年内，由首都生物肥料科技创新服务联盟合作开发的系列“高浓缩功能菌剂”产品上市。系列菌剂包括有效活菌数≥1000亿/克枯草芽孢杆菌、有效活菌数≥100亿/克的胶冻样类芽孢杆菌、有效活菌数≥1000亿/克的地衣芽孢杆菌等9种不同浓度不同菌种的高浓度菌剂，主要用于生物肥料添加剂，可作为微生物农药直接使用，通过“以菌制菌，绿色抗病”的生物肥料着重解决蔬菜、果树等作物的过量施肥、用药问题。

（付　骁）

新材料产业

【概况】2014年，中关村示范区新材料产业整体持续稳定运行，总收入和利润均呈现增长态势。一批新材料企业科技研发仍取得重大成果。泰科天润半导体科技（北京）有限公司研发的碳化硅肖特基二极管多个产品实现量产；中航工业北京航空材料研究院在全球率先研制出“烯合金”，填补了石墨烯增强铝基纳米复合材料科研领域国际空白；利亚德光电股份有限公司发布第二代LED主发光电视熠彩UMAX，产品采用LED红绿蓝三基色混色技术，视屏画面对比度高，可实现4K高清视频播放；京东方科技集团股份有限公司推出了首次突破OGS拼接曝光技术难点的、全球最大尺寸65英寸超高清OGS触控显示屏；北京热景生物技术有限公司开发出7种试剂盒产品，并形成了600万人份试剂的年生产能力，成为国际上唯一将稀土元素所构成的上转发光材料应用于临床检测及生物安全领域的企业。2014年，中关村示范区新材料产业实现总收入3043.2亿元，同比增长0.9%，实现利润131亿元，同比增长23.7%。

（路　烨）

【泰克天润公司碳化硅肖特基二极管通过鉴定】1月20日，由泰科天润半导体科技（北京）有限公司主办的G2S06010碳化硅肖特基二极管产品鉴定会暨新产品信息发布会在京举行。鉴定委员会专家、媒体记者等参加。由泰科天润公司研发的第三代半导体碳化硅肖特基二极管（G2S06010）通过由中国电器工业协会电力电子分会组织的专家鉴定。泰科天润公司宣布碳化硅肖特基二极管多个产品实现量产，产品涵盖600伏～3300伏等中高压范围，是国内第一次进行碳化硅大功率器件的批量生产。产品采用碳化硅单晶衬底和外延材料制作，可以在高电压、大电流、高频率环境下工作，性能优势突出，可广泛应用于航空航天、无线通信、电力、计算机、电动汽车等领域。与传统的硅器件相比，碳化硅电力芯片能够大幅度减小电力设备体积和重量，降低各项设备系统的整体成本并提高系统的可靠性。

（张　毅）

【国产非晶带材工程化项目通过验收】1月26日，“国家科技支撑计划《国产非晶带材在电力系统中的应用开发及工程化》项目验收会”在北京中机联供非晶科技股份有限公司总部举行，科技部、中国工程院、市科委等单位相关领导与专家以及企业代表等参加。项目由安泰科技股份有限公司、中机非晶公司、中兆培基（北京）电气有限公司、北京科锐配电自动化股份有限公司、沈阳变压器研究院股份有限公司共同完成，围绕国产非晶带材在电力系统中的应用开发进行。项目建成生产能力4万吨/年的国产非晶配电变压器铁芯生产线和6万台/年的国产非晶配电变压器生产线并投入生产；完成17类不同型号（10—2000KVA）非晶配电变压器铁芯和非晶配电变压器产品的开发，变压器空载损耗和噪声等性能指标优于国家相关行业标准。专家组认为，项目有助于提升中国非晶产业的核心竞争力，打破发达国家对该技术的封锁和垄断，并一致同意项目通过验收。

（杜　玲）

【智能镜子推出】3月18—20日，在2014中国国际平面显示器件、设备材料及配套件展览会上，京东方科技集团股份有限责任公司展示了其研发的可触控镜面显示屏——智能镜子。产品采用镜面显示技术，将镜子功能及显示功能相融合，通过在屏幕表面的半透半反结构，增强光线反射效果，反射率达60%，色域72%；应用ADSDS超硬屏技术，上下左右视角均可达178度；多触点的纳米触控功能和Wi-Fi功能可实现智能交互、网络浏览、通讯应用等多人多点互动，可在家庭、酒店、商场等环境中应用。

（杜　玲）

【烯合金材料研发成功】5月27日，中航工业北京航空材料研究院宣布新一代具备特殊性能的系列材料问世，其在全球率先研制出“烯合金”，有可能对未来航空航天器带来革命性变革。航材院利用铝合金粉和石墨烯粉以一定比例混合后制造出的“烯合金”，其屈服强度和抗拉强度分别提高58%和25%，在世界上首创利用石墨烯制造高端合金材料的新途径。

（张　毅）

【利亚德公司打造出“最美青奥屏”】7月29日，江苏电视塔暨紫金塔青奥亮化工程全面点亮。利亚德光电股份有限公司参与第二届青奥会江苏电视塔显示项目建设，打造出“最美青奥屏”。工程采用利亚德格栅式Mesh31.25室外LED全彩显示屏，净面积2227.5平方米，距地面高度约78米。格栅屏通透率达50%，可有效减轻风荷载以及显示屏基础结构强度和重量；采用标准件进行固定连接，其后维护方式，可直接对格栅屏单元进行快速更换，安装维护简单、方便、快捷；具备IP66防护等级，适合南京市多雨、暴雨、潮湿等节气的变换；配备有光感自动调节系统，可根据当日的天气情况和日光情况进行自动调节，避免阴天、雨天、夜晚对塔体周围造成光污染。工程综合运用显示信息处理技术、LED显示技术，通过不同的材料对比、和谐搭配，突出现代感，通过视屏表现出多种文化艺术交融的元素。

（刘伟杰）

【中国碳纤维及复合材料产业发展联盟成立】 8月20日，中国碳纤维及复合材料产业发展联盟成立大会暨揭牌仪式在京举行。发展改革委、科技部、工业和信息化部等单位有关领导，碳纤维及复合材料领域的专家和发起单位的代表等100余人参加。联盟由中国建筑材料集团有限公司牵头，联合42家碳纤维上下游企业和科研院所发起成立，主要任务是整合碳纤维上下游产业链资源，发挥下游应用企业对碳纤维行业发展的牵引带动作用，提升碳纤维及复合材料科研和产业化水平，力争在国防军工、航空航天和高端装备等重点领域的应用实现突破。中国建材集团公司副董事长姚燕当选联盟第一届理事长。

（杜　玲）

【汉朗科技智能调光玻璃项目获奖】 8月21日，在“2014中国南通智慧建筑（城市）国际创业大赛”决赛上，由汉朗科技（北京）有限责任公司研发的智能调光玻璃项目获一等奖。智能调光玻璃采用汉朗科技公司研发的Priview® 调光技术，使用新型多稳态记忆液晶材料MSLC（Multi—stable Liquid Crysta）制成，可通过多种方式实现透明到磨砂调光状态的切换，同时还具有隔影、隔音、隔热、投影等附加功能，满足用户对便捷性、私密性、安全性的需求，可应用于家庭电子窗帘、建筑物玻璃幕墙、汽车调光天窗以及办公室、银行、酒店的智能隔断等。

（李　莹）

【利亚德公司发布焕彩XMAX系列电视】 8月27日，“改变·引领视界——利亚德2014年LED电视焕彩系列新品发布会”在中国国际展览中心举行。利亚德光电股份有限公司等单位相关负责人及媒体记者等参加。利亚德公司发布的LED小间距焕彩XMAX系列电视，融合“积木式DIY拼接”“极清极薄”“智能家庭影院”3个概念，基于54英寸面板单元拼接，具有高效、节能、环保、无缝拼接等特点。系列产品包含108英寸、162英寸的全高清LED电视及自由拼墙定制电视，其最大的创新是可拼接设计，用“积木式”无缝拼接技术，实现“DIY自主拼接”，可打造全屏实景会议室、DIY私人定制LED家庭影院等应用场景。

（杜　玲）

【多孔石墨烯制备研究取得进展】 9月2日，英国《自然通讯》(*Nature Commu-nications*)杂志发表国家纳米科学中心韩宝航课题组在多孔石墨烯制备研究方面取得的成果。课题组发展了一种可放大且适用范围广的制备方法，将石墨烯氧化物和金属氧酸盐或多金属氧酸盐在高温条件下产生石墨烯与金属氧化物纳米颗粒，两者之间发生类似于焦炭高炉炼铁过程中的碳热还原反应，金属氧化物被石墨烯上的碳还原成金属或形成金属碳化物，而参与碳热还原反应的碳原子以二氧化碳或一氧化碳形式离开石墨烯片层，从而在石墨烯片层上刻蚀出纳米级的孔隙，即形成多孔石墨烯。在扫描电子显微镜中可以通过电子束的加热辅助而观察到碳热刻蚀形成孔隙的过程。同时多孔石墨烯的孔隙大小和/或氮掺杂可以通过改变金属氧酸盐或多金属氧酸盐的用量，或使用含有铵离子的金属氧酸盐或多金属氧酸盐来实现。该研究使用多种金属氧酸盐或多金属氧酸盐制备多孔石墨烯，表明碳热还原反应刻蚀制备多孔石墨烯的方法路线适用范围广，同时制备量可以放大且不受方法的限制。

（张　毅）

【京东方集团产品获IFA大奖】 9月6日，在IFA2014德国柏林国际消费类电子展上，京东方科技集团股份有限公司研发的98英寸8K×4K超高清显示屏获德国工商会和美国国际数据集团（IDG）颁发的“2014IFA产品技术创新大奖·显示技术金奖”。评选委员会认为，从技术创新层面来分析，京东方98英寸8K×4K超高清显示屏突破“高分辨率面板设计及相关材料”“高精细工艺开发及系统设计”等关键技术，凭借超高分辨率面板分区驱动技术、面板拼接曝光技术等，完美实现超大尺寸的8K×4K超高清显示。

（张　晔　刘伟杰）

【单层白光OLED器件研制成功】 10月，北京科技大学材料科学与工程学院李立东课题组研制成功单层白光OLED器件。项目围绕白光有机发光二极管研制中的关键问题，合成出聚合物白光材料和有机小分子白光材料两类有机白光材料，并制备出单层白光OLED器件，其最大发光亮度大于 1 万坎德拉 / 平方米，发光效率大于 30 坎德拉 / 安培，寿命大于 1500 小时，色温 4000 开尔文～ 7000 开尔文。器件采用溶液加工的方法制备，生产工艺简单，生产成本低。可溶液加工的载流子注入 / 传输层、器件出射光效率的改善、高反射率阴极结构选用等课题研究成果与未来主流的卷对卷生产工艺相兼容。（白光 OLED“有机发光二极管”作为一种新型的固态照明光源，具有节能、环保、易控制、散热小等优点，被认为是未来重要的照明光源。国际上，美国、欧盟等国家和地区将白光 OLED 纳入固体光源的发展计划中。OLED 白光器件，主要采用红、绿、蓝光材料多层发光结构，存在制备工艺复杂、发光颜色不稳定、生产成本较高等问题。）

（张慧秋）

【材料服役安全国际联合研究中心通过认定】 11 月 2 日，科技部印发《关于认定微纳米材料与技术国际联合研究中心等 15 家单位为 2014 年度国家级国际联合研究中心的通知》（国科发外〔2014〕321 号），北京科技大学材料服役安全国际联合研究中心通过认定。中心以国家重大科技基础设施暨国家材料服役安全科学中心为依托，围绕典型工程材料、典型服役环境、共性失效形式，研究工程材料和结构在尺度域、环境域、时间域和安全评价方法等方面的关键科学问题。先后与国外知名研究机构和大学合作建立研究中心，引进国际高端智力资源，组建国际专家组，在装置建设、项目研究、研究生培养等方面开展实质性合作，建立了长期稳定的合作关系。

（张慧秋）

【北京中关村微纳能源投资有限公司成立】 11 月 14 日，由中关村发展集团股份有限公司主办的“北京中关村微纳能源投资有限公司首次股东会第一届董事会第一次会议、第一届监事会第一次会议”在中关村发展集团召开，怀柔区区国资委、怀柔国有资产经营公司等相关单位领导出席。该公司位于雁栖开发区，注册资本 1 亿元，由中关村发展集团代持市重大科技成果转化和产业化统筹资金，与怀柔国资公司共同组建，为中国科学院北京纳米能源与系统研究所研发及产业化项目的实施主体，主要负责推进项目地块、规划设计及后期管理运营等方面的工作。纳米能源所项目规划范围为怀柔新城 13 街区南部，总面积约 5.57 公顷，总建设规模约 8.05 万平方米，投资 6 亿元左右，计划 2015 年开工建设。雁栖开发区、中关村发展集团、纳米能源所分别作为项目的承载方、建设方、运行方。项目 2012 年由中科院、北京市联合启动，2013 年纳

米能源所与雁栖开发区签署《北京雁栖经济开发区意向用地协议》，建成后将提供规模约 10 万平方米的研发、转化、展示和交流载体。根据学科布局和主要研究方向，设立材料物性、微纳能源、微纳系统、压电电子学、压电光电子学和耦合传感 6 个研究部，重点建设纳米材料制备、纳米材料表征、微纳制造与加工、纳米生物与环境、纳米光电测量 5 个技术支撑平台。

（李贺英　张广涛）

【京东方公司首发全球最大尺寸 OGS 触控显示屏】 11 月 16 日，在“第十六届中国国际高新技术成果交易会”上，京东方科技集团股份有限公司首发全球最大尺寸 OGS 触控显示屏（65 英寸 4K×2K），打造多点、极速的大屏触控体验。OGS（One Glass Solution）即一体化触控技术，为主流触控技术的一种，广泛应用于手机、平板电脑、笔记本电脑等智能显示终端。在大尺寸屏上应用 OGS 触控技术，可大幅提升产品轻薄化水平，使触控屏的光学透过率提升约 10%。该产品全面综合多点触控、4K 超高清分辨率、OCR 全贴合工艺、薄型化设计等多项技术，突破 OGS 拼接曝光难点，在明显降低材料成本的同时大幅提升触控灵敏度。产品将用于金融、交通、教育等众多商用领域，市场潜力巨大。

（崔春雷　徐　建）

【600 万支 / 年荧光纳米材料项目投产】 11 月 18 日，“北京市统筹基金重大科技成果转化项目——600 万支 / 年荧光纳米材料项目投产仪式”在京举行。项目由北京热景生物技术有限公司承担，为北京市统筹基金重大科技成果转化项目，历时 2 年，成功开发出白介素 6 定量测定等 7 种试剂盒产品（全部获得注册证），具备了 600 万人份试剂产能，实现了 1000 台 / 年的现场快速检测用上转发光免疫分析仪生产能力，定量准确、操作简单，适合临床、疾控、军队等单位使用和装备。上转发光纳米材料是一类可在红外光激发下发射可见光的新型荧光材料，与普通荧光素或荧光颗粒相比，

具有高敏感性、高稳定性等特点，作为标记物可广泛应用于生物检测等领域。该公司成为国际上唯一将稀土元素所构成的上转发光材料应用于临床检测及生物安全领域的企业，形成了上转发光核心技术（UPT）及20余件国内外专利。

（李积伟）

【6英寸碳化硅单晶衬底研制成功】11月，中国科学院物理研究所陈小龙研究组北京凝聚态物理国家实验室（筹）先进材料与结构分析实验室团队与北京天科合达蓝光半导体有限公司合作，解决了6英寸扩径技术和晶片加工技术，研制出6英寸碳化硅（SiC）单晶衬底，为高性能SiC基电子器件的国产化提供了材料基础。

（徐　建）

【北科大两项成果获高校优秀成果奖】12月1日，教育部科技发展中心印发《关于2014年度高等学校科学研究优秀成果奖（科学技术）授奖项目公告的通知》（教技发中心函〔2014〕132号），北京科技大学两项成果获奖。其中，张跃主持完成的“纳米氧化物基能量转换器件应用基础研究”获2014年度高等学校科学研究优秀成果奖（科学技术）自然科学奖一等奖；高学绪主持完成的“Fe—Ga磁致伸缩材料高效制备技术及应用”获2014年度高等学校科学研究优秀成果奖（科学技术）技术发明奖二等奖。“纳米氧化物基能量转换器件应用基础研究”项目以发展纳米氧化物基高效能量转换器件为目标，开展了高效能量转换纳米氧化物材料的设计与性能调控研究，阐明了纳米氧化物材料的光、力、化学能与电能之间转换的基本规律，重点研制了3类纳米氧化物基能量转换器件。“Fe-Ga磁致伸缩材料高效制备技术及应用”项目发明了Fe-Ga合金韧化增塑技术，可以进行变形加工、板带与丝材高效成型加工、强η型（〈001〉）织构控制，使板带具有高的磁致伸缩系数，丝材具有大的威德曼扭转；以高性能的板带与丝材为核心材料，发明了大功率超声换能与导波检测新技术。项目应用技术研究成果实现了新材料的功能应用，在高浓度难处理有机废水的快速有效处理（5分钟降解COD56%）、湖泊的蓝藻去除（5秒钟蓝藻灭杀率60%～90%）、输油管道的安全监测（单点安装，360米监测距离）等方面获得重要应用，在高铁路轨的在线监测方面取得了重要进展。项目获授权发明专利7项，用户单位实现经济效益2019.8万元。

（张慧秋）

【国家阻燃材料与制品质量监督检验中心通过筹建论证】12月1日，由国家认证认可监督管理委员会主办的“‘国家阻燃材料与制品质量监督检验中心’筹建论证会”在北京理工大学召开。国家认监委、工业和信息化部、海淀园管委会、北京理工大学阻燃材料检测中心的有关负责人参加。专家组听取了杨荣杰教授的可行性论证汇报，审查了相关资料，一致同意批准筹建“国家阻燃材料与制品质量监督检验中心”。中心将致力于国家安全、公共安全及相关产业发展升级，为国家阻燃材料与制品质量监控提供技术支持、产品检测和评估等服务，进一步发挥阻燃技术在建设可持续发展、环境友好及和谐社会中的支撑作用。

（陈宝德）

【高性能柔性量子点太阳电池研发成功】年内，中国科学院北京纳米能源与系统研究所潘曹峰研究小组利用硫化钴纳米棒阵列/石墨纸作为复合对电极，制备出高性能的柔性量子点太阳电池。成果通过在PET基底上低温水热方法生长硫化镉、硒化镉量子点共敏化的氧化锌纳米线阵列作为光阳极，该光阳极既保证器件的柔性度，又增强太阳电池捕获太阳光的能力；在石墨纸基底上两步水热法生长硫化钴纳米棒阵列作为对电极，该对电极与传统的铂对电极、石墨对电极相比，对电解液显示出更高的化学催化活性。由该光阳极和对电极组成的量子点太阳电池，其光电转换效率达2.7%，与以传统铂对电极的量子点太阳电池或以单纯石墨纸作为对电极的量子点太阳电池相比，效率提高400%～500%。太阳电池在可穿戴电子器件、能源收集以及国防科技等领域有很大的应用前景。

（王　征）

新能源、节能与环境保护产业

【概况】2014年，中关村示范区新能源、节能与环境保护产业重大技术创新不断。北京华航盛世能源技术有限公司研发的国内首台向心式ORC发电机组“HSRT300型低温发电机组”通过新产品鉴定；北京赛诺水务科技有限公司负责组织实施的中关村新能源海水淡化关键技术装备示范项目（膜法）通过验收；北京新能源汽车股份有限公司研制的新能源纯电动汽车EV200下线；北京泰豪智能工程有限公司研发的“城市氧吧”智慧洁净空气系统投入使用，可降低楼层内的颗粒物及气体污染物浓度。在工业节能降耗领域，北京神雾环境能源科技集团股份有限公司完成的蓄热式转底炉直接还原冶炼技术开发及产业化推广项目获第四届绿色制造科学技术进步奖一等奖；北京华业恒威油品新技术有限公司研发的柴油机车尾气处理净化液上线销售；中关村能源科技示范应用公共服务平台启动，为推进节能减排技术，治理大气污染提供科技支撑；中关村现代节能服务产业联盟成立，将提升节能服务产业的技术和商业创新能力。2014年，中关村示范区新能源、节能与环境保护产业实现总收入5256.5亿元，同比增长24.7%，实现利润498.1亿元，同比增长39.1%。

（路　烨）

【新型纯电动汽车智能交互终端推出】1月，中国电力科学研究院电动汽车充换电工程技术研究中心推出其开发的具有路径规划、行驶记录、双向交互等关键技术的新型纯电动汽车智能交互终端，可以全方位监测并记录电动汽车整车和电池运行的各项数据。终端通过与智能充换电服务网络系统的信息交互，可以提高充换电服务的信息化和智能化水平，能够及时发现和诊断电池及整车的故障并排除，快捷获取充换电及各类增值服务。系统已实现对成都“十城千辆工程”中示范运行的1030辆纯电动汽车、应急充电车及纯电动汽车应急救援车的规模化监控和管理。

（刘伟杰）

【碧水天成公司与林业局规划院签约】2月，北京碧水天成湿地生态科技有限公司先后与林业局调查规划设计院签署了《安徽长江流域湿地保护规划》和《广西壮族自治区平果县国家湿地公园总体规划》合作协议，负责两规划的编制工作。《安徽长江流域湿地保护规划》内容包括安徽长江湿地的现状、存在问题、保护区发展规划、保护管理的机构建设规划、湿地保护恢复的技术措施、保护恢复工程等，项目牵头人洪剑明。《广西壮族自治区平果县国家湿地公园总体规划》内容包括湿地公园的资源现状、动植物本底、湿地公园定位和总体布局、功能区划、各个专项规划、投资估算等，项目牵头人洪剑明。《安徽长江流域湿地保护规划》于2015年5月在合肥市通过评审，参加人员有省林业厅相关负责人、评审专家和项目组成员。《广西壮族自治区平果县国家湿地公园总体规划》于2014年12月在北京市通过评审。

（刘　佳）

【大蒜废弃物生物治理重金属污染技术项目落地】3月10日，由北京北科大新兴产业技术研究院主办的大蒜废弃物生物质吸附材料治理重金属污染技术中试及产业化研究项目签约仪式在北京科技大学举行。北京科大科技园有限公司等单位有关领导以及相关人员参加。北京北科大新兴产业技术研究院与北京科技大学冶金与生态工程学院签订合作协议。根据协议，项目入驻北京科大科技园西三旗中试基地，双方共同开展中试与产业化建设。项目通过对大蒜秸秆、蒜皮等生物废料中的有机官能团进行改性，有效吸附电子垃圾中的黄金、污水中重金属离子等物质，可在节能环保、黄金冶炼等领域推广使用。

（陈宝德）

【联合推广新能源汽车】3月11日，“携手新能源　共铸中国梦——京东与北汽新能源战略合作签约仪式”在京举行。北京新能源汽车股份有限公司和北京京东世纪贸易有限公司签署《北汽集团—京东集团战略合作框架协议》及《京东—北汽新能源末端物流纯电动车共同开发和推广项目合作协议》。根据协议，双方将共同推进新能源汽车相关政策与办法的实施，在新业务、新技术领域联合进行投资，共建战略合作平台，共享客户资源，开展联合营销，共同拓展后汽车市场。除了在网上开设北汽纯电动汽车的网上旗舰店外，双方还将成立专门工作小组，为京东公司提供定制化的产品服务，两年内，在京东物流体系完成5000辆新能源物流车的应用。双方还发布《“卫蓝”行动宣言》，共同推动绿色发展、循环发展、低碳发展，把生态文明建设融入经济过程中。

（杜　玲）

【华航盛世公司向心式ORC发电机组通过鉴定】3月11日，由市经济信息化委和北京市技术创新服务中心主办的“国内首台向心式ORC发电机组新产品鉴定会”在北京航空航天大学举行。能源和电气行业的相关专家参加。由北京华航盛世能源技术有限公司研发的“HSRT300型低温发电机组”通过由市经济信息化委和北京市技术创新服务中心组织的新产品鉴定。产品是国内首台向心式ORC低温发电机组，是采用低沸点有机工质进行闭式热力循环，利用冷热源温差向外做功，并进一步转化为电能的小型电站系统。产品利用较低温度的热源（或低温冷源）进行电力输出，具有无污染、安全可靠、价格低廉等优点，可应用于所有高耗能行业，进行工业余热回收发电，以及太阳能、生物质、地热等新能源的开发。

（钮　键）

【清华同方公司展出被动式建筑能源环境系统】4月9—11日，在“第二十五届国际制冷、空调、供暖、通风及食品冷冻加工展览会”上，清华同方人工环境有限公司展示了其研发的“被动式建筑能源环境系统”。系统是针对被动式建筑冷热负荷小、密封性好、能耗指标低的特点而设计的，采用热回收、低温空气源热泵、空气过滤等处理技术，具有制冷、制热、制生活热水、送新风4个功能，可以控制室内的温度、相对湿度以及二氧化碳浓度。

（杜　玲　徐　建）

【共同成立低碳研究院】4月22日，“智慧能源与低碳发展研讨会暨河北大学低碳研究院揭牌仪式”在河北大学举行。发展改革委、保定市政府、中国标准化研究院等单位有关领导以及相关专家、企业代表等参加。研究院由河北大学联合全国节能减排技术标准联盟（中关村国标节能低碳技术研究院）及中关村下一代互联网产业联盟等单位共同发起成立，是以节能减排、低碳经济、可持续发展为宗旨，以标准化、计量、检测检验、认证认可为技术支撑，以下一代互联网建设、信息化、云计算、物联网、智慧能源产业创新和产业互联网发展为发展方向的公益类、创新型专业科研和教育机构，将依托天地互连信息技术有限公司、联想集团有限公司、中关村标准创新中心等中关村示范区企业及科研机构，在国际标准、行业标准的制定和节能减排等方面，探索形成一批有国际竞争力的绿色创新标准及应用于节能低碳实践的关键技术和解决方案。

（刘伟杰　杜　玲）

【环保服务产业的挑战与机遇论坛举办】5月14日，由中关村管委会等单位主办，中关村科技企业家协会等单位承办的2014中关村创新论坛“环保服务产业的挑战与机遇”分论坛在京举办。环保部环境与经济政策研究中心、中关村核心区发展研究中心、中国科学院生态环境研究中心等单位相关专家及企业代表等60余人参加。相关专家分别以“向环境污染宣战——环境服务产业的机遇和挑战”“环境产业的服务业转型”“从国际视角看环境服务产业的机遇和挑战”等主题，与参会者共同探讨环境服务产业的现状，以及在京津冀协同一体化的大环境下面临的机遇和挑战。

（韩洋洋）

【可视化节能公司两项节能项目签约800余万元】5月15日，在“第十七届中国北京国际科技产业博览会科技合作项目签约仪式”上，北京可视化节能科技股份有限公司分别与北京荷美尔食品有限公司和中服大厦物业管理中心签订“能源管理中心及太阳能热水系统工程”和“中服大厦能源管理中心及空调系统联控平台”项目。太阳能热水系统工程项目可提高用能设备效率，降低能源消耗及运行成本，减少设备维修次数，提高能源管理水平和工作效率，项目金额421万元；中服大厦项目通过其研发的节能量分析功能的系列软件及控制技术，为企业建设可视化能源管理中心提供精细化能效管理工具，其操作性强，具有节约资金、提高节能效果的特点，项目金额415.5万元。

（朱文利）

【神雾集团入主天立环保公司】5月16日，天立环保工程股份有限公司发布《关于公司控股股东股权变动的提示性公告》，宣布公司控股股东王利品将其持有的公司5713万股股份（占总股本19.79%）司法划转至北京万合邦投资管理有限公司。万合邦公司将其全部股份按照注册资本金额作为对价转让给北京神雾环境能源科技集团股份有限公司，神雾集团成为天立环保公司的实际控制方。8月4日，天立环保公司发布《关于变更名称、证券简称、经营范围的公告》，将公司名称由天立环保工程股份有限公司变更为神雾环保技术股份有限公司，股票简称由“天立环保”变更为“神雾环保”。

（杜　玲）

【展示超滤膜组件及膜法海水淡化系统】5月17—24日，在全国农业展览馆新馆举办的2014年全国科技活动周暨北京科技周主场上，北京赛诺水务科技有限公司展示其与北京赛美环能科技有限公司共同研制的超滤膜组件及膜法海水淡化系统。系统的核心装置包括海水淡化超滤膜预处理装置、海水加压与能量回收一体化装置和海水反渗透膜淡化装置，能有效降低海水淡化成本30%以上，降低能耗15%。海水加压与能量回收一体化装置应用液压加压技术，可同时完成高压海水泵、增压泵及能量回收装置三大功能，使反渗透加压单元的电耗能降低10%以上、成本降低30%以上，系统适应性强、负荷调节灵活，可大量使用夜间低谷电和不稳定的风电、太阳能等新能源。

（韩洋洋）

【共建环保产业促进中心】6月1日，安徽省环境科学研究院与北京中关村国际环保产业促进中心有限公司在环保中心签订《共建环保产业促进中心合作协议》。根据协议，双方共同承担安徽省科技攻关计划“共建环保产业促进中心”项目。安徽省环境科学研究院委托环保中心承担安徽省环保产业公共服务平台研究、能力建设研究以及国际交流与技术培训工作，负责编写《安徽省环保产业公共服务平台建设方案》和《安徽省与中关村共建环保产业促进模式和能力建设研究报告》。环保中心还将协助安徽省环境科学研究院在大气污染防治、生态农业和农村环境保护、棕地再开发土壤修复等领域成立相关动态产业联盟，并组织开展环保企业管理人才培训以及有关国际性环保产业论坛。

（马晓清）

【世纪瑞尔公司与比亚迪锂电池公司签署协议】6月6日，北京世纪瑞尔技术股份有限公司与深圳市比亚迪锂电池有限公司签署协议，合作拓展锂电池相关新能源产品领域。根据协议，比亚迪锂电池公司负责磷酸铁锂电池、电源及其他新能源产品的生产加工、新品种的研发、新生产工艺的改进。世纪瑞尔公司负责在授权范围内的研发、品牌建设、销售和市场推广并建立相应的销售体系。

（杜　玲）

【中关村企业参展北京国际节能环保展】6月8—11日，在“第八届中国北京国际节能环保展览会”上，中关村管委会以“创新驱动　绿色发展”为主题，组织32家节能环保新能源企业参展，展示环保、节能、资源再生利用等领域的成果。中关村示范区展区分为工业节能减排、城市环境治理、环境监测3个板块，展出新技术新产品100余项。其中，北京源深节能技术有限责任公司的“烟气余热深度回收利用集中供热技术”可深度回收烟气余热，应用于燃气电厂，可提高热电联产集中供热系统能源利用效率40%，提高供热系统供热能力30%以上，提高热网输送能力80%，同时通过对各类烟气冷凝换热，可进一步降低烟气中的二氧化碳、氮氧化合物、细颗粒物等排放。北京雪迪龙科技股份有限公司展出的PM10/PM2.5颗粒物监测系统可以准确计算颗粒物浓度值；水泥高温气体分析系统可通过对窑炉气体连续准确的检测，分析燃烧效率及工艺过程，实现生产过程的优化控制，达到节能减排的效果。桑德集团有限公司的SMART小城镇污水处理系统解决方案采用多功能预处理池＋高效生物转盘＋双效过滤为核心单元的污水处理全流程耦合技术，适用于小水量的分散处理，运行费用为传统方法的60%左右，并可节约用地，减少基建投资。

（马晓清　杜　玲）

【神雾集团5项成果入选大气污染防治产品目录】6月13日，市科委发布《关于公布〈北京地区大气污染防治技术和产品目录〉的通知》，北京神雾环境能源科技集团股份有限公司申报的5项技术（产品）入选。低阶粉煤气化—蓄热式煤气锅炉采用低阶煤为气化原料，利用双床流化床气化技术生产的清洁煤气作为蓄热式锅炉燃料，燃烧过程没有氮氧化物、硫氧化物、细颗粒物等污染物的排放，适用于所有工业锅炉应用领域；神雾火电锅炉节能脱硝一体化技术能够同时实现脱硝和节能，在烟气排放达标的基础上，实现节能，降低了环保装置的运行费用，适用于燃煤火力发电领域以及各种大型燃煤、化工设备；神雾氢气竖炉直接还原炼铁清洁生产技术以富氢气体为还原剂还原铁矿石，无需焦化、烧结两道高污染、高能耗工序，即可实现节能减排的效果，主要用于生产直接还原铁；固体有机废弃物绝氧热解新技术采用无热载体蓄热式旋转床热解新工艺进行有机废弃物资源化处理，主要应用于城市生活垃圾、旧轮胎、废生物质等含有机可燃物的固体废弃物的资源化处理；新型城镇居民无烟燃料棒以低阶煤的热解兰炭为原料，具有热值高、燃烧时排放的挥发性有机物少、排放的二氧化硫少的优点，适用于村镇分散的居民户冬季采暖。

（韩洋洋）

【低碳技术与新型城镇化建设沙龙举办】6月20日，由清华大学博士后联谊会和清华大学核能与新能源研究院主办，启迪控股股份有限公司承办的“清华大学博士后低碳沙龙（第九期）走进启迪控股——低碳技术与新型城镇化建设”沙龙在清华科技园举办。来自低碳技术领域的专家学者及创新机构、企业、创投机构的代表80余人参加。6个专业组围绕低碳技术与新型城镇化建设主题，分别结合研究方向发表了7个专题报告，包括节能减排和低碳技术的评估、太阳能长周期大规模储热技术、基于空气源吸收式热泵的高效低温热水方案、技术成果产业化领域的协同创新和技术集成转移等，对生物医药和生物化工领域的相关科研成果及产业化情况和环境治理领域技术进行了综述性介绍。

（康秋红）

【储能国际峰会 2014 举行】 6 月 23—24 日，由中关村储能产业技术联盟与杜塞尔多夫展览（上海）有限公司共同主办的“储能国际峰会 2014”在北京国家会议中心举行。峰会的主题是“储能世界汇聚中国”。来自国内外相关专家和企业代表等 500 余人参加。与会专家围绕核心议题“新型城镇化下储能的发展机会”，就“光伏 + 储能”模式展开探讨，包括国内外最新储能政策和市场发展，储能在智能城市、楼宇、交通中的应用，分布式光伏与储能系统，光伏 + 储能解决方案，投融资模式带动分布式光伏和储能的发展，先进的储能技术和解决方案，新能源储能技术及新能源电池等，探索全球范围储能革命深化过程中，中国储能产业发展面临的机遇与挑战。峰会还举办专题对接会、储能技术专场、储能项目考察等活动，并发布《储能产业研究白皮书 2014》，作为中国储能产业技术和政策发展路线的决策依据。

（杜　玲）

【“城市氧吧”智慧洁净空气系统投入使用】 6 月，由北京泰豪智能工程有限公司研发的“城市氧吧”智慧洁净空气系统在北京泰豪智能大厦启用。系统投入使用后，楼层内的颗粒物及气体污染物浓度明显下降，空气质量达到国标一类标准。系统是针对环境污染问题和公共环境需求而设计的一套楼宇洁净空气整体解决方案，将净化设备与交换新风系统配套使用，可实现前置高效预处理，即使在雾霾天气，依然可以持续向室内提供“洁净新风”，从而有效改善室内空气品质。此外，系统采用最新的物联网技术，将空气净化设备和监测仪器，利用自主开发的采样系统和系统集成整合平台，统一数据采集上传、处理、控制等功能，组成具有高智能化、高稳定性、全方位的楼宇环境空气质量监测及控制系统。系统还能对办公环境状况进行实时监测，及时准确掌握区域空气质量状况、演变趋势、污染评价和预警，并根据基础数据和后台智慧算法，自动控制净化设备的启停，为办公环境的管理提供科学决策及技术数据支撑。

（崔春雷）

【带钢高效清洗工艺和冷轧工序废弃物利用课题通过验收】 7 月 2 日，由北京科技大学和宝钢集团有限公司承担的“带钢高效清洗工艺和冷轧工序废弃物利用技术开发”课题通过中国钢铁工业协会组织的专家验收。课题是“十二五”国家科技支撑计划重点项目“新一代节能高效连续热处理关键技术研究及示范”项目的子课题，攻克了带钢直火预热清洗，脱脂液固、液、油三相高效分离和回收，冷轧含油固废低温真空蒸馏除油，冷轧铁泥绿色高值化再利用，轧辊磨削料绿色高值化再利用等产业化成套技术，申请国家发明专利 5 件、国际 PCT 专利 1 件、美国专利 1 件，发表论文 5 篇。成果已实现产业化，对提升国内冷轧带钢产品质量、冷轧工序节能减排水平和废弃物绿色高值化再利用具有示范作用，经济、环保和社会效益显著。

（张慧秋）

【未来科技城再生水厂一期工程通过验收】 7 月 15 日，由昌平区水务局主持的未来科技城再生水厂一期工程竣工验收会在未来科技城举行。市重大项目建设指挥部办公室、昌平区水务局的有关领导以及由工程勘察、设计、施工、监理、审计等参建单位代表组成的工程验收组参加。项目通过昌平区水务局组织的工程验收。工程位于昌平区北七家镇，2012 年 6 月 13 日开工，最大日处理污水量 8 万立方米，规划服务人口约 38 万人，投资 4.01 亿元，将对北七家镇和未来科技城 4698 公顷范围内的污水统一进行回收再利用处理，再生水可以达到四类地表水的标准，能为附近企业、居民提供生活用水浇灌花木，为温榆河滨水森林公园提供景观补水，为未来科技城的京能集团热电厂提供 1.5 万吨设备冷却水替代自来水。再生水厂还配备生物除臭系统，通过微生物菌将统一收集来的臭气吸收、分解，最终以清洁无味的状态排出。

（苑丁波）

【华业恒威公司柴油机车尾气处理净化液上线销售】 7 月，由北京华业恒威油品新技术有限公司研发的“柴油机车尾气处理净化液”在中石油全国销售系统上线销售。产品为高纯度车用尿素溶液，通过 SCR 装置，可将柴油机氮氧化物还原成无污染的氮气和水蒸气，转化率在 80% 以上，有助于汽车及其他柴油机氮氧化物的排放达到国 IV（欧 IV）及以上排放标准。同时，产品超低的金属杂质含量及超低的缩二脲、碳、磷酸盐及醛类杂质含量，能有效避免催化剂中毒、催化剂微孔和喷嘴堵塞，减少了 SCR 系统及尾气净化管路的沉积物，保护 SCR 喷射系统，使 SCR 系统使用寿命延长。

（张慧秋）

【海水淡化示范项目（膜法）通过验收】 8 月 14 日，

由北京节能环保中心主持的“中关村新能源海水淡化关键技术装备示范项目（膜法）”验收会在河北省曹妃甸海水淡化厂举行。中关村管委会相关负责人及验收专家组成员、企业代表等参加。项目由北京赛诺水务科技有限公司负责组织实施，2012 年 6 月启动，2012 年获中关村管委会“中关村新技术新产品（服务）应用推广专项资金”支持。其关键技术装备包括由赛诺水务公司提供的超滤膜及组件、反渗透膜及组件；由北京赛美环能科技有限公司研制的海水淡化加压和能量回收一体化装置；由北京泰宁科创雨水利用技术股份有限公司提供的海水及淡水存储设备，采用太阳能发电结合低谷电作为能源输入，在降低系统运行能耗的同时降低运行费用。成果建成日产淡水 1000 立方米的海水淡化（膜法）示范项目，将海水淡化制水成本降低 10%以上。项目通过北京节能环保中心组织的专家验收。

（韩洋洋　刘伟杰）

【北科大烟气脱硫除尘项目通过鉴定】10 月 9 日，由中国钢铁工业协会主办的“‘适用于球团工艺的烟气脱硫除尘一体化技术研究与应用’成果评价（鉴定）会”在北京科技大学举行。中国工程院院士郝吉明任评价鉴定委员会主任。受首钢矿业公司委托，项目由北京科技大学、北京首科兴业工程技术有限公司负责实施。评价鉴定委员会一致同意通过鉴定。项目工艺采用新一代密相干塔脱硫技术，实现了脱硫除尘一体化装置

的工业化应用；物料输送采用全气力输送方式，取代了传统的机械输送方式；生产风机与脱硫风机合并，无旁路设置，实现生产与脱硫完全同步。成果应用于北京首科兴业工程技术有限公司承包建设的首钢矿业公司球团烟气脱硫项目，成为京津冀地区大气污染控制减排重点项目，同时是河北省唐山市重点污染减排项目，总投资 4700 万元，每年减排二氧化硫 9500 吨，减排粉尘 480 吨。

（张慧秋）

【中关村空气污染防控联盟成立】10 月 14 日，“中关村空气污染防控联盟成立大会”在京举行。环境保护部等单位有关领导以及相关专家等近 100 人参加。联盟由驾道科技有限公司等 18 家单位发起成立，涵盖机动车污染防控、工业污染防控、扬尘污染防控、生活污染防控等领域，旨在将科学减少污染排放的成果、方法等推广给普通大众，为政府在治理空气污染效果方面提供技术支持和方法建议，并促进形成完善的空气污染治理产业链和市场环境。国家机动车污染防治专业委员会副主任颜梓清任联盟第一届理事会主席。

（杜　玲）

【中关村能源科技示范应用公共服务平台启动】10 月 15 日，由昌平区科委、区发展改革委主办的“北京昌平区‘新能源示范城市’生物质能源技术设备示范应用成果展示推介会暨国家级公共服务平台落户昌平启动仪式”在震宇创业大厦举行。昌平区经济信息化委、昌平园管委会等单位有关领导及企业代表等近 200 人参加。会议举行中关村能源联盟总部（示范应用产业化）基地颁牌仪式。北京震宇昌晟新能源科技开发有限公司、北京泰宁科创雨水利用技术股份有限公司等 48 家能源企业首批加入国家级中关村能源科技示范应用公共服务平台。基地由北京北方火车头科技有限公司建设，位于火车头企业集团产业园，占地面积 6.7 公顷，主要提供农作物秸秆和生活垃圾的综合利用等方面的生物质能源设备及相关技术。平台由中关村昌晟能源科技示范应用产业联盟建设，将为企业提供企业孵化、技术交易、展览展示、教育培训、信息服务等服务，并为推进节能减排技术，治理大气污染提供科技支撑。会议还举行生物质能源技术设备示范应用成果展示，近 30 家新能源企业展示了生物质能锅炉、燃气锅炉、生物质颗粒等秸秆合理再利用的相关技术及设备。

（杜　玲）

【中关村现代节能服务产业联盟成立】10 月 19 日，“中关村现代节能服务产业联盟成立大会”在京举行。100 余位业界专家和企业负责人参加。联盟由天壕节能科技股份有限公司、北京神雾环境能源科技集团股份有限公司等 30 余家单位发起成立，旨在以技术为核心、以产业为主线、以应用为导向，通过联盟凝聚中关村示范区乃至国内外节能服务产业链上下游资源，促进成员企业之间的协作、创新与联动，进而提升节能服务产业的技术和商业创新能力；整合涉及节能服务产业发展的投融资机构、科技园区、科研机构等资源，改善节能服务产业发展的市场环境；推动制定节能服

务产业技术和产品标准。天壕节能公司董事长陈作涛为首任理事长。

（杜　玲）

【环保中心新能源产业资源分析报告技术咨询合同签订】 10月28日，江苏方洋科技投资发展有限公司与北京中关村国际环保产业促进中心有限公司在环保中心签订了《徐圩新区所需新能源产业资源分析报告技术咨询合同》。根据合同，江苏方洋科技投资发展有限公司委托环保中心编写《徐圩新区所需新能源产业资源分析报告》。《分析报告》在《徐圩新区节能环保产业园产业发展规划》和《徐圩新区节能环保产业园产业发展研究报告》的基础上，重点分析新能源产业装备制造领域的关键技术，就项目合作的可能性和策略进行分析，形成《徐圩新区所需新能源产业资源分析报告》。《报告》按照徐圩新区节能环保科技园的战略定位、发展理念、建设标准和打造国内一流的生态文明示范园区等方面的要求，对有发展前景的新能源先进装备制造及关键技术进行筛选和分析，根据技术发展阶段和技术分类制定与徐圩新区合作项目的实施路线图。

（马晓清）

【神雾集团成果获绿色制造科学技术进步奖】 11月10日，在"2014年中国机械工程学会年会"上，由北京神雾环境能源科技集团股份有限公司吴道洪等完成的"蓄热式转底炉直接还原冶炼技术开发及产业化推广"项目获第四届绿色制造科学技术进步奖一等奖。项目针对低品位难选矿、复合共伴生矿、低品位红土镍矿等非常规矿石资源，以及冶金固废等劣质含铁资源利用难度大、利用水平低等难题，运用蓄热式高温空气燃烧技术和转底炉直接还原技术，建成转底炉大型中试平台。其主要技术内容包括：蓄热式转底炉成套装备和技术开发，即对蓄热体材料、结构以及工艺的改进和创新，重点解决普通蓄热式烧嘴直接在转底炉应用出现蓄热体堵塞等难题；不同含铁原料的直接还原工艺技术的开发，针对原料物理化学性质、冶炼性能、产品应用的差异，以转底炉直接还原为核心研发内容，结合燃气熔分、电炉熔分、磁选压块等技术，二次集成创新形成多种新工艺技术和流程。项目在冶金含锌粉尘处理方面，建成年处理30万吨含锌粉尘转底炉；在钒钛磁铁矿综合利用方面，建成年处理7万吨钒钛矿转底炉和年处理10万吨钒钛磁铁矿转底炉，并将转底炉技术及装备推广应用到国外低品位红土镍矿处理方面，在印度尼西亚Titan和Balinton建设年处理量均为240万吨红土镍矿的转底炉，同时将转底炉技术应用于难选矿处理，完成年处理50万吨高磷鲕状赤铁矿转底炉的可行性研究报告。

（韩洋洋）

【纯电动汽车EV200下线】 11月14日，"砥砺五载 创新启程——北汽新能源公司五周年司庆暨纯电动汽车EV200新品下线仪式"在北京大兴采育工厂举行。北京汽车股份有限公司、北京新能源汽车股份有限公司等单位有关领导及员工参加。由北汽新能源公司研制的新能源纯电动汽车EV200下线。EV200采用韩国SK公司三元锂电池，综合工况下里程超过240千米，经济时速下续驶里程260千米；在挡位设置上，设置了E挡模式，当使用E挡驾驶时，可延长13%的电动汽车行驶距离；搭载智能互联配置，集娱乐、导航、蓝牙等功能于一身，并能通过智能手机与汽车互动，实现远程信息查询和操控，具有监测电池剩余电量、充电剩余时间、定位车辆位置、远程开启空调等功能；配备有超细粉尘过滤技术的空气洁净系统，可过滤细颗粒物和气体污染物。

（徐　建）

【新能源车辆电池管理系统关键技术及应用通过鉴定】 11月15日，教育部科技发展中心主办的"'新能源车辆电池管理系统关键技术及应用'成果鉴定评审会"在北京交通大学举行。鉴定委员会主任由中国科学院院士程时杰担任，项目由北京交通大学牵头完成。系统针对动力电池容量大、转换效率要求高等特点，主要集中研究低压大电流高效双向DC / DC变换技术，包括大容量PWM + DC / DC模块并联技术、PWM + DC / DC协调控制技术、动力电池宽范围高精度动态检测技术等。针对动力电池一致性和输出特性，研究具有高级编程能力的充放电工况控制、在线获得电池参数的估算算法和能够对电池组输出特性和一致性做出评价的评估机制。鉴定委员会专家认为成果解决了电池管理系统的基础理论和产业化问题，同意通过鉴定。

（丁　蕾）

【环保中心环保综合名录课题通过评审】 12月19日，由环境保护部规划院召开的"'环境管理转型背景下对环保综合名录制度构建的挑战与机遇'课题评审会"在京举行，课题评审专家组专家等参加。课题由环境保护部规划院委托北京中关村国际环保产业促进中心有限公司完成，提出加强环境保护综合政策的理论与运行机制的研究，需要研究环境保护综合名录的法律体系，严格执法是提高环境保护综合名录政策有效性的保障，并建议：草甘膦环境污染案的执法模式应当引入环境保护综合名录政策中；可以毒死蜱农药为试点进行执法的系统研究；加强环境保护综合名录政策

的推广，提高环境保护综合名录工作的社会影响。专家组认为，课题提出的完善产品环境保护控制政策（环境保护综合名录）的思路，对环境保护工作主动适应新常态具有现实意义。专家组一致同意课题通过评审。

（马晓清）

【锅炉水汽系统智能云节能项目技术服务合同签署】12月22日，北京中关村国际环保产业促进中心有限公司与北京正东电子动力集团有限公司在京签订“锅炉水汽系统智能云节能项目”的技术服务合同。根据合同，环保中心负责向正东集团推荐通过国家863课题验收的“锅炉节能节水与废水近零排放技术”，打造燃气锅炉节能减排典范；参与正东集团锅炉节能节水与废水近零排放技术改造项目的技术、经济论证；组织企业参与项目深化设计，共同解决相关技术问题；为正东集团提供相关政策咨询服务，根据政府的扶持政策协助正东集团申报相关项目；协助正东集团完成项目验收工作。（“锅炉节能节水与废水近零排放技术”于2009年被科技部列入863计划，作为863项目第一批节能减排项目在全国范围内推广应用。技术创建的锅炉闭路运行新工艺，解决了锅炉零排污工况下的系统平衡、水中固形物分离、腐蚀结垢以及凝结水系统防腐等问题，实现锅炉在零排污工况下的安全、经济运行。工业应用证明该技术可使锅炉吨蒸汽补水量从1.5吨下降到0.073吨，吨蒸汽废水量从1.3吨下降到0.003吨，同时可增加锅炉产能15%～20%，节能9%～20%。）

（马晓清）

【二系列球团生产线烟气脱硫项目通过验收】12月，由北京首科兴业工程技术有限公司承担的首钢矿业公司二系列球团生产线烟气脱硫项目通过河北省迁安市、唐山市及河北省环保厅等环保部门组织的竣工环保验收。受首钢矿业公司委托，北京首科兴业公司对位于河北省迁安市的该项目进行总承包施工，投资2927万元。项目采用改进型密相塔半干法脱硫技术，保证系统更加稳定可靠地运行，各项指标均领先于国内其他半干法脱硫技术。项目投产后，可达到排放烟气二氧化硫浓度≤100毫克/标准立方米和排放烟气含尘浓度≤50毫克/标准立方米的环保指标。项目完成国家环保部门下达的“十二五”主要污染物总量削减任务，二氧化硫年减少排放量6720吨。

（张慧秋）

航空航天产业

【概况】2014年，中关村示范区航空航天产业新技术、新产品不断涌现。北京星网宇达科技股份有限公司的“基于北斗的高精度驾驶员智能考试系统研发及产业化”项目，实现对考试结果无人干预的智能化判定；中测新图（北京）遥感技术有限责任公司研制的超长航时无人机遥感系统，创造了续航30小时的中国遥感无人机最长续航纪录；北京四维图新科技股份有限公司、长安马自达汽车有限公司共同研发的趣驾助手被内置在马自达悦联车载配置系统；和芯星通科技（北京）有限公司的“北斗＋GPS／GLONASS／GALILEO低功耗GNSS SoC芯片（蜂鸟Humbird）”获2014年卫星导航定位科技进步奖特等奖；由北京信威通信技术股份有限公司联合清华大学共同研制的灵巧通信试验卫星升空，开创民营企业与高校协同创新、参与航天通信事业的新模式；北斗卫星导航系统实现跨越发展。北斗卫星导航系统进入国际海事组织全球导航系统，并为京津冀提供燃气管线定位服务；北京航空发动机研究院成立，将为中国航空发动机技术的发展提供技术引领、基础支撑和高端人才保障。2014年，中关村示范区航空航天产业实现总收入486.9亿元，同比增长24%，实现利润37.7亿元，同比增长24.3%。

（路　烨）

【北航2014年科技创新大会举行】1月13日，由北航主办的北京航空航天大学2014年科技创新大会举行。副市长张工以及市科委、中关村管委会、海淀区政府等单位有关领导和教师代表500余人参加。会议表彰了2013“北航年度科技奖”获奖人物，同时还发布《北航十大科学技术创新方向（2014）》，包括新飞行器多场耦合、综合优化的理论与方法；航空发动机的多场耦合与能源高效利用；航天器绿色高效推进及精确操控；空天信息的协同感知、传输与处理；网络电磁空间安全防护新理论与新器件；空天结构与功能材料的制备与调控；多学科交叉优化先进制造新方法；空天人机环境交互影响与生命安全；复杂巨系统的建模、分析、控制与决策以及面向大科学装置的前沿物理问题。会议还举行北京先进产业技术研究院和增材制造创新中心揭牌仪式。

（钮　键）

【先进航空发动机协同创新中心工作会举行】1月14日，先进航空发动机协同创新中心工作会在北京航空航天大学举行。中航空天发动机研究院等中国航空工业集团公司的相关单位及北京大学、清华大学等中心协同单位的代表40余人参加。会议成立第一届行业技术评价委员会。委员会由中国航空工业集团公司、中航发动机控股有限公司、中航商用航空发动机有限责任公司等单位的专家及学者24人组成，中国工程院院士尹泽勇担任委员会主任。行业评价委员会是独立于先进航空发动机协同创新中心的第三方委员会，在中心管理委员会的组织下，对中心的相关技术工作进行评估，给出指导性建议，促进科技成果转化，增强协同创新效果。会议还讨论了中心的管理运行办法、技术评价体系和标准，并对航空发动机结构完整性和可靠性、压气机复杂流动、航空发动机复杂系统安全性和适航、航空发动机气动热力与结构耦合布局、航空发动机噪声、发动机仿真及涡轮机组合动力6个方面进行研讨，提出意见和建议。评价体系从重大任务、支撑行业、学术影响、团队建设、国际交流5个方面对工作量和完成的质量进行评价，侧重对重大任务和支撑行业方面的评价。

（钮　键）

【大型飞机电液动力控制与作动系统项目启动】1月19日，由北京航空航天大学主办的“大型飞机电液动力控制与作动系统新体系基础研究973计划项目启动会”在北航举行。科技部、工业和信息化部、自然科学基金委等单位的有关负责人及项目组成员等参加。项目属科技部国家重点基础研究发展计划（973计划），2013年立项，由北航牵头承担，北航自动化科学与电气工程学院院长焦宗夏任首席科学家。项目服务于国内大型飞机的发展需求和大型飞机科技重大专项的国家目标，为大型飞机电液动力控制与作动系统这一核心机载系统的发展提供理论支撑，包括“复杂流体动力传输系统的振动噪声溯源与控制”等6个课题，主要涉及航空机电和飞控的核心科学问题，由北航、浙江大学、清华大学等单位的相关专家组成产学研联合研究群体进行研究。

（钮　键）

【山区支线机场973项目启动】3月1日，由北京航空航天大学主办的“山区支线机场高填方变形和稳定控制关键问题基础问题研究973计划立项工作部署会”在北航举行。科技部、工业和信息化部以及相关院校的领导和专家参加。项目属科技部国家重点基础研究发展计划（973计划）项目，2013年立项，由北航牵头，中国民航机场建设集团公司、清华大学、香港理工大学深圳研究院等8家单位联合承担，北航机场防灾减灾研究中心主任姚仰平任首席科学家。项目将针对多场耦合下机场高填方不良级配土石料的本构关系及压实机理、跨越不同地质单元高挖高填方地基的变形及失稳孕育机制、飞机冲击荷载下道面和挖填交替道基的相互作用机理三大科学问题开展研究。

（钮　键）

【大型飞机协同创新中心通过认定】3月14日，工业和信息化部公布首批7个协同创新中心名单，“大型飞机协同创新中心”通过认定。中心由北京航空航天大学牵头，中国商用飞机有限责任公司与中国航空工业集团公司为主要协同企业，上海交通大学、南京航空航天大学为主要协同高校，中国商用飞机有限责任公司旗下的北京民用飞机技术研究中心、中国航空工业集团公司旗下的第一飞机设计研究院等单位参与组建。中心以大型飞机国家重大需求为牵引，围绕重大协同创新任务，将开展人才培养、学科建设、科学研究三位一体建设。

（刘伟杰　钮　键）

【北京航空发动机研究院成立】4月18日，“北京航空发动机研究院成立大会”在北京航空航天大学举行。中国工程院院长周济院士、北京市副市长杨晓超以及工业和信息化部、中国航空工业集团公司等单位有关领导和专家参加。研究院由市政府、中航集团公司和北航等单位联合组建，将以国家战略需求为目标，开展应用基础、共性技术和核心关键技术研究，推进开放的国际战略合作，为中国航空发动机技术的发展提供技术引领、基础支撑和高端人才保障。研究院设在北航，将在基础研究专家委员会和理事会领导下开展工作，设有科技发展咨询委员会、学术委员会，下设总体系统、气动热力、结构强度、自动控制、数值仿真、材料工艺等研究室和国际合作中心，各个研究室将以教育部先进航空发动机协同创新中心为主要依托，推进航空发动机领域的研究。北航副校长陶智教授任研究院首任院长。

（刘伟杰　钮　键）

【羲和系统成果发布】4月25日，由科技部国家遥感中心、中关村管委会、海淀园管委会、863计划地球观测与导航技术领域导航主题专家组、导航与位置服务科技专项专家组共同主办的“羲和系统科技成果中关村合作对接会”在中关村示范区展示中心举行。导航领域有关专家以及相关高校、科研院所、企业的代表等100余人参加。会议宣布羲和系统室内外高精度定位导航信号正式播发，将向社会提供高精度室内外定位信号，支持相关芯片、模块、终端及关键设备的研制生产，使公众享受到车道级导航、米级室内定位等服务。羲和系统是《导航与位置服务科技发展“十二五”专项规划》的主要成果之一，以北斗/GNSS、移动通信、互联网和卫星通信系统为基础，融合广域实时精密定位和室内定位等技术，实现室内外协同实时精密定位，具备室外亚米级、城市室内优于3米的无缝定位导航能力。国家遥感中心与海淀园管委会签署战略合作协议，以促进羲和系统成果与中关村示范区高新技术企业的对接，并启动中关村卫星导航与位置服务科技创新公共服务平台。平台将为中关村示范区导航与位置服务的企业提供仿真验证设备和实验、测试系统以及国家级实验室，帮助企业完成研究、中试、检测，协助企业承接国家重大科技成果转化、新品研发和培训推广等工作。

（刘伟杰　杜　玲）

【国内首个应用北斗技术的物流信息运营平台问世】4月，中国航天科工集团公司第二研究院宣布，该院706所承研的煤炭物流北斗车联网信息系统及北斗车载终端，在山西省晋中市某矿业集团试点运行成功。这是国内首个应用物联网北斗卫星技术的物流信息运营平台，由车辆注册管理系统、物流计划管理系统、煤炭装运管理系统、在途监控管理系统等组成。各分系统通过综合服务信息平台，与北斗车联网煤炭物流指挥调度中心进行实时联动，实现煤炭产量运量精确统计、煤炭凭证电子化监管、煤炭车辆运行状况实时监控，以及煤炭车辆快速通关检验。

（刘伟杰）

【共同研发趣驾助手】5月21日，首款搭载马自达悦联智能系统的车型长安马自达3昂克赛拉在国内上市。由北京四维图新科技股份有限公司和长安马自达汽车有限公司共同研发的趣驾助手被内置在悦联车载配置系统里。趣驾助手基于智能手机和车载机连接的Telematics服务程序，提供POI（兴趣点）搜索、天气预报、新闻播报、消息读取、网络电台以及收听音乐6项服务。车载机无需搭载通信模块，通过蓝牙与手机相连之后，便可利用手机网络获取后台服务信息，将内容发送到车机，在车中通过操作车载系统实现服务。

（刘伟杰　杜　玲）

【航天科技公司展示北斗车联网和船联网系统】5 月 28 日—6 月 1 日，在“第三届中国（北京）国际服务贸易交易会”上，航天科技控股集团股份有限公司展示了其基于北斗卫星导航系统和移动互联网、物联网技术研发的北斗车联网、船联网系统。北斗车联网系统利用北斗卫星导航、短报文及无线通信等相关技术，收集车辆、道路和环境的相关信息，实现车与车、车与路、车与人的互联互通，并在信息平台上对多源采集的信息进行加工、计算、发布和共享，通过车载设备、呼叫中心、手机、电脑等服务界面，提供在线导航、远程诊断、安全、信息、娱乐、监控等多媒体与移动互联网应用服务，同时对车辆进行有效引导与监管。北斗船联网系统将北斗卫星定位技术和北斗卫星短报文通信技术固化，平时用于船舶监控、海陆通信，提供电子导航、渔汛播报、军事演习通知、台风预警等服务，当船只处于意外失控状态时，可自动向监控方源源不断地发射信号，提供精准的位置信息。

（杜　玲　徐　建）

【北斗星通公司与澳门机场公司签署协议】5 月 29 日，“澳门机场信息管理技术有限公司与北京北斗星通导航技术股份有限公司战略合作协议签署仪式”在澳门举行。签约双方相关负责人参加。根据协议，双方将针对在澳门国际机场应用北斗技术展开全面合作。协议的签署不但有利于澳门国际机场进一步应用北斗技术完善机场实时沉降监测系统，强化机场人工岛和跑道沉降监测能力，还可利用北斗系统相关应用提高澳门国际机场在车辆定位及监控、智能管理等方面的运营管理能力。

（刘伟杰　韩洋洋）

【泰瑞天际公司成立】6 月 12 日，泰瑞天际科技（北京）有限公司（Skyline 中国）成立新闻发布会暨三维 GIS 高峰论坛在京举行。国家测绘地理信息局信息中心、中国地理信息产业协会等单位的有关领导及相关专家、企业代表等参加。泰瑞天际公司由泰瑞数创科技（北京）有限公司与美国 Skyline 软件系统有限公司合资成立，位于北京理工科技大厦，注册资本 50 万美元，是 Skyline 公司设在中国的研发中心，将提供一站式数字地球产品、解决方案与运营服务。泰瑞天际公司发布其研发的产品 SmartEarth 3D。产品利用云计算、移动互联网等技术增加行业广度方面的支撑，在数据方面主要增加对地图导航数据的支持，同时也搭建了一个针对倾斜摄影测量的大数据自动建模平台，在服务层

面则通过使用 SmartEarth 3D API 调用导航、定位等服务，针对智慧城市应用接入了多元传感器和物联网大数据的解决方案。

（李　莹）

【车联网创新中心成立】6 月 18 日，由北京中交兴路信息科技有限公司主办的“车联网创新中心成立仪式”在北京经济技术开发区举行，主题为“慧聚车联联创未来”。中心由中交兴路公司与美国国际商业机器公司（IBM）联合建立，旨在商用车车联网领域，为运输企业提供运营服务与管理及卫星定位监控服务，协助政府部门提升对行业的监管能力和监管效率。双方将借助 IBM 公司在移动互联等方面的技术，整合汽车制造商、软件提供商、服务提供商等方面的业务需求，共同进行前瞻性的技术研究和行业解决方案研发，开发简单、易用且面向平台上所有使用者的移动应用，构建一个稳定、开放、可持续发展的车联网服务运营平台，服务于整个车联网产业链。IBM 公司在大数据分析、云计算等技术方面，以及人才培育、输送方面为中心提供支持。

（崔春雷　刘伟杰）

【合众思壮公司承建北斗高精度服务平台项目】7 月 2 日，北京合众思壮科技股份有限公司发布《关联交易公告》，宣布其中标北斗导航位置服务（北京）有限公司发出的“导航与位置服务高精度增强服务平台”采购项目，中标金额 3993.81 万元。根据项目要求，合众思壮公司将在北京市建立 8 个基准站和一个处理中心，组成区域北斗定位增强网络，覆盖整个北京行政区域，实时定位精度达到厘米级，为北京市提供实时可靠的北斗高精度定位服务。项目是第一个城市级北斗高精度服务网，将为区域内的政府、企业及个人用户使用北斗系统提供高精度服务，满足城市规划、国土测绘、地籍管理、环境监测、防灾减灾、交通监控等现代信息化管理的社会需求。

（杜　玲）

【联想集团和北航机械学院签署战略合作协议】7月4日，“洞察先机领航未来——联想集团—北航机械学院战略合作协议签约仪式”在京举行。北京航空航天大学机械工程及自动化学院、联想集团有限公司的相关负责人等参加。根据协议，双方将在GPU虚拟化及虚拟仿真领域展开长期合作，以先进技术与产品自主研发，支持中国工程教育领域的高端人才培养，并逐步拓展双方的合作领域与合作深度。联想集团将为航空国家实验室提供联想LIVC工作站虚拟化解决方案，依托联想ThinkStation D30工作站和NVIDIA GRID K2显卡的硬件虚拟化技术，一颗物理GPU将被转化为多颗虚拟GPU，实现最大1 ：32的整合密度，以灵活的GPU资源调度，使用户在终端可以获得和原来独立工作站相同的超强计算处理能力，实现复杂产品大规模CAD模型数据的实时交互绘制。

（刘伟杰）

【合作研发TK—2A火箭探空系统】7月8日，北京长峰微电科技有限公司与陕西中天火箭技术股份有限公司签订30套TK—2A火箭探空系统订单。系统由长峰微电公司与中国气象局人影中心等单位合作研制，可通过探空仪实时探测气象数据，帮助气象专家科学精准地判断人工干预天气的时机。探空仪经火箭携带升空后，在到达8千米高度时被弹出，并在降落伞的控制下以每秒4～6米的速度降落到地面，实时采集大气中的温度、湿度、气压、风向、风速等物理参数，为人工影响天气作业预警、作业条件分析以及效果评估提供气象探测数据。探空仪发射后可回收处理，在重新校准和修复后，可重复使用。

（杜　玲　徐　建）

【中测新图公司成功研制超长航时无人机】7月9日，国家测绘地理信息局宣布，由中测新图（北京）遥感技术有限责任公司研制的超长航时无人机遥感系统，创造了续航30小时的中国遥感无人机最长续航纪录。无人机翼展3.4米，机长2.3米，飞行高度5000米，配备高性能四冲程风冷发动机，采用高轻度碳纤维复合材料机身、V形尾翼，使其重量轻、阻力小，从而实现长时间续航，以保证无人机获取空中遥感数据时的完整性、连贯性，满足较大面积的地图空白区和特殊地区的测图任务。无人机搭载基于北斗短报文通讯技术的飞行远程传输装置，解决了远程传输和实时监管等难题，实现空管部门对无人机的统一监管、指挥调度和运行管理，且突破了基于无线电通信技术多频、多ID的同步在线技术难题，可实现同空域范围内多架飞机有序飞行、互不干扰，避免了撞击的风险。

（杜　玲）

【第一届中俄车联网论坛举办】8月1日，由中国车载信息服务产业应用联盟、俄罗斯格洛纳斯联盟共同主办的“第一届中俄车联网国际论坛”在大连市举办。工业和信息化部、俄罗斯联邦驻中国商务代表处等机构有关负责人以及来自两国科研院所和企业的代表等参加。与会专家围绕车联网总体状况、卫星导航技术、紧急救援系统、商业地图的服务应用、无线电设备检测、导航芯片和软件等进行交流。主办双方还明确了中俄边境口岸车辆信息服务、中俄车联网服务平台、车载信息终端标准、紧急救援标准、车载信息服务软件开发和测评规范、车载信息终端电磁兼容测试规范、《中俄车联网术语第一部分》、中俄车联网产业园区等合作项目的具体内容和时间要求，并联合发表《第一届中俄车联网国际论坛共同声明》。

（庞春霖）

【理工雷科公司参展中国指挥控制大会】8月4—5日，在“第二届中国指挥控制大会”上，北京理工雷科电子信息技术有限公司展示手持/车载/机载北斗终端和北斗指挥机、微型合成孔径雷达（miniSAR）等产品，以及基于北斗卫星导航系统的定位/监控及指挥系统、星上和地面实时信息处理平台、地面目标检测跟踪、复杂电磁环境仿真等系统。其中微型合成孔径雷达（miniSAR）是一套针对小型手抛式无人机平台开发的超小型高分辨产品，采用超小体积、超轻重量和低功耗设计，能在各种小型无人机平台上使用，实现全天时全天候高分辨侦察、测绘等各种任务。其分辨率0.3米×0.3米，作用距离1000米，测绘带宽度300米，主要应用于小型无人机侦察、抗震救灾地面观测、民用地形测绘等。

（李　莹）

【北斗系统应用于城镇燃气业】8月9日，中国卫星导航定位协会与中国城市燃气协会战略合作协议签署仪式在国家测绘地理信息局举行。北京市燃气集团有限责任公司等20余家大型燃气集团的相关负责人参加。根据协议，双方将把北斗卫星导航系统的精准位置服务广泛应用于城镇燃气建设、运营、应急、服务等业务中，通过北斗系统精准位置服务全面支持燃气物联网体系的建设，在燃气泄漏检测、管线防腐、管线施工、管线巡检、管线应急抢修等各个环节，为燃气作业的信息化数据提供精准的位置参数，以提升中国城镇燃气企业的地下管网安全管理水平。

（杜　玲）

【“高分二号”卫星升空】8 月 19 日 11 时 15 分，由中国航天科技集团公司五院研制的“高分二号”卫星在太原卫星发射中心用长征四号乙运载火箭成功发射。卫星进入预定轨道，标志着中国遥感卫星进入亚米级“高分时代”。卫星的空间分辨率优于 1 米，同时还具有高辐射精度、高定位精度和快速姿态机动能力等特点，实现了亚米级空间分辨率、多光谱综合光学遥感数据获取。项目还攻克了长焦距、大口径、轻型相机及卫星系统设计难题，提升了低轨道遥感卫星长寿命可靠性能。“高分二号”主要用户是国土资源部、住房城乡建设部、交通运输部、林业局等单位，将与“高分一号”卫星相互配合，为土地利用动态监测、矿产资源调查、城乡规划监测评价、交通路网规划、森林资源调查、荒漠化监测等领域和首都圈等区域应用提供服务支撑。

（徐　建）

【中关村北斗股权投资基金成立】9 月 3 日，北京中关村北斗股权投资中心（有限合伙）在市工商局海淀分局注册成立。中关村北斗股权投资基金由北京北斗星通导航技术股份有限公司、北京中关村创业投资发展有限公司、北京北斗融创股权投资管理中心（有限合伙）合作发起设立，规模 2 亿元，投资方向主要为导航应用及地理位置信息服务产业链及产业链与互联网融合创新领域，委托北京北斗融创投资管理有限公司运营和管理。

（郝峥嵘）

【灵巧通信试验卫星成功发射】9 月 4 日 8 时 15 分，搭载灵巧通信试验卫星和创新一号 04 星的长征二号丁运载火箭在酒泉卫星发射中心点火升空，卫星顺利进入预定轨道。灵巧通信试验卫星由北京信威通信技术股份有限公司联合清华大学共同研制，重约 130 千克，在高度约为 800 千米的太阳同步轨道运行，主要用于开展卫星多媒体通信试验。其移动通信载荷可同时形成 15 个动态多波束，通信覆盖区直径约 2400 千米，实现了覆盖区内卫星手持终端语音业务、数据业务和移动互联网业务。9 月 11 日 17 时 57 分，卫星实现手持机通话，成为中国第一颗实现低轨话音通信的卫星。该卫星的试验成功开创了民营企业与高校协同创新、参与航天通信事业的新模式。创新一号 04 星由中国科学院研制，主要用于水利、水文、气象、电力及减灾等领域各类监测站点的数据采集和传输。

（张　蕾　刘伟杰）

【和芯星通公司蜂鸟芯片获卫星导航定位科技奖特等奖】9 月 11 日，在第三届中国卫星导航与位置服务年会上，中国卫星导航定位协会公布 2014 卫星导航定位科学技术奖评选结果。由和芯星通科技（北京）有限公司胡刚等完成的“北斗＋ GPS / GLONASS / GALILEO 低功耗 GNSS SoC 芯片（蜂鸟 Humbird）”获 2014 年卫星导航定位科技进步奖特等奖。蜂鸟芯片是一款北斗导航核心芯片，功耗 35 毫瓦，面积 5 毫米 ×5 毫米，支持北斗 B1、GPS L1、GLONASS L1、GALILEO E1 频点，64 通道，−160dBm 灵敏度，定位精度 2.5 米。项目突破并掌握了多项卫星导航芯片研发技术，包括多星座兼容基带架构设计及多系统联合定位技术、高灵敏度捕获和跟踪技术、快速定位技术、深亚微米芯片设计技术、低功耗技术；拥有 3 项核心技术：U−Engine 通用引擎捕获和跟踪技术实现双倍或多倍的信号捕获跟踪效率，Ultra−sense 高灵敏度基带设计使接收机在城市峡谷及复杂环境中仍保持出色的定位效果，Rhythm Sleep 低功耗设计及功耗管理技术使芯片运行在极低的功耗水平。芯片除适用于车辆监控、车辆导航、授时等专业应用外，也适合便携导航、GIS 手持、智能手机等设备。

（徐　建）

【推介 3S 河川超导地磁图仪】9 月 11 日，由中国地理信息产业协会主办的“3S 河川超导地磁图仪研讨会”在北京国家地理信息产业园召开。相关领域的专家等参加。会上推介了北京斯坐德星了技术有限公司在超导领域的研究成果——3S 河川超导地磁图仪。产品是应用超导量子干涉器设计的三维磁场测量系统，具有超高灵敏度、测量速度快、空间分辨率达厘米级、可精确定位等特点，在复杂地面、环境和天气环境下，也可进行测量，基本不受雨雪天气干扰，同时还具有非破坏性测量和高可靠性规划等优势，可应用于应急救援、资源勘探、城市管网测绘、环境评价、违禁物品侦察、考古发掘等领域。

（杜　玲）

【德可达公司产品参展无人机展】9 月 16—18 日，在“2014（第五届）中国无人机大会暨展览”上，北京德可达科技有限公司展示了 TC−2130 及 TC−1235 两款无人直升机。TC−2130 使用高比强度、高比模量、耐疲劳、耐腐蚀、耐高温的碳素纤维材料和转子叶片，可减轻飞机本身的重量（飞机空重 35 千克），并具有防尘和防溅水性能（外壳防护等级为 IP54），配备的自动导航系统 AEROcontrol，其定位精度 0.05 米，测角精度 0.004 度（俯仰角和侧滚角）或 0.008 度（偏航角）。TC−2130 能在有限的空间内自动起飞和降落，在空中自动稳定航高，在全自动或半自动状态下可进行 4 小时的巡航飞行。TC−1235 具有高安全性和高稳定性，可搭载多种传感器的近地遥感监测及多用途飞行平台，可广泛用于灾情及事故跟踪、环境及交通监测、国防安全和领土维权等强调信息实时性的应用领域和现代精准农业及植物保护领域。两款产品均可在海事、电力、精准农业等领域，通过搭载激光雷达、高光谱仪、徕卡航摄仪等传感器进行高端应用。

（李　莹）

【SmartEarth 平台服务 APEC 安保工作】 11 月 10—11 日，在亚太经济合作组织（APEC）第二十二次领导人非正式会议上，泰瑞数创科技（北京）有限公司运用其一站式空间信息服务平台 SmartEarth 为会议提供实景

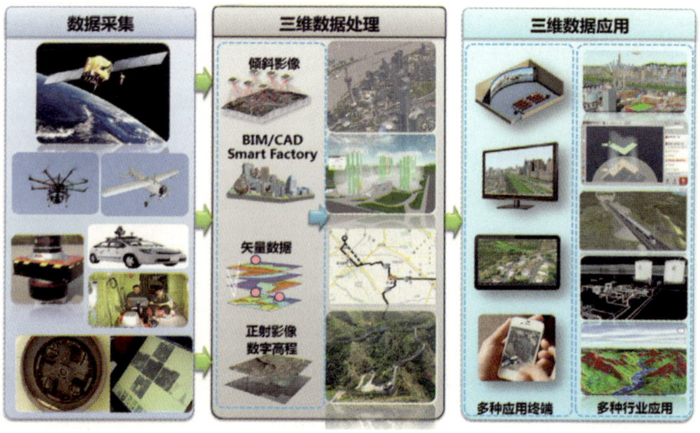

三维安保服务。平台集数据获取、数据处理、数据分析和应用以及数据网络发布为一体，融合倾斜摄影、BIM/CAD、车联网、物联网、云计算等技术，提供倾斜摄影应急数据自动获取、实景三维数据快速自动化处理、实景三维警卫安保系统最终建立和投入使用全方位一站式服务，通过充分融合高效的导航算法，接入物联网传感器信息及海量数据，实现室内室外、地上地下的全方位管理。

（李　莹）

【北斗卫星导航系统获国际海事组织认可】 11 月 17—21 日，在英国伦敦召开的国际海事组织（IMO）海上安全委员会（MSC）第 94 次会议上，北斗卫星导航系统获得国际海事组织认可，取得面向海事应用的国际合法地位，成为全球无线电导航系统（WWRNS）的组成部分，是继全球定位系统（GPS）、格洛纳斯卫星导航系统后第三个全球卫星导航系统，服务世界航海用户。北斗卫星导航系统由空间段、地面段和用户段 3 个部分组成，空间段包括 5 颗静止轨道卫星和 30 颗非静止轨道卫星，地面段包括主控站、注入站和监测站等若干个地面站，用户段包括北斗用户终端以及与其他卫星导航系统兼容的终端，可向全球用户提供高质量的定位、导航和授时服务，包括开放服务和授权服务两种方式。开放服务是向全球免费提供定位、测速和授时服务，定位精度 10 米，测速精度 0.2 米 / 秒，授时精度 10 纳秒。授权服务是为有高精度、高可靠卫星导航需求的用户，提供定位、测速、授时和通信服务以及系统完好性信息。

（徐　建）

【遥感卫星二十五号发射升空】 12 月 11 日 3 时 33 分，搭载遥感卫星二十五号的运载火箭在酒泉卫星发射中心点火发射升空，卫星进入预定轨道。卫星主要用于科学实验、国土资源普查、农作物估产及防灾减灾等。遥感卫星二十五号和执行此次发射任务的长征四号丙运载火箭，均由中国航天科技集团公司负责研制。

（徐　建）

【星网宇达智能驾考系统获市科学技术奖】 年内，北京星网宇达科技股份有限公司李江城等完成的“基于北斗的高精度驾驶员智能考试系统研发及产业化”项目获北京市科学技术奖三等奖。项目属于自动化技术应用、电子信息及通信领域。成果开发了基于北斗导航系统的高精度定位定向设备，包括 GNSS / INS 组合导航模块、GNSS / INS / 里程仪数据融合模块、四轮定位评判子系统等，突破了“惯性 / 北斗组合导航及姿态测量技术”“惯性 / 北斗 / 里程计组合式位置测量技术”“基于立体测量及虚拟传感的驾考评判技术”三大核心技术，实现对考试结果无人干预的智能化判定。其四大创新为：通过卫星导航、惯性导航、里程计等技术创新融合，突破了北斗导航系统仅在空旷无遮挡地区使用的限制；采用虚拟传感器技术，解决了考试结果全自动评判问题；采用考试场地测量系统，可实现场地厘米级快速精确测绘；通过对四轮定位技术的创新应用，实现车辆轮廓的快速、精确测量，为自动评判提供数据依据。

（杜　玲）

文化创意产业

【概况】2014 年，中关村示范区文化创意产业形成以新一代移动通信技术、新兴媒体、数字内容、新媒体广告会展、设计服务等新兴服务业态为特征的文化创意产业发展体系。科技、文化与金融资本对接的产业聚集形态初步形成。海淀区金融办联合金融机构，推出小微创意文化企业贷款产品；百度在线网络技术（北京）有限公司等单位共同推出影视文化产业金融众筹平台“百发有戏”；北京爱奇艺科技有限公司启动“网络大电影”计划以扶持中小电影和微电影。新一代信息技术推动的新兴文化业态产品不断涌现。在应用服务领域，智能手机应用服务下载、移动商务、位置服务等新兴服务业态层出不穷；在数字内容领域，互联网视听、数字出版、在线教育、数字媒体广告、动漫游戏等服务业态百花齐放；在社交媒体、网络新媒体领域，社交平台、微信、流媒体迅猛发展。云计算及大数据等新一代信息技术推动文化创意产业呈现爆发式增长态势。优酷土豆股份有限公司成立北京合一影业有限公司，将依托大数据和 O2O 融合生态，创建与电影产业的开放合作平台。2014 年，中关村示范区文化创意产业实现总收入 6288.1 亿元，同比增长 26%，实现利润 627.4 亿元，同比增长 13.6%。

（路　烨）

【数字内容科技文化融合政策培训会举办】1 月 9 日，由中关村协会联席会主办，中关村数字内容产业协会承办的数字内容科技文化融合政策培训会在京举行。利亚德光电股份有限公司等企业的代表 200 余人参加。会上，北京高技术创业服务中心、中关村管委会、市地税局等单位相关负责人分别就科技型中小企业创新资金、中关村示范区产业技术联盟专项资金、企业研发费用加计扣除、中关村示范区现代服务业试点扶持资金等方面的相关政策进行讲解，并与企业代表互动交流。

（刘乐乐）

【美国西雅图庆喜公园设计方案完成】2 月 25 日，由北京土人景观与建筑规划设计研究院主办的美国西雅图庆喜公园（Hing Hay Park）设计方案听证会在美国西雅图市国际区居民社区举行。西雅图国际区的社区首领、政府主管部门领导及国际社区居民 100 余人参加。方案受美国西雅图公园与娱乐管理局的委托，由北京土人景观与建筑规划设计研究院设计完成。该方案以“城市戏台”为主题，融入中国传统的红色设计元素来点缀公园。“城市戏台”的建筑形态，是顺应场地的竖向创造出以层层灵动的梯田为基本设计组件，每层流线的台地之间都将种植连续的野花野草带，并且运用剪纸形式的红盒楼梯连接着梯田，解决园区内垂直交通的问题，为游客和用户提供灵活的开放空间、亲密的景观体验以及多元化的活动功能。

（王学军）

【2014 中关村文化创意产业合作交流会举办】2 月 28 日，由中国创意产业研究中心、海淀区文化创意产业协会主办的“2014 中关村文化创意产业合作交流会”在京举办。市科委、市文资办、市文促中心等单位相关领导以及 30 余家文化创意企业的代表参加。会议就中关村核心区重点文化创意产业发展现状，面临的新挑战、新机遇等进行探讨。会上还举行了中关村先导文化创意产业集聚区联盟揭牌仪式和《核心区重点文创项目推介手册》首发仪式。《手册》涵盖北京市文化创意产业集聚区、中关村核心区的 12 家文化科技园区及孵化器、中关村核心区文化和科技融合新兴产业联盟，以及核心区规模以上文化创意企业的年度重点项目介绍。

（刘乐乐）

【《纪传版二十六史》出版】3 月 1 日，由北京国学时代文化传播股份有限公司和时代华文书局共同策划的国学网精校本《纪传版二十六史》第一部《史记人物全传》出版。全书共分 4 册，由出版家杨牧之任编委主任，史学界、文史出版界的专家把关，删去志、表、书等记载典章制度、天文地理及其他社会政治、经济

等方面的内容，仅保留本纪、世家、列传、属国与相关独立政权传，用历史人物的生死存亡、沉浮得失为后人昭示人类的生存法则。

（刘　佳　张欣怡）

【网络大电影计划启动】 3月19日，由北京爱奇艺科技有限公司主办的“2014网络大电影成就梦想高峰论坛”在京举行。相关企业负责人、导演、演员等参加。爱奇艺公司启动“网络大电影”计划以扶持中小电影和微电影，将建立“网络大电影”网络播放平台、投融资平台、青年导演成长平台三大平台，为电影制作者提供支持。网络播放平台将为观众推送更多最新最快的影视内容；投融资平台将为电影制作团队募集拍摄资金；青年导演成长平台将扶持青年导演从网络院线走向线下院线。项目合作方最高可获70%的分成比例，以帮助专业青年导演的优质内容在互联网平台上得到价值体现。

（杜　玲）

【中国外文局与水晶石公司签署协议】 4月25日，“中国外文局与水晶石公司合作签约仪式”在中国外文局举行。中国外文局、水晶石数字科技股份有限公司等单位相关领导参加。双方签署对外文化传播战略合作伙伴战略协议，将利用水晶石公司数字内容和新媒体展示的创意、设计和制作实施能力，采用新形式、新技术推动中国文化的海外传播。根据协议，双方的合作项目以数字内容建设为核心，突出文化产品的创新力、表现力和传播力，涉及版权资源可视化项目开发、策划和实施，包括对图书版权作品进行改编并制作成三维动画片、影视片、移动多媒体产品等，还将共同承接第三方机构的对外宣传文化定制产品和对外文化展览展示项目，并在新型数字文化产品的研发、创意、制作、实施等方面展开合作。

（韩洋洋）

【2014中国（义乌）文化产品交易指数发布】 4月27日，由中国人民大学文化产业研究院、浙江中国小商品城集团股份有限公司主办的“2014中国（义乌）文化产品交易指数暨中国文化企业竞争力排行榜发布会”在浙江省义乌市举行。文化部文化产业司、义乌市政府等单位有关领导参加。人民大学文化产业研究院和小商品城集团以《文化及相关产业分类》《小商品分类与代码》为基础，制定中国（义乌）文化产品目录，包含5个大类37个中类253个小类；建立指数体系，由产品价格分指数、产品景气分指数组成，其中产品价格分指数包括场内价格、网上价格、订单价格和出口价格指数；产品景气分指数包括产品交易规模、效益、信心指数。人民大学文化产业研究院将建立指数发布网站，持续每周发布文化产品价格指数、每月发布文化产品景气指数和价格指数。中国文化企业竞争力排行榜从文化企业的规模实力、盈利能力、发展能力、创新能力、社会贡献能力以及品牌影响力等方面，构建科学的文化企业竞争力评估模型，并分析测算得到包括游戏业、动漫业、演艺业、工艺美术业、文化旅游业5个细分行业排名前十的文化企业。

（徐　洋）

【小微创意文化企业贷款产品推出】 5月13日，由海淀区委宣传部主办，海淀区金融服务办公室、海淀区文化创意产业协会等单位协办的“文化创意产业企业融资对接会”在中关村示范区展示中心举办。海淀区政府有关领导及金融机构、文化创意企业的相关代表参加。会议介绍了海淀区文创企业金融服务有关情况，解读海淀区政府支持文创企业发展的金融扶持政策，发布了支持文创企业的四板挂牌措施。海淀区金融办联合杭州银行股份有限公司、北京银行股份有限公司、天安保险股份有限公司等金融机构，推出“文创企业银保共担信用贷款”和“纯信用贷款”两款产品，无需任何抵押和担保物，仅凭信用，由政府相关部门引导，在保险机构的参与下，文化创意企业就可获银行贷款。杭州银行、北京银行、天安保险公司分别与网舵（北京）文化传媒有限公司、北京梦之城文化公司、北京精典博维文化传媒有限公司3家中小微文化创意企业进行授信签约。

（刘乐乐）

【中关村博物馆与艺术品交易行业联盟成立】 5月15日，“中关村博物馆与艺术品交易行业联盟成立大会”在中国人民大学举行。市委宣传部、海淀区委宣传部等单位有关领导以及联盟会员代表参加。联盟由博宝艺术网、中间美术馆等29家博物馆与艺术品交易行业机构发起成立，将探索建立市场化与现代化的管理运营模式，与旅游、科技、金融等产业相融合，为中关村地区博物馆和艺术品行业机构提供服务，推进博物馆与艺术品行业协同创新发展。中国人民大学历史学院考古文博系主任魏坚任首届联盟主席。

（杜　玲）

【《2014中国文化产业重点项目手册》发布】 5月16日，由文化部文化产业司主办，中国人民大学文化产业研究院等单位承办的“《2014中国文化产业重点项目手册》发布会暨重点项目招商推介合作签约仪式”在深圳会展中心举行。文化部文化产业司等单位有关领导参加。人民大学文化产业研究院是编写《手册》成员单位之一。《手册》旨在为项目持有者与投资方之间搭建一座相互沟通、合作的桥梁，共甄选出文化产业重点项目1017个、特色文化产业项目53个、藏羌彝文化产业走廊项目36个，项目覆盖全国31个省、自治区、直辖市，涵盖影视音像、娱乐演艺、动漫游戏、网络文化、传媒出版、文化旅游、文化设施、工艺美术、文化用品、创意设计等11类文化产业。

（徐 洋）

【华联印刷公司获市设计创新中心授牌】 5月28日，在“中国设计红星奖企业服务对接暨红星之友宣讲会”上，北京华联印刷有限公司“云映像”文创中心获市科委“北京市设计创新中心”认定，是唯一的一家印刷公司，标志着华联印刷公司已从传统印刷向文化企业转型。文创中心2013年6月成立，拥有两大职能、六大业务板块、3个创新工作室。两大职能为设计创意，主要体现在高水平的平面设计和创意文化产品；新型的营销模式，致力于开发电子商务营销模式和“走出去”的服务模式。六大业务板块为：电子书城、自助网络相册书、纸言纸语、艺术商业、手工坊和同盟推荐。3个创新工作室为“哈皮工作室”“云裱工作室”“印像工作室”，其功能是为相应的业务板块做设计研发和新产品打样，能够以最低成本进行产品的市场测试，有的放矢地做投产决策，从而降低量产的风险与成本。

（崔春雷）

【第三届京交会数字内容商务大会举行】 5月29—30日，由中关村数字内容产业协会（DC产业联盟）主办的第三届中国（北京）国际服务贸易交易会数字内容商务大会在京举行。大会分为展览展示、私密洽商及E时代下的智慧教育峰会3个部分，涉及出版、教育、影视、动漫、游戏等领域。38家企业展示了新技术、新成果，包括北京太尔时代科技有限公司的3D打印机，北京鸿达以太文化发展有限公司的有声图书，北京华风创新网络技术有限公司的虚拟演播室系统、翔翼飞鹰的无人机，北京瑞易吉成数字科技有限公司的数字出版技术等数字设备、方案、软件及数字内容相关产品；在E时代下的智慧教育峰会上，相关专家介绍了在线教育趋势发展、动态等内容；在商务洽谈专场，设有专业买家私密洽谈室15间，为北京歌华有线电视网络股份有限公司等15家来自国内外数字内容领域的发包企业提供一对一的专业洽商服务，近300家企业参加私密洽商，达成合作意向30.2亿元。大会接待参观人数近3000人次。

（贾众望）

【中国原创精品漫画巡展举办】 6月5日，由北京天使全景文化传播有限责任公司与法国里昂漫画节组委会、文化部中外文化交流中心共同主办的“中法建交50周年之中国原创精品漫画巡展”开幕式在法国里昂市举办。里昂市政府、中国驻里昂领事馆及中法两国文化、艺术等各界专业人士参加。此次巡展集中展出庞邦本、王可伟、聂崇瑞等10余位中国漫画艺术家在法出版并具有影响力的30幅漫画作品及其他漫画艺术家的100余幅中国漫画作品，并在当地举办图书签售及专业座谈等活动。巡展还分别在里昂、格勒诺布尔和贝勒加德等城市举办。

（单 毅）

【文创产业协会搭建企业国际化交流平台】 6月，海淀区文化创意产业协会与中关村示范区部分文创企业成立了中美中关村创意产业机构驻美办事处，以增进中美两国在民间层面的文创产业交流合作；7月，由协会与海外合作伙伴共同设立的中关村北美文化创意产业商会在加拿大注册成立，成为中加文化创意产业“展示、合作、交易、发展”的综合性贸易服务平台；9月，中关村文化科技代表团出访加拿大，是中关村北美文化创意产业商会成立后由协会组团进行的首次工作访问，展出了33个文化科技项目，吸引当地政府官员、商会代表、企业家等200余人参加。

（张 毅）

【完美世界公司利用游戏推广旅游产品】 7月1日，在哈尔滨市举行的“中俄旅游合作会议”上，完美世界（北京）网络技术有限公司与黑龙江省旅游局签署战略合作框架协议，双方将在利用游戏形式开发和宣传黑龙江省旅游资源、旅游线路和旅游产品等方面展开合作。根据协议，完美世界将把黑龙江省的旅游资源开发成游戏的形式，以吸引最具消费潜力的年轻群体，进行体验和传播。

（杜 玲）

【四达时代影视译制基地落户非洲】 7月14日，由市新闻出版广电局主办、四达时代集团承办的“北京电视剧非洲展播季启动仪式”在肯尼亚内罗毕市举行。中共中央政治局委员郭金龙等领导，肯尼亚政府相关负责人，中国新闻出版广电总局等单位相关人员参加。展播季以“北京故事走进非洲”为主题，在肯尼亚、南非等国家举办，所播《咱们结婚吧》等6部中国电视剧，均由四达时代以英语译制配音，通过公司开办的Chinese2频道，在非洲数字电视网络播出。“四达时代非洲总部及影视译制基地奠基仪式”同时举行，是北京市民营影视机构在海外设立的第一家影视译制基地。基地占地面积2公顷，总投资8000万美元，集非洲总部、影视译制基地、四达肯尼亚公司总部、四达电视台、数字电视研发中心、培训中心六大功能，计划 2015 年建成。基地投入使用后，将具备 1 万小时 / 年的译制配音能力，逐步形成选片、译制、播出、版权交易的完整产业链。至年底，集团已在非洲 23 个国家注册成立公司，12 个国家开展数字电视运营，共完成投资 4 亿美元，发展用户超过 400 万户，建成 5 座数字电视播控中心，11 座地球卫星上行站，102 座地面数字电视发射台，23 座移动电视发射台，形成直播卫星、地面电视、移动多媒体广播系统多层覆盖的无线数字电视传输平台，覆盖非洲 80% 的人口。

（崔春雷）

【合一影业公司成立】 8 月 28 日，“多屏时代合一而为——优酷土豆集团合一影业成立仪式”在京举行。相关协会、企业和演艺界的代表等 50 余人参加。优酷土豆股份有限公司宣布成立北京合一影业有限公司。合一影业公司是原生于互联网的电影公司，将依托大数据和 O2O 融合生态，创建与电影产业的开放合作平台，助推大制片和大营销的精准化，平衡艺术与商业之间的关系，采取大数据、商业、衍生经济、IP 孵化、新影人和粉丝互动六大举措打造 O2O 电影。大数据指从早期用户研究到后期推广，将以制片人为主题，投资的 70% 由制片人决策。IP 孵化、新影人和粉丝互动将被建设成为三大平台，实现从内容创作、人才培养到粉丝经济的全面覆盖，使线上线下充分融合。

（杜　玲）

【水晶石公司获“首都文化企业三十佳”称号】 9 月 5 日，在“培育首都文化骨干企业座谈会”上，光明日报社和北京日报社联合发布首届“首都文化企业三十强、文化企业三十佳”名单。北京水晶石数字科技股份有限公司获“首都文化企业三十佳”（文化科技类）称号，用以表彰其“用精湛的数字视觉技术描绘国家与民族的盛会，用不朽的数字艺术复活悠久厚重的历史文化、展现数字媒体技术的璀璨光芒”。

（韩洋洋）

【第十一届“北京礼物”旅游商品大赛举办】 9 月 10 日，由市旅游委、市商务委、中关村管委会等单位联合主办的 2014 · 第十一届“北京礼物”旅游商品大赛颁奖仪式在中国国际展览中心举行。“北京礼物”旅游商品大赛专家评审委员会、中关村科技企业家协会等单位相关负责人以及参赛单位的代表等参加。大赛设置旅游景区、科技、北京老字号、“北京礼物”旅游商品设计创意四大主题，参赛单位和个人 885 家，征集作品 4961 件，评选出金奖 3 名、银奖 21 名、铜奖 39 名。其中，中关村示范区企业北京首钢源景文化发展有限公司等单位选送的“首钢记忆”系列旅游商品获旅游景区主题金奖、北京握奇数据系统有限公司选送的可穿戴支付手表获科技主题金奖。握奇公司的可穿戴支付手表通过蓝牙连接与 Android、iOS 移动终端配合使用，支持各种非接触近场支付，包括交通一卡通支付、银联 POS 小额支付等，并具有提醒（来电、短信、事件）功能，内置 G—Sensor 感应器，可为用户提供运动管理。由中关村科技企业家协会承办的中关村科技旅游商品分赛收到 43 家企业选送的 77 种产品，握奇公司的可穿戴支付手表、北京小米科技有限责任公司的小米手环、北京超思电子技术股份有限公司的指夹血氧仪等 16 件商品获奖。

（韩洋洋　刘乐乐）

【小微企业文化创意创新创业论坛举办】 9 月 13 日，由欧美同学会留美分会、留英分会，北京师大科技园科技发展有限责任公司，中关村国大中小微企业成长促进会主办的 2014 中小微企业文化创意创新创业论坛在欧美同学会举办。来自中关村示范区企业、社会团体的代表以及投资机构代表、北师大校友等 200 余人参加。论坛就“文化产业的前景、机遇与政策”“创权投资概念和模式”“互联网时代的文化创意产业”以及文化产业发展的难点、热点和趋势等进行探讨，并介绍了智能时尚可穿戴设备、大师级工艺美术艺道品鉴会综合服务平台、创意及设计分享的社会化电子商务平台等 10 余个文化创意创新创业项目。

（卢梦姣）

【百发有戏发布】 9 月 21 日，由百度在线网络技术（北京）有限公司、中国电影股份有限公司、中信信托有限责任公司等单位共同主办的“越无界越有戏——‘百发有戏’电影大众消费平台启动仪式暨首期《黄金时代》项目发布会”在京举行。主办方相关负责人及相关专家、《黄金时代》的演员等参加。百度公司、中影股份公司、中信信托公司和北京德恒律师事务所签署四方战略合作协议，共同推出影视文化产业金融众筹平台“百发有戏”。“百发有戏”是消费金融业务与电影文化产业相结合的产品，依托百度公司的大数据、大流量、云平台等资源，通过聚焦电影文化产业“消费”“金融”双重属性，消费者可以享有 C2B 服务，并能根据票房情况享受到回馈机会。

（杜　玲）

【联合推出艺术类切割应用软件】 9 月 26 日，由北京文泰世纪科技有限公司、北京数码大方科技股份有限公司共同主办的“联盟合作创新体验——文泰互联网创意社区发布会”在中关村示范区展示中心举行。海淀园管委会等单位有关领导以及业内专家、合作单位的代表等参加。主办方联合推出基于互联网的一体化艺术类切割应用软件“文泰切割软件 V12”。产品具有自动巡边加工和 LED 迷你字制作功能，主要用于广告标牌、装饰装潢、玻璃喷砂、板材刻绘、墙体壁画、诗词碑文等工艺美术行业的图稿设计、生产加工。自动巡边加工是将图形导入软件后，通过自动或者人工定位 4 个点来对图形进行精确定位，通过巡边功能生成图形内外轮廓后，再进行刻绘输出。LED 迷你字制作功能可把复杂的设计和制造工艺简化为一键操作，按照顺序加工，就能得到精确的 LED 迷你字，降低了广告行业的制作难度和门槛。产品的服务门户（artcut.gongyeyun.com）还提供社区、论坛、软件下载、升级、资源服务、个人空间、软件授权管理等功能与服务。

（杜　玲）

【水晶石公司项目获全国智慧旅游创新成果奖】10 月 25 日，在“2014 中国智慧旅游创新发展大会暨首期全国智慧旅游建设培训班”上，由北京水晶石数字科技股份有限公司设计、施工的哈尔滨游客服务中心项目获“2014 全国智慧旅游创新成果奖”。中心是集旅游资源展示、旅游线路推介、旅游咨询、景区展示、旅游纪念品销售以及旅行社超市等功能于一体的多功能旅游公共服务机构。水晶石公司在设计上采用多通道影像融合技术、被动立体成像技术等科技手段，对旅游产品的咨询了解注重体现参与性和娱乐性，设置系列参与性体验查询项目，包括多媒体讲解、身临其境、城市瀑布、风光 360 度、多彩的雪人、折幕影院、视频展示区以及全省旅游信息触摸查询区等，使游客享受到自主化旅游乐趣。

（韩洋洋）

【《丽泽藏书》编制完成】10 月 28 日，北京国学时代文化传播股份有限公司为首师大附属丽泽中学国学馆定制的《丽泽藏书》编制完成。《丽泽藏书》分经、史、子、集四部，收录有十三经、二十六史、诸子百家、小说笔记、类书总集、戏曲文论等共 280 种国学经典。其核心竞争力体现在个性化，即：可根据定制者的需求，自由选择内容、开本、版式、字体，且成本低、效率高。

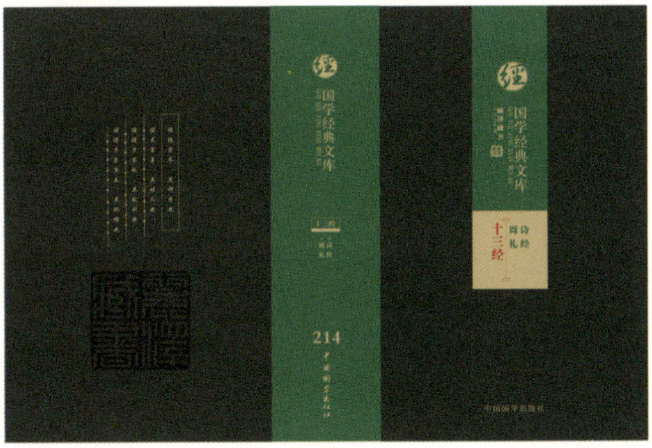

（刘　佳　张欣怡）

【文化和科技融合示范基地负责人研修班举办】10 月 29 日—11 月 1 日，由科技部高新司、中宣部文改办主办，人大文化科技园国家级文化和科技融合示范基地管理办公室承办的“第二届国家级文化和科技融合示范基地负责人高级研修班”在南京市举办。来自全国各省（自治区、直辖市）科技和宣传系统及 34 家示范基地的 120 余名相关负责人参加。研修班的主要课程有国家文化科技创新工程进展情况、城镇化进程与文化科技融合创新、中国文化科技融合发展状况及政策措施等，采用专题讲座和实地考察相结合的形式授课，对文化科技融合的基本动态和趋势进行分析和讲解。

（徐　洋）

【中关村互联网文化创意产业园开园】12 月 3 日，“中关村互联网文化创意产业园开园仪式”在园区管理中心举行。中关村管委会、海淀区政府等单位有关领导以及相关专家、企业代表等参加。园区依托中关村玉渊潭科技商务区，通过对玉渊潭恩济西园原永安机械厂老厂房的改造提升，将其建成集办公、孵化、技术研发、展示交易、文化投资和时尚休闲为一体的科技、金融和文化融合发展的产业园区，形成以新媒体文化产业为主导，互联网广告与创意设计产业为支撑，科技、金融、文化融合发展的产业格局。园区占地面积近 7 公顷，建筑面积 8 万平方米，涵盖文化企业集聚区、文化休闲区、展示交易区、产业孵化区和园区综合服务区等五大功能区。中关村玉渊潭互联网文化发展公司与中广传播集团有限公司、引力传媒股份有限公司等入驻企业进行了签约。

（杜　玲　王　翔）

【科技与文化融合产业项目合作推介会举办】12 月 12 日，由市文资办主办，北京市海淀区文化创意产业协会协办的首期“科技与文化融合产业项目合作推介会”在京举办。市文资办、海淀区委宣传部等单位有关领导以及来自文化、科技、金融领域的专家、学者、企业负责人 100 余人参加。北京西塔网络科技股份有限公司与北京昆羽科技有限公司、优优祝福（北京）科技有限公司与幻响神州（北京）有限公司等 10 家企业和机构签署合作协议，签约总额 5600 万元。北京中投视讯文化传媒有限公司的新媒体直播互动整体解决方案、北京风行在线技术有限公司的风行网开放平台（Open-Fun）、北京牡丹电子集团有限责任公司的数码屏风和互动艺术镜、北京航空航天大学的超大屏幕矩阵自发光 3D 数字播映系统以及北京红马传媒文化发展有限公司的智能剧院票务解决方案等 9 个项目进行推介，涵盖移动互联网（新媒体）类、创意设计类、数字装备类等行业。

（刘乐乐）

【2014 年度中国文化产业指数发布】 12 月 13 日，由中国人民大学、文化部主办的“文化中国：中国文化产业指数发布会”在人民大学举行。会议主题为“文化产业的转型升级”。市委宣传部、北京文博会组委会、市贸促会等单位有关领导以及来自研究机构、文化企业的相关负责人等 100 余人参加。中国人民大学文化科技园管委会发布 2014 年度“中国省市文化产业发展指数”及“中国文化消费指数”。2014 年度“中国省市文化产业发展指数”从综合指数、生产力指数、影响力指数、驱动力指数 4 个方面对全国各省市的文化产业发展进行排名，结果表明中国区域文化产业综合发展格局基本未变。“中国文化消费指数（2014）”在覆盖全国 31 个省市的文化消费专项调研数据基础上，

综合《中国统计年鉴》《中国文化文物统计年鉴》等客观数据，经过系统计算和分析得出中国文化消费整体情况优于 2013 年。

（徐　洋）

【中关村虚拟现实空间落成】 12 月 22 日，由北京实创高科技发展有限责任公司主办的中关村虚拟现实空间暨 Strong VR 成立启动仪式在上地信息产业基地举行。来自虚拟现实相关领域的行业专家、投资人、厂商代表以及入驻团队代表参加。Strong VR 虚拟现实产业孵化器由实创公司成立，位于上地信息产业基地实创创新孵化中心，办公面积 800 平方米，专注于虚拟现实（VR）行业，立足于 VR 行业生态圈的培育，实现 VR 行业的产业集聚，致力于 VR 技术的推广应用，服务于 VR 技术的开发者和应用者。

（徐　建）

【《孔子圣迹图》发行】 12 月 22 日，北京国学时代文化传播股份有限公司主持编修的大型图册《孔子圣迹

图》由国家图书馆出版社出版发行。《孔子圣迹图》主要取材自《史记·孔子世家》，亦兼采《孔子家语》《论语》和《孟子》等，以时间为经、事件为纬，因事绘图，缘图配文，图文并茂，反映了孔子的人生轨迹。图册计 104 幅图，以国学网古籍馆馆藏之清同治十三年（1874 年）孔宪兰刻本为底本，每一幅图皆经过修复处理，并重新点校图中配文及书前序记，气象古朴，开本宏阔。

（刘　佳　张欣怡）

【第二届“少年中国”少儿文化作品评选举办】 12 月 26 日，由海淀区委宣传部、海淀教委等单位主办，中关村数字内容产业协会（DC 产业联盟）承办的第二届“少年中国”少儿文化作品评选颁奖典礼在海淀区文化小剧场举行。政府部门相关负责人以及科研、教育界有关专家和企业代表等参加。评选活动 6 月 27 日启动，由海淀区委宣传部等单位主办，中关村数字内容产业协会承办，以“少年中国”为主题，共征集 537 件作品，范围涵盖全国 12 个省市，类别涉及动画、漫画、绘本、家庭学习资源图书、学习互动类产品（学习游戏、益智玩具）、歌谣、优秀少儿作品传播平台七大领域。最终评出金奖 10 名、银奖 18 名、优秀奖 50 名、公益奖（社会责任奖）10 名。

（贾众望）

重大创新成果

Major Innovative Achievements

本栏目设有国家科学技术奖和北京市科学技术奖两个分栏目，以条目体形式记述中关村国家自主创新示范区区域内的部分单位和个人获国家最高科学技术奖、国家自然科学奖、国家技术发明奖、国家科学技术进步奖、北京市科学技术奖的成果内容及其创新点。

综　述

2015年1月6日，《国务院关于2014年度国家科学技术奖励的决定》（国发〔2015〕4号）印发。国务院决定，对为中国科学技术进步、经济社会发展、国防现代化建设做出突出贡献的科学技术人员和组织给予奖励。共授奖国家最高科学技术奖1人、成果318项、外籍专家7位、外国组织1个。318项成果包括国家自然科学奖46项，其中：一等奖1项，二等奖45项；国家技术发明奖70项，其中：一等奖3项（通用项目1项），二等奖67项（通用项目53项）；国家科学技术进步奖202项，其中：特等奖3项（通用项目1项），一等奖26项（通用项目14项），二等奖173项（通用项目136项）。北京地区共获国家级奖励（通用项目）82项（国家自然科学奖18项、国家技术发明奖15项、国家科技进步奖49项）。其中中关村国家自主创新示范区69项，占北京地区获奖总数的84%，主要集中在电子信息、能源化工、医疗卫生、环境保护和农林养殖等领域。包括：国家自然科学奖17项（一等奖1项、二等奖16项），占北京地区国家自然科学奖获奖总数的95%；国家技术发明奖二等奖（通用项目）14项，占北京地区国家技术发明奖获奖总数的93%；国家科技进步奖（通用项目）38项（特等奖1项、一等奖1项、二等奖36项），占北京地区国家科技进步奖获奖总数的78%。中国人民解放军总医院、中国空间技术研究院两家单位获创新团队奖，占创新团队获奖总数的67%。中关村示范区获奖成果呈几大特点：重头项目均落户园区。以清华大学张尧学为首的课题组完成的“网络计算的模式及基础理论研究”扩展了冯·诺依曼结构模型，提出“透明计算”模式，引发和推动国内外新型网络计算模式的理论和实践，获国家自然科学奖一等奖；中海石油（中国）有限公司研发的超深水半潜式钻井平台，实现从浅水到超深水钻井的历史性跨越，获国家科技进步奖特等奖。科技型企业进一步彰显出强大的创新活力。中冶建筑研究总院有限公司等企业主持或参与完成的项目获国家技术发明奖二等奖；中国钢研科技集团有限公司等企业牵头的多项成果获国家科技进步奖二等奖，并成功应用于国家重点工程。多项、多领域成果的产生，彰显中关村示范区作为中国科技创新中心的强大的资源优势和创新实力。1月9日，中共中央、国务院举行“国家科学技术奖励大会”。

2014年12月28日，《北京市人民政府关于2014年度北京市科学技术奖励的决定》（京政发〔2014〕43号）印发。市政府决定，对在发展首都科技事业、促进首都经济社会发展中取得突出成绩的科技人员和组织给予奖励，批准220项成果获奖。其中中关村示范区177项，占北京地区获奖总数的80%，主要集中在电子信息、能源化工、医疗卫生等领域。“超大规模集成电路先进闪存存储器成套工艺与产品技术研发及产业化”等30项成果获一等奖，包括中关村示范区27项，占北京地区一等奖总数的90%；“超精细移动显示关键技术及应用”等60项成果获二等奖，包括中关村示范区51项，占北京地区二等奖总数的85%；“南水北调受水区饮用水安全保障共性技术研究与示范”等130项成果获三等奖，包括中关村示范区99项，占北京地区三等奖总数的76%。177项成果集中展示中关村示范区科技创新的水平和特点，体现科技奖励政策在服务国家战略、支撑首都经济社会发展中的激励和导向作用。企业领衔或参与完成的“高精尖”项目的比例大幅增长。北京和利时系统工程有限公司、北京兆易创新科技股份有限公司、中国铁建电气化局集团有限公司等企业作为第一完成单位完成的多项成果获一等奖，为助推北京经济结构转型提供了技术支撑；北京市水利规划设计研究院等单位完成的成果围绕城市可持续发展的关键共性技术实现突破，涉及大气污染治理、生态环境建设等领域，为破解城市发展与生态环境难题提供先进理念；北京北大千方科技有限公司等单位围绕公共安全、食品安全、道路交通安全等领域涌现出一批科技成果，提高了突发公共事件信息预警和应对能力；45岁以下的青年科技人员获奖项目比例逐年提高，达到60%左右，包含“90后”科技人员，逐步成为中关村示范区创新发展的重要力量。2015年2月27日，市委、市政府举行2014年度“北京市科学技术奖励大会”。

（章　健）

2014 年度国家科学技术奖部分项目简介

国家自然科学奖一等奖

【网络计算的模式及基础理论研究】 项目由清华大学等单位张尧学、周悦芝、林闯等完成，属信息科学领域，历经 20 余年，在国际上率先提出以“透明计算”为主的新网络计算模式，把一个自治网络虚拟成 1 台计算机系统进行管理。具体包括：①突破冯·诺依曼结构。把单机总线扩展到网络带宽，在空间上解除了指令计算和存储的紧密绑定，在时间上将指令的计算和存储由“串行”变成“并行”，将一个自治域内的所有计算机的存储器和 CPU 进行统一的虚拟管理，实现在自治域网络环境下的计算、存储和管理分离；以用户可跨平台自由选择服务为中心，把计算还原成“服务透明，用户定制”的跨设备、跨平台的个性化服务，存储计算改为流式计算，使用户端可获得大规模数据服务。②研制成功运行在各种操作系统之下、主板之上的超级操作系统（Meta OS）。系统是一个动态、分布并管理自治域网络内包括不同操作系统等在内的各种资源的系统，可通过网络内产生的事件调度系统内核控制、管理其他操作系统和应用程序的运转与执行，使网络系统变得可控和安全。③提出并实现高可靠网络协议和开发方法。研制成功多操作系统远程加载协议（MRBP）和网络服务访问协议（NSAP），将网络互联从 IP 层下降到硬件主板和操作系统的接口层，可在这一层次上设计出防止针对高层操作系统和应用程序的攻击和安全漏洞的保护程序，并可形成新的互联标准，使不同芯片和不同操作系统在一台机器上协同工作。成果在国际上开辟了一个全新的研究领域和发展方向，在国内外学术界和产业界产生重大影响。

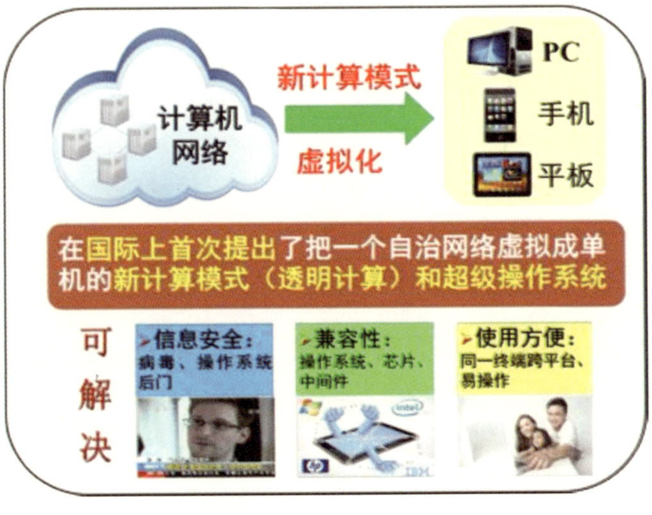

（章　健）

国家自然科学奖二等奖

【微分流形的几何拓扑】 项目由首都师范大学方复全完成，属数学基础研究领域。成果解决了“4 维微分流形到 7 维欧氏空间中的微分嵌入”问题，彻底回答了微分拓扑学奠基人惠特尼（Whitney），以及海弗里格（Haefliger）、梅西（Massey）等数学名家提出的、有 30 余年历史的著名公开问题，填补了惠特尼嵌入理论的空白；证明了“正曲率黎曼流形的 $\pi 2$ 有限性定理”（与人合作），这一发现被美国《微分几何综述》期刊列为微分几何学核心领域正曲率流形的九大结构定理之一，并被法国科学院通讯院士、著名几何学家伯杰（Berger）写入历史文献《二十世纪下半叶的黎曼几何》。此外，研究还首次构造著名几何公开问题 Grove 的反例（与人合作），结果被国外著名科学家写入牛津大学研究生数学教材。其系列研究成果发表在数学期刊 Invent.Math. 等权威学术杂志，并获邀在 2014 年第 27 届国际数学家大会上做特邀报告。

（章　健）

【复杂流体的数学理论和计算方法】 项目由北京大学张平文完成，属计算数学和应用数学领域。成果以复杂流体和复杂流动问题为中心，开展模型、理论分析、计算方法与数值分析研究，在液晶棒状分子模型理论分析、液晶分子与流场全耦合模型、自适应移动网格方法及应用、异质多尺度方法数值分析等方面进行研究。其主要内容：①证明液晶棒状分子模型所有解都具有轴对称性，首次给出该模型平衡态解的完整分类，从数学上证明液晶分子向列相图的正确性。②系统发展基于调和映射的非线性偏微分方程移动网格方法，适用于高维问题，且解决了复杂物理问题计算中长期困扰的网格缠绕难题，使边界网格和区域内网格可同步移动，移动网格解能够保持偏微分方程具有的物理性质，如守恒性、不可压缩性等。研究发展的算法整体高效，应用于模拟国防建设和高技术中的复杂流动问题，如带强源项的气固耦合、多相流、流光放电等。③建立异质多尺度方法数值分析的一般框架并进一步发展该方法，证明线性、非线性和随机系数的两尺度椭圆问题异质多尺度方法收敛性，且得到相应的误差估计。

（章　健）

【低维材料中新奇量子现象及其调控的机理研究】项目由清华大学段文晖、顾秉林、吴健等完成，属物理学范畴。成果以电子和输运性质的理论和计算研究为基础，系统探索了几种重要的低维材料的新奇量子现象及其应用原理，研究以石墨烯为代表的二维材料中的新奇量子现象、低维材料电子性质和输运行为的量子调控机理、基于低维材料的电子和自旋器件的原理和应用等。其主要学术影响：①发现新奇输运特性、创建同质器件构筑方案。探索具有相似能带的 zigzag 型石墨烯纳米带可呈现完全相反的 I−V 特征，并据此提出基于波函数对称性的选择定则；创建基于单层石墨烯构筑具有同质结构功能器件的方案，包括金属 / 半导体结、双极和 n 型场效应管等。②揭示应力、掺杂和电场调控机制与新效应特征。发现碳纳米管在应力下发生金属—半导体转变，指出其主要源于受压所造成的镜像对称性破缺；发现氮化硼纳米结构中的半金属性 Dirac 电子态和巨斯塔克效应的标度规律。③基于表面改性和量子尺寸效应所作的预言为国际著名实验室所证实。阐明表面氢桥键导致半导体表面 n 型掺杂的普适物理机制；首次提出在铁电超晶格材料中通过组分调制诱导新铁电相从而提高材料性能的方法与机制。④提出准一维结构的电子 / 自旋场发射理论。指出与传统的 Fermi 海电子场发射模型不同，低维体系场发射中顶端局域电子结构起决定性作用，提出外场使得束缚电子借助于共振隧穿效应而发射的新机理。

（章　健）

【低维光功能材料的控制合成与物化性能】项目由中国科学院化学研究所姚建年、赵永生、付红兵等承担，2003—2010 年间完成，属化学范畴。成果围绕着“分子结构 / 微纳结构 / 物化过程 / 光功能”之间的关联机制，在有机低维结构的控制合成、激发态限域传播效应、多级组装与光电器件等方面得到重要科学发现：①阐明分子间作用力对聚集行为的决定性影响，实现有机低维结构的可控合成。分子组装决定分子的堆积方式，进而影响微纳晶的晶型和形貌；而晶体生长则是形貌、尺寸、取向和单分散等参数的主要控制条件。②发现有机微纳结构中激发态能量的限域和传播，以及有机低维材料光学性质的尺寸效应，利用有机分子 Frenkel 激子的耦合、限域和传播，实现一系列光学、光子学性质的调控和应用，如微纳光学波导、激光、光信号处理调制等，拓展了有机纳米光子学这一新方向。③通过对比原子和分子体系，将分子组装的概念融入到多级结构的制备中，进一步优化其光电性质，为可控构筑多级组装结构提供有效途径，并探索其在光发射、光检测等多种光电器件中的应用价值，在学术研究和产业应用方面取得系列成果。

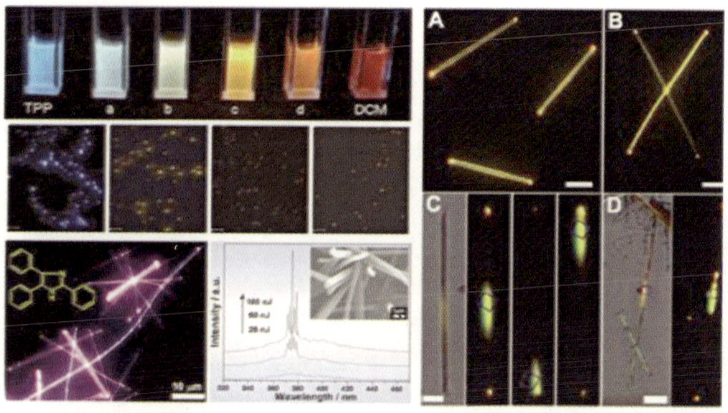

（章　健）

【若干分子基材料的自组装、聚集态结构和性能】项目由中国科学院化学研究所李玉良、刘辉彪、李勇军等完成，属化学范畴。研究显示了在微纳电子学器件和电路、光电转换、场发射和传感等方面的潜在应用前景。主要科学发现：①从合成化学新的视角出发，建立碳材料化学合成系统方法，首次成功地在铜表面上合成带隙为 0.46 电子伏特的二维碳的新同素异形体——石墨炔（Graphdiyne），是国际上第一个通过人工合成化学获得的全碳材料。②在设计、合成功能分子基元基础上，提出无机和有机分子的能量、结构和性质匹配的原则，建立无机 / 有机分子异质结构的共生长方法学，突破异质结构相容生长瓶颈，发现异质结界面和结效应导致的可控半导体特征；建立大面积电荷转移复合物聚集态阵列生长的新方法。③提出自然生长结合表面和界面作用驱动的策略，实现在无机材料表面可控构筑大面积、高有序分子聚集态纳米阵列，阐明从无序到有序的自组装机理，揭示性能对有序聚集态结构的强烈依赖性，实现分子聚集态水平上原理型器件的构建。

（章　健）

【晚新生代风化成壤作用与东亚环境变化】项目由中国科学院地质与地球物理研究所郭正堂、郝青振、吴海斌完成，属地球科学范畴。成果通过对中国新生代沉积的风化成壤作用研究，把陆地风尘堆积序列从800万年拓展到2200万年；厘定亚洲现代季风环境和内陆荒漠的起源时代，重建二者的早期演化历史，提出青藏高原在2000余万年前的隆升已达到重组大气环流的阈值；发现第四纪东亚季风极盛期与大洋碳同位素变化存在耦合关系，揭示出冰期—间冰期旋回中两极冰盖具不对称演化行为，丰富和深化了对间冰期气候行为和机制的认识，并为气候变化的影响评估等提供古气候学依据。

（章　健）

【青藏高原冰芯高分辨率气候环境记录研究】项目由中国科学院青藏高原研究所等单位姚檀栋、秦大河、田立德等完成，属地球科学范畴。成果在监测青藏高原现代降水气候意义的基础上，开展包括12根冰芯的古气候意义与环境变化重建工作，并探讨了末次间冰期以来青藏高原气候环境变化及其与周边地区的关系。研究建立了降水稳定同位素与气温之间关系的定量模型，发现末次间冰期以来青藏高原气候存在不稳定性以及冰芯微生物变化可以作为过去气候环境变化研究的新指标。研究成果提高了对青藏高原过去气候环境变化特征的认知水平，提供未来气候环境变化情景预测的新依据，同时也促进了稳定同位素指标在其他古气候研究领域的应用。

（章　健）

【气候预测的若干新理论与新方法研究】项目由中国科学院大气物理研究所等单位王会军、范可、孙建奇等完成。其内容包括：建立适合于东亚典型下垫面的陆面过程参数化方案，改进气候数值模式，并构建高分辨率嵌套数值气候模式，提高气候模式对中国区域气候的数值模拟和预测能力；开展全球变暖背景下东亚不同下垫面能量和水分循环变异及对中国几种极端气候影响的数值模拟；研究建立中国几种极端气候的数值预测系统，并进行预测试验和实时预测以及效能评估，探讨与统计预测方法结合的方法，从而提高对中国极端气候数值模拟和预测能力。

（章　健）

【哺乳动物多能性干细胞的建立与调控机制研究】项目由中国科学院动物研究所等单位周琪、王秀杰、曾凡一等完成，属生物学范畴，2002年启动。为此研究组成的干细胞研究团队，在诱导性多能干细胞和人类胚胎干细胞的获得以及细胞重编程机理研究方面取得多项突破性成果，解决了多个关键的、具有重要基础研究和临床应用价值的科学问题。主要内容包括：利用诱导性多能干细胞技术首次获得非胚胎来源的健康动物，推动了该技术的建立、普及与应用，完善了发育生物学理论，终结科学家关于诱导性多能干细胞是否能够替代胚胎干细胞的争论；开发了获得人类胚胎干细胞系的新方法；发现卵母细胞质量影响人治疗性克隆胚胎的发育能力以及能够区分干细胞多能性水平的分子标识等。研究中证明iPS细胞发育全能性的成果于2009年入选美国《时代周刊》评选的十大医学突破、中国基础研究十大新闻和中国十大科技进展。

（章　健）

【高等植物主要捕光复合物的结构与功能研究】项目由中国科学院生物物理研究所等单位常文瑞、柳振峰、匡廷云等完成，属生物学范畴。研究团队在光合膜蛋白质LHCII的空间结构的研究上取得原创性成果：发现膜蛋白结晶的第三种方式，首次报导20面体状的膜蛋白—脂复合体的空心球体的结构，提供包括蛋白质分子、色素分子、脂分子和水分子在内的近3万个独立原子的高精度三维坐标数据；首次完整地建立该复合体内的能量传递网络，提出基于结构的光保护分子机理模型，阐述了植物在高光强条件下通过LHCII的调节作用对多余的光能进行耗散以实现自我保护的机理，对培育高光效和强抗逆性作物具有潜在的指导意义。研究团队于2011年获得的菠菜次要捕光复合物CP29的2.8分辨率三维晶体结构，是国际上首个高等植物次要捕光复合物的晶体结构。植物光合作用的原初反应是从捕光开始的，在光系统II核心复合物的外周有一个复杂而高效的捕光天线系统，由位于最外周的主要捕光复合物LHCII和位于LHCII与反应中心之间的次要捕光复合物CP29、CP26和CP24共同构成。CP29是最大的蛋白，不仅捕获太阳能并将能量高效传递到反应中心，还在LHCII与反应中心之间的能量传递中起到桥梁作用。

（章　健）

【分布式协同控制的混合智能优化与稳定性】项目由北京理工大学等单位陈杰、王凌、方浩等完成，属于信息科学领域。分布式协同控制由“分布式协调规划”与“状态分布式控制”两个基本要素构成。项目以陆用武器平台为典型对象，研究多自主体系统拓扑结构与协调规划性能以及状态稳定性之间的相关性，建立探索—开发权衡的理论框架，发现状态有限时间一致性与拓扑结构间的本质联系，揭示了信息传输不确定性以及未建模动态环境对协同控制稳定性影响的内在规律，形成面向分布式协同控制的混合智能优化与稳定性的理论体系。主要科学发现点为：①揭示协调规划问题的求解难度决定最佳的探索—开发权衡的科学机理，建立了探索—开发权衡的理论框架，发现源于自然界不同演化机理的智能优化的混合机制，构建了混合智能优化算法的理论体系。在探索—开发权衡理论框架下，进而揭示临界耦合约束机理，提出基于自学习的群智能优化理论，有效解决了有限资源的动态分配问题。②首次提出基于连续状态反馈的有限时间一致性控制协议，揭示系统拓扑结构对于有限时间一致性收敛速度的影响机理，形成多自主体系统有限时间编队控制的新理论和新方法；成功解决具有有界时变时滞和异步信息获取条件下的系统全状态/部分状态的一致性问题。③提出包含系统状态三重积分的李雅普诺夫泛函新方法，阐明协同控制稳定性与网络延时及其变化率的关系，降低了稳定性分析的保守性。针对非完整约束运动体，考虑地面条件的未建模动态，提出在线学习与变结构控制相结合的自适应鲁棒控制新方法，解决了在网络延时和非理想地面条件下的陆用运动体的高精度控制问题。

（章　健）

【逻辑动态系统控制的代数状态空间方法】项目由中国科学院数学与系统科学研究院程代展、齐洪胜完成。成果以其原创的矩阵半张量积理论为工具，首次为逻辑动态系统提供一个便于计算与设计的代数状态空间描述，并在这个状态空间的平台上提出一套较完整的逻辑动态系统的建模、分析与控制理论。主要创新点：①首次给出包括状态空间、坐标变换、不变子空间等一系列逻辑动态系统状态空间的结构与分析方法。②利用状态演化方程首次给出布尔网络的不动点、极限环及吸引域的计算公式以及状态方程的卡尔曼分解形式，证明极限环的齿轮结构。③首次给出布尔网络控制方程，并由此得到一系列布尔控制网络的基本控制问题的解，形成一套较完整的布尔网络控制理论。④将逻辑动态系统的状态空间方法推广到K值和混合值，使之可应用于一般状态空间为有限集的动态系统的分析与控制。研究具有完全的原始创新性，包括：工具的创新，基本工具矩阵半张量已研究多年；方法的创新，将逻辑方程转化为代数状态空间方程；成果的创新，初步形成一套逻辑动态系统控制理论。

（章　健）

【基于环境约束和多空间分析的机器人操作理论研究】项目由中国科学院自动化研究所等单位乔红、王子栋、刘智勇等完成。研究从机器人“手”“眼”“脑”3个方面互补开展，相互的融合提高了机器人的操作精度和智能水平，表明这3个部分的研究连起来才能真正了解机器人的操作原理，做到精密感知，不仅是工业操作上，还体现在智能应用上，为未来机器人发展打开了一个窗口。实验发现将机器人的系统映射到另外一个空间，约束对系统形成广泛存在的“吸引域”，可以设置出一个不依赖于传感器的精确装配、抓取和定位解决方案，就此提出“环境吸引域”的概念、存在条件以及相应的依赖“吸引域”，实现高精度的算法。进一步研究后，团队意识到要提高机器人的智能性和可靠性，不能只关注“手”，还需要有视觉与“手”的联动。为此，基于模式识别技术，研究组发现相关的“吸引域”，通过多个“吸引域”的融合，可实现机器人的“手”—“眼”融合，既可降低对视觉信息精度的要求，也可提高机器人操作的智能和效率。项目获得国家科技重大专项支持，在汽车制造、智能装配制造等领域得到广泛应用。

（章　健）

【导电聚合物微纳米结构及其多功能化】项目由中国科学院化学研究所万梅香、魏志祥、朱英等完成。研究在国家自然科学基金重点、面上基金的支持下，1997年启动。其重要科学发现：①在无外模板的条件下，发明简单、廉价、普适、可控的自组装导电聚合物微纳米结构的“无模板”方法；首次提出并验证自组装纳米结构的形成机理，即由反应物（如单体、掺杂剂、单体/掺杂剂盐）原位生成的胶束，是“无模板”自组装纳米结构的软模板，并具有多样性、竞争性和可控性的结构特性和掺杂、模板和聚合的功能特性；在实验上，通过改变主链结构、掺杂剂性质、聚合方法和合成条件，实现自组装导电聚合物微纳米结构的普适性和可控性；开发新型的氧化亚铜八面体和类人脑沟回结构的苯胺—柠檬酸反应性模板，制备相应的导电聚合物微纳米结构，拓宽了传统模板形貌的种类，简化制备过程。②提出协同效应自组装多尺度、多功能导电聚合物微纳米结构的新概念和新方法；基于反应物原位生成胶束的结构和功能特性与氢键、掺杂剂诱导、无机纳米粒子的协同效应，自组装了导电—超疏、导电—手性、电—光异构化和电—磁功能等多尺度、多功能的导电聚合物微纳米结构。③采用压片四

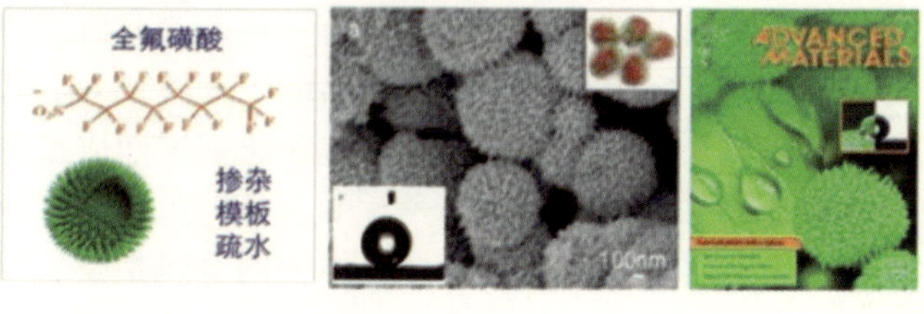

探针方法系统研究导电聚合物微纳米结构的电学性能及其导电机理，其电导率—温度依赖性呈现半导体特性，并服从莫特变程跳跃模型；揭示分子链或微纳米结构间存在的接触电阻在载流子的传导中起主导作用；结合仿生原理和导电聚合物纳米结构的特性，采用电纺丝技术与原位聚合的组装技术开发了耐腐蚀的类荷叶结构的导电—超疏水微纳米复合膜和基于掺杂/脱掺杂诱导表面浸润性可逆变化的智能传感材料；制备导电聚合物纳米线阵列与氧化石墨烯的复合结构，构筑了高性能超级电容器电极材料。

（章　健）

【多孔介质与微/纳结构中热传递机理研究】项目由清华大学姜培学、王补宣、胥蕊娜等完成，属工程热物理研究领域，获国家自然科学基金和973计划等资助。研究揭示出不同尺度和结构多孔介质中流动换热机理，构建了多孔介质中流动换热新的数学模型和纳米多孔及含纳米颗粒流体热物性模型，发展出新型强化换热结构。主要发现点：① 揭示出影响多孔介质中对流换热的本质是多种因素间的竞争机制，提出颗粒直径对多孔介质对流换热影响的判据，从而统一国际学术同行对结构和尺度影响对流换热存在的两种相互矛盾的认识；发现纳米多孔中 Kn 数大于 0.15 时，麦克斯韦尔滑移模型不成立，建立了纳米多孔中有效黏度模型；发展了多孔介质中多因素（骨架结构、孔隙尺度、流速、骨架与流体物性等）耦合换热理论，并拓展到微/纳尺度多孔介质中流动与换热机理研究。② 建立多孔介质中多因素耦合影响的多孔介质对流换热局部非热平衡模型和热边界条件模型，以及孔隙尺度模拟方法和流—固间对流换热系数的实验方法。③ 首次提出运用分形理论描述颗粒团聚体，基于Maxwell-Garnett经典模型，发展了含纳米颗粒流体有效导热系数经典模型并提出分形模型；从纳米尺度传热机制出发，建立纳米颗粒导热系数和比热容以及纳米多孔结构有效导热系数等计算模型，奠定纳米多孔介质中热质传递研究的基础。④ 提出调控孔隙率的思想，构建并研发微细板翅强化换热结构、烧结颗粒微多孔换热器和深槽微型换热器，发展了高热流密度表面冷却的新技术。成果成功应用于大推力火箭发动机发汗冷却面板、高温环境中喷油支板发汗冷却热防护、二氧化碳地质封存及增强型地热系统的研究与设计。

（章　健）

【纳微系统中表面效应的物理力学研究】项目由中国科学院力学研究所赵亚溥、袁泉子、郑哲敏等完成。研究紧密结合国家在纳微系统领域的重大需求，针对电弹性毛细动力学、分子间力引起的吸合/黏附、表面应力的起源与应用等国际学术前沿问题开展研究，取得一系列原创性成果，为纳微系统力学设计提供了“基本设计参数”。成果得到中、美、俄科学院院士、英国皇家学会会员等国内外同行的重点引用和高度评价，在国际物理、化学、MEMS领域顶级期刊发表，8篇代表性论文SCI他引400余次，推动相关学科的研究和发展，为产业界提供了理论指导。

（章　健）

国家技术发明奖（通用项目）二等奖

【花生低温压榨制油与饼粕蛋白高值化利用关键技术及装备创制】项目由中国农业科学院农产品加工研究所等单位王强、许振国、刘红芝等完成。研究得到国家科技支撑计划、863计划支持，历经10年。其创新成果：①发明花生低温压榨制油与饼粕蛋白联产技术及装备。通过对调质、低温压榨等技术研究及双螺杆榨油机关键部件改进、出油缝隙和出饼厚度的适度调节，建立低温压榨制油技术与工艺，出油率47.0%、饼粕残油6.5%、饼粕蛋白氮溶指数（NSI）73.6%，突破低温压榨出油率低、残油高的技术难题，设计了快开门萃取罐与可编程序控制系统，发明了亚临界流体萃取装置，有效解决萃取罐开启烦琐、自动化程度低、蛋白粉残油高的问题。②发明花生伴球蛋白与浓缩蛋白制备与改性技术。研究料液比、冷沉温度对伴球蛋白表面疏水性、二硫键含量的影响，构建了伴球蛋白结构与凝胶性关系模型，发明伴球蛋白低温冷沉制备技术，使产品纯度达78.9%、提取率71.3%、凝胶硬度217.0g、持水性2.1g/g、持油性2.8g/g；通过研究醇洗条件、转谷氨酰胺酶改性方法，创建浓缩蛋白制备与

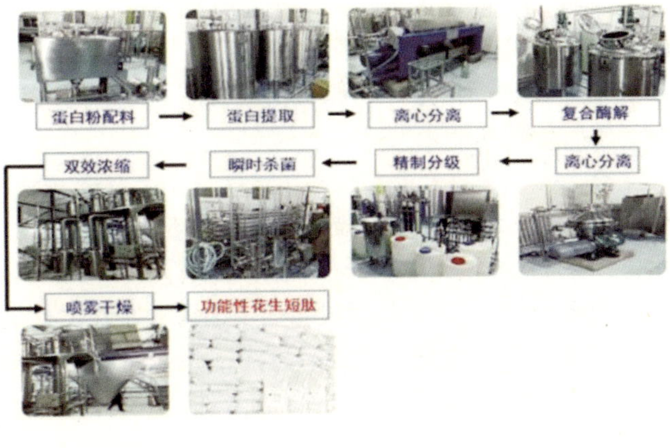

改性技术，高凝胶型浓缩蛋白硬度、持水性、持油性分别较改性前提高 36.7%、50.0%、31.6%；首次实现伴球蛋白、浓缩蛋白在肉制品中的应用，突破了花生蛋白不能用于肉制品加工的技术瓶颈。③发明功能性花生短肽制备技术。研究短肽得率与酶种类、水解条件的回归模型和动力学模型，超滤条件对短肽精制分级的影响，创建短肽制备技术，使短肽得率达 89.0%、纯度 90.3%；通过动物试验证实短肽的降血压活性，确定活性最高组分的氨基酸序列，为降血压机理研究提供了依据；建立生产线 3 条，产品附加值较花生蛋白粉提高 30 ～ 35 倍，实现花生蛋白的高值化利用。

（章　健）

【微波消融设备的研发与临床应用】项目由中国人民解放军总医院等单位梁萍、于晓玲、程志刚等完成，属医工结合多学科交叉成果，得到国家科技支撑计划、国家自然科学基金等资助，针对实体肿瘤发病率高、切除率低、放化疗不敏感等问题进行研究。其成果：①研发了中国首台水冷温控微波消融设备，多项技术指标优于国外同类产品。水冷温控微波消融仪实现 4 项技术创新：温控反馈监测系统实现精准可控消融、内置水冷循环技术提高致热效率、915 和 2450 兆赫双频率拓展提高适形灭活大肿瘤能力、全固态微波源提高传输效率；水冷微波消融天线实现 3 项技术突破：电小天线辐射扩大凝固体积，防粘合金钢针杆提高治疗精准度和安全性，微波线缆、温度数据线缆与水循环冷却管一体同杆传输消融针保证热量高效传导。②揭示微波在多种实体脏器内热传输特性和热场规律：医工结合多学科交叉，采用有限元方法建立计算机模拟三维热场模型并验证其准确性，大量离活体和荷瘤动物试验阐明微波在肝、肾、脾、甲状腺的生物传热特性、组合热场规律及安全阈值温度，构建可预测、可调控的安全精准的消融平台。③实现成果转化，设备首家通过 CFDA 批准，开拓应用了影像引导微波消融多脏器肿瘤新技术：制定产品质量标准，投入规模化生产，推广至 250 家医院治疗患者 6 万余人，成功应用于影像引导下肝、肾、肾上腺等多脏器实体肿瘤治疗，在原位精准灭活肿瘤的同时保存了器官生理功能。

（章　健）

【海洋钻井隔水导管关键技术及工业化应用】项目由中国海洋石油总公司等单位姜伟、杨进、刘书杰等完成，历经 10 年。主要技术发明点：①隔水导管入泥深度及控制的原理方法。在揭示海洋钻井条件下隔水导管与海底土相互作用机理的基础上，提出综合海洋环境、钻井动载等多因素的导管与土相互作用本构关系、群桩效应计算模型，发明了钻井隔水导管下入深度及控制的原理方法和模拟 3000 米水深的试验装置。②不同下入工艺的隔水导管入泥深度设计方法。通过系统的室内和现场大型模拟试验，揭示隔水导管作为“循环通道、持力结构”两种功能的动态力学特性，发明锤入、钻入及喷射法下钻井隔水导管入泥深度设计方法，建立喷射下导管钻井参数（钻压、排量、钻头伸出量等）设计图版，并研发了相应软件。③隔水导管海上施工监测方法及控制技术。在揭示隔水导管贯入度与打桩锤性能参数、土质特性内在影响规律的基础上，发明隔水导管下入施工实时监测方法和控制技术，研制了打桩防斜、扶正等关键工具。④高强度、高效率隔水导管关键产品。发明可抵御中国海域百年一遇冰载、承载能力提高 40% 的抗冰隔水导管及连接效率提高两倍以上的新型快速接头，保障了恶劣海况下的作业效率和油气生产安全。

（章　健）

【基于巨磁阻效应的油井管损伤磁记忆检测诊断技术及工业化应用】项目由中国石油大学（北京）等单位张来斌、樊建春、宋周成等完成，历经 10 年，是针对油井管损伤缺陷，防止其引发生产事故危及油气井安全难题而开展的，属油气安全工程领域。其主要发明点：①发明动载套管磨损、高压冲蚀磨损实验装置及方法，揭示了典型油井管材料在疲劳、磨损及冲蚀过程中的弱磁场变化规律，提出油井管损伤的巨磁阻效应磁记忆检测诊断原理及方法，形成系列专用传感器，灵敏度较一般金属磁记忆方法提高 4.5 倍，管件壁厚穿透能力达 30 毫米，微裂纹分辨能力小于 40 微米。②发明便携式和全自动钻具磁记忆检测装置，解决了钻具疲劳损伤早期诊断难题，克服常规高速探伤装置在缺陷高发的接头检测盲区；提出钻具完整性管理推荐做法，系统检测速度达 10 米 / 分，缺陷深度分辨率达

5% 壁厚。③发明油管损伤磁记忆检测装置，实现带接箍油管的一体化准确检测，效率比传统检测系统提高3.5倍；提出依据井况实施油管分级判废的新方法；研制出18臂套管损伤磁记忆检测系统。④发明基于巨磁阻的高压法兰密封性检测方法、检测装置及系统，应力检测精度达 ±20 兆帕斯卡，为有效预防密封失效导致的高压流体泄漏提供了新的技术手段。

（章　健）

【新型功能化超顺磁性颗粒的制备及在分离技术中的应用】 项目由中国科学院过程工程研究所刘会洲、邢建民、杨良嵘等完成，属于化学工程与材料交叉技术领域。成果针对国内外磁性颗粒制备工艺复杂、反应条件苛刻、生产成本高等工程难题，对乳液界面稳定机理和聚合反应过程工程进行研究。其内容：发明超顺磁性颗粒合成新方法，创制了一种制备磁性高分子微球的喷流悬浮聚合反应新工艺和反应装置，规模制备了聚苯乙烯、聚甲基丙烯酸甲酯、聚丙烯醇、聚甲基丙烯酸缩水甘油酯及二氧化硅、氧化铝等多种超顺磁性颗粒；发明高基团容量的多功能磁性颗粒的制备新方法，在国际上率先实现高吸附容量蛋白质亲和分离磁性颗粒、氨基硅烷偶联的二氧化硅磁性纳米颗粒等多种功能化超顺磁性颗粒的大规模制备，所获得的功能化磁性颗粒的吸附容量是市售产品的几倍到几十倍；创制多种磁性分离/催化装置，包括用于蛋白质分离的超顺磁性颗粒连续化分离装置、流体中超细磁性颗粒的连续高效磁分离装置等，实现大流量液体中的超细磁性颗粒的有效分离和循环使用。项目成果推广到多家企业，解决了纳豆激酶的分离问题；发明的永磁分离装置用于工业催化生产中活性镍催化剂纳米颗粒的回收，实现催化剂原位在线分离。

（章　健）

【高性能铜铝复合材料连铸直接成形技术与应用】 项目由北京科技大学等单位谢建新、刘新华、吴春京等完成，属于新材料技术领域。研究针对传统铜包铝复合材料生产流程长、界面结合强度低、成材率低等问题进行。其主要创新点：①发明将铜和铝两种金属熔化后，注入同一复合装置进行连续铸造，实现包覆材料连铸直接复合成形。②发明连铸复合坯料，通过轧制、拉拔、退火不同的工艺优化组合以及变形和加工过程控制，分别用于生产高性能复合扁排、扁线和圆线产品的3种短流程高效加工工艺。③发明提高连铸复合坯料和加工产品的成分、组织和性能均匀性与一致性技术，提高铜包铝产品成形加工性能和产品应用时的机加工性能以及产品质量的均匀性与一致性。④开发规模产业化系统集成工艺与成套装备技术，包括稳定连铸生产、高效成形加工生产、扁排退火等关键技术，以及连铸、轧制、退火等专用装备。项目在多家企业应用，建成4条生产线，共生产复合扁排2万吨，产品可实现节铜65%～80%。

（章　健）

【防腐高效低温烟气冷凝余热深度利用技术】 项目由北京建筑大学等单位王随林、刘贵昌、艾效逸等完成，曾获2012年度北京市科学技术奖一等奖、首届中

国防腐蚀行业专利奖金奖、第十五届中国专利奖优秀奖。项目简介刊登在《中关村国家自主创新示范区年鉴2013》重大科技成果栏目第482页。

（章　健）

【标识网络体系及关键技术】 项目由北京交通大学下一代互联网互联设备国家工程实验室等单位张宏科、苏伟、吴强等，在973计划项目“一体化可信网络与普适服务体系基础研究”支持下，历经10余年完成。主要发明点：①针对互联网体系与机制存在的原始设计弊端，提出以“两层模型”“三次映射”“四种标识”为典型特征的标识网络体系，发明了标识和映射机制。②针对互联网“身份与位置绑定”问题，发明以“接入标识”“交换路由标识”及其分离解析映射机制为核心的关键机理、技术与方法，有效解决网络地址欺骗、移动导致通信中断、核心网路由表极速膨胀等问题，提高了网络安全性、移动性和可扩展性。③针对互联网“资源与位置绑定”问题，发明以“服务标识”“连接标识”及其分离解析映射机制为核心的关键机理、技术与方法，显著提升服务质量及资源利用率。

（章　健）

【可视素材内容驱动的虚拟场景生成技术及应用】 项目由北京航空航天大学陈小武、赵沁平、王莉莉等完成，得到863计划和国家自然科学基金等资助。研究围绕可视素材内容理解及其驱动下的虚拟场景生成，开展相关核心共性技术攻关，取得4项发明创新：①可视

内容特征驱动的虚拟场景构建与生成技术。②可视内容特征驱动的虚拟场景编辑与合成技术。③支持场景理解的可视素材特征分析与内容解析技术。④支持内容驱动的可视素材获取存取与表达标注技术。项目取得的技术发明创新、研制的场景生成平台及其系列开发工具，形成了一套具有自主知识产权的可视素材内容驱动的虚拟场景生成技术系统，在图像场景分割分层与对象提取、视频内容编辑传播与融合生成、图像光影属性模板构造、图像光影分层与迁移生成等方面处于领先水平。成果在飞行器场景态势感知、空军飞行训练模拟仿真、公安监控视频事件推演、移动产品数字媒体制作、电影数字作品创作生产、远程教育数字内容服务、体育运动视频分析演练、数字艺术作品设计创作等方面得到成功应用。

（章　健）

【机载高精度位置姿态测量系统关键技术及应用】项目由北京航空航天大学等单位房建成、宋凝芳、钟麦英等完成。系统（POS）是用于机载对地观测载荷运动补偿和系统无地面控制点测图、实现高分辨率航空遥感的共性关键技术，是以新型高精度陀螺为核心敏感器件、光机电集成的尖端产品，技术难度大，是高分辨率航空遥感系统必不可少的关键组成部分。项目主要发明点：①小型高精度与高稳定性光纤陀螺技术。②复杂环境下小型惯性测量单元（IMU）高精度测量技术。③机载 POS 快速精确对准与高精度组合滤波技术。④ IMU、GPS 和有效载荷间的多级 / 动杆臂建模补偿方法和基于时延补偿的高精度时间同步方法。研制成功的机载高精度 POS 成功地应用到中国自主研制的 SAR、干涉式光谱仪、激光雷达、可见光相机四大类航空遥感载荷，提高了载荷的成像分辨率和地物分类与识别精度，推动了稀少（无）地面控制点（基准点）测图技术产业化应用。

（章　健）

【低热阻高光效蓝宝石基 GaN LED 材料外延及芯片技术】项目由中国科学院半导体研究所等单位李晋闽、王国宏、王军喜等完成，历经 10 余年，在半导体照明基础材料、新型器件集成技术方面取得一系列重大原创性发明：首创新型复合光学膜结构及制备技术，突破传统金属反射镜反射率的制约；首创金属复合衬底结构，相关指标达到国际同类技术水平；创造性提出金属极性面极化诱导 p 型掺杂技术，攻克氮化物 p 型掺杂效率低的难题，相比常规技术空穴浓度提升一个数量级；提出微纳图形衬底二次成核技术，首次在纳米图形衬底上外延出高质量高铝组分氮化物材料。项目建立完善的技术发明创新体系，授权 47 件专利，其中两件美国发明专利，解决了中国在大功率 LED 领域核心专利缺失的问题，成果在北京奥运工程、人民大会堂、京沪高铁等国家重大工程中得到应用。

（章　健）

【高光束质量超高斯平顶钕玻璃激光器关键技术及应用】项目由中国科学院光电研究院等单位樊仲维、邱基斯、伍浩成等完成。主要创新成果：首创液晶空间光调制器伽马曲线线性化光束整形技术，解决了伽马曲线固有非线性导致的对激光光强空间分布变化敏感和整形精度低等难题；发明激光参数集成化测量技术，研制出全域参数测量仪器，解决了通用测试仪器无法精确评价激光器整机性能的难题；发明激光器单元器件和系统集成计算机辅助装调技术，解决了传统装调方法无法满足装配精度和技术指标一致性的难题。项目授权国家发明专利 28 件，软件著作权 10 件，发表论文 104 篇，形成 3 项国家军用标准。

（章　健）

【调控光线行为的三维自由光学曲面构建及其在半导体照明中的应用】项目由清华大学等单位罗毅、钱可元、韩彦军等完成。研究发明了采用三维自由光学曲面高效、均匀调控 LED 光线到被照明区域的系列技术。主要发明点：① 针对 LED 器件旋转对称朗伯光分布导致的眩光和照度 / 亮度严重不均匀的问题，提出在常规封装 LED 器件外构置三维自由光学曲面以调控光线行为的思想，发明了基于分离变量和光能守恒映射的三维自由光学曲面构建方法以及基于实际需求的反馈修正方法。以此方法构建的半导体照明光源系统可将 94% 的光能以 80% 的均匀性投射于被照明区域，在人民大会堂和深圳高速公路实际应用中分别节能接近 80% 和 68.8%。② 针对半导体照明光源系统总光通量、照度 / 亮度均匀性、可散热的功率密度相互制约，难以同时优化等问题，发明将具有同样照度和亮度分布的发光单元平面拓扑叠加以构成光源系统的基本结构，拓扑叠加兼顾散热、驱动配置等因素，构建的三维自由光学曲面对 LED 的光线行为进行调控，将几乎不可能的系统级光线调控转化为 LED 发光单元的光线调控，系统级照度 / 亮度均匀性优异的同时，LED 的结温升仅 21.7 摄氏度（环境温度 50 摄氏度），30% 光衰时的预期寿命提升至 11 万小时。③ 针对半导体照明光源系统可靠性和成本难以满足应用需求的问题，发明接触紧密、定位精确的 LED 三维自由光学曲面安装方法，一体化、可扩展的光源系统机电结构以及稳定可靠、操作简便的光源系统位置调节机构，形成自主的半导体照明光源量产技术，仅路灯就安装80万盏。项目研制的LED路灯、大型场馆照明灯、管灯等系列产品，应用于国内27个省市，并出口至美、日等国家。

（章　健）

【核电站反应堆安全壳结构系统全寿期检测评估关键技术】项目由中冶建筑研究总院有限公司林松涛、蒋坚毅、王永焕等完成，历时20余年，开展针对核电站安全壳系统整体性和密封性检测评估技术的研发工作，通过大量的理论建模计算和结构模型试验，模拟高温、高湿、高压等各种复杂环境条件下影响因素分析，先后开发出可用于核电站反应堆安全壳系统全寿期检测评估的三大关键核心技术：①在国内率先建立核电站安全壳建造验收技术评价体系，解决了安全壳结构整体性和密封性检测评估的关键技术难题。自主研发了永久性测试设备及专用的分析、评估软件；建立了基于温度、湿度、压力等多参数体系的泄漏率计算模型以及泄漏率计算评估软件。②针对核电站安全壳预应力系统，开发了预应力长期损失监测技术，建立了安全壳在役期间安全裕度评价体系。③在国内率先开展安全壳系统老化机理的研究，建立基于事故树理论的老化状态分级评价方法，开发了安全壳结构老化管理数据库软件，形成一套完整的安全壳结构老化管理与寿命评价技术体系，解决了安全壳延期服役的技术难题。

（章　健）

国家科学技术进步奖（通用项目）特等奖

【超深水半潜式钻井平台研发与应用】项目由中海石油（中国）有限公司等单位联合完成。2006年起，中国海洋石油总公司组织国内100余家单位，组建约5000人的研究、设计、建造、调试和运营一体化研发团队，开始前期方案研究和建造项目筹备。2008年，国家科技重大专项“大型油气田及煤层气开发”启动，“深水半潜式钻井平台及配套技术”攻关研究首批列入油气开发专项，深水半潜式钻井平台研发与建造作为十大标志性装备之一列入油气开发专项目标。主要创新成果：①首次建立考虑南海内波流等特殊灾害环境条件的超深水半潜式钻井平台理论研究方法和设计技术体系，研发出针对中国南海环境条件的钻井平台新船型。平台工作水深3000米，钻井深度1万米，可变载荷9000吨，综合性能指标世界领先。②首次建立基于海洋环境与钻井工况耦合作用下的隔水管理论分析方法与实验技术，通过实验首次发现隔水管的“三分之一效应”与“上下边界效应”，为隔水管安全控制提供了理论依据；创新设计并应用本质安全型防喷器控制系统，可有效防范类似墨西哥湾BP井喷事故的发生。③国内首次突破基于有限元数值分析的精度控制等核心关键技术，建立了超深水半潜式钻井平台总装建造和配套技术体系。④首次实现DP3动力定位与锚泊定位的双定位系统优化设计与智能控制，节约原油20吨/天，二氧化碳减排量63吨/天。平台高137米、长114米、宽79米，自重超过3万吨；装备8台44兆瓦柴油发电机。平台2012年投用，先后钻井17口、完井4口。2014年8月18日，平台在位于南海陵水17-2深海气田测试获得高产油气流，创造中国海油自营气井测试日产量最高纪录。

（章　健）

国家科学技术进步奖（通用项目）一等奖

【流域水循环演变机理与水资源高效利用】项目由中国水利水电科学研究院等单位王浩、贾仰文、康绍忠等依托“海河流域水循环演变机理与水资源高效利用(2006CB403400)”项目完成，历经5年，是由水利部牵头的第一个973计划项目，建立人类活动密集缺水区流域水循环及其伴生的水化学与生态过程演化的基础理论，揭示了海河流域水资源、水生态与水环境演变的客观规律，在科学评价流域资源利用效率和生态环境状况的基础上，提出城市和农业水资源高效利用与流域水循环整体调控的标准与模式。其创新性成果：①揭示强人类活动影响下流域水循环演变机理与水资源演变规律，并进行归因分析。②创建流域水循环及其伴生过程综合模拟工具，定量预估海河流域水循环及其伴生过程的演变趋势。③提出“量—质—效”全口径、多尺度水资源利用综合评价方法和高效利用机理与标准。④创建流域水循环多维临界整体调控理论与模式，提出总量控制目标。成果在海河流域和中国北方地区得到广泛应用。

（章　健）

国家科学技术进步奖创新团队奖

【解放军总医院器官损伤与修复综合救治创新团队】团队始建于1987年，由留日博士后陈香美（中国工程院院士）牵头，在中国人民解放军总医院肾病科，起始只有8人，不到60平方米的实验室和简陋的仪器设备，组织开展器官损伤与修复这一世界难题的研究。现团队扩大到66人，实验室扩展到3000平方米；承担973计划项目等国家级项目142项，两次获国家自然科学基金“创新研究群体”；发表论文及述评996篇，其中不少发表在《柳叶刀》等国际著名期刊上；主编专著20部，主持制定4部国家标准；近10年来，以第一完成单位获国家科技进步奖10项，获国家发明专利15件、实用新型专利17件，获新药证书和临床批件并转让成果6项。团队在临床方面，创建严重创伤和灾害导致多器官损伤救治的系列创新技术，解决了疑难、危重、复杂性器官损伤综合救治的国际难题；在研究方面，形成系统的器官损伤修复再生机制创新理论，原创性研究成果位居国际领先行列。解放军总医院肾病科是国家重点学科、国家医疗质量控制中心、国家重点实验室、国家临床医学研究中心“四位一体”的科室，其研究成果在历次抗震救灾中发挥关键作用。由陈香美牵头撰写的《地震伤员病情评估和管理共识》和《挤压综合征急性肾损伤诊治的专家共识》，成为震区救治的范本。团队还创建中国第一个信息完整的全国透析病例登记系统，推动尿毒症加入新型农村合作医疗项目；创建惠及中国老年人的老年多器官损伤理论及干预方法，明显提高器官损伤患者的救治率。

（章　健）

【中国航天科技集团公司第五研究院深空探测航天器系统创新团队】团队2002年组建，中国科学院院士叶培建为带头人，拥有10余学科的专业技术人才，是中国深空探测领域发展战略及规划论证、航天器系统研究开发和总体设计的主力队伍。2004年，中国月球探测工程全面启动。团队针对月球探测卫星的特点，采用多学科、全系统优化设计方法，确定了中国首个月球探测器的总体方案，并成功解决轨道、控制、测控等难题，突破月球环绕探测技术，用3年时间实现中国首次环月探测，“嫦娥”一号卫星成为中国航天事业发展第三座里程碑的开篇之作。“嫦娥”二号卫星作为探月工程二期的先导星，突破深空探测多目标、多任务技术，将中国深空探测推到一个新高度，并成为中国首颗飞入行星际、环绕太阳飞行的探测器；实现月球、日地拉格朗日L2点和小行星3类目标探测，取得“低成本、高质量、高回报”的突出实效。“嫦娥”三号探测器80%的产品为全新研制，超出通常航天器20%～30%的新研产品比例。团队突破高精度、大动态激光测距和微波测距测速技术，首次实现月面软着陆全自主障碍识别与避障控制；针对月夜探测器低温生存问题，首次采用重力辅助两相流体回路技术实现热能的自主可控传输。为保证探测器落月时不翻倒、不陷落，团队创新设计“悬臂式”构型方案，攻克新型常温超塑性材料的制备、加工工艺等难题，突破着陆缓冲技术，推动了新型机构和新材料技术的发展，2014年下半年完成了探月三期再入返回飞行试验任务。团队在国内外刊物上发表文章200余篇；授权专利65件，制定多项行业标准；获国家科技进步奖特等奖2项，国家发明奖二等奖1项，省部级奖20余项。团队培养一大批优秀的科技人才，拥有90余名成员，平均年龄35.4岁，团队骨干多次获全国五一劳动奖章、中国青年科技奖等荣誉。

（章　健）

2014年度北京市科学技术奖部分项目简介

北京市科学技术奖一等奖

【大规模网络视频处理与内容分析关键技术及应用】项目由中国科学院计算技术研究所等单位张勇东、张冬明、李建涛等完成，历时12年，属于信息技术领域，在863计划、北京市科技计划，国家自然科学基金的支持下，开展大规模网络视频处理与内容分析关键技术研究及应用。主要创新点：①发明一套视频编解码优化及适配处理方法，将单机解码吞吐能力从原有的60兆提升到300兆，显著提高网络视频的解码效率，有效提升编解码处理速度和解码重建的视觉质量，满足了实际应用对带宽、实时性及功耗的要求，同时能够高效适配不同终端特性。②发明一套适用于大规模相似视频检测的特征提取、匹配与高维索引方法，实现了高速、高精度的大规模相似视频检测，解决了已知有害视频的准确识别问题。③发明一种适用于大规模网络数据的视觉语义概念训练和检测框架，能够有效应对复杂变化的网络视频数据，具有较高的训练效率和检测精度。④发明一种网络视频话题检测与跟踪方法，解决了对稀疏、噪声大的网络数据进行话题检测和热点话题发现的难题。⑤发明一套分布式采集框架与策略，实现大规模网络视频数据的高效采集和相关信息精确抽取。成果在网络视频服务和国家互联网视音频监管领域大规模应用，并在一系列国家网络信息安全重大专项任务中发挥重要作用。

（章　健）

【百万千瓦核电机组运行控制系统研制及产业化】项目由北京和利时系统工程有限公司等单位朱毅明、施波、贺剑锋等人完成，属于先进制造技术领域，2007年启动，是863计划核电行业重大工程自动化成套控制系统重点项目。主要创新点：核电站运行控制系统容错设计技术、满足核安全法规（HAF J0053）的抗地震硬件设计、确定性的实时工业网络协议、高可靠冗余实时服务器集群、符合核电标准（IEC62241）的先进报警系统、高可用性的历史库、符合美国核管会要求（NUREG0700）的人机操作界面、便捷高效的数字化操作规程导引系统、首出故障识别功能、电站运行状态判断、双机组公用系统的操作控制权管理、主控室操作站（MCR OPS）—应急停堆站（RSS OPS）切换和操作闭锁功能。项目可满足二代改进型压水堆和三代先进压水堆的设计要求，应用于红沿河核电站1号～4号、宁德核电站1号～4号等16台百万千瓦级核电机组，比国外引进系统价格低50%，其系统运行维护费用可降低到引进系统的1/3到1/5。

（章　健）

【国家高性能计算应用服务环境关键技术及应用】项目由北京航空航天大学等单位钱德沛、谢向辉、迟学斌等人完成，属于计算机信息技术领域。主要创新点：①通过资源管理、运行管理、数据存储、编程环境、系统安全、环境监控等创新软件技术，研发高性能计算环境服务软件，解决环境的异构、开放和动态带来的挑战，支撑环境运行与应用服务。②通过网格和云计算技术的有机结合，构建面向领域应用的网格应用社区，解决了资源部门所有和广泛共享之间的矛盾。同时将云计算先进理念引入社区，构造了既有网格的分布异构资源聚合能力，又有云计算的灵活使用模式和商业运营模式的高性能计算应用服务环境。③突破跨域多源数据聚合访问、广域协同、资源动态绑定、灵活定义工作流等关键技术，强调异地资源共享和协同工作，研发了包括气象集合预报应用网格、面向水利信息化的高性能计算与网格应用、中航工业高性能计算与网格应用系统、基于多源数据的国家林业生态工程监测与评价网格应用系统等。④针对国产千万亿次计算机，发展了并行计算关键技术，使并行计算水平从数百核提高到数万核，在飞机设计、石油勘探、聚变模拟等领域研发了一批万核级并行应用软件。成果部署了450余个应用软件和工具软件，支持了1100余项国家各类科技计划和重要工程项目的研究，用户覆盖气候气象、油气勘探、航空航天、核电设备等领域。

（章　健）

【32位星载容错控制计算机系统关键技术及应用】项目由北京控制工程研究所等单位华更新、杨桦、梁洁玫等人完成，属计算机信息技术领域，在星载计算机体系结构、空间实时容错操作系统、高性能系统芯片和空间环境一致性验证方面进行创新，实现星载软硬

件产品自主可控。主要创新点：①提出动态可调整多机容错体系结构，创建多机异构和冷热可变容错系统模型，突破多机动态可调整容错系统的同步—切换—重构技术，解决了空间飞行器资源有限而又面临多机系统长寿命强实时之间相互制约的难题。②提出并研制自主创新的高性能抗辐射 SoC2008 系统芯片及自测试自修复硬件架构，突破老化预测和超速时延自测试、基于透明动态绑定的自修复技术，确保系统高可靠和高可用。③提出基于多级任务链表结合二维位图的任务调度、动态内存管理、抗单粒子翻转软件容错方法，建立八态容错模型，研制基于微内核架构的空间容错实时操作系统 SpaceOS，满足了微内核条件下资源管理的强实时性要求。④提出 32 位星载容错控制计算机的故障注入、面向多故障和复合故障的诊断、可靠性评估与间歇故障脆弱性评估、基于静态分析的设计错误检测方法，研制仿真空间环境的综合验证平台，提供了地面模拟空间复杂环境一致性的手段。成果应用于包括载人飞船、通信、导航等空间飞行器，其中最长在轨工作时间 7 年半，累计在轨超过 100 余星年。

（章　健）

【超大规模集成电路先进闪存存储器成套工艺与产品技术研发及产业化】项目由北京兆易创新科技股份有限公司等单位吴汉明、朱一明、仇圣棻等完成，属集成电路技术领域，是在公司自有的 130 纳米 NOR 型闪存工艺基础上的升级研发和再次创新。在产品设计开发方面：通过高速数据接口等电路设计技术大幅度提升数据编程、读写效率，实现业界最高读出速度，频率达 133 兆赫，数据吞吐率达到 532 兆；优化的编程算法，页编程速度性能 Tpp 达 300 微秒，实现器件性能设计技术和产品成本控制技术等多重优化，研发出高速、高可靠性的 SPI NOR Flash 芯片，产品比业界同类产品的芯片面积小 15%。在成套工艺开发方面：发明浅沟槽新工艺，改善由于应力引起的漏电问题，降低了浅沟槽隔离的高宽比；确定了毫安级工作电流、10 万次擦写次数、10 年数据保存时间等先进工艺指标；解决自对准浮栅工艺等关键技术，发明了氮化硅掩膜层去除新工艺，通过对设计规则和工艺流程中各步骤的优化，提升产品可靠性。成果应用于手持移动终端、消费类电子产品、个人电脑以及电信、医疗等领域，能够满足各种嵌入式设备、智能终端设备等的存储方案。

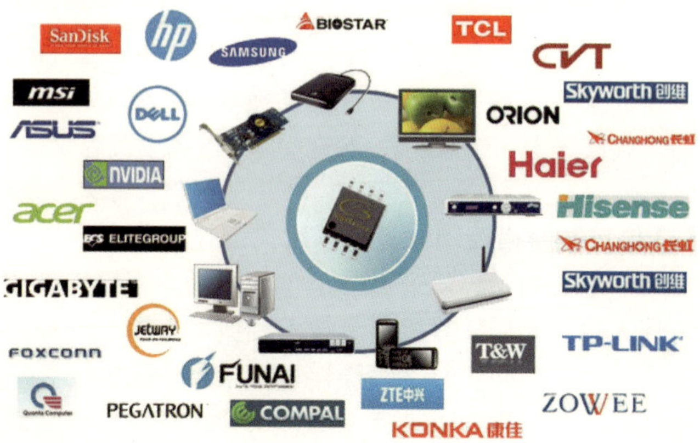

（章　健）

【油气管道缺陷在线检测关键技术与应用】项目由清华大学等单位黄松岭、赵伟 、王珅本等完成，属电子信息技术领域。成果面向国家重大战略需求，发展了漏磁和电磁超声导波检测技术理论，攻克在线检测关键技术瓶颈，实现油气输送管道各种类型缺陷的高精度检测。主要技术创新点：①提出漏磁检测金属损失缺陷的三维有限元神经网络量化方法，将有限元计算嵌入神经网络结构，实现缺陷的高效分析与高精度量化，提高了缺陷三维尺寸量化反演精度。②提出电磁超声探头（EMAT）半波长与壁厚匹配和耦合的新方法，有效提高检测信号的信噪比与导波检测距离，实现大壁厚、小口径管道的超声导波检测。③提出油气管道的组合伸缩浮动式磁化和检测方法，实现油田海底油气管道转弯半径小、变形大、部分管线油气流量小和流速不稳等恶劣工况条件下的不停产在线检测。④发明基于反射与透射系数曲面的电磁超声导波检测裂纹缺陷的量化方法，建立基于洛伦兹力和磁致伸缩机理的电磁超声导波换能器高精度模型，解决了导波检测裂纹缺陷二维尺寸量化的难题。项目形成油气管道缺陷在线检测系列化产品，其中，海底油气管道内检测器产品在国内外检测工程中广泛应用，国内市场占有率约为 50%。

（章　健）

【面向海量语音数据的识别、检索和内容分析技术研发及应用】项目由清华大学等单位吴及、胡郁、易中华等完成，属于语音处理领域。成果面向呼叫中心海量语音数据的处理需求，研究语音识别、自动客服、语音检索与内容分析等智能语音技术，解决电话交谈语音中噪声、口音和情绪等因素对语音识别性能的影响，海量语音数据中关键内容及业务规律的自动发现，用户自然口语对话的全自动客服等一系列难题，实现自动信息服务及客服录音的自动质检与内容分析。主要创新点：①提出基于可信域的区分性声学模型训练算法、基于循环神经网络的领域自适应语言模型、基于多核支持向量机和降噪深度学习的语音检出算法，电话语音数据的识别率首次达到 85%，突破实用门槛。

②提出基于范式转换的容错检索算法、基于小世界理论及引力场模型的热点分析和展现方法，首次实现海量客服数据的全量质检，质检投入产出比提升20倍以上。③提出多重解码网络构建和搜索算法、基于自动模式发现的文法生成算法，研发的自动电话交互系统，用户需求理解准确率达到86%；音乐互动业务实现全自动交互，自动客服业务有效分担20%以上的人工话务量。成果形成的语音分析、智能客服、音乐搜索系列产品在电信、金融、交通等行业的部分主流企业得到应用。

（章　健）

【废旧电子电器处置和资源化技术及其工业化应用】项目由北京科技大学等单位张深根、潘德安、曲选辉等完成，属有色金属领域。成果突破绿色拆解、高值核心部件（电路板）破碎分选、铜和贵金属绿色提取三大关键技术，解决了废旧电子电器传统回收技术存在的回收率低、污染严重等问题。主要创新点：①研发

废旧电子电器拆解、处理和分选技术，解决了有毒有害物质环境污染、资源回收率低等重大关键问题。②研发“无氰全湿”综合回收废旧线路板中贵金属技术，贵金属总回收率由95%提高到98%以上，其中金99.7%、银97.9%、铂98.5%、钯97.1%，杜绝了因氰化物萃取产生的环境污染。③研发直接电解分步提取铜和贵金属的短流程工艺，依据铜、锌、铅以及贵金属电极电位差异，采用恒压电解模式分步电解提取单质铜、锌、铅及贵金属合金，金属总回收率96%以上。④研发线路板铜阳极泥分银渣回收铅、锡、银技术，包括“盐酸—氯化钠—氯化钙”体系提铅、“烧碱碱熔”提锡和“分步中和—甲醛还原”提银，实现低成本、绿色、协同回收重金属。成果形成的废旧电子电器拆解、处理、分选和深加工的产业化专利群技术及装备，在多家企业应用。

（章　健）

【北京市地下水资源安全及污染防控修复技术研究与应用】项目由北京市水利规划设计研究院等单位张寿全、刘培斌、贺国平等人完成，属资源环境技术领域。主要创新点：①运用水文地质结构系统理论，组织建设怀柔、平谷、张坊、马池口4个应急地下水水源地，10年累计增加供水约30亿立方米，每年解决300万人生活用水。②研发的MODFLOW并行版软件通过美国地调局测试，应用于北京地下水保护区划分；发展TOUGH2−EOS3的力学耦合模块并通过美国能源部测试，用于北京地下水更新能力评价；运用石油烃在多孔介质中运移的高速离心试验技术模拟北京加油站渗漏污染；在国内率先建立地下水管理信息系统。③开展北京市地下水污染调查，探明地下水污染的时空分布规律及与地下水水质的响应关系；建立一套石油烃污染场地调查、监测、评价、模拟技术体系；创建“生态清洁小流域”水源保护新模式，并编制相应技术规范。④研发受污染地下水深度净化组合脱氮系统及工艺方法、再生水抗生素去除、污染土壤深层搅拌−热空气注入的原位修复系统及方法等多项地下水与土壤污染修复技术。

（章　健）

【同步辐射纳米分辨三维成像平台和实验方法】项目由中国科学院高能物理研究所吴自玉、朱佩平、袁清习等人完成，属核科学技术领域。主要创新点：①根据相空间匹配原理设计纳米成像光学系统。研制大尺寸准直镜、聚焦镜和双晶单色器系统，建设纳米成像光束线，为X射线显微镜提供满足相空间匹配要求的单色化聚焦X射线。②研制兼容同步辐射光源和实验室光源、基于波带片全场显微镜的30纳米分辨三维成像平台。设计长焦距椭球聚光镜聚焦同步辐射X射线光束、短焦距椭球聚光镜聚焦实验室X射线光束，使两种不同光源能为硬X射线显微镜提供基本相同的照明光束。③研制用于硬X射线全场显微镜的同步辐射光束位置校正系统。实现了光束位置的自动校正，校正后光束的位置稳定性可控制在5微米以内。④提出用吸收环引入折射成像机制、拍摄正反像提取定量相位信息实验方法，以解决硬X射线显微镜相位衬度定量化难题。平台全长42米，包括准直镜系统、单色器系统、聚焦镜系统、实验室光源和纳米CT成像系统，2010年通过验收后对国内外用户开放，在能源、高分子材料等领域发挥重要作用。

（章　健）

【±800kV特高压直流输电换流阀研制及应用】项目由国网智能电网研究院等单位汤广福、查鲲鹏、邱宇峰等完成，属于电气工程科学领域，涉及电力电子、电

力系统、输配电工程等10余个专业，依托国家科技支撑计划、973计划等重大科研项目，历时10年产学研联合攻关，解决了基础理论、关键技术及工程应用等问题，打破跨国公司的技术垄断。主要创新点：①提出换流阀分布参数特征量提取方法，建立换流阀多物理场数学模型和全尺度电磁暂态仿真模型，解决了宽频范围内非线性器件、组件及系统在多类型复杂应力作用下的暂稳态数学解析难题。②解决百只晶闸管串联规模化成组电气均衡、空间浪涌寄生能量抑制、大截面晶闸管压装等难题，研制出一体化水冷电阻、分体式饱和电抗器、大尺寸绝缘槽梁等关键零部件。③提出多级高电位复合取能和保护阈值自适应调节方法，构建双冗余控制系统架构，实现强电磁干扰下多信息量测控、故障诊断及定位，研制了智能化特高压换流阀触发监控系统。④提出多源复合运行和分频复用网络多重阀绝缘等试验方法，解决了高电压、大电流及强热场联合作用下的换流阀微秒级开通和关断应力的等效难题。成果应用于7200兆瓦锦苏和8000兆瓦哈郑±800千伏直流工程，并在溪浙±800千伏直流工程中得到推广。

（章　健）

【预防交直流混联电网大面积停电的快速防控与故障隔离技术及应用】项目由中国电力科学研究院马世英、郭小江、郭剑波等完成，属电气工程科学领域，涉及电力电子、自动控制等专业。成果在国家科技支撑计划、国家重大技术装备等项目的支持下，就预防中国交直流混联电网大面积停电亟须的关键技术和装置开展研发，形成集基础理论、技术标准、装置设备和防控系统于一体的系列化成果。主要创新点：①揭示中国电网停电事故频度与标度幂律关系、冲击能量跨区传播机制，以及交直流耦合弱化稳定性机理；提出降低大停电事故风险的均衡性控制方法。②建立交直流大电网交互影响评价体系，实现对网架拓扑、潮流转移趋势等固有特性及安全裕度的量化评估，为防控系统的研发与实施提供量化判据。③提出基于耦合度的交直流／多直流协调控制策略，研制交直流综合协调控制系统，实现了提高电网多形态稳定的目标。④集成快速故障解列装置、交直流协调控制系统，在电网关键断面布设防控区和故障隔离区，构建了基于广域、就地多源信息的电网快速安全防控系统。安全防控系统应用于华北—华中—华东交直流混联电网，故障解列装置在国内电网关键线路上布设20余套，避免了大停电事故发生。

（章　健）

【新型太阳能高效热利用技术的研发与产业化】项目由北京工业大学等单位赵耀华、全贞花、刁彦华等完成，属新能源及节能技术领域，采用产学研合作方式，历时8年。主要创新点：①基于微热管阵列研发出具有高效光热转换、高效吸热与高效热传输的一体复合集热板芯，用高效热导材料替代传统的通水铜管，实现最大效率的光热转换、热吸收和热传输。②基于一体复合集热板芯的平板太阳能集热器集成技术及其生产工艺，解决了国内外平板太阳能集热器不抗冻、系统效率低、热损系数高的技术难题。③开发出能商业化的，高可靠、长寿命的光伏散热组件及热电联产组件，研发了不同类型的光伏热电联产组件及热电联供系统，解决传统光伏电池由于电池背板温度高而引发的发电效率低、电池寿命短以及热斑效应等技术瓶颈，提高了光伏组件的太阳能利用效率。④新型太阳能—空气复合热源热泵热水系统，部分解决空气源热泵在寒冷地区的防结霜问题，提高了热泵系统能效，可部分解决三北地区的集中建筑采暖及生活热水。

（章　健）

【非常规天然气高效开发地球物理关键技术研究与应用】项目由中国石油化工股份有限公司石油勘探开发研究院等单位董宁、刘俊州、宁俊瑞等完成，属石油

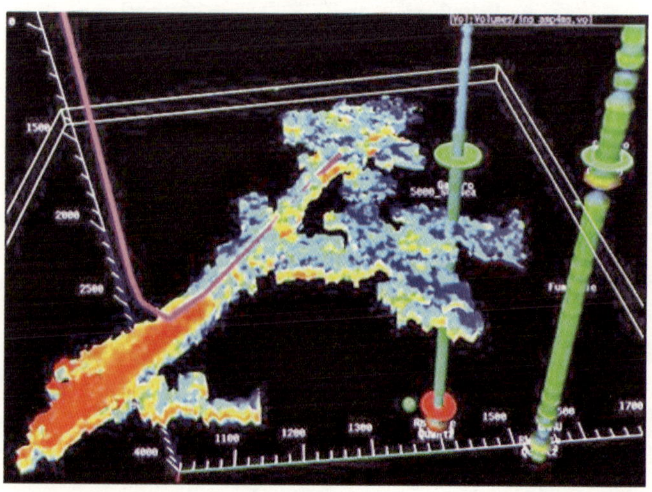

天然气勘探开发领域。成果围绕非常规天然气岩石物理基础理论、储层高精度成像、高产富集因素反演预测及水平井轨迹预测等地球物理理论及技术开展攻关。主要创新点：①建立一种基于微分等效理论的储层岩石物理理论模型，揭示非均匀孔隙结构下的储层参数与地震弹性参数的内在关系，成功指导非常规储层的高效开发。②研发储层成像技术系列，有效提高地震信号信噪比与分辨率，使常规地震资料识别砂体的厚度由 35 米上升到 20 米左右。③应用地震随机模拟反演技术，地震反演识别砂体的能力由常规的 20 米提高至 5 米，细化单砂体分布特征，使其几何形态和厚度的预测更加精确；实现致密薄层砂岩储层定量预测，预测成功率达 90%。④实施非常规储层高产因素预测技术，有效提高流体识别能力，流体识别符合率大于 80%。⑤针对非常规储层水平井高效开发的需求，首创深度域水平井轨迹预测技术，深度预测平均误差小于 2 米。成果在鄂尔多斯盆地、四川盆地及海外推广应用，取得良好的油气地质成果及巨大的经济效益和社会效益。

（章　健）

【变极性等离子弧穿孔立焊的关键技术研究与应用】项目由北京工业大学等单位陈树君、卢振洋、杨颂华等完成，属高端装备制造业领域。成果面向载人航天工程，根据长寿命、高可靠人型空间飞行器铝合金密封舱体结构高精度和高可靠制造需求，在国家自然科学基金、市科技攻关等项目的支持下，以变极性等离子弧穿孔焊接技术为攻关目标，开发完成铝合金大型薄壁壳体焊接成套技术解决方案，在设备、工艺、应用上均取得实质性突破。主要创新点：①率先采用“电压＋电流”脉冲联合稳弧技术和维弧通路截止消除双弧技术，为实现超长焊缝的穿孔焊接提供了前提。②建立穿孔熔池稳定理论，等离子体和穿孔熔池的固液界面将液态金属保持在小孔周围，足够的温度梯度使液态金属在刚脱离小孔时即迅速凝固形成焊缝。③建立“空心沙漏”穿孔熔池稳定性控制模型，通过电流波形与离子气协同调制，拓宽了变极性等离子弧在薄板铝合金焊接的适应性，熔池稳定技术将焊接工艺区间扩大 3 倍以上，并成功实现 3 毫米薄板穿孔焊。④设计开发变极性等离子弧专用焊接机头，利用机器回路和人在回路结合，实现宏、微融合。⑤提出并实施铝合金大型薄壁壳体焊接成套技术优化方案，研制了铝合金大型薄壁壳体变极性等离子弧焊接成套装备，保证了封闭曲线焊缝全过程稳定穿孔焊接，显著减少焊接变形和焊接缺陷。成果在多家航天骨干企业得到应用。

（章　健）

【北京地铁 10 号线穿越重大风险工程关键控制技术及其工程应用示范】项目由北京市轨道交通建设管理有限公司等单位苏斌、陶连金、苏艺等完成，属城乡基础建设城市轨道交通工程领域。项目组成产、学、研、用相结合的研究团体，对设计、施工、监测及运营全过程开展系统研究，取得创新成果：①研发了大跨、浅埋新建地铁车站伺服控制、同步顶撑、密贴穿越既有地铁车站微沉降控制技术，并形成设计指南和施工工法。②研发了北京典型地层盾构穿越重大风险工程的关键控制技术，形成盾构施工管理规定，并首次采用实时、同步测试方法获得砂卵石地层盾构施工及运营过程中穿越建筑物的振动衰减规律，提出振动的主动控制方法。③首次研究地铁近距离下穿变形敏感、受力体系复杂的点支撑预应力异形板桥的影响规律，建立了穿越不同类型桥梁的控制技术体系，开发了荷载和变形双控完全主动托换技术。成果在北京地铁 10 号线工程得到成功应用。

（章　健）

【京石武高速铁路高可靠性接触网成套装备与集成关键技术】项目由中国铁建电气化局集团有限公司等单位寇宗乾、李学斌、孟宪浩等完成，属交通运输领域。成果针对高铁接触网必须具备的安全节能等进行研究，解决了系统可靠性设计、集成、性能提升、降耗等关键问题。主要创新点：①接触网系统结构优化及集成计算技术。建立接触网装备技术及制造体系，优化接触网结构特性，提高系统集成精确度及结构稳定性；建设接触网悬挂系统有限元集成计算及管理平台，提高接触网施工集成的精确性和效率，缩短了建设周期；在无备用工作条件下，实现最优化设计和集成，系统达到最可靠状态，使用寿命超过 20 年。②新型高强度高韧接触网线材及其支持技术。线材强化技术解决了产品铸态缺陷问题，线材强度比国外产品提升 19%，韧性提升 50%；接触网零部件轻量化、高强化，具有极强的通用性和质量保证；满足接触网负荷大、气象复杂及环境污染等恶劣工况，保证接触网在高速大张力下向列车安全供电。③接触网系统降耗技术。接触网材料具有更高的导电性能，其绝缘系统具有良好的防漏电特性，能大幅降低接触网能耗，不仅节能减排，还能防止接触网温升产生热软化效应以及绝缘体短路导致的系统崩塌。

（章　健）

【黄瓜优质多抗分子标记技术研究及配套新品种选育】 项目由中国农业科学院蔬菜花卉研究所等单位顾兴芳、张圣平、方秀娟等完成，属现代农业领域。成果就黄瓜品种数量不足，品质和抗病育种选择效率不高等问题进行研究。主要创新点：①首次完成黄瓜苦味、果皮光泽等 13 个品质性状和黑星病、枯萎病、白粉病、霜霉病 4 个抗病性状在染色体上的遗传定位，开发出实用于抗病和品质分子育种的 SSR 和 Indel 标记 32 个，标记辅助筛选的平均准确率 92.3%。②率先建立起国内 116 个黄瓜主栽品种的 SSR 指纹图谱，制定了第一个黄瓜品种 SSR 鉴定技术规程农业行业标准，研制出霜霉病、白粉病等 8 种黄瓜主要病害的抗病性鉴定技术规程。③利用分子标记结合常规育种技术，创制出聚合 7 ～ 8 种病害和 5 ～ 6 个优质品质性状的 16 份优异自交系。④培育出第三代中农系列优质多抗 6 个黄瓜新品种，其中，密刺类型品种产量较原主栽品种平均增产 10% 以上，商品瓜率 90% 以上，多抗性由原来的抗 3 ～ 4 种病害提高到最多抗 8 种病害。

（章　健）

【“农大 3 号”小型蛋鸡配套系培育与应用】 项目由中国农业大学等单位杨宁、宁中华、张庆才等完成，属现代农业领域。成果以“节粮”和“优质鸡蛋”为主要育种目标，培育出“农大 3 号”小型蛋鸡配套系，建立标准化饲养技术体系和洁蛋加工技术，打造了 8 个知名鸡蛋品牌。主要创新点：①利用高效的育种手段，通过三系配套，培育出矮小型蛋鸡配套系“农大 3 号”，节粮、高产、优质，适合加工为优质品牌鸡蛋，且通过国家新品种审定，并广泛推广。②通过分子育种技术创新和应用，剔除鱼腥味敏感等位基因，开展全基因组关联分析，提高育种效率，改善鸡蛋品质。③通过对疾病监测和净化技术的改进，包括禽白血病检测试剂盒的研制、纯系及种鸡禽白血病的净化和种鸡白痢净化，提高了雏鸡质量和蛋鸡成活率。④通过标准化生产技术和鸡蛋品牌建设，建立以“农大 3 号”为核心的全产业链技术体系，采用专用笼具、专用饲料对种鸡及商品鸡进行标准化管理，提高鸡蛋品质，保证蛋品安全。“农大 3 号”蛋鸡年产蛋数 300 余个，料蛋比 1.99 ：1，产蛋期成活率 95.4%，每只蛋鸡年增收 8 元。成果形成以北京为育种和扩繁基地的繁育体系，辐射到 28 个省、市、自治区，累计推广商品鸡 6.3 亿只，生产优质鸡蛋超过 100 亿个。

（章　健）

【微纳生物传感增敏及多靶同检技术与应用】 项目由中国检验检疫科学研究院等单位邹明强、薛强、李锦丰等完成，属现代农业领域，2002 年启动。成果基于微纳生物传感增敏与多靶标同检技术，围绕快检仪器、试剂（卡、盒）及方法构建较为完整的快检技术系统。主要创新点：①发现层析检测纳米金颗粒原位聚集效应，发明层析快检卡通用增敏技术，提高灵敏度 50 ～ 128 倍，达定量 PCR 水平，解决了层析快检技术“快而不灵”难题；发明荧光定量试纸条及荧光检测仪，实现“既快又准”。②提出流式竞争式免疫分析新原理，发明编码微球多种小分子同步传感检测荧光探针及其使用方法，单次可检 12 种兽药，解决了“灵而不快”难题；引入不确定度，保证了结果客观、准确。③发明基于分子修饰与构象稳定的酶活保护和抗原决定簇模式转换技术，突破类检稳定性和特异性难题，实现单盒或单卡类检，同步检测高毒农药两类（约 300 种），兽药 5 类（单类检 15 种），且开发共轭滤光定量检测器，实现快检卡数字判读。④集成荧光探针、生物信号转导等，构建分子马达核酸分型传感检测技术，实现食源性病原菌多型同检。技术及产品应用于奥运安保、甲型 H1N1 流感联防联控等，在检验检疫、农业、工商和卫生等机构和多家企业广泛应用，且出口至 20 余个国家或地区。

（章　健）

【微环境调控干细胞增殖分化的作用机制及其应用基础研究】 项目由中国人民解放军军事医学科学院野战输血研究所裴雪涛、岳文、李艳华等完成，属于基础医学研究领域。成果模拟体内微环境，对其作用和调控机制进行研究。主要发现点：①模拟体内微环境，明确人 HIF−1a 和 bFGF 的调控机制，建立新的人源化细胞支持的干细胞体外扩增培养体系，在高效扩增干细胞的同时去除干细胞培养中动物源性污染带来的安全隐患，提高了干细胞的扩增效率及其应用于人体的安全性。②模拟干细胞发育微环境，建立干细胞向肝脏、胰岛、牙、血液等不同组织分化的 4 步诱导分化法，显著提高分化效率，促进其功能发挥及稳定性，高效获得功能性细胞，为再生修复治疗、药物筛选和疾病机制研究提供新的理论依据和技术手段。③阐明上述微环境因素中 HIF−1a、EPM、Spindlin1 等分子在干细胞增殖分化及调控中的新作用与新机制，发现了肝脏微环境中 EPM 及间充质干细胞在肝脏正常与异常发育中的双重作用，对干细胞分化调控机制的阐明和安全有效的临床应用具有重要指导意义。

（章　健）

【肿瘤新靶标 CD146 的发现及抗体靶向治疗】项目由中国科学院生物物理研究所阎锡蕴、冯静、曾启群等完成，属肿瘤学研究领域。成果围绕肿瘤新靶点的发现及应用，历经 10 年系统研究。其成果：①利用抗体差异筛选肿瘤靶分子的新策略，发现并鉴定了多个肿瘤靶分子；通过 500 余例临床标本的验证，发现几乎在所有的肿瘤血管都高表达 CD146 分子，发现 CD146 是三阴性乳腺癌高转移及预后差的标志分子，提出 CD146 是肿瘤新靶点。②发现 CD146 具有膜受体功能，特别是作为最重要促血管生成因子受体 VEGFR2 的共受体，参与 VEGF 诱导的促肿瘤血管生成的过程，为靶向 VEGF 和 CD146 的联合治疗策略奠定理论基础；揭示 CD146 促肿瘤细胞侵袭的作用机制，在促肿瘤血管新生及转移方面发挥着重要作用。③围绕新型靶分子 CD146，研制结合 CD146 不同表位的抗体库；发展以 CD146 为靶标的肿瘤治疗新策略，鉴定出 CD146 发挥受体功能的重要结构域，并以此为基础设计出具有抑制肿瘤的治疗性抗体，完成抗体的人源化及临床前研究。与国际抗体药物研发机构 MRCT 签署合作协议，是 MRCT 历史上首次选择中国发现的新靶点，合作开发人源化肿瘤抗体药物。

（章　健）

【中药复方功效研究与评价体系的构建及应用】项目由中国中医科学院西苑医院刘建勋、林成仁、任钧国等完成，属中药学学科，得到 5 项国家课题资助。其创新研究：①提出以证候为核心、病证结合动物模型为关键的中药复方功效研究与评价新思路，采用中药药理、化学、药代动力学等技术与方法，建立中药复方功效研究与评价体系，阐释复方发挥功效的机制及物质基础。②建立病证结合动物模型拟临床研究新方法，创建 5 种疾病、6 个证型、11 种病证结合动物模型；出版专著《病证结合动物模型拟临床研究思路与方法》。③采用无创、微创等技术，建立以中医四诊、药效学指标群、分子标志物群为表征的中药复方功效评价方法，实现形态、功能、血液、生化等指标在体实时同步检测，构建了治疗心脑血管病、糖尿病及并发症等疾病 83 种模型 220 项 SOP 的中药复方功效评价体系。④建立中药复方功效与药效关联方法，明确了两指标间的关系；提出以证立法、依法组方、以效定量、组效相关的中药新药研发策略，自主研发复方新药 12 种。⑤提出中药复方功效“指征药效物质基础”研究思路，建立中药复方多成分 / 多药效指标相关性分析方法，研究 8 种中药复方发挥功效的 150 种指征成分及其体内过程、交互影响和药理作用，明确了多成分协同作用的特点。

（章　健）

【HBV 相关肝病的遗传易感基因研究】项目由中国人民解放军军事医学科学院放射与辐射医学研究所等单位周钢桥、贺福初、张红星等完成，属基础生物医学研究领域。成果发现了 HBV 相关肝病的遗传病因，主要创新点：①开发了基于 java 的大规模分析遗传学数据的软件 LDA，研制了两种新的基因多态性分型方法——荧光能量共振转移法和核酸质谱法。②对候选易感基因区域进行大规模重测序，鉴定 1300 余个新的遗传标记，解析 120 余个基因的连锁不平衡模式，为易感基因的物理定位提供大量中国人群特异的遗传标记位点及 LD 遗传图谱。③采用遗传关联研究策略，通过大规模乙型肝炎和肝癌临床样本的病例—对照研究，相继发现与 HBV 感染慢性化相关的易感基因 ESR1 和 APOBEC3B 等。④发现与乙型肝炎病程重症化相关的易感基因——趋化因子 CXCL10；发现一系列与肝病恶性化相关的易感基因或区域：ESR1、IL12A、CYP1A2、miR34b / c、1p36.22 等。

（章　健）

【功能无机纳米颗粒的设计合成与肿瘤体内外检测应用】项目由中国科学院化学研究所高明远、李桢、呼风琴等完成，属纳米化学胶体界面化学、肿瘤诊断学交叉领域。成果围绕四氧化三铁纳米颗粒及碲化镉量子点在肿瘤体内外检测中的应用开展系统研究。主要

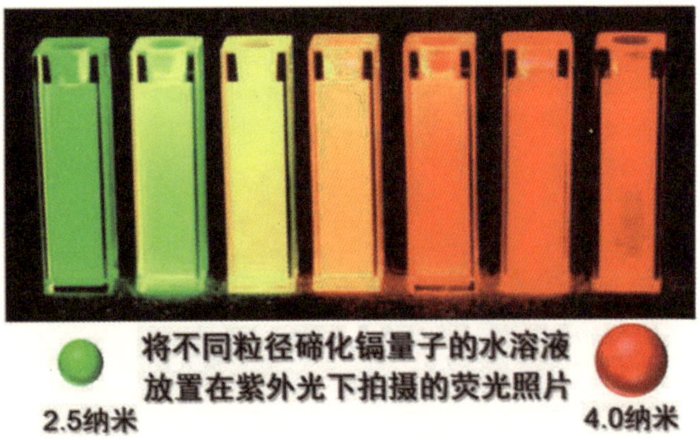

创新点：①提出非水相水溶性四氧化三铁纳米颗粒的高温热分解“一锅”反应制备技术，揭示四氧化三铁纳米晶体的形成机理，为高质量四氧化三铁纳米颗粒提供简便可靠的制备方法。②针对肿瘤活体靶向磁共振成像，提出表面羧基活化技术，建立肿瘤特异性磁共振分子影像探针的构建方法及其在肿瘤活体靶向成像中的应用方法。③针对肿瘤高灵敏体外检测，研究有机及无机化合物修饰对碲化镉量子点荧光的增强机制，得到荧光效率高达85%的水溶性量子点，并发展了肿瘤特异性的碲化镉量子点荧光探针的构建方法。④针对肿瘤高灵敏及高通量体外检测，发展了荧光稳定性高、细胞毒性低的 CdTe@SiO_2 纳米颗粒的制备方法，及量子点荧光编码聚合物微球方法。

（章　健）

【新型光学探针的设计及其在疾病诊断与治疗中的应用基础研究】 项目由中国科学院化学研究所王树、刘礼兵、李玉良等完成，属物理化学、功能高分子与生物学学科交叉领域。成果瞄准重大疾病早期诊治新技术的国际前沿，在新型共轭聚合物荧光探针设计、新型检测原理开发以及临床应用3个方面开展研究。主要创新点：①发展基于新型聚合物荧光探针的DNA甲基化检测新体系，分析中国人群结肠癌7种相关基因的DNA甲基化水平，临床实验结果表明结肠癌诊断准确率大于80%。②开展创新性个体化用药分析新技术开发，对非小叶细胞肺癌、卵巢癌经典抗癌药物的敏感性进行系统研究。③发展新型光激活的聚合物抗菌新体系，降低耐药性；构建简单、快速的有效评价药物抗菌敏感性的荧光检测系统，实现抗生素的高灵敏、高通量快速筛选。④利用共轭聚合物的强光捕获能力以及高效能量转移机制，构建新型高效抗肿瘤体系；发展无须外界光源照射的光动力治疗新模式，克服光动力疗法中光源不能透过深部组织的缺点，实现对裸鼠体内肿瘤生长的有效抑制。

（章　健）

【先进压缩空气储能系统关键科学问题研究】 项目由中国科学院工程热物理研究所等单位陈海生、谭春青、徐玉杰等完成，属新能源及节能技术领域，历经10年，针对不依赖大型储气室、不需要化石燃料的先进压缩空气储能系统面临的关键科学问题开展研究。取得创新成果：①揭示先进压缩空气储能系统的过程耦合与能量转换机理，建立CAES能量综合利用与优化方法，构建了CAES设计和分析体系；提出的基于超临界过程的新原理压缩空气储能系统，综合超临界工质特性、储热/冷和液态空气存储的优点，可同时解决传统CAES的主要技术瓶颈。②揭示压缩空气储能系统限制空间尺度内的气液固及超临界流体的多相流

动、传热和储热特性与机理，获多种超临界流体和功能流体的流动、传热和蓄热/冷特征关系式及其机理，并提出提高超临界工质蓄热/冷性能的新方法。③揭示压缩空气储能系统高负荷压缩机和透平内部流动与损失发展的规律以及高负荷压缩机和透平内部流动与传热耦合机理，建成高负荷压缩机和透平全三维设计方法。④建立集基础理论、关键技术和系统集成为一体的先进压缩空气储能系统研发与设计体系；攻克宽负荷压缩机、高负荷透平、超临界蓄热/冷换热器等关键技术，建成1.5兆瓦级先进压缩空气储能示范系统。

（章　健）

基地建设

Base Construction

本栏目设有产业基地、专业园、大学科技园和海归人才创业园4个分栏目，以条目体形式记述中关村国家自主创新示范区各产业基地、专业园、大学科技园、海归人才创业园等加强自身建设的主要举措、开展的重要创新创业活动及取得的成效。

综　述

2014年，中关村示范区以落实中关村战略性新兴产业集群创新引领工程为目标，以集群创新产业空间建设和创新环境建设为重点，以基地管理模式和开发模式创新为手段，加强顶层设计和市级统筹，谋划新建、升级一批特色产业基地，推动基地竞争能力优化提升，促进园区特色化、差异化发展，加快推动把中关村示范区建设成为具有全球影响力的科技创新中心和高技术产业基地。

*加强对各分园的统筹、指导和服务。*加强中关村示范区层面对各分园规划编制和调整工作的统筹，与各分园管理机构建立重大事项会商机制、需求协调服务机制和信息通报机制。指导延庆园、房山园、门头沟园等园区编制发展规划，研究梳理园区产业现状、发展目标、主导产业、实施路径等关键问题。协助海淀园、怀柔园等园区，参与中关村软件城、怀柔科教新城等重点功能区规划编制。推动中关村发展集团股份有限公司发挥平台作用，加强资源整合，“带资金、带项目”参与分园建设。中关村发展集团与延庆县政府组建成立北京中关村延庆园建设发展有限公司，是第一个按照“一园一策”思路量身定做的市、区两级共建的专业化运营公司。与首钢老工业区、平谷园采取多种合作模式参与建设。

*推进园区（基地）重大项目建设。*按照职住平衡、产城融合、宜居宜业的发展要求，进一步优化完善创新创业生态系统。未来科技城有8家央企入驻运行；中关村医疗器械产业园完成建筑单体结构封顶；小米移动互联网科技园签订一级开发补偿协议；中关村移动智能服务创新园取得控制性详细规划批复；西三旗（金隅）科技园完成园区控规指标规划论证和产业规划建设方案；中关村新兴产业前沿技术研究院项目竣工；北京国际医疗服务区完成57.3公顷征地工作，安置房和园区主干道路计划开工，新引进北京大学国际肿瘤医院等项目；通州国际种业园区研发中心项目方案进行规划审批；北京保险产业园的世纪盛达园和普利门研发楼主体结构封顶，特岗绿能港科技广场完成控规调整；中关村雍和航星科技园完成二期改造，并启动三期规划编制工作；中关村集成电路设计产业园完成一期选址（北京航空航天大学科技园致真大厦），新增6万平方米研发空间；中关村高端医疗器械产业园项目（一期）开工；中关村软件城（大上地地区）建设启动，将在软件与信息服务业领域建设成为具有全球影响力的科技创新中心；中关村壹号一期工程13栋楼实现结构封顶，将建成总部企业聚集区；中关村国防科技园主体工程，主要服务于国防高新技术研发、转化和产业化。

*加快推进生态园区建设工作。*按照节能、节地、节水、绿色、低碳发展要求，引导分园加强生态规划顶层设计，加强生态评估和问题诊断，提出有针对性的生态治理项目，实施固废处理及资源化工程、水资源保护和利用工程、绿色建筑推广工程、绿色交通构建工程等九大工程，开展整体试点示范。对接住房城乡建设部、市规委有关生态园区的建设标准，支持分园申报有关试点示范项目，丰台园东区获国家“绿色生态示范城”批复，未来科技城、中关村软件园获“北京市绿色生态示范区”称号，并被推荐参加国家级评选。至年底，共支持生态园区建设项目11个，支持资金合计3654万元。

*重点特色产业基地发展实现新跨越。*2014年，中关村软件园新入驻企业51家，园区企业总数295家，每公顷产值5.4亿元，人均产值135.6万元。清华科技园入驻企业461家，总产值约600亿元，每公顷产值约46亿元。房山园北京高端制造业基地实现工业总产值约77.6亿元（含未入统的中国长安汽车集团股份有限公司），同比增长230.2%，实现税收3.96亿元，同比增长138.6%。中关村生命科学园引入开发了全球第一个治疗糖尿病抗体药物的科信美德生物医药科技有限公司；吸引由中国农科院和8家国内种业龙头企业联合建立从事玉米分子育种和品种测试的中玉金标记（北京）生物技术股份有限公司入驻。北京纳米科技产业园吸引聚集了以中国科学院化学研究所博士生导师宋延林教授、中央“千人计划”顶尖人才王中林院士、清华大学范守善院士及魏飞教授为代表的一批国内外纳米应用产业领军人物，形成在绿色印刷、新材料、新能源、电子压印四大领域多头发展、齐头并进的产业发展格局。

（张党伟）

产业基地

【恒泰艾普公司入驻永丰基地】1月7日，“恒泰艾普石油天然气技术服务股份有限公司入驻仪式”在永丰产业基地举行，标志着该企业自中关村软件园迁入永丰科技企业加速器（三区）正式投产运营，购买楼宇面积9355平方米。恒泰艾普公司成立于2005年，以提供石油天然气勘探开发生产领域高端技术服务和软件产品销售为主营业务。

（何　慰）

【北林大中关村生态环保产业园现场工作会召开】1月16日，中关村科学城工作组在北京林业大学中关村生态环保产业园召开现场工作会。中关村科学城工作组、市经济信息化委、中关村管委会、海淀区政府、海淀园管委会等单位有关负责人参加。产业园一期学研大厦9万平方米投入使用，其中1万余平方米用于产业园招商，入驻北京东方园林股份有限公司等13家企业，以及九源国际建筑顾问有限公司等10家生态环境设计咨询企业和5个由院士及知名教授担纲的专家工作室。同时，产业园与入驻企业共建生态修复、林木育种、生态城镇规划建设等研发机构，通过减免共建企业部分房屋租金投入科研，增加企业研发投入；作为专业学位研究生培养试点，教育部增批70名全日制专业硕士、博士指标，采用校企双导师制，为企业定向储备应用型人才；推动国际技术转移中心、森林生态产品交易平台、国家木材战略储备联盟等公共服务平台的建设。中关村科学城工作组有关负责人对产业园的建设模式及工作成效给予肯定，要求总结推广。

（陈宝德）

【华夏电通公司入驻永丰基地】1月18日，北京华夏电通科技股份有限公司自上地信息产业基地迁入永丰科技企业加速器（三区）投产运营，购买楼宇面积3821平方米。公司成立于2001年，是国内多媒体行业应用领域产品、技术和综合解决方案供应商，是数字化法庭、专利复审、智能会议室、多媒体视频会议等领域内网络音视频应用的核心供应商之一。

（何　慰）

【辰安科技公司投产运营】3月17日，北京辰安科技股份有限公司入驻永丰科技企业加速器（三区）正式投产运营。公司成立于2005年，自上地信息产业基地迁入，购买楼宇面积为4758平方米。公司集产品研发、生产制造、售后服务等于一体，包括公共安全综合应急、监测监控、预防预警、救援指挥相关系统和装备。11月5日，公司凭借强大的研发实力和技术创新能力，入选2014年国家火炬计划重点高新技术企业。

（何　慰）

【共建小米产业园】3月27日，海淀区政府与北京小米科技有限责任公司签约仪式在小米公司总部举行。海淀区政府、海淀园管委会等单位有关领导参加。海淀园管委会与小米公司签署合作发展协议，建设移动互联网产业园，共同构建移动互联网生态体系。园区将由小米公司与金山软件股份有限公司共建。海淀区土地储备中心与小米公司签署《海淀区支持小米系企业持续发展合作协议》和土地供地意向书。根据协议，小米移动互联网产业园将落户海淀区，占地面积22公顷，园区建成后，小米公司总部、金山公司总部、小米系孵化创新企业将入驻，形成小米系统的互联网产业基地。根据规划，园区将位于上地地区。

（刘伟杰　杜　玲）

【共建京津生物技术产业园】4月7日，中关村美中生物技术集群创新联盟与天津武清京津科技谷产业园就合作共建“京津生物技术产业园”签订合作框架协议。京津科技谷产业园由“大数据产业园”“生物产业园”“科技服务产业园”“总部产业园”四大特色产业园组成。其中，生物产业园总占地面积约17.9公顷，主要以药品制造、药品流通与医疗器械、医疗服务、药原料为发展方向。

（杜　玲）

【东兴堂中药产业化基地建设项目签约】4月11日，北京东兴堂控股有限公司与大兴生物医药产业基地管委会签约，拟建大兴生物医药基地北京东兴堂中药产业化基地项目，投资额4.5亿元，占地面积2.4公顷，包括研发中心、总部办公区、净化车间及相关生产附属设施，主要生产中药饮片、汉方颗粒、草本茶剂、中药超微粉剂、药用辅料等产品。项目注册资金8000万元，旨在将北京东兴堂科技发展有限公司、东兴堂健康科技发展有限公司等企业进行股权集中重组成其全资子公司，最终建成东兴堂总部基地。

（梁　亮）

【中关村软件城建设启动】4 月，海淀区政府牵头的中关村软件城（大上地地区）建设启动，旨在以此为起点，聚集一批具有国际竞争力的著名企业、创造一批引领世界科技前沿的关键技术和标准、诞生一批“中国创造”并享誉国际的民族品牌、吸引一批蜚声海内外的高端人才、汇集一批国际有影响力的行业专业服务机构，实现从企业聚集到产业聚集再到创新聚集，集成更广泛、更深度的国际创新要素资源，推动产城融合发展，率先在软件与信息服务业领域建设成为具有全球影响力的科技创新中心。2 月 8 日，市政府《北京市进一步促进软件产业和集成电路产业发展若干政策》印发，在软件产业政策中明确提出以上地及周边地区为核心，建成覆盖面积约 3000 公顷的中关村软件城，未来 3 年内，北京市将在上地一带为中小软件企业提供 200 万平方米的发展空间，并在租金等方面给予政策优惠。软件城东至京藏高速公路、南至北五环、西至京密引水渠、北至软件园以北一个街区。用地分属西北旺镇、海淀镇和东升镇，包含马连洼街道、上地街道、清河街道 3 个街道。

（孙燕艳）

【海林节能基地获国家工业建筑三星运行标识】5 月 26 日，住房城乡建设部发布《关于 2014 年度第六批绿色建筑评价标识项目的公告》（中华人民共和国住房和城乡建设部公告第 414 号），北京海林节能设备股份有限公司生产研发基地（一期）获得中国绿色建筑标识——工业建筑三星运行标识，成为北京市首个获国家绿色运行三星标识的工业建筑。项目采用海林建筑节能综合解决方案，利用智能控制系统，将热泵与太阳能光热有效结合，综合多种自控产品和技术，通过能耗监测和分析为管理实现数据分析与评估，通过智能控制实现节能的目的，其节能率在 70% 以上，冬季采暖费用每平方米低于 10 元，夏季空调费用每平方米低于 8 元。

（王红彬　杜　玲）

【多家园区企业获市成果转化基地及项目认定】6 月 27 日，市科委印发《关于公示 2014 年度北京市战略性新兴产业科技成果转化基地认定及项目立项结果的通知》，认定北京市临空国际经济技术开发中心管委会的“北京市临空国际高新技术产业基地”、中关村医疗器械园有限公司的“中关村高端医疗器械产业园”、北大医疗产业园科技有限公司的“北大医疗产业园”3 家为北京市战略性新兴产业科技成果转化基地，全部在中关村示范区；同时公布中关村生命科学园的“医疗器械产品中试生产服务平台”、北大医疗产业园的“北大医疗产业园生物医药公共服务平台能力建设项目”等 8 项成果转化项目列入基地公共技术服务立项名单，全部在中关村示范区；公布北京华大智宝电子系统有限责任公司的“符合国家和银联标准的移动支付终端产品的研发及产业化”、北京慧点科技有限公司的“面向集团企业协同应用的私有云平台开发及产业化”等 20 个项目列入成果转化基地企业科技创新项目立项名单。

（李贺英）

【永丰基地成为首批国家低碳工业园试点园区】7 月 7 日，工业和信息化部、发展改革委《关于印发国家低碳工业园区试点名单（第一批）的通知》印发（工信部联节〔2014〕287 号），北京中关村永丰高新技术产业基地名列榜首，期限 2014—2016 年。基地成立于 2001 年，属海淀园内的专业园区，是科技部批准的“北京国家新材料高新技术产业化基地”。基地一直秉承科技生态、绿色环保的规划理念，着力打造低碳环保、节能减排的园区形象，已规划有 60 万平方米集中绿化带，项目建设绿化率 35%，基地整体绿化率达到 44.5%。建设过程中对流经园区的 3 条防洪渠五一渠、宏丰渠、风格渠进行绿化景观改造；绿地景观照明和入园企业内部夜间照明、职工沐浴用水等大面积应用太阳能，利用自然能源代替再生能源；使用地源热泵、冰蓄冷、水蓄冷等技术供暖和制冷；50% 以上为保温建筑，部分采用外遮阳篷、屋顶绿植技术；采用透水砖和草坪砖步道，1/4 的面积实现雨水收集，处理过的污水主要用于绿化、车辆冲洗等；配备电瓶车和公用自行车，方便企业员工低碳出行。

（何　慰）

【新时代总部科研基地一期落成】7 月 18 日，由新时代健康产业集团主办的新时代健康产业集团总部科研基地一期工程落成仪式在生命科学园举行。中国节能环保集团、昌平园管委会、中关村发展集团股份有限公司等单位有关领导及企业代表 1000 余人参加。项目位于中关村国际生命医疗园内，2010 年 11 月奠基，2012 年开始施工，规划用地 7.68 公顷，总建筑面积 8 万平方米，总投资 8 亿元。新时代健康产业集团总部科研基地项目突出绿色、和谐的建筑主题，是集总部办公、研发中心、教育培训、产品体验、信息中心、物流中心等多种功能为一体的大型科研基地。

（梁　爽）

【颖泰嘉和公司科研大楼奠基】7 月 18 日，“北京颖泰

嘉和生物科技有限公司科研办公大楼奠基”仪式在生命科学园举行。南通四建集团有限公司、清华大学建筑设计研究院等项目建设中标单位以及部分园区企业代表参加。项目位于生命科学园规划23号地块，占地面积2.2公顷，建筑面积3.6万平方米，计划9月开工，2016年4月竣工。公司主要从事农药、中间体以及精细化工产品的研发、生产、销售与注册服务，在有机化合物合成上有较强的高通量筛选、组合化学、手性化学、催化剂研发、计算机辅助化合物设计、各种工艺路线优化的科研能力以及工业大生产能力，建立的GLP实验室，是国内第一家通过国际标准化委员会认证的GLP实验室。科研办公大楼为颖泰嘉和公司科研基地，承接研发、中试等工作。

（梁　爽）

【拜耳北京工厂扩建项目奠基】 8月18日，由拜耳医药保健有限公司主办的“锐变领先未来——北京工厂综合扩建项目奠基仪式”在北京经济技术开发区举行。市科委、市经济信息化委、大兴区政府等单位有关领导参加。项目利用拜耳集团在亦庄的原有土地，计划投资8亿元，建设符合国际标准的药品生产和包装线，将建成全自动物料处理的物流后勤区域、分析检测中心等，用于提升拜耳公司北京工厂的生产能力。项目计划2016年投入运营。

（杜　玲）

【共建张北云联数据中心】 8月21日，在“张家口（张北）云计算产业园对接推介会”上，张家口市工业和信息化局与北京国电通网络技术有限公司、北京世纪互联宽带数据中心有限公司签署《关于张家口张北云联数据中心项目战略合作框架协议》，共建张北云联数据中心。项目总投资46.4亿元，占地面积30公顷，建筑面积20万平方米，可容纳20万台服务器，建设10栋模块及配套建筑，将吸引云计算、物联网、大数据等领域的高科技企业入驻。

（杜　玲）

【旋极信息公司投产运营】 8月25日，北京旋极信息技术股份有限公司乔迁仪式举行，标志着该企业在永丰产业基地正式投产运营。旋极大楼位于永丰科技企业加速器（三区），有自有产权，包括地上5层、地下1层。旋极信息公司始创于1997年11月，是国内领先的嵌入式系统整体解决方案服务商，主要致力于提供面向国防军工的嵌入式系统测试产品及技术服务、嵌入式信息安全产品和嵌入式行业智能移动终端产品及技术服务。

（何　慰）

【北京协同创新研究院成立】 8月28日，由市科委、海淀区政府等单位主办的“北京协同创新研究院揭牌仪式”在永丰产业基地举行。市委常委苟仲文等领导以及来自北京大学、清华大学等高校和中国商用飞机有限责任公司等企业的代表参加。仪式上，为第一批9个协同创新中心授牌；签署共建创新基金协议。研究院位于永丰产业基地，以著名高校和各领域的知名企业为基础组建，以构建产学研相结合的协同创新体系为核心，采取开放式、集团式的方式，“整合一批世界一流的大学，聚集一批世界一流的高端人才，创造一批世界一流的科技成果，培育一批世界一流的高科技企业”，致力打造“原创科技的策源中心、大企业的技术创新中心和中小企业的产品创新中心”，设有项目发展部、科研管理部、科技合作部等7个部门；第一

批建有仿真与设计协同创新中心、智能机器人协同创新中心等9个协同创新中心，开展“高速旋转机械内流数值仿真与优化设计软件开发”“内燃机燃烧与化学反应流数值仿真软件开发”等研究；科研成果涉及仿真设计、信息技术、生物技术等领域；设立10亿元的知识产权、协同创新基金，重点支持研究院的技术研发、成果转化；下属院所包括美国研究院、包头研究院等9家。首任院长为北京大学工学院副院长王荄祥。

（何　慰　刘伟杰）

【中关村壹号首个定制项目封顶】 9月6日，中关村壹

号一期C区工程下一代互联网及重大应用技术创新园结构封顶仪式在永丰产业基地举行。赛尔网络有限公司、北京实创科技园开发建设股份有限公司及工程建设单位的相关负责人等参加。工程是实创公司为赛尔网络公司“下一代互联网及重大应用技术创新园”开发的首个定制项目。项目位于永丰产业基地II–22地块中关村壹号C区，共3栋楼，分别为19层、18层和5层，占地面积约2公顷，总建筑面积10.5万平方米。园区将建设成为下一代互联网及重大应用产业基地，设有研发转化、数据运营、信息服务、互联网核心设备生产四大功能区和“下一代互联网核心网和接入网技术创新基地”等，为互联网设备制造、云计算、物联网以及移动互联等领域提供技术支撑平台。

（刘伟杰）

【中关村壹号一期工程全部封顶】9月28日，中关村壹号工程全面封顶仪式在永丰产业基地举行。海淀区政府等单位有关领导以及工程建设单位的代表等参加。中关村壹号一期工程13栋楼实现全面结构封顶。项目建设单位为北京中关村永丰产业基地发展有限公司，位于永丰产业基地Ⅱ–22地块，南临北清路，西至永旭北路，北临丰秀东路，东至永嘉北路，占地面积7.77公顷，总建筑面积44万平方米，其中地上建筑面积27万平方米，地下建筑面积17万平方米，主要为企业研发、中试用房及辅助配套用房，定位为总部企业聚集区，以导航与位置服务产业、下一代移动互联网等战略性新兴产业为主导发展方向。工程2010年12月22日开工建设，计划2015年底竣工。

（刘伟杰）

【北部生态科技新区项目应用推介会举办】10月16日，由北京实创高科技发展有限责任公司承办的“北部生态科技新区新技术新产品项目应用推介会”在永丰产业基地举行，主题是“生态城市、智慧生活”。光大环保科技发展（北京）有限公司等22家企业参加。北京实创科技园开发建设股份有限公司承担的“中关村壹号项目”，通过使用节能幕墙土建装修一体等措施，在减少建筑垃圾的同时辅以太阳能光热系统、排风热回收技术、光导筒照明等再生能源应用，做到从设计到施工的低能耗；实创公司承担的“新永丰组团C4、C5公租房项目”，楼体以工业化预制构件进行外装，内装采用整体化厨房和卫浴设计，利用复层绿化、透水地面、下凹式绿地等技术对水源进行循环性使用；北京威凯建设发展有限责任公司承担的“海淀北部文化中心项目”，利用屋顶采光窗、下沉庭院等自然光源，通过一氧化碳、二氧化碳浓度监控系统、外墙体应用可调节式外遮阳等措施，打造绿色三星级公共建筑。

（孙燕艳）

【博彦科技全球总部大楼落成】10月16日，博彦科技股份有限公司在中关村软件园举行“博彦科技全球总部大楼落成典礼仪式”，海淀区政府、北京中关村软件园发展有限责任公司等单位相关领导参加。总部大厦位于中关村软件园二期西区，总建筑面积4万余平方米，可容纳6000余名员工，主要用于科研、办公及对外交流。

（张　蕾）

【品恩科技公司投产运营】10月27日，北京品恩科技股份有限公司在永丰科技企业加速器（三区）投产运营。公司成立于2002年，自北京大学迁入，购买楼宇面积5119平方米。公司致力于公共安全等领域的管理信息化软件研发销售、技术服务与解决方案的提供，主要产品包括一体化平台、通用业务系统、军用/警用核心业务系统和智能业务系统四大类软件，以及基于上述软件的数字营房解决方案、智能营区管控解决方案和港区综合管控解决方案等。

（何　慰）

【立思辰大厦项目奠基】11月15日，由北京立思辰科技股份有限公司主办的“北京立思辰大厦奠基仪式”在中关村软件园举行。北京中关村软件园发展有限责

任公司等单位有关领导以及建设单位的代表等100余人参加。立思辰大厦项目位于海淀区东北旺西路8号中关村软件园一期D-R10地块，占地面积近2.15公顷，总建筑面积约2.78万平方米，包括地上5层，地下2层，主要用于办公及研发。

（张　蕾）

【德青源公司投产运营】11月21日，北京德青源农业科技股份有限公司在永丰科技企业加速器（三区）投产运营。该公司自农科院迁入，占用楼宇面积3821平方米，作为总部使用。公司注册资金4.7亿元，是一家致力于运用高新技术解决食品安全和清洁能源供应问题的股份制高新技术企业，运用先进技术为消费者提供高品质、健康、安全、营养、美味和新鲜的鸡蛋、鸡肉产品。

（何　慰）

【海淀区政务光缆专网建设通过验收】11月26日，区经信办组织召开海淀区政务光缆专网建设项目专家验收评审会。会上，承建单位北京实创上地科技有限公司对项目施工情况进行了汇报，监理、审计单位以及与会专家各自发表意见。项目中标金额3979万元，完成1个核心环、5个汇聚环和170个接入点的建设，共铺设光缆464.09千米，为区内29个街镇、30余个委办局、50个派出所和49家卫生医疗机构提供统一的网络接入，达到政务光缆专网基础骨干网络的光缆敷设及数据层面互联互通等需求。

（孙燕艳）

【上地云中心投入使用】11月，上地云中心启用。中心位于上地创新大厦，建设和运维方为北京实创高科技发展有限责任公司，规划面积1200平方米，有300个机柜，可容纳3300台云主机组成的高性能云服务器集群，具有万亿次计算能力和6GB网络带宽，主要为上地地区及北部科技园区的中小微企业提供数据存储、云计算、大数据等应用服务。中心机房采用7×24小时安全巡检，配备监控摄像机对数据中心与外部实施监测；核心层环网配置有多种冗余保护策略，以保证与联通、电信、移动等运营商间的通信链路高速、稳定；中心的消防、网络架构、互联网带宽等系统全部采用行业最先进的技术和设备，且所有系统全部预备了相应的备份方案；供电局为其设置了双路市电供电，另有500余块不间断电源电池随时待命。

（孙燕艳　刘伟杰）

【上地能源中心煤改气工程竣工】11月，北京实创高科技发展有限责任公司组织的煤改气工程竣工。项目3月启动，自筹资金4.5亿元，由实创上地能源中心（原上地供热厂）实施。工程完成了新锅炉房及上地地区供暖路线的拆、改、建、供，安装具有低排放、高效率特点的6台燃气锅炉，对比燃煤锅炉，氮氧化物排放削减60%，烟尘及二氧化硫排放削减近100%。此外，还增加配置了节能器和烟气冷凝器，最大限度回收烟气中的热能，提高锅炉运行效率，降低燃气消耗量。改建后，上地能源中心将全部实现清洁能源供热，供热面积由原来的260万平方米增加至480万平方米，每年减少二氧化硫排放24吨、烟尘排放100吨。

（孙燕艳）

【实创高科技公司呈发展态势】年内，北京实创高科技发展有限责任公司资产总额为194.37亿元，净资产15.81亿元，其中归属母公司净资产15.57亿元；年内实现总收入7.51亿元，利润总额1.11亿元，净利润6842万元，上缴税金8057万元，融资51亿元，还款8亿元，控股参股公司达25家，企业员工1500余人；入园企业2200余家，其中高新技术企业1800余家，涵盖电子信息、光机电一体化、生物工程与新医药、新材料及能源环保等领域。

（孙燕艳）

专 业 园

【中关村软件园成为国家首批智慧软件园区试点】 1月11日，在西安高新区召开的“中国软件园区发展联盟2014年会暨智慧软件园区建设工作会”上，工业和信息化部软件服务业司公布首批9家智慧软件园区试点名单，中关村软件园成为首批试点园区之一。入选园区将通过示范，探索建设智慧软件园的经验和做法，具体内容分为智慧规划、智慧基础设施、智慧服务、智慧运行、智慧环境、智慧信息资源、智慧园区主管感知7个维度20个方面42个项目。

（张　蕾）

【首个互联网金融云园区启动】 2月18日，“CIFC互联网金融云园区暨百城互联网金融基地”项目启动仪式在京举行。相关企业代表参加。项目是CIFC中国互联网金融联盟的重点工程，将采取O2O形式在全国100个城市建立CIFC互联网金融基地（大厦），以“联盟＋产业＋云园区＋基地＋基金”的模式，实现资本全球化、经营全国化、园区一体化三大特色，实现线上云园区与线下百城互联网金融基地融合。云园区总部设在中关村核心区。这是中国首个以互联网模式创建的互联网金融产业云园区。CIFC联盟将建立100亿元产业基金，以推动基地建设及互联网金融产业发展。CIFC联盟与石景山园管委会签署CIFC云园区基地战略合作协议，石景山园成为CIFC互联网金融云园区的首个基地。双方将在互联网金融产业链、联盟企业入驻等方面进行合作。

（杜　玲）

【博奥与中聋共建听力残疾遗传干预中心】 3月3日，由中国聋儿康复研究中心、博奥生物集团有限公司主办的“中国聋儿康复研究中心、生物芯片北京国家工程研究中心听力残疾遗传干预中心签约仪式”在中国残联举行。主办单位以及清华控股有限公司等单位相关领导参加。中心选择山东省作为全国第一个听力残疾遗传干预试点地区，将建立省高危人群耳聋基因数据库，应用基因诊断理论和技术，健全完善听力残疾早预防、早筛查、早诊断、早干预、早康复长效机制，进一步开展耳聋致病基因、致病机理与诊断、干预技术的科学研究，把残疾预防关口前移，有效减少听力残疾的发生，提高人口素质。仪式上，两个中心共同向山东省残联捐赠了价值60万元的遗传性耳聋基因检测试剂。12月2日，国际残疾人日时，青岛市听力残疾预防试点示范项目启动，为登记在册的1000名0～40岁中重度以上听力残疾人免费提供耳聋基因检测和“一对一”的遗传咨询与生活指导。

（梁　爽）

【中关村软件园健康服务中心开业】 3月6日，由北京中关村软件园发展有限责任公司和北京北医三院健康管理中心共同主办的“你好健康医疗・呵护IT未来——中关村软件园健康服务中心开业典礼暨园区健康服务活动周启动仪式”在中关村软件园举行。中国

软件行业协会教育与培训委员会、北京健康管理协会等单位有关领导以及企业代表等参加。中关村软件园你好・健康服务中心是北医三院健康管理中心与中关村软件园公司共同创建的第一个园区专业健康管理服务中心，设有企业基础诊疗、企业健康管家、企业高管健康管理、企业特色健康服务四大类服务，将为中关村软件园近300家企业、3万余名员工提供专业便捷、优质放心的健康服务。活动周将举办“走进企业”大型义诊、健康管理大讲堂、健康项目体验等一系列活动。

（张　蕾）

【中关村软件园获国家软件与集成电路人才国际培训基地授牌】 4月25日，由中关村软件园培训中心主办的中关村软件园大讲堂——从优秀到卓越：软件研发管理的六顶思考帽暨国家软件与集成电路人才国际培训基地授牌仪式在中关村软件园举行。中国国际人才交流基金会、北京中关村软件园发展有限责任公司等单

位相关领导以及30余家园区企业和50余家北京市高新技术企业的380余位技术人员参加。中关村软件园被国家外国专家局授予“国家软件与集成电路人才国际培训基地（中关村软件园）”。基地将通过国家人才基地培训、培养和引智平台，培养软件和集成电路设计行业急需的高层次、实用型、复合交叉型、国际化的管理和技术人才。相关专家分别就“高效能团队打造”“一个架构师的从优秀到卓越”“出色产品经理的养成”“测试管理实践”等主题做了演讲。

（张　蕾　刘伟杰）

【丹麦女王莅临生命科学园】 4月26日，丹麦王国玛格丽特二世女王莅临中关村生命科学园，参观北京诺和诺德医药科技有限公司。女王表示，诺和诺德公司作为丹麦颇具代表性的生物制药企业，能够在中国建设研发中心并取得发展，离不开中丹两国合作创造的良好环境。女王愿诺和诺德公司在中关村生命园获得更广阔的发展空间，在专业领域取得更丰富的成果。

（李贺英　梁　爽）

【中以创新发展基金创立】 5月8日，“中以创新发展基金创立大会暨第一次合伙人会议”在中关村软件园召开。中关村科技园区海淀园创业服务中心、北京中关村科技创业金融服务集团有限公司、北京中关村软件园发展有限责任公司、广联达软件股份有限公司、软通动力信息技术（集团）有限公司、启明星辰信息安全投资有限公司、北京施拉特创业投资管理有限公司7家基金合伙人的代表参加。会议签署合伙企业合伙人会议决议书。基金由中关村软件园公司与中关村发展集团股份有限公司发起设立，首期3000万元，将专注于投资以色列早期高科技成果，扶持其落地中关村软件园、与国内相关企业对接，最终带动国内高科技产业的发展。其特色是建立了由政府引导、社会参与以及投融资大平台和产业园区多方联动机制，投资方向在区域上重点聚焦落户于中关村软件园的高科技成果转化项目，在行业上重点关注软件与信息服务业，在投资标准上重点关注“四新”项目（新产品、新技术、新应用、新模式）。基金引进以色列“天使投资+软着陆服务”的国际产业促进高效模式，以国际化视野吸收整合创新资源，旨在打造集技术引进、成果转化、创业孵化和产业发展功能于一体的具有全球影响力的高科技创新与转移平台。

（李贺英　张　蕾）

【中关村软件园人才对接会举办】 6月19日，由中关村软件园人才服务平台主办的“e起飞翔——2014中关村软件园人才对接会”在国际软件大厦举办。北京

石油化工学院的计算机科学与技术、信息科学与计算两个专业的毕业生，用友软件股份有限公司等园区内外近70家企业，约400名学员参加。近半数的应聘者与企业达成初步意向。“e起飞翔”是中关村软件园携手园区企业共同开创的以企业创新与发展为主题的高端品牌活动，年内共举办4期，包括“人文园区·生命礼赞——《云南映象》走进软件园”等主题，360余家企业近2000人参加。

（张　蕾）

【技术合同政策法规宣传培训举办】 6月25日，由海淀园管委会（海淀区科委）技术合同登记处上地分部主办的“技术合同政策法规宣传培训”在中关村软件园举办。100余家企业的代表参加。相关专家介绍了北京技术市场情况，就技术合同认定规则及要点、技术合同管理及优惠政策进行解析，通过案例剖析、现场问答等方式与企业进行交流和互动，还介绍了技术合同登记处上地分部的工作内容与职责和企业在合同登记时应注意的问题。

（彭　晨）

【文思海辉公司入选IAOP全球外包100强】 6月，国际外包专业协会（IAOP）公布2014全球外包100强（Global Outsourcing 100）名单，文思海辉技术有限公司首次入选Top10榜单，名列第8位——这是中国本土外包服务企业首次进入IAOP全球外包榜前10位。（IAOP是一个全球性的会员制组织，是外包行业的倡导者，在全球范围内拥有超过10万家会员和分支机构，被认为是最重要的专业性国际外包研究联合会。同时，IAOP还是一个全球性的标准制定组织，通过推出各种专业标准和行业规范，推动外包产业的发展。）

（张　蕾）

【中关村国防科技园主体工程封顶】 7月1日，由北京理工大学主办的中关村国防科技园主体工程封顶仪式在北京理工大学举行。中关村发展集团股份有限公司等单位有关领导以及项目设计、管理、承建、监理等

职能部门的负责人参加。工程是中关村科学城建设项目的重要组成部分，位于北京理工大学主校区西区，建筑面积约 24 万平方米，总投资约 14 亿元，主要服务于国防高新技术研发、转化和产业化，将吸引航空航天等国防科技领域企业和项目入驻。工程于 2013 年 5 月 17 日开工建设。

（李　莹）

【中关村高端医疗器械园项目开工】 8 月 18 日，由中关村医疗器械园有限公司、中交第四公路工程局有限公司主办的“中关村高端医疗器械产业园项目（一期）开工仪式”在大兴生物医药基地三期举行。中关村发展集团股份有限公司、中国交建总承包公司以及设计、

监理、咨询等参建单位的代表 300 余人参加。园区由中关村发展集团、中国交通建设公司合作建设，规划用地面积 19.19 公顷，总建筑面积 28.79 万平方米，总投资约 14.6 亿元，包括生产厂房、研发中心、中小企业孵化器、产业服务中心等，计划 2016 年竣工并投入使用。项目围绕“高端引领、创新示范、产业生态、功能完善”的发展思路，以高端医疗器械产业为主，集研发、孵化、生产、服务为一体，重点发展高端医疗器械研发总部、新型高端医疗器械生产制造、医疗器械企业孵化成长、医疗器械支撑服务等四大产业功能，采取“政府支持、集团主导、企业参与、集群式落地、市场化运作”的开发运营模式，加快医疗器械产业集聚式发展，为重点企业和重大项目的快速落地提供载体空间。（2012 年 12 月，中关村高端医疗器械产业园项目公司——北京中科兴仪高端医疗器械产业投资有限公司成立，为中关村发展集团发起设立的子公司，注册资本 2 亿元，将全面承担中关村高端医疗器械产业园的规划建设和运营服务。）

（李贺英）

【中关村软件园孵化器获企业集中办公区授牌】 9 月 19 日，在海淀园管委会主办的“中关村核心区创新创业服务平台启动暨 2014 年集中办公区授牌仪式”上，北京中关村软件园孵化服务有限公司获“海淀区创业期科技型企业集中办公区”授牌。中关村软件园孵化器企业集中办公区是面向战略新兴产业重点行业领域“种子期”项目的大众创新创业平台，主要向“种子期”项目或企业提供众创空间、行政许可咨询、企业管理咨询、创业导师服务、投融资咨询、财税法律事务等全方位服务。

（张　蕾）

【两家园区获首批“北京市绿色生态示范区”称号】 10 月 11 日，在市规划委主办的 2014 年北京市绿色生态示范区评选颁奖会上，3 家园区获市规划委授予的首批“北京市绿色生态示范区”称号，其中中关村示范区两家，即北京未来科技城、北京中关村软件园。北京未来科技城围绕“创新、开放、低碳、人本、共生”的核心理念，在规划、建设、运营和管理多个方面展开工作，完善绿色生态规划指标体系，倡导绿色建筑和绿色交通，充分利用可再生能源，发展绿色生态。中关村软件园全面引入“生态绿色”概念，重点对绿色交通、低碳能源、固体废弃物利用、雨洪利用、绿色建筑、低碳管理、生态展示等七大方面进行整体规划和生态专项工程实施。会上，入选单位获市规划委颁发的证书，并获 500 万元政府资金奖励。

（李贺英　张　蕾）

【中关村软件园大讲堂举办】 10 月 24 日，由中关村软件园、北京湛庐文化传播有限公司主办的中关村软件园大讲堂——“大爆炸式创新：超越颠覆式创新，迎战创新新时代”在中关村软件园举办。来自园区内外企业管理者、技术人员等 300 余人参加。相关专家就“超越颠覆式创新，迎战创新新时代”“大爆炸式创新，将是下一个台风口”等主题，提出了传统的关于创新的 3 种理论以及传统创新的过程、大爆炸的 4 个创新阶段、产业管理者在大爆炸面前必须思考的几个问题，剖析了创新的背景和模式，指出中国在世界产业链条中的优势。与会代表还共同探讨如何迎战大爆炸式创新主导的商业

新时代。至年底，活动共举办9期，分别以“IT企业健康管理建设之路”“云发展趋势及下一代技术革命”“知识产权与创新发展”等为主题。此项活动从2012年6月开办，累计举办21期，共吸引1300余家企业6000余人参加，涵盖科技、人文、社科、管理等方面。

（张　蕾）

【国家开放大学软件学院中关村软件园学习中心建立】 11月14日，在国家开放大学软件学院工作会上，北京市海淀区中关村软件园人才基地培训中心获国家开放大学软件学院授权，建立“国家开放大学软件学院中关村软件园学习中心”，负责国家开放大学“新型产业工人培养和发展助力计划”学历教育的招生、教学、考务及学习辅导工作。

（张　蕾）

【北京大学国际医院开业】 12月5日，“北京大学国际医院开业仪式”在昌平区举行。全国政协副主席韩启德院士，国家各部委办局、市各级政府和相关主管单位有关领导以及北京大学各附属医院、国内外院校、医疗机构的负责人、教授、专家和驻华使馆医疗参赞等参加。北京大学国际医院（北京大学的第九家附属医院）由北京大学和北大方正集团有限公司共同投资兴建，是北京市最大的社会资本投资的非营利性医院，2005年立项，2007年开工建设，位于生命科学园内，占地面积19.8公顷，总投资45亿元，总建筑面积44万平方米，核准床位1800张。此次开业首批开放床位532张，ICU床位159张，手术室46间，诊疗科目63个，职工总人数1400人。仪式上，北大国际医院与英、美、德以及北京市红十字会等国内外合作机构的代表为相关合作项目揭牌；北大国际医院急诊科与999急救中心使用AW139型直升机，进行航空急救联合演练，展示了全新的救援场景。医院信息化按美国医疗信息和管理系统学会（HIMSS）7级建设，耗资2.3亿元，历时3年完成设计开发，并在北大人民医院上线实施，经过改良后整体平移至北京大学国际医院。收费标准方面实行双轨制，即一部分按照国家医保政策相关规定定价，满足公众基本医疗需要，一部分实行差异化的自主定价，满足患者差异化、国际化的需求。

（李贺英　梁　爽）

【生命科学园发展论坛举办】 12月10日，由北京中关村生命科学园发展有限责任公司主办的“中关村生命科学园发展论坛”在生命科学园举办，主题为“创新缔造生物医药辉煌，科技引领人类健康未来”。昌平园管委会、中关村生物医药产业联盟等单位负责人以及来自生物医药、健康营养等领域的企业代表近100人参加。中关村生物医药产业联盟从注册登记、知识产权、创新成果及荣誉、人才培养、国际合作、投融资情况、产业政策促进等7个方面总结2014年度的联盟工作；北京海燕药业有限公司等企业相关人员分别就“抗肿瘤新药的研发——如何加速中国的创新”“发展驱自创新，转化源于使命”“呼吸系统药物产学研平台”等主题做了报告。

（李贺英　梁　爽）

【工厂与工艺技术高峰论坛举办】 12月11—12日，在中国集成电路设计业2014年会暨中国内地与香港集成电路产业协作发展高峰论坛上，北京集成电路设计园有限责任公司负责人主持了“工厂与工艺技术”高峰论坛，与主流电子辅助设计工具提供商、生产厂商探讨推动技术进步、开展合作的方案并与中小集成电路设计企业人员座谈，了解集成电路设计企业服务需求。

（张永竹）

【中关村软件园企业呈发展态势】 年内，中关村软件园新入驻企业51家，其中上市企业3家。至年底，园区企业累计295家，其中上市企业31家，在园从业人员3.89万人；累计“十百千工程”企业26家，国家规划布局重点软件企业21家；企业年内总产值1409亿元，总利润135亿元；累计拥有知识产权19095件，其中软件著作权3522件；累计授权专利14175件，其中国际授权专利254件；累计注册商标1398件，其中国际授权171件；年内科技成果转化305项，较2013年增加33.8%。

（张　蕾）

【软件园完成开复工28.8万平方米】 年内，中关村软件园开复工总规模28.8万平方米（其中一期6.6万平方米，二期22.2万平方米）；累计完成开复工193万平方米，开工率为94%（其中一期开工率为100%，二期开工率为90%）。竣工项目9个，面积22.27万平方米；累计竣工项目44个，竣工率为49%（其中一期累计竣工项目29个，竣工率为93%；二期累计竣工项目15个，竣工率为25%）。

（张　蕾）

大学科技园

【交大技术转移中心获评国家技术转移示范机构】2月17日，科技部印发《关于确定浙江大学苏州工业技术研究院等95家机构为第五批国家技术转移示范机构的通知》（国科发火〔2014〕28号）。北京交通大学技术转移中心名列其中，其主要任务是以促进知识流动和技术转移为主要服务内容，推动国家重大计划项目和行业共性技术、关键技术的技术转移和扩散，并在战略性新兴产业培育和高新技术产业发展中发挥支撑作用，同时示范带动本地区、本行业技术转移体系健康发展。

（丁　蕾）

【中国生产力学院成立】4月16日，“中国生产力促进中心协会、中国矿业大学（北京）战略合作签约仪式”在中国矿业大学（北京）举行。科技部原部长徐冠华等领导及科技部相关部门负责人、矿大的师生代表100余人参加。会议举行了中国生产力促进中心协会生产力学院、中国生产力促进中心协会教育基地揭牌仪式。中国生产力学院由中国生产力促进中心协会与中国矿业大学（北京）共建，设在中国矿业大学（北京），办学宗旨是以“创新、创业、创富”为理念，广泛整合职业教育资源，建立“协会＋大学＋基地”的职业教育模式，推动中国职业教育朝着专业化、网络化、规模化和产业化方向发展，培养大量专业化和有能力的专业技术人才，为中国产业转型升级提供大批合格的高端人力资源。学院将把生产力促进中心体系与职业教育培训基地有机结合，面向生产力促进中心和相关机构，培养大批高水平的师资队伍，并以各省、市生产力促进中心为依托，建立区域性职业教育培训基地，通过统一调配和运用职业教育资源，面向广大的中小企业、小微企业和创业人员等，开展职业教育培训，培养各行业、各地区专业技术人才，不断提高职业教育水平和规模。

（姜笑笑）

【北理工科技园4家企业入选“展翼计划”】4月17日，中关村管委会公布2014年“展翼计划”企业名单。北京理工大学国家大学科技园4家企业入选，分别是：北京麦克斯泰科技有限公司、泰圣思信息系统开发（北京）有限公司、太阳圣华（北京）医疗科技有限公司、北京理工亘元科技有限公司。

（李　莹）

【北京科大科技园杯学生创业计划竞赛举行】4月19日，由北京科大科技园有限公司、北京科技大学团委主办的“第十一届‘北京科大科技园杯’学生创业计划竞赛决赛暨颁奖仪式”在北京科技大学举行。参赛团队及观赛大学生近300人参加。镍基导电填料型电磁屏蔽产品创业团队获大赛特等奖，小区立体停车场智能化改造创业团队、校联购创业团队、太阳能智能空调墙创

业团队、“七彩校园”软件开发创业公司创业团队等9支团队分获大赛一、二、三等奖。大赛历时6个月，参赛创业团队91支，在校大学生1200余人参与，项目涉及新材料、节能环保、电子信息等领域。

（张慧秋）

【北理工科技园企业参展厦门国际物联网博览会】5月16—18日，在中国·厦门国际物联网博览会暨高峰论坛上，北理工科技园的泰瑞数创科技（北京）有限公司等8家企业的创新技术和产品参展。其中，北京恒通安信科技有限公司的eC120智能化老人看护平台，将传感、无线通信和模式识别3项技术有机结合，应用于监测老人日常生活起居的3个主要方面，即：老人的生活环境、日常起居活动、身体状况，全天候远程关注老人的日常起居活动，及时发现意外和异常，并迅速告警。北京诺信泰伺服科技有限公司展示了iDrive智能伺服驱动器、iNano空心杯智能伺服驱动器、iStep智能三相混合式步进驱动器等新型智能伺服驱动器。

（李　莹）

【6 家企业的项目获中小企业技术创新资金立项】 5 月 26 日，市科委发布《2014 年度北京市科技型中小企业技术创新资金立项公告》。其中，北理工科技园战略性新兴产业基地推荐的 6 个创业孵化项目入选。即：北京拓维思科技有限公司的“基于三维激光点云的数字城市快速建模系统 TovosModeler”，北京国承万通信息科技有限公司的“基于 CMOS 传感器的信息传输技术及在可穿戴电子领域的应用”，华夏星通（北京）科技发展有限公司的“基于北斗的配电网故障诊断与监控系统”，北京中科软银信息技术有限公司的“面向应用的企业级虚拟化云计算资源调度系统”，北京思弗威生物科技有限公司的“新型便携式多功能食品安全快速检测装置”，北京云启信息技术有限公司的“面向 3D 打印应用的快速扫描三维成像系统”。

（李　莹）

【国际视野下的中国改革前景讲座举办】 5 月 28 日，由北京师大科技园科技发展有限责任公司、北师大留学人员创业园、中关村国大中小微企业成长促进会主办的“国际视野下的中国改革前景”讲座在北师大科技园举办。来自中关村示范区企业、社会团体的代表以及北京文化爱好者 100 余人参加。相关专家通过国际事件的分析，对中东、中亚、俄罗斯、古巴、越南、中国香港、新加坡、撒哈拉以南非洲的国际形势做出预判，并从制度、理念等层面阐述中国改革持续向前的必然性。

（卢梦竣）

【人民大学第六届学生创业之星大赛举办】 5 月 28 日，由中国人民大学文化科技园、中国人民大学学生就业指导中心等单位主办的“中国人民大学第六届学生‘创业之星’大赛·决赛暨‘创业联盟’成立大会”在人民大学举行。教育部高校学生司等单位有关领导参加。大赛有 110 支团队 546 名学生参加，13 支团队进入决赛。决赛的创业项目涉及软件开发与应用、文化传媒、工业制造等行业领域。人民大学商学院 2013 级许珂等 5 名学生的“校园哔哔 APP”项目获一等奖，并获创业基金 2 万元。项目旨在提供校园信息一站式服务，帮助校园活动参与者在海量的信息中进行选择，帮助社团管理者对社团活动进行管理，其目标是实现可靠的信息来源，有效的信息筛选，智能化的社团管理和有意义的线下互动。“创业联盟”由人民大学创业校友和在校学生自发组织，是为创业校友回馈母校，与在校学生平等交流、共享创业机会建立的新平台和新通道。

（徐　洋）

【8 家企业的项目参展国际物联网博览会】 6 月 3—5 日，在“2014 中国国际物联网博览会”上，北理工科技园有 8 家物联网企业的项目参展。其中，北京永洪商智科技有限公司的 Z-suite 商业智能软件，可提供多款基于云计算的敏捷、易用的数据分析工具；北京诺信泰伺服科技有限公司的新型智能伺服驱动器，能够为电子标签 RFID 和智能卡的生产、应用等物联网技术提供速度快、定位精准、性能卓越的基础驱动原件；北京德可达科技有限公司的 TC 系列轻型无人直升机，可搭载多种传感器，可用于灾情及事故跟踪、环境及交通监测、国防安全和领土维权等强调信息实时性的应用领域。

（李　莹）

【大学生创业训练计划 2013 项目结项】 6 月 4 日，由中国人民大学文化科技园和中国人民大学主办的“中国人民大学‘大学生创业训练计划’2013 项目结项表彰暨 2014 项目立项启动大会”在人民大学举行。参与创业训练计划的学生代表 70 余人参加。“大学生创业训练计划”2013 项目有 17 个结项，5 个项目获评优秀。其中“Colorwork 云端工作平台”和“拼途（中国）项目”两个项目进入创业实践阶段，获实践启动资金各 10 万元。人民大学还将为其提供企业注册指导和相关政策支持，包括资金、场地和硬件配套等。“大学生创业训练计划”2014 项目同时启动。

（徐　洋）

【烟台北航科技园项目发布会举行】 6 月 6 日，由北京北航科技园有限公司和烟台高新区管委会共同主办的“烟台北航科技园项目发布会”在烟台高新区举行。来自全国 10 余家大学科技园的负责人以及企业代表 300 余人参加。烟台北航科技园由双方共建，位于烟台高新区核心区域，总投资 8 亿元，规划占地面积 8.06 公顷，建筑面积约 24 万平方米，包括孵化区、科技研发区、产业区及服务区 4 个功能区，可吸纳 150 家科技型小微企业入驻，将建设成为以航空航天相关精密电子设备研发、制造及软件开发产业和现代服务业为主的高新技术产业聚集区。园区可为企业提供科技中介类服务、人力资源服务、IT 服务外包项目加速及孵化环境服务、科技成果转化服务、各项政府专项资助资金的申请、资质认定、企业借贷融资等服务，并运用互联网、云计算和移动互联技术，实现三网融合，建设政府、园区、企业、资源协同发展的智慧园区系统。

（钮　键）

【人大科技园入选国家十大文化产业示范基地】 7 月 1 日，中国文化产业协会公布“第二届国家文化产业示范基地影响力评价”结果，北京人大文化科技园建设发展有限公司入选“第二届十大最具影响力国家文化产业示范基地”。人大文化科技园是依托高校建设的国家级文化产业示范基地，在文化产业国家标准与政策研究、前沿理论研究、文化数据研究、地方文化发展规划、人才培养与品牌构建等方面积极探索，发布了中国省市文化产业发展指数，承担国家级文化和科技融合示范基地管理办公室工作，具有“产学研结合”等特色。

（徐　洋）

【数字文献实验室成立】 7 月 1 日，由北京国学时代文化传播股份有限公司、首都师范大学电子文献研究所、北京艺术博物馆主办的首都师范大学数字文献实验室成立仪式在北京艺术博物馆举行。中国诗歌研究中心、北京师范大学中国易学文化研究院等单位有关领导及专家 20 余人参加。实验室由首都师范大学电子文献研究所与北京艺术博物馆联合创立，是中国首家针对古籍数字化而建成的科研实验室，设在北京艺术博物馆。实验室依托首师大电子文献研究所的《国学宝典》和《四库大系》两大数据库和自动排版、自动比对、自动标点三大核心技术，将不同形态的文物资料予以数字化，对古籍文献进行加工、存储和整合，将原始形态转化成数字资源，成为超大规模数据库以存储海量的数据信息，建成国际一流水平的古籍数据资源中心。实验室配有先进的仪器设备，可对古籍善本、书札手稿、字画碑帖、拓片印谱、舆图档案、旧报老刊等进行加工、存储和整合，并在这些信息之间建立多元联系，进行分类管理和深度挖掘，以随时根据学术研究需要将数据输出为数字化产品。

（刘　佳　张欣怡）

【北理工科技园 7 家企业成为瞪羚企业】 7 月 21 日，中关村国家自主创新示范区在网站上公布了“2014 年瞪羚企业名单”。北京理工大学国家大学科技园内 7 家企业入选，分别是：北京中村宇极科技有限公司、泰瑞数创科技（北京）有限公司、北京清研利华石油化学技术有限公司、易云捷讯科技（北京）有限公司、北京理工北阳爆破工程技术有限责任公司、阿尔特汽车技术股份有限公司、北京理工雷科电子信息技术有限公司。

（李　莹）

【清华科技园国际顾问委员会成立】 8 月 27 日，由启迪控股股份有限公司主办的“清华科技园国际顾问委员会成立仪式”在清华科技园举行。国际科技园及创新区域协会（IASP）等单位和机构的领导 20 余人参加。

清华科技园国际顾问委员会由启迪控股公司发起成立，将在如何创办海外科技园、如何加强国际科技园区合作和入园企业合作方面提供思路、办法和经验。其成员由在创新政策制定、创业企业和创新人才培育方面有丰富经验的海外政府官员，高科技公司管理者，大学、研究机构和金融界的相关人员组成，包括科技园区的管理者，其中有国际科技园及创新区域协会总干事路易斯·桑、英国科技园协会总裁泊·怀特等。顾问委员会办公室设在清华科技园，运作模式为线上和线下相结合。线上模式为顾问委员会成员通过网络不定期地讨论有关海外科技园拓展，国际科技园区之间的合作，入园企业之间的合作等话题，并形成相关报告，用于在中国和国际科技园区网络内分享。线下模式为每年举行 1 次研讨会。清华科技园进行的有关专题研究也将请国际顾问委员会来提供帮助和指导。

（康秋红）

【国家大学科技园研究会成立】 8 月 28 日，在“第六届启迪创新论坛（北京）暨第二届全球科技园区领导者圆桌会议”上，国家大学科技园研究会揭牌。研究会由清华大学国家大学科技园、北京航空航天大学国家大学科技园、北京大学国家大学科技园等 14 家国家大学科技园共同发起成立。研究会将对国家大学科技园的管理模式和运营经验进行研究总结，进一步汇聚国家大学科技园发展所需的各类资源，并为促进国家大学科技园的科学、规范发展提供行业交流和政策建议。

（康秋红　刘伟杰）

【清华科技园创建 20 周年成就展举办】 8 月 28 日，在“第六届启迪创新论坛（北京）暨第二届全球科技园区领导者圆桌会议”上，由启迪控股股份有限公司主办的清华科技园创建 20 周年成就展揭幕仪式在清华科技园举行。来自政府、学校、企业的代表 400 余人参加。展览回顾了清华科技园自 1994 年创建以来的发展历程，展示了 20 年来在创业企业孵化、科技成果转化，创新人才聚集和培育方面所取得的辉煌成就，同时展出了在发展过程中对行业、学校及社会的贡献业绩。展览现场展示了紫光股份有限公司的全球首台云计算机、无锡海斯凯尔医学技术有限公司肝脏健康一体化无创检测系统和北京海兰信数据科技股份有限公司小目标雷达监控系统等产品。展览 10 月 10 日结束。

（康秋红）

【第六届启迪创新论坛举办】 8 月 28—30 日，由清华大学启迪创新研究院、启迪控股股份有限公司主办的“第六届启迪创新论坛（北京）暨第二届全球科技园区领导者圆桌会议”在清华科技园举办。第十一届全国人大常委会原副委员长华建敏、第十一届全国人大常委会原副委员长陈至立、科技部原部长徐冠华出席开幕式。清华大学的领导及国内外创新区域与国际科技园区的领导者，科技界、经济界和教育界的专家学者 400 余人参加。论坛延续“携手，分享，创新，共赢”的主旨，以“中国科技园 20 年成功经验与未来 20 年发展趋势”与“国际科技园区发展趋势——未来 20 年会发生什么”为主题，就新型城镇化、创新创业生态系统构建等议题展开探讨。活动为“清华科技园入园

企业创新成就奖”及“启迪之星创业营”获奖代表颁奖，发布了由清华大学启迪创新研究院、启迪商学院共同研究制定的“全球首部科技服务业标准”——《区域创新服务标准体系》，举行了创业银行初创企业孵育基金成立仪式、国家大学科技园研究会揭牌仪式以及清华科技园创建 20 周年成就展。

（康秋红）

【北大科技园集中办公区挂牌】 9 月 19 日，在“中关村核心区创新创业服务平台启动暨 2014 年集中办公区授牌仪式”上，北京北达燕园科技孵化器有限公司获“海淀 · 创业期科技型企业集中办公区”颁牌。办公区位于北大科技园南区，总面积约 1300 平方米，主要通过组建“北大创业孵化营”和“集中办公 + 创业辅导 + 创业投资”的新型创业服务产品，探索新形势下的大学科技园发展模式，围绕科技创新链发展与创新创业生态环境，搭建多种新型服务平台。办公区还为入驻企业和项目提供免费工位、项目推荐及投融资对接服务。

（王学军）

【人大科技园集中办公区挂牌】 9 月 19 日，在“中关村核心区创新创业服务平台启动暨 2014 年集中办公区授牌仪式”上，中国人民大学文化科技园获“海淀区创业期科技型企业集中办公区”授牌。人大文化科技园凭借具有文化创业专业园的特色，建立了大学生创业园，为学生提供零成本创业空间和全流程、全方位、全链条的立体化服务。

（徐　洋）

【北京大学（包头）科技园开园】 9 月 26 日，“2014 年北京大学（包头）科技园开园仪式暨北京大学（包头）创业家俱乐部揭牌仪式”在内蒙古自治区包头市举行。包头市政府、北京大学协同创新研究院等单位的相关领导以及 100 余家企业的代表参加。科技园由包头市青山区政府与北京北大科技园建设开发有限公司共建，是北大与包头市进行产学研全面合作的重点建设项目，也是北大产学研用创新体系在包头市的综合运营发展平台。园区位于包头市装备制造产业园区，占地面积 49.07 公顷，规划建设“两园四区”，工业区建设规模约 12 万平方米、综合区建设规模约 35 万平方米，包括科技研发区、技术转化与孵化区、产业发展区、综合配套服务区 4 个功能区，主要承接及服务于北京大学及相关高校、科研院所、高科技企业的科研成果转化落地与产业化发展，是北大科技园“校地合作、协同创新”的样板工程。北大（包头）创业家俱乐部位于内蒙古包头装备制造产业园区的北大科技园包头分园，其专属的创业服务区域，分为产业研究区、集中办公区、项目交流区、项目展示区，聚集高校知名教授、成功企业家、创业者及各行业精英校友，是政、产、学、研、商、媒的交流平台。

（王学军）

【科技企业孵化器中高级管理人员培训举办】 10 月 27—31 日，由北航科技园北京软件出口中心、西安高

新区创业园发展中心主办的2014年全国科技孵化器和科技园中高级管理人员培训班在西安高新区举办。来自全国各地的科技主管部门、高新区、孵化器、加速器、产业园的相关负责人近200人参加。培训采用直接授课的方式，以案例教学、专题研讨、参观考察等形式进行讲学和交流，使学员了解和熟悉科技孵化器与科技产业园区所需资源及资源整合问题、空间(环境)建设操作办法、运营与管理范畴、专业化公共服务问题以及建设与发展的相关政策等。结业学员信息由科技部火炬中心统一备案并建档，作为国家认可的培训记录和资格认定。

（钮　键）

【北大科技园南区揭幕】10月31日，由北京北大科技园建设开发有限公司主办的“相信梦想　创启未来——北大科技园南区揭幕暨北大创业孵化营、创业谷·光

华（G—lab）、智能互联创新孵化器启动仪式”在北大科技园举行。北京大学、市科委、中关村管委会、海淀园管委会等单位的有关领导及项目投资人、创业者代表90余人参加。北大创业孵化营、创业谷·光华(G—lab)、智能互联创新孵化器3家机构落户北大科技园南区。北大科技园南区位于方正国际大厦，办公面积1300余平方米，分为产业研究区、集中办公区、项目交流区和项目展示区四大部分，专注于创新型孵化器建设，以垂直化的产业服务为科技与人才提供支撑，是一个汇集政、产、学、研、商、媒多方资源的交流平台，将围绕科技创新链发展与创新创业生态环境，搭建创业谷·光华（G—lab）、智能互联创新孵化器等新型服务平台，形成“以创新要素为基础的技术服务体系”和“以人为本的创业服务体系”,并打造“创业辅导、创业孵化、创业投资、开放平台”四位一体的创业服务链条。初创企业通过筛选入驻北大创业孵化营，将获免费的办公空间和创业培训服务。

（王学军　徐　建）

【财大科技园企业参加秋季校园双选会】11月28日，由中央财经大学学生就业与职业发展指导中心举办的2014—2015学年秋季校园双选会在中央财经大学举行。中央财经大学科技园组织园区企业参加并提供了100余个就业岗位，其中涉及的专业有互联网、金融、会计、电子商务、新媒体、文化创意和人力资源等。中央财经大学毕业生和部分外校毕业生500余人参加。

（张向丽）

【交大科技孵化器获国家级孵化器认定】12月5日，科技部印发《关于认定北京厚德科创科技孵化器有限公司等104家单位为国家级科技企业孵化器的通知》（国科发火〔2014〕364号)。其中，北京交大科技孵化器有限公司通过认定。孵化器是一个“以轨道交通为主线，以智能交通、通信与信息技术、光机电为重心”的专业孵化器，打造了轨道交通领域专业孵化体系和大学生自主创业专项服务体系。形成了1＋2＋4→6的特色服务模式，即“突出一个特色，完善两个体系，搭建四个平台，达到了六个效果”。一个特色就是轨道交通特色，两个体系就是轨道交通领域专业孵化体系和大学生自主创业专项孵化体系，四个平台分别是关键共性技术服务平台、大学科技成果转移转化平台、创业企业投融资综合服务平台和中小企业公共服务平台，六个效果即高校技术转移与科技成果转化的数量和质量大幅提高、创业企业孵化效果良好、大学生创新创业人才培养初显成效、轨道交通领域战略性新兴产业培育初具规模、服务区域经济效果显著和提升品牌效应打造良好品牌形象。

（丁　蕾）

【北理工科技园知识产权辩论赛举行】12月9日，由北京市保护知识产权举报投诉服务中心（北京12330）主办、北京理工大学国家大学科技园承办的“北京12330分中心、工作站知识产权辩论赛”决赛在京举行。市知识产权局、中关村管委会等单位有关负责人及企业代表、知识产权工作站人员近200人参加。辩论赛

于 11 月启动，北京 12330 东城、西城、朝阳、海淀、丰台、石景山、通州、昌平、顺义以及北京经济技术开发区分中心（工作站）组成 10 支队伍参赛，决出海淀区分中心代表队、顺义区临空经济区代表队进入决赛。决赛围绕小微企业知识产权工作应以市场化服务还是政府服务为主进行辩论，正反双方结合工作实际，运用大量的数据和实例，展示小微企业知识产权工作现状和服务需求。最终，海淀分中心代表队获冠军。

（李 莹）

【新型光纤光缆应用与测试技术研讨会召开】 12 月 14 日，由北京邮电大学信息光子学与光通信国家重点实验室主办，北京邮电大学国家大学科技园、北京布来得科技有限公司等单位协办的“2014 年新型光纤光缆应用与测试技术研讨会”在北邮举行。北京邮电大学信息光子学与光通信研究院及工业和信息化部电信研究院等 56 家单位 200 余位专家及代表参加。会议就弯曲不敏感光纤 G657 的测试技术和标准在国内外的进展情况、超低损耗和大有效面积光纤的研发及其应用和测试进行了研讨。

（陈思亮）

【感知矿山建设成果展示】 12 月 18 日，由大同煤矿集团有限责任公司主办，中国矿业大学（北京）和大同煤矿集团朔州煤电有限公司承办的“大同煤矿集团朔州煤电公司铁峰煤业公司感知矿山建设成果展示暨经验交流研讨会”在大同煤矿集团铁峰煤业有限公司举行。会议以“建设感知矿山，迈向工业 4.0 时代”为主题。来自政府、行业协会、高校和矿山企业的代表 60 余人参加。会议展示了中国矿业大学（北京）与大同煤矿集团朔州煤电有限公司合作完成的“基于物联网的感知矿山关键技术研究与系统实现”项目的科研成果。项目由矿业大学管理学院谭章禄教授主持，以铁峰煤矿为示范点，建成涵盖感知控制层、网络互联层、数据平台层和综合应用层 4 层架构的感知矿山系统，形成集管理信息化、综合自动化、工程数字化于一体的感知矿山可视化集控平台。成果运用物联网、云计算、虚拟化等信息技术，将物联网技术与可视化管理综合应用，根据煤炭企业安全生产经营的需求，形成以透彻感知、深度互联、信息智能处理和可视化为特点的煤炭企业信息化系统，实现对煤矿人员、环境、设备等各类信息的全面感知，以及对不同信息系统的集成和数据综合分析。

（姜笑笑）

【启迪控股公司获最具世界影响力中国品牌称号】 12 月 26 日，在“中国智造·世界影响——寻找具有世界影响力的中国品牌颁奖盛典”上，启迪控股股份有限公司获 2014 年“最具世界影响力中国品牌”称号。该榜单以品牌价值、市场占有率、美誉度、创新力、忠诚度等 6 项一级指标及 17 项二级指标为依据，通过网络投票产生。启迪控股公司作为科技服务提供商，制定了“国际化、支撑平台、辐射发展”三大战略，以“聚集、聚合、聚焦、聚变”为发展模式，整合“政、产、学、研、金、介、贸、媒”等多方面创新资源，营造科技创新与创业环境，为创新型科技企业提供完善的增值服务，以孵化器、科技园、科技新城等多层次的产品载体帮助中国企业走向世界，影响世界。同时利用国际科技园协会的网络，与 300 余个科技园区、70 余个国家建立伙伴关系，并在美国、俄罗斯、以色列、韩国、中国香港等国家和地区建立孵化或服务基地，塑造了世界科技园行业的驰名品牌。

（康秋红）

【中小微企业创业者分享会举办】 12 月 26 日，由北京师大科技园科技发展有限责任公司、北师大留学人员创业园、中关村国大中小微企业成长促进会主办的“2014 中小微企业创业者分享会”在北师大科技园举办。中关村示范区企业、社会团体的代表 100 余人参加。相关专家和参会人员分享了 3D 打印的发展历程和在创业过程中遇到的各种困难，讲解了项目评估的关注点，并从融资的角度为创业者解决融资需求给予建议和指导。活动还介绍了记账助手软件和专家汇平台。

（卢梦姣）

【5 家中关村企业获北京市小企业创业基地认定】 12 月 30 日，市经济信息化委印发《关于公布第三批北京市小企业创业基地认定名单的通知》（京经信委发〔2014〕112 号）。北京望京科技孵化服务有限公司、北京北林科技园有限公司、北京矿大能源安全科技有限公司、北京金伟凯医学生物技术有限公司、北京中关村生命科学园生物医药科技孵化有限公司 5 家中关村示范区企业获认定。

（姜笑笑）

【北理工科技园知识产权系列讲座举办】 年内，北京理工大学科技园共举办 4 场“企业知识产权系列讲座”。中关村示范区企业的代表近 300 人次参加。讲座先后邀请 6 位北京市保护知识产权举报投诉服务中心（北京 12330）的志愿专家，分别围绕企业专利申请操作流程及流程演示；软件企业知识产权保护模式与软件专利申请；专利电子申请的流程与操作以及《北京市专利保护和促进条例》解读及企业知识产权战略布局等专题，讲解知识产权保护、专利申请等方面的法律事务流程。

（李　莹）

【北师大科技园企业多个项目获资金支持】 年内，北师大国家大学科技园有北京数字幻想科技有限公司、北京点密数字科技有限公司、北京邦百利科技有限公司、有爱分子文化创意（北京）有限公司等7家初创企业申报北京市留学人员创办企业开办费资助资金，每家企业获10万元启动资金。北京安卡科技有限公司、北京铭汉科技有限公司、北京美丽泌码美容技术有限公司、北京丝缤科技发展有限责任公司等8家企业分别获中关村示范区海归人才创业园及海归人才创业企业支持资金，共80万。北京加意天下科技有限公司入选第四批“金种子工程”。

（卢梦姣）

【北师大科技园新增18家企业】 年内，北师大科技园引进企业18家，其中留学归国创业人员创办企业4家，涉及教育、电子信息、文化创意、新材料等领域。至年底，在园企业87家，从业人员1278人，注册资本3.1亿元，经营领域涵盖教育、科技、生物医药、现代互联网技术、环境保护、文化创意等；园区企业累计申请专利126件，其中有5家企业的9件发明专利获授权。

（卢梦姣）

【财大科技园新增企业83家】 年内，中央财经大学科技园新增企业83家，主要涉及电子信息、节能环保、现代服务业等领域。在园企业累计180家，注册总资本5.4亿元。其中在校大学生创业企业超过40家。至年底，园区共获政府资助资金95万元，其中中关村海归人才创业园新注册企业服务补贴专项资金25万元、中关村国家自主创新示范区产业技术研究院支持资金40万元、海淀区支持核心区自主创新和产业发展专项资金30万元，帮助新入园留创企业申请资金100万元。

（张向丽）

【中小微企业大讲堂系列讲座举办】 年内，由北京师大科技园科技发展有限责任公司、北师大留学人员创业园联合中关村国大中小微企业成长促进会共同主办的中小微企业成长大讲堂系列讲座共举办17场，内容涵盖国际创业环境分析、企业文化、工商管理、政策解读、

投融资、在线教育、行业发展等方面。来自企业、媒体、金融机构、科研院所的代表累计1100余人次参加。

（卢梦姣）

海归人才创业园

【产品策略讲座举办】2月21日，由中关村科技园区海淀园创业服务中心主办的“产品策略”讲座在京举办。企业代表70余人参加。相关专家就产品设计与开发的基本原则，企业核心资源、客户细分、竞争产品、客户价值、产品优势、收益产出等问题做了讲解，并从市场解读、用户研究、创新设计、产品创新4个方面对“产品策略”进行理论阐释与案例分析，提出从客户需求到客户价值，从产品思维到工具思维，以及以用户为核心，结合企业市场与品牌需求，有目的地将产品道具化以提高竞争力的创新行为等观点。

（彭　晨）

【渠道科技与手游运营的4G革命主题沙龙举办】3月7日，由中国移动北京开发者俱乐部主办，海淀创业园·创客总部等单位协办的北京开发者俱乐部第十八期主题沙龙活动——“‘和’开发者论道——渠道推广与手游运营的4G革命”在京举办。企业高管与行业代表200余人参加。北京中科奥科技有限公司、北京欢乐之旅科技有限公司、北京飞流九天科技有限公司等企业的相关负责人就渠道推广与手游运营创新、发行商的价值、产品差异化和垂直领域细分以及随着4G商用重度游戏整体收入水平会快速提升等内容做了主题发言，并和与会人员展开讨论。

（彭　晨）

【望京科技园两个项目获市科技活动择优资助】3月17日，市人力社保局网站公示2014年度北京市留学人员科技活动择优资助评审结果，望京科技园北京秒微科技有限公司的“新一代工业级智能嵌入式系统”项目入选重点类，并被推荐至人力社保部；北京中瑞鸿程科技开发有限公司的“基于计算智能的多源立体视觉资源的检索技术研究”项目入选启动类。两个项目共获资助18万元。

（朱文利）

【中关村留创园主任投资能力培训举办】3月20日—5月23日，北京中关村留学人员创业园协会在北京理工大学举办3期“中关村留创园主任投资能力培训”活动。科技部火炬中心孵化器管理处、北京海外学人中心及中关村示范区留创园的有关负责人80余人次参加。相关专家介绍了天使投资情况、如何发现潜力企业、投资的实际操作，联合投资合作伙伴的选择和启迪创投投资企业的标准及成功投资案例，并从留创园的角度论述风险投资策略、风险投资方法和风险投资标的，提供了一套创业项目甄别方法，以提升投资判断能力。

（李　莹）

【北京海创企业高管市场营销专修班开班】3月27日，由北京海外学人中心主办的“北京海创企业高级管理人员能力提升工程系列培训课程第一期——市场营销管理专修班”在中国人民大学举办。50余家海创企业的管理人员参加。培训共安排两次集中授课，通过案例和实务操作，围绕整合营销与品牌管理、在云端上的创新营销、营销团队的建立与管理、深度营销、关键客户管理5个模块，就品牌创建及维护、品牌资产及其增值、创新营销模式和网络营销战略等方面进行讲授。由北京海外学人中心举办的“北京海创企业高级管理人员能力提升工程”系列培训，旨在提升海外学人企业中高层管理者的综合管理能力。年内，培训共举办3期，课程包括项目管理实战、项目的计划与控制、项目的团队沟通与风险管理、项目管理综合应用案例模拟演练等，共有300余人参加。

（马雨桐）

【丰台园科创中心微信平台上线】3月28日，中关村科技园区丰台园科技创业服务中心微信服务平台上线。平台以服务企业为重点，及时、准确发布政府各类信息，同时也为在孵企业之间、企业与孵化器之间搭建相互交流的平台。点击微信公众号搜索“北京IBI”，在“创智空间”可查到模拟创业课堂活动公告；在“培训公告”的菜单下，可查看每月面向在孵企业举办的“智慧星期五”活动安排；在“精彩回顾”菜单下，可查阅历次活动的画面和信息报道等。

（柳　杨）

【望京留创园3家企业的项目获创业启动资金】4月16日，在“优秀留创企业发展座谈会”上，市人力社保局公布2014年北京市留学人员回国创业启动支持计划申报评选结果，16家创业企业的项目获资助。其中，望京留创园北京神州仪亮科技有限公司的“4G移动通信空中接口检测仪研发”项目、北京卓越讯通科技有限公司的“10G/40G高速PTN/OTN测试仪表”项目、新港海岸（北京）科技有限公司的“超高清显示适配芯片研发及产业化”项目入选。每个项目获 15 万元的资金支持。神州仪亮公司的项目还作为北京市 4 个优秀项目之一被推荐至市人力社保局。

（朱文利）

【矿山三维动态监控系统项目获创业启动资金】 4 月 16 日，在“优秀留创企业发展座谈会”上，市人力社保局公布 2014 年北京市留学人员回国创业启动支持计划申报评选结果。由中矿安德（北京）科技发展有限公司研发的“全息数字化矿山三维动态监控系统项目”获启动资金 15 万元。项目基于 3D–GIS 技术和虚拟现实技术，通过构建一体化的三维可视化平台，将矿山地形地貌、地表设施、井巷工程、矿体围岩等客观空间构造，在平台系统中真实再现，同时将各类实时监控数据、生产数据、设备信息、人员信息、管理信息等植入系统，构建成能真实反映矿山企业复杂生产环境和状态的三维数字化矿山，并可以根据企业不同层级、不同部门的业务需求，定制相应的业务功能，为矿山企业的运营管理提供三维可视化的信息支持。

（姜笑笑）

【京津留学人员创业园对接交流活动举办】 4 月 24—25 日，北京海外学人中心应天津市外国专家局之邀在天津空港经济区、东丽区、经济开发区举办 3 场京津留学人员创业园对接交流活动。来自北京市 30 家留学人员创业园的代表与天津市 10 家留学人员创业园、孵化器的负责人参加。在“京津留学人员创业园（东丽区）签约仪式”上，北京海外学人中心与天津市外专局签订关于京津引智引才的合作协议，双方将在海外人才合作交流、科技成果转移转化、推动留学人员创业园区共建、合作等方面进行合作。同时，北京理工大学留学人员创业园与天津经济技术开发区留学人员创业园、中国北京（海淀）留学人员创业园与天津市滨海高新区留学人员创业园、北京航空航天大学留学人员创业园与天津市东丽湖留学人员创业园、中关村生命园留学人员创业园与天津市国际生物医药联合研究院、北京瀚海智业留学人员创业园与天津武清区京津科技谷、北京经济开发区（汇龙森）留学人员创业园与天津市武清区东蒲洼街道办事处分别签订友好园区协议。

（马雨桐）

【工商注册新政策培训会举办】 4 月 25 日，由中关村科技园区丰台园科技创业服务中心、丰台区工商局园区所主办的工商注册新政策培训会在北京 IBI 举办。70 余家企业的代表近 100 人参加。相关专家解读了《中华人民共和国公司法》和《注册资本登记制度改革方案》等一系列工商登记改革新政策、新措施。

（柳　杨）

【中关村留创园知识产权咨询师培训活动举办】 4 月 29 日和 5 月 20 日，北京中关村留学人员创业园协会在北京理工大学举办两期“中关村留创园知识产权咨询师培训”。中关村示范区留创园代表 40 余人次参加。培训内容主要包括：知识产权服务职能，培养知识产权服务人员和形成知识产权服务资源网络，孵化器引进、经营管理孵化企业过程中的法律风险及防范措施，孵化器的收益模式选择。相关专家以普及基本概念、解读法律法规、剖析典型案例为基础，讲解了专利检索与分析、专利申请技巧、专利导航进展等问题。

（李　莹　柳　杨）

【丰台区自主创业学院成立】 5 月 27 日，由丰台区人力社保局主办的“丰台区自主创业学院成立仪式”在北京 IBI 举行。丰台园孵化网络成员单位负责人及入孵企业代表 40 余人参加。自主创业学院下设办公室、创业培训中心和创业服务中心，整合市区的政策、空间、实训、专家等创业资源，建立留学生、大学生、城乡劳动力、退役军人 4 个创业园区，设立 6 个创业实训基地。会上，丰台区人力社保局授予丰台园科创中心为丰台区自主创业学院的留学生创业园和大学

生创业园并授牌。科创中心推出帮扶留学生、大学生创业的系列支持政策，对通过创业项目评审的创业人员准许“拎包入驻”，免费提供办公场地，享受创业资金、创业项目、创业培训、创业指导、管理咨询、信息化等一条龙服务。首都经济贸易大学应届毕业生携古鲤文化创意商务平台网站项目现场签约，入驻丰台区自主创业学院大创园，成为创业学院首批大学生创业者。

（柳　杨）

【北京市留创园工作人员培训班举办】 6 月 10—11 日，由北京海外学人中心等单位主办的“第九期北京市留学人员创业园工作人员培训班”在京举办。北京市 35

个留学人员创业园、北京海外学人中心开发区分中心、金融街分中心和CBD分中心的负责人及工作人员近100人参加。相关专家对全国留学人员工作现状与未来工作思路、北京市留学政策及流动调配工作介绍、公司法修改及热点问题、工商登记制度改革政策及实务等进行介绍和解读。

（马雨桐）

【两家企业的项目获中小企业发展专项资金支持】6月18日，科技部、财政部联合印发《关于2014年度中小企业发展专项资金科技创新、科技服务和引导基金项目立项的通知》（国科发计〔2014〕166号），北理工留创园两家企业的项目获立项。其中，北京国承万通信息科技有限公司的“基于CMOS传感器的信息传输技术及在可穿戴电子领域的应用”项目获支持资金50万元的无偿资助，项目利用卷帘快门图像传感器实现可见光通信技术，在可穿戴电子产品与现有智能终端之间开辟一条通信链路，使得通信模块具有体积小、成本低、能耗微等优点；北京拓维思科技有限公司的“基于三维激光点云的数字城市快速建模系统TovosModeler”项目获支持资金25万元的无偿资助，项目利用三维激光雷达LiDAR实现主动式三维数据获取技术，提供从激光雷达点云数据到测绘产品生产（DEM、DLG、三维模型）的一体化技术解决方案，具有效率高、精度高、信息丰富、可昼夜作业等特点。

（李 莹）

【两岸共同培育网络及企业软着陆合作意向书签署】7月9日，《两岸共同培育网络及企业软着陆开展合作意向书》签约仪式在丰台园科技创业服务中心举行。丰台园科创中心分别与中华创业育成协会、中华大学创新育成中心、长庚大学创新育成中心和交通大学产业加速器签订合作协议。根据协议，双方开展各类高级人才的交流、互访、考察等合作，增进学术与科技创业的交流；建立专业人才数据库，为企业成长提供有效的专业团队服务；建立创新技术成果转化合作，推动重大科技合作项目、科技资源的合作；建立企业软着陆共同孵化合作，推荐各自培育的企业和项目进驻对方的孵化载体，提供拓展市场服务。

（柳 杨）

【创业标杆行系列活动举办】7月10日—12月11日，中关村科技园区海淀园创业服务中心在北京华胜天成科技股份有限公司、北京光线传媒股份有限公司和桑德集团有限公司分别举办3期“创业标杆行”活动，先后有50余家企业的创始人、负责人参加。活动旨在面向园内企业的高层管理者，组织考察相关产业领域的标杆企业，与标杆企业的管理层及员工近距离接触、交流，学习标杆企业的成功经验、优秀管理理念、杰出经营方法及科学的业务流程，使创业者开阔视野、寻求合作，助推企业健康快速成长。企业家们了解了相关企业的发展历程、运营管理模式、经营理念、商业模式以及通过技术创新促进企业快速发展的思路和做法等。普强信息技术（北京）有限公司等企业就技术外包、设备采购、业务对接以及资本运作等方面与相关企业进行了沟通和接洽。

（彭 晨）

【构建京津冀协同发展共同孵化网络合作签约】7月26日，中关村科技园区丰台园科技创业服务中心与河北省张家口市桥东区政府在张家口市签订《构建京津冀协同发展共同孵化网络合作协议》。双方将在京津冀区域合作的大背景下，加强区域合作对接，构建多方参与、资源共享、运转有效的共同孵化网络，营造区域性科技孵化生态环境，并相互推荐企业到对方孵化器孵化。根据协议，双方在人才交流与合作、企业孵化与培育方面进行合作，组织科技、企业经营管理等方面的专家进行互访考察，建立孵化管理人员培训体系和专业人才数据库，组织企业间的技术、市场、人才等对接活动，建立企业互动交流机制，提供地区资源协助。企业在两地均享受孵化器提供的服务和同等的政策支持。

（柳 杨）

【海创企业与新三板上市主题沙龙举办】8月26日，北京海外学人中心与西城区金融服务办公室、全国中小企业股份转让系统有限责任公司共同主办的“海创企业与新三板上市”主题沙龙在西城区举办。近20家海归创业企业相关负责人参加。相关专家介绍了西城区对新三板挂牌公司的支持政策和全国中小企业股份转让系统的市场特点、市场功能、业务制度、上市流程等重要内容，新三板上市企业代表介绍了上市的经验和价值。与会代表还参观了全国中小企业股份转让系统展示中心，并与相关专家进行交流。

（马雨桐）

【50余项技术成果参展中关村新技术新产品洽谈会】 8月26日，在“中关村技术转移与知识产权服务平台上线发布暨新技术新产品展示洽谈会”上，中关村科技园区海淀园创业服务中心组织30家企业参展，展示北京丰华联合科技有限公司的智能视频分析与存储系统、睿芯联科（北京）电子科技有限公司的支持国家标准的小型多协议高安全性UHFRF ID读写器模块、东方博盾（北京）科技有限公司的3Gweb生物自防御Web平台系列等50余项技术成果与创新产品。3Gweb生物自防御Web平台是依据W3C的HTTP国际标准和计算机仿生安全原理研发的第三代网站服务器，实现了高可信和抗攻击、开箱即用的企业级信息化平台。

（彭　晨）

【产品经理体系分享会举办】 9月20日，由中关村科技园区海淀园创业服务中心等单位主办的“产品经理体系CPJLTX北京线下分享会”在京举办。来自金种子创业谷、海淀创业园的企业代表200余人参加。会议主题是“产品与研发”。相关专家围绕“显慧从流量到用户：BAT产品战略”“一旦做到了简洁，你将无所不能”“新定义智能硬件”“Web移动互联网产品开发的点滴经验”等主题，介绍了移动互联网应用开发技巧和百度在线网络技术（北京）有限公司、阿里巴巴集团控股有限公司、腾讯科技（深圳）有限公司BAT三大巨头的产品策略，分析了智能硬件和互联网软件行业的区别。

（彭　晨）

【留创园服务体系建设人才高级研修班举办】 9月22—26日，由市人力社保局主办、北京望京科技孵化服务有限公司承办的“北京市留创园服务体系建设人才高级研修班”在顺义区举办。55名学员分别来自北京市、天津市、河北省的政府相关部门和各留创园。培训采

用专题讲座、分析研讨、座谈交流、团队演练等形式进行，主要内容包括经济形势分析、留学人员创业服务平台建设研究等5个模块，共计36个学时。相关专家就北京市经济社会发展及重点产业布局情况，留创园管理、培训、技术服务以及中小企业融资等内容做了讲解和案例分析。活动还组织学员参观考察石景山数字娱乐留创园和汇龙森留创园。

（朱文利）

【北理工留创园6家企业获中关村创业启动资金】 10月22日，中关村管委会发布《2014年度中关村海归人才企业创业启动资金支持名单情况公示》。北理工留创园6家企业分别获10万元的资金支持，包括北京炎黄永辉科技有限公司、北京帝比特科技有限公司、北京诚睿教育科技有限公司、北京蜂鸟视图科技有限公司、北京柴达黑生物科技有限公司、北京盈龙数字科技有限公司，涉及生物和健康、轨道交通、移动互联网和新一代移动通信等领域。至年底，北理工留创园共有23家企业获此项资金支持，累计支持金额270万元。

（李　莹）

【留学人员科技项目视频洽谈会举办】 10月26日，由北京海外学人中心与教育部留学服务中心共同主办的“留学人员科技项目视频洽谈会·北京暨‘春晖杯’创新创业大赛北京地区网络视频洽谈会”在北京师范大学举行。澳大利亚、比利时、德国等17个国家的43名第九届“春晖杯”创业大赛入围者，通过网络视频的形式与清华大学留学人员创业园、北京理工大学留学人员创业园等10家北京市留学人员创业园和北京创业之路咖啡有限公司、北京真格天成投资管理有限公司的相关负责人，就项目合作、落地、投资以及产业化等方面进行对接洽谈，洽谈的项目主要集中在生物医药、电子信息、新材料、光机电一体化、新能源与高效节能、资源与环境、科技农业、文化创意与现代服务业等八大领域。

（马雨桐）

【2014全国留创园年会举行】 11月26日，由中关村科技园区海淀园创业服务中心承办的“2014（第十五届）全国留学人员创业园年会暨中国留学人员创业园建设20周年座谈会”在京举行。科技部、教育部、国家外国专家局等单位有关领导以及来自全国各地人才主管部门、科技系统、人社系统、高新区、开发区、留学人员服务机构、留学人员创业园、科技企业孵化器的相关负责人和代表200余人参会。会议回顾并总结了中国留创园20年来的发展历程和现状，探讨未来留创园的功能及发展方向，提出了符合未来发展趋势的园

区建设思路和创新模式。

（彭　晨）

【4家企业获评最具创业型潜力企业】12月12—13日，在“2014中国留学人员创业园百家企业交流洽谈会”上，中国技术创业协会留学人员创业园联盟公布“2014（第五届）中国留学人员创业园百家企业”评选结果。其中，望京留创园新港海岸（北京）科技有限公司、北京佳润洁环保技术有限公司、弘宜森和（北京）科技有限公司、北京铭光正讯科技有限责任公司4家企业入围“最具创业型潜力企业”。

（朱文利）

【企业研发费用加计扣除与薪酬体系设计讲座举办】12月25日，由中关村科技园区海淀园创业服务中心主办的“企业研发费用加计扣除”与“企业薪酬体系设计”两个专题讲座在京举办。园区企业的财务、人力资源、行政等部门的负责人80余人参加。相关专家讲解了企业研发费用加计扣除的一般规定、允许加计扣除的8类主要费用以及不得加计扣除的8类情形，并对企业日常税务处理、专项审计时应注意的问题以及材料填报等事项进行了介绍，指导企业实际操作；针对中小企业薪酬体系设计的特点和要素，提出常用岗位薪酬评估与设计的模型及薪酬体系落地的具体办法，对考勤中的薪酬逻辑、防范劳动争议中的风险成本及降薪协商中的操作技巧等内容做了介绍。

（彭　晨）

【4家企业获专利申请补贴】年内，中关村科技园区丰台园科技创业服务中心首次发放专利申请补贴。北京瑞升特科技有限公司、北京航宇测通电子科技有限公司、北京朗途天下信息科技有限公司、北京华智凯科技有限公司4家企业共获专利申请补贴1.8万元。（2014年起，中心给予申请发明专利、实用新型专利、外观设计及商标注册的在孵企业5000元或3000元不等的专利申请补贴。）

（柳　杨）

【北理工留创园8家企业获开办费资金支持】年内，北理工留创园8家留学人员创办企业分别获北京市留学人员创办企业开办费资助资金10万元支持，包括泰邦泰平科技（北京）有限公司、海德星科技（北京）有限公司、北京炎黄永辉科技有限公司、北京帝比特科技有限公司、北京诚睿教育科技有限公司、北京柴达黑生物科技有限公司、北京盈龙数字科技有限公司和北京翼行科技有限公司。至年底，北理工留创园累计50家留创企业获此项资金支持。

（李　莹）

【海归人才创业园产业技术平台达165个】年内，中关村海归人才创业园新增能源安全领域公共技术服务平台、碳基纳米材料北京国际科技合作基地等产业技术平台57个，累计165个，为1014家企业提供技术服务6836次，完成测试样品5065个。至年底，平台累计提供规范的“科测”报告1037份，CNAS、CMA资质报告274份。

（王　芮）

【海归人才创业园企业及人才逐年增加】年内，中关村海归人才创业园在园企业总数1462家，比2013年增加88家，毕业企业146家，比2013年增加30家。新入驻企业303家，占在园企业总数的20.7%，比2013年增加61家。至年底，累计入驻企业5788家，毕业企业2057家。园区留学归国人员总数3166人，其中年内新引入海归人才933人，比2013年增加574人，海归人才博士占31.4%，硕士占59.0%，学士及以下人员占9.6%。

（王　芮）

【海归人才创业园企业收入达72.12亿元】年内，中关村海归人才创业园1445家在园企业收入总额累计72.12亿元，比上年增长7.23%，累计实现利润5.90亿元，比2013年增长8.86%，累计出口创汇1.18亿元，上缴税收4.77亿元。

（王　芮）

【海归人才创业园企业研发投入23.41亿元】年内，34家中关村海归人才创业园在园企业研发投入总额达23.41亿元，占收入总额72.12亿元的32.5%。在园企业累计知识产权投入3.3亿元、获知识产权9294件，比上年增加1888件，增长率20.3%，其中专利3917件，注册商标1346件，软件著作权4008件，版权23件。科技成果转化1331项。

（王　芮）

【海归人才创业园新增4家上市企业】年内，中关村海归人才创业园新增4家上市企业，其中在新三板上市的企业3家，包括北京市留学人员海淀创业园北京中电方大科技股份有限公司、中国北京（望京）留学人员创业园北京致生联发信息技术股份有限公司、北京可视化节能科技股份有限公司；中关村国际孵化园北京达内科技有限公司在纳斯达克上市。至年底，海归人才创业园累计上市企业31家。

（王　芮）

【海归人才企业注册资金规模呈现递增趋势】年内，中关村海归人才创业园在园企业注册资金50万～100万元的企业占43.4%，100万～500万元的企业占

32.1%，两者合计占比 75.5%，500 万～ 1000 万元的企业占 8.2%，100 万元以上的企业占比上升了 9.9%，海归人才企业注册资金规模呈现增大趋势。

（王　芮）

【技术合同认定登记培训举办】年内，中关村科技园区丰台园科技创业服务中心、丰台区科委在北京 IBI 举办两期“技术合同认定登记工作培训”。企业代表 100 余人参加。丰台园技术合同登记处相关负责人就技术市场政策、税收政策、技术合同的分类界定、规范管理及认定登记管理等做了解读，针对企业在技术合同认定登记中存在的主要问题进行答疑，帮助园区企业规范技术交易行为、提高技术合同的履约率，以降低科技企业的技术风险。

（柳　杨）

【人大科技园新增留创企业 10 家】年内，中国人民大学文化科技园新入园留创企业 10 家，主要涉及新媒体、数字出版、动漫游戏、信息技术等领域。至年底，园内企业总数 142 家；在园孵化企业 68 家，其中留创企业 31 家，一般在孵企业 19 家，大学生创业企业 18 家，涉及数字出版、新媒体、游戏动漫、设计创作、高端服务业等文化和科技融合的相关领域。园内企业共获投融资 2210 万元，申请知识产权 61 件，获科技部、中关村管委会等相关部门资助 380 万元。

（徐　洋）

【中关村国际孵化园新增知识产权授权 151 件】年内，中关村国际孵化器园内企业新增知识产权授权 151 件。至年底，园内企业累计拥有各类知识产权 591 件，平均每家企业 5.3 件。其中发明专利 237 件，实用新型专利 91 件，软件著作权 217 件、外观专利 21 件、国际专利 12件、集成电路布图设计专利2件、植物新品种专利11件。

（樊敬愚）

【海归人才创业园孵化空间 41.155 万平方米】年内，中关村海归人才创业园在园企业数量达到 1462 家，较 2013 年增加 6.4%，高新技术企业累计达到 909 家，较 2013 年增加 21.8%，上市企业累计 31 家，较 2013 年增加 14.8%，在园企业获融资达 24.86 亿元。至年底，入选中央“千人计划”人才累计 156 人、北京市“海聚工程”人才累计 221 人、中关村“高聚工程”人才累计 133 人，企业知识产权累计数 9294 件。海归人才创业园孵化空间共 41.155 万平方米。

（王　芮）

【举办 7 场三三会】年内，由中关村管委会主办、中关村留学人员创业园协会协办、中关村示范区 16 家留创园联合参与并承办的中关村留学人员企业精品项目推介会（三三会）共举办了 7 场，路演精品项目 43 个，收录项目 198 个，其中，新一代信息技术项目 142 个，占项目总数的 71.7%；医药和医疗器械类项目 19 个，占项目总数的 9.6%；文化创意类项目 23 个，占项目总数 11.6%；其他项目 14 个，占项目总数的 7.1%。其中 60 个项目获银行贷款和风险投资，总额 6.79 亿元，各留创园企业代表 1000 余人次参加。

（王　芮）

科技金融

Sci-tech Financing

本栏目设有信用和金融两个分栏目，以条目体形式记述中关村国家自主创新示范区在创建国家科技金融创新中心中采取的举措，在创新科技金融服务和建设企业信用体系中组织的主要活动和取得的成效，以及中关村示范区企业在境内外上市和中关村发展专项资金的使用情况等。

综 述

2014年，中关村示范区继续深化中关村国家科技金融创新中心建设，发挥科技金融服务体系的引导支撑作用，强化政策制度创新，推动互联网大数据等新技术在金融业中的应用，营造良好的科技金融生态环境。

发挥科技金融服务体系引导支撑作用。持续加强企业信用体系建设，支持科技型中小微企业扩大融资规模，降低融资成本。中关村企业信用促进会新增会员680家，会员总数5100余家；新增信用星级企业438家，总数1006家；中关村信用双百企业达到860家次。1643家企业入选2014年“展翼计划”企业名单。至年底，北京中关村科技融资担保有限公司等单位累计为中关村示范区企业提供1159亿元的担保融资。各银行累计为4369家次企业提供信用贷款602亿元，累计为企业提供信用保险项下贸易融资贷款10亿元。小额贷款保证保险融资办法试点启动，为9家次企业发放保证保险贷款累计1750万元，平均单笔额度194万元。北京市中关村小额贷款股份有限公司累计为企业发放贷款1145笔，总金额88亿元。中关村示范区企业累计发行中小企业私募债33家次，融资额总计24.2亿元，占同期北京市中小企业私募债融资总额（44.37亿元）的55%。开展商业承兑汇票试点，引导金融机构提供增信服务及流动性支持，鼓励企业签发承兑汇票，逐步建立承兑汇票融资模式。推动中小企业股份转让试点工作，加强企业改制上市服务力度。新增新三板挂牌企业146家，占全国新增企业的12%，总数达401家。8家新三板挂牌企业在中小板或创业板上市。中关村示范区创业板上市公司68家，占全国的1/7。新增上市公司24家，总数达254家，上市公司IPO募集资金额2400余亿元，其中创业板企业融资额约445亿元。500余家非上市股份有限公司完成改制。继续促进创业投资发展，强化创业投资聚集效应。2014年度中关村示范区发生创业投资案例938起，占全国的41%，披露的投资金额329.75亿元，占全国的41.23%。中关村创业投资引导资金与北京君联资本管理有限公司等机构累计合作设立了38支子基金，合作规模超过200亿元。

强化政策制度创新。积极支持民间资本参与金融业。北京京东世纪贸易有限公司、百度在线网络技术（北京）有限公司等设立网络小额贷款公司，北京畅捷通支付技术有限公司、北京帮付宝网络科技有限公司和北京理房通支付科技有限公司等获第三方支付牌照；支持拉卡拉支付有限公司、联动优势电子商务有限公司等第三方支付机构申请基金销售支付结算资格、跨境电子商务结算资格等。促进企业投资和贸易便利化。北京外汇管理部制定《中关村国家自主创新示范区境外并购外汇管理试点操作方案》，符合条件的中关村示范区企业，在获得市发展改革委及商务部门核准之前，可申请并购款的预先支付。北京合众思壮科技股份有限公司等6家企业参与试点，累计金额超过10亿元。国家外汇管理局印发《关于在部分地区开展外商投资企业外汇资本金结汇管理方式改革试点有关问题的通知》，对中关村示范区外资企业外汇资本金实行意愿结汇，简化外汇管理程序，便利企业结汇，减少企业汇兑损失。国家外汇管理局印发《关于境内居民通过特殊目的公司境外投融资及返程投资外汇管理有关问题的通知》，简化对境外特殊目的公司的管理流程，放宽境外融资使用限制，明确将非上市特殊目的公司员工权益激励计划纳入登记范围，便利了中关村示范区企业通过特殊目的公司进行境外上市所涉及的跨境资本交易。

推动新技术在金融业中的应用。中关村互联网金融信用信息平台实现个人基本信息核查验证和部分互联网金融企业的信用信息共享。拉卡拉（北京）征信服务有限公司、北京宜信致诚信用评估有限公司、网信征信有限公司、金电联行（北京）信息技术有限公司等一批中关村互联网金融领域的企业获企业征信机构备案。至年底，中关村示范区累计有3批25家企业通过备案。中国人民银行中关村国家自主创新示范区中心支行（国家外汇管理局中关村国家自主创新示范区中心支局）成立，北京银行首家智能银行启动。启动建设中关村数海大数据交易平台，成立中关村大数据交易产业联盟。至年底，平台数据调用次数23亿余次，数据供应商1100余家，数据商品数量3万余种，并探索开展与国家统计局等部门的合作。

（刘　研）

信 用

【推出“京东白条”业务】2 月 13 日，北京京东世纪贸易有限公司推出的“京东白条”业务面向用户公测。这是互联网金融第一款面向个人用户的信用支付产品。白条用户最高可获 1.5 万元信用额度，并可选择最长 30 天延期付款或者 3 ～ 12 个月分期付款两种不同的付款方式，分期的费率标准是 0.5%。

（杜 玲）

【信用星级评定业务培训会举办】2 月 20 日，由北京中关村企业信用促进会主办的“第一期信用星级评定业务培训会”在京举办。北京蓝色星际软件技术发展有限公司等中关村示范区企业的相关人员参加。会议对中关村融资贴息的相关政策、信用星级评定审核要求、申报流程进行讲解和答疑。年内，培训会共举办两期，培训人员 60 余人次。

（于梦晨）

【中关村企业信用促进会政策宣讲会举办】3 月 21 日，由中关村企业信用促进会主办，北京中关村软件园孵化器服务有限公司及中关村软件园孵化器信用工作平台协办的“中关村企业信用促进会政策宣讲会”在中关村软件园孵化器举行。中关村管委会等单位有关领导及 80 余家企业的代表参加。相关专家解读了《中关村国家自主创新示范区技术创新能力建设专项资金管理办法》，介绍了中关村中介服务支持资金的申报流程，并对知识产权税收筹划方面应注意的问题做了指导。

（毕欣超）

【认证服务工作会召开】5 月 26 日，北京中关村企业信用促进会认证专业委员会在京召开 2014 年度认证服务工作研讨会。北京新世纪检验认证有限公司等认证公司的代表参加。相关专家对 2014 年《中关村国家自主创新示范区技术创新能力建设专项资金管理办法》修订内容进行讲解，并对认证中介服务补贴及报销过程中的企业资格要求、报销类型、报销时间节点等内容进行说明。会议做了主题为“新形势下认证行业的发展趋势和企业需求”的专题报告，号召认证专业委员积极参与中关村示范区企业及会员单位的标准研发、技术开发课题研究等活动，积极组织中关村示范区企业及会员单位进行先进管理方法的培训，为中关村示范区企业及会员单位提供一体化、全方位的综合服务方案。会议还通过建立定期报告、季度通报制度，建立高效服务体系的决议。

（于梦晨）

【拓扑智鑫公司获北京银行贷款授信额度支持】6 月 18 日，北京银行股份有限公司和中关村金种子工程合作，由中关村科技融资担保有限公司担保，给予信用贷款支持。丰台园科技创业服务中心入孵企业北京拓扑智鑫科技有限公司，通过北京银行及中关村科技融资担保有限公司的信用评审，获北京银行贷款授信额度，同时获信用贷款 20 万元，用于公司研发的生态指数在线发布系统，解决污染源定性和定量在线监测及实时发布预警问题。

（柳 杨）

【北京中关村企业信用促进会更名】6 月 27 日，北京中关村企业信用促进会会员代表大会在京举行。来自会员单位的 300 余名代表参加。会议表决通过信用促进会拟更名为“中关村企业信用促进会”的议案。名称变更是因为中关村已成为中国高新技术产业聚集地和国家科技创新中心的知名品牌，不再局限于北京市行政区划地域概念。信用促进会将以传播中关村示范区信用建设为理念，推进建立全国高新区信用联盟，不断优化中关村信用环境，打造“信用中关村”品牌，创建北京市及全国信用首善示范区。9 月 9 日，中关村管委会下达《关于同意北京中关村企业信用促进会更名为中关村企业信用促进会的函》（中科园函〔2014〕121 号），同意信用促进会更名。

（于梦晨）

【信用促进会第四届会员代表大会举行】7 月 1 日，“中关村企业信用促进会第四届会员代表大会”在京举行。市社团办、市经济信息化委、中关村管委会等单位有关领导以及来自会员单位、商业银行、担保公司等机构的 500 余名代表参加。大会审议通过《中关村信用促进会章程》修订案，选举北京中关村科技融资担保有限公司董事长段宏伟为第四届理事会理事长。会议发布《中关村信用促进会三年行动纲要（2014—2016）》。《纲要》确立了按照“以信用促融资，以融资促发展”的信用体系建设发展战略，并提出促进会将发起建立全国高新区信用联盟合作组织，加强与国内

其他信用体系建设先进地区的联系和交流，宣传中关村示范区信用体系建设经验，筹备组建全国高新区信用联盟，进一步发挥中关村示范区的示范引领和辐射带动作用。

（于梦晨　王　翔）

【企业信用服务管理培训班举办】 7月9—11日，由北京中关村企业信用促进会主办的首期中关村示范区企业信用服务管理培训班在京举办。来自中关村示范区信用评级、征信中介机构的40余名从业人员参加。培训内容涉及科技金融政策、专项资金管理、业务操作流程、信用报告上传、评级报告及征信报告撰写、信贷评级业务、评级规范及流程、尽职调查技巧、担保机构风险管理、财务报表分析、风险预警评估、企业经营、行业风险等内容。培训班每年举办一期，旨在加强中关村示范区信用服务市场的规范管理，提升信用服务从业人员专业素质和服务能力。

（于梦晨）

【小微企业信用管理与融资服务讲座举办】 7月17日，由中关村科技园区海淀园创业服务中心、北京冠捷时速信用管理有限责任公司、北京银行上地支行共同主办的小微企业信用管理与融资服务讲座在京举行。40余家企业的代表参加。相关专家介绍了中关村示范区信用管理的相关政策和申报条件、中关村核心区中小微企业融资服务平台的建设情况和功能以及信用报告在金融机构信用贷款中的作用，帮助企业了解并建立企业信用档案。

（彭　晨　刘伟杰）

【中关村商业承兑汇票产品推出】 7月23日，北京中关村科技融资担保有限公司推出中关村商业承兑汇票授信产品。产品主要服务于中关村示范区内管理规范、信用良好的高新技术企业，单张商票金额原则上不超过1000万元，期限不超过6个月。企业在签发中关村商票前，应先向中关村担保公司申请商票担保授信，同时中关村担保公司对中关村商票授信额度实行可循环管理。在授信额度内，企业签发的每张商票均享受中关村担保公司的保兑保证和贴现担保服务。

（曾　佳）

【中关村科技金融创新政策宣讲举办】 7月25日，由中关村科技园区丰台园科技创业服务中心、北京中关村企业信用促进会主办的中关村科技金融创新政策宣讲会在丰台园科创中心举办。50余家企业的代表参加。信促会相关负责人解读了信促会担保贷款、“展翼计划”、信用贷款、信保融资、融资租赁、小额贷款保证保险、改制上市、并购支持资金、信用星级等科技金融政策，并就2014年中关村技术创新能力建设专项资金申报工作，重点介绍了《中关村国家自主创新示范区技术创新能力建设专项资金管理办法》及信促会所受理的购买科技中介服务支持资金的申报流程。

（柳　杨）

【中关村信用指数编制通过验收】 8月13日，由北京中关村企业信用促进会主办的中关村信用指数编制结题验收会在京举行。课题由中关村管委会于2013年4月立项，并委托北京中关村企业信用促进会组织开展。信用促进会联合12家信用中介机构、各园区信用工作平台和各专业委员会的相关人员组成课题组研究完成。课题以2012年数据为基础得出2013年中关村信用指数为108.5点，较2012年有所增长，反映出中关村示范区2013年信用发展总体处于良好水平，创富能力不断提升，偿债能力得到增强。同时，指数所反映出的企业利润率偏低、信贷供给不足的问题也要求中关村示范区进一步改善信用环境，提升信用供给能力，加强信用体系建设力度。评审专家组认为成果能够体现“政府决策的参谋、信用监管服务助手、市场主体交易参考的工具、区域信用环境软实力象征”的目标，在区域信用体系建设领域具有创新性和示范引领作用。来自中关村管委会、人民银行营管部、中国人民大学等单位的相关人员参加。

（于梦晨）

【国内首创集合授信】 8月15日，由海淀区新的社会阶层企业家联谊会和工商银行中关村支行共同主办的“海新联、工商银行集合授信签约仪式”在中关村软件园举行。海淀区金融服务办公室等有关领导及企业代表等100余人参加。双方签署总额为20亿元、利率最高为6.6%的纯信用贷款集合授信协议。根据协议，海新联约150家会员企业，通过资质审核后，可享受利率6%～6.6%的纯信用贷款，放贷周期不超过3周。协议截至2014年底。海新联中小微企业集合授信方案在国内率先开创中小微企业抱团向银行申请贷款授信的先例。北京中讯四方科技股份有限公司、北京伟思创科技有限公司、北京和隆优化控制技术有限公司等海新联中、小、微会员企业分别与工商银行中关村支行签订信用贷款发放协议。（集合授信不同于联保共担贷款，也不同于企业单个贷款，是建立在集合企业内部信用完善而组成的信用集合体的基础上，通过内部信用评估和违信谴责机制来防范和降低信贷风险，同时还可解决银行贷款找不到企业和单户信贷调研成本偏高等问题。）

（刘伟杰）

【财税新政策培训会举办】11月25日，由中关村企业信用促进会财务专委会主办的2014年财税新政策培训会在京举办。60余家企业的财务负责人参加。会议对2014年税收新政策包括固定资产、小微企业税收、股东股权税收、债券税收、增值税等进行解读，并对新政策实施后的会计调整做了介绍，重点讲解了研发费用加计操作实务。

（于梦晨）

【4家企业获中软协AAA级信用企业称号】11月27日，在“2014年（第七届）中国软件和信息服务业企业信用评价发布会”上，中国软件行业协会公布119家2014年中国软件和信息服务企业信用评价新评企业名单及等级，其中AAA级企业78家，AA级企业32家，A级企业9家。中关村示范区北京中电普华信息技术有限公司、北京华宇软件股份有限公司、北京华宇信息技术有限公司和北京中盈安信技术服务有限公司4家企业获AAA级信用企业称号，北京金灵兰信息技术有限责任公司、北京文博君安科技有限责任公司获AA级信用企业称号。会议还公布2014年中国软件和信息服务企业信用评价复评企业名单及等级，中关村示范区北京英孚泰克信息技术有限公司、博雅软件股份有限公司、石化盈科信息技术有限责任公司、北京安泰伟奥信息技术有限公司4家企业通过换证审核，均为AAA级信用企业。

（韩洋洋）

【信用担保行业高峰论坛举办】12月12日，北京中关村科技金融担保有限公司主办的“‘相伴成长　成就梦想’信用担保行业高峰论坛”在京召开，主题是“规范创新　引领发展”“服务小微　构建普惠金融坚实力量”。近100家国内担保行业的代表200余人参加。成都小企业融资担保有限责任公司、浙江中新力合担保服务有限公司等企业的业内资深人士及来自北京银行股份有限公司、联合资信评估有限公司和互联网金融千人会等研究领域的专家分别从不同角度就担保业规

范创新发展、担保支持小微企业健康发展、担保助推科技创新及互联网金融和融资担保等方面发表演讲。

（李贺英）

【中关村信用双百企业名单发布】12月29日，由中关村管委会、人民银行营管部、市经济信息化委共同主办的信用中关村系列活动“2014中关村信用双百企业发布会”在京举行。会议主题为“信用立本　金融助推创新发展”。来自中关村示范区的企业、商业银行、担保公司、创投机构和信用中介机构的代表近400人参加。会议发布203家2013—2014年度中关村信用双百企业名单，其中最具影响力信用企业101家，最具发展潜力信用企业102家；发布985家2014中关村信用星级企业名单，其中五星级企业127家，四星级企业92家，三星级企业132家，二星级企业196家，一星级企业438家。北京银行中关村分行代表金融机构发布对信用双百企业和信用星级企业的6项融资支持

政策：包括专享定制化主动授信方案、信贷工厂特色服务、北京银行绿色通道服务、优惠成本服务、北京银行中关村小巨人精英俱乐部品质服务和配套组合金融服务方案。会议还举行信用促进会东城信用工作平台、平谷信用工作平台的授牌仪式，以及信用促进会“软件和信息服务业专业委员会”“新三板专业委员会”“生态文明建设专业委员会”的授牌仪式。

（于梦晨）

【累计担保融资 1159 亿元】 年内，北京中关村科技融资担保有限公司新增担保项目 4022 项，担保金额 268 亿元。公司累计为企业提供担保融资 1159 亿元，担保项目 19521 项，在保余额对净资产的放大倍数为 10.33 倍，杠杆效应达到行业平均水平的 5 倍。

（赵正国）

【新增信用报告 2220 余份】 年内，中关村企业信用促进会新增信用报告 2220 余份，其中新增评级报告 1600 余份、征信报告 620 余份。中关村示范区累计有 9800 余家企业使用各类信用产品累计 1.9 余份，其中评级报告 9000 余份、征信报告 1 万余份。

（于梦晨）

【新增信用星级企业 438 家】 年内，中关村企业信用促进会新增信用星级企业 438 家，其中新增一星级企业 182 家；二星级企业 105 家；三星级企业 73 家；四星级企业 45 家；五星级企业 33 家。信用星级企业累计达到 1006 家。

（于梦晨）

【信用促进会平台举办政策宣讲会】 年内，中关村企业信用促进会上地、石景山、密云、亦庄、清华科技园、西城、丰台、昌平、电子城等工作平台分别举办“2014 中关村企业信用促进会政策宣讲会”，相关企业的 400 余名代表参加。宣讲会对《中关村国家自主创新示范区技术创新能力建设专项资金管理办法》进行解读，介绍中关村科技融资担保创新产品及中介服务支持资金的申报流程、补贴措施等。宣讲会旨在“鼓励企业自主创新、增强企业信用意识、促进科技成果转化”，立足本职，服务前移，帮助企业了解和运用相关政策、熟悉申请流程。

（于梦晨）

【信用促进会新增会员 680 余家】 年内，中关村企业信用促进会新增会员 680 余家，会员总数 5100 余家；受理企业购买中介服务项目 2873 家次，涉及支持资金补贴额 1684.37 万元；受理申请信保融资项目企业 6 家，涉及资信调查费、保费、贷款利息补贴共 168.28 万元，受理 26 家企业和 2 家租赁机构的融资租赁项目申报，涉及租息与手续费补贴 863.19 万元；管理小微企业信贷风险补偿资金 1000 万元。举办各类信用政策和投融资政策宣传宣介活动 65 场次，涉及中关村示范区科技金融政策、产业政策、知识产权政策、“展翼计划”、普惠担保政策等方面，培训人员 5000 余人次；编发《中关村信用与科技金融》会刊 3 期，《信用快递》12 期；组织相关媒体宣传报道中关村信用体系建设的工作成果；开辟信用促进会微信公众号，建立信用中关村微信群，利用互联网传播信用政策、发布科技金融服务产品、交流信息、分享经验和智慧。

（于梦晨）

【信用信息服务平台新增用户 4300 余家】 年内，北京高新技术企业信用信息公共服务平台新增用户 4300 余家，包括电子信息、节能减排、环境保护、新能源、新材料、生物医药等领域的企业用户 3820 余家，知识产权、认证、法律等中介服务机构用户 360 余家，银行、担保公司、投融资等金融机构用户 120 余家。服务平台用户总数 5000 余家。

（于梦晨）

金　融

【北京市首家贷款卡办理点营业】1月15日，北京市首家人民银行营管部贷款卡办理点在北京银行中关村海淀园支行对外营业。办理点可为企业提供办理贷款卡行政许可相关业务的一站式服务，申请资料齐全并且符合要求的企业，可以直接在现场办理并申领到贷款卡。其优势在于，小微企业可通过北京银行“一站式”综合金融服务，获得在融资过程中结算账户开立、贷款卡办理、融资方案设计等全流程支持，可满足客户不同阶段需求，提升企业办理贷款时效。

（韩洋洋）

【小米公司与北京银行合作互联网金融业务】2月19日，“放飞梦想，让幸福传递——北京银行与小米科技有限责任公司移动互联网金融全面合作协议签约仪式”在北京银行大厦举行。双方相关负责人参加。双方将在移动支付、便捷信贷、产品定制、渠道拓展等方面探讨合作。双方将共同探索基于小米公司互联网平台的综合金融服务，合作范围包括基于近距离无线通信技术（NFC）功能的移动支付结算业务、理财和保险等标准化产品的销售、货币基金的销售平台以及标准化个贷产品在手机/互联网终端申请。北京银行将针对小米公司客户群设计专属产品流程，通过手机等终端探索移动金融发展方向，开展移动金融业务合作，并为小米公司的股东和员工提供个人信贷融资服务及个人理财、投资服务；小米公司将作为北京银行的产品拓展渠道和产品开发合作伙伴，支持北京银行向其用户及员工提供零售金融服务，如银行卡、理财、基金、保险、信用分期、外币兑换等。

（刘伟杰　杜　玲）

【股转系统公司与科技部火炬中心签约】2月27日，在“火炬中心—全国股转系统公司战略合作签署仪式暨国家高新区全国股份转让系统经验交流会”上，全国中小企业股份转让系统有限责任公司与科技部火炬高技术产业开发中心签署战略合作协议，共同推进科技型中小企业培育工作。根据协议，双方将在推动科技型中小企业融资模式创新、产品创新、服务创新和组织创新等方面开展合作，将建立“科技型中小企业挂牌资源库”、成立“科技型中小企业投融资联盟”，针对不同企业的特点和发展的不同阶段，打造以政府投入和创投资金为先导、以券商和中介机构为推动、以全国股转系统为促进的全链条培育体系，为造就大批优质、健康的科技型中小企业营造良好的发展环境。

（刘伟杰）

【3个项目退出市统筹资金】3月14日，经北京市统筹联席会批准，由中关村发展集团股份有限公司代持管理的3项重大产业化科技成果，因被投企业取得了良好的经济和社会效益，企业创新能力显著提升，统筹资金得以成功退出。北京伟嘉人生物技术有限公司的“新型动物疫苗及细胞因子药物中试及产业化”项目，政府股权投资支持400万元，占股比例2.46%，完成猪圆环病毒疫苗、禽流感线性DNA疫苗等项目的研制，形成4件专利，并启动建设新型动物疫苗及细胞因子药物生产基地。北京和利时系统工程有限公司的“高速铁路列车控制信号系统研发及产业化”项目，以知识产权共享的方式投入资金1500万元，取得2件发明专利、1件实用新型专利，且通过该成果成功开拓香港和美国等地市场。北京神州泰岳软件股份有限公司的“基于国产中间件的面向IT服务管理领域的业务运维管理平台研发及产业化”项目属国家01专项，采用共有知识产权方式投资1126.23万元，2013年收入和净利润增长率分别为40.52%和22.07%。自2010年北京市实施重大科技成果转化和产业项目统筹工作机制以来，中发展集团共代持统筹资金股权投资项目135个，实际拨付16.21亿元，完成111个项目的出资，总出资额13.97亿元。

（李贺英　徐　建）

【博彦科技公司收购美国TPG公司】3月17日，博彦科技股份有限公司全资子公司博彦科技咨询公司（Beyondsoft Consulting Inc.）与美国TPG咨询有限责任公司（TPG Consulting LLC）就收购TPG公司100%股权事项签署《股权收购协议》。根据协议，博彦科技公司以现金方式，在TPG公司达到业绩保证的情况下，出资总额2300万美元，收购股权出让方所持有的TPG公司的100%股权。TPG公司拥有规模近100人的资深技术咨询团队，立足于美国软件和IT服务市场，为企业提供专业的高端商业IT服务，内容主要包括商业网站架构设计，UX（用户体验USER EXPERIENCE

DESIGN）策略设计及网站运营维护管理。

（张 蕾）

【私募基金备案制度培训会举办】3 月 19 日，中关村管委会、中国证券投资基金业协会在京共同举办“《私募投资基金管理人登记和基金备案办法（试行）》系列培训——中关村专场”。近 300 家创业投资机构和证券公司等中介机构的代表参加。会议解读《私募投资基金管理人登记和基金备案办法（试行）》，《办法》具有三大特点：实行事后登记备案，开展行业自律管理；全口径登记备案，实行电子化报送；鼓励私募基金进行托管。

（赵俊劼）

【小微贷发布】3 月 25 日，由北京银行股份有限公司主办的“创新小微・互联未来——北京银行与中关村互联网金融行业协会战略合作签约仪式暨小微贷产品发布会”在中关村软件园举行。人民银行营管部、北京银监局、中关村管委会等单位有关领导以及企业代表等 100 余人参加。根据协议，双方将与互联网企业合作，搭建银企合作平台，通过举办定期沙龙、研讨会等活动提供金融服务。北京银行发布“推动互联网金融业务发展六项举措”，将从搭建服务管理架构、增强平台建设能力、支持金融业务发展、提升产品研发能力、探索风险防范举措、提供大资管服务平台六大方面，打造全新的商务模式，3 年内为中关村示范区企业提供信贷支持不少于 500 亿元，为中小微科技企业提供全面的金融服务，并将中关村分行建设成为科技金融特色分行，形成“1 + 3 + N”的互联网管理架构，即在分行层面设立 1 个网络金融部；在网络金融部下设立现金管理、供应链、互联网金融 3 个中心；新设支行入驻中关村互联网金融中心，并成立 N 个服务互联网机构的专营支行。北京银行推出的“小微贷”产品，通过与互联网公司的合作，打造集线上数据整合与线下金融服务于一体的服务模式，主要面向广大小微企业，特别是具有一定成长性但尚未办理过银行融资业务的企业，具有“灵活、透明、规范”的特点：无需抵押担保，依靠日常业务结算流水即可向银行申请“信用贷款”；方案灵活多样，日常结算流水既可是企业的账单流水，也可以是企业主个人的结算流水；融资成本可控，除了支付贷款利息外，企业无需支付评估、抵押、担保等其他费用。北京银行还与广联达软件股份有限公司等互联网企业签署业务合作协议。

（韩洋洋 刘伟杰）

【京东金融平台上线】3 月 27 日，京东金融平台（jr.jd.com）上线，鹏华基金管理有限公司、南方基金管理有限公司、工银瑞信基金管理有限公司等 8 家基金公司的官方旗舰店入驻。平台通过与基金公司、保险公司、银行等金融机构合作，搭建面向个人用户的互联网金融平台，为用户提供安全快捷的投资理财服务。平台涵盖的基金类型，包括货币基金，以及基金公司针对互联网用户推出的债券型基金、股票型基金、混合型基金和其他基金。

（杜 玲）

【广联达公司收购芬兰 Progman Oy 公司】3 月 28 日，广联达软件股份有限公司与芬兰 Progman Oy 公司在北京签订《股权收购协议》，以自有资金出资 1800 万欧元收购芬兰 Progman Oy 公司 100% 股权，成为中国建设工程领域信息化企业出海跨境并购首例。此次交易事项不构成关联交易和重大资产重组，不属于风险投资。芬兰 Progman Oy 公司主要为客户提供建筑设备领域 BIM 专业软件 MagiCAD，包含采暖、通风、空调、给排水、喷洒和电气等专业，并同时提供相关服务。MagiCAD 是国际机电类行业的主流 BIM 软件，用户涵盖国内外知名的工程设计公司、施工单位、设备安装公司等，涉及公用建筑、电力、冶金、石化等行业。收购完成后，芬兰 Progman Oy 公司仍将是一家独立运营的芬兰公司，同时可获得广联达公司的各种支持。6 月，双方完成交割，广联达公司将以此为基础建设其在欧洲的研发中心、市场中心和运营中心。

（李贺英 张 蕾）

【阿里巴巴集团入股优酷土豆公司】4 月 28 日，优酷土豆股份有限公司宣布与阿里巴巴集团控股有限公司建立战略投资与合作伙伴关系，双方共同打造线上线下融合的互联网文化娱乐生态系统。阿里巴巴集团和上海云锋投资管理有限公司以 12.2 亿美元收购优酷土豆公司 A 类普通股 7.21 亿股，其中阿里巴巴集团持股比例 16.5%，云锋基金持股比例 2%。

（杜 玲）

【“企业全景信息增信金融服务计划”项目对接会举行】

5月8日，中关村软件园“企业全景信息增信金融服务计划”项目对接会在软件园信息中心举行。来自金融服务机构、企业的代表等参加。北京银行、中关村科技融资担保有限公司、北京软件行业协会等园区合作科技金融服务机构的代表分别介绍了相关的科技金融服务项目。北京立思辰电子系统技术有限公司等12家企业的代表分别介绍了各自企业的业务情况和融资需求。与会代表还就信贷创新、信用评估等问题展开对接交流。由北京中关村软件园发展有限责任公司推出的“企业全景信息增信金融服务计划”，旨在推进企业与银行、金融机构间全面对接，推动实现以企业发展为核心的信用增信金融服务。计划依托园区科技金融服务超市平台，汇集银行、信用评估机构、知识产权机构、投融资服务机构及行业协会等优秀资源，通过对企业的全景信息进行汇集和整理评估，全面系统地体现企业的运营状况，及时为企业向银行和金融机构的融资申请做有效补充，推动企业能够优惠、便捷、快速地获得信贷和金融投资，以解决企业和银行、金融机构普遍反映的信息不对称不及时，银行审贷过程繁复、潜在风险多，信贷服务受到制约等问题。

（张　蕾）

【万邦达公司收购昊天节能公司】5月14日，北京万邦达环保技术股份有限公司发布《发行股份及支付现金购买资产报告书（草案）摘要》，公布重组方案。万邦达公司拟以发行股份及支付现金的方式购买张建兴、孙宏英、于淑靖、肖杰和河北创智投资管理有限公司5名交易对方持有的昊天节能装备股份有限公司100%的股权，交易价格6.81亿元，其中10%采取现金支付，90%通过非公开发行股份支付。7月30日，万邦达公司收到中国证监会《关于核准北京万邦达环保技术股份有限公司向张建兴等发行股份购买资产的批复》（证监许可〔2014〕761号），批准其发行股份购买资产。

（杜　玲）

【小米公司2亿美元入股迅雷公司】5月23日，迅雷网络技术有限公司向美国证券交易委员会（SEC）提交F-1招股书。招股书显示，北京小米科技有限责任公司通过旗下投资公司小米风投有限公司（Xiaomi Ventures Limited）投资2亿美元，持有迅雷公司7097.7058万股E级优先股，持股比例27.2%，成为迅雷公司最大股东，并获迅雷云加速业务的授权，将全面内置在小米公司的手机、电视和互联网电视盒等产品中。

（杜　玲）

【支持学科成果转化和产业化基金设立】5月25日，中关村发展集团股份有限公司与清华大学合作，共同设立水木启程基金（清华基金一期），规模4150万元，中发展集团出资1000万元，其余部分为社会机构出资，由北京水木创信投资管理中心（普通合伙）管理，重点支持清华重点学科成果转化和产业化，涵盖生物医药、节能环保和现代农业等战略性新兴产业。6月24日，中发展集团与清华大学合作，共同设立水木扬帆基金（清华基金二期），规模1.212亿元，中发展集团全资子公司北京中关村科技创业金融服务集团有限公司自有资金出资1000万元、中关村创投公司代持中关村管委会引导资金出资1500万元，其余部分为社会机构出资，由北京水木国鼎投资管理有限公司管理，旨在推动清华大学科研成果产业化。6月26日，中发展集团与北京大学合作，设立未名雅集燕园创投基金，规模8100万元，中关村创投公司代持管委会引导资金出资1000万元，其余部分为社会机构出资，由北京未名雅集燕园创业投资管理中心（有限合伙）管理，支持北大科技成果转化和产业化。

（李贺英）

【网速贷发布】5月28日，“轻松e点击互联融资快——北京银行支持中小实体经济发展暨供应链在线产品网速贷发布仪式”在京举行。市委常委苟仲文等有关领导以及来自政府机构、金融监管机构和企事业单位的代表等100余人参加。网速贷是北京银行“资金快链”旗下的互联网金融产品，通过全流程在线方式实现企业资金的快速融通，借款、还款款项实时到账，贷款额度最高2000万元，合同一次签订，随借随还，循环使用，未用贷款额度不计息，客户可自主提前还款，降低企业财务成本，达到对客户金融需求的快速响应。在“网速贷”模式下，客户获批授信后，可自主在网银端发起融资申请，自主确定融资金额，从融资申请提出到融资款项入账，全流程自动化处理，无需再次审核，无需人工处理。发布会上，北京银行中关村分

行分别与五矿电子商务有限公司、北京畅捷通支付技术有限公司等 5 家单位签署了战略合作协议，将为企业提供全面的在线供应链金融服务。

（韩洋洋）

【北汽福田公司募资 40 亿元扩充产能】 6 月 10 日，北汽福田汽车股份有限公司公布《2014 年度非公开发行股票预案》，将定增不超过 7.5 亿股股票，发行价格不低于 5.34 元 / 股，募集资金上限为 40 亿元，用于福田汽车印度制造有限公司增资建设商用车生产基地项目、山东多功能汽车厂轻客建设项目、北京福田康明斯发动机有限公司产品升级技术改造项目和补充流动资金。

（杜　玲）

【阿里巴巴集团收购优视公司】 6 月 11 日，阿里巴巴集团控股有限公司发布微博宣布，阿里巴巴集团全资收购优视科技有限公司，并以此组建 UC 移动事业群，优视公司董事长俞永福将担任事业群总裁，进入阿里巴巴集团战略决策委员会。UC 移动事业群除了优视公司业务团队，还将整合阿里巴巴集团其他相关业务和团队，负责包括浏览器业务、搜索业务、LBS 业务、九游移动游戏平台业务、PP 移动应用分发业务、爱书旗移动阅读业务等方面的建设和发展。双方未公布交易金额。

（杜　玲）

【联想控股公司投资拜博口腔集团】 6 月 16 日，“联想控股战略投资拜博口腔医疗集团签约仪式”在京举行。中华口腔医学会等单位有关领导以及拜博口腔医疗集团和联想控股股份有限公司的相关负责人等参加。联想控股公司宣布战略投资拜博口腔医疗集团，正式进军医疗领域，首期投资金额近 10 亿元。根据协议，双方将依托和借助各自的管理资源、品牌价值、市场体系、资产增值等优势，实现深度融合和互惠共赢。同时宣布拜尔口腔医疗集团更名为拜博口腔医疗集团，并与中华口腔医学会共同启动“全国种植牙免费救助公益行”活动。

（杜　玲）

【成长贷发布】 6 月 26 日，“助力小微贷动梦想——北京银行支持中关村科技文化实体经济发展暨成长贷产品发布仪式”在京举行。工业和信息化部、北京市文资办、中关村管委会等单位有关领导以及企业代表等近 100 人参加。北京银行股份有限公司推出服务科技及文化企业发展的综合化金融服务方案，并发布支持高成长企业发展的融资服务产品——成长贷。方案根据不同行业，分为传媒文化、科技文化和教育文化类专属方案。其中，针对传媒文化类企业，北京银行推出涵盖创意贷、智权贷、订单贷及非金融企业债务融

资工具等子产品；针对科技文化类企业，北京银行以推动实现知识产权商用价值为主线，将信用、应收账款、股权等抵押、质押担保方式进行结合，推出成长贷、创业贷、软件贷等子产品；针对教育文化类企业，北京银行推出信用贷、成果转化贷、小额信用贷等子产品。成长贷的主要特点是：接受符合条件的企业以股权质押作为主要担保方式，贷款金额最高 2000 万元；定位重点行业，确立环境友好型、资源节约型、技术领先型、模式创新型、消费驱动型等五大重点支持领域；制定专属工具，运用大数据方法，设计“成长贷企业打分卡”，突出企业的成长性指标，使企业取得融资更加便捷；配置标准方案，对企业进行分层评估，并分别配套信贷组合方案，达到快速、有效支持高成长企业的目的。

（韩洋洋）

【百发 100 指数发布】 7 月 8 日，由中证指数有限公司、百度在线网络技术（北京）有限公司、广发基金管理有限公司等单位共同主办的“携手大数据百发新时代——中证百度百发策略 100 指数发布会”在上海市举行。主办方相关负责人以及有关专家、媒体记者等参加。会议推出由中证指数公司与百度公司、广发基金公司合作编制的互联网指数“中证百度百发策略 100 指数”。百发 100 指数是利用大数据挖掘技术开发的互联网金融产品，将互联网大数据技术引入指数编制方案中，改造了传统股票市场指数编制方法和量化投资方法。

（杜　玲）

【3 家企业获第三方支付牌照】 7 月 15 日，人民银行在其网站公布第五批第三方支付牌照名单，其中北京有 3 家企业获批，分别为北京畅捷通支付技术有限公司、北京帮付宝网络科技有限公司和北京理房通支付科技有限公司。年内，全国共有 269 家企业获得第三方支付牌照，其中北京地区 56 家。

（王　琳）

【科技金融产业融合发展高峰论坛举行】 7 月 23 日，

由中关村杂志社、广东中天万城产业园投资管理有限公司、北京中关村东升科技园主办的“中关村创新论坛——‘科技·金融·产业’融合发展高峰论坛”在广东东莞举行。来自北京、深圳、南京、东莞等地60余家企业及科技园代表300余人参加。论坛就“融合创新发展与东莞转型升级之路”和“主动服务，创造需求”充分发挥公关科技服务平台作用等主题进行演讲。大会还举行了中关村高新技术产业转移基地、中关村杂志社华南办事处、松山湖软件服务外包基地、南方软件开发基地、中国软件测评中心东莞分中心揭牌仪式。来自北京、深圳、南京、东莞等地60余家高科技企业签约入驻联科国际信息产业园、松山湖国际金融创新园。

（杜　菲）

【百分点公司获C轮融资】7月25日，由北京百分点信息科技有限公司主办的“践行大数据——2014百分点大数据产品暨C轮融资发布会”在北大科技园举行。融资机构和相关企业的代表等参加。百分点公司宣布获2300万美元的C轮融资。C轮融资主要用于技术创新，包括企业级大数据应用与云平台、大数据基础技术、大数据分析模型和算法的技术研发及创新；应用创新，包括垂直行业的大数据应用、O2O大数据应用创新、大数据开放平台的应用研发及创新；人才与基础设施，包括人才聚集计划和服务器与带宽资源的拓展。百分点公司还发布大数据平台“百分点数据管家”。平台主要分为大数据技术层、大数据管理层、大数据应用层，支持PB级海量数据的采集、存储、整合和挖掘，能够满足企业对多源异构的全业务链数据进行统合管理、深度挖掘、实时计算的需求。

（杜　玲）

【百度公司投资万学教育公司】7月，百度在线网络技术（北京）有限公司投资北京万学教育科技有限公司，双方未透露具体融资金额。这是万学教育公司的第三轮融资，资金主要用于云端教育平台的开发。万学教育公司还获百度公司的三级域名（wanxue.jiaoyu.baidu.com），页面标注为双方合作的“考研超级智能云学习课程”。

（杜　玲）

【融资有道规划先行讲座举办】8月7日，由北京金种子创业谷科技孵化器中心主办的“融资有道　规划先行”主题讲座在京举办。40余家企业代表参加。系列讲座的首场，旨在提高企业融资规划能力，合理搭配股权、债权融资工具，针对初创期企业的融资提供解决方法。相关专家以北京京东世纪贸易有限公司的9次融资为案例，从研究企业融资的方法、企业信用创建、企业融资渠道、主办银行选择等方面，分析企业怎样获得股权基金青睐，并就企业融资方案制定与操作要领进行指导。

（彭　晨）

【百度经济指数发布】8月12日，百度在线网络技术（北京）有限公司推出基于大数据的经济指数预测产品——百度经济指数。产品主要包括两项功能：中小企业景气指数和宏观经济指数预测。其中，中小企业景气指数可以实时反映出不同地区、不同行业的中小企业运行发展状况；而宏观经济指数预测则可以对先行指数、一致指数、PPI、PMI等反映国家经济发展状态的宏观经济指数进行未来3个月的预测。

（刘伟杰　杜　玲）

【赶集网完成第五轮融资】8月12日，山景科创网络技术（北京）有限公司（赶集网）宣布完成第五轮融资，融资总额超过2亿美元，投资方为美国老虎基金管理公司和美国凯雷投资集团有限公司。资金将用于产品研发，并侧重无线端，以整体推动行业创新；加大市场投放，进一步抢占市场份额；在O2O领域的探索和新业务的尝试。

（杜　玲）

【招财APP上线】8月26日，由北京科嘉科技开发推广有限公司主办的“理财，就是招财——科嘉科技招财APP产品上线发布会”在京举行。科嘉公司相关负责人及媒体记者等近100人参加。招财APP是面向中低收入人群提供超低风险和稳定收益的理财服务的移动互联网金融平台。其主要功能是“一卡跨行购买”银行理财产品，客户无需办理理财产品的对应银行卡，就可以实现方便、快捷的用户体验，并设有投资人资金专款专户，以保障客户资金安全。

（杜　玲）

【搜易贷上线】9月2日，由搜易贷（北京）网络技术有限公司主办的“The Best最放心的互联网信贷平台——搜易贷上线发布会”在北京举行。北京搜狐新时代信息技术有限公司有关负责人以及相关投资机构、律师事务所的代表等参加。搜易贷（www.souyidai.com）是主要聚集民间小微额借贷的个人及中小企业的互联网信贷平台。其遵循小额分散的原则设计平台的各类借款与投资产品，采用益百利（Experian）风险决策引擎，并引入了全生命周期管控理念，还设立投资人保障基金，对于极端情况下的本金损失用户进行有限度的先行赔付。

（杜　玲）

【银豆网获 A 轮融资】 9 月 2 日，由北京东方财蕴信息科技有限公司（银豆网）主办的“银豆网 A 轮融资新闻发布会暨互联网金融机遇与创新圆桌论坛”在京举行。海淀区金融办、中国支付清算协会、北京市信用担保协会等单位有关领导和专家以及合作单位的代表等参加。东方财蕴公司宣布获由北京联想之星创业投资有限公司领投、其他两家投资机构跟投的 1000 万元的投资。资金主要用于平台的品牌建设、风险控制能力提高与技术团队建设等方面。

（杜 玲）

【百度公司投资智课网】 9 月 10 日，“智课网新闻发布会”在京举行。百度在线网络技术（北京）有限公司、北京创新伙伴教育科技有限公司（智课网）的相关负责人及媒体记者等参加。创新伙伴公司宣布在线学习平台智课网以及极智批改网获百度公司的 1060 万美元 A 轮融资。资金将用于产品应用、人才队伍的挖掘和扩张、内容研发、市场运营、深度学习算法等领域。智课网还挂牌成立“在线教育创新研究院”。其研究方向主要是在线教育领域的教学研发、产品设计、技术实现、产品运营 4 个方面。

（杜 玲）

【久其软件公司收购亿起联科技公司】 9 月 10 日，北京久其软件股份有限公司发布《第五届董事会第九次会议决议公告》，宣布拟以发行股份和支付现金相结合的方式收购北京亿起联科技有限公司 100% 的股权，交易额 4.8 亿元。亿起联科技公司主营业务为移动互联网广告服务业务，主要为客户在移动互联网领域提供精准、高效的整合营销推广服务。收购完成后，久其软件公司将获亿起联科技公司 IOS 系统“积分墙”业务，从而涉足移动互联广告服务行业。

（杜 玲）

【京东方集团布局可穿戴智能设备】 9 月 15 日，京东方科技集团股份有限公司发布《投资可穿戴增强现实技术领域的提示性公告》，宣布其为实现在可穿戴智能设备和增强现实技术等创新性、颠覆性技术领域的战略布局及技术人才的积累，通过下属全资子公司 BOEOH 公司出资约 500 万美元认购美国可穿戴智能设备初创公司 Meta 公司部分优先股股权。Meta 公司主要涉足可穿戴计算和增强现实技术领域。

（杜 玲）

【中发展集团首次发行 5 亿元中期票据】 10 月 27 日，《中关村发展集团股份有限公司 2014 年度第一期中期票据发行公告》发布，票据 11 月 19 日发行。主承销商为国家开发银行股份有限公司，联席主承销商为中信银行股份有限公司，采用簿记建档，集中配售方式在银行间市场公开发行。中期融资券代码“101456078”，中期融资券简称“14 中关村集 MTN001”，首次发行 5 亿元，期限 5 年，起息日 2014 年 11 月 20 日，到期（兑付）日为 2019 年 11 月 20 日。分为两个品种，品种一为 5 年期附息式固定利率品种；品种二为 5 年期附息式固定利率品种，附第三年末发行人上调票面利率选择权和投资者回售选择权；两个品种预设发行规模均为 2.5 亿元。经联合资信评估有限公司评定，发行人主体信用级别为 AAA、本期中期票据信用级别为 AAA。

（李贺英 刘伟杰）

【在线免费融资平台发布】 10 月 29 日，在“WISE1.0—互联网创业者大会”上，北京协力筑成传媒科技有限公司（36 氪）推出在线免费融资平台——“氪加”。“氪加”是融资对接及咨询服务互联网融资平台，通过对创业者和投资人的认证，使彼此的信息更真实、透明；对接更高效。创业者通过平台发布融资信息，投资人便可直接找到优秀的创业者和新项目，实现高效的对接，减少了信息的流失和误判，为创业者和投资人搭建一个免费的融资对接 + 咨询服务互联网融资平台。平台组建了由产品技术开发团队、专业财务顾问、数据库人才构成的服务互联网行业创业者团队，联合 IDG 资本、红杉资本、经纬创投等 15 家投资机构结成的投资机构联盟，管理资金超 100 亿美元。

（陈宝德）

【2014 互联网金融企业高峰论坛举办】 11 月 14 日，由世点时代（北京）科技有限公司（狮吼网）主办，中央财经大学科技园、中央财经大学科技金融产业园协办的“2014 互联网金融企业秋季高峰论坛”在中央财

经大学举办。论坛以“对抗、融合、共赢”为主题。来自互联网金融企业的代表 300 余人参加。论坛就“互联网金融迈过井喷元年进入 2.0 时代——P2P 网贷前景分析”和“新型金融环境下的机遇与挑战——互联网思维下的金融创新”等话题进行交流，探讨了与互联网金融产业相关的融合与创新问题。

（张向丽 陈宝德）

【蓝色光标公司收购 Vision7 公司】 12 月 15 日，北京蓝色光标品牌管理顾问股份有限公司发布《关于公司子公司收购 Vision 7 International ULC 股权暨对外投资的公告》，宣布通过其加拿大全资子公司 1861710 ALBERTA INC.，收购加拿大 Vision 7 公司的北美业务以及其拆分后的公关机构 Citizen Relations 英国业务的股权。Vision 7 公司是一家综合性广告与传播公司，企业价值估值约 2.1 亿加元，收购完成后，蓝色光标公司将持有其约 85% 的股份。

（杜　玲）

【小米公司入股美的集团】 12 月 15 日，美的集团股份有限公司发布《关于美的与小米战略合作事宜的公告》，宣布与小米科技有限责任公司签署战略合作协议，双方将在智能家居产业链全面协同发展、移动互联网电商业务和智能家居生态链、移动互联网创新的共同投资等方面进行合作。美的集团将以每股 23.01 元价格向小米公司定向增发 5500 万股，募集资金总额不超过 12.66 亿元。

（杜　玲　徐　建）

【百度公司投资 Uber 公司】 12 月 17 日，“百度 · Uber 战略合作及投资签约仪式”在百度大厦举行。百度在线网络技术（北京）有限公司和美国优步科技公司（Uber）的相关负责人以及媒体记者等参加。Uber 公司宣布接受百度公司战略投资，双方未透露具体的金额。根据协议，双方达成全球范围内的战略合作伙伴关系，将在技术创新、开拓国际化市场、拓展中国 O2O 服务 3 个方面展开合作，Uber 公司将在其移动端 App 内整合百度地图、百度 LBS 平台、导航、百度钱包等功能和服务；百度地图移动端用户也可以直接从地图里连接 Uber 的叫车服务。

（杜　玲）

【北京银行首家智能银行启动】 12 月 26 日，“智能新体验 · 创造新价值——北京银行首家智能银行启动仪式”在京举行。市委常委苟仲文、中关村管委会主任郭洪等领导以及相关机构和企业的代表等近 100 人参加。智能银行位于朔黄发展大厦，采用体感技术、人脸识别、3D 成像、远程视频技术等先进技术，安装了个人征信自助查询机、互动智能理财终端、自助理财多媒体终端等设备，应用远程柜员服务系统、可远程在线审批的个人消费贷款平台，并推出小微预授信平台并提供远程专家在线服务，可为市民或小微企业提供征信查询、贷款申请、自助开卡、理财购买等服务。当申请贷款时，可现场查询和打印个人征信报告，也可以线上办理北京银行“金贷宝”业务，实现即时申请、即时审批、即时签约，10 万元以内贷款可即时到账。

（韩洋洋　刘　研）

【拨付北京市专项资金 30.2 亿元】 年内，中关村专项资金来源为 2014 年北京市财政局拨付 30.2 亿元，全年支出 30.2 亿元。其中，中小企业创新创业孵化支持资金为 9443.11 万元，占支出总额的 3%，高成长企业支持资金为 2.8 亿元，占支出总额的 9%，做强做大企业及“十百千工程”支持资金为 20.25 亿元，占支出总额的 67%，人才特区建设支持资金 8752.5 万元，占支出总额的 3%，创新环境建设支持资金为 3.15 亿元，占支出总额的 10%，中关村现代服务业试点项目资金 2.22 亿元，占支出总额的 7%。

投向（按园区）	2014 年支出金额（万元）	2000—2014 年支出金额（万元）	占 2000—2014 年总支出的比重（%）
海淀园	260065.61	1366578	82.04
丰台园	1683	22009	1.32
昌平园	2251	72013	4.32
电子城	11824.63	66044	3.96
亦庄园	6944	26456	1.59
德胜园	1890.2	15132	0.91
健翔园		2685	0.16
大兴医药基地	1230	8539	0.51
通州园	5185.63	21746	1.31
石景山园	2172.7	11970	0.72
雍和园	915	7717	0.46
马坊高新技术产业基地		650	0.04
密云高新技术产业基地	130	1043	0.06
石龙高新技术产业基地	90	200	0.01
临空国际高新技术产业基地		950	0.06
怀柔园		96	0.01
良乡高新技术产业基地	90	1775	0.11
其他	7893.38	40172	2.41
合计	302367.15	1665775	100.00

投向（按领域）	2014年支出金额（万元）	占支出总额比例（%）
中小企业创新创业孵化支持资金	9443.11	3.12
高成长企业支持资金	27950.12	9.24
做强做大企业及“十百千工程”支持资金	202488.21	66.97
人才特区建设支持资金	8752.5	2.90
创新环境建设支持资金	31486.21	10.41
中关村现代服务业试点项目资金	22247	7.36
合计	302367.15	100.00

（陈 刚）

【新增146家新三板挂牌企业】年内，中关村示范区内北京赫宸环境工程股份有限公司、北京蓝山科技股份有限公司、数据堂（北京）科技股份有限公司等146家企业在全国中小企业股份转让系统挂牌。至年底，中关村示范区新三板挂牌企业总数401家，约占全国新三板挂牌企业总数的26%。

（赵俊劼）

【中关村创新基金验收企业项目102项】年内，由中关村管委会负责的中关村创新基金项目共验收了北京数字天堂信息科技有限责任公司的“基于SAAS模式的无线云平台”、北京永旺融合信息系统有限公司的“基于linux的Netflow网络流量分析系统”、北京威泰视信科技有限公司的“应用于移动互联网的高清视讯会议系统（MIHDVC）”项目等102项，涉及电子信息、生物医药、新材料、新能源与高效节能等领域。其中合格40家，基本合格39家，结题20家，不合格3家。拨付创新基金尾款67项，支持资金504万元。

（陈宝德）

【23家企业获准上市】年内，中关村示范区共有23家企业获准上市，包括香港交易所6家、美国纳斯达克4家、美国纽约证券交易所2家、上海证券交易所4家、深圳中小板1家、创业板6家，其中20家企业2014年挂牌。北京嘉寓门窗幕墙股份有限公司2010年在深圳创业板上市，2014年纳入中关村高新技术企业。至年底，示范区上市企业总数达254家。（表中企业为2014年挂牌企业。）

序号	企业名称	上市时间	证券代码	证券简称	发行价格	发行数量（万股）	融资总额	上市地点
1	达内科技集团	4月3日	TEDU	达内科技	9美元	1530	1.377亿美元	纳斯达克
2	北京微梦创科网络技术有限公司	4月17日	WB	新浪微博	17美元	1680	2.86亿美元	纳斯达克
3	猎豹移动公司	5月8日	CMCM	猎豹移动	14美元	1200	1.68亿美元	纽交所
4	飞天诚信科技股份有限公司	5月9日	300386	飞天诚信	33.13元	2001	6.18亿元	创业板
5	北京创锐文化传媒有限公司	5月16日	JMEI	聚美优品	22美元	1114	4.3亿美元	纽交所
6	京东商城电子商务有限公司	5月22日	JD	京东集团	19美元	9368.56	17.8亿美元	纳斯达克
7	北京三联虹普新合纤技术服务股份有限公司	5月23日	300384	三联虹普	30.66元	1334	3.72亿元	创业板
8	北京腾信创新网络营销技术股份有限公司	6月27日	300392	腾信股份	26.1元	1600	3.88亿元	创业板
9	畅捷通信息技术股份有限公司	6月26日	01588.HK	畅捷通	16.38港元	5500	8.18亿港元	港交所
10	北京联众互动网络股份有限公司	6月30日	06899.HK	联众	4.25港元	19600	7.8亿港元	港交所
11	北京迪信通商贸股份有限公司	7月8日	06188.HK	迪信通	5.3港元	16700	8.85亿港元	港交所
12	北京九强生物技术股份有限公司	8月22日	300406	九强生物	14.32元	3340	3亿元	创业板
13	神州租车有限公司	9月19日	00699.HK	神州租车	8.5港元	42600	34.5亿港元	港交所
14	中节能风力发电股份有限公司	9月29日	601016	节能风电	2.17元	17778	3.28亿元	上交所
15	华电重工股份有限公司	12月11日	601226	华电重工	10元	20000	14.46亿元	上交所
16	北京陌陌科技有限公司	12月11日	MOMO	陌陌	13.5美元	1600	3亿美元	纳斯达克
17	北京汽车股份有限公司	12月19日	1958.HK	北京汽车	8.9港元	133500	100亿港元	港交所
18	北京高能时代环境技术股份有限公司	12月29日	603588	高能环境	18.23元	4040	6.98亿元	上交所
19	中矿资源勘探股份有限公司	12月30日	002738	中矿资源	7.57元	3000	1.91亿元	中小板
20	蓝港在线（北京）科技有限公司	12月30日	08267.HK	蓝港互动	9.8港元	8343	8.27亿港元	港交所

（赵俊劼）

人才特区

Special Talent Zone

本栏目设有人才引进和人才服务两个分栏目，以条目体形式记述中关村国家自主创新示范区在建设国家人才特区过程中取得的进展，在引进人才方面采取的举措，在利用和发挥人才作用方面提供的具有创新性的服务内容等。

综　述

2014年，中关村示范区围绕建设国家级人才特区的中心任务，抓改革、聚人才、建平台、强基础，充分发挥人才的作用，扎实推进人才资源开发各项工作，提升人才特区的建设水平。

改革创新人才政策。调研编制《关于深化中关村人才管理改革的若干措施》，研究提出外籍人才居留与出入境、为外籍人才创业就业提供便利、扩大人才市场对外开放等8项改革措施。《关于贯彻落实〈北京市人才工作领导小组深入贯彻落实习近平总书记对人才工作重要批示精神的通知〉的实施意见》出台，明确中关村人才发展及人才工作的总体要求、重点任务和工作体系。组织开展中关村人力资源服务业大调研，研究起草促进人力资源服务业发展的若干支持措施。推动人才评价创新工作，实施中关村高端领军人才职称评审直通车项目，76名中关村示范区企业人才获高级职称。

完善人才开发体系。深入落实重大人才工程，中关村示范区新增“千人计划”入选者171名，“海聚工程”入选者56名。开展中关村示范区入选“海聚工程”海外高层次人才总结评估工作，跟踪了解“海聚工程”专家发展情况。开展2014年度海创资金申报工作，为214家2014年新注册的海归人才创业企业提供2325万元创业资金支持。深化雏鹰人才基地建设，新认定湃森时代网络科技（北京）有限公司、北京征晨文化传播有限公司等33家雏鹰人才企业，带动社会投资2亿元。推荐优秀人才参评“2014年度北京市留学人员创新创业特别贡献奖”等各类人才项目。广泛开展创业实践教育，依托清华启迪商学院，开展135人规模的初创海归人才培训；依托北京教育人才培训中心，面向在校大学生开展创业实战集训活动，为65个创业团队提供创业帮扶。举办人才特区创业企业系列招聘活动和京津冀一体化招聘会，为3000余名大学生提供就业岗位。举办中关村创业企业新入职员工培训，帮助50余家创业企业培育新入职员工。举办4期中关村初创海归人才培训，培训海归创业企业的核心管理人员。在北京航空航天大学、北京科技大学等8所高校，开展中关村创业企业家校园宣讲系列活动，鼓励在校大学生到中关村示范区创业。中关村软件行业人才服务平台启动，为软件企业提供集企业招聘、人才展示、HR管理培训等人才服务核心功能模块为一体的公共服务平台。

推动人才发展平台建设。持续加大对新型科研机构的支持力度，协调由“千人计划”顶尖人才与创新团队项目引进人才王中林院士担任所长的中国科学院北京纳米能源与系统研究所注册了事业单位法人，促其引进“千人计划”入选者5名，中科院“百人计划”入选者2名，形成80余名科研、管理和技术骨干人才团队，开发摩擦纳米发电机等前沿技术项目。与美中合作发展委员会、美国新英格兰高教委签署共建“人才发展与协同创新平台”协议，加强与美国波士顿地区的人才和技术合作，促进创新要素国际化循环。北京海外学人中心与清华大学校友会建立合作伙伴关系，为海外学人搭建来京创新创业的服务平台，吸引清华海外校友到中关村创业。与南京市政府签署人才合作补充协议，加强双方人才发展合作交流。加强中关村青联组织建设，召开一届四次主席团会议和一届二次常委会，增补委员、吸纳特邀委员加盟，优化界别组设置。开展中关村“青联说”和“青联行”系列活动，邀请中关村青联委员赴日本开展交流考察活动、赴贵阳参加生态文明国际论坛活动、组织青联委员参观北京市轨道交通中心、中国银行。深化中关村团工委建设，新建7家非公企业团组织。

加大人才宣传工作。依托海外联络机构，加强境外联系，与140余个高校、科研机构、华人社团组织、华文媒体机构等建立了长期合作关系。接待美国硅谷丁丁电视台、澳大利亚国家信息通讯技术研究院、悉尼科技大学量子计算与智能系统研究中心来访，宣传中关村人才政策。邀请来自美国、加拿大、澳大利亚、瑞典等17个国家和地区的80余名海外人才到中关村考察创业环境，策划举办战略性新兴产业项目路演活动、百名院士专家为中关村建言献策活动。参与并举办比利时“布鲁塞尔日”活动，扩大中关村示范区海外影响。在美国、加拿大举办3场“北京市海外人才引进政策说明会”，介绍北京市引进海外人才相关政策。

（王　征）

人才引进

【人才引进政策讲解会举办】 2月21日，由北京望京科技孵化服务有限公司主办的“望京创业园人才引进政策讲解会”在望京科技园举办。朝阳区人事局、朝阳人才服务中心的有关负责人，以及北京天睿空间科技有限公司、北京致生联发信息技术股份有限公司等企业的代表40余人参加。相关专家对2014年北京市引才政策、人才引进渠道等进行解读，就办理北京市工作居住证、北京市落户、留学人员工作居住证及留学人员落户标准及流程做了介绍，并解答了企业代表提出的办理人才引进的相关问题。

（朱文利）

【《北京市海淀区高层次人才发展报告》发布】 3月25日，北京市海淀区高层次人才发展促进会发布2014年度《北京市海淀区高层次人才发展报告》。报告对海外高层次人才到海淀区发展的成效做跟进研究，将高层次人才发展的成效主要定位在人才培养和创新方面，并在创新产品推广、政策措施执行、金融服务支持、产业链条支撑、资源充分利用、海外平台搭建以及政务信息公开等方面，提出提升海淀区高层次人才发展成效的中长期对策建议。

（冯　娜）

【香港地区校园宣讲招聘活动举办】 4月10—11日，中关村人才市场在香港科技大学和香港大学分别举办了“中关村人才特区优势产业集群校园招聘会”。方正国际软件有限公司、同方威视技术股份有限公司等10余家海淀园企业参会，提供下一代互联网、移动互联网等领域的150余个岗位。来自香港大学、香港科技大学、香港中文大学的毕业生300余人参加。

（冯　娜）

【海淀园博士专场洽谈会举办】 5月8日，由海淀园管委会主办，中关村人才市场等单位承办的“2014年度中关村人才市场、中关村科技园区海淀园企业博士、博士后专场洽谈会”在北京大学举行。北大方正集团有限公司、同方威视技术股份有限公司等38家企业提供各领域博士、博士后岗位150余个，北京大学、英国剑桥大学、美国宾夕法尼亚大学等47所国内外高校的274名博士、博士后参会，87人与企业达成就业意向。相关人员还就博士后相关政策进行讲解和答疑。年内，海淀园管委会共举办企业博士、博士后专场招聘活动及高端人才专场招聘活动3场。神州数码(中国)有限公司等116家次企业参会，提供卫星导航高级算法、电网仿真分析等高端技术岗位500余个，吸引北京大学、英国剑桥大学、美国宾夕法尼亚大学等50余所国内外高校的1000余名博士生及高端人才到会。近30%参会者现场与企业达成初步意向。

（冯　娜）

【纳米能源所成为事业单位法人单位】 5月14日，市编办批复中国科学院北京纳米能源与系统研究所成立事业单位法人单位。纳米能源所原为中国科学院和北京市政府联合设立，由“千人计划”顶尖人才与创新团队项目引进人才王中林院士担任所长兼首席科学家的非法人研究单元，以纳米能源与纳米系统核心技术为研发目标，在压电电子学、压电光电子学及纳米发电机等相关领域开展基础和应用基础研究。研究所根据学科布局和主要研究方向，设立材料物性、微纳能源、微纳系统、压电电子学、压电光电子和耦合传感6个研究部，重点建设纳米材料制备、纳米材料表征、微纳制造与加工、纳米生物与环境、纳米光电测量5个技术支撑平台。

（王　征）

【高端产业集群大型人才招聘会举办】 5月22日，由中关村人才市场主办的“中关村人才特区高端产业集群大型人才招聘会”在京举办。北京北大软件工程发展有限公司、双鹭药业股份有限公司等来自下一代互联网技术、生物健康技术、节能环保类等高端产业集

群的100余家企业的代表参会，提供中高端岗位1000余个，吸引博士、海外及留学归国人才等800余名中高端人才参会，其中硕士以上学历占80%，300余名中高端人才与企业达成初步意向。

（冯　娜）

【接待市人大常委代表团】6月7日，中关村驻比利时联络处接待了市人大常委会主任杜德印代表团一行，向代表团介绍联络处的基本情况以及开展的相关工作。杜德印对联络处开展的工作进行肯定，并提出：比利时联络处可依托北京航空航天大学在比利时的合作机构资源，加强与当地科研机构、大学院所的合作，拓宽引才引智的渠道；可考虑通过项目聚集人才的方式，引进人才（团队）和项目落户中关村示范区；进一步做好协助企业在比利时开展市场考察、投资咨询、设立分支机构等工作，降低示范区企业进入比利时以及欧盟市场的门槛和风险。

（王　征）

【北京海外人才政策宣讲团出访美国和加拿大】6月15—22日，由北京海外学人中心组织的北京海外人才政策宣讲团组出访美国和加拿大。出访团分别在美国洛杉矶市、加拿大温哥华市和多伦多市举办3场“北京市海外人才引进政策说明会”，介绍了北京市引进海外人才相关政策，中国学生学者组织负责人、海外高层次人才和留学人员100余人参加。出访团还与旅美科技协会总会、加州大学洛杉矶分校中国学生学者联谊会、南加州清华校友会、南加州北大校友会、加拿大中国科学技术协会、加拿大华人信息技术专业人士协会的相关负责人进行座谈。

（马雨桐）

【高成长型企业家培训班举办】6月16日，由北京市海淀区培训中心承办的“海淀区高成长型企业家培训班”在京举办。来自海淀区“三类高层次人才”所创办企业、区重点企业、国家级高新技术企业、入选“海帆计划”、中关村“十百千工程”及“瞪羚计划”企业的42名企业家参加。培训活动是2014年北京市海淀区高端领军人才培养计划项目之一，设置“企业战略管理”“领导艺术与管理科学”“知识产权保护”“投融资高端沙龙对接”“高端参访交流活动”5个培训模块，采取面授、小组互动、研究式学习等方式开展教学，主要讲解了企业目标战略管理、企业自主创新之知识产权保护、如何打造高绩效团队、企业战略人力资源管理等内容。

（冯　娜）

【2014海外赤子北京行活动举办】8月7—8日，由市委组织部、市人力社保局、北京海外学人中心主办的“海外赤子·圆梦京华——2014海外赤子北京行”活动在京举行。市相关单位负责人，风投机构、留学创业园的代表等200余人参加。来自美国、加拿大等14个国家和地区的100余名海外高层次人才携具体对接项目参与活动，涉及生物医药、电子信息、金融管理、文化创意等10余个领域。活动设有生物医药、电子信息、综合组、医疗卫生组，举办有“2014北京海聚论坛”“海外人才专业峰会”“海外人才创业大赛暨项目对接会”“海外医疗卫生人才对接会”以及走进园区等活动。北京义翘神州生物技术有限公司等单位的“千人计划”和“海聚工程”优秀人才代表交流了在京创新创业体会；海外人才考察团分别参观了北大医疗产业园、博奥生物集团有限公司等企业，了解园区发展

情况以及产业定位、服务平台和发展规划等相关情况，并与14家大学科技园、重点孵化器和留创园的负责人座谈，就留学人员创业相关优惠政策、落户北京等问题进行交流。

（马雨桐　朱文利）

【速来招工网项目获“千人计划”创业大赛优秀奖】10月23日，在第三届“千人计划”创业大赛全国总决赛上，北京涌金冠泰科技有限公司的速来招工网（www.sulai24.com）项目，以第三届“千人计划”创业大赛华北赛区复赛第一名的成绩入围决赛，并获优秀奖。

速来招工网是国内在线劳动力资源交易平台，基于互联网技术应用于传统劳务模式，通过平台整合大量线下劳动力资源和企业资源，免费为招工企业和求职者匹配需求。

（李　莹）

【激光雷达虚拟世界与空间大数据分析项目获奖】 10月23日，在第三届“千人计划”创业大赛全国总决赛上，由北京星闪世图科技有限公司研发的“激光雷达虚拟世界与空间大数据分析项目”获第四名。项目采用高精度高密度机载LiDAR设备和全波技术，具有点云密度高，提取更精细的特征；采用全自动数据处理生产测绘4D产品以及其他专题应用，作业时间由22天减少到1小时；具有TB级海量LiDAR数据管理空间，统一管理显示，快速查询指定目标；数据处理模块实现由波形处理、POS解算、坐标计算、点云滤波、图像处理到行业应用的电力线提取、建筑物提取、树木建模，满足不同行业的专题应用；三维精度达到10厘米。其功能可满足大比例尺测绘的需求，解决国内行业应用的问题；可实现电力设施数字化、缺陷检测、电力走廊植被管理、建筑物危险监测、塔杆倾斜检测、线路垂弧与风偏分析，以及其他适用于电网精细资产管理的增值产品服务。项目可为客户提供激光雷达技术咨询和软件服务等。

（彭　晨）

【中关村初创海归人才培训举办】 10—11月，中关村管委会委托北京厚德人力资源开发有限公司（清华启迪商学院），举办4期中关村初创海归人才培训。培训对象为中关村示范区内海归创业企业创始人、董事长、总经理和海归人才创业园的核心管理人员。每期培训班培训周期为5天，培训内容涉及创业政策、创业规划、创业决策、创业分享等，共有来自电子信息、生物医药、节能环保、文化创意、新材料、高技术服务等领域的100余名学员参加。培训邀请政府部门、高等院校、科研院所的相关专家，围绕国家、北京市、中关村示范区的系列产业政策、人才政策、金融政策，以及国家宏观经济形势、产业发展前沿、企业商业模式创新、企业运营管理、资本运作实务、企业家思维修炼、创业案例分享等内容进行讲解。

（王　征）

【北京海外学人中心与北大校友会签署协议】 11月6日，北京海外学人中心与北京大学校友会在北京大学校友活动中心签署战略合作协议。根据协议，双方将通过对北京市引才政策宣传与介绍、职位推介与人才推荐、“走出去”与“请进来”等形式，为海外学人搭建来京创新创业的服务平台，吸引更多海外高层次人才回国创业。

（马雨桐）

【“全英中国创业发展协会北京行”活动举办】 12月10—11日，由北京海外学人中心、全英中国创业发展协会联合主办的“全英中国创业发展协会北京行”活动在京举办。全英创协海外学人访问团一行近20人参加。访问团在北京经济技术开发区进行交流座谈、参观考察活动，了解开发区的建设历程、区位优势、最新业态等，以及北京市海外人才政策和开发区的人才、科技、产业政策，还参观北京耐威时代科技有限公司等开发区企业，并就科技企业的发展态势等进行交流。

（马雨桐）

【海归人才创业服务机构获资金支持】 12月15日，中关村管委会发布《2014年度中关村海归人才创业支持专项资金支持海归人才创业服务机构等名单情况公示》，北京工业大学留学人员创业园等27家海创园共获新注册企业服务补贴820万元，中关村生命园海创园等3家海创园获“千人计划”推荐补贴18万元，北京中关村留学人员创业园协会等3家海归人才创业服务机构获人才专项服务补贴82万元，北京泰合源通生物科技有限公司高源获中关村创业类“千人计划”企业配套支持资金100万元。

（王　征）

【望京科技园高端人才聚集】 年内，望京科技园新增“海聚工程”人才两人，包括申报获批1人[北海康成（北京）医药科技有限公司首席执行官薛群]，引入1人（北京五季恒丰投资管理有限公司首席技术顾问郭旻彤）；6家企业引入“千人计划”人才，分别是北京硅兴科技有限公司首席执行官李化红、北京卓易信息科技有限公司法人谢乾、泽碧克（北京）建筑设计咨询有限公司法人郭枫、北京可视化节能科技有限公司独立董事麦耀华、北京麦塔威数字科技文化有限公司法人蔡新元、北京五季恒丰投资管理有限公司首席技术顾问郭旻彤；引入“高聚工程”人才两人，分别是北京虎妈科技有限公司总经理杨立东、中新宜居（北京）环境科学研究院有限公司科技顾问刘锐；推荐北京神州仪亮科技有限公司、北京卓越讯通科技有限公司、新港海岸（北京）科技有限公司3家企业入选北京市创业启动支持计划。

（朱文利）

人才服务

【ITT 中国工程制造创新创业人才培养项目启动】 1月16日，在ITT首席执行官媒体见面会上，美国ITT公司宣布其联合科技日报社团委、北京启迪创业孵化器有限公司共同发起的“ITT中国工程制造创新创业人才培养计划”项目启动。项目旨在培养中国工程技术类创新人才，壮大工程技术研发类小微企业，继而加速实现工程制造业发展的“中国梦”，将通过一系列针对工程制造类学科的技能培训、讲座、创新竞赛等，为培养知识性、技能性于一体的复合型人才搭建平台，并基于“产学研用结合”的国际交流与孵化机制，为中国青年工程师成长成才和促进科技型小微企业发展提供优质服务。

（康秋红）

【核心区重点企业系列招聘活动举办】 2月26日，由中关村人才市场主办的“中关村人才特区（核心区）重点企业系列招聘活动”在中关村人才发展中心举办。北京石油机械厂、北京泽华化学工程有限公司等40余家核心区企业参会，提供中高端招聘岗位550余个，吸引参会求职者1000余人。年内，中关村人才市场共举办11场中关村人才特区（核心区）重点企业招聘会，共有核心区400余家次企业参加，提供计算机类、机械类、化工类等行业的中高端招聘岗位4700余个，吸引到会中高级人才8600余人次，现场达成意向近2000人次。

（冯　娜）

【人才特区创业企业系列招聘活动举办】 2—3月，中关村管委会委托北京教育人才培训中心开展中关村人才特区创业企业人才招聘系列活动。系列活动共举办3场招聘会，分别为中关村人才特区创业企业综合专业招聘会、计算机及软件专业招聘会、经济及营销专业招聘会。招聘对象主要为北京地区2014届各高校特色专业应届毕业生。共有来自信息技术、环境、医疗、生物制药、能源等领域的100余家次企业参加，提供岗位数1300余个，参会学生共1500余人次。

（王　征）

【海淀创业园应届毕业生专场招聘会举办】 3月6日，由中关村科技园区海淀园创业服务中心主办的“2014年应届毕业生专场招聘会”在京举办。来自北京理工大学、北京邮电大学、北京航空航天大学等20余所高校和部分外地高校的毕业生，以及部分留学回国的学生500余人参加。北京德中天地科技有限责任公司、卡尤迪生物科技（北京）有限公司等30余家企业提供近400个职位，涉及电子信息、环保与节能、新材料、生物医药、光机电等行业，包括计算机、通信、电子工程、软件工程、石油工程、物理光学等20余种专业岗位。企业收到800余份简历，500余名应聘者获600余个面试机会。

（彭　晨）

【央地人才合作交流会举办】 3月25日，由北京市海淀区高层次人才发展促进会主办的“首期央地人才合作交流会”在北京航空航天大学举行。清华大学、北京理工大学、北京邮电大学等高校相关负责人及来自互联网、计算机软硬件、电力自动化等行业的企业代表参加。高校代表分别就各高校科技发展的现状及平台资源做了介绍，企业代表就自身科研技术所遇问题及实际需求进行阐述。双方表示将在技术开发、难题攻关等方面进行合作。年内，交流活动共举办3期，组织企业负责人围绕集成电路设计、高校临床试验、合作开发激光治疗仪等需求与高校相关负责人进行对接，相关企业还与首都医科大学签订了战略合作框架协议，共有20余家企业参与。

（冯　娜）

【京津冀一体化招聘会举办】 3月29日，由中关村腾飞大学生创就业研究会和天津、河北毕业生就业指导中心共同主办的“京津冀一体化招聘会”在中国科学院大学举办。77家京津冀企业参加招聘会，包括甘李

药业股份有限公司等中关村示范区企业40家、铁道第三勘察设计院集团有限公司等天津地区企业6家、河北立中有色金属集团有限公司等河北省企业31家，提供就业岗位800余个，涵盖信息技术与互联网、文化传媒、生物医药等领域。招聘会面向中国科学院大学及北京航空航天大学等高校的理工类研究生，近2000名大学生参与，有231名大学生当场与企业达成初步就业意向，其中硕士及以上学历229人。招聘会还采用企业现场布展招聘和企业招聘信息会场代转发布相结合的形式，发布相关招聘信息2000余份。

（王　征）

【人才服务微信公众平台上线】3月，中关村人才市场、北京市海淀区培训中心、北京市海淀区高层次人才发展促进会微信公众平台分别上线。各微信公众平台将不定期发布热聘职位、精品课程、行业资讯、最新动态、服务信息、政策法规、活动侧记、产品方案等服务信息。

（冯　娜）

【海外高层次人才子女入学政策宣讲会举行】4月11日，由北京海外学人中心和市教委共同主办的“2014年北京市海外高层次人才子女入学政策宣讲会”在京举行。30余名海外高层次人才及家属参加。会议介绍了2014年国际学校入学形势及要求、2014年义务教育阶段的相关政策及具体工作内容，以及落实子女入学政策的具体规定和相关注意事项，并对海外高层次人才及家属提出的疑问进行解答。

（马雨桐）

【中关村创业企业家校园宣讲系列活动举办】4月11日—5月29日，中关村管委会委托北京教育人才培训中心，先后在对外经济贸易大学、北京科技大学、北京航空航天大学等8所高校，开展中关村创业企业家校园宣讲系列活动。活动邀请北京仁创科技集团有限公司董事长秦升益、北京漫游谷信息技术有限公司CEO张福茂、北京皓德创业科技有限公司总经理龚衍等中关村示范区创业企业家担任主讲嘉宾，分别以“创新成就梦”“创业与成才”“创业好似谈恋爱”等为主题，讲授创业经验，分享创业心得，传播创新创业文化，鼓励在校大学生到中关村示范区创业。累计有大学生3000余人次参加活动。

（王　征）

【海淀创业园企业成长高级培训班举办】4月17日，由中关村科技园区海淀园创业服务中心主办的“海淀创业园企业成长高级培训班开学典礼”在海淀创业园举行。海淀创业服务中心相关领导及学员40余人参加。海淀创业园第三期企业成长培训班开班。36名学员来自海淀创业园内企业的董事长、总经理等高层管理人员。师资由政府相关部门负责人、科研院所专家、企业家、风险投资机构专业人员组成。培训班为期3个月，采用专题授课、案例分析、实战演练、参观考察、集体诊断等培训形式，安排了商业模式创新与再造、经营管理与用人方略、财税管控与纳税筹划、科技创新政策深度解读、座谈交流及参观考察五大模块20次课程，以及3天集中培训，各类学习活动共计80学时。

（彭　晨）

【北京海外人才创业林认养活动举办】4月26日，由北京海外学人中心和北京海外高层次人才协会共同主办的2014年北京海外人才创业林认养暨海外学人奥林匹克森林公园长走活动在北京奥林匹克森林公园举办。入选中央“千人计划”和北京“海聚工程”的海外学人，以及相关机构的代表300余人参加。活动举行了北京海外人才创业林认养仪式和围绕奥林匹克森林公园进行6千米的长走活动。由北京海外学人中心在奥林匹克森林公园开辟“北京海外人才创业林”，专门面向在京优秀的海外学人进行认养。创业林占地面积3公顷，共有乔木1040棵和灌木3441棵。

（马雨桐）

【创新优势产业集群专项人才培训举办】5月6日，由北京市海淀区培训中心主办的“中关村创新优势产业集群专项人才培训”在鼎好电子大厦举办。45家企业的80余名管理人员参加。培训以“PMP项目管理实战”为主题，通过典型案例就企业在项目管理及人力资源管理过程中遇到的问题进行讲解。年内，培训活动共举办6期，分别以“人力资源管理——组织文化导向的绩效管理体系”“企业间（B2B）销售渠道建设与管理”“九型人格与高绩效团队管理”“Scrum敏捷开发管理实战”等为主题，讲解了项目管理知识体系、十步项目管理法、B2B渠道建设与管理、九型人格的运用与团队管理、敏捷软件开发精髓等内容，共有近300人次参加。

（冯　娜）

【长风联盟—北航软件学院人才现场招聘会举办】5月7日，北京长风信息技术产业联盟与北京航空航天大学软件学院在北航共同举办长风联盟—北航软件学院人才现场招聘会。北航软件学院500余名学生参加。首都信息发展股份有限公司、北控三兴信息技术有限公司等长风联盟30余家会员企业共发布岗位需求近400个，面向计算机专业、软件工程、信息安全、网络营销等专业，重点招聘研发、测试、市场营销、咨询顾问、人力资源等岗位。通过招聘会，联盟企业共接收应聘简历1236份，初步达成意向391人。

（董　琳）

【人才促进会政策宣讲会举办】5月14日，由北京市海淀区高层次人才发展促进会举办的2014年首期政策宣讲会在中关村人才发展中心举行。100余家会员单位的代表参加。相关专家就“2014年人才引进专项计划的政策解析”进行讲解，并对会员代表提出的问题做了解答。年内，人才促进会分别以“园区人才政策”“企业用工管理中最常见的十大法律风险的防范与应对”“劳动仲裁庭庭审旁听”等为主题举办5场政策宣讲会，共有330余人次参会。

（冯　娜）

【第十一届中关村人才论坛举办】5月20日，由中关村人才协会主办的“2014第十一届中关村人才论坛”在清华科技园举办。来自京、津、冀三地的企事业单位的专家、企业家及研究机构负责人、企业代表300余人参加。论坛围绕“新机遇、新思维，人才去哪儿”主题举

行研讨。在分论坛上，业内专家和企业管理者分别就“从企业在产业升级格局中的定位看人才战略”“未来属于更加智慧的创新创业人才”“互联网对企业人才管理机制的冲击和变革”“让关键人才在企业沃土中扎根发芽”专题做了演讲。会上还发布了《中关村人力资源状况调查结果》和《中国高科技产业人才状况分析》。同时，启动全国高科技行业优秀雇主认证工作。

（康秋红　杜　菲）

【中关村软件行业人才服务平台发布】5月28日，由北京中关村软件园孵化器服务有限公司等单位主办的“中关村软件行业人才服务平台发布暨2014年IT技术人才双选会”在中关村软件园举办。北京中关村留学人员创业园协会等单位有关领导和企业代表、求职者、媒体记者参加。平台（stp.gurucv.com）由北京中关村软件园孵化器服务有限公司牵头主办，设有服务动态、会员企业、招聘会等板块，是为软件企业提供集企业招聘、人才展示、HR管理培训等人才服务核心功能

模块为一体的公共服务平台，将面向企业提供软件人才供给，为从业人员提供职业发展与职业信誉认证，为决策机构提供数据支撑。其提供的服务包括：为IT企业提供专业软件人才供给、软件人才甄选服务；提供人力资源相关管理知识与工具；推介区域内具备较高资质与实力的人力资源服务机构；为IT企业提供集中展示与营销的公共平台；为个人提供在线职业履历管理、自我营销、职业诚信认证与职业价值提升服务。双选会上，北京顶点唯峰科技有限公司等60余家用人单位提供C/C＋＋、Java、安卓等几十类与IT相关岗位300余个，来自北京林业大学、北京信息科技大学等院校的求职者400余人参加，平均每家企业收到简历30余份。

（毕欣超　刘伟杰）

【中关村创业企业新入职员工培训举办】5月，由中关村管委会主办的“中关村创业企业‘赢在起点’新入职员工培训”在京举办。北京拓尔思信息技术股份有限公司、北京时代凌宇科技有限公司、北京立思辰科技股份有限公司等50余家企业的代表近300人参加。培训主要面向中关村示范区创业企业新入职大学生员工，共举办两期，每期3天。培训讲师为企业人力资源总监、职业培训师及高校大学生就业指导教师。培训内容包括角色转换、学习适应力、态度适应力、人际适应力、思维适应力和职场习惯养成6个模块，旨在解决新入职员工初入职场的不适应状况，提升其职业发展力。

（王　征）

【云时代的新型企业人才体系建设论坛举办】7月17日，由北京软件行业协会2014年度理事HR俱乐部、乐易考教育公司主办的2014年度理事HR俱乐部首期论坛“云时代的新型企业人才体系建设”在京举办。相关专家介绍了从传统人力资源的选、育、用、留4个方面，如何基于互联网的云平台技术建立一套新型的企业人才体系，即使用在线系统（包含调查系统、

测评系统、在线面试系统）结合线下“反转课堂”模式为学习者提供有效指导，并让参会人员体验“反转课堂”人才培训技术。

（郝峥嵘）

【大学生专场招聘活动举办】7月22日—8月31日，中关村人才市场承办了海淀地区“2014年北京地区毕业生就业服务月暨大学生专场招聘会活动”。服务月期间，中关村人才市场举办6场大学生专场招聘会，共吸引参会企业288家次，提供招聘职位3400余个，现场求职大学生2500余人，并为近300名求职毕业生提供就业能力指导服务。年内，中关村人才市场共举办大学生专场招聘会45场，参会企业1600余家次，提供毕业生招聘岗位1.7万余个，参会毕业生1.3万余人。

（冯　娜）

【首都百项海外人才创新成果赴津展示对接】9月25日，由北京海外学人中心组织的“首都百项海外人才创新成果来津展示对接活动”在天津市滨海新区举行。北京市24家留学人员创业园的企业家代表携54项科技项目与天津市10家留学人员创业园及7个区县的相关单位进行对接洽谈。展示对接的项目包括智能无线空气质量监测仪及其移动电子商务、高效率高利用率能源环保光电材料、高效环保阻燃层积材等，涉及电子信息、生物医药、新能源新材料、环保、医疗器械以及高端装备制造业等6个领域。

（马雨桐）

【CID名企专场招聘会举办】11月1日，由海淀北部开发建设指挥平台主办，海淀区投资促进局、中关村人才市场承办的“英才汇聚赢在未来——海淀CID名企专场招聘会”在用友软件园举办。北京大北农科技集团股份有限公司、北京数码大方科技有限公司等29家CID入驻企业参会，提供IT电子、通信、生物医药等行业的职位750余个。清华大学、北京航空航天大学、北京邮电大学等高校的300余名毕业生参加。招聘会还设立海淀北部服务体系展示区、CID人才政策宣传专区，并邀请专业招聘机构面向应届生及中高端人才，进行定向咨询与服务。

（冯　娜）

【海创企业人力资源管理沙龙举办】11月26日，由北京海外学人中心和中关村高端人才创业基地管理办公室共同主办的“创新·变革·绩效管理——海创企业人力资源管理沙龙”在京举办。来自北京市海创企业的代表90余人参加。相关专家就人力资源领域的绩效评估制度、企业战略设计、绩效管理等方面进行了讲解。

（马雨桐）

【第二届IT技术人才双选会举办】11月27日，由北京中关村软件园孵化器服务有限公司等单位主办的“2014年第二届中关村软件行业人才服务平台IT技术人才双选会”在中关村软件园举办。北京凌云雀科技有限公司等50余家用人企业提供了IT技术包括软、硬件工程师，项目经理，技术支持专业等岗位196个，来自北京北测教育科技发展有限公司，中软高科（北京）科技有限公司等培训机构的学生及全国各地重点院校与IT专业相关的毕业生300余人参加。

（毕欣超）

【大数据人才培养平台成立】12月6日，由北京航空航天大学经济管理学院、中关村大数据产业联盟和中数云联信息技术研究院共同主办的“大数据‘政产学研投用’高峰论坛”在北航举行。工业和信息化部等单位有关领导以及大数据领域的专家和企业代表等参加。论坛就大数据的发展和应用，以及在促进企业创新、资本创投、人才创业等方面进行交流。由北航经济管理学院、大数据产业联盟和中数云联研究院共同成立的大数据“人才培养公共服务平台”揭牌。平台旨在促进企业创新、资本创投、人才创业，进而持续有效地促进新兴技术领域“政产学研投用”的融合发展，将邀请相关专家成为社会导师，组建起一支跨越学术、产业和行业领域的高端导师团队，在专业人才培养过程中给予全方位的知识和智力资源支撑。10余位来自电信、能源、金融等行业的专家受聘成为北航经济管理学院社会导师。中数云联研究院还发布导师团队指导完成的“大数据教育解决方案”。方案涵盖针对政府部门领导及企业高管、技术主管及工程师、高校学生及一般IT技术人员3个层面群体，涉及大数据、云计算、物联网等从产业趋势到行业应用乃至基础技术理论的教育培训课程体系。

（杜　玲）

【2014年高端领军人才专项培训举办】年内，北京市海淀区培训中心举办3期“2014年度高端领军人才专项培训”活动，包括北大班、上海交大班和美国班。培训围绕“企业家战略思维与领导力提升”“企业创新管理、宏观经济、领导艺术、大数据与互联网思维、企业资本运作、战略人力资源”“知识产权保护和金融资本运作”等主题，就金融、创新、政策、科研、转化等方面进行授课，并组织学员到上海外高桥保税区联合发展有限公司、美国芝加哥期货交易所等相关企业、机构参访交流。腾讯科技（北京）有限公司、太极计算机股份有限公司、北京四方继保自动化股份有限公司等海淀园企业的近100名企业家和企业负责人

参加。

（冯　娜）

【高端领军人才职称直评工作培训】年内，北京中关村人力资源经理协会开展“中关村国家自主示范区开展高端领军人才专业技术资格评价工作培训”活动。协会对申报企业工作人员、各区县人力社保部门和十六园管委会的工作人员，以及评审专家等相关人员进行培训，共计辅导280位示范区企业人力资源总监、经理，68位各区县人力社保局、各园区管委会负责职称管理工作的人员和55位评审专家，有611人网上报名参加评选，364人通过初审，最终76人获评。

（孙　婧）

【建设中关村和谐劳动关系“社区”公共服务平台】年内，北京中关村人力资源经理协会开展建设中关村和谐劳动关系“社区”公共服务平台工作。开通平台微信公众号向企业劳动者推送“和谐劳动关系社区三分钟新闻”，方便劳动者及时接收信息和资讯。举办10场专业培训，培训主题涉及人事政策咨询、劳动者权益保护、劳动法律法规及相关政策规定解读、劳动争议解决方式和途径等，帮助劳动者掌握并熟悉相关法律规定及基本权益保护，增强防范劳动风险的意识，共有1000余人次参加。平台搭建一支由人力资源管理专家、资深人士、知名学者、知名律师、法律专家等组成专家团队，为劳动者提供准确、及时、便捷的咨询帮助。协会组织4次劳动者旁听法院和仲裁委员会审理劳动争议案件，并邀请法官（仲裁员）走进企业，就劳动者关注的热点问题进行现场交流和座谈，法官（仲裁员）提出相应的司法建议及解决方案，共有300余人次参与。平台上设立劳动争议调解委员会，协调和化解纠纷70余次。

（孙　婧）

【优势产业集群全国校园招聘活动举办】年内，中关村人才市场在哈尔滨工业大学、中国科学技术大学、北京理工大学等“985工程”院校举办京外招聘活动19场、京内招聘会10场，清华同方股份有限公司等700余家次海淀区企业参会，提供下一代互联网、移动互联网和新一代通信产业、节能环保产业等领域的6000余个

岗位，吸引到会学生近4万人。招聘活动还通过中关村人才网、中关村人才市场官方微信/微博平台、校园就业网等途径进行宣传，企业共收取简历近5万份。中关村人才市场还与大连理工大学、香港科技大学等9家高校建立实习基地。

（冯　娜）

创业服务

Entrepreneurial Service

本栏目设有创业孵化和创业环境两个分栏目，以条目体形式记述中关村国家自主创新示范区在培育和扶持企业（特别是中小微企业）创新创业方面所提供的服务，在营造有利于企业成长壮大的环境方面所采取的举措及取得的成效等。

综 述

2014年，中关村示范区以打造全球最具吸引力的创业中心为目标，不断完善中关村创新创业生态系统，形成以“领军企业、高校院所、高端人才、天使投资和创业金融、创业服务、创新创业文化”六大要素和“市场、法治、政策”三大环境共同构成的创新创业生态系统。

新创办科技型企业快速增长。全年新创办并有实际经营活动的科技型企业超过1.3万家，是2013年的2倍多，新创办企业数创下历史同期最高点，主要集中在下一代互联网和新一代移动通信领域，在大数据、生物技术、新能源等领域也涌现出一批具有前沿性技术的创业企业。

高校成为青年创业者的大本营。北京大学创业训练营等以高校为依托的创新型孵化器，吸引一批青年学生投身创业。北大创业训练营依托北大综合资源优势，利用创业教育、创业研究、创业孵化及创投基金全方位扶持大学生创业，为大学生创业者提供创业训练营教学、导师扶持计划、天使投资等综合扶植。清华大学经济管理学院开办面向全校研究生的公共选修课“创办新企业”，设立了首期金额2000万元的课程孵化基金。

“90后”创业者成为新生力量。中关村示范区创业者年轻化趋势明显，在示范区活跃的科技企业孵化器中，大学毕业2年内的创业者有500余人，2014年入选福布斯“中国30位30岁以下创业者”13位，涌现尖峰实验室创始人季逸超等一批“90后”创业精英。“90后”创业者主要集中在互联网领域，凭借独特的视角和创新的商业模式，通过链接新技术、新应用、新模式，创造用户使用新习惯。“90后”创业项目受到天使投资和创业投资的青睐。北京易多客信息技术有限公司创始人李卉开发的客户关系管理工具麦客（CRM），获云天使基金的天使轮融资。

领军企业成为孵化新兴产业企业的摇篮。小米科技有限责任公司等行业领军企业利用技术优势和产业整合能力，通过“平台+创投+市场”的孵化模式，实现创业辅导、技术支持、产品构建等核心孵化功能，搭建开放共享的大数据、云计算等创业孵化平台，帮助创业企业吸引和利用国内外资本、开拓全球市场，形成围绕领军型企业发展的产业链。

天使投资人、创新型孵化器及创客组织形成创业新生态。2014年，活跃在中关村示范区的天使投资机构数量在全国占比近80%，天使投资案例数量及投资金额均超过60%。真格基金等14支中关村天使投资引导基金，引导资金承诺出资1.6亿元，基金总规模13亿元，资金放大倍数超过8倍。天使成长营开营，旨在培养具有国际水平的天使投资人。车库咖啡等创新型孵化器，主要为早期项目和初创企业提供开放办公、早期投资、产业链孵化等服务，形成涵盖创业孵化、早期投资、创业教育等环节的创业服务新业态，成为创业生态系统中最具活力的组成部分。创客空间等创客组织快速发展。由清华大学学生自发成立创客空间学生社团，吸引了来自10余个院系的60余名创客。

其他创业服务机构服务能力不断提升。中关村大学科技园及科技企业孵化器等创业服务机构以提高孵化成功率为目标，注重投融资和导师服务，开展早期项目孵化服务，不断完善孵化产业链。启迪孵化器针对处于不同生命周期的企业，形成启迪之星、钻石计划、上市与并购等分阶段的配套服务，设立从种子期到发展期再到上市期的投资基金。投资服务能力提升明显。中关村生物医药园利用自有投资基金800万元，设立跟投公司，由孵化器员工自愿出资设立基金，采用1∶1强制跟投方式，资金规模达100万元。

中关村创业大街创业生态初步形成。中关村创业大街开街，16家新型创业服务机构入驻，合作投资机构2200余家，入孵创业团队360个，获融资团队123个，举办创业服务活动2244次，平均每周举办12场，成为创业者、风险投资机构、天使投资人聚集之地。

中关村金种子工程取得新进展。97家企业入选第四批金种子企业。其中，57家企业获100万元及以上融资，直接成为金种子企业。截至年底，金种子企业共有292家，汇集80余位创业导师和超过60家风险投资机构。其中，4家企业在新三板挂牌，151家企业融资超过100万元。全年举行12场项目推介会，103家企业推介项目；举办8场金种子企业互助会，受益企业80家。

（陈宝德）

创业孵化

【北京银行与 3 家孵化器签署协议】 1 月 7 日，“北京中关村国际孵化器有限公司、中关村科技园区海淀园创业服务中心、北京中关村上地生物科技发展有限公司、北京银行上地管辖行战略合作协议签约仪式”在京举行。签约各方相关负责人参加。根据协议，北京

银行 3 年内向 3 家孵化器内企业提供 10 亿元意向性融资授信，并在代发工资、业务宣传、资金归集、高端个人服务等业务方面开展合作。

（韩洋洋）

【致生联发公司入围福布斯潜力企业榜】 1 月 7 日，《福布斯》中文版发布 2014 福布斯中国最具潜力中小企业榜单。其中，北京致生联发信息技术股份有限公司以 2010—2012 年销售额增长率超过 300%、2010—2012 年净利润增长率超过 300%、2010—2012 年销售利润率 49%、2010—2012 年总资产回报率 33%、2010—2012 年净资产回报率 63%、2012 年销售收入 4498 万元、2012 年净利润 1713 万元、2012 年总资产 6511 万元位列中国非上市潜力企业 100 强榜第二位，成为望京科技园内第一个进入福布斯中国最具潜力中小企业榜的企业。公司主营产品是智能视频监控平台。

（朱文利）

【“微软创投加速器第三期展示日活动”举办】 1 月 13 日，“微软创投加速器第三期展示日”活动在中关村微软亚太研发集团总部举办。微软亚太研发集团主要负责人、微软创投加速器学员，以及创投加速器导师、微软合作伙伴、风险投资机构代表 100 余人参加。加速器第三期有 47 家初创企业获微软创投加速器的创业扶持，行业涵盖金融、互联网、旅游、零售、石油、农业、教育等领域。90% 的学员得到投资机构的认可，获不同程度的融资，同时实现业务快速发展。其中，九一金融信息服务（北京）有限公司的面向金融产品消费者的工具型导购服务网站 91 金融超市，在加速器期间获 6000 万元的 A 轮融资，其贷款交易额日均 3 亿元，旗下理财产品增值宝首周申购额即达到 3 亿元；爱立示信息科技有限公司的无钥签名专利技术，可验证和证明电子数据的签名时间、签名起源和数据完整性，营收实现 1750% 增长；石山（北京）科技有限公司的企业级互联网视频平台，增加了近 100 个企业级付费客户。活动还公布第四期入选团队名单。

（陈宝德）

【创源孵化器入选美国硅谷最强创业孵化器榜单】 1 月，由 UI Palctte 评选的美国硅谷地区最强 24 家创业孵化器名单公布。清华科技园美国硅谷创源孵化器（Innospring，Inc.）作为一家致力培育中美初创企业的创业孵化器，因成立两年投资 16 家创业公司，投资总额约为 200 万美元而上榜。创源孵化器推出以中国科技型创业公司和成熟企业为对象的全球化定制服务，涉及企业服务、导师服务和后期融资等。企业服务包括开设硅谷分支机构、提供前期规划咨询、签证移民咨询、法律税务咨询、公司落地注册、办公场地提供（虚拟与实体）、知识产权保护、跨文化人才管理等；导师服务是邀请业界专家定期与创业企业面对面答疑解惑；后期融资则主要由创源种子基金提供服务。

（康秋红）

【北大孵化器银企对接会举办】 2 月 5 日，由北京北达燕园科技孵化器有限公司主办的 2014 年度北大留创园首期银企对接会在北大创业孵化营举办。来自北京市中关村科技融资担保有限公司、中国银行中关村支行及北大留创园 30 余家小微企业的相关负责人员参加。金融机构的相关负责人对初创企业银行开户、融资贷款绿色通道等产品做了介绍，对信用证保函开立、结算收费的业务流程，以及初创企业债权融资、信用担保贷款的操作流程等做了讲解；北达燕园有限公司有关业务负责人介绍了北大留创园通过采用线上（云服务、大数据、物联网）服务与线下服务相结合的“网上科技园”与实体科技园 OTO 的服务体系，推出“科

技创新与创业解决方案”及“创新型科技企业增值服务体系”。“科技创新与创业解决方案”包括提供市场测算、盈利预测、市场调查等服务。“增值服务体系”是在孵化器公共服务平台开展业务的基础上，以孵化器毕业进入园区加速器的高成长性企业为主要服务对象，通过产业组织创新、资源配置方式创新和服务模式创新，为企业提供新技术研发评估、市场开拓、产业调研、投融资服务、上市和并购辅导等可供定制化的增值服务等，包括市场前景分析、核心技术分析、商业模式分析、投融资分析、产业发展前景分析。

（王学军）

【厚德创新谷加入 Wayra 全球孵化网络】2月18日，“厚德创新谷与 Wayra 联盟协议签约仪式”在厚德创新谷举行。市科委、中关村管委会、海淀园管委会等单位有关领导，以及西班牙电信集团（Telefónica）、清控科创控股股份有限公司等企业相关负责人参加。根据协议，北京厚德科创科技孵化器有限公司（厚德创新谷）加入 Wayra 全球孵化网络，成为 Wayra 全球孵化网络的首家中国孵化器。双方将共享资源和机遇，推动彼此在中国和全球范围的业务，将在创业项目池、专业知识、导师资源、培训、机构关系、媒体、财务和商业资源，以及投资机遇等领域相互促进和共享。同时，帮助更多的中国创业者开拓国际市场，获取全球创业服务资源，并让各国创业者有机会来到中国创业、发展。（Wayra 全球孵化联盟是由西班牙电信集团发起加速器项目，旨在促进创新，发掘拉美地区和欧洲的互联网及新 ICT 领域的新人才，2013 年开始走向全球化。）

（刘伟杰　杜　玲）

【启迪之星 2014 创业营启动】3月18日，由北京启迪创业孵化器有限公司主办的“启迪之星 2014 创业营新闻发布会”在清华科技园举行。会议主题为“打造没有围墙的清华科技园”。清华科技园管委会、启迪控股公司、启迪商学院等单位有关领导及新华网等媒体的代表50余人参加。启迪之星创业营是启迪控股公司发起的面向全球创业者的大型公益性创业培训与天使投资计划，通过“创业培训＋孵化服务＋开放平台＋天使投资”的方式，培养科技创业领军人才，发掘和推动科技创新创业项目。创业营将创业集训、孵化服务以及创业导师等各种要素集中起来，为创业者提供全方位服务；将各种收费的创业咨询服务项目，以完全免费的形式，开放给所有入营的学员；将投资人、创业精英、行业顾问等专业人士，有针对性地推荐给创业营学员，让学员们可以面对面地分享成功经验。

（康秋红）

【中小型科技型企业的成长之路讲座举办】3月26日，由北京北航天汇科技孵化器有限公司主办的中小型科技型企业的成长——企业资质建设的完善之路讲座在北京航空航天大学举办。40余家企业的代表参加。相关专家就企业资质的需求分析、资质建设进程、科技融资规划等内容进行有针对性的讲解；对建设企业技术创新体系、知识产权体系，提高企业整体核心竞争力等方面进行重点分析；对国家“十二五”规划纲要中，优化政府财政支持、重点支持领域、科技融资整体项目规划进行阐述；对申请科技金融融资必备资质、财税优惠、享受优惠政策扶持等内容进行了介绍。

（翟　彬）

【中发展集团渥太华国际孵化中心运营】4月15日，由渥太华投资署主办的“中关村发展集团渥太华国际孵化中心成立运营剪彩仪式”在加拿大渥太华市举行。中国驻加拿大大使馆等单位有关领导，以及来自渥太华科技界、企业界及当地留学生代表100余人参加。中心2012年12月由中关村发展集团股份有限公司与渥太华投资署宣布成立，旨在引导和支持加拿大高科技企业进入中国市场。Inano 医疗、海微科技、GR 能源和 JPCanshielding 公司4家加拿大企业入驻，涉及信息技术、新能源、新材料、高端医疗器械等领域。中心围绕挖掘颠覆性、原创性的创新技术项目，在项目挖掘、管理和服务机制等方面深入探索，初步形成由天使创投基金、国内平行投资基金、孵化办公空间、创业辅导导师、专家顾问团队为一体的项目挖掘、筛选、孵化、投资、1＋1回国落地发展的架构体系。

（李贺英　刘伟杰）

【“抓住新三板机遇，助推企业发展”讲座举办】4月29日，由北京北航天汇科技孵化器有限公司主办的“抓住新三板机遇，助推企业发展”讲座在北京航空航天大学举办。来自北航科技园的30余家企业的负责人参加。相关专家分别就国内新三板政策变化及发展趋势、大市场环境下科技型中小企业的融资环境及针对科技型中小企业的资本市场需求推出的金融产品和服务模式、新三板挂牌企业整体情况，以及中小企业新三板挂牌过程中应注意的事项等方面做了介绍，并与企业代表进行交流。

（翟　彬）

【创业苗圃宣讲会举行】5月7日，由北京望京科技孵化服务有限公司、北京信息科技大学主办的“望京科技创业园—北京信息科技大学创业苗圃计划宣讲会”在北京信息科技大学清河小营校区举行。望京创业园、北京信息科技大学等单位相关负责人以及学生代

表200余人参加。相关负责人讲解了创业苗圃计划前期筹备情况和进程安排。创业苗圃计划是由望京创业园和亿拍天下（北京）科技有限公司提供创业辅导师、创业项目、培训及技术咨询服务以及办公场地，面向大学招募创业小组，对筛选确定的创业团队进行一对一的创业初期辅导，搭建大学生创业的实践平台。

（朱文利）

【中关村清华梦想课堂获授牌】 7月2日，由清华科技园、清华大学经济管理学院主办的清华大学系列创业教育课程之创业行——清华大学2014“创办新企业”课程结业交流会暨“中关村（清华）梦想课堂”授牌仪式在清华科技园举行。中关村管委会、清华科技园发展中心有关负责人及学员代表近100人参加。《创办新企业》课程被中关村管委会授予“中关村（清华）梦想课堂”荣誉称号。课程包括“创业机会识别与商业计划”和“创办新企业”，创业知识教学与创业实战演练相结合，课程本身即是微型孵化器，采用“风投+基金+创业平台”的模式，培育以核心技术为主体的学生创业企业。课程由清华科技园的企业家、投资人和清华大学经管学院教师共同授课、辅导创业团队，学生进入“创办新企业”课程的选拔工作直接由参与课程的风险投资家评定。由清华科技园和清华大学经济管理学院联合清华大学“创办新企业”历届课程学生联合发起成立的交流平台——“清华创业行”社区成立并运行。平台将促进清华大学科研成果转移，进一步完善清华科技园的创新服务体系。（“创办新企业”课程由清华大学经济管理学院创办于2011年春季，用模拟创业的方式进行教学。课程有口号、有logo、有社区、有基金，是一个全新模式的创业课程。）

（陈宝德　王　翔）

【软件园孵化器被认定为市创业孵化示范基地】 7月10日，市人力社保局印发《关于认定首批北京市创业孵化示范基地的通知》，北京中关村软件园孵化服务有限公司等10家机构被认定为首批北京市创业孵化示范基地。中关村软件园孵化器将依托中关村软件园“国家软件产业基地”和“国家软件出口基地”良好的产业发展态势，利用丰富的政府资源、科技资源和社会资源，不断完善面向中小软件企业的创业孵化服务体系，丰富服务内容、提升服务能力、探索服务创新，并始终把握“做专业资源的整合者”的服务定位，在创业服务不断深化、细化、专业化的过程中，促进软件企业的产业合作与发展。

（张　蕾）

【技术合同认定登记及税收优惠政策讲座举办】 7月16日，由北京北航天汇科技孵化器有限公司、北京技术市场管理办公室技术合同登记处举办的“技术合同认定登记及税收优惠政策”讲座在北京航空航天大学举行。园区企业代表100余人参加。北京技术市场管理办公室的相关专家从技术合同认定及相关政策、合同订立的原则、技术合同及分类、技术合同认定条件、认定登记流程、税收优惠政策等方面进行讲解，并针对企业提出的问题给予指导。

（翟　彬）

【国家级科技企业孵化器考评结果公布】 7月17日，科技部火炬中心印发《关于公布2013年度国家级科技企业孵化器考核评价结果的通知》（国科火字〔2014〕157号）。中关村示范区内，北京中关村软件园孵化服务有限公司等73家国家级孵化器被评为优秀（A类），北京北达燕园科技孵化器有限公司等16家国家级孵化器被评为良好（B类），北京奥宇科技企业孵化器有限责任公司等8家国家级孵化器被评为合格（C类）。

（毕欣超　李美惠）

【速普创新孵化器启动】 8月11日，由中科招商投资管理集团有限公司主办的创新型孵化器研讨会及速普创新孵化器（SuperG）启动仪式在中关村西区举行。中关村管委会主任郭洪等领导参加。中科招商集团宣布成立创新型孵化器“速普创新孵化器”。孵化器位于鼎好大厦，办公面积300余平方米，将专注于互联网和软硬件领域的早期项目，重点关注医疗健康、新能源、文化娱乐、公共传播、财务金融、快消品、交通、教育和食品等领域的物联网、云计算、智能穿戴、电子商务、移动互联网、数字媒体、广告、教育、大数据、游戏和娱乐等方面的技术。其模式是从初创期到退出期阶段式持续投资，由国内外的创业导师进行指导，并提供财务投资者和策略合伙人等支持，采用种子基金主投、天使投资人和天使投资联盟进行跟投的分散化投资组合方式，降低投资风险。

（陈宝德）

【天使直通车走进北航科技园活动举行】 8月14日，由北京北航天汇科技孵化器有限公司与中关村天使投资协会主办的“天使直通车——走进北航科技园”活动在北京航空航天大学举行。来自北航科技园的5个创业团队进行路演。项目分别是北京云端蜂鸟电子科技有限责任公司的呼叫妈咪智能婴儿监测器、星宇联合（北京）科技有限公司的星宇游戏、北京赛鹰贝科技有限公司的赛鹰贝惯性轮倒立摆系统、北京聪明狗网络技术有限公司的用于价格比较的购物党，以及北京乐遨网络科技有限公司的乐遨游戏。投资机构的专业人员对项目的特点进行点评和分析，并提出建议。

（翟　彬）

【氪空间首期项目毕业】 8月23日，由北京协力筑成传媒科技有限公司（36氪）主办的氪空间首期项目毕业礼在中关村创业大街举办。创业团队成员、投资机构代表、媒体记者等参加。首期12个项目涉及互联网创业的多个创新领域，包括全息显示设备“Depth-vr”、表单设计和数据分享工具“麦克”、为外国人学习汉语提供帮助的应用“Chinese Skill”等项目。其中，11个项目完成融资，融资总额5000万元，最大单笔融资1000万元。创业服务项目“氪空间”4月22日启动，是一个为互联网初创企业提供协同办公服务的实体空间，办公面积1300余平方米，不收取创业团队任何费用和不占任何股份，帮助那些产品可以做到极致却缺乏融资资源的团队获得融资并起步。

（刘伟杰　陈宝德）

【凤凰计划宣讲会举办】 9月10日，由北京望京科技孵化服务有限公司主办的朝阳区“凤凰计划”宣讲会在望京科技园举办。光威和通能源科技（北京）有限公司、中新宜居（北京）环境科学研究院有限公司等20余家企业的代表参加。相关专家介绍了“凤凰计划”政策实施范围、资金支持力度等内容，就创业类和工作类海外高层次人才认定、创业团队资助、初创企业资助、单位引进人才资助、引进高层次人才资助等6个申报类型做了解读，对2014年申报要点、流程做了说明，并指导申报者在网上报送相关信息和文字材料。

（朱文利）

【11家企业参展第四届智博会】 9月12—14日，在“第四届中国（宁波）智慧城市技术与应用产品博览会”上，北京理工创新高科技孵化器有限公司组织园区11家企业参展。其中，自由飞越国际航空技术服务（北京）有限公司展示的TraFree国际机票检索预订引擎，实现国际机票最优行程航班及价格准确展示、价格验证及订座PNR实时生成、票款实时在线完成支付的在线预订业务模式；北京理工雷科电子信息技术有限公司展示的新体制雷达和卫星导航芯片与接收机，主要服务于国家安全与国民经济发展的铁路、公路交通管理雷达系统和空对地探测雷达系统；北京恒通安信科技有限公司展示的eC120智能化老人看护平台，实现多指标监测和关联分析，全天候、实时监测老人日常生活中的异常和意外并及时告警等。

（李　莹）

【丰台园科创中心获市创业孵化示范基地授牌】 10月16日，在“北京市创业孵化示范基地授牌暨优秀创业项目遴选工作部署会”上，中关村科技园区丰台园科技创业服务中心等10家孵化器获市人力社保局认定的首批北京市创业孵化示范基地授牌。科创中心利用丰台区科技、人才、仪器设备及区位空间等资源优势，建立孵化器网络集群，与中介服务机构、金融机构、入孵企业、高校、科研院所等几十家单位合作搭建科技服务平台，形成了以企业为主体、高校、科研院所、投融资机构、成果转化平台与孵化器为一体的产学研合作机制，在企业孵化、培育人才和新项目等方面取得成绩。

（柳　杨）

【启迪之星培育计划获IASP最佳创新实践奖】 10月19—22日，在第三十一届国际科技园及创新区域协会（IASP）国际大会上，北京启迪创业孵化器有限公司的“启迪之星”培育计划获首届IASP最佳创新实践奖。培育计划是由清华科技园启迪创业孵化器发起，面向全球征集“拥有领先的行业创新技术或基于技术的商业模式”的创业项目，筛选拥有优秀的商业模式和具有创业精神的优秀创业者，通过“孵化服务＋创业培训＋天使投资＋开放平台”的方式，培养科技创业领军人才，发掘推动科技创新创业项目。（IASP设立最佳创新实践奖旨在鼓励全球科技园区、孵化器和创新区域，在促进科技园成果转化，培育高新技术企业过程中，不断创新思维方式，不断尝试新的途径和手段，任何新思路、新理念、新做法，经过实践检验取得了预期的成果，都有机会申报这一奖项。）

（康秋红　陈宝德）

【创投引导资金评审会召开】10月20日，由北京望京科技孵化服务有限公司主办的创业引导资金评审会在望京科技园召开。中国科学院、冶金部建筑研究总院、北京大成律师事务所等机构有关专家及企业代表参加。贝恩讯谱光电科技（北京）有限公司、北京佳润洁环保技术有限公司、光威和通能源科技（北京）有限公司3家企业通过评审，获朝阳区创投引导资金监管委员会批准给予每家100万元股权投资，作为创投引导资金吸引更多社会资本的投入。

（朱文利）

【海妖情绪识别引擎获芬兰初创企业大赛冠军】11月18—19日，在中芬经贸论坛和第七届芬兰初创企业研讨会上，由北京启迪创业孵化器有限公司推选的海妖情绪识别引擎团队，获Slush World2014冠军。海妖情绪识别引擎可根据人的体征和情绪，通过监测实时的心率和情绪，来推送能平缓心情的歌单。其具体手段是用摄像头拍摄用户面部，识别出心率；对用户的语音片段做分析，依语气语调等不同指标来感知用户情绪。一般一组歌单有10首歌曲，前5首帮用户释放情绪产生共鸣，之后则是放松心情，最终达到帮助用户减压的目的。（Slush是一个由企业家、投资者、学生和音乐节专业主办者结合的非营利性组织，其理念为推动最具潜力和最有前途的新兴初创公司发展前进，旨在为初创企业、高科技人才、国际顶级投资者、企业高管和媒体之间提供一个交流的平台和桥梁。）

（康秋红）

【启迪科技园（香港）启动】12月4日，启迪科技园（香港）开工。园区位于香港东九龙第二CBD区域，总面积3500平方米，建成后将成为香港单体最大的集中孵化基地（Co-WorkSpace），将为科技创新创业提供独立或公共办公空间、公共会议设施、创业支撑计划以及投资香港的专业服务。2015年2月，园区一期改造完成，投入使用。

（康秋红）

【人大孵化器获国家级科技企业孵化器认定】12月5日，科技部印发《关于认定北京厚德科创科技孵化器有限公司等104家单位为国家级科技企业孵化器的通知》（国科发火〔2014〕364号），北京人大文化科技企业孵化器有限公司通过认定。人大孵化器建立了以科技及文化创意相关产业为主导方向，以“创业服务＋创业投资＋创业导师”为核心的综合孵化服务体系。至年底，孵化留创企业总数187家，大学生创业企业48家。

（徐　洋）

【企业工商年报法规知识专题培训举办】12月10日，由北京北达燕园科技孵化器有限公司、市工商局海淀分局主办的入园企业工商年报法规知识培训会在北大科技园举办。60余家企业的代表参加。海淀工商局监察部门的专业人员就《企业信息公示暂行条例》及企业年报制度等相关内容做了解读和介绍，帮助企业了解实施年报工作的背景、意义及操作流程，并解答园区企业人员提出的问题。（企业年度报告，是指企业应当每年1月1日至6月30日，通过企业信用信息公示系统向工商部门报送上一年度的企业情况，并向社会公示。企业对年度报告的真实性、合法性负责。工商部门对企业的年度报告不再进行事前审查，而是开展事后抽查。条例自2014年10月1日起施行。）

（王学军）

【36个项目团队入选北大创业孵化营】12月12日，由北京北达燕园科技孵化器有限公司主办的“北大创业孵化营开营仪式”在北大科技园举行。来自中关村管委会、北京大学光华管理学院、北大科技园等单位的有关领导及创业项目团队的代表等90余人参加。36个项目团队入选孵化营，主要集中在O2O、社交平台、互联金融、智能硬件等领域。首期孵化营配备了数十位行业专家作为导师团队，为入营团队提供创业指导，并配备9名固定辅导员，在法律事务、财务管理、融资服务、人力资源等方面对创业团队进行辅导支持。项目在营6个月，除享受中关村核心区提供免费使用的办公空间以及商务服务外，还将获得投融资对接以及专业的创业模块培训。

（王学军）

【中小企业创业指导咨询与创业服务培训举办】12月12日，由北京望京科技孵化服务有限公司主办的“中小企业创业指导咨询与创业服务”培训在望京朝来发展园举办。望京科技孵化公司管理团队以及北京金色慧谷物业管理有限公司等单位的代表20余人参加。相关专家讲授了中小企业创业服务平台建设及如何开展为中小企业提供信息、技术、创业、培训、融资等公共服务的内容。培训还通过情景模拟、小组讨论、实战案例等体验式互动教学方式，使参会人员了解创业指导、咨询等方法和技巧。

（朱文利）

【美—中硅谷工程创新孵化器揭牌】12月16日，在美—中孵化器与投资合作论坛上，举行了美—中硅谷工程创新孵化器揭牌仪式。孵化器由启迪控股股份有限公司、美国加州圣何塞州立大学、北京奥瑞国际投资控股股份有限公司等7家机构发起成立，位于美国硅谷圣塔克拉拉，将为中美大学的创新人才和创业团队提供发展合作平台，并发挥创业孵化器运营能力，通过天使投资、产业对接等形式，为中美创业者提供服务。这是启迪控股公司在美国硅谷建立的第二个国际孵化器。

（康秋红）

【望京科技园搭建数据管理服务平台】 12月，北京万方数据股份有限公司与北京望京科技孵化服务有限公司签订“万方数据知识资源系统协议”，将为望京科技园搭建数据管理服务平台。根据协议，系统可为入园企业免费提供中国学术期刊数据库、学位论文数据库、学术会议数据库、中外专利数据库、中国特种图书数据库、中国科技成果数据库、中外标准数据库（摘要）、中国机构数据库、中国法律法规数据库、中国专家数据库、科技文献分析、查新/跨库检索等20项数据的查询和搜集。平台于2015年开通。

（朱文利）

【创新驿站讲座举办】 年内，北京北航天汇科技孵化器有限公司主办的北航孵化器创新驿站系列讲座共举办5期，相关专家、企业代表近300人次参加。讲座围绕世界高科技发展潮流、高科技公司成功创业，以及新科技革命改变人们生活等话题展开探讨，对孵化器创新孵化模式等问题进行研讨。通过系列活动整合创业企业科技融资资源以及行业上下游产业链资源，对孵化器创新孵化模式进行探索，服务于北航科技园创业企业及中关村示范区内创业企业。

（翟　彬）

【互联网与机器智能系列沙龙举行】 年内，由北京北航天汇科技孵化器有限公司、中关村创新服务平台主办的互联网与机器智能系列沙龙共举办5期，北航大学生创业团队、D9区设计师团队、中关村天使投资协会、

创业企业的代表150余人次参加。内容包括数字图像处理、机械工程、自动控制、模拟与数字视频、电光源及光学成像、传感器技术、计算机硬件及人机接口技术等，与会者就不同领域的交叉融合、互联互通等话题进行研讨，并针对所关注的行业、技术、项目等寻找合作机会。

（翟　彬）

创业环境

【天使面对面活动举办】1 月 3 日，由北京启迪创业孵化器有限公司主办的第四期启迪创业汇“天使面对面”在清华科技园举办。天使投资机构代表及企业项目负责人等 30 余人参加。天使投资机构的相关专家就“创业与投资心得分享”主题进行演讲，并与创业者进行交流。活动还介绍了北京旺商通商务咨询有限公司的“楚青试衣间—机器人”、清华中清医院管理有限公司的“智慧健康”等项目。天使面对面活动，是以投融资为主题的小规模、高频率对接会。至年底，共举办了 29 场，累计近 1000 人参加。涉及领域涵盖在线教育、大数据、智能硬件、互联网金融、医疗健康、移动社交、游戏、节能环保、先进制造、新材料、O2O 等。每期邀请一名投资人，就其所擅长领域向创业者介绍经验和行业见解，对创业者进行指导。每期选 20 余个创业项目，其中有 3 个路演项目；平均每期 3 个～ 5 个项目达成投资意愿。

（康秋红）

【神雾集团中关村开放实验室获批】1 月 20 日，中关村开放实验室办公室公布第八批中关村开放实验室挂牌名单，北京神雾环境能源科技集团股份有限公司的“北京市劣质铁矿石综合利用工程技术研究中心”通过认定。中心下设煤基转底炉、燃气熔融、电熔融冶炼、磨矿磁选等中试平台及相关基础实验室、物化分析实验室等配套设施，具备面向国内外企业开展劣质含铁资源及冶金固废处理工艺的联合研发、委托研发、设计、小试、中试、检测、工程总承包等服务的能力。

（韩洋洋）

【常青藤 1776“挑战杯”全球创业大赛北京分赛举办】2 月 19 日，由美国 1776 孵化器与常青藤创业研究中心主办的 1776“挑战杯”全球创业大赛北京分赛在京举办。北京词网科技有限公司、卡尤迪生物科技（北京）有限公司等 30 家企业参赛，涉及教育、医疗卫生、能源、智能城市 4 个领域。比赛以陈述及答辩的形式，通过对企业解决方案、市场牵引力水平、产品及服务扩展能力及对行业的影响力的综合考量，最终 iMedia（教育领域）、卡尤迪生物（医疗卫生领域）、ScanTrust（智能城市领域）、景丰鸿泰（北京）科技有限公司（能源领域）4 家企业胜出，5 月代表中国及亚太区参加了在美国华盛顿市举行的全球总决赛。

（陈宝德　殷　茵）

【“十百千工程”政策宣讲会举办】2 月 25—27 日，中关村管委会分别在海淀园、丰台园、大兴—亦庄园举办 3 场“十百千工程”政策宣讲会。共有 300 余家企业的 500 余名代表参加。宣讲会主要向“十百千工程”培育企业介绍中关村“641”创新引领工程及重点支持方向、“十百千工程”开展情况和 2014 年重点工作，讲解了中关村创新平台对“十百千工程”培育企业的支持政策，并对企业统计填报和需求意向征集工作进行培训。

（杜　玲）

【北京市首家“零首付”公司诞生】3 月 3 日，北京紫晶立方科技有限公司的法人代表王世栋在市工商局海淀分局领到编号为 00000001 号的新版营业执照。这是中国实施注册资本登记制度改革后，北京市发出的首张新版营业执照。紫晶立方公司由清华大学 5 位学生利用其 3D 打印技术特长共同投资创办，注册资本 10 万元。（根据国务院《注册资本登记制度改革方案》[国发〔2014〕7 号]，工商部门只登记公司认缴的注册资本总额，无须登记实收资本，不再收取验资证明，公司股东还可自主约定注册资本总额等事项。）

（徐　建）

【智能家居投资现状与趋势沙龙举办】3 月 18 日，由北京金种子创业谷科技孵化器中心、北京创客帮科技孵化器有限公司主办的“寻找中国的 nest——智能家居投资现状与趋势”沙龙在京举办。企业代表 100 余人参加。相关专家就智能家居的发展现状、产业前景及投资价值等方面做了介绍，并向智能家居领域创业者讲解了如何设计硬件产品、解决生产与供应链的对接及控制批量质量和批量成本等问题。

（彭　晨　陈宝德）

【北大创业家俱乐部成立】3 月 20 日，在 2014 年“创启未来”国际青年科技创业大赛启动仪式上，由北京北大科技园建设开发有限公司、北京大学光华管理学院、北京北达燕园科技孵化器有限公司，以及社会投资机构、北大校友企业等单位发起筹建的“北京大学创业家俱乐部”揭牌成立。俱乐部是北京大学服务于社会的开放型组织，旨在依托北京大学的教育资源、科技资源、人才资源和平台效应，以“创业培训、天使投资、创业孵化、开放平台”四位一体的创业服务为理念，以促进科技成果转化、扶持青年人才创新创业、服务国家为发展战略，打造具有北大特色的面向全球的创业服务平台。俱乐部位于北大科技园南区，1000余平方米的创业服务区域内，分为产业研究区、集中办公区、项目交流区及项目展示区等。

（王学军）

【第一届黑马运动会举办】 3月29日，由创业家杂志社主办的“2014年第一届黑马运动会”在北京航空航天大学举办。运动会分为思想运动会和体育竞技两个部分，被创业者称为“黑马两会”。全国1000余位创业者参与，依据所属行业分成文化创意、医疗健康、旅游、TMT、软件与信息服务、教育培训、电商与消费、硬件与制造8个代表团参加比赛，由8位企业家带队。其中竞技运动会设有拔河、摔跤、篮球和接力4个比赛项目。思想运动会北京北科天绘科技有限公司的张智武以项目“昆仑决”夺冠，并赢取奖金15万元。最终，由黑马导师王小川所带领的TMT代表团获第一届黑马运动会的冠军。

（陈宝德）

【车库咖啡搭建小微企业资本对接平台】 4月7日，在车库咖啡成立3周年活动上，北京创业之路咖啡有限公司（车库咖啡）、北京市股权交易中心有限公司与北京银行股份有限公司签署三方战略合作框架协议，并揭牌成立北京股权交易中心·车库咖啡展示中心。根据协议：由北京股权交易中心和车库咖啡共同建设北京股权交易中心·车库咖啡展示中心，在车库咖啡设立企业信息显示屏，与北京股权交易中心的挂牌展示系统对接；北京股权交易中心和车库咖啡共享企业客户资源和投资者资源，并为北京银行推荐创业企业或创业团队，北京银行提供相应的金融产品或服务；北京股权交易中心组织协调商业银行、天使投资、创业投资基金等各类机构，通过信用贷款或股债结合产品等方式，为车库咖啡符合条件的创业团队提供低成本的增信或融资服务；北京股权交易中心为车库咖啡具备条件的创业团队提供创业培训、工商代办、股权登记托管、信用管理和信用评级、展示或挂牌、推广宣传等服务；北京银行为北京股权交易中心和车库咖啡推荐的企业提供差异化、特色化、综合性金融服务。北京银行还与车库咖啡、北京顺隆私募债券投资基金管理有限公司签署协议，在设立小微企业专项贴息资金、降低企业融资成本等方面开展合作。

（韩洋洋）

【“硬蛋i未来大赛决赛”举行】 4月19日，由科通芯城集团主办，北京小米科技有限公司、3W咖啡、创客空间等10余家知名企业和机构协办的“硬蛋i未来大赛决赛”在京举行。科通芯城集团、微软亚太集团、创业家杂志社等单位相关负责人参加。大赛历时5个月，涵盖智能家居、健康医疗、智能汽车、可穿戴设备等60余个细分领域；跨越北京、深圳、杭州等全国10余个省市，180余个中国硬件创新项目中70%获专利授权。最终，Xboard大尺寸触摸屏茶几、驾车卫士ADAS系统、uChair智能椅子、RecoWiFi智能插座、糖护士手机血糖仪等项目获十佳项目。大赛提出的“大连接”概念，涵盖电子制造业的重建与连接，创意与制造的连接，现实与未来的连接，希望实现无所不在的连接，成就中国硬件新硅谷。

（陈宝德）

【“2014第二届中国天使投资人大会”召开】 5月20日，由天使汇主办，创业邦杂志社承办的“2014第二届中国天使投资人大会”在京召开。中关村管委会等单位有关领导及天使投资人、创业者1000余人参加。大会就中国天使的游戏规则、天使投资习惯，以及投资特点、移动互联网如何改变人们的生活等主题发表演讲。

（刘伟杰　陈宝德）

【首届清华大学“校长杯”创新挑战赛举行】 5月25日，由清华大学创意创新创业教育平台（x-lab）主办的“首届清华大学‘校长杯’创新挑战赛十强决赛”在清华大学举行。中关村管委会主任郭洪等领导，以及参赛选手、投资机构代表、学生观众500余人参加。挑战赛以“推动社会进步的创新”为主题，关注环境、教育、社会创新等领域的创新项目，旨在发现和培育优秀创新人才和项目，构建创意、创新、创业氛围。比赛期间，清华x-lab举办了系列活动包括高峰讲坛、训练营、专业讲座、驻校企业家、天使投资人一对一交流培训等活动，为参赛团队提供全程的支持、学习、培训和辅导。最终“易净星新材料”团队获金奖，并获奖金10万元；气凝胶保温材料项目和“孕橙”助孕仪获银奖；“易说点英语”等7个项目获铜奖。（挑战赛2013年12月启动，125支由清华在校学生、校友及教师组成的团队报名，参赛项目涵盖环境、教育、健康、社会创新等领域。）

（陈宝德）

【天使成长营开营】6月6日，由中关村天使投资协会、北京中关村科技创业金融服务集团有限公司共同主办的“天使之路携手公行——2014中关村天使投资成长论坛暨天使成长营首期开营典礼”在京举办。中关村管委会等单位有关领导，以及天使投资人、企业代表等200余人参加。与会代表围绕如何进入天使投资领域、做天使投资的成功经验和失败教训等方面进行了交流。天使成长营是公益性质的天使投资人培训项目，由中关村天使投资协会联合青年天使会、天使投资百人会、联想之星等10余家投资机构和组织共同发起，30余位天使投资人担任导师，旨在培养具有国际水平的天使投资人，将以基础知识培训、互动与项目实践、导师经验分享三段进阶的方式，从多维度开展有针对性的培训。

（刘伟杰　杜　玲）

【示范区经济预测预警研究项目通过验收】6月24日，由中关村管委会组织的“中关村示范区经济预测预警研究项目验收会”在京召开。中国社会科学院数量经济研究所等单位相关专家，以及项目承担单位相关人员参加。课题由中关村管委会下达，2013年8月启动，由东华软件股份公司、北京信息科技大学经济管理学院等单位完成。项目应用一系列经济预测方法对示范区主要经济投入、产出指标进行预测；基于示范区投入产出的时间序列数据和面板数据，运用生产函数对示范区投入与产出的经济关系进行实证分析；对示范区主要经济指标进行景气预警分析；对监测、预测示范区经济运行情况及异常发展问题做出预警提示。

（邓立众）

【中关村2014年政府采购政策宣讲会举办】7月15日，由中关村政府采购促进中心主办的2014年政府采购及中关村首台（套）重大技术装备政策宣讲会在京举行。中关村管委会相关负责人及企业代表等100余人参加。中关村政采中心相关负责人宣讲了政府采购及中关村首台（套）保险补贴的相关政策，就开展的政府采购促进、区域合作、展览展示相关工作情况进行了介绍，希望通过多种渠道推广应用，促进示范区企业新技术新产品在政府采购、京津冀一体化区域合作中发挥中关村新技术新产品和首台（套）项目的示范带动作用。相关专家介绍了相关保险的各类险种及在降低企业研发费和用户使用防范风险方面的作用等。会议还向获2013年中关村首台（套）重大技术装备示范项目的企业颁发奖牌和证书。

（任志明）

【“2014启迪之星”十强榜单揭晓】8月28日，由北京启迪创业孵化器有限公司评选的“2014启迪之星”十强榜单在“第六届启迪创新论坛暨第二届全球科技园区领导者圆桌会议”开幕式上揭晓。上榜企业有北京恒正精机科技有限责任公司、北京图森信息技术有限公司、北京原点智汇科技有限公司、无锡海斯凯尔医学技术有限公司等10家企业。（“2014启迪之星创业营”于2月27日面向全球启动招募，在北京、上海及美国硅谷等地举办分站赛，共吸引项目1000余个、投资机构200余家参与。）

（康秋红　陈宝德）

【创业银行初创企业孵育基金成立】8月28日，在“第六届启迪创新论坛暨第二届全球科技园区领导者圆桌会议”开幕式上，启迪控股股份有限公司宣布“‘创业银行’初创企业孵育基金”成立。基金是由启迪控股公司牵头，联合北京中文在线数字出版股份有限公司、北京海兰信数据科技股份有限公司、北京数码视讯科技股份有限公司等10家企业成立，首期筹集资金5000万元，将在挖掘创新创意、全球募集优秀项目的基础上，通过“投资换股权”的方式，扶持和帮助初创科技企业发展，并创立可持续的帮扶计划，共同支持和帮助新一代创新创业者发展、成长。

（康秋红）

【《天使在村里》出版】9月5日，由中关村管委会委托创业邦杂志社编写的《天使在村里》中关村专刊出版。该书是中关村示范区创新创业环境专题策划的宣传报道之一，对中关村示范区天使投资的特点进行综述，系统介绍了北京小米科技有限责任公司雷军等20位天使投资人的成长故事，弘扬正确的天使投资理念，分享了天使投资的经验，并指出中关村示范区企业获得天使投资占绝对优势、天使投资的发展离不开政策支持和行业的逐步规范。

（陈宝德）

【中关村100企业家俱乐部全体理事会召开】9月25日，中关村100企业家俱乐部全体理事会在京召开，中关村管委会相关领导及时代集团公司总裁王小兰、清华控股有限责任公司董事长徐井宏、用友软件股份有限公司董事长王文京等俱乐部理事 20 余人参加。会议对 2013 年度至 2014 年度的工作进行总结，推选文思海辉技术有限公司董事长陈淑宁为俱乐部第五任执行理事长，并确定“适度吸纳优秀企业家加入俱乐部、建立企业做强做大闭门研讨会后评价机制、加强理事间非正式沟通及企业国际化等”俱乐部 2015 年度工作思路。

（高晓莉）

【共建智慧城市和大数据应用联合研究中心】 10 月 16 日，“北京大学—软通动力智慧城市和大数据应用联合研究中心签约仪式”在软通动力信息技术（集团）有限公司举行。双方相关领导参加。中心由北京大学信息科学技术学院与软通动力公司共建，将着力于智慧城市与大数据应用理论研究及大数据挖掘、产业聚集等智慧城市的关键技术研发，打造一个引领国家智慧城市和大数据技术发展的“政、产、学、研”国际核心权威机构；将在智慧城市和大数据的重点技术和应用实践上，为北大信息科学技术学院学术带头人进行深入研究和落地实践提供支撑。

（张　蕾）

【一八九八咖啡馆庆典活动举办】 10 月 18 日，“2014 北大校友企业家年会暨一八九八咖啡馆一周年庆典”在北京大学举办。中关村管委会主任郭洪等领导，以及来自学术界、企业的代表 300 余人参加。与会人员就创新与创业进行了探讨。咖啡馆是依托北大校友创业联合会平台，北大 100 余位校友企业家、创业者、投资人众筹成立的校友创业主题的咖啡馆，旨在通过连接学校、校友、社会，凝聚多方资源，打造校友创业之家。

（陈宝德）

【水木清华校友种子基金成立】 10 月 22 日，由清华大学和水木清华理事会共同主办的“回馈母校助力创新创业——水木清华校友种子基金成立大会暨创新创业论坛”在清华大学举办。中关村管委会、清华大学等单位相关领导和清华大学校友、师生代表等参加。基金由水木清华理事会及校友共同出资 3000 万元作为基础投资，清华控股有限公司参与支持，全部用于投资扶持清华在校学生和年轻校友创业起步。基金的运作模式采取三方位一体化（校园 Campus ＋基金 Capital ＋孵化器 Combinator）创新型基金架构，帮助在校学生和年轻校友的创业者与校友和社会资源对接，提供初始启动资金、创业教育与辅导、配合专业的投后管理咨询等服务，全方位助力创业者集中精力创业发展。会上还举行清华创业公开课项目、清华 x-lab 加速计划征集项目、创客咖啡和孵化空间项目签约仪式。

（康秋红　陈宝德）

【北航小企业家俱乐部成立】 10 月 25 日，由北京航空航天大学“冯如”学生创业中心主办的“小企业家俱乐部”成立仪式暨创业校友交流沙龙在北京航空航天大学举行。团市委等单位有关领导，以及企业和部分学生创业团队的代表 30 余人参加。会上由北航创业学生组成的“小企业家俱乐部”宣告成立。俱乐部为学生创业对接社会资源搭建平台、为学校的创业教育提供支撑。

（钮　键）

【36 氪互联网创业者大会举行】 10 月 28—29 日，由北京协力筑成传媒科技有限公司（36 氪）主办的“WISE1.0—互联网创业者大会”在京举行。中国互联网协会等单位有关领导，以及投资机构的代表和创业者 1000 余人参加。会议就互联网思维下的新商业逻辑、资本市场是否寒冬将至、创业融资的互联网化等话题对创业趋势进行分析，预测互联网创投未来的发展方向。来自移动互联网、社交应用、社群服务、互联网金融等领域的 14 个项目进行现场路演，iDareX 敢玩（极限户外运动视频平台）、享借、托福 Easy 姐（移动端的托福备考工具）分别获一、二、三等奖。36 氪还发布创业公司在线融资平台—氪加、《36 氪创业生态报告》。《报告》解读了 2014 年互联网行业发展的热点与趋势，指出教育行业、消费服务机构的去中介化和去机构化及垂直消费领域的社会化电商，以及社区化、社会化和碎片化市场中的 O2O 服务等是创业者最为关注的领域，未来在女性、儿童、旅游、互联网金融、健康医疗、新硬件等领域仍有更多机会。

（陈宝德）

【2014 年“航信杯”全国大学生财税技能大赛举办】 10 月 31 日，由航天信息股份有限公司主办的 2014 年“航信杯”全国大学生财税技能大赛总决赛在航天信息园举办。大赛旨在面向财税专业在校大学生，通过财税一体化的学习和考核，提升参赛学生的财税实际业务处理能力。来自安徽财经大学、重庆理工大学、东北农业大学等 13 所高校代表队进入总决赛。最终，重庆理工大学获一等奖，铜陵学院、重庆工商大学获二等奖。

（杜　菲）

【中关村生物医药企业家俱乐部成立】 11 月 2 日，“中关村生物医药企业家俱乐部成立大会”在中关村生命科学园举行，主题是“打造合作共赢精神家园，搭建服务创新交流平台”。中关村管委会、昌平区政府等相关单位领导及俱乐部首批会员参加。俱乐部首批会员有北京生命科学研究所、新时代健康产业（集团）有限公司、北京正旦国际科技有限责任公司等54家单位，均是在生命科学研究、健康产业发展、蛋白质组学研究等领域的著名科学家、企业家和创业者。会上，通过了《中关村生物医药企业家俱乐部章程》，产生了第一届理事会，选举北京生命科学研究所所长王晓东院士为俱乐部首任轮值主席。俱乐部将持续推动生物医药行业企业家、科学家和创业者之间的深入交流、资源共享、协同创新、合作共赢，努力建设为行业发声、为产业发声、为科技创新发声的合作交流平台。

（李贺英　梁　爽）

【金种子创业谷O2O项目路演举办】11月26日，由北京金种子创业谷科技孵化器中心主办的O2O专场项目路演在京举办。北京卡曼车联信息技术有限公司等12家企业的创业团队及投资机构的代表参加。卡曼公司的“卡曼”驾驶助手，北京益杉创想科技有限公司的空气质量检测平台，北京大云悦动科技有限公司的葵花家居，以及北京易拍科技有限公司的易拍网等项目参加路演。投资机构对“卡曼”驾驶助手、空气质量检测平台、葵花家居3个项目有对接意向。

（彭　晨）

【清华创客日启动】11月29日，由清华大学主办的“清华创客日”启动仪式暨首届国际创客与教育论坛在清华大学举行。清华大学师生代表及创客与实践教学领域的专家等参加。清华大学决定将每年11月的最后一个星期六定为“清华创客日”（Tsinghua Makers’ Day），旨在推进清华大学的“三创”教育，进一步营造氛围、研讨问题、引领教育、传播精神，使创客文化在清华大学获得更广的受益面和更深的受益度。首届“清华创客日”活动包括国际创客教育论坛、国际创客教育基地联盟研讨会、创客马拉松启动仪式、创客空间体验、学生作品路演等内容。与会专家探讨了创客运动对教育的影响及创客教育在工程创新中的引领作用。“清华大学创客马拉松”由清华创客空间社团发起，是校园人人创新的可持续机制，通过选取具有挑战性和影响范围大的社会与产业需求，结合清华实验室探究发现的成果，以设计思考与产业价值为创新驱动力，激发学生主动参与，并成为学习实践的主体。“清华创客空间体验活动”集中展示了在首届中美青年创客大赛获得一等奖的“城市树邻”、团队奖的“方听音乐盒子”，环保主题的“智能小鸟”等清华创客作品。

（陈宝德）

【大学生创业精英培训班举办】12月3—4日，由常青藤创业研究中心与市人力社保局主办的“京津冀大学生创业精英培训班”在京举办。市人力社保局、市教委高校毕业生就业指导中心、石景山园管委会等单位相关领导和风投机构代表等参加。来自北京、天津、河北10余所高校的28名大学生和10余名初创企业家参加了培训。培训就大学生自主创业的机遇和挑战，为学员创业进行了辅导，并组织学员观摩中关村金种子工程4人董事会，参观北京东土科技股份有限公司、北京易华录信息技术股份有限公司等上市导师企业并与导师进行座谈、交流等体验活动。

（陈宝德）

【2014黑马大赛总决赛举行】12月22日，由创业家杂志社主办的2014年克莱斯勒杯黑马大赛总决赛在北京奥林匹克体育中心举行。4000名创业者参与。在全国22座城市组织了25场选拔赛，9场行业决赛。北京我要奇迹科技有限公司姜作忱、北京博睿精实国际信息咨询有限公司刘春梅、北京美景联动科技有限公司杜涛等被评为2014年度十大“红牛创业榜样”；丰厚资本创始合伙人杨守彬、易游天下CEO甄浩等10名企业家被评为“红牛能量导师”。珠海云洲智能科技有限公司的智能无人船平台创始人张云飞、深圳大头兄弟文化传播有限公司的逗拍创始人严华培、燕南科技有限公司的指静脉识别创始人李向明进行现场路演众筹。最终，无人机项目众筹415万元，获2014年克莱斯勒杯黑马大赛年度总冠军，燕南指静脉项目众筹310万元，逗拍项目众筹105万元。

（陈宝德）

【中关村天合科技成果转化促进中心启动】12月25日，由中关村民营科技企业家协会主办的“中关村开放实验室工作大会暨中关村天合科技成果转化促进中心启动会”在京举行。中关村管委会等单位有关领导，以及中关村开放实验室、区域合作单位和企业的代表等200余人参加。中心由中关村民营科技企业家协会和中关村开放实验室等单位共同发起，是在中关村开放实验室的基础上成立的致力科技转化促进服务的平台，由百人科技企业家、科技管理专家、科技研发专家组成专家智库团队，通过科技成果市场转化成熟度评价模型（T-CAM）对科技成果转化促进提供产品、技术、市场等多维度的评价，开展以产业项目策划、企业需求对接、区域合作促进、科技资源代理、科技人才代理为内容的科技转化逆向促进服务，以及以种子工程、良种工程、育苗工程、育才工程、推介工程为内容的科技转化正向促进服务。中关村民营科技企业家协会执行会长朱希铎任中心主任。

（杜　玲　徐　建）

【清华 x–lab 创业 DNA 基金成立】 12 月 26 日，由清华 x–lab、清华大学经济管理学院校友创业联盟共同主办的清华 x–lab 创业 DNA 基金成立发布会、清华 x–lab 创始人俱乐部成立仪式暨清华经管校友创业联盟首届理事会在清华大学举行。清华大学经济管理学院、启迪控股股份有限公司等单位的代表参加。清华 x–lab 创业 DNA 基金由清华控股有限公司和启迪控股公司发起成立，首期资金 3000 万元，是基于创业生态体系的创业基金，将为从“0”到“1”阶段的创新创业项目提供实质性的支持，其收益主要用于支持清华 x–lab 的运营，帮助平台进行可持续的发展。清华 x–lab 创始人俱乐部以“拥抱青春、共筑未来”为宗旨，为从清华 x–lab 培育出来的创业者搭建相互交流共同进步的平台，通过组织交流、访问、培训、学习等各类活动，帮助创业者更快速地成长，其组织机构包括会员大会（由全体会员组成），下设执委会、导师团、秘书处和会员服务部、导师团联络部、综合服务部 3 个部门。清华经管校友创业联盟旨在帮助创业路上的校友和有创业理想的在校学生，通过定期举行各类创业讲座、学术沙龙等活动，为创业校友搭建一个专业、可信、便利的交流平台。信中利国际控股有限公司董事长汪潮涌担任联盟首届理事长。

（康秋红）

【“创业中关村”系列活动——导师日举办】 年内，由中关村管委会主办，北京启迪厚德投资管理有限公司承办的“创业中关村”系列活动——导师日共举办了 12 期，累计 30 余家企业参加，企业开展的业务涉及移动应用商店、网上订车、高端制造和会议服务 4 个领域。活动通过介绍中关村示范区有关科技金融政策，就创业企业发展过程中遇到的问题和困难进行交流与沟通，了解中关村高科技企业与创投机构的投融资情况。参会的企业通过导师日活动了解中关村管委会最新的科技金融相关政策，提出企业在运营过程中遇到的实际问题和困难（如税务、工商、人才、用地等相关问题）并获得相应的解决方案和发展建议。

（康秋红）

【中关村 100 企业家俱乐部做强做大闭门研讨会举办】 年内，中关村 100 企业家俱乐部共举办百度专场、京东专场、清华控股专场等 5 场做强做大闭门研讨会。

市经济信息化委、中关村管委会等单位有关领导，以及俱乐部理事、企业代表等 200 余人次参加。与会代表对大数据时代电商企业的发展之道、互联网产业与传统产业的融合发展、颠覆性时代下电商的发展选择等方面进行交流与研讨，并就搭建投资项目汇总平台、企业团队建设、企业的未来发展战略及管理文化等方面提出建议。

（高晓莉）

知识产权与标准化

Intellectual Property and Standardization

本栏目设有专利、商标与版权、知识产权管理、标准化4个分栏目，以条目体形式记述中关村国家自主创新示范区在加强知识产权保护和管理方面采取的举措和取得的成效，中关村示范区范围内的单位在参与国际标准、国家标准、行业标准和北京市标准的制定方面取得的成效，以及在推广实施标准方面所开展的主要活动和取得的成效等。

综 述

2014年，中关村示范区技术创新能力体系工作稳步推进。中关村管委会、市知识产权局、市质监局和海淀区政府联合印发《关于支持知识产权和标准化服务业在中关村示范区集聚创新发展的办法》，引导中关村知识产权和标准化服务机构在中关村核心区聚集发展。

中关村管委会和市知识产权局联合印发《2014年中关村知识产权工作要点》，提出7个方面17项具体举措；《中关村知识产权领军企业培育方案》出台，确定联想集团有限公司等首批27家领军企业培育单位。加大知识产权先行先试力度，启动中关村专利导航产业发展实验区建设工作，绘制完成中关村移动互联网产业专利导航图，针对智能家居等7个领域开展细分领域专利分析，联合七星天（北京）咨询有限责任公司等知识产权运营机构开展专利储备运营工作。支持园区创新发展，完成《中关村示范区企业2013年度专利数据报告》，为海淀园等分园区提供数据分析服务；组织知识产权服务机构进驻6个分园区，帮助园区企业开展专利挖掘和专业咨询指导；在亦庄园、大兴生物医药基地新建两个专利审查员实践基地分园区，共组织86名审查员进驻29家企业提供服务。创新知识产权融资模式，促成北京市首笔知识产权服务机构融资业务，将知识产权融资扩展到知识产权服务机构；推出侵犯专利权责任保险等专利保险新产品，59家企业被评为中关村专利保险试点单位，同比增长28.3%。中国首支知识产权运营基金成立，促进知识产权商业化运营。市知识产权局首次在企业设立的“首都知识产权国际交流合作基地”在北汽福田汽车股份有限公司启动。中关村知识产权服务业联盟首个分联盟——大兴生物医药知识产权服务联盟成立。联想（北京）有限公司等6家企业年度专利申请量超千件，55家企业年度专利申请量过百件。61件专利获第十六届中国专利奖，36件专利获第三届北京市发明专利奖。举办国家银河工程中小企业知识产权管理能力提升培训班、知识产权国际发展态势及政策宣讲会、专利导航高级培训班、专利运营主题沙龙等知识产权宣传培训活动。2014年，中关村示范区企业专利申请量首次突破4万件，达43793件，同比增长15.9%，其中发明专利申请26413件，提前实现《2013—2015年中关村知识产权推进计划》的预定目标；专利授权量22960件，其中授权发明专利7716件，专利申请量和专利授权量均创历史新高。截至年底，中关村示范区企业累计专利申请量首次突破20万件，累计专利授权量首次突破10万件，拥有有效发明专利35483件，占北京市企业同期有效发明专利量的65%。

中关村标准化推动会召开，发布《中关村标准故事》，展示中关村标准化工作成果。175家企业和产业联盟的606个项目申报技术标准资助，较2013年分别增长38.9%和69.3%，首次实现16个分园均有申报，新增首次申报单位86家，京东方科技集团股份有限公司等160家单位的516个项目获支持；7家联盟和74家企业被认定为第三批中关村示范区标准创新试点单位，试点单位总数306家；中关村示范区企业在节能环保、卫星应用、移动互联网和新一代移动通信等领域创制一批核心技术标准。北京超图软件股份有限公司等企业的导航及北斗领域标准的陆续发布，促进中国导航标准体系初步形成；船载北斗卫星导航系统接收机国际标准的立项，标志着北斗系统向全球化应用方面迈进；清华阳光能源公司的全玻璃热管家用太阳能热水系统等国家标准的发布实施，完善了节能环保领域标准布局；北京信威通信技术股份有限公司的McWiLL技术成为国际电信联盟公共安全和救灾通信国际标准，进一步推进中国在移动互联网和新一代移动通信领域的国际标准化工作；由AVS产业联盟主导制定的音视频技术标准AVS＋在国内实现规模化应用。2014年，中关村示范区企业和联盟共创制标准141项，包括国际标准18项（发布14项，立项4项）、国家标准99项、行业标准6项、地方标准18项。

中关村管委会完成2014年度中关村创新能力建设专项资金（商标部分）的申报、审核和资金发放工作，55家示范区企业获商标促进资金1099.5万元，34家商标示范试点单位获商标战略项目支持资金390万元。2014年，中关村示范区商标有效注册量新增12615件，总量8.1万件；新增中国驰名商标9件，北京市著名商标108件。

（钟铎章　孙婷婷）

专　利

【浩运金能公司成果获发明专利授权】3月26日，由北京浩运金能科技有限公司张沛龙等完成的“一种镍氢电池用无钴$AB_{3.5}$型储氢合金负极材料及其制备方法”获知识产权局发明专利授权（ZL201010623873.X）。发明提供一种镍氢电池用无钴$AB_{3.5}$型储氢合金负极材料，通过多元合金化提高合金的循环稳定性，并优化工艺条件控制镁含量的挥发，保证工艺和产品的稳定性，解决了该类型合金易在碱液中腐蚀、循环性能差的问题。合金具有储氢容量大、电化学性能优异、成本低等优点，可替代AB_5型储氢合金，提高镍氢电池的能量密度，满足镍氢电池及应用行业的发展需求。采用专利产品制作的镍氢电池具有高容量、低自放电优势，可应用于电子产品、备用电源、矿灯以及储能等领域。

发明专利证书
局长
申长雨

（张慧秋）

【映翰通公司成果获发明专利授权】4月9日，由北京映翰通网络技术股份有限公司张建良、魏佳完成的“无线射频电子锁具加锁/解锁的方法和装置”获知识产权局颁发的发明专利证书（ZL201110226627.5）。无线射频电子锁具装置包括：无线电子锁具和无线加锁器、无线解锁器，其中无线电子锁具安装在待加锁/解锁的目标设备中，待加锁/解锁的目标设备包括无线电子锁具和主控单元。通过无线加锁器/无线解锁器发送无线信号给无线电子锁具，无线电子锁具经过有效性检验模块判断正确后，更新电子锁状态，主控单元通过查询无线电子锁具的电子锁状态，进入锁定（加锁）或解除锁定（解锁）的工作状态。发明避免传统锁具无法有效地对电子设备进行锁定的缺陷，同时，在无线电子锁具加锁/解锁过程中，可以保持主控单元的正常工作状态，不会对主控单元产生任何影响。

（朱文利）

【国内首个移动技术专利公司成立】4月11日，在深圳市举行的“2014电子信息产业专利态势发布会暨知识产权高峰论坛”上，TD产业联盟宣布，国内首个移动通信领域的专利公司——北京泰德东腾通信技术有限公司成立。公司由TD产业联盟联合TD产业链上下游核心企业共同组建，将以市场化运作机制推动移动技术专利合作，构建移动专利体系，防御和应对未来可能的专利纠纷，加大TD-LTE海外市场拓展力度，降低4G准入门槛，加速TD-LTE商用发展步伐。

（韩　雯　刘伟杰）

【北科大1项成果获市发明专利奖】4月23日，市知识产权局和市人力社保局联合印发《关于第三届“北京市发明专利奖”的表彰决定》（京知局〔2014〕66号），36个专利项目获奖。其中，北京科技大学谢建新团队发明的“一种包覆材料水平连铸直接复合成形设备与工艺”（ZL200610112817.3）获北京市发明专利奖一等奖。成果属于连铸技术领域，设备由芯部金属控温坩埚、包覆层金属控温坩埚、芯部金属液浇注管、包覆层金属结晶器、牵引机构、测温仪、加热元件、二次冷却装置组成。工艺为包覆层金属由包覆层金属控温坩埚保温，流经包覆层金属保温腔后，注入由包覆层金属结晶器和芯部金属液浇注管形成的铸型中凝固成包覆层金属管；芯部金属在已凝固的包覆层金属管中凝固，并与包覆层金属管形成复合铸锭；复合铸锭经过二次冷却装置冷却后通过牵引机构连续引出，达到一定长度后通过锯切装置将其锯断。优点在于：设备简单，实现了短流程、节能、廉价，适用于大规模工业生产；包覆层金属与芯部金属的界面可在无氧化、无污染状态下实现冶金结合。

（张慧秋）

【第三届北京市发明专利奖揭晓】4月23日，市知识产权局和市人力社保局联合发布《关于第三届“北京市发明专利奖”的表彰决定》（京知局〔2014〕66号），36个专利项目获奖，获奖单位全部为中关村示范区内的企业、高等院校和科研院所。其中，由北汽福田汽

车股份有限公司刘金波等完成的“用于发动机冷却系统的副水箱和发动机冷却系统”专利获特等奖，由北京仁创科技集团有限公司秦升益完成的“水收集净化储存系统”等5件专利获一等奖，由北京京东方光电科技有限公司彭志龙完成的“TFT-LCD像素结构及其制造方法”等10件专利获二等奖，由北京经纬恒润科技有限公司吉英存完成的“车灯转向驱动装置”等20件专利获三等奖。5月15日，市政府在北京会议中心召开“第三届北京市发明专利奖颁奖大会”，北京市市长王安顺、副市长戴均良，知识产权局局长申长雨等领导出席。

（苏　品）

【用于自动化扫描振荡电极技术的装置获授权】4月23日，由旭月（北京）科技有限公司许越完成的“用于自动化扫描振荡电极技术的装置”获发明专利授权（ZL201010512924.1）。发明提供一种自动控制微电极以振荡方式接近样品进行测量，非接触获得被测样品电压梯度或电流密度信息的方法。其技术系统包括信号采集单元、多维运动单元、控制单元以及显微成像/视频采集单元。控制单元能向多维运动单元和显微成像/视频采集单元发出控制指令，控制微电极振荡及微电极与被测样品的运动，实现微电极对被测样品信息的采集，还能分析信号采集单元及显微成像/视频采集单元传输的信号，获得测量结果。该方法不接触或侵入被测样品，不造成样品损伤，操作自动化程度高，所获数据稳定可靠，可应用于生物活体及非生物体等诸多样品。

（韩洋洋）

【睿创专利运营基金成立】4月25日，在“中关村知识产权聚集区政策发布暨知识产权运营基金成立大会”上，睿创专利运营基金宣告成立。基金由海淀区政府和中关村管委会各出资2000万元作为引导，北京小米科技有限责任公司等从事智能终端与移动互联网业务的企业作为首批战略投资方参与，北京智谷睿拓技术服务有限公司作为普通合作人管理基金投资策略与日常运营。基金致力专利运营和技术转移，将帮助国内高科技企业有效地获取核心技术专利，为企业在未来行业发展格局中获取主导权；通过组建和运营专利战略资产，提升中国企业在国际市场的核心竞争力；借助投资有市场前景的创新项目，推动科技成果转化，培育可持续发展的创新体系；利用市场机制和创造性的商业模式，帮助中国企业进军国际市场。第一期基金将重点围绕智能终端、移动互联网等技术领域，以云计算、物联网作为技术外延，通过市场化的收购和投资创新项目等多种渠道来集聚专利资产。

（刘伟杰　马媛月）

【贝瑞和康检测胚胎染色体拷贝数获发明专利】5月21日，北京贝瑞和康生物技术有限公司王珺等研发的“检测胚胎染色体拷贝数的试剂盒、装置和方法”（ZL201010595234.7）获知识产权局颁发的发明专利证书。成果能够相对无创、经济地检测胚胎染色体的拷贝数。发明主要基于发明人发现在母体血浆中的胚胎DNA大部分为100碱基对～250碱基对的片段，且各条染色体占总DNA的比例与各个染色体占母体血浆中100碱基对～250碱基对之间的任意一点或任意一个区间的DNA的比例是一致的，仅需测定100碱基对～250碱基对之间的任意一点或任意一个区间的DNA中的每段DNA来自几号染色体，并计算在同一样本内100碱基对～250碱基对之间的任意一点或任意一个区间的所有DNA中来自待测染色体与来自参考染色体的DNA片段数的比值，以及计算各个样本间所述比值的变异，根据所述变异的数值确定待测染色体的拷贝数。

（王红彬　江茂华）

【检测胚胎或肿瘤染色体拷贝数获发明专利】6月3日，由北京贝瑞和康生物技术有限公司高扬等发明的“检测胚胎或肿瘤染色体拷贝数的试剂盒、装置和方法”获知识产权局发明专利授权（ZL201180035510.7）。专利包括检测模块，用于对母体血浆或肿瘤患者血浆样本中的DNA进行测序；比对模块，用于将所述DNA的测序结果与染色体组序列图谱进行比对，以确定所述DNA中的每段DNA来自几号染色体，以及所述每段DNA的序列长度；计算模块，用于计算在同一样本内来自待测染色体的DNA片段的数量占DNA片段总数的比值，根据所述来自待测染色体的DNA片段中的GC含量对所述比值进行校正；并计算待测样本中所述来自待测染色体的DNA片段校正后的比值的变异，根据所述变异的程度确定待测染色体的拷贝数以及输出模块，用于输出所述待测染色体的拷贝数。

（江茂华）

【大兴—亦庄园专利信息利用能力提升培训班举办】7月2日，由大兴区知识产权局、北京市知识产权信息中心共同主办的“大兴—亦庄新区企业专利信息利用能力提升培训班”在京举办。国家知识产权局、北京市知识产权局、大兴区政府等单位相关领导，以及来自大兴—亦庄园近100家企业的150余名代表参加。知识产权领域的相关专家利用理论与实例相结合的方式分别就专利文献知识、专利检索技巧与应用、专利分析方法及企业技术创新中的应用、企业专利管理、专利战略、专利预警与保护及“北京市知识产权公共信息服务平台”的应用等内容进行讲解。

（苏　品）

【强新生物公司成果获发明专利授权】7月2日，由北京强新生物科技有限公司李嘉强等完成的“激酶抑制剂的组合物及其在治疗癌症和其他与激酶相关的疾病中的用途”获知识产权局发明专利授权(ZL2008801147059)。发明涉及新的作为CSCPK和相关激酶的抑制剂的噻唑取代的二氢吲哚-2-酮类；通过采用激酶抑制剂来抑制癌症干细胞的方法；含有这类化合物的药物组合物；使用这类化合物来治疗哺乳动物的蛋白激酶相关性紊乱的方法和制备这类化合物及其中间体的方法。

（张慧秋）

【用于对云计算服务进行评测的方法获发明专利授权】7月2日，由易云捷讯（北京）科技有限公司开发的“用于对云计算服务进行评测的系统及评测方法”获知识产权局发明专利授权（ZL201210008312.8）。专利公开一种用于对云计算服务进行评测的系统，包括中央管理节点、评测程序仓库节点以及至少一个评测节点；其中，评测程序仓库节点连接到中央管理节点上，中央管理节点与至少一个评测节点加以连接；评测程序仓库节点保存用于对云服务进行评测的测试程序；中央管理节点用于对评测程序仓库节点和至少一个评测节点进行管理，并存储至少一个评测节点所返回的评测数据；至少一个评测节点对所要评测的云服务做评测操作。发明提出的评测系统可以自动地对多种具有不同控制和访问接口的云计算服务进行评测。

（李　莹）

【蛙视公司成果获发明专利授权】7月16日，由北京蛙视通信技术有限责任公司王景峰完成的“一种高清光端机和多媒体视频数字信号处理方法”获知识产权局发明专利授权（ZL2012101991002）。发明通过发送机中的第一时钟处理单元将多媒体视频数字信号的像素时钟调整到发送机并串转换单元的有效带宽所对应的时钟范围内的倍频时钟，实现多媒体视频数字信号的兼容发送，同时第一时钟处理单元产生像素时钟计数值以使得对端接收机可将倍频时钟进行分频处理，以还原多媒体视频数字信号的像素时钟；通过接收机中的第二时钟处理单元获取像素时钟计数值，从该像素时钟计数值得知对端发送机发送串行媒体数据时所采用的倍频时钟，并进行相应的分频处理，正确地还原多媒体视频数字信号，实现高清光端机对不同分辨率图像的多媒体视频数字信号的兼容传输。

（张慧秋）

【基于HGlCl颜色空间的颜色处理方法获发明专利】8月6日，由北京泰邦天地科技有限公司研发的“基于HGlCl颜色空间的颜色处理方法”获知识产权局发明专利授权（ZL201210235897.7）。专利公开基于色貌属性的HGlCl颜色空间进行颜色数据处理的方法，包括获取色貌属性的HGlCl颜色空间中的HGlCl格式的颜色数据；从获得的HGlCl格式的颜色数据中选取两个HGlCl格式的颜色数据；对所选取的两个HGlCl格式的颜色数据进行颜色叠加或色差操作，以获取一个经操作产生的HGlCl格式的颜色数据。方法还包括将操作产生的HGlCl格式的颜色数据转换成CIEXYZ格式的颜色数据，可以方便地进行颜色误差判定及颜色预测、匹配和补偿。

（李　莹）

【普天信息公司成为国家专利审查员实践基地】8月11日，在普天信息技术有限公司举行的2014年在京央企与国家专利审查员对接交流实践活动启动会上，普天信息公司被市知识产权局授予“国家专利审查员北京实践基地”铭牌。

（苏　品）

【“一种无冒口铸造机”获发明专利授权】8月27日，由北京时代锐智科贸有限公司杜占军、邢书明完成的“一种无冒口铸造机”获知识产权局发明专利授权(ZL201210098453.3)。发明属铸造领域。铸造机由顶梁、底梁、导柱、补缩机构、压紧机构、砂箱和辊道构成，具有铸件工艺出品率高、铸件质量稳定、适用范围广等优点。补缩机构用于对砂箱中的铸件凝固时提供补缩，压紧机构用于压紧砂箱，砂箱用来制作铸型并合型浇注后，放在浮动辊道上的设定位置，压紧缸推动中梁下行，压板上的浇口塞进入浇道内，将浇道封闭，补缩缸带动压头下行，进入砂箱储液腔内，向其中的金属液持续施加压力直至整个铸件完全凝固后回缩即可。

（张慧秋）

【"多点故障下的扩展处理方法"获发明专利证书】9月3日，由北京映翰通网络技术股份有限公司马军等完成的"多点故障下的扩展处理方法"获知识产权局颁发的发明专利证书（ZL201110440727.8）。成果定义有特定目标地址的协议扩展帧，并保证该帧在环端口阻塞的情况下也能被转发到CPU端口，环网节点发送协议帧，同时发送扩展帧并设置转发跳数初始值；收到扩展帧的环网节点，对非本节点发出的且转发跳数不超过转发跳数阈值的扩展帧，将扩展帧中的转发跳数递增或递减后通过另一个环端口转发，然后按照协议定义的流程处理该扩展帧。发明在对协议状态机无改动和环网收敛速度无影响的前提下，解决了ITU-TG.8032/Y1344中多断点后恢复可能导致环路不通的问题，适用于严苛工业环境下的数据通信等要求高可靠性的场所。

（朱文利）

【"一种JTAG主控制器及其实现方法"获发明专利授权】9月17日，由京微雅格（北京）科技有限公司李大伟等完成的"一种JTAG主控制器及其实现方法"获知识产权局发明专利授权（ZL201110117998X）。主控制器包括JTAG信号发生器。信号发生器获取外部的HOST指令，并对HOST指令进行解析得到IR指令或DR数据，根据IR指令或DR数据产生相应JTAG接口信号，通过接口信号来驱动目标芯片。发明执行指令效率高，可应用于JTAG器件中。

（张慧秋）

【"支持一致性测试的方法和系统"获发明专利授权】10月29日，由北京星河亮点技术股份有限公司唐晓晟等完成的"支持一致性测试的方法和系统"获知识产权局发明专利授权（ZL200910238378.4）。系统包括一种系统仿真部分，其内核包括NASRRC模块，用于实现RNC中非接入层功能和无线资源控制功能、配置测试环境并运行测试例；参数模块，用于存储测试例的参数；适配模块，用于为NASRRC模块和协议栈之间交互的原语及空口消息的适配进行编解码；定时模块，用于为NASRRC模块运行的测试例实现定时功能；控制模块用于解析接收到的命令，根据解析后的命令调度和执行测试例，并协调NASRRC模块、参数模块及定时模块的运行。

（朱文利）

【61件专利获第十六届中国专利奖】11月6日，知识产权局印发《关于第十六届中国专利奖授奖的决定》（国知发管字〔2014〕63号），公布获奖项目名单。其中，中关村示范区内北京京东方光电科技有限公司商广良等完成的"移位寄存器单元、显示器用栅极驱动装置及液晶显示器"、三一重工股份有限公司易小刚等完成的"一种液压油缸及液压缓冲系统、挖掘机和混凝土泵车"和安泰科技股份有限公司周少雄等完成的"一种铁基非晶合金宽带及其制造方法"3件专利获中国专利金奖；联想（北京）有限公司王力军完成的"具有显示功能的电子设备（jz）"和北京空间飞行器总体设计部等单位傅子敬等完成的"着陆器"2件外观设计专利获中国外观设计金奖；飞天诚信科技股份有限公司陆舟等完成的"一种外接存储设备的智能密钥装置及其使用方法"等53件专利获中国专利优秀奖；北汽福田汽车股份有限公司韩尚芝等完成的"汽车"等3件外观设计专利获中国外观设计优秀奖。

（孙婷婷　苏　品）

【"一种云计算平台系统"获发明专利授权】11月6日，由易云捷讯（北京）科技有限公司开发的"一种云计算平台系统"获知识产权局发明专利授权（ZL201210083743.0）。专利公开一种云计算平台系统，包括一个全局云计算中心与多个区域云计算中心。全局云计算中心与区域云计算中心之间通过网络连接，区域云计算中心用于为用户提供服务，全局云计算中心用于对多个区域云计算中心进行管理与控制，并在区域云计算中心发生故障时，为用户提供服务。发明有助于提高对不同地区的客户所提出的请求的响应速度，提高云应用服务的质量以及系统的健壮性。

（李　莹）

【京东方光电公司项目获中国专利金奖】11月6日，知识产权局印发《关于第十六届中国专利奖授奖的决定》，由北京京东方光电科技有限公司商广良、韩承佑完成的"移位寄存器单元、显示器用栅极驱动装置及液晶显示器"（ZL201010181646.6）获第十六届中国专利金奖。项目首次利用相邻移位寄存器单元间产生的信号来大幅提升GOA电路有效工作时间，可使显示装置关键器件的使用寿命提升2倍以上，并可提高产线生产效率和良率，提升显示屏的稳定性和画质，满足显示屏无边框和轻薄化的需求，适用于a-Si、LTPS、柔性显示、OLED等新型显示技术，可广泛应用于手机、平板电脑、笔记本电脑、电视及穿戴显示、车载显示等领域。首次提出了一种新的控制电路方案，可降低液晶显示屏薄膜晶体管的电压波动，使电压有更好的稳定性，延长电路的工作寿命4倍以上，且使屏幕显示、稳定性等方面的技术性能都得到了提升。

应用该专利，可在制作显示屏基板的同时，完成栅极驱动电路的制作，实现一体化，降低成本和提升制作效率；还可将显示屏基板和电路基板制作成相同的宽度，显示屏的边框做得更窄，甚至在视觉上隐去，对于引领窄边框和超薄化产品的技术升级和进步具有重要意义。

（章　健）

【中关村重点产业园专利信息人才培训举办】 11月28日，由北京市知识产权信息中心、中关村知识产权促进局联合举办的中关村重点产业园专利信息人才培训在京举行。来自中关村示范区重点产业园的企业代表80余人参加。培训班邀请知识产权局相关专家讲解专利文献知识、专利检索技巧与应用、北京市知识产权公共信息服务平台功能及使用技巧、企业专利管理及战略等内容。

（苏　品）

【“云计算服务评测系统及评测方法”获发明专利】 12月1日，由易云捷讯（北京）科技有限公司开发的“云计算服务评测系统及评测方法”获知识产权局发明专利授权（ZL201110197519.X）。专利公开一种云计算评测系统，包括中央管理节点、评测程序仓库节点以及至少一个评测节点。其中，评测程序仓库节点连接到中央管理节点上，中央管理节点与至少一个评测节点加以连接；评测程序仓库节点保存用于对云服务进行评测的测试程序；中央管理节点用于对评测程序仓库节点和至少一个评测节点进行管理，并存储至少一个评测节点所返回的评测数据；至少一个评测节点对所要评测的云服务做评测操作。发明提出的评测系统可以自动地对多种具有不同控制和访问接口的云计算服务进行评测。

（李　莹）

【泰邦天地公司成果获发明专利】 12月4日，由北京泰邦天地科技有限公司研发的“成像系统或图像输出系统中颜色畸变校正方法及装置”获知识产权局发明专利授权（ZL201210135814.7）。专利公开一种成像系统或图像输出系统中颜色畸变校正方法及装置。方法包括成像系统对被拍摄物进行拍摄，获得所述拍摄物的初始图像数据；根据预先存储的成像系统的颜色畸变先验知识，对初始图像数据进行颜色畸变校正，得到校正后的图像数据。发明便于颜色相关仪器在色貌属性的颜色空间直接进行颜色计算，计算解析简单精确，主要应用于染料、显示等颜色相关产业。

（李　莹）

【首都大学生科技创新作品与专利成果会举办】 12月6—7日，由市科协、市知识产权局、中关村管委会等7家单位共同主办的“第三届首都大学生科技创新作品与专利成果展示推介会”在北京建筑大学大兴校区举办。活动以“青春构筑梦想　创新成就未来”为主题，展示北京市、天津市、河北省55所高校大学生的536件专利成果、科技创新作品、文化创意作品、创业计划书及优秀论文等，涉及资源与环境、新材料、新能源、先进制造业、电子信息、生物与新医药等领域。同时，还举办了大学生创新服务座谈研讨会、创新大讲堂——名家讲创新、创新对对碰——京津冀三地创新作品秀和人才新干线——校园“职”通车等活动。

（苏　品）

【“彩色图像的颜色数据管理方法”获发明专利】 12月22日，由北京泰邦天地科技有限公司研发的“彩色图像的颜色数据管理方法”获发明专利（ZL201210236550.4）。专利公开基于HSaIn格式颜色数据的在HSaIn颜色空间进行颜色数据管理的方法，包括获取输入设备侧的XYZ格式颜色数据；将获取的输入设备侧的XYZ格式颜色数据转换成HSaIn格式颜色数据。方法还可将输入设备侧的HSaIn格式颜色数据映射得到输出设备侧的HSaIn格式颜色数据；将输出设备侧的HSaIn格式颜色数据转换为XYZ格式颜色数据；将输出设备侧的XYZ格式颜色数据转换为输出设备的颜色数据格式。这是一种新型数字颜色管理优化解决方案，利用数据传输压缩工具，针对等色调映射、操作系统的颜色管理、印刷打印显示的数据处理等提供简单精确的解析手段。

（李　莹）

【5家企业入围发明专利申请和授权排名榜】 年内，在知识产权局发布的2014年国内企业发明专利申请量排名榜中，中关村示范区有4家企业排名前10位，分别为联想（北京）有限公司（2260件）排名第五位，较2013年上升两位；京东方科技集团股份有限公司（2183件）排名第六位，较2013年上升3位；中国石油天然气股份有限公司（1390件）排名第九位；北京奇虎科技有限公司（1358件）首次上榜位居第十位。在2014年国内企业发明专利授权量排名榜中，京东方科技集团（484件）排名第六位，中国石油天然气股份有限公司（476件）排名第七位。

（孙婷婷）

【北师大科技园8件发明专利获授权】 年内，北师大科技园科技成果转化部申请的8件专利获知识产权局的发明专利授权。其中“4—联苯甲酸根/YEu—LRH有机复合体及合成方法”，专利号：ZL201110161123.X；

“石墨烯的制备方法”，专利号：ZL201110412972.8；“六方相镍纳米粒子—石墨烯复合体及其制备方法”，专利号：ZL201210071491.X；“立方相镍纳米结构—石墨烯复合体及其制备方法”，专利号：ZL201210071724.6；“用于氨基酸检测的酪氨酸根/LRH复合体及其合成方法”，专利号：ZL201110444937.4；“4—联苯甲酸根/LEuH纳米复合体及其合成方法”，专利号：ZL201110088038.5；“1—3kD的蜂王浆多肽RJP”，专利号：ZL201110187144.9；“一种尖晶石型锰酸锂的制备方法”，专利号：ZL201210050672.4。

（卢梦姣）

【年度专利权质押融资额超30亿元】年内，中关村示范区128家企业通过专利权质押方式获融资159笔，融资额31.18亿元，涉及专利473件次，以上指标分别占同期北京市的78.5%、82.8%、81.2%和86.8%。其中中小微企业123家，占融资企业的96.1%。

（孙婷婷）

【知识产权服务展会】年内，市知识产权局分别在第二十四届中国国际钓鱼用品贸易展览会、第二十一届北京国际建筑装饰及材料展、第三届中国（北京）国际服务贸易交易会等5场展会上设立知识产权保护办公室，来自北京化工大学等4所大学的44名大学生志愿者参与展会的服务工作，为展会提供知识产权咨询、协调处理纠纷等服务。北京市保护知识产权举报投诉服务中心（北京12330）、市知识产权局执法处、市工商局、市文化市场行政执法总队等单位共同进驻展会办公室，累计受理专利侵权投诉25件。办公室工作人员还解答参展商及观众咨询379件，巡查专利展品142件，发放展会知识产权调查问卷310份；发放“展会知识产权保护指导案例”丛书、北京12330展会折页等宣传材料4000余份。

（苏　品）

【专利申请量超4万件】年内，中关村示范区企业年度专利申请量43793件，同比增长15.9%，占同期北京市专利申请量的31.7%。其中发明专利申请量26413件，同比增长17.4%，在示范区企业专利申请量中占比60.3%。联想（北京）有限公司、京东方科技集团股份有限公司、北汽福田汽车股份有限公司、北京奇虎科技有限公司等6家示范区企业专利申请量各超过1000件，其中联想公司和京东方集团专利申请量超过2000件。专利申请量过100件的企业55家。示范区企业获专利授权22960件，同比增长9.4%，占北京市专利授权量的30.8%。其中发明专利授权量7716件，同比增长16.4%，在示范区企业专利授权量中占比33.6%。至年底，示范区企业累计专利申请量20.7万件，累计专利授权量10.4万件，拥有有效发明专利35483件，占北京市企业同期有效发明专利量的65%。

（孙婷婷）

商标与版权

【"税银前置机接口软件 V1.0"获软件著作权】 1月29日，由凤凰云科技（北京）有限公司完成的"税银前置机接口软件V1.0"获国家版权局计算机软件著作权登记，登记号为2014SR013473。软件涉及与税务系统进行数据交互的处理，接口支持Socket、Http、Https等接口协议与税务系统连接，支持Xml、Jason、Txt等数据交换格式，支持多种开发语言跨平台实现业务逻辑。软件解决了多协议、多数据格式、多开发语言的实现，从而提高了系统的扩展性和适用性。

（朱文利）

【"综合业务管理软件系统 V1.0"获软件著作权】 2月12日，由凤凰云科技（北京）有限公司完成的"综合业务管理软件系统V1.0"获国家版权局计算机软件著作权登记，登记号为2014SR015905。软件涉及多业务模块系统的抽象及业务逻辑的处理，通过对区域管理、业务管理、权限管理、角色管理、用户管理等系统进行模块化的通用性处理，实现业务模块间既独立又统一的实现。软件实现了通用性业务管理模块的整合，从而提高了业务模块复用与整合的便利性和易扩展性。

（朱文利）

【华电天仁公司成果获软件著作权】 2月20日，由北京华电天仁电力控制技术有限公司研发的"风力发电机组（3.0 MW）变桨距控制系统应用软件V3.0"获国家版权局颁发的计算机软件著作权登记证书（2014SR020633）。该应用软件安装在3.0兆瓦风力发电机组高压变桨控制系统变桨控制器内部，主要功能是通过CanOpen总线接收风电主控PLC的操作指令，采集变桨系统内部的模拟量和开关量输入信号，通过开关量输出信号控制系统内继电器动作，实时监测系统的运行状态，控制变桨系统伺服电机的运行，执行各种保护动作和故障报警，并将系统运行状态参数和报警信息反馈到主控PLC。同时还提供基于Modbus通信的接口，可供调试界面的二次开发。

（王红彬）

【新商标法专题培训举办】 4月22日，由中关村管委会主办，中关村商标服务中心承办的"中关村示范区4·26世界知识产权日活动—新《商标法》专题培训"在中国技术交易所举办。中关村示范区企业代表200余人参加。国家工商总局有关专家围绕第三次商标法修改背景及商标法实施条例修改的主要内容做了解读，对新老商标法做了对比，就商标维权以及商标注册申请审查的相关规定等内容进行宣讲。

（韩　冰）

【8个部门签署商标战略合作协议】 4月29日，在中关村示范区展示中心召开的贯彻落实新商标法推动北京商标品牌发展大会上，市工商局、市科委、中关村管委会等8个部门签署商标战略合作机制框架协议。协议主要包括：8个部门定期交换相关信息文件，及时交流涉及商标战略的政策机制性文件，定期交换商标战略的相关信息和商标战略的实施情况，实现信息数据共享；共同对实施商标战略的企业给予支持，加强政策引导和资金扶持，帮扶企业通过商标战略开发市场；加强打击商标侵权行为的沟通与协调，建立商标保护长效机制，探索建立区域商标协调机制，开展商标专用权保护联合行动，保护北京市企业在外省市的合法商标权益，强化行政机关间执法协作，提升依法行政效能，为企业创造良好的商标运用环境等。

（江琼波　马岐月）

【中关村知识产权服务机构巡讲季系列活动举行】 4—5月，由中关村管委会主办，中关村商标服务中心承办的"中关村优秀知识产权服务机构巡讲季"在中关村示范区展示中心、中国技术交易所共举行7期。园区企业代表近700人次参加。培训分别由中关村管委会有关负责人及中国国际贸易促进委员会专利商标事务所等10余家知识产权服务机构的专家，对《中关村国家自主创新示范区技术创新能力建设专项资金管理办法》进行讲解；围绕新商标法，就企业在新商标法下的商标申请和保护策略，国际商标申请流程、实务操作及保护，PCT国际专利申请程序介绍及技巧、海外申请程序及技巧运用，知识产权风险防范与诉讼等主题进行培训和探讨交流。

（韩　冰）

【联盛德公司嵌入式 Wi-Fi 固件获软件著作权】 5月21日，北京联盛德微电子有限责任公司开发的嵌入式WiFi模块产品TLN13SP01固件程序V1.0获国家版权局颁发的《计算机软件著作权登记证书》（软著登字第0733581号）。TLN13SP01内置嵌入式Wi-Fi SoC HED10W07SN，采用邮票孔式接口，支持UART/SPI/SDIO/GPIO/ADC接口和基于ASCII编码的AT+指令及基于16进制编码的精简指令控制协议，内置IEEE802.11协议栈及TCP/IP协议栈，可实现用户设备接入无线网络传输功能。

（韩洋洋）

【商标示范试点企业商标战略项目启动】 6月18日，由中关村管委会主办的"中关村商标示范试点企业商标战略项目启动暨商标工作培训会"在中关村示范区展示中心举行。中关村示范区55家示范试点单位、92家备案商标服务机构及有关单位的代表200余人参加。会议就中关村技术创新能力专项支持资金的主要支持方向和支持重点，以及北京市著名商标工作的基本情况做了介绍，中关村商标服务中心负责人对2014年度商标示范试点项目实施方案和工作流程做了介绍及解读，中关村知识产权信息服务平台就"知识产权信息运用及国际商标预警"专题与参会人员进行互动交流。

（韩　冰）

【新商标法政策解读培训会举办】 7月23日，由北师大科技园科技发展有限责任公司、中关村国大中小微企业成长促进会主办的"新商标法实施解读及如何提高商标申请通过率"培训会在北师大科技园举办。企业代表30余人参加。相关专家以苹果手机和平板电脑、特斯拉等商标事件为例，介绍了商标的重要性和商标要素的组合构成等内容，并就如何获得注册商标和如何使用、保护商标进行讲解。

（卢梦婕）

【Primace6.0获软件著作权】 8月29日，由京微雅格（北京）科技有限公司研发的Primace6.0软件获国家版权局颁发的计算机软件著作权登记证书。软件是一款EDA设计工具，用户可以使用其快速、高效地进行FPGA和CAP（可配置应用平台）应用设计。使用Primace完整的EDA工具链与丰富的IP资源，可有效地进行快速应用研发，缩短产品开发周期，Primace的交互式集成开发环境可以支持多种第三方设计工具进行协同设计，加速用户的设计与验证过程，支持定时驱动流，支持更多的设备（hr3），支持芯片编辑、更多软IP核、新的时间分析报告浏览器、SDC编辑器、更多的向导及新io编辑器。

（张慧秋）

【55家企业获商标注册资助资金支持】 年内，中关村管委会给予55家企业商标注册资助资金支持。其中包括21家企业申请的1920件国内普通注册商标，获资金支持420万元；14家企业申请的274件国际注册商标，获资金支持59.5万元；24家企业申请的25件著名商标，获资金支持500万元；4家企业申请的4件驰名商标，获资金支持120万元。至年底，中关村示范区企业有效注册商标量8.1万件，北京市著名商标总量203件，驰名商标总量73件。

（韩　冰）

【9件商标入选中国驰名商标】 年内，工商总局认定北京地区北京稻香村食品有限公司的"稻香村"等21件商标为中国驰名商标。其中，中关村示范区内华润赛科药业有限责任公司的"赛科"、北京华图宏阳教育文化发展股份有限公司的"华图"、北京趣拿信息技术有限公司的"去哪儿？QUNAR.COM及图"等9件商标入选，占北京市的42.9%。

（汪凌波）

【108件商标被认定为2014年度北京市著名商标】 年内，中关村示范区内中国蓝星（集团）股份有限公司的商标"蓝星"、北京三聚环保新材料股份有限公司的商标"三聚"、北京奥凯立科技发展股份有限公司的商标"奥凯立"等108件商标被认定为2014年度北京市著名商标，占北京市的57.1%。（2015年6月4日，市工商局发布《2014年度北京市著名商标认定工作公告》，认定189件商标为2014年度北京市著名商标。）

（张　毅）

知识产权管理

【中关村知识产权创新沙龙举办】3月6日，由中关村知识产权促进局和中关村知识产权服务业联盟共同主办的首期中关村知识产权创新沙龙在中关村知识产权促进局举办。来自中关村示范区企业和服务机构的代表30余人参加。活动邀请北京科慧远咨询有限公司张艳博士针对“移动互联网产业的专利挖掘与风险防范”做了主题演讲，相关专家对演讲内容进行了点评。与会代表就主题内容展开讨论，针对移动互联网产业知识产权整体状况和风险应对提出了意见和建议。由中关村知识产权促进局发起组织的中关村知识产权创新沙龙，以“聚焦行业热点，探索前沿理论，分享实务经验，服务园区发展”为理念，为政府主管部门、中关村示范区企业、行业联盟、知识产权服务机构搭建信息交流、资源共享的知识产权互动平台。活动全年共举办8期，分别以“337调查常见问题和应对策略”“依法治国与知识产权保护”等为主题，就专利分析如何推动企业发展、专利分析如何服务企业高层决策，互联网知识产权保护的策略和原则等议题进行讨论和交流，共300余人次参加。

（苏　品）

【中关村知识产权投融资服务试点工作通过验收】3月25日，由国家知识产权局主办的中关村知识产权投融资服务试点工作验收会在中关村知识产权促进局举行。国家知识产权局、北京市知识产权局、中科院北京分院等单位相关领导以及有关专家参加。会上，中关村知识产权促进局负责人汇报了中关村知识产权投融资服务试点3年来的工作开展情况。与会专家肯定了中关村知识产权投融资服务试点工作，认为试点工作措施得力、成效显著，达到试点工作的预期目标，在全国范围内起到了示范引领作用，一致同意通过验收。

（苏　品）

【中关村移动互联网专利导航实验区建设项目启动】4月2日，由中关村知识产权促进局组织召开的中关村移动互联网专利导航实验区建设项目启动会在京举行。国家知识产权局、北京市知识产权局、中关村管委会等单位有关领导，以及中关村示范区移动互联网产业重点企业、知识产权代理机构、知识产权运营机构、知识产权研究机构的代表60余人参加。根据规划，中关村国家专利导航产业发展实验区建设将按照“整合资源、统筹规划、搭建平台、协同推进、培育企业、聚焦运营”的整体工作思路，将专利运用嵌入到产业、产品和市场创新之中，积极探索专利运用，以推动产业高端发展的新模式。中关村示范区将加强专利导航移动互联网产业发展的顶层设计，利用专利分析引领移动互联网产业战略布局，建立中关村移动互联网专利产业化基地，推动移动互联网专利产业化，同时还将实施重大经济科技活动知识产权评议，提高实验区专利信息资源的利用能力，支撑专利分析与产业运行决策深度融合，通过5年的实验区建设，将中关村示范区打造成移动互联网产业专利集聚和流转的高地。

（苏　品）

【首期知识产权专场招聘会举办】4月13日，中关村人才市场和北京思博知网科技有限公司共同主办的首期知识产权专场招聘会——“2014思博春季知识产权专场招聘会”在中关村人才发展中心举办。联想集团有限公司、知识产权出版社、江苏省知识产权研究中心等41家企业及专业机构参加，提供企业知识产权总监、知识产权律师、专利代理人等职位200余个。来自高校及科研院所的研究生、博士生和行业相关人员近800人参加，其中，硕士以上人员占应聘人数的71%。

（冯　娜）

【知识产权案件庭审观摩活动举办】4月18日，由中关村科技园区海淀园创业服务中心、北京市保护知识产权举报投诉服务中心（北京12330）、海淀区知识产权局、海淀区人民法院中关村法庭主办的商业秘密和不正当竞争案件庭审观摩活动在海淀创业园举行。近100家科技企业、知识产权代理公司的代表参加。活动就两家知识产权代理有限公司不正当竞争纠纷案进行公开审理。庭审观摩是海淀园创业服务中心联合北京12330开展的知识产权案件庭审“进园区”活动，旨在直接、有效地增强企业知识产权保护意识，优化和保护知识产权环境。

（彭　晨）

【“领航工程”框架协议签署】4月23日，“北京市知识产权局、石景山区政府联合推进知识产权‘领航工

程’签约仪式”在石景山区政府举行。市知识产权局、石景山区政府等单位有关领导，以及石景山区知识产权联席会成员单位、驻区科研院所和企业的代表等60余人参加。双方签署推进石景山区知识产权工作“领航工程”框架协议。“领航工程”是石景山区国家级绿色转型发展示范区建设的重点工程，将以石景山园为载体，通过实施知识产权引领产业发展、知识产权创新驱动、知识产权环境优化三大计划和12个专项，到2015年全面提升石景山区知识产权的综合运用水平。“领航工程”将围绕新兴高端产业的培育和促进，实施“知识产权（专利）密集型产业统计指标体系和知识产权产业对经济贡献率研究、知识产权（专利）导航产业发展、知识产权促进园区发展、知识产权服务业发展”4个专项，实现高新技术产业高端融合发展，促进文化创意、现代金融产业快速发展，形成高端引领、创新驱动、绿色低碳的产业发展模式，并发挥知识产权创新驱动核心要素的价值，构建高端的科技与文化融合驱动体系；实施“知识产权质量提升、产学研用协同创新、知识产权优势企业培育、知识产权人才引育”4个专项，提升知识产权成果的产出效率和应用转化效率；实施“知识产权管理、知识产权保护、知识产权品牌、知识产权宣传推广”4个专项，营造“尊重知识、崇尚创新、诚信守法”的知识产权文化氛围，有效解决知识产权侵权问题，构建有利于知识产权战略实施的社会环境，营造有利于新技术、新企业不断涌现的产业环境。

（苏　品　陈　京）

【生命科学园12330工作站成立】 4月23日，“北京12330昌平区知识产权保护服务分中心、生命科学园工作站签约仪式”在中关村生命科学园举行。市知识产权局、昌平区政协等单位有关领导，以及昌平区部分孵化器和生命科学园近100家企业的代表参加。北京市保护知识产权举报投诉服务中心（北京12330）与昌平区知识产权局、昌平园管委会共同签署了昌平区12330分中心的共建协议；北京12330、昌平知识产权局与北京生命科学园生物医药科技孵化有限公司签署了生命科学园12330工作站的共建协议。12330分中心主要结合区域重点产业、重大项目的问题开展区域知识产权保护专项援助，并结合区域经济发展特点协助区内工作站制订工作计划、开展针对创新型企业的企业走访、培训等知识产权保护公共服务，为企业的创新研发、生产管理、市场经营等各个环节提供知识产权保护服务。

（李贺英　梁　爽）

【设计服务业知识产权沙龙举办】 4月24日，由朝阳区知识产权局、北京市保护知识产权举报投诉服务中心主办的2014年朝阳区设计服务业知识产权沙龙在望京科技园举行。知识产权局等单位有关领导，以及朝阳区设计服务业企业、知识产权服务机构的代表60余人参加。相关专家介绍了中国北京朝阳（设计服务业）

知识产权快速维权中心的情况和国内外观设计专利的申请特点及发展趋势，以及外观设计专利的诉讼与保护情况和外观专利申请的要点。

（朱文利）

【“4·26”专利运营专题论坛举办】 4月26日，由中关村知识产权促进局、工业和信息化部电子知识产权中心、北京大学法学院联合主办的“4·26”专利运营专题论坛在北京大学举行。知识产权局、工业和信息化部、市知识产权局等单位有关领导，以及来自企业、大学、科研院所、代理机构的代表等300余人参加。论坛分为3个专题，包括专利运营对产业、创新和竞争的影响；企业专利运营模式与策略；专利运营中的知识产权与保护。演讲嘉宾以FRAND原则适用、禁令救济、专利运营模式等问题为主线，分别从非专利实施实体（NPE）的本质和表现形式出发，分析其对产业发展、技术创新和竞争环境可能产生的有利作用和不利影响，探讨了专利运营策略、应对措施和规制模式。

（苏　品）

【软件图形用户界面知识产权保护培训举办】 5月8日，

由北京软件行业协会主办的软件图形用户界面知识产权保护培训在京举办。北京神州泰岳软件股份有限公司等软件企业的100余位相关负责人参加。知识产权局相关负责人介绍了关于图形用户界面的《专利审查指南》，就保护客体的范围、申请文件的提交形式、修改超范围、优先权问题进行讲解。相关专家还讲解了企业知识产权战略、管理与实例，就软件企业知识产权工作特点、全球主要国家对GUI保护的异同、现阶段主要应对策略等进行了分析，并与企业代表就软件图形用户界面外观设计专利申请、软件知识产权保护策略等问题进行交流。

（郝峥嵘）

【国家信息中心软件评测科技园区服务中心挂牌】5月21日，由国家信息中心软件评测中心主办的国家信息中心软件评测科技园区服务中心挂牌仪式暨国家信息中心软件评测中心、中国技术交易所战略合作签约仪式在北京利达智通信息技术有限公司举行。双方相关领导及专家等20余人参加。双方将依托国家信息中心软件评测科技园区服务中心为北京市各科技园区软件企业打造软件评测一站式服务平台，并与各园区、协会、大型软件服务平台合作，为企业提供信息资源共享、工作互助、市场推广、业务交流与培训等服务，同时协调相关部门对企业享有相关服务进行政策扶持。利达智通公司被国家信息中心软件评测中心授权，挂牌成立国家信息中心软件评测科技园区服务中心，将为北京市各科技园区的软件企业提供软件产品的测评服务。

（韩　冰）

【北京（中关村）审查员实践活动举行】6月18日，由知识产权局专利局人事教育部、北京市知识产权局、中关村管委会共同主办的2014年北京（中关村）审查员实践基地启动会暨亦庄实践园区揭牌仪式在亦庄园举行。主办各方有关领导，以及来自中关村示范区各园区、审查员团组、各实践单位的代表等100余人参加。会上，2014年北京（中关村）审查员实践活动启动，活动的主题为“关注运用，实践共赢”，来自知识产权局专利局电学部、机械部、化学部等10个审查部门的86名审查员将进驻企业，开展实践活动。同时还为亦庄审查员实践园区揭牌。亦庄审查员实践园区是2014年度在中关村示范区“一区十六园”内建立的首家分园区，针对园区北京京东方显示技术有限公司、北京北方微电子基地设备工艺研究中心有限责任公司等专利优势企业聚集的特点，将选派电学部、光电部多批审查员进驻企业，“零距离”开展战略制订、信息分析、专利预警、知识产权运营等高端指导工作。启动仪式后，还举办了专利复审及无效程序实务培训及知识产权投融资服务专题讲座。2014年，活动共组织审查员赴中关村示范区29家企事业单位开展技术更新与学习实践活动。

（苏　品）

【2014年中关村知识产权巡回审理第一次开庭】8月4日，中关村知识产权促进局与海淀区人民法院在京联合举办了2014年中关村知识产权巡回审理第一次开庭。庭审原告为山东东阿阿胶股份有限公司，被告是北京一家商贸公司和一家知名电商，案件为一起涉及外观设计专利和相关著作权的不正当竞争案。北京绿色农华植保科技有限责任公司、北京四环制药有限公司、瑞斯康达科技发展股份有限公司等中关村示范区企业的知识产权工作人员旁听案件的审理。

（苏　品）

【知识产权金融创新实务培训举办】8月19日，由市知识产权局专利管理处主办，中关村知识产权促进局承办的2014年北京市知识产权金融创新实务培训在京举办。市知识产权局等单位相关领导，以及来自中关村专利保险试点单位、北京市专利试点示范企业和服务机构的代表100余人参加。中关村知识产权促进局公布“2014年度中关村专利保险试点单位”的评选结果，百度在线网络技术（北京）有限公司、百泰生物药业有限公司、北大方正集团有限公司等59家企业入围。培训活动中，相关专家分别就上市企业知识产权风险防范与规避、专利保险实务、专利质押贷款、专利价值评估和中关村知识产权金融政策等内容进行宣讲，普天信息技术有限公司相关负责人还结合专利质押融资成功案例进行解读和经验分享。

（苏　品）

【北汽福田公司挂牌首都知识产权国际交流基地】8月21日，首都知识产权国际交流合作基地启动仪式在北汽福田汽车股份有限公司举行。市知识产权局有关领导、北汽福田公司相关负责人等参加。北汽福田公司获首都知识产权国际交流合作基地授牌，这是市知识产权局首次在企业设立的首都知识产权国际交流合作基地。北汽福田公司将利用自身优势，将基地打造成北京市涉外知识产权实践的示范区、国际理论研究的基地和企业开展知识产权对外交流合作的先行区。

（苏　品）

【中关村专利导航高级实务培训举办】9月9—11日，由知识产权局专利管理司和市知识产权局联合主办，中关村知识产权促进局和西城园管委会共同承办的中关村专利导航高级实务系列培训——专利布局初级实战班在京举办。知识产权局、市知识产权局有关领导出席开班仪式。来自国家专利协同运用试点单位、运营试点企业和中关村专利导航实验区的企业和机构的代表100余人参加培训。此次活动是系列培训的首期，邀请知识产权局相关专家就专利挖掘、检索、申请文件撰写、审查意见答复等课程进行讲解，并指导参加培训代表进行现场实战练习。106位学员考核合格获结业证书。系列培训旨在加强专利导航试点工程各建设（培育）单位开展专利导航工作的基础能力建设，同时提高专利导航实验区相关协同运用企业和服务机构的专利信息运用水平，培训计划主要包括专利布局实战班和专利分析实战班，并分别设置初、中、高三级课程，以专利实战培训的方式，持续培养一批业务扎实、能力过硬的专利信息利用人才。

（苏　品）

【全球视野下的知识产权战略研讨会举办】10月29日，由中关村智汇产业技术研究所、汤森路透知识产权与科技集团、中关村知识产权促进局联合主办的“全球视野下的知识产权战略研讨会”在京举办。市知识产权局、中关村管委会等单位有关领导，以及来自企业、高校、科研院所和服务机构的代表300余人参会。研讨会主题为“创新、发展、全球化”。会上，来自高校、企业与专业机构的相关专家围绕全球化背景下的中国知识产权战略、全球化布局中的知识产权资产管理、企业知识产权创造、运用、保护等议题分别做了主题演讲，共同探讨全球化背景下的中国知识产权战略方针、知识产权如何为中国企业“走出去”进行保驾护航，并论证专利运营在中国市场的潜力，还就中国企业在国际市场的专利维权应对及策略等问题进行分析。

（苏　品　王　翔）

【中关村ICT和移动互联网知识产权产业联盟成立】10月29日，在“全球视野下的知识产权战略研讨会”上，中关村ICT和移动互联网知识产权产业联盟宣布成立。联盟由中关村智汇产业技术研究所、联想（北京）有限公司、京东方科技集团股份有限公司等30家中关村示范区企事业单位、高校以及机构共同发起成立，将促使更多知识产权专业机构、企业联合起来，面对知识产权保护、转移、利用等方面的问题，共同研究应对知识产权风险、共同拓展国际市场，并通过统筹各方资源、整合力量，搭建公共服务平台，健全服务网络，为企业提供法律法规培训、人才引进、政策保障等方面的支持。联盟首任理事长为北京丽贝亚投资控股有限公司董事长高建林。

（杜　玲　徐　建）

【北京知识产权法院挂牌】11月6日，全国首家知识产权审判专业机构——北京知识产权法院挂牌履职。中央政法委书记孟建柱，北京市委书记郭金龙、最高人民法院院长周强为法院揭牌。法院管辖的第一审案件的范围包括专利、植物新品种、集成电路布图设计、技术秘密、计算机软件等技术类民事和行政案件；对国务院部门或者县级以上地方人民政府所做的涉及著作权、商标、不正当竞争等行政行为提起诉讼的行政案件；涉及驰名商标认定的民事案件。此外，法院还专属管辖第一审授权确权类案件，主要包括不服国务院部门授权确权类裁定或者决定的知识产权授权确权类行政案件；与知识产权强制许可有关的行政案件；与知识产权授权确权有关的其他行政行为引发的行政案件。同时，法院还将审理当事人对北京市基层人民法院做出的第一审著作权、商标、技术合同、不正当竞争等知识产权民事和行政判决、裁定提起的上诉案件。法院位于海淀区，内设4个审判庭。市第二中级人民法院副院长宿迟为首任院长。北京市各中级法院将不再受理知识产权民事和行政案件。

（徐　建）

【中关村科创高新技术转移促进会成立】11月28日，“中关村科创高新技术转移促进会筹备成立大会暨第一次会员代表大会”在京召开。中关村管委会、北京市技术市场管理办公室等单位相关领导及首批50余家会员单位的代表参加。会议选举北京市技术市场管理办公室原主任刘军任会长。促进会由中科合创（北京）科技推广中心、北京石景山生产力促进中心、中国技术交易所等单位联合发起，由中关村示范区内的高校、科研院所、科技服务机构、创业投资机构、风险投资机构、私募股权基金等相关单位组成，旨在团结中关村示范区技术转移行业相关企业、事业单位和社会团体，以科技创新为指导，以推动技术转移协作和成果转化为手段，实现国际化发展的目标，促进技术转移服务业发展壮大，将主要从事科技研发协作及制订相

关标准、推动科技成果转化、开展专业咨询、培训与会展、编辑出版专业刊物、承接政府委托项目、开展国际交流与合作等工作，推动科技成果转化和产业化，并为企业提供产学研协同创新服务搭建平台。

（刘旭静　齐雪丹）

【中技知识产权金融服务体系发布】 12 月 16 日，由海淀区国有资产监督管理委员会、海淀区金融服务办公室、海淀园管委会等单位共同主办的“中技知识产权金融服务体系发布会”在中关村示范区展示中心举行。知识产权局、北京市金融局、中关村管委会等单位有关领导，以及来自金融机构、社会组织和企业的代表 300 余人参加。会议发布由中国技术交易所与海淀区国有资产投资经营有限公司共同构建的中技知识产权金融服务体系，助力企业运用知识产权的质押、流转、交易等方式获得债券和股权融资。体系针对科技型中小企业轻资产、高风险、高成长、高收益的特点，以及在融资过程中面临的知识产权评估难、质押难、处置难的问题，通过“评保贷投易”五位一体的运营模式，为其提供系统性解决方案。体系是一个开放的平台，其提供的核心服务是知识产权的估值体系、融资模式和交易平台，由核心层和联盟层构成，核心层的实施主体包括以“专利价值分析指标体系”为基础方法论的知识产权评估公司、注册资本 2 亿元的融资担保公司、2 亿元的债权投资基金、5 亿元的股权投资基金，以及知识产权交易平台、股权交易平台。联盟层是由银行、信托、投资等机构组成的战略联盟。核心层帮助联盟层了解知识产权价值和科技企业股权价值，建立风险分担机制，通过核心层和联盟层互动，为科技型中小企业提供金融支持。中国建设银行等金融机构，以及联想之星等投资机构与中技知识产权金融服务公司签约加入战略联盟。

（杜　玲　徐　建）

【技 E 网上线】 12 月 18 日，由中国技术交易所有限公司建设运营的中国技术交易网络平台——技 E 网（www.ctexmall.com）上线。技 E 网是中国技术交易所依托国家科技支撑计划打造的“国家技术交易全程服务支撑平台”，旨在为全行业搭建第四方服务平台，提供科技成果转化全流程支撑服务。技 E 网利用互联网技术特点，提升交易制度和流程的规范化、技术信息发布的标准化、中介服务的集成化以及交易竞价的实时化，并在服务模式创新方面，在汇聚各类技术交易供需资源、中介服务资源、科技金融产品的基础上，推出网络竞价、在线路演、在线展会和定制服务等创新服务品种；在商业模式创新方面，采用分佣制，对于成交的技术交易项目，统一收取交易佣金，并由交易所与参与项目交易的相关中介服务机构、同业机构按照一定比例分配佣金。技 E 网上线后，面向所有技术交易供需双方及相关科技中介服务机构、政府管理部门开放会员注册，并根据不同人员对网站功能的不同要求，提供信息会员、经纪会员和服务会员 3 种会员注册类型。

（韩　冰）

【中科合创获中小企业公共服务平台认定】 12 月 30 日，市经济信息化委印发《关于公布第三批北京市中小企业公共服务平台认定名单的通知》（京经信委发〔2014〕113 号），授予北京启迪创业孵化器有限公司、中科合创（北京）科技推广中心等 20 家单位为第三批北京市中小企业公共服务平台。中科合创平台类别为“投融资、培训”。认定后，服务平台将在现有基础上进一步完善服务功能，不断提高服务能力和组织带动社会服务资源的能力，主动开展公益性服务，积极承担政府部门委托的各项任务。

（刘旭静）

标 准 化

【中央电视台高清数字节目全部采用 AVS +标准】 1 月 1 日，中央电视台财经频道、军事农业频道、纪录频道等 6 个卫星直播高清数字电视频道，采用由数字音视频编解码（AVS）产业技术创新战略联盟主导创制的 AVS +技术标准《广播电视先进音视频编解码第 1 部分：视频》（GY/T257.1—2012）播放高清节目。截至年底，中央电视台所有高清数字电视频道均实现采用 AVS +标准播放。

（钟锌章）

【闪联成为 IEC 智慧城市工作组牵头单位】 2 月 26—28 日，在国际电工委员会（IEC）智慧城市系统评估组（SEG）第二次全会上，中国代表团提出的 5 项智慧城市工作组提案获批准，包括由闪联产业联盟主导的 WG4 智慧家居工作组和 WG5 智慧教育工作组。闪联成为两个工作组的组长单位，闪联产业联盟副秘书长张维华任组长。两个工作组将在世界范围内征集专家，收集各国智能家居和智慧教育的用例，并对智慧城市建设和标准化等方面提供建议，为构建完整的智慧城市体系提供支撑。

（孙志勇　杜　菲）

【企业标准格局与战略深度主题讲座举办】 4 月 1 日，由市质监局与中关村管委会共同主办的中关村国际标准化知识培训会在北京理工大学举行。各区县质监局、中关村示范区各园区管委会的相关人员以及企业代表等 100 余人参加。ASTM 国际标准组织中国区首席代表刘斐以“企业：标准格局与战略深度”为题，结合实际案例阐述标准在企业战略以及国际市场竞争中的重要作用，并对国内企业关注标准化动态，积极参与标准化活动，实现从被动接受使用他人标准向主导制定标准的跨越提出思考和建议。

（钟锌章　李　资）

【中关村标准与专利知识培训会举办】 5 月 7 日，由中关村标准创新服务中心主办的中关村标准与专利知识培训会在北京理工大学举行。各区县质监局、中关村示范区各园区管委会的相关人员以及企业代表等 100 余人参加。相关专家讲解了标准中专利权的性质和特征、专利和标准化发展策略、通过政策和法律途径解决专利和标准冲突的方法等，总结了如何实施标准与专利运作突破国际贸易壁垒的理论经验，并解读了《国家标准涉及专利的管理规定（暂行）》。

（钟锌章　李　资）

【首个北斗海事国际标准立项】 5 月 14—23 日，在国际海事组织（IMO）海上安全委员会（MSC）第九十三次会议上，由中国卫星导航系统管理办公室和中国海事局相关单位联合提交、中国航天标准化与产品保证研究院（全国北斗卫星导航标准化技术委员会）等单位参与编制的《船载北斗卫星导航系统（BDS）接收机设备性能标准》获批准立项，标准号 MSC.379(93)。这是国际组织批准通过的第一个北斗卫星导航系统在相关领域应用的国际标准项目。标准规定了船舶应用北斗接收机设备的最低性能标准，是船载北斗终端产品开发及船舶北斗应用的基本技术依据，是实现北斗系统海事领域全面应用的必要条件，包括对地定位、确定对地航向（COG）、对地航速（SOG）和授时的基本要求，对 BDS 接收机设备的性能要求、质量检测、故障告警和状态指示等做了规定。

（钟锌章　刘伟杰）

【电子贸易产业技术创新战略联盟标委会启动】 5 月 23 日，电子贸易产业技术创新战略联盟“标准专业委员会”启动会在京召开。商务部、中关村标准创新服务中心等单位有关领导以及会员单位代表参加。会议选举中关村标准创新服务中心副主任田川担任委员会主任委员。委员会将通过对相关领域调研，编制标准顶层设计，梳理行业内标准清单，把握标准需求性和差异性，确定标准体系建设总体架构，并探索实施标准体系建设总体架构与所需配套支撑环境的衔接，包括管理制度、协同工作机制、宣传推广、技术应用、教育培训等。

（钟锌章　李　资）

【CSA 发布两项联盟标准】 8 月 15 日，国家半导体照明工程研发及产业联盟（CSA）发布《LED 户外照明防雷技术要求》（CSA027—2014）和《LED 照明光组件体系分类》（CSA030—2014）两项联盟标准。《LED 户外照明防雷技术要求》规范了浪涌保护器的选型、灯具与浪涌保护器、灯杆安装要求，旨在保证 LED 户外照明产品正常使用和低故障率。《LED 照明光组件体系分类》对 LED 照明光组件的层级划分规则进行了规定，覆盖 LED 产品全产业链的 LED 照明光组件。

（肖　莹　杜　玲）

【国际标准 IEEE1888 开放平台发布】 8 月 18 日，在 2014 年度 IEEE1888 国际标准峰会暨 IEEE1888 庆典上，举行了 IEEE1888（泛在绿色社区控制网络协议）开放平台（open.ieee1888.org）发布仪式。平台由北京天地互连信息技术有限公司主导建设，主要面向 IEEE1888 的技术开发者和产业合作伙伴，为开发者提供免费开放的资源渠道了解 IEEE1888，并能在此基础上完成扩展功能的开发，主要由开发者、验证服务及云服务等部分组成，其中开发者部分重点包括 IEEE1888 基础系统搭建说明，涵盖不同语言版本的软件开发工具包 SDK 及其使用说明，供开发者下载使用，以帮助开发者入门并了解 IEEE1888；验证服务部分搭建了基于 IEEE1888 标准的 Web 验证环境，为 IEEE1888 软硬件产品提供商在产品开发测试过程中提供辅助服务，保证产品的一致性及互通性；云服务部分向用户展示基于 IEEE1888 标准的成功案例，案例数据以标准的形式进行传输及存储，可在统一的平台上进行数据的分析及展示。

（杜　玲）

【海淀区标准创新咨询专线设立】 9 月 1 日，海淀区质监局与中关村标准创新服务中心（北京市标准化交流服务中心）合作设立海淀区标准创新咨询专线 82488375，为企业和产业联盟参与标准创新活动提供技术、政策方面的咨询指导。咨询专线可以解答包括标准编写、标准补助政策、国家标准立项、技术要求及专利引用以及参与国际标准化活动等问题。

（钟锌章）

【知识管理系统功能构件标准发布】 9 月 3 日，质检总局、国家标准委联合发布《关于批准发布〈化学试剂 六次甲基四胺〉等 259 项国家标准的公告》（中华人民共和国国家标准公告 2014 年第 21 号）。其中，由中国标准化研究院等单位组织、北京智识企业管理咨询有限公司承担起草的《知识管理第 8 部分：知识管理系统功能构件》国家标准获准发布（GB/T23703.8—2014），2015 年 2 月 1 日实施。该标准规定了知识管理系统的功能框架及功能构件，适用于知识管理系统的选型、分析、设计、开发、测试、部署以及验收。

（石会昌）

【ISO/IECJTC1SC25 全会召开】 9 月 15 日，由中国国家标准化管理委员会主办，闪联产业联盟和中国电子技术标准化研究院承办的第二十五届国际标准化组织/国际电工委员会第一联合技术委员会信息技术设备互联分技术委员会（ISO/IECJTC1SC25）全体大会及系列工作组会议在京举行。来自中、美、英、法等 20 余个国家和地区的专家代表 80 余人参加。国内外专家围绕家庭电子系统（WG1）、分类和术语（PTTT）、客户端布缆（WG3）和计算机系统与附属设备的互联（WG4）4 个领域进行研讨。由闪联信息产业联盟完成的 ISO/IEC14543-5-7《信息设备资源共享协同服务第 7 部分：远程访问系统架构》通过 ISO/IECJTC1SC25 投票，被批准为国际标准。闪联远程访问技术体系是将家庭和办公环境中的设备互联、资源共享和协同服务扩展为应用在互联网和移动网络上的全网设备互联协议。（2015 年 4 月该标准发布。）

（杜　菲　孙志勇）

【闪联 6 项国家标准立项】 9 月 26 日，国家标准委印发《关于下达 2014 年第一批国家标准制修订计划的通知》。由闪联产业联盟起草的 20141223—T—469《信息技术信息设备资源共享协同服务智能音频互连协议》、20141224—T—469《信息技术信息设备资源共享协同服务—远程访问—服务平台协议》 20141225—T—469《信息设备资源共享协同服务—远程访问—测试验证规范》、20141226—T—469《信息设备资源共享协同服务—远程访问—系统架构》、20141227—T—469《信息设备资源共享协同服务—远程访问—远程通用管理应用框架》和 20141228—T—469《信息设备资源共享协同服务—远程访问—远程音视频访问应用框架》的国家标准获得立项。6 项新国家标准中有 5 项是闪联远程访问（IGRSRA）系列的标准内容。20141223—T—469《信息技术信息设备资源共享协同服务智能音频互连协议》是在闪联标准基础上构筑智能音频互联应用的协议标准，通过该标准，可实现家庭多音响设备的协同互联，构筑家庭智能音频的下一代应用。

（杜　菲）

【22 项标准获标准创新贡献奖】 10 月 10 日，质检总局、国家标准委联合发布《关于公布 2014 年度“中国标准

创新贡献奖”获奖名单的通知》(国质检标联〔2014〕534 号),56 项标准获奖,包括一等奖 7 项,二等奖 20 项,三等奖 29 项。其中,中关村示范区内由国家粮食局标准质量中心等单位下科等创制的《小麦—规格》(ISO 7970：2011)、中国标准化研究院等单位杨跃翔等创制的《限制商品过度包装要求 食品和化妆品》(GB 23350—2009)、工业和信息化部电子工业标准化研究院等单位高林等创制的《信息技术 射频识别 2.45GHz 空中接口协议》(GB/T 28925—2012)和《信息技术 射频识别 2.45GHz 空中接口符合性测试方法》(GB/T 28926—2012)3 项标准获一等奖;由清华大学等单位陆建华等创制的《军用低密度奇偶校验码参数及编译码算法》(GJB 7296—2011)等 8 项标准获二等奖;由中国恩菲工程技术有限公司等单位宗子就等创制的《稀土工业污染物排放标准》(GB 26451—2011)等 11 项标准获三等奖。

(肖　莹)

【睿芯联科读写器产品通过射频识别国标验证】 10 月 16 日,在工业和信息化部召开的射频识别国家标准产业化推进会上,睿芯联科(北京)电子科技有限公司演示其研发的符合《信息技术射频识别 800/900MHz 空中接口协议》(GB/T 29768—2013)国家标准的读写器产品,并成为首批能够提供符合超高频 RFID 读写器国标的单位之一。通过初步的芯片实测验证了其提出并被国标采纳的“互质因子返回速率调整方案”不仅具有独创性,同时还回避了国际标准中的专利技术,对于提高无源超高频 RFID 的关键指标——灵敏度,具有显著的效果,可以在同等条件下,提升读取距离 10% ~ 30%。

(彭　晨　刘伟杰)

【McWiLL 技术被确认为 PPDR 国际标准】 11 月 11 日,在瑞士日内瓦举行的 ITU 国际电信联盟 SG5 会议上,由北京信威通信技术股份有限公司研发的 SCDMA 宽带无线通信技术(McWiLL 技术),被确认为 ITU 国际电信联盟公共安全和救灾通信(Public Protection and Disaster Relief,PPDR)国际标准。McWiLL 为全 IP 架构,全面支持固定、便携以及全移动模式下的语音、数据和多媒体业务。

(张　蕾　徐　建)

【风电电器设备分标委会成立】 12 月 10 日,在“中国电器工业协会风力发电电器设备分会 2014 年年会、能源行业风电标委会风电电器设备分标委成立大会暨标准审查会联合会议”上,国家能源行业风电标准化技术委员会风电电器设备分标委会成立。分标委会负责风电电器设备专业领域标准制修订工作,包括风电电器设备基础、风力发电机组电气系统、风力发电机、风电变流系统、风电控制系统、风电储能设备、风电输配电设备以及风电用电线电缆 8 个专业分支。北京金风科创风电设备有限公司担任标委会主任委员单位。

(王　腾)

【2014 年闪联标准推动奖颁奖】 12 月 18—19 日,由闪联产业联盟主办的智慧生活,由互联互通开始——2014 闪联产业峰会在京举行。会议期间举行了 2014 年闪联标准推动奖颁奖仪式。闪联合作伙伴及会员代

表近 100 人参加。凭借在推动闪联标准应用、标准制定、标准技术研发工作中的突出贡献,大会为中国电子技术标准化研究院杨宏、四川长虹电器股份有限公司李嘉、深圳市云动创想科技有限公司曾德钧、Valens 公司 AlexLin、清华大学吕永强、联想(北京)有限公司过晓冰、松下电器软件开发(大连)有限公司张帅 7 位联盟厂商代表颁发“2014 年闪联标准推动奖”。

(杜　菲)

【示范区企业创制标准 141 项】 年内,中关村示范区企业创制标准 141 项。其中,国际标准 18 项(发布 14 项、立项 4 项),发布国家标准 99 项,行业标准 6 项,地方标准 18 项。截至年底共创制标准 5049 项,其中国际标准 174 项(发布 100 项,立项 74 项),发布了国家标准 2877 项,行业标准 1834 项,地方标准 164 项。

(李　资　钟铧章)

合作与交流

Cooperation and Exchange

本栏目设有合作和交流两个分栏目，以条目体形式记述中关村国家自主创新示范区为推进和服务企业参与国内外交流与合作所采取的举措，以及企业在开展国内外交流与合作的重要活动中取得的成效。

综　述

2014 年，中关村示范区以建设具有全球影响力的科技创新中心为目标，以服务和推进企业国际化发展为核心，提升参与国际科技与产业资源配置能力，推进企业国际化，资本、技术、人才和品牌国际化，增强中关村示范区国际影响力和竞争力。

《中关村自主创新示范区支持企业国际化发展行动计划（2013—2015 年）》出台，从 4 个方面制定 30 条具体政策措施支持企业国际化发展。修订《中关村国家自主创新示范区国际化发展专项资金管理办法》，从国际化环境建设、国际研发合作、国际市场拓展 3 个领域引导和支持企业、社会组织开展国际化工作，全年对 225 家企业（机构）的 527 项国际化工作给予支持。优化 APEC 商务旅行卡办理流程，提高办卡受理实效。至年底，共协助 59 人次申办 APEC 旅行卡。开展《中关村高科技企业“走出去”政策创新研究》和《中关村国家自主创新示范区与俄罗斯科技创新产业合作路径研究》课题研究，并针对企业“走出去”现状和需求提出新的政策建议。接待保加利亚共和国总统代表团等外事来访团组 135 个 2075 人次。举办德国驻华使馆与创新型孵化器对话等外国驻华使馆走进中关村系列活动，帮助企业了解投资政策、市场特点、法律法规、合作信息。中关村管委会与保加利亚工业园区总公司和韩国研究开发特区振兴财团签署合作备忘录，与加拿大安大略省科技代表团交流探讨，与世界银行以“中国的下一步转型：从追赶到全球化迈进”为主题合作开展国际化发展、绿色创新研究，以推进与境外科技机构、国际金融机构的交流合作。促成美国斯坦福大学创新创业培训项目——“点燃”落地中关村示范区，为创业者提供国际一流创新培训。协助企业与马里兰大学等美国知名高校建立合作关系，搭建国外知名大学优秀人才的实习招聘渠道。举办第八届中关村论坛年会，搭建国际创新发展交流平台。组织企业以中关村示范区整体形象参展美国国际消费电子展览会等 5 个国际知名展会。展会涉及行业包括消费电子、信息安全、移动互联网及能源环保等领域，参展企业现场订单累计 4.16 亿元。

中关村管委会通过专场推介、组织考察等形式与保定市、徐州市、抚州市、福州市等 9 个地区（单位）签署了战略合作协议。与合作区域共同举办项目推介会 7 场，累计参会企业 300 余家，全年达成合作项目 154 个，总金额 882 亿。开展京津冀创新合作，调研津冀 11 个地区，编制《中关村示范区服务京津冀区域创新合作行动计划（2014—2017 年）》，提出共建创新社区、打造特色产业带等 7 项工作任务。设立“京津冀区域合作母基金”，采取“1 + N”模式，引导社会资本参与京津冀创新合作。支持海淀园秦皇岛分园建设，6 个项目达成合作意向。召开推介会对接会，北京国电通网络有限公司等企业与张家口市政府达成合作意向。举办中关村示范区企业赴津冀区域系列考察对接活动，累计 100 余家企业参加，促成北京赛诺水务科技有限公司等企业与当地相关机构达成合作意向，召开两次京津冀区域协同发展座谈会和研讨会。与青海省科技厅签署战略合作备忘录，组织中关村协会、联盟及企业负责人赴青海省参加“青洽会”，支持青海中关村高新技术产业基地建设，49 家企业入驻基地。与黑龙江省科技厅及哈尔滨市政府建立战略合作关系，组织 3 次考察对接，推进辽宁东戴河中关村科技成果产业化基地建设，亿赞普（北京）科技有限公司等 3 家企业投资落地。参与“丝绸之路经济带”建设，促成赛伯乐投资集团有限公司等机构投资 62.8 亿元。推动与长三角洲区域产业互补合作，支持海淀园 5 家企业在江苏中关村科技产业园建设生产基地，扬州中关村科技成果产业化基地与中关村企业达成近 20 项合作协议，北京嘉博文生物科技有限公司等企业在当地开展节能环保示范项目，协助衢州市政府编制完成《浙江中关村科技产业园产业与空间规划》。组织 260 余家创新型企业参加科博会、京交会、上交会等 8 个品牌展会，集中展示了大数据、信息安全、移动互联网、卫星应用、节能环保、生命健康、智能家居、军民融合等领域的 2000 余项科技创新产品。组织中关村示范区物联网、节能环保等领域的企业参加“乐山—中关村企业对接座谈会暨项目签约仪式”，中国技术交易所、北京九天飞扬文化发展中心、北京方富资本管理有限公司等 5 家企业与乐山市企业分别签订 5 个合作项目，总投资额 17.2 亿元。

（殷　茵　朱　凯）

合　作

【中关村软件园与北航共建学生社会实践基地】 1月14日，北京中关村软件园发展有限责任公司与北京航空航天大学思想政治理论学院共同主办的“学生社会实践基地签约仪式”在中关村软件园举行。双方相关领导及思政学院全体研究生参加。思政学院与中关村软件园人才基地培训中心签订合作协议，双方就研究生社会实践方式和实践周期等方面达成协议。活动还为

“北京航空航天大学思政学院与中关村软件园人才基地培训中心学生社会实践基地”揭牌。基地由双方共建，将把中关村软件园作为平台实现理论与实践的对接，实现思想政治工作与企业需求相结合，将学生的专业知识、创新型思维和思辨的哲学思想与中关村软件园的技术人才进行优势互补，辅助学生尽快找到适合自己的岗位。

（张　蕾）

【共建福州清华启迪科技园】 1月18日，由福州市政府和启迪控股股份有限公司主办的“福州市人民政府启迪控股股份有限公司合作协议签约仪式”在清华大学举行。清华大学及签约双方有关领导等参加。根据协议，双方将在福州高新区海西园、生物医药机电园和仓山科技园，以建设“科技创新示范区、两岸清华合作先行区、产学研用合作典范区”为主旨，合作开发建设福州清华启迪科技园，并在创新科技园区开发模式、推动产学研用合作、推进科技创新、促进科研成果转化、加强科技人才交流合作、建设公共技术平台、设立创业投资基金、推动产业升级和产业链完善、加强两岸清华合作、解决企业技术难题需求10个方面开展合作。项目打造国内校地合作的一流示范园区，全面提升高新区的创新能力和综合竞争力。项目总占地面积约149.33公顷，总投资170亿元，规划建筑面积270万平方米，将建设成为以科技研发为主导，工作、学习、生活、娱乐融为一体的多功能复合科技园区。

（康秋红）

【共同开展OTT电视业务】 1月21日，北京数码视讯科技股份有限公司发布《关于与优酷土豆签订开展OTT业务战略合作协议的公告》，宣布与合一信息技术（北京）有限公司（优酷土豆公司）就合作开展OTT（指通过互联网向用户提供各种应用服务）业务签订协议，双方结为战略合作伙伴，共同在数码视讯公司运营的业务平台上，开展互联网内容与电视相关联的OTTTV。根据协议，数码视讯公司负责建设OTTTV业务运营平台和引入国家合法的OTT业务牌照商，负责OTT终端发放及发展用户。优酷土豆公司负责提供双方合作所需的OTT视频内容并保证其合法性，并负责其提供的OTT视频内容的策划、编排、预发布工作。

（杜　玲）

【共建电子表单云服务平台】 2月25日，国家信息中心与北京开普互联科技有限公司“电子表单云服务平台合作协议”签约仪式在国家信息中心举行。双方相关负责人参加。根据协议，双方将共同组建“电子表单云服务平台工作组”，工作组将利用各自领域的优势，依托国家电子政务外网的网络资源和云计算基础设施，合作搭建国家信息中心“电子表单云服务平台”，为政务部门提供基于政务外网或互联网的在线表单云服务。

（杜　玲）

【华胜天成公司签订1.75亿元智慧城市建设合同】 2月，北京华胜天成科技股份有限公司与武汉经济技术开发区管委会签订总价1.75亿元的“智慧城市”建设合同。华胜天成公司作为武汉经济技术开发区智慧城市、云计算数据中心和运营中心项目承包商，负责数据中心和运营中心项目的集成，将基于微软CityNext模型，通过自身的技术优势，包括大数据、云计算、物联网、智慧应用、信息安全等创新科技，助力武汉经济技术开发区构建未来智慧城市基础设施和智慧场景平台，并与武汉经济技术开发区管委会共同承担智慧城市的

运营服务。

（张　蕾）

【启迪控股公司与贵阳市政府签署战略合作协议】3月1日，在“贵州·北京大数据产业发展推介会项目签约仪式贵阳分场”上，启迪控股股份有限公司与贵阳市政府签署战略合作协议。根据协议，双方将共同建设、运营和打造新型科技园区；加强资本对接，在科技金融领域开展合作；合作建设乔波冰雪世界项目、智慧城市项目；联合实施EDP培训项目；加强产业项目转移合作、共同塑造品牌以及在启迪控股公司相关其他产业对接等方面开展合作。

（康秋红）

【腾讯公司和京东公司达成战略联盟】3月10日，腾讯科技（深圳）有限公司和北京京东世纪贸易有限公司共同宣布达成战略联盟，通过股权投资和深度业务合作共同发展实物电商。根据协议，腾讯公司入股京东公司约15%的股权，并在京东公司上市时追加认购5%的股权，从而成为京东公司重要股东和战略合作伙伴。腾讯公司将向京东公司支付2.14亿美元现金，并将QQ网购，拍拍网的电商和物流部门并入京东公司。京东公司将收购腾讯公司易迅网的部分股份，同时持有其未来的独家全部认购权。腾讯公司将为京东公司提供微信和手机QQ客户端的突出入口位置以及其他关键平台支持，双方还将在在线支付服务领域进行合作。

（杜　玲）

【共建智慧城市联合实验室】3月13日，由软通动力信息技术（集团）有限公司与中国城市科学研究会数字城市工程研究中心、美国IBM公司、麻省理工学院媒体实验室共同主办的“智慧城市联合实验室签约启动仪式”在软通动力总部大楼举行。签约各方相关人员参加。四方签署《智慧城市水工程联合实验室四方战略合作框架协议》和《智慧城市建筑节能联合实验室四方战略合作框架协议》，共建智慧城市联合实验室，将在水工程和建筑节能领域开展5年的合作，旨在研究和解决实践中的问题，探讨中国各个地方城市或乡镇的个性化发展方法，推动产业化发展。四方将在住房城乡建设部主导的“智慧城市研究院”框架内成立水工程和建筑节能两个联合实验室，共同探讨中国各个地方城市或乡镇关于水工程、建筑节能方面的可持续性问题，研发及实施相关领域及行业的解决方案。其中，水工程联合实验室主要关注智慧城市水工程的技术研究与应用，在水资源保护、水务工程、城市排水、供水安全方面，探讨中国各地方城市或乡镇的个性化的发展方法。建筑节能实验室将主要关注智慧城市建筑节能技术应用，研究和解决实践中的问题，探讨智慧楼宇的建筑节能标准体系，推广绿色建筑、可再生能源建筑应用等，推动自主创新科技成果在智慧建筑中的应用。

（张　蕾）

【北航9家基地被认定为北京市国际科技合作基地】3月20日，市科委印发《关于认定2014年北京市国际科技合作基地的通知》，279家基地通过认定。其中，北京航空航天大学的生物与医学工程学院的植介入医疗器械、机械工程及自动化学院的面向高端装备制造的机器人技术、化学与环境学院的有机光电功能材料与器件、能源与动力工程学院的分布式能源系统、中法联合实验室的先进叶轮机械、经济管理学院的城市安全运行与应急保障、材料科学与工程学院的先进航空材料、电子信息工程学院的自旋电子、自动化学院的智能感知与控制一体化技术9家北京市国际科技合作基地通过认定。

（钮　键）

【北科大5家基地成为北京市国际科技合作基地】3月20日，市科委印发《关于认定2014年北京市国际科技合作基地的通知》，北京科技大学申报的5家基地通过认定。其中，“国际高技术创新转移中心北京市国际科技合作基地”被认定为国际技术转移第三方机构类基地，“城市和生活污染物处理与资源化北京市国际科技合作基地”“赛博（网电空间）北京市国际科技合作基地”“弱磁检测及应用技术北京市国际科技合作基地”“稀贵金属绿色回收与提取北京市国际科技合作基地”4家基地被认定为联合研究中心及国际合作示范类基地，涉及电子信息、社会发展、新材料等领域。

（张慧秋）

【共建北京航空航天大学临床医学院】4月16日，由空军总医院、北京航空航天大学生物医学研究院主办的“空军总医院与北航战略合作签约仪式”在北航举行。双方相关领导等参加。根据协议，双方合作建立“北京航空航天大学临床医学院”和“空军总医院—北京航空航天大学生物医学研究院”，以脊柱医学、肿瘤诊治、医疗仪器、转化医学为重点研究内容，开展关键技术研发，加强医学与生物力学、图像处理、精确定位、材料科学、精密仪器、微波通信及空气动力方面的融合，为后续卫生保障、健康服务、大众生活等全方位融合发展奠定基础。双方还将联合开展创新人才培养、组建联合科研团队、建立医疗器械临床实验基地等方面合作，同时空军总医院将在为北航师生提供医疗保障、帮助北航进一步提升高水平医疗服务等方面提供支持。

（陈宝德）

【郑州启迪科技城项目签约】4月18日，由郑州市金水区政府、启迪控股股份有限公司主办的“郑州启迪科技城项目签约仪式”在郑州市举行。双方相关领导及有关人员等30余人参加。项目是清华大学与郑州市政府开展校地科技合作的项目之一，由启迪控股公司负责开发，位于郑州市金水区金水科教园区内，占地面积约40公顷，规划建筑面积约80万平方米，总投资约40亿元。园区包括科技产业园区和国际生活社区两个部分，将建设成为以科技研发为主导，将办公、金融、教育、居住、商业、公共服务融为一体的多功能低碳智能科技创新城，吸引高素质人才、科技型企业、创新型企业入驻，为金水科教园区提供综合科技创新服务。产业领域涵盖：研发服务、电子信息、软件及服务业外包、新能源与节能环保、文化创意、高端教育培训和现代服务业等新兴产业。

（康秋红）

【签订120亿元移动设备战略协议】4月21日，由联想移动业务集团（MBG）和北京京东世纪贸易有限公司共同主办的“联想MBG & 京东战略签约暨黄金斗士S8上市发布会”在北京联想MBG望京园区举行。双方相关负责人及媒体记者等参加。双方签订价值120亿元移动设备战略协议，其中包括联合产品开发、营销、网络促销、售后物流和售后服务。同时还发布了联想集团首款专门布局电子商务市场的手机产品S8。

（杜　玲　杜　菲）

【东华软件公司与海南省政府签署协议】4月22日，海南省政府与东华软件股份公司战略合作协议签约仪式在海口市举行。双方相关负责人参加。双方签署《海南省人民政府与东华软件股份公司投资协议》，将在软件研发、服务外包和行业应用等方面开展合作。根据协议，东华软件公司将在5年内投资约10亿元，在海南生态软件园建设东华南方基地。基地占地面积约9.5公顷，将主要从事服务外包、软件开发、系统集成、信息技术服务等业务，具体建设内容包括建设区域医疗云计算服务中心、成立互联网金融服务运营中心、智慧城市一体化解决方案平台、公司培训中心、业务展示中心。

（韩洋洋）

【神州数码公司与成都市政府签署协议】4月23日，“成都市人民政府神州数码智慧城市战略合作协议签约仪式”在成都市举行。双方相关领导参加。成都市政府与神州数码网络（北京）有限公司签署智慧城市框架协议。根据协议，双方将在市民融合服务平台、电子商务物流、智慧城市产业园、平安城市和IT运维服务等领域开展合作。神州数码公司将全面参与智慧成都建设，在面向市民、企业、城市服务和基础设施等方面提供IT解决方案和服务。

（杜　玲）

【西斯比亚公司与积水潭医院建立合作关系】4月27日，在“2014积水潭论坛”上，北京积水潭医院与西斯比亚（北京）医药技术研究有限责任公司（CCBR）签署战略合作协议建立合作伙伴关系，双方将在国际高水平临床研究项目引进及项目管理、人力资源管理、受试者招募、全面质量管理以及教育与培训、基础医学研究等领域开展合作，培养研发型医学人才，推动医学研发成果产业化。

（梁　爽）

【闪联与意法半导体合作实现中国标准家庭网关】4月，闪联信息技术工程中心有限公司、意法半导体（ST）集团组成的意法半导体—闪联工作组展开合作，共同推动基于闪联标准的智能家庭网关技术和产业化。意法半导体的多款处理器可支持闪联的中国智能家居标准。从意法半导体的Orly(STiH416)开始，闪联协议（信息设备资源共享协同服务标准）将扩展至Alicante（STiD12）、Cannes（STiH312）和Monaco（STiH412）产品系列。意法半导体的Cannes和Monaco处理器架构基于高性能ARM®Cortex®双核处理器，支持机顶盒、服务器和网关市场上的所有主要软件栈，使这些设备能够与闪联协议顺畅互动。

（杜　菲　杜　玲）

【中韩技术交易中心成立】5月26日，由中国启迪控股股份有限公司和韩国社团法人韩中交流协会共同主办的“中韩技术交易中心设立签字仪式”在清华科技园举行。韩国驻华大使馆、韩国环境公团北京代表处等相关机构的代表20余人参加。根据协议，双方共同在韩国首尔市和清华科技园成立中韩技术交易中心，由韩国技术交易所前社长孙永福出任所长。中心旨在进一步推进中韩两国企业在产品、技术和服务等各方面的合作发展，整合中韩两国技术资源，优势互补、创新技术交易机制，促进科技成果转化，在尖端产业、环保等领域，通过发掘优秀技术并进行交易，构建技术基础设施。

（康秋红　刘伟杰）

【东华软件公司与衢州市政府签署投资协议】5月27日，东华软件股份公司发布《关于与衢州市人民政府签署投资协议的公告》，宣布与衢州市政府签署了投资协议，总投资10亿元。东华软件公司将在衢州绿色产业聚集区成立“东华云计算有限公司”，注册资本1亿元，将开展基于云计算的产品研发及培训中心建设，建设基于互联网和云计算的智慧城市业务平台；与衢州市政府授权的投资公司合资成立“东华智慧城市集团”，形成面向全国的基于互联网和云计算的一体化智慧城市解决方案。集团将承接东华软件公司电子政务云、企业管理云软件等业务，以建设经营模式（BO模式）建设运营衢州云平台，向政府部门、卫生医疗机构、中小企业和市民提供完整全面的云计算模式下信息管理系统解决方案。

（杜　玲）

【神雾集团与中铝国际公司签订协议】6月4日，“中铝国际、神雾集团战略合作协议签字仪式”在中铝国际工程股份有限公司举行。中铝国际、北京神雾环境能源科技集团股份有限公司的相关负责人参加。双方签订《长期战略合作协议》，将在市场开拓、EPC项目施工、科技成果产业化等方面开展合作。根据协议，神雾集团与中铝国际公司将在联合申报国家科技项目和开展针对国家战略需求科技攻关等方面开展合作，并将结合双方战略需求共同建设合作研究与技术开发平台，共同推动在有色领域环境保护、节能减排等方面的科技成果的产业化。

（王红彬　韩洋洋）

【百度公司与万科公司战略合作】6月5日，在“万科30th筑梦新起点——2014年度商业合作方大会”上，百度在线网络技术（北京）有限公司与万科企业股份有限公司共同宣布达成战略合作，百度公司将基于大数据和云计算技术，为万科商业地产提供智能化升级解决方案。双方将在万科商用地产管理部的社区商业、生活广场、购物中心系列业态中，引入百度公司的LBS技术服务（基于位置的服务），以实现因人而异、因群而筹、因景制谋、因图定略的优质服务，打造集合“消费者、商户、运营商”的商业生态系统。

（杜　玲）

【软件园与芬兰机构签署合作谅解备忘录】6月5日，在赫尔辛基举办的中芬第一届技术贸易交流与合作活动上，北京中关村软件园发展有限责任公司、芬兰DIGILE公司、中芬金桥创新中心签署《中芬技术贸易交流与合作谅解备忘录》，约定每年在芬兰和中国轮流举行技术贸易合作交流活动，帮助中关村示范区企业与芬兰技术领先企业在研发领域开展合作，从而提高中国企业的国际竞争力并帮助其进入欧洲市场。除此，软件园公司还与DIGILE公司签署《研究、发展与创新战略合作谅解备忘录》，为中关村企业借助芬兰的研发资源，提高创新能力提供合作平台，为中芬及中国和北欧的技术贸易合作建立常年沟通机制。（DIGILE是芬兰政府成立的旨在保持芬兰技术领先于全球的科技研发促进平台。）

（张　蕾）

【华胜天成公司与浪潮集团达成战略合作】6月13日，“浪潮与华胜天成战略合作签约仪式”在济南市举行。北京华胜天成科技股份有限公司、浪潮集团有限公司的相关负责人参加。根据协议，双方将以战略合作伙伴的身份，就信息安全和国产、自主可控等方向进行深入合作，共享经营经验，在云计算、大数据、核心业务主机、存储、信息安全等领域进行务实合作。双方还将建立协商机制，通过行业客户研讨会、联合产品发布会、技术方案推广、年度产品巡展等方式，进行联合市场开拓。

（郝峥嵘）

【易华录公司与阿里云公司签署协议】6月18日，北京易华录信息技术股份有限公司发布《关于与阿里云计算有限公司签署战略合作协议的公告》，宣布与阿里云计算有限公司在云计算、大数据、智慧城市等领域开展合作。根据协议：双方共同为客户提供基于阿里云计算平台的智慧城市咨询、设计、建设、运营、应用开发等相关服务；阿里云公司成为易华录公司面向云计算业务领域的重点合作伙伴；双方共同推进相关产品培训、生态系统建设、市场联合营销与拓展等工作。

（杜　玲）

【共同建设南通智慧城市】6月28日，“南通市政府、软通动力、华为智慧城市战略合作协议签字仪式”在深圳市举行。南通市政府、软通动力信息技术（集团）有限公司和华为技术有限公司的相关领导参加。根据协议，软通动力公司将联合华为公司参与南通智慧公共服务、智慧城市体验中心等项目的建设和运营；参与南通中小企业服务云平台、电商及跨境电商云平台、市民公共服务云平台等信息化云平台建设和运营；参与南通市智慧城市关键应用项目的建设运营；建设城市入口，打造类似“掌上南通”等便捷易用的微应用及微应用运营平台；推动以华为新一代分布式云数据中心（DC2）为基础的大数据及云政务管理服务；参与南通无线城市的建设、运营及维护工作。

（杜　玲）

【共建中关村（青岛）国际软件园】7月2日，“青岛高新区、中关村软件园、优通通讯公司项目合作框架协议签约仪式”在青岛高新区举行。中关村发展集团股份有限公司等单位有关领导以及签约各方代表参加。北京中关村软件园发展有限责任公司与青岛高新区管委会、青岛优通通讯设备有限公司签订合作协议，共建中关村（青岛）国际软件园，构建服务外包、云计算、物联网、移动互联网大数据特色产业集群。由青岛优通通讯设备有限公司在青岛高新区投资建设的“青岛国际软件园”，将建设以软件研发、总部经济、科技服务业为主体的新型都市产业园区，集孵化器、加速器、高科技企业总部及教育培训、配套商务为一体的特色园区。中关村软件园公司将提供从科技园区的规划咨询、土地开发、研发及配套楼宇开发、综合商业服务到园区运营管理、产业服务、产业投资等全环节的服务。

（张　蕾　刘伟杰）

【浪潮集团与荣之联公司签约】7 月 15 日，“浪潮与荣之联战略合作签约仪式”在京举行。浪潮集团有限公司、北京荣之联科技股份有限公司的相关负责人参加。根据协议，双方将在公安、能源、智慧城市、生物医疗、大数据、物联网等领域合作，涉及自主可控联合解决方案、渠道、市场和 IT 服务等方面的内容，还计划在硬件基础架构、应用软件开发、服务、市场等方面展开合作，进而推出从基础架构平台，到行业应用、云服务的一体化解决方案。

（韩洋洋　刘伟杰）

【施耐德电气公司与碧水源公司战略合作】7 月 17 日，“碧水源与施耐德电气战略合作签约仪式”在京举行。北京碧水源科技股份有限公司、施耐德电气公司的相关负责人参加。根据协议，双方将在多个维度上展开合作：施耐德电气公司将为碧水源公司提供覆盖工业电气领域全线产品与解决方案的完备供货和全程服务支持；施耐德电气公司将借助碧水源公司在水处理行业中的优势资源，布局其在中国的水务市场。

（刘伟杰　杜　玲）

【共建重庆启迪创新科技园签约】8 月 5 日，由重庆市渝北区政府和启迪控股股份有限公司主办的“渝北区与启迪控股战略合作签约仪式”在重庆市举行。启迪控股、重庆市渝北区委区政府、渝北区台商工业园管委会等单位的相关领导参加。根据协议，双方将共同实施重庆启迪科技城项目，在运营管理、高科技产业孵化培育、科技成果产业化、创业投资基金、教育培训等方面开展合作，带动台商工业园转型升级和产业布局优化。10 月 15 日，启迪控股股份有限公司与重庆（渝北）台商工业园管委会在清华科技园签署合作协议。根据协议，双方共建重庆启迪创新科技园。项

目位于重庆市渝北区台商工业园，占地面积约 15.33 公顷，总建筑面积约 45 万平方米。启迪控股将结合重庆的经济发展需要，建立全新的以“孵化服务 + 创业培训 + 天使投资 + 开放平台”为核心内容的科技创新服务模式。规划方案设计工作于 12 月启动。

（康秋红）

【乐视公司与海康威视公司战略合作】8 月 6 日，“乐视与海康威视战略合作签约仪式”在京举行。乐视网信息技术（北京）股份有限公司、杭州海康威视数字技术股份有限公司相关负责人参加。根据协议，双方将在智能硬件、视频内容、云服务方面展开合作。在智能硬件方面，双方将开发既适合智能电视的视频交互应用，也包含家庭安全应用的互联网摄像机，并将采用双品牌的模式进行市场推广。在内容与业务方面，将乐视应用市场等应用服务集成到海康视频盒子，同时海康萤石 APP 或其他软件，也将集成到乐视盒子与超级电视等硬件终端上。在云服务方面，双方将联合做大做强云平台，为未来的智能硬件提供必要的技术支撑。

（杜　玲）

【快思聪 · 软通动力智慧城市战略合作伙伴签约】8 月 7 日，“‘科技让城市更「智慧」’快思聪 · 软通动力智慧城市战略合作伙伴签约仪式”在软通动力总部大楼举行。双方相关负责人参加。软通动力信息技术（集团）有限公司、快思聪亚洲有限公司签署智慧城市战略合作协议。根据协议，双方将在智慧教育、智慧医疗以及智慧楼宇等领域展开全面合作，通过推出创新型解决方案，为教育机构、医疗结构和政府及企业用户提供全新的互联网“空间和体验”。其中，智慧教育主要关注多媒体教室、阶梯多媒体教室、精品多媒体教室等数字校园解决方案。智慧医疗主要关注手术室集成及信息化视音频改造、医疗教学设施信息化改造、医疗机构公共区域信息化、病房音视频信息化及定制化

改造、全面的精细化资源管理。智能楼宇主要关注基于 IBT（Integrated Building Technology）的智能楼宇控制系统，涉及暖通空调、灯光、遮阳篷、窗帘、调度、能量监控以及视听系统、IT/AV 等系统的统一管理及监控，从而实现楼宇系统效率最优化。

（张　蕾）

【联想集团与中信银行签署协议】 8 月 19 日，“中信银行、联想集团战略合作协议签约仪式”在京举行。联想集团有限公司、中国中信集团公司、中信银行股份有限公司等单位相关负责人参加。根据协议，双方将基于全面战略合作伙伴关系，在新一代银行网点建设、定制化金融服务、建立“智能网点综合实验室”3 个方面展开合作。联想集团将向中信银行提供包括软硬件产品及定制化解决方案在内的全方位信息技术服务；中信银行将为联想集团提供包括供应链金融、集团现金管理和网络银行等业务在内的综合性金融服务；双方还将联合组建“智能网点综合实验室”，对人机交互 IT 产品和技术进行研究，并在中信银行的实验网点完成方案和商业模式的可行性测试，进而在行业内进行大规模推广，以多元化的产品和服务推动金融行业创新。

（杜　玲）

【神州数码公司与河北省政府签署协议】 9 月 10 日，河北省人民政府与神州数码战略合作签约仪式在石家庄市举办。河北省省长张庆伟等领导以及石家庄市政府、神州数码控股有限公司等单位相关负责人等参加。根据协议，河北省政府与神州数码公司将重点在公共信息服务平台、城市运行管理平台和人口健康信息平台建设、云安全服务中心建设、河北农村产权交易中心建设、平安河北、清洁能源等方面展开合作。其中，公共信息服务平台建设是实现“智慧河北”的重要组成部分，为河北省政府的“信息惠民”工程提供全面支撑。河北农村产权交易中心建设能够提供以农村土地流转为核心的涉农产权交易运营服务，让农村土地交易实现规范化和信息化。

（刘伟杰　杜　玲）

【龙岗区政府与启迪控股公司战略合作签约】 9 月 19 日，“龙岗区与启迪控股战略合作签约仪式”在深圳市龙岗区政府举行。启迪控股股份有限公司、深圳市龙岗区委区政府相关领导及合作双方代表 20 余人参加。根据协议，双方合作开发大运新城产学研功能区，建设“深圳启迪科技园”。项目毗邻深圳市中外合作大学区和文体场馆区，是大运新城的功能核心。启迪控股公司将采用街坊式整体开发模式，打造以研发设计、

总部办公和产业培育为主导功能、兼顾社区功能的科技产业综合体，建立产学研一体化平台和创新服务体系，推动清华大学产业化项目及实验室、清华大学所属企业、启迪控股所投资的企业、清华科技园主园外溢企业、清华大学校友企业等落户龙岗区，重点引入区域总部和研发中心。

（康秋红）

【启迪控股公司与招商局签署战略合作协议】 10 月 16 日，由启迪控股股份有限公司与招商局地产控股股份有限公司主办的“启迪控股与招商地产全面战略合作签约仪式”在清华科技园举行。双方领导及有关人员 10 余人参加。根据协议，双方将在科技新城、科技服务业务领域开展全面战略合作，重点推进在广州市、深圳市等珠三角区域的科技新城项目合作；共同推动建立中国科技孵化生态系统，打造科技服务集团，在节能环保、云计算、物联网、产业并购、孵化基金、资本运作等方面进行合作，并将成立全面战略合作工作小组，形成定期会议磋商机制，就具体合作项目进行讨论、研究与推进。

（康秋红）

【旋极信息公司与 EPS 公司签约】 11 月 4 日，北京旋极信息技术股份有限公司与匈牙利 EPS WORLD 公司战略合作协议签订仪式在永丰产业基地举行。双方相关负责人参加。根据协议，双方将在中国及欧洲区域范围内进行技术和市场合作，实行整体组合向停车行业推广城市道路停车项目。旋极信息公司将其停车收费产品授权给 EPS 公司在欧洲区域范围进行销售，EPS 公司将在欧洲区域内推广旋极信息公司的停车产品。

（韩洋洋）

【清华科技园瑞士科技文化中心合作平台揭牌】 11 月 20 日，由北京启迪创业孵化器有限公司主办的清华科技园瑞士科技文化中心合作平台签约和揭牌仪式在清华科技园举行。瑞士联邦教育与科研国务秘书处国际

合作司、瑞士南部应用科学大学等相关机构的负责人等参加。根据协议，合作平台主要为双方企业的软着陆提供服务。双方将在各自领域内为双方企业在技术交流、市场拓展、资源对接上提供支持，并为创业企业的短期到访与活动安排提供帮助。

（康秋红）

【航天信息公司签署“智慧粮库”战略合作协议】 11月30日，中国航天科工集团公司与江苏省粮食局在北京举行工作会商。江苏省省长李学勇、中国航天科工集团公司董事长高红卫以及相关部门负责人参加。航天信息股份有限公司与江苏省粮食局签署了“智慧粮库”建设战略合作框架协议。根据协议，航天信息公司将作为江苏省“智慧粮库”建设技术总集成单位，协助江苏省粮食局开展“智慧粮库”总体规划并承担系统升级建设工作；双方将组建联合研发机构，开展粮食库存动态监管、粮食收购价外补贴、粮食物流公共信息服务、粮食质量追溯服务平台等多项粮食信息化应用项目；以航天信息公司分布江苏省各个地市的培训服务网点，开展多层次的粮食行业人员技术培训。

（杜　菲）

【沧州投资说明会举办】 12月5日，由沧州市政府主办，中关村民营科技企业家协会等单位承办的“沧州高新区·中关村投资说明会”在中关村玉渊潭科技商务区举行。中关村管委会、沧州市政府等单位有关领导以及近200家中关村示范区企业和沧州高新区企业的代表参加。相关专家分别围绕“京津冀协同发展战略中，沧州高新区如何与中关村建立高端链接”“抓住京津冀协同创新机遇促进沧州产业升级”进行主题演讲，从创新理论与产学研实践的视角阐述中关村示范区和沧州高新区如何在尊重各自发展目标的基础上获取更多合作机遇及更大发展空间。沧州高新区管委会分别与中关村民协、北京启迪创业孵化器有限公司、北京航空航天大学技术转移中心等8家中关村示范区企业和社会组织签署合作协议，将在产业优势互补、资源共享等方面开展合作。

（韩洋洋）

【乐山—中关村企业对接座谈会暨项目签约举行】 12月11日，由乐山市政府主办的“乐山—中关村企业对接座谈会暨项目签约仪式”在京举行。乐山市政府、中关村管委会等单位有关领导以及乐山市企业和中关村示范区企业、社会组织的代表50余人参加。北京金丰元投资有限公司等中关村示范区企业与乐山华易能源科技股份有限公司等乐山市企业的代表以及乐山高新区代表进行座谈。会议发布了乐山市在物联网、节能环保等领域的发展规划及60余家企业的70余项技术改造升级和人才需求。乐山市企业与北京市政建设集团、富存资本管理（北京）有限公司、中国技术交易所、北京九天飞扬文化发展中心、北京方富资本管理有限公司分别签订5个合作项目，总投资额17.2亿元。

（郭妍桢）

【生命科学园与天津机构签订区域拓展框架协议】 12月23—24日，中关村生命科学园发展公司在天津市投资促进办公室的协调下，分别与天津空港经济区、天津华明高新技术产业区、天津静海县政府签订合作框架协议。协议明确，生命园公司将依托园区的人才、项目、技术、资金、品牌和服务，借助天津当地在发展空间、政策支持、运营成本等方面的比较优势，致力于建设生物技术和医疗健康等相关领域的专业园区，共同促进合作园区和相关产业的发展。

（梁　爽）

交　流

【TD 产业技术协同创新经验交流会举行】 1 月 8 日，由 TD 产业联盟主办的“我国移动通信创新链　产业链发展研讨会——暨 TD 产业技术协同创新经验交流会”在京举行。科技部原部长徐冠华、发展改革委副主任张晓强、科技部副部长曹健林等领导出席。会议对中国移动通信产业技术创新支撑体系的发展经验进行了总结，对为推进 TD 技术和产业发展做出突出贡献的企业、重大技术创新以及优秀产品进行表彰。工业和

信息化部电信研究院、大唐电信科技产业集团、中国移动通信集团公司获 TD 产业十五年卓越成就奖。普天信息技术研究院有限公司、北京星河亮点技术股份有限公司等 10 家企业获 TD 产业十五年突出贡献企业奖。大唐电信科技产业集团的“同频多小区联合检测技术”和“智能天线及其增强型多流波束赋形技术”、普天信息技术研究院有限公司的“TD−LTE 宽带多媒体集群技术”、鼎桥通信技术有限公司的“TD−SCDMA 高负荷解决方案”等 10 项技术获 TD 产业十五年创新技术奖。普天信息技术研究院有限公司的“便携式宽带集群一体机 WiTRA2000m”、北京星河亮点技术股份有限公司的“SP6200TD−SCDMA 终端无线资源管理（RRM）一致性测试系统”、鼎桥通信技术有限公司的“TD−LTE 应急通信车”等 20 项产品获 TD 产业十五年最具市场竞争力产品奖。市经济信息化委、中关村管委会、联盟成员企业、驻京各部委直属媒体等单位和机构的有关领导及行业专家等近 300 人参加。

（韩　雯）

【“2014 搜狐科技财富论坛”举办】 1 月 9 日，由北京搜狐新时代信息技术有限公司主办的“2014 搜狐科技财富论坛”在京举办。论坛以“重塑·新生机 解码互联网思维”为主题。中国互联网协会等单位的专家学者以及企业代表、互联网创业者 300 余人参加。论坛围绕关注互联网时代下传统企业的成长、解码互联网思维等方面，讨论了企业的互联网新营销策略、互联网金融给传统行业带来的冲击与机会、完善实体企业家的互联网战略等问题。

（杜　菲　郝峥嵘）

【5 家企业参展世界未来能源峰会暨环保能源展】 1 月 20—22 日，在 2014 年第七届世界未来能源峰会暨环保能源展上，中关村管委会组织北京桑达太阳能技术有限公司等 5 家企业参展，产品涉及光伏、光电、环保新材料及蓄电储能解决方案等。展会期间，参展企业接待了 200 余家客户，签订 13 份意向合作协议。桑达公司与北京市太阳能研究所集团有限公司卡塔尔项目代理商达成合作意向，将为卡塔尔方面的一个 40 万千瓦并网电站交钥匙工程项目提供整套技术和商务服务。阿拉伯联合酋长国 Masdar 生态城市场推广部和阿布扎比农业技术促进中心对北京仁创科技集团有限公司的“会呼吸花盆”技术表示了对接意向。

（殷　茵）

【示范区企业参展 2014 世界移动通信大会】 2 月 24—28 日，在 2014 世界移动通信大会（MWC）上，中关村管委会组织北京天宇朗通通信设备股份有限公司等 4 家企业参展。天宇朗通公司展示了手机产品 Kiss7，北京金山网络科技有限公司展出了 CleanMaster、PhotoGrid、BatteryDoctor、CheetahBrowser、AnTuTuBenchmark 等手机软件，北京奇虎科技有限公司展示手机安全应用、PC 安全软件和智能硬件，北京神州泰岳软件股份有限公司展示了融合通信平台“Urapport”及移动互联网娱乐平台“360Game”等产品。Urapport 平台能够提供即时通信、聊天、在线视频、文件共享、游戏等功能。参展企业签订意向合同金额 3200 万美元。

（殷　茵　杜　玲）

【示范区企业参展美国信息安全大会】 2 月 24—28 日，在 2014 年美国国际信息安全大会（RSA）上，中关村管委会组织北京奇虎科技有限公司、启明星辰信息安

全技术有限公司等14家中关村示范区信息安全领域企业参加，其中参展企业10家，观展企业4家。贝壳网际安全技术有限公司重点展出了清理类工具软件——猎豹清理大师；启明星辰公司展示了下一代防火墙产品和安全解决方案；握奇智能科技有限公司展示了数据安全产品及解决方案WatchQRO以及其他USBtoken和OTPtoken产品，约有50%的访客有意向代理WatchQRO产品。中关村管委会在中关村展区还组织了“中关村企业对接洽谈会”，RSA大会主办方和高德纳咨询公司等企业的高级管理者参加对接活动，共同探讨了信息安全行业的前沿技术和发展趋势。

（殷　茵）

【联合战役指挥培训班赴中关村实践教学】3月10日、19日，国防大学组织联合战役指挥培训班进修学员200余人，分两批到中关村示范区进行实践教学，集中参观了中关村示范区展示中心。在交流座谈时，中关村管委会和国防大学就开办军民融合人才培训班及中关村示范区企业为国防大学教学和训练提供技术支持达成共识。

（赵尉彬）

【京台资本市场合作发展论坛举办】4月16日，由中国创投委、台湾股权投资协会、台湾创业投资公会主办的京台资本市场合作发展论坛在中关村软件园举办。市台办、市金融局、中关村管委会、海淀区政府等指导单位负责人，投资机构、企业代表60余人参加。论坛分别以“开放资本市场两岸赢向全球”“多层资本市场打造创新平台”及“创新创业上市京台相互合作”为主题进行分场论坛，探讨两岸资本市场的合作与发展前景；中关村上市公司协会、国泰君安证券股份有限公司、中华开发工业银行等中台代表分别以中关村上市公司竞争力、品牌通路业在台湾资本市场的机遇与挑战、创新科技业在台湾资本市场的机遇与挑战为题进行演讲。

（杜　菲　王　翔）

【中关村企业参展第二届上交会】4月24—26日，在第二届中国（上海）国际技术进出口交易会上，中关村社会组织联合会组织中国技术交易所、北京远景同创科技孵化器有限公司等6家企业参展。中技所展示的知识产权一站式服务平台IPOS，可为企业提供知识产权相关法律咨询服务及知识产权代理服务，并为企业在国内外遭遇侵权或诉讼提供全流程的法律服务以及开展国内外专利申请代理业务。远景孵化器展示了企业孵化和科技成果转化两大服务机构，并带领孵化器创业企业——睿视科技有限公司、春蔬园科技有限公司、良华新能源科技有限公司参展。

（刘乐乐）

【“中国—南美检测认证服务业交流大会”召开】4月28日，由中关村产品检测和质量认证服务中心等单位主办的“中国—南美检测认证服务业交流大会”在京召开。会议主题为“交流合作共享、促进国际互认”。质监总局、北京市科委、中关村管委会等单位有关领导以及相关科研院所、社会组织、企业的代表等参加。会议围绕检验检测认证机构整合、巴西电子通信行业认证、检验检测认证机构在南美发展的机遇和挑战、电子电器产品出口新兴市场攻略等内容展开研讨。中关村产品检测和质量认证服务中心与巴西检测机构NCC（Net Connection Corp）签署战略性合作协议，双方将在国际交流、推动检测认证国际互认等方面开展合作，涉及计量检定、检验检测、认证认可、宣传培训、节能减排、电子通信以及电线电缆等领域。根据协议，双方的合作时间为12个月，合作内容主要包括争取相关优惠政策支持，通过平台实现资源共享；开展平台运营模式研究及信息系统建设工作；共同开展科研项目研究，畅通标准制写与修订、技术转移项目等渠道，在产品检测、体系认证、标准的制定与修订等方面开展合作；开展品牌建设，策划宣传推广，组织宣传培训。

（杜　玲）

【34家企业参展民营企业高科技成果展】5月26日—6月10日，在首届“民营企业高科技成果展览暨军民融合高层论坛”上，中关村军民融合科技创新示范基地34家企业参展。参展企业涉及制导与控制技术、核心电子元器件、探测与识别等11个领域。

（赵尉彬）

【中关村现代服务业成果参展京交会】5月28日—6月1日，在第三届中国（北京）国际服务贸易交易会上，中关村管委会以“新服务、新模式、新业态，引领现代服务业发展”为主题，组织23家中关村现代服务业企业参加，通过设立“创新驱动—服务成果展区”“资源集聚—服务平台展区”“服务民生—服务体验展区”3个部分，展示中关村现代服务业的发展成果。服务成果展区展示了中关村示范区在推动以新技术和新模式为主要支撑的新兴服务业态以及现代化技术改造传统服务业态，促进互联网、移动互联网、大数据等新兴产业与商务、金融、文化的高度融合发展，发展科技服务业、培育新兴服务业、改造提升电子商务与现代物流业、完善现代服务业发展环境等方面的发展态势、整体情况及最新成果。服务平台展区推出金融服务、创业孵化服务、知识产权和标准服务、技术交易服务四大平台，展示了中关村创业生态系统的优势。服务体验展区展示了北京超思电子技术股份有限公司的“华大夫”健康小屋等产品，观众可以体验互联网金融、健康服务、移动生活等服务。展会期间，中关村社会组织联合会举办了“中关村—东盟服务贸易推介会”，与会企业介绍了软件、高端装备制造、生物医药等领域的项目，现场签约额4700万元，意向成交额2.3亿元。

（刘乐乐　朱　凯）

【中俄企业网络视频交流会举办】6月4日，由清华大学启迪创新研究院主办的“中俄企业网上互动计划”（第一期——机械行业）在清华科技园举办。计划是中关村管委会建设中俄科技企业交流平台的具体措施之一。现场屏幕上显示了分布在3个国家7个城市13个分会场的图像。俄罗斯重型机械集团公司（OMZ）下属的伊若拉—核电设备生产厂、卡尔泰克斯—矿山机械设备公司等企业代表和中国第二重型机械集团公司、中国机械科学研究总院及北京工业大学等单位的专家、企业家10余人参加。俄方企业、中国二重集团的代表就市场合作、产品合作、资本合作等问题进行了探讨；俄方企业有意向引进北京工业大学李冬祺研究的铸造新工艺和技术。

（康秋红）

【中关村企业参展慕尼黑国际太阳能技术展】6月4—6日，在2014年德国慕尼黑国际太阳能技术展览会上，中关村管委会组织北京汇能精电科技有限公司、北京昆兰新能源技术有限公司、北京远方动力可再生能源科技发展有限公司等13家企业参展或集中展示。北京京东方能源科技有限公司等10家企业在“集中展示区”宣传和推介产品，展品包括：太阳能控制器、逆变器、LED驱动电源、Solar charge controller、多晶硅电池、太阳能热水采暖制冷集成系统、智能控制器等。参展企业签订了15份意向协议。

（殷　茵）

【第十四期中小企业技术创新国际研讨班举办】6月15—22日，由中关村管委会和伊朗伊斯法罕科技城、伊斯法罕科技企业孵化器和科技园发展中心共同主办，中关村科技园区丰台园科技创业服务中心承办的“第十四期科技型中小企业技术创新国际研讨班”在北京IBI举办。第十四期研讨班是根据中关村管委会与伊朗伊斯法罕科技城达成的合作办班协议，为伊朗举办的科技园区和孵化器管理人员的专项培训，同时还有巴基斯坦、罗马尼亚、马来西亚和埃及等国学员参与，旨在重点加强与伊朗等发展中国家的科技交流，向学员介绍中国提升科技型中小企业创新能力的经验，促进中国与伊朗、巴基斯坦等国在高新技术领域的合作。研讨班共有25名学员，由所在国科技行政主管部门负责人、科技园区主要管理人员和科技企业家组成。研讨班组织学员参加了“中国火炬计划”“中国科技创新扶持体系建设”等7场专题讲座和丰台科技园孵化器网络自主创新项目推介会及科技政策交流会等活动，参观了中关村示范区展示中心、北京汽车博物馆、丰台科技园及部分企业。

（柳　杨　王　翔）

【中关村企业参展亚洲通信展】6月17—20日，在新加坡举行的2014亚洲国际通信与资讯科技展览会上，中关村管委会组织北京永新视博数字电视技术有限公司、北京爱科迪信息通讯技术有限公司等17家企业参展或做集中展示。北京奇虎科技有限公司、神州数码网络（北京）有限公司等10家企业在“集中展示区”宣传和推介产品，展示的产品有北京永新视博数字电视技术有限公司的移动CAS系统、云计算整体解决方案；北京算通科技发展股份有限公司的条件接收系统、视频服务器、边缘调制器、编码器；北京朝歌数码科技股份有限公司的IPTV/OTT解决方案；北京爱科迪信息通讯技术有限公司的便携式卫星通信天线；北京赛科世纪数码科技有限公司的传统机顶盒、通信电源模块等，参展企业签订了37份意向订单，订单额约350万美元。

（殷　茵　王　翔）

【中国产业新区高峰论坛举办】7月3—4日，由搜狐焦点产业新区主办的“2014（第四届）中国产业新区高峰论坛”在京举办。论坛以“内生·均衡”为主题，讨论产业园区经济的内生路径、企业迁移的需求与策略、产业地产的均衡之道、京津冀一体化下的产业地产机会、企业转移路径等话题。行业专家、企业代表、专业机构代表等近1000人参加。

（石会昌）

【北京市国际创新合作机构培训举办】8月19—20日，北京市长城企业战略研究所在京举办北京市国际创新合作机构培训班。培训班邀请美国麻省理工学院媒体实验室、以色列希伯来大学Yissum技术转移公司、清华科威技术转移公司的专家讲授跨国技术转移创新模式、跨国技术转移实践与社交化等课程。来自泰国、印度尼西亚、柬埔寨、马来西亚等国家的20余位科技官员和技术转移机构负责人，以及北京地区的国际创新机构和企业的70余位代表参加。

（石会昌）

【中国—东盟科技创新政策研讨会召开】9月17日，

由科技部主办，中国—东盟科技创新政策研究中心、中国科技战略发展研究院和北京市长城企业战略研究所共同承办的中国—东盟科技创新政策研讨会在广西壮族自治区南宁市举行。来自柬埔寨、缅甸、老挝等东盟国家的代表以及科技部国际合作司、中国驻泰国使馆、广西科技厅等中方代表50余人参加。会议分享中国及东盟各国的科技创新政策研究、制定与管理经验，明确科技创新政策重点合作领域与合作意向。参会代表共同签署《中国—东盟科技创新政策研讨会联合宣言》，标志着“中国—东盟科技创新政策研究协作网络”成立。协作网络是指通过研讨、交流、培训、联合研究等方式，支持各成员机构间开展交流与合作，分享科技创新政策制定和实施的经验，开展以服务各国发展需求的科技创新政策联合研究，提升各国科技创新政策规划和制定的能力。

（石会昌）

【TD 产业联盟组团参展 2014 通信展】 9 月 23—27 日，在“2014 年中国国际信息通信展览会”上，TD 产业联盟组织 13 家企业组团参展，展示联想移动通信科技有限公司、中国普天信息产业股份有限公司、联发

博动科技（北京）有限公司等 TD 产业链企业的 TD-LTE 商用成果，包括 TD-LTE 系统设备、系统配套、终端、芯片、测试仪器仪表、业务应用及软件等各产业环节的产品，以及 TD-LTE 在智慧政务、智慧交通、智慧医疗、智慧电力、智慧煤矿等领域的综合解决方案。其中联发科技展示了 4G 真 8 核芯片 MT6595、64 位支持 TD-LTE 的 4G 芯片 MT6752 和 MT6732；北京裕源大通科技有限公司展示了全业务光纤分布系统（RAS），其网络容量高，信号质量好，适用城中村、楼宇及地铁等特殊场景的深度覆盖。

（韩　雯）

【中关村企业参展第二届绵阳科博会】 10 月 16—18 日，在第二届中国（绵阳）科技城国际科技博览会上，中关村示范区北京中航智科技有限公司、北京同有飞骥科技股份有限公司、北京首翔安达科技有限责任公司等企业参展，展示了 3D 打印、4G 应用、北斗应用等技术产品。其中近 30 家无人机企业构成的中关村无人机板块成为博览会军民融合主题一大亮点。

（赵蔚彬）

【中芬投资研讨会举办】 10 月 23 日，由芬兰投资总署、芬兰旅游局和中国商务部投资促进局共同主办，中芬金桥创新中心和北京中关村软件园发展有限责任

公司承办的“纯净芬兰”之“寻找下一个十亿：中芬投资研讨会”在中关村软件园云广场举办。中国政协人口资源环境委员会、中国商务部等单位有关领导，芬兰经济与就业部等相关部门负责人以及中芬双方企业代表参加。与会代表分享芬兰企业的原创技术和中国投资人的投资理念以及中芬企业合作的成果和体会。15 家芬兰高科技企业介绍了其在中国的发展合作计划。

（张　蕾）

【企业国际化水平提升与对接交流大会召开】 10 月 24 日，由第三届智慧北京大赛组委会主办，中关村物联网产业联盟、北京经济技术开发区科技局等单位承办的“第三届智慧北京大赛亦庄分赛暨北京市企业国际化水平提升与对接交流大会”在亦庄园举行。会上，节能与新能源产业技术创新战略联盟的智慧城市综合解决方案、北京经济技术开发区云计算知识产权创新联盟的智慧健康云监测、中国低碳高端智慧园区产业技术创新战略联盟的低碳高端智慧园区等项目进行了路演和评审；为智慧北京大赛亦庄赛区获奖项目颁奖；中国物联网应用集成电路设计（北京）研究院成立、智慧亦庄“感知数据”平台、智慧北京应用示范园区 3 个签约仪式举办；对接交流环节探讨了美国并购的商业流程及风险防控、加拿大康复医疗产业与中国的链接、国际技术转移探索与实践等问题。近 80 家企业

和机构的200余名代表参加。

（石会昌）

【“中以创新日活动”举办】 11月4日，由北京中关村软件园发展有限责任公司、以色列施拉特公司、北京高创天成国际企业孵化器有限公司共同主办的“中以创新日”活动在中关村软件园举办。科技部、中关村

管委会等相关单位领导以及以色列商务参赞出席，中以两国投资机构、高科技企业、行业协会代表等100余人参加。施拉特公司总裁Eliezer Manor做了“以色列创新文化和企业家精神”的主题演讲。中以两国代表分别介绍了各自的创新发展情况，并举行了“中以创新发展基金”揭牌仪式。来自信息通讯、农业、智能交通管理系统、生命科学、医疗设备、新能源等领域的近20家以色列高科技企业与中方企业对接，希望在相关领域开展合作。

（张　蕾　刘伟杰）

【“中泰电子产品经贸合作分论坛”举办】 11月6日，由中关村社会组织联合会、北京电子电器协会与泰国工业部工业促进局主办的共同迎接东盟经济一体化——2014第六届中国东盟经贸论坛“中泰电子产品经贸合作分论坛”在泰国曼谷市举行。中国中关村管委会等单位有关领导和泰国相关部门负责人及双方相关商（协）会、企业的代表参加。会议介绍了泰国电子工业及泰国电子电器行业概况和产业政策环境。中方代表做了“中关村，一个有着勃勃生机的创新创业生态系统”和“共谋促进中泰电子信息业合作与发展”主题讲演，并介绍了北京电子信息产业发展现状和特点。双方商（协）会、企业的代表进行了交流、洽谈。

（刘乐乐）

【中关村企业参展首届军事训练器材和先进技术展】 11月14—22日，在首届军事训练器材和先进技术展览暨军民融合发展论坛上，联想集团有限公司、同方工业有限公司、大唐联诚信息系统技术有限公司等36家中关村示范区企业参展，展出了数据存储、无线通信、基础仿真等领域的技术和产品。

（赵蔚彬）

【“联想之星WILL大会”召开】 12月20日，由联想之星主办的“联想之星WILL大会”在北京奥雅会展中心举行。来自创新科技行业各领域的创业者，经济、科技界的专家300余人参加。大会以“WILL2020新生活”和“WILL连接一切”为主题，讨论人与人、人与机器以及机器与机器的连接，提出行业发展趋势的思考；从衣食住行到生物医疗讨论创新的产品与模式将如何改变和颠覆人们的生活，共同畅想未来科技新生活。联想之星CEO特训班学员所在企业的创新产品在现场展示。40余家“星企业”在体验区展示了创新科技产品与服务，包括北京中航智科技有限公司的无人机、南京中科煜宸激光技术有限公司的3D打印机、苏州贝昂科技有限公司的空气净化器等。

（杜　菲）

社会组织

Social Organizations

本栏目设有协会组织和联盟组织两个分栏目，以条目体形式记述中关村国家自主创新示范区支持和发挥社会组织的功能而采取的举措，以及各社会组织承担政府职能转移，根据自身特点开展的为企业服务的活动等。

综　述

2014年，中关村示范区社会组织围绕中关村示范区加快建设具有全球影响力的科技创新中心目标，在搭建公共服务平台、组织特色品牌活动、开展行业研究、标准研究创制、推动区域合作、搭建政介沟通桥梁等方面，为中关村创新创业生态系统的优化与完善发挥了重要作用。截至年底，在市社团办中关村处注册成立的社会组织141家，其中社会团体99家（包括产业联盟50家），民办非企业单位37家，基金会5家。

2014年，中关村国家自主创新示范区社会组织联合会成立并注册为社团法人，获市委社会工委认定为市级枢纽型社会组织，将增进中关村示范区社会组织之间的沟通与合作，促进中关村示范区社会组织的发展；会员单位总数80家，其中社会团体67家，民办非企业单位11家，协会专业委员会2家。由中关村管委会作为业务指导单位的协会等社会团体、民办非企业单位和基金会以及中关村社会组织联合会会员被纳入社会组织发展支持资金支持范围，给予中关村科技企业家协会等47家社会组织建设经费支持、北京市闪联信息产业协会等41家社会组织专项工作经费支持、中关村社会组织联合会枢纽型社会组织经费支持。在服务京津冀协同发展工作方面，中关村社会组织联合会等协会联合举办首届京津冀协同创新共同体高峰论坛等相关活动，促进京津冀协同创新共同体的发展。中关村示范区协会组织围绕国家战略需求和示范区发展规划，累计开展108项课题研究，创制国际标准12项，国内标准16项；利用会员资源及行业优势，搭建促进创新资源对接的公共服务平台97个。第八批中关村开放实验室挂牌，由中关村民营科技企业家协会负责的中关村开放实验室工程，形成拥有159家开放实验室的资源平台，撬动近100亿元的各实验室积淀的科研资产，初步形成政产学研及社会组织五位一体的科技服务平台；北京市海淀区文化创意产业协会搭建企业国际化交流平台，设立“中美文化产业机构”“北美文化创意产业商会”等海外服务机构；举办中关村人才论坛、京台科技论坛人才分论坛、京津台三地企业家高端论坛、互联网时代人力资源管理高峰会等特色品牌活动185场，服务企业共计1.8万余家。中关村企业信用促进会开展企业“信用星级”认定工作和“信用双百企业”评选活动，北京伟嘉人生物技术有限公司等近2000家企业获认定。北京中关村高新技术企业协会发布官方APP—“微政”，方便企业用户快速获取政务信息。中关村社会组织联合会启动财富快车活动，搭建银行、证券、基金、担保等金融机构与企业面对面沟通的平台。北京商用密码行业协会成立，将为北京商用密码行业提供一个协作平台，完善商用密码行业管理格局。

2014年，中关村大数据交易产业联盟、中关村大数据金融产业联盟、中关村健康医疗服务创新产业技术联盟等产业联盟成立，中关村示范区较活跃的产业联盟总数达120家。推进产业联盟备案和注册试点，引导联盟规范发展。截至年底，新增备案的产业技术联盟13家，29家联盟注册为社团法人；联盟累计备案45家，注册50家。建立量化式联盟评级机制，制定联盟评价标准，开展联盟绩效评估工作，对长风联盟等运营成效显著的64家联盟给予奖补支持。围绕“641”重点领域和大数据领域实施重大示范项目41项，获支持资金4438万元。闪联产业联盟的6项国家标准获批立项，构筑了家庭智能音频的下一代应用标准。北京诺禾致源生物信息科技有限公司等一批企业将大数据在智能用药、居家养老、食品安全、研发服务、精准营销等领域进行应用示范，形成新的商业模式；围绕信息安全、生态文明等国家战略，北京天融信网络安全技术有限公司等企业的一批新技术、新成果得到推广应用；第三方影像中心、基因检测、在线会诊及转诊、分布式能源等一批新技术的应用示范，为形成新的行业标准、制定有关行业政策进行了探索。参与京津冀协同发展，为联盟跨区域配置资源提供新平台。中关村物联网产业联盟与河北物联网联盟、天津物联网联盟签署“京津冀一体化物联网产业战略合作协议”，致力于实现京津冀物联网产业一体化。中关村美中生物集群创新联盟在天津市建设“京津生物技术产业园”。中关村储能产业技术联盟组织会员单位在河北固安建立示范项目，集大容量相变储热技术、智能建筑、储能技术于一体。

（马媛月　杜　玲）

协会组织

【微信时代的社会化营销培训举办】 1月3日，由北京软件行业协会主办的微信时代的社会化营销培训在京举办。联想集团有限公司等企业的代表100余人参加。相关专家从利用微信社会化营销方式突破销售瓶颈；把握社会化营销的要点，提升用户体验，鼓励用户参与和分享，促进用户从粉丝到顾客的转化，最终落地营销目标；为消费者提供有价值的内容，吸引消费者持续关注微信公众账号等方面讲解了软件企业如何利用微信等社会化营销手段打造企业品牌，并与参会代表就企业品牌创造等问题进行交流和探讨。

（郝峥嵘）

【“2014国际视野下的创新与资本论坛”举办】 1月10日，由中关村股权投资协会主办的“2014国际视野下的创新与资本论坛”在中关村软件园举办。国内部分科技园区、创新型企业、国内外投资机构的代表，美、英、

法等国家驻华大使及经济参赞等800余人参加。相关专家就“打造中关村成为科技创新之城”“中关村人均创造价值低于美国硅谷”等主题进行演讲，介绍了全球经济形势及科技创新的最前沿动态。活动还设有中国风险投资的未来、中国企业的并购机遇与挑战、中关村如何成为世界创新中心等分论坛，探讨了中国风险投资行业未来发展趋势，全球科技创新与资本融合的新动向与新机遇。活动同时设有“生物医药、大健康”“互联网金融”行业论坛以及国际人才交流大会、创新创业项目展示等环节。

（李贺英）

【北京软件行业“赢商”总裁班举办】 1月12日，由北京软件行业协会主办的北京软件行业“赢商”总裁班在京开班。来自北京力鼎创软科技有限公司、北京本果信息技术有限公司、北京博雅立方科技有限公司、北京神州云动科技股份有限公司的企业负责人20余人参加。培训的主要课程包括如何打造成功企业，企业愿景与使命，企业文化、客户、市场、USP及承诺、ActionCOACH五要素法，销售模式、团队建设、组织结构、企业系统等，指导企业系统地梳理运行及管理系统。

（郝峥嵘）

【中关村社会组织联合会成立】 1月23日，中关村国家自主创新示范区社会组织联合会筹备成立大会暨第一次会员大会在中关村示范区展示中心召开。市委社

工委、市民政局、中关村管委会等单位有关领导和各会员单位的代表100余人参加。会议表决通过《中关村国家自主创新示范区社会组织联合会章程》，中关村泰诚民营经济发展研究所所长王小兰当选第一届联合会会长。中关村社会组织联合会是实体枢纽型社会组织，其前身是中关村国家自主创新示范区协会联席会，旨在整合资源，增进中关村示范区社会组织之间的沟通与合作，充分发挥桥梁纽带作用，促进中关村示范区社会组织的发展。主要服务：联合中关村示范区社会组织，树立中关村示范区社会组织整体品牌，推动社会组织为中关村战略发展服务；开展中关村政策系列宣讲、中关村创业讲坛等活动；搭建助推中关村示范区企业国际化的服务平台，组织企业参加各种国内、国际展会等活动；搭建高科技企业“走出去”服务平台，推动中关村示范区企业参与国际竞争；开展社会组织工作人员职业化培训。会议还表彰了2013年度中

关村示范区优秀社会组织和先进个人，中关村科技企业家协会、北京中关村高新技术企业协会等10家单位获“2013年中关村优秀社会组织”称号。

（韩洋洋　刘乐乐）

【拉手汇电子商务平台上线】2月26日，“中关村科技企业家协会会长工作扩大会”在北大科技园召开。市科协、市民政局、中关村管委会等单位有关领导以及协会代表100余人参加。会议解析了2014年中国经济走势，介绍了协会产学研服务平台、会员服务、投融资平台、智库和市场开拓等板块的工作，并举行“中关村科技企业家拉手汇”（ls.zgckjqyjxh.com）电子商务平台上线开通仪式。拉手汇由供应信息、求购信息、团购专区等板块组成，通过展示和销售会员企业的高科技产品和项目，为企业寻求更多商业机会。

（刘伟杰）

【人才促进会沙龙活动举办】2月28日，“北京市海淀区高层次人才发展促进会2014年首期沙龙活动”在北京航空航天大学举办。活动以中关村创投机构与企业投融资交流与合作为主题。来自生物医药、计算机软件、铁路交通等领域的13家会员企业的代表参加。相关专家对海淀区金融投资与企业上市方面的扶持政策进行讲解和指导，对新三板上市的问题进行阐述并提供专业咨询服务。启迪创业投资管理有限公司、通用技术创业投资有限公司等6家投资机构的代表，与参会代表进行对话交流与项目对接。至年底，人才促进会共举办12期会员沙龙活动，分别以国际政经格局巨变与中国对外经济新战略、数据资产时代下的大数据应用、公司领导力的提升等为主题，就互联网道路上的创业经验、互联网金融等方面进行交流，共吸引300余名高层次人才参加。

（冯　娜）

【创新基金申报及验收培训举办】3月11日，北京软件行业协会人才服务和培训分会主办的创新基金申报及验收培训在京举办。70余家企业的中高级管理人员近100人参加。培训旨在帮助北京市软件和信息服务业企业及时了解创新基金的具体申报流程、条件标准、验收工作，掌握有关的申报政策细则。相关专家讲解了创新基金项目的背景，总结分析了2013年创新基金项目申报情况，介绍了2014年度创新基金申报方向及条件、申报流程、项目评分规则及要点、项目书撰写指导、验收、技术合同登记等内容。

（郝峥嵘）

【3·15诚信消费品牌节举办】3月14日，由海淀区精神文明建设委员会主办，中关村电子商会、北京市场协会电子卖场分会、中关村电子卖场工会联合会承办的“创建全国文明城区规范诚信经营秩序暨3·15诚信消费品牌节”在海龙电子城举办。海淀区商务委、工商海淀分局、海淀区消费者协会等有关单位负责人以及中关村各电子卖场、规范经营示范店代表70余人参加。活动以“创建文明城区、共筑和谐消费”为主题，总结经验、部署工作任务，表彰在创建全国文明城区工作中积极参与、表现优异的卖场。海龙电子城、鼎好电子商城、科贸电子城、广安中海电子市场等7个卖场获示范市场称号，32家单位获优秀规范经营示范店称号。（3月15日，新修订的《消费者权益保护法》执行。此次诚信消费品牌节旨在贯彻落实新消法，规范电子卖场经营秩序，提升电子卖场服务水平，增强消费者的消费信心。）

（丁　旭）

【“科技型中小企业政策宣讲会”举办】4月15日，由中关村科技企业家协会、市工商联共同主办的“科技型中小企业政策宣讲会”在京举行。来自北京市相关行业的科技型中小企业、协会会员企业代表100余人参加。相关专家分别就“产学研政策宣讲及科技成果转化路径”“政策性资金支持的申报”“科技型中小企业多渠道融资实务”等主题，介绍相关产学研合作政策，高新技术企业及企业技术中心的申报、新三板的准入政策及具体融资渠道等。

（韩洋洋）

【信息消费政策解读会举行】4月29日，由北京软件行业协会主办的信息消费政策解读会在京举行。来自会员企业的代表70余人参加。市经济信息化委相关负责人就《北京市关于促进信息消费扩大内需的实施意见》和《北京市进一步促进软件产业和集成电路产业发展的若干政策》两个软件产业文件进行解读，并结合中小企业基地平台认定以及中小企业创新融资的支持政策，分析了北京软件产业政策环境、产业布局、投融资环境和相对应的企业策略等。

（郝峥嵘）

【诚信服务志愿者队伍成立】5月21日，由海淀街道(西区办）主办的“创建全国文明城区诚信经营、维护企业合法权益宣传活动暨诚信服务志愿者队伍成立仪式”在新中关购物中心举行，海淀区政府、创建全国文明城区工作领导小组、中关村电子商会等单位有关负责人及鼎好电子商城等电子卖场成员单位代表100余人参加。活动旨在倡导诚实守信经营、推动商业诚信文明；加强行业自律，提高服务质量；保护消费者合法权益，共创全国文明城区。针对中关村西区电子卖场现存的

黑导购拉客、销售假冒伪劣产品、价格转型欺诈等现象，相关单位组织各电子卖场、商场成立志愿者队伍，设立大学生志愿者宣传站，宣传创建文明城区及诚实守信、维护企业合法权益相关法律法规和知识，且通过二维码信息服务平台方便商户和消费者可及时查询相关法律法规，联合北京城市广播电台定期播放消费提示，强化消费者的维权意识。志愿者队伍成立后，将设立“诚信经营服务岗”，为来往群众提供指路引导、信息咨询、协助维权及文明宣传等服务内容。

（丁　旭）

【中国金属学会金属材料深度加工分会成立】 5月25日，由中国金属学会主办的“中国金属学会金属材料深度加工分会成立大会暨第一届委员会工作会议”在天津市举行。学会会员单位的代表参加。分会挂靠北京科技大学冶金工程研究院，旨在促进国内钢铁生产企业的转型升级，满足新兴产业对于钢铁等原材料性能的技术发展要求，加强企业与用户之间的紧密联系，提高企业的市场竞争力，主要负责建立扁平材深加工、长材深加工、管材深加工、金属制品（丝、绳）、冷弯型钢、零件轧制等领域的技术交流平台和学术活动载体。北科大冶金工程研究院院长唐获担任第一届委员会主任委员。

（张慧秋）

【2014信息网络产业新业态创新企业30新颁奖】 5月26日，由北京信息化协会主办的“2014信息网络产业新业态创新企业30新颁奖典礼”在京举行。活动以“信息消费，转型创新”为主题。市经济信息化委、中关村大数据产业联盟等单位相关领导及企业代表100余人参会。中关村示范区安恒环境科技（北京）股份有限公司等17家企业入围。上榜企业将被推荐申报市经济信息化委中小企业发展基金；优先入选北京市软件和信息服务业的重点项目储备库以及相关政府采购名单；在申报国家高新技术企业、政策资金时享受优先服务。

（江　欣）

【中关村企协成为市政府信息直报点】 5月26日，市政府办公厅印发《关于调整信息直报点的通知》，中关村科技企业家协会获批为北京市政府信息直报点，成为中关村地区唯一一家直报点。协会宣传部和调研部将每周向市政府通报中关村示范区企业和协会的动态信息。

（韩洋洋）

【“2014北京软件名人论坛”举办】 5月28日，由北京软件行业协会主办的“2014北京软件名人论坛”在中关村软件园举办。论坛以“数据驱动世界”为主题。工业和信息化部、北京市经济信息化委、中国软件行业协会等单位有关领导及相关专家、企业代表等参加。与会代表探讨了大数据时代下软件企业应如何应对挑战、云生态下的智慧城市与跨界合作等话题。论坛还设立了两场高端对话活动，北京北斗星通导航技术股份有限公司等企业的代表和业界专家，共同探讨数据驱动世界形势下软件产业的未来发展趋势。

（郝峥嵘）

【2014北京软件周举办】 5月28日—6月4日，由北京软件行业协会主办的2014北京软件周在京举办。参观的观众8万余人次。软件周采取展览、论坛、开放日等多种形式的活动，集中展示了北京软件与信息服务业发展的创新和应用成果，探讨行业发展的新思路、新举措，促进政府、协会、企业、用户、科研院所等各方面的交流、洽谈与合作。软件周展示活动——软博会北京馆，以智慧城市为主题，展示了用友软件股份有限公司等企业在城市智能运行、市民数字生活、企业网络运营、政府整合服务等方面的成果，“软件革命改变世界”“数据驱动世界”等6场专题论坛对大数据、传统企业转型等话题进行了研讨。活动期间，北京软件行业协会编印发放了《北京软件与服务》软件周特刊和《2014中国智慧城市案例集》，并组织100余人参加企业开放日活动。

（郝峥嵘）

【2014年软件行业基准数据发布】 5月30日，由中国软件行业协会系统与软件过程改进分会、北京软件行业协会等单位承办的“第十八届中国国际软件博览会软件工程与质量论坛”在京举行。中国软件行业协会、北京市经济信息化委等单位有关领导及相关专家、企业代表等近400人参加。中国系统与软件度量用户组发布了2014年软件行业基准数据。基准数据基于“行业级软件过程基准数据库”中所有可信度高于D的国内项目数据。所有数据为项目全生命周期数据，即工作量数据包含了开发方从立项到交付的所有工程活动

及相关的项目管理及支持活动所耗费的工作量。数据库由中国软件行业协会过程改进分会和中国系统与软件度量用户组共同牵头承担建设，服务于软件组织的生产过程改进、信息化单位工程造价估算、信息化工程监理和审计单位的项目监控等。

（刘乐乐）

【税收辅导研讨会举行】6月9日，由中关村科技企业家协会联合海淀区国税局、地税局共同主办的税收辅导研讨会在京举行。北京圣德微电子有限责任公司、国科光电科技有限责任公司等会员企业的代表近70人参加。相关专家就《关于小型微利企业所得税优惠政策有关问题的通知》《关于扩大小型微利企业减半征收企业所得税范围有关问题的公告》等2014年新办企业、小微企业相关税收政策进行解读。

（韩洋洋）

【创建全国文明城区规范培训举办】6月11日，由中关村电子商会主办，中关村创新研修学院承办的中关村电子卖场创建全国文明城区培训在中关村创新研修学院举办。海龙电子城、鼎好电子商城等电子卖场的商户代表50余人参加。海淀园管委会、中关村创新研修学院有关负责人就海淀区创建全国文明城区的工作情况，创建的标志、口号、吉祥物以及工作内容、评判标准进行介绍，围绕卖场、服务、商城管理条例、违规管理和公共服务等方面，讲解经营过程中商户需注意的事项和行为规范。（创建标志：以“文明海淀”4个字为主要视觉元素，体现海淀区整体创建文明城区的决心和承诺；口号：举区域之力聚万众之智共创全国文明城区；吉祥物欢欢，是一滴欢乐的水滴，象征汇聚力量，又似一粒种子传播文明讯息。）

（丁　旭）

【项目管理资质认证培训举办】6月13—15日，由北京项目管理协会主办的2014年中关村企业第二期项目管理专业资质认证培训在京举办。北京大基康明医疗设备有限公司等45家企业项目的管理人员参加。培训设有项目生命周期与组织、项目整合管理、项目干系人管理等10余门课程，以案例实战应用形式，介绍了现代项目管理十大知识体系理论及应用，使学员系统了解国内外项目管理基本知识与技能，具备IPMP-C级考试的能力。

（刘乐乐）

【“微政”启动】7月4日，“北京中关村高新技术企业协会官方APP—‘微政’发布会”在京举行。中关村管委会、海淀园管委会等单位有关领导和企业代表200余人参加。“微政”APP由高企协和北京本果信息

技术有限公司共同推出，是一款专门为企业用户快速获取政务信息而开发的服务类软件，由通知公告、政策法规、办事知识、数据统计四大栏目组成，通过采集技术对互联网上相关企业的各类信息进行数据分析、深度挖掘及专业推送，是根据企业用户的需求搭建的企业信息化服务平台。

（刘伟杰　张　凡）

【中国—东盟自贸区零关税政策实务报告会召开】7月23日，由中关村人才协会、北京电子电器协会主办的“中国—东盟自贸区零关税政策实务报告会”在牡丹数字电视国家工程中心召开。企业代表及相关协会代表50余人参加。相关专家就中国政府对东盟国家的投资、重要领域、重大项目等方面的情况做了介绍，对企业投资商机进行了分析，就零关税政策和实际操作等问题做了讲解，并就参会企业提出的产品销售需求、电子产品投资建厂等问题做了解答。

（刘乐乐）

【中关村社会组织联合会获枢纽型社会组织认定】7月28日，在2014年全市社会建设半年工作会议上，中关村社会组织联合会凭借在同类别、同性质、同领域社会组织的发展、服务、管理工作发挥桥梁纽带作用，在业务上处于龙头地位，在管理和承担业务主管职能等方面的突出业绩，获市委社会工委的市级“枢纽型”社会组织授牌。

（马媛月　刘乐乐）

【北京商用密码行业协会成立】8月8日，由航天信息股份有限公司等单位主办的“北京商用密码行业协会成立大会暨第一届会员大会”在航天信息园召开。北京市密码管理局、北京通信信息协会、中关村信息安全产业联盟等单位负责人及近100家商用密码企业代表参加。协会是由北京商用密码企业单位自愿发起成立的社团组织，经市民政局批准，登记备案的行业性社会团体。协会的成立为北京商用密码行业提供一个协作平台，有利于整合资源，联络行业单位参与商用

密码行业建设，加强行业自律，完善商用密码行业管理格局。大会选举产生协会第一届理事会、监事会及协会主要领导。会长由航天信息股份有限公司副总经理郭宝安担任。（市民政局于2015年4月2日批复北京商用密码行业协会成立，并颁发社会团体法人登记证书。）

（杜　菲）

【旁听劳动人事争议仲裁院庭审】8月19日，北京市海淀区高层次人才发展促进会组织60余家会员单位的人力资源主管和法务代表近100人，旁听海淀区劳动人事争议仲裁院的劳动人事争议仲裁案件庭审，了解仲裁案件的陈述、质证、答辩以及调解等环节。庭审案件涉及劳动合同解除、工资拖欠、员工借款和报销、企业规章制度效力、竞业限制和保密协议，以及经济补偿金等方面。仲裁员还与企业代表进行了交流和讨论。

（刘乐乐）

【天工大厦企业联谊会成立】8月20日，北京科大天工大厦企业联谊会成立大会在天工大厦举行。北京科技大学、北京科大天工科技服务有限公司，中关村高端人才创业基地管理办公室等单位有关负责人以及会员单位代表近100人参加。联谊会由北京科大天工科技服务有限公司牵头，成员单位有京微雅格（北京）科技有限公司等42家单位。联谊会的成立旨在加强政企，校企以及企业之间的相互交流与合作，助推企业健康、快速发展。北京科大天工科技服务有限公司董事长何民庆担任第一届理事会理事长。

（张慧秋）

【2014年度第一批次集成资质认证评审完成】9月11日—11月30日，北京信息化协会完成2014年度第一批次计算机信息系统集成企业资质认证申报及换证企业工作，并出具评审报告。协会共受理三、四级新申请及换证企业98家，出具评审报告93家，其中三级换证32家、四级换证5家，三级申报46家、四级申报10家。

（江　欣）

【中关村电子商会第三届会员代表大会召开】9月12

日，中关村电子商会第三届会员代表大会在京召开。工业和信息化部、市社团办、中关村管委会等单位有关负责人及会员代表100余人参加。大会通过《中关村电子商会章程修改说明》，选举产生新一届领导机构，中国电子商会副会长鲁瑞清继续担任中关村电子商会会长。会上，宣布成立专家组，组长由鲁瑞清担任。（2015年1月8日，中关村电子商会第三届第一次常务理事会在北京中联国兴书画院召开，会议接受鲁瑞清辞去商会法定代表人职务，一致通过由执行会长齐波担任商会法定代表人。）

（丁　旭）

【北京软协第八届理事会第一次会议召开】9月25日，北京软件行业协会第八届理事会第一次会议在京召开。协会会员单位代表参加。会议选举太极计算机股份有限公司总裁刘淮松担任第八届理事会会长，北京中科希望软件股份有限公司董事长周明陶连任监事长，北京旋极信息技术股份有限公司总裁陈江涛等46人当选副会长。

（郝峥嵘）

【高企协理事会召开】9月26日，“北京中关村高新技术企业协会第五届理事会第三次会议”在京举行。海

淀区政府、海淀园管委会等单位有关领导及协会理事单位的代表等200余人参加。会议选举产生会长、副会长、秘书长。北京小米科技有限责任公司CEO雷军当选新一任协会会长。

（张　凡）

【科技成果转化的瓶颈与对策研讨会召开】9月26日，由中关村科技企业家协会主办的科技成果转化的瓶颈与对策研讨会在中关村天合科技成果转化促进中心召开。中关村管委会、中关村企协、中关村开放实验室等单位相关负责人以及70余位企业代表参加。会议解读了“京校十条”，并介绍了中关村开放实验室改革创新的工作思路，提出中关村开放实验室发展的路线图。相关专家分别以“促进科技成果转化的服务平台

建设”“科技成果转化难点与对策思考”“科技成果转化过程中面临的问题与挑战”“科技成果转化的经验与体会”为主题，就科技成果转化存在的瓶颈以及对策进行交流。

（韩洋洋）

【京津优秀科技成果转化推介会举行】10月17日，由中关村社会组织联合会主办的京津优秀科技成果转化推介会在京举行。中国科学院、天津高新技术企业协会、北京电子电器协会等单位有关负责人及会员单位代表50余人参加。中科院科学传播研究中心、中科院理化所、中科院自动化所等单位的负责人分别以立体视觉产业技术应用示范基地、光学分子影像手术导航系统、新型绿色无醛黏合剂及绿色人造板生产技术、油品在线优化调和系统、体外诊断的新技术及抗癌药物研发、全系列通信协议软件系统为主题，介绍了中科院各分机构的研究成果。

（刘乐乐）

【京津冀协同发展高端研讨会举办】10月20日，由中关村科技企业家协会主办的“以协同创新引领京津冀协同发展高端研讨会”在中关村示范区展示中心举办。中关村管委会主任郭洪等领导以及市发展改革委、市工商联、海淀园管委会等单位相关负责人和区域合作单位、企业的代表近300人参加。相关领导和专家分别发表“以协同创新引领京津冀协同发展”“国家战略与产业结构调整”“推动京津冀协同发展要在几个关键和核心问题上实现重大突破”等主题演讲。与会代表围绕“抓好科技成果转化抓住协同发展机会”“京津冀发展与中关村企业市场机会”两大主题，探讨京津冀协同发展背景下企业的新机遇。

（韩洋洋　王　翔）

【信息化协会获优秀管理奖】10月22日，在“2014各部委及地方信息协会负责人大会暨‘移动互联网发展趋势论坛’”上，中国信息协会表彰了全国各地方先进单位和个人。北京信息化协会因对北京地区信息化企业的发展起到了积极的引导和规范作用获“2014年中国信息协会优秀管理奖”，会员单位北京金鸿泰科技有限公司、北京华博创科数码科技有限公司获“2014年中国信息协会优秀产品奖”。

（江　欣）

【财富快车启动】10月28日，由首都金融服务商会、中关村社会组织联合会主办的“中小微企业金融创新研讨会暨财富快车启动仪式”在清华科技园举行。中关村管委会等单位有关领导以及金融机构、中关村各协会组织、京津冀部分园区代表及企业代表200余人参加。财富快车活动由中关村社会组织联合会主办，中关村成长型科技企业互助促进会承办，旨在搭建一个银行、证券、基金、担保等金融机构与企业面对面沟通的平台，探索“新产业”下“新金融”综合服务体系的建设，主要目的是构建以企业需求为导向，整合多方金融资源持续开展多方位、多层次系列活动的服务平台。

（刘乐乐）

【中关村科技企业家协会更名】10月30日，市民政局印发《行政许可决定书》（京民社许准变字〔2014〕1024号），批准中关村科技企业家协会更名为中关村民营科技企业家协会。中关村企协的更名是为了进一步加强协会的活力与创新精神，增强民营科技企业家领军会员在协会领导团队中的影响力。

（韩洋洋）

【北京—加拿大安大略省创新论坛举办】10月31日，由中关村社会组织联合会、海淀区文化创意产业协会承办的“北京—加拿大安大略省创新论坛”在京举办。科技部、北京市政府、中关村管委会等单位有关领导以及加拿大相关机构负责人和企业、金融机构、行业协会的代表近400人参加。双方代表针对清洁技术、空气治理、生物医药等领域的90余个项目展开200余次对接，达成32项合作意向。北京理工大学、中国节能环保集团公司等单位分别与加方代表签署14项合作协议，将在生物医药、混合及电动汽车清洁运输技术等项目上开展创新合作与技术转移。

（刘乐乐）

【北京软协更名】11月15日，市民政局印发《行政许可决定书》（京民社许准变字〔2014〕1080号），批准北京软件行业协会名称变更为北京软件和信息服务业协会，注册资本变更为30万元。协会更名基于更好地适应软件企业向信息服务方向转型，探索开创可持续发展的良性运作机制，为会员企业提供有价值的专业服务，包括市场服务、经营管理服务、金融服务、产业标准、行业秩序规则及评审服务等，促进北京软件行业的产业升级，致力于打造一个软件产业交流与合作的重要交互平台。

（郝峥嵘）

【北京设计青年大会举行】11月16日，由北京国际设计周组委会、中关村社会组织联合会、中关村工业设计产业协会、北京工业大学主办的“2014北京设计青年大会”在中关村示范区展示中心举行。会议以“文化创意和设计服务与相关产业融合，设计青年交流合作促京津冀协同发展”为主题。中关村管委会等单位有关领导及京津冀地区24所院校设计专业师生和设计企业、行业协会的代表1000余人参加。大会设置“京津冀设计协作”“设计创新中国梦”“年轻的设计梦”等环节，探讨在互联网与大数据背景下，如何树立设计融合、创新创业意识。会议还成立“京津冀设计青年协同创新战略联盟”。联盟将综合三地力量，探索、支持学历教育与职业培训并举、创意设计与经营管理结合的人才培养新模式。会上，京津冀设计青年联盟与中国五金产业技术创新战略联盟等5家联盟和北京天创易造工业设计有限公司等22家企业及高校签署战略合作协议，将在加强各院校间设计青年交流、互动与合作，推动设计产学研用金介协同创新，提升设计服务产业发展，加大力度宣传中关村设计科技创新成果等内容开展合作。

（刘乐乐）

【中关村电子商会获2014年度先进地方商会奖】 11月27—28日，在“中国电子商会第五届第三次常务理事会”上，对2014年度先进单位、个人进行表彰。中关村电子商会凭借积极参与、配合中国电子商会各项活动，在开展地方商会工作中有创新，且有较强的号召力，发挥了商协会作用等业绩，获2014年度先进地方商会奖。

（丁　旭）

【首届京津冀协同创新共同体高峰论坛举行】 12月17日，由中关村社会组织联合会、北方技术交易市场等单位主办的“首届京津冀协同创新共同体高峰论坛京津ICT及文创企业合作需求对接分论坛”在天津市举行。论坛以“协同创新、共赢发展”为主题，天津市政府、中关村管委会等单位有关领导以及京津冀三地的科技企业、社会组织、科研院所和服务机构的代表近600人参加。论坛就创新创业载体与人才发展、ICT及文创企业合作、京津冀技术转移合作3个方面进行探讨。与会代表就创新创业载体、人才发展、企业合作及文化创意、能源环保、信息技术、工业设计、新材料、生物医药、科技金融等行业前沿技术的科技成果转移转化等内容进行研讨，就企业项目进行介绍推荐和合作对接洽谈，并签署项目合作协议。会上还宣读了《京津冀协同创新共同体高峰论坛合作宣言》，提出京津冀三地社会组织将论坛升级为一年一度的品牌性活动，打造三地创新交流的高端平台，促进京津冀协同创新共同体的发展。

（刘乐乐）

【北京软协会员总数1870家】 年内，北京软件和信息服务业协会会员总数达1870家。其中，理事会员116家（理事包含常务理事、副会长和会长），普通会员1754家。北京软协会为会员提供信息服务、资质服务、沙龙活动、客户推荐、项目申报等八大类53小类服务项目，并印制服务计划彩页，通过网站、微信、微博、邮件、电子快讯等方式推广服务计划。

（郝峥嵘）

【中关村民营科技企业家圆桌论坛举办】 年内，由中关村民营科技企业家协会主办的中关村民营科技企业家圆桌论坛共举办两期，分别以“京津冀一体化为环保企业带来的机遇”“生态农业循环经济，京津冀协同发展”为主题，就企业如何助力京津冀发展、如何在京津冀协同战略下发展生态农业循环经济等问题进行探讨。中持（北京）环保发展有限公司、北京嘉博文生物科技有限公司、桑德集团有限公司等会员企业代表50余人次参加。

（韩洋洋）

【会员开放日系列活动举行】 年内，中关村社会组织联合会共举行6场会员开放日系列活动。活动采取分期走访成员单位的形式，先后走访中关村工业设计产业协会、北京市民间组织国际交流协会、中国软件行业协会系统与软件过程改进分会等6家单位，共有60家次会员单位的100余人次参加。相关负责人交流了协会在标准发布、研究创新、行业活动等方面的工作经验，共同探讨如何建立社会组织造血机制，尝试建立市场化运作机制，挖掘利用资源开展多领域的合作，提升社会组织的品牌效力等内容。

（刘乐乐）

联盟组织

【闪联参展 CES】 1月7—10日，在2014年美国国际消费电子展览会（CES2014）上，闪联产业联盟组织新联合众（北京）科技有限公司、云动创想科技有限公司等企业参展。展示产品包括智能家居、智能照明、智能音频、智能终端等。其中，新联合众公司的幻彩物联网智能照明系统，只需轻点手机、平板电脑上APP按钮，便可遥控LINXEE智能LED灯，智能控制多个LED灯的开关，根据场景或心情变换照明颜色，支持1600万种颜色的变换。

（杜　菲）

【中关村大数据交易产业联盟成立】 2月20日，“中关村大数据交易产业联盟成立暨中关村数海大数据交易平台启动仪式”在工业和信息化部电信研究院举行。市委副秘书长傅华、中关村管委会主任郭洪等领导以及联盟会员单位的代表参加。联盟是由工业和信息化部电信研究院、中关村互联网金融协会、北京京东世纪贸易有限公司等60余家单位参与组建的国内首个面向数据交易的产业组织，以推动数据资源开放、流通、

应用为宗旨，聚集大数据提供方、数据开发者、大数据交互平台、大数据使用方及数据投资者，构建中关村示范区乃至全国大数据流通、开发、应用的完整产业链。工业和信息化部电信研究院副院长刘多任联盟理事长。

（王　琳　杜　玲）

【汽车科技媒体联盟成立】 2月27日，由车云会与北京三大不六科技有限公司（3W咖啡）联合主办的“车·创想——车云会创投汇第一季暨汽车科技媒体联盟成立仪式”在3W咖啡举行。联盟发起单位、投资机构的代表和创业者近200人参加。联盟由车云网、汽车之友杂志社、北京车语文化传媒有限公司等8家汽车和科技媒体发起成立，定位是服务汽车、科技媒体成员，代表和维护各成员权益，整合资源，开展广泛的交流与合作，实现资源增值、优势互补；联盟各成员将在媒体端、微信、微博联动报道，推动中国车联网事业发展。车云网CEO程李为联盟首届轮值主席。创投汇是车云会发起的一项主体活动，旨在帮助创业者和投资人实现对接，并推动汽车、科技、金融等行业的资源流动，寻找跨界创新的机会。活动还对北京车派云联科技有限公司的帝派安卓车载上网导航等10个汽车行业创业项目进行推介。

（刘伟杰）

【中关村先导文化创意产业集聚区联盟成立】 2月28日，在“2014中关村文化创意产业合作交流会”上，中关村先导文化创意产业集聚区联盟成立。联盟由中央新影集团、中国工艺艺术品交易所、北京牡丹科技孵化器有限公司等30家单位发起成立，将依托中关村核心区新兴产业联盟、文化科技园区及孵化器、文化创意企业，发展高端、高效、高辐射力的产业，建立核心区文化创意产业协同创新平台。

（刘伟杰　杜　玲）

【中国智能云视听产业联盟成立】 3月14日，由中国电子视像行业协会和北京亦庄数字显示产业管理有限公司共同主办的“中国智能云视听产业联盟成立暨4K超高清显示标准发布会”在京举行。工业和信息化部等单位有关领导以及相关专家、会员代表参加。联盟由中国电子视像行业协会牵头，由京东方科技集团股份有限公司、北京电影学院动画学院、北京经济技术开发区数字电视产业园等50余家单位联合发起成立，覆盖数字内容制作、云平台、网络传输、智能终端、人机交互设备、应用软件及增值服务、操作系统及芯片、新型显示器件、电子商务等上下游厂商，通过联合创新机制加快技术进步，共建行业标准，共同提高用户体验和满意度。中国电子视像行业协会副会长郝亚斌任联盟首届理事长。会议还发布由中国电子视像行业协会联合国家数字音视频及多媒体产品质量监督检验中心等4K产业链相关企业和机构共同制定的国内首

个 4K 超高清终端显示标准——《4K 超高清终端显示技术规范》。《规范》明确了适用范围、规范性引用文件、专业术语和定义、技术要求、测量条件和方法，从终端设备的外观、接口、显示技术等方面制定了相应的标准。

（杜　玲）

【闪联公司成为北京市国际科技合作基地】 3 月 20 日，市科委印发《关于认定 2014 年北京市国际科技合作基地的通知》，闪联信息技术工程中心有限公司申报的“信息标准技术北京市国际科技合作基地”通过认定，属电子信息领域联合研究中心及国际合作示范类基地。闪联公司将积极拓展国际科技合作渠道，创新合作方式，提升合作层次，将基地建设成为技术领先、人才聚集的国际化研发基地。

（杜　玲）

【中关村手游产业技术联盟成立】 4 月 3 日，由北京空中信使技术有限公司牵头的中关村手游产业技术联盟成立，北京成熙通信息技术有限责任公司、北京新锐互联科技有限公司、北京博雅无极科技有限公司等 9 家企业成为联盟首批成员。联盟致力于提升成员的竞争实力，为联盟企业开展全方位的合作搭建平台，根据企业在产业链的不同位置，开展产品内容、市场渠道拓展与共享、技术联合攻关等不同层次的合作，营造创新环境，培养创新创业精神。

（杜　玲）

【中关村可信计算产业联盟成立】 4 月 16 日，由中国电子信息产业集团有限公司主办的“中关村可信计算产业联盟成立大会”在京举行。工业和信息化部、中国工程院、中关村管委会等单位有关领导和专家以及来自国家信息安全专业机构、联盟会员的代表等 100 余人参加。联盟由中国电子集团、中国信息安全研究院、中国电力科学研究院等 60 家单位发起成立，旨在依托联盟成员构建高效、互补、良性循环发展的可信计算产业链，打造可信计算技术发展应用的良好生态环境，推动可信计算技术、产品研发及产业化发展，提升中国 IT 产品的自主可控、安全可信水平，将成为技术创新和重大工程组织模式创新的平台。中国电子集团总工程师程春平担任联盟理事长，中国工程院院士沈昌祥担任联盟科学技术指导委员会主任委员。

（杜　玲　徐　建）

【北京网络安全反诈骗联盟成立】 4 月 17 日，“北京网络安全反诈骗联盟启动仪式”在朝阳园举行。公安部、北京市公安局等单位有关领导及企业代表等 100 余人参加。联盟由北京市公安局网络安全保卫总队与北京奇虎科技有限公司联合发起成立，旨在防范和打击电信诈骗和网络诈骗犯罪活动，是以北京网安的技术能力和 360 云安全防护体系为基础，面向企事业单位的诈骗信息举报平台，将实现北京公安网安部门和奇虎公司之间在恶意网站网址、诈骗 QQ 号码及诈骗电话号码、诈骗短信号码等信息的共享，建立网络诈骗信息库配合公安机关开展打击活动，并在用户上网过程中及时进行风险提示。联盟平台网站 fanzhapian.360.cn 同时启动运营。

（杜　玲）

【中国智慧城市发展联盟成立】 4 月 19 日，在“2014 中国城镇化高层国际论坛”上，举行了中国智慧城市发展联盟签约仪式。联盟由国家发展改革委城市和小城镇改革发展中心、神州数码（中国）有限公司、财讯传媒集团有限公司等 10 家单位发起成立，将采取市场化机制运行，推动智慧城市在决策管理、城市社会治理、公共服务、信息惠民等方面的应用，并构建互补而非竞争的合作机制，搭建联盟成员和城市与小城镇之间的交流平台，同时还发挥其在引领中国智慧城市发展政策咨询、研究和市场推广的平台作用。联盟的主要工作包括：推动公共服务资源从孤立、分散的信息化建设模式向多部门协同的方向发展；推进社会保障、健康医疗、优质教育等 9 项信息惠民工程；组织智慧城市发展和建设的跟踪调研、评估，总结推广相关经验，开展专家授课，培训政府管理人员和专业技术人员；选择示范项目；推动国际合作。国家发展改革委城市和小城镇改革发展中心主任李铁任联盟首届理事长。

（刘伟杰）

【“4G 产业发展与频谱规划论坛”举办】 4 月 23 日，由 TD 产业联盟主办的“4G 产业发展与频谱规划论坛”在扬州市举行。来自亚太各经济体的代表参加。论坛是第四十九届亚太经合组织电信与信息工作组会议（APECTEL49）的重要环节，就 TD-LTE 在中国、日本、韩国等亚洲国家的产业发展、频谱规划、商用情况、业务应用，以及 TD-LTE 国际化发展等主题研讨。TD 产业联盟、TD-LTE 全球发展倡议（GTI）、华为技术有限公司等国际组织和跨国企业的代表做了主题演讲。

（韩　雯　杜　玲）

【中关村信息安全产业联盟移动计算工作组成立】 4 月 23 日，由市公安局、中关村管委会联合主办的“首都网络安全日企业级信息安全技术高峰论坛暨中关村信息安全产业联盟移动计算工作组成立仪式”在京举行。

来自政府相关主管部门、网络安全研究机构及信息安全企业的专家和技术人员200余人参加。与会代表就安全需求、行业现状、解决方案、技术发展及企业移动计算保障等问题进行交流。工作组是为建立企业移动办公安全有序的产业环境而设立，其主要工作包括：研究行业重大技术需求，推进、主导、制定企业移动技术标准；开展项目协作，组织实施重大技术创新项目和产业化专项；整合联盟成员单位优势，展开联合技术攻关，集成产学研各方力量，建立企业级自主创新的平台等，首批成员单位包括北京鼎普科技股份有限公司、北京瑞安科技有限公司、北京交控科技有限公司等12家企业。

（杜　玲）

【“LTE产业终端测试研讨会”举行】 4月25日，由大唐联仪科技有限公司和TD产业联盟共同主办的“LTE产业终端测试研讨会”在京举行。工业和信息化部电信研究院、国家无线电监测中心、泰尔终端实验室等单位的相关专家参加。与会专家就LTE国内外市场发展趋势、终端芯片发展趋势和挑战、LTE终端测试发展趋势以及终端一致性测试方案、终端综合测试方案和信号分析仪测试方案等议题进行交流研讨。会上，大唐联仪公司展示了LTE无线终端研发、认证、准入和生产各环节的全面测试解决方案，并发布八端口综测仪CTP3308、十六端口综测仪CTP3316以及信号分

析仪MSA5126。CTP3308作为研发测试用表，支持4×4MIMO，CA（载波聚合）等特性，可有效支持终端研发，全方位满足运营商和客户需求；CTP3316作为生产测试用表，具有支持四通道并行测试、乒乓测试等特性，可显著提升生产测试效率、降低测试成本；MSA5126是一款多功能高性能信号分析仪，支持频谱仪、信号源、信号分析等多种功能测试，可有效支撑认证机构、各厂家研发部门搭建自己高效、低成本的射频测试系统。

（韩　雯）

【科技创新与国际竞争力高端研讨会举办】 5月8日，由中关村知识产权服务业联盟主办的科技创新与国际竞争力高端研讨会在北京大学举办。市知识产权局等单位有关领导以及来自企业、高校院所和知识产权服务机构的100余名代表参加。来自知识产权服务机构的相关专家围绕如何从专利数据中挖掘竞争技术情报、如何使用专业数据分析软件助力企业研发决策、如何通过知识产权管理促进企业市场拓展等内容做了主题发言。参会人员围绕科技创新与国际竞争力展开交流讨论。

（苏　品）

【中国智慧城市投资联合体成立】 5月9日，“中国智慧城市投资联合体成立大会暨新闻发布会”在京举行。联合体成员单位的代表等参加。联合体由东华软件股份公司、北京碧水源科技股份有限公司、闪联产业技术创新战略联盟等14家企业发起成立，致力于打造市场化的开放投资平台，发挥市场主导作用，整合优质资源，提供智慧城市一揽子解决方案，给城市发展提供资金、技术，帮助城市产业升级，推动城镇化建设。东华软件公司董事长薛向东当选联合体首任轮值主席。

（杜　菲　李　资）

【闪联参展科博会】 5月13—18日，在“第十七届中国北京国际科技产业博览会”上，闪联产业联盟以“创新互联·智享未来”为主题，组织新联合众（北京）科技有限公司、北京联盛德微电子有限责任公司、北京思创立方科技有限公司等4家企业参展，参展产品包括智能家电、智能终端、智慧教育、智能照明、智能家居等。其中展示的海信微博物联网空调，基于新浪微博平台打造，用户只需通过微博客户端或网页端即可进行空调温度设定和开关机操作，遇到异常天气或重度污染的情况，空调也会发送微博或者私信告知用户，快速了解天气变化和空气质量。闪联还展示了84英寸、82英寸等带有无线传屏功能的大屏幕智慧教育触控一体机等产品。

（杜　菲）

【长风联盟参展北京科技周】 5月17—24日，在2014年全国科技活动周暨北京科技周主场上，北京长风信息技术产业联盟和北京紫光优蓝机器人技术有限公司、北京麦邦光电仪器有限公司、滕海视阳网络科技（北京）有限公司等5家会员企业参展科技周智慧养老展。联盟以北新桥智慧养老综合服务平台为基础，重点展示了会员企业在智慧养老领域的科技成果，为老年人居家养老提供应用解决方案，包括小优机器人、孝为先防跌倒产品和体记忆智能手环等在内的智慧养老产

品的应用场景和具体功能。

（董　琳）

【绿色安全 RFID 专业委员会成立】5 月 29 日，在“2014 京交会‘国际城市智能化技术与服务大会’”上，中关村物联网产业联盟绿色安全 RFID 专业委员会成立。专委会成员包括北京中科纳通电子技术有限公司、北京软坤科技有限公司、北京天一高科科技有限公司等单位，通过联盟协同高校、企业，形成产、学、研为基础的基于绿色、安全、环保理念的公共服务平台，同时组织绿色安全 RFID 相关标准和规范的制定，通过绿色安全 RFID 公共服务平台，树立示范应用，推动相关行业的发展，并联合 RFID 产业链上下游企业，通过对行业进行组织、引导、协调、自律以及提供各项服务，推进物联网技术和绿色安全 RFID 产品的应用。

（杜　玲）

【京津冀一体化物联网产业联盟合作协议签署】5 月 29 日，在“2014 京交会‘国际城市智能化技术与服务大会’”上，举行了京津冀一体化物联网产业联盟合作签约仪式，中关村物联网产业联盟与天津物联网产业联盟、河北物联网产业联盟签署京津冀一体化物联网产业联盟合作协议。协议旨在通过三地联盟之间的交流协作，搭建京津冀物联网的公共服务平台，推动物联网行业的快速发展，带动以北京为中心的京津冀一体化协同发展。

（杜　玲）

【智慧城市评估组会议召开】6 月 3—6 日，由国际电工委员会（IEC）主办，中国国家智慧城市标准化总体组协办的“国际电工委员会标准管理局智慧城市评估组会议”在海南省万宁市召开。来自中国、德国、日本、英国等 8 个国家以及可持续智慧社区（ISO/TC268/SC1）、智慧城市研究组（ISO/IECJTC1/SG1）、智慧可持续城市协调组（CEN/CENELEC/ETSISSCC—CG）等机构 70 余名代表参加。中国代表团由北京航空航天大学计算机学院、中国电子技术标准化研究院、闪联产业联盟等中国智慧城市产业技术创新战略联盟成员单位组成。会上，闪联产业联盟有关负责人向 IEC 智慧城市系统评估组汇报了智慧家居和智慧教育领域两个工作组的建立背景、专家名单和工作计划等情况。

（杜　菲）

【中国电力发展促进会智能用电产业联盟成立】6 月 6 日，由中国电力发展促进会等单位主办的“中国电力发展促进会智能用电产业联盟第一届成员大会暨第一届理事会”在京举行。联盟由闪联产业联盟、中国电力发展促进会等 40 余家企业、行业组织、科研院校组建，旨在加强市政与智能用电产业领域的交流，整合优化社会资源，支撑智能电网发展用户需求，推动国内智能用电产业的创新发展，促进智能家居、能效管理、综合信息服务、移动缴费服务合理、健康、有序发展。国网电力科学研究院胡江溢任第一届联盟主席。

（杜　菲）

【智慧农业物联网产业技术创新战略联盟成立】6 月 7 日，“北京智慧农业物联网产业技术创新战略联盟筹备成立大会暨第一次会员代表大会”在北京农业信息技术研究中心举行。市民政局社团办、市科委、北京技术交易促进中心等单位有关领导以及北京中农宸熙科技有限公司等 30 家联盟成员单位的代表参加。北京农业信息技术研究中心主任赵春江任首届联盟主席。联盟旨在推动国内农业物联网行业的技术创新和成果转化，建设联盟官网交流平台、收集成员单位技术需求，推动联盟成为科技部认定的试点联盟、加强联盟成员间的互动交流等。

（付　骁）

【长风联盟 14 家企业入围中国软件收入百强】6 月 12 日，工业和信息化部发布 2014 年（第十三届）中国软件业务收入前百家企业名单，北京长风信息技术产业联盟会员航天信息股份有限公司、同方股份有限公司、大唐电信科技股份有限公司等 14 家企业入围。其中航天信息公司软件业务收入 62.69 亿元，位居第十二名；同方公司软件业务收入 58.62 亿元，位居第十四名；大唐电信软件业务收入 51.32 亿元，位居第十五名。

（董　琳）

【安全可靠解决方案联合实验室揭牌】6 月 19 日，由安全可靠信息系统应用推广联盟主办的安全可靠解决方案联合实验室揭牌仪式在神州数码科技广场举行。工业和信息化部、市经济信息化委等单位有关领导及联盟成员代表参加。联合实验室由神州数码信息服务股份有限公司、曙光信息产业股份有限公司、天津神舟通用数据技术有限公司、中标软件有限公司及北京东方通科技股份有限公司 5 家企业共同出资组建，设在神州数码公司，定位为协同研发、平台适配、应用评测、人才实训、成果展示，为联盟推广安全可靠应用提供支撑，帮助应用软件开发商实现安全可靠应用。

（郝峥嵘）

【闪联参展中国国际消费电子博览会】7 月 11—14 日，在“2014 中国国际消费电子博览会”上，闪联产业联盟组织新联合众（北京）科技有限公司、武汉盛德威网络技术有限公司、深圳市中银科技有限公司等 10 余家联盟企业参展。展会以“创新互联·智享未来”为主题，集中展示智慧教育、智慧家电、智能家居、智能终端等多项基于闪联国际标准的技术解决方案和50余款互联互通新产品。闪联推出了70英寸和84英寸带有无线传屏功能的大屏幕智慧教育触控一体机产品及最新的智慧教学软件系统。闪联智能触控电视一体机在课堂教学应用中，教学内容展示及过程控制操作简易、IGRS标准软件对教学板书、师生互动、无线互联、修复作业等应用起到了关键性作用，实现了课堂互动作为智慧教育解决方案的核心。闪联智慧教育解决方案可实现各个多媒体教学设备之间互联互通，并在师生之间实现高效互动，为教师提供更新的教学体验。

（杜　菲）

【中关村大数据金融产业联盟成立】 7月16日，中关村大数据金融产业联盟成立大会在京举行。市商务委、市经济信息化委、中关村管委会等单位相关领导及50余家联盟发起单位和理事单位的代表参加。联盟由北京京东世纪信息技术有限公司、北京当当网信息技术有限公司、拉卡拉支付有限公司等55家电子商务、第三方支付等领域的单位发起成立，将整合互联网金融行业的发展资源，加强企业间的沟通交流，实现优势互补、合作共赢、协同创新、规范自律，同时还加强和国家金融监管部门与主管部门的对接交流，引导行业健康规范发展。

（杜　玲　徐　建）

【“2014年闪联峰会”召开】 7月16—18日，由闪联产业联盟主办的“2014年闪联峰会”在深圳市召开。会议主题为“创新闪联标准·引领智慧产业”。深圳市发展改革委、闪联产业联盟等单位的负责人及来自国内外的3C产业链上下游的企业代表100余人参加。会议分为智能家电、产业热点、智能电视新技术、智能终端4个专题，从标准、技术、产品、解决方案、市场趋势等多个角度进行研讨。峰会期间，还召开了第二十一届亚洲家庭网络标准委员会会议，来自中国闪联产业联盟、日本ECHONET协会和韩国KASH的中日韩三方的专家代表参加。

（杜　菲）

【智慧家庭娱乐联盟成立】 7月29日，在“Unity璀璨星空夜暨游戏及应用创意大赛颁奖盛典”上，举行了智慧家庭娱乐联盟成立仪式。联盟由优酷土豆股份有限公司、国广东方网络（北京）有限公司、Unity技术公司等4家企业发起成立，形成“牌照＋游戏＋内容＋终端”的阵容，将为互联网电视游戏制定软、硬件标准，让更多厂家能够以低廉的成本做出自己的游戏机。

（刘伟杰　杜　玲）

【中国互联网与工业融合创新联盟成立】 7月30日，“中国互联网与工业融合创新联盟成立大会”在工业和信息化部电信研究院举行。工业和信息化部有关领导以及部分省市经济和信息化委相关负责人、相关企业代表、业界专家等参加。联盟由工业和信息化部电信研究院、中国互联网协会、中国电子学会、工业和信息化部电子科学技术情报研究所、北京机械工业自动化研究所、北京大学国家竞争力研究院6家单位联合发起成立，中国大唐集团公司、腾讯科技（北京）有限公司、北京京东世纪贸易有限公司等55家来自工业和互联网行业的企业为首批成员，将致力于搭建互联网与工业融合创新的合作与促进平台，集聚业界中坚力量及相关机构，支撑政府决策、服务行业发展，推动互联网与工业融合发展、协同升级。工业和信息化部电信研究院院长曹淑敏担任首届理事长。

（杜　玲）

【“2014LTE网络创新研讨会”举行】 8月21日，由TD产业联盟和移动通信杂志社主办的“2014LTE网络创新研讨会”在京举行。会议主题为“探索技术创新推动网络融合”。工业和信息化部电信研究院、中国电信集团公司、中国移动集团公司等单位的专家学者及相

关单位的代表近300人参加。会议探讨了LTE产业发展策略、商用进程、解决方案和前沿技术等问题，推动以4G商用为标识的新一代移动通信网络健康融合发展，推进TD-LTE的全球商业化进程。会议发布“2014LTE网络创新研讨会”会刊和论文集，60余篇论文入选“2014LTE网络创新研讨会论文集”，其中13篇被评为优秀论文。会议还举行优秀论文颁奖仪式。

（韩　雯）

【第三届智慧北京大赛举办】 8月28日，由中关村物联网产业联盟、北京软件和信息服务交易所、中关村移动互联网产业联盟等机构共同主办的“第三届智慧

北京大赛启动大会”在清华科技园举办。市委宣传部、市经济信息化委、中关村管委会等单位相关领导参加。大赛开展了以创客创业为主题的“智慧北京创业创富大赛”和以健康养老为主题的“智慧北京健康实创大赛”。12月12日，国际智慧城市跨界创新大会暨第三届智慧北京大赛颁奖大会在京举行。神州数码（中国）有限公司的海淀区综合行政服务中心信息化建设项目（一期）等10个项目获“优秀示范应用”奖，北京福乐云检测科技有限公司的智慧健康快检/检测云平台建立及应用等10个项目获“优秀解决方案”奖，北京海利赢医疗科技有限公司的基于健康物联网的心血管慢病远程一体化管理平台方案等8个项目获“创业创富大赛优胜奖”，北京嘉合百善科技发展有限公司的智慧老人远程互动系统项目等13个项目获“健康实创大赛优胜奖”。

（石会昌）

【第四届轨道交通视频与安全发展论坛举办】11月13—14日，由中关村轨道交通视频与安全产业技术联盟（轨道交通视频技术实验室）主办的第四届轨道交通视频与安全发展论坛在杭州市举行。中国铁路总公司、北京大学等单位的专家及联盟各成员单位的负责人和技术人员100余人参加。论坛围绕“安全助力领先，创新成就未来”主题，探讨了高速铁路建设与铁路发展新态势，针对大数据及云计算的运用进行了分析，介绍了超高清、夜视、智能分析等视频技术的最新发展、高清技术在铁路与地铁的应用与设计，对轨道交通安全的热点及解决方案进行了交流与讨论。

（丁　蕾）

【航天信息公司获科技兴粮示范单位授牌】11月16—17日，在“全国粮食科技创新大会”上，航天信息股份有限公司发布其研发的“库存粮食识别代码及物联网技术应用课题”成果。库存粮食识别代码系统以及储备粮远程监管系统的应用为粮食流通监管及安全追溯等提供重要技术支撑。国家粮食局公布国家粮食局科学研究院、航天信息公司等首批10家“科技兴粮示范单位”名单并授牌。

（杜　菲）

【“TDD终端高峰论坛”举办】11月20日，由TD产业联盟与中国移动通信集团共同主办的“TDD终端高峰论坛”在上海市举办。论坛以“移动宽带，创见未来共建全联接世界”为主题。来自俄罗斯、印度、加拿大、巴基斯坦等国家的30余家运营商的高管参加。会议介绍了TD终端、芯片产业环节等中国TD—LTE产业链的整体进展。联想移动通信科技有限公司（lephone）等近20家终端厂商的代表携最新产品进行演示和介绍。

（韩　雯）

【射频识别产业知识产权联盟成立】11月21日，北京射频识别产业知识产权联盟成立大会在京举行。市知识产权局等单位有关领导以及联盟发起单位的代表参加。会议表决通过联盟章程，推选了联盟理事单位，并选举北京慧网通达科技股份有限公司齐凯为首任理事长。联盟由北京慧网通达科技股份有限公司、北京远望谷电子科技有限公司、北京京万通知识产权代理有限公司等15家单位发起成立，旨在搭建联盟成员的专利信息平台，加强联盟成员的信息沟通，提供技术、经营的交流与讨论平台；搭建联盟成员的技术交流平台；建立产业知识产权电子交易平台，为专利、产品原材料、检测技术等提供展示推介、价值评估、质押融资等综合服务；促进联合科技创新，针对射频识别技术存在的瓶颈问题，组织联盟成员相互协作，共同攻克检测技术难点，共同协商应对策略，以保证行业的健康发展。

（苏　品）

【中教—长风智慧教育共同体成立】12月1日，在“2014国际智慧教育展览会开幕典礼”上，由北京长风信息技术产业联盟及中国教育学刊杂志社共同发起的中教—长风智慧教育共同体成立。共同体致力于教育信息化工作的推广与普及，以智慧教育为聚焦点，搭建集教育信息化研发企业、各级各类教育研究机构、各级各类学校及教育管理部门参与的资源共享交互平台。长风联盟作为共同体的管理机构，将为学校的教育信息化改造升级提供理论及技术支持服务，同时也为企业教育信息化产品的升级、相关教育单位的教育信息化提供指导。

（董　琳）

【“2014ITU TD—LTE技术与频谱研讨会”举行】12月7日，由国际电信联盟（ITU）、TD产业联盟、中国移

动通信集团公司（CMCC）和 TD–LTE 全球发展倡议（GTI）共同主办的“2014ITU TD–LTE 技术与频谱研讨会”在卡塔尔举行。来自监管机构、运营商及通信厂商的代表 100 余人参加。会议探讨了如何加快新一代宽带无线移动通信技术的研究与应用，推动 TD–LTE 技术在全球的发展，促进 ITU 各成员国为 TD–LTE 技术分配更有利的频率，以及 TDD 频段形成全球统一的频谱规划方案。

（韩　雯）

【2014 联想茄子快传校园开发者大赛举行】12 月 22 日，由联想集团有限公司与创业家杂志主办的 2014 联想茄子快传校园开发者大赛总决赛在京举行。国内 189 所高校的 1 万余名大学生报名参赛，收到 500 余个优质游戏作品，有 10 个团队进入总决赛。最终，五道口风云团队凭借其开发的《炸弹奇兵》游戏获大赛冠军，并获得 9 万元奖金和联想集团的实习机会；HuSkar 团队开发的《茄子快跑》游戏和弹球小队团队开发的《Can’t Stop》游戏分获亚、季军。

（杜　菲）

【长风联盟被认定为市中小企业公共服务平台】12 月 30 日，《北京市经济和信息化委员会关于公布第三批北京市中小企业公共服务平台认定名单的通知》（京经信委发〔2014〕113 号）发布。北京长风信息技术产业联盟由于公益性强、运作规范、示范作用突出，在软件和信息服务业领域发挥了支撑和带动作用，被认定为“北京市中小企业公共服务平台”，平台类别是信息、投融资、市场、培训。

（董　琳）

【中关村街道智慧养老创新示范基地落成】12 月，由北京长风信息技术产业联盟组织建设的海淀区智慧养老新技术新产品推广示范基地——中关村街道智慧养老创新示范基地落成。示范基地位于中关村街道知春里社区内，面积 290 平方米，采用 3G 移动和位置定位技术，配备北京软汇科技有限公司、北京紫光优蓝机器人技术有限公司等 27 家厂商的 40 余种智慧养老领域的应用产品和服务，包括多功能机器人、宜家安智能体检一体机、智能药盒、人工光照补钙仪、膝关节康复理疗仪等，为街道辖区内的 2.7 万名老年人提供家政、医疗健康、紧急救助等服务。

（董　琳）

【长风联盟技术沙龙活动举办】年内，北京长风信息技术产业联盟举办 3 期技术沙龙活动。华迪计算机集团有限公司、北京东方通科技股份有限公司、软通动力信息技术（集团）有限公司等企业的管理人员分别就“大数据时代：信息化建设新的发展阶段需要之一体化协调设计方法”“基于国产化的云安全及应用案例分享”等主题演讲。联盟企业技术人员还对各自领域的研究成果进行交流。会员企业代表 150 余人次参加。

（董　琳　杜　玲）

【长风联盟开展产业链合作促进系列活动】年内，北京长风信息技术产业联盟举办 8 次产业链合作促进活动。活动走进百度在线网络技术（北京）有限公司、北京星球数码科技有限公司、北大方正集团有限公司等企业，分别围绕“关于大数据分析应用及推广的合作模式探讨”“走进星球数码—智慧城市的共享服务平台建设及创新应用实践分享沙龙”“走进方正国际创新产学研用，共建智慧城市沙龙”等主题研讨，使参会企业了解业内的产品、技术情况和最新动态，促进产业链上下游合作。会员企业代表 500 余人次参加。

（董　琳）

统计资料

Statistics Data

本栏目以统计表格形式记录年度内中关村国家自主创新示范区主要经济指标、十大行业主要经济指标、国内部分高新技术产业开发区主要经济指标，以及中关村示范区区域内单位获国家科学技术奖、北京市科学技术奖和中国专利奖的项目等。

2014年中关村国家自主创新示范区主要经济指标一览表

表1 按园区统计

指标＼园区	总和	海淀园	丰台园	昌平园	朝阳园	亦庄园	西城园	东城园	石景山园	通州园	大兴园	平谷园	门头沟园	房山园	顺义园	密云园	怀柔园	延庆园
企业数(家)	15645	8007	1492	2106	1061	666	471	285	640	164	204	63	80	59	134	77	101	33
年末从业人员（人）	2010448	857707	161818	150260	204408	191575	81813	65415	80232	37273	33080	10603	22157	21333	55364	13632	18570	5208
其中：科技活动人员	531609	282535	29234	36633	53914	33804	19872	15566	15833	8818	6469	1897	4262	3041	12155	2052	4337	1187
工业总产值(亿元)	9078.2	2144.9	277.9	1120.5	689.1	2177.2	997.8	19.7	83.5	277.9	237.4	53.0	89.3	142.5	483.9	116.7	125.3	41.6
总收入(亿元)	36057.6	14449.5	3699.4	3183.6	4090.1	3722.3	1874.8	1501.9	1526.0	383.6	263.3	80.0	103.9	193.3	565.2	164.9	190.4	65.4
1. 技术收入	4837.7	2620.9	338.6	153.1	714.0	226.3	171.0	348.5	190.1	8.1	18.8	3.6	10.0	2.4	11.7	2.2	17.7	0.7
2. 产品销售收入	12474.2	3889.7	929.5	1242.8	893.8	2273.2	1076.4	340.0	196.4	284.2	215.5	62.6	78.3	159.3	509.0	123.3	144.0	56.2
其中：新产品销售收入	4614.8	1914.9	367.4	435.9	435.2	716.0	29.8	9.3	55.7	134.5	101.4	11.4	21.0	47.2	230.0	27.9	61.8	15.4
3. 商品销售收入	12832.6	6300.4	1202.4	1445.4	1952.1	884.7	299.4	311.6	308.6	49.7	13.8	6.9	6.1	5.3	11.2	11.3	20.6	3.1
进出口总额(亿美元)	995.8	376.8	60.8	56.7	188.2	231.0	38.5	9.8	3.2	6.9	2.1	0.8	3.9	1.3	12.9	1.6	1.0	0.3
其中：进口总额	658.5	270.3	47.5	41.6	158.6	118.3	6.5	2.3	0.9	2.0	0.7	0.3	1.2	0.6	6.7	0.5	0.5	0.01
其中：出口总额	337.3	106.4	13.2	15.1	29.6	112.7	32.0	7.5	2.2	4.9	1.5	0.5	2.7	0.6	6.2	1.2	0.5	0.3
实缴税费总额（亿元）	1857.6	522.0	110.2	145.2	475.9	247.8	97.6	75.4	64.1	18.8	19.2	4.0	11.1	8.9	32.3	11.3	10.7	3.1
其中：实缴增值税	830.2	244.3	33.5	67.4	242.4	93.1	53.6	17.3	16.2	11.1	9.3	2.2	6.5	5.4	15.0	5.8	5.7	1.4
其中：实缴营业税	138.7	32.7	31.7	5.1	16.4	8.1	3.2	14.1	22.9	1.1	0.6	0.2	0.2	0.6	1.0	0.4	0.3	0.1
其中：企业所得税	235.5	118.4	10.3	16.1	33.8	20.4	8.3	11.0	7.4	1.8	1.4	0.3	0.9	0.8	2.6	0.7	1.2	0.1
利润总额(亿元)	3031.5	1142.3	219.4	266.3	490.4	233.5	198.7	146.4	167.5	32.8	20.9	4.3	7.1	1.6	57.3	17.1	19.9	6.0
资产总计(亿元)	64770.8	25923.7	8943.6	5408.6	6632.3	4251.1	3205.2	3236.6	3545.7	495.1	485.6	108.1	374.0	282.3	1327.6	199.2	256.3	95.8
科技活动经费支出总额(亿元)	1540.5	803.8	65.6	95.6	173.1	121.5	42.8	71.4	65.0	17.3	12.6	3.0	5.9	7.1	39.1	5.0	9.2	2.5
专利申请数(件)	43793	21845	2475	4107	5469	2513	2542	451	1722	504	604	194	127	299	387	227	250	77
其中：发明专利(件)	26413	14815	1218	1707	3710	1171	1925	176	679	211	230	83	36	109	136	65	108	34
专利授权数(件)	22960	9858	1726	2748	3001	1993	683	348	634	400	386	104	104	205	333	169	221	47

（续表）

表 2	按技术领域统计											
技术领域 指标	总和	电子信息	生物医药	新材料	先进制造	航空航天	现代农业	新能源	环境保护	海洋工程	核应用	其他
企业数（家）	15645	8541	1123	958	1645	110	222	1017	650	10	44	1325
年末从业人员（人）	2010448	912367	121159	123621	265409	42326	24586	183228	51984	3178	9548	273042
其中：科技活动人员	531609	296546	29483	28328	65019	13276	4095	34613	13983	289	1080	44897
工业总产值（亿元）	9078.2	2111.2	732.7	641.5	2491.2	62.7	127.7	2341.5	322.0	24.7	8.8	214.2
总收入（亿元）	36057.6	13501.9	1430.8	3043.2	4591.2	486.9	259.9	4382.1	874.4	27.8	77.2	7382.2
1. 技术收入	4837.7	2730.6	65.7	99.6	135.5	53.7	12.4	347.6	201.2	0.6	9.0	1181.8
2. 产品销售收入	12474.2	3991.9	839.7	783.1	2619.8	408.3	163.7	2460.6	434.5	25.2	11.6	735.8
其中：新产品销售收入	4614.8	1807.8	203.4	322.2	901.8	81.3	69.1	784.0	198.0	0.0	2.0	245.1
3. 商品销售收入	12832.6	6048.5	491.2	1698.8	1656.9	9.1	75.7	1117.8	78.2	1.5	2.5	1652.4
进出口总额（亿美元）	995.8	319.0	35.2	75.7	239.5	5.2	7.7	81.8	8.5	0.0	0.3	222.9
其中：进口总额	658.5	176.1	27.8	56.0	180.6	3.3	2.1	62.7	2.4	0.0	0.3	147.2
其中：出口总额	337.3	142.9	7.4	19.7	58.9	1.9	5.6	19.1	6.1	0.0	0.0	75.7
实缴税费总额（亿元）	1857.6	515.9	123.7	70.5	[illegible]	[illegible]	[illegible]	[illegible]	[illegible]	[illegible]	[illegible]	[illegible]
其中：实缴增值税	830.2	245.5	75.4	29.7	253.2	5.7	2.7	134.2	19.7	0.2	1.6	62.3
其中：实缴营业税	138.7	27.4	1.2	10.6	4.5	0.3	1.3	6.2	4.2	0.4	0.7	81.9
其中：企业所得税	493.4	148.2	29.9	19.2	108.2	5.1	2.9	60.8	14.4	0.5	1.1	103.1
利润总额（亿元）	3031.5	911.5	162.6	131.0	521.9	37.7	16.2	386.3	111.8	0.6	7.3	744.6
资产总计（亿元）	64770.8	18967.7	2373.7	5026.3	[illegible]	1070.6	526.3	9135.0	2413.2	86.8	185.8	18209.4
科技活动经费支出（亿元）	1340.5	819.0	79.3	65.8	176.8	110.6	12.7	99.5	37.6	0.7	1.7	136.8
专利申请数（件）	43793	24418	1402	2660	6430	1282	315	3193	1412	0	35	2646
其中：发明专利（件）	26413	17147	1013	1476	2442	941	209	1269	550	0	17	1349
专利授权数（件）	22960	9045	930	1755	5182	620	222	2378	1064	1	28	1735

表 3	按注册类型统计									
注册类型 指标	总和	国有	集体	股份合作	联营	有限责任	股份有限	私营	港澳台	外商	其他
企业数（家）	15645	228	66	178	6	5197	794	7650	444	1077	5
年末从业人员（人）	2010448	61657	2073	6787	504	768482	324908	335405	166710	343442	480
其中：科技活动人员	531609	25636	495	959	93	184917	96347	95543	49697	77619	303
工业总产值（亿元）	9078.2	135.5	2.7	17.0	0.1	3021.0	1453.5	542.9	1496.8	2408.7	0.0
总收入（亿元）	36057.6	1879.4	8.7	28.0	2.0	16897.5	5084.9	2576.4	2998.4	6576.7	5.6
1. 技术收入	4837.7	222.8	2.1	3.0	1.9	2107.8	524.6	562.9	492.8	914.3	5.5
2. 产品销售收入	12474.2	550.2	2.8	17.6	0.1	4609.5	1960.0	1034.6	1667.0	2632.4	0.0
其中：新产品销售收入	4614.8	163.4	1.1	4.6	0.0	1494.4	889.1	332.0	966.0	764.2	0.0
3. 商品销售收入	12832.6	1001.7	0.4	4.9	0.0	6382.9	1376.3	666.5	726.7	2673.2	0.0
进出口总额（亿美元）	995.8	142.3	0.0	0.2	0.0	260.6	91.6	21.1	132.7	347.3	0.0
其中：进口总额	658.5	121.4	0.0	0.0	0.0	165.8	32.2	8.7	103.1	227.3	0.0

（续表）

按注册类型统计 指标 \ 注册类型	总和	国有	集体	股份合作	联营	有限责任	股份有限	私营	港澳台	外商	其他
其中：出口总额	337.3	20.9	0.0	0.2	0.0	94.8	59.4	12.4	29.6	120.0	0.0
实缴税费总额（亿元）	1857.6	60.1	0.5	2.1	0.3	655.9	230.1	127.5	131.1	649.6	0.4
其中：实缴增值税	830.2	21.9	0.2	1.5	0.1	277.8	99.3	71.1	63.0	295.2	0.1
其中：实缴营业税	138.7	2.8	0.1	0.1	0.0	92.8	26.5	8.8	1.9	5.7	0.0
其中：企业所得税	493.4	23.1	0.1	0.2	0.1	192.8	61.5	29.5	44.2	141.7	0.2
利润总额（亿元）	3031.5	173.5	0.1	1.3	0.7	1152.4	670.1	152.5	251.4	627.9	1.6
资产总计（亿元）	64770.8	3341.6	54.0	54.1	2.8	27878.6	18658.4	4589.3	3596.1	6584.1	11.8
科技活动经费支出总额（亿元）	1540.5	172.8	1	1.2	0.2	475.2	208.6	207.2	158.2	312.1	4.0
专利申请数（件）	43793	3426	14	57	0	11849	8989	6246	4606	4586	4020
其中：发明专利（件）	26413	2157	0	12	0	7493	5349	3016	3289	2161	2936
专利授权数（件）	22960	2655	9	51	1	6469	4915	3598	1745	1726	1791

表 4 按收入规模统计

指标 \ 收入规模	总和	大于100亿元	10亿～100亿元	1亿～10亿元	5000万～1亿元	1000万～5000万元	500万～1000万元	100万～500万元	小于100万元
企业数（家）	15645	65	420	2071	1281	3949	1624	2799	3436
年末从业人员（人）	2010448	256664	565855	701404	158958	220289	43126	42722	21430
其中：科技活动人员	531609	41770	145505	202725	45867	66465	12359	11457	5461
工业总产值（亿元）	9078.2	3855.4	2814.3	1931.7	249.3	201.2	16.6	8.9	0.8
总收入（亿元）	36057.6	16379.9	11578.0	6024.6	909.4	964.9	117.7	74.6	8.5
1. 技术收入	4837.7	769.8	2089.0	1420.5	233.1	261.4	34.1	26.6	3.2
2. 产品销售收入	12474.2	4283.5	4311.2	2951.8	446.7	409.5	45.0	24.4	2.1
其中：新产品销售收入	4614.8	1735.5	1475.7	1156.9	132.1	104.6	6.8	3.0	0.2
3. 商品销售收入	12832.6	8391.4	3086.2	981.2	139.8	192.0	24.1	15.8	2.1
进出口总额（亿美元）	995.8	509.1	333.1	133.2	11.2	8.0	0.6	0.6	0.0
其中：进口总额	658.5	390.6	182.2	76.5	5.2	3.7	0.2	0.1	0.0
其中：出口总额	337.3	118.5	150.9	56.7	6.0	4.3	0.4	0.5	0.0
实缴税费总额（亿元）	1857.6	854.8	489.9	357.4	58.6	66.3	12.3	15.4	2.9
其中：实缴增值税	830.2	356.5	206.2	178.2	32.8	38.4	5.0	12.7	0.4
其中：实缴营业税	138.7	49.0	55.7	23.5	3.8	4.2	1.6	0.3	0.6
其中：企业所得税	493.4	214.2	140.2	102.9	14.4	14.8	4.2	1.6	1.1
利润总额（亿元）	3031.5	1237.0	877.3	694.1	91.0	117.4	13.4	-8.0	9.3

（续表）

收入规模 / 指标	总和	大于100亿元	10亿～100亿元	1亿～10亿元	5000万～1亿元	1000万～5000万元	500万～1000万元	100万～500万元	小于100万元
按收入规模统计									
资产总计（亿元）	64770.8	18771.7	18146.6	15330.4	2614.9	5460.0	1532.5	1188.9	1725.8
科技活动经费支出总额（亿元）	1540.5	183.3	617.7	481.7	91.6	123.2	18.7	14.5	9.8
专利申请数（件）	43793	7332	11556	12246	3033	3214	791	1034	4587
其中：发明专利（件）	26413	4601	7677	6910	1624	1385	326	656	3234
专利授权数（件）	22960	2493	6105	7243	1617	2390	525	464	2123

资料来源：中关村科技园区管理委员会

2014 年中关村国家自主创新示范区十大行业主要经济指标一览表

指标 / 行业	企业数量（家）	总收入（亿元）	工业总产值（亿元）	新产品销售收入占总收入比重（%）	技术收入占总收入比重（%）	利润总额（亿元）	上缴税费（亿元）	出口创汇（亿美元）	从业人员（人）	科技活动经费支出（亿元）
第二产业										
计算机、通信和其他电子设备制造	426	2446.5	2040.6	61.0	1.1	86.7	64.1	100.4	121053	89.4
土木工程建筑	62	1864.0	0	0	28.1	134.5	52.9	3.8	30533	33.0
汽车制造	102	1448.8	1401.3	26.2	0.4	106.0	114.4	6.9	79888	46.2
第三产业										
软件和信息技术服务	4429	3340.8	0	7.1	41.8	358.2	211.5	15.7	452580	327.0
专业技术服务	965	2446.0	0	3.8	28.9	213.0	106.0	18.9	149731	73.3
商务服务	726	2136.9	0	0.4	6.2	384.8	111.5	31.6	59012	23.0
科技推广和应用服务	2187	1118.6	0	4.2	25.6	81.4	45.3	15.6	87293	65.3
互联网和相关服务	302	770.5	0	0.3	70.0	163.5	56.4	0.2	89143	76.4
研究和实验发展	581	552.9	0	14.8	33.0	58.9	21.0	5.3	56561	101.4
电信、广播电视和卫星传输服务	231	627.2	0	0.1	36.8	72.0	47.5	4.0	48988	37.2

注：按照国民经济行业分类代码（GB/T 4754—2011），依据大类行业的企业数量、经济总量规模、从业人数等指标，综合选定中关村国家自主创新示范区十大行业，其中第二产业占 3 席，第三产业占 7 席

资料来源：中关村科技园区管理委员会

2014年国内部分高新技术产业开发区主要经济指标一览表

指标 / 名称	企业数（家）	从业人员（万人）	总收入（亿元）	工业总产值（亿元）	实缴税费（亿元）	出口创汇（亿美元）	净利润（亿元）
中关村示范区	15645	201	36057.6	9078.2	1857.6	337.3	2582.0
上海张江示范区	3783	76	12742.2	8110.2	702.0	361.9	996.7
武汉东湖示范区	3043	45	8526.1	6412.3	390.5	123.9	490.0
西安高新区	3531	35	7753.2	6170.7	591.4	94.9	516.7
天津高新区	3437	37	6815.0	3665.9	208.4	120.7	603.5
成都高新区	1724	29	5708.5	4288.3	295.7	199.3	501.4
广州高新区	2381	44	5029.1	3610.2	210.3	135.3	427.9
深圳高新区	1435	44	4674.4	4920.1	309.9	171.8	520.1
苏州高新区	1150	24	2897.9	2697.3	81.1	239.2	107.8
全国高新区合计	74275	1527.2	226754.5	169936.9	13202.1	4351.4	15052.5

资料来源：中关村科技园区管理委员会

中关村国家自主创新示范区获2014年度国家科学技术奖项目一览表

国家自然科学奖一等奖

序号	编号	项目名称	主要完成人	主要完成单位
1	Z-10701-1-01	网络计算的模式及基础理论研究	张尧学　周悦芝　林　闯	清华大学

国家自然科学奖二等奖

序号	编号	项目名称	主要完成人	主要完成单位
1	Z-101-2-01	微分流形的几何拓扑	方复全	首都师范大学
2	Z-101-2-03	复杂流体的数学理论和计算方法	张平文	北京大学
3	Z-102-2-03	低维材料中新奇量子现象及其调控的机理研究	段文晖　顾秉林　吴　健	清华大学
4	Z-103-2-02	低维光功能材料的控制合成与物化性能	姚建年　赵永生　付红兵	中国科学院化学研究所
5	Z-103-2-05	若干分子基材料的自组装、聚集态结构和性能	李玉良　刘辉彪　李勇军	中国科学院化学研究所
6	Z-104-2-01	晚新生代风化成壤作用与东亚环境变化	郭正堂　郝青振　吴海斌	中国科学院地质与地球物理研究所

（续表）

国家自然科学奖二等奖

序号	编号	项目名称	主要完成人	主要完成单位
7	Z-104-2-05	青藏高原冰芯高分辨率气候环境记录研究	姚檀栋　秦大河　田立德	中国科学院青藏高原研究所
8	Z-104-2-07	气候预测的若干新理论与新方法研究	王会军　范　可　孙建奇	中国科学院大气物理研究所
9	Z-105-2-01	哺乳动物多能性干细胞的建立与调控机制研究	周　琪　王秀杰　曾凡一	中国科学院动物研究所
10	Z-105-2-02	高等植物主要捕光复合物的结构与功能研究	常文瑞　柳振峰　匡廷云	中国科学院生物物理研究所
11	Z-10701-2-01	分布式协同控制的混合智能优化与稳定性	陈　杰　王　凌　方　浩	北京理工大学
12	Z-10701-2-03	逻辑动态系统控制的代数状态空间方法	程代展　齐洪胜	中国科学院数学与系统科学研究院
13	Z-10701-2-04	基于环境约束和多空间分析的机器人操作理论研究	乔　红　王子栋　刘智勇	中国科学院自动化研究所
14	Z-108-2-02	导电聚合物微纳米结构及其多功能化	万梅香　魏志祥　朱　英	中国科学院化学研究所
15	Z-109-2-02	多孔介质与微／纳结构中热传递机理研究	姜培学　王补宣　胥蕊娜	清华大学
16	Z-110-2-02	纳微系统中表面效应的物理力学研究	赵亚溥　袁泉子　郑哲敏	中国科学院力学研究所

国家技术发明奖二等奖

序号	编号	项目名称	主要完成人	主要完成单位
1	F-301-2-04	花生低温压榨制油与饼粕蛋白高值化利用关键技术及装备创制	王　强　许振国　刘红芝	中国农业科学院农产品加工研究所
2	F-302-2-03	微波消融设备的研发与临床应用	梁　萍　于晓玲　程志刚	中国人民解放军总医院
3	F-303-2-03	海洋钻井隔水导管关键技术及工业化应用	黄　伟　杨　进　刘书杰	中国海洋石油总公司
4	F-303-2-04	基于巨磁阻效应的油井管损伤磁记忆检测诊断技术及工业化应用	张来斌　樊建春　宋周成	中国石油大学（北京）
5	F-306-2-03	新型功能化超顺磁性颗粒的制备及在分离技术中的应用	刘会洲　邢建民　杨良嵘	中国科学院过程工程研究所
6	F-30702-2-02	高性能铜铝复合材料连铸直接成形技术与应用	谢建新　刘新华　吴春京	北京科技大学
7	F-30802-2-02	防腐高效低温烟气冷凝余热深度利用技术	王随林　刘贵昌　艾效逸	北京建筑大学
8	F-30901-2-01	标识网络体系及关键技术	张宏科　苏　伟　吴　强	北京交通大学
9	F-30901-2-03	可视素材内容驱动的虚拟场景生成技术及应用	陈小武　赵沁平　王莉莉	北京航空航天大学
10	F-30902-2-01	机载高精度位置姿态测量系统关键技术及应用	房建成　宋凝芳　钟麦英	北京航空航天大学
11	F-30902-2-02	低热阻高光效蓝宝石基 GaN LED 材料外延及芯片技术	李晋闽　王国宏　王军喜	中国科学院半导体研究所
12	F-30902-2-04	高光束质量超高斯平顶钕玻璃激光器关键技术及应用	樊仲维　邱基斯　伍浩成	中国科学院光电研究院
13	F-30902-2-05	调控光线行为的三维自由光学曲面构建及其在半导体照明中的应用	罗　毅　钱可元　韩彦军	清华大学

（续表）

国家技术发明奖二等奖				
序号	编号	项目名称	主要完成人	主要完成单位
14	F-310-2-03	核电站反应堆安全壳结构系统全寿期检测评估关键技术	林松涛　蒋坚毅　王永焕	中冶建筑研究总院有限公司

国家科学技术进步奖（通用项目）特等奖				
序号	编号	项目名称	主要完成人	主要完成单位
1	J-210-0-01	超深水半潜式钻井平台研发与应用		中海石油（中国）有限公司

国家科学技术进步奖（通用项目）一等奖				
序号	编号	项目名称	主要完成人	主要完成单位
1	J-222-1-01	流域水循环演变机理与水资源高效利用	王　浩　贾仰文　康绍忠	中国水利水电科学研究院

国家科学技术进步奖（通用项目）创新团队奖				
序号	编号	团队名称	主要成员	主要支持单位
1	J-207-1-01	解放军总医院器官损伤与修复综合救治创新团队	陈香美　付小兵　蔡广研	中国人民解放军总医院
2	J-207-1-03	中国航天科技集团公司第五研究院深空探测航天器系统创新团队	叶培建　孙泽洲　黄江川	中国空间技术研究院

国家科学技术进步奖（通用项目）二等奖				
序号	编号	项目名称	主要完成人	主要完成单位
1	J-201-2-02	甘蓝雄性不育系育种技术体系的建立与新品种选育	方智远　刘玉梅　杨丽梅	中国农业科学院蔬菜花卉研究所
2	J-201-2-03	西瓜优异抗病种质创制与京欣系列新品种选育及推广	许　勇　宫国义　张海英	北京市农林科学院
3	J-201-2-04	小麦种质资源重要育种性状的评价与创新利用	李立会　李杏普　蔡士宾	中国农业科学院作物科学研究所
4	J-202-2-01	杨树高产优质高效工业资源材新品种培育与应用	苏晓华　潘惠新　黄秦军	中国林业科学研究院林业研究所
5	J-203-2-01	饲料用酶技术体系创新及重点产品创制	姚　斌　罗会颖　黄火清	中国农业科学院饲料研究所
6	J-203-2-02	奶牛饲料高效利用及精准饲养技术创建与应用	李胜利　冯仰廉　王中华	中国农业大学
7	J-206-2-04	中国中铁技术创新体系升级版工程		中国铁路工程总公司
8	J-210-2-01	大型复杂储层高精度测井处理解释系统CIFLog及其工业化应用	李　宁　王才志　刘乃震	中国石油天然气股份有限公司勘探开发研究院
9	J-210-2-02	复杂油气储层裂缝定量识别与评价关键技术及工业化应用	曾联波　雍学善　乔文孝	中国石油大学（北京）
10	J-210-2-03	阿姆河右岸盐下碳酸盐岩大型气田勘探开发关键技术与应用	吕功训　刘合年　邓民敏	中石油阿姆河天然气勘探开发(北京)有限公司
11	J-213-2-03	百万吨级精对苯二甲酸（PTA）装置成套技术开发与应用	周华堂　罗文德　姚瑞奎	中国昆仑工程公司
12	J-214-2-02	结构陶瓷典型应用条件下力学性能测试与评价关键技术及应用	包亦望　万德田　邱　岩	中国建筑材料科学研究总院

（续表）

国家科学技术进步奖（通用项目）二等奖				
序号	编号	项目名称	主要完成人	主要完成单位
13	J-215-2-01	新型阴极结构铝电解槽重大节能技术的开发应用	冯乃祥　顾松青　刘风琴	中国铝业股份有限公司
14	J-215-2-02	高性能细晶粒钢筋的规模化生产及应用关键技术	岳清瑞　杨忠民　王晓锋	中冶建筑研究总院有限公司
15	J-215-2-03	稀土永磁产业技术升级与集成创新	李　卫　胡伯平　竺韵德	中国钢研科技集团有限公司
16	J-217-2-04	大型超临界机组自动化成套控制系统关键技术及应用	刘吉臻　夏　明　朱永芃	华北电力大学
17	J-220-2-03	复杂装备跨生命周期数据管理平台关键技术	王建民　孙家广　周　翔	清华大学
18	J-22101-2-01	工业工程振动控制关键技术研究与应用	徐　建　尹学军　陈　骝	中国机械工业集团有限公司
19	J-22101-2-03	高水压浅覆土复杂地形地质超大直径长江盾构隧道成套工程技术	肖明清　王守慧　沙明元	中国铁建股份有限公司
20	J-22102-2-02	大跨度钢结构防火防腐关键技术与工程应用	李国强　侯兆新　李　风	中冶建筑研究总院有限公司
21	J-223-2-02	基于路感跟踪的高性能电动助力转向系统关键技术及应用	季学武　刘亚辉　姜殿鑫	清华大学
22	J-223-2-03	国家高速公路网运行监管与服务关键技术及应用	王笑京　杨　琪　李爱民	交通运输部公路科学研究所
23	J-230-2-02	中国游泳运动训练的关键技术突破与创新	陆一帆　杨红春　郑闽生	北京体育大学
24	J-231-2-02	重型柴油车污染排放控制高效SCR技术研发及产业化	贺　泓　王树汾　潘吉庆	中国科学院生态环境研究中心
25	J-23301-2-02	药物成瘾机制及综合干预模式研究与应用	李　锦　郝　伟　周文华	中国人民解放军军事医学科学院毒物药物研究所
26	J-23301-2-03	移植后白血病复发及移植物抗宿主病新型防治体系建立及应用	黄晓军　许兰平　刘开彦	北京大学
27	J-234-2-03	中药材生产立地条件与土壤微生态环境修复技术的研究与应用	郭兰萍　黄璐琦　虞云龙	中国中医科学院中药研究所
28	J-234-2-01	源于中医临床的中药药效学评价体系的构建与应用	刘建勋　林成仁　任钧国	中国中医科学院西苑医院
29	J-240-2-01	星地融合广域高精度位置服务关键技术	邓中亮　吕子平　罗圣美	北京邮电大学
30	J-25103-2-01	农业旱涝灾害遥感监测技术	唐华俊　黄诗峰　霍治国	中国农业科学院农业资源与农业区划研究所
31	J-25201-2-01	国家西部测图工程技术体系及其应用	张继贤　张　力　辛少华	中国测绘科学研究院
32	J-25201-2-03	国家基础地理信息更新技术体系与工程应用	陈　军　王东华　商瑶玲	国家基础地理信息中心
33	J-25201-2-05	地球系统科学数据共享国家平台构建、关键技术与应用服务	孙九林　诸云强　闫国年	中国科学院地理科学与资源研究所
34	J-25202-2-01	生态脆弱区煤炭现代开采地下水和地表生态保护关键技术	顾大钊　翟桂武　张建民	神华集团有限责任公司
35	J-25301-2-02	肝胆胰腹腔镜手术技术体系及应用	刘　荣　胡三元　秦鸣放	中国人民解放军总医院
36	J-254-2-02	高速铁路关键基础设施综合检测及评估技术	康　熊　王卫东　顾世平	中国铁道科学研究院

注：受篇幅所限，表中主要完成人仅列前3名，主要完成单位仅列第一完成单位

资料来源：国家科学技术奖励工作办公室网站

中关村国家自主创新示范区
获 2014 年度北京市科学技术奖项目一览表

一等奖				
序号	编号	项目名称	主要完成人	主要完成单位
1	2014 计 -1-001	大规模网络视频处理与内容分析关键技术及应用	张勇东　张冬明　李建涛	中国科学院计算技术研究所
2	2014 计 -1-002	百万千瓦核电机组运行控制系统研制及产业化	朱毅明　施　波　贺剑锋	北京和利时系统工程有限公司
3	2014 计 -1-003	国家高性能计算应用服务环境关键技术及应用	钱德沛　谢向辉　迟学斌	北京航空航天大学
4	2014 计 -1-004	32 位星载容错控制计算机系统关键技术及应用	华更新　杨　桦　梁洁玫	北京控制工程研究所
5	2014 电 -1-001	超大规模集成电路先进闪存存储器成套工艺与产品技术研发及产业化	吴汉明　朱一明　仇圣棻	北京兆易创新科技股份有限公司
6	2014 电 -1-002	油气管道缺陷在线检测关键技术与应用	黄松岭　赵　伟　王　珅	清华大学
7	2014 电 -1-003	面向海量语音数据的识别、检索和内容分析技术研发及应用	吴　及　胡　郁　易中华	清华大学
8	2014 材 -1-001	废旧电子电器处置和资源化技术及其工业化应用	张深根　潘德安　曲选辉	北京科技大学
9	2014 环 -1-001	北京市地下水资源安全及污染防控修复技术研究与应用	张寿全　刘培斌　贺国平	北京市水利规划设计研究院
10	2014 能 -1-001	同步辐射纳米分辨三维成像平台和实验方法	吴自玉　朱佩平　袁清习	中国科学院高能物理研究所
11	2014 能 -1-002	±800kV 特高压直流输电换流阀研制及应用	汤广福　查鲲鹏　邱宇峰	国网智能电网研究院
12	2014 能 -1-003	预防交直流混联电网大面积停电的快速防控与故障隔离技术及应用	马世英　郭小江　郭剑波	中国电力科学研究院
13	2014 能 -1-004	新型太阳能高效热利用技术的研发与产业化	赵耀华　全贞花　刁彦华	北京工业大学
14	2014 能 -1-005	非常规天然气高效开发地球物理关键技术研究与应用	董　宁　刘俊州　宁俊瑞	中国石油化工股份有限公司石油勘探开发研究院
15	2014 制 -1-001	变极性等离子弧穿孔立焊的关键技术研究与应用	陈树君　卢振洋　杨颂华	北京工业大学
16	2014 城 -1-001	北京地铁 10 号线穿越重大风险工程关键控制技术及其工程应用示范	苏　斌　陶连金　苏　艺	北京市轨道交通建设管理有限公司
17	2014 交 -1-001	京石武高速铁路高可靠性接触网成套装备与集成关键技术	寇宗乾　李学斌　孟宪浩	中国铁建电气化局集团有限公司
18	2014 农 -1-001	黄瓜优质多抗分子标记技术研究及配套新品种选育	顾兴芳　张圣平　方秀娟	中国农业科学院蔬菜花卉研究所
19	2014 农 -1-002	“农大 3 号”小型蛋鸡配套系培育与应用	杨　宁　宁中华　张庆才	中国农业大学
20	2014 农 -1-003	微纳生物传感增敏及多靶同检技术与应用	邹明强　薛　强　李锦丰	中国检验检疫科学研究院
21	2014 医 -1-001	微环境调控干细胞增殖分化的作用机制及其应用基础研究	裴雪涛　岳　文　李艳华	中国人民解放军军事医学科学院野战输血研究所
22	2014 医 -1-002	肿瘤新靶标 CD146 的发现及抗体靶向治疗	阎锡蕴　冯　静　曾启群	中国科学院生物物理研究所
23	2014 中 -1-001	中药复方功效研究与评价体系的构建及应用	刘建勋　林成仁　任钧国	中国中医科学院西苑医院
24	2014 基 -1-001	HBV 相关肝病的遗传易感基因研究	周钢桥　贺福初　张红星	中国人民解放军军事医学科学院放射与辐射医学研究所
25	2014 基 -1-002	功能无机纳米颗粒的设计合成与肿瘤体内外检测应用	高明远　李　桢　呼凤琴	中国科学院化学研究所

（续表）

一等奖				
序号	编号	项目名称	主要完成人	主要完成单位
26	2014 基 -1-003	新型光学探针的设计及其在疾病诊断与治疗中的应用基础研究	王　树　刘礼兵　李玉良	中国科学院化学研究所
27	2014 基 -1-004	先进压缩空气储能系统关键科学问题研究	陈海生　谭春青　徐玉杰	中国科学院工程热物理研究所

二等奖				
序号	编号	项目名称	主要完成人	主要完成单位
1	2014 计 -2-001	具有个性化自适应能力的高性能语音处理技术及应用	陶建华　李　雅　杨明浩	中国科学院自动化研究所
2	2014 计 -2-002	基于 QVM 的云安全检测及防护系统的研发和应用	周鸿祎　齐向东　石晓虹	北京奇虎科技有限公司
3	2014 计 -2-003	红外光和受限自然光人脸识别技术及应用	黄　磊　刘迎建　刘昌平	汉王科技股份有限公司
4	2014 计 -2-004	面向智能电网的大数据即时处理和分析技术研究与应用	王风雨　虎嵩林　王晶华	北京国电通网络技术有限公司
5	2014 计 -2-005	颅面形态信息学研究与应用	周明全　耿国华　纪　元	北京师范大学
6	2014 计 -2-006	钟形振子式角速率陀螺	付梦印　苏　中　邓志红	北京理工大学
7	2014 电 -2-001	高功率全固态激光器关键技术及应用研究	林学春　侯　玮　李晋闽	中国科学院半导体研究所
8	2014 电 -2-002	高性能多极化微波成像系统及在灾害与海洋监测中的应用	邓云凯　赵凤军　禹卫东	中国科学院电子学研究所
9	2014 电 -2-003	超精细移动显示关键技术及应用	董　学　陈　希　陈小川	京东方科技集团股份有限公司
10	2014 电 -2-004	无线电子健康关键支撑技术及应用	康桂霞　陈赤航　张梅奎	北京邮电大学
11	2014 电 -2-005	面向大众消费市场的北斗导航核心芯片（蜂鸟 Humbird）研发与产业化	胡　刚　张正烜　郑　睿	和芯星通科技（北京）有限公司
12	2014 材 -2-001	纳米杂化材料设计与制备技术研究及在含蜡原油输运中的应用	阳明书　丁艳芬　张世民	中国科学院化学研究所
13	2014 材 -2-002	车用高硅铝合金半固态制备成形技术的研发及产业化应用	徐　骏　张志峰　白月龙	北京有色金属研究总院
14	2014 环 -2-001	数字航空遥感新技术体系研究及应用	李英成　杨伯钢　刘晓龙	中国测绘科学研究院
15	2014 环 -2-002	农用海洋褐藻生物产品创新研究及产业化应用	汤　洁　王为璋　严国富	北京雷力海洋生物新产业股份有限公司
16	2014 环 -2-003	北京地区空气质量遥感监测技术与工程化应用	张大伟　陈良富　徐　谦	北京市环境保护监测中心
17	2014 环 -2-004	利用特种水泥高效固化核电站放射性废物的机理与技术研究	王建龙　李俊峰　孙奇娜	清华大学
18	2014 能 -2-001	智能变电站继电保护测试技术研究及应用	周春霞　周泽昕　詹荣荣	中国电力科学研究院
19	2014 能 -2-002	水煤浆提浓技术及关键设备的研发与工业应用	何国锋　段清兵　王国房	煤炭科学研究总院
20	2014 能 -2-003	大功率节能型金属软磁粉芯电抗器的研发与产业化	李月明　张洪平　赵栋梁	北京英博电气股份有限公司
21	2014 能 -2-004	智能配电网运行支撑关键技术研究与应用	葛　亮　赵凤青　余庭豹	北京四方继保自动化股份有限公司
22	2014 能 -2-005	陆丰深层评价开发一体化关键技术研究及工业化应用	罗东红　王志章　刘伟新	中国石油大学（北京）
23	2014 能 -2-006	基于风峰算法的高风速大容量风电机组的研发及应用	孟庆顺　姜桐举　王明江	北京金风科创风电设备有限公司
24	2014 制 -2-001	零臭氧损耗环境友好型氟化物的制造及过程催化剂技术的开发和应用	权恒道　张小玲　周晓猛	北京宇极科技发展有限公司
25	2014 制 -2-002	车辆智能油气悬挂技术研究及应用	雷强顺　陈轶杰　郑冠慧	中国北方车辆研究所

（续表）

序号	编号	项目名称	主要完成人	主要完成单位
二等奖				
26	2014 制 -2-003	热致相分离法高性能聚偏氟乙烯中空纤维膜制备技术	王晓琳　林亚凯　杨　健	清华大学
27	2014 制 -2-004	磁导向钻井关键技术研究及应用	邹来方　申瑞臣　田中兰	中国石油集团钻井工程技术研究院
28	2014 城 -2-001	不停航机场跑道下大断面隧道修建技术	马　栋　谭忠盛　张晓峰	中铁十六局集团有限公司
29	2014 城 -2-002	富含超大粒径漂石地层盾构施工技术研究及工程应用	王　良　张晋勋　车　凯	北京城建集团有限责任公司
30	2014 城 -2-005	中心城区盾构长距离连续穿越敏感建构筑物微扰动控制技术	潘秀明　周宏磊　雷崇红	北京市轨道交通建设管理有限公司
31	2014 城 -2-006	村镇建筑抗震节能结构体系与成套技术	曹万林　林国海　杨　威	北京工业大学
32	2014 交 -2-001	极小震—检距超宽频带弹性波反射单点连续剖面法技术及装备	钟世航　孙宏志　王　荣	北京水工资环新技术开发有限公司
33	2014 交 -2-002	大密度步行客流监测组织疏散关键技术研究及产业化	杜水荣　马爱民　赵　斌	北京北大千方科技有限公司
34	2014 交 -2-003	动车组运行故障动态图像检测系统	王新宇　刘厚军　刘　冶	北京华兴致远科技发展有限公司
35	2014 交 -2-005	穿越既有轨道交通工程安全风险控制成套关键技术	彭　华　杨广武　孙壮志	北京交通大学
36	2014 农 -2-001	农业纳米药物制备新技术及应用	崔海信　黄啟良　张继瑜	中国农业科学院农业环境与可持续发展研究所
37	2014 农 -2-002	新型生物饲料关键技术研究与产业化应用	丁宏标　邵彩梅　姚　文	中国农业科学院饲料研究所
38	2014 农 -2-003	玉米黄粉酶解制备玉米肽技术开发	蔡木易　谷瑞增　董　哲	中国食品发酵工业研究院
39	2014 农 -2-004	优质低耗鲜啤生产关键控制技术体系开发与应用	王德良　贾凤超　张　京	中国食品发酵工业研究院
40	2014 农 -2-005	中科 11 号等系列玉米新品种选育与产业化开发	王义波　高　飞　王爱芬	北京联创种业股份有限公司
41	2014 农 -2-006	北京重要园林宿根花卉品种选育与产业化	董　丽　高亦珂　张启翔	北京林业大学
42	2014 医 -2-001	基于稀土纳米上转发光技术的生物应急检测系统创建与产业化	杨瑞馥　周　蕾　黄惠杰	中国人民解放军军事医学科学院微生物流行病研究所
43	2014 医 -2-002	遗传性耳聋基因诊断芯片的研制及其临床应用	戴　朴　李彩霞　王国建	中国人民解放军总医院
44	2014 中 -2-001	辛热药性实质研究与临床实践	张　冰　黄建梅　刘小青	北京中医药大学
45	2014 药 -2-001	基于标志代谢物控制的发酵过程优化研究与应用	谭天伟　王　峥　尚　飞	北京化工大学
46	2014 基 -2-001	基于磁共振成像的针刺机理研究	田　捷　戴建平　秦　伟	中国科学院自动化研究所
47	2014 基 -2-002	阻变存储器及集成的基础研究	刘　明　刘　琦　管伟华	中国科学院微电子研究所
48	2014 基 -2-003	Belle 实验新粒子的发现和研究	苑长征　沈成平　王小龙	中国科学院高能物理研究所
49	2014 基 -2-004	联合信源信道编译码理论与方法	凃国防　张　灿　高绍帅	中国科学院大学
50	2014 基 -2-005	多时标非线性系统的智能控制理论与方法	孙富春　孙增圻　刘华平	清华大学
51	2014 基 -2-006	基于多模态磁共振图像的人脑连接组计算方法与应用基础研究	贺　永　左西年　朱朝喆	北京师范大学

注：受篇幅所限，表中主要完成人仅列前 3 名，主要完成单位仅列第一完成单位

资料来源：北京市科学技术奖励工作办公室网站

中关村国家自主创新示范区
获 2014 年中国标准创新贡献奖项目一览表

序号	项目名称	主要完成人	主要完成单位
		一等奖	
1	ISO 7970：2011 小麦 - 规格	卞　科　唐瑞明　李美琴	国家粮食局标准质量中心
2	GB 23350—2009 限制商品过度包装要求 食品和化妆品	杨跃翔　汤万金　王　利	中国标准化研究院
3	GB/T 28925—2012 信息技术 射频识别 2.45GHz 空中接口协议、GB/T 28926—2012 信息技术 射频识别 2.45GHz 空中接口符合性测试方法	高　林　王文峰　冯　敬	工业和信息化部电子工业标准化研究院
		二等奖	
1	GJB 7296—2011 军用低密度奇偶校验码参数及编译码算法	陆建华　霍金海　殷柳国	清华大学
2	NY/T 1207—2006 辐照香辛料及脱水蔬菜热释光鉴定方法等 9 项标准	哈益明　干　锋　周洪杰	中国农业科学院农产品加工研究所
3	GB/T 18831—2010 机械安全 带防护装置的联锁装置设计和选择原则	张晓飞　李　勤　居荣华	中机生产力促进中心
4	GB/T 3811—2008 起重机设计规范	万　力　徐格宁　顾迪民	北京起重运输机械设计研究院
5	GB/T 26748—2011 水泥助磨剂	刘　晨　江丽珍　颜碧兰	中国建筑材料科学研究总院
6	IEC 62341-6-1：2009 有机发光二极管显示器 光学和光电参数测试方法	高裕弟　董桂芳　谢　静	北京维信诺科技有限公司
7	GB/T 19038—2009 顾客满意测评模型和方法指南等 6 项标准	康　键　郑兆红　咸奎桐	中国标准化研究院
8	ISO/TR 12888：2011 量具重复性与再现性分析示例研究，ISO/TR 14468：2010 属性一致性分析示例	丁文兴　张　帆　何　桢	中国标准化研究院
		三等奖	
1	GJB 6765—2009 航天员系统对飞船工程设计的工效学要求与评价方法	徐永忠　周前祥　李　洁	中国人民解放军航天员科研训练中心
2	GJB 59.1–GJB 59.92 装甲车辆试验规程	魏火明　薛　海　裴金顶	总装备部装甲兵装备技术研究所
3	GB/T 21509—2008 燃煤烟气脱硝技术装备等 3 项标准	高　翔　李雄浩　何育东	机械科学研究总院
4	GB/T 26101—2010 机械产品虚拟装配通用技术要求等 6 项标准	张红旗　肖承翔　单忠德	中机生产力促进中心
5	ISO 14409：2011 船舶和海上技术 船舶下水用气囊	李　军　孙菊香　朱东辉	中国船舶工业综合技术经济研究院
6	GB/T 23685—2009 废电器电子产品回收利用通用技术要求等 5 项标准	林　翎　高东峰　陈健华	中国标准化研究院
7	GB 26451—2011 稀土工业污染物排放标准	宗子就　武雪芳　龙志奇	中国恩菲工程技术有限公司
8	GB/T 21839—2008 预应力混凝土用钢材试验方法	朱建国　张　莹　王玲君	国家建筑钢材质量监督检验中心
9	SW 4—2012 税务数据元目录（税收征管应用系统）	任荣发　陈　洧　朱会彦	国家税务总局征管和科技发展司
10	GB/T 27914—2011 企业法律风险管理指南	高晓红　叶小忠　吕多加	中国标准化研究院
11	ISO 28564-1：2010 公共信息导向系统 第 1 部分：示意图和导向图的设计原则及要求	邹传瑜　白殿一　陈永权	中国标准化研究院

注：受篇幅所限，表中主要完成人仅列前 3 名，主要完成单位仅列第一完成单位

资料来源：国家标准化管理委员会网站

中关村国家自主创新示范区获第十六届中国专利奖项目一览表

序号	专利号	专利名称	发明人	专利权人	领域
		专利金奖			
1	ZL201010181646.6	移位寄存器单元、显示器用栅极驱动装置及液晶显示器	商广良　韩承佑	北京京东方光电科技有限公司	
2	ZL201010235138.1	一种液压油缸及液压缓冲系统、挖掘机和混凝土泵车	易小刚　刘永东　陈兵兵	三一重工股份有限公司	
3	ZL201110293417.8	一种铁基非晶合金宽带及其制造方法	周少雄　刘国栋　陈文智	安泰科技股份有限公司	
		外观设计金奖			
1	ZL201330104790.4	具有显示功能的电子设备（jz）	王力军	联想（北京）有限公司	
2	ZL200830132786.8	着陆器	傅子敬　张　熇　杨建中	北京空间飞行器总体设计部	
		专利优秀奖			
1	ZL200610112817.3	一种包覆材料水平连铸直接复合成形设备与工艺	谢建新　刘新华　刘雪峰	北京科技大学	机械
2	ZL201010262244.9	一种超高分子量聚乙烯纤维纺丝溶液的制备方法	贺　鹏　黄兴良　刘清华	北京同益中特种纤维技术开发有限公司	机械
3	ZL200910077384.6	一种大片竹束帘及其制造方法和所用的设备	于文吉　余养伦　苏志英	中国林业科学研究院木材工业研究所	机械
4	ZL200610001128.5	高压水射流深穿透射孔及辅助压裂方法及其装置	李根生　沈忠厚　黄中伟	中国石油大学（北京）	机械
5	ZL201010286003.8	印刷色彩稳定性的控制方法及装置	李志杰　庞也驰　陈　彦	中国印刷科学技术研究所	机械
6	ZL200910113616.9	油井射孔压裂不压井转抽联作方法	袁新生　张建华　孙　新	中国石油天然气集团公司	机械
7	ZL201010295487.2	一种低空慢速小目标的拦截方法	刘　浩　王生捷　韩书永	北京机械设备研究所	机械
8	ZL200810116181.9	一种制备半固态合金流变浆料或坯料的装置	徐　骏　张志峰　白月龙	北京有色金属研究总院	机械
9	ZL201010621248.1	一种软着陆接力避障方法	张洪华　王鹏基　黄翔宇	北京控制工程研究所	机械
10	ZL200610144245.7	一种套管井方位声波测井方法	车小花　乔文孝　鞠晓东	中国石油天然气集团公司	机械
11	ZL200910085832.7	一种地层测试器	刘书民　冯永仁　庞希顺	中国海洋石油总公司	机械
12	ZL201110359346.7	一种提高热轧钢板控制冷却温度均匀性的方法	马长文　李家鼎　田士平	首钢总公司	机械
13	ZL201110232530.5	一种具有漏斗形曲面形状的带倒角结晶器窄边铜板	干　勇　杨春政　张　慧	钢铁研究总院	机械
14	ZL200910236876.5	架空输电线路间隔棒的回转线夹	朱宽军　牛海军　刘胜春	中国电力科学研究院	电学
15	ZL200710179938.4	一种基于 PDF 的复杂版面的标引方法	徐剑波　董　宁	北大方正集团有限公司	电学

（续表）

序号	专利号	专利名称	发明人	专利权人	领域
16	ZL200910237918.7	励磁调节器检测方法、装置及系统	苏为民　吴　涛　雷为民	华北电力科学研究院有限责任公司	
17	ZL201010256958.9	一种基于云的样本数据库动态维护方法	齐向东　徐贵斌　范纪锃	北京奇虎科技有限公司	
18	ZL200610113971.2	一种外接存储设备的智能密钥装置及其使用方法	陆　舟　于华章	飞天诚信科技股份有限公司	
19	ZL01823568.9	计算机快速启动方法	张建辉	联想（北京）有限公司	
20	ZL201010273061.7	一种双馈式风力发电机组低电压穿越变桨控制系统	李佳奇　潘　磊　陈　宇	国电联合动力技术有限公司	
21	ZL200810117462.6	自适应调制和编码方法、系统及装置	肖国军　索士强　丁　昱	电信科学技术研究院	
22	ZL200680045334.4	一种在文本文档中嵌入及检测数字水印的方法和装置	杨　斌　史文哲　亓文法	北大方正集团有限公司	
23	ZL03140550.9	无线通信系统中多用户码道激活检测的方法和装置	康绍莉　程履帮　王映民	电信科学技术研究院	通信
24	ZL201110040550.2	一种短消息传输方法及装置	段江海　苏晓勃　王树立	大唐移动通信设备有限公司	
25	ZL200810239747.7	一种卫星通信系统小站通信中断后快速接入方法	石　云　王熹微　邹光南	航天恒星科技有限公司	
26	ZL201010245095.5	杂交瘤细胞株1C11、其产生的抗黄曲霉毒素通用单克隆抗体及其应用	李培武　李　鑫　张道宏	中国农业科学院油料作物研究所	
27	ZL201010235152.1	一种嗜热嗜酸菌及低品位原生硫化铜矿微生物分段浸出工艺	温建康　阮仁满　武　彪	北京有色金属研究总院	
28	ZL200810222492.3	抗黄萎病性棉花的育种方法	张永军　戴小枫　李修立	中国农业科学院植物保护研究所	生物医药
29	ZL200510109117.4	转抗虫基因的三系杂交棉分子育种的方法	郭三堆　张　锐　王　远	中国农业科学院生物技术研究所	
30	ZL200710146027.1	一种超级泰乐菌素的提纯方法	余志强　郑应华　齐　鹏	中牧实业股份有限公司	
31	ZL200910237809.5	提高耐温抗盐性能的部分水解聚丙烯酰胺的制备方法	吴飞鹏　张云龙　张玉玺	中国科学院理化技术研究所	
32	ZL200710178250.4	密闭式电解槽及电解系统	王振文　江培海　尹　飞	北京矿冶研究总院	化学
33	ZL200910077024.6	一种质子传导膜的制备方法	王保国　龙　飞　范永生	清华大学	
34	ZL201010159116.1	阵列基板及其制造方法和液晶显示器	谢振宇　陈　旭　龙春平	北京京东方光电科技有限公司	
35	ZL200610164923.6	基于三维有限元神经网络的缺陷识别和量化评价方法	黄松岭　赵　伟　宋小春	清华大学	
36	ZL200910091945.8	参考电压补偿装置和方法	张　亮　郑喆奎	北京京东方光电科技有限公司	光电
37	ZL200910243012.6	一种换流阀运行试验装置的控制保护系统	汤广福　张新刚　查鲲鹏	中国电力科学研究院	

（续表）

序号	专利号	专利名称	发明人	专利权人	领域
38	ZL201210081419.5	基于人脸识别的监狱会见区域进出监控系统	刘亢法	北京普惠恒丰科技有限公司	
39	ZL201010211867.3	一种高压绝缘光纤柱	张翠霞　廖蔚明　李国富	中国电力科学研究院	
40	ZL200910244626.6	一种测力轮对的连续测量方法及装置	李　谷　祖宏林　储高峰	中国铁道科学研究院机车车辆研究所	
41	ZL201010127557.3	一种邻井平行间距随钻电磁探测系统	高德利　刁斌斌　吴志永	中国石油大学（北京）	
42	ZL201210528832.1	模套式节能墙体系及其施工方法	谭江昕	华建耐尔特（北京）低碳科技有限公司	材料
43	ZL201110184606.1	煤基甲醇制丙烯工艺中失活催化剂的再生方法	姚　敏　焦洪桥　罗春桃	神华集团有限责任公司	材料
44	ZL200910237622.5	一种纳米叠层复合材料制备装置	杨卫民　王德禧　丁玉梅	北京化工大学	材料
45	ZL200910089216.9	一种桥梁加固方法以及预应力高强钢丝网锚具在桥梁加固中的应用	任红伟　王来永　张劲泉	交通运输部公路科学研究所	材料
46	ZL200910079428.9	一种高固体含量流化催化裂化催化剂制备方法	高雄厚　张海涛　谭争国	中国石油天然气股份有限公司	材料
47	ZL200710176062.8	煤基直接还原铁转底炉及其燃烧方法	吴道洪　谢善清　王东方	北京神雾环境能源科技集团股份有限公司	材料
48	ZL200910235451.2	一种利用电石渣浆的湿法烟气脱硫的方法及其装置	朱廷钰　荆鹏飞　叶　猛	中国科学院过程工程研究所	材料
49	ZL200910093357.8	大型对开立式喷淬机床	王占军　金嘉瑜　钟志平	北京机电研究所	材料
50	ZL200910143611.0	循环流化床锅炉稳定运行与经济燃烧优化控制系统	于现军　高瑞峰　周龙军	北京和隆优化科技股份有限公司	材料
51	ZL200910089413.0	一种增强、阻燃改性人工林木材及其制备方法	刘君良　柴宇博　刘焕荣	中国林业科学研究院木材工业研究所	材料
实用新型专利优秀奖					
1	ZL201220519004.7	一种高速石膏板生产控制系统	杨小东　周建中　张羽飞	北新集团建材股份有限公司	
2	ZL201220702839.6	混凝土收缩开裂测试模具	曹擎宇　郝挺宇　肖　军	中冶建筑研究总院有限公司	
外观设计优秀奖					
1	ZL201230150065.6	G型臂X光机（Ⅲ型）	张　军　曹　流　魏世宇	北京东方惠尔图像技术有限公司	
2	ZL201130125345.7	汽车	韩尚芝　张志亮　王守君	北汽福田汽车股份有限公司	
3	ZL201230433060.4	现场服务终端	吕英杰　赵　兵　刘　鹰	中国电力科学研究院	

注：受篇幅所限，表中发明人仅列前3名，专利权人仅列第一完成单位

资料来源：国家知识产权局网站

中关村国家自主创新示范区获第三届北京市发明专利奖项目一览表

序号	专利号	专利名称	发明人	专利权人
		特等奖		
1	ZL201010116558.8	用于发动机冷却系统的副水箱和发动机冷却系统	刘金波 周新华 刘福萍	北汽福田汽车股份有限公司
		一等奖		
1	ZL200710064303.X	水收集净化储存系统	秦升益	北京仁创科技集团有限公司
2	ZL200710177405.2	物质识别方法和设备	陈志强 张 丽 康克军	同方威视技术股份有限公司
3	ZL200610112817.3	一种包覆材料水平连铸直接复合成形设备与工艺	谢建新 刘新华 刘雪峰	北京科技大学
4	ZL200710065181.6	一种基于多分类器融合的敏感网页过滤方法及系统	胡卫明 陈周耀 吴 偶	中国科学院自动化研究所
5	ZL200410031172.1	自呼吸空气的便携式电源	王 诚 [illegible] [illegible]	清华大学
		二等奖		
1	ZL200710176466.7	TFT-LCD 像素结构及其制造方法	彭志龙	北京京东方光电科技有限公司
2	ZL201110158848.3	富氧底吹炼铜炉和富氧底吹炼铜工艺	蒋继穆 陆志方 黄祥华	中国恩菲工程技术有限公司
3	ZL201110147584.1	开放式传导冷却核磁共振超导磁体系统	王秋良 王 晖 胡新宁	中国科学院电工研究所
4	ZL201010262244.9	一种超高分子量聚乙烯纤维纺丝溶液的制备方法	贺 鹏 黄兴良 刘清华	北京同益中特种纤维技术开发有限公司
5	ZL200810227820.9	一种高强韧性螺旋埋弧焊管用 X80 热轧卷板及其生产方法	张永青 李永东 潘 辉	首钢总公司
6	ZL200710120440.0	一种应用于宽带无线网络的数据调度方法	田 霖 杨育波 刘 博	中国科学院计算技术研究所
7	ZL97103970.4	一种治疗高血脂症及相关心脑血管疾病的红曲制剂	张茂良 彭启秀 周玉芳	北京北大维信生物科技有限公司
8	ZL200810223632.9	一种自动测试栅格图像处理器的方法及系统	林 好 孟张伟 南水鱼	北大方正集团有限公司
9	ZL201010276662.3	移动终端的网页排版方法及系统	梁 捷 毛贯力	优视科技有限公司
10	ZL200910091233.6	预防猪感染猪繁殖与呼吸综合征的减毒活疫苗	武 华 冷 雪 李真光	华威特（北京）生物科技有限公司
		三等奖		
1	ZL200910210705.5	SATA 连接器	施勇军 李 栋	爱国者电子科技有限公司
2	ZL200810222757.X	彩色激光打印机用无色碳粉及其制备方法	宋宝珍 周学良 唐 清	中国科学院过程工程研究所
3	ZL200710065340.2	超大粒径和高密度钴酸锂及其制备方法	白厚善 刘亚飞 陈彦彬	北京当升材料科技股份有限公司
4	ZL200810006759.5	车灯转向驱动装置	吉英存	北京经纬恒润科技有限公司
5	ZL200810305574.4	地下工程施工超前地质预报系统及其预报方法	叶 英 许 鹏	北京市市政工程研究院

（续表）

序号	专利号	专利名称	发明人	专利权人
6	ZL200610086577.4	基于互联网信息的输入法词频库的生成方法和系统	佟子健　郭　奇	北京搜狗科技发展有限公司
7	ZL201010270599.2	利用聚酯废料生产涤纶纤维的方法	沈　玮　仝文奇	北京中丽制机工程技术有限公司
8	ZL201010152929.8	轮式移动基座过站施工方法及装置	黄常波　李　钟　张　峰	中建交通建设集团有限公司
9	ZL200510075116.2	通用串行总线数据传输方法	黄　煜　陆　舟　陈　凡	飞天诚信科技股份有限公司
10	ZL200910172146.3	一种SBS改性沥青及其制备方法	曹东伟　王仕峰　季　节	交通部公路科学研究院
11	ZL201110006357.7	一种安全性高的桂哌齐特药用组合物及其制备方法和其应用	车冯升　林善良　范扶民	北京四环制药有限公司
12	ZL200910180462.5	一种单波梁护栏板及单波梁钢护栏	李建伟	中交路安（北京）科技有限公司
13	ZL200710175703.8	一种基于码扩正交频分多址（CS-OFDMA）的智能天线无线系统	徐广涵　李　航　黄　俊	北京信威通信技术股份有限公司
14	ZL200910083144.7	一种将通讯录和即时通讯软件整合的方法及装置	李　奇　罗　程	腾讯科技（北京）有限公司
15	ZL200410103117.9	一种具有多处理器的计算机及其操作方法	姜　珊	联想（北京）有限公司
16	ZL03143211.5	一种抗病毒中药组合物及制备方法	吴以岭	北京以岭药业有限公司
17	ZL200510137233.7	一种钕铁硼永磁材料用辅助合金及其制备方法	李红卫　李宗安　姚国庆	有研稀土新材料股份有限公司
18	ZL201010552530.9	一种实时防护文件的监控方法及装置	邹贵强　王　烜	北京奇虎科技有限公司
19	ZL200810226171.0	一种用于超高压容器的密封装置	胡小松　廖小军　王换玉	中国农业大学
20	ZL201010115563.7	自带驱动控制的LED平板显示单元及其生产方法	耿　伟　卢长军　潘　彤	利亚德光电股份有限公司

注：受篇幅所限，表中发明人仅列前3名，专利权人仅列第一完成单位

资料来源：北京市知识产权局

附录

Appendix

本栏目以表格形式记载中关村国家自主创新示范区十六园管理机构、社会组织、孵化基地；中关村示范区区域内的国家级实验室、企业技术中心、工程研究中心和工程技术研究中心，北京地区中国科学院院士、中国工程院院士；示范区企业获得的中国驰名商标、北京市著名商标，以及年度中关村十大系列等。

中关村国家自主创新示范区十六园一览表

序号	名称	地址	邮编	电话 传真	电子邮箱	网址
1	海淀园	海淀区四季青路6号海淀招商大厦5～7层	100089	88498507 88494199	kfzx-qy@zhongguancun.com.cn	www.zhongguancun.com.cn
2	昌平园	昌平区超前路9号	102200	69744527 69745549	cpygwh@bjchp.gov.cn	www.zgc-cp.gov.cn
3	顺义园	顺义区白马路高丽营段19号	101302	69491012 69497510	yuanyongzhang@126.com	
4	大兴—亦庄园	大兴区天河西路19号（大兴）	102600	61252874 61252869	dzb2874@163.com	www.bjcbp.com.cn
		北京经济技术开发区荣华中路15号博大大厦（亦庄）	100176	67887177 67887480	cuichunlei@bda.gov.cn	www.bda.gov.cn
5	房山园	房山区长阳镇昊天北大街38号	102445	81312735 81312660	zhdyk916@163.com	xxg.bjfsh.gov.cn
6	通州园	通州区新华东街258号	101100	61567995 61567995	zgc_tzy@126.com	zgc-tzp.bjtzh.gov.cn
7	东城园	东城区青龙胡同1号歌华大厦A座16层1606室	100007	59260100 59260100 —0800	yongheyuan0927@sina.com.cn	www.bjdch.gov.cn
8	西城园	西城区西直门内大街东桃园胡同2号	100035	66205328 66205328	zgcxckjy@126.com	www.zgc-ds.gov.cn
9	朝阳园	朝阳区酒仙桥路甲12号电子城科技大厦15层	100015	64311811 64317300	64317300@163.com	www.zgccyy.gov.cn
10	丰台园	丰台区外环西路8号	100070	63702020 63702051	weill@zgc-ft.gov.cn	www.zgc-ft.gov.cn
11	石景山园	石景山区实兴大街30号院17号楼石景山创新平台	100041	68863659 88910825	sjskw@263.net.cn	www.zgc-sjs.gov.cn
12	门头沟园	门头沟区永安路20号	102308	69803404 69803404		slkfq.bjmtg.gov.cn
13	平谷园	平谷区府前西街17号社会服务中心15层	101200	69985420 69988495	zgcpgy@163.com	www.zgcpgy.gov.cn
14	怀柔园	怀柔区杨雁路888号	101407	61667108 61667431—0	kaifq@yda.gov.cn	www.yda.gov.cn
15	密云园	密云县兴盛南路8号	101500	69044661 89099929	69044661@163.com	www.bmida.gov.cn
16	延庆园	延庆县东外大街建业胡同2号	102100	69103310 69144623	yqzgc2014@126.com	www.zgc-yq.gov.cn

资料来源：中关村科技园区管理委员会

中关村国家自主创新示范区协会一览表

序号	名称	成立时间（年）	地址	邮编	网址 电子邮箱	电话 传真
1	中关村社会组织联合会	2003	海淀区花园路2号牡丹创业楼416室	100191	www.zgcshzz.org flo@zgcngo.org	82237601 82237601-604
2	中关村泰诚民营经济产业发展研究所	2013	海淀区上地西路28号时代集团大厦B座2402层	100085	qyjgwh@163.com	62960696 62960696
3	中关村民营科技企业家协会	1987	海淀区信息路7号数字传媒大厦605室	100085	www.ztea.org hanyy@ztea.org	62960213 62960965
4	北京中关村高新技术企业协会	1991	海淀区四季青路8号郦城工作区609室	100195	www.gqx.org.cn gaoqixie-11@vip.163.com	68946787 68948951-608
5	北京中关村不动产商会	2002	海淀区花园路2号牡丹创业楼501A	100191	www.zgcestate.org zgcestate@vip.163.com	82237603 82237604
6	北京中关村企业信用促进会	2003	海淀区北四环西路67号大地科技大厦1211室	100080	www.ecpa.org.cn zgcxch@yahoo.com.cn	82886570 82886657
7	中关村电子商会	2003	海淀区中关村大街1号海龙大厦9层907室	100190	www.bjzetc.org mishuchu@bjzetc.org	62523765 62526127
8	北京电信技术发展产业协会	2002	朝阳区望京利泽中园101号望京启明大厦11层	100102	www.tdia.cn liujunjie@tdia.cn	84170081 84170087
9	中关村上市公司协会	2012	海淀区清华科技园科技大厦C座18层	100084	www.zlca.org zlca@zlca.org	82484022 82483364
10	北京软件和信息服务业协会	1986	海淀区海淀南路甲21号中关村知识产权大厦A座206室	100080	www.bsia.org.cn bsia@bsia.org.cn	82358631 82358691
11	北京中关村外商投资企业协会	1990	海淀区四季青路8号郦城工作区431室	100195	www.zgcafe.org zgcafe@163.com	88498441 88498441-22
12	北京电子商会	1993	宣武区槐柏树街2号3号楼	100053	www.becc.org.cn yanjun@becc.org.cn	83162048 63021895
13	北京项目管理协会	2008	海淀区西三环北路50号院豪柏大厦C2座1103室	100048	www.bpma-china.org bpma_china@163.com	62757381 62289962
14	北京中关村优联网产业促进会	2006	朝阳区北辰东路8号北京国际会议中心东配楼2层	100101	www.zuia.org.cn wulianwang@gci.com.cn	84986970 84986970-500
15	中关村数字内容产业协会	2010	海淀区牡丹园北甲2号市政投资商务楼3层302室	100191	www.zgcdcia.org.cn zy@zgcdcia.org.cn	62342036 4007065618-804
16	中关村人才协会	2000	海淀区苏州街甲49号606室	100080	www.zitpa.org zitpa@zitpa.org	62563533 62563533
17	北京市闪联信息产业协会	2005	海淀区海淀北二街10号泰鹏大厦8层	100080	www.igrs.org dufei@igrslab.com	59610166 59610169
18	中关村股权投资协会	2012	海淀区北三环西路48号北京科技会展中心3号楼19A	100086	www.zvca.org zvca@zvca.org	53692796 59733465
19	北京知识产权保护协会	2006	海淀区海淀南路甲21号中关村知识产权大厦A座3层	100080	www.bippa.org bippa@126.com	82610919 82610151
20	北京市海淀区中关村科技中介服务机构协会	2007	海淀区中关村南大街3号海淀科技大厦11层	100081	www.kjzj.org.cn kjzjxh@126.com	68948361 68915238

（续表）

序号	名称	成立时间（年）	地址	邮编	网址 电子邮箱	电话 传真
21	中关村光电产业协会	2011	海淀区花园路3号院主楼409室	100191	www.zgcgd.org zgcgdcyxh@163.com	82028905 82028903
22	中关村资本市场研究会	2012	朝阳区安贞门小关北里45号院世纪嘉园3号楼7层	100029	www.zgcscm.org alfred_xu@126.com	56281425 85870373
23	中关村宽带无线专网应用产业协会	2007	海淀区西直门北大街60号首钢国际大厦	100082	www.bwpforum.org info@bwpforum.org	58810398 51905810
24	中关村创业投资和股权投资基金协会	2008	海淀区中关村南大街3号海淀科技大厦11层	100081	www.zvcpe.org zvcpe@zvcpe.org	57039638
25	北京电子电器协会	1991	西城区西什库大街74号308室	100034	www.dzdqxh.org bjeea128@sina.com	66158248 66158248
26	北京中关村人力资源经理协会	2002	西城区裕民中路8号北办公楼6层613室	100029	www.zgchr.org.cn hr_zgc@163.com	62022303 62022125
27	北京中关村自主品牌创新发展协会	2006	海淀区海淀南路36号海润大厦B座3层	100080	www.zpa.org.cn info@zba.org.cn	82500018 4008266163−03532
28	北京高校毕业生就业促进会	2006	海淀区增光路45号院东门	100048	www.526job.com 526job@163.com	68987198 68987369
29	北京信息化协会	2003	海淀区海淀南路甲21号中关村知识产权大厦A座201室	100080	www.bjit.org.cn heweiyu@bjit.org.cn	61136399 61136398
30	北京科技咨询业协会	1994	海淀区北三环中路31号生产力大楼8层A座808室	100088	www.bjca.org bjca@bjpc.org.cn	82003628 82006043
31	北京发明协会	1985	海淀区苏州街甲49号1层101室	100080	www.bj−fm.com bj−fm@vip.163.com	68356829 68337026
32	北京市海淀区高层次人才发展促进会	2012	海淀区海淀大街3号鼎好电子大厦A座8层807室	100080	www.hdgch.zgcrc.org hdgch@zgcrc.com.cn	88506177 88506198
33	北京市海淀区文化创意产业协会	2008	海淀区四季青路8号郦城工作区615室	100195	www.chuangyi.org.cn hd_chuangyi@163.om	88493560 88493560−804
34	中关村虚拟现实产业协会	2011	海淀区花园路2号牡丹创业楼209A	100191	www.cnvr.org.cn zgcvria@sina.com	82237526 82237526
35	北京创新学会	2001	朝阳区北四环东路108号千鹤家园1号楼2404室	100029	beijingcxxh@126.com	58859701 58898908
36	北京创业投资协会	1999	海淀区昆明湖南路9号云航大厦5001室	100195	www.vcab.org piblicvcab@126.com	62572150 62572151
37	北京市科技金融促进会	1995	朝阳区安翔北里11号北京创业大厦A座217室	100101	www.bjtf.cn bjtf_2007@126.com	64853151 64858451
38	北京中关村国际孵化软件协会	2004	海淀区学院路35号世宁大厦407室	100191	www.zsoft.cn zsoft@zsoft.cn	82318300 82337088
39	北京市朝阳区高新技术企业协会	2008	朝阳区酒仙桥路甲12号电子科技大厦908室	100015	gqx@zgc−dzc.gov.cn	64310293 64317300
40	北京中关村留学人员创业园协会	2009	海淀区东北旺西路9号中关村软件园2号楼2245室	100193	wrgsgl@163.com	82825033 62288385
41	中国民营科技促进会	1995	西城区三里河路54号	100045	www.cappse.org.cn cappse@cappse.org.cn	89505829 89505182
42	北京企业投资协会	1993	朝阳区东四环中路41号嘉泰国际大厦B座306室	100020	www.bjeia.org qytzxh@163.com	84254347 84254209
43	北京创业孵育协会	2000	朝阳区安翔北里11号创业大厦A座	100101	www.bjventure.com.cn bbia2000@126.com	64843991 64843992

（续表）

序号	名称	成立时间（年）	地址	邮编	网址 电子邮箱	电话 传真
44	北京技术市场协会	1992	西城区西直门南大街 16 号北楼	100035	www.cbtma.org.cn congwei001@126.com	66161861 66161861
45	北京设备管理协会	1983	东城区美术馆后街 60 号	100010	cape.ndrc.gov.cn 1175000310@qq.com	82120140 64016341
46	中国科技金融促进会	1992	海淀区玉渊潭南路 8 号	100038	www.cstf.org.cn zhmkjb@163.com	68530171 68530171
47	北京中关村生物工程和新医药企业协会	2000	海淀区马连洼北路 151 号院内	100094	www.zgceabp.org.cn dongshuai@newlife.org.cn	62896868 62899978
48	北京中关村科技园区昌平园高新技术企业协会	2002	昌平区超前路 9 号	102200	www.zgc−cp.gov.cn cpyzifw@126.com	80113651 89719107
49	北京知识产权代理行业协会	2007	海淀区海淀南路甲 21 号中关村知识产权大厦 A 座三层	100080	agent.bippa.org bippa@126.com	82610151
50	中国软件行业协会系统与软件过程改进分会	2006	海淀区中关村软件园华夏科技大厦 226 室	100193	www.spichina.org.cn spichina@spichina.org.cn	62973582 62970611
51	北京中关村高新技术企业协会数字娱乐传媒分会	2005	海淀区农大南路 88 号万霖大厦	100084	www.fuhua7.cn lixul@sina.com	82796568 82669722
52	北京通信信息协会光电与光通信专业委员会	2004	海淀区花园路 3 号院主楼 409 室	100191	www.gdgtx.org zgcgdcyxh@163.com	82028905 82028903
53	北京市专利代理人协会	2013	海淀区知春路 23 号量子银座 301 室	100191	www.bjpaa.org bjipaa@126.com	51530063 51530137
54	中国光学光电子行业协会液晶分会	1996	朝阳区酒仙桥路 10 号	100015	www.coda.org.cn lcb.coema@gmail.com	64318888−6095 64363965−5111
55	中关村工业设计产业协会	2010	海淀区海淀北二街 8 号 PE 大厦 619 室	100080	www.zida.org.cn zgcida@163.com	62698827 62699862
56	北京标准化协会	1982	东城区和平里东街 20 号 2 号楼 218 室	100013	bzxiehui@sina.com	84255247 64210795
57	北京市民间组织国际交流协会	2007	东城区南河沿大街 97 号	100006	www.beijingngo.org.cn liuyuqing999@126.com	65221476 65221474
58	中关村成长型科技企业互助促进会	2013	朝阳区安立路 68 号飘亮阳光广场 C2 座 503 室	100101	hzok.org hzok98@126.com	57239697 57239697
59	中关村亚洲杰出企业家成长促进会	2004	海淀区清华科技园科技大厦 B 座 5 层	100084	www.aamachina.com.cn aama@aamachina.com.cn	82158001 82158001
60	中关村创新企业发展促进会	2013	海淀区西三环北路 87 号国际财经中心 A 座 14 层	100089	www.cujinhui. 中国 cujinhui@163.com	88825818 88825813
61	北京科技教育促进会	2008	朝阳区八里庄东里 1 号莱锦创意产业园 CN17 栋 3 层	100025	www.cujinhui.net woaiqisheng@126.com	57892789 57892883
62	中关村腾飞大学生创就业研究会	2013	海淀区增光路 46 号	100049	bj_student@yeah.net	68986885 68986885
63	北京市海淀服务外包企业协会	2009	海淀区东北旺西路 8 号中关村软件园 1 号楼	100019	xuyujue@basscom.cn	82826849 82825690−1073
64	北京服务外包企业协会	2007	海淀区东北旺西路 8 号中关村软件园 1 号楼	100019	www.basscom.cn xuyujue@basscom.cn	82825690−1820 82825690−1073
65	中关村赛德科技企业成长互助促进会	2009	西城区德外大街 11 号美江大厦 413 室	100088	fanhuahong@cedchina.org	62041870
66	中关村大学生自主创新创业就业促进会	2013	朝阳区北四环中路 6 号华亭嘉园 A 座 32F	100029	djky329@sina.com	58431740 82858113
67	中关村长策产业发展战略研究院	2013	朝阳区育慧北路世纪村 3 区 8 号楼 502 室	100101	747947021@qq.com	15001126922
68	中关村创新文化发展促进会	2013	海淀区阜成路 73 号裕惠大厦 C 座 0613 室	100142	zicpa@zgc.gov.cn	88827138 88827049

（续表）

序号	名称	成立时间（年）	地址	邮编	网址 电子邮箱	电话 传真
69	中关村现代医药生产力促进中心	2014	北京经济开发区科创六街 88 号院 3 号楼 101 室	101111	zhaoshengnan@czppc.org	56315137 56315136
70	中关村华康基因研究院	2011	海淀区杏石口路 65 号益园文创基地 C 区 10 号楼 2 层	100195	www.hkgi.org yunxia.han@kangso.net	82444060 84195478−816
71	天津市高新技术企业协会	1993	天津市华苑产业区梅苑路 6 号海泰大厦 1710 室	300384	lxjlixinjun@aliyun.com	58391922 58391922
72	北京强国知识产权研究院	2014	海淀区海淀南路甲 21 号中关村知识产权大厦 A 座 103 室	100080	www.powernation.cn jcq@poweration.cn	59446670 59556662
73	北京商务服务业联合会	2013	石景山区石景山路 20 号中铁建设大厦 1703 室	100040	www.ubbs.org.cn bcbs_ngozh@163.com	59424831 57812046−8008
74	首都科技服务业协会	2011	西城区西直门南大街 16 号西楼 10 层 1004 室	100035	www.bjtsa.org.cn gumu000@sina.com	66158633 66158633−8011
75	北京农业产业化龙头企业协会	2013	西城区裕民路 2 号圆山大酒店 8 层	100029	www.bjaaile.com bjnyxh@sina.com	82997796 82997796
76	天津市西青区高新企业促进会	2014	天津市西青区天安创新科技产业园 2 区 1 号楼 A 栋 12 层	300380	xin.jin@tjxq.gov.cn	022−27946487 022−87185878
77	中关村博硕人才与市场经济研究院	2014	西城区展览路壬 24 号	100037	jianhua1101@126.com	68007159
78	中关村汉德环境观察研究所	2012	海淀区西小口路 66 号中关村东升科技园 D2 楼 407 室	100192	liqian@hdieo.org.cn	82800200 82800399
79	中关村益心医学工程研究院	2011	密云县密云工业开发区科技路 48 号院 3 号楼 2 层	101500	www.yixinmed.org yixin_wd@163.com	58660666−856 58660678
80	中关村智汇产业技术研究所	2013	海淀区中关村软件园 2 号楼 2331 号	100094	chengli0421@163.com	58810089 58810089

注：以上协会均为中关村社会组织联合会成员单位
资料来源：中关村科技园区管理委员会

中关村国家自主创新示范区主要联盟一览表

序号	名称	成立时间	主要发起单位
1	TD 产业联盟	2002 年 10 月	大唐电信科技产业集团、联想（北京）有限公司、中国普天信息产业集团公司等
2	中国医药产业技术促进联盟	2002 年 11 月	中国医药科技成果转化中心等
3	闪联产业联盟	2003 年 6 月	联想集团有限公司、TCL 集团股份有限公司等
4	中关村清新空气产业联盟	2004 年 9 月	中关村国际环保产业促进中心、清华大学建筑学院等
5	国家半导体照明工程研发及产业联盟	2004 年 10 月	中国科学院半导体研究所、国家光电源质量监督检验中心（北京）等
6	北京材料分析测试服务联盟	2004 年 12 月	北京新材料发展中心、中国建筑材料检验认证中心等
7	中关村下一代互联网产业联盟	2005 年 2 月	北京天地互连信息技术有限公司、中国科学院计算技术研究所等
8	长风开放标准平台软件联盟	2005 年 4 月	神州数码（中国）有限公司、太极计算机股份有限公司等
9	AVS 产业联盟	2005 年 5 月	北京海尔广科数字技术有限公司、联合信源数字音视频技术（北京）有限公司等
10	中国生物技术创新服务联盟(ABO)	2005 年 9 月	北京生物技术和新医药产业促进中心、北京科信必成医药科技发展有限公司等

（续表）

序号	名称	成立时间	主要发起单位
11	中关村 WAPI（无线网络和网络安全接入）产业联盟	2006 年 3 月	北京邮电大学、中国移动通信集团公司等
12	中关村农业装备产业技术创新战略联盟	2007 年 1 月	中国农业机械化科学研究院、中国一拖集团有限公司等
13	北京中关村农业生物技术产业联盟	2007 年 2 月	北京大北农科技集团股份有限公司、北京奥瑞金种业股份有限公司等
14	中关村数字电视产业联盟	2007 年 6 月	清华大学、北京凌讯华业科技有限公司等
15	中关村资源节约与能源管理服务产业联盟	2007 年 6 月	中关村国际环保产业促进中心有限公司、中国建筑业协会建筑节能专业委员会等
16	中国汽车制造装备创新联盟	2007 年 11 月	机械科学研究总院、北京机床研究所等
17	宽带无限专网应用产业联盟	2008 年 1 月	大唐电信科技产业集团、中国普天信息产业集团公司等
18	抗体产学研联盟	2008 年 3 月	百泰生物药业有限公司、中国科学院生物物理研究所等
19	机械装备工业节能减排产业技术创新战略联盟	2008 年 10 月	机械科学研究总院、中国机械制造工艺协会等
20	电子贸易产业技术创新战略联盟	2008 年 12 月	中国国际电子商务中心、易达讯网络科技（北京）有限公司等
21	中关村国际超导技术研究开发联盟	2009 年 5 月	北京美尔斯通科技发展股份有限公司等
22	首都新能源产业技术联盟	2009 年 6 月	北京市农林科学院、北京金风科创风电设备有限公司等
23	中关村半导体照明产业技术联盟	2009 年 6 月	中科院半导体研究所、利亚德光电股份有限公司等
24	北京农村水环境治理创新服务联盟	2009 年 7 月	北京碧水源科技有限公司、北京市可持续发展科技促进中心等
25	小卫星遥感系统产业技术创新战略联盟	2009 年 9 月	北京宇视蓝图信息技术有限公司、航天恒星科技有限公司等
26	新一代纺织设备产业技术创新联盟	2009 年 9 月	中国纺织机械器材工业协会、东华大学等
27	遥感数据处理与分析应用产业技术创新战略联盟	2009 年 9 月	北京国遥万维信息技术有限公司、中测新图（北京）遥感技术有限责任公司等
28	国家太阳能光热产业技术创新战略联盟	2009 年 10 月	中国科学院电工研究所、北京奥普科星技术有限公司等
29	开源及基础软件通用技术创新战略联盟	2009 年 10 月	中标软件有限公司、普华基础软件股份有限公司等
30	中关村物联网产业联盟	2009 年 11 月	同方股份有限公司、中国移动通信集团北京有限公司等
31	固废废弃物处理处置科技创新服务联盟	2010 年 1 月	北京市可持续发展科技促进中心、北京环卫集团环境研究发展有限公司等
32	污染场地修复科技创新联盟	2010 年 1 月	中科院地理科学与资源研究所、轻工业环境保护研究所等
33	中国云计算技术与产业联盟	2010 年 1 月	中国电子学会、中兴通讯（南京）业务研究院等
34	中关村智能电网产业技术创新战略联盟	2010 年 3 月	中国电力科学研究院、北京电力公司等
35	城市生物质燃气产业技术创新战略联盟	2010 年 3 月	清华大学、北京科力丹迪技术开发有限责任公司等
36	北京轨道交通产业技术创新战略联盟	2010 年 4 月	北京市基础设施投资有限公司、北京市轨道交通建设管理有限公司等
37	集成电路设计产业技术创新服务联盟	2010 年 4 月	北京集成电路设计园有限责任公司、华大九天软件等

（续表）

序号	名称	成立时间	主要发起单位
38	全国电力产业技术创新战略联盟	2010 年 4 月	中国电力科学研究院等
39	温湿度独立调节空调技术推广联盟	2010 年 4 月	清华大学建筑节能研究中心、招商局地产控股股份有限公司等
40	中关村车载信息服务产业应用联盟	2010 年 4 月	启明信息股份有限公司、中国电子工业标准化技术协会等
41	数字出版联盟	2010 年 5 月	北京出版集团有限责任公司、江苏凤凰出版传媒集团等
42	中关村国家污水资源化产业联盟	2010 年 5 月	北京城市排水集团有限责任公司、北京市市政工程设计研究总院等
43	中关村数字内容产业联盟	2010 年 6 月	北京迪生通博科技有限公司、北京捷成世纪科技股份有限公司等
44	中关村云计算产业联盟	2010 年 7 月	联想集团有限公司、赛尔网络有限公司等
45	北京绿色印刷产业技术创新联盟	2010 年 8 月	北大方正集团有限公司、北人印刷机械股份有限公司等
46	中关村电子产品循环经济与逆向物流产业发展联盟	2010 年 8 月	北京海龙资产经营集团有限公司、中关村电子商会等
47	中国工业设计技术服务联盟	2010 年 8 月	北京工业设计促进中心、北京上拓科技有限公司等
48	国际半导体照明联盟	2010 年 10 月	国家半导体照明工程研发及产业联盟（CSA）、雷士光电科技有限公司等
49	粉末冶金产业技术创新战略联盟	2010 年 10 月	中国钢研科技集团有限公司、北京有色金属研究总院等
50	物流中心自动化装备与系统产业技术创新战略联盟	2010 年 12 月	中国普天信息产业股份有限公司、北京机械工业自动化研究所等
51	中关村膜生物反应器产业技术创新战略联盟	2010 年 12 月	北京碧水源科技发展有限公司、中关村国际环保产业促进中心等
52	中关村移动互联网产业联盟	2011 年 1 月	中国移动通信集团北京有限公司、大唐电信科技股份有限公司等
53	中关村智能交通产业联盟	2011 年 4 月	北京千方科技股份有限公司、汉王科技股份有限公司等
54	聚合物发泡材料产业技术创新联盟	2011 年 6 月	轻工业塑料加工应用研究所等
55	数字视频产业技术创新战略联盟	2011 年 7 月	新奥特（北京）视频技术有限公司、中科院自动化研究所等
56	安全防范监控数字视音频编解码技术产业联盟（SVAC）	2011 年 8 月	国家公安部第一研究所、北京中星微电子有限公司等
57	新型海洋生物制品产业技术创新战略联盟	2011 年 8 月	北京雷力（集团）公司、北京中关村科技担保有限公司等
58	中关村空间信息技术产业联盟	2011 年 8 月	北京合众思壮科技股份有限公司等
59	中关村网页游戏联盟	2011 年 10 月	工业和信息化部电子科技情报研究所、趣游科技集团有限公司等
60	北京新一代移动通信产业创新联盟	2011 年 11 月	中国移动通信研究院、大唐移动通信设备有限公司等
61	中国科技自动化联盟	2011 年 11 月	北京易能立方科技有限公司、毕孚自动化设备贸易（上海）有限公司北京分公司等
62	中国车联网产业技术创新战略联盟	2011 年 12 月	北京邮电大学、国机汽车股份有限公司等
63	中关村轨道交通视频与安全产业技术联盟	2011 年 12 月	北京交大科技孵化器有限公司等

（续表）

序号	名称	成立时间	主要发起单位
64	新一代视频监控产业技术创新战略联盟	2012 年 1 月	公安部第三研究所、北京航空航天大学等
65	首都生物肥料科技创新服务联盟	2012 年 4 月	北京世纪阿姆斯生物技术股份有限公司、中国农业微生物菌种保藏中心等
66	中关村建筑能效运营管理技术创新战略联盟	2012 年 5 月	北京恒业世纪科技股份有限公司、中国合同能源管理网等
67	中关村医疗器械产业技术创新联盟	2012 年 5 月	北京天智航技术有限公司、北京华科同力知识产权咨询有限公司等
68	中关村新能源海水淡化产业技术创新联盟	2012 年 6 月	北京控股集团有限公司、首钢总公司等
69	中关村储能产业技术联盟	2012 年 7 月	中国科学院工程热物理研究所、国能电力集团等
70	中关村软件和信息服务业节能减排产业联盟	2012 年 8 月	工信部电信研究院、中关村光电产业协会等
71	中关村智慧城市产业技术创新战略联盟	2012 年 9 月	北京航空航天大学、神州数码信息系统有限公司等
72	中关村太阳能跟踪系统产业联盟	2012 年 10 月	中国可再生能源学会国际合作中心、北京寰能天宇科技发展有限公司等
73	中关村电子商务与现代物流产业联盟	2012 年 11 月	北京物资学院、北京中小世纪商贸有限公司等
74	中关村应急管理产业技术联盟	2012 年 11 月	北京东方正通科技有限公司、中国普天信息产业股份有限公司等
75	中关村大数据产业联盟	2012 年 12 月	北京云基地企业管理有限公司、北京数聚联合科技有限公司等
76	中关村国家环境服务业发展联盟	2012 年 12 月	中关村国际环保产业促进中心、清华同方股份有限公司等
77	中关村未来制造业产业技术创新战略联盟	2012 年 12 月	北新建材集团有限公司、北京数码大方科技有限公司等
78	北京现代农业科技创新服务联盟	2013 年 7 月	北京市科学技术委员会农村发展中心、北京大北农科技集团股份有限公司等
79	中关村云平台与数据应用产业联盟	2013 年 10 月	中电华通通信有限公司、亿赞普北京科技有限公司等
80	北京设计产业联盟	2013 年 10 月	中国设计集团有限公司、北京洛可可科技有限公司等
81	中关村美中生物技术产业集群创新联盟	2013 年 11 月	北京五加和分子医学研究所有限公司、北京亦庄国际诊断试剂技术有限公司等
82	中关村信息安全产业联盟	2013 年 12 月	北京奇虎科技有限公司、北京锐安科技有限公司等
83	中国运动健康产业联盟	2013 年 12 月	北京康比特体育科技股份有限公司、健与美杂志社等
84	中关村油气技术创新与服务产业联盟	2013 年 12 月	中关村光电产业协会、北京六合伟业科技股份有限公司等
85	北京脑血管病产业技术创新战略联盟	2014 年 5 月	悦康药业集团有限公司、首都医科大学宣武医院等
86	图像视频大数据产业技术创新战略联盟	2014 年 9 月	中科院自动化研究所、腾讯科技（北京）有限公司等
87	中关村智慧环境产业联盟	2014 年 12 月	北京百灵天地环保科技有限公司、北京三益能源环保发展股份有限公司等

注：以上联盟均为中关村产业技术联盟联席会成员单位

资料来源：中关村科技园区管理委员会

中关村国家自主创新示范区大学科技园一览表

序号	名称	地址	邮编	电话	电子邮箱	网址
1	清华大学国家大学科技园	海淀区清华科技园创新大厦A座	100084	62785888	kangqh@tuspark.com	www.tusholdings.com
2	北京大学国家大学科技园	海淀区中关村北大街127–1号北大科技园创新中心	100080	62769088	pkusp@pkusp.com.cn	www.pkusp.com.cn
3	北京航空航天大学国家大学科技园	海淀区学院路39号唯实大厦	100191	82339266	zhaibin@bbi.com.cn	www.buaa.com.cn
4	北京科技大学国家大学科技园	海淀区学院路30号方兴大厦6层	100083	62316722	zhanghq@ustbcm.com	www.ustbsp.cn
5	北京理工大学国家大学科技园	海淀区中关村南大街9号理工科技大厦	100081	68470073–8016	bitrp@126.com	www.bitsp.com.cn
6	北京邮电大学国家大学科技园	海淀区西土城路10号北京邮电大学178信箱	100876	62282813	1409000@sina.com	www.buptsp.com
7	中国人民大学国家大学科技园	海淀区中关村大街甲59号文化大厦	100872	62514010	cspruc@ruc.edu.cn	www.cspruc.com
8	北京师范大学国家大学科技园	海淀区学院南路12号	100082	62206051	zhangqi939@sohu.com	
9	北京化工大学国家大学科技园	朝阳区北三环东路15号133信箱	100029	64438220	zhanggb@mail.buct.edu.cn	www.spbuct.buct.com
10	北京工业大学国家大学科技园	朝阳区平乐园100号	100022	67392953	asgzg@bjut.edu.cn	www.bjttcam.com.cn
11	北京交通大学国家大学科技园	海淀区高梁斜街44号东校区科教楼	100044	51686946	mmeng@bjtu.edu.cn	www.bjtuspark.com
12	中国农业大学国家大学科技园	海淀区天秀路10号	100193	62737370	fuxiaofx@gmail.com	www.cau.spark.com
13	中国矿业大学（北京）国家大学科技园	海淀区学院路丁11号宝源商务公寓	100083	51733599	zy@cumtb.edu.cn	www.zgces.com
14	华北电力大学国家大学科技园	昌平区回龙观镇北农路2号	102206	61772235	yjw@ncepu.edu.cn	www.ncepupark.com
15	北京林业大学国家大学科技园	清华东路35号	100083	62336989	bjfusp@163.com	blkjy.bjfu.edu.cn
16	中央财经大学科技园	海淀区学院南路39号	100081	62288385	cufezcy@163.com	www.cufesp.org
17	中国政法大学科技园	海淀区西土城路25号	100088	58908009	mljlsy@163.com	www.cuplsp.com
18	首都师范大学科技园	海淀区西三环北路105号科原大厦A座	100048	68905635	blue896@sohu6.com	www.cnu.edu.cn
19	中国石油大学（北京）科技园	昌平区振兴路18号	102249	89731531	houxuejun0329@sohu.com	
20	北京建筑工程学院科技园	西城区展览馆路1号	100044	68322579	zhangdy@bucea.edu.cn	btusp.bucea.edu.cn
21	北京信息科技大学科技园	海淀区清河小营东路12号	100192	82426833	bistukjy@163.com	
22	北京印刷学院大学科技园	大兴区兴华大街二段1号	102600	60261575	kejiyuan@bigc.edu.cn	kjy.bigc.edu.cn
23	北京农学院科技园（东园）	昌平区回龙观镇北农路7号	102206	80799140	bnkjgs@163.com	www.bua.edu.cn
24	中国传媒大学科技园	朝阳区定福庄东街1号	100024	65783519	officecamc@cuc.edu.cn	
25	北京联合大学科技园	朝阳区北四环东路97号	100101	64900086	ldjgb@buu.edu.cn	
26	首都医科大学科技园	丰台区右安门外西头条10号	100069	83911290	gaowen@ccmu.edu.cn	
27	北京电影学院大学科技园	海淀区西土城路4号	100088	82283398	436098058@qq.com	
28	北京服装学院大学科技园	朝阳区樱花园东街甲2号	100029	64520943	info@biftpark.com	www.biftpark.com
29	北京物资学院大学科技园	通州区富河大街1号	101149	80575002	yjy@bwu.edu.cn	

资料来源：中关村科技园区管理委员会

中关村国家自主创新示范区海归人才创业园一览表

序号	名称	地址	邮编	电话	网址	成立时间
1	北京市留学人员海淀创业园 *	海淀区上地信息路 26 号中关村创业大厦	100085	82898748	www.ospp.com	1997 年 10 月
2	中关村国际孵化园 *	海淀区上地信息路 2 号创业园 D 栋	100085	82895166	www.incubase.net	2000 年 12 月
3	北大留学人员创业园 *	海淀区中关村北大街 127–1 号	100080	62769088	www.pkusp.com.cn	2002 年 9 月
4	清华留学人员创业园 *	海淀区清华科技园科技大厦 C 座 9 层	100084	62785888	www.tuspark.com	2002 年 12 月
5	中国北京（望京）留学人员创业园 *	朝阳区望京高新技术产业区利泽中二路 2 号	100102	64390345	www.wjpard.com	2003 年 4 月
6	北航留学人员创业园 *	海淀区北四环中路 238 号柏彦大厦	100191	82316255	www.bbi.com.cn	2003 年 4 月
7	北京科大留学人员创业园 *	海淀区学院路 30 号方兴大厦 6 层	100083	62333978	www.ustbsp.cn	2003 年 6 月
8	北京理工留学人员创业园 *	海淀区中关村南大街 9 号理工科技大厦	100081	68470075	www.bitrp.com.cn	2003 年 7 月
9	北邮留学人员创业园	海淀区西土城路 10 号新科研楼	100876	62281497	www.buptincubator.com	2003 年 12 月
10	中关村软件园留学人员创业园 *	海淀区东北旺西路中关村软件园 3 号楼	100193	82825187	www.zgcspi.com	2004 年 1 月
11	北京中关村生命科学园留学人员创业园 *	昌平区生命园路 29 号创新大厦	102206	80715731	www.zgcbmi.com.cn	2004 年 3 月
12	丰台园留学人员创业园（北京国际企业孵化中心）*	丰台区科兴路 9 号	100071	63744650	www.bjibi.org.cn	2004 年 4 月
13	中科院中自留学人员创业园	海淀区中关村东路 95 号自动化大厦	100190	62541938	www.caspark.com.cn	2005 年 4 月
14	汇龙森留学人员创业园 *	北京经济技术开发区科创十四街 99 号 D 座	101111	59755345	www.huilongsen.com	2005 年 5 月
15	中国农大留学人员创业园	海淀区天秀路 10 号	100193	62737370	www.causpark.com	2005 年 8 月
16	北工大留学人员创业园 *	海淀区车公庄西路 35 号	100044	68458163	www.bjutcyy.com	2005 年 12 月
17	北师大留学人员创业园 *	海淀区学院南路 12 号	100082	62205399		2005 年 12 月
18	中国人民大学留学人员创业园 *	海淀区中关村大街 45 号兴发大厦 404 室	100086	82509532	www.cyruc.com	2005 年 12 月
19	中关村数字娱乐留学人员创业园 *	石景山区实兴东街 11 号	100041	52866756	www.ivyi.org.cn	2006 年 1 月
20	中关村集成电路留学人员创业园	海淀区知春路 27 号量子芯座	100083	82357175	www.bjicpark.com	2006 年 1 月
21	中央财经大学留学人员创业园	海淀区学院南路 39 号	100081	62288385	www.cufesp.org	2006 年 12 月
22	中国政法大学留学人员创业园	海淀区西土城路 25 号院	100088	58908009	www.cuplsp.cn	2007 年 5 月
23	北京交通大学留学人员创业园	海淀区高梁桥斜街 44 号东校区科教楼	100044	51686172	www.bjtuspark.com	2007 年 7 月
24	中国矿业大学留学人员创业园	海淀区学院路丁 11 号宝源商务公寓	100083	51733599	www.zgces.com	2007 年 7 月
25	首都师范大学留学人员创业园	海淀区西三环北路 105 号科原大厦 A 座	100048	68905635	kjy.cnu.edu.cn	2007 年 9 月

（续表）

序号	名称	地址	邮编	电话	网址	成立时间
26	华北电力留学人员创业园	昌平区朱辛庄北农路 2 号	102206	61772235	www.ncepupark.com	2008 年 10 月
27	北京化工大学留学人员创业园	海淀区紫竹院路 98 号北京化工大学西校区	100089	88588552	www.bhlcy.com	2009 年 3 月
28	北京瀚海智业留学人员创业园	东城区东直门内海运仓 1 号瀚海海运仓大厦	100007	51239477	www.bjhcdc.com	2009 年 7 月
29	中关村大兴生物医药产业基地留学人员创业园	大兴区天河西路 19 号	102600	61252888	www.bjcbp.com.cn	2009 年 12 月
30	中关村雍和航星留学人员创业园	东城区和平里东滨河路乙 1 号	100013	88103162	www.hangxingyuan.com	2011 年 12 月
31	中关村博雅留学人员创业园	海淀区紫竹院路 116 号	100097	51709999	www.bjmmedia.cn	2011 年 12 月
32	中关村昌平园留学人员创业园	昌平区昌平科技园区超前路 9 号	102200	80115286	www.zgc-cp.gov.cn	2011 年 12 月
33	中关村 798 创意产业留学人员创业园	朝阳区酒仙桥路 4 号 798 艺术区	100015	59789861–810	www.behc.com.cn	2011 年 12 月
34	中关村京仪海归人才创业园	海淀区大钟寺东路 9 号 B 座	100098	62252281	www.jyfhq.com.cn	2012 年 12 月

注：* 为市人事局和市科委联合命名的“北京留学人员创业园”

资料来源：中关村科技园区管理委员会

中关村国家自主创新示范区驻外联络处一览表

序号	名称	地址	电话	传真	电子邮箱	成立时间
1	硅谷联络处	4633 Old Ironsides Drive, Suite 402, Santa Clara, CA 95054, USA	001–408–406–3118		ftan@zgc–usa.com	2000 年 7 月
2	东京联络处	东京都中央区日本桥蛎殻町 1 丁目 37–12 PARK AXIS 日本桥 STAGE 大楼 1207 房间	0081(3)–3664–1388	0081(3)–3664–1136	tokyo@zgc.gov.cn	2001 年 12 月
3	华盛顿联络处	13943 Coachmans Cir Germantown MD 20874 USA	001 301–515–4898	001 301–5152737	washington@zgc.gov.cn	2002 年 12 月
4	多伦多联络处	4 St Moritz Way #5 Markham, Ontario Canada L3R 4E8	001(905)–305–8298	001(905)–305–7698	toronto@zgc.gov.cn	2003 年 12 月
5	伦敦联络处	31Thames Avenue, Perivale, London UB6 8JN	0044(20)88817996	0044(20)88817996	london@zgc.gov.cn	2004 年 7 月
6	德国联络处	Franz–Schubert–Weg 70 61118 Bad Vilbel Germany	0049 8937 9595 68	0049 1520 9789 95	rzhang@zgc.gov.cn	2011 年 5 月
7	悉尼联络处	Unit308 451 Pitt Street Sydney, NSW 2000 Australia	00610292811855	0061 2 96630876	bsy_guanjing@126.com	2012 年 2 月
8	芬兰联络处	Tekniikantie 14, 02150 Espoo	00358 4 69033816		zhuzq@zpark.com.cn	2012 年 11 月
9	比利时联络处	Avenue du port 86c Havenlaan 1000 BRUSSEL	00 32 488 71 03 78		belgium@zgc.gov.cn	2012 年 11 月

资料来源：中关村科技园区管理委员会

中关村国家自主创新示范区企业孵化基地一览表

序号	名称	地址	邮编	电话 传真	电子邮箱	网址
1	北京高技术创业服务中心 *	朝阳区安翔北里甲 11 号	100101	64853169 64853178	cyzx@bjcy.net.cn	www.bjcy.net.cn
2	中关村科技园区丰台园科技创业服务中心 *	丰台区科兴路 9 号	100071	63747737 63728448	bjibi@bjibi.org.cn	www.bjibi.org.cn
3	中关村科技园区海淀园创业服务中心 *	海淀区上地信息路 26 号	100085	82898748 62984933	chuangye@ospp.com	www.ospp.com
4	北京北航天汇科技孵化器有限公司 *	海淀区北四环中路 238 号柏彦大厦	100191	82316140 82338204	bbi@bbi.com.cn	www.bbi.com.cn
5	北京望京科技孵化服务有限公司 *	朝阳区望京高新技术产业区利泽中二路 2 号	100102	64390345 64392019	wangjingkejiyuan@126.com	www.wjpark.com
6	北京理工创新高科技孵化器有限公司 *	海淀区中关村南大街 9 号理工科技大厦	100081	68470075 68470073–8999	bitrp@126.com	www.guojiagaoxin.com.cn
7	北京启迪创业孵化器有限公司 *	海淀区清华科技园创新大厦 A 座 14 层	100084	62773049 62788199	[illegible]@tuspark.com	www.tusstar.com
8	北京科大方兴科技孵化器有限公司 *	海淀区学院路 30 号方兴大厦 6 层	100083	62333297 62316722	lvcy@ustbcm.com	www.ustbsp.cn
9	北京中关村国际孵化器有限公司 *	海淀区上地信息路 2 号创业园 D 座	100085	82895166 62974804	scottzwx@sohu.com	www.incubase.net
10	北京赛欧科园科技孵化中心有限公司 *	丰台区科学城海鹰路 5 号	100071	83681790 83682828	soky@bjibi.org.cn	www.bjsoky.com
11	北京中关村软件园孵化服务有限公司 *	海淀区东北旺西路 8 号中关村软件园 9 号楼	100193	82825187 82825186	spi@zgcspi.com	www.zgcspi.com
12	北京康华伟业孵化器有限责任公司 *	西城区德胜门外大街 11 号	100088	62021044 82085979	bjkhwy@163.com	www.bjkh.com.cn
13	汇龙森国际企业孵化（北京）有限公司 *	北京经济技术开发区科创十四街 99 号 D 座	101111	59755588 59755396	hls666@huilongsen.com	www.huilongsen.com
14	北京普天德胜科技孵化器有限公司 *	西城区新街口外大街 28 号	100088	82052111 82052127	Ptdsh2002@gmail.com	www.ptdsh.com
15	北京博奥联创科技孵化器有限公司 *	昌平区超前路 5 号	102200	69711188 69728266	tq198908@163.com	www.balc.com.cn
16	北京汉潮大成科技孵化器有限公司 *	东城区东直门内海运仓 1 号瀚海海运仓大厦	100007	51239477 64041953	bjhcdc2011@163.com	www.bjhcdc.com
17	北京九州通科技孵化器有限公司 *	丰台区科学城航丰路 8 号	100070	56541558 56541500	jdgk@jzteyao.com	www.jdgk.com.cn
18	北京中关村上地生物科技发展有限公司 *	海淀区上地信息产业基地开拓路 5 号	100085	82898305 62988017	qijm@biozgc.com	www.biozgc.com
19	北京中关村生命科学园生物医药科技孵化有限公司 *	昌平区生命园路 29 号创新大厦	102206	80715731 80715732–1005	zgcbmi@zgcbmi.com.cn	www.zgcbmi.com.cn
20	北京京仪科技孵化器有限公司 *	海淀区大钟寺东路 9 号 B 座	100098	62252281 62272425	jyfhq@fwzx.com.cn	www.jyfhq.com.cn
21	北京北达燕园科技孵化器有限公司 *	海淀区中关村北大街 127–1 号	100080	62769088 82667188	pkuincubator@pkusp.com.cn	www.pkusp.com.cn

（续表）

序号	名称	地址	邮编	电话 传真	电子邮箱	网址
22	北京牡丹科技孵化器有限公司 *	海淀区花园路 2 号	100191	82237531 82237572	wangjing@peony.cn	www.dtvjxtt.com
23	北京奥宇科技企业孵化器有限责任公司 *	大兴区金星路 12 号	102600	60213415 60215576	aykjfhq@126.net	www.aoyucn.com
24	北京瀚海润泽孵化器有限公司 *	丰台区开阳路 1 号瀚海花园大厦	100007	83973962 83973556	master@hanhairunze.com.cn	www.hanhairunze.com.cn
25	北京华海基业科技孵化器有限公司 *	石景山区石景山路 22 号长城大厦	100043	68668593 68666207	huahaijy2012@163.com	www.huahaijiye.com
26	汇龙森欧洲科技（北京）有限公司 *	北京经济技术开发区科创十四街 99 号 D 座	101111	59755588 59755396	hls666@huilongsen.com	www.huilongsen.com
27	北京中关村京蒙高科企业孵化器有限责任公司 *	海淀区上地东路京蒙高科大厦	100085	51557666 82783861	jmgk@newwest.cn	www.newwest.cn
28	北京创新方舟科技有限公司 *	海淀区海淀大街 3 号鼎好电子商城 A 座	100080	57525200	press@chuangxin.com	www.chuangxin.com
29	北京亦庄国际生物医药投资管理有限公司 *	北京经济技术开发区科创六街 88 号院	101111	56315281 56315287	swyyzs@bybp.com.cn	www.bybp.com.cn
30	云计算产业孵化器 *	北京经济开发区地盛北街 1 号北工大软件园内	100176	87120038		www.cloud-valley.com
31	NEIC 诺基亚体验创新中心 *	东城区和平里东街 11 号	100013	84220636		www.neic.com.cn
32	36 氪 *	海淀区海淀西大街 39 号	100080	57187565	wow@36kr.com	www.36kr.com
33	微软云加速器 *	海淀区丹棱街 5 号微软研发集团总部大厦	100080	59178888	cnca@microsoft.com	www.yunjiasuqi.cn
34	石谷轻文化产业孵育基地 *	石景山区鲁谷路 74 号瑞达大厦	100040	68608366–8110		www.gamewave.net
35	中关村国际数字设计中心 *	海淀区海淀大街 1 号	100080	68947179 68915226		www.zgciddc.cn
36	北京厚德科创科技孵化器有限公司 *	海淀区海淀大街 3 号鼎好电子大厦 A 座	100080	62607779–8012	bp@hdcxg.com	www.hdcxg.com
37	创客空间 *	海淀区海淀大街 1 号中关村梦想实验室	100080	57196164	bjmakerspace@gmail.com	www.bjmakerspace.com
38	天使汇 *	海淀区大钟寺东路 9 号京仪科技大厦 B 座	100086	62670371–813	zhangteng@pe.vc	www.angelcrunch.com
39	车库咖啡 *	海淀区西大街 48 号鑫鼎宾馆	100080	82627127	sudl79515@gmail.com	www.chekucafe.com
40	常青藤创业研究中心 *	石景山区实兴东街 11 号	100041	52866756	service@ivyi.org.cn	www.ivyi.org.cn
41	AAMA 亚杰商会 *	海淀区清华科技园科技大厦 B 座 5 层	100084	82158001	may@aamachina.com.cn	www.aamachina.com.cn
42	3W coffee*	海淀区善缘街 1 号立方庭大厦	100080	62555755	xdd@vip.qq.com	www.3wcoffee.com
43	创业家 *	海淀区北四环西路 52 号方正大厦	100080	62513691 62512879	post@chuangyejia.com	www.iheima.com
44	创业邦 *	朝阳区霄云路 36 号国航大厦	100027	82332922 82338087	jolin@cyzone.cn	www.cyzone.cn
45	联想之星 *	海淀区科学院南路 2 号融科资讯中心	100190	62509620 62509359	ls@legendholdings.com.cn	www.legendstar.com.cn
46	清华大学创意创新创业教育平台（X–lab）*	海淀区清华大学经济管理学院	100084	62785650	x-lab@sem.tsinghua.edu.cn	www.x-lab.tsinghua.edu.cn

（续表）

序号	名称	地址	邮编	电话 传真	电子邮箱	网址
47	北京人大文化科技企业孵化器有限公司 *	海淀区中关村大街45号兴发大厦	100086	82509532 82509959	cspruc@cspruc.com	www.cyruc.con
48	北京交大科技孵化器有限公司 *	海淀区高梁桥斜街44号东校区科教楼	100044	51686946 51686172	mmeng@bjtu.edu.cn	www.bjtuspark.com
49	北京宏福博奥科技孵化器有限公司 *	昌平区北七家镇宏福大厦1713室	102209	81785567 81784356	bitjhl@163.com	www.hffhq.com
50	北京东升科技企业加速器有限公司 *	海淀区西小口路66号中关村东升科技园B区B-2楼	100192	56358278 56358128	dsfuhuaqi@163.com	www.beilingdi.com
51	北京乐邦乐成创业投资管理有限公司 *	昌平区回龙观镇西大街16号	102208	53321997	chuangye@lebanglecheng.com	www.leventure.cn
52	北京中自科技产业孵化器有限公司	海淀区中关村东路95号自动化大厦	100190	62541938 82614526	caspark@ia.ac.cn	www.caspark.com.cn
53	北京集成电路设计园有限责任公司	海淀区知春路27号量子芯座	100083	82357175 82357178	webmaster@bjicpark.com	www.bjicpark.com
54	北京师大科技园科技发展有限责任公司	海淀区学院南路12号	100082	62206051 62205230	kjy@bnu.edu.cn	
55	北京首特科技孵化器有限责任公司	石景山区古城大街1号领秀大厦	100043	88982099 88982102	stisti@126.com	www.stfhq.com
56	北京北控高科技孵化器有限公司	昌平区白浮泉路10号	102200	[illegible] 89760046	gy_[illegible]	www.[illegible].net.cn
57	北京高创天成国际企业孵化器有限公司	朝阳区安翔北里11号	100101	64842793 64841928	info@htibi.com	www.htibi.com
58	中关村兴业（北京）高科技孵化器股份有限公司	昌平区超前路37号	102200	89717555 89717555 –822	zgcxy@zgcxy.com	www.zgcxy.com
59	北京信创宇轩科技孵化器有限公司	昌平区华通路11号	102200	80108801	[illegible]@yahoo.com.cn	www.bjxcyx.com
60	北京昌科晨宇科技企业孵化器有限公司	昌平区火炬街甲12号	102200	89748410	bjxcyx@yahoo.com.cn	www.bjckcy.com
61	北京绿创环保集团科技孵化器有限公司	昌平区振兴路28号	102200	[illegible] 69718403	muzdk@[illegible].com	www.greentec-incubator.com.cn
62	北京矿大能源安全科技有限公司	海淀区学院路丁11号宝源商务公寓	100083	51733599 51733590	kjy@cumtb.edu.cn	www.zgces.com
63	北京博大经开置业有限公司	北京经济技术开发区宏达北路12号A座	100176	67880116		www.bdagroup.com.cn
64	北京华商置业有限公司	大兴区工业开发区科苑路18号	102600	61271941 61271943		
65	北京扶星达科技发展中心	丰台区富丰路2号	100070	83813982 83814088	zxzqadlp@sina.com	
66	北京利玛自动化技术公司	西城区德外校场口1号	100120	62050851 82285386	wangqi-wangqi@163.com	www.riamb.ac.cn
67	北京中海创意动漫游戏科技孵化器有限公司	海淀区中关村南大街3号海淀科技大厦	100081	68943887 68943877	pangxg@zhongguancun.com.cn	www.fuhua7.cn
68	北京中农大科技企业孵化器有限公司	海淀区清华东路17号科贸楼C201室	100083	62737370	fuxiaofx@gmail.com	www.causpark.com

注：* 为国家级高新技术创业服务中心
资料来源：中关村科技园区管理委员会

中关村国家自主创新示范区开放实验室一览表

序号	名称	业务范围	电话	地址
软件互联网通信（36 家）				
1	清华大学互联网测试和认证中心	开展互联网技术研究，特别是新型互联网体系结构和协议，网络协议测试技术，包括网络设备功能、性能测试，以及大规模网络管理、监测、测量技术等的研究，并为运营商和设备制造商提供测试和认证服务。	62788109	海淀区清华园 1 号清华大学东主楼
2	北京大学软件工程国家工程研究中心	主要任务是开发应用软件平台、成果转化及产业化、制定软件工程标准与规范，可提供软件开发工具和应用开发平台、行业应用系统及其解决方案、软件工程技术咨询与人才培训等产品和服务。	62754993	海淀区颐和园路 5 号北京大学理科楼群 1 号楼 7 层
3	北京大学空间信息集成与 3S 工程应用北京市重点实验室	专注于对地观测与 3S 集成应用、空间信息 GIS 工程、微波遥感、数字地球、地理信息分析与应用、卫星导航与应用、数字矿山联合、地理信息系统软件等研究。	62769330	海淀区颐和园路 5 号北京大学
4	北京大学数字视频编解码技术国家工程实验室	通过组织领导视频编解码国家标准制定，开展视频编码的核心算法研究。配合标准的出台与实施，研制编解码核心软件、芯片 IP 核和原型产品。	62758116	海淀区颐和园路 5 号北京大学理科 2 号楼 2641 室
5	北京大学网络与信息安全实验室	在网络和信息系统的内容安全、运行安全和信息对抗等领域，为企业提供 Smartbits、Avalanche、IXIA 等标准测试仪器等。具有多媒体搜索系统和多媒体内容监控系统及工具等，能够对视频、图像等多媒体数据进行采集、识别、检索和挖掘，关键技术包括特定视频识别、特定标志识别、图像 / 视频检索、图像 / 视频文字识别等。	82529591	海淀区中关村北大街 128 号 北京大学计算机科学技术研究所
6	信息安全共性技术国家工程研究中心	主要开展信息安全技术成果的工程化与产品化、信息安全测评与咨询服务、信息安全技术标准研究与制定、为信息安全行业提供共性技术支撑等工作。	82486161	海淀区杏石口路 65 号益园文创基地 C 区 1 号楼 4 层
7	基础软件国家工程研究中心	可提供检测验证服务，主要包括操作系统、数据库、基础软件，系统软件、中间件、技术标准等方面的研发及工程化验证。	62661660	海淀区中关村南四街 4 号
8	中科院遥感所国家遥感应用工程技术研究中心	主要开展先进、关键、共性、遥感集成技术及多维信息技术的开发与服务，研究方向为遥感技术、空间地理信息系统、全球定位系统和 3S 综合集成技术。	64889206	朝阳区北辰西路奥运科技园遥感所工程中心
9	中科院计算所网络存储研究中心	致力于海量数据大规模高效集群存储系统核心技术的研发、产品化、产业化以及提供相关服务。在广电、视频监控、新媒体等 10 余个领域获得了成功的应用。	59851155–2605	海淀区中关村大街 19 号新中关大厦 A 座 10 层
10	中科院计算所网络技术研究中心	主要开展网络体系结构与关键技术的研究；网络设备与网络应用的研发；网络系统的测试、评估与验证。	62600725	海淀区科学院南路 6 号
11	中科院计算机网络信息中心互联网基础技术开放实验室	互联网基础技术开放实验室（DNSLAB）致力于互联网基础技术研究，促进政府主管部门、科研机构、高校和互联网产业界等合作，构建合作共赢的开放研究环境，在 D：Data-analysis 互联网数据分析研究，N：Naming-addressing-routing 互联网基础资源应用技术研究，S：Security-stability-resilience 互联网基础安全技术研究，3 个互联网关键领域开展前瞻理论研究和应用技术研究，并形成核心竞争力。	58813489	海淀区中关村南四街 4 号
12	中科院计算所虚拟现实技术实验室	研究重点集中于“虚拟人合成”和“虚拟环境交互”，能为企业在模拟分析，影视产品制作，游戏动漫生成，数字媒体的生成、展示、管理、发布等方面提供技术支撑服务。	62662619	海淀区中关村大街 1 号海龙大厦 12 层
13	中科院高能所网络安全开放实验室	研究方向为网络安全系统、BIOS 样本库、监控系统等，可为信息安全企业提供技术攻关、成果转化、自主创新产品研发的分析检测类服务，人才交流与培养等服务。	88257981	石景山区玉泉路 19 号（乙）

（续表）

序号	名称	业务范围	电话	地址
14	中科院自动化所数字内容技术与系统研究中心	主要从事人类学习测量与评估技术、媒体内容分析与综合技术、人类跨语言沟通技术、混合现实环境与技术以及3D数字内容生成技术的研究。	82614847	海淀区中关村东路95号自动化大厦804室
15	中国科学院大学网络经济及知识管理研究中心	在网络经济、数据挖掘、企业知识管理以及网络行为与社会等领域的研究处于国内领先水平，在新经济企业商业模式创新、电子商务、数据挖掘、企业知识管理、网络行为与用户体验分析等领域有较强的技术优势，可为提升互联网企业的整体竞争力提供智力保障。	82680920	海淀区中关村东路80号
16	北京航空航天大学北京智能交通研究实验中心	主要开展先进交通信息服务模式、架构与系统；交通信息处理和发布技术与标准；城市交通管理组织与规划、交通设施管理技术与系统；先进公共交通系统与支持等方面的研究。	82338582	海淀区学院路37号
17	北京航空航天大学虚拟现实技术与系统国家重点实验室	主要研究虚拟现实中的建模理论与方法、增强现实与人机交互机制、分布式虚拟现实方法与技术、虚拟现实的平台工具与系统，可为企业提供技术攻关服务。	82338861	海淀区学院路37号北航新主楼G座710室
18	北京邮电大学智能通信软件与多媒体重点实验室	主要开展大数据分析、物联网、云计算、环境监测、智能交通、嵌入式系统、通信软件、智能信息处理、多媒体等方面的研究。	62283324	海淀区西土城路10号
19	北京邮电大学网络与交换技术国家重点实验室	在网络科学的基础理论和高新技术领域，针对网络管理、网络智能、网络安全、交换技术开展研究和应用。	62283412	海淀区西土城路10号
20	北京邮电大学泛网无线通信教育部重点实验室	主要开展无线移动通信网领域核心技术攻关、人才培养、标准化研究、政策制定支撑、产业孵化和服务等工作，在无线电波及环境模型、宽带无线移动通信、短距离无线通信、认知无线电、未来无线网络及互联网架构及技术等方面开展研究。	61198100	海淀区西土城路10号
21	北京邮电大学信息光子学与光通信国家重点实验室	主要从事宽带接入技术、大容量光传输系统与网络、光子交换与路由技术、光信息处理技术、信息光电子器件、光纤传感技术、光纤波导器件与微结构光纤技术、光纤光缆检测的研究。	61198087	海淀区西土城路10号
22	北京邮电大学网络体系构建与融合北京市重点实验室	在未来网络体系架构、核心承载网、业务控制网、接入网络、绿色网络与网络节能、网络融合、网络安全方面可以为企业提供技术支持。	62282262	海淀区西土城路10号
23	北京邮电大学宽带移动通信工程实验室	依托北京邮电大学信息与通信工程学院无线通信中心建设，拥有完整先进的移动通信网络的计算机仿真环境，能够进行目前移动通信各个领域的热点技术评估。在B3G/4G的链路级、系统级仿真与评估方面经验丰富，分别搭建了完善的仿真平台供深入细致的研究使用。	18811031862	海淀区西土城路10号
24	北京交通大学轨道交通信息系统评测与认证实验室	主要开展半实物仿真测试环境下的评测与认证服务，轨道交通信息系统可靠性、可用性、可维护性和安全性的测试与评估，网络测试，标准制定和测试验证。	51686023	海淀区西直门外上园村3号
25	北京理工大学智能信息技术北京市重点实验室	主要研究方向集中于智能网络信息处理、智能系统与信息技术、视觉与自主系统、数字设计自动化和虚拟现实技术等。	68913536	海淀区中关村南大街5号
26	北京市科学技术研究院公共计算重点实验室	可提供以200万亿次计算能力、上百TB数据存储容量和高带宽网络通道等为基础的硬件服务以及工程计算、工业仿真、生物计算、医药健康、科学计算、大数据物联网、文化创意、三维打印等领域几十款的应用软件服务。	59341832	海淀区永丰产业基地丰贤中路7号北科产业3号楼
27	电子信息产品协同互联（闪联）开放实验室	提供闪联标准架构研究、闪联产业关键技术和芯片研究、闪联标准基础应用和开发平台研究、闪联产品测试认证等服务。	59610166—861	海淀区万柳中路11号派顿大厦4层
28	北京工业大学多媒体与智能软件技术北京市重点实验室	主要开展用于网站、机场、地铁、车站等公共场合的手语播报技术；用于安检、考勤、鉴定等场合的人脸及手纹识别技术；用于教学、科研、建筑、数字城市等场合的虚拟现实技术；对驾驶员安全检测、安全生产的疲劳检测技术的研究。	67392313	朝阳区平乐园100号北京工业大学

（续表）

序号	名称	业务范围	电话	地址
29	中国软件评测中心	以检测为主，是国内最具权威性的国家级软硬件产品和信息系统测试实验室；开展计算机信息系统集成资质认证，双模型认证服务，信息工程监理、评估等服务。	88559238–9239	海淀区紫竹院路66号赛迪大厦
30	软件测试与渲染技术重点实验室	测试平台面向社会各界提供计算机软件产品和计算机信息系统的质量检测。研究方向包括云渲染技术研究与开发、数字内容的云存储技术、数字内容云协作模式标准流程的研究和数字工作室云协作最佳实践。	82825511–815	海淀区东北旺西路8号中关村软件园3A楼
31	国家网络新媒体工程技术研究中心	以网络新媒体技术集成创新为主导，以新媒体服务系统技术研究与工程开发为核心，致力于网络感知与媒体服务、内容聚合与大数据分析处理、未来网络、嵌入式多核处理、智能终端操作系统等行业与技术领域的研发。	62565615–218	海淀区北四环西路21号
32	中国传媒大学数字音视频技术研究中心	主要研究视频压缩及内容检索技术，高效音视频数字编码与传输技术，高效数字音视频应用系统实现方法，压缩图像质量的客观评价与超分辨率技术等。	65783391–317	朝阳区定福庄东街1号
33	无线移动通信国家重点实验室终端开放实验室	拥有TD–SCDMA/TD–LTE/WLAN多网络端到端全业务测试系统，可提供专业测试服务和实验室解决方案，以及TDS/TDL Mini IOT测试系统。同时积极开展与合作伙伴共同承接各类重大专项的工作。	58832515	海淀区学院路29号
34	中关村下一代互联网测试服务中心	提供IPv6Ready Logo产品测试认证和IPv6 Enabled Logo应用测试认证服务，提供功能测试、性能测试、互联互通测试以及第三方验证测试等服务。	58678188–166	朝阳区曙光西里甲6号时间国际A座2508室
35	中关村软件园公共技术服务实验室	定位于通过公共技术设施的建设和科技数据资源的共享，为企业提供技术资源服务。建成一系列以通信服务、增值服务及公共服务三大核心内容为主体的公共技术服务平台，包括基础通信平台、数据中心和灾备中心等服务资源。	82825690–2009	海淀区东北旺西路8号中关村软件园1号楼B座
36	影视技术与艺术研究院	开发、建成具有自主知识产权的可应用到国产电影制作中的数字电影制作相关技术和产品，建立数字电影研发高端平台；开展有关数字电影高新技术的科研及应用开发工作。	82283398	海淀区西土城路4号
电子信息（20家）				
37	清华大学信息科学与技术国家实验室	主要从事智能技术与系统、微波与数字通信、集成光子学、普适计算、生物信息学、信息系统安全的研究。拥有百万亿次集群计算机，提供EDA工具应用、设计资源、技术支持等服务，提供以电子测试为主的公共技术服务平台。	62798981	海淀区清华园1号
38	北京航空航天大学计算机系统结构研究所	在虚拟化与云计算、高性能计算、分布式计算、移动计算等关键技术领域开展前沿性核心技术研发、产业化技术开发、技术创新人才培养，可为企业提供相关领域的技术开发、技术转让、技术咨询等服务。	82338824	海淀区学院路37号北航新主楼G座1034室
39	北京邮电大学安全生产智能监控北京市重点实验室	主要从事电子信息产品电磁兼容，轨道交通和广电设备电磁辐射，电信设备和终端入网预检，天线测试；安全生产智能监控，宽带移动通信，射频器件，移动互联网，物联网，终端软件及应用，电磁与信息安全等方面的研究。	62281958	海淀区西土城路10号
40	北京交通大学下一代互联网互联设备国家工程实验室	在下一代互联网网络体系、互联设备等关键技术领域开展战略性前瞻性核心技术研发、产业化技术开发，研究产业技术标准，培养工程技术创新人才，促进重大科技成果应用，为行业提供技术研发服务支撑。	51685364	海淀区西直门外上园村3号
41	北京交通大学轨道交通控制与安全国家重点实验室	搭建的CTCS–3级列控系统互联互通测试平台被铁道部确定为高速铁路列控系统互联互通第三方测试认证实验室。	51684773	海淀区西直门外上园村3号思源楼8~13层
42	交通运输部公路科学研究院智能交通技术交通行业重点实验室	主要从事公路电子收费、交通信息采集与服务、交通控制与管理、公路气象监测与预警、车载电子与辅助安全、交通专用通信等方面的研究。	62079526–240	海淀区西土城路8号

（续表）

序号	名称	业务范围	电话	地址
43	高速铁路系统试验国家工程实验室	围绕高速铁路系统的可靠性、安全性、舒适性和节能环保等性能验证，开展高速列车、线路工程、通信信号、牵引供电、客运服务、安全保障、节能环保等系统综合性能试验、测试、验证，为高速列车的研制以及高速铁路建设和运营管理提供技术支撑。	51893730	海淀区大柳树路 2 号
44	北京东方计量测试研究所（514 所）	进行交直流电压、电流、电阻，相位噪声，微波功率、频率，电磁干扰等专业参数的检定、校准、检测。	68379243	海淀区知春路 82 号院
45	中国电子科技集团公司微波电真空器件国家级重点实验室	开展微波毫米波真空电子学的前沿、基础科学和应用研究，拥有硕士、博士和博士培养资质，具有高性能真空工艺设备、微波测试设备和微加工设备，涉及毫米波及太赫兹技术，大功率回旋管技术，量子频标技术，金刚石材料，微加工技术，非标设备研制和微波在医疗、工业中的应用等领域。	84352402	朝阳区酒仙桥路 13 号
46	中国泰尔实验室	国内最权威的信息通信类第三方检验 / 校准实验室，开展新技术研究、标准制定、测试验证、计量校准。领域覆盖各类信息通信产品的电气性能，协议，射频，电磁兼容，电气安全，可靠性，抗震，软件评测，信息安全、节能环保，有害物质，生物电磁学，以及通信仪器仪表计量检定、校准等。	62300495	海淀区花园北路 52 号
47	国家广播电视产品质量监督检验中心	从事强制认证、自愿认证、委托检验、监督抽查、质量鉴定等项目的检验。	59570528	朝阳区酒仙桥北路乙 7 号
48	中国电子技术标准化研究院	提供试验检测、计量校准、认证、培训等服务。检测领域包括电子电气安全、环境与电磁兼容，数字音视频标准符合性，软件测评，IC 卡，物联网产品，信息安全等级保护，集成电路，电子元器件，Rohs 等；提供长、热、力、电等领域的计量校准服务；提供产品认证、体系认证及 3C 认证等认证服务。	67831906	东城区安定门东大街 1 号 / 亦庄经济技术开发区同济南路 8 号
49	北京无线电计量测试研究所 203 所	以检测为主，从事微波、无线电、电磁兼容、时间频率、电学等计量测试研究和量值传递，以及航天专用计量设备的工程技术研究。	68388203	海淀区永定路 50 号
50	北京尊冠科技有限公司	提供集成电路、电子标签、海量存储、计算机及外设、物联网、信息产品的系统检测及节能测试、机房验收等服务。	89055269	海淀区北四环中路 211 号
51	数字电视国家工程实验室	建立了数字电视公共技术平台和国际开放实验室，提供国内外技术服务；具有前端与发射、芯片与接收、传输与网络、测试与显示等 4 个验证平台，提供数字电视产业化和业务运营系统技术支撑。	82284700—8018	海淀区花园路 2 号
52	卫星导航应用与用户设备检测实验室	具备北斗及 GPS 等各型用户设备的检测能力，涵盖了用户设备全部功能和性能以及高动态和抗干扰等性能测试，具备各类时间比对及数据处理系统等资源。	66369060	海淀区北清路 22 号
53	北京市传感器重点实验室	业务范围包括相关外协加工和标定试验测试。实验室拥有微机械加工工艺流水线（光刻、干法和湿法刻蚀、沉积划片、封装），纳米级微振动检测量的激光扫描系统，高真空薄膜制备系统，激光切割和数控外沿深切割等加工手段，惯性传感器和声波传感器的试验测量条件，以及产品设计软件和系列环境实验条件。	13810817828	海淀区北四环中路 35 号
54	电磁信息安全应用技术北京市工程实验室	面向电磁信息安全行业提供标准、技术、开发平台、产品方案和测试认证等方面的支撑，凝聚、培养领域技术创新人才，提供电磁环境安全（EMF）检测与评价，医疗器械、机车电子设备、通用电子信息处理设备等民用产品电磁兼容（EMC）、屏蔽效能测试，设备电磁兼容性整改和检测等服务。	58711666	海淀区中关村永丰产业基地丰德东路 9 号
55	北京市物流系统与技术重点实验室	属于综合性物流实验室。拥有自动化立体仓库、AGV 等一批高端大型物流设备和综合性软硬件测试平台，可为企业提供物流系统规划、设计、仿真、优化以及实施服务。	89534322	通州区富河大街 1 号北京物资学院

（续表）

序号	名称	业务范围	电话	地址
56	中远现代物流信息技术实验室	从事现代物流中供应链和物流新技术的研究、测试以及将技术成果转化。拥有一批高端大型信息化设备，形成包括智能化、自动化、机械化、手工化等在内的综合性软硬件测试平台，可为企业提供全方位的物流系统规划、设计、仿真、优化、开发、测试以及实施服务。	65542060	东城区朝阳门北大街8号富华大厦F座15A室
		集成电路（8家）		
57	北京大学微处理器及系统研究开放实验室	致力于CPU、系统芯片及配套关键系统软件研发和系统设计，关注高性能、高能效、低功耗、安全可靠的前沿核心技术及计算机系统的研发和设计，可为相关单位提供联合研发、技术开发、技术转让、技术咨询等技术服务。相关产品在政务信息化、广电、工业控制等多个领域获得成功应用。	62759129	海淀区颐和园路5号北京大学理科1号楼1818室
58	北京大学微米纳米加工技术国家级实验室	主要从事集成电路生产工艺的研究。	62753137	海淀区颐和园路5号北京大学微纳电子大厦316室
59	中科院计算所集成电路研究与设计开放实验室	主要从事超大规模集成电路设计方法学，软硬件协同仿真加速、低功耗、可靠性、EDA支撑平台共性关键技术的研究。具有针对芯片内分析的千级洁净实验室，并能提供芯片拆解、显微、DFT测试、晶圆测试等先进分析服务，有多台高端逻辑分析仪、示波器，可进行40G的总线信号测试分析。	62600100	海淀区科学院南路6号计算所办公楼
60	中科院自动化所国家专用集成电路设计工程技术研究中心	主要从事IC分析与设计方法论的工程学术研究和先进的集成电路分析系统的工程开发。	62620080—958	海淀区中关村东路95号中科院自动化所模式楼4层
61	中科院集成电路EDA中心	提供集成电路设计、多目标芯片（MPW）、IP委托开发、IP打包与评测、封装设计与委托开发、PCB设计和人才培训等专业集成电路技术服务。	82995726	朝阳区北土城西路3号
62	中科院半导体所半导体集成技术开放实验室	由中科院半导体所半导体集成技术中心、超晶格室国家重点实验室、高速电路与神经网络实验室组成。具备微纳电子学、光电子学以及微电子机械器件的集成加工及测试表征能力。	82304360	海淀区清华东路甲35号
63	北京集成电路设计园EDA开放实验室	SoC、Asic集成电路设计、检测、全流程设计平台，IP评估及交易，提供产业链上下游一站式服务，包括芯片MPW/小批量/量产、封装、测试等全面服务。	82357176	海淀区知春路27号量子芯座5层
64	中关村集成电路测试中心开放实验室	是专业的集成电路测试技术研发和测试服务实验室，主要从事集成电路晶圆测试、成品测试、设计验证、测试适配器设计加工和整体测试解决方案提供等业务，具有服务门类齐全，覆盖高、中、低端芯片的测试能力。	58717623—233	海淀区永丰基地丰贤中路7号孵化楼A楼二层
		先进制造（7家）		
65	中科院高能所射线成像工程实验室	研究方向包括：CT成像理论和方法、工业CT系统集成技术、CT图像重建及处理算法、基于CT的逆向工程技术、CT应用和CT关键部件研究。实验室承担多个重大研究和仪器开发项目，研制各种不同用途的高精度CT系统，能为用户提供个性化的样品检测和技术咨询服务，是华北地区最大的工业CT检测中心。	88236218	石景山区玉泉路19号乙院
66	机械科学研究总院通用零部件产品质量检测中心	主要研究通用零部件的测试方法、设备、标准等，面向先进制造业企业提供技术咨询服务，标准服务，认证服务，检测服务等技术支持。	88301132	海淀区首体南路2号
67	机械科学研究总院先进制造技术研究中心	主要在先进成形制造技术、新材料及工程应用技术、机械工业绿色制造工艺技术、机电一体化设备开发、电动汽车电源技术、汽配技术等领域开展研究。	82415945	海淀区学清路18号
68	北京机电研究所精密成形国家工程研究中心	拥有各种检验测试设备、数控机床和其他加工机床、多种成形工艺研发所需的精密成形设备。可进行精密成形与改性工艺、模具和装备成套技术研发；材料与机械性能检测；成形与改性数值模拟与试验研究。	82415037	海淀区学清路18号

（续表）

序号	名称	业务范围	电话	地址
69	北方工业大学现场总线技术及自动化北京市重点实验室	主要研究领域：现场总线技术、网络自动化控制、物联网技术、环保控制设备高校科研创新平台等。承揽上述领域的技术开发、新产品开发和自动化工程项目。	88803518	石景山区晋元庄路 5 号
70	航天防御技术研究试验中心 201 所	以检测为主，进行元器件可靠性检测，为医疗设备、电子产品、通信设备、汽车配件、铁路设备、电气设备等产业领域方面的企业提供检测服务。	88527201	海淀区永定路 50 号院
71	北京长城计量测试技术研究所 304 所	从事计量前沿技术、先进测试技术、特种传感技术研究，机载设备和传感器研发，提供专用测试和控制设备、光机电一体化仪表生产，国家计量／测试标准制定及长度、热学、力学（含声学）、电学、惯性技术等专业的计量测试技术服务。	62458085	海淀区温泉镇环山村
		生物医药（30 家）		
72	北京大学干细胞与再生生物学实验室	在细胞分化、细胞工程及医学应用研究等方面与企业合作研发。重点合作领域包括：干细胞生物和病毒感染宿主细胞的分子机理及艾滋病疫苗的分子设计等。	62756954	海淀区颐和园路 5 号北京大学东门生命科学院 4 层
73	北京大学医药卫生分析中心	提供分析测试服务，仪器教学和培训，科研合作。包括生物医学平台—流式、共聚焦蛋白质组学、电镜、小动物活体成像、细胞动态分析、放射性同位素分析；药物分析平台—有机化合物结构鉴定及定量分析；公共卫生平台—微量元素的测定及半定量分析。	82801736	海淀区学院路 38 号
74	北京大学实验动物中心	具有实验动物转基因制备技术平台、实验动物影像学技术和实验动物抗体制备技术等实验平台，并向企业开放，具有可同时开展 3 万只鼠、200 只猴、200 只兔、20 只羊、100 只犬和 50 头小型猪等动物实验的能力。	62765851	海淀区颐和园路 5 号
75	中科院生物物理所蛋白质与多肽药物实验室	在生物大分子结构与功能层面从事蛋白质与多肽药物方面的研发，为促进蛋白质基础性科研成果转化为生产力提供技术支持。	64845388	朝阳区大屯路 15 号
76	中科院过程工程实验室	从工艺创新、过程量化、工程实施等方面为企业提供技术服务。	82544955	海淀区中关村北二条 1 号过程工程研究所
77	中科院微生物所分子病毒及生物制药开放实验室	可以为企业提供技术攻关和蛋白—蛋白相互作用，病毒检测，细菌检测及鉴定、细胞因子测定、抗病毒药物筛选、抗体制备等多项技术检测服务。	64807503	朝阳区大屯路甲 3 号
78	中科院微生物所中关村细胞免疫与疫苗评价开放实验室	可为企业在免疫识别的结构基础与病原微生物跨种间传播的分子机制，尤其是有关 T 细胞识别、艾滋病病毒等囊膜病毒侵入的分子机制、禽流感等动物源性病原跨种间传递的机制等方向提供相关技术服务。	64807569	朝阳区北辰西路 1 号院 3 号
79	中国医学科学院药用植物研究所天然药物、健康产品的研究与开发实验室	致力于天然中草药的研究，整合药植所所有科技资源，为企业提供药品的二次开发、检测、分析、药理、毒理等多项服务。	62899735	海淀区马连洼北路 151 号药用植物研究所
80	中国医学科学院抗体工程药物与肿瘤标志物实验室	致力于肿瘤早诊及癌前预警分子标志物、肿瘤功能基因及分子靶标发现，以及靶向治疗恶性肿瘤的基因工程抗体新药等方面的基础及应用研究。可为企业提供多项工程抗体产业化链条中的关键平台技术服务。	87788749	朝阳区潘家园南里 17 号
81	军事医学科学院药物代谢、药物制剂与药物分析重点实验室	储备了丰富的口服固体制剂研发和产业化技术，可以为企业同时开展 50 项制剂项目的研发和中试放大。	82671638	海淀区太平路 27 号
82	中国食品药品检定研究院国家药物安全评价监测中心	可开展符合 GLP 原则的生物制品、药品、医疗器械、食品、化妆品的非临床安全性评价，国家重大不良事件的调查及研究以及开展全国范围 GLP 技术人员的培训。	67887035	北京经济技术开发区宏达中路甲 8 号
83	北京理工大学生物分离分析实验室	以生物分离分析技术为特色，在生物医药与生物材料、蛋白质组学与重大疾病病因学、空间生物与医学工程、民族药物现代化技术、蛋白质组学新技术新方法、空间生物实验技术等方面为企业提供研发以及分析测试服务。	68949331	海淀区中关村南大街 5 号

（续表）

序号	名称	业务范围	电话	地址
84	国家北京药物安全评价研究中心	为企业提供符合 CFDA 和 FDA 申报要求的药物、农药、医疗器械、化妆品及新化学物质临床前安全评价研究及早期毒性筛选研究。	66930753	海淀区太平路 27 号
85	总后勤部卫生部药品仪器检验所	在新药研发、药品质量检验和医疗设备的研制、质量控制、检测装置研发、溯源体系研究及标准规程编写等领域技术优势明显，可以为企业提供优质技术服务。	66949008	丰台区丰台西路 17 号
86	北师大基因工程药物与生物技术实验室	在基因工程药物、蛋白质工程及小分子配体药物的设计开发、与疾病相关的蛋白质和细胞工程等方面为企业提供各类研发和检测服务。	83754896	海淀区新街口外大街 19 号
87	北京化工大学北京市生物加工过程重点实验室	利用生物催化技术，进行产品加工或新能源、新材料的制备。实验室拥有自主知识产权的系列生物炼制技术，并将这些技术产业化，为企业提供技术支持。	64421335	朝阳区北三环东路 15 号
88	北京市科学技术研究院北京市理化分析测试中心	中心的生物技术实验室可为首都民生健康、医疗卫生、生物科技等领域的高校、科研院所、医疗机构和企业，提供微生物学、免疫学、分子生物学、细胞生物学、基因组学、法医物证等技术服务和科技支撑。中心的材料化学实验室可开展化学成分检测、分析及科研工作，满足研发、生产与加工质量控制以及产品使用中所涉及的化学成分相关检测技术服务需求，所提供的技术服务包括：材料检测服务（检测项目获 CMA 认证和 CNAS 认可）、成分 / 结构确证、未知成分分析、天然产物分离纯化及标准品研制、检测方法开发和验证。实验室通过技术支持、项目合作等形式针对上述领域中的小微企业提供科技孵化服务。	58717615—8056	海淀区丰贤中路 7 号孵化楼 B 座 4 层
89	北京中医药大学科研实验中心	可为企业提供中药化学成分结构分析、分子生物学、细胞生物学、形态结构与机能分析等技术平台，为中医证候理论、中医病因病机、方剂配伍规律、中药作用机理和物质基础研究提供技术支撑，为学校、科研院所、医院、医药企业等提供技术服务。	64286401	朝阳区北三环东路 11 号
90	蛋白质组学及其相关产品分析实验室	可为企业提供多肽药物、蛋白质药物、抗体、融合蛋白、ADC 药物等方面的结构确证服务，包括：分子量测定，N− 端、C− 段序列分析，二硫键分析，等电点，PEG 修饰，糖基化修饰等。	80705888	昌平区科学园路 33 号
91	国家人类基因组北方研究中心	可为企业、医院、科研院所提供 Sanger 测序、DNA 合成、新一代高通量测序和生物信息学分析等服务，致力于疾病致病机理、药物基因组学及个体化医疗、作物重要性状位点筛选及分子育种的研究及开发。	67883332—860	北京经济技术开发区永昌北路 3 号 707 室
92	北京航空航天大学医疗器械及康复辅具实验室	在心血管系统和肌骨—口腔系统植介入医疗器械生物力学评价和优化设计，无源医疗器械生物安全性和相容性测试，智能呼吸机、手术机器人、生物光学等有源医疗器械技术开发和验证，新型脊柱侧弯矫形器等、人工喉等康复辅具的新原理、新设计及检测评价技术等方面可为企业提供技术服务。	82315554	海淀区学院路 37 号
93	北京市医疗器械检验所	经授权检验范围涵盖医用电子、医用射线、核医学、电声学、体外诊断系统、一次性医疗产品、医用防护用品、医用橡胶制品、口腔材料、生物安全柜、电磁兼容、生物相容性等专业领域，承担着授权范围内医疗器械产品监督抽验检验、注册检验、认证检验以及委托检验等检测任务，拥有各类国内外先进检测仪器设备 2300 余台 / 套，建有 8 个专业科室，是国内开展检验业务最全面的综合性医疗器械检验机构。	57901488	通州区光机电一体化产业基地兴光二街 7 号
94	中关村生命园开放实验室	主要为中关村生命园及部分园区外生物医药中小企业提供公共设备及技术检测平台，并利用专业园区的资源和地理优势，以资源整合、市场化合作等方式，将生物医药产业的上、中、下游资源进行有效的链接；组织企业参与国内外重大行业会议、联合承担各部委重大专项、协助引进海外高端人才、推动解决行业共性问题，推动生物医药企业创新能力和服务能力发展，为企业开展创新孵化服务。	80715732—1035	昌平区生命园路 29 号创新大厦 B 座 221 室

（续表）

序号	名称	业务范围	电话	地址
95	国家生物医药产业基地汇龙森中小企业公共实验中心	建设有可以进行核酸提取、PCR、细胞培养等基本分子生物学实验的开放空间和10万级、万级GMP实验室，可提供质谱分析、高效液相、气相色谱分析等分析测试服务和有机合成服务等技术服务。	59755606	北京经济技术开发区科创十四街99号
96	生物芯片北京国家工程研究中心	可为企业提供集成医疗（包括预测、预防和个体化医疗）领域开发和提供创新性产品和服务，能够快速、准确地进行“高通量、高精度、高质量、低成本”的HLA基因分型、SNP检测、甲基化谱检测、基因表达谱微阵列服务，miRNA微阵列服务，转录因子活性谱芯片服务等。	80726868–6319	昌平区生命科学园路18号
97	北京昭衍新药研究中心	可为企业提供临床前试验，包括药物筛选、主要药效学研究、安全药理学研究、一般毒理学研究、特殊毒性试验研究、药/毒代动力学研究；临床试验，包括实验方案设计、病理报告表设计、研究者选择、试验组织管理、临床监察和稽查、数据库建立等。	67869966	北京经济技术开发区荣京东街甲5号
98	京蒙细胞治疗及相关产品分析实验室	提供高端的临床检验服务，包括BD流式细胞仪、ABI 7900 Real-Time PCR仪器（兼容96孔板，384孔板和Taqman低密度表达谱芯片）、ABI 3730XL Analyser基因测序仪等。提供高质量的干细胞产品检测、医学检测服务。	51557690	海淀区上地东路5-2号京蒙高科大厦B座601室
99	药物安全评价关键技术北京市工程实验室	主要在GLP条件下开展各类新药、新化学物质、化学品的各种安全性评价服务和技术研究。评价物质涉及化学药物、中药、生物制品、医疗器械、新化学物质、化妆品、农药等。	67817730	北京经济技术开发区景园街2号3幢
100	生物质谱转化医学研究中心	开发和建立具有自主知识产权飞行时间质谱系统相关的技术和产品；开展飞行时间质谱系统的科研及临床应用工作。	53223581	昌平区中关村生命科学园28号博达大厦
101	赛林泰肿瘤和糖尿病小分子靶向新药研发开放实验室	实验室依托单位建立了包括计算化学部、化学部、生物部、药代药动部四大部门，包括计算机辅助设计、药物化学、分析化学，工艺学，酶学、细胞学、药代药动学、毒理学在内的新药开放实验室。	88858866	海淀区闵庄路3号15、16楼
现代农业（7家）				
102	国家兽药安全评价中心	是通过“双认证”的质检机构，主要承担国家兽药残留检测技术研究与产品研发，残留检测技术或产品验证（复核）、残留检测方法标准制（修）订、动物产品残留监测检验等工作；可同企业合作开展新兽药（化药）创制；能为企业提供兽药安全性和有效性评价等技术服务。	62733378	海淀区圆明园西路2号，中国农业大学（西校区）
103	中国农业科学院生物技术研究所	在作物抗逆分子生物学、作物基因工程、生物反应器、作物功能基因组学和代谢工程、农业微生物功能基因组和酶工程技术、农业转基因生物安全性评价方面为企业提供技术支持。	82106142	海淀区中关村南大街12号
104	中国农业科学院饲料研究所	在饲料微生物工程、基因工程、生物化工、生态饲料、饲料资源、饲料工程技术、饲料经济与信息、饲料检测等方面为企业提供高技术服务。	82106085	海淀区中关村南大街12号
105	北京市作物分子育种工程技术研究中心	以创建国际领先的农业生物技术研发机构为目标，创建国际一流的分子生物学、遗传转化、性状整合与分析以及分子标记等技术平台；专注于玉米、水稻、大豆等主要农作物精准生物育种及关键农艺性状研究，以提高作物产量、抗除草剂及抗病虫能力、抗旱性、增进作物对肥料的利用效率等。	13811653417	海淀区圆明园西路2号
106	北京农学院农业生物制品与种业实验室	以药食同源的饲料添加剂和中兽药为主要研究特色，在饲料添加剂及中兽药、生物种业技术、食品安全与质量3个方面为企业提供技术服务。	80797301	昌平区回龙观镇北农路

（续表）

序号	名称	业务范围	电话	地址
107	土壤植物机器系统技术国家重点实验室	主要运用农业装备工程技术、信息与电子技术、光视觉技术、自动化技术等与农业生产技术融合，研究土壤—植物—机器系统应用基础、土壤和植物信息获取及病虫草防控技术与装备、农业雾化工程技术与设备、农业装备智能化技术等。	64866839	西城区德胜门外北沙滩1号
108	北京农林科学院国家农业智能装备工程技术研究中心	围绕农业智能装备通信标准规范、关键技术产品、系统集成开展研究，开发了农田信息采集技术产品、智能农机产品、农业精准监测传感器等数十个产品。	51503416	海淀区曙光花园中路11号北京农科大厦
新材料（24家）				
109	中科院理化所工程塑料国家工程研究中心	专注于材料合成、改性、加工、应用，并提供材料相关检测和相关领域技术咨询和培训等，主要研究领域为工程塑料、抗菌材料和新型环保材料—全生物降解材料及相关其他环保材料。	82543775	海淀区中关村北一条2号
110	中科院理化所功能高分子材料研发与检测实验室	主要研究方向为水处理环保材料、新能源材料、生物应用高分子功能材料和精细化学品材料的研发、中试与产业化及以上材料的检测。	8543772	海淀区中关村东路29号
111	中国科学院低温工程学重点实验室	开展先进低温系统的低温热工学理论、低温材料以及低温生物医学工程的研究，主要围绕以下5个方向：新型/先进低温制冷方法技术研究、低温传热理论与强化传热新技术研究、低温系统关键技术和大型低温工程研究、先进低温材料与材料低温改性研究、低温生物医学技术与应用研究。	82543427	海淀区中关村东路29号
112	中国建材检验认证集团股份有限公司	开展水泥、混凝土与新型建筑材料、玻璃与特种玻璃、纤维与纤维复合材料、耐火材料、陶瓷材料、墙体材料、装饰装修材料、环境工程材料及太阳能光伏产品的测试、检验和认证；建筑工程安全、节能、防火的检测、鉴定；企业安全生产与节能减排技术服务；测试技术、方法、标准、仪器设备的研发等。	51167790	朝阳区管庄东里1号
113	钢铁研究总院先进钢铁材料技术国家工程研究中心	以材料的组织形貌、结构和各项性能为手段，涉及材料开发、性能检测、失效分析以及材料焊接和表面处理工艺领域的各项任务，提供准确的数据和权威的咨询服务。	62182657	海淀区高梁桥斜街13号院主楼
114	钢铁研究总院国家钢铁材料测试中心	是为公众服务的第三方检测机构，负责金属材料的化学分析、力学检测、物理检测、无损检测、校准实验、标准物质研制。	62182642	海淀区学院南路76号
115	钢铁研究总院先进永磁材料与分析检测实验室	主要致力于新材料、新工艺、新设备、测量技术、器件应用等研究领域，涉及到航天、航海、新能源、计算机、医疗、现代家用电器、交通和通信等科技领域的关键材料。	62185125	海淀区学院南路76号
116	国家重有色金属质量监督检验中心	研究与服务领域主要为矿石、精矿、有色金属、选冶中间产品和最终产品、矿山药剂以及土壤、水样、医疗样品等。	88399626	海淀区西直门外文兴街1号
117	北京北达燕园微构分析测试中心有限公司	主要开展X射线衍射分析和X射线荧光分析服务，同时配套了必要的化学分析条件，在X射线分析仪器的开发中拥有多项自主知识产权，具备很强的X射线分析仪器的开发设计能力。	58874029	海淀区中关村北大街116号
118	北京市腐蚀、磨蚀与表面技术重点实验室	研发大气腐蚀、土壤腐蚀、高温环境及特殊环境下的材料腐蚀机理、涂镀层防护技术，在开发新型纳米材料、耐蚀新材料、表面技术和腐蚀控制技术等方面具有多项自主知识产权，能够为北京地区轨道交通、燃气管网、热力管网、航空航天、电子器件等领域的涂层技术开发提供成果转化服务。	62333524	海淀区学院路30号
119	北京科技大学教育部金属电子信息材料工程研究中心	主要开展高技术新材料的研究开发与生产、材料制备与加工新技术新工艺开发、新材料制备与加工设备的制造、新型电子信息元器件的开发与制造、计算机控制系统集成、机电一体化技术开发及其产品的生产与销售。	82376835	海淀区学院路30号北京科技大学材料工程学院功能材料研究所

（续表）

序号	名称	业务范围	电话	地址
120	北京科大分析检验中心有限公司	可提供分析检验、技术研发、咨询培训、实验室建设咨询等技术服务。检测资质覆盖钢铁、铝、钛、合金制品、表面涂料、橡胶、塑料、矿石等26类检测对象和260余检测项目。	62333720	海淀区学院路30号北京科技大学材料测试楼
121	激光与红外光学材料研究开发实验室	主要从事光电功能晶体材料、红外光学材料、超低膨胀微晶玻璃以及相关器件的基础研究与应用技术开发。主要研发产品有：非线性光学晶体磷酸氧钛钾（KTP）、电光晶体磷酸氧钛铷（RTP）、闪烁晶体CsI（Tl）、中波红外材料热压氟化镁（MgF2）、长波红外材料化学气相沉积硫化锌（CVD ZnS），以及大尺寸超低膨胀微晶玻璃等，产品广泛应用于航空、航天、电子、信息、高端装备制造等领域。	65492620—8015	朝阳区东坝红松园1号
122	纤维材料工程化技术开发实验室	研究开发差别化、高性能、可再生资源纤维制造技术领域的关键工艺和设备，解决产业化过程中的技术瓶颈，获取具有自主知识产权的工程化技术。	65987254	朝阳区朝外延静里中街3号
123	北京市建筑材料检验中心有限公司	从事建材产品检验，如超细粉体材料、抗菌剂系列产品、高分子材料、高效减水、阻燃剂、各种功能涂料、无机非金属材料等。	88751768	石景山区金顶北街69号院
124	北京有色院国家有色金属及电子材料分析测试中心	开展有色金属、稀有金属、稀土金属及其合金、电子材料的化学成分分析，黄金、白银、铂金饰品成色无损检测；材料的力学和物理性能检测及各种合金、半导体材料和器件的微结构、微缺陷研究。	82241374	西城区新街口外大街2号
125	北京有色金属研究总院半导体材料国家工程研究中心	研发半导体材料产业的关键共性技术，加快科研成果向生产力转化，在硅单晶生长、硅片加工、硅片处理、大直径外延片制备、硅片分检测等方面拥有具有自主知识产权的多项核心技术。	62055383	西城区新街口外大街2号
126	首师大太赫兹光电子学教育部重点实验室	研究开发太赫兹波谱、太赫兹成像技术、太赫兹安检技术、红外热波无损检测技术，扩展太赫兹与红外技术的应用领域，探索、设计和制备各种类型的材料，研究其与太赫兹相互作用的物理机制和新效应，为发展新型太赫兹光电器件和材料奠定基础。	68980838	海淀区西三环北路105号
127	首师大北京市纳米光电子学重点实验室	可提供完备的激光拉曼体系与纳米探针激光耦合技术平台；微纳新材料制备与微纳器件研发技术平台；生物太阳能技术和生物医药结构分析技术平台；服务于文化产业的文物和艺术品鉴定技术平台	68902965	海淀区西三环北路105号首都师范大学科技园
128	国家纤维增强模塑料工程技术研究中心	设计、研发、试制、生产、销售玻璃钢/复合材料及制品，承接复合材料及制品的设计、研发、性能评价、分析测试、检验监测等技术服务。	61161204	延庆县八达岭经济开发区康西路261号
129	北京橡胶工业研究设计院橡胶材料及其制成品实验室	承担着国家强制性认证轮胎产品的检测，轮胎产品的国家监督抽查和市场抽查；轮胎产品科技成果鉴定机构；轮胎产品国家标准的制定、修订、验证；橡胶物化检测领域国家标准、行业标准的制定和修订工作；中国对ISO相应的ISO/TC45/SC2橡胶与制品试验与分析的表态工作。	51338840	海淀区阜石路甲19号
130	印刷包装材料与技术北京重点实验室	以印刷包装材料及相关信息材料与技术的研发为基础，以行业发展、市场需求、企业亟待解决的问题为依据，开展前沿性的研究工作。	60261107	大兴区兴华北路25号
131	北京市生态环境材料及其评价工程技术研究中心	属于复合型实验室，拥有生态环境材料与材料环境协调性评价及稀土及难熔金属材料、绿色连接新材料技术和有实力的轻合金材料与制备加工、生态建材及节能减排、光电信息功能材料等技术，可以提供相关材料与技术的性能评价、分析测试、技术服务、产品研发、标准制定等服务。	67392166	朝阳区平乐园100号
132	北京经济技术开发区（汇龙森）新材料公共技术服务及实验中心	可为大部分陶瓷产品生产工艺及部分粉末冶金生产工艺提供粉末原材料的处理、一般的成型、成型件的预处理、条件烧结、后期加工及分析检测服务。可满足一般材料类企业成立初期对研发设备的需求及部分放大实验的中试要求。	59755588—8855	北京经济技术开发区科创14街99号汇龙森7号楼2单元

（续表）

序号	名称	业务范围	电话	地址
		节能环保（23家）		
133	清华大学电力系统及发电设备控制和仿真国家重点实验室	设有电力系统动态模拟、电力电子变流系统、高电压与强电磁环境、热力系统研究检测4个实验平台，主要研究方向为大电网安全与经济运行、交直流输电技术与电磁环境、高压大容量电力电子技术及柔性输配电技术。	62783378	海淀区清华园1号清华大学西主楼3区205号
134	清华大学环境模拟与污染控制国家重点联合实验室	主要研究城市污水处理与回用技术、工业废水处理技术、受污染水体的净化与修复技术、水污染控制的仪器化、区域水环境污染控制与管理。	62785684	海淀区清华园1号清华大学环境科学与工程系
135	清华大学核环境技术实验室	进行工业与民用供水和废水的资源化处理，包括再生水地下回灌、中低放废液处理、石化电子等工业废水处理等；工业与民用废气处理；放射性废物固化，重金属和放射性核素污染的生物治理等。	62784945	昌平区南口镇虎峪村清华大学核研院内
136	清华大学饮用水安全技术实验室	在饮用水处理技术及水质评价方面国内领先，可提供水质测试[包括重金属、有机物（微量有机物、DOC、AOC、BDOC等）、微生物、遗传毒性（umu试验、Ames试验）等]以及水处理材料（活性炭、新型滤料、膜材料与组件等）与设备的性能测试等服务，并可与企业联合开发水处理技术及设备。	62796958	海淀区清华园1号
137	中科院生态中心环境水质学国家重点实验室	深入探索天然水体与水处理过程中水质转化的基本规律，发展环境水质改善与保护的科学原理与高效技术，以解决全国性和区域性水污染和水安全问题。	62923543	海淀区双清路18号
138	中科院工程热物理所传热传质研究中心	主要从事针对大功率设备的新型高效冷却、先进材料传蓄热特性测量、高效传热传质、工业余能利用、节能环保和废弃物处置等领域的科学研究。	82543062	海淀区北四环西路11号
139	中科院过程所离子液体清洁过程北京重点实验室	主要开展化工行业技术升级换代的研究，解决传统工艺资源利用率低、能耗高、污染重的问题。	56200254	海淀区中关村北二条1号
140	中科院地理所场地污染评估与修复北京市重点实验室	致力于开展不同类型场地的土壤、地下水污染调查评估，研究研制适宜国情的修复技术和修复设备，为污染场地的修复工作提供技术支撑和解决方案，推动土壤修复产业化进程。	64888162	朝阳区大屯路甲11号
141	华北电力大学电站设备状态监测与控制教育部重点实验室	围绕大型火电和可再生能源发电安全、高效和清洁热功转换过程中的关键科学问题开展应用基础研究，为中国电力能源工业的健康发展提供科技支撑。主要包括燃烧状态检测与污染物控制，高温金属材料特性与失效预防，高效热功转换与过程节能，动力设备流态调控，电站运行状态监控。	61773872	昌平区北农路2号
142	华北电力大学生物质发电成套设备国家工程实验室	在生物质燃烧、热解气化、多联产、烟气脱硝脱汞、生活垃圾及危险废物处理等领域拥有先进技术。可提供燃料利用相关的检验测试、仿真模拟、可行性研究、成套设备设计制造、项目承包和运营等服务。	61772990	昌平区北农路2号
143	华北电力大学新能源电力系统国家重点实验室	聚焦新能源电力系统的重大科技问题，以多学科交叉为基础，开展创新性研究，主攻新能源电力系统安全、经济运行的基础和应用基础理论，深入研究规模化风能、太阳能等新能源电力接入后对电力系统的影响与交互作用机理，建立大时间尺度紧密耦合且具有强随机性的复杂电力系统分析、控制理论与方法的科学研究体系，为中国能源可持续发展以及新能源战略性新兴产业发展提供科技支撑。	51971430	昌平区北农路2号
144	北理工电动车辆国家工程实验室	是国家驱动电机授权检测基地。在新能源车辆整车优化和系统集成、车载能量源系统设计和利用、新能源车辆电驱动系统和新能源汽车法规体系与标准研究方面开展了深入的研究。	68918297	海淀区中关村南大街5号

（续表）

序号	名称	业务范围	电话	地址
145	北理工环境科学与工程北京市重点实验室	研究新型能源材料、环境友好材料、环境工程技术等方向，包括二次电池新体系及储能材料、新能源汽车及大规模储能的动力电池和相关材料的资源化等的基础研究与工程化应用技术开发。	68918766	海淀区中关村南大街5号
146	中国北方车辆研究所动力电池实验室	是动力电池检测基地，主要提供各种车辆用动力蓄电池、通信用蓄电池、矿灯用蓄电池、启动用蓄电池、特种蓄电池等各类蓄电池检测、评估服务；车辆电器产品检测；产品环境适应性试验。	83809250–101	丰台区槐树岭4号
147	中国电力科学研究院继电保护及安全自动装置实验室	开展继电保护及安全自动装置的型式试验和委托试验，拥有一批长期从事电力系统动态模拟及继电保护研究的专家和工程技术人员，具有自主设计各种模拟设备和分析研究继电保护性能的能力。	82812216	海淀区清河小营东路15号
148	中国电力科学研究院智能用电与节能技术实验室	建有国家电网用电信息系统安全密钥管理中心，拥有国家高电压大电流标准和基准及电力行业最高直流计量标准、数字仪表计量标准、功率电能计量标准、电能质量计量标准。	82813239	海淀区清河小营东路15号
149	中国建筑科学研究院建筑安全与环境国家重点实验室	以建筑安全和建筑环境为研究方向，在建筑大型结构、地基基础、建筑抗震、建筑风工程、建筑材料、建筑防火、建筑幕墙、建筑环境、建筑节能、建筑新能源等领域开展创新性、基础性和公益性技术研究，是建筑行业综合性科学研究平台。	64517305	海淀区北三环东路30号
150	煤炭科学研究总院煤炭工业洁净煤工程技术研究中心	致力于高效洁净煤炭利用技术的研发，根据北京的产业特点将在未来就煤炭清洁利用新技术研发、推广和工程服务展开全面的合作。	84262359	朝阳区和平里青年沟东路5号
151	北京矿冶研究总院无污染有色金属提取及节能技术国家工程研究中心	为有色金属工业的扩改建和新建企业提供无污染工艺和节能技术，为企业节能、减排和提高资源综合利用率提供技术支持。	63299841	丰台区南四环西路188号总部基地18区23号楼
152	北京环卫集团环境研究发展有限公司	从事城市生活固废无害化处理的研究开发、设计咨询、设备成套、环境检测等业务，涉及生活垃圾可持续填埋、生物质废物资源化、沼气处理及资源化和渗沥液处理与资源化等领域，还拥有性能完善、功能完备的科研中试基地。	59682798	朝阳区北湖渠路13号京环大厦12层
153	国家城市环境污染控制工程技术研究中心	进行大气污染防治、水污染防治、土壤与固废污染防治、生态与城市环境4个重点技术领域的研究；承担国家重大科研项目、标准制修订、技术研发与服务等工作；拥有实验室及中试基地6670平方米，先进仪器、设备2000余台（套）；具有工程咨询、市政排水、环境影响评价甲级资质以及CMA计量认证等资质。	68333644	西城区北营房中街59号
154	北京绿创声学工程实验室	其空气声隔声实验室可对各类建筑隔声构件进行空气声隔声性能测定；消声器动态评价实验平台可测试各类阻性消声器的声学性能和空气动力性能；混响室可测量各类吸声材料及结构的吸声性能以及噪声设备的声功率；同时可对工业企业噪声治理项目提供技术咨询和服务。	60748995	昌平区振兴路28号
155	北京市劣质铁矿石综合利用工程技术研究中心	下设煤基转底炉、燃气熔融、电熔融冶炼、磨矿磁选等中试平台及相关基础实验室、物化分析实验室等配套设施。具备面向国内外企业开展劣质含铁资源及冶金固废处理工艺的联合研发、委托研发、设计、小试、中试、检测、工程总承包等服务的能力。	60759696	昌平区马池口镇神牛路18号

资料来源：中关村科技园区管理委员会

中关村国家自主创新示范区国家工程实验室一览表

序号	名称	依托单位	地址	邮编	电话	建设、验收年份
1	生物冶金国家工程实验室	北京有色金属研究总院	西城区新街口外大街2号	100088	82241313	2005
2	下一代互联网宽带业务应用国家工程实验室	中国联合网络通信集团有限公司	北京经济技术开发区中和街1号	100176	66522712	2006
3	高速铁路系统试验国家工程实验室	中国铁道科学研究院	海淀区大柳树路2号	100081	51893730	2007 2013
4	电力系统仿真国家工程实验室	中国电力科学研究院	海淀区清河小营东路15号	100192	82812114	2007 2011
5	抗肿瘤蛋白质药物国家工程实验室	清华大学	海淀区清华园1号清华大学生命科学楼	100084	62795106	2008
6	钢铁制造流程优化国家工程实验室	冶金自动化研究设计院	丰台区西四环南路72号	100071	83802365	2008 2013
7	先进金属材料涂镀国家工程实验室	新冶高科技集团有限公司	海淀区学院南路76号	100081	62182572	2008 2012
8	作物细胞育种国家工程实验室	中国农科院蔬菜花卉研究所	海淀区中关村南大街12号	100081	82109531	2008 2011
9	林木育种国家工程实验室	北京林业大学	海淀区清华东路35号北京林业大学实验楼	100083	62336232	2008 2014
10	油气钻井技术国家工程实验室	中国石油集团钻井工程技术研究院	昌平区沙河镇西沙屯桥西中国石油创新基地A34块地	102206	80162352	2008
11	畜禽育种国家工程实验室	中国农业大学	海淀区圆明园西路2号中国农业大学动科动医大楼4层	100193	62732708	2008
12	作物分子育种国家工程实验室	中国农科院作物科学研究所	海淀区中关村南大街12号	100081	82109715	2008 2014
13	濒危药材繁育国家工程实验室	中国医学科学院药用植物研究所	海淀区马连洼北路151号	100193	57833199	2008 2013
14	煤矿深井建设技术国家工程实验室（北京实验区）	北京中煤矿山工程有限公司	朝阳区和平街十三区青年沟路5号	100013	84263083	2008 2013
15	信息内容安全技术国家工程实验室	中国科学院信息工程研究所	海淀区闵庄路甲89号	100093	82546700	2008 2013
16	TFT-LCD工艺技术国家工程实验室	京东方科技集团股份有限公司	北京经济技术开发区地泽路9号	100176	87119726	2008
17	遥感卫星应用国家工程实验室	中国科学院遥感与数字地球研究所	朝阳区大屯路甲20号北	100101	62178967	2008 2013
18	结构性碳纤维复合材料国家工程实验室	北京航空材料研究院	海淀区温泉镇环山村	100095	62496020	2008
19	下一代互联网互联设备国家工程实验室	北京交通大学	海淀区上园村3号	100044	51685364	2008 2011
20	湿法冶金清洁生产技术国家工程实验室	中国科学院过程工程研究所	海淀区中关村北二条1号	100190	82544829	2008 2014
21	灾备技术国家工程实验室	北京邮电大学	海淀区西土城路10号北京邮电大学126信箱	100876	62256336-820	2008 2014

（续表）

序号	名称	依托单位	地址	邮编	电话	建设、验收年份
22	中药质量控制技术国家工程实验室	中国中医科学院中药研究所	东城区东直门内南小街16号	100700	64014411	2009
23	电动车辆国家工程实验室	北京理工大学	海淀区中关村南大街5号	100081	68940589	2009
24	数字视频编解码技术国家工程实验室	北京大学	海淀区颐和园路5号北京大学理科2号楼	100871	62758116	2009 2013
25	生物质发电成套设备国家工程实验室	华北电力大学	昌平区朱辛庄北农路2号	102206	61772992	2009 2014
26	制浆造纸国家工程实验室	中国制浆造纸研究院	朝阳区启阳路4号中轻大厦	100102	64778001	2009 2014
27	下一代互联网核心网国家工程实验室	清华大学	海淀区清华园1号清华大学信息科学技术大楼	100084	62785931	2009 2014
28	新一代移动通信测试验证国家工程实验室	工业和信息化部电信研究院	海淀区花园北路52号	100191	62301618	2010
29	新一代移动通信无线网络与芯片技术国家工程实验室	大唐电信科技产业控股有限公司	海淀区学院路40号大唐电信集团	100191	62303003	2010
30	海洋石油勘探国家工程实验室	中国海洋石油总公司	东城区东直门外小街6号海油大厦	100027	84523630	2011 2013
31	粮食储运国家工程实验室	国家粮食局科学研究院	西城区百万庄大街11号	100037	58523700	2011
32	农业生产机械装备国家工程实验室	中国农业机械化科学研究院	朝阳区德胜门外北沙滩1号	100083	64882239	2011
33	耕地培育技术国家工程实验室	中国农业科学院农业资源与农业区划研究所	海淀区中关村南大街12号	100081	82106203	2011
34	作物高效用水与抗灾减损国家工程实验室	中国农业科学院农业环境与可持续发展研究所	海淀区中关村南大街12号	100081	82109567	2011
35	口腔数字化医疗技术和材料国家工程实验室	北京大学	海淀区中关村南大街22号	100081	82195521	2011
36	数字电视国家工程实验室（北京）	北京数字电视国家工程实验室有限公司	海淀区花园路2号28号楼	100083	82284700–8028	2011
37	神经调控技术国家工程实验室	清华大学	海淀区清华园1号	100084	62794952	2012
38	电子商务交易技术国家工程实验室	清华大学	海淀区清华园1号	100084	62783197–1058	2013
39	移动互联网安全技术国家工程实验室	北京邮电大学	海淀区西土城路10号	100876	62283180	2013
40	互联网域名管理技术国家工程实验室	中国互联网络信息中心	海淀区中关村南四街4号中国科学院软件园1号楼	100190	58813000	2013
41	网络安全应急技术国家工程实验室	国家互联网应急中心	朝阳区裕民路甲3号	100029	82990168	2013
42	工业控制系统信息安全技术国家工程实验室	中国电子信息产业集团有限公司第六研究所	海淀区清华东路25号	100083	82306030	2014

资料来源：国家发展和改革委员会网站

中关村国家自主创新示范区国家重点实验室一览表

序号	名称	依托单位	地址	邮编	电话	建设、验收年份
1	蛋白质与植物基因研究国家重点实验室	北京大学	海淀区颐和园路5号	100871	62751848	1987 1990
2	核物理与核技术国家重点实验室	北京大学	海淀区成府路201号	100871	62751870	2007 2009
3	人工微结构和介观物理国家重点实验室	北京大学	海淀区成府路209号	100871	62765884	1990 1993
4	天然药物及仿生药物国家重点实验室	北京大学	海淀区学院路38号	100191	82802724	1985 1987
5	湍流与复杂系统国家重点实验室	北京大学	海淀区颐和园路5号	100871	62757944	1991 1995
6	稀土材料化学及应用国家重点实验室	北京大学	海淀区颐和园路5号	100871	62751016	1991 1995
7	区域光纤通信网与新型光通信系统国家重点实验室（北京实验区）	北京大学	海淀区颐和园路5号	100871	62754170	1989 1995
8	电力系统及发电设备安全控制和仿真国家重点实验室	清华大学	海淀区清华大学	100084	62792469	1989 1995
9	摩擦学国家重点实验室	清华大学	海淀区清华大学	100084	62781379	1986 1988
10	汽车安全与节能国家重点实验室	清华大学	海淀区清华大学	100084	62785963	1991 1995
11	水沙科学与水利水电工程国家重点实验室	清华大学	海淀区清华大学	100084	62783337	2006 2008
12	微波与数字通信技术国家重点实验室	清华大学	海淀区清华大学	100084	62784884	1991 1995
13	新型陶瓷与精细工艺国家重点实验室	清华大学	海淀区清华大学	100084	62782753	1991 1995
14	智能技术与系统国家重点实验室	清华大学	海淀区清华大学	100084	62782266	1987 1990
15	低维量子物理国家重点实验室	清华大学	海淀区清华大学	100084	62772767	2011 2013
16	化学工程联合国家重点实验室（清华大学萃取分离实验室）	清华大学、天津大学、华东理工大学、浙江大学	海淀区清华大学	100084	62773017	1987 1991
17	精密测试技术及仪器国家重点实验室	清华大学、天津大学	海淀区清华大学	100084	62773609	1990 1995
18	环境模拟与污染控制国家重点实验室（清华分室）	清华大学、中国科学院生态环境研究中心、北京大学、北京师范大学	海淀区清华大学	100084	62785684	1989 1995
19	集成光电子学国家重点实验室（清华大学实验区）	清华大学、吉林大学、中国科学院半导体研究所	海淀区清华大学	100084	62782734	1987 1991
20	地表过程与资源生态国家重点实验室	北京师范大学	海淀区新街口外大街19号	100875	58805461	2007 2010
21	认知神经科学与学习国家重点实验室	北京师范大学	海淀区新街口外大街19号	100875	58806154	2005 2008

（续表）

序号	名称	依托单位	地址	邮编	电话	建设、验收年份
22	轨道交通控制与安全国家重点实验室	北京交通大学	海淀区上园村3号	100044	51688193	2006 2010
23	化工资源有效利用国家重点实验室	北京化工大学	朝阳区北三环东路15号	100029	64425385	2006 2008
24	有机无机复合材料国家重点实验室	北京化工大学	朝阳区北三环东路15号	100029	64431706	2011 2013
25	地质过程与矿产资源国家重点实验室	中国地质大学（北京）	海淀区学院路29号	100083	82322176	2005 2008
26	爆炸科学与技术国家重点实验室	北京理工大学	海淀区中关村南大街5号	100081	68913957	1991 1996
27	煤炭资源与安全开采国家重点实验室	中国矿业大学（北京）	海淀区学院路丁11号	100083	62331854	2006 2008
28	深部岩土力学与地下工程国家重点实验室	中国矿业大学（北京）	海淀区清华东路16号宝源公寓A2座	100083	62331091	2008 2010
29	植物生理学与生物化学国家重点实验室	中国农业大学	海淀区圆明园西路2号	100193	62733475	2002 2003
30	农业生物技术国家重点实验室	中国农业大学、香港中文大学	海淀区圆明园西路2号	100193	62733332	1987 1990
31	软件开发环境国家重点实验室	北京航空航天大学	海淀区学院路37号	100191	82317643	1991 1995
32	虚拟现实技术与系统国家重点实验室	北京航空航天大学	海淀区学院路37号	100191	82338861	2007 2010
33	网络与交换技术国家重点实验室	北京邮电大学	海淀区西土城路10号	100876	62283412	1991 1995
34	信息光子学与光通信国家重点实验室	北京邮电大学	海淀区西土城路10号	100876	62282029	2011 2013
35	新金属材料国家重点实验室	北京科技大学	海淀区学院路30号	100083	62332508	1991 1995
36	钢铁冶金新技术国家重点实验室	北京科技大学	海淀区学院路30号	100083	82375040	2011 2013
37	油气资源与探测国家重点实验室	中国石油大学（北京）	昌平区府学路18号	102249	89733952	2007 2010
38	重质油国家重点实验室	中国石油大学（北京）	昌平区府学路18号	102249	89733070	1989 1995
39	新能源电力系统国家重点实验室	华北电力大学	昌平区朱辛庄北农路2号	102206	51971430	2011 2014
40	半导体超晶格国家重点实验室	中国科学院半导体研究所	海淀区清华东路甲35号	100083	82304287	1988 1991
41	表面物理国家重点实验室	中国科学院物理研究所	海淀区中关村南三街8号	100190	82649428	1984 1987
42	超导国家重点实验室	中国科学院物理研究所	海淀区中关村南三街8号	100190	82649167	1987 1991
43	磁学国家重点实验室	中国科学院物理研究所	海淀区中关村南三街8号	100190	82649253	1991 1995
44	城市与区域生态国家重点实验室	中国科学院生态环境研究中心	海淀区双清路18号	100085	62941033	2006 2010
45	环境化学与生态毒理学国家重点实验室	中国科学院生态环境研究中心	海淀区双清路18号	100085	62849339	2004 2007

（续表）

序号	名称	依托单位	地址	邮编	电话	建设、验收年份
46	大气边界层物理和大气化学国家重点实验室	中国科学院大气物理研究所	朝阳区德胜门外祁家豁子	100029	62041394	1991 1995
47	大气科学和地球流体力学数值模拟国家重点实验室	中国科学院大气物理研究所	朝阳区德胜门外祁家豁子	100029	82995299	1990 1992
48	非线性力学国家重点实验室	中国科学院力学研究所	海淀区北四环西路15号	100190	62561834	1999 2001
49	高温气体动力学国家重点实验室	中国科学院力学研究所	海淀区北四环西路15号	100190	62548132	2011 2013
50	分子动态与稳态结构国家重点实验室	中国科学院化学研究所、北京大学	海淀区中关村北一街2号	100190	62558682	1987 1991
51	高分子物理与化学国家重点实验室（北京）	中国科学院化学研究所、中国科学院长春应用化学研究所	海淀区中关村北一街2号	100190	62659906	2000 2001
52	计算机科学国家重点实验室	中国科学院软件研究所	海淀区中关村南四街4号	100190	62661616	2005 2007
53	信息安全国家重点实验室	中国科学院信息工程研究所	海淀区闵庄路甲89号	100093	82546543	1989 1991
54	科学与工程计算国家重点实验室	中国科学院数学与系统科学研究院	海淀区中关村东路55号	100190	62545820	1990 1995
55	空间天气学国家重点实验室	中国科学院空间科学与应用研究中心	海淀区中关村南二条1号	100190	62582648	2006 2009
56	模式识别国家重点实验室	中国科学院自动化研究所	海淀区中关村东路95号	100190	62545671	1984 1987
57	复杂系统管理与控制国家重点实验室	中国科学院自动化研究所	海淀区中关村东路95号	100190	62621642	2011 2013
58	脑与认知科学国家重点实验室	中国科学院生物物理研究所	朝阳区大屯路15号	100101	64888778	2005 2007
59	生物大分子国家重点实验室	中国科学院生物物理研究所	朝阳区大屯路15号	100101	64888486	1989 1991
60	生化工程国家重点实验室	中国科学院过程工程研究所	海淀区中关村北二条1号	100190	62561813	1988 1995
61	多相复杂系统国家重点实验室	中国科学院过程工程研究所	海淀区中关村北二条1号	100190	62628836	2006 2009
62	生物膜与膜生物工程国家重点实验室	中国科学院动物研究所、清华大学、北京大学	朝阳区北辰西路1号院5号	100101	64807302	1988 1990
63	计划生育生殖生物学国家重点实验室	中国科学院动物研究所	朝阳区北辰西路1号院5号	100101	64807312	1991 1993
64	农业虫害鼠害综合治理研究国家重点实验室	中国科学院动物研究所	朝阳区北辰西路1号院5号	100101	64807068	1991 1995
65	声场声信息国家重点实验室	中国科学院声学研究所	海淀区北四环西路21号	100190	62565617	1987 1990
66	微生物资源前期开发国家重点实验室	中国科学院微生物研究所	朝阳区北辰西路1号院3号	100101	64807429	1989 1995
67	真菌学国家重点实验室	中国科学院微生物研究所	朝阳区北辰西路1号院3号C406室	100101	64807515	2011 2013
68	系统与进化植物学国家重点实验室	中国科学院植物研究所	海淀区香山南辛村20号	100093	62836101	2004 2007

（续表）

序号	名称	依托单位	地址	邮编	电话	建设、验收年份
69	植被与环境变化国家重点实验室	中国科学院植物研究所	海淀区香山南辛村20号	100093	62836263	2007 2009
70	计算机体系结构国家重点实验室	中国科学院计算技术研究所	海淀区中关村科学院南路6号	100190	62600600	2011 2013
71	核探测与核电子学国家重点实验室	中国科学院高能物理研究所、中国科学技术大学	石景山区玉泉路19号乙	100049	88236054	2011 2013
72	岩石圈演化国家重点实验室	中国科学院地质与地球物理研究所	朝阳区北土城西路19号	100029	82998240	2005 2007
73	遥感科学国家重点实验室	中国科学院遥感与数字地球研究所、北京师范大学	朝阳区大屯路甲20号北	100101	64848730	2003 2005
74	植物基因组学国家重点实验室	中国科学院遗传与发育生物学研究所、中国科学院微生物研究所	朝阳区北辰西路1号院2号	100101	64873428	2003 2006
75	植物细胞与染色体工程国家重点实验室	中国科学院遗传与发育生物学研究所	朝阳区北辰西路1号院2号	100101	64854467	1989 1995
76	分子发育生物学国家重点实验室	中国科学院遗传与发育生物学研究所	朝阳区北辰西路1号院2号	100101	62553286	2011 2013
77	资源与环境信息系统国家重点实验室	中国科学院地理科学与资源研究所	朝阳区大屯路甲11号	100101	64889633	1985 1987
78	理论物理国家重点实验室	中国科学院理论物理研究所	海淀区中关村东路55号	100190	62582398	2011 2013
79	地震动力学国家重点实验室	中国地震局地质研究所	朝阳区德外祁家豁子	100029	62009034	2003 2007
80	有色金属材料制备加工国家重点实验室	北京有色金属研究总院	西城区新街口外大街2号	100088	82241161	2005 2010
81	灾害天气国家重点实验室	中国气象科学研究院	海淀区中关村南大街46号	100081	58995603	2005 2007
82	先进钢铁流程及材料国家重点实验室	钢铁研究总院	海淀区学院南路76号	100081	62182907	2004 2010
83	植物病虫害生物学国家重点实验室	中国农业科学院植物保护研究所	海淀区圆明园西路2号	100193	62815922	1989 1992
84	动物营养学国家重点实验室	中国农业科学院畜牧兽医研究所、中国农业大学	海淀区圆明园西路2号	100193	62816249	2005 2009
85	林木遗传育种国家重点实验室	中国林业科学研究院、东北林业大学	海淀区颐和园后东小府1号	100091	62824007	2011 2014
86	流域水循环模拟与调控国家重点实验室	中国水利水电科学研究院	海淀区复兴路甲1号D座936室	100038	68781380	2011 2013
87	病原微生物生物安全国家重点实验室	中国人民解放军军事医学科学院	丰台区东大街20号	100071	66948668	2005 2010
88	蛋白质组学国家重点实验室	中国人民解放军军事医学科学院	昌平区生命园路33号	102206	80705889	2007 2009
89	传染病预防控制国家重点实验室	中国疾病预防控制中心	昌平区昌平流字5号	102206	61739580	2005 2011
90	肾脏疾病国家重点实验室	中国人民解放军总医院	海淀区复兴路28号	100853	68211187	2011 2014

（续表）

序号	名称	依托单位	地址	邮编	电话	建设、验收年份
91	航天医学基础与应用国家重点实验室	中国航天员科研训练中心	海淀区航天城	100094	68117398	2009 2012
92	心血管疾病国家重点实验室	中国医学科学院阜外心血管病医院	西城区北礼士路167号	100037	88398227	2011 2013
93	大陆构造与动力学国家重点实验室	中国地质科学院地质研究所	西城区百万庄大街26号	100037	88334886	2011 2014
94	先进成形技术与装备国家重点实验室*	机械科学研究总院	海淀区首体南路2号	100044	88301811	2008 2010
95	土壤植物机器系统技术国家重点实验室*	中国农业机械化科学研究院	朝阳区德胜门外北沙滩1号	100101	64882223	2008 2010
96	石油化工催化材料与反应工程国家重点实验室*	中国石油化工股份有限公司石油化工科学研究院	海淀区学院路18号	100083	62327551	2008 2012
97	无线移动通信国家重点实验室*	电信科学技术研究院	海淀区学院路40号	100083	62302299	2008 2010
98	高速铁路轨道技术国家重点实验室*	铁道科学研究院	海淀区大柳树路2号	100081	51849018	2008 2012
99	矿物加工科学与技术国家重点实验室*	北京矿冶研究总院	西城区西直门外文兴街2号	100044	88399236	2008 2013
100	电网安全与节能国家重点实验室*	中国电力科学研究院	海淀区清河小营东路15号	100192	82812114	2008 2010
101	提高石油采收率国家重点实验室*	中国石油天然气股份有限公司勘探开发研究院	海淀区学院路20号	100083	83598373	2008 2010
102	硅沙资源利用国家重点实验室*	北京仁创科技集团有限公司	海淀区上地三街9号嘉华大厦	100085	62987799	2008 2012
103	海洋石油高效开发国家重点实验室*	中国海油研究总院	东城区东直门外小街6号海油大厦	100027	84523630	2010
104	绿色建筑材料国家重点实验室*	中国建筑材料科学研究总院	朝阳区管庄东里1号	100024	51167417	2008 2012
105	特种纤维复合材料国家重点实验室*	中材科技股份有限公司	海淀区板井路69号	100097	88433966	2008 2011
106	建筑安全与环境国家重点实验室*	中国建筑科学研究院	朝阳区北三环东路30号	100013	64517000	2008 2011
107	混合流程工业自动化系统及装备技术国家重点实验室*	冶金自动化研究设计院	丰台区西四环南路72号	100071	63898782	2008 2011
108	数字多媒体芯片技术国家重点实验室*	中星微电子有限公司	海淀区学院路35号世宁大厦	100191	68948888	2010
109	数字出版技术国家重点实验室*	北大方正集团有限公司	海淀区成府路298号中关村方正大厦	100871	82532081	2010 2013
110	固废资源化利用与节能建材国家重点实验室*	北京建筑材料科学研究总院有限公司	石景山区金顶北路69号	100041	88751967	2010 2013
111	生物饲料工程国家重点实验室*	北京大北农科技集团股份有限公司	海淀区中关村大街27号中关村大厦14层	100080	62818175	2010 2013
112	煤炭资源高效开采与洁净利用国家重点实验室*	煤炭科学研究总院	朝阳区和平里青年沟5号	100013	84261651	2010 2013

注：* 为科技部批准的依托转制院所和企业建设的国家重点实验室

资料来源：国家重点实验室网站

中关村国家自主创新示范区国家认定企业技术中心一览表

序号	企业名称	技术中心名称
1	联想（北京）有限公司	联想（北京）有限公司技术中心
2	北大方正集团有限公司	北大方正集团有限公司技术中心
3	北京北开电气股份有限公司	北京北开电气股份有限公司技术中心
4	首钢总公司	首钢总公司技术中心
5	北京城建集团有限责任公司	北京城建集团有限责任公司技术中心
6	北京燕京啤酒股份有限公司	北京燕京啤酒股份有限公司技术中心
7	中国石油天然气集团公司	中国石油天然气集团公司技术中心
8	中国电子信息产业集团有限公司	中国电子信息产业集团有限公司技术中心
9	同方股份有限公司	同方股份有限公司技术中心
10	中国铝业公司	中国铝业公司技术中心
11	北京和利时系统工程有限公司	北京和利时系统工程有限公司技术中心
12	北汽福田汽车股份有限公司	北汽福田汽车股份有限公司技术中心
13	中国印钞造币总公司	中国印钞造币总公司技术中心
14	中国石油化工股份有限公司	中国石油化工股份有限公司技术中心
15	大唐电信科技股份有限公司	大唐电信科技股份有限公司技术中心
16	中国普天信息产业股份有限公司	中国普天信息产业股份有限公司技术中心
17	中国建筑材料集团有限公司	中国建筑材料集团有限公司技术中心
18	中牧实业股份有限公司	中牧实业股份有限公司技术中心
19	安泰科技股份有限公司	安泰科技股份有限公司技术中心
20	北京大北农科技集团股份有限公司	北京大北农科技集团股份有限公司技术中心
21	用友软件股份有限公司	用友软件股份有限公司技术中心
22	中国黄金集团公司	中国黄金集团公司技术中心
23	北京中科三环高技术股份有限公司	北京中科三环高技术股份有限公司技术中心
24	中国建筑工程总公司	中国建筑工程总公司技术中心
25	中国水利水电建设集团公司	中国水利水电建设集团公司技术中心
26	北京金隅集团有限责任公司	北京金隅集团有限责任公司技术中心
27	北京四方继保自动化股份有限公司	北京四方继保自动化股份有限公司技术中心
28	时代集团公司	时代集团公司技术中心
29	江河创建集团股份有限公司	江河创建集团股份有限公司技术中心

（续表）

序号	企业名称	技术中心名称
30	北京北一机床股份有限公司	北京北一机床股份有限公司技术中心
31	有研半导体材料股份有限公司	有研半导体材料股份有限公司技术中心
32	北京东方雨虹防水技术股份有限公司	北京东方雨虹防水技术股份有限公司技术中心
33	中国华电工程集团有限公司	中国华电工程集团有限公司技术中心
34	北京启明星辰信息技术股份有限公司	北京启明星辰信息技术股份有限公司技术中心
35	汉王科技股份有限公司	汉王科技股份有限公司技术中心
36	北京神州泰岳软件股份有限公司	北京神州泰岳软件股份有限公司技术中心
37	北京双鹭药业股份有限公司	北京双鹭药业股份有限公司技术中心
38	中铁十六局集团有限公司	中铁十六局集团有限公司技术中心
39	北京三元食品股份有限公司	北京三元食品股份有限公司技术中心
40	国家核电技术有限公司	国家核电技术有限公司技术中心
41	百度在线网络技术（北京）有限公司	百度在线网络技术（北京）有限公司技术中心
42	京东方科技集团股份有限公司	京东方科技集团股份有限公司技术中心
43	新奥特（北京）视频技术有限公司	新奥特（北京）视频技术有限公司技术中心
44	北京汽车股份有限公司	北京汽车股份有限公司技术中心
45	北京资源亚太饲料科技有限公司	北京资源亚太饲料科技有限公司技术中心
46	北京建工集团有限责任公司	北京建工集团有限责任公司技术中心
47	中国电子工程设计院	中国电子工程设计院技术中心
48	中国建筑科学研究院	中国建筑科学研究院技术中心
49	中铁第五勘察设计院集团有限公司	中铁第五勘察设计院集团有限公司技术中心
50	中煤北京煤矿机械有限责任公司	中煤北京煤矿机械有限责任公司技术中心
51	中铁十九局集团有限公司	中铁十九局集团有限公司技术中心
52	中国京冶工程技术有限公司	中国京冶工程技术有限公司技术中心
53	北京二七轨道交通装备有限责任公司	北京二七轨道交通装备有限责任公司技术中心
54	北京天地玛珂电液控制系统有限公司	北京天地玛珂电液控制系统有限公司技术中心
55	北京中科科仪股份有限公司	北京中科科仪股份有限公司技术中心
56	北京科诺伟业科技股份有限公司	北京科诺伟业科技股份有限公司技术中心
57	北京神州绿盟信息安全科技股份有限公司	北京神州绿盟信息安全科技股份有限公司技术中心
58	北京神雾环境能源科技集团股份有限公司	北京神雾环境能源科技集团股份有限公司技术中心
59	北京伟嘉人生物技术有限公司	北京伟嘉人生物技术有限公司技术中心

资料来源：中关村科技园区管理委员会

中关村国家自主创新示范区国家工程研究中心一览表

序号	名称	依托单位	主管部门
1	高效轧制国家工程研究中心	北京科技大学	教育部
2	小卫星及其应用国家工程研究中心	航天东方红卫星有限公司	中国航天科技集团公司
3	电子出版新技术国家工程研究中心	北京大学	教育部
4	无污染有色金属提取及节能技术国家工程研究中心	北京矿冶研究总院	北京矿冶研究总院
5	半导体材料国家工程研究中心	有研半导体材料股份有限公司	北京有色金属研究总院
6	木材工业国家工程研究中心	中国林业科学院木材工业研究所	国家林业局
7	生物芯片北京国家工程研究中心	北京博奥生物芯片有限责任公司	北京市发展和改革委员会
8	油气勘探计算机软件国家工程研究中心	中油油气勘探软件国家工程研究中心有限公司	中国石油天然气集团公司
9	光盘系统及应用技术国家工程研究中心	清华大学	教育部
10	稀土材料国家工程研究中心	有研稀土新材料股份有限公司	北京有色金属研究总院
11	软件工程国家工程研究中心	北京大学	教育部
12	炼油工艺与催化剂国家工程研究中心	中国石化石油化工科学研究院	中国石油化工集团公司
13	连铸技术国家工程研究中心	中达连铸技术国家工程研究中心有限责任公司	中国钢研科技集团有限公司
14	制造业自动化国家工程研究中心	北京机械工业自动化研究所	机械科学研究总院
15	精密成形国家工程研究中心	北京机电研究所	机械科学研究总院
16	大规模集成电路CAD国家工程研究中心	北京华大九天软件有限公司	中国电子信息产业集团公司
17	病毒生物技术国家工程研究中心	北京凯因生物技术有限公司	卫生和计划生育委员会
18	光电子器件国家工程研究中心	中国科学院半导体研究所	中国科学院
19	输配电及节电技术国家工程研究中心	中国电力科学研究院	国家电网公司
20	工程塑料国家工程研究中心	中国科学院理化技术研究所	中国科学院
21	卫星导航应用国家工程研究中心	航天长征火箭技术有限公司	中国航天科技集团公司
22	聚烯烃国家工程研究中心	中国石化北京化工研究院	中国石油化工集团公司
23	中药复方新药开发国家工程研究中心	北京中研同仁堂医药研发有限公司	国家中医药管理局
24	橡塑新型材料合成国家工程研究中心	中国石化北京化工研究院	中国石油化工集团公司
25	经济领域系统仿真技术应用国家工程研究中心	中国航天科工集团第二研究院	中国航天科工集团公司
26	先进钢铁材料技术国家工程研究中心	中国钢研科技集团有限公司	北京市发展和改革委员会
27	精密超精密加工国家工程研究中心	北京机床研究所	北京市发展和改革委员会
28	信息安全共性技术国家工程研究中心	中国科学院信息工程研究所	中国科学院
29	基础软件国家工程研究中心	中国科学院软件研究所	中国科学院
30	工业环境保护国家工程研究中心	中冶建筑研究总院有限公司	中国冶金科工集团有限公司

注：此表所列均为2014年2月9日发展改革委公布的《2014年国家工程研究中心评价结果》（2014年第2号）中通过评审的国家工程研究中心

资料来源：中关村科技园区管理委员会

中关村国家自主创新示范区国家工程技术研究中心一览表

序号	名称	依托单位	地址	邮编	电话	建设、验收时间
1	国家并行计算机工程技术研究中心	中国科学院计算技术研究所、江南计算技术研究所	海淀区科学院南路6号	100190	62570431	1992 1996
2	国家高性能计算机工程技术研究中心	中国科学院计算技术研究所、曙光天演信息发展有限公司	海淀区科学院南路6号	100190	62657255	1997 2000
3	国家企业信息化应用支撑软件工程技术研究中心	清华大学、华中科技大学	海淀区清华大学华业大厦3区4层	100084	62782208	1997 2000
4	国家数据通信工程技术研究中心	兴唐通信科技股份有限公司	海淀区学院路40号	100191	62301219	1992 1995
5	国家网络新媒体工程技术研究中心	中国科学院声学研究所、中国科学技术大学	海淀区北四环西路21号	100190	62540072	2007 2010
6	国家遥感应用工程技术研究中心	中国科学院遥感与数字地球研究所	朝阳区安外大屯路甲20号	100101	64889206	1997 2000
7	国家专用集成电路设计工程技术研究中心	中国科学院自动化研究所	海淀区中关村东路95号	100190	62554297	1992 1995
8	国家生化工程技术研究中心（北京）	中国科学院过程工程研究所	海淀区中关村北二条1号	100190	62550875	1996 2000
9	国家工业建筑诊断与改造工程技术研究中心	中冶建筑研究总院有限公司	海淀区西土城路33号	100088	82227377	1993 1996
10	国家住宅与居住环境工程技术研究中心	中国建筑设计研究院	西城区车公庄大街19号	100044	68302801	1993 1999
11	国家智能交通系统工程技术研究中心	交通运输部公路科学研究院	海淀区西土城路8号	100088	62079526	1999 2003
12	国家铁路智能运输工程技术研究中心	中国铁道科学研究院	海淀区大柳树路2号	100081	51849016	2000 2004
13	国家新能源工程技术研究中心	北京市太阳能研究所	朝阳区北苑路大羊坊10号	100012	84932673	1992 1995
14	国家板带生产先进装备工程技术研究中心	北京科技大学、燕山大学	海淀区学院路30号	100083	62332598	2009 2012
15	国家钢结构工程技术研究中心	中冶建筑研究总院有限公司	海淀区西土城路33号	100088	82227377	2007 2011
16	国家工业控制机及系统工程技术研究中心	中国航天科技集团公司五院502研究所	海淀区知春路61号康拓科技大厦	100190	62523971	1993 1996
17	国家固体激光工程技术研究中心	中国电子科技集团公司第十一研究所	朝阳区酒仙桥路4号	100015	84321411	1992 1995
18	国家计算机集成制造系统工程技术研究中心	清华大学	海淀区清华大学中央主楼6层	100084	62783197	1992 1995
19	国家金属矿产资源综合利用工程技术研究中心（北京分中心）	北京矿冶研究总院	西城区文兴街1号	100044	88333366	1994
20	国家磁性材料工程技术研究中心	北矿磁材科技股份有限公司	丰台区南四环路188号6区5号楼	100070	67537184	1992 1995
21	国家非晶微晶合金工程技术研究中心	钢铁研究总院	海淀区学院南路76号	100081	62183317	1996 1999
22	国家通用工程塑料工程技术研究中心	北京市化学工业研究院	海淀区中关村北大街123号华腾科技大厦5层	100084	62640827	1991 1995
23	国家有色金属复合材料工程技术研究中心	北京有色金属研究总院	西城区新街口外大街2号	100088	82241220	1992 1996
24	国家碳纤维工程技术研究中心	北京化工大学、中国石油天然气股份有限公司吉林分公司	朝阳区北三环东路15号	100029	64434771	1992 2008
25	国家昌平综合农业工程技术研究中心	中国农业科学院作物研究所	海淀区中关村南大街12号	100081	68975179	1991 1995

（续表）

序号	名称	依托单位	地址	邮编	电话	建设、验收时间
26	国家花卉工程技术研究中心	北京林业大学	海淀区清华东路35号	100083	62338279	2005 2008
27	国家蔬菜工程技术研究中心	北京市农林科学院蔬菜研究中心	海淀区西郊板井村	100097	51503032	1992 1995
28	国家节水灌溉（北京）工程技术研究中心	中国水利水电科学研究院、中国灌溉排水发展中心	海淀区车公庄西路20号	100048	68786542	1999 2002
29	国家农业信息化工程技术研究中心	北京市农林科学院	海淀区西郊板井村	100097	51503473	2001 2005
30	国家农业机械工程技术研究中心	中国农业机械化科学研究院	朝阳区德胜门外北沙滩1号	100083	64882238	1999 2002
31	国家饲料工程技术研究中心	中国农业大学、中国农业科学院饲料研究所	海淀区圆明园西路2号	100193	62133466	2000 2004
32	国家奶牛胚胎工程技术研究中心	北京首都农业集团有限公司	朝阳区德胜门外清河南镇	100085	62948010	2004 2008
33	国家作物分子设计工程技术研究中心	北京未名凯拓农业生物技术有限公司	海淀区上地西路39号北大生物城	100085	62986799	2008 2012
34	国家果蔬加工工程技术研究中心	中国农业大学	海淀区清华东路17号	100083	62737434	2010 2014
35	国家测绘工程技术研究中心	中国测绘科学研究院	海淀区莲花池西路28号	100830	63880820	2009 2013
36	国家科技信息资源综合利用与公共服务中心	中国科学技术信息研究所	海淀区复兴路15号	100038	58882425	2010 2014
37	国家农业智能装备工程技术研究中心	北京市农林科学院	海淀区西郊板井村	100097	51503686	2009 2013
38	国家蛋品工程技术研究中心	北京德青源农业科技股份有限公司	延庆县张山营镇德青源生态园院内	102115	59798166–222	2009 2013
39	国家建筑工程技术研究中心	中国建筑科学研究院	朝阳区北三环东路	100013	64517000	1993 1996
40	国家皮革及制品工程技术研究中心	中国皮革和制鞋工业研究院	朝阳区将台西路18号	100015	64362592	2009 2013
41	国家超精密机床工程技术研究中心	北京市机床研究所	朝阳区望京路4号	100012	64736742	2004 2008
42	国家火力发电工程技术研究中心	华北电力大学	昌平区朱辛庄北农路2号	102206	61772209	2009 2013
43	国家应急防控药物工程技术研究中心	军事医学科学研究院	海淀区太平路27号	100850		2010 2014
44	国家半导体泵浦激光工程技术研究中心	北京国科世纪激光技术有限公司、中国科学院光电研究院	昌平区白葛路9号院1号楼2层	102211	56760700	2011
45	国家有色金属新能源材料与制品工程技术研究中心	北京有色金属研究总院	西城区新街口外大街2号	100088	82241240	2012
46	国家阻燃材料工程技术研究中心	北京理工大学	海淀区中关村南大街5号	100081	68912927	2012
47	国家科技资源共享服务工程技术研究中心	北京航空航天大学	海淀区学院路37号	100191	82316681	2012
48	国家心脏病植介入诊疗器械及设备工程技术研究中心	乐普（北京）医疗器械股份有限公司	昌平区超前路37号	102200	80120651	2012
49	国家玻璃深加工工程技术研究开发中心	中国建筑材料科学研究总院	朝阳区管庄东里1号	100024	51167361	1999 2003
50	国家冶金自动化工程技术研究中心	冶金自动化研究设计院	丰台区西三环南路72号	100071	63898746	1992 1997
51	国家棉花加工工程技术研究中心	中棉工业有限责任公司	西城区宣武门外大街甲1号环球财讯中心B座6层	100052	59338968	2010
52	国家水煤浆工程技术研究中心	煤炭科学研究总院	朝阳区和平里青年沟东路5号	100013	84261742	1992 1996
53	国家母婴乳品健康工程技术研究中心	北京三元股份有限公司	大兴区瀛海瀛昌街8号	100076	56306519	2014

资料来源：中关村科技园区管理委员会

中关村国家自主创新示范区
“十百千工程”第三批重点培育企业一览表

所属领域	序号	名称
生物医药（5家）	1	北京韩美药品有限公司
	2	北京康仁堂药业有限公司
	3	北京世桥生物制药有限公司
	4	北京市华都峪口禽业有限责任公司
	5	北京康辰药业股份有限公司
新材料（6家）	1	北京东方雨虹防水技术股份有限公司
	2	北京嘉寓门窗幕墙股份有限公司
	3	北京京磁强磁材料有限公司
	4	江河创建集团股份有限公司
	5	奥瑞金包装股份有限公司
	6	北京富泰革基布股份有限公司
新能源（3家）	1	中科合成油技术有限公司
	2	中科恒源科技股份有限公司
	3	北京京仪绿能电力系统工程有限公司
先进制造（9家）	1	北京精雕科技集团有限公司
	2	中煤北京煤矿机械有限责任公司
	3	北京中卓时代消防装备科技有限公司
	4	绿友机械集团股份有限公司
	5	北京普析通用仪器有限责任公司
	6	北京东明兴业科技有限公司
	7	北京福斯汽车电线有限公司
	8	同方泰德国际科技（北京）有限公司
	9	森特士兴集团股份有限公司

注：表中企业是中关村国家自主创新示范区“十百千工程”第三批重点培育企业新入分园增补企业，包括门头沟园（1家）、房山园（1家）、顺义园（9家）、平谷园（2家）、怀柔园（5家）、密云园（3家）、延庆园（2家）

资料来源：中关村科技园区管理委员会

2014年中关村国家自主创新示范区收入超10亿元企业一览表

（续表）

序号	名称	园区	收入规模（亿元）
1	百度时代网络技术（北京）有限公司	海淀园	100以上
2	百度在线网络技术（北京）有限公司	海淀园	100以上
3	拜耳医药保健有限公司	亦庄园	100以上
4	北大方正集团有限公司	海淀园	100以上
5	北京北车物流发展有限责任公司	海淀园	100以上
6	北京奔驰汽车有限公司	亦庄园	100以上
7	北京华为数字技术有限公司	海淀园	100以上
8	北京京东方显示技术有限公司	亦庄园	100以上
9	北京京东世纪贸易有限公司	海淀园	100以上
10	北京京东世纪信息技术有限公司	亦庄园	100以上
11	北京科园信海医药经营有限公司	丰台园	100以上
12	北京普天太力通信科技有限公司	海淀园	100以上
13	北京汽车股份有限公司	顺义园	100以上
14	北京神华昌运高技术配煤有限公司	昌平园	100以上
15	北京神州数码有限公司	海淀园	100以上
16	北京市燃气集团有限责任公司	西城园	100以上
17	北汽福田汽车股份有限公司	昌平园	100以上
18	国网冀北电力有限公司	西城园	100以上
19	翰林汇信息产业股份有限公司	海淀园	100以上
20	华电煤业集团运销有限公司	石景山园	100以上
21	华润医药商业集团有限公司	东城园	100以上
22	京沪高速铁路股份有限公司	海淀园	100以上
23	联想（北京）有限公司	海淀园	100以上
24	梅赛德斯—奔驰（中国）汽车销售有限公司	朝阳园	100以上
25	诺基亚通信有限公司	亦庄园	100以上
26	神华国华（北京）电力研究院有限公司	朝阳园	100以上
27	神华物资集团有限公司	昌平园	100以上
28	神华销售集团华北能源贸易有限公司	昌平园	100以上
29	神州数码（中国）有限公司	海淀园	100以上
30	施耐德电气（中国）有限公司	朝阳园	100以上
31	朔黄铁路发展有限责任公司	海淀园	100以上
32	五矿有色金属股份有限公司	海淀园	100以上
33	西门子（中国）有限公司	朝阳园	100以上
34	小米科技有限责任公司	海淀园	100以上
35	小米通讯技术有限公司	海淀园	100以上
36	中电建路桥集团有限公司	海淀园	100以上
37	中国长安汽车集团股份有限公司	海淀园	100以上
38	中国港湾工程有限责任公司	东城园	100以上
39	中国光大银行股份有限公司信用卡中心	石景山园	100以上
40	中国核电工程有限公司	海淀园	100以上
41	中国华能集团燃料有限公司	昌平园	100以上
42	中国机械设备工程股份有限公司	西城园	100以上
43	中国建筑一局（集团）有限公司	丰台园	100以上
44	中国矿产有限责任公司	海淀园	100以上
45	中国普天信息产业股份有限公司	海淀园	100以上
46	中国石油集团长城钻探工程有限公司	朝阳园	100以上
47	中国首钢国际贸易工程公司	海淀园	100以上
48	中国水电建设集团国际工程有限公司	海淀园	100以上
49	中国铁建电气化局集团有限公司	石景山园	100以上
50	中国移动通信集团北京有限公司	东城园	100以上
51	中国移动通信集团终端有限公司	昌平园	100以上
52	中国印钞造币总公司	西城园	100以上
53	中国中铁股份有限公司	丰台园	100以上
54	中国寰球工程公司	朝阳园	100以上
55	中海石油气电集团有限责任公司	朝阳园	100以上
56	中建二局第三建筑工程有限公司	丰台园	100以上
57	中建一局集团建设发展有限公司	朝阳园	100以上
58	中石油管道联合有限公司	昌平园	100以上
59	中铁电气化局集团有限公司	丰台园	100以上
60	中铁二十二局集团有限公司	石景山园	100以上
61	中铁建设集团有限公司	石景山园	100以上
62	中铁六局集团有限公司	海淀园	100以上
63	中铁十九局集团有限公司	亦庄园	100以上

（续表）

序号	名称	园区	收入规模（亿元）
64	中外运—敦豪国际航空快件有限公司	亦庄园	100 以上
65	中新联进出口公司	丰台园	100 以上
66	ABB（中国）有限公司	朝阳园	50 ~ 100
67	爱立信（中国）通信有限公司	朝阳园	50 ~ 100
68	北大资源集团有限公司	海淀园	50 ~ 100
69	北京百度网讯科技有限公司	海淀园	50 ~ 100
70	北京百纳威尔科技有限公司	通州园	50 ~ 100
71	北京城建道桥建设集团有限公司	朝阳园	50 ~ 100
72	北京电通广告有限公司	东城园	50 ~ 100
73	北京国电龙源环保工程有限公司	海淀园	50 ~ 100
74	北京乐语世纪科技集团有限公司	海淀园	50 ~ 100
75	北京六建集团有限责任公司	海淀园	50 ~ 100
76	北京神州数码供应链服务有限公司	海淀园	50 ~ 100
77	北京天宇未来信息技术有限公司	海淀园	50 ~ 100
78	北京旭阳宏业化工有限公司	丰台园	50 ~ 100
79	北京纵横机电技术开发公司	海淀园	50 ~ 100
80	北新建材集团有限公司	海淀园	50 ~ 100
81	鼎桥通信技术有限公司	朝阳园	50 ~ 100
82	国电联合动力技术有限公司	海淀园	50 ~ 100
83	国电燃料有限公司	昌平园	50 ~ 100
84	恒天创业投资有限公司	海淀园	50 ~ 100
85	华电重工股份有限公司	丰台园	50 ~ 100
86	江河创建集团股份有限公司	顺义园	50 ~ 100
87	诺基亚通信系统技术（北京）有限公司	东城园	50 ~ 100
88	诺基亚（中国）投资有限公司	亦庄园	50 ~ 100
89	普天国际贸易有限公司	海淀园	50 ~ 100
90	三星电子（北京）技术服务有限公司	朝阳园	50 ~ 100
91	三一重工股份有限公司	昌平园	50 ~ 100
92	腾讯科技（北京）有限公司	海淀园	50 ~ 100
93	同方股份有限公司	海淀园	50 ~ 100
94	万宝矿产有限公司	丰台园	50 ~ 100
95	威讯联合半导体（北京）有限公司	亦庄园	50 ~ 100
96	微软（中国）有限公司	海淀园	50 ~ 100
97	五矿铝业有限公司	海淀园	50 ~ 100
98	新联冶（北京）国际贸易有限公司	石景山园	50 ~ 100
99	中博世金科贸有限责任公司	丰台园	50 ~ 100
100	中工国际工程股份有限公司	海淀园	50 ~ 100

（续表）

序号	名称	园区	收入规模（亿元）
101	中国电子进出口总公司	海淀园	50 ~ 100
102	中国航空规划建设发展有限公司	西城园	50 ~ 100
103	中国华电工程（集团）有限公司	丰台园	50 ~ 100
104	中国惠普有限公司	朝阳园	50 ~ 100
105	中国技术进出口总公司	海淀园	50 ~ 100
106	中国石油集团工程设计有限责任公司	海淀园	50 ~ 100
107	中国铁路通信信号股份有限公司	丰台园	50 ~ 100
108	中国铁路物资股份有限公司	丰台园	50 ~ 100
109	中国中铁航空港建设集团有限公司	海淀园	50 ~ 100
110	中建二局第一建筑工程有限公司	丰台园	50 ~ 100
111	中建交通建设集团有限公司	东城园	50 ~ 100
112	中建一局集团第三建筑有限公司	东城园	50 ~ 100
113	中交第四公路工程局有限公司	东城园	50 ~ 100
114	中交隧道工程局有限公司	东城园	50 ~ 100
115	中交一公局桥隧工程有限公司	丰台园	50 ~ 100
116	中铁电气化局集团第一工程有限公司	丰台园	50 ~ 100
117	中铁十六局集团有限公司	朝阳园	50 ~ 100
118	中铁物产控股发展有限公司	海淀园	50 ~ 100
119	中冶京诚工程技术有限公司	亦庄园	50 ~ 100
120	紫光数码有限公司	海淀园	50 ~ 100
121	SMC（中国）有限公司	亦庄园	20 ~ 50
122	安泰科技股份有限公司	海淀园	20 ~ 50
123	安迅（北京）金融设备系统有限公司	亦庄园	20 ~ 50
124	奥瑞金包装股份有限公司	怀柔园	20 ~ 50
125	北方国际合作股份有限公司	丰台园	20 ~ 50
126	北京 ABB 电气传动系统有限公司	朝阳园	20 ~ 50
127	北京 ABB 高压开关设备有限公司	亦庄园	20 ~ 50
128	北京爱奇艺科技有限公司	海淀园	20 ~ 50
129	北京巴布科克威尔科克斯有限公司	石景山园	20 ~ 50
130	北京北方车辆集团有限公司	丰台园	20 ~ 50
131	北京北汽大世汽车系统有限公司	顺义园	20 ~ 50
132	北京畅游时代数码技术有限公司	石景山园	20 ~ 50
133	北京畅游天下网络技术有限公司	石景山园	20 ~ 50
134	北京城建设计发展集团股份有限公司	西城园	20 ~ 50
135	北京城市排水集团有限责任公司	西城园	20 ~ 50
136	北京城乡建设集团有限责任公司	丰台园	20 ~ 50
137	北京当当网信息技术有限公司	东城园	20 ~ 50

（续表）

序号	名称	园区	收入规模（亿元）
138	北京德尔福万源发动机管理系统有限公司	亦庄园	20 ~ 50
139	北京迪信通商贸股份有限公司	海淀园	20 ~ 50
140	北京电力设备总厂有限公司	房山园	20 ~ 50
141	北京电子工程总体研究所	海淀园	20 ~ 50
142	北京东方雨虹防水技术股份有限公司	顺义园	20 ~ 50
143	北京东方园林生态股份有限公司	朝阳园	20 ~ 50
144	北京发那科机电有限公司	海淀园	20 ~ 50
145	北京方正世纪信息系统有限公司	海淀园	20 ~ 50
146	北京飞机维修工程有限公司	顺义园	20 ~ 50
147	北京福田康明斯发动机有限公司	昌平园	20 ~ 50
148	北京港源建筑装饰工程有限公司	昌平园	20 ~ 50
149	北京歌华有线电视网络股份有限公司	海淀园	20 ~ 50
150	北京国电华北电力工程有限公司	海淀园	20 ~ 50
151	北京国美在线电子商务有限公司	海淀园	20 ~ 50
152	北京航天发射技术研究所	丰台园	20 ~ 50
153	北京航天新风机械设备有限责任公司	海淀园	20 ~ 50
154	北京航天自动控制研究所	海淀园	20 ~ 50
155	北京弘高建筑装饰设计工程有限公司	昌平园	20 ~ 50
156	北京华胜天成科技股份有限公司	海淀园	20 ~ 50
157	北京华兴凯达石油化工有限公司	朝阳园	20 ~ 50
158	北京惠买在线网络科技有限公司	[illegible]	20 ~ 50
159	北京机械设备研究所	海淀园	20 ~ 50
160	北京金风科创风电设备有限公司	亦庄园	20 ~ 50
161	北京京东方光电科技有限公司	亦庄园	20 ~ 50
162	北京精雕科技集团有限公司	门头沟园	20 ~ 50
163	北京康拓科技有限公司	海淀园	20 ~ 50
164	北京丽贝亚建筑装饰工程有限公司	石景山园	20 ~ 50
165	北京诺华制药有限公司	昌平园	20 ~ 50
166	北京奇虎科技有限公司	西城园	20 ~ 50
167	北京全路通信信号研究设计院有限公司	丰台园	20 ~ 50
168	北京日进汽车系统有限公司	平谷园	20 ~ 50
169	北京三元食品股份有限公司	海淀园	20 ~ 50
170	北京神州汽车租赁有限公司	丰台园	20 ~ 50
171	北京世界星辉科技有限责任公司	石景山园	20 ~ 50
172	北京四方继保工程技术有限公司	海淀园	20 ~ 50

（续表）

序号	名称	园区	收入规模（亿元）
173	北京四方继保自动化股份有限公司	海淀园	20 ~ 50
174	北京泰德制药股份有限公司	亦庄园	20 ~ 50
175	北京天诚同创电气有限公司	亦庄园	20 ~ 50
176	北京天海工业有限公司	朝阳园	20 ~ 50
177	北京同仁堂股份有限公司	亦庄园	20 ~ 50
178	北京同仁堂科技发展股份有限公司	亦庄园	20 ~ 50
179	北京无线电测量研究所	海淀园	20 ~ 50
180	北京燕京啤酒股份有限公司	顺义园	20 ~ 50
181	北京遥感设备研究所	海淀园	20 ~ 50
182	北京印钞有限公司	西城园	20 ~ 50
183	北京颖泰嘉和生物科技有限公司	海淀园	20 ~ 50
184	北京宇航系统工程研究所	丰台园	20 ~ 50
185	北京中青旅创格科技有限公司	海淀园	20 ~ 50
186	北京中油瑞飞信息技术有限责任公司	东城园	20 ~ 50
187	北京众信国际旅行社股份有限公司	朝阳园	20 ~ 50
188	北京岱摩斯变速器有限公司	通州园	20 ~ 50
189	北京昊华能源股份有限公司	门头沟园	20 ~ 50
190	长城宽带网络服务有限公司	海淀园	20 ~ 50
191	大唐科技产业集团有限公司	海淀园	20 ~ 50
192	大唐能源化工营销有限公司	昌平园	20 ~ 50
193	大唐移动通信设备有限公司	海淀园	20 ~ 50
194	东华软件股份公司	海淀园	20 ~ 50
195	远华建设集团有限公司	[illegible]	20 ~ 50
196	冠捷显示科技（中国）有限公司	亦庄园	20 ~ 50
197	国电国际经贸有限公司	昌平园	20 ~ 50
198	国药控股北京天星普信生物医药有限公司	丰台园	20 ~ 50
199	航天东方红卫星有限公司	海淀园	20 ~ 50
200	航天信息股份有限公司	海淀园	20 ~ 50
201	航卫通用电气医疗系统有限公司	亦庄园	20 ~ 50
202	合一信息技术（北京）有限公司	海淀园	20 ~ 50
203	华锐风电科技（集团）股份有限公司	海淀园	20 ~ 50
204	华扬联众数字技术股份有限公司	东城园	20 ~ 50
205	甲骨文（中国）软件系统有限公司	海淀园	20 ~ 50
206	今麦郎饮品股份有限公司	密云园	20 ~ 50
207	经纬纺织机械股份有限公司	亦庄园	20 ~ 50
208	蓝星石油有限公司	海淀园	20 ~ 50

（续表）

序号	名称	园区	收入规模（亿元）
209	浪潮（北京）电子信息产业有限公司	海淀园	20 ~ 50
210	乐视网信息技术（北京）股份有限公司	海淀园	20 ~ 50
211	李宁（中国）体育用品有限公司	通州园	20 ~ 50
212	利乐包装（北京）有限公司	亦庄园	20 ~ 50
213	联通系统集成有限公司	亦庄园	20 ~ 50
214	瑞萨半导体（北京）有限公司	海淀园	20 ~ 50
215	赛尔网络有限公司	海淀园	20 ~ 50
216	赛诺菲（北京）制药有限公司	亦庄园	20 ~ 50
217	神华国能燃料有限公司	昌平园	20 ~ 50
218	神州数码系统集成服务有限公司	海淀园	20 ~ 50
219	施耐德（北京）中低压电器有限公司	亦庄园	20 ~ 50
220	石化盈科信息技术有限责任公司	海淀园	20 ~ 50
221	首都航天机械公司	丰台园	20 ~ 50
222	思爱普（北京）软件系统有限公司	海淀园	20 ~ 50
223	索尼移动通信产品（中国）有限公司	朝阳园	20 ~ 50
224	太极计算机股份有限公司	海淀园	20 ~ 50
225	天地科技股份有限公司	朝阳园	20 ~ 50
226	通标标准技术服务有限公司	海淀园	20 ~ 50
227	通号工程局集团有限公司	丰台园	20 ~ 50
228	同方威视技术股份有限公司	海淀园	20 ~ 50
229	万都（北京）汽车底盘系统有限公司	密云园	20 ~ 50
230	威斯特（北京）机械设备有限公司	亦庄园	20 ~ 50
231	西门子工厂自动化工程有限公司	朝阳园	20 ~ 50
232	新时代健康产业（集团）有限公司	昌平园	20 ~ 50
233	新一代专网通信技术有限公司	石景山园	20 ~ 50
234	艺龙网信息技术（北京）有限公司	朝阳园	20 ~ 50
235	亿赞普（北京）科技有限公司	海淀园	20 ~ 50
236	用友网络科技股份有限公司	海淀园	20 ~ 50
237	中材科技风电叶片股份有限公司	延庆园	20 ~ 50
238	中成进出口股份有限公司	丰台园	20 ~ 50
239	中电科技国际贸易有限公司	海淀园	20 ~ 50
240	中国长城工业集团有限公司	海淀园	20 ~ 50
241	中国电力工程顾问集团华北电力设计院工程有限公司	西城园	20 ~ 50
242	中国电力科学研究院	海淀园	20 ~ 50

（续表）

序号	名称	园区	收入规模（亿元）
243	中国电信集团系统集成有限责任公司	海淀园	20 ~ 50
244	中国葛洲坝集团国际工程有限公司	朝阳园	20 ~ 50
245	中国公路工程咨询集团有限公司	海淀园	20 ~ 50
246	中国国际电视总公司	海淀园	20 ~ 50
247	中国航空技术北京有限公司	亦庄园	20 ~ 50
248	中国核工业中原建设有限公司	西城园	20 ~ 50
249	中国华电集团物资有限公司	昌平园	20 ~ 50
250	中国化纤总公司	海淀园	20 ~ 50
251	中国建筑土木建设有限公司	丰台园	20 ~ 50
252	中国联合航空有限公司	丰台园	20 ~ 50
253	中国路桥工程有限责任公司	东城园	20 ~ 50
254	中国民航信息网络股份有限公司	海淀园	20 ~ 50
255	中国石化润滑油有限公司北京分公司	海淀园	20 ~ 50
256	中国石油化工股份有限公司润滑油分公司	海淀园	20 ~ 50
257	中国石油集团海洋工程有限公司	亦庄园	20 ~ 50
258	中国铁道科学研究院	海淀园	20 ~ 50
259	中国医药健康产业股份有限公司	海淀园	20 ~ 50
260	中国移动通信集团设计院有限公司	海淀园	20 ~ 50
261	中国仪器进出口（集团）公司	西城园	20 ~ 50
262	中国中元国际工程有限公司	海淀园	20 ~ 50
263	中国中原对外工程有限公司	海淀园	20 ~ 50
264	中海油能源发展股份有限公司	东城园	20 ~ 50
265	中航天建设工程有限公司	丰台园	20 ~ 50
266	中建材信息技术有限公司	海淀园	20 ~ 50
267	中交一公局海威工程建设有限公司	丰台园	20 ~ 50
268	中科软科技股份有限公司	海淀园	20 ~ 50
269	中农立华生物科技股份有限公司	海淀园	20 ~ 50
270	中铁工程设计咨询集团有限公司	丰台园	20 ~ 50
271	中铁快运股份有限公司	丰台园	20 ~ 50
272	中铁十六局集团北京轨道交通工程建设有限公司	通州园	20 ~ 50
273	中铁特货运输有限责任公司	丰台园	20 ~ 50
274	中铁现代物流科技股份有限公司	海淀园	20 ~ 50
275	中芯国际集成电路制造（北京）有限公司	亦庄园	20 ~ 50
276	中冶交通工程技术有限公司	亦庄园	20 ~ 50
277	中油测井技术服务有限责任公司	昌平园	20 ~ 50
278	SMC（北京）制造有限公司	顺义园	10 ~ 20

（续表）

序号	名称	园区	收入规模（亿元）
279	阿帕奇（北京）光纤激光技术有限公司	亦庄园	10～20
280	安川首钢机器人有限公司	亦庄园	10～20
281	安东石油技术（集团）有限公司	朝阳园	10～20
282	安捷伦科技（中国）有限公司	朝阳园	10～20
283	宝健（中国）有限公司	亦庄园	10～20
284	北方爆破工程有限责任公司	海淀园	10～20
285	北京爱慕内衣有限公司	朝阳园	10～20
286	北京北汽李尔汽车系统有限公司	亦庄园	10～20
287	北京北汽模塑科技有限公司	大兴园	10～20
288	北京碧水源科技股份有限公司	海淀园	10～20
289	北京博奇电力科技有限公司	丰台园	10～20
290	北京大北农科技集团股份有限公司	海淀园	10～20
291	北京大唐高鸿数据网络技术有限公司	海淀园	10～20
292	北京地铁车辆装备有限公司	丰台园	10～20
293	北京电力工程公司	丰台园	10～20
294	北京电子城有限责任公司	朝阳园	10～20
295	北京二七轨道交通装备有限责任公司	丰台园	10～20
296	北京方正信息技术有限公司	海淀园	10～20
297	北京费森尤斯卡比医药有限公司	朝阳园	10～20
298	北京福斯汽车电线有限公司	怀柔园	10～20
299	北京富通东方科技有限公司	海淀园	10～20
300	北京国安电气有限责任公司	海淀园	10～20
301	北京国电清新环保技术股份有限公司	海淀园	10～20
302	北京国网富达科技发展有限责任公司	丰台园	10～20
303	北京海纳川汽车底盘系统有限公司	顺义园	10～20
304	北京韩建河山管业股份有限公司	房山园	10～20
305	北京韩美药品有限公司	顺义园	10～20
306	北京航天长征飞行器研究所	丰台园	10～20
307	北京航天石化技术装备工程公司	海淀园	10～20
308	北京航星机器制造公司	东城园	10～20
309	北京和利时系统工程有限公司	海淀园	10～20
310	北京恒远恒信科技发展有限公司	海淀园	10～20
311	北京华福工程有限公司	昌平园	10～20
312	北京华夏建龙矿业科技有限公司	丰台园	10～20
313	北京嘉寓门窗幕墙股份有限公司	顺义园	10～20
314	北京江森汽车部件有限公司	顺义园	10～20

（续表）

序号	名称	园区	收入规模（亿元）
315	北京江森自控有限公司	海淀园	10～20
316	北京金隅混凝土有限公司	海淀园	10～20
317	北京晶川电子技术发展有限责任公司	丰台园	10～20
318	北京京东叁佰陆拾度电子商务有限公司	亦庄园	10～20
319	北京精钢建造科技发展有限责任公司	海淀园	10～20
320	北京精密机电控制设备研究所	丰台园	10～20
321	北京康仁堂药业有限公司	顺义园	10～20
322	北京科东电力控制系统有限责任公司	海淀园	10～20
323	北京科高大北农饲料有限责任公司	怀柔园	10～20
324	北京科锐配电自动化股份有限公司	海淀园	10～20
325	北京蓝汛通信技术有限责任公司	海淀园	10～20
326	北京利尔高温材料股份有限公司	昌平园	10～20
327	北京绿地京华置业有限公司	朝阳园	10～20
328	北京摩比斯中车汽车零部件有限公司	昌平园	10～20
329	北京齐尔布莱特科技有限公司	海淀园	10～20
330	北京汽车动力总成有限公司	通州园	10～20
331	北京趣拿软件科技有限公司	海淀园	10～20
332	北京全国棉花交易市场电子商务有限责任公司	朝阳园	10～20
333	北京荣之联科技股份有限公司	海淀园	10～20
334	北京三聚环保新材料股份有限公司	海淀园	10～20
335	北京桑德环境工程有限公司	海淀园	10～20
336	北京上药爱心伟业医药有限公司	海淀园	10～20
337	北京石油化工工程有限公司	朝阳园	10～20
338	北京实创科技园开发建设股份有限公司	海淀园	10～20
339	北京世纪互联宽带数据中心有限公司	朝阳园	10～20
340	北京市阀门总厂（集团）有限公司	大兴园	10～20
341	北京市三一重机有限公司	昌平园	10～20
342	北京市上品商业发展有限责任公司	东城园	10～20
343	北京市政路桥建材集团有限公司	丰台园	10～20
344	北京首钢国际工程技术有限公司	石景山园	10～20
345	北京首航艾启威节能技术股份有限公司	大兴园	10～20
346	北京双鹤药业经营有限责任公司	海淀园	10～20

（续表）

序号	名称	园区	收入规模（亿元）
347	北京双鹭药业股份有限公司	海淀园	10 ～ 20
348	北京搜狗科技发展有限公司	海淀园	10 ～ 20
349	北京搜狐新媒体信息技术有限公司	海淀园	10 ～ 20
350	北京探路者户外用品股份有限公司	昌平园	10 ～ 20
351	北京天源科创风电技术有限责任公司	海淀园	10 ～ 20
352	北京铁路信号有限公司	大兴园	10 ～ 20
353	北京通用电气华伦医疗设备有限公司	亦庄园	10 ～ 20
354	北京同仁堂健康药业股份有限公司	亦庄园	10 ～ 20
355	北京万源工业有限公司	亦庄园	10 ～ 20
356	北京网聘咨询有限公司	朝阳园	10 ～ 20
357	北京卫星制造厂	海淀园	10 ～ 20
358	北京握奇数据系统有限公司	朝阳园	10 ～ 20
359	北京沃利帕森工程技术有限公司	朝阳园	10 ～ 20
360	北京先进数通信息技术股份公司	海淀园	10 ～ 20
361	北京新航建材集团有限公司	通州园	10 ～ 20
362	北京新浪互联信息服务有限公司	海淀园	10 ～ 20
363	北京新立机械有限责任公司	海淀园	10 ～ 20
364	北京信威通信技术股份有限公司	海淀园	10 ～ 20
365	北京星航机电设备厂	丰台园	10 ～ 20
366	北京研华兴业电子科技有限公司	海淀园	10 ～ 20
367	北京燕华工程建设有限公司	房山园	10 ～ 20
368	北京燕化天钲建筑工程有限责任公司	房山园	10 ～ 20
369	北京燕山集联石油化工有限公司	房山园	10 ～ 20
370	北京伊普国际水务有限公司	亦庄园	10 ～ 20
371	北京以岭药业有限公司	大兴园	10 ～ 20
372	北京易华录信息技术股份有限公司	石景山园	10 ～ 20
373	北京宇信易诚科技有限公司	海淀园	10 ～ 20
374	北京云星宇交通科技股份有限公司	丰台园	10 ～ 20
375	北京振冲工程股份有限公司	昌平园	10 ～ 20
376	北京智讯天成技术有限公司	海淀园	10 ～ 20
377	北京中彩在线科技有限责任公司	亦庄园	10 ～ 20
378	北京中电华大电子设计有限责任公司	朝阳园	10 ～ 20
379	北京中电普华信息技术有限公司	海淀园	10 ～ 20
380	北京中科三环高技术股份有限公司	海淀园	10 ～ 20
381	北京中铁房山桥梁有限公司	房山园	10 ～ 20
382	北京中铁工业有限公司	石景山园	10 ～ 20

（续表）

序号	名称	园区	收入规模（亿元）
383	北京中邮普泰移动通信设备有限责任公司	丰台园	10 ～ 20
384	北重阿尔斯通（北京）电气装备有限公司	石景山园	10 ～ 20
385	贝壳网际（北京）安全技术有限公司	石景山园	10 ～ 20
386	博洛尼家居用品（北京）股份有限公司	大兴园	10 ～ 20
387	博世力士乐（北京）液压有限公司	亦庄园	10 ～ 20
388	博天环境集团股份有限公司	海淀园	10 ～ 20
389	博雅软件股份有限公司	海淀园	10 ～ 20
390	超威半导体产品（中国）有限公司	海淀园	10 ～ 20
391	大地工程开发（集团）有限公司	朝阳园	10 ～ 20
392	大唐高鸿信息技术有限公司	海淀园	10 ～ 20
393	大唐软件技术股份有限公司	海淀园	10 ～ 20
394	电众数码（北京）广告有限公司	东城园	10 ～ 20
395	方正产业控股有限公司	海淀园	10 ～ 20
396	方正国际软件（北京）有限公司	海淀园	10 ～ 20
397	飞天诚信科技股份有限公司	海淀园	10 ～ 20
398	富泰京精密电子（北京）有限公司	亦庄园	10 ～ 20
399	广联达软件股份有限公司	海淀园	10 ～ 20
400	国电龙源电力技术工程有限责任公司	海淀园	10 ～ 20
401	航天长征化学工程股份有限公司	亦庄园	10 ～ 20
402	航天长征火箭技术有限公司	亦庄园	10 ～ 20
403	华润国康（北京）医药有限公司	丰台园	10 ～ 20
404	华润双鹤药业股份有限公司	朝阳园	10 ～ 20
405	金诚信矿业管理股份有限公司	密云园	10 ～ 20
406	金鹰国际货运代理有限公司	亦庄园	10 ～ 20
407	京东方科技集团股份有限公司	朝阳园	10 ～ 20
408	京津城际铁路有限责任公司	丰台园	10 ～ 20
409	酒仙网电子商务股份有限公司	亦庄园	10 ～ 20
410	康宁显示科技（中国）有限公司	亦庄园	10 ～ 20
411	联动优势科技有限公司	西城园	10 ～ 20
412	罗森伯格亚太电子有限公司	顺义园	10 ～ 20
413	南车二七车辆有限公司	丰台园	10 ～ 20
414	农信银资金清算中心有限责任公司	丰台园	10 ～ 20
415	诺基亚西门子通信网络科技服务有限公司	东城园	10 ～ 20
416	诺兰特移动通信配件（北京）有限公司	亦庄园	10 ～ 20
417	诺维信（中国）投资有限公司	海淀园	10 ～ 20

（续表）

序号	名称	园区	收入规模（亿元）
418	颇尔过滤器（北京）有限公司	亦庄园	10 ～ 20
419	普天信息技术研究院有限公司	海淀园	10 ～ 20
420	浦项建设（中国）有限公司	朝阳园	10 ～ 20
421	奇智软件（北京）有限公司	朝阳园	10 ～ 20
422	软通动力信息技术（集团）有限公司	海淀园	10 ～ 20
423	瑞斯康达科技发展股份有限公司	海淀园	10 ～ 20
424	赛门铁克软件（北京）有限公司	海淀园	10 ～ 20
425	三星数据系统（中国）有限公司	朝阳园	10 ～ 20
426	三洋能源（北京）有限公司	亦庄园	10 ～ 20
427	三一重型能源装备有限公司	昌平园	10 ～ 20
428	森特士兴集团股份有限公司	延庆园	10 ～ 20
429	舒泰神（北京）生物制药股份有限公司	亦庄园	10 ～ 20
430	曙光信息产业（北京）有限公司	海淀园	10 ～ 20
431	思科系统（中国）网络技术有限公司	海淀园	10 ～ 20
432	天安人寿保险股份有限公司	石景山园	10 ～ 20
433	天翼电子商务有限公司	昌平园	10 ～ 20
434	同方环境股份有限公司	海淀园	10 ～ 20
435	外语教学与研究出版社有限责任公司	海淀园	10 ～ 20
436	微梦创科网络科技（中国）有限公司	海淀园	10 ～ 20
437	文思海辉技术有限公司	海淀园	10 ～ 20
438	五矿物流集团有限公司	海淀园	10 ～ 20
439	西得乐机械（北京）有限公司	亦庄园	10 ～ 20
440	新湖财富投资管理有限公司	石景山园	10 ～ 20
441	新华旅行网络服务有限公司	怀柔园	10 ～ 20
442	新兴重工集团有限公司	丰台园	10 ～ 20
443	兴唐通信科技有限公司	海淀园	10 ～ 20
444	熊猫（北京）国际信息技术有限公司	海淀园	10 ～ 20
445	亚信科技（中国）有限公司	海淀园	10 ～ 20
446	延锋伟世通（北京）汽车饰件系统有限公司	顺义园	10 ～ 20
447	揖斐电电子（北京）有限公司	亦庄园	10 ～ 20
448	易宝支付有限公司	石景山园	10 ～ 20
449	易尚明天科技有限公司	丰台园	10 ～ 20
450	有研亿金新材料有限公司	昌平园	10 ～ 20
451	悦康药业集团有限公司	亦庄园	10 ～ 20
452	中广有线信息网络有限公司	海淀园	10 ～ 20
453	中国北方车辆有限公司	西城园	10 ～ 20
454	中国船级社	东城园	10 ～ 20
455	中国大恒（集团）有限公司	海淀园	10 ～ 20
456	中国大唐集团科技工程有限公司	海淀园	10 ～ 20
457	中国电建集团北京勘测设计研究院有限公司	朝阳园	10 ～ 20
458	中国恩菲工程技术有限公司	海淀园	10 ～ 20
459	中国航空工业集团公司北京航空制造工程研究所	朝阳园	10 ～ 20
460	中国建筑设计研究院	西城园	10 ～ 20
461	中国京冶工程技术有限公司	海淀园	10 ～ 20
462	中国轻工建设工程有限公司	西城园	10 ～ 20
463	中国软件与技术服务股份有限公司	海淀园	10 ～ 20
464	中国万宝工程公司	西城园	10 ～ 20
465	中国卫通集团有限公司	海淀园	10 ～ 20
466	中国物资储运总公司	丰台园	10 ～ 20
467	中国中金科技股份有限公司	丰台园	10 ～ 20
468	中航网信（北京）科技有限公司	海淀园	10 ～ 20
469	中机国际招标公司	丰台园	10 ～ 20
470	中建电子工程有限公司	海淀园	10 ～ 20
471	中交公路规划设计院有限公司	东城园	10 ～ 20
472	中交路桥华北工程有限公司	亦庄园	10 ～ 20
473	中交水运规划设计院有限公司	东城园	10 ～ 20
474	中节能六合天融环保科技有限公司	昌平园	10 ～ 20
475	中煤北京煤矿机械有限责任公司	房山园	10 ～ 20
476	中煤地质工程总公司	石景山园	10 ～ 20
477	中煤科工集团北京华宇工程有限公司	海淀园	10 ～ 20
478	中牧实业股份有限公司	丰台园	10 ～ 20
479	中青旅控股股份有限公司	东城园	10 ～ 20
480	中铁城建集团北京工程有限公司	朝阳园	10 ～ 20
481	中铁六局集团电务工程有限公司	海淀园	10 ～ 20
482	中铁物总轨道装备贸易有限公司	昌平园	10 ～ 20
483	中铁信弘兴（北京）信息工程有限责任公司	海淀园	10 ～ 20
484	葆婴有限公司	亦庄园	10 ～ 20
485	瀚德（中国）汽车密封系统有限公司	丰台园	10 ～ 20

资料来源：中关村科技园区管理委员会

中关村国家自主创新示范区企业
获 2014 年度中国驰名商标一览表

序号	名称	商标	商品或服务
1	北京稻香村食品有限责任公司	稻香村	饺子、粽子、元宵
2	华润赛科药业有限责任公司	赛科	人用药品
3	物美控股集团有限公司	物美及图	推销
4	北京利仁科技有限责任公司	LIREN 及图	家用电饼铛
5	恺王科技（北京）有限公司	恺王 KAI WANG	服装
6	北京华图宏阳教育文化发展股份有限公司	华图	教育培训
7	中国杂技团有限公司	图形	组织表演
8	合一网络技术（北京）有限公司	优酷 YOUKU 世界都在看	在线电子出版物、娱乐
9	北京趣拿信息技术有限公司	去哪儿？ QUNAR.COM 及图	计算机站

资料来源：北京市工商行政管理局

中关村国家自主创新示范区企业
获 2014 年度北京市著名商标一览表

序号	名称	商标	商标注册号	类别	商品或服务
1	中国蓝星（集团）股份有限公司	蓝星	384949	1	工业用洗涤剂、防冻液
2	北京三聚环保新材料股份有限公司	三聚	1805010	1	催化剂
3	北京奥凯立科技发展股份有限公司	奥凯立	3279742	1	钻探泥浆用的化学添加剂
4	中航百慕新材料技术工程股份有限公司	百慕	1022163	2	涂料
5	北京碧海舟腐蚀防护工业股份有限公司	碧海舟	1790235	2	涂层（油漆）、油漆稀释剂
6	北京北大维信生物科技有限公司	北大维信	1002799	5	人用药
7	北京北陆药业股份有限公司	BELLONA	1380375	5	各种针剂
8	华润双鹤药业股份有限公司	0 号	1492586	5	片剂
9	华润紫竹药业有限公司	图形	1775608	5	医药制剂、医用药物
10	京卫医药科技集团有限公司	图形	3041855	5	人用药、气雾剂
11	华润赛科药业有限责任公司	压氏达	3045068	5	人用药
12	北京泰德制药股份有限公司	凯时	3124833	5	西药针剂、化学医药制剂

（续表）

序号	名称	商标	商标注册号	类别	商品或服务
13	甘李药业股份有限公司	长秀霖	3733232	5	人用药
14	北京绿叶世纪日化用品有限公司	绿叶	7725642	5	杀虫剂
15	北京金威焊材有限公司	金威	708265	6	焊接用金属材料（不包括塑料焊丝）
16	北新集团建材股份有限公司	龙牌	5443945	6	金属建筑材料、轻钢龙骨
17	北京京鹏环球科技股份有限公司	图形	6151494	6	可移动的金属温室
18	北京有色金属研究总院	有研亿金	7346532	6	普通金属合金
19	北京承天倍达过滤技术有限责任公司	图形	1053392	7	过滤机滤筒、过滤筛机、过滤机、航空燃油过滤器
20	北京云峰利民畜牧设备有限公司	雲峰	1550986	7	孵化器
21	北京东华原医疗设备有限责任公司	图形	1911310	7	包装机
22	北京华德液压工业集团有限责任公司	D	3261629	7	液压元件（不包括车辆液压系统）
23	北京诚益通控制工程科技股份有限公司	诚益通	7810326	7	制药加工工业机器
24	北京突破电气有限公司	突破	1054065	9	电器插头、插座
25	同方股份有限公司	清华同方	1161441	9	计算机
26	飞天诚信科技股份有限公司	ROCKEY	1473873	9	软件加密锁（电子）
27	北京利达永信电子有限公司	图形	1477938	9	智能型中文火灾报警控制器
28	北京旋极信息技术股份有限公司	旋极科技	1698230	9	数据处理设备
29	北京东南开关厂	CHDNAN	1767725	9	高低压开关板、配电控制台（电）、配电箱（电）
30	京东方科技集团股份有限公司	BOE	1802410	9	显示器
31	北京南北天地科技股份有限公司	南北软件	3161953	9	计算机软件（已录制）
32	北京市重型电缆厂	燕山	3889068	9	电线、电缆
33	北京福斯汽车电线有限公司	福斯	1139005	9	电缆、电线
34	北京煜邦电力技术有限公司	煜邦	4255213	9	计算机软件（已录制）、计量仪表、电测量仪器、电度表
35	北京金山数字娱乐科技有限公司	金山	4336643	9	计算机软件（已录制）
36	北京华电瑞通电力工程技术有限公司	RTP	5472098	9	变压器、电站自动化装置
37	北京易华录信息技术股份有限公司	易华录	5491898	9	计算机软件（已录制）
38	北京雪迪龙科技股份有限公司	雪迪龙	6702127	9	空气分析仪器
39	北京暴风科技股份有限公司	暴风影音	7193724	9	计算机软件（已录制）
40	北京世纪东方国铁科技股份有限公司	ER	8306770	9	列车预警系统配套使用的列尾控制盒（控制装置）、列尾主机测试台（列车成套设备）
41	北京中亚九龙科技发展有限公司	图形	902199	10	医疗器械
42	乐普（北京）医疗器械股份有限公司	图形	1527371	10	医疗器械和仪器、医用导管、扩张血管的支架
43	北京迪玛克医药科技有限公司	Demax	4940308	10	医用器械和仪器

（续表）

序号	名称	商标	商标注册号	类别	商品或服务
44	北京宏华电器有限公司	宏华	255024	11	全自动开水器
45	北京爱生科技发展有限公司	爱生	1634191	11	水净化装置
46	海瑞弗机房设备（北京）有限公司	海瑞弗	4496247	11	冷冻设备和机器
47	北京康之维科技有限公司	节水娃	6057287	11	水冲洗设备
48	北京首航艾启威节能技术股份有限公司	首航	6748040	11	空气冷却装置
49	北京汽车集团有限公司	北京	115152	12	轻型越野车、旅行车、小轿车
50	北京福田戴姆勒汽车有限公司	欧曼	1793914	12	卡车、汽车、厢式货车
51	中国南车股份有限公司	CSR	3258566	12	铁路机车车辆、地铁车辆、高速列车
52	北汽福田汽车股份有限公司	FOTON	3627869	12	汽车、卡车、发动机（车用）
53	北汽福田汽车股份有限公司	福田	4011316	12	汽车、卡车、陆地车辆发动机
54	北汽福田汽车股份有限公司	萨普	4226490	12	汽车、卡车、农用运输车
55	北汽福田汽车股份有限公司	AUV	4327025	12	汽车、大客车
56	北京握拉菲首饰有限公司	图形	1492500	14	奖章、贵重金属艺术品
57	北京华东乐器有限公司	华蕴	4173305	15	小提琴、低音提琴（乐器）
58	北京奥星恒迅包装科技有限公司	恒迅	3157760	17	密封环、接头用密封物
59	北新建材集团有限公司	欧松	3105872	19	地板
60	北京鹰冠精工家具有限责任公司	鹰冠	1156080	20	家具
61	博洛尼家居用品（北京）股份有限公司	博洛尼	1929670	20	餐具柜、碗碟橱
62	博洛尼家居用品（北京）股份有限公司	科宝	3336427	20	餐具柜、家具、碗碟柜
63	北京冠华东方玻璃科技有限公司	晶美	1613047	21	水晶（玻璃制品）、钢化玻璃
64	北京白领服饰公司	WHITE COLLAR	1373401	25	服装
65	北京德士风服装领带有限公司	德士风	1605173	25	领带
66	北京奥康达体育用品有限公司	OKSTAR	4177228	28	锻炼身体器械
67	北京红山食品有限公司	图形	652079	29	腌制蔬菜
68	北京旗舰食品集团有限公司	旗舰	1734880	30	谷类制品、面粉、米、面粉制品
69	北京稻香村食品有限责任公司	三禾	3005282	30	糕点、元宵、饺子
70	北京灵之秀茶文化有限公司	灵之秀	3299723	30	茶、茶叶代用品
71	中牧实业股份有限公司	华罗	898558	31	动物饲料
72	北京挑战农业科技有限公司	CHALLENGE	1143558	31	非医用饲料添加剂
73	北京奥瑞金国丰生物技术有限公司	奥瑞金	1282210	31	种子
74	北京金色农华种业科技股份有限公司	金色农华	1614729	31	植物种子
75	北京大北农科技集团股份有限公司	DBN	1654610	31	饲料、非医用饲料添加剂
76	北京顺鑫农业股份有限公司	顺鑫农业	3245948	31	新鲜蔬菜、新鲜水果
77	北京顺鑫农业股份有限公司	小店	3592202	31	活动物、种家禽

（续表）

序号	名称	商标	商标注册号	类别	商品或服务
78	北京燕京啤酒集团公司	燕京	1179100	32	矿泉水（饮料）
79	北京信远斋饮料有限公司	信远斋	3203814	32	酸梅汤
80	北京龙徽酿酒有限公司	龙徽	340470	33	酒
81	北京超市发连锁股份有限公司	超市发	1499432	35	推销（替他人）
82	北京国联视讯广告有限公司	IBI	1749226	35	广告宣传、广告策划
83	北京易车信息科技有限公司	BITAUT	4421577	35	广告宣传、广告
84	北京首都创业集团有限公司	首创	1342467	36	资本投资
85	北京产权交易所有限公司	图形	6750043	36	金融服务
86	北京产权交易所有限公司	北交所	6750051	36	金融服务
87	中国技术交易所有限公司	图形	7717514	36	金融服务、经纪
88	北京元洲装饰有限责任公司	元洲装饰	1744796	37	室内装潢
89	中国寰球工程公司	寰球工程	3597533	37	建筑施工监督
90	北京搜狐互联网信息服务有限公司	搜狐	1445852	38	信息传送
91	中国山水旅行社	山水	1209988	39	旅行社
92	北京新华国际旅游有限公司	BXIT	1442619	39	旅行社（不包括预订酒店）
93	北京宏福建工集团有限公司	温都水城	3674966	41	公共游乐场、提供娱乐场所
94	学成世纪（北京）信息技术有限公司	学大教育	5997038	41	教育、培训
95	北京友谊宾馆	北京友谊宾馆	875943	42	住所（饭店，供膳寄宿处）
96	北京鸿毛餐饮有限公司	鸿毛	1491915	42	餐厅
97	北京万慧达知识产权代理有限公司	万慧达知识产权	1587758	42	知识产权咨询、法律服务
98	北京市爱侬家政服务有限责任公司	爱侬	1677031	42	陪伴（护送）、计时服务、管家
99	北京港源建筑装饰工程有限公司	港源	1774815	42	工程、室内装饰设计、室外装饰设计
100	北京久其软件股份有限公司	JOIN－CHEER	3995143	42	计算机软件设计
101	北京市天元网络技术股份有限公司	天元	4907258	42	计算机软件设计
102	北京海鑫科金高科技股份有限公司	海鑫科金	6288809	42	计算机软件设计
103	北京九恒星科技股份有限公司	九恒星	7158044	42	计算机软件设计
104	北京光环新网科技股份有限公司	光环新网	8547805	42	托管计算机站（网站）
105	北京西部马华餐饮有限公司	西部马华	3482571	43	餐厅
106	金源福城（北京）餐饮管理有限公司	金源福城	4003220	43	餐厅、餐馆
107	康莱德国际环保植被（北京）有限公司	康莱德草毯	7766602	44	绿化（采用人工环保草毯）
108	中国技术交易所有限公司	中技所	9623755	45	知识产权咨询

资料来源：北京市工商行政管理局

2014 年度中关村十大系列

中关村十大年度人物

序号	姓名	单位及职务	所属园区	入选理由
1	 雷　军	金山软件股份有限公司董事长、北京小米科技有限责任公司 CEO	海淀园	带领小米科技公司打造“硬件＋软件＋互联网服务”生态圈，成为电子制造业拥抱互联网思维进行商业模式创新的成功典范，推出以手机、电视机、平板、智能手环、空气净化器等为代表的系列小米产品。2014 年，带领小米科技公司完成新一轮融资，市场估值达 450 亿美元。其本人首次以 280 亿元财富进入“胡润全球富豪榜”，居大中华区第五十七名，全球排名第三百三十九位。
2	 王晓东	北京生命科学研究所所长	昌平园	41 岁入选美国科学院院士，是新中国培养出来的第一位获此殊荣的科学家，50 岁入选中国科学院外籍院士，2009 年入选中央“千人计划”。其带领团队研发的线粒体蛋白质细胞 Smac 可以打破肿瘤的“坚硬堡垒”，诱使肿瘤细胞“自杀”，对研究治疗癌症方法有重要帮助。
3	 苏　菂	北京创业之路咖啡有限公司创始人	海淀园	立足为民营微小企业创业服务，受到中央电视台、BBC、华盛顿邮报、经济学人等国内外 300 余家媒体的关注，为优化草根创业环境做出贡献。其创办的北京创业之路咖啡有限公司（车库咖啡）获 2012 年度中关村十大新锐品牌第一名，2013 年纳入国家科技企业孵化器体系。
4	 刘强东	北京京东世纪贸易有限公司董事局主席兼 CEO	海淀园	带领京东世纪公司连续 6 年获 200% 的增长，成为中国电子商务领域的领军人物。2014 年，京东世纪公司在纳斯达克证券市场挂牌上市，京东商城成为居国内第二位的在线商城。
5	 沈南鹏	红杉资本中国基金创始及执行合伙人	海淀园	先后投资 150 余个项目，吸引 122 亿元资金，跻身最成功亚洲投资人之列。2014 年，红杉资本投资的互联网品牌“聚美优品”在美国上市，“唯品会”股价高涨，其本人也再次被《福布斯》杂志评为 2014 福布斯全球最佳创投人，并连续 3 年蝉联华人最高排名。

（续表）

序号	姓名	单位及职务	所属园区	入选理由
6	 李彦宏	百度在线网络技术（北京）有限公司创始人、董事长兼 CEO	海淀园	将百度在线公司发展成为全球第二大独立搜索引擎和最大的中文搜索引擎。2014 年，带领百度完成全资整合糯米网；发布百度钱包、补齐移动支付短板；完成 14 个亿级 APP 的流量矩阵体系，同时展开针对软硬件结合、实现产业生态链闭环的收购；百度股价增长近 70%；其本人在 2014 福布斯中国富豪排行榜中以 147 亿美元身价名列第二。
7	 周鸿祎	北京奇虎科技有限公司董事长兼 CEO	朝阳园	互联网“免费安全”模式的首创者和践行者。2014 年，奇虎 360 发布安卓 360 智键；360 手机卫士重返苹果应用商店，并居工具类免费榜第一位；推出安全卫士“XP 盾甲”和保护儿童安全的智能手表——360 儿童卫士 2；公司市值首次超过 100 亿美元；其本人获 2014 中国 IT 风云人物提名奖
8	 王中林	中国科学院北京纳米能源与系统研究所首席科学家	海淀园	物理学博士，美国物理学会会员，纳米科技领域领军人物，数十年来在一维氧化物纳米结构制备、表征及其在能源技术、电子技术、光电子技术以及生物技术等应用方面做出重大贡献，获世界科技联席组织授予的 2014 年度材料领域“世界技术奖”。
9	 刘淮松	太极计算机股份有限公司总裁	海淀园	主导完成了太极公司股份制改造，实现公司由系统集成商向“国内领先的 IT 服务提供商”的战略转型。2014 年，太极公司承担海关总署“金关工程二期”“APEC 注册服务平台”“北京市政务云项目”等国家重大信息化工程项目，获 30 余项荣誉；参与研发的“超强化旋浮铜冶炼和无氧化还原精炼工艺研发及产业化应用”获 2013 年度国家科学技术进步奖二等奖。
10	 李 军	利亚德光电股份有限公司董事长兼总经理	海淀园	具有 20 余年 LED 应用领域从业和管理经验，将利亚德公司发展为 LED 显示行业的领军企业。公司在大型项目方面占有 20% 以上的市场份额，其市场年增长率超过 30%，超过行业平均增长速度。2014 年，本人被推选为科技北京百名领军人才。

中关村十大海归新星

序号	姓 名	单位及职务	所属园区	入选理由	备注
1	 孙文全	北京瑞健高科生物科技有限公司总经理、首席科学家	昌平园	有20余年生物医学产品开发经验，发表国际论文140余篇、申请20项技术的国际专利，其领导开发和生产的动物源性再生组织修复材料被大规模使用。2014年，带领建立第三代组织处理技术——EDM酶辅脱胞修饰技术，申请4件国家发明专利并获2件实用新型专利授权。	2014年千人计划 2013年海聚工程
2	 赵庆洪	北京阿迈特医疗器械有限公司首席科学家	海淀园	致力于新一代生物可吸收血管支架的研发，在美国取得高分子生物材料博士学位。2013—2014年，公司自主开发3D血管支架制造技术制备可吸收聚合物血管支架，打破国外公司在激光切割技术制备可吸收聚合物支架方面的技术垄断。2014年，入选第十批北京市“海聚人才”，且被市委组织部授予北京市特聘专家。	2014年海聚工程
3	 张建忠	北京德中天地科技有限责任公司总经理	海淀园	从事航测遥感工作20余年，曾将自主研发的八旋翼无人机应用到城市低空航测数据获取领域，参与“遥感图像处理方法在油气资源勘探中的应用”“油气资源遥感直接勘探技术研究”等国家项目的研发，并分别获航空航天工业部科技进步二等奖、中国科学院科技进步二等奖。2014年，德中天地蜘蛛雀八旋翼无人机搭载UHD185高光谱摄像仪试验成功。	2013年海聚工程
4	 占 海	易云捷讯科技（北京）有限公司CEO	海淀园	曾在IBM中国研究院担任资深研究员，2011年创立易云捷讯公司。在其带领下，公司核心产品“Eayun云计算平台”入选中央政府采购目录，“软件定义的数据中心运营管理系统V2.0”入选2014年度国家重点新产品。与用友公司合作，联合推出HCM云服务业务，开创国内企业云服务的新模式。	2014年海聚工程
5	 薛 群	北海康成（北京）医药科技有限公司董事长	朝阳园	曾任美国健赞公司高管及健赞中国区第一任总经理。2012年创立北海康成公司，致力于创新药的研发和上市，与多家欧美创新型生物制药公司、研究机构在抗癌药物领域开展技术合作。2014年，带领公司完成1000万美元A轮融资。	2014年海聚工程

（续表）

序号	姓 名	单位及职务	所属园区	入选理由	备注
6	 夏建中	北京碧水源膜科技有限公司反渗透研发室主任	怀柔园	创新性地通过复合单体界面聚合技术，实现对DF膜功能层三维拓扑结构的精确调控和分离精度可控。产品可应用于给水深度处理，在无增压泵的条件下即可高效去除自来水中可能存在的重金属离子、溶解性有机物、胶体、细菌和病毒等，保证饮水安全，已申请相关发明专利近20件。	
7	 陆 凡	触景无限科技（北京）有限公司CEO	海淀园	拥有20年在技术及投资领域横跨芬兰、瑞士、美国及中国的国际从业经历。2014年，带领触景无限公司研发了全球第一款浸入式智慧旅游产品。公司拥有多项AR专利技术，为中文领域增强现实技术的领军企业。	2012年千人计划 2011年海聚工程
8	 刘 松	芯锋宽泰科技（北京）有限公司总经理	海淀园	ADC技术专家及产品研发领军人物，推出第一款中国自主研发的高速高性能ADC产品VAT10022013，其领导的双通道高速ADC原型芯片（VAT1001D）一次开发成功。公司发布的第一代无线通信用高速ADC产品VAT1002，结束了中国在高性能模数转换器集成电路产业的空白历史。	
9	 戴云峰	北京国能中天环保科技有限公司董事长兼首席工程师	朝阳园	带领国能中天公司完成"冶炼焦化煤调湿技术"在河北钢铁集团唐钢焦化厂的成果转化，国内首座100万吨焦化级最新型煤调湿技术装置正式投入运行。2014年，与唐山、邯郸、武汉等地钢铁企业达成合作意向，完成煤调湿项目总额达6亿～8亿元，实现利润2亿元左右。	2013年海聚工程
10	 赵 勇	北京格灵深瞳信息技术有限公司首席技术官	朝阳园	曾在谷歌总部研究院任资深研究员，2013年创立格灵深瞳公司。2014年，公司首款产品"深瞳无人监控安防系统"工程样机开发完成，并得到3家国有银行的青睐，在多省市进行全面售前测试。该套系统可解决传统安防行业的发展瓶颈，具有市场潜力和开拓能力。其本人被世纪乐知（CSDN）评选为"最具价值CTO"。	

中关村十大卓越品牌

序号	品牌名称	品牌图形	企业名称	入选理由	所属园区
1	小米		北京小米科技有限责任公司	小米公司专注于高端智能手机、互联网电视的自主研发，首创用互联网模式开发手机操作系统的模式。2014 年，相继发布红米手机 1S、红米 Note、小米平板、小米盒子、小米 mini 路由器、小米 4 和小米手环等产品，售出手机 6112 万台，增长 227%，含税收入 743 亿元。在产业链布局方面，投资 20 多家初创的智能硬件公司和一批生态链企业；在内容方面，引入新浪网前主编陈彤，投资北京爱奇艺科技有限公司等企业；在国际化方面，产品已进入境外 6 个国家和地区，在印度市场售出手机 100 万余台。公司成立 4 年来，其估值从 2.5 亿美元提升至 400 多亿美元，翻了 160 多倍。	海淀园
2	百度		百度在线网络技术（北京）有限公司	始终致力于为用户提供“简单，可依赖”的互联网搜索产品及服务，包括以网络搜索为主的功能性搜索，以贴吧为主的社区搜索，针对各区域、行业所需的垂直搜索，MP3 搜索及门户频道、IM 等，全面覆盖世界所有中文网络的搜索需求。2014 年，从发布大数据引擎，到与联合国共建大数据联合实验室，到收购巴西最大团购网站 eixe Urbano 的控股权，到与硅谷互联网公司 Uber 达成深度战略合作，百度公司不断创新，在新形势下转型移动互联网。	海淀园
3	京东		北京京东世纪贸易有限公司	作为中国最大的自营式电商企业，通过内容丰富、人性化的网站和移动客户端，以富有竞争力的价格，提供具有丰富品类及卓越品质的商品和服务，以快速可靠的方式送达消费者，并提供灵活多样的支付方式，还拥有中国电商行业最大的仓储设施。2014 年 5 月 22 日，公司登陆美国纳斯达克，成为在纽约上市的中国互联网公司中最大的一次 IPO。	海淀园
4	奇虎360		北京奇虎科技有限公司	中国领先的互联网和手机安全产品及服务供应商。作为互联网“免费安全”的首创者，公司成立以来，秉承“用户利益至上”的原则，以颠覆式创新模式，通过产品技术创新、用户体验创新和商业模式创新，构建“360 模式”。2014 年 2 月 28 日，针对 Windows XP 系统“停服”，公司推出安全卫士“XP 盾甲”，承诺向 XP 用户提供免费安全服务，直到 XP 退出市场。12 月 16 日，公司投资 4 亿美元与酷派集团组建合资公司，正式进入智能手机领域。	西城园
5	联想		联想集团有限公司	被誉为全球 PC 行业的领军者，经过近 30 年的努力，登上 PC 行业的巅峰。保持在中国市场的优势，并进军全球新兴市场，在智能手机、智能电视、平板电脑等新领域不断创新。通过并购、自主发展的方式，在发达国家和新兴国家都建立起大本营。2014 年，联想通过完成收购 IBM x86 服务器业务和摩托罗拉移动智能手机业务，不断巩固其多元化全球科技领导者地位，加快推进企业级业务和云计算战略，同时也成为全球第三大智能手机厂商。	海淀园

（续表）

序号	品牌名称	品牌图形	企业名称	入选理由	所属园区
6	紫光集团	紫光集团 TSINGHUA UNIGROUP	紫光集团有限公司	在“跨越式创新发展”战略引导下，以重金投资研发、全球延揽人才和并购重组为手段，发展以集成电路芯片设计、集成电路产业园区、通信微电子学院和集成电路产业基金为主要内容的集成电路产业链，培育并拥有领先世界同行业的自主核心技术和核心产业能力。2014 年，紫光集团以 9.07 亿美元收购锐迪科微电子公司，加强在集成电路产业领域的整合与协同；英特尔公司投资 90 亿元入股其旗下芯片业务。	海淀园
7	58 同城	58同城 58.com	北京五八信息技术有限公司	秉承“人人信赖的生活服务平台”的愿景和“用户第一”的核心价值观，坚持追求技术的创新以及服务品类的拓广、拓深，依托于人们飞速发展的日常生活需求，持续为用户提供“本地、免费、真实、高效”的生活服务。2014 年，与腾讯控股公司达成战略投资合作关系，双方将在移动互联领域及其他重点产品线进行深度合作，共同提升产品功能及用户体验。	海淀园
8	中文在线	中文在线 www.ChineseAll.com 中文 数字出版 领导者	北京中文在线数字出版股份有限公司	以版权机构、作者为正版数字内容来源，进行内容的聚合和管理，向手机、手持终端、互联网等媒体提供数字阅读产品；为数字出版和发行机构提供数字出版运营服务；通过版权衍生产品等方式提供数字内容增值服务。作为国内数字出版业的领先企业，其在国内率先提出全媒体出版的概念，实现“一种内容、多种媒体、同步出版”。2014 年，作为首都文化科技类的优秀骨干企业，中文在线公司获“首都文化企业 30 佳”。	东城园
9	千方科技	千方科技 CHINA TRANSINFO	北京千方科技股份有限公司	经过 10 余年的积淀，在智能交通、智慧城市领域形成完整的产业链并拥有成熟的运营管理和服务经验，业务内容从传统的电子不停车收费、综合交通运行指挥中心系统建设等领域拓展到公交电子站牌及电子车牌等新领域，公路交通领域业务布局也日渐完善。2014 年，成功登陆国内资本市场，是以“诉讼率最低、股价波动幅度最小、退市效率最高、退市时间最短”的市场形象从美国纳斯达克资本市场退市后又迅速在国内上市的企业；凭借资本市场优势，通过自主研发、收购、并购等方式，拓宽产品线，成为业务涵盖公路、铁路、民航等领域的综合型交通运输信息化企业。	海淀园
10	蓝色光标	BlueFocus 蓝色光标传播集团	蓝色光标传播集团	主营业务为整合营销（包括数字营销、公共关系、广告创意策划、媒体代理、活动管理和国际传播等业务）、电子商务、移动互联和大数据。持续服务于千余个国内外领先客户，其中财富 500 强企业近百个。2014 年，收购香港最大独立广告公司 METTA、全球顶级设计公司 Fuseproject；并投资北美传播巨头 Vision 7、国内营销数据技术公司 Admaste（精硕科技）、大数据公司晶赞科技、程序化营销企业 iClick（爱点击）；同时成立蓝标电商，构建智能营销新模式。通过不断并购整合，从一个单纯的公关公司发展成综合性传媒集团。	朝阳园

中关村十大新锐品牌

序号	品牌名称	品牌图形	企业名称	入选理由	所属园区
1	滴滴打车		北京小桔科技有限公司	是一种基于智能手机的应用软件平台，拥有面向出租车司机和乘客两个终端，能够较准确定位出租车和乘客位置，为出租车司机和乘客提供打车供需服务。产品不仅帮助乘客随时随地、方便快捷地叫到出租车，帮助司机低成本、更方便接受预订，提升城市预约叫车比例，而且通过降低司机空驶率，改善了市民叫车体验，缓解城市交通运营，符合节能减排、智慧城市、绿色出行等现代城市体系建设。2014 年，从开启微信支付打车费“补贴”营销活动，到滴滴专车上线进军商务用车领域，再到启动亿元专车品牌推广——“今天坐好一点”，1 小时参与用户达 3000 万人次，视频点击过千万次。	海淀园
2	今日头条	头条 今日头条	北京字节跳动科技有限公司	是一款基于数据挖掘的推荐引擎产品，为用户推荐有价值的、个性化的信息，提供连接人与信息的新型服务。其提出“你所关心的才是头条”理念，是对传统“头条”的颠覆，摒弃人工编辑因素，剥离他人趣味，拥有只属于自己的真正“头条”，且这一切完全由技术实现。2014 年，公司获得由红杉资本领投，新浪微博跟投的 1 亿美元 C 轮融资，积累了约 1.8 亿户的安装用户，日活跃用户接近 2000 万户。	海淀园
3	天使汇	ac 天使汇	北京天使汇金融信息服务有限公司	是国内起步早、规模大、融资快的天使投资平台；是助力天使投资人迅速发现优质初创项目、助力初创企业迅速找到天使投资的投融资平台；倡导利用股权众筹激活存量资产，优化社会资本配置，解决中小企业融资难问题。至 2014 年底，平台通过审核的项目近 3 万个，近 300 个项目完成超过 10 亿元的融资；平台注册的创业者超过 8 万人，登记创业项目近 3 万个，认证投资人 2000 多人，全国各地合作孵化器超过 200 家。	海淀园
4	拉勾网	拉勾 专注互联网职业机会 www.lagou.com	北京拉勾网络技术有限公司	致力于帮助互联网人士做出更好的职业选择，让求职者每一次职业选择变得更加明智。在拉勾网，每一次投递都会收到企业的明确回应，求职者平均每 8 次投递就会收到一次优质面试机会。2014 年，拉勾网已有 2 万余家互联网公司入驻，既有成熟稳重的大企业，也有高速成长的行业新秀，覆盖领域包括移动互联网、电子商务、游戏、O2O、大数据、云计算、社交网络、互联网金融、在线教育、在线旅游等 25 个互联网细分市场。	海淀园
5	云适配	云适配 allmobilize	美通云动（北京）科技有限公司	是网站跨屏、跨平台适配技术，颠覆了传统手工移动网站建设模式，只需在原桌面网站中加入一行代码，就可使传统桌面网站自动适应各种移动设备，降低移动化建设的门槛和成本，解放了人力物力。适配后的移动网站具有网址不变、内容同步更新、SEO 优化提高、访问加速优化等优势。其已兼容 5000 多种移动设备浏览，适配页面数量近 30 亿，云端日均页面浏览量近 1 亿人次，适配服务客户网站近 10 万个，形成一个移动互联网云服务平台。获“2014 中国移动互联网行业创意体验奖”“2014 年度移动政务应用服务领先奖”等荣誉。	海淀园

（续表）

序号	品牌名称	品牌图形	企业名称	入选理由	所属园区
6	WPS		北京金山办公软件有限公司	主营办公软件相关业务，创造了一系列数十款WPS Office知名产品。金山WPS Office已在技术上实现了与微软Office以及Linux平台的全面兼容。至2014年，WPS Office已在全世界10多亿台电脑设备上运行。WPS桌面版累计用户高达3亿户，在中国政府软件正版化采购中占据70%的市场份额，超越微软Office，排名第一；在个人用户市场以40%的优势领先其他国产办公软件。WPS移动办公用户达3亿户，在50多个国家的Google Play Office类别中排名第一。	海淀园
7	易到用车		北京东方车云信息技术有限公司	是汽车共享互联网预约车服务平台，是智能交通和汽车分享理念的引领者。其聚集来自国内各行业顶尖的专业人才团队，创新出中国互联网架构下“共享加盟＋服务平台”的全新商业模式，鼎力服务于中国市场的企业和个人客户。2014年1月，公司发布全新的O2O战略，服务范围覆盖北京、上海、广州、深圳、济南等国内80多个城市，并在海外的24个城市开展业务。	丰台园
8	量化健康		北京量化健康科技有限公司	采用最前沿的基因组测序分析方法，对微生物种类、数量甚至多种疾病风险进行全方位、数字化的量化。通过快速的微生物检测技术，准确而全面地揭示人体健康状况和疾病风险，帮助医疗机构在足够短的时间内判断出病原，尽快找到更有针对性的治疗方案，同时将疾病诊断前移，在人“未病”的状态下就可以进行健康监测及干预。2014年，公司与国际、国内合作方共同研发了适用于新一代生物信息分析的高通量计算平台，从硬件基础，底层架构，到数据库与前端应用均为全新设计。	昌平园
9	春雨医生		北京春雨天下软件有限公司	致力于利用移动互联网的科技手段帮助人们掌握健康、延缓衰老、治疗病痛，是国内第一家从事移动健康业务的公司，2011年11月上线。其业务范围从症状自查、咨询医生，拓展到病患自查的智能搜索引擎、试水付费的“会员制”。2014年4月，“空中诊所”服务上线，支持医生在春雨平台上开设诊所。平台激活用户超过4500万人，签约医生达5.5万人，每日提问量超过5.5万人次。8月，公司获5000万美元C轮融资。	海淀园
10	融360		北京融世纪信息技术有限公司	致力于为个人消费者和微小企业提供金融产品的搜索、推荐和申请服务，业务范围涵盖贷款、信用卡与理财；免费为用户提供便捷、划算、安全的金融信息服务，是目前覆盖城市最广、服务用户最多的金融搜索平台。2014年7月完成C轮融资，12月被美国著名商业杂志*Fast Company*中文版《快公司》评为“2014年度中国最佳创新公司50强”。	海淀园

中关村十大创新成果

排名	名称	完成单位	领域	所属园区	推荐理由
1	28nm 成套工艺	中芯国际集成电路制造（北京）有限公司	集成电路	亦庄园	满足国家重大战略需求，达到国际先进水平，有巨大市场前景。
2	注射级重组人血清蛋白关键技术研发	北京普罗吉生物科技发展有限公司	生物和健康	海淀园	开发了重组人血清蛋白的高表达技术和高效纯化技术，对重组人血清蛋白的产业化和应用具有潜力。
3	癌症个体化靶向治疗的全基因序列分析检测应用示范项目	北京泛生子生物科技有限公司	生物和健康	亦庄园	创新点突出明确，集成应用优势突出，产业化前景较好，对于相关产业发展具有带动作用。
4	基于TD-LTE230的电力无线通信基带芯片	北京南瑞智芯微电子科技有限公司、普天信息技术有限公司	集成电路	海淀园	基于TD-LTE技术并应用于230兆赫频段的通信基带芯片，填补了中国在电力无线通信领域的技术和产品空白，满足国家重大战略需求。
5	动芯4G小型基站基带芯片	北京中科晶上科技有限公司	移动互联网和新一代移动通信，集成电路	海淀园	将传统基站的基带处理功能通过单颗芯片实现，满足国家重大战略需求。
6	基于G蛋白偶联受体抗体药物共性技术平台开发的治疗1型糖尿病的胰高血糖素受体抗体药物	北京科信美德生物医药科技有限公司	生物和健康	昌平园	项目具有很好的产业化前景，知识产权获美国的专利许可，在中关村示范区企业中的创新程度相对较高。
7	全球首创1类新药普罗纳亭（F-652）研发	北京龙兴生物医药有限公司（健能隆）	生物和健康	亦庄园	项目为全球首创，可用于治疗移植物抗宿主病（GVHD）、酒精性肝炎和急性胰腺炎等。一期临床研究在澳大利亚完成，创新程度相对较高。
8	静电纺纳米纤维产业化关键技术研究与产品开发	北京服装学院	新材料	朝阳园	项目产业化技术在纤维喷丝方法上有较明显的创新，产品在水过滤膜材料上有产业化应用前景。
9	大数据引擎（百度大脑核心技术）	百度在线网络技术（北京）有限公司	下一代互联网	海淀园	对大数据进行收集、存储、计算、挖掘和管理，并通过深度学习和数据建模技术，使数据“智能”化，处于信息技术前沿，具有示范效应。
10	低压选择性纳滤膜及装备	北京碧水源膜科技有限公司	新材料	怀柔园	低压选择性纳滤膜操作压力可以比纳滤低40%左右，能将四类地表水提升为三类地表水。

中关村十大创新标准

序号	名称	标准号	领域	完成单位	所属园区	推荐理由
1	《中低速磁浮交通车辆电气系统技术条件》《中低速磁浮交通道岔系统设备技术条件》《中低速磁浮交通轨排通用技术条件》3项行业系列标准	CJ/T 411–2012；CJ/T 412–2012；CJ/T 413–2012	高端装备与通用航空	北京控股磁悬浮技术发展有限公司	朝阳园	标准完整规范了磁浮车辆电气系统，规定了中低速磁浮交通车辆电气系统的主要技术性能及技术要求，符合国内城市轨道交通发展的需要，是国内中低速磁浮交通产品标准体系的创新，填补了国内中低速磁浮交通磁浮车辆产品的空白，达到国际先进水平。标准的实施有力保障了北京市中低速磁浮交通示范线（S1线）的建设和运营，对中低速磁浮交通产业的发展起到了重要的技术支撑作用。
2	《工业自动化系统与集成机床数值控制数控系统通用技术条件》国家标准	GB/T 26220–2010	高端装备与通用航空	北京凯恩帝数控技术有限责任公司	丰台园	标准规定了机床数控系统研发、设计、制造、验收及应用的基本要求，是国内提出的有关机床数控系统的国家标准。标准在分析国内外工业自动化系统的基础上，结合工业自动化系统与集成的有关特点，提出了机床数控系统的通用技术条件。标准的发布及实施促进了国内机床数控系统的电磁兼容性水平的提高和出口，为国内相关主管部门对进口机电产品进行机床数控系统强制检测提供技术依据。
3	《数字电视地面广播中纠错、数据组帧、调制和发射方法》国际标准	ITU–R BT.1306–6	移动互联网和新一代移动通信	北京数字电视国家工程实验室有限公司	海淀园	标准原创性提出了时域同步正交频分复用（TDS-OFDM）调制技术，引入现代通信理念，设计与绝对时间同步的帧格式，使系统支持未来扩展应用。标准有力支持国内数字电视的产业发展，推动国内数字电视传输标准、技术和产业进入世界先进行列，实现国内信息产业领域从初级产品出口转型为高科技产品成套出口的历史性跨越。标准相关产品在中国香港、澳门，古巴，老挝，巴基斯坦，斯里兰卡等11个地区和国家得以使用，带动了国内相关产业的企业、资本投资机构和运营管理机构走出国门。
4	《城市轨道交通综合监控系统工程设计规范》《城市轨道交通综合监控系统工程施工与质量验收规范》两项国家系列标准	GB 50636–2010；GB/T 50732–2011	下一代互联网	北京和利时系统工程有限公司	海淀园	标准采用国际先进的技术成果，性能指标达到国际先进。标准的实施有利于实现资源的最大化共享，可有效降低建设成本、维护成本和系统升级改造成本，提高地铁运营效率，有效保障了轨道交通的安全运营。标准利于构建城市轨道交通综合智能测控系统通用平台，整体提高中国大型控制系统技术水平，在北京、广州及深圳等大城市地铁系统得到了广泛应用。
5	《液晶显示器件第2–2–2部分：显示器用彩色矩阵液晶显示模块详细规范》《液晶显示器件第2–2–3部分：便携式计算机用彩色矩阵液晶显示模块详细规范》《液晶显示器件第2–2–4部分：手机用彩色矩阵液晶显示模块详细规范》3项行业系列标准	SJ/T 11459.2.2.2–2013；SJ/T 11459.2.2.3–2013；SJ/T 11459.2.2.4–2013	新材料	京东方科技集团股份有限公司	朝阳园	系列标准规定了显示器用彩色矩阵液晶显示模块试验方法检验要求，其产品技术要求试验方法和检验要求处于国际先进水平，填补了标准领域空白，为规范国内液晶显示模块市场，引导技术发展起到了重要作用，有助于北京市的液晶显示产业的发展。

（续表）

序号	名称	标准号	领域	完成单位	所属园区	推荐理由
6	《建筑自动化和控制系统第1部分：概述》《建筑自动化和控制系统第2部分：硬件》《建筑自动化和控制系统第3部分：功能》3项国家系列标准	GB/T 28847.1–2012；GB/T 28847.3–2012	节能环保	中外建设信息有限责任公司	昌平园	系列标准明确了建筑自动化和控制系统功能框架、基本功能，以及机电设备监控系统、火灾自动报警及消防联动控制系统和安全防范系统的功能要求，对中国建筑自动化和控制系统的设计和实施提供了依据，对产品的自主研发具有指导性作用，为实现智能建筑自动化和控制系统的互联和互操作及市场的规范发展起到了促进作用。在应用先进的生产组织、制造技术及提升相关产品质量的过程中，可有效控制因盲目追求先进所造成的浪费。在智能建筑行业，为实现居住区数字系统节能减排目标提供了标准化技术支持。
7	《车载导航电子地图数据质量规范》国家标准	GB/T 28441–2012	卫星应用	北京四维图新科技股份有限公司	海淀园	标准明确了国内车载导航电子地图市场关于质量评价的相关内容。标准的实施可使导航电子地图数据的质量评价方法和流程规范化，缩短了数据生产时间，提高了工作效率和导航电子地图产品质量，有利于导航电子地图行业的规范发展，使导航电子地图产品在国际市场上的竞争能力得到提升。
8	《火力发电厂化学废水处理设备》行业标准	JB/T 11390–2013	节能环保	北京中电加美环保科技有限公司	海淀园	标准规定了火力发电厂化学废水处理设备的术语和定义，涉及处理设备的基本要求、技术要求、检验验收等内容。标准适用于处理火力发电厂生产过程中产生的除锅炉有机酸酸洗废水外的各类化学废水的处理设备。标准的颁布与实施，为火力发电厂化学废水处理行业提供解决方案。标准规范了各个火力发电厂的化学废水处理系统，避免废水的外排和环境污染，为用户提供了选型依据，提高火力发电厂化学废水处理能力。
9	《继电保护和控制设备数据采集及信息交换技术导则》行业标准	DL/T 243–2012	高端装备与通用航空	北京四方继保自动化股份有限公司	海淀园	标准规定了变电站继电保护和控制设备的数据采集及信息交换应遵循的基本原则、技术要求和技术参数等，将智能变电站最新采用的SV和GOOSE信息写入技术标准。标准的制定与实施，对行业内上下游企业有较明显的牵引力。标准中的核心技术对于中国标准国际化、中国继电保护产品走向国际市场起到促进作用。
10	《环境保护产品技术要求中空纤维膜生物反应器组器》行业标准	HJ 2528–2012	节能环保	北京碧水源科技股份有限公司	海淀园	标准规定了中空纤维膜生物反应器组器的定义、分类与命名、技术要求、检验方法、检验规则及标志、包装运输和贮存。适用于浸没式膜生物反应器处理生活污水和处理可生化工业废水的工艺，整体水平达到国际领先。标准化国产膜产品的相关技术为863计划、重大专项等国家科研项目、国际合作项目的重要成果，获专利授权21件。其成果对提升产量和品牌竞争力，降低膜处理工艺成本，规范膜生物反应器组器技术市场等具有促进作用。其业绩包括获国家科技进步二等奖1项，省部级一等奖1项。

中关村十大创投、十大并购案例

序号	创投案例	序号	并购案例
1	小米再获多家机构青睐，成为全世界估值最高的非上市公司之一	1	紫光集团收购展讯通信 & 锐迪科
2	滴滴打车再获巨额融资，改变国人出行习惯	2	联想并购 IBM x86& 摩托罗拉
3	美团获红杉等注资，目标成为中国最大团购网站	3	信威通信并购中创信测
4	赶集网获凯雷等国际知名机构投资，深耕中国最大分类信息平台	4	华录百纳并购蓝色火焰
5	软银 DCM 等联合投资豌豆荚，加大手机应用商店扩张	5	百度并购纵横中文网 & 糯米网
6	易到用车获 GIC 等过亿美元融资，继续发力互联网专车平台	6	掌趣科技收购玩蟹科技
7	中信等多家机构投资百济神州，力争成为世界抗肿瘤药物领域领先企业	7	东华软件并购至高通信
8	IDG 等联合注资 PP 租车，发力国内 P2P 租车市场	8	普华和顺并购天新福
9	91 获经纬宽带等联合注资，继续领跑互联网金融产业发展	9	神州数码并购中农信达
10	芭乐获阿里巴巴乐视等联合注资，创建中国最大互动娱乐内容平台	10	蓝色光标并购 Fuseproject & 密达美渡 &Vision7
	好车无忧获经纬等联合注资，定位于中国最大二手汽车 C2C 交易平台		

中关村新锐企业十强

序号	名称	领域	注册时间	所属园区	入选理由
1	先智创科（北京）科技有限公司	电子信息	2011	西城园	经过 3 年多的探索发展，积累了丰富的行业经验和海量的金融服务数据。公司通过中关村高新技术企业和国家高新技术企业认定；获得软件著作权 11 件；与全国 300 家以上的银行类金融机构成为战略合作伙伴，每天申请购买各类金融产品的消费者超过 1 万人，成交超过 2000 笔，交易金额超过 3 亿元。
2	北京中科江南软件有限公司	电子信息	2011	海淀园	公司销售经国家密码管理局审批并通过指定检测机构产品质量检测的商用密码产品。以自主研发的电子凭证库和电子印章软件产品为基础，为政府预算单位、财政、税务、商业银行、人民银行间资金安全快速办理提供完整的解决方案，帮助用户告别手工或半手工半电子化的操作模式，提高资金办理效率；实现预算单位财务处理无纸化，会计凭证电子化；并最终实现包含财税国库收入、支付的全国电子凭证大数据，为政府预算、政府治理提供大数据服务。2014 年，公司申请并获受理 4 件发明专利，累计获 30 件软件著作权。

（续表）

序号	名称	领域	注册时间	所属园区	入选理由
3	北京泛生子生物科技有限公司	生物医药	2013	亦庄园	公司专注于癌症基因组学分析以及癌症个体化全周期诊疗服务，拥有世界最先进的DNA新型检测技术，以及在欧美一流生物医学实验室积累的超过20年的癌症基因组数字化分析经验。基因检测产品具备自主知识产权，旨在为中国的癌症患者提供最优质的癌症基因组分析，最大可能拓展靶向治疗方案并延长生命；同时为癌症高危人群和健康人群评判个体患癌的风险。
4	北京格灵深瞳信息技术有限公司	电子信息	2013	朝阳园	首款产品“深瞳无人监控安防系统”工程样机开发完成，国有四大银行中的3家在多省市进行全面售前测试。在安防领域，其技术可以实现对人物的精确检测、跟踪、动作姿态（包括暴力行为、跌倒等动作）的检测和分析、人物运动轨迹检测和分析（停留、穿越、徘徊）、人物搜索。在自动场景和任务检测的基础上，自动给控制中心提供预警信号。系统可以解决传统安防行业的发展瓶颈，具有巨大的市场潜力和开拓能力，已申请4件专利。
5	芭乐互动（北京）文化传媒有限公司	电子信息	2011	朝阳园	基于对互联网及影视内容的理解，公司以技术先行、内容为主、运营为根、数据为础的四维度管理理念，打造原创影视智能分发及数字化管理系统，通过编剧资源管理系统、视频效果分析系统、原创影视出品与发行系统等，实现原创影视智能化分发与管理、实时的数据跟踪与效果分析和评估等功能，成为中国新媒体互动内容广告植入营销与发行最具权威性与影响力的平台，也是为企业产品或服务建立“正能量”形象最有价值的新媒体平台。9月，公司宣布获得来自阿里巴巴集团控股有限公司等企业近1亿元的战略投资。
6	北京拉勾网络技术有限公司	电子信息	2013	海淀园	专注于在为求职者提供更人性化、专业化服务的同时，降低企业端招聘的时间和成本。在拉勾网，每一次投递都会收到企业的明确回应，最快回应时间仅为1分钟。由于精准的职位匹配，求职者平均每8次投递就会获得一次优质面试机会。超过2万家互联网公司入驻网站，覆盖领域包括移动互联网、电子商务、游戏、O2O、大数据、云计算、社交网络、互联网金融、在线教育、在线旅游等25个互联网细分市场。
7	北京协力筑成传媒科技有限公司	文化创意	2010	海淀园	公司旗下的创新性孵化器36氪不仅有高效互联网融资平台（氪加），还有专注于互联网创业项目孵化的氪空间（Kr Space），在全国首创“不收费、不占股、全球资本，平台服务”的新型孵化器模式。同时，36氪的科技媒体成为最前沿科技资讯的平台，也是互联网创业者寻求报道、接洽资本的首选入口。由媒体、氪加和氪空间3条产品线，构成了36氪专注互联网创业的生态圈模式。
8	九州华兴集成电路设计（北京）有限公司	电子信息	2012	海淀园	中国唯一一家高性能椭圆曲线密码芯片提供商、首家支持国家密码算法标准的高性能加密板卡提供商。拥有具有自主知识产权的高性能密码芯片和板卡，在“硬安全”方案和芯片方面具有很强的市场穿透力和很高的市场认同度。公司取得曙光信息产业股份有限公司和汉柏科技有限公司的大型机安全加密板卡的订货意向。
9	墨迹风云（北京）软件科技发展有限公司	电子信息	2009	朝阳园	公司主推产品为“墨迹天气”，主要服务于Android、iOS及Windows Phone的智能机用户，让用户可以随时随地掌握各地天气信息，首创的预警信息服务可以把重大的天气灾害信息及时传递到用户手中，并把服务拓展到相关的生活信息等诸多领域。其软件在没有付费推广情况下，经过4年时间积累3.3亿用户，同时也是中国支持城市最多的天气预报软件，在国内天气类App中用户量居第一位，市场份额超过50%。
10	邻动网络科技（北京）有限公司	电子信息	2012	石景山园	公司主要从事新一代信息技术的开发和应用，搭建了面向智能移动终端（安卓、苹果手机及平板等）邻近状态下互传文件的应用平台，通过其推出的移动应用“快牙”（ZAPYA）使用户获得高速传输、简单操作、多人互传、零流量传输的文件分享体验。自创建以来已激活用户近两亿，保持在细分行业领域位居首位的市场态势。2014年，公司完成美国国际数据集团（IDG）等风险投资机构的B轮融资。

中关村十大年度新闻

序号	名称	入选理由
1	先行先试政策推向全国 中关村领航科技创新	12月3日，国务院总理李克强主持召开国务院常务会议，研究推广在中关村开展新政策试点，部署在更大范围推广中关村试点政策、加快推进国家自主创新示范区建设，进一步激励大众创业、万众创新。会议决定，把科研项目经费管理改革等6项中关村先行先试政策推向全国，把给予技术人员和管理人员的股权奖励可在5年内分期缴纳个人所得税等4项中关村先行先试政策推广到所有国家自主创新示范区、合芜蚌自主创新综合试验区和绵阳科技城。同时，研究推动在中关村示范区开展引进海外高层次人才、拓宽科技企业融资渠道、支持设立适应科技企业特点和需求的保税仓库等新的政策试点。
2	全国首个创业大街开街 中关村"一城三街"初成型	6月12日，全国首个以创业服务为特色定位的集聚区——中关村创业大街开街，创业所需的人力、资金、市场等资源都可在街区获取。这是中关村示范区打造"一城三街"的重要举措，旨在鼓励创新、服务创新创业的"一城三街"格局初步成型。"一城三街"指的是以海淀上地地区为核心打造中关村软件城，发展适合首都城市战略定位的软件和信息服务业；以中关村西区为核心，建设创新创业孵化一条街、科技金融一条街、知识产权与标准化一条街，鼓励发展科技服务业。
3	中关村创业呈井喷之势 创新创业生态系统日渐完善	随着中关村示范区创业生态系统的持续构建和优化，一批青年学生投身创业，清华大学等高校成为培育创业者的大本营，以"90后"为代表的创业者、连续创业者、领军企业骨干创业者、海外创业者成为示范区新的4支创业大军；天使投资人、创新型孵化器及创客组织形成中关村创业新生态。全年中关村示范区新创办并有实际经营活动的科技型企业超过1.3万家，是2013年度的2倍多，新创办科技型企业呈现"井喷式"增长，在全国率先形成"大众创业、万众创新"的新局面，引领中国创业进入新时代。
4	中关村全力打造"高精尖"推进科技创新中心建设	中关村示范区"一区十六园"积极贯彻相关决策部署，调结构、促转型、助升级，主动布局新兴产业，实施战略性新兴产业集群创新引领工程，加快培育"641"产业集群，促进产业高端化、服务化、集聚化、融合化、低碳化发展，经济结构不断向"高精尖"跃升，进一步使中关村示范区成为北京市跨行政区的高端产业功能区和战略性新兴产业策源地。示范区企业全年实现收入3.57万亿元，同比增长17.2%；利润和税收同比增长25%左右；从业人员人均贡献收入179.4万元，同比增长11.7%；万元增加值能耗0.079吨标煤，约是同期北京市水平的1/5，全国水平的1/10。
5	中关村揽天下英才谋创新 一流人才进中关村	中关村示范区依托其在美国硅谷等地设立的11个海外人才联络机构，在全球遍揽英才，并通过重大项目布局、科技经费使用、股权激励等13项特殊政策发现、激励和服务高端人才。全年新增"千人计划"入选者171名，"海聚工程"入选者56名。同时，中关村示范区企业也在吸引全球的高端人才资源，包括百度公司引进美国谷歌公司知名人工智能专家吴恩达等。
6	中关村科技金融服务"舞动" 众龙	中关村示范区打造国家科技金融创新中心，通过市场机制和政府政策相结合，形成针对不同发展阶段企业的多品种科技金融产品，提供一条龙金融服务，保证企业不因缺乏资金而错失发展壮大的机会。中关村示范区内的银行、担保公司等投融资机构，为科技企业提供"零信贷""成长贷"等众多可供选择的金融产品，力促企业发展。中关村示范区参与设立的创投基金33家，基金承诺出资总规模178亿元，是政府创业投资引导承诺出资总额10亿元的近18倍。
7	中关村触角联通世界 国际化建设呈现新特征	年初，美国一家媒体公布的硅谷地区20家最强孵化器中，清华科技园美国硅谷创源孵化器作为唯一一家致力于培育中美初创企业的创业孵化器登上榜单。通过像创源孵化器及海外联络处这样的海外机构，中关村示范区的影响遍布世界各地：瀚海孵化器在加拿大多伦多建立瀚海加拿大创意园，创客空间2014年分别在美国纽约和新加坡建立18Innovation供应链中心，中关村软件园孵化器在芬兰赫尔辛基建立中芬国际技术合作创新中心，等等。年内，中关村示范区企业在海外设立分支机构达571家。
8	中关村推动京津冀合作 协同创新引领合作共赢	年内，中关村示范区在落实京津冀协同发展重大国家战略中，以协同创新为引领，着力谋划转型升级、创新驱动，初步形成多主体、多层次、多领域的格局和态势，与天津市滨海新区、宝坻，河北省石家庄、唐山、秦皇岛等地区建立战略合作关系，推动了天津滨海中关村科技园、曹妃甸等一批科技园区和产业基地建设。示范区领军企业在河北省设立分支机构1000余家，在天津市设立分支机构500余家。随着中关村示范区经济结构进一步趋向"高精尖"，包括津冀在内的京外企业，也纷纷在中关村示范区设立研发机构、总部等。
9	首枚高性能芯片已上市 自主创新引领科技发展	6月，由京微雅格（北京）科技有限公司研发的中国首枚自主高性能万能芯片上市。芯片可充当"高精尖"医疗设备、大型工业控制仪器的"大脑"，在不同行业系统中灵活"跨界"。这让中国成为除美国外首个成功研制"万能芯片"并实现量产的国家。
10	首个大数据交易平台启动 探索大数据新模式	2月，中国首个大数据交易平台——中关村数海大数据交易平台启动。中关村管委会还出台《加快培育大数据产业集群推动产业转型升级的意见》，将从加快培育中关村大数据产业集群、提升大数据对经济社会发展的带动作用等6个方面推动大数据技术和应用创新。

资料来源：中关村科技园区管理委员会

北京地区 2013 年当选中国科学院院士一览表

（续表）

序号	姓名	专业	工作单位
数学物理学部			
1	向　涛	凝聚态理论	中国科学院物理研究所
2	汪景琇	太阳物理	中国科学院国家天文台
3	陈十一	力学	北京大学
4	欧阳颀	凝聚态物理	北京大学
5	周向宇	基础数学	中国科学院数学与系统科学研究院
化学部			
1	方维海	物理化学	北京师范大学
2	李永舫	高分子化学与物理	中国科学院化学研究所
3	韩布兴	物理化学	中国科学院化学研究所
生命科学和医学学部			
1	赵继宗	神经外科学	首都医科大学
2	施一公	生物物理学	清华大学
3	高　福	病原微生物学与免疫学	中国疾病预防控制中心、中国科学院微生物研究所
4	程和平	细胞生物学和生物物理学	北京大学
5	赫　捷	胸外科	中国医学科学院肿瘤医院
地学部			
1	王成善	沉积学	中国地质大学（北京）
2	王会军	大气科学	中国科学院大气物理研究所
3	张培震	地震动力学	中国地震局地质研究所
4	金之钧	石油地质学	中国石油化工股份有限公司石油勘探开发研究院
5	周成虎	地图学与地理信息系统	中国科学院地理科学与资源研究所
6	郭正堂	新生代地质与环境	中国科学院地质与地球物理研究所
信息技术科学部			
1	王　巍	导航、制导与控制	中国航天科技集团公司第九研究院
2	尹　浩	通信网络与信息系统	中国人民解放军总参谋部第六十一研究所
3	龚旗煌	非线性光学、超快光子学	北京大学
4	谭铁牛	模式识别与计算机视觉	中国科学院自动化研究所
技术科学部			
1	方岱宁	固体力学	北京大学
2	邱　勇	有机光电材料	清华大学
3	何满潮	矿山工程岩体力学	中国矿业大学（北京）
4	金红光	工程热物理	中国科学院工程热物理研究所
5	高德利	油气钻探与开采	中国石油大学（北京）

注：以姓氏笔画为序

资料来源：中国科学院网站

北京地区 2013 年当选中国工程院院士一览表

（续表）

序号	姓名	工作单位
机械与运载工程学部		
1	樊会涛	中国航空工业集团公司
2	徐芑南	中国船舶重工集团公司
3	尤　政	清华大学
4	张　军	北京航空航天大学
信息与电子工程学部		
1	丁文华	中央电视台
2	费爱国	空军装备研究院
3	杨小牛	中国电子科技集团公司
4	张广军	北京航空航天大学
5	赵沁平	教育部
化工、冶金与材料工程学部		
1	李仲平	中国航天科技集团材料及工艺研究所
能源与矿业工程学部		
1	蔡美峰	北京科技大学
2	郭剑波	国家电网公司中国电力科学研究院
3	李　阳	中国石油化工股份有限公司
4	赵文智	中国石油天然气股份有限公司
土木、水利与建筑工程学部		
1	胡春宏	中国水利水电科学研究院
2	聂建国	清华大学
3	肖绪文	中国建筑股份有限公司

（续表）

序号	姓名	工作单位
农业学部		
1	李德发	中国农业大学动物科技学院
医药卫生学部		
1	韩德民	首都医科大学北京同仁医院
2	胡盛寿	中国医学科学院阜外心血管病医院
3	林东昕	中国医学科学院肿瘤医院

（续表）

序号	姓名	工作单位
4	王　辰	卫生部北京医院
工程管理学部		
1	曹耀峰	中国石油化工集团公司
2	黄维和	中国石油天然气股份有限公司
3	周建平	中国载人航天工程办公室

注：以汉语拼音为序
资料来源：中国工程院网站

国家部分机构全称简称对照表

序号	全　称	简　称
1	中华人民共和国国务院	国务院
2	中华人民共和国国防部	国防部
3	中华人民共和国国家发展和改革委员会	发展改革委
4	中华人民共和国教育部	教育部
5	中华人民共和国科学技术部	科技部
6	中华人民共和国工业和信息化部	工业和信息化部
7	中华人民共和国公安部	公安部
8	中华人民共和国民政部	民政部
9	中华人民共和国司法部	司法部
10	中华人民共和国财政部	财政部
11	中华人民共和国人力资源和社会保障部	人力资源社会保障部
12	中华人民共和国国土资源部	国土资源部
13	中华人民共和国环境保护部	环境保护部
14	中华人民共和国住房和城乡建设部	住房城乡建设部
15	中华人民共和国交通运输部	交通运输部
16	中华人民共和国水利部	水利部
17	中华人民共和国农业部	农业部
18	中华人民共和国商务部	商务部
19	中华人民共和国文化部	文化部
20	中华人民共和国国家卫生和计划生育委员会	国家卫生计生委
21	中国人民银行	人民银行
22	国务院国有资产监督管理委员会	国资委
23	中华人民共和国海关总署	海关总署
24	国家税务总局	税务总局

（续表）

序号	全　称	简　称
25	国家工商行政管理总局	工商总局
26	国家质量监督检验检疫总局	质检总局
27	国家新闻出版广电总局（国家版权局）	新闻出版广电总局（版权局）
28	国家食品药品监督管理总局	食品药品监管总局
29	国家统计局	统计局
30	国家林业局	林业局
31	国家知识产权局	知识产权局
32	国家旅游局	旅游局
33	国务院侨务办公室	国侨办
34	国务院台湾事务办公室	国台办
35	国务院港澳事务办公室	国务院港澳办
36	国务院法制办公室	国务院法制办
37	新华通讯社	新华社
38	中国科学院	中科院
39	中国社会科学院	社科院
40	中国工程院	工程院
41	中华人民共和国国务院发展研究中心	国务院发展研究中心
42	国家行政学院	行政学院
43	中国地震局	地震局
44	中国气象局	气象局
45	中国银行业监督管理委员会	银监会
46	中国证券监督管理委员会	证监会
47	中国保险监督管理委员会	保监会
48	国家自然科学基金委员会	自然科学基金委
49	中国国家标准化管理委员会	国家标准委

资料来源：中央人民政府门户网站

北京市部分机构全称简称对照表

（续表）

序号	全　称	简　称
1	中共北京市委员会	市委
2	北京市人民代表大会	市人大
3	中共北京市委组织部	市委组织部
4	中共北京市委政法委员会	市委政法委
5	中国人民政治协商会议北京市委员会	市政协
6	北京市机构编制委员会办公室	市编办
7	首都精神文明建设委员会办公室	首都文明办
8	北京市人民政府新闻办公室（北京市委宣传部）	市政府新闻办公室（市委宣传部）
9	北京市人民政府	市政府
10	北京市发展和改革委员会	市发展改革委
11	北京市教育委员会	市教委
12	北京市科学技术委员会	市科委
13	北京市经济和信息化委员会（北京市国防科学技术工业办公室）	市经济信息化委（市国防科工办）
14	北京市公安局	市公安局
15	北京市监察局（中共北京市纪律检查委员会）	市监察局（市纪委）
16	北京市民政局	市民政局
17	北京市司法局	市司法局
18	北京市财政局	市财政局
19	北京市人力资源和社会保障局	市人力社保局
20	北京市国土资源局	市国土局
21	北京市环境保护局	市环保局
22	北京市规划委员会（首都规划建设委员会办公室）	市规划委（首规委办）
23	北京市住房和城乡建设委员会（北京市人民政府住房制度改革办公室）	市住房城乡建设委（市政府房改办）
24	北京市交通委员会	市交通委
25	北京市农村工作委员会	市农委
26	北京市水务局	市水务局
27	北京市商务委员会（北京市人民政府口岸办公室）	市商务委（市政府口岸办）
28	北京市文化局	市文化局
29	北京市卫生和计划生育委员会	市卫生计生委
30	北京市审计局	市审计局
31	北京市人民政府外事办公室（北京市人民政府港澳事务办公室）	市政府外办（市政府港澳办）
32	北京市社会建设工作办公室	市社会办
33	北京市人民政府国有资产监督管理委员会	市国资委
34	北京市地方税务局	市地税局
35	北京市工商行政管理局	市工商局
36	北京市质量技术监督局	市质监局
37	北京市新闻出版广电局（北京市版权局）	市新闻出版广电局（市版权局）
38	北京市统计局	市统计局
39	北京市园林绿化局（首都绿化委员会办公室）	市园林绿化局（首都绿化办）
40	北京市金融工作局	市金融局
41	北京市知识产权局	市知识产权局
42	北京市人民政府法制办公室	市政府法制办
43	北京市人民政府研究室	市政府研究室
44	中关村科技园区管理委员会	中关村管委会
45	北京经济技术开发区管理委员会	经济技术开发区管委会
46	北京市农业局	市农业局
47	北京市粮食局	市粮食局
48	北京市食品药品监督管理局	市食品药品监管局
49	北京市中医管理局	市中医局
50	北京市重大项目建设指挥部办公室	市重大项目办
51	北京市南水北调工程建设委员会办公室	市南水北调办
52	北京市档案局	市档案局
53	北京市公园管理中心	市公园管理中心
54	北京市投资促进局	市投资促进局
55	北京市地方志编纂委员会办公室	市地方志办
56	北京市政府采购中心	市政府采购中心
57	北京市国家税务局	市国税局
58	北京市气象局	市气象局
59	北京市人民政府台湾事务办公室	市台办
60	中华人民共和国北京海关	北京海关
61	北京市人民检察院	市人民检察院
62	北京市高级人民法院	市高级人民法院
63	北京市总工会	市总工会
64	共青团北京市委员会	团市委
65	北京市妇女联合会	市妇联
66	北京市科学技术协会	市科协
67	北京市社会科学界联合会	市社科联

资料来源：首都之窗网站

索 引
Index

说 明

1. 本索引包括主题索引、机构索引和条目索引3个部分。主题索引也称内容分析索引，索引词以《中关村年鉴2015》版正文中出现的专业名词、名词词组等为主。机构索引主要包括年鉴中涉及的部分相关政府部门和机构，中关村示范区“一区十六园”的相关管理机构及科研院所、高等院校、社会组织、企业的名称。条目索引包括年鉴中所有条目的标题。

2. 特载、大事记、统计资料及附录内容不在索引标注之内。

3. 本索引按汉语拼音音序排列。汉字的标目（索引词）按首字的音序、音调依次排列，首字相同时，则以第二字排序，以此类推。以阿拉伯数字打头的索引词，排在最前面，以英文字母打头的索引词，列于其次。

4. 本索引的文字部分为标目，即所要查找的内容，标目之后的数字，表示该标目所在正文中的页码（地址页）。

主题索引

A

B

C

D

E

F

G

H

J

K

L

M

N

P

Q

R

S

T

W

X

Y

Z

机构索引

B

条目索引

A

B

C

D

E

F

H

J

K

L

M

N

P

Q

R

S

T

W

X

Y

Z

编辑部地址：北京市海淀区西三环北路 27 号
北科大厦 1006 室
邮 政 编 码：100089
电　　　话：010－68451257　010－88827911
传　　　真：010－68722136
电 子 邮 箱：bjkjz007@sina.com
网　　　址：yqz.zgc.gov.cn